ILLUSTRIERTE GESCHICHTE
DER PHILOSOPHIE

Drei historische Epochen Athens in einem Bild vereint:
In der Mitte das Hephaisteion, ein dorischer Tempel aus dem 5. Jh. v. Chr.;
im Vordergrund die Heilige Apostelkirche (10. Jh. n. Chr.)
und im Hintergrund das moderne Athen.

ILLUSTRIERTE GESCHICHTE DER PHILOSOPHIE

Herausgegeben von Jan Bor und Errit Petersma

Bildredaktion: Jelle Kingma

Prof. Dr. Th. de Boer
Prof. Dr. G. Chemparathy
Dr. R. Fontaine
Prof. Dr. E. van Leeuwen
Dr. C. Offermans
Prof. Dr. H. Philipse
Prof. Dr. L. M. de Rijk
Prof. Dr. A. J. Vanderjagt
Prof. Dr. C. Verhoeven
Prof. Dr. H. Visser
Prof. Dr. S. Ijsseling
Prof. Dr. E. Zürcher

Unter Mitarbeit von
Dr. C. Anbeek
Dr. S. C. A. Drieman
Dr. L. Ramaker

Aus dem Holländischen übertragen von
Annette Löffelholz

SCHERZ

Die Originalausgabe erschien unter dem
Titel «De Verbeelding Van Het Denken» bei Uitgeverij Contact,
Amsterdam/Antwerpen
Einzig berechtigte Übersetzung aus dem Holländischen von
Annette Löffelholz und Ursula Voßhenrich

Die vorliegende Übersetzung wurde freundlicherweise unterstützt durch
Nederlands Literair Produktie- en Vertalingenfonds (Foundation for the
Production and Translation of Dutch Literature), Amsterdam.

Zu den einzelnen Beiträgen:

Antike: C. Verhoeven
unter Mitwirkung von H. Visser («Aristoteles»: *Logik und Wissenschaftslehre*)

Indien: G. Chemparathy

China: E. Zürcher

Vorderer Orient: R. Fontaine

Mittelalter: L. M. de Rijk

Renaissance: A. J. Vanderjagt

17. und 18. Jahrhundert: H. Philipse

19. Jahrhundert: S. Ijsseling
unter Mitwirkung von S. C. A. Drieman («Die französische Philosophie»:
Maine de Biran; «Die Britische Philosophie»), L. Ramaker («Von Schopenhauer
zu Kierkegaard»: *Kierkegaard*) und H. Visser («Der Beginn der
Wissenschaftsphilosophie»).

20. Jahrhundert: Th. de Boer («Husserl und die Phänomenologie»; «Heidegger,
Existentialismus, Hermeneutik»), E. van Leeuwen («Bergson und der Pragmatismus»; «Vom Strukturalismus zur Postmoderne»), C. Offermans («Die Frankfurter
Schule»), H. Visser («Die Grundlagenuntersuchung»; «Wittgenstein und
der Wiener Kreis»; «Die analytische Philosophie»; «Die zeitgenössische
Wissenschaftsphilosophie»)
unter Mitwirkung von C. Anbeek («Philosophie Ost-West»: *Japan; Nishida;
Nishitani*), J. Bor («Umwälzung und Krise»; «Philosophie Ost-West»:
Radhakrishnan; «Vom Strukturalismus zur Postmoderne»: *Rorty*),
G. Chemparathy («Philosophie Ost-West»: *Indien*) und E. Zürcher
(«Philosophie Ost-West»: *China; Fung Yulan*)

Epilog: J. Bor

Erste Auflage 1997
Copyright © 1995 für die Text- und Bildredaktion by Jan Bor,
Jelle Kingma und Errit Petersma
Copyright © 1995 für die Einzelbeiträge bei den jeweiligen Autoren
Alle deutschsprachigen Rechte beim Scherz Verlag, Bern, München, Wien.
Alle Rechte der Verbreitung, auch durch Funk, Fernsehen,
fotomechanische Wiedergabe, Tonträger jeder Art und
auszugsweisen Nachdruck, sind vorbehalten.

Inhalt

Einleitung 9

1 DIE ANTIKE

Der Anfang der griechischen Philosophie 14
    Mythos 14
    Das Wort «Philosophie» 15
Die Vorsokratiker 17
    Anaximander 17
    Pythagoras 18
    Heraklit 18
    Xenophanes 19
    Parmenides 20
    Die Eleaten 20
    Demokrit 21
    Anaxagoras 22
    Die Sophisten 24
    Rhetorik und Bildung 24
Sokrates 26
    Kurswechsel 26
    Wissen als Nichtwissen 27
Platon 28
    Das Lob der Philosophie 29
    Die Symbolik der Vertikalität 29
    Die Ideenlehre 30
    Das Höhlengleichnis 31
    Systematisierung 32
Aristoteles 34
    Schüler und Meister 34
    Terminologie 35
    Logik und Wissenschaftslehre 36
    Das Denken über das Sein 36
    Vermögen und Wirklichkeit 38
    Der Begriff «Metaphysik» 39
    Physik 40
    Psychologie 40
    Ethik 41
Athen und Rom 42
    Die Stoa 42
    Seneca 43
    Epikureïsmus 44
    Skeptizismus 45
    Sextus Empiricus 46
Platonismus und Neuplatonismus 47
    Systematisierung 47
    Die allegorische Erklärung 47
    Plotin 48
    Eine Konstante in der antiken Philosophie 49
    Proklos 50
Philosophie und Christentum 51
    Die Apologeten 51
    Augustinus 52
    Boëthius 55

2 INDIEN

Doktrinen des indischen Denkens 58
    Die indische Philosophie 58
    Religiöser Hintergrund 58
    Die Lehre vom Karma 59
    Die Lehre von der Wiedergeburt 59
    Die Lehre von der endgültigen Erlösung 60
    Die Lehre vom Vergehen und Neuentstehen des Universums 60
    Die Lehre von der Ewigkeit der Seele und der Urmaterie 61
Der Ursprung 62
    Die Veden als Quelle des Hinduismus 62
    Die Philosophie der Upanishaden 62
    Die Frage der letztendlichen Realität 64
    Die Philosophie der Bhagavad-Gita 66
Die Philosophie des Jainismus 67
    Das Universum 67
    Wissen und Wahrheit 69
    Die Lehre von der Gebundenheit und der Befreiung 70
Der indische Materialismus 71
    Ausgangspunkte und Erkenntnislehre 71
Die buddhistische Philosophie 72
    Der Buddhismus als Religion 72
    Die vier heiligen Wahrheiten 74
    Die Lehre vom abhängigen Entstehen 75
    Die Lehre von der Vergänglichkeit oder Zeitlichkeit der Dinge 75
    Die Lehre vom Nicht-Selbst 76
    Die Personalisten 78
    Die Sarvastivadins 78
    Andere Hinayana-Schulen 79
    Die Mahayana-Schulen 79
    Nagarjuna und die Madhyamikas 80
    Das Prinzip der Lehre 82
    Der Yogachara: Asanga und Vasubandhu 83
    Die Nur-Bewußtseins-Lehre 83
    Die Lehre vom Speicherbewußtsein 84
    Die buddhistische Logik: Dignaga 85
Die hinduistische Philosophie 86
    Das Samkhya-System 86
    Die Samkhya-Kosmologie 87
    Befreiung nach der Samkhya-Lehre 88
    Das Yoga-System 88
    Das Nyaya-Vaisheshika-System 89
    Die Nyaya-Vaisheshika-Lehre der Erlösung 91
    Das Mimamsa-System 92
    Die Kosmologie der Mimamsakas 92
    Befreiung nach der Mimamsa-Lehre 92
    Die Vedanta-Schulen 93
    Shankara und der Advaita-Vedanta 93
    Befreiung nach der Advaita-Lehre 95
    Der Vishishtadvaita-Vedanta: Ramanuja 95
    Befreiung nach der Vishishtadvaita-Lehre 97
    Die Dvaita-Vedanta-Lehre: Madhva 98

3 CHINA

Die klassische Zeit 102
    Die Zeit der Streitenden Reiche 102
    Die zentrale Fragestellung des chinesischen Denkens 103
    Die rivalisierenden Schulen 103
    Die ethische Philosophie von Konfuzius 105
    Das Ideal der moralischen Autorität 107
    Menzius und Xunzi 107
    Der frühe Daoismus: Laozi und Zhuangzi 109
    Das Dao oder der Weg 113
    Gegenströmung 115
    Der Legalismus 115
    Das Gesetz als Fundament 116
    Die Schule von Yin und Yang 117
    Die Synthese des Zou Yan 118

Das frühe Kaiserreich 119
    Die Han-Dynastie (202 v. Chr. – 220 n. Chr.) 119
    Der Triumph des Konfuzianismus 120
    Dong Zhongshu: Die Synthese der Han-Zeit 121
    Huainan zi: Die daoistische Synthese 122
    Der Skeptizismus von Wang Chong und spätere Kritiker 123
    Die späte Han-Zeit 124

Das frühe chinesische Mittelalter 125
    Drei Jahrhunderte der Spaltung 125
    Konfuzianismus und Neudaoismus 126
    He Yan und Wang Bi 126
    Xiang Xiu und Guo Xiang 127
    Der religiöse Daoismus 128
    Die Einführung des Buddhismus 129
    Der buddhistische Neudaoismus 130
    Sengzhao 131
    Dogmatische Differenzierungen 133

Die Blütezeit des Buddhismus 135
    Die Sui-Dynastie (589–618 n. Chr.) und die Tang-Dynastie (618–906 n.Chr.) 135
    Die Schulen des Buddhismus: Die Tiantai- und die Huayan-Schule 136
    Die Schule des Reinen Landes 137
    Der Zen-Buddhismus 137

Die neokonfuzianische Synthese 140
    Das prämoderne China 140
    Der Neokonfuzianismus 141
    Die «Ideenlehre» von Zhu Xi 144
    Andere Strömungen 145

4 DER VORDERE ORIENT

Die Philosophie des Islam 150
    Übersetzungen 150
    Charakteristika und wesentliche Themen 152
    Die früheste Zeit 153
    Al-Farabi 154
    Avicenna 155
    Weiterführung und Reaktion 156
    Al-Ghazali 157
    Die Blütezeit im Westen 158
    Averroës 158

Die jüdische Philosophie 161
    Die Entstehung 162
    Entwicklung und Charakterisierung 163
    Die Anfangsphase 165
    Die Entwicklung des Neuplatonismus 166
    Das Aufkommen der aristotelischen Philosophie 167
    Maimonides 170
    Das dreizehnte und vierzehnte Jahrhundert 171

5 DAS MITTELALTER

War die mittelalterliche Philosophie typisch für das Mittelalter? 174
    Die Harmonie von Vernunft und Glauben 174
    Periodisierung 174

Von Boëthius bis zum Jahr 1000 176
    Der Einfluß von Boëthius 176
    Scotus Eriugena 178
    Die scholastische Methode 178
    Der Autoritätsgedanke 179
    Die Rolle der Logik 180
    Quellenmaterial 180

Anselm von Canterbury 181
    Glaube und Wissen 181
    Der Hintergrund 182
    Der Gottesbeweis von Anselm 183
    Der Glaube auf der Suche nach Erkenntnis 184
    Die Ethik des Anselm 185

Abälard 185
    Das Universalienproblem 186
    Abälards Lösung 188
    Die Ethik des Abälard 189
    Wille und Absicht 190
    Die Zeit nach Abälard bis etwa 1200 191

Thomas von Aquin 192
    Die terministische Logik 192
    Metaphysische Diskussionen vor Thomas 192
    Die Aristoteles-Interpretation des Thomas von Aquin 193
    Die Metaphysik des Seins 195
    Das höchste Sein 195
    Die Lehre von der Analogie des Seins 196
    Sein als Verursacht-Sein 197
    Radikale Kontingenz 197

Duns Scotus 198
    Sein und Erkennen 198
    Anthropologie 199
    Die Ethik des Duns Scotus 200

Ockham und seine Zeitgenossen 202
    Ausgangspunkte und Prinzipien 202
    Konzeptualismus 204
    Die Lehre vom Sein 206
    Metaphysik und Sprache 206
    Buridan 207
    Die Abkehr von Aristoteles: Auriol und Autrecourt 208

Die neuplatonische Tradition 209
    Die Lehre vom Intellekt 210
    Meister Eckhart 210

6 DIE RENAISSANCE

Wiedergeburt und Erneuerung 214
    Das Verhältnis zum Mittelalter 214
Humanistische Studien 216
    Petrarca 216
    Petrarcas Geistesverwandte 217
    Savonarola 218
    Machiavelli 218
    Humanismus und Reformation 220
Betrachtungen über die Wirklichkeit 221
    Lullus als Vorläufer 221
    Das Wissenschaftsprojekt des Lullus 222
    Cusanus 223
    Plethon 224
    Ficino 224
    Pico della Mirandola 227
    Spätere Betrachtungen 227
Die Unsterblichkeit der Seele 228
    Die Debatte 229
    Pomponazzi 229
    Skepsis 231
Die wissenschaftliche Methode 232
    Valla 232
    Agricola 233

7 DAS SIEBZEHNTE UND ACHTZEHNTE JAHRHUNDERT

Barock und Aufklärung 238
    Naturwissenschaftliche Revolution 238
    Wissenschaft und Glaube 240
    Auffassungen über Erkenntnis und Wirklichkeit 241
    Politische Philosophie und Geschichte 242
Descartes und der Rationalismus 243
    Der kontinentale Rationalismus 243
    Die Methodologie des Descartes 244
    Naturwissenschaft 244
    Metaphysik 245
    Dualismus, Moral und Medizin 246
Pascal 248
    Das Unglück des Jahrhunderts 248
    Eine neue Apologie des Christentums 248
Spinoza 250
    Substanz und Kausalität 250
    Der lange Marsch durch die Emotionen 251
Leibniz 253
    Laßt uns rechnen 253
    Die zwei Labyrinthe 254
    Monadologie und Harmonie 256
Locke und der Empirismus 257
    Der britische Empirismus 257
    Hobbes und die politische Philosophie 258
    Locke: der Ursprung der Ideen 260
    Sprache und Bedeutung 261
    Die Grenzen der Erkenntnis 262
    Politische Philosophie 262
Berkeley 263
    Immaterialismus 263
    Naturwissenschaft und Metaphysik 265
Hume 266
    Auf Newtons Spuren 266
    Über die Bedeutung 267
    Kausalität und Induktion 268
    Skeptizismus und Naturalismus 268
Die Aufklärung in Deutschland und in Frankreich 269
    Wissenschaftliche Entwicklungen 270
    Vico und Herder 270
    Das Jahrhundert Friedrich des Großen 271
    Montesquieu 272
    Voltaire 272
    Rousseau 274
Kant 276
    Drei theoretische Probleme 276
    Die kopernikanische Drehung 278
    Freiheit und Determinismus 279
    Ethik 279
    Die dritte Kritik 281

8 DAS NEUNZEHNTE JAHRHUNDERT

Technologie, Biologie und Geschichte 284
    Die industrielle Revolution 284
    Naturphilosophie 284
    Evolutionslehre 285
    Das historische Bewußtsein 286
    Philosophie der Geschichte 287
Der deutsche Idealismus 287
    Romantik 287
    Fichte 288
    Schelling 290
Hegel 292
    Das System 292
    Die Phänomenologie des Geistes 292
    Logik 293
    Enzyklopädie 294
    Geschichte 294
    Kunst 295
    Religion 295
    Philosophie 296
Von Schopenhauer bis Kierkegaard 296
    Schopenhauer 297
    Feuerbach und Stirner 298
    Kierkegaard: Wahrheit als Subjektivität 299
    Existenz und Freiheit bei Kierkegaard 300
Marx 302
    Die frühen Sozialisten 302
    Historischer Materialismus 303
    Geschichte und Klassenkampf 303
    Arbeit 304
    Kapital 304
    Das Programm 306

Die französische Philosophie 306
    Destutt de Tracy 306
    Maine de Biran 307
    Saint-Simon 308
    Der Positivismus von Auguste Comte 308
    Comte, der Begründer der Soziologie 309
    De Tocqueville 311
Die britische Philosophie 311
    Bentham und der Utilitarismus 311
    James Mill 312
    John Stuart Mill 312
    Spencer 314
Die Neukantianer 315
Die Anfänge der Wissenschaftsphilosophie 316
    Duhem 316
    Mach 317
Nietzsche 317
    Nietzsche lesen 318
    Philologie und Rhetorik 318
    Sprache und Interpretation 318
    Genealogie 319
    Der Wille zur Macht 320
    Nihilismus 320
    Die ewige Wiederkehr 320
    Die Umwertung aller Werte 321

9 DAS ZWANZIGSTE JAHRHUNDERT

Umbruch und Krise 324
    Der Umbruch um 1900 324
    Die Krise 325
    Revolte und Kritik am neuzeitlichen Denken 326
Bergson und der Pragmatismus 328
    Bergsons Zeitphilosophie 328
    Weitere Ausarbeitungen 329
    Der Pragmatismus bei Peirce 330
    Logik und Semiotik bei Peirce 331
    James 332
    Dewey 333
Husserl und die Phänomenologie 334
    Brentano 334
    Husserl: Antipsychologismus und deskriptive Psychologie 334
    Transzendentaler Idealismus 337
Die Grundlagenforschung 338
    Frege 338
    Brouwer 338
    Russell 340
    Whitehead 341
    Grundlagen der Mathematik 342
    Reichenbach 342
    Carnap 343
Wittgenstein und der Wiener Kreis 344
    Der Tractatus 345
    Philosophische Untersuchungen 346
    Der Wiener Kreis um Schlick 347

Heidegger, Existentialismus und Hermeneutik 348
    Heidegger: Sein und Zeit 349
    Die ontologische Differenz 349
    Der spätere Heidegger 350
    Sartre: Das Sein und das Nichts 351
    Sartres Ethik 353
    Merleau-Ponty 354
    Levinas 354
    Gadamer 355
Die analytische Philosophie 356
    Die Pioniere: Moore und Lewis 357
    Quine und die Philosophie der idealen Sprache 359
    Austin und die Philosophie der Umgangssprache 360
    Die philosophische Analyse 360
    Die philosophische Logik 361
Philosophie Ost-West 362
    Indien 362
    Radhakrishnan 363
    China 363
    Fung Yulan 364
    Japan 364
    Nishida 365
    Nishitani 366
Die Frankfurter Schule 367
    Horkheimer 367
    Die Zeitschrift 368
    Adorno 369
    Marcuse 371
    Habermas 371
Die neuere Wissenschaftsphilosophie 373
    Popper 373
    Kuhn und Lakatos 373
Vom Strukturalismus zur Postmoderne 374
    Lévi-Strauss und Barthes 374
    Lacan 375
    Foucault 376
    Althusser und Deleuze 378
    Lyotard 379
    Derrida 380
    Rorty 380

Epilog 383

Zu den Autoren 384

Bibliographie 385

Register 391

Bildnachweis 396

Einleitung

Fünfundzwanzig Jahrhunderte zurückzudenken erscheint wie ein gewaltiger Sprung. Aber wenn man davon ausgeht, daß das Lebensalter heute etwa achtzig Jahre beträgt, muß man sich das Leben von nur 30 Menschen vorstellen, um auf unserer Reise in die Vergangenheit in dieser Epoche anzukommen. Es war die Zeit, in der die Philosophie – mehr oder weniger gleichzeitig – in Griechenland, Indien und China zum Leben erwachte. Ist diese zeitliche Übereinstimmung ein Zufall?

Zumindest ist es auffällig und bemerkenswert, daß die Welt für die Menschen in diesen drei großen Kulturräumen etwa gleichzeitig ihre Selbstverständlichkeit verlor. Zwischen 600 und 500 vor Christus begannen sie, die überlieferten mythologischen Schilderungen des Himmels und der Erde, des Menschen und der Natur in Frage zu stellen. Herausgelöst aus dem Kontext mythologischer Vorstellungswelten, versuchten diese ersten Philosophen, ihre Verwunderung und ihr Erstaunen über die Welt in ihren vielfältigen Erscheinungsformen in Gedankensysteme zu fassen, um auf diese Weise Antworten auf ihre Fragen zu finden. Das war die Geburt der Philosophie.

Diese Systematisierung des Denkens bedeutete keinen Abschied von der kreativen Phantasie der mythischen und mythologischen Welt, sondern nur ihre Transformation. Alle Pioniere der Philosophie und alle großen Denker nach ihnen waren – vielleicht von ganz wenigen Ausnahmen abgesehen – immer auch begabte und bedeutende Schriftsteller, die literarische Meisterwerke schufen. Durch alle Jahrhunderte hindurch bezeugen die intellektuellen Leistungen der Philosophen eine gewaltige – philosophische wie poetische – Imaginationskraft.

Selbstverständlich ist es den Philosophen von alters her um eine rationale Einsicht in die Wirklichkeit gegangen, um argumentativ belegte und logisch konsistente Theorien über das Sein. Oder aber sie suchten – und das gilt eher für die östliche als für die westliche Hemisphäre – nach der begründeten Erkenntnis, daß dem Denken über die Welt Grenzen gesetzt sind.

Philosophie ist also ihrem Wesen nach eine Sache der Vernunft. Aber auch dort, wo Sokrates in seiner eindrucksvollen Rede über den Eros im *Symposion* seine rational begründete Wahrheit der dichterischen Unwahrheit des Agathon entgegensetzt, ist die Imagination beteiligt. Und sie spielt auch bei dem chinesischen Philosophen Zhuangzi eine bedeutende Rolle, der gute Argumente anführt, um die Begrenztheit des rational begründeten Denkens zu belegen.

Wenn Philosophieren (um den niederländischen Schriftsteller W. F. Hermans zu paraphrasieren) bedeutet, immer wieder von neuem ein rational fundiertes Weltbild zu entwerfen, so setzt dieser wiederholte Versuch, die Welt durch das Denken zu rekonstruieren, ein hohes Maß an Abstraktion und eine reiche Vorstellungskraft voraus.

Dieser von der Imagination und Phantasie getragene Akt des Denkens, die Philosophie, vollzieht sich nicht im luftleeren Raum. Die gegenwärtigen postmodernen Philosophien sind nicht zuletzt eine Antwort auf das Medienzeitalter, in dem wir derzeit leben. Philosophie war und ist in den Kontext ihrer Zeit eingebettet; oder anders ausgedrückt, sie ist immer (und dabei verweisen wir auf Hegel) ihre in Gedanken gefaßte Zeit. Diese Zeit, die zum Gegenstand der philosophischen Reflexion wird, bildet einen vitalen Bestandteil der philosophischen Weltbilder, die von Generation zu Generation entwickelt wurden. Sie fließt in die Werke aller Philosophen ein und nimmt in ihrem Denken Gestalt an.

Wie kann man den historischen und sozialen Kontext, aus dem immer wieder neue Philosophien erwachsen, angemessen und sichtbar vermitteln? In diesem Buch wird die Einbettung der Philosophie in ihre jeweilige Epoche durch ein reiches und vielfältiges Bildmaterial visualisiert. Das unterscheidet diese Publikation von vielen anderen Philosophiegeschichten, die geschrieben wurden. Die ausgewählten Illustrationen sind keine bloße Ergänzung zum Text. Sie sind die optische Darstellung des abstrakten Denkens, das den Namen Philosophie trägt, und sie verdeutlichen die Zusammenhänge, die für die Ausbildung des philosophischen Denkens bestimmend waren und sind.

In der bildhaften Darstellung der abstrakten Vorstellungswelten offenbart sich die Geschichte der Philosophie, die in gewisser Weise auch eine Geschichte menschlicher Anmaßung ist. Denn, um die Welt in ihrer Gesamtheit zu durchdenken und in ein Begriffssystem zu bringen, bedarf es neben Mut und einer gewaltigen geistigen Potenz auch eines Mangels an Bescheidenheit. Die Philosophen, die, getrieben von der Passion der Vernunft, ihre Denkpyramiden und -kathedralen errichteten, suchten vielleicht nach der Weisheit und nannten sich von daher selbst Philosophen (wörtlich: sie, die die Weisheit lieben), aber deshalb waren sie selbst noch keine Weisen, sondern vielmehr Menschen mit Vorstellungskraft und Gestaltungswillen.

Nun etwas zum Aufbau dieses Buches: Von Anfang an hatten wir das Ziel vor Augen, eine Geschichte der Philosophie zu schreiben, die einer breiten Öffentlichkeit zugänglich sein sollte. Ein verständlicher und gut lesbarer Text und eine reiche Bilddokumentation sollten uns dabei helfen. Die Illustrationen sollten nicht nur die Funktion haben, die Philosophie in ihrem jeweiligen historischen und gesellschaftlichen Zusammenhang zu zeigen, sie sollten auch die vielfältigen Berührungspunkte sichtbar machen, die es zwischen der Philosophie einerseits und der Wissenschaft, Technik, Kunst und Religion andererseits gibt.

Damit ist dieses Bildmaterial weitaus mehr als nur eine optische Ergänzung. Als Quelle historischer Information steht es relativ losgelöst vom Haupttext. Bei der Auswahl haben wir uns bemüht, abseits der ausgetretenen Pfade zu gehen. In ihrer Gesamtheit spiegeln die Bilder den sichtbaren Teil der Geschichte der Philosophie wider.

Daß wir uns nicht auf die westliche Philosophie beschränkt, sondern auch die großen Denksysteme Indiens, Chinas und des Vorderen Orients miteinbezogen haben, bedarf fast keiner Begründung. Schon seit zwei Jahrhunderten hat sich das Bewußtsein durchgesetzt, daß wir es hier mit Traditionen zu tun haben, deren Erkenntnisse und Einsichten – so sehr sie sich auch von unseren unterscheiden mögen – ebenso tiefgreifend wie die westlicher Philosophen sind. Die Zeiten, in denen die westliche Zivilisation und damit auch ihre Philosophie ihre vermeintliche Überlegenheit zur Schau stellte, sind vorbei. Wir stehen an der Schwelle zum einundzwanzigsten Jahrhundert – eines Jahrhunderts, in dem sich der Dialog zwischen den Kulturen weiter vertiefen wird.

Gewählt wurde – und darum ist es auch eine Geschichte der Philosophie oder besser verschiedener Philosophien – ein chronologischer Aufbau: neun Abschnitte, von der Entstehung der Philosophie im klassischen Altertum, in Indien und China bis heute. In der Einleitung zu den verschiedenen Teilen wird der größere Rahmen, in dem sich die Philosophie entwickelt hat, skizziert. Gleichzeitig wird hier der spezifische Charakter einer bestimmten Philosophie in ihrem jeweiligen kulturellen und historischen Bezugsfeld erläutert. Dieser nicht einheitliche Charakter erklärt auch den nicht identischen Aufbau der neun Abschnitte, die zudem von unterschiedlichen Verfassern stammen. Allerdings waren die Redakteure bemüht, die Unterschiede im Aufbau und im methodischen Ansatz auf ein Minimum zu reduzieren. Da die einzelnen Teile eng

miteinander verknüpft wurden, bildet das Buch ein einheitliches Ganzes und kann als ein solches gelesen werden.

Der fortlaufende Text wird durch biographische und bibliographische Angaben, Abbildungen und durch Textfragmente aus den Werken der bedeutendsten Denker ergänzt.

Bei der Schreibweise der Namen der einzelnen Philosophen haben wir uns um folgendes Prinzip bemüht. In den Kurzbiographien werden die wirklich Großen der Philosophiegeschichte mit Vornamen und dem Geburts- und Todesjahr vorgestellt. Wird ein Philosoph nur im fortlaufenden Text erwähnt, wird sein vollständiger Name dort genannt, und seine Lebensdaten werden in Klammern hinzugefügt. Wird auf einen Denker vorgegriffen (in der Antike beispielsweise auf Hegel, in der Renaissance auf Descartes), haben wir uns mit dem Nachnamen begnügt.

Bei anderen Persönlichkeiten – wie zum Beispiel bei Staatsmännern, Wissenschaftlern, Erfindern, Entdeckungsreisenden, Päpsten, Theologen, Künstlern, Dichtern, Schriftstellern und Komponisten – werden zwar die vollständigen Namen, aber keine Lebensdaten angegeben.

Zur Angabe der philosophischen Werke haben wir folgende Richtlinien eingehalten: In Kurzbiographien werden die Originaltitel der wichtigsten Werke des vorgestellten Philosophen genannt und durch kursive Schrift hervorgehoben. In Klammern dahinter steht gegebenenfalls die Übersetzung und das Erscheinungsjahr. Im laufenden Text erscheinen die Werktitel ebenfalls in kursiver Schrift, werden aber nur dann übersetzt, wenn es für ein besseres Verständnis zweckmäßig war.

Unser Dank gilt natürlich vor allem dem Bildredakteur und Freund Jelle Kingma. Unsere Zusammenarbeit gehörte zu den denkbar besten in dieser besten aller möglichen Welten. Jelle, der für uns Dutzende Male den Weg nach Amsterdam zurücklegte, hat uns seit 1986 in Augenblicken der Verunsicherung und des Zweifels immer wieder den richtigen Weg gezeigt. Seine Rolle in einem Prozeß, an dessen Ende dieses Buch steht, kann gar nicht hoch genug eingeschätzt werden. Unser Dank gilt auch der Universitätsbibliothek Groningen, die ihm für seine Redaktionsarbeit so vieles ermöglichte.

Unseren Autoren sind wir für ihr großes Engagement, ihre schönen Beiträge und das in uns gesetzte Vertrauen sehr verpflichtet. Sie waren zu jeder Zeit bereit, sich auf die von uns vorgeschlagenen und oft sehr weitreichenden Veränderungen einzulassen und mit uns darüber zu diskutieren, zu korrespondieren und zu telefonieren. Manche haben fast zehn Jahre warten müssen, bevor sie ihre Beiträge gedruckt sahen.

Unser besonderer Dank gilt Dr. Wim van der Meer, der die Bildredaktion des Indienkapitels in einem Moment übernommen hat, als uns die Zeit davonzulaufen drohte. Des weiteren danken wir Dr. Joep Bor für seine Beratung und Frau Dr. E. Uitzinger für ihre Unterstützung bei der Bildredaktion des Chinakapitels.

Prof. Dr. Evert van Leeuwen danken wir für seinen redaktionellen Beitrag zu dem Kapitel über das 20. Jahrhundert. Dank auch an Dr. Roeland Dobbelaer, dem Initiator des *Filosofie Magazine*, für seine wertvollen redaktionellen Anmerkungen.

Darüber hinaus sind wir unseren Beratern, Freundinnen und Freunden, und hier besonders Wilma Cornelisse, für ihr Engagement und Interesse zu Dank verpflichtet. Und wir denken in Dankbarkeit zurück an die Gespräche mit dem verstorbenen Max de Metz, der sich immer bereitfand, uns in schwierigen Zeiten zur Seite zu stehen.

Kurz, ohne die Unterstützung der vielen genannten und nicht genannten Mitarbeiter, wäre dieses Buch niemals zustande gekommen. Ihnen allen herzlichen Dank.

JAN BOR UND ERRIT PETERSMA

Sokrates

1

Pallas Athene, Tochter des Zeus und die Göttin des Krieges und des Friedens, ist das griechische Symbol für die Klugheit des Handelns, Kunst und Handwerk; vor allem jedoch auch die Verkörperung der Weisheit und Wahrheitsliebe: der Philosophie.

DIE ANTIKE

Der Anfang der griechischen Philosophie

Um etwas Sinnvolles über den Anfang der Philosophie sagen zu können, ist ein gewisses Vorverständnis vom eigentlichen Wesen der Philosophie unerläßlich. Setzt man Philosophie einfach mit Nachdenken gleich, wird man zwangsläufig folgern, daß sie so alt ist wie die Menschheit selbst. Der Anfang der Philosophie fiele dann mit dem Zeitpunkt zusammen, an dem lebende Wesen zu denkenden Wesen wurden.

Hier jedoch soll der Begriff «Philosophie» enger gefaßt werden, um einen historischen Anfangspunkt setzen zu können, von dem ausgehend die Entwicklung des philosophischen Denkens nachgezeichnet werden kann.

Wir beginnen unsere Darstellung dort, wo das Denken einen grundlegend anderen Charakter annahm, weil es begann, sich selbst zum Gegenstand der Reflexion zu machen. Denn Philosophie ist nicht einfach nur Denken, das in weisen Sprüchen oder praktischen Erfindungen seinen Niederschlag findet, Philosophie ist Denken über das Denken und Nachdenken über die Wirklichkeit.

Nach dieser Auffassung beginnt Philosophie dann, wenn eine frühere Art des Denkens zum Gegenstand von Kritik und Reflexion wird; und das würde heißen, daß die Philosophie zumindest eine Generation jünger ist als die Menschheit. Ihre Geschichte ist die eines ständigen Verlustes an Selbstverständlichkeit und der immer wieder neuen Kritik an früheren Denkern, an deren Ansprüchen und Auffassungen. In diesem Sinne ist sie mehr als nur eine lose Sammlung von überlieferten Anekdoten und Kuriositäten; ihr immer gleiches Thema – die Auseinandersetzung mit Gedachtem und dem Denken an sich – durchläuft einen permanenten Entwicklungs- und Wandlungsprozeß.

Die Markierung eines Anfangspunktes setzt nun allerdings eine vorphilosophische Art des Denkens voraus, die die Philosophie als Kritik und Reflexion überhaupt erst herausfordert. Dieser Moment, in dem das kritische Denken einsetzt, erzeugt einen «Knick» in der Linienführung der Geschichte, die sich zunächst in einer Wiederholung von Verhaltensweisen, in einem ewigen Kreis, zu erschöpfen schien. In dieser Zäsur können wir den Ausgangspunkt der Philosophie und ihrer Geschichte sehen. Was folgt, ist nicht eine gerade Linie, sondern eine Bewegung, die Spuren hinterläßt, die im Zickzack, spiralförmig oder in völlig willkürlichen Sprüngen und Mustern verlaufen.

Auch wenn sich im vorhinein kein festes Schema erkennen läßt, liegt die Vermutung nahe, daß der Fortschritt oder auch nur das Fortschreiten dieses philosophiegeschichtlichen Prozesses mehr Fragen aufwirft, als einen festen Bestand an definitiven Sicherheiten liefert.

Und dennoch: Ist der Prozeß des Philosophierens einmal in Gang gekommen, dessen Anfang Platon und Aristoteles als «die Radikalisierung der Verwunderung» charakterisiert haben, gibt es keinen Weg mehr zurück zu einem vorphilosophischen, sich selbst nicht hinterfragenden Denken. Die Philosophie, insofern sie Philosophie ist, muß den Übergang zur positiven Wissenschaft vollziehen.

Mythos

Mit dem Wort «Mythos» bezeichnen wir ganz allgemein eine vorphilosophische Art des Denkens: ein Denken, das sich selbst und seine Form der Welterklärung noch nicht kritisch hinterfragt. Die Bezeichnung «Mythos», wie wir sie gebrauchen, bezieht sich nicht nur auf Sagen über Götter und den Ursprung der Welt, sondern meint in einem viel weiter gefaßten Sinn eine Art des Denkens, die eher beschreibend als erklärend ist. Der Mythos ist eine Vorstufe zur Philosophie; sie erst spricht über die Grundlagen der Welt und das menschliche Zusammenleben mit der Absicht, diese auch zu erklären.

Im siebten Jahrhundert vor Christus, als sich die abendländische Philosophie herauszubilden begann,

Formen vorphilosophischen Denkens finden sich in den Dichtungen Homers und Hesiods. Im 20. Jahrhundert ließ sich der französische Maler Georges Braque durch Hesiods *Theogonie* – einem Epos über die Entstehung der Welt und den Ursprung der Götter – zu einer Bilderserie inspirieren.

DER ANFANG DER GRIECHISCHEN PHILOSOPHIE

Das klassische Griechenland zwischen 800 und 600 v. Chr. An der Westküste Anatoliens – oder Griechisch-Kleinasiens – stand die Wiege der griechischen Philosophie.

hatten die verschiedenen griechischen Volksstämme ihre eigenen Mythen, auf denen ihre jeweilige gesellschaftliche Ordnung basierte. Einer der Gründe für das Aufkommen der Philosophie muß darin gelegen haben, daß diese lokalen Mythen und tradierten Weisheiten im Aufeinandertreffen mit anderen Kulturen ihren uneingeschränkten Gültigkeitsanspruch und damit nach und nach ihre Selbstverständlichkeit verloren. Dieser Prozeß vollzog sich in den Hafenstädten und Handelszentren an der Küste Kleinasiens, unter anderem in Milet, der Wiege der sogenannten ionischen Naturphilosophie. Der Philosophie kam hierbei eine Funktion zu, die vergleichbar ist mit der des vereinheitlichten Münzgeldes, das ab dem siebten Jahrhundert in Umlauf kam: Sie verlieh den Mythen einen ebenso universellen wie weltlichen Charakter. Und schon bei ihren frühesten Vertretern wie Xenophanes (6. Jh. v. Chr.) trat sie in Konkurrenz zu dem ältesten aller Medien: der Dichtung.

Entsprechend betrachtet Aristoteles in seinem kritischen Rückblick auf frühere Philosophen die Mythendichter Homer und Hesiod als Vorläufer aus einer sehr fernen Vergangenheit. An anderer Stelle äußert er die Vermutung, daß die Mythen Überreste einer früheren Philosophie seien. In jedem Fall ist für ihn «derjenige, der die Mythen liebt, in gewissem Sinne jemand, der auch die Weisheit liebt, also ein Philosoph», denn der Mythos bietet in Hülle und Fülle Stoff zur Verwunderung und befördert dadurch das philosophisch geprägte Denken.

Das Wort «Philosophie»

Die Philosophie entsteht also bei den Griechen als kritische Reflexion des bis dahin herrschenden mythischen Denkens. Diese Nachdenklichkeit über den eigenen Ausgangspunkt gehört untrennbar zu dem, was wir, im Gegensatz zu anderen Denkweisen und -methoden, unter «Philosophie» verstehen.

Deutlich und direkt erkennbar wird dies an dem Namen, den sie sich selbst gibt: *Philosophia*. Gemeint ist nicht eine selbstverständliche und endgültige Weisheit, die als wertvolle Errungenschaft, vergleichbar mit der Technik des Töpferns oder der geheimnisvollen Schmiedekunst, von einer Generation auf die nächste weitergegeben werden kann,

Ausgrabungen in dem Dorf Loigerfelder bei Salzburg brachten in einer römischen Villa dieses Mosaik (2. Jh. n. Chr.) ans Licht. In der Mitte ist Theseus mit dem Minotaurus zu sehen, zu seinen Füßen liegt der Faden Ariadnes. Rechts Ariadne, die von dem Helden verlassen wird.

DIE ANTIKE

Der Mythos stellt in erzählerischer Form Themen vorphilosophischen Denkens dar. Sehr bekannt und unzählige Male abgebildet ist der Mythos von Europa, der Tochter des Königs Agenor. Zeus verliebte sich in Europa und entführte sie, nachdem er in die Gestalt eines Stieres geschlüpft war.

sondern das Nachdenken über und das Suchen nach dieser Weisheit. Möglicherweise gibt sie sich diesen Namen auch nicht selbst, sondern legt ein schon bestehendes Wort, das so etwas wie «Lernbegierde» bedeutet, nun als «Liebe zur Weisheit» aus.

Sophia bedeutet zunächst, sehr neutral, «Wissen» oder «Fertigkeit», auch im praktischen Sinn. Die «Sieben Weisen», Vorläufer der Vorsokratiker, waren Musterbeispiele dieser Sophia. Allmählich jedoch verschob sich der Bedeutungsinhalt zugunsten von Weisheit und Wahrheit. Bereits für Platon ist diese Auslegung ganz selbstverständlich. Er verwendet sie zum Beispiel in seinem Dialog *Symposion*, wo gesagt wird, daß nur die Götter wirklich «weise» sind. Die Götter philosophieren nicht, weil sie schon weise sind und somit nicht nach Weisheit streben müssen. Auch die Unwissenden und Gleichgültigen philosophieren nicht, denn sie haben nicht das Gefühl, etwas zu vermissen.

Ohne das Bewußtsein der eigenen Unwissenheit ist Philosophieren nicht möglich. Dieses Prinzip wurde von Sokrates mit Nachdruck vertreten, aber es liegt auch schon dem Denken seiner Vorgänger zugrunde, sofern sie zwischen der definitiven Weisheit und dem Streben danach oder zwischen einem fundierten Wissen und einer beliebigen Meinung unterschieden. Diese Unterscheidung wiederum kann sich ohne eine Form der Kritik an früheren Denkern und an deren Überzeugungen oder Glaubensvorstellungen nicht herausbilden.

So sind die philosophischen Texte der griechischen Antike größtenteils aus dieser Reflexion des eigenen und des tradierten Denkens entstanden und ihrem Charakter nach weniger ein Beitrag zu etwas schon Bestehendem, das bereits eine feste Form gefunden hat, wie die Mathematik, die Astronomie und die Medizin, als vielmehr ein Appell, aufzuwachen und nachzudenken – oder auch ein Versuch, die Philosophie als eigenständige Methode des Denkens zu etablieren.

Ausgehend von diesem Grundanspruch entwickelten sich im Laufe der Jahrhunderte die Teildisziplinen, die die Philosophie heute umfaßt: die *Erkenntnislehre* reflektiert das Denken selbst und seine Ziele, die *Metaphysik* spürt dem Verhältnis von Denken und Wirklichkeit nach, während sich die *Anthropologie* mit dem Menschen als denkendem Wesen auseinandersetzt. Gerade die Philosophie definiert den Menschen von alters her als Denkenden, während er für die Dichter ein «Sterblicher» ist. Gegenstand der *Ethik* ist die Beziehung zwischen Denken und Handeln. Die *Naturphilosophie*, die nach traditioneller Auffassung bei den Vorsokratikern im Vordergrund steht, ist als Teil der Metaphysik zu sehen.

Als «Die Sieben Weisen» bezeichneten die Griechen sieben berühmte historische Persönlichkeiten aus der Anfangszeit ihrer Geschichte. Als Gesetzgeber und politische Leitfiguren besaßen sie umfassende Kenntnisse und einen tiefen Einblick in die Geschicke des Staates. Sie galten als Inbegriff der *sophia*, der Weisheit von Kopf und Hand.

Die Vorsokratiker

Thales von Milet

Die Bezeichnung «Vorsokratiker» wurde erst im neunzehnten Jahrhundert für die Philosophen geprägt, die vor Sokrates lebten beziehungsweise deren Denken nicht durch ihn beeinflußt war. Obwohl dieser Name von einer rein chronologischen Einteilung abgeleitet ist, benutzte zum Beispiel Nietzsche ihn, um eine inhaltliche Zäsur zu markieren. Für ihn waren die Philosophen vor Sokrates noch nicht von der Dekadenz geprägt, die mit dessen Auftreten einsetzte. Die Philosophie vor Platon ist in den Augen Nietzsches gesund und erdverbunden, ab Platon richtet sie sich auf das Metaphysische, auf eine imaginäre Welt, die hinter und über der realen liegt.

Vor dem Hintergrund einer gänzlich anderen Auffassung von Geschichte könnte dieser Name auch suggerieren, daß der Anfang der Philosophie «kindliche» und «primitive» Züge hatte und daß das wahre philosophische Denken erst mit Sokrates und Platon beginnt. Beide Sichtweisen schreiben Sokrates entscheidenden Einfluß zu: sie verbinden sein Auftreten mit einem Umbruch im historischen Entwicklungsprozeß.

Schon in der Antike galt Sokrates als ein Philosoph, dessen Denken eine völlig neue Qualität besaß. Cicero beschreibt den revolutionären Charakter der sokratischen Ideen: In der Frühphase der Philosophie hatten sich die Denker mit dem Studium der Zahlen und der Himmelsbewegungen beschäftigt und waren der Frage nach dem Ursprung, dem Werden und Vergehen allen Seins nachgegangen. Sie hatten die Größe, die jeweiligen Entfernungen, den Lauf der Gestirne und alle anderen Phänomene, die am Himmel sichtbar waren, erkundet. Sokrates jedoch war, so Cicero, der erste, der die Philosophie vom Himmel auf die Erde holte, der ihr einen Platz in den Städten, ja sogar in den Häusern der Menschen gab

und von ihr verlangte, sich mit dem Leben, der Lebensweise und den Fragen von Gut und Böse zu beschäftigen.

Diese Charakteristik trifft auf Sokrates selbst und auf die Eigenart seines philosophischen Denkens sicher zu. Es ist jedoch irreführend, sein Denken als eine für die gesamte Philosophie richtungsweisende Zäsur aufzufassen: Philosophen vor ihm haben über Fragen ethischer Art ebenso nachgedacht, wie Philosophen nach ihm über die Natur und den Kosmos spekulierten. Von daher ist die Bezeichnung «Vorsokratiker» etwas unsorgfältig und suggeriert mehr, als philosophiegeschichtlich zu verantworten ist.

Die Vorsokratiker repräsentieren kein primitives Vorstadium, das erst im Licht der sokratischen Gedanken seine wahre Bedeutungsdimension entfaltet, wie sie auch keine homogene Gruppe oder Schule bildeten, sich nicht ausschließlich der Naturphilosophie widmeten und nicht ausnahmslos vor Sokrates lebten. Zudem ist der Sokrates zugeschriebene Umbruch teilweise auch auf das Wirken seiner Zeitgenossen – nämlich auf das der Sophisten – zurückzuführen.

Anaximander

Aristoteles gibt im ersten Band seiner Schriften zur *Metaphysik* einen Überblick über die Geschichte der Philosophie, die nicht ganz zu Recht als die früheste Geschichte der Philosophie bezeichnet wird. Sie ist Teil einer grundlegenden Betrachtung über das philosophische Wissen als Weisheit. Seine Betrachtung schließt eine kritische Distanzierung von anderen Denktraditionen ein, aber auch schon vor Aristoteles gingen Heraklit und Platon diesen Weg, indem sie die Auffassungen früherer Philosophen explizit in Frage stellten. Philosophie beinhaltet von Anfang an auch die Weigerung, nur Schüler zu sein und einer Tradition kritiklos zu folgen.

Aristoteles schreibt in seinem historischen Überblick, daß es den Philosophen auf der Suche nach wirklicher Weisheit und wahrem Wissen von jeher darum gegangen sei, die Urgründe für das Seiende zu erfassen. In diesem Zusammenhang hätten die früheren Denker immer wieder auf die Urstoffe oder Elemente (*archai*) verwiesen, die von ihnen jedoch ausschließlich in einem materiellen Sinne aufgefaßt worden seien: Für den ersten Naturphilosophen, Thales von Milet (ca. 624–545) – er sagte die Sonnenfinsternis von 585 v. Chr. voraus und trug damit zur Entmythologisierung des Kosmos bei –, war das Wasser dieser Urstoff und somit der Schlüssel zu jeglicher Erkenntnis. Bei Anaximenes war es die Luft, bei Heraklit das Feuer, während für Empedokles vier Wurzeln oder Elemente gleichberechtigt nebeneinander existierten.

Von Empedokles stammt der Begriff «Element». Er unterscheidet vier Elemente: Erde, Wasser, Luft und Feuer. Durch Trennung und Vermischung entstehen die konkreten Dinge.

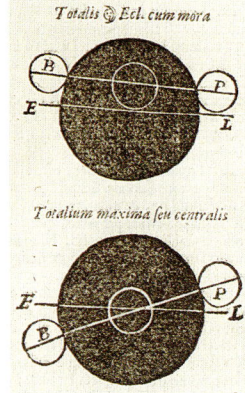

Wiedergabe einer Sonnenfinsternis in einer Abhandlung aus dem sechzehnten Jahrhundert über die Wissenschaft im klassischen Altertum. Der erste Naturphilosoph, Thales von Milet, war in der Lage, die Sonneneklipse des Jahres 585 vor Christus vorherzusagen.

Die Schule des Pythagoras erfaßte die Weltordnung in einem mathematischen Modell.

Anaximander (611–547 v. Chr.) ein Schüler und Nachfolger des Thales, stammte ebenfalls aus Milet. Er ist der erste Philosoph, von dem ein Textfragment erhalten ist. Zu finden ist dies in einem Kommentar des Neuplatonikers Simplicius (6. Jh. n. Chr.) zur *Physik* des Aristoteles. Es ist nicht ganz deutlich, welche Textpassagen von Anaximander selbst stammen beziehungsweise wo seine Gedankengänge von Simplicius zusammenfassend wiedergegeben werden. Erkennbar wird jedoch, daß er sich ebenso stark mit dem Vergehen wie mit dem Entstehen der Dinge auseinandersetzt und Anfang und Ende in einer kreisförmigen Bewegung zusammenfügt. Entstehen und Vergehen vollziehen sich, den Jahreszeiten vergleichbar, in einem zyklischen Wechsel.

Dieses Zyklische ist nicht nur ein Ordnungsprinzip, sondern auch ein Bild für die Unvergänglichkeit und ewige Wiederkehr. Der zyklische Zeitbegriff, bei dem Ereignisse in ihrer Wiederholung erkannt und als Verwirklichung einer bereits schlummernd vorhandenen Möglichkeit verstanden werden können, steht im Gegensatz zu einem linearen Denken, das alles Geschehen als einmalig und nicht vorhersehbar begreift.

Dem Text zufolge stammt von Anaximander der Satz, daß Ursache und Element allen Seins das Unbestimmt-Grenzenlose (*apeiron*) ist, wobei er der erste

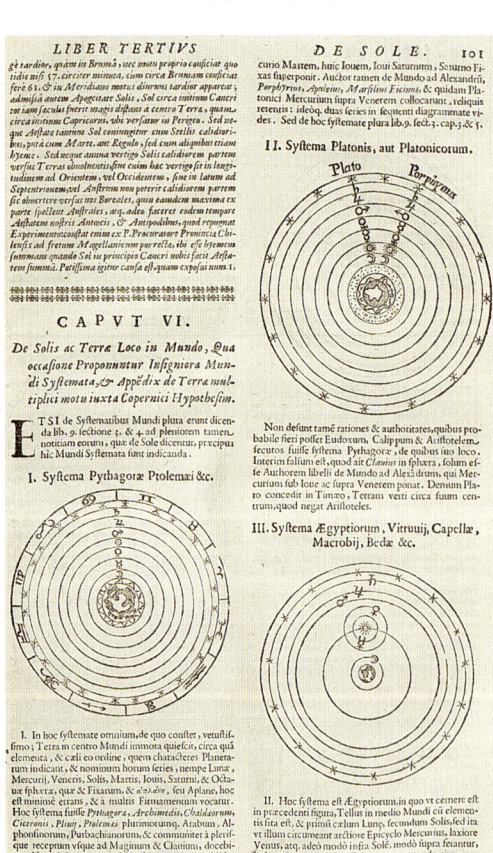

war, der das Urprinzip der Welt in dieser Weise begriff. Für ihn ist der Urstoff weder das Wasser noch irgendein anderes der sogenannten «Elemente», sondern ein völlig andersgeartetes, unbestimmtes Wesen, aus dem alle Himmel und alle Welten entstehen. «Nach ewigem Gesetz gehen aus dem Unbestimmt-Grenzenlosen immer neue Welten hervor und kehren wieder in dasselbe zurück, einander Strafe und Buße gebend für die Ungerechtigkeit nach der Ordnung der Zeit.»

Pythagoras

Von dem legendären Pythagoras aus Samos (6. Jh. v. Chr.) ist trotz seines Ruhms kein einziges Wort erhalten geblieben. Unter seinen Anhängern, die sich auf seine Autorität beriefen, kursierte der Ausspruch «Er hat es selbst gesagt». Heraklit, der fast zeitgleich mit ihm lebte, verwarf seine Lehre; bei anderen Philosophen, zu denen auch Platon gehört, ist sein Einfluß jedoch deutlich spürbar.

Die Schule des Pythagoras war eine Religionsgemeinschaft, die strengen Regeln unterworfen war. Die Schüler glaubten an die Unsterblichkeit der Seele und begriffen die Ordnung der Welt als mathematisches Modell. Verstehen bedeutete für sie, in den Bausteinen der Welt eine mathematische Struktur zu erkennen. Dieses Erkennen erfordert ein Denken, das sich von der reinen Wahrnehmung löst.

Theophrast, ein Schüler des Aristoteles, wußte über Alkmeion Kroton, einen Pythagoräer aus dem fünften Jahrhundert, folgendes zu berichten: Dieser behaupte, daß sich der Mensch dadurch von anderen Wesen unterscheide, daß er als einziger begreife, während andere Wesen zwar wahrnähmen, aber nicht begriffen. Und Philolaos aus Theben, ein Zeitgenosse des Sokrates, faßte die Lehre des Pythagoras dahingehend zusammen, daß alles Wissen eine Zahl in sich birgt und ohne diese Abstraktion jegliches Denken und Erkennen unmöglich ist.

Heraklit

Die gewaltige Fülle an Literatur über Heraklit (ca. 500 v. Chr.) läßt erkennen, daß der Zugang zu seinem eigenwilligen Werk schwierig ist. Was die Lektüre der Fragmente zunächst widerlegt, ist die kosmologische Simplifizierung, daß bei Heraklit alles Feuer sei und wieder in Feuer aufgehe. Auch sein berühmt gewordener Ausspruch «Alles fließt» läßt vielfältige Interpretationen zu. Mit Sicherheit kann man jedoch sagen, daß dieses «alles» zu den bevorzugten Wörtern in der Sprache des Heraklit gehört: es veranschaulicht den Anspruch seines Denkens, das Sein als Einheit zu begreifen.

Für das Wort *(logos)* aber, ob es gleich ewig ist, haben die Menschen kein Verständnis, weder ehe sie es vernommen noch sobald sie es vernommen. Alles geschieht nach diesem Wort, und doch gebärden sie sich wie die Unerfahrenen, so oft sie sich versuchen in solchen Worten und Werken, wie ich sie künde, ein jegliches nach seiner Natur auslegend und deutend, wie sich's damit verhält. Die anderen Menschen wissen freilich nicht, was sie im Wachen tun, wie sie ja auch vergessen, was sie im Schlafe tun.

Drum ist's Pflicht, dem Gemeinsamen zu folgen. Aber obschon das Wort allein gemein ist, leben die meisten so, als ob sie eine eigene Einsicht hätten.

Esel würden Häckerling dem Golde vorziehen.

Gar vieler Dinge kundig müssen weisheitsliebende Männer sein.

Der Seele Grenzen kannst du nicht ausfinden, und ob du jegliche Straße abschrittest; so tiefen Grund hat sie.

Wer in dieselben Fluten hinabsteigt, dem strömt stets anderes Wasser zu. Auch die Seelen dünsten aus dem Feuchten empor.

Wenn ihr nicht mich, sondern das Wort vernehmt, ist es weise zuzugestehen, daß alles eins ist.

Der Weg auf und ab ist ein und derselbe.

Mit dem Worte, mit dem sie doch am meisten beständig zu verkehren haben, dem Lenker des Alls, entzweien sie sich, und die Dinge, auf die sie täglich stoßen, scheinen ihnen fremd.

Man soll aber wissen, daß der Krieg das gemeinsame ist und das Recht der Streit, und daß alles durch Streit und Notwendigkeit zum Leben kommt.

Der weiseste Mensch wird gegen Gott gehalten wie ein Affe erscheinen in Weisheit, Schönheit und allem andern.

Umsatz findet wechselweise statt des Alls gegen das Feuer und des Feuers gegen das All, wie des Goldes gegen Waren und der Waren gegen Gold.

Denn beim Kreisumfang ist Anfang und Ende gemeinsam.

Gemeinsam ist allen das Denken.

Der Seele ist das Wort eigen, das sich selbst mehrt.

Die Natur liebt es, sich zu verstecken.

Aus: Heraklit, *Fragmente*

Von der Nachwelt auch mit dem Beinamen «der Dunkle» belegt, war Heraklit der erste griechische Philosoph, der ein allumfassendes philosophisches System begründen wollte.

Eine Kampfszene auf einer griechischen Vase. Von Heraklit stammt der Ausspruch, daß das Recht auf Kampf beruhe und alles Dasein aus Streit und Not hervorgehe.

Xenophanes

Zu den älteren Philosophen, von denen Heraklit sich distanzierte, gehörte neben Pythagoras auch Xenophanes (577–480), der aus Kolophon stammte und später nach Süditalien auswanderte. Heraklit lastet ihm an, ein Vielwisser zu sein, dessen Denken keinerlei inneren Zusammenhang habe. Xenophanes seinerseits hatte Homer und Hesiod den Vorwurf gemacht, eine irreführende Vor- und Darstellung von den Göttern zu geben – ein Punkt, in dem ihm Heraklit im übrigen nicht widerspricht.

So heißt es unter anderem bei Xenophanes: «Alles haben Homer und Hesiod den Göttern zugeschoben, was bei Menschen Schimpf und Schande ist: stehlen und ehebrechen und einander belügen.» Und an anderer Stelle: «Doch wenn Ochsen oder Löwen Hände hätten oder vielleicht malen könnten mit ihren Händen und Kunstwerke herstellen wie die Menschen, dann würden Pferde pferdeähnlich, Ochsen ochsenähnlich der Götter Gestalten malen und solche Körper bilden, wie jeder selbst gestaltet ist.»

Ein deutliches Bild seines Denkens zeichnet Xenophanes in seinem «Lob der Philosophie» – eine Thematik, die spätere Philosophen übernommen und auf vielfältige Weise variiert haben. «Nun gut, wenn einer mit der Schnelligkeit seiner Füße einen Sieg erränge oder als Fünfkämpfer, dort, wo der Hain des Zeus an den Fluten des Pises in Olympia, oder als Ringer oder auch, weil er den schmerzhaften Faustkampf beherrscht oder den schrecklichen Wettkampf, den sie *Pankration* nennen; für seine Mitbürger wäre er herrlicher anzuschauen, und einen Ehrensitz vor aller Augen bei den Veranstaltungen würde er erhalten, und Speisung gäbe es aus öffentlichem Vermögen, gewährt von der Gemeinde, und ein Geschenk als kostbaren Besitz; oder auch wenn er mit seinen Pferden (siegte), würde er das alles erhalten – er, der (dessen) nicht so würdig ist wie ich. Ist besser als Kraft von Männern und Pferden doch

Die politische und kulturelle Expansion der Griechen in Süditalien setzte bereits im 8. Jh. v. Chr. ein. Der griechische Brauch, Tempel zu bauen und Statuen von Göttern in Menschengestalt zu errichten, verbreitete sich über den gesamten Mittelmeerraum. Der Tempel von Paestum ist ein Beispiel. Auch Philosophen, unter anderem Xenophanes, ließen sich in diesem Gebiet nieder.

unsere Kunst und Kenntnis. Nein, durchaus willkürlich ist dieser Brauch, und nicht ist es recht, Stärke höher zu schätzen als nützliche Weisheit.»

Allerdings trägt die von ihm gepriesene Philosophie bereits auch skeptische Züge: «Und das Genaue hat nun freilich kein Mensch gesehen, und es wird auch niemanden geben, der es weiß über die Götter und alles, was ich sage. Denn wenn es ihm auch im höchsten Grade gelingen sollte, Wirkliches auszusprechen, selbst weiß er es gleichwohl nicht. Für alles gibt es aber Vermutung.» Was Xenophanes in diesen Sätzen ausspricht, ist keine individuelle Eingebung, mit der er in der Geschichte der Philosophie allein dastünde. Immer wieder gerät die Kritik an den Vorgängern zu einer Reflexion über Macht und Grenzen des Denkens überhaupt und damit zu einer Form der Skepsis – zumindest in dem Sinn, daß eine scharfe Trennungslinie zwischen wahrem Wissen und Vermutung oder Meinung (*doxa*) gezogen wird.

Parmenides

Aus Parmenides (um 500 v. Chr.), der ein Zeitgenosse Heraklits war und im süditalienischen Elea lebte, vermochte selbst Aristoteles keinen Naturphilosophen zu machen. Vielleicht ist dies auch der Grund, daß er nicht recht wußte, welchen Platz er ihm in seinem historischen Überblick über die Philosophie zuweisen sollte. Eine Rolle spielte möglicherweise auch, daß er ihn, trotz einer gewissen Bewunderung, verdächtigte, ein Skeptiker oder Relativist zu sein.

Die Bruchstücke, die von dem Lehrgedicht des Parmenides erhalten sind und in denen eine Göttin spricht, lassen den Einfluß von Xenophanes deutlich erkennen. «Das Seiende» besitzt bei ihm die Einheit und das unveränderlich Beharrende, das Xenophanes der Gottheit zuschrieb. Über dieses Seiende läßt sich mit Gewißheit nicht mehr sagen, als daß es existiert. Die Frage «Wie und warum es ist?» können die Menschen letztlich nicht beantworten, sie können darüber nur fehl- und wandelbare Vermutungen aufstellen.

Die Eleaten

Nach dem Einfluß, den die Lehre des Parmenides aus Elea hatte, wird eine bestimmte Strömung in der griechischen Philosophie als *eleatische* Schule bezeichnet. Diese Schule verteidigt die Lehre von der Einheit und der Unveränderlichkeit des Seienden mit Nachdruck gegenüber der Auffassung von der ewigen Veränderung, die Heraklit verkündet haben soll. Platon spricht von dem Kampf zwischen den «Verharrenden» und den «Fließenden»; seine Philoso-

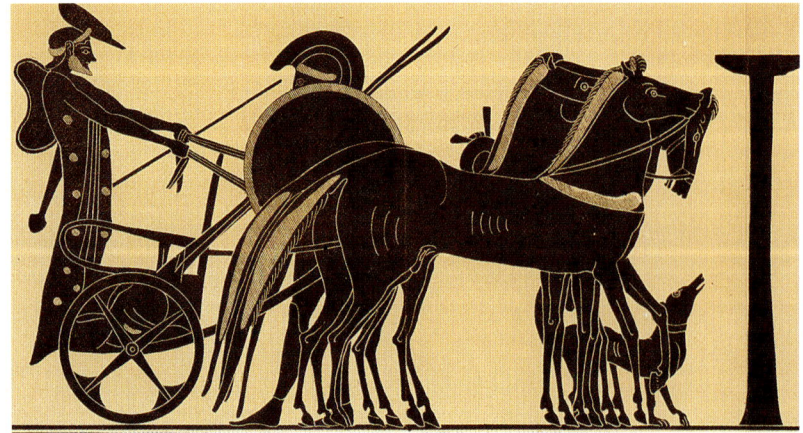

Xenophanes schätzte die fundierte Weisheit mehr als die Kraft von Männern und Pferden, die notwendig ist, um beim Wagenrennen zu siegen.

Wohlan, so will ich denn verkünden (Du aber nimm mein Wort zu Ohren), welche Wege der Forschung allein denkbar sind: der eine Weg, daß [das Seiende] ist und daß es unmöglich nicht sein kann, das ist der Weg des Glaubens (denn er folgt der Wahrheit), der andere aber, daß es nicht ist und daß dies Nichtsein notwendig sei, dieser Pfad ist – so künde ich Dir – gänzlich unerforschbar. Denn das Nichtseiende kannst Du weder erkennen (es ist ja unausführbar) noch aussprechen.

Denn [das Seiende] denken und sein ist dasselbe.

Das Sagen und Denken muß ein Seiendes sein. Denn das Sein existiert, das Nichts existiert nicht; das heiß ich Dich wohl zu beherzigen. Es ist dies nämlich der erste Weg der Forschung, vor dem ich Dich warne. Sodann aber auch vor jenem, auf dem da einherschwanken nichts wissende Sterbliche, Doppelköpfe. Denn Ratlosigkeit lenkt den schwanken Sinn in ihrer Brust. So treiben sie hin stumm und zugleich blind, ein verdutztes, urteilsloses Volk, denen Sein und Nichtsein für dasselbe gilt und nicht für dasselbe, für die es bei allem einen Gegenweg gibt.

So bleibt nur noch ein Weg zu verkünden, daß es ein Sein gibt. Darauf stehn gar viele Merkpfähle: weil ungeboren, ist es auch unvergänglich, ganz, eingeboren, unerschütterlich und ohne Ende. Es war nie und wird nicht sein, weil es allzusammen nur im Jetzt vorhanden ist. Denn was für einen Ursprung willst Du für das Seiende ausfindig machen?

Denken und des Gedankens Ziel ist eins; denn nicht ohne das Seiende, in dem sich jenes ausgesprochen findet, kannst Du das Denken antreffen. Es gibt ja nichts und wird nichts andres geben außerhalb des Seienden, da es ja das Schicksal an das unzerstückelte und unbewegliche Wesen gebunden hat. Drum ist alles leerer Schall, was die Sterblichen in ihrer Sprache festgelegt haben, überzeugt, es sei wahr: Werden und Vergehen, Sein und Nichtsein, Veränderung des Ortes und Wechsel der leuchtenden Farbe. Aber da eine letzte Grenze vorhanden, so ist es abgeschlossen nach allen Seiten hin, vergleichbar der Masse einer wohlgerundeten Kugel, von der Mitte nach allen Seiten hin gleich stark.

Aus: Parmenides, *Lehrgedicht*

---

phie wird auch als Versuch gedeutet, den Gegensatz zwischen diesen beiden Richtungen zu überbrücken.

Nun wird bei Parmenides nicht auf den ersten Blick deutlich, ob er von der Einheit und Unveränderlichkeit alles Seienden spricht, also von der großen und beliebigen Summe allen Seins, oder ob er jedes einzelne Seiende an sich gemeint hat. Im letzten Fall werden weder Veränderung noch Bewegung negiert, beides ist jedoch vom Standpunkt des philosophischen Interesses ohne Belang, da sich der Philosoph allein auf die Erkenntnis des allumfassenden Seins konzentrieren muß.

Von daher wird verständlich, daß Aristoteles Parmenides zu den *Aphysikern* zählte, zu den Philosophen, die sich nicht für naturwissenschaftliche Fragen interessieren und deshalb beispielsweise auch die Zeit negieren.

Zenon (1. Hälfte des 5. Jh. v. Chr.), ein Schüler und Freund des Parmenides, hat zu beweisen versucht, daß unsere Begriffe von Zeit und Bewegung problematisch sind. Als Beweis führt er die paradoxe Behauptung an, daß der schnelle Achill eine Schildkröte, die zu Beginn eines Wettlaufs einen Vorsprung erhält, niemals einholen könne, da er immer erst den Punkt erreichen muß, von dem aus die Schildkröte aufgebrochen ist, so daß die Schildkröte fortwährend einen, wenn auch stets kleiner werdenden, Vorsprung behält.

Sein Zeitgenosse Melissos drückt das Wissen um die Absolutheit des Seienden in der These aus, daß alles schon immer war und nicht geworden ist. Wäre es geworden, wäre es, bevor es wurde, notwendigerweise nichts gewesen. Wenn jedoch nichts war – so seine Argumentation –, wäre aus diesem Nichts niemals etwas geworden. In diesem Text scheint es eher um die gleichbleibende Summe alles Seienden als um die einzelnen Dinge an sich zu gehen.

Demokrit

Von seinen Lebensdaten her ist Demokrit (460–380) kein Vorsokratiker. Dennoch wird er zu ihnen gerechnet, da Sokrates keinen erkennbaren Einfluß auf sein Werk gehabt hat. Ob man in umgekehrter Richtung von einer gewissen Beeinflussung sprechen kann, läßt sich nicht mit Sicherheit sagen. Platon, der in seinen Dialogen Sokrates ständig zu Wort kommen läßt, erwähnt Demokrit an keiner Stelle, während er im allgemeinen mit Zitaten nicht geizt. Dennoch ist eine auffallende Parallelität in ihren Ideen zu erkennen, so stimmen sie beispielsweise in ihrer Auffassung über die dichterische Inspiration überein; vor allem jedoch deckt sich die Art und Weise, in der beide das als Einheit begriffene unveränderlich beharrende Sein des Parmenides in eine Vielheit unveränderlicher Seinsweisen umgesetzt haben. Platon nennt diese Vielheit *Formen* oder *Ideen*,

Demokrit

Bei der Verbreitung der griechischen Kultur spielte die Schiffahrt eine wichtige Rolle. Die eigentliche Triebfeder der Expansion war in der Regel ökonomischer Natur; vor allem die Suche nach neuem Agrarland führte die Griechen nach Süditalien.

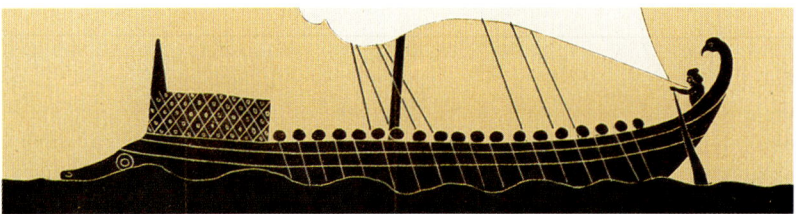

Demokrit bezeichnet sie, wenn auch nur an einer Stelle, als *Atome*. Diese Atome sind unveränderlich, aber unterschiedlich geformt, sie bewegen sich im leeren Raum und bilden durch ihr Zusammentreten die konkreten Dinge.

Meist wird Demokrit als Naturphilosoph und Begründer der philosophischen Atomlehre bezeichnet. In seinem umfangreichen Werk, von dem nur ein paar hundert Fragmente erhalten sind, scheint die Naturphilosophie jedoch eher eine untergeordnete Rolle gespielt zu haben. Der größte Teil seines schriftlich überlieferten Werkes gilt dem, was wir als «Wissenschaftsphilosophie» bezeichnen würden, darüber hinaus ist es ethischen Betrachtungen gewidmet. Demokrit ist der erste Ethiker in der griechischen Philosophie und kann unter diesem Aspekt mit Sokrates verglichen werden.

Anaxagoras

In einem sehr spezifischen Sinn muß der in Athen wirkende Philosoph Anaxagoras (ca. 500 – ca. 428) zu den Vorsokratikern gerechnet werden. Dabei hat gerade er – wie Platon in seinem Dialog *Phaidon* berichtet – die philosophische Neuorientierung des Sokrates bewirkt. Auch der Lustspieldichter Aristophanes bezeugt, daß Sokrates zunächst ein Naturphilosoph und «Vorsokratiker» war, den die Enttäuschung über das Gedankensystem des Anaxagoras dazu trieb, sich auf die Suche nach einer anderen Methode des Philosophierens zu machen.

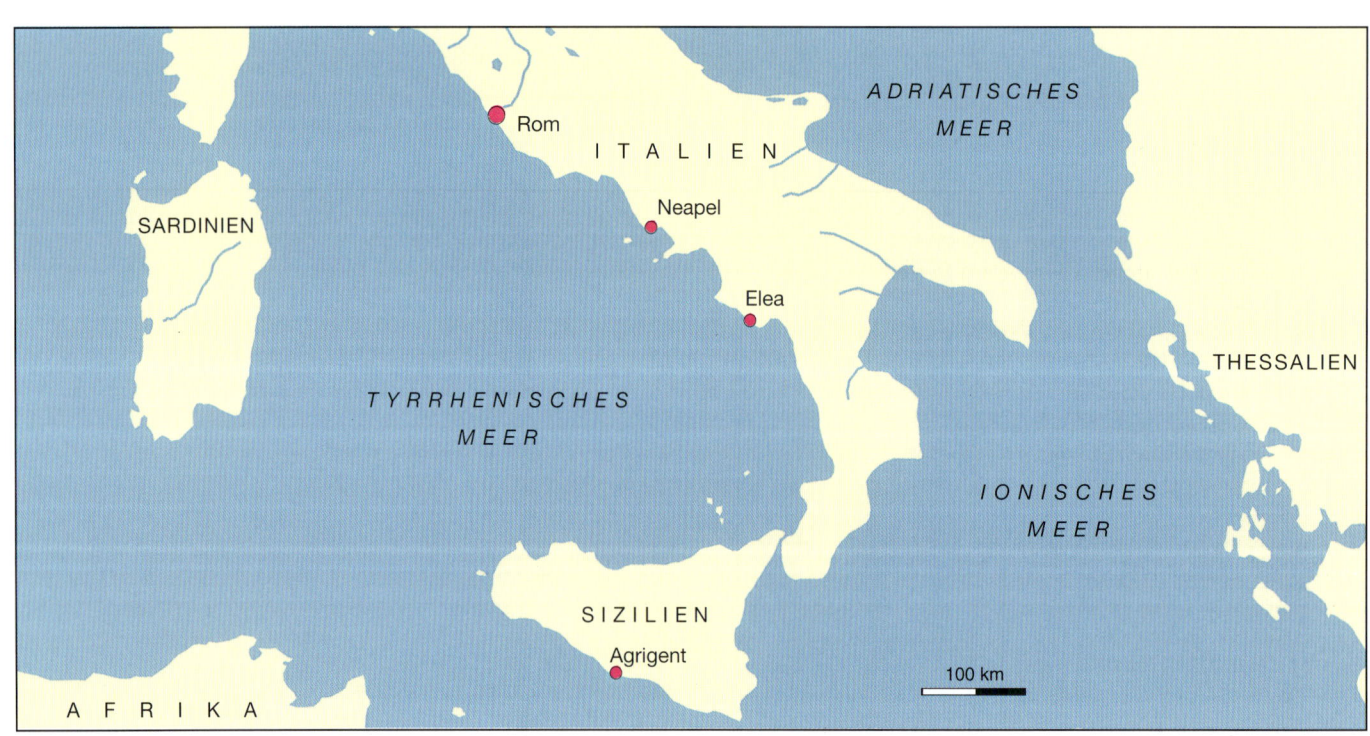

Durch Kolonisation weitete sich die griechische Einflußsphäre stark aus, vor allem in den süditalienischen Raum.

Wer in guter Laune leben will, darf sich nicht besonders bemühen, weder im Privatleben noch im öffentlichen Leben, und bei dem, was er jeweils treibt, darf er sein Ziel nicht höher ansetzen, als eigene Kompetenz und Natur es erlauben.

Auch diese Darlegung zeigt, daß wir in Wirklichkeit über nichts etwas wissen – die Annahme für alle ist der Zustrom.

Leute, die sich an ihres Nächsten Unglück ergötzen, verstehen nicht, daß die Gaben des Zufalls allen Menschen gemeinsam sind, und sind außerstande, ihre Freude aus eigener Quelle zu schöpfen.

In Wirklickeit wissen wir nichts; denn die Wahrheit liegt in dem Abgrund.

Der Bestimmung zufolge (gibt es) Süßes, der Bestimmung zufolge Bitteres, der Bestimmung zufolge Warmes, der Bestimmung zufolge Kaltes, der Bestimmung zufolge Farbe; in Wirklichkeit aber (nur) Atome und Leeres.

Ihres Vaters Selbstbeherrschung ist für die Kinder der beste Ansporn.

Denn eine gute Laune erlangen die Menschen nur durch Mäßigung des Genusses und entsprechendes rechtes Lebensmaß. Das Zuwenig und Zuviel aber verändert sich ständig in sein Gegenteil und verursacht dadurch große Bewegungen innerhalb der Seele. Diejenigen Seelen aber, die sich über weite Räume (hin und her) bewegen, sind weder im Gleichgewicht noch in guter Laune. Man soll also seinen Sinn auf das Mögliche richten und zufrieden sein mit dem, was man hat [...]

Das Leben in fremden Ländern lehrt Genügsamkeit; denn Gerstenbrot und Strohlager sind die süßesten Heilmittel gegen Hunger und Erschöpfung.

Bildung ist der Glücklichen Schmuck und der Unglücklichen Zuflucht.
Offene Sprache ist Merkmal der Freiheit; das Risiko dabei liegt aber in der Bestimmung des richtigen Zeitpunkts.
Armut, Reichtum sind nur Namen für Entbehrung und Genughaben. Also ist, wer entbehrt, nicht reich, und wer nicht entbehrt, nicht arm.

Ein Leben ohne Festlichkeiten ist ein langer Weg ohne Herbergen.

Aus: Demokrit, *Fragmente*

Anaxagoras, so Sokrates, spricht zwar von einer «Weltseele» (*nous*) als ordnendem Prinzip, aber wenn es darum geht, konkrete Phänomene zu erhellen, flüchtet er sich in ein mechanistisches Erklärungsmodell. Die Kritik von Aristoteles läuft auf dasselbe hinaus, wenn er sagt, daß Anaxagoras die Weltseele wie eine Theatermaschine gebrauche, die man einschaltet, um eine geordnete Welt zu schaffen. Immer dann, wenn er der Frage hilflos gegenüberstehe, warum etwas notwendigerweise so ist, wie es ist, werde man von ihm auf die Bühne geschleppt.

In einem Fragment aus dem eigenen Werk von Anaxagoras, das sich bei Simplicius findet, wird diese Weltseele als etwas Unbestimmtes beschrieben, als ein eigenmächtiges Wesen, das mit nichts vermischt ist. Wäre sie nicht allein auf sich selbst gerichtet – heißt es weiter –, wäre sie mit etwas vermischt, würde sie einen Teil aller Dinge enthalten, da in jedem Ding ein Teil von allem ist. Auch würde das, mit dem sie vermischt wäre, sie behindern, so daß sie über nichts in dem Maße Macht ausüben könnte, als wenn sie allein auf sich gerichtet wäre. Für Anaxagoras ist die Weltseele (*nous*) das Feinste und das Reinste aller Dinge, sie besitzt das höchste Wissen und die größte Kraft. Sie herrscht über alle Wesen, größere oder kleinere, die eine Seele haben. Die Weltseele hat nach Anaxagoras den ersten bewegenden Anstoß dazu gegeben, daß sich aus dem ursprünglichen Chaos das geordnete Ganze der Welt bildete.

Es läßt sich vielleicht mit Recht darüber streiten, ob ein solcher Text naturwissenschaftlichen Charakter hat, zweifellos ist er jedoch eine Herausforderung für die Gelehrten seiner Zeit gewesen, da Anaxagoras mit seiner Konstruktion von der Weltseele ein Modell erdacht hat, um die Welt zu erklären. Damit zeigt er die prinzipielle Möglichkeit auf, das Sein durch das Denken zu erschließen. Wie hoch er selbst die Macht des Denkens einschätzte, verdeutlicht folgende Anekdote. Von Anaxagoras wird berichtet, daß er sich bei dem plötzlichen Tod seiner Söhne mit dem Gedanken tröstete: «Ich wußte ja, daß ich sie als Sterbliche gezeugt habe.»

Wissen ist hier stärker als das reale Geschehen: Was schon zuvor als Wissen existiert, kann den Menschen, wenn es ihm tatsächlich widerfährt, nicht mehr niederschmettern. Anaxagoras ist als Begründer der «Technik der Tröstung» (*techne alypias*) anzusehen – der Kunst, sich durch Denken vor Kummer zu schützen. Sein Zeitgenosse, der große Tragödiendichter Euripides, muß an ihn und sein Schicksal gedacht haben, als er eine seiner Figuren sinngemäß sagen ließ: «Ich hatte – und das habe ich von einem weisen Mann gelernt – das Elend immer als Vorstellung in meinem Kopf: Vertreibung aus meinem Vaterland habe ich mir in Gedanken auferlegt, frühzeitige

Todesfälle und was sonst noch auf unserem Weg an Katastrophen geschieht, habe ich in Gedanken bereits erlitten. Ich wollte so – sollte mir etwas davon widerfahren – verhindern, daß es mich allzusehr berührt.» Dieser Gedanke taucht auch in der späteren Tröstungsliteratur immer wieder auf. Er ist Ausdruck für die Überzeugung, daß das Denken Macht über das Sein oder das reale Geschehen besitzt.

Anaxagoras wurde aus Athen verbannt, weil er behauptet hatte, die Sonne sei ein Stein und nicht, wie es der Volksglaube wollte, eine Gottheit. Dies zeigt, daß ihn zumindest seine Athener Zeitgenossen für einen Naturphilosophen hielten, daß er für sie jemand war, der sich zu eigen machte, was den Göttern des Himmels und der Unterwelt gehörte.

Von dem Athener Redner und Staatsmann Demosthenes (384–322 v. Chr.) sind eine große Anzahl Reden (Philippikas) erhalten, in denen er heftig gegen die Politik des makedonischen Königs Philipp II. zu Felde zog.

Die Sophisten

Der Name «Sophisten» ist wie die Bezeichnung «Vorsokratiker» ein Sammelbegriff und von daher ähnlich unzulänglich. Er legt die Vermutung nahe, es handle sich um eine Gruppe oder Schule Gleichgesinnter, während die Sophisten ganz im Gegenteil große Individualisten waren und außerordentlich unterschiedliche Standpunkte vertraten. Was sie verbindet, kann nur vage als «Zeitgeist» oder vielleicht etwas konkreter als das politische und intellektuelle Leben in Athen um 450 vor Christus umschrieben werden. Die Stadt erlebte unter der Führung des Staatsmannes Perikles ihre Blütezeit und entwickelte sich zum Mittelpunkt der griechischen Kultur. Vor allem hier fanden die Sophisten ihren Wirkungskreis.

Die Bezeichnung Sophisten bildete sich erst im Laufe des fünften Jahrhunderts als eigenständiger Sammelbegriff heraus und hatte als solcher von Anfang an einen negativen Beigeschmack. Bei den Vorsokratikern wird dies noch nicht so deutlich, da *sophistés* ursprünglich ganz allgemein eine Bezeichnung für Gelehrte und Künstler war. Ihren abwertenden Klang erhielt die Bezeichnung «Sophisten» von außen, von konkurrierenden philosophischen Richtungen.

Maßgeblich beteiligt an diesem Prozeß war Sokrates. Es war vor allem sein Einfluß, verstärkt durch das Werk Platons, der den Sophisten ihren zweifelhaften Ruf bescherte. Sokrates kritisierte an ihnen vor allem, daß sie selbst nicht für eine philosophische Überzeugung einstanden, sondern ihre Redekunst nutzten, um ganz nach Belieben die unterschiedlichsten Standpunkte zu vertreten. Er mißbilligte ihre Ambitionen, als Lehrmeister aufzutreten – was er für sich selbst nie in Anspruch genommen hat –, und schließlich verachtete er die Sophisten, weil sie für ihren Unterricht Geld verlangten. In der Definition, die Platon in seinem Dialog *Sophistes* gibt, sind einige dieser Charakteristika enthalten: Der Sophist ist auf der Jagd nach reichen jungen Leuten, er handelt mit Wissen, das er selbst wie eine Ware produziert.

Trotz dieser Verdammung erlebten die Sophisten immer wieder eine Renaissance. Offensichtlich birgt ihr Werk faszinierende Aspekte, wie zum Beispiel die ausgeprägte Scharfsinnigkeit, ihr Engagement und ihr Glauben an die Vermittelbarkeit positiver Werte sowie an die Möglichkeit des Fortschritts. Das immer wieder aufkeimende Interesse an ihnen erklärt sich dadurch, daß ihre Kunst – die Rhetorik und Argumentationslehre – auch zu anderen Zeiten und an anderen Orten großes Ansehen genoß. Die Beurteilung der Sophisten ist somit in einem hohen Maße vom historischen Blickwinkel des Urteilenden abhängig.

Rhetorik und Bildung

Revolutionierende Impulse haben die Sophisten der Rhetorik kaum versetzt. Die Rhetorik konzentriert sich auf die formale Gestaltung und inhaltliche Überzeugungskraft der Rede, die, mit Leidenschaft und Pathos vorgetragen, zwingend zu einer Gesellschaft gehört, die es liebt, Prozesse zu führen, in der jeder sein eigener Anwalt ist – eine Gesellschaft, in der die Demokratie dank der Redekunst und der Fähigkeit, Menschen für den eigenen Standpunkt zu gewinnen, funktioniert. In der Zeit der Sophisten ist allerdings zu beobachten, wie sich die Rhetorik im Erziehungs- und Bildungsbereich als Konkurrentin zur Philosophie profiliert und von einem praktischen Hilfsmittel zum Ideal wird. Nach Auffassung des damals sehr einflußreichen Isokrates war die Rhetorik sogar die einzig wahre Philosophie.

Die Sophisten können sich zugute halten, daß

Meinungen (doxa) und Konventionen durch ihre Bildungs- und Erziehungsarbeit viel grundsätzlicher hinterfragt wurden. Damit leisteten sie zwar einer Form des Skeptizismus Vorschub, aber sie eröffneten auch neue Spielräume, weil sie die Menschen dazu anhielten, die Verantwortung für ihr eigenes Denken und Handeln zu übernehmen. In diesem Sinn kann der berühmte Ausspruch des Sophisten Protagoras (ca. 490–ca. 420) ausgelegt werden. Platon zitiert ihn im *Theaitet* wie folgt: «Der Mensch ist das Maß aller Dinge, der seienden, daß sie sind, der nicht seienden, daß sie nicht sind.»

Platon wendet sich mit folgendem Argument gegen diese These: Wenn ein einzelner Mensch bestimmen könnte, was wahr ist und was nicht, dann wäre jegliche Wahrheit relativ. Mit diesem Gegenargument griff er jedoch nur eine von vielen Interpretationsmöglichkeiten dieses Satzes auf. Mit «der Mensch» kann sowohl das Individuum gemeint sein als auch das Kollektiv aller Menschen oder der Mensch im allgemeinen. Ebenso kann mit den seienden Dingen die *physis* (Natur) gemeint sein, das als unveränderlich begriffene Sein, aber auch das Sein, was durch Übereinkunft festgelegt wird. Es scheint absurd, daß Protagoras mit seiner These sagen wollte, daß die Menschen einzeln oder im gemeinsamen Einvernehmen das wahre Wesen der Natur bestimmen könnten. Wahrscheinlicher ist, daß er mit diesem Ausspruch «dem Menschen» die Fähigkeit zuerkennt, seine eigene Geschichte zu schreiben.

Die Kritik Platons zielt darauf ab, daß die Sophisten eine Scheinwelt erzeugten, die mit keiner Wirklichkeit korrespondiere. Ebenso wie die Meinung kann eine solche Scheinwelt von Menschen beliebig geschaffen werden. Der Schein jedoch trügt, und – schlimmer noch – er wird speziell dazu gemacht. Als Konstrukt ist er reproduzierbar und kann, zeitweise oder für immer, an die Stelle der Wirklichkeit treten.

Platon jedoch, dem es mit seiner Ideenlehre darum ging, die Wirklichkeit zu retten, war überzeugt davon, daß der Mensch sich die Welt nicht nach seinen Vorstellungen modellieren dürfe, sondern daß die Wirklichkeit selbst für die Auffassung von Welt Modell stehen müsse. Nur so könnten die Dinge ihrem beliebigen Scheincharakter entfliehen.

Antiphon, ein Zeitgenosse des Sokrates, geht am Beispiel vom Wesen der Gerechtigkeit ausführlich auf den Gegensatz zwischen «Konvention» und «Natur» oder zwischen «Meinung» und «Wahrheit» ein.

Nach Antiphon bedeutet Gerechtigkeit, daß man nicht gegen die Übereinkünfte der Gesellschaft verstößt, in der man als Bürger lebt. Ein Mensch kann große Vorteile für sich selbst erzielen, wenn er Gerechtigkeit walten läßt, und das heißt nach dem Verständnis Antiphons, daß er sich in der Öffentlichkeit beziehungsweise im Beisein von Zeugen nachdrücklich auf die Konventionen berufen soll, allein und ohne Zeugen jedoch der Natur das gibt, was ihr zusteht. Was die Konventionen besagen, ist nach Auffassung Antiphons willkürlich, was die Natur sagt, jedoch absolut notwendig. Konventionen beruhen auf Vereinbarungen und sind somit auf eine nicht natürliche Weise entstanden, während sich die Botschaft der Natur spontan herausgebildet hat.

Wer die Konventionen bricht, ist nur dann vor Strafe und Schande geschützt, wenn er seinen Verstoß vor denen, die diese Vereinbarungen getroffen haben, verbirgt. Versucht er jedoch etwas von dem, was von Natur aus in ihm ist, entgegen seinen Möglichkeiten zu erzwingen, dann ist das Unheil keineswegs kleiner, wenn seine Tat vor allen Menschen verborgen bleibt und keineswegs größer, wenn sie für alle sichtbar wird. Schaden entsteht nicht durch eine Meinung, sondern durch die Wirklichkeit.

Auf dem Parnaß vergnügen sich die Musen Euterpe, Klio, Thalia und Kalliope mit dem Gott Apoll.

Sokrates

Sokrates (469–399 v. Chr.) hat keine Schriften hinterlassen; seine Form des Philosophierens waren Gespräche, die er meistens auf der Straße führte. Wir kennen seine Methode und seine Ideen aus den Schriften anderer, vor allem jedoch durch die Vermittlung Platons, in dessen Dialogen er die Hauptrolle spielt. Der Eindruck, den er bei seinen Gesprächspartnern hinterließ, muß überwältigend gewesen sein. So wird er in Platons *Symposion* von dem angetrunkenen Alkibiades, der selbst noch eine wichtige militärische und politische Rolle in der Geschichte Athens spielen sollte, mit dem Satyr Marsyas verglichen: genauso häßlich in der äußeren Erscheinung, aber ebenso bezaubernd, sobald er den Mund öffnet: «Ich wenigstens, ihr Männer, würde, wenn ich nicht vollständig berauscht erscheinen würde, euch sagen und beschwören, was ich selbst von seinen Reden erlitt und auch jetzt noch erleide. Denn wenn ich sie höre, pocht mir das Herz viel stärker als den Korybantischen Tänzern, und Tränen werden mir von seinen Reden entpreßt. Ich sehe aber auch, daß die anderen in der Menge dasselbe erleiden.»

Sokrates ist der erste griechische Philosoph, der in Athen geboren wurde. Sein Vater war der Bildhauer Sophroniskos, seine Mutter die Hebamme Phaenarete. Die Stadt verließ er nur, um an Feldzügen im Ausland teilzunehmen, wo sein heldenhaftes Auftreten gerühmt wurde. In relativ hohem Alter heiratete er Xanthippe, mit der er drei Söhne hatte.

In den Gesprächen, die er führte, hielt er seinem Gegenüber einen Spiegel vor. Es ging ihm dabei nicht um die Vermittlung theoretischen Wissens, sondern um Selbsterkenntnis. «Bis jetzt bin ich noch nicht so weit, mich selbst zu erkennen, wie es das Orakel von Delphi vorschreibt. Und solange diese Unwissenheit anhält, erschiene es mir lächerlich, mich in andere Dinge zu vertiefen.»

Seine Lehre ist Sokrates teuer zu stehen gekommen. 399 v. Chr. wurde er von einem Athener Gericht zum Tode verurteilt. Man beschuldigte ihn der Gottlosigkeit und warf ihm einen verderblichen Einfluß auf die Jugend vor. Auch wenn politische Motive im Spiel gewesen sein mögen, so lag der Hauptgrund für diesen Prozeß wohl in der Gefahr, daß er die gleichgültig gewordenen Athener hätte wachrütteln können. Obwohl ihm, auch von mehr oder weniger offizieller Seite, nach seiner Verurteilung die Gelegenheit zur Flucht geboten wurde, nahm er das Urteil an und trank im Beisein einiger guter Freunde den Giftbecher. In seinen letzten Worten, die ebenfalls durch Platon belegt sind, lernen wir ihn als einen Menschen kennen, der dem Tod ohne Angst entgegensah.

Schon in den vorangehenden Kapiteln wurde wiederholt auf Sokrates verwiesen: Von seinem Namen ist die Bezeichnung «Vorsokratiker» abgeleitet, wir haben ihn als einen Gegner der Sophisten und als den Philosophen kennengelernt, der Platon am stärksten inspirierte. Der ihm zugeschriebene Einfluß auf die antike Philosophie ist unbestritten, wird jedoch dann etwas zu hoch eingeschätzt, wenn man sein Denken als Revolutionierung der gesamten bis dahin gültigen Philosophie ansieht.

Kurswechsel

Der Umbruch im philosophischen Denken, den die traditionelle Geschichtsschreibung an der Person des Sokrates festmacht, ist durch die bis dahin herausgebildete Philosophie gut vorbereitet.

Will man den mit ihm verbundenen philosophischen Kurswechsel kennzeichnen, könnte man vielleicht sagen, daß Sokrates, in einem noch stärkeren Maße als die Philosophie vor ihm, versucht hat, die Möglichkeiten und Grenzen des Denkens auszuloten. Mit philosophischen Fragen nach der Beschaffenheit der Wirklichkeit hingegen setzte er sich kaum auseinander. Hier kehrte Sokrates fast zu dem Standpunkt von Parmenides zurück, der das Seiende als das unveränderlich Beharrende auffaßte.

In Platons *Phaidon* scheint Sokrates sich gegen alles zu wenden, was an eine kausale Erklärung grenzt, da das Seiende damit immer wieder auf etwas anderes als sein eigentliches und unveränderliches Wesen zurückgeführt wird:

«Und so verstehe ich denn gar nicht mehr und begreife nicht jene anderen gelehrten Gründe; sondern wenn mir jemand sagt, weswegen irgend etwas schön ist, entweder weil es eine blühende Farbe hat oder Gestalt oder sonst etwas dieser Art, so lasse ich das andere – denn durch alles übrige werde ich nur verwirrt gemacht – und halte mich ganz einfach und kunstlos und vielleicht einfältig bei mir selbst daran, daß nicht anderes es schön macht als eben jenes Schöne, nenne es nun Anwesenheit oder Gemeinschaft, wie nur und woher sie auch komme, denn darüber möchte ich nichts weiter behaupten, sondern nur, daß vermöge des Schönen alle schönen Dinge schön werden. Denn dies dünkt mich das allersicherste zu antworten, mir und jedem anderen; und wenn ich mich daran halte, glaube ich, daß ich gewiß niemals fallen werde, sondern daß es mir und jedem anderen sicher ist zu antworten, daß vermöge des Schönen die schönen Dinge schön sind.»

Möglicherweise ist es Platon selbst, der in diesem Zitat zu Wort kommt. Denn was hier gesagt wird, ist eine einfache Version der Ideenlehre, und es ist die Frage, inwieweit diese auf Sokrates zurückgeht. Sein Bedürfnis war es vor allem, im Gedankenaustausch

So auch, als er [Chairephon] einst nach Delphoi gegangen war, erkühnte er sich, hierüber ein Orakel zu begehren; nur, wie ich sage, kein Getümmel, ihr Männer. Er fragte also, ob wohl jemand weiser wäre als ich. Da leugnete nun die Pythia, daß jemand weiser wäre. Und hierüber kann euch dieser sein Bruder Zeugnis ablegen, da jener bereits verstorben ist.

Bedenkt nun, weshalb ich dieses sage; ich will euch nämlich erklären, woher die Verleumdung gegen mich entstanden ist. Denn nachdem ich dieses gehört, gedachte ich bei mir also: Was meint doch der Gott, und was will er etwa andeuten? Denn das bin ich mir doch bewußt, daß ich weder viel noch wenig weise bin. Was meint er also mit der Behauptung, ich sei der Weiseste? Denn lügen wird er doch wohl nicht; das ist ihm ja nicht verstattet. Und lange Zeit konnte ich nicht begreifen, was er meinte; endlich wendete ich mich gar ungern zur Untersuchung der Sache auf folgende Art. Ich ging zu einem für den für weise Gehaltenen, um dort, wenn irgendwo, das Orakel zu überführen und dem Spruch zu zeigen: Dieser ist doch wohl weiser als ich, du aber hast auf mich ausgesagt. Indem ich nun diesen beschaute, denn ihn mit Namen zu nennen ist nicht nötig; es war aber einer von den Staatsmännern, auf welchen schauend es mir folgendermaßen erging, ihr Athener. Im Gespräch mit ihm schien mir dieser Mann zwar vielen andern Menschen und am meisten sich selbst sehr weise vorzukommen, es zu sein aber nicht. Darauf nun versuchte ich ihm zu zeigen, er glaubte zwar, weise zu sein, wäre es aber nicht; wodurch ich dann ihm selbst verhaßt ward und vielen der Anwesenden.

Indem ich also fortging, gedachte ich bei mir selbst, als dieser Mann bin ich nun freilich weiser. Denn es mag wohl eben keiner von uns beiden etwas Tüchtiges oder Sonderliches wissen; allein dieser meint etwas zu wissen, obwohl er nicht weiß, ich aber, wie ich eben nicht weiß, so meine ich es auch nicht. Ich scheine also um dieses wenige doch weiser zu sein als er, daß ich, was ich nicht weiß, auch nicht glaube zu wissen. Hierauf ging ich dann zu einem andern für den noch weiser als jener Geltenden, und es dünkte mich eben dasselbe, und ich wurde dadurch auch ihm und vielen andern verhaßt.

Nach diesem ging ich schon nach der Reihe vor, bemerkend freilich und bedauernd, und auch in Furcht darüber, daß ich mich verhaßt machte; doch aber dünkte es mich notwendig, des Gottes Sache über alles andere zu setzen.

Aus: Platon, *Apologie*

---

den jeweiligen Diskussionsgegenstand – wie zum Beispiel Frömmigkeit, Tapferkeit oder Gerechtigkeit – zu definieren.

Wissen als Nichtwissen

Sokrates selbst scheint sein Auftreten nicht als einen Versuch verstanden zu haben, anderen aktiv Wissen zu vermitteln, wie die Sophisten das taten. Für ihn ist dieses Wissen bei seinem jeweiligen Gesprächspartner bereits im Kern vorhanden. Seine Gesprächsführung ist mäeutisch; er hat sie häufig mit der Hebammenkunst, dem Beruf seiner Mutter, verglichen und gesagt, nicht er selbst bringe die Gedanken zur Welt, sondern verhelfe anderen zur Geburt einer Idee. Was Menschen wissen, wissen sie aus sich selbst, und was sie wirklich wissen, hat dann auch etwas unmittelbar Zwingendes. Wissen ist dabei niemals nur Selbstzweck, sondern immer auch Tugend. Die intellektuelle Leistung schließt eine moralische Qualität mit ein, insofern sie dem hohen Anspruch gerecht wird, den Sokrates an das Wissen stellt.

In der *Apologie*, der Verteidigungsrede des Sokrates, die Platon aufgezeichnet hat, reflektiert Sokrates ausführlich über das Wort «sophos» in seiner gesamten Bedeutungsvielfalt. Anlaß für diese Untersuchung ist ein Ausspruch des Delphischen Orakels, demzufolge Sokrates der weiseste aller Griechen sei. Zunächst berichtet Sokrates, wie er, um die Bedeutung des Orakelwortes zu erfassen, Menschen aufsuchte, die in dem Ruf standen, in einer bestimmten Hinsicht weise zu sein. Beim Zusammentreffen mit diesen Menschen habe er dann jedoch entdeckt, daß diese sich zwar selbst für weise hielten, diese Selbsteinschätzung aber nicht begründen konnten, weil sie nicht wußten, was eigentlich Weisheit ist. Daraus folgerte Sokrates, tatsächlich weiser als diese zu sein, da er als einziger die Einsicht besitze, nicht wirklich weise zu sein. Dieses Wissen um das Nichtwissen bezeichnet er als eine «menschliche Weis-

Auf ergreifende Weise schildert Platon in seinem *Phaidon* den Tod seines Lehrmeisters Sokrates: «[...] dies war das Ende unseres Freundes, des Mannes, der nach unserem Urteil von allen seinen Zeitgenossen, die wir erprobt haben, der edelste, verständigste und gerechteste war.»

Platon

heit», die er für sich selbst in Anspruch nimmt. Mit seiner Reflexion über die Bedeutung des Wortes Weisheit und mit der Definition, die er schließlich gibt, wollte Sokrates das Scheinwissen der Sophisten und anderer anmaßender Zeitgenossen aufdecken.

In der *Apologie* nimmt die Ironie einen wichtigen Platz ein. Sie muß die Zeitgenossen und Zuhörer in hohem Maße irritiert haben, meinten sie doch, daß Sokrates den Anspruch erhob, all das zu wissen, was er bei den anderen als Unwissenheit oder mangelndes Reflexionsvermögen entlarvt hatte. War die Ironie des Sokrates nach der bekannten Definition «geheuchelte Unwissenheit», oder bestand sie gerade darin, daß er wirklich nichts wußte, bei anderen jedoch den Eindruck erweckte, ein Wissender zu sein?

Nach Meinung des Aristoteles war Sokrates – nach einem früheren Ansatz der Pythagoräer – zumindest der erste, der sich wirklich um Definitionen bemühte. In einem sehr interessanten Text beschreibt Aristoteles die sokratische Methode und untersucht vor allem deren Einfluß auf Platon. Er betont dabei, daß für eine Definition eine Begrenzung oder *horos*, ein bestimmtes Wesen oder dauerhaftes Substrat nötig ist. Da sich das sinnlich Wahrnehmbare jedoch ständig verändert und keinen festen Anhaltspunkt bietet, muß man auf ein Gebiet ausweichen, das sich der sinnlichen Wahrnehmung entzieht. Der Text kann gleichzeitig als eine kurze und charakterisierende Einführung in die Philosophie Platons gelesen werden.

Aristoteles: «Nach den genannten Philosophien folgte die Lehre Platons, welche sich in den meisten Punkten an diese anschließt, jedoch auch einige Eigentümlichkeiten hat im Gegensatz zu den Italischen Philosophen. Da er nämlich von Jugend auf mit dem Kratylos und den Ansichten eines Heraklit bekannt geworden war, daß alles Sinnliche in beständigem Flusse begriffen sei und daß es keine Wissenschaft desselben gebe, so blieb er auch später bei dieser Annahme. Und da sich nun Sokrates mit den ethischen Gegenständen beschäftigte und gar nicht mit der gesamten Natur, in jenen aber das Allgemeine suchte und sein Nachdenken zuerst auf Definitionen richtete, so brachte dies den Platon, der seine Ansichten aufnahm, zu der Annahme, daß die Definition etwas von dem Sinnlichen Verschiedenes zu ihrem Gegenstande habe; denn unmöglich könne es eine allgemeine Definition von irgendeinem sinnlichen Gegenstande geben, da diese sich in ständiger Veränderung befänden. Diese Begriffe also nannte er *Ideen* des Seienden, das Sinnliche aber sei neben diesen und werde nach ihnen benannt; denn durch Teilhabe an den Ideen existiere die Vielheit des den Ideen gleichartigen.»

Die Begegnung mit Sokrates, zu der es im Jahr 407 kam, stellte im Leben Platons (427–347) einen Wendepunkt dar; sie bedeutete für ihn die «Bekehrung zur Philosophie». Bis zu diesem denkwürdigen Tag war Platon ein Sportler gewesen, ein vielversprechender Dichter, ein Aristokrat mit politischen Ambitionen. Nach der Überlieferung verbrannte er all seine literarischen Werke, nachdem er mit Sokrates in Berührung gekommen war. Als er während eines Dichter-Wettstreits, an dem er mit einer Tragödie teilnahm, Sokrates reden hörte, soll er seine Gedichte mit den Worten ins Feuer geworfen haben: «Gott des Feuers, komm, jetzt braucht Platon dich.»

Von diesem Zeitpunkt an – er war damals zwanzig – wurde er zu einem treuen Anhänger des Sokrates. Platon soll schon zuvor bei Philosophen in die Lehre gegangen sein, unter anderem bei Kratylos (ca. Ende des 5. Jh. v. Chr.), der selbst ein Schüler des Heraklit war. Der überwältigende Eindruck, den Sokrates auf den jungen Platon gemacht haben muß, ist ein biographisches Element, das für das Verständnis seiner Philosophie sehr wichtig ist. Seine Abkehr von der Dichtkunst bedeutete gleichzeitig die Entscheidung für ein ganz anderes Medium. Platons Abneigung gegen die Dichtung, die in seinem gesamten Werk immer wieder zum Ausdruck kommt, ist nicht als logische Folge einer bereits ausgebildeten philosophischen Position zu verstehen, sondern geht ihr voraus. Platon war bereits Philosoph, war schon auf der Suche nach Weisheit, bevor er seine philosophischen Gedanken in Worte faßte.

So muß sein Werk auch als ein Lob der Philosophie verstanden werden, als ein Versuch, der Philosophie zu einem größeren gesellschaftlichen Einfluß zu verhelfen. Um dieses Ziel zu erreichen, unternahm Platon unter anderem zweimal – 367 und 361 – eine Reise nach Syrakus, um mit Hilfe seines Freundes Dion den Tyrannen Dionysios II. für seine Auffassungen zu gewinnen. Sehr erfolgreich waren diese Unternehmungen allerdings nicht. Parteistreitigkeiten und Intrigen, die sein Leben in Gefahr brachten, zwangen ihn zur Rückkehr nach Athen.

Dort leitete er bis zu seinem Tod die von ihm um 387 gegründete Akademie, die für die ersten mittelalterlichen Universitäten zum Vorbild wurde.
Als Schule hat die Akademie über neunhundert Jahre bestanden, länger als jede andere vergleichbare Einrichtung. Erst 529 nach Christus wurde sie von Kaiser Justinian geschlossen, der die dort gelehrte klassische Tradition als eine Bedrohung für den christlichen Glauben empfand.

Die Gesangstunde, Abbildung auf einer griechischen Trinkschale. Sokrates sagte, daß die Götter den Menschen zwei Künste geschenkt haben, um sie Mut und Weisheit zu lehren: die Gymnastik und die Musik.

Schon die Art und Weise, in der Aristoteles die Philosophie Platons charakterisiert, läßt erkennen, daß das Verhältnis zwischen den beiden größten Philosophen der Antike nicht das eines Meisters zu seinem Schüler war. In gewisser Weise versucht Aristoteles sogar, seinen Lehrmeister auf das Niveau eines Schülers von Pythagoras und Heraklit zurückzustufen und ihn als sklavisch ergebenen Anhänger des Sokrates darzustellen.

Die nicht immer wohlwollende Interpretation, die Aristoteles vom Werk Platons gibt, rührt vor allem daher, daß er dessen Ideenlehre ablehnt. Seine Kritik entzündet sich vor allem an Platons Überzeugung, daß nur Dauerhaftes und Feststehendes zum Gegenstand von Definitionen werden könne.

Platon unterscheidet zwischen doxa (Meinung), die für ihn Ausdruck eines fehl- und wandelbaren menschlichen Wissens ist, und dem wahren Wissen. Für Platon ist doxa – also die beliebige Meinung eines Sterblichen – eine Ebene der Erkenntnis, die hinter die wahre Erkenntnis der Wirklichkeit oder die *alétheia* zurückfällt. Es sei denn, diese Erkenntnis beschränkt sich auf das bloße Wissen von der Existenz dieser Wirklichkeit und verzichtet – wie bei Parmenides – auf jedwede kausale Erklärung.

Ausgehend von dem Gegensatz zwischen dem Sinnlichen und dem Nichtsinnlichen oder zwischen dem Werden und dem Sein, wird die doxa bei Platon in den Bereich des Werdens verwiesen, während das Sein dem Bereich der wahren Erkenntnis zugeordnet ist. Diese wahre Erkenntnis – auch als *epistémé* bezeichnet – ist selbst letztlich nicht sinnlich. Erkennbar ist das Seiende in seiner Unveränderlichkeit; was nicht im umfassenden Sinne «ist» – beispielsweise, weil es Veränderungen unterliegt –, ist nicht der Erkenntnis, sondern nur der «Meinung» zugänglich (*doxastos*). Somit wird die Erkenntnisebene mit der Ebene des unveränderlich Seienden verknüpft, während die Meinung sich auf die sinnliche Wahrnehmung stützt. Mit dieser Unterscheidung hat Platon jedoch noch keineswegs eine Hierarchie des Seienden vorgegeben, in der zum Beispiel das Immaterielle, nur weil es sich der sinnlichen Wahrnehmung grundsätzlich entzieht, «höher» angesiedelt ist als das Materielle. In der Philosophie der späteren Platoniker spielt diese Hierarchie eine große Rolle.

Das Lob der Philosophie

Unter den Sokratikern, den Bewunderern des Sokrates, die nach seinem Tod Verteidigungsschriften und Dialoge verfaßten, in denen die Erinnerung an seine Gespräche lebendig gehalten wurde, nimmt Platon eine Sonderstellung ein. Er ist im philosophischen Sinn ein Sohn des Meisters, auf der literarischen Ebene sein Vater. Für unser Wissen über den Philosophen Sokrates sind wir vor allem auf das Werk Platons – das meistkommentierte Œuvre der Philosophiegeschichte – angewiesen.

Im Frühwerk Platons ist, im Gegensatz zu den späteren Platonikern, nur in einem sehr begrenzten Umfang ein System zu erkennen. Die Dialoge spiegeln eine intellektuelle Beweglichkeit wider, die nicht in Dogmen mündet. In der Thematik sind jedoch Konstanten zu entdecken, wie die Unsterblichkeit der Seele, die Ideen und die Auffassung von Wissen als Erinnerung. In seinem «Siebten Brief» sagt Platon jedoch selbst ausdrücklich, daß er das, worum es in seinem philosophischen Leben genau ging, niemals aufgeschrieben hat. Seine Weigerung, sich festzulegen, kommt auch treffend in dem zum Ausdruck, was die Tradition als seine «ungeschriebene Lehre» bezeichnet, ein Programm, das Platon immer vor Augen hatte, jedoch niemals explizit formuliert hat.

Die Symbolik der Vertikalität

Auf einem Fresko von Raffael mit dem Titel «Schule von Athen» ist eine Gruppe von Philosophen zu sehen, die in einem Tempel ein Streitgespräch führen.

In der Mitte des Bildes stehen der alte Platon und der junge Aristoteles, allem Anschein nach in eine

Auf dem Fresko Raffaels *Schule von Athen* sind Platon und Aristoteles die zentralen Figuren.

Diskussion verwickelt. Platon hält in der einen Hand seinen *Timaios*, während er mit der anderen nach oben weist. Der neben ihm stehende Aristoteles, mit der *Ethika* in der linken Hand, scheint mit seiner rechten ausgestreckten Hand nach unten zu zeigen. Diese Darstellung will den Gegensatz zwischen den beiden Philosophen, der auch der zwischen Schüler und Lehrer ist, abbilden. Platon siedelt die Realität in den höheren Sphären an, die für Aristoteles auf der Erde, in den Dingen selbst, liegt. So hat Platon dann auch ein kosmologisches Buch in der Hand, bei Aristoteles ist es ein ethisches Traktat.

In diesem Ausschnitt seines Freskos *Schule von Athen* stellte Raffael links den schreibenden Pythagoras dar, dem Empedokles und Averroës über die Schulter schauen. Rechts ist der auf sein Werk weisende Parmenides zu sehen.

Raffael war 1510, als er dieses Fresko schuf, möglicherweise durch das Platonbild des Neuplatonikers Ficino beeinflußt, dessen Verehrung für den griechischen Philosophen ausufernde Formen angenommen hatte. Wahrscheinlich hallte aber auch der mittelalterliche Universalienstreit noch nach, bei dem es im wesentlichen um den Gegensatz zwischen den Philosophen ging, die, wie Platon, das *Universelle*, das Wesen der Dinge, einer überirdischen Welt zuordneten, und solchen, die glaubten, daß das wesenhafte Sein in den Dingen selbst liegt, wie Aristoteles dies ihrer Meinung nach tat.

Die Frage ist nun, was für Platon dieses «Oben» ist und ob dieses «Oben» der eigentliche Zufluchtsort und Bezugspunkt ewigen Heimwehs ist. Gerade Platon hat mit Vergnügen die alte Anekdote über den ersten griechischen Philosophen Thales erzählt, der beim Studium der Sterne in eine Grube fiel und daraufhin von einer jungen Frau ausgelacht wurde. Im *Theaitet* interpretiert er diese Anekdote als Sinnbild für den Ruf der Philosophen, weltfremd zu sein, gegen den er sich entschieden wehrt. In seinen Gedanken über die Bedeutung von Philosophie und ihren Platz in der Gesellschaft betont er immer wieder, wie wichtig das Verhältnis zwischen Philosophie und gesundem Menschenverstand oder zwischen den Philosophen und der Volksmasse ist.

In der *Politeia* taucht dieses Thema auf, wenn er über die Erziehung der Philosophen spricht, die darauf vorbereitet werden sollen, ein politisches Amt zu übernehmen. Er kleidet seinen Gedankengang in das Bild eines Steuermanns, der nach den Sternen schaut. Außenstehende und Unwissende denken, daß er mit seinen Gedanken abschweift, sie verstehen nicht, daß seine Fähigkeit gerade darin liegt, durch diesen aufwärts gerichteten Blick den Kurs zu bestimmen, den er hier und jetzt einschlagen muß. Sein Fixpunkt liegt zwar weit entfernt in höheren Sphären, aber er befähigt ihn, sich auf der Erde zu orientieren.

Zwei Aspekte sind hier von großer Wichtigkeit, will man verstehen, was Platon mit seinen Gleichnissen von der Sonne, der Linie und der Höhle meint, über die er im sechsten und siebten Buch der *Politeia* schreibt. Zum ersten: Der aufwärts gerichtete Blick ist keineswegs ein Ausdruck von Abwesenheit, sondern bedeutet philosophische Präzision. Platon verwendet eine stark vertikale Symbolik, die den Gegensatz zwischen oben und unten in einen Zusammenhang mit der Qualität der Erkenntnis und dem Grad ihrer Realitätsbezogenheit bringt. Zum zweiten: Der Blick soll nicht nur nach oben gehen, sondern auch wieder nach unten gerichtet werden. Um etwas zu erreichen, muß man einen Weg hin- und zurückgehen.

Die Ideenlehre

In der *Politeia* heißt es: «Also wenn die Leute nur gewahr werden, daß wir die Wahrheit von jenem sagen, werden sie dann noch den Philosophen böse sein und uns den Glauben verweigern, wenn wir sagen, daß ein Staat nicht glückselig sein könne, wenn ihn nicht diese des göttlichen Urbildes sich bedienenden Zeichner entworfen haben?»

Dieser Entwurf, der Einsicht und Glück garantiert, ist die Idee des Guten, das Positive in seiner reinsten Form. Er ist die Grundlage aller Ideen und steht im Zentrum der *Ideenlehre*. Mit ihm erhält die Wirklichkeit als Gegenstand des Denkens ein Fundament. Platon stellt die *Idee des Guten* jenseits alles Seienden und vergleicht sie mit der Sonne, der Quelle und dem Ursprung allen Werdens und Seins. In diesem Vergleich fährt er sozusagen eine Leiter aus, auf deren Sprossen das Denken hinauf- und herabsteigen kann. Sie überbrückt den Abstand zwischen der Welt, wie sie auf den ersten Blick erscheint, und der Welt, die zum Gegenstand eines tiefer gehenden Denkens wird, aber deshalb noch keine andere oder höhere ist.

Der Dualismus von Sehen und Denken, Meinen und Wissen, Werden und Sein erscheint bei Platon von seinem Charakter her weniger metaphysisch als erkenntnistheoretisch. Die Sonne ist die Quelle des Seins, aber auch und vor allem das Licht, das notwendig ist, um das Seiende in seiner wahren Gestalt zu erkennen. Was in der Welt der Dinge, wie sie auf den ersten Blick wahrgenommen werden, die Sonne ist, wird in der Welt der philosophischen Reflexion zur Idee des Guten. Die ethische Funktion des Guten, insbesondere auch in der Verknüpfung mit der Gerechtigkeit, wird von ihrer Funktion als intellektuelle Herausforderung abgeleitet.

Dem folgt – in der *Politeia* durch Sokrates vermittelt – ein anderes Bild des Aufstiegs zur wahren Erkenntnis. Es ist das Gleichnis der zweigeteilten Linie, das mehr oder weniger bereits in dem vorangegangenen enthalten ist, wo die Sonne das Ende eines Abschnitts markierte, das Gute dessen Fortsetzung. In diesem Gleichnis schlägt Sokrates vor, eine Linie zu nehmen und diese in zwei ungleiche Abschnitte zu unterteilen. Diese müssen dann wieder nach demselben Verhältnis geteilt werden, wie das auch bei dem Ganzen geschah, so daß vier Linienabschnitte entstehen: A, B, C und D. A verhält sich zu B wie C zu D, und die Summe von A und B verhält sich gleich zur Summe von C und D; anders ausgedrückt: A:B = C:D = (A+B) : (C+D). Die verschiedenen Abschnitte einer Linie stehen für einen bestimmten Aspekt der Welt: Der erste repräsentiert das Bild von den Dingen, der zweite die Dinge selbst, der dritte steht für die Gegenstände der exakten Wissenschaften und der vierte für die *Idee*. Platon rundet sein Modell erkenntnistheoretisch ab, indem er Arten der Erkenntnis oder Zustände der Seele einführt, die jeweils einem der abgesteckten Bereiche entsprechen: Zu den Bildern gehört «die Wahrscheinlichkeit», zu den wahrgenommenen Dingen «der Glauben», den mathematischen Objekten ordnet er «die Verstandesgewißheit» zu und der Idee «die Vernunfteinsicht» (*noësis*).

Was in diesem Schema nicht direkt sichtbar wird und auch bei Platon unerwähnt bleibt, ist die zwingende Schlußfolgerung, daß aufgrund der Verhältnisse zwischen den Linienabschnitten der zweite Teil dem dritten entspricht. Die sinnlich wahrnehmbare Welt wird in die Wissenschaft wiederaufgenommen und dient bei Platon sozusagen als «Sprungbrett». Es geht hier nicht um eine Aufteilung der Welt in an sich statische Einzelbereiche, sondern vielmehr um einen Weg, der zurückgelegt werden muß. Die Gleichheit der beiden Abschnitte und die Tatsache, daß der dritte eine Wiederholung des zweiten ist, bedeutet, daß Platon hier nicht eine höhere oder eine niedrigere, sondern eine einzige Welt vor Augen hat, die zum Gegenstand einer zunehmend größeren und intensiveren Konzentration des Denkens wird.

Das Höhlengleichnis

Diese Vorstellung steht auch im Mittelpunkt des berühmten Höhlengleichnisses, das unmittelbar an das Liniengleichnis anschließt. Nachfolgend ein Auszug: «Sieh nämlich Menschen wie in einer unterirdischen, höhlenartigen Wohnung, die einen gegen das Licht geöffneten Zugang längs der ganzen Höhle hat. In dieser seien sie von Kindheit an gefesselt an Hals und Schenkeln, so daß sie auf demselben Fleck bleiben und auch nur nach vorne hin sehen, den Kopf aber herumzudrehen der Fessel wegen nicht vermögen. Licht aber haben sie von einem Feuer, welches von oben und von ferne, her hinter ihnen brennt. Zwischen dem Feuer und den Gefangenen geht obenher ein Weg, längs diesem sieh eine Mauer aufgeführt wie die Schranken, welche die Gaukler vor den Zuschauern sich erbauen, über welche herüber sie ihre Kunststücke zeigen. – Ich sehe, sagte er. – Sieh nun längs dieser Mauer Menschen allerlei Geräte tragen, die über die Mauer herüberragen, und Bildsäulen und andere steinerne und hölzerne Bilder und von allerlei Arbeit. (...) Wenn sie nun miteinander reden könnten, glaubst du nicht, daß sie auch pflegen würden, dieses Vorhandene zu benennen, was sie sähen? (...) Und wenn man einen von ihnen mit Gewalt von dort wegschleppte und nicht ließe, bis man ihn an das Licht der Sonne gebracht hätte, wird er nicht viel Schmerzen haben und sich nur ungern schleppen lassen? Und wenn er nun an das Licht kommt und die Augen voll Strahlen hat, wird er nicht das Geringste sehen können von dem, was ihm nun für das Wahre gegeben wird. (...) Gewöhnung also, meine ich, wird er nötig haben, um das Obere zu sehen. (...) Und zuerst würde er die Schatten am leichtesten erkennen, hernach die Bilder der Menschen und der anderen Dinge im Wasser, und dann erst sie selbst. (...) Und wie, wenn er nun seiner ersten Wohnung gedenkt und der dortigen Weisheit und der damaligen Mitgefangenen, meinst du nicht, er werde sich selbst glücklich preisen über die Veränderung, jene aber beklagen? (...) Wenn ein solcher nun wieder hinunterstiege (...): würden ihm die Augen nicht ganz voll Dunkelheit sein, da er so plötzlich von der Sonne herkommt? (...) Und wenn er wieder in der Begutachtung jener Schatten wetteifern sollte mit denen, die immer dort gefangen gewesen (...) würde man ihn nicht auslachen und von

Als Sohn von Reichtum und Armut ist Eros in solches Geschick gestellt: Erstlich bedürftig ist er immer, und viel fehlt, daß er zart sei und schön, wie die Vielen glauben, sondern hart und rauh und barfuß und heimatlos, immer am Boden lagernd ohne Decke, vor Türen und auf Straßen im Freien schlafend, da er die Natur der Mutter hat, immer der Bedürftigkeit Genoss.

Wie der Vater hingegen stellt er den Schönen und Guten nach, tapfer und verwegen und eifrig, gewaltiger Jäger, allezeit Ränke schmiedend und nach Erkenntnis begierig und erfinderisch, Weisheit suchend sein ganzes Leben, gewaltiger Zauberer, Giftkundiger und Sophist, und weder als Unsterblicher ist er geartet noch als Sterblicher, sondern bald blüht er denselben Tag und lebt, wenn es ihm wohl geht, bald aber stirbt er hin. Und wieder lebt er auf durch des Vaters Natur, und das Erworbene zerfließt ihm immer, so daß Eros weder jemals arm noch reich und in der Mitte ist von Weisheit und Torheit.

Denn so verhält es sich: Keiner der Götter sucht die Weisheit oder begehrt, weise zu werden, denn er ist es. Und auch wenn ein anderer weise, sucht er nicht Weisheit. Aber auch die Toren suchen nicht Weisheit und begehren nicht, weise zu werden. Das eben ist ja das Schwere in der Torheit, daß sie, ohne schön und gut oder vernünftig zu sein, sich selbst genug dünkt. Und wer nicht glaubt, bedürftig zu sein, der begehrt auch nicht, wessen er nicht zu ermangeln glaubt. – Welches also sind die Weisheitsuchenden, Diotima, wenn nicht die Weisen und nicht die Toren? –

Auch einem Kinde, sagte sie, wäre das schon klar: die zwischen diesen beiden, deren auch Eros einer ist. Die Weisheit gehört nämlich zu den schönsten Dingen, Eros aber ist Liebe zum Schönen, so daß Eros notwendig weisheitsuchend ist, weisheitsuchend aber ist er mitten zwischen weise und töricht. Ursache ist auch hiervon seine Abstammung, denn er stammt von weisem und gabenreichem Vater und von unweiser und unbegabter Mutter. Das ist also die diesem Dämon eigene Natur, lieber Sokrates.

Aus: Platon, *Symposion*

---

ihm sagen, er sei mit verdorbenen Augen von oben zurückgekommen (...) und man müsse jeden, der sie lösen und hinaufbringen wollte, wenn man seiner nur habhaft werden und ihn umbringen könnte, auch wirklich umbringen?»

In diesem Gleichnis ist von vielerlei Formen der Gewalt die Rede. Der Gefangene muß mit Gewalt von seinem als bequem erfahrenen Platz in der Höhle weggeschleppt werden. Daß er dort auch vielleicht gewaltsam gefangengehalten wurde, hat er offensichtlich vergessen. Wiederum mit Gewalt wird er nach oben gebracht. Später muß er zur Rückkehr und zum Abstieg in die Höhle gezwungen werden, obwohl er sich dort oben sehr glücklich fühlte und auf der Insel der Seligen wähnte. Und auch die Mitgefangenen wollen Gewalt gegen ihn anwenden. All diese Gewalt scheint Sinnbild für den Durchbruch der Philosophie zu sein, der die bestehende Selbstverständlichkeit in Frage stellt und dadurch einen Schock auslöst. Erst wenn dieser Schock verarbeitet ist, wird die Initiative von innen heraus durch den philosophischen *eros* übernommen.

Systematisierung

Platon gibt selbst eine Erläuterung des Gleichnisses: «Dieses ganze Bild nun (...) mußt du mit dem früher Gesagten verbinden, die durch das Gesicht uns erscheinende Region der Wohnung im Gefängnisse gleichsetzen und den Schein von dem Feuer darin der Kraft der Sonne: und wenn du nun das Hinaufsteigen und die Beschauung der oberen Dinge setzt als den Aufschwung der Seele in die Region der Erkenntnis, so wird dir nicht entgehen, was mein Glaube ist, da du doch dieses zu wissen begehrst. Gott mag wissen, ob er richtig ist; was ich wenigstens sehe, das sehe ich so, daß zuletzt unter allem Erkennbaren und nur mit Mühe die Idee des Guten erblickt wird, wenn man sie aber erblickt hat, sie auch gleich dafür anerkannt wird, daß sie für alle die Ursache alles Richtigen und Schönen ist, im Sichtbaren das Licht und die Sonne, von der dieses abhängt, erzeugend, im Erkennbaren aber sie allein als Herrscherin Wahrheit und Vernunft hervorbringend, und daß also diese sehen muß, wer vernünftig handeln will, es sei nun in eigenen oder in öffentlichen Angelegenheiten.»

Wie die Gleichnisse etwas zögernd vorgetragen werden, so ist auch deren Interpretation mit einer gewissen Skepsis verknüpft. «Gott mag wissen, ob er richtig ist», ist nicht die Aussage eines dogmatischen Denkers. Dennoch liegt hier der Anfang dessen, was wir als eine Systematisierung des Denkens bei Platon bezeichnen könnten. Das macht ihn zum Vorläufer der späteren Platoniker und all derer, die sich um eine Darstellung seiner Lehre bemüht haben, wobei

Zeichnung eines Festessens, wie es im klassischen Altertum üblich war. Die Gäste lagern um einen in der Mitte aufgestellten Tisch, auf dem die Gerichte und Getränke stehen. Die Dienstboten tragen die Speisen auf und ab.

sie der «Lehre» dann doch mehr oder weniger dogmatische Züge verliehen haben.

In einer solch verkürzten systematischen Zusammenfassung erscheint die Ideenlehre weniger als eine Reflexion über die Art des philosophischen Denkens denn als der Kern einer Metaphysik. Ein großer Teil dessen, was als das «System» Platons angesehen wird, kann hieraus abgeleitet werden. Einige wenige Aspekte dieses «Systems» sollen hier noch kurz erläutert werden:

1. Wissen ist Erinnerung. Mit dieser Vorstellung erklärt Platon die rätselhafte Tatsache, daß das menschliche Wissen der Wahrnehmung vorangeht, somit *a priori* existiert und einen Absolutheitsanspruch entwickeln kann, der über die nur unvollständige, trügerische und flüchtige Wahrnehmung hinausgeht. Dieses Wissen besteht im wahrsten Sinne des Wortes a priori, da es einer früheren Existenz entstammt und, als Erinnerung in der Seele schlummernd, durch eine konkrete Wahrnehmung geweckt wird. Diese Wahrnehmung erinnert an die Anschauung der Ideen, wie sie die Seele in einer früheren Existenz erlebt hat, als sie aus dem Gefängnis des Körpers befreit war, der ihr den Blick versperrte. Deshalb ist es unnötig, die Erkenntnis des Allgemeinen aus der gründlichen Untersuchung von Einzelfällen abzuleiten. Allein schon durch die erwachte Erinnerung an die Idee versteht der Erkennende das Wesentliche und das Allgemeine.

2. Die Seele existiert bereits vor der Geburt. Die Theorie des Wissens als Erinnerung impliziert, daß die Seele oder zumindest ein Teil von ihr als Träger der Erkenntnis eine eigene Existenz haben kann und diese auch tatsächlich vor diesem Leben besaß. Sie besitzt also eine Präexistenz und durchläuft eine Reihe von Reinkarnationen.

3. Das Vor-Bestehen impliziert auch ein Fortbestehen. Wie die Seele bereits vor der Geburt existiert, so wird sie auch nach dem Tod weiterleben. Wo ein Ende negiert wird, kann auch kein Anfangspunkt markiert werden, denn er ruht auf demselben Kreis, ist Teil desselben Zyklus. Die Seele ist das, was bei Parmenides das Sein ist: das Nicht-Gewordene und Unvergängliche. Das Leben kann in keiner Weise auf den Tod zurückgeführt werden, denn die Seele, das Leben, ist ein *a-thanatos* (unsterblich).

4. Wenn Geburt und Tod also nur zufällige Ereignisse in einem zyklischen Prozeß sind, der sich ewig vollzieht, hat der Körper, an den die Seele im gegenwärtigen, vorherigen oder nächsten Leben gebunden ist, höchstens eine zweitrangige, wenn nicht sogar negative Bedeutung. Der Tod aber muß dann als Befreiung gesehen werden, und genau das geschieht auch im *Phaidon*.

5. Dieser Gegensatz zwischen Körper und Seele macht einen Teil des platonischen «Dualismus» aus. Wenn wir die Ideenlehre als den Kern der platonischen Philosophie ansehen, müssen wir uns vorstellen, daß diese Form des Dualismus auf den Gegensatz zwischen den wahrnehmbaren Dingen und der Idee zurückgeführt wird, womit gleichzeitig die Aufspaltung der Welt in eine sichtbar wahrnehmbare und eine geistige vollzogen würde. Aber auch in diesem Punkt ist Platon selbst weitaus weniger systematisch als die Platoniker.

6. Mit diesen Vorstellungen verbunden ist eine hierarchische Einteilung der Welt, in der das Materielle dem Geistigen untergeordnet wird. Bei Platon selbst, der als Schreiber gerne mit Metaphern arbeitet, ist eine deutliche Vorliebe für die Symbolik der Vertikalität spürbar. So steht bei ihm zum Beispiel «der nach oben gerichtete Blick» ganz eindeutig für «besser sehen». Keinesfalls darf dieses Bild als eine vergeistigte Sehnsucht nach einer anderen übergeordneten Welt mißdeutet werden.

In ihrer Gesamtheit bilden diese Gedanken einen philosophischen Komplex, der einen immensen Einfluß auf die westliche Philosophie und Kultur hatte. Die Frage ist, ob dieser Gesamtkomplex in Gestalt einer ernsthaften Dogmatik und in seiner ausufernden Tiefgründigkeit tatsächlich auf Platon selbst und sein Werk zurückgeführt werden kann. Es scheint einen anonymen Platonismus zu geben, dessen Entwicklung unabhängig von Platon verläuft.

Das auf einem Hügel des Parnaß gelegene Heiligtum von Delphi war wegen seines Orakels berühmt, das nicht nur von den Griechen selbst, sondern auch von «Barbaren» befragt wurde. Später wurde der Tempel zum Zentrum des Apollo-Kultes.

Aristoteles

Aristoteles wurde 384 v. Chr. in Stagira, östlich von Chalkidike, einer Kleinstadt im Norden Griechenlands geboren. Sein Vater Nikomachos war der Leibarzt des makedonischen Königs Amyntas II. So kam er durch seinen Vater schon früh in Berührung mit der Medizin und Biologie seiner Zeit. Ab 367 besuchte er die Akademie, an der Platon zwanzig Jahre lang sein Lehrmeister war und mehr als jeder andere sein Denken formte. Nach dem Tod Platons im Jahr 347 wurde nicht Aristoteles, sein genialer Schüler, sondern Platons Neffe Speusippos zum Leiter der Akademie berufen. Aristoteles verließ daraufhin Athen und unternahm mehrere Reisen nach Kleinasien und Makedonien. In dieser Zeit erwachte sein Interesse für die Naturwissenschaften. Er heiratete und wurde von 342–340 der Erzieher des späteren Alexander des Großen. Über seinen Einfluß auf Alexander sollten wir uns keine Illusionen machen – er war nicht erwähnenswert.

Nachdem Aristoteles Makedonien 335 verlassen hatte, kehrte er nach Athen zurück, um dort bis 323 seine eigene philosophische Schule zu leiten, die nach dem Wandelgang eines Lyceums «Peripatos» genannt wurde.

Die Nachricht vom Tod Alexanders im Jahr 323 führte in Athen zu heftigen antimakedonischen Reaktionen, die Aristoteles zur Flucht zwangen. Anders als Sokrates wartete er keinen Prozeß ab, um, wie er selbst sagte, «die Athener davon abzuhalten, sich zweimal gegen die Philosophie zu versündigen». Ein Jahr später starb er.

Wir kehren noch einmal zu dem Fresko Raffaels zurück, auf dem Platon nach oben, zu den Sternen oder zum Himmel der Ideen weist, während Aristoteles seine Hand nach unten, auf die irdische Wirklichkeit oder die konkreten Dinge selbst richtet. Der Gegensatz zwischen vertikaler und horizontaler Symbolik ist der Versuch, den Unterschied zwischen den beiden größten Philosophen der Antike zu illustrieren. Aus Gründen der Anschaulichkeit war der Künstler zur schematischen Vereinfachung gezwungen. Es ist unmöglich, in einem Gemälde die unterschiedlichen philosophischen Positionen abzubilden.

Immerhin läßt der in diesem Bild gestaltete Gegensatz auch erkennen, daß Platon und Aristoteles als gleichrangig angesehen werden, trotz des Altersunterschiedes von dreiundvierzig Jahren und des Lehrer-Schüler-Verhältnisses. Gleichwertig stehen sie zumindest nebeneinander im Zentrum des Bildes, während die anderen Figuren abgesondert von ihnen am unteren und seitlichen Bildrand angeordnet werden. Ob diese Gleichstellung der beiden Denker von den Zeitgenossen akzeptiert worden wäre, kann heute niemand mehr beurteilen.

Schüler und Meister

Aus historischer Sicht hat es nicht nur Gegensätzlichkeit und Rivalität, sondern auch eine Kontinuität gegeben. Aristoteles hat zwanzig Jahre lang in der Schule Platons gelebt, und Platon, der ihn als «Leser» und «Geist» bezeichnete, schätzte ihn sehr. Allerdings war Aristoteles, wie in seinen Schriften deutlich wird, ein kritischer Schüler. Am besten drückt er dies selbst in seiner *Nikomachischen Ethik* aus, wo er eine Kritik an Platon mit den Worten einleitet:

«Es dürfte vielleicht besser, ja Pflicht zu sein scheinen, zur Rettung der Wahrheit (*alétheia*) auch der eigenen Meinungen nicht zu schonen, zumal da wir alle Philosophen sind. Denn da beide uns lieb sind, ist es doch heilige Pflicht, die Wahrheit höher zu achten.»

Dieser sehr bekannte Satz bedarf einer kurzen Erläuterung. Aristoteles spielt hier auf einen Ausspruch Platons an, der in der *Politeia* über Homer sagt, daß ihn seit seiner Jugend so etwas wie Freundschaft und Achtung daran hindere, Homer, den ersten Lehrmeister aller hervorragenden Tragödiendichter, zu kritisieren, daß ein Mensch jedoch niemals den Vorzug vor der Wahrheit erhalten dürfte.

In der Philosophie geht es immer um die *alétheia*, die Wahrheit oder Wirklichkeit, nicht um Personen. Von daher kann es nicht Ziel eines Lehrmeisters sein, die Unanfechtbarkeit seiner Autorität oder gar seine Eitelkeit höher zu schätzen als seinen Forschungsgegenstand, nämlich die Suche nach der Wahrheit. Die Wirklichkeit ist die einzige und durch nichts ersetzbare Lehrmeisterin, vor ihr haben psychologische Faktoren wie der Neid des Lehrers auf seinen Schüler oder ein zwischen ihnen schwelender Generationenkonflikt keinen Bestand.

Das Werk des Aristoteles enthält unverkennbar platonische Elemente, die sich – ungeachtet der Kritik an seinem Lehrmeister – erhalten haben. Auch Aristoteles ist eben ein Philosoph, dessen Philosophieren bei der kritischen Prüfung des vorangegangenen Denkens einsetzt. Aus den Fragmenten, die von seinen ältesten Schriften bewahrt blieben, geht dies ganz eindeutig hervor. Zur Illustration geben wir hier eine Passage aus seiner Schrift *Protreptikos* wieder, die man mit «Ansporn zum Philosophieren» übersetzen kann. Da der Originaltext verloren gegangen ist, beziehen wir uns hier auf die Überlieferung des Neuplatonikers Jamblichus (4. Jh. n. Chr.). In der von ihm verfaßten gleichnamigen Schrift heißt es sinngemäß: Bei jeglicher Form des Wissens nach etwas außerhalb dieses Wissens zu suchen, was aus ihm hervorgehen könnte, und damit die Forderung zu verknüpfen, daß es einen Nutzen abwerfe, ist kennzeichnend für jemanden, der absolut nicht weiß, welche Entfernung von Anfang an zwischen dem Guten und dem Notwendigen liegt. Dieser Unterschied ist nämlich sehr groß. Die Dinge, die wir zum Leben nicht entbehren können, müssen wir als «notwendig» und als eine unverzichtbare Bedingung bezeichnen, aber alles, was wir um seiner selbst willen verlangen, auch wenn nicht etwas anderes daraus hervorgeht, das ist gut im eigentlichen Sinn. Denn das eine wird nicht gewählt mit dem Blick auf etwas anderes und dieses wiederum mit dem Blick auf noch etwas anderes: Das kann sich nicht bis ins Unendliche fortsetzen, sondern findet irgendwo ein Ende.

Ähnlich argumentiert Aristoteles auch im ersten Buch der *Metaphysik*, wo er sich ausführlich zur Art des philosophischen Denkens äußert. Noch stärker als Platon, nach dessen Auffassung die Philosophie auch Auswirkungen auf die Praxis haben sollte, betont Aristoteles, daß die Philosophie um ihrer selbst willen betrieben wird.

Unklar bleibt allerdings, ob sich Aristoteles im Laufe der Zeit dem Einfluß Platons immer mehr entzogen hat und seine Schriften somit nach dem Gehalt der platonischen Elemente datiert werden können. Bestimmte Polemiken scheinen aus der Zeit zu stammen, als er sich an der Akademie, der Schule Platons, aufhielt und als junger Mann in der unmittelbaren Nähe Platons lebte. Demgegenüber finden sich auch in den späteren Schriften Elemente platonischen Denkens. So gesehen kann auch ein wachsender Einfluß Platons vermutet werden. Mit zunehmendem Alter bekommen auch rebellische Söhne manchmal Respekt vor ihrem Vater.

Terminologie

Dennoch unterscheidet sich der Charakter der aristotelischen Schriften von dem der Werke Platons ganz grundsätzlich. Erhalten geblieben sind einige Dialogfragmente in der Art Platons, der weitaus größte Teil des noch vorhandenen, imponierend umfangreichen Œuvres besteht jedoch aus Traktaten oder ausführlichen Kommentaren zu den Werken anderer Philosophen.

Die Eigenständigkeit des aristotelischen Denkens kommt schon in einem anderen Stil und in einer anderen Sprache zum Ausdruck. So hat Aristoteles beispielsweise eine eigenartige Vorliebe für das Neutrum, auch wenn er über Dinge schreibt, die niemals «neutral» sein können.

Aristoteles ist auch der erste in der Geschichte der griechischen Philosophie, der aus der Umgangssprache – oder vereinzelt auch in einer Gegenbewegung

zu ihr – eigene philosophische Begriffe bildet. Seine Art zu philosophieren ist in besonderem Maße dadurch charakterisiert, daß er der Bedeutung von Worten auf den Grund geht. Die Auseinandersetzung mit der Sprache – als dem eigentlichen Instrument der Philosophie – hat für ihn immer zentrale Bedeutung, unabhängig davon, ob er sich mit Dichtung, Rhetorik oder der Terminologie auseinandersetzt. Hierin ist er, mehr als Platon, ein echter Fachphilosoph, ein Methodiker und Systematiker.

Darüber hinaus hat Aristoteles in seinem Drang zu philosophischer Perfektion auch großen Wert auf das Katalogisieren und Sammeln von Fakten gelegt, wobei er nicht wahllos vorging, sondern von Anfang an auf die Einhaltung logischer Kriterien bedacht war. Schon in frühen Jahren entwarf er das sogenannte *Organon*, das später unter dem Begriff *Logik* wiederkehrt und als ein Hilfsmittel für das Philosophieren gedacht war.

Dieser ausgeprägte Sinn für Systematik macht ihn letztlich jedoch noch nicht zu einem Vertreter der empirischen Wissenschaft, geschweige denn zu einem fanatischen Verteidiger des gesunden Menschenverstandes. Große Teile aus seiner *Metaphysik* sind in hohem Maße spekulativ und nähern sich dem Mystischen an – und sie haben keineswegs marginale Bedeutung, sondern bilden den Kern seiner Philosophie und deren höchstes Ziel.

Auf diesem Gemälde stellte Rembrandt Aristoteles dar, wie er in einer Geste der Verehrung eine Hand auf die Büste des Dichters Homer legt. Aristoteles griff auch auf die homerischen Epen zurück, um den jungen Alexander in der Kriegskunst zu unterweisen.

Logik und Wissenschaftslehre

In seinen logischen und methodologischen Schriften erweist sich Aristoteles als ein Meister der Differenzierung. Die meisten – wenn nicht sogar alle – von ihm eingeführten Unterscheidungen haben in der weiteren Entwicklung von Logik und Wissenschaft eine Rolle gespielt. Bei der logischen Begründung macht Aristoteles einen exakten Unterschied zwischen der Beweisführung und der Argumentation, je nachdem, ob die Prämissen, von denen eine Begründung ausgeht, notwendig wahr sind oder nicht. Der Beweisführung begegnen wir in der Geometrie, die für ihn der Inbegriff der Wissenschaftlichkeit ist.

Argumentationen haben jedoch mit Beweisführungen gemein, daß sie ebenfalls sogenannte Schlüsse (Syllogismen) enthalten, und das macht eine gesonderte Betrachtung dieser Schlüsse möglich. Aristoteles ist der erste, der dazu eine entsprechende Theorie entwirft. Ein Syllogismus ist die Ableitung eines (neuen) Urteils aus anderen Urteilen. Dies kann sich auf unterschiedliche Art und Weise vollziehen, je nachdem, wie diese Urteile gebildet sind, so daß zunächst hier eine Unterscheidung gemacht werden muß. Von zentraler Bedeutung ist in diesem Zusammenhang seine Lehre von den Kategorien, die nicht nur eine logische, sondern auch und sogar primär eine ontologische Funktion haben.

Die Lehre von den Syllogismen (Syllogistik) führt zu einer Einteilung allgemeiner Behauptungen in vier verschiedene Klassen (siehe Schema). Mit dieser Einteilung können die Begründungen der jeweiligen Behauptungen systematisch erfaßt werden. Darüber hinaus lassen sich die logischen Verknüpfungen zwischen den Begriffen und den Schlußfolgerungen beschreiben.

Dazu ein Beispiel: Wenn kein P gleich R ist, aber einige V sind gleich R, dann folgt daraus notwendigerweise, daß einige V kein P sind. Konkret heißt das: Wenn kein Papagei ein Raubvogel ist, manche Vögel jedoch durchaus Raubvögel sind, sind manche Vögel keine Papageien. Auf diese Weise entwickelt Aristoteles eine Theorie, nach der jede logisch korrekte Schlußfolgerung das Ergebnis einer Reihe konkreter Syllogismen ist.

Gleichzeitig war Aristoteles aufgefallen, daß mathematische Beweise häufiger von der Annahme ausgehen, daß eine bestimmte These nicht gültig ist. In solchen Beweisen aus dem Ungereimten wird die aus der Annahme zwingende Folge nachgewiesen, daß etwas unmöglich der Fall sein kann. Hieraus wird dann in einem weiteren Schritt gefolgert, daß die bewußte These (zwingend) der Fall ist. Um unter anderem auch solche Beweisführungen zu rechtfertigen, entwickelt Aristoteles eine Logik für die Begriffe der Notwendigkeit und Möglichkeit, die bis heute zu interessanten Interpretationen geführt hat.

Neben der Logik im engeren Sinn beschäftigt sich Aristoteles mit der Wissenschaftslehre. Hier wird für ihn das auf die Geometrie bezogene methodische Vorgehen des bedeutenden griechischen Mathematikers Euklid maßgebend: Ausgehend von Begriffen, die nicht definiert sind, sondern nur erklärt werden können, wie «Punkt», «Linie» und «Fläche», und ausgehend von der Annahme, daß die in diesen Begriffen enthaltenen Behauptungen keines näheren Beweises bedürfen, können andere Begriffe *definiert* und andere Thesen *bewiesen* werden. Was Beweisführung beinhaltet, wurde in der aristotelischen Theorie über logische Schlußfolgerungen deutlich; was ihm also noch fehlt, ist eine Theorie der Definitionen. Ein Beispiel aus der Geometrie macht deutlich, worum es hier geht. Wenn Euklid einen Kreis definiert als «Flächenfigur, eingefaßt durch eine einzige Linie, zu der alle Geraden, die von einem beliebigen, innerhalb der Figur gelegenen Punkten zu ihr verlaufen, gleich sind», dann nennt er damit einerseits die Art, zu der das Definierte gehört, und andererseits die Eigenschaften, durch die es sich von anderen Dingen derselben Art unterscheidet.

Diese Theorie der Definitionen ist mit der Erkenntnis verknüpft, daß eine Definition nichts über die Existenz des Definierten aussagt: Sie sagt, *was* etwas ist, nicht, *daß* es ist.

Das Denken über das Sein

Während Platon nur sehr gelegentlich Wörtern aus der Alltagssprache eine philosophische Bedeutung verlieh, führt Aristoteles, ausgehend von den Möglichkeiten, die das Griechische ihm bot, eine neue und eigene Begrifflichkeit ein. Größtenteils haben sich diese Begriffe als nicht ersetzbar erwiesen und somit einen festen Platz in der Philosophiegeschichte eingenommen. Einige davon sollen hier genauer unter die Lupe genommen werden. Dabei wurden Beispiele ausgewählt, die in einem unmittelbaren Zusammenhang mit der Denkbarkeit des Seins stehen – ein Thema, das in den philosophischen Überlegungen des Aristoteles eine zentrale Rolle spielt.

Bei Platon kommt das Wort *ousia* in seiner üblichen Bedeutung von «Besitz» vor, macht jedoch schon bei ihm einen Bedeutungswechsel zu einem philosophischen Begriff durch, den wir mit «Wesen»

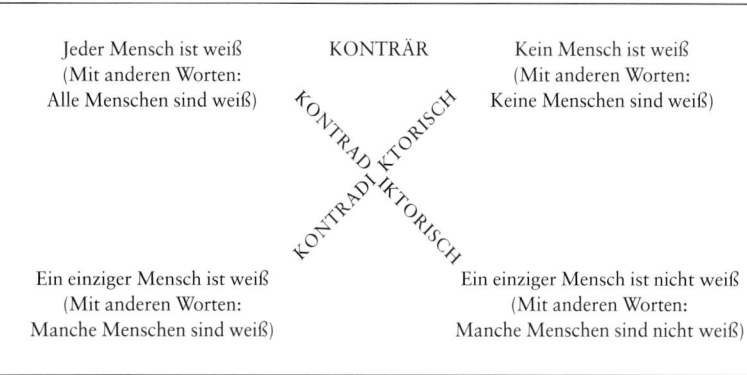

Nach allem eben gesagten kommt also der fragliche Name derselben Wissenschaft zu; denn sie muß die ersten Prinzipien und Ursachen untersuchen, da ja auch das Gute und das Weswegen eine der Ursachen ist. Daß sie aber nicht auf ein Hervorbringen geht, beweisen schon die ältesten Philosophen. Denn Verwunderung veranlaßte zuerst wie noch jetzt die Menschen zum Philosophieren, indem man anfangs über die unmittelbar sich darbietenden unerklärlichen Erscheinungen sich verwunderte, dann allmählich fortschritt und auch über Größeres sich in Zweifel einließ, z.B. über die Erscheinungen an dem Monde und der Sonne und den Gestirnen und über die Entstehung des All. Wer aber in Zweifel und Verwunderung über eine Sache ist, der glaubt sie nicht zu kennen. Darum ist der Freund der Sagen auch in gewisser Weise ein Philosoph; denn die Sage besteht aus wunderbarem. Wenn sie also philosophierten, um der Unwissenheit zu entgehen, so suchten sie die Wissenschaft offenbar des Erkennens wegen, nicht um irgendeines Nutzens willen.

Das bestätigt auch der Verlauf der Sache; denn als so ziemlich alles zur Bequemlichkeit und zum Genuß des Lebens Nötige vorhanden war, da begann man diese Art der Einsicht zu suchen. Daraus erhellt also, daß wir sie nicht um irgendeines anderweiten Nutzens willen suchen, sondern, wie wir den Menschen frei nennen, der um seiner selbst, nicht um eines andern willen ist, so ist auch diese Wissenschaft allein unter allen frei; denn sie allein ist um ihrer selbst willen.

Darum möchte man auch mit Recht ihre Erwerbung für übermenschlich halten; denn in vielen Dingen ist die menschliche Natur eine Sklavin, und es möchte also wohl nach Simonides Spruche «nur ein Gott dieses Vorrecht besitzen», für den Menschen aber unziemlich sein, nicht die ihm angemessene Wissenschaft zu suchen. Wenn also die Dichter Recht haben und Neid im göttlichen Wesen liegt, so ist anzunehmen, daß dies hierauf am meisten trifft, und alle unglückselig sind, die zu weit streben. Aber weder ist Neid im göttlichen Wesen denkbar, sondern, wie es schon im Sprichworte heißt, «viel lügen die Dichter», noch darf man eine andere Wissenschaft für ehrwürdiger halten als diese. Denn die göttlichste ist zugleich die ehrwürdigste. Göttlich aber kann sie nur in zwiefachem Sinne sein; denn einmal ist die Wissenschaft göttlich, welche der Gott am meisten haben mag, und dann die, welche das Göttliche zum Gegenstande hat. Bei dieser Wissenschaft allein trifft beides zugleich ein; denn Gott gilt allen für eine Ursache und ein Prinzip, und diese Wissenschaft möchte wohl allein oder doch am meisten Gott besitzen. Notwendiger als diese sind alle andern, besser aber keine.

Aus: Aristoteles, *Metaphysik*

übersetzen. Diese Verschiebung läßt sich nur aus der Herkunft des Wortes erklären. Ousia ist abgeleitet von dem Partizip *on* von *einai* (sein) und könnte mit «Wesenheit» übersetzt werden. Es hat jedoch, wie eine Reihe von Wörtern, die in unserer Sprache auf «heit» enden, immer auch eine konkrete Bedeutung. Ousia ist das Seiende im Sinne des wirklich Existenten. Das Wort bedeutet Besitz, aber keineswegs im Sinne eines privaten, beweglichen Eigentums. Ousia bezeichnet vielmehr auf eine wesentlich distanziertere Weise dasjenige, was da ist, was vielleicht auch noch da sein wird, wenn es den Besitzer nicht mehr gibt, das unbewegliche Gut. Es verweist also eher in den Bereich des objektiven Seins als in den des subjektiven Habens. Dieser Hinweis liefert die Erklärung, wie es bei Platon zu einer Verschiebung der ursprünglichen Bedeutung von «Besitz» zu der von «Wesen» kommen konnte, ohne daß dieser Übergang als gewaltsamer Eingriff in die bestehende Sprache erfahren wurde.

Aristoteles tritt nun in die Fußstapfen Platons und entwickelt ousia zu einem genau umschriebenen philosophischen Begriff. Ousia ist bei ihm nicht ein abstraktes «Wesen», sondern die konkrete Realität einer Sache, mit der Betonung auf der Tatsache, daß sie ist und bleibt und nicht nur gedacht wird. Er knüpft damit an eine komplizierte und schwer zu übersetzende Formel Platons an, der im *Phaidros* von einer *ousia ontos ousa* spricht, von einer Wirklichkeit, die auf eine wirkliche Art wirklich ist, oder von einem Wesen, das auf eine wesenhafte Art anwesend ist.

Bei Aristoteles ist ousia zunächst im logischen Sinn der Gegenstand des Prädikats, etwas, dem durch ein Urteil oder eine Behauptung Eigenschaften zuerkannt werden. In einem zweiten Schritt – auf der Ebene der seienden Dinge – ist ousia das, was das konkrete Seiende zu eben diesem Seienden macht.

Für das, was die konkrete Sache «wesenhaft» bestimmt, für den Kern des existierenden Dings, hat Aristoteles den merkwürdigen Begriff *to ti Én einai* eingeführt, was wörtlich übersetzt «Das Was-war-das-Sein» bedeuten würde. Gemeint ist damit ein Sein, von dem gesagt werden kann, daß es ist – ein Sein, das sich seinem Wesen nach als Realität manifestiert.

In dem aristotelischen Ausdruck «das Seiende als Seiendes» wird dieser Aspekt noch stärker akzentuiert. Es geht also nicht um ein Sein, das eine Sache zum Gegenstand einer bestimmten Teilwissenschaft macht, sondern um das Sein, was es unter dem Aspekt seiner Realität ist. Dieses Seiende ist der eigentliche Gegenstand der Philosophie. Dies betont Aristoteles gleich im ersten Satz des vierten Buches der *Metaphysik*: «Es gibt eine Wissenschaft, welche das Seiende *als* solches untersucht und das demselben an sich Zukommende. Diese Wissenschaft ist mit keiner der einzelnen Wissenschaften identisch.»

Welche Bedeutung kann dieses «als» in dieser Textstelle haben? Nach den Regeln der griechischen Grammatik muß es den Weg bezeichnen, auf dem sich eine Bewegung vollzieht. Gemeint ist wahrscheinlich ein gedanklicher Umweg, der das Seiende durch diese Rückführung auf sein pures Sein von allen sonstigen Eigenschaften isoliert und jedes zusätzliche Denken ausschließt. Es geht also um das Seiende als Seiendes, das mit keinem Gegenstand einer bestimmten Wissenschaft zusammenfällt und seinen Platz außerhalb des Denkens hat, gerade weil und insoweit es wirklich ist und nicht nur gedacht wird. Das Denken richtet sich also auf etwas, wodurch es immer normiert bleibt und mit dem es niemals – wie mit einem eigenen Produkt – zusammenfallen kann; das Seiende als Seiendes ist transzendent.

Eine Seite aus der ersten gedruckten Ausgabe der Schriften Euklids, Basel 1537.

Vermögen und Wirklichkeit

Auch der Begriff *hypokeimenon* wurde von Aristoteles eingeführt. Er wird in zweifacher Bedeutung verwendet, in einem logischen oder grammatischen Sinn als «Subjekt» und ontologisch als «Substrat». Sowohl «Subjekt» als auch «Substrat» sind lateinische Übersetzungen des griechischen Wortes, das ein Partizip von *hypokeisthai* ist und im normalen Sprachgebrauch «darunterliegen» oder «zugrunde liegen» bedeutet. So bezeichnet Aristoteles beispielsweise einen Grundstoff wie Bronze oder Holz als das hypokeimenon der daraus geformten Skulptur.

Damit verknüpft ist ein von ihm formulierter Gegensatz zwischen *dynamis* und *energeia*, ein Begriffspaar, das in der Sprache der mittelalterlichen Philosophie mit *potentia* und *actus* übersetzt wird und «Vermögen» und «Wirklichkeit» bedeutet. Den Übergang von dynamis zu energeia nennt Aristoteles «Bewegung». Im neunten Buch der *Metaphysik* leitet er eine Erörterung dieses Gegensatzes wie folgt ein:

«Nachdem nun von dem in Beziehung auf Bewegung ausgesagten Vermögen gehandelt ist, wollen wir über die wirkliche Tätigkeit bestimmen, was und wie sie beschaffen ist. Bei dieser Erörterung wird sich nämlich zugleich erhellen, daß wir vermögend nicht nur das nennen, was zu bewegen oder von einem bewegt zu werden fähig ist, sei es schlechthin oder auf

Das Reich Alexander des Großen erstreckte sich von Spanien bis weit in den asiatischen Raum.

eine bestimmte Weise, sondern möglich auch noch in einem anderen Sinne gebrauchen. Darum wollen wir in der Untersuchung auch dies durchgehen. Unter Wirklichkeit versteht man das, daß die Sache existiere, nicht in dem Sinne, wie man sagt, sie sei dem Vermögen nach; nämlich dem Vermögen nach sagen wir zum Beispiel, es sei im Holze ein [Bild des] Hermes und in der ganzen Linie ihre Hälfte, weil sie von ihr genommen werden könnte, und einen Denker dem Vermögen nach nennen wir auch den, der eben nicht in Betrachtung begriffen ist, sofern er nur fähig ist, dieselbe anzustellen, sondern der wirklichen Tätigkeit nach. Was wir meinen, wird beim Einzelnen durch Induktion deutlich werden, und man muß nicht für Jedes eine Begriffsbestimmung suchen, sondern auch das Analoge in einem Blick vereinigen. Wie sich nämlich das Bauende verhält zum Baukünstler, so verhält sich auch das Wachende zum Schlafenden, das Sehende zu dem, was die Augen verschließt, aber doch den Gesichtssinn hat, das aus dem Stoffe ausgeschiedene zum Stoffe, das Bearbeitete zum Unbearbeiteten. In diesem Gegensatz soll durch das erste Glied die Wirklichkeit, durch das andere das Vermögen bezeichnet werden.»

«Dynamis», das Wort für «Macht» oder «Vermögen», wird jetzt in Zusammenhang mit einem Material gebracht, das eine bestimmte Form erhalten kann und sich für eine bestimmte Art der Bearbeitung eignet; gleichzeitig wird es jedoch auch mit bestimmten aktiven Fertigkeiten verbunden, wie zum Beispiel mit der Fähigkeit, ein Haus zu bauen oder etwas zu sehen. In dieser letzten Bedeutung verwandte auch Platon, anknüpfend an den gängigen Sprachgebrauch, das Wort. Bei Aristoteles bezieht es sich nicht nur auf das Vermögen, etwas zu tun, sondern auch auf die Fähigkeit, etwas zu werden. Durch diese Erweiterung der Bedeutungsdimension hat er das Wort zu einem philosophischen Begriff gemacht.

«Energeia» ist ein Wort, das von Aristoteles aus der Präposition *en* (in) und dem Substantiv *ergon* gebildet wurde; wörtlich übersetzt würde es somit bedeuten: in Tätigkeit sein, oder besser noch: in Wirklichkeit sein. Ergon bezeichnet nämlich nicht nur die Aktivität, durch die etwas zustande kommt, sondern ist bereits bei Homer das Wort, mit dem das Faktische gegenüber dem nur Gedachten als normierend gesetzt wird. Aristoteles benutzt den Gegensatz zwischen dynamis und energeia, um das Sein und das Werden verständlich und vorhersagbar zu machen. Damit weitet er die Dimension des Denkens vom Faktischen auf das Mögliche aus: «Möglichkeit» ist jetzt eine Kategorie des Denkens. Denn, eine Wirklichkeit als Verwirklichung einer Möglichkeit zu sehen heißt nichts anderes, als die Möglichkeit denkbar zu machen – und damit einen uralten Anspruch der Philosophie einzulösen. Problematisch wird die Anwendung auf Dinge und Ereignisse, die sich nicht wiederholen und aufgrund ihres singulären Charakters für das Denken unverdaulich bleiben.

Fast synonym mit «energeia» verwendet Aristoteles den gleichfalls von ihm eingeführten Begriff *entelecheia*. Dieser setzt sich aus den Elementen *en* (in) und *telos* (Vollendung) zusammen; hinzu kommt eine Form des Verbs *echein*, das «haben» oder, in Verbindung mit einem Adverb, «sein» bedeutet. «Telos» ist ein wichtiges Wort bei Aristoteles: In seinen Augen strebt alles nach seiner natürlichen Vollendung, bewegt sich alles auf seinen natürlichen Platz zu. Entelechie ist der Zustand des Verwirklichtseins innerhalb der Grenzen der gegebenen Möglichkeiten.

Im Lateinischen sind die Begriffe «energeia» und «entelecheia» mit *actus* und *actualitas* übersetzt. Im 18. Jahrhundert erhält das Wort actualité die Bedeutung von «Gesprächsthema» oder «neueste Entwicklung», die sich bis heute erhalten hat.

Der Begriff «Metaphysik»

Abschließend noch ein Blick auf den Begriff «Metaphysik», der zwar nicht von Aristoteles geprägt wurde, aber dennoch ihm seine Entstehung verdankt. Einer verläßlichen Überlieferung zufolge stammt der Name von Andronikos von Rhodos, der die Werke des Aristoteles im ersten Jahrhundert vor Christus redigierte. Dabei gab er einer Textsammlung, die er «hinter den Schriften zur Physik» (griechisch: «*meta ta physika*») einordnen wollte, diesen Namen. Somit wäre dieser in der Philosophiegeschichte so wesentliche Begriff auf eine sehr zufällige und unphilosophische Weise entstanden.

Nimmt man jedoch an, daß sich mit der bibliographischen Zuordnung auch eine didaktische Absicht verband, läßt sich vielleicht dennoch ein gewisser philosophischer Bezug herstellen: *meta ta physika* heißen die Schriften, die im Anschluß an die Behandlung der naturwissenschaftlichen Werke besprochen werden sollten. Von den Schriften geht der Name schließlich auf die Themen über, die sich auf die elementaren Fragen der Philosophie konzentrieren – Fragen, die auf den Ursprung der Dinge zielen und die das Seiende als Seiendes untersuchen.

In jedem Fall ist jedoch die weitverbreitete Auffassung, die Metaphysik beschäftige sich mit der «Welt, die hinter den Erscheinungen liegt», vollkommen falsch. Von einer solchen Welt ist weder bei Platon noch bei Aristoteles jemals die Rede gewesen. Außerdem wäre sie im Griechischen mit einer ganz anderen Präposition bezeichnet worden: «meta» bedeutet zeitlich wie räumlich «nach». Dennoch sind in Analogie zu «metaphysika» zahlreiche neue Wörter gebildet worden, in denen «meta» auf eine Welt oder Struktur hinter den Erscheinungen verweist, so zum Beispiel der Begriff Metasprache.

Es ist mithin die Tugend ein Habitus des Wählens, der die nach uns bemessene Mitte hält und durch die Vernunft bestimmt wird, und zwar so, wie ein kluger Mann ihn zu bestimmen pflegt. Die Mitte ist die zwischen einem doppelten fehlerhaften Habitus, dem Fehler des Übermaßes und des Mangels; sie ist aber auch noch insofern Mitte, als sie in den Affekten und Handlungen das Mittlere findet und wählt, während die Fehler in dieser Beziehung darin bestehen, daß das rechte Maß nicht erreicht oder überschritten wird. Deshalb ist die Tugend nach ihrer Substanz und ihrem Wesensbegriff Mitte; insofern sie aber das Beste ist und alles gut ausführt, ist sie Äußerstes und Ende.

Aus: Aristoteles, *Nikomachische Ethik*

Physik

In dem facettenreichen Werk des Aristoteles, das ungefähr alle Bereiche der damaligen Wissenschaft abdeckt – wobei der Mathematik eine Sonderstellung zukam –, fällt vor allem das Interesse für alle Formen des Lebens auf. Es ist nicht ausgeschlossen, daß Aristoteles als Sohn eines Arztes einen besonderen Hang zu diesen Fragestellungen hatte. Viele seiner Beispiele stammen jedenfalls aus der Medizin.

«Leben» erscheint Aristoteles als die höchste Vollendung des «Seins»: In seiner Auffassung von Natur hat alles Leben sein durch Art und Klasse festgeschriebenes Maß, seine Beschränkung und Vollendung. Anders ausgedrückt: Alles strebt nach Vollendung, wobei die durch die Art bedingten und begrenzten Möglichkeiten nicht überschritten werden. Für Aristoteles steht die «Endursache», die «Zweckbestimmung» gegenüber allen anderen Ursachen an erster Stelle und ist in seiner Darlegung über die Kenntnis der Ursachen auch das wesentliche Erklärungsprinzip. In dem bereits angeführten ersten Buch der *Metaphysik* kritisiert er seine Vorgänger, einschließlich Platon, vor allem von diesem Gesichtspunkt aus.

Diese teleologische Sichtweise beherrscht die Philosophie und die Biologie des Aristoteles ebenso, wie sie seine Physik prägt. Auch die Dinge haben ihren «natürlichen» Platz, auf den sie sich tendenziell zubewegen. Ein Stein fällt in die Richtung seines Bestimmungsortes.

Psychologie

Kritiker, die von einer mechanistischen Weltauffassung ausgehen, in der von Zweckbestimmung keine Rede sein kann, haben Aristoteles hin und wieder vorgeworfen, daß er eine alle Grenzen überschreitende Evolution voraussetzt. Daran hat Aristoteles nicht gedacht: Jedes einzelne Ding ist in seinem Streben nach Vollendung an die Möglichkeiten und Grenzen seiner Art gebunden.

Es gibt jedoch eine vielsagende Ausnahme: In seinem Drang nach Wissen geht der Wissende weiter und breitet sich über alles aus, was es gibt. Dies ist der Herrschaftsbereich der grenzenlosen Evolution, in dem sich die Menschen mit den Göttern messen und zu Unsterblichen werden. Schon im ersten Satz der *Metaphysik* steht geschrieben, daß alle Menschen von Natur aus nach Wissen streben. Die Disziplin, die diesem Drang nach Erkenntnis vor allen anderen gerecht wird, ist die Philosophie – sie ist das Wissen von den ersten Ursachen, das um seiner selbst willen angestrebt wird und schließlich in der uneigennützigen Betrachtung des Seienden als Seiendes kulminiert. Für Aristoteles, der sie in der Nachfolge Platons als *theoria* bezeichnet, stellt sie das höchste Ziel des Lebens dar.

Auch hier ist also eine hierarchische Ordnung zu entdecken, deren einzelne Stufen «Sein», «Leben» und «Wissen» sind und in der das Höhere gleichzeitig die entelecheia des Niedrigeren und das Niedrigere die dynamis des Höheren darstellt. So ist die Seele die Entelechie des Körpers, das, was den Körper «in seinem telos hält». In seinem Traktat *De anima* (Über die Seele) gibt Aristoteles folgende Darstellung: «Es ergibt sich die Notwendigkeit, daß die Seele eine Wesenheit sei als die Form eines natürlichen Körpers, der potentiell Leben besitzt. Die Wesenheit ist aber die aktuale Wirklichkeit, in diesem Fall also die aktuale Wirklichkeit eines so beschaffenen Körpers. Sie hat einen zweifachen Sinn, entweder wie Wissenschaft oder wie Forschen. Die Seele ist aber offenbar Wirklichkeit wie die Wissenschaft. Denn im Dasein der Seele ist Wachen und Schlafen inbegriffen; das Wachen entspricht dem Forschen, das Schlafen dem Besitzen ohne Betätigung. Bei einem und demselben Wesen geht dem Entstehen nach die Wissenschaft voraus. Darum ist die Seele primäre aktuale Wirklichkeit eines natürlichen Körpers, der potentiell Leben besitzt.»

Die ‹erste› aktuale Wirklichkeit wird als Seele bezeichnet, da sie allem zugrunde liegt. Sie besitzt auch die Fähigkeit zu ‹schlafen› und der Schlaf ist bei Aristoteles das Symbol für das latent Anwesende, das Virtuelle und ‹Schlummernde›. Das Wachen hingegen steht für die Entelecheia in ihrer höchsten Form, der Theoria. Aristoteles scheint hier auf ein Bild zurückzugreifen, das schon bei Heraklit wiederholt auftaucht und in dem das Wachen die höchsten intellektuellen Fähigkeiten symbolisiert. In seinem Lob der *bios theorétikos,* des beschaulichen Lebens, ist Aristoteles in gewisser Weise vertikaler und platonischer als Platon selbst. Er spricht nicht von dem obligaten Abstieg in die Tiefe oder einer Rückkehr in die Höhle. Gleichzeitig ist der Weg nach oben bei ihm kürzer, da der Telos erreichbar ist. Aristoteles hat

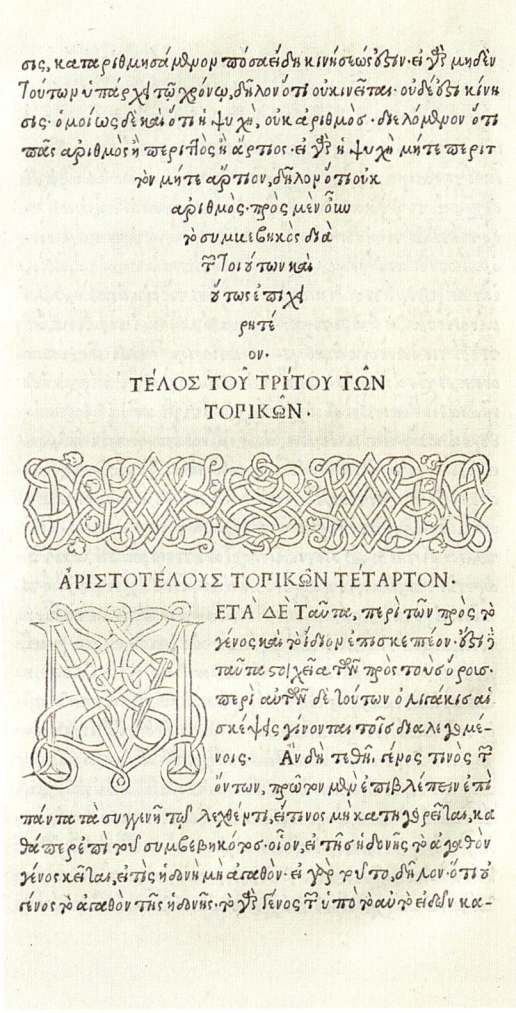

eine Abneigung gegen Wege, die ins Unendliche führen. Immer wieder spricht er davon, daß es «irgenwo aufhören muß»

Ethik

Dies gilt gleichermaßen für das menschliche Streben nach Glück, Besitz und Macht. Ausgehend von einem Ausspruch des Gesetzgebers Solon, der von dem Geschichtsschreiber Herodot zitiert wird, stellt Aristoteles diese Thematik in seiner *Nikomachischen Ethik* zur Diskussion. Solon sagt hier zu dem reichen König Kroesus, der für sich in Anspruch nimmt, der glücklichste aller Menschen zu sein, weil er der reichste und mächtigste ist, daß niemand vor seinem Tod im eigentlichen Sinne des Wortes glücklich genannt werden kann. Die neidischen Götter können jederzeit das Glück eines Menschen zerstören. «In allen Fällen müssen wir unseren Blick auf das Ende richten und schauen, wie es abläuft.» Aristoteles hält diese weise Antwort für absurd, da Glück eine Form der energeia – also der Wirklichkeit – und nicht der Aktivität ist. Jemand kann als Mensch und somit noch vor seinem Tod, entsprechend dem Maß des Möglichen, glücklich sein.

Das Ziel der Ethik – darin sind sich alle griechischen Philosophen einig – ist die *eudaimonia*, die Glückseligkeit. Bei Aristoteles ist die Tugend die Garantie für eine beschauliche Form des Glücks. Deshalb legt er, anknüpfend an Platon, in seinen Reflexionen zur Ethik den Akzent auf die verstandesmäßigen (*dianoetischen*) Tugenden wie Weisheit und Mäßigung. Auch wenn Vernunft nicht mit Tugend gleichgesetzt wird, ist sie deren unverzichtbare Voraussetzung.

Die These von Aristoteles, daß Tugend oder moralische Qualität die vernünftige Mitte (*mesotes*) oder das Gleichgewicht zwischen zwei unvernünftigen Extremen darstellt, kann auf unterschiedliche Weisen falsch interpretiert werden. Mit Sicherheit ist sie kein Lob der Mittelmäßigkeit im Sinne eines statistischen Durchschnitts, da dieser nicht die moralische Qualität als Mittelwert von zwei Extremen beinhaltet, sondern die Stellung eines Menschen zwischen anderen Menschen. Gemeint ist auch nicht die *aura mediocritas* des Horaz im Sinne eines verborgenen, ruhigen und unauffälligen Lebens, das den höchsten Genuß garantiert. Zur aristotelischen mesotes gehört das Spannungsverhältnis zwischen den Extrempolen, deren gleichzeitige Existenz sehr nachdrücklich betont wird. Ohne beide gäbe es kein Gegengewicht, und an die Stelle der intellektuellen Leistung würde ein Automatismus treten. Die Mitte, nach der Aristoteles sucht, ist auch ein Höhepunkt. So ist Mut nur dann eine moralische Qualität, wenn der Mutige die Gefahr kennt und die Gelegenheit zur Flucht hat: Ohne die Möglichkeit einer Entscheidung gibt es keine Tugend.

Die Schriften des Aristoteles wurden Ende des fünfzehnten Jahrhunderts zum ersten Mal von dem venezianischen Drucker und Verleger Aldus Manutius gedruckt.

Athen und Rom

Nach Sokrates, Platon und Aristoteles war Athen zum unumstrittenen Zentrum der griechischen Philosophie und Kultur geworden, in dem sich Philosophen aus allen Teilen des Landes niederließen. Ihre Schulen und Anhänger wurden jetzt nicht mehr nach Städten benannt, wie zum Beispiel «Mileter» und «Eleaten», sondern nach den Gebäuden in Athen, in denen sie ihre Philosophie betrieben und lehrten. So hieß die Schule Platons Akademie, die von Aristoteles trug den Namen Lyceum oder Peripatos; die Schule von Zenon (nicht zu verwechseln mit Zenon von Elea) wurde nach der Säulengalerie, in der sie untergebracht war, Stoa genannt, und die des Epikur hieß Garten.

Von all diesen Philosophen stammte, außer Sokrates, Platon und dessen Neffen Speusippos, der die Akademie nach Platons Tod weiterführte, nicht ein einziger aus Athen selbst: Aristoteles kam aus Makedonien, sein Nachfolger Theophrast war in Eresos auf Lesbos geboren, Zenon wuchs in Kition auf Zypern auf, und die ursprüngliche Heimat des Epikur war Samos. Athen war also eher ein Anziehungspunkt für Philosophen aus anderen Teilen Griechenlands, als daß es eigene Denker hervorbrachte.

Wenn auch die Entstehung der Namen wie Akademie, peripatetische Schule, Stoa und Garten keineswegs programmatisch, sondern eher zufällig war, so sind sie schließlich doch zu Bezeichnungen für philosophische Schulen und Denkrichtungen geworden, die im Laufe der Zeit eine weitgehende Selbstständigkeit errangen, zunehmend dogmatischere Züge annahmen und sich untereinander bekämpften. Schon unmittelbar nach dem Tod des Sokrates bildete sich eine Vielzahl von Richtungen heraus, zum Beispiel der Zynismus und der Hedonismus, deren Vorstellungen von späteren Schulen wieder aufgenommen wurden. In den Mittelpunkt des Interesses rückten ethische Themen und damit natürlich auch die Frage nach der menschlichen Glückseligkeit. Zwei widerstreitende Schulen – die Stoa und der Epikuräismus – sollen hier unter dem Aspekt ihres ethischen Anspruchs an die Wirklichkeit vorgestellt werden.

Die Stoa

Seit Aristoteles hatte sich die Ethik in den Athener Schulen zu einer eigenständigen Disziplin entwickelt. Doch auch schon Platon hatte ethische Fragen aufgegriffen, die er vor allem im Zusammenhang mit der menschlichen Weisheit untersuchte. Die von ihm in der *Politeia* geäußerte Empfehlung, die Gefühle durch den Verstand zu beherrschen, ist ein deutlicher Vorgriff auf die Gedanken der Stoiker.

Beim Studium der antiken Schriften fällt auf, daß Platon und Aristoteles nicht anders als die Epikureer und die älteren Stoiker Probleme der Ethik kaum je unabhängig von naturphilosophischen Überlegungen betrachteten. Vielmehr sind ethische Fragen stets in das jeweilige Naturverständnis eingebettet. Dies erklärt sich dadurch, daß es als vorrangige Aufgabe der Ethik angesehen wurde, die Weisheit und das Streben nach Glückseligkeit mit der Natur und ihren Erfordernissen in Einklang zu bringen. Dazu muß eine Naturauffassung gefunden werden, in der diese Harmonie möglich und sinnvoll wird. In der Praxis kam der Ethik die Aufgabe zu, die Ansprüche des Menschen zu begrenzen.

Aus diesem Blickwinkel betrachtet ist die Ethik eine Säkularisierung der religiösen Praxis. Sie weist dem Menschen die Verantwortung zu – ein homerischer Held konnte sich für seine Taten noch entschuldigen, indem er sich auf den Willen oder das Eingreifen der Götter berief. Wenn es jedoch dem Menschen obliegt, sein Schicksal eigenmächtig zu gestalten, erhält die Ethik zentrale Bedeutung und löst sich aus der Umklammerung naturphilosophischer Beschränkung. Dieser Prozeß spiegelt sich in der Entwicklung der Stoa wider:

Diogenes von Sinope (412–323 v.Chr.) ist der berühmteste Anhänger der Zyniker, die sich aus Verachtung für alle Sitten und Kultur ein Leben in äußerster Bedürfnislosigkeit auferlegten. Ugo da Carpi stellt ihn auf einem Holzschnitt dar, wie er inmitten eines Stapels philosophischer Bücher vor seiner Tonne sitzt, die ihm als Behausung diente.

In der alten Stoa, bei Zenon aus Kition (ca. 335–ca. 265), Kleanthes aus Assos (331–233), bekannt durch eine Hymne an Zeus, und bei seinem Schüler Khrysippos aus Soli in Sizilien (ca. 281–207) nimmt die Naturphilosophie, in Anknüpfung an Heraklit, großen Raum ein. Bei dem Römer Seneca schließlich überwiegen ethische und sogar moralistische Züge, während die Naturbetrachtungen hier nur noch einen rein erbaulichen Charakter haben und einer bereits ausgebildeten Ideologie untergeordnet werden.

Für den eigenverantwortlich handelnden Menschen ist der Gedanke, daß die Wirklichkeit in ihrer Struktur und Wirkungsweise begreifbar ist, von fundamentaler Bedeutung. Der menschliche Verstand hat nur dann Zugriff auf die Wirklichkeit, wenn er sie in einem umfassenden Bild «greifen» kann.

Das Wort *logos* bedeutet einerseits Verstehen, Schlußfolgerung oder menschliche Vernunft, andererseits ist es das allem zugrundeliegende aktive Prinzip. Es drückt also die Einheit von Denken und Sein oder auch von Vernunft und Realität aus, wobei die Vernunft oder der Logos sozusagen die Initiative ergreifen.

Ansatzweise ist diese Gleichsetzung schon bei Heraklit vorhanden, beispielsweise in der These, daß alles nach dem Prinzip des Logos verläuft, allerdings wird dem Logos selbst hier noch keinerlei aktives Handeln zugebilligt.

Dieser Logos ist Gottheit und Natur zugleich. «In Übereinstimmung mit der Natur» oder gemäß der eigenen Natur leben bedeutet nun nicht mehr, mit den überlegenen kosmischen Kräften im Gleichschritt zu bleiben, sondern sich aufgrund einer vernunftbedingten Einsicht der erkennbaren Gesetzlichkeit zu fügen und sie zum eigenen Willen umzuformen. Der Wille fügt sich der Einsicht, und dieser Einheit von Willen und Einsicht entspricht die Pflicht. Der Sprung vom «Sein» zum «Müssen» ist gleichbedeutend mit dem Aufgehen in einer umfassenderen Struktur, in der das «Müssen» des Mikrokosmos mit dem «Sein» des Makrokosmos zusammenfällt.

Wer sich in dieser Weise fügt, gilt als weise und folgt dem *hegemonikon*, dem Leitprinzip der Seele, ihrem Berührungspunkt mit dem Logos. Er ist frei und lebt in der *autarkeia*, das heißt, unabhängig von Zufälligkeiten ist er den Göttern gleichgestellt. Auf diese Weise erreicht er einen Idealzustand, den die Philosophen von alters her auch *apatheia* genannt haben: ein Frei-Sein von allem, was dem Menschen passiv und gegen seinen Willen widerfährt.

Die apatheia ist eine Eigenschaft, die die Atomisten den Atomen zuschrieben und die für Anaxagoras das Kennzeichen der Weltseele war. Die Atome sind unveränderlich, und die Weltseele ist durch nichts zu beeinflussen. In der Stoa bedeutet apatheia die Fähigkeit des Menschen, sich aufgrund seiner moralischen Kraft und Einsicht in die Natur über alle Affekte hinwegzusetzen (*pathe*) und somit zu einem Weisen zu werden, der den Göttern gleicht. Auch diese werden, ebenso wie die Atome, als *apatheis* bezeichnet. Die Ideale werden also dem Bereich der Materie und dem der Götter – zwei nichtmenschlichen Dimensionen – entlehnt.

Seneca

Von dem späteren Stoiker Lucius Annäus Seneca (ca. 1 v. – 65 n. Chr.), der unter Nero ein mächtiger Mann in Rom war, ist ein umfassendes philosophisch-rhetorisches und dramatisches Werk erhalten geblieben. In seinen Schriften wird deutlich, wie stark der ethische Rationalismus das Leben prägt und wie sehr er das Handeln und Schicksal der Menschen beherrscht. Denken, Tun und Sein bilden ein Kontinuum. Was geschehen kann, kann zuvor gedacht

Marcus Aurelius, der römische Kaiser und Philosoph, gehörte ebenso wie Seneca zu den Vertretern der jüngeren Stoa. Seine Gedanken zum menschlichen Leben schrieb er in den *Selbstbetrachtungen* nieder, in denen er die stoischen Tugenden pries.

Der römische Philosoph Seneca wurde, nachdem er bei Kaiser Nero in Ungnade gefallen war, zum Selbstmord gezwungen.

Es ist immer ein Ideal der Philosophen gewesen, von den Zufällen des Lebens unabhängig und damit den Göttern gleich zu sein. Jupiter bestimmt über das menschliche Schicksal, er schleudert Donner und Blitz, seine Attribute sind, wie hier abgebildet, das Zepter und der Blitz.

werden; was im Vorgriff denkbar ist, ist für den, der es denkt, zu ertragen.

Seneca variiert diesen Gedanken in seinen *Consolationes*, mit denen er an eine Tradition von Anaxagoras und Crantor (ca. 300 v. Chr.) anknüpft. Beispielhaft ist eine Passage aus einem seiner moralistischen Briefe an Lucilius, wo es sinngemäß heißt: Eine Katastrophe, auf die wir vorbereitet sind, trifft uns weniger hart, für die Irren und diejenigen, die sich auf ihr Glück verlassen, ist jedoch alles, was geschieht, neu und unerwartet; für die Unerfahrenen besteht die Katastrophe zu einem großen Teil darin, daß sie so plötzlich und unvorhergesehen über sie hereinbricht. Deshalb versucht der Weise sich schon im vorhinein an das Elend, das ihn überkommen könnte, zu gewöhnen; was für andere leicht wird, indem sie es lange ertragen, wird für ihn leicht, indem er es lange in Gedanken vorwegnimmt.

Der Stoizismus ist eine Lebensphilosophie, die sehr massenwirksam war und das ethische Denken über einen langen Zeitraum wesentlich beeinflußt hat. In Rom fiel er schon im zweiten vorchristlichen Jahrhundert in den Kreisen um Scipio Aemilianus (185–129) auf fruchtbaren Boden und erhielt durch Panaetius von Rhodos (ca. 185–ca. 110) weiteren Auftrieb. Nach Seneca zählten unter anderem Epiktet, ein freigelassener Sklave, und Marcus Aurelius, Kaiser des Römischen Reiches, zu den einflußreichen Vertretern dieser Schule.

Epikurëismus

Epikur (341–270) sieht die Aufgabe der Physik vor allem darin, die sichtbaren Erscheinungen zu erklären. Auf diese Weise will er den Menschen jegliche religiös motivierte Angst vor den Göttern oder vor dem Tod nehmen und ihnen somit ein Leben in *ataraxia* (Ataraxie), in Gemütsruhe, Gleichmut und Seelenfrieden ermöglichen. Ganz unmißverständlich formuliert Epikur dieses Primat der Ethik in seinem Lob der Philosophie. Dort heißt es:

«Weder der Jüngling soll säumen, sich der Philosophie mit großem Eifer zu widmen, noch soll der Greis müde werden, sich mit der Weltweisheit abzugeben, denn es gibt keinen Menschen, der noch nicht reif genug oder überreif ist, um die Gesundheit der Seele zu erreichen. Wer aber behauptet, daß für ihn die Zeit zum Nachdenken noch nicht gekommen oder schon vorüber sei, sagt meiner Meinung nach, daß für ihn die Zeit, glücklich zu sein, noch nicht da oder bereits vergangen sei; so sollen denn Greis und Jüngling Freunde der Weisheit sein, der eine, damit sein Alter von Tugenden umblüht werde, der andere, um die Freuden der Jugend mit den Genüssen der Reife zu verbinden. Dann blickt der Greis freudvoll in die Vergangenheit und der Jüngling furchtlos der Zukunft entgegen. Den Dingen, die uns Glückseligkeit gewähren, müssen wir fest ins Auge blicken, weil wir mit ihrem Besitz alles erwerben, und wenn wir sie nicht haben, müssen wir alles daran setzen, sie zu erringen.»

In seinem ethischen Ideal lehnt sich Epikur eng an Demokrit an, dessen höchstes Ziel in einem ausgeglichenen und glücklichen Leben lag. Auch in seiner Physik knüpft er an die Atomlehre von Demokrit und dessen Lehrmeister Leukipp (5. Jh. v. Chr.) an. In seinem Versuch, dem Determinismus aus dem Wege zu gehen, nimmt er jedoch an, daß die Atome bei ihrem Fall in den freien Raum eine geringfügige Abweichung von ihrer senkrechten Bewegungsrichtung durchlaufen, die als *clinamen* oder *enklisis* bezeichnet wird und den Zusammenprall und damit die Bildung der materiellen Körper bedingt.

Cicero hat sich über diese These lustig gemacht, die er für ein reines Hirngespinst hielt. Das «clinamen» ist so winzig, daß es nicht sichtbar ist, ebenso wie die Harmonie der Sphären vom menschlichen Ohr nicht wahrgenommen wird. Allerdings wird zu dieser Behauptung so etwas wie eine Erklärung mitgeliefert: Wir hören sie nicht, weil wir zu sehr daran gewöhnt sind. Für Epikur ist ein Beweis in diesem Fall offensichtlich nicht nötig: Er begnügt sich damit, daß es keine Fakten gibt, die seine Hypothese vom clinamen widerlegen könnten.

Wenn Philosophen nach der konsequenten Einheit zwischen Leben und Lehre beurteilt werden und die Kriterien in dem Maße strenger werden, wie die Lehre ethisch geprägt ist, kann Epikur nicht hoch genug eingeschätzt werden. Selbst von seinem philosophischen Gegenspieler Seneca, der ihn häufig lobend zitierte, wurde seine Lebensführung als absolut vorbildlich gepriesen.

Im übrigen gibt es in bestimmten Punkten, beispielsweise dem Ideal eines maßvollen Lebens in Ruhe und Beschaulichkeit, zwischen den Stoikern und Epikureern starke Übereinstimmungen. Im Le-

ben Epikurs hatte eine oberflächliche Genußsucht mit Sicherheit keinen Platz.

In Rom haben beide Richtungen Anhänger gefunden. Der Epikurëismus hatte einen bedeutenden Vertreter in dem Dichter Lucretius (1. Jh. v. Chr.), der in seinem Lehrgedicht *De rerum natura* die Philosophie Epikurs thematisiert. Obwohl die Dichtung zu seiner Zeit kaum noch ein Medium der Philosophie ist, betont Lucretius nachdrücklich, sich ganz bewußt für diese Form entschieden zu haben, um seine Darstellung für den Leser lebendiger und fesselnder zu machen.

Skeptizismus

Von der Skepsis im allgemeinen und dem antiken Skeptizismus im besonderen wird in der Regel ein recht negatives Bild gezeichnet. Diese Kritik wurzelte schon in der Antike in der Auffassung, daß eine skeptische Grundhaltung unvereinbar sei mit einer ethischen Überzeugung, auf die man jedoch nicht verzichten kann, da sie notwendiger Maßstab für jegliches Tun und Denken ist. Der Gewißheit des Handelns und seiner moralischen Qualität sollte eine Gewißheit im gedanklichen Bereich entsprechen. Denken und Sein sollten miteinander verknüpft und wie aus einem Guß sein. Dogmatikern und Aktionisten ist die Skepsis ein Greuel, da sie in ihren Augen den inneren Zusammenhang gefährdet und die Ziele der Philosophie in Frage stellt.

So wird der Skeptizismus in den Handbüchern im großen und ganzen als Dekadenzerscheinung behandelt und in die Epoche des Niedergangs der griechischen Philosophie verwiesen. Es ist die Frage, ob diese Einschätzung dem Skeptizismus wirklich gerecht wird beziehungsweise ob eine richtig begriffene Skepsis als lähmend verstanden werden darf.

Unbestritten ist, daß das Wort «skepsis» bei Philosophen wie Platon und Aristoteles etwas völlig anderes bedeutete, als «an allem zu zweifeln». Es ist, wie zum Beispiel «theoria», von «sehen», «schauen» abgeleitet und hat bei ihnen die neutrale Bedeutung von «Betrachtung». Auch die später aus demselben Wortstamm gebildeten Begriffe wie «Kontemplation» und «Spekulation» sind in keiner Weise negativ besetzt.

Pallas Athene fordert den Götterboten Hermes auf, das Wort zu ergreifen.

Wo sich die Skepsis als philosophische Haltung manifestiert, wie bei Arkesilaos (ca. 250 v. Chr.) und Karneades (ca. 150 v. Chr.), beides Philosophen der Akademie, äußert sie sich als *epoché*. Dies bedeutet das Hinauszögern eines Urteils oder einer Handlung aus der Überzeugung heraus, daß die Argumente, die für oder gegen etwas sprechen, einander aufwiegen. Eine solche Situation macht es einem Philosophen unmöglich, einen eindeutigen Standpunkt zu beziehen, seine Rolle muß sich zwangsläufig auf die des Zuschauers beschränken. Ist er in einem solchen Fall gezwungen, sich dennoch für eine Handlungsweise zu entscheiden, so kann er sich nicht auf absolut zwingende Gründe berufen.

Aber nicht nur in dieser späten Ausprägung widersetzt sich die Skepsis jeder Form von Dogmatismus, indem sie angeblich unumstößliche Gewißheiten und scheinbar allgemeinverbindliche Handlungsanweisungen in Zweifel zieht. Das skeptische Denken ist mehr als das Unvermögen oder der Unwille, sich zwischen zwei oder mehr rivalisierenden Systemen zu entscheiden. Ausgehend von den Möglichkeiten und Grenzen des menschlichen Denkens kann die Skepsis dazu beitragen, den als selbstverständlich angesehenen eigenen theoretischen Standpunkt zu überprüfen.

Die römische Expansion in Europa. Überreste eines Aquädukts in der Gegend von Nancy (Frankreich).

Ähnlich wie sich die Philosophie in ihren Anfängen gegen den Mythos wandte, wendet sich die Skepsis gegen ein Denken, das sich selbst nicht hinterfragt und sich auf keine Diskussion einläßt. So betrachtet ist die Philosophie von Beginn an Skepsis, distanzierte Betrachtung und Erschütterung der geltenden Selbstverständlichkeit.

In dieser Ausprägung begegnet uns die Skepsis auch in allen früheren Phasen der griechischen Philosophie, so zum Beispiel:

- in der Relativität des Wissens bei Xenophanes;
- in der Unterscheidung zwischen *doxa* und *alétheia* bei Parmenides, bei dem die Skepsis dort einsetzt, wo nicht nur die Meinungen anderer, sondern auch die eigene als fehlbar angesehen wird;
- in der Relativierung der Konventionen bei den Sophisten durch die Formulierung des Gegensatzes zwischen *nomos* (Brauch) und *physis* (Natur);
- bei Sokrates, der sein Nichtwissen mit Weisheit gleichsetzte;
- in der Ironie Platons, sobald er über erhabene Dinge spricht.

Die Skepsis ist ein vitaler Bestandteil der Philosophie und eine Quelle philosophischer Aktivität. Da sie mit Sicherheit kein zeitlich begrenztes Phänomen ist, verdient sie einen wesentlich prominenteren Platz in der Geschichte der Philosophie, als ihr gewöhnlich eingeräumt wird.

Karneades, 214 in Kyrene (Nordafrika) geboren, war einer der bedeutendsten Denker der skeptischen Schule, einer philosophischen Strömung, die die Möglichkeit genauen Wissens verwarf.

Sextus Empiricus

Zu den bedeutenden Vertretern des Skeptizismus zählt Sextus Empiricus, der im 2. Jh. n. Chr. die Geschichte der Skepsis aufschrieb und dessen Werk eine wichtige Quelle für unser Wissen über die antike Philosophie ist. Das folgende Zitat vermittelt einen Eindruck von der Art seines Denkens:

«Es ist aber das skeptische Vermögen dies, daß es gegenüberstellt Erscheinendes und Gedachtes, auf jedwede Weise; und von diesem (Vermögen) aus gelangen wir, in Folge der Gleichkräftigkeit in den gegenübergestellten Dingen und Reden, zuerst zur Zurückhaltung, nachher aber zur Unbeirrtheit. ‹Vermögen› nun nennen wir es nicht in einem feineren Sinne, sondern schlechtweg, inwiefern es (etwas) vermag; als ‹Erscheinendes› aber nehmen wir jetzt das (sinnlich) Wahrnehmbare, weshalb wir ihm das Denkbare entgegenstellen. Das ‹auf jedwede Weise› aber kann verbunden werden ebensowohl mit dem ‹Vermögen›, damit wir das Wort ‹Vermögen›, wie gesagt, schlechtweg verstehen, wie auch mit dem ‹daß es gegenüberstellt Erscheinendes und Gedachtes›; denn da wir diese Dinge auf mannigfache Weise gegenüberstellen, indem wir entweder Erscheinendes Erscheinendem oder Gedachtes Gedachtem oder (beides) wechselweise gegenüberstellen, so sagen wir, damit alle diese Gegenüberstellungen miteingeschlossen werden, ‹auf jedwede Weise›. Oder (man kann auch verbinden) ‹auf jedwede Weise Erscheinendes und Gedachtes›, so daß wir nicht fragen: wie erscheint das Erscheinende? oder: wie wird das Gedachte gedacht? sondern so, daß wir dies schlechtweg nehmen. ‹Gegenübergestellte Reden› aber nehmen wir durchaus nicht in dem Sinne von Verneinung und Bejahung, sondern schlechtweg für ‹streitende›. ‹Gleichkräftigkeit› aber nennen wir die Gleichheit in Glaubwürdigkeit und Unglaubwürdigkeit, so daß keine von den streitenden Reden keiner (anderen) voransteht als glaubwürdiger. ‹Zurückhaltung› aber ist ein Stillstehen der Einsicht, in Folge dessen wir weder etwas aufheben (verneinen) noch setzen (bejahen). ‹Unbeirrtheit› aber ist Ungestörtheit und Windstille der Seele. Wie aber mit der Zurückhaltung zugleich die Unbeirrtheit eintritt, werden wir in den (Erörterungen) über das Ziel erwähnen.»

Der Skeptizismus wird nach Pyrrhon (360–270) auch als Pyrrhonismus bezeichnet. Pyrrhon, der unter anderem durch Demokrit und Protagoras beeinflußt wurde, lehrte, daß wir nicht das wirkliche Wesen der Dinge kennen, sondern nur ihre Erscheinungsform, und daß gegenüber der einen Behauptung immer auch die gegensätzliche Gültigkeit besitzt. Auf das praktische Leben wirkt sich diese Auffassung nicht unbedingt negativ aus, da dies seine eigenen Forderungen stellt, die außerhalb der Philosophie liegen.

Platonismus und Neuplatonismus

Die großen Systemdenker der Antike, die Neuplatoniker, sind in erster Linie nicht bei den Nachfolgern Platons in seiner eigenen Schule zu suchen. Diese Schule wird nach wie vor von einer Art des Denkens beherrscht, die viel mehr die tradierten Philosophien in Frage stellt als die Wirklichkeit selbst, in deren Kontext dieses Philosophieren geschieht. Zum Teil bedingt dieser Ansatz den formalistischen und «akademischen» Charakter dieser Philosophie. Bei den Vorsokratikern wird auf diese Weise das mythische Denken problematisiert, bei Sokrates das naturphilosophische, während die Skeptiker alle Formen des dogmatischen Denkens und der Praxisbezogenheit in Frage stellen. Philosophie ist bis jetzt in gleichem Maße eine kritische Reflexion des tradierten Denkens, wie sie auch der Versuch zu Konstruktion und Systematisierung ist. Auch Aristoteles, der erste Systematiker, war gleichzeitig ein Problematiker.

Im Platonismus und Neuplatonismus, der sich ab dem ersten Jahrhundert nach Christus entwickelt, ist eine ausgeprägte Tendenz zur Systematisierung zu erkennen, die sich auf vorangegangene Philosophien unterschiedlichster Herkunft stützt. In diese Systematik werden sowohl Platon und Aristoteles als auch das Denken der Stoa und der pythagoräischen Schule integriert.

Systematisierung

Bei dieser Systematisierung sind zwei Aspekte zu unterscheiden:

1. Das Bemühen um einen logischen Zusammenhang zwischen den verschiedenen Disziplinen der Philosophie, zum Beispiel zwischen der Logik und der Metaphysik oder zwischen der Naturwissenschaft und der Ethik, aber auch zwischen konträren philosophischen Auffassungen. So wird die platonische Ideenlehre mit den Vorstellungen des Aristoteles über «Vermögen» und «Wirklichkeit» in eins gesetzt. «Vermögen» wird jetzt als das Streben nach Identifikation mit dem Modell interpretiert, als eine im «Niederen» schlummernde Sehnsucht nach dem «Höheren».

2. Die Auffassung, daß ein zusammenhängender Gedankenkomplex mit einem realen Zusammenhang korrespondiert. Gemeint ist die Einheit von Denken und Sein, wie sie vor allem die Stoa glaubte realisiert zu haben. Dieser Anspruch ist auch bereits bei den älteren Philosophen deutlich erkennbar, zum Beispiel dort, wo sie bestimmte Begriffe für das Denken mit der höchsten Wirklichkeit (nous oder logos) gleichsetzen, wobei der Akzent eindeutig auf dem Denken liegt. Während das nous bei Anaxagoras eine ordnende Größe ist, wird die noësis des Aristoteles zu ihrem eigenen Objekt, und die Stoiker erklären den logos zum schöpferischen Prinzip. Im 2. Jh. n. Chr. stellt Alexander von Aphrodisias, ein Peripatetiker, das nous, von dem Aristoteles in *De anima* spricht, dem göttlichen nous gleich.

Im Neuplatonismus wird diese Gleichsetzung von Sein und Denken oder Denkbarkeit zu einem System ausgeweitet, das eine alles umfassende Philosophie beinhaltet, in der die Naturphilosophie ebenso ihren Platz hat wie die Mythologie und die Religion. Mit der Verschmelzung der unterschiedlichen Lehren zu einem alles umschließenden System erfüllen sich die Philosophen einen alten Traum, da es ihnen nun möglich ist, alles und jedes Detail in einen Gesamtzusammenhang zu stellen.

Die Bezeichnung «Neuplatonismus» ist eigentlich nur dann richtig, wenn es zuvor einen Platonismus, sozusagen eine erste Welle der Platon-Interpretation, gegeben hat. Man könnte sagen, daß Platon selbst bis zu einem gewissen Grad der erste Platoniker war, zum Beispiel dort, wo er in der *Politeia* sein Höhlengleichnis ausführlich kommentiert und diese Interpretation systematisiert. Der Begriff «Neuplatonismus» läßt sich jedoch auch durch seine Doppelbedeutung begründen und rechtfertigen:

In seiner ersten Bedeutung meint er die systematisierte und in der Folgezeit dogmatisierte Philosophie Platons, die bei Platon selbst schon mehr oder weniger herausgebildet war und jetzt durch das Wirken der Neuplatoniker zu einer detailliert ausgearbeiteten «Lehre» wird.

Auf einer zweiten allgemeineren und recht unscharfen Bedeutungsebene versteht man unter Platonismus auch jede Philosophie oder jedes philosophische Denken, das die Reflexion in einen Bezug zur Realität setzt, während es zugleich dem Konkreten Universalität oder dem Niederen Erhabenheit zuspricht. Das Niedrige, Konkrete, Wahrnehmbare ist die Widerspiegelung eines Höheren, Universellen und Denkbaren, dem eine größere Gültigkeit und ein höherer Wahrheitsgehalt beigemessen wird. So ist bei Platon die Idee oder die Form realer als das Konkrete, das gleichwohl nach dem Modell der ersten entsteht.

Die platonische und neuplatonische Philosophie wirft nicht von einem Einzelaspekt aus im Vorübergehen einen flüchtigen Blick auf das Ganze, sondern befrachtet jedes einzelne Phänomen mit der Bedeutung des Universellen: Das Weltall spiegelt sich in einem Wassertropfen.

Die allegorische Erklärung

Schon bei Aristoteles ist eine unersättliche intellektuelle Gier zu erkennen, die ihn enorme Materialsammlungen anlegen ließ – in der Hoffnung, diese irgendwann einmal systematisch ordnen zu können. Eine vergleichbare Gier treibt die Neuplatoniker dazu, alles zu einer Philosophie zu machen und nichts uninterpretiert zu lassen.

Einer von ihnen, der ein umfangreiches und sehr vielschichtiges Werk hinterlassen hat, ist Porphyrios (232–304), ein Schüler und später auch der Biograph des Plotin. In seinen Augen ist alles Philosophie. Also ist auch jedes andere Medium, wie beispielsweise das Epos, auf die Philosophie zurückzuführen. So ist auch Homer für Porphyrios ein Philosoph, der philosophisch interpretiert werden muß.

Mit dieser Auffassung schließt sich Porphyrios einer seit langem bestehenden Tradition an, nämlich der Tradition der Allegorese (allegorische Erklärung). Sie entwickelte sich aus einer Problematik, die sich schon bei Xenophanes aus einem wörtlichen Verständnis der homerischen Sagen ergab, genauer gesagt aus der Schilderung und Interpretation der skandalösen Taten, die der Dichter die Götter begehen ließ. Anfangs sollte die allegorische Interpretation nur die Funktion erfüllen, diesen skandalösen Charakter zum puren Schein zu erklären, indem man dem Dichter unterstellte, mit seiner Darstellung eine tiefere Absicht zu verfolgen. So sollte beispielsweise das außereheliche Verhältnis zwischen Ares und

Der Pfau ist in vielen Kulturen ein Symboltier. In Indien symbolisierte er den Sonnengott, in Rom war er das heilige Tier der Göttin Juno, während er in der frühen christlichen Kunst das Paradies und die Auferstehung symbolisierte. Ein Mosaik aus dem griechischen Daphné.

Aphrodite auf einer tieferen Bedeutungsebene oder bei genauerem Hinsehen als ein Symbol für die Versöhnung der gegensätzlichen Kräfte von Krieg und Liebe gelesen werden. Auf diese Weise kam der Dichter nicht nur ungeschoren davon, sondern lieferte mit seinen Rätseln auch Anregung zum Nachdenken.

Wenn Homer als Philosoph gesehen wird, muß sein Werk – trotz der epischen Erzählform – auch als ein philosophisches aufgefaßt werden. Porphyrios greift dazu auf die allegorische Methode zurück, die vor ihm schon Philon von Alexandrien bei der Interpretation der Bibel angewandt hatte. Auch er geht davon aus, daß der Schreiber seine Geschichte in Rätselform gekleidet hat und etwas «anderes gesagt hat» (allegoria), als er meinte. Die allegorische Methode soll dieses Rätsel lösen und es in die klare Sprache der Philosophie umsetzen.

Interessant ist der Essay von Porphyrios *Die Höhle der Nymphen*, in dem die Methode auf eine Textstelle aus Homers *Odyssee* übertragen wird. In dieser Erzählung geht es darum, daß Odysseus nach der Landung auf Ithaka sein Hab und Gut in einer Grotte versteckte, die den Nymphen geweiht war. Der gesamte Kontext wird symbolisch gedeutet, wobei die Interpretation keine Einzelheit ausläßt. Odysseus selbst, die Hauptperson der Geschichte, erhält eine allgemeingültige Bedeutung und wird zum «Jedermann»; seine Wanderung gerät zu einer Läuterung der Seele; die Höhle ist der Ort, zu dem die Seele herabsteigt, um rein zu werden, und in der der Mensch seinen irdischen Besitz zurücklassen muß.

Auffallend bei dieser allegorischen Interpretation ist die spitzfindige Tiefgründigkeit, mit der scheinbar belanglose Einzelheiten eine große Bedeutung erhalten: Das Detail wird mit dem Gewicht des Ganzen befrachtet, das Verborgene ist Träger tieferer Bedeutungen. In dieser Hinsicht ist die Allegorese durchaus mit der Psychoanalyse zu vergleichen, in der ebenfalls kein einziges Detail selbstverständlich oder bedeutungslos zu sein scheint.

Eine solche Textauslegung macht die Enträtselung des verborgenen Sinns zwar leicht nachvollziehbar und mobilisiert die Phantasie, gleichzeitig raubt die Allegorie den einzelnen Erscheinungen ihren spezifischen Charakter, da sie alles zur Philosophie macht, das heißt alles auf einer höheren oder allgemeineren Ebene ansiedelt. Indem sie, wie die früheste Philosophie, aus dem Mythos einen *logos* macht, die Erzählung zum Plädoyer und den Namen zum Begriff umwandelt, kann sie bis zu einem gewissen Grad als eine authentische Weiterführung der Philosophie gesehen werden.

Plotin

All dies kennzeichnet die Systematik des Neuplatonismus, in dem die Identität alles Bestehenden auf einer höheren Ebene angesiedelt wird. Hier kommt auch wieder die Linie aus Platons *Politeia* ins Bild. Von Platon als Allegorie des Erkenntnisprozesses gemeint und in diesem Sinne interpretiert, werden die Erkenntnisebenen im Neuplatonismus verdinglicht. Die Leiter, auf der man nach oben steigt, bleibt nicht nur stehen, damit man auf ihr auch wieder heruntersteigen kann, sondern sie wird zu einer massiven Treppe, zu einer Pyramide, deren einzelne Stufen eine autonome Existenz besitzen.

Eine solch eigene Existenz nennt Plotin, der erste große Systematiker des Neuplatonismus, *hypostasis* (Hypostase). Außerhalb des philosophischen Kontextes bedeutet dieses Wort «Grundlage». Die Hypostasen besitzen eine hierarchische Ordnung. Die unterste ist am weitesten von der Wirklichkeit entfernt, sie ist die Materie, die unvollkommen und in dem Sinne schlecht ist, daß sie in viele Einzelteile zerbröckelt. Die höchste Hypostase ist wie bei Platon das Eine, das unaussprechliche Gute; ihm folgen der nous, der Ur-Geist, und schließlich die *psyché* oder «Weltseele». Die unteren Hypostasen entstehen aus den höheren, ein Prozeß, der als Emanation (wörtlich: Ausströmen) bezeichnet wird. Der von Plotin benutzte Begriff, *aporroia*, entstammt dem Bild einer Quelle und wurde von den Gnostikern eingeführt, um auf eine ferne und unerreichbare Gottheit zu verweisen.

Der folgende Textauszug vermittelt einen Eindruck von der eigenartigen Weise, in der Plotin seinen philosophischen Anschauungen Ausdruck verleiht:

«Das Eine ist alles und doch wieder nichts von den einzelnen Dingen. Das Prinzip aller Dinge kann nicht selbst diese Dinge sein, sondern es ist alles nur in dem Sinne, daß alle Dinge ihm angehören; in ihm *sind* die Dinge noch nicht, sondern sie *werden* sein. Wie kann nun aus diesem Einen, welches einfach ist und keine Verschiedenheit oder Zweiheit umfaßt, die Vielheit aller Wesen hervorgehen? Weil nichts *in* ihm war, darum ist alles *aus* ihm, und damit das Seiende entstehe, konnte das Eine nicht selbst das Seiende sein, wohl aber der Erzeuger desselben; und das Seiende ist gleichsam das erste Werden. Weil das Eine vollkommen ist, weil es nichts sucht, noch hat, noch bedarf, so floß es gleichsam über, und dieses Überfließen brachte anderes hervor. Dieses Gewordene aber wandte sich hin zum Einen und wurde so der Urgeist. Indem es also zu sich selbst hingewandt stille steht, und indem es sich selbst betrachtete, wurde es zugleich seiend und Geist. Dieser Urgeist, gerade so beschaffen wie das Eine, brachte ebenfalls etwas ihm Gleiches hervor durch ein Ausströmen seiner Kraft; und das ist ein Bild von ihm, wie auch das Eine den Urgeist von sich ausströmen ließ. Und diese aus dem Sein stammende Wirklichkeit ist die Weltseele; sie ist geworden, ohne daß der Urgeist aus sich herausging, wie auch der Urgeist selbst geworden ist, ohne daß das Eine aus sich herausging. Die Weltseele schafft nicht ruhend, sondern, in Bewegung gesetzt, erzeugte sie ein Abbild von sich selbst. Einesteils blickt sie auf das Prinzip, aus dem sie hervorging, und gelangt zur Fülle, anderesteils geht sie zu einer anderen und entgegengesetzten Bewegung über und erzeugt als ein Abbild ihrer selbst die Empfindung und die vegetative Natur. Aber nichts ist von dem nächst höheren Prinzip getrennt oder abgeschnitten. Darum scheint sich auch die Menschenseele bis zu den Pflanzen zu erstrecken.»

Plotins Schüler Porphyrios beginnt die Biographie seines Lehrmeisters mit den Worten, daß dieser sich dafür zu schämen schien, in einem Körper zu leben und Eltern zu haben. Plotin wurde wahrscheinlich 204 in Lykopolis (Ägypten) geboren. Er nahm Unterricht bei dem Platoniker Ammonios Sakkas und kam 244 nach Rom, wo er einen Kreis von Schülern um sich versammelte. Auch Kaiser Gallienus gehörte zu seinen Anhängern. Das Vorhaben Plotins, in Kampanien eine Philosophenstadt, Platonopolis, zu gründen, war trotz der Unterstützung von höchster Stelle zum Scheitern verurteilt. Plotin starb nach einem asketisch geführten Leben 270.

Eine Konstante in der antiken Philosophie

Während bei den Menschen der Moderne der Gedanke einer Evolution, einer Entwicklung des Höheren aus dem Niedrigen, eine gewisse Selbstverständlichkeit angenommen hat, haftet der Idee der Emanation, der Entstehung des Niedrigen aus dem Höheren, eine exotische Tiefgründigkeit an. Bei Plotin hat das Höhere den Vorrang, es ist früher da und erklärt das Niedrige zur Gerinnung und Ablagerung. So spricht Plotin auch von einer «Rückkehr», einer Hinwendung, *epistrophé*, zu dem Einen als letztem Urgrund. Wie bei Anaximander und Heraklit, für die der Weg nach oben und nach unten derselbe ist, ist auch hier wieder die Rede von einer Auf- und Abwärtsbewegung. Das Zwingende des Zurück ist bedingt durch ein der menschlichen Seele innewohnendes Verlangen, einen Drang nach vorn, einen Eros oder ein Heimweh. Hier wird der Körper wieder zum Kerker, der die Seele gefangenhält, oder zur Höhle, aus deren Finsternis sie sich befreien muß, indem sie sich zum Licht wendet und den Spuren folgt, die sie zum Höheren führen.

Bei Plotin wird eine Konstante in der gesamten antiken Philosophie sehr sichtbar: Es ist der Gedanke, daß der eigentliche Zweck des menschlichen Lebens in der kontemplativen und denkenden Betrachtung (*theoria*) liegt. Diese Auffassung ist mit der Spekulation verknüpft, daß der Mensch in der Kontemplation an seinen Ursprungsort, in seine eigentliche Heimat, zurückkehrt. Schon Anaxagoras meinte, daß die Menschen geboren seien, um zum Himmel aufzuschauen; bei Platon bedeutet die Anschauung der Dinge selbst im hellsten Licht das höchste Glück, während die erzwungene Rückkehr in die Höhle vor allem den Zweck hat, die gewonnene Einsicht an die anderen weiterzugeben. Aristoteles schließt sich diesem Gedanken der Kontempla-

Es gehe und kehre ein in sein Inneres, wer es vermag, aber er lasse draußen, was der Blick des Auges erschaut, und sehe sich nicht mehr um nach dem, was ihm vormals als Glanz schöner Körperlichkeit erschien. Denn wenn man die Körperschönheit erblickt, muß man nicht in ihr aufgehen wollen, sondern im Bewußtsein, daß sie nur Bilder, Spuren und Schatten zeigt, zu dem fliehen, dessen Scheinbild sie ist. Denn wer sich auf sie stürzte, um sie als etwas Wahrhaftes zu umfangen, würde ein ähnliches Schicksal erleiden wie Narcissus, der das Spiegelbild seiner schönen Gestalt in den schaukelnden Wellen umfassen wollte, in die Tiefe der Flut versank und nicht mehr gesehen ward:
So würde auch der, welcher das Schöne der Sinnenwelt festhielte, ohne davon zu lassen, zwar nicht leiblich, aber geistig in finstere, furchtbare Tiefen versinken, blind im Hades leben und hier und dort nur mit Schatten verkehren. «Auf, laßt uns fliehen in unser liebes Vaterland», wollen wir uns lieber zurufen, aber wohin geht die Flucht, und wie wollen wir ins offene Meer gelangen, wie es Odysseus andeutet, der von der Zauberin Kirke oder Kalypso wegeilte und am Bleiben nicht Gefallen fand, obgleich sein Auge im Anblick der Lust schwelgte und er sinnliche Schönheit vollauf genoß? Unser Vaterland und unser Vater sind dort, von dannen wir gekommen sind. Aber wie geht unsere Fahrt und Flucht vor sich? Nicht die Füße tragen uns dorthin, mit denen wir uns nur mühsam von einem Lande zum andern schleppen; auch Rosse brauchen wir nicht oder Schiffe, um dahin zu gelangen, sondern all das muß man hinter sich lassen und gar nicht daran denken; die leiblichen Augen muß man schließen und ein anderes dafür eintauschen und öffnen, das wir zwar alle besitzen, aber nur die Wenigsten gebrauchen.

Aus: Plotin, *Enneaden*

tion an, folgert daraus aber nicht die Notwendigkeit, in die Höhle zurückzukehren. Selbst der Genuß, für Epikur die verläßlichste und zudem am ehesten erreichbare Form der Glückseligkeit, ist seinem Wesen nach kontemplativ. Plotin radikalisiert diese Auffassung, indem er sagt, daß der Zweck jeder Handlung letztlich darin besteht, in Kontemplation überzugehen. In seiner Biographie schreibt Porphyrios, daß Plotin manchmal in einen Zustand der Ekstase geriet, in dem er die höchste Stufe der Kontemplation erreichte. Ähnliches wird auch über andere Philosophen berichtet, zum Beispiel über Sokrates, der einen ganzen Tag lang vor sich hingestarrt haben soll, und über Thomas von Aquin, der nach einer Vision in Schweigen verfiel und später dazu sagte, sein ganzes Werk sei, im Vergleich zu dem, was er dort gesehen habe, wertlos. In der mystischen Erfahrung, wie sie bei den Neuplatonikern beschrieben wird, transzendiert die Kontemplation die rein visuelle Wahrnehmung, in ihr gibt die Welt der sichtbaren Erscheinungen, mit den Worten des Anaxagoras, den Blick auf das Unsichtbare frei.

Proklos

Eine strenge, sehr systematische Form erhielt der Neuplatonismus bei Proklos (412–485), der die Akademie leitete und auch als «Nachfolger» oder «zweiter Platon» bezeichnet wurde. Sein umfangreiches Werk zeugt von dem allseitigen Interesse, das für die neuplatonischen Philosophen typisch war. Proklos beschäftigte sich mit dem Werk Platons und der Mathematik Euklids, er schrieb über Mythologie und Religion. Sein *Stoicheiosis Theologiké*, im Lateinischen *Elementatio Theologica* genannt, ist eine durch den mathematischen Denkansatz Euklids inspirierte Darstellung der Grundlagen der Philosophie in Form von 211 Thesen, die einen Beweis einschließen. Die ersten vier lauten:

1. Jede Vielheit hat auf irgendeine Weise Anteil an dem Einen.
2. Alles, was an dem Einen teilhat, ist zugleich ein Einzelnes und nicht ein Einzelnes.
3. Alles, was zu einem Einzelnen wird, wird dies durch seine Teilhabe an dem Einen.
4. Alles, was zu einem Einzelnen geworden ist, ist etwas anderes, als ein Einzelnes an sich.

Die *Elementatio Theologica* des Proklos hat eine tiefgreifende Wirkung auf die Theologie und Philosophie des Mittelalters gehabt. Eine arabische Bearbeitung, im zwölften Jahrhundert als *Liber de causis* (Buch über die Ursachen) ins Lateinische übersetzt, wurde lange Zeit Aristoteles zugeschrieben. Auch die Schriften des Pseudo-Dionysios de Areopagita (Anfang des 6. Jh.) haben wesentlich dazu beigetragen, die Gedanken des Proklos zu verbreiten.

Im übrigen läßt sich der Einfluß von Platon und Plotin auf die spätere Philosophie nur zum Teil eindeutig nachvollziehen. Zu groß ist die Vermischung original platonischer, platonisierender und neuplatonischer Auffassungen in der späteren Überlieferung und deren Erweiterung um gnostische, christliche und mystische Elemente.

In der Geschichte der Philosophie ist der Platonismus letztlich ein anonymes Phänomen, das sich durch ein genaues Lesen der Schriften von Platon, Plotin und Proklos nicht vollständig erschließt – ein Stück weit muß man sich ihm hingeben. Die Faszination für die Idee des «Alles in allem» findet nicht nur bei einem Philosophen wie Bergson, sondern auch bei einem Dichter wie Rilke ihren Niederschlag.

Philosophie und Christentum

529 nach Christus wurde die Athener Akademie, die zu dieser Zeit von Damaskios geleitet wurde, auf Befehl des christlichen Kaisers Justinian geschlossen. Wir können dieses Jahr als das Ende der antiken Philosophie betrachten, auch wenn es wenig philosophisch ist, den Beschluß eines Machthabers als einen Meilenstein in der Geschichte der Philosophie zu akzeptieren. Es war eine Entscheidung, die politisch motiviert war und keinen Einfluß auf die Tradierung des antiken philosophischen Erbes hatte. Die Wirkungsmacht philosophischer Ideen und ihr Einfluß auf die christliche Theologie war durch einen kaiserlichen Beschluß nicht aufzuhalten. Schon längst gab es für die christlichen Intellektuellen kein Entrinnen mehr, die Auseinandersetzung mit den zwingenden Gedankengängen der griechischen Philosophen war unausweichlich.

Der Gegensatz zwischen griechischem und christlichem Denken läuft zu einem wesentlichen Teil darauf hinaus, daß die antike Philosophie in ihrem Denken schrankenlos war, während sich das christliche Denken prinzipiell in Abhängigkeit von einer göttlichen Offenbarung in die Geschichte begibt und alles, was aus einer eigenmächtigen Reflexion abgeleitet wird, als Ketzerei ansieht. Nicht das Denken bestimmt und bewegt die Geschichte, sondern die Offenbarung, ein absolut singuläres und nicht wiederholbares Geschehen, das sich jedem gedanklichen Vorgriff entzieht.

Der griechische Theologe Origenes (ca. 185 – ca. 245) leitete nach Clemens die Schule von Alexandrien.

Hiermit verknüpft ist eine vollkommen andere Auffassung von Geschichte. Für das archaisch-griechische Denken, wie es bereits einige Male angesprochen wurde, ist Geschichte, nach dem Vorbild der Jahreszeiten, ein wiederkehrender Zyklus. In ihrer Wiederholung werden die Ereignisse als Verwirklichung bereits gekannter Möglichkeiten vorhersehbar; in dieser Wiederholung sind sie begreifbar und vom Menschen intellektuell zu meistern.

Das jüdisch-christliche Denken hingegen faßt Geschichte als linearen Prozeß von Fortschritt oder Niedergang auf, in dem jedem Punkt eine entscheidende Bedeutung zukommt. Geschichte hat ein Ziel: die Verwirklichung des Heils, das durch die Offenbarung in Aussicht gestellt wird.

Die Apologeten

Immer wieder haben christliche Intellektuelle sich bemüht, ihren Glauben gegenüber der antiken Philosophie in Apologien zu rechtfertigen und gegen die «ketzerischen Lehren» zu verteidigen. Eine dieser Strömungen war der Gnostizismus, der, wie das Wort «gnosis» sagt, den Anspruch erhob, eine klare Erkenntnis der «höheren» Wirklichkeit zu besitzen und von dieser Warte aus das menschliche Leben erklären zu können. Gemeint war eine Art der Erkenntnis, die letztendlich auf Selbsterkenntnis beruhte und sich zu kosmischen Dimensionen ausdehnen sollte.

Zu den wichtigen Quellen unseres Wissens über die antike Philosophie gehört der apologetische Schreiber Clemens (ca. 150–217) aus der kosmopolitischen Stadt Alexandria, der in seinem Werk immer wieder die griechischen Philosophen zitierte, um sie zu widerlegen. Das Verführerische der antiken Philosophie und Literatur, die für christliche Autoren eine ständige intellektuelle Herausforderung waren, erklärt er aus der Tatsache, daß Dichter wie Euripides und Philosophen wie Platon durch den Einfluß der biblischen Schriften – der einzigen Quelle der Wahrheit – eine gewisse Kenntnis von der Wahrheit besessen haben müssen. Hierin liegt schon ansatzweise der Versuch, die beiden konträren Denkweisen einigermaßen miteinander zu versöhnen und die Begrifflichkeit der griechischen Philosophie für eine Systematisierung und Verteidigung der christlichen Lehre zu nutzen.

Trotzdem bietet diese Lehre, als historische Offenbarung, der eigenmächtigen Vernunft prinzipiell keinen Zugang. Zwischen Glauben und Wissen ist und bleibt eine entscheidende Kluft. Etwas wie eine natürliche Gotteslehre, wie sie schon bei Aristoteles zu finden ist und im Mittelalter weiterentwickelt wurde, ist im christlichen Denken immer ein heikles Unterfangen geblieben. Von daher war der eigenständige Charakter des Glaubens als Gegenpol zum rationalen Denken ein vielbesprochenes Thema in der frühchristlichen und mittelalterlichen Philosophie. Auf Tertullian (160–220) geht der Gedanke zurück, daß Menschen deshalb glauben, weil der Gegenstand ihres Glaubens – zum Beispiel die Auferstehung Christi – eine Unmöglichkeit ist.

«Es ist gewiß, weil es unmöglich ist.» Die entgegengesetzte und durchaus philosophiefreundlichere Auffassung stammt von Augustinus: «Man muß glauben, um verstehen zu können.»

Augustinus

In *De magistro*, einem Dialog mit seinem früh verstorbenen Sohn Adeodatus, sagt Augustinus im Zusammenhang mit der biblischen Erzählung über die *Drei Männer im Feuerofen* (Daniel 3): «Nun, ich gebe zu, ich glaube eher, als daß ich weiß, daß alles, was in dieser Geschichte zu lesen ist, in jener Zeit auch tatsächlich so geschah, wie dort geschrieben steht. Auch denen, an die wir glauben, war dieser Unterschied nicht fremd. Denn der Prophet sagt: ‹Glaubt ihr nicht, so bleibt ihr nicht› (Jes. 7:9). Er hätte dies sicher nicht gesagt, wenn er geglaubt hätte, daß es einen solchen Unterschied nicht gibt. Also: Was ich verstehe, das glaube ich; aber nicht alles, was ich glaube, verstehe ich auch. Alles, was ich verstehe, weiß ich; aber nicht alles, was ich glaube, weiß ich auch. Darum weiß ich jedoch nicht weniger, wie nützlich es ist, auch vieles, was ich nicht weiß, zu glauben.»

Dieser Ausspruch ist typisch für den leidenschaftlichen Intellektuellen Augustinus. In seinen *Confessiones* beschreibt Augustinus, welche Rolle der *Hortensius*, Ciceros Lobgesang auf die Philosophie, für seine Bekehrung spielte:

«Dies Buch wandelte meinen Sinn, kehrte, o Herr, mein Gebet zu dir und gab meinen Wünschen und meinem Sehnen eine andere Wendung. Plötzlich sank zusammen all meine eitle Hoffnung, und mit unglaublichem Herzensdrang ersehnte ich unsterbliche Weisheit, und ich machte mich auf, zu dir zurückzukehren. Denn nicht um die Sprache zu verfeinern, nahm ich dieses Buch vor, wie es das Geld, welches die Mutter dafür ausgab – der Vater war nämlich zwei Jahre vorher gestorben –, für den nun neunzehnjährigen Jüngling bezweckte, nein, nicht deshalb benutzte ich jenes Buch, nicht der Stil, sondern der Inhalt war es, welcher mich gewann. Von welch glühender Sehnsucht ward ich nun erfaßt, o mein Gott, wie entbrannte ich, mich über den Staub der Erde zu erheben und aufzuschweben zu dir, und ich wußte nichts von deinem Ratschluß. Bei dir ist die Weisheit. Die Liebe zur Weisheit heißt nun in griechischer Sprache Philosophie, und jene Schrift feuerte mich dazu an.»

Diese Wende bedeutet für Augustinus einen Bruch mit der Vergangenheit, vor allem jedoch eine Neuinterpretation seines bisherigen Lebens, in dem die Rhetorik zur Philosophie und die Philosophie zur christlichen Heilslehre wurde. Der größte Teil seines umfangreichen literarischen Nachlasses – theologische, philosophische und exegetische Werke – ist auf sein Bemühen zurückzuführen, das geistige Erbe der Antike im Licht der christlichen Überzeugung und biblischen Botschaft zu interpretieren. Dabei legt er eine unerhörte und fast ungezügelte Scharfsinnigkeit an den Tag, eine intellektuelle Leidenschaft, die ihn nicht nur zu einem der bedeutendsten Kirchenväter, sondern auch zu einem der reichsten Erblasser der westlichen Kultur macht.

Anhand eines Beispiels soll hier die geistige Beweglichkeit des Augustinus illustriert werden, mit der er sich daran macht, die Welt zu verstehen und zu erklären. Denken bedeutet für ihn nicht eine passive Hinnahme von Fakten, sondern vielmehr eine Interpretation von Zeichen. Er beschränkt sich dabei nicht auf Schriften – und insbesondere nicht nur auf die biblischen, die er im Geist seiner Zeit sowohl historisch wie allegorisch auslegt –, sondern begreift alles Sichtbare als einen lesbaren Text. Nicht nur die Bibel ist das geschriebene Buch, sondern auch das Weltall ist für ihn ein Buch, das eine Botschaft verkündet. In einer Predigt über den 45. Psalm formuliert er die Metapher von den beiden Büchern in dem Sinne, daß das eine Buch mit den Ohren des Gläubigen gehört und das andere mit den Augen des Wissenden gesehen wird. Ein Buch muß nach Augustinus für den Menschen die göttliche Seite sein, um dies alles zu hören; ein Buch muß auch das ganze Erdreich sein, um dies alles zu sehen. In den ersten Büchern können nur die alles lesen, die das Alphabet kennen; in der ganzen Welt kann auch ein Ungebildeter lesen.

Die Fruchtbarkeit dieser Metapher ist darin begründet, daß sie fernab von aller Theorie und jeglichem Bücherwissen einen Zugang zum Verständnis der göttlichen Offenbarung liefert. Im Buch der Schöpfung zu lesen ist nichts anderes als der Versuch, die Absichten der Schöpfung zu erfassen. Dieses Lesen kann sich nun jedoch ganz praktisch vollziehen, weil das Geheimnis der Natur von jedem entziffert werden kann, der sich daran macht, ihre Botschaften zu entschlüsseln.

Die Wirkungsmächtigkeit dieser Metapher und der Einfluß ihres Verfassers läßt sich daran ablesen, daß sie Jahrhunderte überlebte. So ist zum Beispiel Montaigne von diesem Gedanken beeinflußt, wenn er sagt: «Nicht die Bücher der Gelehrten, sondern das Buch der Welt ist lehrreich.»

Ein kreativ tiefgründiger Geist wie Augustinus wird sich Rechenschaft darüber abgelegt haben, daß seine Allegorie auch in einem ganz weltlichen Sinne aufgefaßt und interpretiert werden kann.

PHILOSOPHIE UND CHRISTENTUM 53

Der in Tagaste (Nordafrika) geborene Augustinus hat mit seinen umfangreichen Schriften das christliche Denken wesentlich beeinflußt. In den Handschriften wird er auf zahlreichen Abbildungen als Prediger oder Kirchenlehrer dargestellt.

Augustinus gilt als der bedeutendste unter den Kirchenvätern. Er wurde 354 n. Chr. in Tagaste (im heutigen Tunesien) als Sohn des römischen Zenturios Patricius und der überzeugten Christin Monica geboren. Nach einer christlich geprägten Erziehung kam er während seiner Studienjahre in Berührung mit dem Manichäismus. Er wurde ein leidenschaftlicher Anhänger dieser Lehre, in deren Mittelpunkt der ewige Kampf der beiden Prinzipien von Licht und Finsternis steht. Augustinus sah in dieser Auffassung eine einleuchtende Erklärung für das Schlechte in der Welt. Als etwa Dreißigjährigem kamen ihm jedoch Zweifel an diesem Glauben, und er fühlte sich, wenn auch nicht sehr lange, durch den Skeptizismus der Neuen Akademie angezogen. Dann lernte er die Schriften der Neuplatoniker kennen, die sein Denken dauerhaft beeinflußten. Inzwischen hatte er sich zu einem recht berühmten Redner entwickelt. Sein Beruf führte ihn unter anderem auch nach Mailand, wo er die Predigten des Bischofs von Mailand, Ambrosius, hörte. Am Ende einer intensiven geistigen Suche, die er in seinen *Confessiones* schildert, steht die Bekehrung zum Christentum. Auf dem Tiefpunkt seiner innerlichen Zerrissenheit hört er eine Kinderstimme immer wieder rufen: «Nimm und lies! Nimm und lies!» Er schlägt daraufhin die Bibel auf und liest eine bestimmte Stelle. «Ich las nicht weiter, es war wahrlich nicht nötig, denn alsbald am Ende dieser Worte kam das Licht des Friedens über mein Herz, und die Nacht des Zweifels entfloh.»
Ab dieser Zeit entwickelte sich Augustinus zu einem äußerst produktiven Schreiber. Er distanzierte sich nicht nur von seinen manichäistischen Überzeugungen, sondern kritisierte auch andere «ketzerische» Lehren und wurde zu einem wahren Apologeten des Christentums. Nach seiner Rückkehr nach Afrika gründete er eine Klostergemeinschaft und wurde 391 zum Priester geweiht. 396, nach dem Tod des Bischofs von Hippo, wurde er zu dessen Nachfolger gewählt. Augustinus starb 430.

Philosophie und Theologie sind für Augustinus keine getrennten Bereiche. Seine Philosophie ist eingebettet in das umfangreiche religiöse und theologische Werk, das seinen Namen trägt und 113 Bücher und Abhandlungen sowie mehr als 300 Predigten und 200 Briefe umfaßt.
Aus der Zeit unmittelbar nach seiner Bekehrung im Jahr 386 sind zu nennen: *Contra Academicos* (Wider die Akademiker, eine Schrift gegen den Skeptizismus der Akademie), *De beata vita* (Über das glückliche Leben) und *De ordine* (Über die Ordnung). Dann folgen unter anderem: *De immortalitate animae* (Über die Unsterblichkeit der Seele), die *Soliloquia* (Monologe), *De libero arbitrio* (Über den freien Willen) und *De quantitate animae* (Über den Umfang der Seele).

Zwischen 388 und 391, also vor seiner Priesterweihe, schreibt er unter anderem *De magistro* (Über den Meister) und *De vera religione* (Über die wahrhafte Religion) und vollendet *De musica* (Über die Musik). Nach einer ganzen Reihe weiterer Schriften aus der dazwischenliegenden Zeit verfaßt Augustinus nach seiner Berufung zum Bischof die folgenden bedeutenden Werke: *De doctrina christiana* (Über die christliche Lehre), *Confessiones* (Bekenntnisse) und seine bekanntesten Schriften *De genesi ad litteram* (Über den Ursprung der Wissenschaft) und *De natura et gratia* (Über die Natur und die Gnade) sowie die beiden sehr umfangreichen Werke *Enarrationes in Psalmos*, eine Interpretation der Psalmen, und *De trinitate* (Über die Dreieinigkeit). Darüber hinaus: *De anima et eius origine* (Über die Seele und ihren Ursprung) und *De civitate Dei* (Über den Gottesstaat), eine Schrift, die er 413 begann und 426 abschloß, und *Enchiridion*.
Die wenige Jahre vor seinem Tod entstandenen zweibändigen *Retractationes* enthalten einen kritischen Rückblick auf sein Werk.

Der Anfang des *De civitate Dei* von Augustinus in einer Handschrift aus dem fünfzehnten Jahrhundert.

Als ich von den Sachen schrieb, schickte ich die Mahnung voraus, nur auf ihr Wesen zu achten und nicht auf das, was sie etwa sonst noch bedeuten könnten; da ich jetzt umgekehrt von den Zeichen handle, so mache ich darauf aufmerksam, nicht auf ihre natürliche Bedeutung zu sehen, sondern vielmehr zu beachten, daß sie Zeichen sind, das heißt, daß sie also etwas anzeigen. Ein Zeichen ist nämlich eine Sache, die außer ihrer sinnenfälligen Erscheinung aus ihrer Natur heraus noch einen anderen Gedanken nahelegt: sehen wir z. B. eine Spur, so denken wir uns, es sei das Tier vorübergegangen, dessen Spur es ist; oder sehen wir Rauch, so erkennen wir, daß auch Feuer in der Nähe ist; hören wir die Stimme eines Tieres, so können wir daraus auch einen Schluß auf seine Gemütsstimmung ziehen; an dem Ton der Kriegstrompete erkennen die Soldaten, ob sie vorrücken oder sich zurückziehen oder eine andere zur Schlacht gehörige Bewegung vollführen sollen.

Die Zeichen sind also teils natürliche, teils gegebene. Natürliche Zeichen sind jene, die ohne Absicht und ohne etwas anderes bedeuten zu wollen außer ihrer eigenen Natur noch etwas anderes erkennen lassen, so wie z. B. der Rauch auf das Feuer hinweist. Nicht mit Absicht tut dies der Rauch, sondern aus der Beobachtung und aus der Kenntnis der Erfahrung weiß man, daß Feuer in der Nähe ist, wenn auch nur Rauch sichtbar ist. Auch die Spur eines vorübergehenden Tieres gehört zur gleichen Art von Zeichen. Die Miene eines zornmütigen oder eines betrübten Menschen verrät seine Gemütsstimmung, auch ohne daß der Zornige oder der Betrübte es selbst will; auch andere Seelenbewegungen geben sich durch den Gesichtsausdruck kund, auch wenn wir selbst es nicht beabsichtigen. Doch von all diesen Erscheinungen zu sprechen ist jetzt nicht meine Absicht; nur weil uns unsere Einteilung gerade darauf führte, konnte ich sie nicht ganz übergehen. Das Gesagte mag für diesen Zweck genügen.

Was die gegebenen Zeichen betrifft, so versteht man darunter jene, die sich lebende Wesen gegenseitig geben, um so gut als möglich ihre Gemütsbewegungen, Gefühle und Kenntnisse aller Art anzuzeigen; denn der einzige Grund, etwas anzudeuten, d. h. ein Zeichen zu geben, liegt darin, das, was derjenige, der das Zeichen gibt, in seiner Seele trägt, hervorzunehmen und in die Seele eines anderen überzuleiten. Diese Art von Zeichen also, soweit sie Menschen betrifft, wollen wir betrachten und behandeln: denn auch die von Gott gegebenen, in der Heiligen Schrift enthaltenen Zeichen sind uns wieder nur durch die Menschen, die sie aufschrieben, kund geworden.

Aus: Augustinus, *De doctrina christiana*

Boëthius

Der letzte Philosoph, der hier genannt werden soll, ist Anicius Manlius Torquatus Severinus Boëthius (480–524) – ein unter König Theoderich, dem Gründer des ostgotischen Reiches, sehr mächtiger und einflußreicher Mann. Neben theologischen Traktaten – unter anderem über die heilige Dreifaltigkeit – stammen von ihm viele einflußreiche Kommentare zu den logischen Werken des Aristoteles. Eines seiner bekanntesten Werke trägt den vielsagenden Titel *De consolatione philosophiae* (Vom Trost der Philosophie). Das Buch wurde in Gefangenschaft geschrieben und ist ein Lob der Philosophie, die den menschlichen Geist auf seinem Lebensweg leitet und ihm in dunklen Tagen Trost spendet.

In dem Abschnitt zur Philosophie des Mittelalters werden Person und Werk des Boëthius ausführlicher zur Sprache kommen.

Boëthius gilt als der letzte Vertreter der antiken Philosophie.

2

Buddha in
Meditationshaltung

INDIEN

Doktrinen des indischen Denkens

Bevor wir uns den bedeutenden Denkrichtungen der indischen Philosophie zuwenden, soll es zunächst um die Frage gehen, was «die indische Philosophie» ist und in welchen Aspekten sie sich vom philosophischen Denken westlicher Prägung unterscheidet.

Die indische Philosophie

«Die indische Philosophie» ist eine Sammelbezeichnung für drei wesentliche Denktraditionen, die auf indischem Boden entstanden sind: die hinduistische, die buddhistische und die jainistische. Jede dieser Strömungen hat ihre eigenen weitverzweigten Systeme herausgebildet, die in ihrer Gesamtheit eine unglaublich reiche Vielfalt unterschiedlicher philosophischer Auffassungen beinhalten. Wie ihre Namen bereits sagen, sind diese Denksysteme eng mit den drei Hauptreligionen des alten Indien – dem Hinduismus, dem Buddhismus und dem Jainismus – verknüpft.

Diese Nähe zur Religion muß, wenn wir das indische Denken als «Philosophie» bezeichnen, immer mitgedacht werden. Nach westlichem Verständnis meint Philosophie in erster Linie eine theoretische und logisch schlüssige Erforschung der Wirklichkeit. Wenn wir jedoch das ursprünglich griechische Wort «Philosophie» in europäischen Texten auch auf das indische Denken anwenden, muß sich dieser Begriff für andere Bedeutungsinhalte öffnen. So interessieren sich die indischen Philosophen zum Beispiel weniger für die Erforschung der Wirklichkeit an sich, vielmehr orientiert sich ihr Denken viel stärker an einem praktischen Ziel, nämlich an der Befreiung und Erlösung aus dem Kreislauf der Wiedergeburten (*samsara*). Ausgangspunkt für das indische Denken ist die Überwindung der Unwissenheit, die die eigentliche Ursache dafür ist, daß sich die Seele nicht aus ihrer Verstrickung in den Kreislauf der Wiedergeburten befreien kann.

So unterschiedlich die Anschauungen der indischen Denksysteme auch sind, einig sind sie sich alle in der Überzeugung, daß die Seele dieser Unwissenheit immer unterworfen war. Deshalb versucht der indische Denker durch die philosophische Reflexion seine Unwissenheit zu überwinden und die wahre Erkenntnis zu erlangen, die seine Seele aus der Fesselung an den Kreislauf der Wiedergeburten erlöst.

Religiöser Hintergrund

Der enge Zusammenhang zwischen dem indischen Denken und dem seinem Wesen nach religiösen Konzept der «Befreiung» markiert einen wesentlichen Unterschied zu einer Philosophie westlicher Prägung. Alle Schulen innerhalb des indischen Denkens – die hinduistische wie die buddhistische oder die jainistische – haben bestimmte religiöse Schriften zu ihren Heiligen Büchern erklärt und ihnen eine Autorität verliehen, die durch keinen anderen Text – religiöser oder weltlicher Natur – angetastet wird. Wir können diese Texte als «Offenbarungen» bezeichnen, wenn wir diesen Begriff nicht mit der spezifischen Bedeutung verknüpfen, die ihm im Christentum zukommt, wo man ihn in der Bibel mit dem Wort Gottes gleichsetzt. Es mag vielleicht ungewöhnlich klingen, aber für die indischen Denker war die Einzigartigkeit und die unantastbare Autorität dieser Texte wichtiger als die Existenz eines göttlichen Schöpfers.

Die Tatsache, daß zu den gültigen Methoden philosophischer Forschung wie der Wahrnehmung und der logischen Untersuchung auch das Studium der Heiligen Bücher zählt, verweist überdeutlich auf die enge Verwandtschaft zwischen der indischen Philosophie und der Religion oder Theologie. Dies hat in der Vergangenheit die Frage aufgeworfen, ob das indische Denken überhaupt als «Philosophie» gewertet werden kann. Selbst zu Anfang dieses Jahrhunderts gab es noch Gelehrte, die der Meinung waren, daß der Begriff «Philosophie» nicht auf das indische Denken zutreffe. Diese Einschätzung läßt sich vor allem dadurch erklären, daß im Westen oder zumindest bei den westlichen Gelehrten die stärker philosophisch geprägten Schriften relativ unbekannt waren, während die mystischen und spirituellen Texte Indiens wie die *Upanishaden* und die *Bhagavad-Gita* einen weitaus größeren Bekanntheitsgrad hatten. Zudem betonten die indischen Denker – insbesondere die hinduistischen Gelehrten – immer wieder den spirituellen Charakter des indischen Denkens.

Gegenwärtig jedoch, wo wir mehr über die philosophischen Aspekte des indischen Denkens wissen, wird es kaum noch einen westlichen Denker geben, der ihm die Bezeichnung «Philosophie» noch verweigern würde. Auch die Unterscheidung nach einzelnen Disziplinen, wie sie in der westlichen Philosophie üblich ist, kann im indischen Denken vorgenommen werden: die Erkenntnistheorie, die Ontologie, die Kosmologie, die philosophische Anthropologie, die philosophische Theologie und die Ethik. Freilich sind diese philosophischen Disziplinen in Indien mit anderen Inhalten verknüpft, da sie nach den Prinzipien der indischen Logik ausgearbeitet wurden. Da sie jedoch Bestandteil des indischen Denkens sind, erscheint es absolut gerechtfertigt, von einer indischen «Philosophie» zu sprechen.

Siegel aus dem Industal, in dem die Wiege der indischen Kultur gestanden haben soll (2500–1500 v. Chr.). Die Abbildung zeigt eine meditierende Gestalt, die als Vorläufer des Hindugottes Shiva gesehen wird, hier als der oberste aller Yogi dargestellt.

Die Lehre vom Karma

Außer der materialistischen Schule der *Charvakas* haben fast alle indischen Denksysteme bestimmte Doktrinen, die sie als fundamental begreifen, auch wenn ihre Gültigkeit nicht unbedingt rational begründbar ist. Die erste dieser Doktrinen ist die Lehre vom *Karma*. Abgeleitet von dem Verbstamm «Kri» aus dem Sanskrit (tun, handeln oder machen) bedeutet das Substantiv Karma «Tat» oder auch «Werk». Die Lehre vom Karma beruht auf der Überzeugung, daß jede Tat entsprechend ihrem guten oder schlechten Charakter gute oder schlechte Früchte abwirft.

Ursprünglich galt diese Lehre nur im Zusammenhang mit rituellen Handlungen. Im Laufe der Zeit jedoch wurde das ihr zugrundeliegende Prinzip der Vergeltung auf alle Formen menschlichen Handelns ausgeweitet. Der Begriff «Tat» wurde zur Bezeichnung für jede nur mögliche Aktivität, sei sie geistiger, verbaler oder physischer Art. So bildete sich allmählich die Theorie heraus, daß man durch gute Taten Verdienste (*dharma*) erwerben kann, die dem Handelnden später Glück oder glückliche Erfahrungen (*sukha*) bringen, während schlechte Taten Schuld (*adharma*) erzeugen, die sich zu gegebener Zeit in unglücklichen Erfahrungen und Leid (*duhkha*) niederschlagen wird. Das, was eine gute Tat ausmacht, war in den Heiligen Büchern und den sie kommentierenden Texten definiert. Als schlechte Tat galten alle Handlungen, die gegen die aufgezeichneten Regeln verstießen.

Wichtig ist der Hinweis, daß es sowohl von der Kaste, in die ein Mensch hineingeboren wird, als auch von seinem Status abhängt, welche Taten er ausführen muß beziehungsweise zu unterlassen hat. Die hinduistische Gesellschaft besitzt traditionell eine hierarchische Struktur und gliedert sich in vier Klassen oder Kasten. Von oben nach unten betrachtet sind das: die Kaste der *Brahmanen* (der Priester), die Kaste der *Kshatriyas* (der Fürsten und Krieger), die Kaste der *Vaishyas* (der Kaufleute und Bauern) und schließlich die Kaste der *Shutras* (diejenigen, die verpflichtet waren, den Angehörigen der drei oberen Kasten zu dienen).

Die Mitglieder der ersten drei Kasten, denen das Recht vorbehalten war, den *Veda*, das Heilige Buch der Hindus, zu lesen, durchliefen in ihrem Leben vier Entwicklungsstadien: Auf die erste Stufe des lernenden *Brahmachari* folgt die Stufe des *Grihastha*, des Hausvaters. Die dritte Stufe ist die des *Vanaprastha*, des weltabgewandten Asketen, und wer die vierte und letzte Daseinsstufe erreicht hat, lebt als *Sannyasi* (wörtlich: Preisgeber der Welt).

Streng genommen hat die Gesetzmäßigkeit des Karma zwei prinzipielle Konsequenzen: Als erstes Prinzip gilt, daß keine einzige Tat jemals aufhören wird zu existieren, solange sie ihre Früchte noch

Ein Kshatriya (Krieger). Die Krieger waren eine der vier Kasten des indischen Gesellschaftssystems.

nicht abgeworfen hat. Damit enthält jede Tat etwas Unwiderrufliches, denn auch wenn sie als solche nicht mehr existent ist, lebt sie in Form einer «unsichtbaren Kraft» als Verdienst oder Schuld weiter.

Die zweite Schlußfolgerung des Gesetzes vom Karma besteht darin, daß man ausschließlich die Früchte seiner eigenen Taten und niemals die eines anderen erntet. Mit anderen Worten, das Karma kann nie von einem Menschen auf einen anderen übertragen werden. Dessen ungeachtet existiert in manchen populären hinduistischen Glaubensrichtungen – und in allgemeiner Form auch in der religiösen Praxis des Buddhismus – durchaus die Vorstellung, daß das Karma, zumindest in manchen Fällen, übertragbar ist.

Die Lehre von der Wiedergeburt

Da die Inder glauben, daß die meisten Taten ihre Früchte erst in einem der folgenden Leben abwerfen, ergibt sich aus der Lehre vom Karma direkt die Lehre von der Wiedergeburt. Die Freuden und Leiden des jetzigen Lebens werden überwiegend als Früchte der Taten aus einem früheren Leben begriffen. Geht man nun davon aus, daß die Früchte einiger oder aller Taten im Leben eines Menschen nicht schon in dem unmittelbar darauffolgenden Leben gereift sein können, folgt daraus zwingend, daß dieser Mensch bereits eine Reihe von Existenzen gelebt haben muß, die allesamt durch das Gesetz des Karma geprägt waren.

Nach indischem Denken haben diese zyklischen Leben keinen Anfang; auch die Seele ist ewig, und da sie schon immer ein bestimmtes Quantum an Verdiensten und Schuld besessen hat, stellt sich nicht die Frage, wie sie diese Last ursprünglich auf sich geladen hat.

Krishna tanzt auf dem Schlangendämon Kaliya. In den Händen einer Inkarnation des Göttlichen den Tod zu finden, galt als eine der möglichen Arten, sich aus dem Kreislauf der Wiedergeburten zu befreien.

Die Doktrin, daß eine immer gleiche Seele in der Folge ihrer Leben in verschiedenen Körpern wohnt, wird als die Lehre von der Wiedergeburt, der «Metempsychose» oder der «Transmigration» (Seelenwanderung) bezeichnet. Wenn wir den Begriff Seelenwanderung in seiner ursprünglichen Bedeutung auffassen, verbindet sich mit ihm für uns die Vorstellung, daß die Seele sozusagen einen «Ortswechsel» vornimmt. Diese Vorstellung kann im Kontext des indischen Denkens durchaus irreführend sein, da die Seele für die meisten hinduistischen Philosophen etwas Diffuses und Allgegenwärtiges ist. Wenn man die Wiedergeburt jedoch als Besitzergreifen eines neu entstandenen Körpers versteht, den sich die Seele zu eigen macht, nachdem sie im Augenblick des Todes den alten Körper verlassen hat, klärt sich die eigentliche Bedeutung. Die Inder verwenden meistens das Wort *samsara* für diese zyklische Abfolge von Geburt und Tod, die keinen Anfang kennt.

Die Lehre von der endgültigen Erlösung

Obwohl das Wechselspiel von Sterben und Wiedergeborenwerden keinen Anfang hat, ist eine Befreiung aus diesem ewigen Kreislauf möglich. So soll es tatsächlich viele geben, die in den Zustand der absoluten und ewig währenden Erlösung (*moksha, nirvana*) von allem Leid eingegangen sind. Eine erlöste Seele wird niemals mehr mit einem Körper vereint sein und somit auch niemals mehr auch nur den geringsten Schmerz empfinden, der ganz unvermeidlich aus dem Kreislauf der Wiedergeburten erwächst. Dieser Aspekt der Erlösung wird in allen indischen Denksystemen in übereinstimmender Weise betont.

Nach indischer Auffassung war die Vereinigung von Seele und Körper nichts Wesentliches, da aus ihr nicht nur glückliche, sondern auch leidvolle Erfahrungen erwachsen. Schließlich bestimmen Verdienst und Schuld die Art des Körpers, der bei jeder neuen Geburt von der Seele in Besitz genommen wird. Da der Körper das Mittel oder Instrument ist, durch das Freude oder Schmerz erfahren werden, ist es unvorstellbar, daß eine Seele, die einen Körper «bewohnt», kein Leid empfinden würde. Um frei von allen Schmerzen zu sein, muß sich die Seele aus all ihren Verstrickungen mit dem Körper lösen.

Die Glückseligkeit, die manche der indischen Denksysteme der erlösten Seele zuschreiben, ist nur losgelöst von einem Körper denkbar. Sie resultiert aus dem der Seele eigenen Charakter. Da die endgültige Erlösung verlangt, daß die Seele alle Verdienste und jegliche Schuld abgeworfen haben muß, kann sie im allgemeinen nur nach mehreren Leben erreicht werden. Auch wenn ein Teil des angehäuften Karma aus den vergangenen Leben vernichtet wird, so bildet sich doch im Verlauf eines neuen Lebens immer wieder neues Karma. Wer ernsthaft nach Erlösung strebt, wird auf alle Taten verzichten, die neues Karma entstehen lassen.

Die Stufen, die zur Erlösung führen, werden in den einzelnen indischen Denksystemen unterschiedlich definiert. Übergreifend kann jedoch gesagt werden, daß ein streng ethisch und asketisch ausgerichtetes Leben eine fundamentale Voraussetzung ist. Ferner ist Erlösung nur durch die wahre Erkenntnis (*vidya, tattvajnana*) des eigentlichen Charakters der Seele möglich, da es ja wesentlich die Unwissenheit (*avidya, mithyajnana*) ist, die die Seele an den Kreislauf der Wiedergeburten kettet.

Die Lehre vom Vergehen und Neuentstehen des Universums

Fast alle indischen Philosophien gehen davon aus, daß das Weltganze in bestimmten Zeitabständen seine Auflösung (*pralaya*) erfährt. Nach einer Zwischenphase, die den Leidensprozeß der gefesselten Seelen zeitweilig unterbricht, tritt an die Stelle des zerfallenen Universums eine neue Schöpfung (*sarga*). Nach den Berechnungen hinduistischer Denker erstreckt sich die Dauer eines solchen Universums über 311 040 Milliarden Kalenderjahre und ist in vier Phasen (*yuga*) unterteilt. Diese einzelnen Zeitabschnitte werden nicht nur fortlaufend kürzer, sondern sind durch einen zunehmenden Verfall der physischen, mentalen und moralischen Eigenschaften des Menschen gekennzeichnet.

Danach kommt es zu einer völligen Auflösung des Universums: Die immateriellen Seelen werden vom Körper getrennt, während sich alle komplexen materiellen Dinge in ihre Bestandteile auflösen. Dabei stellt man sich entweder vor, daß sie in eine Art Atome zerfallen oder sich zu einer formlosen Urmaterie (*prakriti*) zersetzen. Eine solche Phase der Auflösung soll ebenso lange dauern wie die Existenz eines neuen Universums. Nach einer Zeit der Ruhe bildet sich dann ein neues Weltganzes heraus. Nach der Auffassung einiger Denker vollzieht sich ein solcher Entstehungsprozeß kraft des Willens und unter der Leitung eines persönliches Gottes, während andere ein göttliches Eingreifen negieren und einfach von der natürlichen und sozusagen mechanischen Wirkung des Karma ausgehen. Die Schöpfung, oder eigentlich die Entstehung des Universums, ist notwendig, damit die Seelen entsprechend der Lehre des Karma die Früchte ihrer Taten ernten können. Wenn die Zeit eines Universums verstrichen ist, wirkt der Zyklus von Auflösung und Neuschöpfung weiter. Dieser Prozeß kennt keinen Anfang und kein Ende, denn es wird niemals der Moment kommen, an dem sich keine Seelen mehr auf der Wanderung befinden.

Die Lehre von der Ewigkeit der Seele und der Urmaterie

Während die christliche Schöpfungslehre eine Entstehung aus dem Nichts annimmt, ist das indische Denken von der Auffassung geprägt, daß sowohl die Seele wie auch die Urmaterie, aus der die stofflichen Dinge gebildet werden, weder einen Anfang noch ein Ende kennen. Manche Denker begreifen die Urmaterie als etwas, aus dem sich die stofflichen Elemente entwickeln, die die Körper der lebenden Wesen und die physische Erfahrungswelt bilden. Andere haben die Vorstellung, daß die materiellen Urelemente die Größe von Atomen haben und die stoffliche Welt durch eine Kombination dieser Elemente nach einem bestimmten Muster entsteht. Folglich ist ein neues Universum keine Schöpfung aus dem Nichts, sondern Ausdruck und Folge eines Evolutionsprozesses und eine Kombination von Materie und Seelen, die beide ewig sind. Entsprechend besteht die Auflösung des Universums aus der Reduktion aller komplexen Wirklichkeiten auf ihre Urprinzipien.

Der Sonnentempel von Konarak (13. Jh. n. Chr.) stellt einen Wagen dar, in dem der Sonnengott Surya durch den Himmel fährt. Die Räder werden als Symbol des sich wiederholenden Zyklus der Wiedergeburten gesehen.

Der Ursprung

Varuna, der Gott der Gewässer, gehörte zu den bekanntesten Gestalten der vedischen Zeit, die von ca. 1500 – 600 angesetzt wird. In dieser Zeit fielen die Arier wiederholt in Indien ein. Sie unterwarfen und zerstörten die Kultur des Industals, griffen jedoch auch viele seiner Traditionen auf.

Yajnavalkya (zwischen 800 und 600 v. Chr.) gehört zu den wenigen, die in den vedischen Texten als hervorragende Lehrer der vedischen Weisheit namentlich erwähnt werden. Sein Lehrer war nach der Überlieferung Uddalaka Aruni, der fundierte Kenntnisse über die vedische Lehre besaß. Yajnavalkya scheint seinen Meister in diesem Wissen jedoch noch weit überflügelt zu haben, nicht nur im Hinblick auf die vedischen Rituale, sondern auch in bezug auf die Lehren vom Brahman und von der Unsterblichkeit. Die folgende Geschichte, die in der *Brihadaranyaka Upanishad III* aufgezeichnet wurde, macht deutlich, daß er sich selbst als unangefochtenen Meister seiner Zeit betrachtete. Janaka, der König von Videha, hatte (obwohl er selbst nur ein Kshatriya, ein hochgebildeter vedischer Gelehrter war) eine große Anzahl Brahmanen zu einer Opferfeier eingeladen. Da er neugierig war zu erfahren, welcher von diesen Priestern die vedische Lehre am besten kannte, hatte er Goldmünzen an den Hörnern von tausend Kühen befestigen lassen. Dann forderte er den Brahmanen, der das größte Wissen besaß, auf, die Kühe mitzunehmen. Als die Versammelten sahen, daß Yajnavalkya in ihrer Mitte weilte, fand keiner der anwesenden Brahmanen den Mut. Völlig furchtlos und ohne den geringsten Zweifel bat jedoch Yajnavalkya seinen Schüler Samashravas, die Kühe für ihn wegzuführen. Als sie dies sahen, begannen die Gebildetsten der Priester Yajnavalkya mit Fragen zu überhäufen, in der Hoffnung, ihn in einem Streitgespräch schlagen zu können. Aber Yajnavalkya beantwortete all ihre Fragen, und die *Upanishaden* berichten, daß die Priester, nachdem sie seine Antworten vernommen hatten, in Schweigen verfielen.

Aus den *Brihadaranyaka Upanishaden II, 4* und *II, 5* wissen wir, daß Yajnavalkya zwei Frauen hatte, Maitreyi und Katyayani. Als er die Lebensstufe des Familienoberhauptes hinter sich lassen wollte, um als Einsiedler in den Wäldern zu leben, beschloß er, seinen materiellen Besitz unter seinen beiden Frauen aufzuteilen. Aber Maitreyi, die großes Interesse an der Lehre des Brahman hatte und wußte, daß Reichtum nicht zur Unsterblichkeit führt, bat Yajnavalkya, sie zu lehren, wie sie die Unsterblichkeit erreichen könnte. Daraufhin erklärte ihr Yajnavalkya, daß nichts anderes als das Streben nach dem Atman einen Wert besitze und alles andere nur Leiden nach sich ziehe.

Die Veden als Quelle des Hinduismus

Der Ursprung der indischen Philosophie muß in den ältesten religiösen Texten, dem *Veda*, dem heiligen Buch der Hindus, gesucht werden. Das Wort «Veda» ist von dem Sanskrit-Stamm «vid» abgeleitet und bedeutet «(religiöses) Wissen». Mit dem Begriff «Veda» wurde jedoch immer der Gesamtkomplex der Texte bezeichnet, die das heilige Wissen enthalten und als Urquelle der hinduistischen Religion und Philosophie gelten.

Die ältesten vedischen Texte sind die vier *Samhitas* (Sammlungen): der *Rigveda* (Götterhymnen), der *Samaveda* (Opferlieder), der *Yajurveda* (Opfersprüche) und der *Atharvaveda* (Zaubersprüche). Da diese Texte in erster Linie rituellen Zwecken dienten, kann man philosophisch Wertvolles kaum von ihnen erwarten. Dennoch läßt sich sagen, daß in einigen der Hymnen aus dem *Rigveda* und dem *Atharvaveda* zumindest philosophisch interessante Fragen aufgeworfen werden. Dort wird zum Beispiel gefragt, wer die Welt erschaffen hat und wann die lebenden Wesen und die leblosen Dinge entstanden sind. Die Antworten auf diese Fragen, sofern überhaupt welche gegeben wurden, verweisen jedoch nur auf die mythologische Lehre von der Entstehung des Weltalls.

Jede der vier vedischen Sammlungen wurde um eine Anzahl anderer Texte ergänzt: die *Brahmanas*, die *Aranyakas* und die *Upanishaden*. Bei den *Brahmanas* handelt es sich um ausführliche Prosatexte mit «theologischen» Erläuterungen der Opferrituale. Ausgehend von mythologischen Erklärungen wird das Wirken dieser Rituale gepriesen. Ein Opfer ist mehr als nur ein Geschenk an die Götter, um ihre Gunst zu erwerben oder ihre Hilfe zu erbitten. Wenn die Opferrituale mit der perfekten Präzision, wie sie die Texte vorschreiben, ausgeführt werden, werden sie automatisch das gewünschte Resultat erzielen.

In den *Aranyakas* und in den *Upanishaden*, die Spekulationen mystischer und philosophischer Art zum Inhalt haben, erkennen wir eine Reaktion auf den übermäßigen rituellen Formalismus der *Brahmanas*. Von den ungefähr dreihundert überlieferten Texten, die als *Upanishaden* bezeichnet werden, wurden nicht mehr als ein Dutzend in der vedischen Zeit geschrieben – und nur diese gehören also zum *Veda*.

Der älteste Text, der *Rigveda*, wurde etwa fünfzehnhundert v. Chr. verfaßt, während die jüngste der vedischen *Upanishaden* auf etwa 600 v. Chr. datiert werden kann.

Die Philosophie der Upanishaden

Aus philosophischer Sicht sind jedoch gerade die *Upanishaden* am bedeutendsten. Diese Reflexionen wurden in der westlichen Welt durch Anquetil Duperron (1731–1805) bekannt, der eine persische

DER URSPRUNG

1. Weder Nichtsein noch Sein war damals; nicht war der Luftraum noch der Himmel darüber. Was strich hin und her? Wo? In wessen Obhut? Was war das unergründliche tiefe Wasser?

2. Weder Tod noch Unsterblichkeit war damals; nicht gab es ein Anzeichen von Tag und Nacht. Es atmete nach seinem Eigengesetz ohne Windzug dieses Eine. Irgend ein Anderes als dieses war weiter nicht vorhanden.

3. Im Anfang war Finsternis in Finsternis versteckt; all dieses war unkenntliche Flut. Das Lebenskräftige, das von der Leere eingeschlossen war, das Eine wurde durch die Macht seines heißen Dranges geboren.

4. Über dieses kam am Anfang das Liebesverlangen, was des Denkens erster Same war. – Im Herzen forschend machten die Weisen durch Nachdenken das Band des Seins im Nichtsein ausfindig. […]

6. Wer weiß es gewiß, wer kann es hier verkünden, woher sie entstanden, woher diese Schöpfung kam? Die Götter (kamen) erst nachher durch die Schöpfung dieser (Welt). Wer weiß es dann, woraus sie sich entwickelt hat?

7. Woraus die Schöpfung sich entwickelt hat, ob er sie gemacht hat oder nicht – der der Aufseher dieser (Welt) im höchsten Himmel ist, der allein weiß es, es sei denn, daß auch er es nicht weiß.

Aus: Rigveda, 10.129

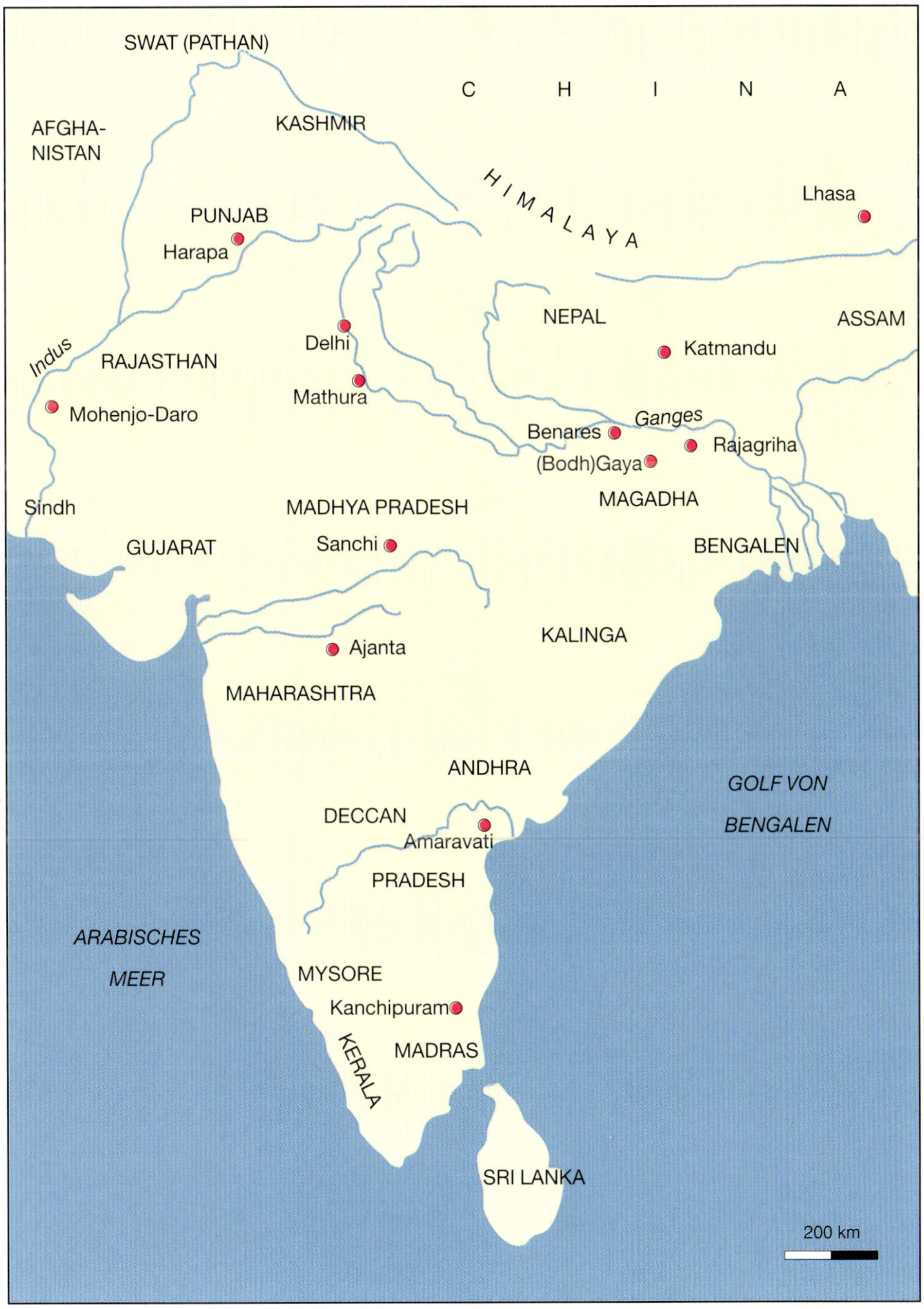

Das alte Indien

Anbetung der Sonne (Surya). Obwohl die vedischen Götter im Laufe der Zeit an Bedeutung verloren, hat sich das morgendliche Ritual zur Begrüßung von Surya bis heute erhalten.

Fassung von fünfzig *Upanishaden* ins Lateinische übersetzte, auf die Schopenhauer mit den begeisterten Worten reagierte: «Es ist die belohnendste und erhabenste Lektüre, die in der Welt möglich ist. Sie ist der Trost meines Lebens gewesen und wird der meines Sterbens sein.»

Die philosophischen Spekulationen in den *Upanishaden* sind jedoch nicht systematisch ausgearbeitet. Sie bilden eine Brücke zwischen den in manchen vedischen Hymnen und in den *Brahmanas* noch zaghaft angerissenen Fragen und dem systematischen Denken der späteren klassischen hinduistischen Schulen. Ihre besondere Bedeutung liegt darin, daß sie die Grundlage für das später entstandene Vedantasystem bilden, das bis heute das indische Denken prägt und auf das wir an anderer Stelle noch eingehen werden.

Die Frage der Seelenwanderung, die bereits in den *Brahmanas* angelegt war, wurde in den *Upanishaden* weiter ausgearbeitet. Allgemein glaubte man, daß der Mensch nach seinem Tod in der Welt seiner Väter weiterlebte, in der Yama, der Gott des Todes, herrschte. Da sich das Leben in der Welt der Väter jedoch nicht von dem Leben in dieser Welt unterschied, wurde es als ebenso befristet angesehen. Man glaubte, daß die Seele auf dieser Erde wiedergeboren werde, um nach dem Tod erneut in das Königreich Yamas zurückzukehren. So vollziehen sich nach diesem Denken Leben und Tod in einem ständigen Wechsel – wir sehen hier den Gedanken der Seelenwanderung in einer noch primitiven Ausprägung.

Diese Lehre ließ die Frage entstehen, von welchem Faktor es abhängt, ob eine solche Wiedergeburt gut oder schlecht ist. Eine der Antworten lautete, daß das letzte Verlangen eines Menschen die Art seiner Wiedergeburt bedingt – ein Gedanke, der in den frühen Buddhismus und in die *Bhagavad-Gita* Eingang gefunden hat. Eine andere Antwort, die für das spätere indische Denken prägend wurde, lautete, daß die guten oder schlechten Taten eines Menschen, also sein Karma, die Art seiner Wiedergeburt bestimmten. Hier liegt der Keim der Doktrinen vom Karma und der Seelenwanderung, die in der Folgezeit vertieft und ausgebildet wurden.

Aus dem Gedanken, daß der Kreislauf der Wiedergeburten immer mit leidvollen Erfahrungen verknüpft ist, entwickelte sich das Verlangen, aus diesem Kreislauf befreit zu werden. Hier liegt die Wurzel des indischen Strebens nach Erlösung. Wissen wurde als das Mittel begriffen, um diesen Zustand der Befreiung zu erreichen – eine Auffassung, die sich mit einer anderen Theorie aus den *Upanishad* verband. Man stellte sich vor, daß die Seele dieses Leben verläßt, um die himmlische Welt zu betreten. Aber nur die Seele, die eine richtige Antwort auf die Fragen fand, die ihr der Mond als Wächter an der Himmelspforte stellte, erhielt Einlaß. Wer das befreiende Wissen nicht besaß und die Fragen des Mondes nicht beantworten konnte, wurde zurückgewiesen, um nochmals geboren zu werden und zu sterben.

Bei dieser Suche treten alle Kasten- und Rangunterschiede als unwichtig in den Hintergrund. Deshalb können sogar gelehrte Brahmanen, die als Priester der ranghöchsten Kaste angehören, die unter ihnen stehenden Kshatriyas um Wissen anflehen. So gibt es die Geschichte des reichen Janashruti, der sich unterwürfig und mit allerlei kostbaren Geschenken beladen dem aussätzigen Bettler Raikva nähert, weil dieser das Wissen um die höchste Wahrheit besitzt. Der Gedanke, daß es letzten Endes das wahre Wissen um die Art der Dinge und insbesondere um das eigene Selbst ist, das zur endgültigen Befreiung führt, hat das philosophische Denken Indiens immer beherrscht.

Die Frage der letztendlichen Realität

In einer der Hymnen aus dem ältesten religiösen Text indischen Ursprungs, dem *Rigveda*, heißt es, daß es am Anfang weder das Sein (*sat*) noch das Nicht-Sein (*asat*) gab. Eine der *Upanishaden* berichtet von Denkern, die der Auffassung waren, daß zu Anfang nur eines von beiden, und zwar das Nicht-Sein, existiert habe und daß das Sein aus diesem hervorgegangen wäre. Diese Theorie wurde jedoch sofort wieder verworfen, da das Sein niemals aus dem Nicht-Sein entstehen kann. An ihre Stelle trat der Gedanke, daß es anfangs nur das eine Sein gegeben habe, dem kein zweites Prinzip zugeordnet war. Dieses eine Sein dachte: «Ich will viele sein, ich will wachsen.» Auf diese Weise sind alle Dinge aus dem einen Sein entstanden. Dieser «Urgrund aller Dinge» sollte Brahman sein, das «eines ist, unendlich nach Osten, unendlich nach Süden, unendlich nach Westen, unendlich nach Norden, unendlich nach oben, unendlich nach unten, unendlich in alle Richtungen».

Dieses rigvedische Prinzip bildet die Grundlage für die wichtigste Lehre über die letztendliche Realität in den *Upanishaden*, die allein existent ist und Brahman genannt wird. Immer wieder stößt man beim Lesen des *Rigveda* auf den Satz: «Dies alles ist Brahman.» Aus diesem allgegenwärtigen Brahman (das neutral ist und weder mit dem Gott Brahma noch mit dem allerhöchsten persönlichen Gott verwechselt werden darf) entsteht alles, sowohl die lebenden Wesen wie auch die leblosen Dinge. Das Brahman ist unsterblich, seine Merkmale sind Bewußtsein und Glückseligkeit.

Ein anderer, nicht weniger bedeutender Begriff in den *Upanishaden* ist der des Atman, des Selbst, des eigenen Ich, der Seele. In der älteren vedischen Literatur wurde der Begriff «Atman» sowohl für das Wesen des Universums wie für das des Menschen

6. Sie fragte: «Was, wie man, Yajnavalkya, sagt, oberhalb des Himmels, was unterhalb der Erde, was zwischen Himmel und Erde, was vergangen, was gegenwärtig und was zukünftig ist, worin ist dieses, so frage ich abermals, ein- und verwoben?»

7. Er antwortete: «Was, wie man, Gargi, sagt, oberhalb des Himmels, was unterhalb der Erde, was zwischen Himmel und Erde, was vergangen, was gegenwärtig und was zukünftig ist, das ist, so antworte ich abermals, in die Leere ein- und verwoben.» «Worin ist aber die Leere ein- und verwoben?»

8. Er antwortete: «Dieses Unvergängliche bezeichnen, Gargi, die Brahmanen als nicht grob und nicht fein, als nicht kurz und nicht lang, als ohne Blut und ohne Fett, als ohne Schatten und ohne Finsternis, als ohne Wind und ohne Leere, als nicht anhaftend, als nicht fühlbar, als geruch- und geschmacklos, als ohne Augen, ohne Ohren, ohne Stimme und ohne Denkorgan, als ohne Glut, ohne Hauch und ohne Mund, als ohne Personen- und ohne Geschlechtsnamen, als nicht alternd und nicht sterbend, als ohne Furcht, als unsterblich, als staublos, als nicht aufgedeckt und als nicht verhüllt, als Nichts vor, Nichts hinter, Nichts in und Nichts außer sich habend. Es genießt Niemanden und wird auch von Niemand genossen.

9. «Unter der Leitung dieses Unvergänglichen werden, Gargi, Himmel und Erde auseinandergehalten. Unter der Leitung dieses Unvergänglichen werden, Gargi, Sonne und Mond auseinandergehalten. Unter der Leitung dieses Unvergänglichen werden, Gargi, Tage und Nächte, Halbmonate, Monate, Jahreszeiten und Jahre auseinandergehalten. Unter der Leitung dieses Unvergänglichen strömen, Gargi, von den weißen Bergen einige Flüsse nach Osten, andere nach Westen oder nach dieser und jener Weltgegend. Unter der Leitung dieses Unvergänglichen preisen, Gargi, die Menschen den, der da spendet; hängen die Götter vom Opferer, die Väter von der Löffelspende ab.

10. «Wer, Gargi, ohne Kenntnis dieses Unvergänglichen auf dieser Stätte sogar viele tausend Jahre hindurch Opfer ins Feuer wirft, spendet und sich kasteit, für den hat diese Stätte ein Ende. Wer, Gargi, ohne Kenntnis dieses Unvergänglichen von dieser Stätte scheidet, dem ist jämmerlich zu Muthe. Wer aber, Gargi, mit Kenntnis dieses Unvergänglichen von dieser Stätte scheidet, der ist ein Brahmane.

11. «Dieses Unvergängliche ist, Gargi, der ungesehene Seher, der ungehörte Hörer, der ungedachte Denker, der unerkannte Erkenner. Es gibt keinen anderen Seher, keinen anderen Hörer, keinen anderen Denker, keinen anderen Erkenner. Das ist, Gargi, das Unvergängliche, in welches die Leere ein- und verwoben ist».

12. Sie sprach: «Erhabene Brahmanen! Schlagt es hoch an, wenn ihr durch eine Verneigung von ihm loskommt. Keiner von euch wird ihn je in einem theologischen Wettstreit besiegen». Darauf verstummte Vachaknavi.

Aus: Brihadaranyaka Upanishad

Ein Asket in Meditation; Mahabalipuram, 7. Jh. Askese war und ist für die Inder eine der wichtigsten Methoden, zur Erkenntnis der Wirklichkeit und damit zur Befreiung der Seele zu gelangen.

verwendet. Es unterschied sich vom Körper und wurde von körperlichen Empfindungen wie Schmerz oder Tod nicht berührt. Die Seele, ungeboren und unsterblich, blieb von allem unangetastet, sogar wenn der Körper einen gewaltsamen Tod erlitt.

In den *Upanishaden* vollzieht sich eine Gleichsetzung von Atman und Brahman. Hier gibt es nur eine wahre Wesenheit, die als Urprinzip des Kosmos Brahman und als tiefstes Selbst des Menschen Atman heißt. Bekannt ist die Formulierung in den *Upanishaden*: «*tat tvam asi*», «Du bist das». Sie wurde zur schriftlichen Grundlage des monistischen Vedanta, der Schule von Shankara. Hier wird die Seele des einzelnen (*jiva*) als identisch mit dem absoluten Brahman gesehen.

Dieses Brahman oder Atman kann nicht anders als durch die Begriffe «nicht das eine, nicht das andere» (*neti neti*) umschrieben werden. Eine Definition anhand positiv formulierter Merkmale ist unmöglich, da jedes Merkmal eine eingrenzende Bestimmung beinhalten würde. So sagt denn auch Yajnavalkya zu Shakalya: «Dieses Selbst ist nicht dieses und es ist nicht jenes. Es ist unbegrenzbar, da es grenzenlos ist. Es ist unzerstörbar, da es niemals zerstört wird. Es kann nicht gebunden werden, da es sich selbst nicht bindet. Es besitzt keine Fesseln. Es

Krishna, eine der zehn Inkarnationen des Gottes Vishnu, und nach der Überlieferung der Verkünder der Bhagava-Gita.

kennt kein Leiden. Ihm wird keine Verletzung zugefügt.» Eine solche Formulierung des Wesens des Brahman in Negativbegriffen erinnert den westlichen Leser an die negative Theologie des Pseudo-Dionysos und an den Gedanken der «wissenden Unwissenheit» des Cusanus. Menschliche Entwürfe und menschliche Vorstellungskraft können niemals ausreichend sein, um das unendliche und absolute Wesen des Brahman auszudrücken.

An anderen Stellen lesen wir, daß Brahman-Atman weder durch die Vermittlung eines Lehrers noch durch das Studium der Schriften erreicht werden kann; erreichbar ist es nur für den, der vom Brahman-Atman dazu auserwählt wird: Nur ihm enthüllt sich das höchste Selbst.

Die Philosophie der Bhagavad-Gita

Die *Bhagavad-Gita*, das Lied des Erhabenen, ist ein religiöses Gedicht, das den Hindus ebenso heilig ist wie den Christen das Neue Testament. Der Verfasser ist unbekannt, und bevor es etwa zu Beginn der christlichen Zeitrechnung seine jetzige Form erhielt, hatte es schon zahlreiche wesentliche Veränderungen erfahren. Ursprünglich war es ein Teil des *Mahabharata*, des großen indischen Nationalepos, der von dem mystischen Schreiber Vyasa verfaßt worden sein soll. Dieses Lied des Erhabenen, das aus siebenhundert Versen besteht, die gleichmäßig über achtzehn Kapitel verteilt sind, nimmt im religiösen Leben der Hindus einen noch bedeutenderen Platz ein als der *Veda*. Es ist in Form eines langen Dialogs – oder eigentlich eines Monologs – geschrieben, in dem Krishna als Inkarnation des Gottes Vishnu spricht; unterbrochen wird seine Rede nur hin und wieder durch eine Frage oder Bemerkung eines zweiten Sprechers, der in der Person des adligen Kriegers Arjuna zu Wort kommt.

Die Bedeutung der *Bhagavad-Gita* für die indische Philosophie beruht darauf, daß dieses Gedicht einen Übergang von der Philosophie der *Upanishaden* zu den späteren klassisch-hinduistischen Denksystemen bildet. Zudem ist ihr hoher Stellenwert dadurch begründet, daß sie zu einem der Basistexte der Vedanta-Philosophie wurde. Es muß jedoch gesagt werden, daß die in ihr enthaltenen religiösen und philosophischen Gedanken nicht in der Begrifflichkeit eines einzigen in sich geschlossenen philosophischen Systems niedergeschrieben wurden.

Die Hauptprinzipien der *Bhagavad-Gita* lassen sich wie folgt zusammenfassen. Im Gegensatz zu dem unpersönlichen Brahman der *Upanishaden* gibt es in der *Bhagavad-Gita* einen persönlichen Gott. Neben diesem Gott existieren noch zwei andere Realitäten: die Materie und die unendliche Anzahl der Seelen (*purusha*). Alle Aktivität wird auf die Materie zurückgeführt, während die Seelen nur «Zuschauer» oder «Zeugen» sind. Sie werden so bezeichnet, um ihren inaktiven Charakter zu betonen. Die Lehre vom Kreislauf der Wiedergeburten findet eine deutliche Bestätigung.

Eine äußerst bemerkenswerte These der *Bhagavad-Gita* ist die der immer wiederkehrenden Inkarnationen (*avatara*) des allerhöchsten Gottes. Durch sie wird die durch Immoralität und Verdorbenheit bedrohte moralische Ordnung und Autorität wiederhergestellt.

Das Lied des Erhabenen betont jedoch vor allem, daß jeder Hindu die Pflichten zu erfüllen hat, die ihm entsprechend der Kaste, in die er hineingeboren wurde, auferlegt sind. Die Erfüllung der eigenen Pflicht ist es, die den Hindu zur Befreiung führt. Es nützt ihm nichts, die Aufgaben von Angehörigen anderer Kasten, die höher stehen, zu erledigen, auch wenn sie scheinbar heiliger sind. Man muß seinen Pflichten nachkommen, ohne die Früchte, die daraus erwachsen, begehren zu wollen. Pflichten oder Taten, die der einzelne nur mit dem Blick auf einen möglichen Gewinn erfüllt, werden ihn an den Kreislauf der Wiedergeburten binden.

Die Philosophie des Jainismus

Jina wurde als Sohn einer adligen Familie geboren. Im Alter von 28 Jahren verzichtete er auf alle weltlichen Freuden und lebte zwölf Jahre lang in strengster Askese. Dieser Zeit folgte eine lange Phase, in der er die um ihn versammelten Schüler mündlich über den Weg zur Befreiung unterwies. Nach jainistischer Überlieferung starb er 72jährig im Jahr 527 v. Chr. (nach anderen Quellen 484 v. Chr.).

Die Predigten Jinas, die von seinen Schülern gesammelt wurden, bilden den jainistischen Kanon, der folgende Werke umfaßt: Den Kern bilden die zwölf *Angas*, von denen elf erhalten geblieben sind. Der Rest des Kanons besteht aus den zwölf *Upangas* und sechs *Chedasutras*, in denen die Ordensregeln der jainistischen Mönche und Nonnen aufgeschrieben sind. Ferner aus den vier «Basis-Sutras» und einer Sammlung anderer Texte (zehn *Prakirnasutras* und zwei *Chulikasutras*), die die Lehre von Jina und eine systematische Darstellung der jainistischen Prinzipien enthalten sowie Aufzeichnungen über sein Leben, Legenden und ähnliches mehr.

Von den beiden wichtigsten Schulen des Jainismus, der *Shvetambara*- (die Weißgekleideten) und der *Digambara*-Schule (die Luftgekleideten, d.h. die ohne jede Kleidung), akzeptierten nur die Anhänger des *Shvetambara* die obengenannten Texte als Kanon. Jainistische Gelehrte berichten, daß man sich auf einer allgemeinen Versammlung (der dritten und letzten der Jainisten), die 980 oder 993 Jahre nach dem Tod Jinas (also 453 oder 466 n. Chr.) in Vaishali stattfand, auf diese Textsammlung einigte. Nach Auffassung der Digambaras gingen die ursprünglichen kanonischen Werke verloren; für sie zählen andere Texte.

Mahavira Jina, der Begründer des Jainismus, umgeben von Anbetern und Jüngern. Das Aufkommen nicht-vedischer Strömungen, wie des Jainismus und des Buddhismus, markiert den Beginn der klassischen Zeit (600 v. Chr. – 300 n. Chr.).

Die Wurzeln der jainistischen Philosophie gehen auf die Lehren des Vardhamana Mahavira zurück, der der historische Begründer oder besser gesagt der Verbreiter der religiösen Tradition ist, die als Jainismus bezeichnet wird. Nach seiner geistigen «Erleuchtung» wurde Mahavira als Jina, «der große Held» oder «der geistige Eroberer», bekannt. Jina wollte mit seiner Lehre im Grunde nicht mehr als einen Weg zur Befreiung aufzeigen. Seine Jünger gaben der Lehre ihres Meisters einen philosophischen Hintergrund, der ontologische, kosmologische und erkenntnistheoretische Prinzipien beinhaltete.

Das Universum

Aus jainistischer Sicht gibt es sechs ewige und unvergängliche Wirklichkeiten, aus denen das Universum der belebten und unbelebten Dinge zusammengesetzt ist. Diese Dinge können in drei Kategorien unterteilt werden: die Kategorie der Dinge, die ein Bewußtsein oder Empfindungen haben, die Kategorie der stofflichen Dinge (*murta* oder *rupi*) und die Kategorie all dessen, was weder Empfindungen besitzt noch materiell ist.

Die Seelen bilden die Kategorie der Dinge, die Empfindungen haben. Ihre Anzahl ist unendlich, und sie haben in ihrem physischen Zustand die Form des Körpers, in dem sie in einer bestimmten Phase ihres Kreislaufs der Wiedergeburten wohnen. Obwohl sie die Anlage zur Allwissenheit besitzen, verfügen sie in ihrer körperlichen Existenz nur über ein begrenztes und unvollkommenes Wissen. Einmal befreit, gewinnen sie jedoch ihre Allwissenheit zurück. Sie sind nicht nur Subjekt der Erkenntnis, sondern auch Vollstrecker aller Taten, deren Früchte sie ernten.

An dieser Stelle soll etwas zu der abweichenden jainistischen Idee des Karma gesagt werden. In allen anderen indischen Denksystemen hat Karma die Bedeutung von «Werk» oder «Tat» und meint die unsichtbare Frucht, die als Verdienst oder Schuld fortbesteht. Für die Jainas ist Karma hingegen so etwas wie eine sehr feine Form der Materie, die durch die Betätigung einer Seele – in Gedanken, Worten oder Taten – in sie hineinströmt und sich in Karma verwandelt, dort haften bleibt und die Seele an den Kreislauf der Wiedergeburten fesselt. Durch das Karma, das sich auf diese Weise in der Seele festsetzt, soll die Seele, je nach der Art des Karma, bestimmte Farbschattierungen annehmen. Nach der jainistischen Theorie von der Seele (unter dem Namen Leshya-Theorie bekannt) kann die körperhaftete Seele entsprechend der Art ihres Karma sechs Farben haben: schwarz, blau, grau, gelb, lotusfarben und weiß, die auf die spirituelle Vollkommenheit

Das Weltbild nach der Jaina-Kosmologie, übertragen auf den menschlichen Körper. Während die Körpermitte die Mittelwelt symbolisiert, stellen die sechs pyramidenförmigen Schichten darunter den Bereich der Hölle dar. Oberhalb der Mitte liegen die Himmelsschichten mit ihren Bewohnern. Der Halbmond auf der Stirn weist den Sitz der Vollkommenen (Siddhas) an.

net wird und sie befähigt, innere Erfahrungen (wie Freude und Schmerz) wahrzunehmen. Die Pflanzen und Elemente hingegen haben nur ein Sinnesorgan, und zwar den Tastsinn. Es gibt Seelen, deren Körper aus den Elementen Luft, Feuer, Wasser oder Erde besteht. Da es verschiedene Arten von Erde, Wasser, Feuer und Luft gibt, sind selbst die Seelen, deren Körper aus einem solchen Element besteht, sehr unterschiedlich und vielfältig.

Im Gegensatz zur Seele, die durch ein Bewußtsein oder Empfindungen (*chetana*) geprägt ist, ist die Materie (*pudgala*) unbewußt, konkret und hat eine bestimmte Form (*murta* oder *rupi*). Die Materie existiert entweder in der Gestalt von Atomen oder als Aggregat, als Zusammensetzung von Atomen. In atomarer Form besteht Materie aus einer unendlichen Vielzahl unteilbarer und homogener Atome, die allesamt dieselben vier Qualitäten besitzen: Farbe, Geschmack, Geruch und physische Beschaffenheit. Unter diesen vier Qualitäten spielt die physische Beschaffenheit, die durch den Grad an Trockenheit oder Feuchtigkeit und durch die Schwere oder Leichtigkeit bestimmt wird, eine wichtige Rolle bei der Bildung von Aggregaten. Hiervon hängen die Kombinationen unterschiedlich geformter Atome ab, die den Produkten von Erde, Feuer, Wasser und Luft entsprechen. Aus dieser Materie im Aggregatzustand werden sowohl die sichtbaren Formen von Erde, Wasser, Luft und Feuer gebildet als auch der Körper, die Sprache, die Psyche und der vitale Atem der belebten Seelen.

Die vier anderen letztendlichen Realitäten oder Entitäten, die weder stofflich sind noch Empfindungen besitzen, sind der Raum (*akasha*), das Prinzip des ständigen Wandels (*dharma*), das Prinzip der

Die Yogaphilosophie hat verschiedene Begriffe aus der Astronomie übernommen, darunter die Konzeption des Sonnensystems und der sphärischen Formen von Sonne, Mond, Erde und anderen Planeten. Dieses Bild gibt die Entstehung des Universums wieder.

der Seele in einem bestimmten Leben verweisen. Schwarz korrespondiert mit dem untersten Grad der Vollkommenheit, während Weiß die höchste Stufe darstellt. Obwohl eine solche Theorie eindeutig erkennen läßt, daß die Seele auf die eine oder andere Weise als etwas Materielles begriffen wird, beschreiben die Jainas sie als immateriell (*amurta*).

Eigene Wege gehen die Jainas auch, wenn sie behaupten, daß die Seelen nicht nur in den sogenannten beseelten Wesen, sondern auch in den unbeseelten Elementen zu finden sind. Die Seele kann nach ihrer Theorie vier «Geburtsorte» haben: sie kann in einen Gott, in einen Menschen, in ein Höllenwesen oder in ein Tier oder eine Pflanze hineingeboren werden. Diese «Geburtsorte» werden durch das hakenkreuzförmige Rad des Lebens, den *svastika* («großes Glück») symbolisiert. Die ersten drei «Geburtsorte» besitzen die fünf äußeren Sinnesorgane: das Sehen, den Geschmack, den Geruch, das Gehör und den Tastsinn. Außerdem verfügen die Götter, die Höllenwesen und die Menschen wie auch manche Tiere über ein inneres Sinnesorgan, das als *manas* bezeich-

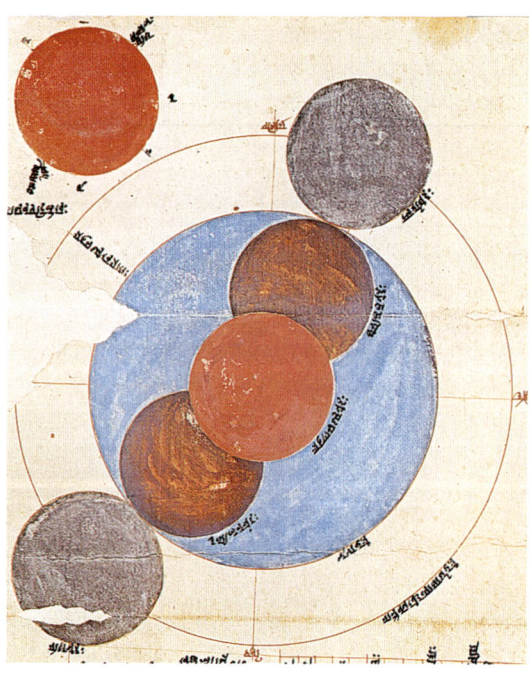

Ruhe (*adharma*) und das der Zeit (*kala*). Jede dieser Entitäten ist nur einmal existent, alle sind form- und bewegungslos. Der Raum, der in seiner Ausdehnung grenzenlos ist, besteht aus einer unendlichen Vielzahl von Punkten (*pradesha*), die allen Dingen einen bestimmten Platz zuweisen. Die Prinzipien des ewigen Wandels und der Ruhe sind zwei Arten von Äther. Ohne selbst einbezogen zu sein, schaffen sie für die Objekte der äußeren Welt die Voraussetzungen zum Wandel oder zur Ruhe. Die Zeit wird als unendlich und diffus begriffen. Alle Veränderungen, alle Ereignisse finden zu einem bestimmten Zeitpunkt statt: Von daher wird der Zeit eine kausale Rolle im Weltgeschehen zugeschrieben.

Wissen und Wahrheit

Die Auffassung der Jainas vom Charakter der Seele und den anderen Realitäten hat ihr Verständnis vom Wesen der Erkenntnis geprägt. In ihrer Theorie besitzt die Seele in ihrem reinen Zustand Allwissenheit, aber das Karma, an das die in den Kreislauf der Leben verstrickte Seele gebunden ist, wirft dunkle Schatten auf diese Allwissenheit und projiziert in das lebende Wesen ein nur relativ vollkommenes oder unvollkommenes Wissen.

Darüber hinaus besitzen die Realitäten nach dem Verständnis der Jainas eine große Vielfalt an Eigenschaften. So schreiben sie allen existenten Wirklichkeiten drei Aspekte zu: Substanz (*dravya*), Qualität (*guna*) und Modalität (*paryaya*). Die Substanz ist das Substrat (*ashraya*) der Qualitäten – das, was sie trägt –, während die Qualitäten ihrerseits fortwährend Modalitäten hinzugewinnen oder verlieren. Die Substanz, deren Essenz das Sein (*satta*) ist, durchläuft einen permanenten Prozeß von Entstehen, Sein und Vergehen. Diese Idee der Substanz darf jedoch nicht im buddhistischen Sinn einer zeitlich begrenzten Existenz der Dinge begriffen werden. Nach jainistischem Verständnis verlieren Substanzen ihre eigene Essenz nicht, auch wenn sie wesentlich mit den Qualitäten und Modalitäten zusammenhängen. Nicht die Substanz selbst ist einem ständigen Entstehen und Vergehen unterworfen, sondern die Modalitäten der Qualitäten, die unauflöslich mit der jeweiligen Substanz verbunden sind.

Dieses Verständnis von Realität bleibt nicht ohne Folgen für die jainistische Theorie über das Wissen. Die sichtbaren Gegenstände dieser Welt und alles Wahrnehmbare können nur mit den jeweiligen Modalitäten, die sie an einem bestimmten Ort und zu einer bestimmten Zeit haben, zu einem Objekt der Erkenntnis werden. Da die Modalitäten die Erscheinung ihrer Substanzen jedoch permanent verändern, kann ein gewöhnlicher Mensch die Substanzen niemals vollkommen erkennen; nur die befreite – allwissende – Seele ist fähig, etwas in der Gesamtheit seiner Aspekte wahrzunehmen.

Parsva, der dreiundzwanzigste Prophet von Bharatavarsa, in Meditationshaltung, erkennbar an seiner dunklen blaugrünen Gestalt und den sieben Schlangen auf dem Kopf. Jeder Jaina-Prophet ist im Besitz eines unmittelbaren und unfehlbaren Wissens über die menschliche Welt, das in den neun kreisförmigen Diagrammen dargestellt wird (17. Jh.).

Nach Auffassung der Jainas kann die Aussage – sei sie positiv oder negativ – eines gewöhnlichen Menschen immer nur eine bedingte oder relative Gültigkeit haben, da sie ausschließlich von einem bestimmten Gesichtspunkt aus oder in einem bestimmten Sinn, niemals jedoch absolut betrachtet, gültig ist. Ein solcher Gesichtspunkt wird von vier Faktoren geprägt: Substanz, Ort, Zeit und Modalität. Wenn man sagt: «Das Gefäß existiert», ist die Gültigkeit dieser Aussage auf ein spezifisches Gefäß begrenzt, insofern es aus einem bestimmten Material angefertigt wurde, zu einem bestimmten Zeitpunkt an einem bestimmten Ort existiert und eine bestimmte Form oder Größe hat. Das fragliche Gefäß ist nicht existent, wenn man es aus einer anderen Perspektive und unter anderen Prämissen betrachtet.

Der Kern dieser jainistischen Theorie über das Wissen und die Gültigkeit der Wahrheit besteht darin, daß alles menschliche Wissen – so vollkommen es auch scheinen mag – unvollkommen und relativ ist. Nur der Allwissende besitzt die Fähigkeit, Realitäten aus jeder Perspektive und in ihrer Gesamtheit zu erfassen, und nur die Aussagen des Allwissenden sind absolut gültig.

Die Lehre von der Gebundenheit und der Befreiung

Die jainistische Lehre von der Einbindung der Seele in den Kreislauf der Existenzen und ihrer Befreiung deckt sich nicht mit den Auffassungen anderer indischer Gedankensysteme. Dieser Unterschied beruht vor allem auf der abweichenden jainistischen Vorstellung von der Art des Karma.

Wie bereits gesagt, begreifen die Jainas das Karma als etwas Materielles – so fein und ätherisch es auch sein mag –, das in den menschlichen Körper eindringt und auf die Seele herabfällt. Sie stellen sich vor, daß überall im Raum karmische Materie ist, das heißt Materie, die durch die Betätigung der Seele potentiell zu Karma umgeformt werden kann. Jede geistige, verbale oder physische Tätigkeit eines Individuums löst eine Art Vibration der Seele aus. Diese Vibrationen saugen eine bestimmte Menge der allgegenwärtigen und undifferenzierten karmischen Materie an. Wenn die Seele beispielsweise mit heftigen Gefühlen wie Begierde oder Haß sozusagen «durchtränkt» ist, fällt die eingedrungene karmische Materie darauf herab und wird, nachdem sie gewisse Transformationen erfahren hat, zu Karma im eigentlichen Sinn. Die Art dieses Karma wird durch die Aktivität, die sein Eindringen verursacht hat, bestimmt und differenziert.

Die Art und Weise, in der die karmische Materie in die Seele eintritt, wird häufig mit dem Vermischungsprozeß von Milch und Wasser verglichen. Das daraus hervorgehende Karma haftet sozusagen an der Seele und führt zu einer entsprechenden und verhältnisgleichen Verdunklung ihrer Eigenschaften von Wissen, Glückseligkeit und Energie. Außerdem erweitert und verstärkt das Karma die heftigen Gefühle und löst in der Seele die korrespondierenden Bewegungen und Tätigkeiten aus, die neue karmische Materie anziehen, die ihrerseits zu neuem Karma transformiert wird.

Die jainistischen Denker sind dafür bekannt, daß sie alles in Klassen und Unterklassen einteilen, die sie dann nochmals untergliedern. Diese Struktur gilt insbesondere für ihre Lehre vom Karma. So unterscheiden sie acht Hauptkategorien des Karma, die insgesamt 148 Variationen beinhalten. Jede dieser spezifischen Ausprägungen spielt bei der Festlegung der unterschiedlichen Aspekte der nächstfolgenden körperlichen Existenz der Seele eine Rolle.

Die Befreiung besteht nach der jainistischen Philosophie aus zwei gleichzeitig verlaufenden Prozessen. Zum einen ist der Zustrom von neuem Karma in die Seele zu verhindern (*samvara*), zum anderen muß das Karma, das sich bereits in der Seele festgesetzt hat, abgebaut werden (*nirjara*). Wer den Weg zur Erlösung beschreitet, dem sind vielfältige Formen moralischen Verhaltens, spirituelle Übungen wie auch körperliche, verbale und mentale Disziplin und die Erfüllung der zehn religiösen Pflichten vorgeschrieben. Auch asketische Übungen (*tapas*) werden als Methode empfohlen, um zur Befreiung zu gelangen.

Wenn dieser zweigleisige Prozeß lange genug gedauert hat, wird die Seele schließlich von allem Karma ganz befreit sein und ihre ursprüngliche Allwissenheit und Glückseligkeit zurückerlangt haben. Die Ketten des Karma, an die die Seele in ihren aufeinanderfolgenden Leben gefesselt war, sind nun endgültig zerbrochen: Diese Seele wird keine Wiedergeburt mehr erleben, sie ist befreit. Losgelöst vom Gewicht der Materie (des Karma) erhebt sich die Seele in die höchsten Regionen des Universums, wo sie in der Gemeinschaft anderer erlöster Seelen in «glanzvoller Abgeschiedenheit» und im Zustand niemals endender Glückseligkeit bis ans Ende aller Tage verbleiben wird.

Auch diesen Zusammenhang verdeutlicht der Svastika, ein Glückssymbol der jainistischen Ikonographie und Kunst. Der jainistische Svastika:

Die durch die vier Linien gebildeten Winkel verweisen auf die vier «Geburtsorte»: Götter, Höllen-

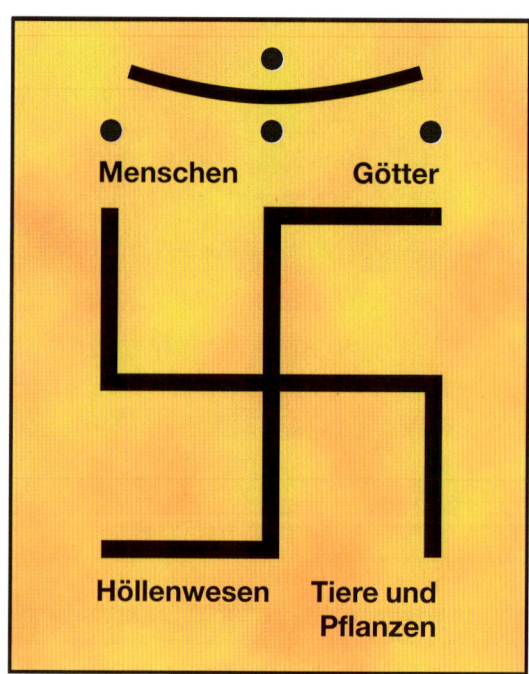

wesen, Menschen und schließlich Tiere oder Pflanzen. Die drei Punkte stehen für die «drei Juwele», welche sind: richtige Einsicht, richtige Erkenntnis und richtiges Verhalten. Durch sie kann die Fesselung an die Leben in den vier Geburtsorten aufgehoben werden. Der Halbmond über den drei Juwelen stellt die Welt der erlösten Seelen dar, während der in ihm ruhende einzelne Punkt Sinnbild für die befreite Seele ist.

Der indische Materialismus

Yakshini, eine Baumgöttin (Mathura, 2. Jh.). Yakshinis gehören zu den zahlreichen Relikten des materialistischen Denkens, in dessen Mittelpunkt die Fruchtbarkeit, die Erdgöttin und die Ackerbauprodukte standen.

In den Augen der Hindus wichen der Jainismus und der Buddhismus von der nach ihrem Verständnis «reinen Lehre» ab, da sie die Autorität des *Veda* leugneten. Einig war man sich jedoch in den Doktrinen über das Karma und die Wiedergeburt. Eine andere philosophische Richtung, die der Materialisten, ging hingegen so weit, selbst diese fundamentalen Lehrsätze in Frage zu stellen. In der indischen Literatur werden sie als *Charvakas* («mit angenehmen Worten»), *Lokayatas* («an diese Welt gebunden») oder *Barhaspatyas* («die Jünger von Barhaspati», des Lehrers der Dämonen) bezeichnet. Sie haben zu keiner Zeit die Popularität der anderen indischen Denksysteme erreicht und waren von Anfang an starker Kritik ausgesetzt. Leider sind ihre eigenen Schriften verlorengegangen. Wir kennen sie nur aus Verweisen, die wir in den jainistischen und buddhistischen kanonischen Büchern finden, und aus spärlichen Fragmenten in der indischen philosophischen Literatur, die ihnen zugeschrieben werden. Aus diesen Quellen können wir uns das folgende Bild von ihren philosophischen Prinzipien machen.

Ausgangspunkte und Erkenntnislehre

Die Wirklichkeit besteht nach dem Verständnis der Materialisten nur aus den Dingen des sichtbaren Universums, die sich aus den vier Elementen Erde, Wasser, Feuer und Luft zusammensetzen. Folglich wird die Seele nicht als eine vom Körper getrennte Wirklichkeit begriffen. Was wir «Bewußtsein» nennen, geht ausschließlich aus einer einzigartigen Kombination der vier Elemente hervor, die einen Körper bilden – so wie von einem bestimmten Gemisch, das unter anderem Getreide enthält und einen Gärungsprozeß durchläuft, von selbst eine betäubende Wirkung ausgeht. Demzufolge geht das Bewußtsein auch gleichzeitig mit dem Körper verloren.

Da die Seele für die Materialisten keine Unsterblichkeit besitzt, gibt es nach ihrem Verständnis auch kein Leben nach dem Tod. Ebensowenig existiert für sie ein Himmel oder eine Hölle. Darüber hinaus streiten sie ab, daß es verdienstvolle und auch schlechte Taten gibt.

Während alle anderen indischen Systeme die Befreiung als höchstes Ziel betrachteten, sahen die Materialisten, die kein anderes als das gegenwärtige Leben kannten, in der Sinnenlust die einzige und höchste Bestimmung des Menschen. Diese Sichtweise führte jedoch nicht dazu, daß die Materialisten blind jedem sinnlichen Genuß nachjagten, denn auch sie waren davon überzeugt, daß Genuß immer mit Schmerz gepaart ist. Nach ihrer Auffassung wählt ein weiser Mensch seine Genüsse so aus, daß er den Schmerz vermeidet, ebenso wie er sich nur von den eßbaren Teilen eines Fisches ernährt und die Schuppen und Gräten beiseite legt.

In ihrer Erkenntnislehre sind die Materialisten, wie ihr Name schon sagt, an diese Welt gebunden. Im Gegensatz zu den anderen indischen Schulen lassen sie nur eine einzige Art der Erkenntnis gelten, und zwar die der sinnlichen Wahrnehmung. Was andere als Kausalbeziehung begreifen, ist in ihren Augen nichts anderes und nicht mehr als eine gedankliche Relation zwischen dem Früheren und dem Zukünftigen. Faktisch hat nichts eine Ursache außerhalb von sich selbst: Die Dinge entstehen und vergehen aufgrund ihres Charakters, ohne daß dafür eine Ursache zwingend notwendig wäre.

Ein Denksystem, das die fundamentalen Lehren von der Seele, vom Karma und von der Wiedergeburt ablehnte und die sinnliche Wahrnehmung zur einzigen Quelle der menschlichen Erkenntnis machte, konnte sich innerhalb der indischen Philosophie nicht durchsetzen. Es wurde durch die Kritik der anderen Schulen vernichtet, die ausnahmslos eine äußerst komplexe und sehr durchdachte Erkenntnistheorie entwickelt hatten und insbesondere auch die Gültigkeit von logischen Schlußfolgerungen anerkannten.

Die buddhistische Philosophie

Gautama, der Buddha (6. Jh. v. Chr.), lebte im blühenden Reich der Magadha im Osten des indischen Subkontinents.

Das gesamte indische Denken steht der Religion sehr nahe, im Buddhismus wird diese Verwandtschaft jedoch besonders deutlich. Buddha wollte mit seiner Lehre den Menschen den Weg weisen, der sie aus ihrem Gefesseltsein an diese Welt löst und sie zur Befreiung oder – wie es die Buddhisten nennen – zum *Nirvana* führt.

Diesem Ziel sind die philosophischen Reflexionen untergeordnet, von hier nehmen sie alle ihren Ausgang: Selbst für die tiefgründigsten ontologischen, logischen, erkenntnistheoretischen und kosmologischen Betrachtungen späterer buddhistischer Denker hat der Befreiungsgedanke in der Lehre Buddhas zentrale Bedeutung. Der buddhistische Weg zur Erlösung beinhaltet eine tiefgehende psychologische Analyse des Individuums.

Der Buddhismus als Religion

Gautama, der Buddha, der wahrscheinlich von 566 bis 486 lebte und ein jüngerer Zeitgenosse Jinas gewesen sein soll, ist der Begründer des Buddhismus. Von Geburt an im Luxus und Reichtum eines Königshauses erzogen, verließ er mit neunzehn Jahren seinen Palast, in dem er Frau und Sohn zurückließ. Nachdem er eine Zeitlang in strengster Askese gelebt hatte, wurde er – wahrscheinlich im Jahr 531 v. Chr. – «erleuchtet». Seitdem ist er als Buddha, «der Erleuchtete», bekannt. Während der fünfundvierzig Jahre, die seiner Erleuchtung folgten, lehrte Buddha den Weg zur Befreiung aus dem Kreislauf der Wiedergeburten, wobei er es vermied, sich zu Themen zu äußern, die nicht in einem unmittelbaren Zusam-

Shivali, die Frau des Königs Mahajanaka, eine der Reinkarnationen Buddhas.

menhang mit dieser Erlösung standen. Im Laufe der Zeit entwickelten seine Jünger, die um die richtige Deutung seiner Lehre rangen, eine Vielzahl spekulativer philosophischer Theorien. Aus ihren widerstreitenden Auffassungen entstand ein breites Spektrum verschiedener philosophischer Schulen.

Etwa zu Beginn der christlichen Zeitrechnung – ungefähr zwischen 100 vor und 100 nach Christus – spaltete sich der Buddhismus in zwei unterschiedliche Strömungen auf: in die Schule des *Hinayana*, das heißt «Kleines Fahrzeug (zum Heil)», und in die des *Mahayana*, was «Großes Fahrzeug» bedeutet. Verallgemeinernd kann man die Lehre des Hinayana als die traditionelle und konservative Richtung des Buddhismus bezeichnen, während die Mahayana-Schule liberalere und progressivere Züge hatte. Alle

Löwenkapitell aus der Zeit des Kaisers Ashoka (3. Jh. v. Chr.), der Indien zum erstenmal einte und das Maurya-Reich gründete. Er sorgte maßgeblich für die Verbreitung des Buddhismus.

buddhistischen Strömungen waren mit einer dieser beiden Richtungen verbunden. Innerhalb des Hinayana unterschied man achtzehn Sekten oder Schulen, von denen in unserer Zeit nur noch eine, die *Theravada*, existiert, die sich auf Sri Lanka und in Burma und Thailand behaupten konnte. Die anderen Sekten lösten sich gegen 1200 n. Chr. auf – ein Prozeß, der nicht zuletzt durch die islamische Invasion nach Nordindien beschleunigt wurde. Von den Hinayana-Schulen sind aus philosophischer Sicht vor allem die *Sarvastivadins* und die *Sautrantikas* wichtig.

Von Bedeutung ist auch die *Mahasanghika*-Sekte, die einerseits der Tradition des Hinayana anhing, gleichzeitig jedoch mit ihrer Lehre den Nährboden für die Ideen des Mahayana-Buddhismus schuf. Aus dem Mahayana-System entwickelten sich wiederum zwei bedeutende philosophische Richtungen, und zwar die *Madhyamika*- und die *Yogachara*-Schule.

Von den heiligen Büchern des Hinayana sind nur die der Theravadins erhalten geblieben; sie sind in der Pali-Sprache abgefaßt und im sogenannten *Tripitaka* (wörtlich: drei Körbe) aufgenommen worden. Dieses gliedert sich in drei Teile: Im ersten Teil (*Vinaya*) geht es um die Klosterdisziplin, der zweite (*Sutra*) befaßt sich mit den Doktrinen, und der dritte Teil (*Abhidharma*) hat die fortschrittlicheren Disziplinen zum Inhalt.

Der Mahayana-Buddhismus stützt sich auf die später entstandenen Texte, die unter dem Namen *Prajnaparamita Sutras* bekannt geworden sind; sie haben die «vollkommene Weisheit» zum Thema und waren als Kommentare zu den sehr kurzen ursprünglichen Texten der Lehre Buddhas gedacht. Die Mahayana-Anhänger behaupten, daß diese Schriften den genauen Wortlaut der Verkündigungen Buddhas enthalten. Sie seien jedoch in der Unterwelt im Palast der Schlangen (*Nagas*) verborgen gehalten worden, da sie für das Verständnis seiner Zeitgenossen zu schwierig waren. Später soll der große Gelehrte Na-

garjuna in die Unterwelt gereist sein, um sie den Menschen zurückzubringen. Diese Legende macht deutlich, wie die Mahayana-Buddhisten versucht haben, zwischen ihren Schriften und der historischen Gestalt des Buddha eine Verknüpfung herzustellen.

Alle buddhistischen Schulen, sowohl die des Hinayana als auch die des Mahayana, können letztlich auf die Lehre von den «vier heiligen Wahrheiten» zurückgeführt werden (Pali: *ariya-satta*; Sanskrit: *arya satya*). Diese vier heiligen Wahrheiten standen im Zentrum der ersten Predigt, die Buddha kurz nach seiner Erleuchtung vor seinen Jüngern in Benares hielt.

Die vier heiligen Wahrheiten

Die erste dieser vier Wahrheiten ist die Einsicht, daß alle Aspekte des Lebens mit Leiden verbunden sind. Dabei muß gesagt werden, daß unser Wort «Leiden» (Pali: *dukkha*; Sanskrit: *duhkha*) nur ungenügend wiederzugeben vermag, was die Buddhisten – und die indischen Denker im allgemeinen – unter diesem Begriff verstehen. Leiden ist für sie nicht auf die Empfindung körperlicher oder mentaler Schmerzen beschränkt. Der Begriff drückt eher einen wesentlich umfassenderen und tieferen psychologischen Zustand von Unzufriedenheit und Angst aus, der mit jeder Erfahrung des irdischen Lebens verknüpft ist.

Nach der buddhistischen Lehre hat dieses Grundgefühl seinen Ursprung in dem allgemeingültigen Prinzip der Vergänglichkeit der weltlichen Existenz. Die irdischen Freuden und Genüsse, die wir erleben, sind keineswegs dauerhaft. Da sie immer mit der Angst des Verlustes verbunden sind, können auch diese Erfahrungen keineswegs ein Garant dauerhaften Glücks sein. So gesehen ist unser Leben in dieser Welt eine lückenlose Verkettung unglückseliger und leidvoller Erfahrungen, die der Mensch durchbrechen muß.

Die zweite der heiligen Wahrheiten formuliert die Ursache dieses Leidens. Sie liegt im menschlichen «Verlangen» (Pali: *tanha*; Sanskrit: *trishna*), das drei Ausdrucksformen kennt: den «Durst» nach sinnlicher Erfahrung, die Begierde, unser Leben weiterzuleben und die Sehnsucht nach einer Aufhebung dieses Lebens. All diese Begierden bringen Taten hervor, die eine Wiedergeburt als erneute Quelle des Leidens bedingen.

Kann der Mensch jemals aus diesem ewigen Kreislauf erlöst werden und einen Zustand erreichen, der frei von jeder Form des Leidens ist? Die dritte der vier heiligen Wahrheiten gibt darauf eine positive Antwort, indem sie von der Existenz eines Nirvana spricht, eines Zustandes, in dem alles Leiden ausgelöscht ist. Dieser Zustand kann von jedem erreicht werden, der den Pfad beschreitet, der in der vierten der heiligen Wahrheiten vorgezeichnet wird.

Obwohl manche westliche Gelehrte in der Vergangenheit der Meinung waren, daß sich die Theravada-Tradition das Nirvana als das Nichts vorstellte, hat diese Schule eine solche Deutung genaugenommen wohl eher verworfen. Nach ihrer Tradition bedeutet Nirvana das Erlöstsein von allen Sehnsüchten, die ausnahmslos als Quelle des Leidens in diesem Leben begriffen werden. Jedenfalls beschreibt der Pali-Kanon in der Nachfolge Buddhas das Nirvana sowohl in positiven als auch in negativen Begriffen, die als solche jedoch nicht ausreichend sind, um die unfaßbare Realität, die das Nirvana ist, zu begreifen. Wir dürfen nicht vergessen, daß der Buddha selbst das Nirvana nicht in theoretischen Entwürfen und in einer bestimmten Begrifflichkeit «erfaßte», sondern vielmehr auf dem Wege der Versenkung und der Einfühlung durch Yogaübungen und Meditation. Wenn sich das Nirvana auch einer genauen Beschreibung entzieht, so kann man jedoch sagen, daß es das endgültige Ende der Kette der Wiedergeburten und somit allen Leidens ist. Damit steht Nirvana für einen Zustand absoluten und ewigen Friedens.

Die vierte der heiligen Wahrheiten spricht von einem achtteiligen Pfad (*ashtangamarga*), der zur Aufhebung allen Leidens und somit zum Nirvana führt. Die acht «Abschnitte» dieses Pfades sind: die richtigen Einsichten, die richtigen Ziele, die richtigen Worte, das richtige Handeln, die richtige Lebensweise, das richtige Streben, das richtige Gedenken und das richtige Sich-Versenken.

Um auf diesem Weg das Nirvana zu erreichen, muß der Mensch mit allem, was er besitzt – mit seinen Gedanken, Worten, Taten und mit seiner geistigen Konzentration –, beteiligt sein.

Die Lehre von den vier heiligen Wahrheiten zentriert sich um drei Formeln, die den Buddhismus in all seinen Ausprägungen bestimmt haben. Die erste dieser Formeln ist die des «abhängigen Entstehens».

Verehrung Buddhas durch einen Schlangenkönig und sein Gefolge. Der leere Sitz unter dem Baum symbolisiert den Buddha.

Die Lehre vom abhängigen Entstehen

Im Buddhismus tritt an die Stelle des für andere indische Schulen gültigen Kausalgesetzes das sogenannte Gesetz des «abhängigen Entstehens» (*pratitya-samutpada*). Nach diesem Gesetz sind alle Erscheinungen auf der Welt, sowohl die materiellen wie die mentalen, «bedingt existent», das heißt, sie sind das Ergebnis einer Kombination wechselseitig abhängiger Bedingungen. Die Buddhisten lehnen ein Kausalgesetz ab, demzufolge eine Reihe von bestimmten Ursachen einen spezifischen Effekt «produziert». Vielmehr ist jedes Ereignis und jedes Objekt das Ergebnis einer Vielzahl an Vorbedingungen. Wenn alle für das Entstehen eines bestimmten Ereignisses notwendigen Vorbedingungen erfüllt sind, kann dieses Ereignis unmittelbar eintreten. Mit anderen Worten: Der Effekt ist nichts anderes als die *Anwesenheit* der Gesamtheit aller Vorbedingungen, die für dessen Entstehung notwendig sind.

Auch wenn entsprechend dieser Auffassung jeder Wirkung verschiedene «Bedingungen» vorausgehen, können diese Bedingungen nicht als eine wirkliche Ursache – im Sinne eines vorherbestimmbaren und wiederholbaren Prozesses – begriffen werden. Denn nach buddhistischer Lehre hat ein kausaler Zusammenhang zwischen Ursache und Wirkung schon deshalb keinen Bestand, weil alle «verursachenden Bedingungen» der Vergänglichkeit unterworfen sind. Nach der Theorie der meisten Schulen ist jede Form von Wirklichkeit, mit Ausnahme des Nirvana und des Raumes, vergänglich und kann schon deshalb nicht zum Auslöser für einen bestimmten Effekt werden.

Die Formel des bedingten Entstehens basiert auf dem Prinzip: «Wo dieses ist (d.h.: Wo dieses anwesend ist), ist jenes (d.h.: wird jenes anwesend)». Mit diesem Prinzip, das für jede Realität und für alle Phänomene seine Gültigkeit hat, wird im Kern gesagt, daß zwischen den Vorbedingungen und dem Bedingten eine wechselseitige Abhängigkeit besteht. Eine Vorbedingung ist ein *Dharma* – der buddhistische Begriff für die Elemente des Seins –, der allein durch seine Anwesenheit an der Entstehung eines anderen Dharmas beteiligt ist, welcher seinerseits wieder als Vorbedingung fungiert. So wird das Entstehen, das vorübergehende Bestehen und das Vergehen unserer Erfahrungen, die wir als Wirklichkeiten auffassen, erklärt.

Die buddhistischen Denker haben die Objekte der äußeren Welt also auf ihre Urelemente oder Dharmas zurückgeführt. Je nach Schule soll die Anzahl dieser «existentiellen Urelemente» zwischen 75 und 174 liegen. Obgleich es verwirrend scheint, sind diese vielfältigen, unpersönlichen und sich wechselseitig bedingenden Elemente vergänglich und nicht dauerhaft. Aber nicht alle Dharmas sind ihrem Wesen nach bedingt. Buddhisten aller Schulen stimmen darin überein, daß das Nirvana ein nicht bedingter Dharma (*asamskrita*) ist, manche Strömungen rechnen auch den Raum hinzu, während wieder andere Schulen noch weitaus mehr und andere nicht bedingte Dharmas kennen.

Die Urelemente alles Stofflichen und Psychischen darf man sich nicht in Form von Atomen vorstellen. Eher können sie als unabhängige Entitäten bezeichnet werden, vorausgesetzt, mit «Entität» ist nichts Substantielles gemeint.

Im Gegensatz zu anderen indischen Atomtheorien bezieht sich die Theorie der Dharmas nicht nur auf die materiellen Dinge unserer Erfahrung, sondern schließt alle psychischen Prozesse mitsamt der Seele ein. Im Grunde beruht kein einziger psychischer Prozeß auf einer substantiellen Wirklichkeit. Anders ausgedrückt: Alle psychischen Phänomene werden durch die Begrifflichkeit des unablässigen Entstehens und Vergehens psychischer Vorgänge oder Dharmas erklärt. Alle bedingten Ereignisse (*samskrita*) in der Welt der Erscheinungen, sowohl die materiellen wie die mentalen, resultieren aus dem Prozeß einer unablässigen Verbindung und Loslösung von Dharmas – es ist ein Prozeß, der sich bis ans Ende jeder Ewigkeit vollzieht, wenn sich alles auflöst, um in der nächsten Ewigkeit auf die gleiche Weise wieder zu beginnen.

Die Lehre von der Vergänglichkeit oder Zeitlichkeit der Dinge

Die zweite zentrale Lehre des Buddhismus ist die der Vergänglichkeit (*anitya*) – die in späteren philosophischen Texten oft auch als die Theorie der Zeitlichkeit (*kshanikatva*) bezeichnet wird. Sie beinhaltet die These, daß die Dinge dieser Welt nur momenthaft bestehen und einer ständigen Veränderung unterworfen sind, ohne daß es eine unvergängliche oder substantielle Realität als dauerhaftes Substrat dieser Veränderung gäbe. Veränderung ist nach die-

Die Stupa ist das Hauptmerkmal der buddhistischen Architektur. Im Herzen dieses symbolischen Grabhügels wird eine Reliquie aufbewahrt.

ser Theorie nicht gleichbedeutend mit der qualitativen Umwandlung einer dauerhaften Substanz, sondern meint das völlige Vergehen und erneute Entstehen einer gesonderten Entität (Dharma). Mit anderen Worten: Es gibt keine dauerhafte wesenhafte Entität, sondern nur einen Prozeß des Vergehens und Entstehens, der sich so nahtlos vollzieht, daß für uns der Eindruck eines Kontinuums entsteht.

Dieser Prozeß der einzelnen Dharmas wird nicht durch eine Ursache von außen in Bewegung gesetzt, sondern spontan durch das eigentliche Wesen der Dharmas selbst ausgelöst. Vergänglichkeit gehört zum Wesen jeder bedingten Realität. Daraus folgt, daß die Dinge unmittelbar nach ihrem Entstehen auch wieder vergehen, da sie die Ursache ihres Zerfalls im Augenblick der Entstehung bereits in sich tragen.

Diese Buddhabüste aus der sogenannten Gandhara-Epoche (2. Hälfte der klassischen Zeit) läßt deutlich griechische Einflüsse erkennen. (Mathura, 2. Jh. n.Chr.)

Die Lehre vom Nicht-Selbst

Zu den zentralen Doktrinen aller buddhistischen Schulen, sowohl der des Hinayana als auch der des Mahayana, gehört die Lehre vom Nicht-Selbst, das häufig mit einem Wort aus der Pali-Sprache als *anatta* (Sanskrit: *anatman*) bezeichnet wird. Diese Lehre besagt, daß es so etwas wie ein substantielles und unvergängliches Selbst, eine sogenannte «Person», nicht gibt. Zweifellos werden normale, philosophisch nicht geschulte Menschen ein Leben führen, das von dem Glauben an die tatsächliche Existenz eines solchen Selbst oder einer solchen Person bestimmt wird. Der Philosoph hingegen, der gelernt hat, die Phänomene der tagtäglichen Erfahrungen auf ihre grundlegenden Bestandteile zurückzuführen, wird entdecken, daß sich das, was wir normalerweise als «Person» bezeichnen, aus fünf «Aggregaten» (Pali: *khanda*; Sanskrit: *skandha*) zusammensetzt, die auch Elemente der Persönlichkeit genannt werden können. Unter diesen fünf «Aggregaten» werden Form, Gefühl, Wahrnehmungen, Impulse und Bewußtsein verstanden.

Die Form (*rupa*) meint den stofflichen menschlichen Körper, der sich aus vier Elementen – Erde, Wasser, Luft und Feuer – zusammensetzt sowie die fünf körperlichen Sinnesorgane und ihre Objekte. Das zweite Aggregat (*vedana*) beinhaltet die körperlichen oder mentalen Gefühle, die angenehm, unangenehm oder neutral sein können und aus dem Kontakt der Sinnesorgane (fünf äußere und ein inneres, das sogenannte *manas*) mit ihren korrespondierenden externen Objekten entstehen. Das dritte Aggregat (*samjua*) besteht aus den sechs verschiedenen Arten der Wahrnehmung, die den sechs Sinnesorganen entsprechen. Das vierte (*samskara*) umfaßt alle aktiven Befindlichkeiten, Habgier, Haß und alle Neigungen und Willensäußerungen auf der bewußten und unbewußten Ebene. Dem fünften und letzten Aggregat (*vijnana*) werden die sechs Arten des Bewußtseins zugeordnet, die aus dem Kontakt eines Sinnesorgans mit seinem entsprechenden Objekt resultieren.

Nach dieser buddhistischen Lehre gibt es außer diesen fünf Aggregaten keine weitere Entität, die man mit dem Begriff «Person» bezeichnen könnte. Dieses fünffache Phänomen, das die Bezeichnung «Person» erhält, wird nach dem Gesetz des «abhängigen Entstehens» als ein Prozeß ständigen Werdens und Vergehens begriffen, ohne daß die Existenz einer unvergänglichen und substantiellen Seele angenommen wird.

Das älteste Werk, in dem die Negierung eines wesenhaften Selbst deutlich zum Ausdruck kommt, ist das *Milindapanha* (Die Fragen des König Milinda).

Dieser Pali-Text ist ein Dialog zwischen dem buddhistischen Mönch Nagasena und dem griechischen König Menander (Pali: Milinda), der gegen Ende des zweiten Jahrhunderts vor Christus über das baktrische Königreich regierte. Der Mönch nimmt den Wagen, in dem der König zu ihm gekommen ist, als Beispiel, um zu erklären, daß die Bestandteile des Wagens – die Achse, die Räder, das Fahrgestell, das Gespann – weder als einzelne noch in ihrer Gesamtheit der Wagen sind. «Wagen» ist nicht mehr als ein Wort, ein Name, eine Bezeichnung, ohne daß es eine damit korrespondierende Wirklichkeit gäbe. Ebenso ist das, was wir als «Ego» oder «Person» betrachten, nicht mehr als ein Namensetikett, das wir auf die fünf Aggregate Form (oder Materie), Gefühle, Wahrnehmungen, Impulse und Bewußtsein heften, ohne daß dieser Begriff einer Realität entsprechen würde. Für den, der diesen Unterschied nicht kennt, scheint es eine «Person» zu geben, die diese Aggregate be-

Darauf wandte sich der König Milinda an den ehrwürdigen Nagasena und sprach:

«Wie heißt du, Ehrwürdiger? Welchen Namen trägst du?»

«Ich bin als Nagasena bekannt, o König, und Nagasena reden mich meine Ordensbrüder an. Ob nun aber die Eltern einem den Namen Nagasena geben oder Suraseno oder Viraseno oder Sihaseno, immerhin ist dies nur ein Name, eine Bezeichnung, ein Begriff, eine landläufige Ausdrucksweise, ja weiter nichts als ein bloßes Wort, denn eine Wesenheit ist da genau genommen nicht vorzufinden.»

Der König aber sprach: «Hört mich an, ihr fünfhundert Griechen und zahlreichen Mönche! Dieser Nagasena behauptet, eine Wesenheit gebe es nicht. Wie kann man dem beipflichten?»

Und der König sprach zum ehrwürdigen Nagasena: «Wenn es, ehrwürdiger Nagasena, keine Wesenheit gibt, wer ist es denn, der euch da die Bedarfsgegenstände, wie Gewand, Almosenspeise, Lagerstatt, Heilmittel und Arzneien spendet? Wer ist es, der davon Gebrauch macht? Wer ist es, der die Sittenregeln erfüllt, die Geistespflege übt, Pfad, Ziel und Erlösung verwirklicht? Wer ist es, der tötet, stiehlt, ehebricht, lügt, trinkt und die unmittelbar nach dem Tode zur Hölle führenden Verbrechen begeht? So gäbe es also weder etwas Moralisches noch etwas Immoralisches, noch einen Täter oder Verursacher guter und schlechter Taten, noch eine Frucht oder ein Ergebnis guter und schlechter Taten, und selbst derjenige, der dich töten würde, beginge keinen Mord. Und auch du, Nagasena, hättest weder einen Lehrer noch Ratgeber noch überhaupt die Mönchsweihe. Nun behauptest du aber andererseits, daß deine Ordensbrüder dich mit Nagasena anreden. Wer ist denn da dieser Nagasena? Sind da etwa die Kopfhaare der Nagasena, oder sind es Körperhaare, Zähne, Fleisch, Sehnen, Knochen, Knochenmark, Niere, Herz, Leber, Zwerchfell, Milz, Lunge, Eingeweide, Gekröse, Magen, Kot, Galle, Schleim, Blut, Eiter, Schweiß, Fett, Tränen, Lymphe, Speichel, Rotz, Gelenköl, Urin oder das im Schädel befindliche Gehirn?»

«Nicht doch, o König!»

«Oder sind etwa das Gefühl, oder die Wahrnehmung, oder die geistigen Gebilde, oder das Bewußtsein dieser Nagasena?»

«Nicht doch, o König!»

«Dann sollen wohl vielleicht Körper, Gefühl, Wahrnehmung, geistige Gebilde und Bewußtsein, zusammen genommen, dieser Nagasena sein?»

«Nicht doch, o König!»

«Oder soll dieser Nagasena gar außerhalb von Körper, Gefühl, Wahrnehmung, geistigen Gebilden und Bewußtsein existieren?»

«Nicht doch, o König!»

«Ich mag dich fragen wie ich will, Verehrter: den Nagasena aber kann ich nicht entdecken. Soll etwa das bloße Wort ‹Nagasena› schon der Nagasena selber sein?»

«Nicht doch, o König!»

«Nun, wer ist denn dieser Nagasena? Eine Unwahrheit sprichst du, o Herr, eine Lüge, denn der Nagasena existiert ja gar nicht!»

Und der ehrwürdige Nagasena wandte sich zum Könige und sprach: […] «Nun, wenn du mit dem Wagen gekommen bist, o König, so erkläre mir denn, was ein Wagen ist! Ist wohl vielleicht die Deichsel der Wagen?»

«Nicht doch, o Herr!»

«Oder die Achse?»

«Nicht doch, o Herr!»

«Oder sind die Räder, oder der Wagenkasten, oder der Fahnenstock, oder das Joch, oder die Speichen, oder der Treibstock der Wagen?»

«Nicht doch, o Herr!»

«Dann sollen wohl diese Dinge, alle zusammen genommen, der Wagen sein?»

«Nicht doch, o Herr!»

«Oder soll etwa gar der Wagen außerhalb dieser Dinge existieren?»

«Nicht doch, o Herr!»

«Ich mag dich fragen, wie ich will, o König: den Wagen aber kann ich nicht entdecken. Soll etwa das bloße Wort «Wagen» schon der Wagen selber sein?»

«Nicht doch, o Herr!»

«Nun, was ist denn dieser Wagen? Eine Unwahrheit sprichst du, o König, eine Lüge, denn der Wagen existiert ja gar nicht.» […]

Und der König sprach zum ehrwürdigen Nagasena:

«Ich spreche durchaus keine Lüge, ehrwürdiger Nagasena. Denn in Abhängigkeit von Deichsel, Achsel, Rädern usw. entsteht der Name, die Bezeichnung, der Begriff, die landläufige Ausdrucksweise, das Wort ‹Wagen›.»

«Ganz richtig, o König, hast du erkannt, was ein Wagen ist. Gerade so aber auch, o König, entsteht in Abhängigkeit von Kopfhaaren, Körperhaaren, Zähnen, Nägeln usw. der Name, die Bezeichnung, der Begriff, die landläufige Ausdrucksweise und das Wort ‹Nagasena›. Im höchsten Sinne aber ist da eine Wesenheit nicht vorzufinden.»

Aus: Die Fragen des Milinda

---

sitzt. Wer sich jedoch des Unterschiedes bewußt ist und durch eine Analyse der phänomenalen Realität ihren wahren Charakter erkannt hat, sieht nur die fünf Aggregate, die in einem unablässigen Strom entstehen und vergehen und uns auf diese Weise die Illusion eines unvergänglichen und wesenhaften Egos vermitteln.

Die buddhistische Negation eines substantiellen Selbst steht im Gegensatz zu der brahmanischen Theorie eines Atman oder Selbst, das als unvergängliches Subjekt persönlicher Taten und Erfahrungen begriffen wird. Dieser Sichtweise setzen die Buddhisten den Entwurf ausschließlich vorübergehender, vielfältiger und unpersönlicher Geschehnisse oder Prozesse – Dharmas – entgegen, die sich in einer ununterbrochenen Kette aneinanderreihen. Mit anderen Worten, für sie gibt es zwar physische und mentale Prozesse, Taten und Erfahrungen, aber weder einen Täter noch ein unvergängliches Subjekt, das die Früchte der Taten erntet. Wie Buddhaghosha (5. Jh. n. Chr.), der wahrscheinlich wichtigste Schriftendeuter der kanonischen Texte des Theravada, so treffend formuliert hat:

Kein Täter wird jemals gefunden
Niemand, der jemals die Früchte erntet.
Nur bloße Erscheinungen folgen einander –
Nur diese Erkenntnis ist richtig und wahrhaftig.

Zudem hat die Lehre vom Nicht-Selbst ein pragmatisches Ziel, denn sie richtet sich auf die Verbannung der verbreiteten und gängigen menschlichen Vorstellung vom eigenen «Ich», die Quelle allen Leidens ist, denn das «Ich» erzeugt den Durst nach sinnlicher Erfahrung, das «Ich» strebt nach Fortsetzung des Lebens und ersehnt gleichzeitig dessen Aufhebung.

Die Personalisten

Die buddhistische Überzeugung, daß es kein substantielles Selbst, also auch keine «Person» gibt, hatte weitreichende Folgen. Wenn das, was wir eine Person nennen, nicht mehr ist als nur eine Bündelung materieller und psychischer oder mentaler Dharmas, sind beispielsweise auch bestimmte Tatsachen, die evident sind oder für gültig gehalten werden, mit einer solchen Auffassung nicht zu vereinbaren oder zumindest nicht zu erklären. So ist zum Beispiel die Erinnerung an vergangene Geschehnisse oder Erfahrungen eine ganz unstrittige Tatsache. Wenn es aber keine Person gibt, die Träger dieser erinnerten Erfahrung ist, wie läßt sich dann die Erinnerung an frühere Erfahrungen erklären?

Auf der moralischen und ethischen Ebene hatten die buddhistischen Lehren sogar noch weitreichendere Folgen. Wenn es kein unvergängliches Selbst gibt, wie ist dann der Niederschlag der Taten oder das Gesetz des Karma zu erklären? Dieses Gesetz beinhaltet schließlich, daß die Person, die die Früchte von Taten erntet – sei es in freudevoller oder schmerzhafter Form –, mit der Person identisch ist, die diese Taten zu einem früheren Zeitpunkt ausgeführt hat. Und wenn es keine unvergängliche Seele gibt, wer oder was begibt sich dann auf den Weg von dem einen Leben zum nächsten? Und letztlich – wenn es keine dauerhafte Person gibt, wie sollen wir dann verstehen, daß ein Buddhist Schritt für Schritt den achtteiligen Pfad zurücklegen muß, der ihn letztendlich zum Nirvana führt? Denn das Nirvana erreicht nur, wer den Pfad der Läuterung gegangen ist.

Für diese Probleme mußten die buddhistischen Denker eine Lösung finden, wollten sie die wesentlichen Prinzipien der Lehre des Buddha nicht in Frage stellen. Diese Lösungsversuche waren unterschiedlich:

So gingen die *Pudgalavadins* («sie, die die Existenz einer Person verteidigen») oder die Personalisten, wie man sie auch bezeichnen könnte, die zur Schule der sogenannten *Vatsiputriyas* und *Sammatiyas* gehörten, von der Existenz eines autonomen Dharma aus, den sie *Pudgala* («Person») nannten. Damit besaßen sie eine Grundlage für die Lösung der oben genannten Probleme. Die Konzeption eines Pudgala sollte – so ihr Denkansatz – sowohl das Gesetz vom Niederschlag der Taten wie auch die Lehre von der Seelenwanderung erklären.

In der Theorie der Personalisten geht die Tat eines jeden Menschen, sei sie gut oder schlecht, im Augenblick ihrer Entstehung verloren. Sie hinterläßt jedoch in dem, der sie begangen hat, einen Dharma, der bis zu dem Augenblick weiterbesteht, wo er in einem der möglichen zukünftigen Leben seine Früchte abwirft. Um sich dennoch im Einklang mit der buddhistischen Lehre des Nicht-Selbst zu fühlen, behaupteten die Personalisten, daß die Person weder mit den psychophysischen Elementen der fünf Aggregate identisch sei noch sich von ihnen unterscheide. Denn wenn die Person mit den fünf Aggregaten identisch wäre, müßte sie auch mit ihnen, die nicht dauerhaft sind, zerfallen. Andererseits darf sich die Person von ihnen nicht unterscheiden, da sie sonst ewig und also unbedingt (*asamskrita*) wäre.

Die Personalisten hatten die Vorstellung, daß sich die Person zu den psychophysischen Elementen wie das Feuer zum Brennstoff verhält. Das Feuer ist immer mit dem Brennstoff verbunden, ohne ihn würde es nicht existieren. Dennoch ist es mit ihm nicht identisch, denn dann wäre das, was brennt, gleich dem, was verbrannt wird. Auf der anderen Seite ist das Feuer vom Brennstoff jedoch auch nicht unterschieden, da dieser ohne das Feuer nicht brennt. Um die Korrespondenz zwischen Person und Feuer richtig verstehen zu können, muß man wissen, daß das Feuer in der Vorstellung der Personalisten nicht nur eine Reihe kurzzeitiger Funken ist, sondern eine unabhängige substantielle Entität, die – wenn auch in einer ständigen Verbindung mit dem Brennstoff – existiert.

Mit diesen Vorstellungen versuchten die Personalisten nachzuweisen, daß die Existenz der Person real und absolut ist, vergleichbar mit dem Feuer und keineswegs nur ein Produkt der Phantasie.

Gleichzeitig hofften sie, indem sie der Person zumindest ansatzweise ein unabhängiges Bestehen absprachen, ihre Theorie in Einklang mit der allgemeinen buddhistischen Lehre zu bringen, die ein Selbst negiert. Im Prinzip lautete ihre These, daß die wahre Art dieser Person «unerklärbar» oder «undefinierbar» ist. Anders gesagt: Man kann eine Person nicht mit den Attributen des Vergänglichen oder Unvergänglichen in Verbindung bringen oder sie als singulär oder vielfach bezeichnen, da sie durch keine wie auch immer definierte Eigenschaft zu charakterisieren ist.

Die Sarvastivadins

Die Pudgala-Theorie der Personalisten wurde von allen anderen buddhistischen Schulen kritisiert. In ihren Augen wies die Konstruktion des Pudgala eine unliebsame Ähnlichkeit mit der brahmanischen Theorie vom Atman auf, der in den *Upanishaden* als eine substantielle und dauerhafte Seele dargestellt wird, die bis zu ihrer endgültigen Befreiung in den Kreislauf der Wiedergeburten verstrickt bleibt. Die Argumentation der Gegner lief darauf hinaus, daß die von den Personalisten eingeführte Person als reale Entität zwangsläufig ewig und unbedingt wäre.

In dieser Kontroverse sahen sich die Personalisten vor allem mit den Sarvastivadins konfrontiert, der wichtigsten unter den achtzehn seit alters her unterschiedenen Hinayana-Sekten. Sie betonten, daß nur die einzelnen zeitlich begrenzten Ereignisse, die Dharmas, real wären und daß es keine dauerhafte Substanz gäbe, deren Existenz die Wirkungsweise des Gesetzes vom Niederschlag der Taten und der Seelenwanderung erklären könnte. Sie vertraten die Auffassung, daß die sogenannte Person oder Seele (Atman) überhaupt nicht besteht. Außerdem ergaben die fünf Aggregate, aus denen sich die sogenannte Person zusammensetzt – jedes für sich oder alle zusammen –, aus ihrer Sicht noch keine Person. Wer oder was die Früchte früherer Taten erntet oder in Wirklichkeit von dem einen Leben in das folgende geht, ist nicht die unvergängliche und ewige Seele, sondern eine Aneinanderreihung psychophysischer, zeitlicher Phänomene.

Zur Erklärung der Kombination von Dharmas, die sich in einem einzigen Strom psychophysischer Ereignisse aneinanderreihen, unterschieden von anderen, aber vergleichbaren Strömen, diente den Sarvastivadins ein besonderer Dharma, den sie als «Besitz» (*prapti*) bezeichneten. Dieser spezielle Dharma war in ihren Augen eine Kraft, welche die zeitlichen Dharmas der Erfahrung auf eine mehr oder weniger konsistente und kohärente Weise zusammenhält und ihnen eine scheinbar unvergängliche Einheit gibt.

Andere Hinayana-Schulen

Für die anderen Schulen war die Lösung der Sarvastivadins nur eine Umgehung des eigentlichen Problems. Man warf ihnen vor, daß diese sonderbare Kraft, Prapti, die die Dharmas eines Bewußtseinsstroms zusammenhalten sollte, selbst nichts anderes als eine verkappte Person sei.

Diese Hinayana-Schulen hatten eigene Lösungen entwickelt. Sie verwarfen die Existenz eines substantiellen Selbst, einer Person. Um den Niederschlag der Taten und den Kreislauf der Wiedergeburten erklären zu können, schufen sie die Theorie eines Surrogat-Selbst. So postulierten die Mahishasakas eine Art Grundbewußtsein, das nicht nur als Basis für die tatsächlichen Formen des Bewußtseins diente, sondern das auch während der zyklischen Leben einer Person, zumindest jedoch von ihrer Geburt bis zu ihrem Tod, kontinuierlich weiterbestand. Dieses Basisbewußtsein erhielt später von der Yogachara-Schule des Mahayana die Bezeichnung «Speicherbewußtsein».

Die Sautrantikas versuchten den Niederschlag der Taten und das Prinzip der Wiedergeburten zu erklären, indem sie die Begriffe «Samen» (*bija*) und «Substrat» (*ashraya*) einführten. Unter «Samen» faßten sie diverse Neigungen und Veranlagungen auf, die eine Folge früherer Taten und Erfahrungen

Bodhisattva Kshitigarbha. Der Mahayana-Buddhismus, in dem dieses erleuchtete Wesen eine zentrale Rolle spielt, hat vor allem außerhalb Indiens, in Tibet, China und Japan, Verbreitung gefunden.

sind. Diese Samen bleiben bis zu ihrer Reife in dem Substrat zurück, das nichts anderes ist als der psychophysische Organismus, um dann ihre Früchte abzuwerfen. Und für die Samkrantikas waren es die Aggregate, die sich auf die Seelenwanderung begaben.

Die Mahayana-Schulen

Die Hinayana-Buddhisten betrachteten die Urelemente des Lebens als reale Entitäten, auch wenn diese Teil eines konstanten Prozesses abhängigen Entstehens und Vergehens waren. Von der Mahasanghika-Schule des Hinayana war der Anstoß für die Theorien ausgegangen, die später vom Mahayana entwickelt wurden. Aufgrund der *Prajnaparamita*-Texte, der kanonischen Schriften des Mahayana, erklärten die Mahayana-Anhänger, daß alles bar jedes Selbst (*shunya*) ist. Während es für den Hinayana kein Selbst im Sinne einer Person gab (*pudgala-shunyata*), ging das Mahayana weiter und vertrat die Auffassung, daß alle Dharmas ohne ein Selbst seien (*dharma-shunyata*).

Während sich alle Mahayana-Buddhisten darin einig waren, daß nicht nur die Person, sondern auch alle Dharmas frei von einem «Selbst» oder einer «eigenen Art» (*svabhava*) sind, unterschieden sie sich in den Methoden, mit denen sie diese Überzeugung zu untermauern versuchten. Von den beiden Mahayana-Strömungen verfolgte die Madhyamika-Schule den Weg der Vernunft und der rationalen Argumentation; für die Yogachara-Schule lag der Schwerpunkt auf der Meditation. Trotz ihrer unterschiedlichen Methoden einte die beiden Schulen dasselbe Ziel. Sie wollten beweisen, daß weder die Objekte der Außenwelt noch die Elemente des Lebens, als die Bausteine dieser Phänomene, eine eigene Art besitzen.

Nagarjuna und die Madhyamikas

Die Schule der von Nagarjuna gegründeten Madhyamikas gilt für die meisten der modernen buddhistischen Gelehrten als die bedeutendste Strömung des Mahayana-Buddhismus. Auch wenn wir Einzelheiten aus dem Leben Nagarjunas hauptsächlich aus Legenden kennen, wissen wir, daß er eines der größten Genies war, die die Welt hervorgebracht hat. Er genoß eine solche Autorität, daß ihm diverse Werke zu Unrecht zugeschrieben wurden.

Die wichtigste Schrift seiner Schule ist *Mulamadhyamakakarika*, ein Werk, das aus 448 Versen besteht und in 27 Kapitel gegliedert ist, die sich jeweils mit einem bestimmten buddhistischen Thema beschäftigen. Selbst die absolut fundamentalen Auffassungen und Lehren des Buddhismus, wie das Nirvana oder die vier heiligen Wahrheiten, werden in diesen Versen einer kritischen Analyse unterworfen. Der wichtigste Kommentar zu diesem Text und gleichzeitig unsere ergiebigste Informationsquelle über die Philosophie Nagarjunas ist die *Prasannapada* («In deutlichen Worten»), die im siebten Jahrhundert nach Christus von Chandrakirti verfaßt wurde.

Die Methode Nagarjunas und seiner Anhänger wird als «dialektisch» bezeichnet: Messerscharf analysierte er den philosophischen Standpunkt seines jeweiligen Gegners, um ihm die inneren Widersprüche seiner Argumentation vor Augen zu führen und somit auch die Unhaltbarkeit der betreffenden Behauptungen nachzuweisen. Ein besonderes Kennzeichen dieses dialektischen Verfahrens liegt in seinem rein negativen Charakter. Auf diese Weise brauchte der Madhyamika-Philosoph keine eigene Systematik zu entwerfen, die von seinen Gegnern einer nicht minder kritischen Prüfung unterzogen worden wäre.

In seiner Analyse verwendet Nagarjuna die sogenannte «viereckige» (*chatushkoti*) Logik, die im Westen auch als Tetralemma-Logik bekannt ist. Diese Methode geht im Prinzip auf Buddha selbst zurück. Entsprechend dieser Logik kann jedes Urteil aus vier Blickwinkeln betrachtet werden: 1. Die Behauptung ist wahr. 2. Sie ist nicht wahr. 3. Sie ist sowohl wahr als auch nicht wahr. 4. Sie ist weder wahr noch nicht wahr. In der Analyse der Madhyamikas wird aus jedem der vier Blickwinkel der Beweis geführt, daß die Aussagen einander zwingend widersprechen und folglich verworfen werden müssen. Es braucht uns bei dieser Methode nicht zu wundern, daß der Madhyamika-Denker – im Gegensatz zu seinen westlichen Kollegen – dem Prinzip des Widerspruchs keinen großen Wert beimißt. Wenn dies im Bereich des Bedingten und Phänomenalen auch seine Gültigkeit haben mag, so verliert sie doch jegliche Relevanz im Bereich des Unbedingten und Absoluten, zu dem auch die Leere gehört, die jede Analyse der Madhyamikas letzten Endes nachweisen will.

Mit Hilfe seiner dialektischen Methode vertrat Nagarjuna die These, daß die gesamte phänomenale Welt irreal ist – also nicht nur die Person (Pudgala), sondern alle Elemente des Bestehens (die Dharmas). Im Denken des Madhyamika hat nur das Absolute – das mehrere Namen hat, wie *tathata* (Beschaffenheit) oder *shunyata* (Leere) – ein «eigenes Wesen» (*svabhava*), und nur das Absolute ist real. Alle anderen Dinge sind bar eines eigenen Wesens und also irreal.

Tara ist wahrscheinlich die erste buddhistische Göttin, die nicht auch in anderen Religionen eine Rolle spielte. Die Verehrung Taras geht auf früheste Zeiten zurück.

Eine späte Darstellung von Nagarjuna.

Die Schilderungen über das Leben des Nagarjuna, der zweifellos zu den größten Denkern zählt, die auf indischem Boden geboren wurden, tragen so legendenhafte Züge und sind so stark mit mythischen Elementen durchsetzt, daß es schwierig ist, zwischen Authentischem und Märchenhaftem zu unterscheiden. Nach der Überlieferung stammt Nagarjuna aus einer Brahmanenfamilie aus dem mittelindischen Vaidarbha. Den größten Teil seines Lebens scheint er jedoch in Südindien verbracht zu haben, wo er nicht nur unter königlichem Schutz stand, sondern selbst die Freundschaft eines Königs genoß. Seine beiden kleineren Werke – *Suhrillekha* (Brief an einen Freund) und *Ratnavali* (Der Kranz kostbarer Juwelen) – enthalten zwei Briefe an einen König, der zu den letzten Herrschern der Satavahana-Dynastie gehört haben muß. Da seine Regentschaft jedoch nicht genau datiert werden kann, hilft uns selbst diese königliche Beziehung nicht, herauszufinden, wann Nagarjuna lebte. Bei den unterschiedlichen Daten, die genannt werden, ist es wohl am wahrscheinlichsten, daß er um 200 nach Christus gelebt hat. Die letzten Tage seines Lebens soll er in einem Kloster verbracht haben, das sein königlicher Beschützer für ihn auf dem Berg Shriparvata hatte bauen lassen. So wenig Gewißheit wir über seine Lebensdaten haben, so wenig wissen wir auch über sein Werk. Zum ersten hat es mehr buddhistische Schreiber mit dem Namen Nagarjuna gegeben, so daß viele Werke, die unter diesem Namen erhalten geblieben sind, vielleicht von verschiedenen Autoren stammen. Zum zweiten ist es nicht unwahrscheinlich, daß die Werke anderer, weniger bekannter Verfasser mit Absicht dem berühmten Nagarjuna zugeschrieben wurden, um ihnen auf diese Weise mehr Gewicht zu geben. Aus der großen Fülle der Schriften, die unter dem Namen Nagarjunas überliefert sind, gibt es vier, deren Authentizität unter Gelehrten unbestritten ist. An erster Stelle ist die schon erwähnte und in Versform geschriebene *Mulamadhyamakakarika* zu nennen, die allgemein als der grundlegende Text der Madhyamika-Schule gilt. Dieses Werk wird gleichzeitig als das Hauptwerk Nagarjunas betrachtet. Das zweite ist die *Vigrahavyavartani* (Das Abwehren einer philosophischen Debatte), ein kurzer Text, der nicht nur beschreibt, wie Nagarjuna seine dialektische Methode praktizierte, sondern der sich auch zum Prinzip der Leere (shunyata) äußert. Zudem werden die bereits genannten Bücher *Suhrillekha* und *Ratnavali* als authentisch angesehen.

1. Nicht von selbst, nicht von anderen, nicht aus beiden, nicht grundlos.
Entstanden sind irgendwelche Dinge irgendwo (und) irgendwann.

2. Der Dinge Eigensinn befindet sich nicht in den Bedingungen usw.;
Wenn Eigensein sich nicht vorfindet, (so) ist nicht Anderssein.

3. Bedingungen sind vier: Grund, Abhängigkeit, Reihenfolge, Beherrschende auch so: eine fünfte Bedingung existiert nicht.

4. Das Tun ist nicht mit Bedingungen behaftet, nicht mit Bedingungen behaftetes Tun existiert nicht.
Nicht mit Tun behaftete Bedingungen existieren nicht, – existieren sie denn mit Tun behaftet?

5. Weil von diesen abhängig (etwas) entsteht, deshalb heißen diese Bedingungen.
Wie lange sie nicht erzeugen, warum sind sie solange nicht Nichtbedingungen?

6. Bei einem seienden oder auch nicht seienden Dinge eigne sich nicht die Bedingung.
Wenn (das Ding) nicht ist, wessen Bedingung wäre sie? Wenn es ist, wozu braucht man eine Bedingung?

7. Wenn nicht ein seiender dharma, nicht ein nichtseiender, nicht ein seiend-und-nicht-seiender herbeigeführt wird,
Wie (existiert) ein herbeiführender Grund? Wenn es so ist, ist er nicht angebracht.

8. Dieser existierende dharma wird eben als ohne Abhängigkeit bezeichnet.
Wenn so dieser dharma ohne Abhängigkeit ist, wo wäre die Abhängigkeit existierend?

9. Wenn die dharmas nicht entstanden sind, trifft Vergehen nicht zu. Deshalb ist die unmittelbare Folge nicht richtig; (und) was ist bei einem Vergangenen Bedingung?

10. Weil bei Dingen ohne Eigensinn eine Existenz nicht vorhanden ist.
Trifft «Wenn dieses existiert, entlastet jenes» eben nicht zu.

11. In den getrennten und vereinigten Bedingungen ist nicht jene Frucht.
Was aber in den Bedingungen nicht ist, wie entsteht das aus Bedingung?

12. Würde sie aber, auch ohne zu sein, aus jenen Bedingungen entstehen.
Weshalb auch entsteht nicht aus Nichtbedingung die Frucht?

13. Während die Frucht aus den Bedingungen entstanden ist, sind die Bedingungen nicht von selbst entstanden.
Die Frucht, die aus nicht von-selbst Entstandenem ist, wie ist die aus Bedingung entstanden?

14. Deshalb aus Bedingung nicht entstandene, aus Nichtbedingung entstandene Frucht.
Existiert nicht. Wenn Frucht nicht ist, wo sind Bedingungen und Nichtbedingungen?

Aus: Nagarjuna, *Die mittlere Lehre*

Das Prinzip der Leere

Die Negation einer Wirklichkeit physikalischer Objekte, wie sie von den Madhyamikas vertreten wurde, fand ihren Ausdruck in dem technischen Sanskrit-Begriff *shunyata*, der – mangels eines zutreffenderen Wortes – mit «Leere» übersetzt wird. Die Verwendung des Begriffs «Leere» löste bei den Gegnern zahlreiche Mißverständnisse und unberechtigte Kritik aus. Nicht nur die klassischen Hindus, sondern auch westliche Gelehrte betrachteten die Madhyamikas aufgrund ihrer Auffassung von der Leere als Nihilisten. Die Madhyamikas wollten mit diesem Begriff jedoch die den realistischen Buddhisten zuwiderlaufende Auffassung ausdrücken, daß nicht nur die Objekte der sichtbaren Welt, sondern auch die ihnen zugrundeliegenden Dharmas kein «eigenes Wesen» besitzen. Dennoch läßt sich nicht ohne weiteres von ihnen behaupten, daß sie irreal sind, da wir ihnen in unserem täglichen Leben ein Wesen zuschreiben und uns verhalten, als wären wir von realen Dingen umgeben. In Wirklichkeit sind diese Dinge jedoch «leer», das heißt nicht substantiell. Dies bedeutet im Prinzip nichts anderes, als ihnen das Merkmal des *anatman* oder Nicht-Selbst zuzuschreiben, das nach der Lehre Buddhas neben *duhkha* (Leiden) und *anityata* (Vergänglichkeit) zu den drei Merkmalen der gesamten sichtbaren Realität gehört.

Aus dieser Sichtweise entwickelte sich eine Theorie von den zwei Wirklichkeiten und Wahrheiten. Zum ersten gibt es die Realität auf der Ebene des normalen Lebens – eine konventionelle Wirklichkeit (*samvriti-sat*), die nur eine scheinbare Realität (*samvriti-satya*) ist. Zum zweiten gibt es die absolute Realität (*paramartha-sat*), die wirklich ist. Dieser Wirklichkeit entspricht die absolute Wahrheit (*paramartha-satya*). Sie ist die höchste Wahrheit, im Gegensatz zu der relativen und konventionellen Wahrheit, die nicht nur begrenzt ist, sondern sich auch nur bei dem manifestiert, der noch Leidenschaften empfindet und «falsche Gedanken» zur Art der empirischen Welt hat. Tatsächlich und im eigentlichen Sinn ist es gar keine Wahrheit, sondern eher Unwissenheit. All unsere verbalen Entwürfe und Ausdrücke, die nach der Lehre der Madhyamikas «Konstruktionen» oder reine Phantasiegebilde (*vikalpa*) sind, stehen in einem Zusammenhang mit der konventionellen Wirklichkeit. Die absolute Wirklichkeit und die absolute Wahrheit vermögen sie nicht auszudrücken.

Der Yogachara: Asanga und Vasubandhu

Die zweite Richtung des Mahayana-Buddhismus ist die Schule der Yogacharins. Sie verdankt ihren Namen der Tatsache, daß sie in Kreisen entstanden ist, in denen die Ausübung des Yoga eine wichtige Rolle spielte. Es wird oft behauptet, daß der Unterschied zwischen der Madhyamika- und der Yogachara-Schule weniger in der Lehre als in der Methode liegt. Tatsächlich streben beide Schulen danach, die Unwirklichkeit der objekthaften Welt nachzuweisen. Während die Madhyamikas dies jedoch auf dem Weg einer unablässig logischen Analyse versuchen, berufen sich die Vertreter des Yogachara-Systems auf den Yoga, um zu derselben Einsicht zu gelangen.

Der Ursprung der Yogachara-Schule kann in den Werken von Maitreyanatha (ca. 300 n. Chr.) und seines Schülers Asanga gefunden werden. Nachdem diese beiden der Yogachara-Schule ihr Fundament gegeben hatten, erreichte sie unter Vasubandhu, dem jüngeren Bruder Asangas, ihren Höhepunkt.

Das Hauptwerk der Yogacharins ist die Schrift *Yogacharabhumishastra* (Zur Abfolge der Yoga-Übungen). Nach der Überlieferung muß dieses umfangreiche Werk den beiden Gründern der Schule – Maitreyanatha und Asanga – zugeschrieben werden, wahrscheinlicher ist allerdings, daß es letztlich das Produkt der Arbeit von Generationen ist. Da sich diese Abhandlung im wesentlichen mit den Methoden der Meditation und nicht mit philosophischen Betrachtungen befaßt, kann sie hier außer acht bleiben. Aus philosophischer Sicht stammen die wichtigsten Werke dieser Schule von Vasubandhu, und hier sind es vor allem zwei kleinere Schriften, die *Vimshatika* (Die zwanzig Verse) und die *Trimshatika* (Die dreißig Verse), die beide den Namen *Vijnaptimatratasiddhi* (Die Feststellung, daß es nichts außer dem Wissen gibt) tragen.

Philosophisch betrachtet sind die beiden wichtigsten Lehren des Yogachara die «Nur-Bewußtseins-Lehre» und die Lehre vom sogenannten «Speicherbewußtsein».

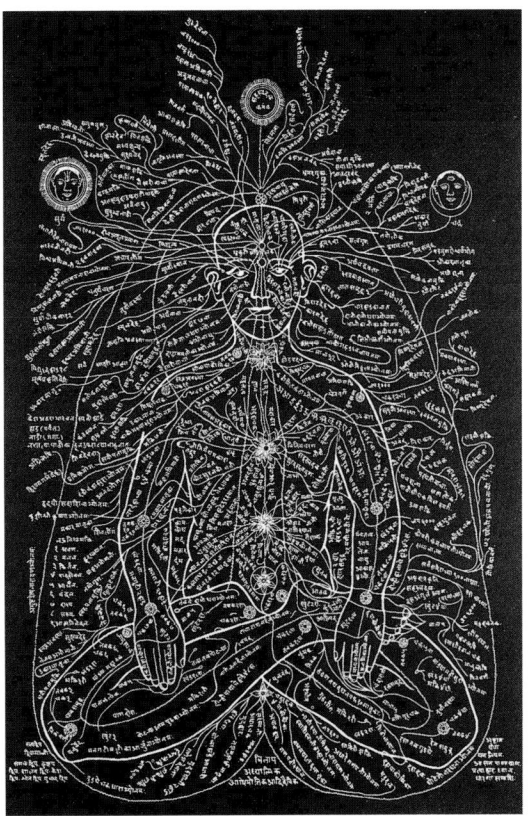

Die Identifikation und Vereinigung des Körpers mit dem Makrokosmos, der äußerlichen Wirklichkeit, gilt als höchstes Ziel der Yoga-Lehre. In dieser Einswerdung spürt der Yogi das vollkommene Aufgehen des eigenen Körpers im Universum.

Die Nur-Bewußtseins-Lehre

Nach Auffassung der Yogacharins existiert nichts anderes als das Bewußtsein (*vijnaptimatra*) bzw. nichts außer dem Gedanken (*chittamatra*). Die äußere Welt, die wir im normalen Leben als real und objektiv erfahren, ist im Grunde irreal und nur ein Produkt unseres Bewußtseins. Im Einleitungsvers formuliert Vasubandhu diesen Gedanken so: «Dieses Ganze, das Universum der Objekte, ist nichts als Bewußtsein; denn das Nicht-Existente erscheint nur als Objekt, ebenso wie jemand, der an Schwachsichtigkeit leidet, nicht bestehende Dinge sieht, wie Haare um den Mond herum.»

Derselben Idee begegnen wir in einer anderen wichtigen Schrift der Yogachara-Schule, dem *Lankavatarasutra*. Hier heißt es sinngemäß: Der Bereich der Dinge, die wir wahrnehmen, scheint, obwohl er zu unserem Geist gehört, außerhalb unseres Geistes zu bestehen. Es gibt nichts Äußeres, welches das Objekt unserer Wahrnehmung ist. Deshalb existiert auch kein äußeres Objekt.

Die Unwirklichkeit der äußeren Objekte wird mit der Illusion einer Wasserstelle in einer Fata Morgana verglichen, die jemand, ausgedörrt von der Hitze und nach Wasser schmachtend, vor sich auftauchen sieht. Wenn er sich jedoch dem nähert, was er für Wasser hielt, wird ihm bewußt, daß es in Wirklichkeit kein Wasser ist. Die Unwirklichkeit der äußeren Objekte wurde auch mit der Unwirklichkeit von Personen und Gegenständen verglichen, die man im Traum sieht und die sich beim Erwachen nicht als real, sondern nur als Produkte der Phantasie erweisen.

Asanga (ca. 315–390) und sein jüngerer Bruder Vasubandhu (ca. 320–380) sind die bekanntesten Lehrer und Vertreter der Yogachara-Schule des Mahayana-Buddhismus. Sie wurden als Söhne einer einflußreichen Brahmanenfamilie in Purushapura (dem heutigen Peshavar) geboren. Beide Brüder waren zunächst Anhänger des Hinayana-Buddhismus. Während sich Asanga später der Mahayana-Schule zuwandte, schlug Vasubandhu die Laufbahn eines äußerst produktiven Schreibers ein, der der Überlieferung nach fünfhundert Werke über den Hinayana-Buddhismus verfaßt haben soll. Unter dem Einfluß seines Bruders bekehrte jedoch auch er sich zur Mahayana-Lehre. Da er über dieses System ebenfalls fünfhundert Bücher geschrieben haben soll, wird er auch der «Meister der tausend didaktischen Handbücher» genannt.

Die bedeutendste Schrift des umfangreichen Werkes von Asanga ist der *Abhidharmasamuchchaya* (Die Übersicht über die Dogmatik), die eine Beschreibung der fundamentalen Dogmatik der Yogachara-Schule beinhaltet. Zu seinem Werk gehört auch eine Schrift, deren ursprüngliche Sanskrit-Fassung zwar verlorenging, die jedoch in einer chinesischen Version erhalten geblieben ist. Dieses Werk wird meistens als die *Aryadashabhumivyakhyana* bezeichnet. Es beinhaltet eine systematische Übersicht des *Yogacharabhumishastra* (der Erläuterung der aufeinanderfolgenden Yogaübungen) und hat den Charakter eines Handbuchs, in dem die verschiedenen Stadien der Yoga-Praxis dargestellt werden. Obwohl dieses Werk häufig Maitreyanatha und seinem Schüler Asanga zugeschrieben wird, ist es wahrscheinlich eine Koproduktion vieler Autoren aus der Yogachara-Schule.

Die Schriften von Vasubandhu enthalten eine Anzahl von Kommentaren zu den Werken von Maitreyanatha und Asanga sowie zu einigen der wichtigsten Mahayana-Sutras.

Auch zwei kleinere Werke, die *Vimshatika* und *Trimshatika*, die eine Zusammenfassung der Dogmatik des Yogachara-Systems beinhalten, sollen aus seiner Feder stammen.

Die Entstehung des Universums nach einem tibetanischen Mandala.

Nach der Lehre der Madhyamikas ist nicht nur die äußere Welt, sondern die gesamte Welt der Erscheinungen einschließlich der Gedanken irreal. Die Yogacharins hingegen begreifen nur die äußere Welt als unwirklich, während für sie die Gedanken wirklich sind. Ebenso wie wir von äußeren Dingen träumen, die nicht wirklich da sind, scheinen wir äußere Objekte wahrzunehmen, auch wenn diese in Wirklichkeit nicht bestehen. Aber obwohl die geträumten Objekte irreal sind, ist das Traumwissen selbst, das scheinbar bestehende äußere Objekte produziert, durchaus real, wenn auch vielleicht nur in einer relativen Bedeutung. Die Realität der gedachten Vorgänge oder des mentalen Geschehens ist relativ im Vergleich zu einer wahren Realität, die unabhängig von jeder menschlichen Erkenntnis besteht. Diese absolute Realität, dieser absolute oder Nur-Geist wird dem Nirvana gleichgesetzt. Der absolute Geist oder das Nur-Bewußtsein kennt keine Objekte, aber er kann sich seine Objekte schaffen.

Wenn es nur das Bewußtsein oder den Gedanken gibt, wie kann es dann, zumindest für uns, die wir unwissend sind, eine Wahrnehmung der Außenwelt geben? Die Yogacharins beantworten diese Frage mit ihrer Theorie vom Speicherbewußtsein.

Die Lehre vom Speicherbewußtsein

Bei der Behandlung der buddhistischen Theorie vom Nicht-Selbst wurde bereits gesagt, daß die Pudgalavadins, die Sarvastivadins und die Sautrantikas in ihre Systeme ein Surrogat-Ich oder eine Person einführten. Dies hatte vor allem die Funktion, das Gesetz des Karma und die Seelenwanderung zu erklären, die beide, ohne ein unvergängliches Selbst, wenig plausibel erschienen. Darüber hinaus wurde in diesem Kontext gesagt, daß die Mahishasaka-Schule des Hinayana – zu der Asanga vor seiner Bekehrung zur Mahayana-Lehre gehörte – von einer Art der Erkenntnis ausging, die als Grundlage jeglicher bewußter Erkenntnis während des gesamten Kreislaufs der Wiedergeburten oder zumindest von der Geburt bis zum Tod besteht bleibt. In dem Yogachara-System von Asanga wurde diese Erkenntnis als das Speicherbewußtsein (*alayavijnana*) bezeichnet. Zudem nahm Asanga an, daß jeder Denk- oder Bewußtseinsprozeß einen Eindruck in diesem Speicherbewußtsein hinterläßt – so wie der Duft eines Parfums an einem Stück Stoff haftet.

Die Eindrücke oder «Samen», die so in dem Speicherbewußtsein zurückbleiben, können später aus eigener Kraft und ohne kausalen Einfluß eines äußeren Objekts entsprechende Eindrücke hervorrufen. Unsere Wahrnehmungen äußerer Objekte sind folglich Konstruktionen, die durch diese latenten Kräfte (*vasana*) entstehen.

DIE BUDDHISTISCHE PHILOSOPHIE 85

Bodhisattva Avalokiteshvara verzichtet auf seine Erleuchtung, um der Menschheit zu helfen. Avalokitesvara wurde nicht nur im Mahayana-, sondern auch im Theravada-Buddhismus sehr verehrt.

Wir sehen Dinge der Außenwelt wie Bäume, Pflanzen, Tiere und Menschen so, als bestünden sie unabhängig von unserem Bewußtsein, dabei sind sie nur äußere Projektionen der Modifikationen unseres Bewußtseins. Sie existieren nur in Abhängigkeit von unserem Bewußtsein, das sie erzeugt; ihre Realität wird von den Yogacharins als «imaginär» oder «mental konstruiert» (*parikalpita*) bezeichnet, als «wechselseitig abhängig» (*paratantra*). Nur die «vollkommene» oder absolute (*parinishpanna*) Realität, der Absolute Geist, ist letztlich real.

Das «Speicherbewußtsein» bestand nach Auffassung der Yogacharins neben den sechs Arten des Bewußtseins als Produkt der fünf Sinnesorgane und der Wahrnehmung des Geistes (*manas*). Es wurde als eine Art Archiv latenter Eindrücke von früheren Taten und kognitiven Prozessen begriffen. Innerhalb der Yogachara-Schule wurde allgemein angenommen, daß jeder Mensch – und im Prinzip jedes lebende Wesen – sein eigenes Speicherbewußtsein besitzt, durch das die Kontinuität der Persönlichkeit gewährleistet ist. Die Yogacharins glaubten so eine Lösung für das Problem gefunden zu haben, das die buddhistische Lehre dadurch aufgeworfen hatte, daß sie die Existenz eines unvergänglichen Selbst negierte.

Die scheinbare Existenz der Außenwelt ist eine Folge der Dynamik des Speicherbewußtseins. Diese scheinbare Welt, die aus materiellen Dingen und lebenden Wesen besteht, sprießt aus den Samen, die das Speicherbewußtsein aller Wesen gemeinsam hat. Deshalb hat die Welt für alle Wesen dieselbe Erscheinungsform. Alle Wesen, die noch transmigrieren, besitzen diesen gemeinsamen Samen. Sie haben eine bestimmte Anzahl gleicher Erfahrungen gemacht und bewahren in ihrem jeweiligen Speicherbewußtsein eine Anzahl gleicher Samen, die in jedem lebenden Wesen in fast identischer Form sprießen. Der eigene Körper ist zum Teil aus diesem gemeinsamen Samen, zum Teil aus dem persönlichen Samen hervorgegangen, die jedem Speicherbewußtsein und somit jedem lebenden Wesen eigen sind.

Im fünften Jahrhundert entstand unter der Leitung von Dignaga (ca. 480–540) eine buddhistische Schule, die durch ein besonderes Interesse für die Logik und die Erkenntnislehre geprägt war. Als bedeutendster Vertreter dieses Systems gilt Dharmakirti. Er verteidigte Dignaga gegen die Angriffe rivalisierender Hindu-Schulen, vor allem gegen die scharfe Kritik der Nyaya-Vaisheshika-Schule.

Aus chinesischen und tibetischen Quellen wissen wir etwas über das Leben und Werk Dharmakirtis, wobei diese Berichte nicht in jeder Hinsicht zuverlässig sind. Er soll aus einer Brahmanenfamilie in Südindien stammen. Sein Interesse für den Buddhismus führte ihn zur buddhistischen Gemeinschaft, der er zunächst als Laie angehörte. Da er sich umfassender in die Lehre vertiefen wollte, begab er sich in ein Kloster im nordindischen Nalanda – damals ein berühmtes Zentrum der buddhistischen Lehre – und wurde der Schüler von Dharmapala, der seinerseits ein Schüler Vasubandhus war. Später soll er bei Ishvarasena, einem Schüler von Dignaga, in die Lehre gegangen sein. Dharmakirti verstand die Theorie Dignagas jedoch besser als sein Meister, was auch Ishvarasena selbst erkannt und anerkannt haben soll. Seinen Lehrjahren folgte eine Phase produktiver literarischer Betätigung, in der er verschiedene bedeutende Werke über die buddhistische Logik und Erkenntnislehre schrieb. Er soll in einem Kloster in Kalinga im Kreis seiner Schüler gestorben sein.

Gelehrte sind sich darin einig, daß Dharmakirti sieben Bücher verfaßt hat. Der bündige Stil, der sein gesamtes Werk charakterisiert, erschwert den Zugang zu seinen Schriften. Sein Hauptwerk, das *Pramanavarttika*, ein ausführlicher Kommentar von ungefähr zweitausend Versen zu Dignagas *Pramanasamuchchaya*, besteht aus vier Kapiteln, deren erstes und wahrscheinlich wichtigstes von der Deduktion handelt. Er hat zu diesem Kapitel selbst einen Kommentar in Prosaform verfaßt. Die Bedeutung dieses Werkes läßt sich auch daraus ableiten, daß es von einer Vielzahl buddhistischer Schreiber kommentiert wurde. Das zweite Werk, der *Pramanavinishchaya*, in dem Verse und Prosa einander abwechseln, ist eine verkürzte Version des *Pramanavarttika*. Seine anderen, kleineren Werke sind der *Hetubindu*, der *Vadanyaya*, der *Nyayabindu*, die *Sambandhapariksha* und die *Santanantarasiddhi*.

Die buddhistische Logik: Dignaga

Die buddhistischen Systeme der Logik und Erkenntnistheorie, die in Dignaga ihren Begründer und in Dharmakirti ihren bedeutendsten Vertreter hatten, entwickelten sich innerhalb der Yogachara-Schule aus einer Kombination der Lehren der Yogacharins und der Sautrantikas. Sie zählen zu den bedeutendsten Errungenschaften des indischen Denkens. Obwohl die Yogachara-Schule um 1200 – gleichzeitig mit der faktischen Verdrängung des Buddhismus durch den Islam – in Indien ihren Niedergang erfuhr, wurde diese Lehre vom ostindischen Ujjain aus durch Meister wie Paramartha (500–569) und den chinesischen buddhistischen Pilger Xuanzang (602–664) nach China gebracht.

Die hinduistische Philosophie

Der tanzende Shiva Nataraja, inmitten eines Flammenkreises, symbolisiert die dauernde Zerstörung und Wiedererschaffung des Kosmos.

Deutlicher als die jainistische oder buddhistische Philosophie entwickelte sich die Philosophie des Hinduismus in Anlehnung an die vedische Tradition.

Von alters her unterscheidet man zwischen sechs klassischen hinduistischen Denksystemen: das Samkhya-, das Yoga-, das Nyaya-, das Vaisheshika-, das Mimamsa- und das Vedanta-System. Trotz ihrer unterschiedlichen Doktrinen, die zur Spaltung führten, gründen alle diese Systeme auf der absoluten und unfehlbaren Autorität des *Veda*. Dennoch bestand diese starke Bindung bei den vier erstgenannten Richtungen nur mehr oder weniger formal, denn für ein orthodoxes Hindusystem waren die vedischen Schriften eine notwendige Voraussetzung. Diese vier Schulen können als rationale philosophische Systeme angesehen werden, in denen die Bücher oder die «Offenbarungen» der Vernunft untergeordnet sind. Demgegenüber würde man das Mimamsa- und Vedanta-System im Westen als theologisch bezeichnen. Da diese Schulen nicht allein auf dem *Veda* basieren, sondern die Offenbarungen über die Vernunft setzen, kann man sie im Grunde als Schulen vedischer Exegese betrachten.

Die Ausgangstexte bilden bei allen sechs Richtungen die sogenannten *Sutras* (wörtlich: Fäden/Drähte), die in jedem System eine eigene Ausprägung besitzen. Die einzige Ausnahme bildet die Samkhya-Schule, deren Basistext die 72 Erinnerungsverse (*Karika*) des Samkhya-Systems sind, die als *Samkhyakarikas* bezeichnet werden und ihren Ursprung etwa im fünften nachchristlichen Jahrhundert haben. Da die originalen *Samkhya-Sutras* verlorengegangen sind, gehen wir jetzt von einer Textsammlung relativ jungen Datums aus, die wahrscheinlich aus dem vierzehnten Jahrhundert nach Christus stammt. Unter den Gelehrten herrscht keine einheilige Meinung über das Entstehungsdatum der Sutras, auf die sich die anderen Systeme stützen, grob geschätzt läßt sich jedoch sagen, daß es zwischen dem zweiten vor- und dem zweiten nachchristlichen Jahrhundert liegen muß. Zu diesen Basistexten entstanden zahlreiche Kommentare und Subkommentare (d.h. Kommentare zu Kommentaren). Darüber hinaus gibt es eine sehr begrenzte Anzahl unabhängiger monographischer Werke. Auch wenn viele der Schriften aus der frühesten Zeit leider verlorengegangen sind, ist die noch erhaltene Literatur reich genug, um uns ein deutliches Bild von diesen Systemen vermitteln zu können.

Das Samkhya-System

Die Samkhya-Schule, die wohl älteste unter den klassischen hinduistischen Schulen, betrachtet den Weisen Kapila als ihren Begründer. Aller Wahrscheinlichkeit nach handelt es sich dabei jedoch um eine mythische Gestalt. Die Samkhya-Philosophie ist

ihrem Charakter nach realistisch und dualistisch – realistisch, weil sie davon ausgeht, daß die sichtbare und erfahrbare Wirklichkeit real ist, dualistisch, weil sie letztlich nur zwei Arten der Wirklichkeit anerkennt, die beide ewig sind und keinen Anfang haben: die der Prakriti, der Urmaterie, und die der Seelen, die als Purusha bezeichnet wird. Durch das Zusammengehen dieser beiden Prinzipien können alle weltlichen Phänomene – stoffliche wie psychische – entstehen und zugeordnet werden.

Dabei haben Prakriti und Purusha so deutlich gegensätzliche Merkmale, daß die Vorstellung ihres Zusammenwirkens im Grunde unmöglich erscheint. So steht der Urmaterie als alleinigem materiellen Prinzip die unbegrenzte Anzahl der Seelen gegenüber. Sie besitzt kein Bewußtsein ihrer selbst, während Bewußtsein (*chetanatva, chaitanya*) gerade das wesenhafte Prinzip der Seelen ist. Ferner ist die Urmaterie aktiv, die Seelen hingegen sind absolut inaktiv. Alle Tätigkeiten, einschließlich der Gedanken und der unbewußten Vorgänge, werden dem Bereich der Urmaterie zugeordnet, wobei die Seelen nur die Rolle von Statisten einnehmen. Allerdings besitzen die beiden Realitäten das eine gemeinsame Merkmal, daß sie allgegenwärtig und diffus sind. Ein menschliches Wesen und auch jedes andere lebende Wesen kann als eine Seele betrachtet werden, die mit einem durch das Karma bestimmten Körper vereint ist, der mit seinen Sinnesorganen aus den Produkten der Urmaterie gebildet wurde.

Diese Urmaterie besteht aus drei elementaren Entwicklungskräften, die als «Linien» (*guna*) bezeichnet werden: *Sattva*, *Rajas* und *Tamas*. Sattva steht für alles, was rein, klar und fein ist. Durch dieses Sattva strömt das Bewußtsein von den Seelen in den Bereich der Materie. Rajas ist die Quelle jeglicher Tätigkeit und Beweglichkeit, während Tamas alles Hemmende und Massive darstellt. Zudem werden Sattva, Rajas und Tamas mit den Erfahrungen von Genuß, Schmerz und Gleichgültigkeit in Verbindung gebracht. Trotz ihrer gegensätzlichen Eigenschaften zeichnen diese drei elementaren Wirkkräfte für das Entstehen und Fortbestehen der Welt verantwortlich und bewirken ihre Auflösung am Ende eines kosmischen Zeitraums.

Die Samkhya-Kosmologie

Die Samkhya-Schule ging von einem neuen Entstehen der Welt am Ende eines Zeitraums der Auflösung (*pralaya*) aus. Während dieser langen Phase des Zerfalls bleibt die Urmaterie aktiv. Dies leitet jedoch noch keinen Evolutionsprozeß ein, da die drei Entwicklungskräfte Sattva, Rajas und Tamas trotz der natürlichen Aktivität der Urmaterie während dieser Zeit der Auflösung in einem vollkommenen Gleichgewicht bleiben. Wenn jedoch die Zeit für eine neue Welt gekommen ist, wird das Gleichgewicht der drei Elemente zerstört und damit gleichzeitig eine fortwährende Evolution der Urmaterie in Gang gesetzt.

Die Frage nach dem Verursacher dieser plötzlichen Veränderung in der Urmaterie ist eines der Probleme, für die die Samkhya-Lehre keine befriedigende Lösung gefunden hat. Denn sie kennt weder einen Schöpfergott noch eine andere äußere Ursache, die den Evolutionsprozeß der Urmaterie auslösen könnte. Auch die Seelen, die ja bar jeder Aktivität sind, kommen als Initiatoren für diesen Prozeß nicht in Frage. Von daher wurde angenommen, daß einzig die Urmaterie selbst die Bewegungen auslöst, die ihre Evolution bedingen.

Der Evolutionsprozeß verläuft nach jedem Neuentstehen der Welt nach demselben Muster. Bemerkenswert an dieser Theorie ist, daß sie jedes neue Produkt der Evolution als weniger rein und verfeinert ansieht als das vorangegangene.

Das erste Produkt der Evolution wird *buddhi* (Intellekt) oder *mahat* (Größe) genannt. Es ist das innere Organ der Unterscheidung, der Verifikation, des Urteils und der Entscheidung. Auch wenn wir den Begriff «Buddhi» mit «Intellekt» übersetzen, dürfen wir ihn nicht mit der im Westen gängigen Bedeutung befrachten: Während der Intellekt im westlichen Denken eine geistige Fähigkeit ist, wird er in der Samkhya-Lehre dem Materiellen zugeordnet, so verfeinert die Materie, aus der er besteht, auch sein mag. Kein anderes Produkt des Evolutionsprozesses besitzt so hohe Anteile des Sattva-Elementes wie die Buddhi, der auch – im Gegensatz zu anderen Systemen, wo es die Seelen sind – die moralischen Prinzipien von Verdienst (dharma) und Schuld (adharma) eigen sind.

Sarasvati, die Göttin der Künste und der Wissenschaften. Während Sarasvati sehr verehrt wurde, war ihr Gemahl Brahma weitaus unbekannter.

Das zweite Produkt der Evolution ist der *ahamkara* (der «Ich-Macher»). Er bewirkt, daß wir uns Taten und Erfahrungen selbst zuschreiben, obwohl unsere Seele inaktiv ist und weder Freude noch Kummer erlebt. Diese unrichtige Verknüpfung von Taten und Erfahrungen mit unserem eigenen Selbst, die in Sätzen wie «Ich sehe», «Ich bin reich», «Ich bin glücklich» ihren Ausdruck findet, resultiert aus diesem Prinzip, obwohl die Seele, genau betrachtet, weder eine aktive Rolle spielt noch das Subjekt von Erfahrungen ist.

Das dritte der Evolutionsprodukte wird als *manas* bezeichnet – ein Begriff, der meistens mit «Geist» übersetzt wird, obwohl Manas ebenso wie Buddhi und Ahamkara ein Produkt der Urmaterie und somit stofflich ist. Die Funktion des Manas besteht darin, die Eindrücke der Sinnesorgane aufzunehmen, zu ordnen und an Ahamkara oder Buddhi weiterzuleiten.

Die drei ersten Evolutionsprodukte bilden das «innere Organ», das im Yoga-System *chitta* genannt wird. Angesichts ihrer Funktion kann man sagen, daß sie zusammen den Bereich umschließen, der von Psychologen als «Psyche» bezeichnet wird, obwohl sie weder als einzelne noch in ihrer Gesamtheit die Seele bilden oder das Merkmal des Bewußtseins besitzen, das ausschließlich den Purushas eigen ist.

Ebenso wie das Manas ist der Ahamkara an der Entwicklung der fünf Sinnesorgane beteiligt: das Sehen, das Hören, das Fühlen, das Schmecken und das Riechen; hinzu kommen die fünf Organe des Handelns: der Kehlkopf, die Hände, die Füße, die Ausscheidungs- und die Fortpflanzungsorgane. Diese Organe gelten als die feineren oder subtileren Produkte des Ahamkara; sie entstehen aus dem im Ahamkara enthaltenen Sattva-Element. Der Ahamkara birgt jedoch auch das Tamas-Element in sich, aus dem sich die ersten fünf reinen und subtilen Elemente, die *tanmatras* («Grundprinzipien») herausbilden. Es sind dies der Ton, die Textur, die Form sowie Geschmack und Geruch in ihrer reinsten Form. Diese Tanmatras entwickeln sich zu fünf gröberen Elementen (*mahabhutas*): Äther, Luft, Feuer, Wasser und Erde, deren charakteristische Eigenschaften sie bestimmen. Aus diesen gröberen Elementen entsteht letztlich alle Materie: Sowohl unsere Körper mit ihren Sinnesorganen als auch die physische Welt des Stofflichen werden aus unterschiedlichen Kombinationen dieser Elemente gebildet. Da das Gesetz des Karma bei diesem Vorgang und somit auch bei der Schaffung menschlicher Körper und ihrer Umgebung eine wichtige Rolle spielt, bekommt die Seele gerade den Körper und wird in eben die Umgebung hineingeboren, die es ihr möglich macht, die Früchte des gereiften Karma zu ernten.

Alle physischen Prozesse vollziehen sich also im Bereich der Materie. Die Seele (Purusha) bleibt als Zuschauer völlig inaktiv und hat im Grunde mit dem intellektuellen, emotionalen oder moralischen Leben eines Menschen nichts zu tun. Sie ist daran nur als Bewußtseinsprinzip beteiligt, das auf die drei inneren Organe, vor allem jedoch auf die Buddhi, ausstrahlt.

Befreiung nach der Samkhya-Lehre

Wenn die Seelen in keiner Weise aktiv sind, in welcher Beziehung stehen sie dann zur Urmaterie, und wie sind sie in den Kreislauf der Wiedergeburten eingebunden?

Ebenso wie die Prakriti (Urmaterie) sind die Purushas ewig. Die Beziehung der Seelen zur Urmaterie ist durch die unmittelbare Nähe der beiden Prinzipien zueinander bedingt. Es ist eine Beziehung, die ausschließlich durch die Präsenz der Purushas zustande kommt, ohne daß diese eine wie immer geartete Aktivität entwickeln – und es ist eine Beziehung, die keinen Anfang kennt und die Seelen genau betrachtet nicht an den Kreislauf der Wiedergeburten fesselt. Im Prinzip ist dies auch gar nicht möglich, da sie nur als Handelnde ein Karma erzeugen könnten, das eine Wiedergeburt bedingt. Aber die Nähe zur Prakriti und insbesondere zu deren Evolutionsprodukten, aus denen sich die Wahrnehmungsorgane bilden, trägt dazu bei, daß die Seelen sich fälschlicherweise Phänomene aneignen, die eigentlich in den Bereich der Prakriti gehören.

Dieser Irrtum resultiert aus der Rolle, die der Seele trotz ihrer völligen Passivität bei den psychischen Prozessen zukommt. Wie sich die Sonne selbst nicht verändert, wenn sie die Erde in ihr Licht taucht, so erfährt auch die Seele keine wesenhafte Veränderung, wenn sie ihr Bewußtsein auf die inneren Organe überträgt. Allerdings werden die Vorgänge, die sich im Intellekt vollziehen, wenn dieser über die Sinnesorgane mit der äußeren Welt in Berührung kommt, sozusagen in der Seele reflektiert. Dadurch unterliegt die Seele dem Irrtum, sich als das Subjekt von Wahrnehmungen, Willensentscheidungen, freudevollen und schmerzlichen Erfahrungen zu betrachten, obwohl in Wirklichkeit keiner der Prozesse, die in den inneren Organen stattfinden, irgendeine Wirkung auf sie hat. Es ist im Grunde dieser Irrtum, der die Seele an die Materie fesselt. Da diese Bindung auf einer Mißdeutung beruht, ist sie irreal, denn genau betrachtet ist die Seele niemals an die Materie oder deren Produkte gebunden.

Aber der Irrtum als solcher besteht, und deshalb läßt sich auch in gewisser Weise von einer notwendigen Erlösung der Seele sprechen. Nach der Samkhya-Lehre liegt der Schlüssel zu einer solchen Befreiung in der «unterscheidenden Erkenntnis» (*viveka*), die an das Wissen geknüpft ist, daß Prakriti und Purusha etwas Getrenntes darstellen. Zu dieser Erkenntnis gelangt man durch das Studium der Samkhya-Lehre. Die unterscheidende Erkenntnis und die daraus resultierende Befreiung kann nach Auffassung des Samkhya auch im Verlauf eines Lebens erreicht werden.

Wenn die Zeit eines Karma bei einem zu Lebzeiten befreiten Menschen abgelaufen ist, wenn es also seine Früchte abgeworfen hat, stirbt der erlöste Mensch. Die nun ganz befreite Seele wird niemals wiedergeboren. Körperlos, von allen Schmerzen erlöst, aber auch ohne Glücksempfinden wird sie in der Gemeinschaft anderer befreiter Seelen weiterleben – ihnen in jeder Hinsicht gleich, aber dennoch einsam in ihrer «glanzvollen Abgeschiedenheit».

Das Yoga-System

Während die Anhänger des Samkhya-Systems durch logisches und rationales Denken die befreiende Erkenntnis suchen, wenden die Yoga-Anhänger eine praktische Methode an, die aus einer Reihe physischer, mentaler und moralisch-asketischer Übungen besteht. Diese Yoga-Methode kennt unterschiedliche Formen und hat schon seit dem Altertum in allen religiösen Traditionen Indiens ihren festen Platz. Da das Prinzip der Askese und die Meditationsübungen des Yoga auf der Metaphysik der Samkhya-Schule basieren, erhielt die Yoga-Schule den Status eines philosophischen Systems und wurde zu den sechs klassischen Philosophien des Hinduismus gerechnet.

Ein weiblicher Yogi *(Yogini)*.

Das Prinzip der Askese und die Meditationsübungen – das Yoga-System spricht von «acht Stufen des Yoga», von denen einige nochmals unterteilt sind – haben eine doppelte Funktion: Zum einen schützen sie die Seele vor der Anhäufung von neuem Karma, weil sich die Sinne in der Konzentration auf sich selbst von den Eindrücken der Außenwelt abwenden. Zum anderen glaubt der Yogi, daß die Meditation eine gewisse Wärme erzeugt, die das angehäufte Karma sozusagen «verbrennt». So wie Reiskörner, deren Haut vom Feuer vernichtet wurde, nicht zu Reispflanzen heranwachsen können, so können auch die in der Seele angehäuften Samen des Karma keine Früchte mehr abwerfen, wenn sie durch die Wärme der asketischen und meditativen Übungen verbrannt wurden. Diese beiden Schritte führen schließlich zur Vernichtung von allem Karma und zu der erlösenden Einsicht, daß sich die Seele von der Urmaterie unterscheidet und auf keinerlei Weise von deren Produkten beeinflußt wird.

Das Yoga- und das Samkhya-System haben die gleiche Vorstellung vom Zustand der einmal befreiten Seele. Nach dem Yoga-System gibt es zwar einen Gott, der der Seele auf ihrem Weg zur Befreiung hilft, nach ihrer Erlösung ist er jedoch in keiner Weise mehr mit ihr verbunden. Individuelle Abgeschiedenheit (*kaivalya*) ist – wie im Samkhya-System – auf ewig das Schicksal der befreiten Seele.

Obwohl das Yoga-System seine Metaphysik von der Samkhya-Schule übernommen hat, unterscheiden sich die beiden Systeme in einem wesentlichen Punkt: Die Yoga-Lehre nimmt die Existenz eines Gottes (*ishvara*) an. Dem muß allerdings hinzugefügt werden, daß dieser Gott in dem alten Yoga-System keinen Einfluß auf die Entstehung, das Fortbestehen und Vergehen der Welt hatte, sondern nur am Erlösungsprozeß der Seele beteiligt war. Der Ishvara wird als eine spezifische Art von Seele beschrieben, die von Prüfungen und «Heimsuchungen» (*klesha*) sowie von der Unwissenheit verschont bleibt und auch vom Karma und seinen Auswirkungen nicht berührt wird. Obwohl diese «göttliche Seele» anderen Seelen gleicht, unterscheidet sie sich von ihnen, da sie von Beginn an vom Karma und seinen Folgen befreit gewesen ist. Anders ausgedrückt: Während die anderen Seelen doch irgendwann einmal an den Kreislauf der Wiedergeburten gefesselt waren, ist Ishvara immer frei gewesen. So wird er manchmal auch als «einer, der schon immer erlöst war» umschrieben und in diesem Sinne auch als Vorbild für alle nach Erlösung strebenden Seelen betrachtet. Da Ishvara beim Anblick des unerträglich langen Leidens der Seelen, die noch in den Kreislauf der Wiedergeburten verstrickt sind, von tiefem Mitleid ergriffen wird, hilft er ihnen bei der Suche nach dem richtigen Weg zur Erlösung.

Das Nyaya-Vaisheshika-System

Zu den klassischen Schulen der hinduistischen Philosophie gehören auch das Nyaya- und das Vaisheshika-System. Obwohl sie sich auf einen jeweils eigenen Sutra-Text berufen, haben sie soviele gemeinsame Züge, daß sie meistens als ein System behandelt werden. Ebenso wie die Anhänger der Samkhya-Yoga-Schule vertreten die der Nyaya-Vaisheshika-Lehre eine realistische Sichtweise. Aber im Gegensatz zu jenen gingen die Anhänger der Nyaya-Vaisheshika-Lehre nicht von der Annahme aus, daß sich alles Stoffliche aus einer einzigen Urmaterie entwickelt haben soll. Sie unterschieden vielmehr vier Arten ewiger atomarer Substanzen, und zwar Erde, Wasser, Feuer und Luft – Elemente, die nicht zusammengesetzt und von daher auch nicht teilbar waren. Im Gegensatz zu den Jainas, die eine gleiche Qualität aller Atome annahmen, schrieben die Nyaya-Vaisheshika-Philosophen diesen Atomen andere Eigenschaften zu als den vier Elementen.

Neben diesen ewigen Atomen gibt es für den Nyaya-Vaisheshika eine bestimmte Anzahl anderer Wirklichkeiten, die ebenfalls als ewige Substanzen angesehen wurden: zahllose Seelen (Atman) und das jeder Seele vorbestimmte innere Sinnesorgan oder Manas, zudem der Äther, die Zeit und der Raum, die

Shiva, hier mit den Attributen des dritten Auges, der Schlangenarmbänder, der Schädelkette und der Quelle des heiligen Ganges, die seinem Kopf entspringt.

Verehrung des Gottes Brahma (nicht zu verwechseln mit dem Brahman, dem universellen Selbst).

ausnahmslos nur ein einziges Mal existieren, unendlich und nicht zerlegbar sind.

Da die Seele solange als unbewußt begriffen wird, wie sie nicht mit einem Körper vereint ist, kann sie nicht als spirituell bezeichnet werden. Sie gehört jedoch auch nicht zur Kategorie der atomar stofflichen Substanzen, da sie, im Gegensatz zu diesen, von Natur aus in sich das Vermögen hat, durch die Vereinigung mit einem Manas Bewußtsein zu entwickeln. Diese Vereinigung (die häufig mit «Geist» übersetzt wird, obwohl das Manas nach indischer Auffassung als inneres Sinnesorgan selbst nicht spirituell ist) ist allerdings nur dann möglich, wenn die Seele zu einem Körper gehört. Jede an einen Körper gebundene Seele besitzt einen Manas in der Größe eines Atoms, das die Seele in ihren zyklischen Leben, das heißt bis zum Augenblick ihrer Erlösung, begleitet.

Kennzeichnend für das Nyaya-Vaisheshika-System ist seine unerschütterliche rationale Verteidigung des Theismus.

Zur Auflösung des bestehenden Universums und zur Entstehung eines neuen hatte man die folgende Vorstellung entwickelt. Wenn ein Universum seinem Ende entgegengeht, fällt alles Komplexe auseinander. Ausgelöst wird dieser Prozeß durch den Willen Gottes, der in seiner Barmherzigkeit die Welt vergehen lassen will, damit die Seelen, erschöpft durch das vielfältige Leiden des Wiedergeborenwerdens, in eine Phase der Ruhe eintreten können. Wenn der Prozeß der Auflösung abgeschlossen ist, sind die Seelen körperlos und also auch ohne Bewußtsein, während die stofflichen Dinge auf ihre Uratome reduziert sind. Obwohl die Seelen unbewußt sind, «tragen» sie die Verdienste und die Schuld in sich, die in der nächsten Schöpfung für die Körper der lebenden Wesen und der physischen Welt bestimmend sein werden.

Am Ende der Auflösungsphase setzt der Entstehungsprozeß eines neuen Universums ein. Es ist der Wille Gottes, daß ein neues Universum entsteht, damit die Seelen die Früchte ihres nun gereiften Karma ernten können. Von göttlicher Hand gelenkt, treten die Atome nun nach einem bestimmten Modell zusammen. Zwei Atome bilden zusammen eine Dyade, die ebenso wie das einzelne Atom ohne Umfang ist. Eine Kombination von drei Dyaden bildet eine Triade, die einen – wenn auch äußerst geringen – Umfang besitzt. Wie es sich erklärt, daß drei Dyaden, die jede für sich keinen Umfang haben, zusammen eine Triade mit einem Umfang bilden können, ist eine der heiklen Fragen, die diese Theorie aufwirft.

Um dieses Dilemma zu lösen, postulieren die Nyaya-Vaisheshikas, daß «Anzahl» (*samkhya*) eine der Ursachen und Bedingungen des «Umfangs» (*parinama*) ist und daß Gott mit seiner besonderen «Erkenntnisfähigkeit» in den Dyaden die Anzahl von dreien wahrnimmt (das heißt ihnen die Zahl eins, zwei oder drei gibt), so daß die Triade auf diese Weise einen – wenn auch geringen – Umfang erhält. Auch wenn diese Theorie mit Sicherheit wenig überzeugend ist, sollte sie dennoch als einfallsreicher Lösungsversuch eines schwierigen Problems gewertet werden.

Da die Triaden einen Umfang haben, ist es vorstellbar, daß sich aus ihnen Zusammensetzungen mit einem zunehmend größeren Umfang bilden. Auf diese Weise entstehen aus der Zusammenfügung nicht zerlegbarer, unteilbarer und ewiger Atome die Körper der lebenden Wesen und das Weltganze. Gott vereint jede Seele mit einem Körper, den er in eine Umgebung plaziert, die es der Seele möglich macht, in Übereinstimmung mit dem Gesetz des Karma die Früchte ihrer eigenen Taten zu ernten.

Die Nyaya-Vaisheshika-Lehre der Erlösung

Wie alle indischen Systeme betrachtet auch das Nyaya-Vaisheshika-System jede neue Existenz eines lebenden Wesens als die Folge seiner Taten in einem früheren Leben. Die Seele kann nur dann erlöst werden, wenn sie völlig frei von allen Verdiensten und jeglicher Schuld ist. Daraus folgt, daß der Mensch auf dem Weg zu seiner Befreiung Schritt für Schritt seine Verdienste und Schuld abwerfen muß, während er gleichzeitig dafür zu sorgen hat, daß er kein neues Karma auf sich lädt. Obwohl Verdienste und Schuld die Seele fesseln, sind sie letztlich nicht die Ursache ihrer Unfreiheit. Die eigentliche Ursache guter und schlechter Taten ist das fehlende Wissen über die wahre Art der Dinge und der Seele. Diese Unkenntnis erzeugt Leidenschaften und führt zu Verirrungen, aus denen neue Taten erwachsen.

Der Weg des Nyaya-Vaisheshika zur befreienden Erkenntnis gleicht dem der meisten Hindusysteme. Zum einen muß der Mensch durch ein streng moralisches und diszipliniertes Leben verhindern, sich neues Karma aufzuladen. Zum anderen muß er sich unter der Leitung eines fähigen Lehrers mit den philosophischen Texten auseinandersetzen, die ihm einen Einblick in die wahre Art der Dinge vermitteln. Tiefe Reflexion und Meditation über die wahre Art der Seele enthüllen ihm schließlich die Wahrheit über ihren eigentlichen Charakter. Sobald der Mensch eine solche direkte Erfahrung gemacht hat, ist er am Ziel seines Lebens – der Befreiung – angekommen.

Die Auffassung der Nyaya-Vaisheshikas von der erlösten Seele wurde von anderen indischen Schulen heftig kritisiert und hin und wieder sogar ins Lächerliche gezogen. Die Kritik richtete sich hauptsächlich gegen die Vorstellung, daß die befreite körperlose Seele keine einzige ihrer charakteristischen Eigenschaften mehr besitzt. Zwar ist sie in diesem Zustand von allem Leiden befreit, aber sie entbehrt jeglicher Erfahrung von Glückseligkeit und besitzt nicht einmal mehr ein Bewußtsein. Kurzum, eine erlöste Seele unterscheidet sich praktisch kaum von einem bewegungslosen Stein.

Den Nyaya-Vaisheshikas wurde von ihren Gegnern spottend entgegengehalten, daß es eigentlich doch viel besser sei, als Schakal im Wald von Vrindavana (einem Wald in der Nähe von Delhi, wo Krishna, die Inkarnation des Allerhöchsten Gottes, während seiner irdischen Existenz unter Hirten gelebt haben soll) wiedergeboren zu werden, als nach ihrer Theorie befreit zu werden. Denn wenn auch das Leben eines Schakals viel Leid mit sich bringt, so werden ihm doch auch einige genußvolle Erfahrungen zuteil. Genauso – so die Argumentation der Gegner – kennt das menschliche Leben trotz allen Leids Momente des Glücks und der Freude und ist somit immer noch anziehender als eine Befreiung, wie sie von den Nyaya-Vaisheshikas verstanden wurde.

Krishna, der Gott der Felder, beschützt hier die Hirten, indem er den Berg Govardhama bei Vrindavana in die Höhe hebt.

Das Mimamsa-System

Das Mimamsa, das fünfte System der klassischen hinduistischen Philosophie, konzentriert sich unmittelbar auf den *Veda*. In ihrer starken Bindung an Rituale betrachteten die Anhänger der Mimamsa-Philosophie den *Veda* in erster Linie als einen Text, der Gebote zur Ausübung bestimmter Opferfeiern oder Rituale enthielt und Dinge, die als moralisch verwerflich galten, verbot. Es ist diese absolute und unbestrittene Autorität des *Veda* selbst, die die Wirksamkeit seiner Regeln garantiert. Von daher konzentrierte sich die Erkenntnislehre des Mimamsa-Systems auch auf den Beweis der absoluten Gültigkeit des *Veda*. Dies bedeutet auch, daß der *Veda* für die Mimamsakas nichts enthält, was unrichtig oder unwahr wäre. Um jeden Irrtum des *Veda* auszuschließen, behaupteten die Mimamsa-Philosophen, daß er weder einen Ursprung noch eine Ursache habe. Wenn die Mimamsakas den *Veda* als ewig (*nitya*) bezeichnen, so wollen sie damit ausdrücken, daß der Wortlaut der vedischen Schriften ohne Anfang und für alle Zeiten unveränderlich ist. Und wenn sie erklären, daß der *Veda* keinen Verfasser hat, wollen sie deutlich machen, daß seine Textstruktur weder das Werk eines Gottes noch eines Menschen ist. Begründet werden diese Behauptungen mit dem negativen Argument, daß sogar in der Überlieferung aus sehr alter Zeit kein Verfasser genannt wird, während die Autoren anderer Werke aus dem Altertum, wie beispielsweise des indischen Nationalepos *Mahabharata*, durchaus namentlich bekannt sind. Ohne etwas über seinen Ursprung zu wissen, wurde der *Veda* von alters her und bis in unsere Zeit mündlich vom Lehrer an den Schüler weitergegeben, ohne daß diese ununterbrochene Reihe von Meistern und Schülern einen ersten Meister oder einen ersten Schüler gehabt hätte.

Das Fehlen eines Verfassers ist auch mit einigen anderen Prinzipien des Mimamsa-Systems in Einklang. Es mag für ein System, das so stark durch Opferfeiern und Rituale geprägt wird, ein wenig sonderbar anmuten, aber die klassische Form des Mimamsa war atheistisch. Auch darum konnte der *Veda* keine göttliche Person als Autor haben. Ein Mensch jedoch kam ebensowenig in Betracht, da sich der *Veda* zu Themen äußert, die sich der menschlichen Erkenntnis verschließen. Auch die Annahme, daß der Verfasser des *Veda* ein Mensch gewesen sein könnte, der mit einer außergewöhnlichen Wahrnehmungsgabe begnadet war, kam als Lösung nicht in Frage. Denn die Mimamsakas hielten Fähigkeiten, wie sie zum Beispiel den Yogis oder auch anderen zugeschrieben wurden, die einen hohen Grad an spiritueller Perfektion erreicht hatten, für eine Verwünschung.

Als einzige der hinduistischen Schulen negierten die Anhänger des Mimamsa die Lehre vom ständigen Vergehen und Entstehen des Weltganzen. Durch den völligen Zerfall des Universums wäre die Tradierung des *Veda* unterbrochen worden, und eine solche Unterbrechung hätte die Frage nach der Fortsetzung der Überlieferung ohne Urheber aufgeworfen.

Die Kosmologie der Mimamsakas

Die Kosmologie der Mimamsa-Schule läßt erkennen, daß ihr Weltbild realistisch und pluralistisch war. Ebenso wie für die Nyaya-Vaisheshikas bestanden die Grundelemente des physischen Universums für sie aus Atomen. Während die Nyaya-Vaisheshikas jedoch von der Unteilbarkeit dieser Atome ausgingen, waren sie für die Mimamsakas durchaus zerlegbar, auch wenn ihr Umfang dadurch äußerst gering wurde. In der Theorie der Mimamsakas deckt sich das Atom mit der Triade des Nyaya-Vaisheshika-Systems. Es ist vergleichbar mit den winzigen Staubpartikeln, die man in einem Sonnenstrahl tanzen sieht, der durch einen Mauerspalt in den Raum fällt.

Auch sonst gab es zwischen den Nyaya-Vaisheshikas und den Mimamsakas viele Gemeinsamkeiten. Unter anderem deckten sich ihre Auffassungen über die Kategorien der Realität, und sie stimmten in manchen Aspekten über den Charakter der Seele in ihrem körpergebundenen wie auch in ihrem erlösten Zustand überein. In ihren erkenntnistheoretischen Entwürfen unterschieden sie sich jedoch radikal, insbesondere wenn es um ihre Wahrheitskriterien und die Einschätzung des *Veda* ging.

Befreiung nach der Mimamsa-Lehre

Nach der Lehre der Mimamsa-Schule besteht der *Veda* sowohl aus positiven Geboten, die bestimmte Taten vorschreiben, als auch aus negativen, die bestimmte Handlungen verbieten. Darüber hinaus teilt sie diese Taten in drei Kategorien ein: 1. die unbedingten oder obligatorischen Taten (*nityakarma*), die jeder Mensch, solange er lebt, ausführen muß; 2. die «freigestellten» Taten (*kamyakarma*), deren Ausführung nicht verpflichtend ist, sondern aus freiem Willen geschieht; 3. die verbotenen Taten (*nishiddhakarma*), die als unmoralisch gewertet wurden.

Um den Zustand der Erlösung zu erreichen, darf der Mensch keine der freigestellten Taten ausführen, da er durch sie Verdienste erwerben würde. Auch auf die verbotenen Taten muß er verzichten, da sie Schuld erzeugen. Die obligatorischen Taten hingegen müssen ohne Vorbehalt ausgeführt werden. Dies gilt auch für den, der nach Erlösung strebt, denn wer diese Taten unterläßt, handelt moralisch verwerflich und lädt Schuld auf sich. Auf der anderen Seite werden diese Taten, eben weil sie als Verpflichtung auferlegt wur-

DIE HINDUISTISCHE PHILOSOPHIE

den, keine Verdienste einbringen und somit nicht zur Fesselung der Seele beitragen. Darüber hinaus muß der Mensch auf seinem Weg zur Befreiung durch Meditation nach der wahren Erkenntnis suchen.

Die Auffassung der Mimamsakas über die Seele im Zustand der Erlösung stimmt in groben Zügen mit den Theorien der Nyaya-Vaisheshikas überein. Die befreite Seele ist losgelöst von allen ihren spezifischen Eigenschaften, einschließlich ihres Bewußtseins. Sie ist für alle Zeiten frei von jeglichem Schmerz, kennt jedoch auch keine Freude und keine Glückseligkeit. Sowohl Bewußtsein wie auch die Erfahrung von Schmerz sind nur möglich, wenn die Seele mit einem Körper und den Sinnesorganen vereint ist.

Die Vedanta-Schulen

Der Vedanta sollte eine Systematisierung der *Upanishaden* sein. Da die Unschärfe mancher Passagen in den *Upanishaden* und die Widersprüchlichkeit einiger Thesen unterschiedliche Interpretationen zuließen, bildeten sich innerhalb des Vedanta mehrere Strömungen heraus. Die drei bedeutendsten sind der *Advaita* mit Shankara als wichtigstem Lehrer und Exponenten, der *Vishishtadvaita* mit Ramanuja als zentraler Figur sowie die *Dvaita*-Schule von Madhva.

Shankara und der Advaita-Vedanta

Entsprechend ihrem Namen erkennt die Strömung des «Advaita» («Nicht-Dualismus») nur eine Realität an, die Brahman genannt wird. Alle einzelnen Dinge und jegliche Vielfalt, die wir in unserem täglichen Leben scheinbar wahrnehmen, sind nach dem Weltbild des Advaita illusorisch.

Nach der Lehre des bedeutendsten Advaitameisters Shankara ist nur das Ewige, Unveränderliche und Unvergängliche, das in den *Upanishaden* Brahman genannt wird, im eigentlichen Sinne des Wortes real (*sat*). Die erfahrbare Welt der lebenden Wesen und der unbelebten Objekte, die sich unablässig verändert, kann nicht real genannt werden, obwohl sie in ihrer ganzen Vielfalt und Verschiedenartigkeit auch nicht als einfach irreal (*asat*) bezeichnet werden darf. Denn nur das absolut Nicht-Existente, wie das Geweih des Hasen oder der Sohn einer unfruchtbaren Frau – um die klassischen indischen Beispiele zu nehmen –, kann in der eigentlichen und strikten Bedeutung des Wortes irreal genannt werden. Somit läßt sich der Charakter der Welt mit den Worten Shankaras als das beschreiben, «was weder real noch irreal ist». Sie besitzt lediglich eine Art Realität, insofern sie uns real *erscheint* und einen «praktischen Nutzen» oder einen Wert für unser tägliches Leben hat. Sie kann weder in den Begriffen von Sein

Shankara oder Shankaracharya, wie er ehrerbietig genannt wird, ist der berühmte Gründer des Advaita-Vedanta-Systems. Er gilt als der größte hinduistische Denker des alten Indien. Manche Gelehrte vergleichen ihn mit Kant, während andere ihn als den Thomas von Aquin des Hinduismus bezeichnen. Trotz seines Ruhmes, den er als herausragender Denker innerhalb und außerhalb Indiens genießt, haben wir wenig verläßliche Informationen über sein Leben und Werk. Die zahlreichen Biographien über Shankara, die als *Shankaravijayas* (Die Siege des Shankara) bekannt sind, haben so stark legenden- und märchenhafte Züge und strotzen so sehr von übertriebenen Lobgesängen auf den großen Denker, daß die Schilderungen, auf die wir dort stoßen, kaum als historisch zuverlässig angesehen werden können. Von einigen Daten aus seinem Leben wird jedoch angenommen, daß sie auf der Wahrheit beruhen.

Trotz heftiger Diskussionen in Gelehrtenkreisen über die genauen Lebensdaten dieses bedeutendsten hinduistischen Denkers, ist sein präzises Geburts- und Todesjahr bis heute umstritten. Viele Gelehrte sind nach wie vor geneigt, den Überlieferungen zu glauben, die seine Geburt auf das Jahr 788 n. Chr. festlegen und seinen Tod – nach einem kurzen Leben von 32 Jahren – auf das Jahr 820 datieren. Modernere Gelehrte vertreten eher die These, daß er früher – etwa zwischen 700 und 750 n. Chr. – gelebt hat.

Nach der Überlieferung stammt Shankara aus einer gläubigen Brahmanenfamilie namens Shivaguru, die in dem abgeschiedenen Dorf Kaladi am Ufer des Flusses Periyar im heutigen Bundesstaat Kerala zu Hause war. Nachdem Shankara schon früh seinen Vater verloren hatte, war er für seine Mutter Trost und Stütze. Dennoch trennte er sich schon in sehr jungen Jahren von ihr. Er entschied sich gegen ein weltliches Leben, um als Mönch umherzuziehen. Nachdem er von einem religiösen Lehrmeister, Govinda, mit den Lehren vertraut gemacht worden war, soll er ganz Indien bereist haben und mit vielen führenden Denkern seiner Zeit, vor allem mit Buddhisten und Mimansakas, Gespräche geführt haben. Die Überlieferung will, daß er im Süden (Shringeri) und im Osten (Puri), im Westen (Dvaraka) und im Norden (Badrinath) Indiens Klöster gegründet hat. In Kedarnath im Himalaya soll er gestorben sein. Für seine späteren Bewunderer war er eine Inkarnation des Gottes Shiva, aber neuere Studien seines Werkes scheinen eher darauf hinzuweisen, daß er – wenn er überhaupt einen Hang zu einer bestimmten Art des Theismus hatte – eher den Gott Vishnu verehrte.

Shankara werden mehr als dreihundert Werke zugeschrieben, die meisten allerdings zu Unrecht. Von den Schriften, die unbestritten von ihm stammen, ist sein Kommentar zu den *Brahmasutras* die wichtigste. Zu den anderen Werken, von denen allgemein angenommen wird, daß sie wirklich authentisch sind, gehören die teils in Prosa, teils in Versform abgefaßten *Upadeshasahasri* (Die tausend Lehrsätze) – ein Buch, das die Gleichheit des individuellen Atman und des einen Brahman behandelt sowie die Kommentare zur *Bhagavad-Gita* und diversen *Upanishaden*.

Das phallusförmige Linga ist das Hauptsymbol im Shivaismus; er steht für die Fruchtbarkeit und die Einheit des Kosmos.

noch in denen von Nicht-Sein erfaßt werden, da sie eine scheinbare oder praktische (*vyavaharika*) Realität besitzt.

Diese scheinbare Realität der Außenwelt wird häufig anhand des folgenden Gleichnisses illustriert: Ein Reisender, der nachts auf einer schlecht beleuchteten Straße unterwegs ist, sieht ein Stück Seil und hält es für eine Schlange. Das Seil, die scheinbare Schlange, ist weder absolut existent noch absolut nicht existent: Für den Reisenden, der das Seil aus der Ferne für eine Schlange hält, ist diese Schlange eine «psychologische» Tatsache, auch wenn sie nicht in Form einer Schlange, sondern in der eines gewundenen Seils existiert. Sie besteht solange, bis sich der Reisende der scheinbaren Schlange nähert und entdeckt, daß sie nicht mehr ist als nur ein Stück Seil.

Aufgrund unseres fehlenden Wissens über die wahre Art der Realität halten wir die empirische Welt für real. Genau betrachtet gibt es jedoch nur eine einzige Wirklichkeit: das ewige und unveränderliche Brahman. Dieses Brahman ist der reine Geist, unpersönlich und identisch mit dem wahren Selbst des Menschen. Erst wenn wir den wahren Charakter der Realität kennen, werden wir einsehen, daß die Welt der Objekte eine Illusion ist. Wer einen Hauch dieses Wissens besitzt, kann begreifen, daß sein eigenes Selbst mit der einzig existenten Realität, dem Brahman, zusammenfällt, und er erkennt darüber hinaus die Irrealität der materiellen Welt. Für ihn hebt sich jegliche Dualität oder Pluralität, die für die wahrnehmbare Welt so bezeichnend ist, auf.

Shankara und die anderen Advaita-Philosophen unterscheiden demnach zwei Seins- oder Realitätsebenen: Zum einen gibt es das Sein als das ewige, unpersönliche Brahman; zum anderen gibt es die vielfältige Welt mit ihren verschiedenartigen lebenden Wesen (*jiva*) und den materiellen Objekten (*jagat*).

In Übereinstimmung mit den beiden Realitätsebenen nimmt der Advaitin auch zwei Ebenen der Wahrheit an. Die grundlegende oder absolute Wahrheit, die sich mit der Realität im wahren, eigentlichen Sinn deckt, besteht aus der Erkenntnis, daß es nur eine wahre Realität gibt. Die relative Wahrheit des alltäglichen Lebens findet ihre Entsprechung in der praktischen Realität.

Mit der Philosophie des Advaita eng verknüpft ist der Begriff der *maya*, der meistens mit «Unwissenheit» übersetzt wird, oft jedoch auch die Bedeutung von «illusorischer Kraft» oder «Illusionenweckende-Kraft» hat. Eine der Analogien, die von den Advaitins benutzt wird, um den illusionären Charakter der Welt zu erklären, ist die des Zauberers, der durch seine Zauberkraft allerlei Gegenstände entstehen läßt, die es bei genauem Hinsehen gar nicht gibt. Solange die Zuschauer unwissend sind, bleibt die Wirklichkeit der Illusion unangetastet, sobald sie jedoch den Illusionscharakter der Zaubergeschöpfe durchschaut haben, glauben sie nicht mehr an ihre Realität.

Nach der Lehre des Advaita ist Brahman die einzige Realität – er ist sowohl das Material als auch die direkte Ursache des Weltganzen. Obwohl das Brahman unpersönlich ist, enthält es einen persönlichen Aspekt und wird zu einem persönlichen Gott. Diesem Gott wird die Funktion zugeschrieben, die Welt zu erschaffen, sie zu erhalten und aufzulösen. So wie der Zauberer seine Zauberkraft einsetzt, um die illusionären Objekte erscheinen zu lassen, benutzt dieser Gott Maya, die kosmisch schöpferische Kraft, um diese Welt des Scheins zu erschaffen.

Aus metaphysischer Sicht ist Maya also die schöpferische Kraft, mit der Gott in uns die Illusion erzeugt, die empirische Welt sei real. Vom erkenntnistheoretischen Standpunkt aus betrachtet ist Maya jedoch die Unwissenheit, die den wahren Charakter der Dinge verschleiert.

Alles, was zur Welt des Scheins gehört, ist irreal. Selbst der persönliche Gott ist als Ishvara eine illusionäre Erscheinungsform des unpersönlichen Brahman. Die Seelen aller lebenden Wesen sind mit dem einzigen Geist, dem Brahman, identisch. Wie die Reflexion der Sonne im Wasser eines Teiches oder Sees sind sie Erscheinungsformen des Brahman.

Wenn der (Schüler) dann sagen sollte: «Heiliger, wenn die Seele – die ‹nichts in sich und nichts außer sich› hat, die ‹Zusammen mit dem Inneren und dem Äußeren ungeboren› ist, die ‹wie Salzklumpen› (durch und durch nur Salzgeschmack ist) ‹ganz und gar eine einzige Masse von Intelligenz› ist – von allen unterschiedlichen Gestaltungen frei und wie der Äther einheitlichen Wesens ist, wie kommt es denn, daß man aus der Erfahrung bzw. der Offenbarung Ziel, Mittel und Agens des (religiösen und weltlichen) Wirkens (also eine vielheitliche Welt) kennt; dies ist doch sowohl durch Offenbarung und Überlieferung als auch im Alltagsleben wohlbekannt (und Ziel, Mittel und Agens des Wirkens sind) Gegenstand von Meinungsverschiedenheiten zwischen Hunderten von Theoretikern» – dann soll der Lehrer erwidern: «Daß man aus Erfahrung und Offenbarung Ziel, Mittel und Agens des Wirkens kennt, das macht das Nichtwissen; in Wahrheit aber gibt es nur die eine Seele, die durch die Anschauung des Nichtwissens als Vielheit erscheint – so wie (der eine Mond) durch (die von der Augenkrankheit) Timira (beeinflußte) Anschauung (als) mehrere Monde (erscheint). (Es heißt in den Upanishaden:) ‹Wo ein anderes gleichsam ist, [da sieht einer das andere, ... erkennt einer das andere]›; ‹Wo nämlich eine Zweiheit gleichsam ist, da sieht einer den andern, [... da erkennt einer den andern]›; ‹Von Tod zu Tod gelangt, [wer hier gleichsam Verschiedenes sieht]›; ‹Wo man etwas anderes sieht, etwas anderes hört, etwas anderes erkennt – das ist das Kleine ... und was das Kleine ist, das ist sterblich›; ‹Ein Haften am Worte ist die Umwandlung, ein (bloßer) Name›; ‹‚Ein anderer ist er (die Gottheit)'› ein anderer bin ich – [wer so denkt, der ist nicht wissend]› – daraus, daß in diesen Worten die Anschauung der Unterschiedlichkeit verurteilt wird, folgt, daß die Zweiheit vom Nichtwissen gemacht ist, und dasselbe ergibt sich aus solchen Offenbarungsworten, die die Einheit ausdrücklich feststellen, wie z. B. aus den folgenden: ‹[Sehend war dieses im Anfang,] eines nur, ohne ein Zweites›; ‹Wo ihm aber [alles zur Seele geworden ist, womit sollte er da irgendwen... erkennen]›; ‹Welchen Wahn, welchen Kummer [hat der, der die Einheit schaut!]›»

Aus: Shankara, *Upadeshasahasri*

Befreiung nach der Advaita-Lehre

Für den Advaita ist die Seele an den Kreislauf der Wiedergeburten gefesselt, weil sie nicht weiß, daß sie mit dem Brahman identisch ist. Folglich kann nur das Wissen – und nichts anderes als das Wissen – zur Erlösung führen. Die Taten, die dem einzelnen – je nach Status und Kastenzugehörigkeit – vorgeschrieben sind, spielen bei der Erlangung der wahren Erkenntnis eine Rolle, die sich im Grunde auf die eines Vermittlers und Wegbereiters beschränkt. Die eigentliche Ursache der Befreiung liegt in der unmittelbaren Einsicht (*anubhava, anubhuti*), daß unsere Seele mit dem Brahman identisch ist. Dieser Erkenntnis gehen Reflexion und tiefe Meditation über die *Upanishaden* voraus; vor allem über die «großen Sätze» wie «Das bist du» (*tat tvam asi*) und «Ich bin Brahman» (*aham brahma asmi*), «Dies alles ist Brahman» (*sarvam kahlu idam brahma*) – Formeln, die ausdrücken sollen, daß die einzige Realität und die individuellen Seelen mit dem Brahman zusammenfallen.

Wir sprechen meistens vom «Erreichen» der Befreiung, wobei dieses «Erreichen» jedoch keineswegs den Erwerb von etwas Neuem impliziert, denn schließlich ist die Einzelseele schon immer mit dem Brahman identisch gewesen. Die Unwissenheit als Ursache der zyklischen Wiedergeburten der Seele hat dazu geführt, daß der Mensch sein wahres Selbst vergessen hat. Die erlösende Erkenntnis hebt diese Unwissenheit auf.

Die befreite Seele ist mit dem Brahman identisch, aber sie besitzt keine eigene Identität. Deshalb können wir eigentlich gar nicht vom Zustand der befreiten «Seele» sprechen. Wir können jedoch sagen, daß die Seele, wenn sie sich erkannt hat, Bewußtsein und Glückseligkeit besitzt.

Der Vishishtadvaita-Vedanta: Ramanuja

Das von Ramanuja verkörperte System innerhalb des Vedanta ist unter dem Namen Vishishtadvaita oder «relativer Nicht-Dualismus» bekannt. Nicht-dualistisch ist es, weil Brahman, die Einzelseelen und die Materie untrennbar eine einzige Wirklichkeit bilden; «relativ» (*vishishta*) nicht-dualistisch ist das System, weil es im Gegensatz zur Advaita-Philosophie von Shankara einen Unterschied – wenn nicht gar ein «zu Trennendes» – zwischen Brahman, den Einzelseelen und der Materie postuliert. Außerdem ist es – wiederum im Gegensatz zur Auffassung Shankaras – aus metaphysischer Sicht realistisch, weil es nicht nur das Brahman, sondern auch die einzelnen Seelen und die Materie als real begreift.

Während das Brahman bei Shankara eine unpersönliche Wirklichkeit ist, wird es von Ramanuja als ein persönlicher Gott gesehen, der nicht nur wie das Brahman das Sein verkörpert und Bewußtsein und Glückseligkeit besitzt, sondern darüber hinaus noch viele andere, «unermeßliche, vollkommene und zahllose günstige Merkmale» hat. Gott nimmt in dem philosophischen System Ramanujas einen zentralen Platz ein. Da er als Person begriffen wird, steht der Mensch in einer quasi zwischenmenschlichen Beziehung zu ihm, die wesentlich durch Hingabe (*bhakti*) und völlige Überantwortung (*prapatti*) an diesen Gott geprägt ist.

Obwohl man Ramanuja nicht als den Begründer des Vishishtadvaita-Systems betrachten kann, ist er zweifellos der wichtigste und bekannteste Vertreter dieser Schule. Er war ein Anhänger der religiösen hinduistischen Gruppierung, die den allerhöchsten Gott – Vishnu – verehrte. Das Zentrum dieser Vaishnava-Gemeinschaft war der Tempel von Shriranganatha in Trichinopoly (oder Thiruchirapalli) im heutigen Bundesstaat Tamil Nadu.
Von hier aus übte Ramanuja einen beherrschenden Einfluß auf die Vaishnava-Gemeinschaft aus. Zudem entwarf er ein philosophisches System, das mit dem Glauben des Vaishnava-Hinduismus in Einklang war.
Nach der Überlieferung wurde Ramanuja 1017 als Sohn einer Brahmanenfamilie geboren und starb im Jahr 1137 – demzufolge wäre ihm also ein Leben von hundertzwanzig Jahren beschieden gewesen. Nach Meinung einiger Gelehrter zwingt uns jedoch die Kenntnis von historisch belegten Ereignissen, die in seinem Leben eine Rolle spielten, und sein laut Überlieferung doch recht ungewöhnlich langes Leben dazu, sein Geburtsjahr auf mindestens dreißig Jahre später zu datieren. Kurz nach seiner Heirat soll er sich den Schülern des Advaitalehrers Yadavaprakasha angeschlossen haben. Aber schon sehr rasch stellte sich heraus, daß er in wesentlichen Punkten der Lehre anderer Auffassung war als sein Meister, und so verließ er ihn. Nachdem er sich im Tempel von Shriranganatha die Position eines Lehrers erworben hatte, konzentrierte er sich dort und in anderen Tempeln Südindiens auf das Unterrichten seiner Schüler und auf Diskussionen mit Denkern anderer philosophischer Schulen. Selbst sein Lehrer Yadavaprakasha soll später zu seinen Schülern gehört haben. Als er von einem der Chola-Könige, Kulottunga I., verfolgt wurde, sah er sich gezwungen, nach Mysore zu flüchten. Nach dem Tod dieses Chola-Königs kehrte er in den Tempel von Shriranganatha zurück, wo er auch gestorben sein soll.
Nach der Überlieferung der Vaishnava-Gemeinschaft verfaßte Ramanuja neun Werke. Seine wichtigste und umfangreichste Schrift ist das *Shribhashya*, ein Kommentar zu den *Brahmasutras*. Der unverhältnismäßig lange Kommentar zur ersten Sutra kann als eine Zusammenfassung seines gesamten Systems gesehen werden. Neben dem *Shribhashya* schrieb er noch zwei kürzere Kommentare zu den *Brahmasutras*: die *Vedantadipika* und den *Vedantasara*. Zwei weitere bedeutende Werke sind das *Gitabhashya*, das die *Bhagavad-Gita* kommentiert, und der *Vedarthasamgraha* (Die Zusammenfassung der Bedeutung der Veden).

Ramanuja erklärt den relativen Nicht-Dualismus der Realität anhand der Metapher von Körper und Seele. Körper und Seele bilden, obwohl sie zu unterscheiden sind, eine Einheit, in welcher der Körper von der Seele gestützt und in seinen Bewegungen geleitet wird. Im philosophischen Denken Ramanujas bilden die unzähligen ewigen Seelen, die zwar verschieden, aber nicht unabhängig von Gott sind, gemeinsam mit der ewigen Materie den Körper Gottes. Dieser wird – wie der Körper durch die Seele – von einem immanenten Gott geleitet.

Es gibt also eine Realität, deren Seele Gott ist. Ebenso wie der Körper als etwas von der Seele Getrenntes begriffen werden muß, sind die Seelen und die Materie von Gott zu unterscheiden. Und wie der Körper nicht unabhängig von der Seele existieren kann, können auch die Seelen und die Materie nicht losgelöst von Gott bestehen. In einem solchen Zusammenhang, vergleichbar mit dem zwischen einer Substanz und ihren Merkmalen oder zwischen dem Ganzen und seinen Teilen, besteht eine Einheit des Ganzen, dessen einzelne Teile von diesem Ganzen unterschieden werden müssen, obwohl sie nicht von ihm zu trennen sind. Brahman ist also die einzige Realität, während alle anderen Dinge – beseelte wie unbeseelte – seine Modalitäten oder Merkmale sind.

Für Ramanuja ist Brahman der materielle und direkte Urgrund des Universums. Alle Veränderungen, die in der Welt geschehen, gehören zum Körper Gottes, sie sind Teil der Seelen und der Materie, während Gott selbst von keiner wie auch immer gearteten Veränderung berührt wird. Die Schöpfung und das Entstehen des Weltganzen werden durch den Willen Gottes initiiert. Es ist sein Wille, die Seelen mit ihrem Körper zu vereinen, damit sie die Früchte ihres Karma ernten können. Ramanuja glaubt, daß sich die Evolution der Materie nach dem Modell der Samkhya-Lehre vollzieht. Während es nach der Samkhya-Lehre jedoch ausschließlich der Charakter der Urmaterie selbst ist, der diese Evolution bedingt, ist es hier das Brahman, das den gesamten Prozeß auslöst und steuert.

Der Zerfall des Universums vollzieht sich genau umgekehrt: Die Seelen werden von ihren Körpern getrennt, die zusammen mit den anderen materiellen Dingen auf die Urmaterie zurückgeführt werden. Auch dieser Prozeß der universellen Auflösung wird durch den Willen Gottes eingeleitet und gelenkt. Die körperlosen Seelen und die Urmaterie bleiben dann auf eine wesenhafte Weise solange mit Gott vereint, bis der Zeitpunkt für eine neue Schöpfung angebrochen ist und der Evolutionsprozeß sich wiederholt.

Nun also die Brahmanforschung
Gegenstand: Die Erörterung über das Brahman.
Zweifel: Ist sie anzufangen oder nicht? [...] Deshalb wird (weiter) überlegt: Ist es möglich, sich zu vergewissern, daß das Wort imstande ist, über einen vollkommen fertigen Gegenstand Erkenntnis zu verbreiten, oder nicht?
Behauptung: Es ist nicht möglich.
Entscheidung: Es ist möglich. [...]
Da meint der Vertreter der Behauptung: Weil die Etymologie eines Wortes nicht anders als bei seinem häufigen Gebrauch möglich ist und weil, da sein Gebrauch der Vorstellung von dem Hervorzubringenden vorangeht, man sich nur bei einem erst hervorzubringenden Gegenstand über die Wirkungskraft des Wortes vergewissern kann, sind die Vedāntatexte für einen vollkommen fertigen Gegenstand (wie) das Brahman keine Erkenntnisquelle; [...]
Entscheidung aber: Wenn Mütter, Väter und andere mit dem Finger auf Mutter, Vater, Onkel, Mond, Haustier, Wild und anderes zeigen und jedesmal bezeichnende Wörter gebrauchen, sind die Kinder schrittweise mannigfach unterrichtet. Weil man sieht, daß unmittelbar nach dem Hören eines jeden Wortes in ihnen selbst eine Vorstellung von jedem Gegenstand entsteht; weil man einen anderen Zusammenhang zwischen Wort und Gegenstand nicht sieht: und weil man Menschen, die eine Übereinkunft treffen könnten, nicht kennt: ist eben das Verhältnis zwischen dem, was zur Erkenntnis führt, und dem, was zur Erkenntnis zu bringen ist, der Zusammenhang zwischen Wort und Gegenstand; somit ist es denen, die Entscheidungen treffen, möglich, sich zu vergewissern, daß das Wort auch über einen vollkommen fertigen Gegenstand Erkenntnis verbreitet. Mithin ist, weil die Vedāntatexte Erkenntnisquelle für das Brahman sind, die Erörterung über das Brahman in Gestalt der Untersuchung über deren Sinn anzufangen.
[...] Forschung ist der Wunsch zu erkennen, und Brahmanforschung der Wunsch, das Brahman zu erkennen. Weil das, was gewünscht wird, die Hauptsache bei einem Wunsche ist, geht es hier um die Erkenntnis, die gewünscht wird. Weil das vorher erfolgte Studium des Werkdienstes nur geringe und unbeständige Frucht bringt, ist aus eben diesem Grunde unmittelbar darauf das Studium des Brahman zu betreiben, da es unendliche und beständige Frucht bringt.

Aus: Ramanuġa, *Vedantadipika*

Befreiung nach der Vishishtadvaita-Lehre

Im Gegensatz zu den bereits besprochenen Systemen kommt Gott in der Vishishtadvaita-Lehre bei der Erlösung der Seelen große Bedeutung zu. Dies liegt im Grunde auf der Hand, wenn wir bedenken, daß eine wesentliche Quelle der Theologie Ramanujas die religiöse Tradition der tamilischen Alvars war. Die tief religiöse Einstellung dieser Vaishnava-Heiligen – es werden meistens zwölf genannt – wird geprägt durch eine sehr weitreichende und aufrechte Hingabe an einen als unendlich gütig und barmherzig erfahrenen Gott, der immer bereit ist, die Sündhaftigkeit der ihm zugewandten Gläubigen aufzuheben.

Hingabe und Überantwortung an Gott galten als die beiden Wege, die zur Befreiung führen sollten. Die Jünger Ramanujas spalteten sich in zwei Schulen auf, deren Kontroverse sich auf die Frage konzentrierte, ob sich der Gläubige auf die völlige Hingabe an Gott beschränken oder auch aus eigener Kraft nach der Erlösung streben sollte.

Die Vadagalai-Schule (Nördliche Schule) vertrat die Auffassung, daß neben der vollkommenen Überantwortung an Gott auch das eigene Bemühen stehen müsse. Diese Schule wurde unter dem Namen «Affen-Schule» (*markatanyaya*) bekannt, da ihre Lehre daran erinnerte, wie ein Affenjunges vor einem Feind beschützt wird: Es muß sich aus eigener Kraft an der Brust seiner Mutter festklammern, wenn diese vor einer drohenden Gefahr die Flucht ergreift.

Die Tengalai-Schule (Südliche Schule) lehrte hingegen, daß die völlige Hingabe an Gott als solche ausreichend ist, um erlöst zu werden; dem Gottgeweihten selbst sollten keine eigenen Bemühungen abverlangt werden. Diese Schule erhielt den Beinamen «Katzen-Schule» (*marjaranyaya*), da sie an das Verhalten einer jungen Katze bei Bedrohung durch einen Feind erinnert: Das Kätzchen bleibt passiv und läßt sich von seiner Mutter im Maul an einen sicheren Ort tragen.

Im Gegensatz zur Advaita-Theorie, derzufolge die Seele sich im Brahman «verliert, indem sie in ihm aufgeht», behält sie nach der Vishishtadvaita-Lehre selbst nach der Erlösung ihre Individualität, obwohl sie immer abhängig bleiben und untrennbar mit Gott verbunden sein wird.

Da die Seele an der ewigen Glückseligkeit Gottes teilhat, bekommt sie alles, was sie will. Manchmal wird dieser Glückszustand der erlösten Seelen in Bildern aus der Vorstellungswelt irdischer Freuden beschrieben. So soll die befreite Seele zum Beispiel ihre Verwandten wiedersehen können, wenn sie es nur will. Sie kann sogar nach Belieben unter den verschiedensten Körpern wählen, auch wenn diese Körper nicht mit den unsrigen zu vergleichen sind. Während unsere Körper das Produkt unseres Karma sind, ist der Körper, in den eine erlöste Seele Einzug hält, Materie in ihrer reinsten Form (*vishuddhasattva*).

Alvars: Südindische Vishnu-Dichter.

Hanuman im
südindischen
Kathakali-Theater.

Während Ramanuja vor allem das Advaita-System von Shankara umformte und anpaßte, löste sich Madhva vollkommen von der monistischen Lehre der Upanishaden und wurde zum führenden Vertreter einer dualistischen – oder im Grunde pluralistischen – Form des Vedanta-Systems.

Die Darstellungen über das Leben Madhvas, wie sie in manchen Biographien zu finden sind, enthalten Elemente, die nicht nur übertrieben scheinen, sondern an das Übernatürliche grenzen, so daß ihnen nicht allzuviel Glauben geschenkt werden kann. In einem seiner eigenen Werke nennt Madhva das Jahr 4300 des Kaliyuga – des letzten der vier Äonen in der hinduistischen Mythologie – als sein Geburtsjahr. Dies soll nach der Berechnung einiger Hindu-Gelehrter dem Jahr 1198 n. Chr. entsprechen. Ziemlich überraschend behauptet er in demselben Buch, die dritte Inkarnation des Gottes Vayu (Wind) aus der vedischen Mythologie zu sein, dessen frühere Inkarnationen Bhima aus dem Epos *Mahabharata* und Hanuman, der Affengott aus dem *Ramayana*, waren.

Madhva soll aus einer einfachen Brahmanenfamilie stammen, die in dem Dorf Pajaka lebte, das etwa zehn Kilometer südöstlich der heutigen Stadt Udipi im Bundesstaat Karnataka liegt. Mit siebzehn Jahren soll er als Mönch in einen Orden des Vishnuismus eingetreten sein. Nachdem er sich von Anfang an mit der monistischen (Advaita-) Überzeugung seines Meisters nicht anfreunden konnte, verließ er ihn schon nach relativ kurzer Zeit. Nach seiner Rückkehr von einer Pilgerfahrt zu den heiligen Gegenden des Himalaya verfaßte er einen Kommentar zu den *Brahmasutras*, in dem er sich ausdrücklich von den Kommentaren Shankaras distanzierte und ihnen seine eigenen Auffassungen entgegensetzte. Man sagt, daß sich auch sein Lehrer später zu Madhvas dualistischer Interpretation der *Brahmasutras* bekehrte.

Nach der Überlieferung schrieb Madhva 37 Bücher, darunter religiöse Hymnen, Kommentare und Monographien zur Logik, Erkenntnistheorie und Ontologie. Zu den bedeutendsten Werken zählen seine Kommentare zu den *Brahmasutras*, zur *Bhagavad-Gita* und zu den wichtigsten *Upanishaden*. Weitere erwähnenswerte Werke sind das *Mahabharatatatparyanirnaya*, das in 32 Kapiteln das Wesentliche des Mahabharata wiedergibt, und das *Vishnutattvanirnaya*, das eine Auseinandersetzung mit dem wahren Wesen Vishnus und verwandte Themen beinhaltet.

Die Dvaita-Vedanta-Lehre: Madhva

Madhva, der Begründer der Dvaita-Lehre (der dualistischen Richtung innerhalb des Vedanta), vertrat das Prinzip eines Dualismus zwischen Geist und Materie. Im Grunde handelt es sich um ein pluralistisches und realistisches System, das die Wirklichkeit der äußeren Welt anerkennt. Kennzeichnend für die Dvaita-Lehre ist die Theorie von der Existenz verschiedener Realitäten (*bheda*). Brahman, der mit dem persönlichen Gott Vishnu gleichgesetzt wird, unterscheidet sich sowohl von den Seelen als auch von den materiellen Dingen. Die Seelen werden als von Gott und von den materiellen Dingen getrennt erfahren. Ebenso sind die materiellen Dinge sowohl in sich als auch von Gott und den Seelen verschieden.

Das pluralistische Weltbild Madhvas deckt sich jedoch nicht mit dem Entwurf der Nyaya-Vaisheshika-Philosophie. Im System Madhvas wird trotz der Individualität aller Dinge nur Gott als unabhängig (*svatantra*, «selbst-abhängig») gesehen, während alle anderen – beseelten wie unbeseelten – Dinge in einer absoluten Abhängigkeit vom göttlichen Willen stehen. Diese Abhängigkeit ist jedoch wiederum eine andere als in der Philosophie Ramanujas. Ramanuja lehrte, daß die Seelen und die Materie nur in Gott bestehen und untrennbar mit ihm verbunden sind, obwohl sie von ihm unterschieden sind. Im Denken Madhvas hingegen besitzen die Seelen und die materiellen Dinge eine Realität und eine Existenz, die als losgelöst von Gott begriffen wird.

Madhva unterschied drei Arten von Seelen. Zum ersten die ewig freie Seele (*nityamukta*), in der Verkörperung von Lakshmi, der Gattin Vishnus. Sie ist ewig frei, weil sie zu keiner Zeit an den Kreislauf der Wiedergeburten gefesselt war und dies auch niemals

DIE HINDUISTISCHE PHILOSOPHIE 99

Qutub Minar, eine Siegessäule. Für die ersten Bauten in der Umgebung Delhis wurde oft Material aus Hindutempeln verwandt.

Im dreizehnten Jahrhundert errichteten die Sultane der Sklavendynastie zahlreiche Gedenkstätten.

Glückseligkeit, aber die Philosophie Madhvas unterscheidet sich hier in einem wichtigen Punkt von allen anderen indischen Denksystemen. Während allgemein gesagt wird, daß alle erlösten Seelen gleich sind, kennt Madhva eine graduelle Glückseligkeit (*anandataratamya*), die direkt aus seiner abweichenden Auffassung von dem eigenständigen und individuell unterschiedlichen Charakter der Seelen resultiert.

Mit der Invasion der islamischen Eroberer beginnt eine neue Epoche (ca. 1200–1750), die gleichzeitig das Ende der sogenannten Hinduzeit bedeutet. Die Abbildung zeigt den ersten großen Mongolenherrscher Babur, der von 1526 bis 1530 regierte.

sein wird. Dennoch lebt sie in einer ewigen Abhängigkeit von Vishnu. Zum zweiten gibt es für Madhva die Seelen, die irgendwann einmal erlöst werden (*muktiyoga*). Unter die dritte Kategorie faßt er die Seelen, die niemals befreit werden können (*muktyayoga*). Manche werden für alle Zeiten an den Kreislauf der Wiedergeburten gekettet bleiben, während anderen ein ewiges Leben in der Hölle vorbestimmt ist. Von allen Schulen Indiens ist die von Madhva die einzige, die eine ewige Bestrafung in der Hölle kennt.

Die mögliche Erlösung einer Seele hängt in letzter Instanz vom Willen Gottes ab. Also ist Gott der letzte Urgrund ihrer Erlösung oder ihrer ewigen Verdammung in der Hölle – eine Theorie, die Übereinstimmungen mit der christlichen Lehre Calvins von der Vorbestimmung aufweist.

Die bekannten Wege zur Erlösung – Erfüllung der Pflichten, Meditation über die Schriften und Hingabe an Gott – sind auch die Methoden, die Madhva nennt. Für ihn sind es jedoch nur Vorbereitungen, die zum letzten Urgrund der Befreiung – zur Gnade Gottes – führen sollen. Noch stärker als Ramanuja betont Madhva, daß die Erlösung ausschließlich durch die Gunst und Gnade des allerhöchsten Gottes Vishnu zu erreichen ist.

Auch nach der Lehre Madhvas lebt die erlöste Seele in einem Zustand grenzenloser und unendlicher

3

Einsamer Fischer auf dem Fluß (1. Hälfte des 12. Jh.) Gemälde von Ma Yuan.

CHINA

Die klassische Zeit

Studierzimmer eines Gelehrten als Ort der Meditation. Auffallend ist, daß der Raum – ganz im Sinne der chinesischen Tradition – keine Sicht auf die Außenwelt freigibt. Durchbrochen wird diese Abgeschlossenheit nur durch die Landschaftsmalerei an der Wand.

Jadestatue eines Ahnen.

Die Zeit der Streitenden Reiche

Mit Ausnahme des aus Indien importierten Buddhismus sind alle Schulen der chinesischen Philosophie zwischen dem frühen fünften und späten dritten Jahrhundert vor Christus entstanden. In diesem Zeitraum, der auch als die Zeit der «Streitenden Reiche» bezeichnet wird, wandelte sich China von einem archaischen Feudalstaat zu einem vereinten Kaiserreich. Das damalige chinesische Territorium war in eine Vielzahl autonomer Feudalstaaten zersplittert, die in erbitterte Machtkämpfe verwickelt waren. Eine übergreifende Macht, nämlich die des Königs von Zhou, der als «Sohn des Himmels» weiterhin nach den Regeln des alten höfischen Zeremoniells der Zhou-Dynastie (ca. 1050–256) regierte, existierte nur noch formal.

Erbittert fochten die einzelnen Staaten ihren Kampf um die Vorherrschaft aus. Im Verlauf eines zähen Prozesses kam es zu einer immer größeren Machtkonzentration in den Händen einiger weniger Staaten, die sich in zahllosen Eroberungskriegen die kleineren Territorien einverleibt hatten. Sie alle verfolgten dabei ein politisches Ideal, nämlich die Verwirklichung eines geeinten chinesischen Reiches – eines Reiches der Mitte. Schließlich gelang es dem Herrscher des Staates Qin, den letzten seiner Gegner aus dem Feld zu schlagen. Im Jahr 221 v. Chr. rief er sich zum ersten Kaiser der Qin-Dynastie aus. Für kurze Zeit (221–206) übte er eine totalitäre Herrschaft über China aus, während der er weitreichende Reformen durchsetzte. Er beseitigte die Reste des Feudalsystems und gliederte das Reich in Verwaltungseinheiten, die der kaiserlichen Zentralgewalt unterstanden und von einem mächtigen Beamtenapparat gelenkt wurden.

Die Anfänge der klassischen chinesischen Philosophie fielen also in eine Zeit schwerer sozialer und politischer Krisen. Schon im sechsten Jahrhundert vor Christus war die Auflösung des archaischen Feudalsystems nicht mehr aufzuhalten. Armeeführer unterminierten die beherrschende Stellung der alten adligen Familien. Der immer komplizierter werdende Verwaltungsapparat der großen Feudalstaaten mußte modernisiert und rationalisiert werden, vor allem aber brauchte man besser qualifizierte Führungskräfte, um die wichtigen Schaltstellen des Staates neu zu besetzen, die von alters her den Angehörigen der Aristokratie vorbehalten waren.

Die Zeit, in der sich die alte Ordnung aufzulösen begann, war auch dadurch gekennzeichnet, daß das Eisen allmählich die Bronze verdrängte. Damit wurde eine Entwicklung eingeleitet, die einerseits zu einer Steigerung der Agrarproduktion führte, andererseits aber auch Militärvorhaben in einer bis dato unbekannten Größenordnung möglich machte.

Das Zusammenwirken all dieser Tendenzen höhlte den überlieferten Verhaltenskodex aus, der den Führungsanspruch des sakralen Herrschertums und der aristokratischen Schichten legitimiert hatte. Im Mittelpunkt dieser archaischen Welt stand das Ritual (*li*). Alles geschah im Zeichen des Zeremoniells, des Opfers und des Orakels; der Ablauf des Jahres war von einem Zyklus ritueller Feierlichkeiten diktiert, in deren Zentrum die kultische Verehrung der Ahnen stand. Der Herrscher regierte nicht kraft eigener Autorität, sondern im Auftrag des Himmels, den man sich in dieser frühen Zeit noch als ein personalisiertes höheres Wesen vorstellte. Sein «himmlisches Mandat» verlieh ihm eine absolute Ausnahmestellung und übertrug ihm allein das Recht und die Autorität, die aufwendigen Riten zu vollziehen, die notwendig waren, um die richtige Ordnung zwischen Himmel und Erde herzustellen. In diesem Sinne ist auch der Titel «Sohn des Himmels» zu verstehen. Herrschen war nach dem damaligen Verständnis gleichbedeutend mit der Wahrung der kosmischen Ordnung. In dieser archaischen Zeit bildeten der Himmel, die Erde und die Welt der Menschen ein organisches Ganzes, in dem der König eine religiöse Mittlerfunktion hatte. Allerdings war sein Mandat so «leicht wie eine Feder». Erfüllte er seine Aufgabe nicht, hatte er verspielt und mußte den Thron einem geeigneteren Nachfolger überlassen. Sein Schicksal war an den Zeichen abzulesen, die der Himmel zur Erde sandte; Naturkatastrophen, Aufstände und andere unheilvolle Ereignisse verkündeten sein Scheitern.

Im sechsten Jahrhundert hatte dieses archaische Weltbild trotz tiefer Risse noch einen gewissen Zusammenhalt. Die alten Traditionen waren vereinzelt – vor allem jedoch am Hofe des machtlos gewordenen Königs der Zhou-Dynastie – noch lebendig. Bestimmte Kreise stützten sich nach wie vor auf die al-

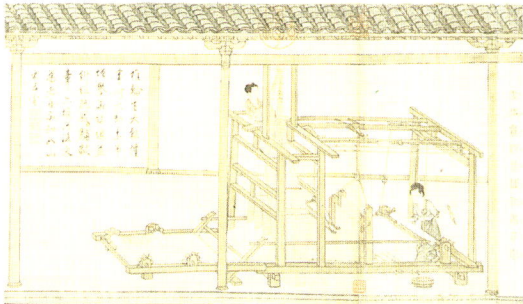

ten Texte, die als authentische Überlieferungen aus der Zeit der frühesten Könige und damit als Zeugnisse aus einer Epoche der vollkommenen politischen und sozialen Ordnung idealisiert wurden.

Die zentrale Fragestellung des chinesischen Denkens

Man war sich in dieser Zeit sehr bewußt, daß die alte Ordnung ihrem Ende entgegenging. In dieser historischen Situation rückte zum ersten Mal die Frage in den Mittelpunkt, mit welchen Methoden eine universelle Ordnung wiederhergestellt werden könne, in der die menschliche Gesellschaft in Harmonie mit den großen Mächten von Himmel und Erde funktionieren kann. (Bezeichnenderweise werden «regieren» und «ordnen» im Chinesischen mit demselben Wort ausgedrückt.) Das war die Geburtsstunde des kritischen Denkens, und auch wenn diese frühe chinesische Philosophie noch dem alten magisch-mythischen Weltbild verhaftet war, von dem sie sich im übrigen nie ganz gelöst hat, so erkannten die Denker dieser Zeit doch sehr deutlich, daß ein aktives Eingreifen nötig war, sollten Staat und Gesellschaft nicht in ein grenzenloses Chaos stürzen. Etwa ab 500 v. Chr. entwickelte sich eine Vielzahl philosophischer Schulen, die auf diese zentrale Frage sehr unterschiedliche Antworten gaben. Diese Zeit brachte ein so breites Spektrum an originellen und interessanten Denkansätzen und Ideen hervor, daß sie zu Recht als die kreativste Phase in der chinesischen Philosophie gilt.

Natürlich engte diese Fragestellung, die den Menschen primär als Teil eines sozialen Gefüges wahrnahm und den Machthaber als «ordnende Hand» der Gesellschaft begriff, den Horizont und Bewegungsspielraum der klassischen chinesischen Philosophie ein. Selbst diejenigen Philosophen, die jeden Eingriff in die Natur des Menschen ablehnten und alle Ansätze zur Schaffung einer künstlichen Ordnung verwarfen, richteten ihr Denken nicht unbedingt auf die Erforschung von Naturphänomenen. Auch ihr Hauptinteresse galt dem Idealverhalten des Menschen im Einklang mit der Natur.

Die Schule der *Dialektiker* hatte zwar den Versuch unternommen, logische Kategorien zu formulieren, aber ihre ansatzweise entwickelte Logik geriet bereits im Anfangsstadium in eine Sackgasse.

Im 3. und 4. Jh. v. Chr. kamen erste Spekulationen über den Kosmos und seine Wirkungsweisen auf. Dieses Interesse führte zu umfassenden Klassifikationssystemen, die auf den beiden Urprinzipien *Yin* und *Yang* und den fünf Elementen basierten. Aber auch diese Strömung hat keine Naturphilosophie entwickelt, die nicht auch die Frage nach dem menschlichen Idealverhalten in den Mittelpunkt ihrer Betrachtungen gestellt hätte.

Die rivalisierenden Schulen

Die philosophischen Schulen der klassischen Zeit haben keine integralen Systeme geschaffen. Genau genommen handelte es sich um rivalisierende Gruppen und Bewegungen, die von politischen Ratgebern gegründet wurden, die ihre jeweils eigenen Grundsatzprogramme entwickelt hatten. Gemeinsam mit ihren Schülern, die sich in der Regel aus jungen Angehöri-

Die Herstellung und Verarbeitung von Seide hat in China eine uralte Tradition und geht bis in die Zeit von 1300 v. Chr. zurück. In der späten Kaiserzeit wurden Seidenstoffe mit äußerst komplizierten Mustern auf Webstühlen wie diesem angefertigt.

Tausende fast lebensgroße Terrakotta-Krieger an der Grabstätte des ersten Qin-Kaisers verkörpern einen wichtigen Aspekt der legalistischen Ideologie, einen offen zur Schau getragenen Militarismus.

Der Himmelstempel. Hier brachte der Kaiser als Mittler zwischen der Welt des Himmels und der Menschen sein Opfer an den Himmel dar und vollzog damit das heiligste Ritual der konfuzianischen Staatsreligion.

gen verarmter Adelsfamilien zusammensetzten, zogen diese Meister von Hof zu Hof, um diesen oder jenen Feudalherrscher von ihrer Philosophie zu überzeugen. Manchen gelang es tatsächlich, die Gunst eines Herrschers zu gewinnen und als private Ratgeber am Hofe aufgenommen zu werden.

Andere Meister mieden die Öffentlichkeit, um ausschließlich in der geschlossenen Gemeinschaft mit ihren Schülern zu leben. Die von ihnen überlieferten Texte sind jedoch oft erst Jahre später und mit vielen nachträglichen Ergänzungen niedergeschrieben worden. So sind sie, auch wenn sie den Namen ihres Begründers tragen, fast immer das Produkt mehrerer Verfasser.

Die philosophischen Lehren und Strömungen, die in dieser Zeit entstanden, sind unter dem Namen «Hundert Schulen» bekannt geworden. Auch wenn diese Zahl mit Sicherheit übertrieben ist, so hat es doch zweifellos eine stattliche Anzahl gegeben – darunter leider nicht wenige, über die wir außer ihrem Namen kaum etwas wissen.

So gab es beispielsweise die Ackerbau-Schule, die sich den idealen (Mini-) Staat offensichtlich als eine Art Landkommune vorstellte, in der auch der Herrscher seinen eigenen Grund und Boden selbst bearbeiten sollte. Ein anderes Beispiel war die Bündnis-Schule, die ihre Aufgabe darin sah, die Macht des Herrschers zu vergrößern, indem sie ihn in die Methoden und Winkelzüge der Diplomatie einweihte. Von den Dialektikern liegt uns mehr Textmaterial vor, aber da die überlieferten Schriften aus einer bloßen Aneinanderreihung paradoxer Aussagen ohne Erklärung oder Deutung bestehen, können wir uns keine deutliche Vorstellung von der Art ihrer Argumentationsweise machen. Da solche Nebenströmungen mit der Qin-Dynastie untergingen, werden sie hier keine weitere Beachtung finden. Das gilt auch für die Schule der Mohisten, die eine Zeitlang vor allem als Gegenpol zum konfuzianischen Ritualismus keinen geringen Einfluß hatte. Ihr Begründer Mo Di oder Mozi (Meister Mo) der im vierten Jahrhundert vor Christus lebte, predigte das Ideal eines Staates, dessen höchste Prinzipien Frömmigkeit und eine einfache Lebensführung waren. Die Mohisten prangerten kostspielige, aber «nutzlose» Riten an und verurteilten die geld- und menschenverschlingenden Angriffskriege. Die Lehre von Mo Di ist gut dokumentiert. Da sich seine pazifistische Morallehre jedoch auf Dauer nicht behaupten konnte, wird auch diese Strömung hier keine weitere Berücksichtigung finden.

Im Prinzip sind es vier Hauptströmungen, die das chinesische Denken der nachklassischen Zeit direkt oder indirekt nachhaltig beeinflußt haben: Die erste und langfristig einflußreichste Strömung war der *Konfuzianismus*, eine Lehre, die wir nach unserem heutigen Verständnis als ethisch-konservativ bezeichnen würden. Ziel der Konfuzianer war die Wiederherstellung der Sitten und der Verhaltensweisen einer Frühzeit, die zum absoluten Ideal stilisiert wurde. Die zweite namhafte philosophische Strömung war der *Daoismus* (so benannt nach dao, «der Weg», das höchste Prinzip, das allen natürlichen Prozessen eigen ist). Die Lehre reagierte auf das streng moralische und rituelle System des Konfuzianismus mit einem Gegenentwurf, der das Ideal einer natürlichen Ordnung verkündete. Für die Daoisten war die menschliche Neigung, alles zu reglementieren, gleichbedeutend mit der Zerstörung des kosmischen Gleichgewichts und somit die ursächliche Quelle allen Elends. Sie forderten eine Gesellschaftsform, die weitgehend auf Bestimmungen und Gesetze verzichten sollte und sich am Ideal eines natürlichen und kulturlosen Urstaates ausrichten sollte. Die dritte und politisch radikalste Richtung war der *Legalismus*. Die Anhänger dieser Strömung brachen konsequent mit allem Überkommenen und widersetzten sich jedem Versuch, die ferne Vergangenheit in ein inspirierendes Vorbild umzubiegen. Ihr Ideal war ein Staat neuer Prägung mit einem monokratischen Gesellschaftssystem, das strikten Ordnungsprinzipien und einer strengen Gesetzgebung unterworfen sein sollte. Und schließlich kam gegen Ende dieser Epoche (vor allem seit dem dritten Jahrhundert nach Christus) eine neue Lehre auf, die alle Aspekte des menschlichen Handelns in ein umfassendes kosmologisches Schema integrierte, die Schule von *Yin* und *Yang*, die auch die Schule der *Naturalisten* genannt wird. Jede dieser vier Richtungen wird hier zur Sprache kommen.

Die älteste überlieferte Abbildung von Konfuzius (ca. 900 n. Chr.).

Die ethische Philosophie von Konfuzius

Vor dem historischen Hintergrund, daß der Konfuzianismus im zweiten Jahrhundert vor Christus zur offiziellen Staatsdoktrin erklärt wurde und die chinesische Philosophie bis ins frühe zwanzigste Jahrhundert dominierte, ist schwer nachzuvollziehen, daß der frühe Konfuzianismus nur eine unter vielen konkurrierenden Lehrmeinungen gewesen ist. Mehr als jede andere Philosophie hat die Lehre des Kongfuzius der chinesischen Kultur über Jahrhunderte ihren Stempel aufgedrückt und vor allem das Denken der gebildeten staatstragenden Schichten geprägt. Selbstverständlich blieb die Beförderung zur offiziellen Ideologie des Kaiserreiches nicht ohne weitreichende Konsequenzen für die Lehre selbst. Der neue Status verlangte eine Anpassung und Erweiterung um viele Elemente, die ursprünglich nicht zum Inhalt der Lehre gehört hatten. Hier werden nur einige der grundlegenden Ideen des Konfuzianismus in seiner klassischen Ausprägung (also vor der Qin-Zeit) zur Sprache kommen.

Konfuzius forderte eine Rückkehr zur alten idealisierten Feudalordnung. Ihre rückwärtsgewandte Utopie zielte auf die Einführung einer Herrschafts- und Gesellschaftsform, die angeblich zur Zeit der frühesten Könige schon einmal bestanden hatte. Die Autorität dieser sagenumwobenen Herrscher gründete sich – nach Überzeugung der Konfuzianer – allein auf die «Sittlichkeit», auf die Macht der Riten und auf eine streng hierarchische Ordnung, in der sich die Einzelstaaten dem «Sohn des Himmels» unterwarfen. Im konfuzianischen Modell einer Idealgesellschaft verhielt sich jeder so, wie es seinem Status entsprach. Die Konfuzianer stützten ihre Lehre auf Fragmente höfischer Literatur aus der Zeit der frühen Zhou-Dynastie. Diese Sammlung enthielt alte, teilweise liturgische Lieder, Reden und Belehrungen sowie Vorschriften für die Ausführung bestimmter Rituale. Zusammen mit einigen nachträglichen Ergänzungen bilden diese Textsammlungen die sogenannten Fünf Klassiker.

Konfuzius hatte behauptet, kein neues philosophisches System schaffen zu wollen; er sah sich in der Rolle eines «Überlieferers», dem es in erster Linie darum ging, die alten Sitten zu bewahren. In seiner Schule wurde das Erbe der Frühzeit ausgiebig studiert und in einem moralischen Sinn neu interpretiert: Wenn zum Beispiel in den alten Texten der Begriff *de* gebraucht wurde, dann war damit ursprünglich eine positive Macht oder magische Wirkkraft gemeint, die das Charisma des Mächtigen bezeichnete, dem seine Untertanen spontan Gehorsam leisteten. In der konfuzianischen Schule bekam dieses *de* jedoch eine moralische Bedeutung, es wurde gleichgesetzt mit der Tugend des Adligen (*junzi*), der

Der Begründer des Konfuzianismus wurde 551 vor Christus im Staat Lu, im Süden der heutigen Provinz Shandong, geboren. Sein eigentlicher Name war Kong Qiu, der jedoch aus Respekt vor dem großen Meister kaum benutzt wurde. Nachdem seine Lehre im zweiten Jahrhundert vor Christus zur offiziellen Staatsideologie erklärt worden war, verlieh man ihm den ehrenvollen Titel Kongzi oder Kongfuzi (Meister Kong). In China lebende Jesuiten machten daraus im siebzehnten Jahrhundert die latinisierte Form Konfuzius.

Konfuzius stammte aus einer verarmten Adelsfamilie. Wie er selbst sagte, zwangen ihn die (relativ) bescheidenen häuslichen Verhältnisse, sich eine Reihe praktischer Fertigkeiten anzueignen, die eigentlich nicht seinem Stand entsprachen. Andererseits spricht er jedoch auch davon, daß er schon mit fünfzehn Jahren sein Interesse für bestimmte Studien entdeckte und sich intensiv mit der rituellen, zeremoniellen Musik und Textfragmenten aus der Frühzeit beschäftigte. Nachdem er sich durch dieses «Curriculum» eine Basis geschaffen hatte, gründete er eine Privatschule. Hier unterrichtete er seine Schüler in einer Reihe von Fächern, widmete sich ihrer moralischen Erziehung und machte sie mit den alten Schriften und den Regeln des richtigen rituellen Verhaltens vertraut. Zudem arbeitete er zeitweise und mit wechselndem Erfolg als Beamter am Hof seines Heimatstaates Lu. Aus Enttäuschung über die zunehmende politische und moralische Zerrüttung des Staates zog er sich jedoch von dieser Tätigkeit zurück.

Zu Lebzeiten des Konfuzius war das gesamte chinesische Staatswesen von einer tiefen Krise erfaßt. Die Zeiten, in denen die Könige von Zhou noch genug Macht besaßen, um das Reich zusammenzuhalten, waren längst vorbei. De facto hatten sich die Feudalstaaten zu autonomen Mächten entwickelt, deren Gesellschaften die alten Riten nicht mehr pflegten und die aristokratische Lebensweise für überkommen hielten.

Es herrschte ein Klima politischer und sozialer Anarchie, die von einer tiefen moralischen Verunsicherung begleitet wurde.

Es scheint, als hätte Konfuzius immer stärker die Berufung gefühlt, den Herrschern seiner Zeit einen Ausweg aus dieser Krise zu zeigen. Dieser Ausweg bedeutete für ihn die Rückkehr zu den moralischen Werten und vollkommenen Einrichtungen der Frühzeit.

Die Lehre des Konfuzius fand bei seinen Schülern großen Anklang, bei den Mächtigen des Staates stieß sie hingegen auf Ablehnung. Von 497 bis 484 zog Konfuzius mit seinen Schülern von Hof zu Hof, konnte jedoch mit seinen Auffassungen nirgends Fuß fassen. Gegen Ende seines Lebens kehrte er in seinen Heimatstaat Lu zurück, wo er sich neben dem Unterrichten auch mit der Sammlung und Herausgabe alter Schriften befaßte. Er starb im Jahr 479 und wurde in Qufu begraben. Seine Grabstätte blieb bis in die moderne Zeit hinein ein Zentrum kultischer Verehrung.

Während der Konfuzianismus im Laufe der Jahrhunderte eine immense Fülle an Literatur hervorgebracht hat, sind die Gedanken von Konfuzius selbst eigentlich nur in einer einzigen relativ frühen Quelle überliefert, im *Lunyu*. Dieses Werk ist eine recht ungeordnete Sammlung von ungefähr fünfhundert Reden und Gesprächen, die vom Meister selbst und von einigen seiner direkten Schüler stammen. Wieviele dieser Texte tatsächlich authentisch sind, ist nicht mehr nachzuvollziehen, aber es spricht einiges dafür, daß es als Sammelwerk bereits vor 400 v. Chr. entstanden ist und damit aus einer Zeit stammt, in der die Erinnerung an Konfuzius noch lebendig war.

Nach dem Tod des Konfuzius hatte seine Lehre noch keineswegs einen beherrschenden Einfluß. Sie blieb noch drei Jahrhunderte lang eine von vielen Strömungen, die von den Vertretern anderer Schulen erbittert bekämpft wurde.

Traditionelle Darstellung von Konfuzius und seinen Schülern. Im Vordergrund studieren die Schüler die kanonischen Texte; im Hintergrund üben sie sich im Saitenspiel und im Gebrauch ritueller Gerätschaften.

Der Polarstern
Der Meister sprach: «Wer kraft seines Wesens herrscht, gleicht dem Nordstern. Der verweilt an seinem Ort und alle Sterne umkreisen ihn.»

Gesetz und Geist bei der Staatsregierung
Der Meister sprach: «Wenn man durch Erlasse leitet und durch Strafen ordnet, so weicht das Volk aus und hat kein Gewissen. Wenn man durch Kraft des Wesens leitet und durch Sitte ordnet, so hat das Volk Gewissen und erreicht (das Gute).»

Religion und Kunst ohne Sittlichkeit
Der Meister sprach: «Ein Mensch ohne Menschenliebe, was hilft dem die Form? Ein Mensch ohne Menschenliebe, was hilft dem die Musik?» (3.3)

Sittlichkeit I: Schönheit
Yan Yuan fragte nach (dem Wesen) der Sittlichkeit. Der Meister sprach: «Sich selbst überwinden und sich den Gesetzen der Schönheit zuwenden: dadurch bewirkt man Sittlichkeit. Einen Tag sich selbst überwinden und sich den Gesetzen der Schönheit zuwenden: so würde die ganze Welt sich zur Sittlichkeit kehren. Sittlichkeit zu bewirken, das hängt von uns selbst ab; oder hängt es etwa von den Menschen ab?»

Wer ist Konfuzius?
Der Herzog von Zhe fragte den Zilu über Konfuzius. Zilu gab ihm keine Antwort. Der Meister sagte (nachher): «Warum hast du nicht einfach gesagt: Er ist ein Mensch, der in seinem Eifer (um die Wahrheit) das Essen vergißt und in seiner Freude (am Erkennen) alle Trauer vergißt und nicht merkt, wie das Alter herankommt.»

Sittlichkeit II: Ehrfurcht und Nächstenliebe
Zhong Gong fragte nach (dem Wesen) der Sittlichkeit. Der Meister sprach: «Trittst du zur Tür hinaus, so sei wie beim Empfang eines geehrten Gastes. Gebrauchst du das Volk, so sei wie beim Darbringen eines großen Opfers. Was du selbst nicht wünschest, das tue nicht den Menschen an. So wird es in dem Land keinen Groll (gegen dich) geben, so wird es im Hause keinen Groll (gegen dich) geben.»
Zhong Gong sprach: «Obwohl meine Kraft nur schwach ist, will ich mich doch bemühen, nach diesem Wort zu handeln.»

Tod und Leben
Zilu fragte über das Wesen des Dienstes der Geister. Der Meister sprach: «Wenn man doch nicht den Menschen dienen kann, wie sollte man den Geistern dienen können!»
(Zilu fuhr fort): «Darf ich wagen, nach dem (Wesen) des Todes zu fragen?» (Der Meister) sprach: «Wenn man noch nicht das Leben kennt, wie sollte man den Tod kennen?»

Wirken ohne Worte
Der Meister sprach: «Ich möchte lieber nichts reden.» Zi Gong sprach: «Wenn der Meister nicht redet, was haben dann wir Schüler aufzuzeichnen?» Der Meister sprach: «Wahrlich, redet etwa der Himmel? Die vier Zeiten gehen (ihren Gang), alle Dinge werden erzeugt. Wahrlich, redet etwa der Himmel?»

Das Beste in der Welt
Der Meister sprach: «In der Frühe die Wahrheit vernehmen und des Abends sterben: das ist nicht schlimm.»

Aus: Konfuzius, *Lunyu*

---

sich durch sein sittliches Verhalten von der Masse des Volkes unterscheidet. Auch der Begriff des *junzi* erhielt im Konfuzianismus eine neue Wertigkeit. Aus der ursprünglichen Bezeichnung für einen aristokratischen Rang wurde eine moralische Kategorie. Der konfuzianische *junzi* ist ein Gentleman, ein Edler, der sich durch soziale Tugenden auszeichnet und alle zeremoniellen Vorschriften befolgt.

Auch die Regeln des *li* wurden moralisch ausgelegt. Der Konfuzianismus wandelte die alten rituellen Vorschriften, die ursprünglich nicht zwischen gut und böse, sondern nur zwischen richtig und falsch (oder günstig und ungünstig) unterschieden hatten, in ein System persönlicher Ethik um. Sie wurden in gewisser Weise instrumentalisiert, um die persönlichen Gefühle zu kontrollieren und den eigenen Charakter zu kultivieren. Im Mittelpunkt des Konfuzianismus standen die Riten, denen grundlegende Bedeutung für die Regelung der zwischenmenschlichen Beziehungen zukam. Das *li* war zunächst Ausdruck für die Ehrerbietung, die der niedrig Gestellte oder Jüngere dem höher Gestellten oder Älteren entgegenbringen sollte; umgekehrt verlangte das *li* jedoch auch, daß der höher Gestellte oder Ältere dem Untergeordneten mit Sanftmut und Wohlwollen zu begegnen hatte. Im Mittelpunkt der konfuzianischen Lehre stand die Verfeinerung und Kultivierung des eigenen Charakters. Nur wer in einem mühevollen Prozeß alle Ecken und Kanten seines Charakters geglättet und durch das Studium der klassischen Texte seine Tugenden ausgebildet hatte, durfte auf seine Berufung in ein hohes Staatsamt hoffen. Höchste Ansprüche stellten die Konfuzianer an den *junzi* (den Edlen), der sich nach dem Prinzip des *ren* allen Mitmenschen (und selbst allen lebenden Wesen) gegenüber gütig oder altruistisch im weitesten Sinne des Wortes zu verhalten hatte. Für alle anderen Menschen waren die konfuzianischen Tugenden jedoch sehr spezifisch formuliert und bezogen sich auf exakt beschriebene Kategorien und Beziehungen. Dazu gehört unter anderem die Unterordnung des Kindes unter seine Eltern, die behutsame Führung eines jüngeren Bruders durch den älteren, die Treue gegenüber dem Herrscher und die harmonische Übereinstimmung von Ehemann und Ehefrau.

Das Ideal der moralischen Autorität

All diese moralischen Verhaltensregeln galten im höchsten Maße für den Herrscher, dessen Vorbild in jeder Hinsicht das (abstrakte) Ideal der frühen Könige war. Auch von ihm wurde verlangt, daß er seine Persönlichkeit durch Selbstdisziplin kultivierte. In dem utopischen Staat konfuzianischer Prägung ist der Herrscher der höchste Lehrer, der Moralist und tugendhafte Weise auf dem Thron. Auf der praktisch politischen Ebene ist das *li* über einen persönlichen Verhaltenskodex hinaus das Instrument, mit dem der Machthaber der Welt eine Ordnung gibt. Das Zeremoniell schafft Gleichheit (*qi*), indem es das Verhalten der Untertanen innerhalb der gesetzten Grenzen normiert. So fallen persönliche Charakterbildung, Moralverkündigung und Politik im konfuzianischen Idealstaat fast zusammen. Regieren heißt ordnen. Für die Konfuzianer bedeutete diese Gleichung vor allem die praktische Durchsetzung der moralischen und rituellen Ordnung, wie sie von den Mächtigen vorgegeben und verkündet wurde. An der Basis galt die Familie als wichtigster Nährboden für Tugend und Sittlichkeit – eine Vorstellung, die im Laufe der Jahrhunderte zu dem detaillierten Verhaltenskodex führte, der für das chinesische Familiensystem kennzeichnend ist. Die Familie und der Clan waren nach konfuzianischer Vorstellung dem Herrscher als oberstem Patriarchen unterworfen. Das konfuzianische Denken bildete ein paternalistisches Herrschaftsideal aus, das in der Praxis eher auf die Überredungskunst und die moralische Indoktrina-

Ein Relikt aus der frühesten Zeit des Staatskonfuzianismus: Das Fragment eines klassischen konfuzianischen Textes, der im Auftrag des Kaisers 174 n. Chr. auf eine Steinplatte eingraviert wurde.

tion vertraute, als daß es versuchte, seine Macht mit Strafen und formalen Regeln durchzusetzen.

Diese Idealvorstellung einer moralischen Autorität beinhaltete auch, daß sich die Staatsgeschäfte niemals zu einer Fachdisziplin verselbständigen durften, zu einer Technik, wie es die Legalisten wollten. Einer der zentralen Aussprüche von Konfuzius über das Wesen der Autorität lautete: *junzi bu qi* («Der Adlige ist kein Werkzeug»). Charakterbildung und literarische Studien befähigen den *junzi*, alle Aufgaben angemessen, das will sagen auf die moralisch richtige und rituell korrekte Weise zu erfüllen.

Dieses konfuzianische Menschenbild hat stark optimistische Züge. In der ältesten Quelle, den Annalen oder den «Gesprächen» (*Lunyu*) ist allerdings keine deutliche Äußerung zur moralischen Qualität der menschlichen Natur zu finden. Erst im vierten Jahrhundert vor Christus wurde die moralische Ausrichtung der menschlichen Natur, also die Frage, ob Sittlichkeit angeboren oder erworben ist, zum Gegenstand eines fundamentalen Meinungsstreits innerhalb der konfuzianischen Schule.

Menzius und Xunzi

Der im Westen unter dem Namen Menzius bekannte Philosoph gilt als der große Vorkämpfer der These *nature, not nurture*. In dem Buch, das seinen Namen

Menzius (die latinisierte Form von Mengzi, Meister Meng) gilt neben dem großen Meister selbst als der wichtigste Vertreter des Konfuzianismus. Sein Lehrmeister war Zisi, ein Enkel des Konfuzius.
Menzius wurde etwa 370 vor Christus in der Kleinstadt Zou (im heutigen Shandong) geboren, die damals unter dem Protektorat des Staates Lu stand, in dem auch Konfuzius zu Hause war. Dies ist jedoch bei weitem nicht die einzige Parallele in den Lebensläufen dieser beiden bedeutenden Philosophen. Auch die Karriere von Menzius verlief relativ glücklos, ebenso wie Konfuzius versammelte er eine Gruppe von Schülern um sich, mit denen er einige Jahre von Hof zu Hof zog, um die Feudalherrscher für seine Ideen zu gewinnen. In seinen letzten Lebensjahren widmete er sich nur noch dem Unterricht seiner Schüler und studierte die Texte der Frühzeit. Er starb um 280 vor Christus. Seine Schüler stellten das siebenbändige Werk zusammen, das seinen Namen trägt: *Mengzi*. Verglichen mit dem Werk von Konfuzius, das nur in einer sehr unsystematischen Form vorliegt, sind die Schriften von Menzius wesentlich zusammenhängender. Sie bestehen überwiegend aus Dialogen, die er mit diversen Herrschern, Ministern, Schülern und Anhängern anderer Schulen führte.
Obwohl Menzius stark durch die Lehre des Konfuzius geprägt war, ging er durchaus eigene Wege. So ist nicht mit Sicherheit zu sagen, ob er seine zentrale These, daß der Mensch von Natur aus gut sei, in Anlehnung an Konfuzius formuliert hat. Dessen Auffassung, daß die Menschen «von Natur aus nah beieinander stehen», ist eher ambivalent. Im Rahmen seiner Gesamtphilosophie spricht allerdings vieles dafür, daß auch Konfuzius den Menschen als moralisches Wesen betrachtete und Menzius diesen Gedanken übernommen hat.
Da Menzius für die Neokonfuzianer des elften und zwölften Jahrhunderts neben Konfuzius zum zweitwichtigsten Autor wurde, kam seiner Lehre in der späteren Kaiserzeit eine erhebliche Bedeutung zu. Ebenso wie das *Lunyu* von Konfuzius wurde der *Mengzi* zur Pflichtlektüre für die Kandidaten der Staatsbeamtenprüfung. Die Tafel mit seinem Namen und dem offiziellen Titel: «Der zweite Heilige» fehlt in keinem Konfuziustempel.

trägt, wird die konfuzianische Lehre weiter ausgearbeitet. So kombiniert Menzius das von Konfuzius verkündete Prinzip des *ren* – der Güte oder Mitmenschlichkeit – mit seiner Lehre vom *yi*, das für Gerechtigkeit, Sittlichkeit und für das Gefühl für die richtigen Verhältnisse steht. Viel stärker als der alte Meister selbst subsumiert Menzius die Ethik unter die «Fünf menschlichen Beziehungen» (das sind im einzelnen: das Verhältnis vom Herrscher zum Untertan, vom Vater zum Sohn, vom Mann zur Frau, vom älteren Bruder zum jüngeren Bruder und vom Freund zum Freund). Vor allem anderen soll sich der Mensch von dem Gefühl des *ren* leiten lassen, wobei die soziale Beziehung, die er zu seinem Gegenüber hat, das Maß und die Intensität seiner Zuwendung bestimmen. Wenn man einem Außenstehenden mehr Wohlwollen entgegenbringt als seinem eigenen Bruder, dann handelt man gegen die natürliche Ordnung, gegen die dem Menschen angeborene «Veranlagung».

Hier liegt der wohl bezeichnendste (und auch umstrittenste) Aspekt dieser Variante des frühen Konfuzianismus. Mit großer Entschiedenheit vertritt Menzius seine These, daß der Mensch von Natur aus gut ist. Er ist davon überzeugt, daß dem Menschen die Tugenden, also das Bewußtsein von Gut und Böse, von Geburt an als Anlage mitgegeben sind. Das Böse, das der Mensch trotz dieser Disposition begeht, ist das Ergebnis äußerer Einflüsse, die sein an sich gutes Wesen dominieren können. In einer bekannten Passage vergleicht er den moralisch scheiternden Menschen mit einem kahlen Berg, der ursprünglich eine reiche Vegetation besessen hat. Nachdem Menschen ihn gerodet haben und auf seinen Abhängen ihre Ziegen weiden ließen, die Tag für Tag das immer wieder neu sprießende Grün kahlfraßen, gab der Berg schließlich auf und wurde unfruchtbar. Vor allem wegen seines Menschenbildes wurde Menzius oft als der Begründer der idealistischen Strömung innerhalb des alten Konfuzianismus bezeichnet.

Diese idealistische Richtung hat ihren Gegenpol in einer «rationalistischen» Strömung, deren bedeutendster Vertreter der etwas später (etwa 300 bis 238 v. Chr.) lebende Philosoph Xunzi (Meister Xun, eigentlich Xun Kuang) ist. Da sein Werk in vielerlei Hinsicht eine rationalistische Überarbeitung des älteren Konfuzianismus darstellt, wurden manche seiner kritischen Ideen in der Folgezeit als Irrglaube verworfen. So wandte sich Xunzi gegen die Vorstellung, daß man sich bei der Schaffung eines idealen Staates immer am Vorbild der Vergangenheit orientieren müsse. Er hielt es für im Prinzip möglich, diese Staatsutopie mit modernen Mitteln zu verwirklichen. Dazu muß der menschliche Geist jedoch zuvor von falschen und abergläubischen Vorstellungen befreit werden. So ist der Himmel – bei Konfuzius und Menzius eine unbestimmte anthropomorphe Macht, die belohnt und straft – in der Philosophie des Xunzi

Mengzi sprach: «Jeder Mensch hat ein Herz, das anderer Leiden nicht mehr ansehen kann. Die Könige der alten Zeit zeigten ihre Barmherzigkeit darin, daß sie barmherzig waren in ihrem Walten. Wer barmherzigen Gemüts barmherzig waltet, der mag die beherrschte Welt auf seiner Hand sich drehen lassen. Daß jeder Mensch barmherzig ist, meine ich also: Wenn Menschen zum erstenmal ein Kind erblicken, das im Begriff ist, auf einen Brunnen zuzugehen, so regt sich in aller Herzen Furcht und Mitleid. Nicht weil sie mit den Eltern des Kindes in Verkehr kommen wollten, nicht weil sie Lob von Nachbarn und Freunden ernten wollten, nicht weil sie üble Nachrede fürchteten, zeigen sie sich so.

Von hier aus gesehen, zeigt es sich: ohne Mitleid im Herzen ist kein Mensch, ohne Schamgefühl im Herzen ist kein Mensch, ohne Bescheidenheit im Herzen ist kein Mensch, ohne Recht und Unrecht im Herzen ist kein Mensch, Mitleid ist der Anfang der Liebe, Schamgefühl ist der Anfang des Pflichtbewußtseins, Bescheidenheit ist der Anfang der Sitte, Recht und Unrecht unterscheiden ist der Anfang der Weisheit. Diese vier Anlagen besitzen alle Menschen, ebenso wie sie ihre vier Glieder besitzen. Wer diese vier Anlagen besitzt und von sich behauptet, er sei unfähig, sie zu üben, ist Räuber an sich selbst. Wer von seinem Fürsten behauptet, er könne sie nicht üben, ist ein Räuber an seinem Fürsten.

Wer diese vier Anlagen in seinem Ich besitzt und sie alle zu entfalten und zu erfüllen weiß, der ist wie das Feuer, das angefangen hat zu brennen, wie die Quelle, die angefangen hat zu fließen. Wer diese Anlagen erfüllt, der vermag die Welt zu schirmen, wer sie nicht erfüllt, vermag nicht einmal seinen Eltern zu dienen.»

Aus: Menzius, *Die Lehrgespräche*

---

ein völlig unpersönlicher und automatisch funktionierender Mechanismus, der durch das menschliche Handeln in keiner Weise beeinflußt werden kann. Bestattungsriten und Ahnenkult verlieren bei Xunzi ihre religiöse Dimension und werden auf reine Gesten des Respekts und des ehrerbietigen Gedenkens reduziert. Dennoch haben die Riten als Instrument der sozialen Erziehung und kulturellen Bildung auch bei ihm durchaus noch eine Berechtigung. Ein solcher Bildungsprozeß ist um so notwendiger, da Xunzi die menschliche Natur – im Gegensatz zu Menzius – ihrem Wesen nach für schlecht hält. Obwohl der Mensch als brutales und egoistisches Wesen geboren wird, ist der ideale Staat und die vollkommene Gesellschaft ein durchaus reales Ziel, das jedoch nur auf dem Weg der sittlichen Erziehung und Bildung erreicht werden kann. (Zum ersten Mal werden hier auch die konfuzianischen Klassiker als Grundlage der moralischen Erziehung genannt.)

Nachdem der Konfuzianismus im frühen Kaiserreich zur Staatsdoktrin erhoben wurde, hat diese rationalistisch geprägte Strömung das Denken jahrhundertelang beherrscht. Erst sehr viel später, mit dem Aufkommen des Neokonfuzianismus im elften Jahrhundert, geriet Xunzi in Mißkredit. Gleichzeitig wurde der Idealismus des Menzius zu einem wesentlichen Baustein der neokonfuzianischen Synthese.

Der frühe Daoismus: Laozi und Zhuangzi

Über die Ursprünge des Daoismus ist wenig bekannt. Es steht nicht einmal fest, ob wir es – analog zu den Konfuzianern und Mohisten – tatsächlich mit einer Schule zu tun haben. Die bekannteste Schrift, eine Sammlung dunkler Aphorismen, wird einem anonymen Alten Meister (Laozi) zugeschrieben; sie ist als *Daodejing* (Das Buch vom Dao und seiner Wirkkraft) weltberühmt geworden und galt früher als die älteste schriftliche Fixierung der Lehre. Nach der Überlieferung war ihr Verfasser ein älterer Zeitgenosse von Konfuzius, der dessen engstirnige Auffas-

Der traditionelle Elementarunterricht bestand aus endlosen Schriftübungen und dem Auswendiglernen der konfuzianischen klassischen Texte. Im Hintergrund hört der Lehrer einen Schüler ab, der mit dem Rücken zum Buch den Text herunterleiert.

Gebirge im Vorfrühling von Guo Xi (11. Jh.). Eine Landschaft, die stark durch die Gedankenwelt des Daoismus inspiriert wurde.

Idealisierte Darstellung von Laozi. Sein Ritt auf einem Büffel symbolisiert die rustikale Schlichtheit der daoistischen Lebensweise.

In dem daoistischen Werk, das Zhuangzi zugeschrieben wird und seinen Namen trägt (ca. 300 v. Chr. mit späteren Ergänzungen), ist an zwanzig Stellen von einem Weisen die Rede, der Lao Dan oder Laozi (der Alte Meister) genannt wird. Er wird als ein älterer Zeitgenosse von Konfuzius dargestellt, mit dem er einige philosophische Streitgespräche geführt haben soll. Die Historizität dieser Dialoge ist jedoch mehr als fraglich, denn der *Zhuangzi* steckt voller Elemente, die ganz offensichtlich frei erfunden sind. Laozi wird hier als der Inbegriff des daoistischen Weisen und als Gegenspieler von Konfuzius dargestellt, der hier als negatives Beispiel und als phantasieloser Pedant geschildert wird.

Andererseits muß man doch wohl davon ausgehen, daß der/die Verfasser dieser Passagen Laozi nicht für eine Sagengestalt hielten – dazu ist die Schilderung seiner Person zu realistisch und konkret. Allerdings wird er an keiner Stelle als Autor des *Daodejing* erwähnt, einer kleinen Schrift, die ihm seit ca. 250 v. Chr. zugeschrieben wird.

Im *Shiji*, den historischen Aufzeichnungen von Sima Qian (ca. 100 v. Chr. vollendet), finden wir zum ersten Mal eine Art «Kurzbiographie» des Laozi. Da dieser Text jedoch nicht mehr ist als ein Sammelsurium von manchmal widersprüchlichen Überlieferungen, die durch Passagen aus dem *Zhuangzi* ergänzt sind, ist sein historischer Wert gleich null. Wir finden hier auch die bekannte Geschichte über die Entstehung des *Daodejing*: Entmutigt durch die chaotischen Zustände im Reich, begab sich Laozi Richtung Westen. Als er den Grenzposten erreicht hatte, bat ihn der Torwächter, daß er seine Gedanken aufschreiben möge. Daraufhin verfaßte Laozi diesen kurzen Text von ungefähr fünftausend Schriftzeichen. Dann setzte er seine Reise fort – und niemand weiß, wo er gestorben ist.

Bereits hier deutet sich die Tendenz an, Laozi übermenschliche Züge zu geben und ihn als einen daoistischen Unsterblichen darzustellen – ein Aspekt, der im Laufe der Zeit immer beherrschender wird. Bereits im zweiten vorchristlichen Jahrhundert wird er mit dem mythischen «Gelben Kaiser» aus der Urzeit assoziiert. Der aufkommende religiöse Daoismus trug dazu bei, daß ihm immer mehr übernatürliche Eigenschaften angedichtet wurden.

So wuchs sich die Person des Laozi im Laufe der Jahrhunderte zu einem kosmischen Wesen aus, das zeitlos und identisch mit dem Weg selbst ist und sich seit Urzeiten immer wieder in dieser Welt manifestiert. Im religiösen Daoismus hat sich dieses Bild bis heute erhalten.

Die traditionelle Behauptung, das *Daodejing* sei um 500 v. Chr. von diesem Laozi verfaßt worden, wird gegenwärtig von fast allen ernsthaften Wissenschaftlern in Frage gestellt. Man kommt der historischen Wahrheit weitaus näher, wenn man das Buch als eine kleine polemische Schrift sieht, die im dritten Jahrhundert innerhalb der frühen daoistischen Bewegung entstand. Der Text ist sehr uneinheitlich, er besteht aus einer Mischung von philosophischen und politischen Äußerungen und Volksweisheiten, vor allem in Form gängiger Sprichwörter. Die Gesamtpräsentation läßt sehr viel Raum für unterschiedlichste Deutungen. So hat das *Daodejing* dann auch seit dem dritten Jahrhundert nach Christus eine wahre Sturzflut an Kommentaren ausgelöst. Mehr als dreihundert davon blieben erhalten.

Die fast hundert westlichen Übersetzer haben sich fast ausschließlich an die philosophische Interpretation von Wang Bi gehalten, der im dritten Jahrhundert n. Chr. zu den Mitbegründern der neudaoistischen Lehre gehörte. Seit dem ausgehenden neunzehnten Jahrhundert kam das *Daodejing* als konzentrierter Ausdruck «östlicher Weisheit» bei den gebildeten Schichten des Westens ausgesprochen in Mode. Von den zahllosen Übersetzungen, Übersetzungen von Übersetzungen und paraphrasierenden Fassungen, die seitdem in westlichen Sprachen erschienen sind, basieren jedoch höchstens zehn auf einem seriösen Studium des chinesischen Textes.

Die niederländische Ausgabe des *Daodejing* aus dem Jahr 1944.

[Der Weg als unaussprechliches Mysterium]

1. Der SINN, der sich aussprechen läßt,
ist nicht der ewige SINN.
Der Name, der sich nennen läßt,
ist nicht der ewige Name.
«Nichtsein» nenne ich den Anfang vom Himmel und Erde.
«Sein» nenne ich die Mutter der Einzelwesen.
Darum führt die Richtung auf das Nichtsein
zum Schauen des wunderbarsten Wesens,
die Richtung auf das Sein
zum Schauen der räumlichen Begrenztheiten.
Beides ist eins dem Ursprung nach
und nur verschieden durch den Namen.
In seiner Einheit heißt es das Geheimnis
ist das Tor, durch das alle Wunder hervortreten.

14. Man schaut nach ihm und sieht es nicht:
Sein Name ist Keim.
Man horcht nach ihm und hört es nicht:
Sein Name ist Fein.
Man faßt nach ihm und fühlt es nicht:
Sein Name ist Klein.
Diese drei kann man nicht trennen,
darum bilden sie vermischt Eines.
Sein Oberes ist nicht licht,
sein Unteres ist nicht dunkel.
Ununterbrochen quellend,
kann man es nicht nennen.
Er kehrt wieder zurück zum Nichtwesen.
Das heißt die gestaltlose Gestalt,
das dinglose Bild.
Das heißt das dunkel Chaotische.
Ihm entgegenstehend sieht man nicht sein Antlitz,
ihm folgend sieht man nicht seine Rückseite.
Wenn man festhält den SINN des Altertums,
um zu beherrschen das Sein von heute,
so kann man den alten Anfang wissen.
Das heißt des SINNS durchgehender Faden.

[Der ideale Herrscher]

3. Die Tüchtigkeit nicht bevorzugen,
so macht man, daß das Volk nicht streitet.
Kostbarkeiten nicht schätzen,
so macht man, daß das Volk nicht stiehlt.
Nichts Begehrenswertes zeigen,
so macht man, daß des Volkes Herz nicht wirr wird.
Darum regiert der Berufene also:
Er leert ihre Herzen und füllt ihren Leib.
Er schwächt ihren Willen und stärkt ihre Knochen
und macht, daß das Volk ohne Wissen
und ohne Wünsche bleibt,
und sorgt dafür,
daß jene Wissenden nicht zu handeln wagen.
Er macht das Nichtmachen,
so kommt alles in Ordnung.

[Verwerfung der konfuzianischen Tugenden]

19. Tut ab die Heiligkeit, werft weg das Wissen,
so wird das Volk hundertfach gewinnen.
Tut ab die Sittlichkeit, werft weg die Pflicht,
so wird das Volk zurückkehren zu Kindespflicht und Liebe.
Tut ab die Geschicklichkeit, werft weg den Gewinn,
so wird es Diebe und Räuber nicht mehr geben.
In diesen drei Stärken
ist der schöne Schein nicht ausreichend.
Darum sorgt, daß die Menschen sich an etwas halten können.
Zeigt Einfachheit, haltet fest die Lauterkeit!
Mindert Selbstsucht, verringert die Begierden!
Gebt auf die Gelehrsamkeit!
So werdet ihr frei von Sorgen.

Aus: Laozi, *Daodejing*

sungen und seinen Formalismus aufs schärfste kritisiert haben soll.

Die moderne Kritik hat sich von dieser Deutung distanziert. Möglicherweise lebt die Erinnerung an den «zurückgezogenen Weisen» aus der Zeit des Konfuzius in der Überlieferung fort, aber formale wie inhaltliche Kriterien lassen keinen Zweifel daran, daß der ihm zugeschriebene Text nicht früher als im späten vierten oder sogar im frühen dritten Jahrhundert vor Christus verfaßt worden sein kann. Damit ist das *Daodejing* etwa zeitgleich mit dem zweiten bedeutenden Werk des frühen Daoismus, dem nach dem Meister Zhuang benannten *Zhuangzi*, entstanden.

So ist die verbreitete Auffassung, daß das bedeutende und umfangreiche Werk des Meister Zhuang eine spätere Ausarbeitung der Philosophie des Laozi ist, nicht haltbar. Beide Werke entstammen derselben Zeit und wahrscheinlich sogar demselben Umfeld. Dennoch unterscheiden sie sich in bemerkenswerter Weise. Aus einigen Textstellen des *Daodejing* läßt sich deutlich herauslesen, daß es in erster Linie eine Mahnung und ein Aufruf an den Herrscher sein sollte. Nach Ansicht des Alten Meisters sollte der Machthaber ohne Taten als ein Weiser regieren, der so wenig wie möglich in das Leben seiner Untertanen eingreift, keine Kriege führt und auf jeglichen Luxus verzichtet, um die Welt auf diese Weise zu ihrem idealen Urzustand der Einfachheit und Harmonie zurückzuführen. Im *Zhuangzi* liegt der Akzent hingegen wesentlich stärker auf der persönlichen Heilsbotschaft – der mystischen Erfahrung von der Einheit aller Dinge – und dem Erreichen eines Zustandes vollkommener geistiger Befreiung. Sein Herrscherideal ist nicht der Heilige, sondern der Weise, der dem weltlichen Leben entsagt hat.

Das Dao oder der Weg

Der Begriff «Daoismus» ist abgeleitet von *dao*, dem gängigen chinesischen Wort für Weg oder (richtige) Methode. In diesem Kontext ist es gleichbedeutend mit dem höchsten Prinzip der Ordnung und des richtigen Maßes, das in den Dingen selbst liegt. Es ist aber auch das dynamische Prinzip, das der gesamten Natur einschließlich der des Menschen seine Richtung gibt. Das *dao* ist weder eine höchste Gottheit noch ein Logos oder erster Urgrund. Der Weg besitzt keine Wahrnehmung, er ist in keine Form zu zwängen und kann mit keinem Namen belegt werden, er greift nicht ein, er handelt nicht, und er ist ohne Bewußtsein. Die natürlichen Prozesse vollziehen sich unbewußt, ungewollt und dennoch auf eine vollkommene Weise. Jedes Wesen ist von Natur aus so programmiert, daß es «spontan» im Einklang mit seiner Umgebung und im Rahmen seiner Möglichkeiten handelt. Von daher liegt das Wesen des *dao* in einer (bewußten) Untätigkeit (*wu wei*), Spontaneität und Ungezwungenheit, in einem Selbst-Sein (*ziran*). Außerdem ist die natürliche Ordnung, in der das *dao* als richtungweisende Kraft wirkt, einem unablässigen Wandel ausgesetzt. Nichts ist konstant, alles wächst und verändert sich. Von daher würde es keinen Sinn machen, festumrissene Unterscheidungen zu treffen und Definitionen zu formulieren: Das *dao* ist

Zusammen mit dem *Daodejing* ist das umfangreiche Werk, das Zhuang Zhou oder Zhuangzi (Meister Zhuang) zugeschrieben wird, unsere wichtigste Informationsquelle zum frühen Daoismus. Über die historische Person des Zhuangzi ist wenig bekannt. Wir wissen nur, daß er aus dem Staat Song (in der heutigen Provinz Henan) stammte und von ca. 360 bis ca. 280 lebte. Er soll einige Jahre – und zwar zur selben Zeit wie Menzius – ein Amt am Hofe des Staates Qi (im heutigen Shandong) bekleidet haben. Allerdings haben weder Zhuangzi noch Menzius jemals von einem solchen Zusammentreffen berichtet.

Wie viele Texte aus der Frühzeit ist auch das *Zhuangzi* ein Gemeinschaftswerk, in dem eine tradierte Lehre schriftlich fixiert wird. Stil und Inhalt weisen darauf hin, daß die ersten sieben der 33 Abschnitte, aus denen der überlieferte Text besteht, einen selbständigen Kern bilden, der möglicherweise auf Zhuangzi selbst zurückgeht; andere Teile wurden deutlich später (in der zweiten Hälfte des dritten Jahrhunderts v. Chr.) verfaßt. 742 wurde das *Zhuangzi* auf kaiserlichen Befehl in *Nanhuazhenjing* (Das wahre kanonische Werk von Nanhua) umbenannt. Da Nanhua wörtlich übersetzt «Blume des Südens» (der spätere Name des vermutlichen Geburtsortes von Zhuangzi) bedeutet, gibt es im Prinzip keinen Grund, diese geographische Bezeichnung – wie das häufig geschieht – mit dem Wort «blumenreich» zu übersetzen.

Zhuangzi nimmt die grundlegenden Elemente und Begriffe des *Daodejing* auf, um sie weiter zu vertiefen und zu strukturieren. Er bezeichnet den unaussprechlichen und unvorstellbaren Weg (*dao*) als das allumfassende und richtungweisende Prinzip aller natürlichen Prozesse. Er spricht auch vom Ideal der bewußten Tatenlosigkeit (*wu wei*) und entwirft das Modell eines primitiven idealen Urstaates, in dem alle Grenzen aufgehoben sind. Stilistisch ist der Kontrast zwischen diesen beiden Werken sehr groß. Im Gegensatz zu den äußerst knappen und häufig kryptischen Äußerungen von Laozi bringt Zhuangzi seine Idealvorstellungen in einer mitreißenden Erzählweise voller Parabeln und poetischer Bilder zum Ausdruck. Dies macht das *Zhuangzi* auch zu einem literarisch bedeutenden Werk.

Ebenso wie das *Daodejing* war das *Zhuangzi* in den Kreisen der Neudaoisten des frühen chinesischen Mittelalters (drittes bis sechstes Jahrhundert n. Chr.) ein sehr bekanntes und viel gelesenes Buch. In dieser Zeit wurde das Werk umfassend neuinterpretiert. Auch in den nachfolgenden Jahrhunderten haben sich bedeutende Gelehrte in zahlreichen Kommentaren zu diesem Text geäußert. Bis heute zählt das *Zhuangzi* zu den herausragendsten Werken der chinesischen Literatur.

Ausschnitt aus einer Seidenmalerei, *Die Jadedame auf den Wolken*. Aufwärts schwebend auf einem Wolkenwirbel ist sie die Verkörperung des esoterischen *yin*, das sich mit dem *yang* des männlichen *dao* vereint.

10. Wertlosigkeit der Bücher

Der Welt Wertschätzung des SINNS ist Wertschätzung der Bücher. Doch Bücher enthalten nur Worte. Es gibt aber etwas, wodurch die Bücher wertvoll werden. Was die Worte wertvoll macht, sind die Gedanken. Es gibt etwas, wonach sich die Gedanken richten; das aber, wonach sich die Gedanken richten, läßt sich nicht durch Worte überliefern. Die Welt aber überliefert um der wertvollen Worte willen die Bücher. Obwohl die Welt sie wertschätzt, sind sie in Wirklichkeit der Wertschätzung nicht wert, weil das, was sie wert hält, nicht wirklich wertvoll ist. So ist das, was man beim Anschauen sieht, nur Form und Farbe, was man beim Hören vernimmt, nur Name und Schall. Ach, daß die Weltmenschen Form und Farbe, Name und Schall für ausreichend erachten, das Ding an sich zu erkennen. Form und Farbe, Name und Schall sind wirklich nicht ausreichend, um das Ding an sich zu erkennen. Darum: «Der Erkennende redet nicht; der Redende erkennt nicht.» Die Welt aber, wie sollte die es wissen?

Der Herzog Huan (von Tsi) las in einem Band oben im Saal. Der Wagner Flach machte ein Rad unten im Hof.
Er legte Hammer und Meißel beiseite, stieg hinan, befragte den Herzog Huan und sprach: «Darf ich fragen, was das für Worte sind, die Eure Hoheit lesen?»
Der Herzog sprach: «Es sind der Heiligen Worte.»
Jener sprach: «Leben denn die Heiligen noch?»
Der Herzog sprach: «Sie sind schon lange tot.»
Jener sprach: «Dann ist also das, was Eure Hoheit lesen, nur Abfall und Hefe der Männer aus alter Zeit?»
Der Herzog Huan sprach: «Was wir lesen, wie darf ein Wagner das kritisieren? Wenn du etwas zu sagen hast, so mag es hingehen; wenn du nichts zu sagen hast, so mußt du sterben.»
Der Wagner Flach sprach: «Euer Knecht betrachtet es vom Standpunkt seines Berufes aus. Wenn man beim Rädermachen zu bequem ist, so nimmt man's zu leicht, und es wird nicht fest. Ist man zu eilig, so macht man zu schnell, und es paßt nicht. Ist man weder zu bequem noch zu eilig, so bekommt man's in die Hand, und das Werk entspricht der Absicht. Man kann es mit Worten nicht beschreiben, es ist ein Kunstgriff dabei. Ich kann es meinem eigenen Sohn nicht sagen, und mein eigener Sohn kann es von mir nicht lernen. So bin ich nun schon siebzig Jahre und mache in meinem Alter immer noch Räder. Die Männer des Altertums nahmen das, was sie nicht mitteilen konnten, mit sich ins Grab. So ist also das, was Eure Hoheit lesen, wirklich nur Abfall und Hefe der Männer des Altertums.»

Aus: Zhuangzi, *Nanhuazhenjing*

---

namenlos. Das Wesen des Weges ist so unbegreiflich, daß man es eigentlich am ehesten als Nicht-Sein (*wu*) oder Leere bezeichnen kann. Nur der Weise ist fähig, die Welt der Erscheinungen zu transzendieren und die Totalität des *dao* zu erfahren.

Nach dem daoistischen Ideal muß sich der Mensch sowohl als Individuum als auch in der Gemeinschaft ganz und gar der «großen Transformation» angleichen. Im einzelnen bedeutet dies, daß er sich so weit wie möglich von seinen natürlichen Impulsen leiten läßt, sich von allem bewußten Wollen und Handeln distanziert, keine ehrgeizigen Ziele verfolgt, sich bescheidet und weitgehend anpaßt. Vom Herrscher verlangt dieses Ideal, daß er soweit wie möglich nach dem Prinzip des Laissez-faire regiert und sich auf ein Mindestmaß an Gesetzen, Ge- und Verboten beschränkt. Zweifellos standen die Daoisten mit diesen Gedanken und Forderungen im Widerspruch zum Geist einer Zeit, in der das Land politisch zerrissen war und der Verwaltungs- und Justizapparat der einzelnen Staaten zunehmend komplizierter und undurchsichtiger wurde. Von daher haben viele ihrer Aussagen einen polemischen Unterton, wenn sie sich gegen den Ritualismus der Konfuzianer wenden, die Gesetzesmanie der Legalisten anprangern, die gekünstelten Spitzfindigkeiten der Dialektiker und die ausgeklügelten Machtspiele der Strategen bloßlegen. Das Gegenmodell des Daoismus zielt auf einen primitiven Urstaat, wie er noch vor der Zeit der ersten Urkaiser bestanden haben soll, eine anarchistische Gesellschaft, die frei und unberührt von jeder künstlich geschaffenen Kultur und Schriftgelehrtheit gewesen sein soll und auch dem Zwang der Riten noch nicht unterworfen war. Nach den Vorstellungen des Laozi ließ sich dieses Ideal nur in kleinen primitiven Dorfgemeinschaften verwirklichen, wo die Menschen ihr Leben lang das Hahnengeschrei aus dem nächsten Ort hören, ohne jemals das Bedürfnis zu haben, diese andere Welt kennenzulernen. Zwar gibt es einen fernen Herrscher, aber «die Menschen wissen von ihm nicht mehr, als daß es ihn gibt».

Sowohl im Laozi als auch im Zhuangzi können wir die ersten, vorläufig noch schwachen Spuren des daoistischen Glaubens an die Unsterblichkeit entdecken. Dieser Glaube beruht auf der Vorstellung, daß es dem «vollkommenen Menschen», der eins wird mit dem *dao*, gelingen könnte, mit den Elementarkräften der Natur zu verschmelzen. Bestimmte yogaähnliche Praktiken helfen ihm, diesen Prozeß zu intensivieren. Schließlich wird er zu einem *xian*, zu einem Unsterblichen mit einem ätherischen Körper, der unvergänglich wie die Natur selbst ist.

DIE KLASSISCHE ZEIT 115

Die daoistische Naturmystik war seit dem 10. Jh. die wichtigste Quelle der Inspiration für die chinesischen Maler und Kalligraphen. Diese (anonyme) Seidenmalerei aus dem 15. Jahrhundert zeigt zwei Gelehrte, die in den Anblick einer nebelverhüllten Berglandschaft versunken sind.

Gegenströmung

Auf die zentrale Frage der klassischen chinesischen Philosophie hält der Daoismus eine radikale Antwort bereit: Die Welt muß nicht geordnet werden, ihre Ordnung ist bereits vollkommen. Natürlich war diese Konzeption, hinter der sich eine Art Anarchismus verbarg, als Staatslehre nicht sehr brauchbar. Wenn der Daoismus auch kaum Einfluß auf die praktische Politik nehmen konnte, so war er doch auf eine ganz andere Weise für die chinesische Kultur äußerst bedeutsam. Innerhalb der so stark ritualisierten chinesischen Gesellschaft, die dem Diktat der konfuzianischen Ideologie unterstand, bot sich der Daoismus zu allen Zeiten bis in die Moderne als Nische, als Zuflucht an. Immer wieder hat es Gestalten in der chinesischen Geschichte gegeben – entlassene Beamte, unangepaßte Außenseiter, individualistische Schriftgelehrte, Dichter und Maler, die sich dem Daoismus zuwandten und in der Erfahrung des mystischen Einswerdens mit der Natur ihren Seelenfrieden fanden. Die Kunst und die Künstler in der traditionellen chinesischen Kultur standen dem Daoismus häufig sehr nahe, da er eine Art «Gegenströmung» bildete, die Raum schuf für Spontaneität, für Träume und Individualismus und die China vor einer totalen Konfuzianisierung bewahrt hat.

Im übrigen sollte man die emanzipatorische Wirkung des Daoismus nicht überschätzen. Die oft gehörte These, der Daoismus habe im Gegensatz zu dem höchst paternalistischen, männlich zentrierten Konfuzianismus der Frau einen wichtigen Platz eingeräumt, ist keineswegs stichhaltig. Wenn im *Daodejing* der Weg hin und wieder mit bestimmten weiblichen Metaphern (Mutter, weibliches Tier, brütender Vogel) angedeutet wird, so hat sich dies in der gesellschaftlichen Praxis durchaus nicht in einem frauenfreundlichen Bild niedergeschlagen. Auch die Behauptung, der Daoismus habe aufgrund seiner starken Orientierung an den Naturprozessen der chinesischen Wissenschaft und Technik entscheidende Impulse versetzt, ist zumindest für diese frühe Phase nicht haltbar. Im alten Daoismus gibt es noch keinerlei Hinweise auf die alchimistischen Experimente, die sehr viel später bestimmte naturwissenschaftliche Entwicklungen zweifellos gefördert haben.

Der Legalismus

Die Schule der Legalisten ist ein typisches Produkt der Epoche, in der die einzelnen Feudalstaaten erbittert um ihre Vormachtstellung kämpften. Vermutlich ist diese philosophische Strömung in politisch einflußreichen Kreisen an den Höfen der großen expandierenden Staaten entstanden, wo man nach radikalen Methoden suchte, um die Macht zu zentralisieren, die Einkünfte des Staates zu vergrößern und einen schlagkräftigen Militärapparat zu entwickeln. Es liegt auf der Hand, daß die legalistischen Theorien vor allem bei den Machthabern von Qin, dem expansivsten und aggressivsten dieser Staaten, auf fruchtbaren Boden fielen. Mehr als hundert Jahre vor dem endgültigen Sieg der Qin-Dynastie über ihren letzten Rivalen hatte der Minister Shang Yang (gest. 338 v. Chr.) den Herrscher dieses Staates für die Ideen des Legalismus gewinnen können. (Im übrigen stammt das unter seinem Namen erschienene Werk erst aus dem dritten Jahrhundert vor Christus.) Ein Jahrhundert später fanden die Auffassungen dieser Schule ihren deutlichsten Ausdruck in dem bedeutenden Werk des Hanfei (*Hanfeizi*), der zusammen mit dem damaligen ersten Minister von Qin, Li Si, von dem Konfuzianer Xunzi ausgebildet worden war. Es ist nicht ausgeschlossen, daß die Theorie des Xunzi über den grundlegend schlechten Charakter der menschlichen Natur diese beiden Denker beeinflußt hat – auch wenn sie daraus völlig andere Schlüsse zogen. Spätere (konfuzianische) Historiker hielten Li Si, der dem ersten Kaiser des totalitären Qin-Regimes als Minister und Staatskundler diente, für die treibende Kraft bei der praktischen Umsetzung der legalistischen Prinzipien. Er sei

Die Mittel, mit denen der Herrscher über die Menschen das Volk anspornt, sind Ämter und Auszeichnungen; die Mittel, die den Staat stark machen, sind Ackerbau und Krieg. Aber diejenigen aus dem Volk, die Ämtern und Auszeichnungen nachjagen, tun dies nicht, indem sie Ackerbau treiben oder Krieg führen; sie tun dies mittels künstlicher Argumentationen und schlecht fundierter Lehrsätze. Das nennt man: «das Volk ausschöpfen».
Der Staat dessen, der (auf eine solche Weise) sein Volk ausschöpft, hat keine Kraft, und ein Staat ohne Kraft ist mit Sicherheit zum Untergang verurteilt.
Jener, der sich auf die Lenkung der Staatsgeschäfte versteht, lehrt das Volk, daß Ämter und Auszeichnungen nur auf eine Weise (nämlich durch Ackerbau und Krieg) erworben werden können, und da somit alle Ämter mit den (entsprechenden) Auszeichnungen einhergehen, kann der Staat den Argumentationen (der verschiedenen Schulen) ein Ende bereiten und das Volk wird einfach und ohne übertriebene Ambitionen und Neigungen sein. Wenn das Volk merkt, daß der größte Gewinn und Nutzen auf diese eine Weise zu bekommen ist, wird es sich auf ein Ding (die komplementären Aufgaben von Ackerbau-und-Krieg) konzentrieren und seine anderen Tätigkeiten vernachlässigen. Dann wird das Volk stark und der Staat wird mächtig sein. [...]
Wenn ein Staat unter den zehn Übeln der Oden und der konfuzianischen Klassiker, der Riten und der Musik, der Güte und der moralischen Selbstveredelung, der Humanität, der Integrität, der Redegewandtheit und der Intelligenz zu leiden hat, dann hat der Herrscher niemanden mehr, den er für einen Defensiv- oder Offensivkrieg einsetzen könnte. Wenn der Staat mit diesen zehn Prinzipien regiert wird, ist er bei dem Angriff eines Feindes mit Sicherheit dem Untergang geweiht, und selbst wenn kein Feind ihn angreift, wird er arm sein. Wenn jedoch diese zehn Dinge aus einem Staat verbannt werden, dann wagen die Feinde es nicht, sich zu nähern, und wenn sie sich nähern, werden sie zweifellos vertrieben. Wenn ein solcher Staat seine Armeen mobilisiert und zum Angriff übergeht, dann wird er einen überzeugenden Sieg davontragen, und wenn er seine Truppen in Reserve hält und nicht angreift, dann wird er reich sein [...]. Deshalb ließen die früheren Könige das Volk zum Ackerbau und Krieg zurückkehren. Und deshalb sage ich: «Wenn hundert Männer das Land bearbeiten und nur ein einziger etwas anderes tut, dann ist die Herrschaft des Königs gesichert.»

Nach: Shang Yang, *Über die Grundlagen des totalitären Staates*

für die extreme Zentralisierung und Normierung ebenso verantwortlich wie für die erbarmungslose Beseitigung aller feudalen Strukturen. Auch die Exzesse – das Verbot aller anderen Schulen, die blutige Unterdrückung oppositioneller Gelehrter und die Bücherverbrennung von 213 v. Chr. – werden Li Si zur Last gelegt. Nach dem Sturz der Qin-Dynastie im Jahr 206 v. Chr. fand der Legalismus in der Öffentlichkeit keinerlei Rückhalt mehr; seine Lehre war durch das verhaßte Regime in Verruf geraten. Dennoch beeinflußten legalistische Ideen auch weiterhin das politische Denken in China.

Für den Legalismus ist der Staat die Verkörperung von Gesetz und Ordnung, die nur durch einen autokratischen Herrscher aufrechterhalten werden kann. Alle staatliche Gewalt konzentriert sich in den Händen des Machthabers und seiner Beamten. Das Volk ist diesem Herrschaftsapparat absolut unterworfen und wird in Armut und Unwissenheit gehalten, um seine völlige Abhängigkeit von diesem Staat zu garantieren. So taten die Legalisten alles, um die Anhäufung von Kapital in den Händen großer Kaufleute zu verhindern und die Verbreitung anderer Lehren zu verbieten. Dabei war ihnen die konfuzianische Lehre wegen ihres hohen moralischen Anspruchs, aber auch weil sie die Herrschaft der frühen Könige idealisierte, ein besonderer Dorn im Auge.

Der legalistische Herrscher regierte nicht kraft seiner Tugend und eines positiven Leitbildes, sondern allein durch die abschreckende Gewalt der Gesetze. Das Altertum hat seine Gültigkeit verloren – eine neue Zeit verlangte nach neuen Methoden.

Das Gesetz als Fundament

Das Herzstück der staatlichen Macht bildete die Gesetzgebung, die aus einem sehr ausgeklügelten System von Strafen und Belohnungen bestand. Die Gesetze waren kodifiziert, öffentlich und für jeden – auch für den Machthaber – im gleichen Maße bindend. Da sie bis ins kleinste Detail ausgefeilt und festgelegt waren und schon im Vorfeld jeden Verstoß ahndeten, konnten sie von den Beamten nahezu automatisch angewandt werden. Die Ideale der Legalisten – absolute Unparteilichkeit, vollkommene Gleichheit und universelle Gültigkeit – standen in einem unversöhnlichen Widerspruch zu dem konfuzianischen Modell der graduellen Sittlichkeit, die nicht vom Gesetz bestimmt wird, sondern allein dem Gefühl für das sittlich richtige Verhalten verpflichtet ist. Während Konfuzius die Söhne und Väter pries, die ein Vergehen des anderen vor der Justiz verborgen hielten, ahndeten die Gesetze des Qin-Regimes ein solches Verhalten ausdrücklich. Moralische Kriterien und Erwägungen hatten in diesem System keinen Platz, sie wurden nur als störend für das reibungslose Funktionieren des Verwaltungsapparats empfunden. Besonders deutlich wird dies an dem schon zynischen Maßstab, den die Legalisten für die Auswahl ihrer zukünftigen Führungskräfte zugrunde legten. Sie verzichteten ganz bewußt auf einen moralisch einwandfreien Lebenslauf, sondern rekrutierten ihre Beamten mit Vorbedacht aus den schlechtesten Elementen der Gesellschaft, weil sie nur ihnen zutrauten, die Gesetze gnadenlos anzuwenden und selbst die geschicktesten Betrugsmanöver zu durchschauen. Bei dieser negativen Skizzierung sollte man jedoch nicht vergessen, daß spätere konfuzianische Schriftsteller und Geschichtsschreiber den Legalismus – aus sehr naheliegenden Gründen – ausnahmslos in den schwärzesten Farben geschildert haben. Für sie war das Qin-Regime das abschreckende Beispiel einer außer Kontrolle geratenen Machtgier. Betrachtet man die legalistischen Theorien aus einer größeren Distanz, wird man durchaus auch visionäre Züge in ihnen entdecken.

Das Gesetz ist für die Legalisten kein Selbstzweck, sondern nur das geeignete Instrument zur Verwirklichung des idealen Staates. Gerade durch seine grausame Strenge wird sich das Gesetz auf Dauer selbst aufheben. Es wird identisch mit dem menschlichen Verhalten und dadurch restlos und für immer in einer automatisch funktionierenden Gesellschaft aufgehen, die nicht einmal mehr eine Regierung nötig hat. Der Herrscher «kann sich in die hintersten Kammern seines Palastes zurückziehen». Sowohl das Ideal einer spontanen Ordnung als auch die stark antikulturelle Tendenz rücken den Legalismus – zumindest in seinen Zielvorstellungen – in die Nähe des Daoismus, obwohl die beiden philosophischen Strömungen in ihrer absoluten Gegensätzlichkeit als miteinander unvereinbar erscheinen.

Die Schule von Yin und Yang

Der Begriff «Naturalisten» ist eine sehr freie Wiedergabe dessen, was im Chinesischen *Yin Yang Jia* – die Schule von *Yin* und *Yang* – heißt. Auch die Bezeichnung «Kosmologen» wäre für die Vertreter dieser Strömung innerhalb der chinesischen Philosophie durchaus zutreffend. Nach der Überlieferung war Zou Yan (ca. 300 v. Chr.) ihr erster wichtiger Vertreter, aber zweifellos waren manche der Grundbegriffe, auf denen er sein System aufbaute, schon weitaus früher bekannt. Mit Sicherheit gilt dies für die Lehre des Zusammenwirkens der beiden Urprinzipien *Yin* und *Yang* und für die Theorie der *Fünf Agenzien*. Da diese beiden Gedankenkomplexe vermutlich unabhängig voneinander in verschiedenen Umfeldern entstanden sind, kann die Originalität von Zou Yan durchaus darin bestanden haben, daß er als erster einen Bezug zwischen diesen beiden Strömungen hergestellt hat.

Der Gedanke, daß alle Prozesse im kosmischen wie im menschlichen Bereich durch das Zusammenwirken von zwei komplementären Urprinzipien beherrscht werden, taucht in abstrakter und symbolischer Form zum ersten Mal im ältesten Kern des *Yijing* auf. Das *Yijing*, das kanonische *Buch der Wandlungen*, ist von seinem Ursprung her ein Weissagungsbuch. Der Überlieferung zufolge geht der älteste Teil auf einige «heilige Herrscher» aus der frühesten Zeit zurück. Die moderne Forschung neigt allerdings eher dazu, ihn auf das fünfte vorchristliche Jahrhundert zu datieren. Der Text umfaßt 64 Hexagramme, die aus 64 möglichen Kombinationen von sechs unterbrochenen oder durchgängigen Linien bestehen. Jedem einzelnen Zeichen sind zwei kurze und äußerst kryptische Erklärungen beigefügt, von denen sich die eine auf das Zeichen selbst bezieht und die andere auf jede einzelne Linie. Die unterbrochene Linie symbolisiert das *Yin*-Prinzip (das Dunkle, Weibliche, Passive, Irdische, Empfangende), die durchgängige Linie steht für das *Yang* (das Helle, Männliche, Aktive, Himmlische, Schöpferische). Jedes Hexagramm bildet eine bestimmte Situation oder einen Zustand im Leben eines Menschen ab (z. B. Zögern, Konflikt) und spiegelt ein bestimmtes Mischungsverhältnis von *Yin* und *Yang* wider, das in seiner hierarchischen Struktur durch den Verlauf der unterbrochenen und durchgängigen Linien innerhalb des Hexagramms zum Ausdruck kommt. Dieses Schema ist jedoch nur scheinbar statisch. Bereits in der ältesten Fassung des *Yijing* wird gesagt, daß alle Zustände ständig ineinander übergehen.

Vermutlich schon im vierten Jahrhundert – der genaue Zeitpunkt ist nicht bekannt – war dieses alte Buch der Weissagungen zur Grundlage kosmologischer und metaphysischer Betrachtungen geworden, die den ursprünglichen Text kommentierend erweiterten und vertieften (*Zehn Flügel des Yijing*). Schrittweise hat das *Buch der Wandlungen* so seine endgültige Form erhalten, wobei die jüngsten Teile wahrscheinlich aus dem 2. Jh. v. Chr. stammen. Die Zeichen, die ursprünglich bestimmte Situationen im

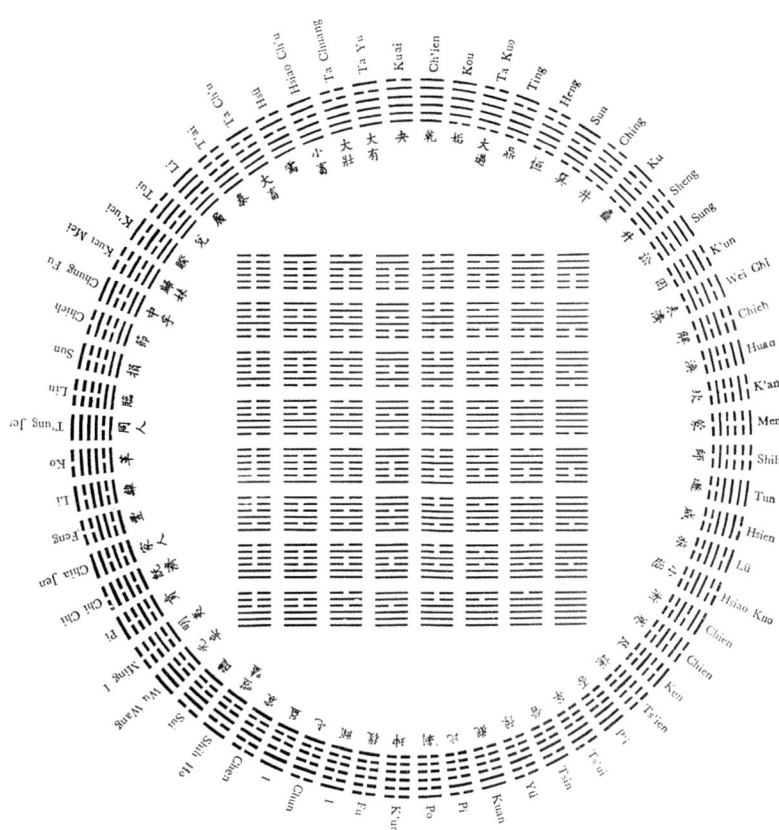

Die 64 Hexagramme des kanonischen *Buches der Wandlungen (Yijing)*, die hier nach einem bestimmten System geordnet sind, um die Wirkung der kosmischen Kräfte zu verdeutlichen.

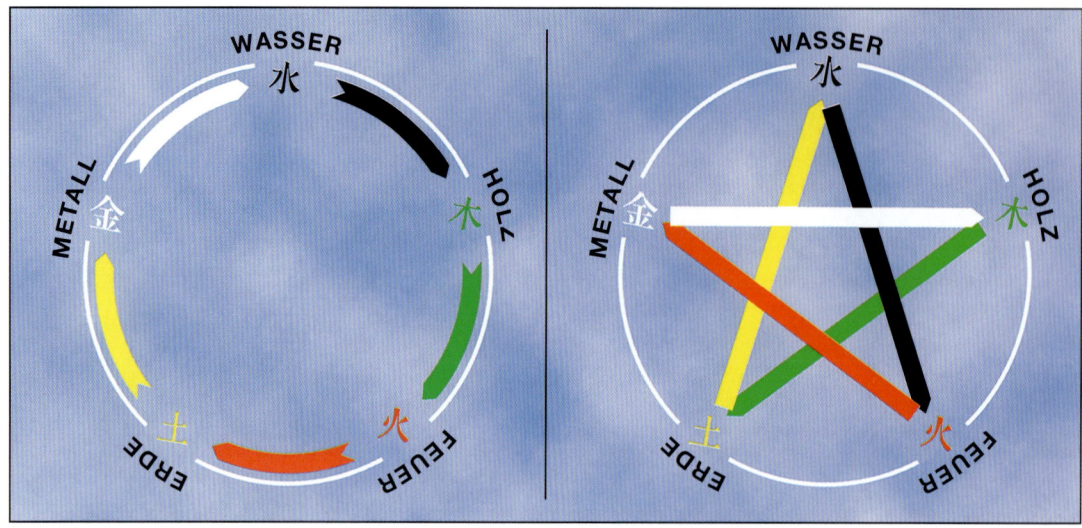

Diagramm zur Wirkungsweise der fünf Agenzien im Zyklus der Erschaffung.

Diagramm zur Wirkungsweise der fünf Agenzien im Zyklus der Zerstörung.

[Wasser (schwarz) – Holz (grün) – Feuer (rot) – Erde (gelb) – Metall (weiß)]

Leben eines Menschen bezeichneten, haben im Lauf der Zeit auch eine kosmische Dimension erhalten. Die Hexagramme symbolisieren die kritischen Momente des menschlichen Lebens, individuell wie kollektiv, im Staat wie im Kosmos.

Daneben entwickelte sich spätestens seit dem vierten Jahrhundert die Vorstellung, daß alle natürlichen Prozesse aus einer Interaktion von fünf Elementarkräften hervorgehen, die nach den fünf wesentlichen Naturelementen benannt wurden: Holz, Metall, Feuer, Wasser und Erde. Die in westlichen Publikationen häufig benutzte Bezeichnung «Fünf Elemente» ist allerdings irreführend, denn der chinesische Begriff *wu xing* bedeutet wörtlich übersetzt «Fünf Beweger» oder «Fünf Agenzien». Es sind dynamische Kräfte, die wachsen und abnehmen und sich in einem komplizierten Zusammenspiel zyklischer Bewegungen wechselseitig verstärken oder bekämpfen. So gibt es den Zyklus des Werdens, in dem jedes Element das folgende hervorbringt und in ihm aufgeht. Das Holz erzeugt das Feuer, das Feuer bringt die Erde hervor und die Erde das Metall. Aus dem Metall wird (im Schmelzprozeß) «Wasser», und dies läßt wiederum Holz (die Vegetation) entstehen. In einer Gegenbewegung vollzieht sich der Zyklus der Zerstörung: Holz (die Vegetation) zersetzt die Erde, die Erde absorbiert das Wasser, dieses löscht das Feuer, das Feuer schmilzt das Metall, und dieses vernichtet das Holz. Schon früh wurden die fünf Agenzien mit anderen Fünfergruppen in Verbindung gebracht, so zum Beispiel mit den fünf Primärfarben, den fünf Geschmacksrichtungen und den fünf Grundnoten der pentatonischen Tonleiter.

Die Synthese des Zou Yan

Vermutlich war es Zou Yan, der das binäre System von *Yin* und *Yang* mit dem zyklischen Prinzip der *Fünf Agenzien* verknüpfte und damit ein Integrationsmodell schuf, in dem eine Vielzahl wechselseitiger Zusammenhänge und Schemata miteinander in Bezug gesetzt werden konnten. So sind vier der fünf Agenzien sowohl in der Zeit wie auch im Raum angesiedelt. Holz korrespondiert mit dem Frühjahr und dem Osten – es ist das aufgehende *Yang*; Feuer – das *Yang* auf seinem Höhepunkt – findet seine Entsprechung im Sommer und im Süden; Metall – das reifende *Yin* – wird mit dem Herbst und dem Westen in Verbindung gebracht, während Wasser – das extreme *Yin* – mit dem Winter und dem Norden verknüpft wird. Das *Agens* Erde hat keinen spezifischen Platz in diesem Zyklus, es befindet sich in der Mitte und ist ein Teil der anderen vier.

Dieses Netzwerk von Korrelationen, Korrespondenzen und zyklischen Prozessen umspannt den gesamten Kosmos und schließt somit auch die menschliche Gesellschaft und das Individuum mit ein. Jede der chinesischen Dynastien regierte kraft einer der fünf Agenzien, und ihre zeremoniellen Gewänder hatten die entsprechende Farbe. So stand die Zhou-Dynastie im Zeichen des Feuers und der Farbe rot; die Qin-Dynastie, die das Feuer «löschte», korrespondierte mit dem Wasser und der Farbe schwarz. Im Idealfall befindet sich der kosmische Organismus im Zustand der Harmonie. Da jedoch alle Teile miteinander verknüpft sind, erzeugt jede Störung auf einer der anderen Ebenen ein «negatives Echo». Chaos in der menschlichen Gesellschaft, vor allem auf höchster Staatsebene, schlägt sich in abnormalen Erscheinungen am Himmel (z.B. Kometen und Klimaveränderungen) und auf der Erde (z.B. Mißernten und Erdbeben) nieder. Diese Phänomene wurden allerdings nicht als warnende Vorzeichen gedeutet, denn für die Philosophie des *Yin* und *Yang* waren Himmel und Erde unpersönliche, abstrakte Mächte. Dennoch mußte der erleuchtete Herrscher auf diese Vorzeichen achten und sie als Gradmesser für die Qualität seiner Regierung nehmen. Es gehörte zu seinen Aufgaben, durch die richtigen rituellen Maßnahmen das Gleichgewicht wiederherzustellen. So konnte der alte politisch-religiöse Mythos des himmlischen Mandats in einer vollkommen entpersonalisierten Form in dieses holistische Weltbild integriert werden.

Auch der einzelne Mensch war in dieses Netzwerk eingebunden. Die Funktion seiner Organe und die Welt seiner Gefühle – mit allen Störungen – wurden

Das frühe Kaiserreich

in das Gesamtsystem von *Yin* und *Yang* und der *Fünf Agenzien* integriert. So korrespondierte die Leber nicht nur mit Metall, dem Herbst, der Farbe weiß und dem Westen, sondern auch mit der Geschmacksrichtung scharf, dem Planeten Venus, dem Vorgarten eines Hauses, der Sittlichkeit, dem Außenministerium, der Zahl 9 und der Musiknote *shang*.

Der Einfluß dieses philosophischen Klassifikationssystems kann nicht hoch genug eingeschätzt werden. Seit dem dritten vorchristlichen Jahrhundert bildete dieses Weltbild den kosmologischen Rahmen, in dem sich das chinesische Denken weiterentwickelte. Als Grundlage diverser Wissenschaften und Pseudo-Wissenschaften hat es auch allen Formen der traditionellen chinesischen Medizin und Pharmazie seinen Stempel aufgedrückt. Zweifellos hat diese Philosophie die chinesischen Denker immer dazu verpflichtet, alle Prozesse als Teil eines größeren, organischen Ganzen zu sehen. Auf lange Sicht hat dieses allumfassende Paradigma die Entwicklung der chinesischen Philosophie jedoch eher blockiert. Vor allem die Begrenzung auf politische und soziale Fragen engte den Blick ein. In keiner anderen alten Kultur wurden ungewöhnliche Naturerscheinungen so präzise beobachtet und registriert wie in China. Allerdings wurden diese Abweichungen als Folge eines gestörten menschlichen Verhaltens erklärt – das kosmologische Paradigma blieb unangetastet.

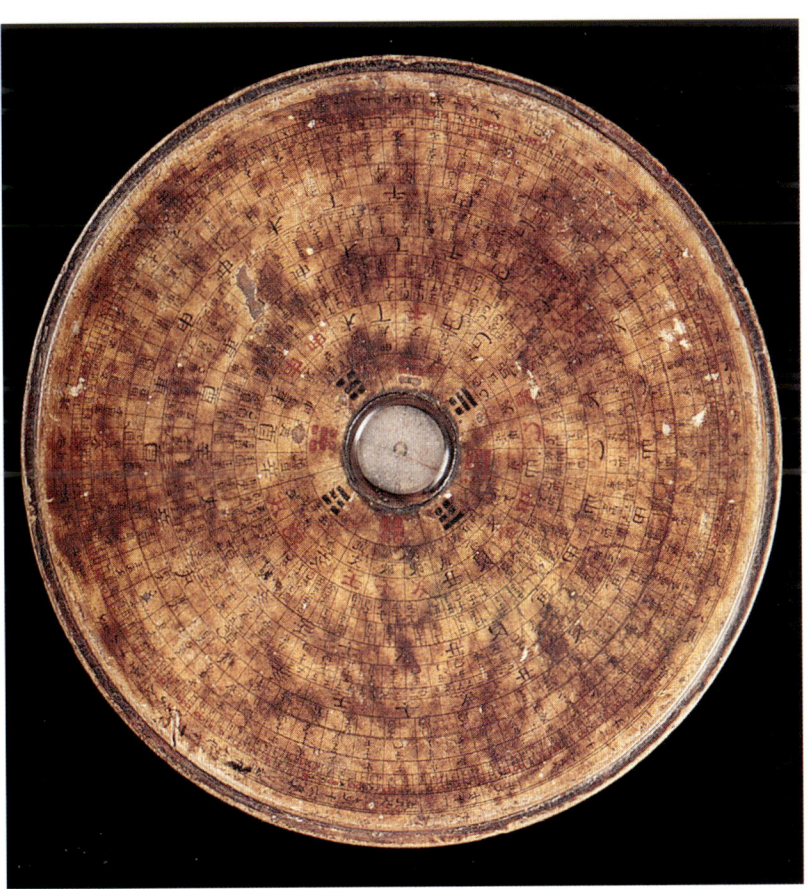

Geomantischer Kompaß, wie er zur Bestimmung günstiger und ungünstiger Geländekonfigurationen benutzt wurde. In den konzentrischen Ringen sind die wichtigsten kosmischen Mächte eingraviert: die fünf Agenzien, die Himmelsrichtungen, Stunden, Tage und Planeten.

Die Han-Dynastie (202 v. Chr. – 220 n. Chr.)

Mit dem Tod des Ersten Kaisers (208 v. Chr.) ging auch das totalitäre Qin-Regime seinem Ende entgegen. Überall im Reich brachen Aufstände aus. An ihrer Spitze standen Angehörige des alten Adels, die für eine Wiederherstellung der großen Staaten aus der Zeit vor der Qin-Dynastie kämpften, aber auch Militärs einfacher Herkunft. Einer dieser Heerführer rief sich zum Kaiser eines neuen Herrscherhauses aus. Nachdem er seinen letzten Gegner besiegt hatte, gründete er im Jahr 202 v. Chr. die Han-Dynastie, die mehr als vier Jahrhunderte über China herrschen sollte. Diese lange Epoche staatlicher Einheit unter einer kaiserlichen Zentralgewalt war für den weiteren Verlauf der chinesischen Geschichte von entscheidender Bedeutung. Auch in der Folgezeit, als China erneut in eine Vielzahl autonomer Kleinstaaten zerfiel, lebte die Erinnerung an die Han-Dynastie als Ideal eines gesamtchinesischen Reiches unter einer kaiserlichen Zentralgewalt weiter. Bis heute ist das Wort «Han» die Selbstbezeichnung aller Chinesen, die sich ethnisch diesem Volk zugehörig fühlen.

Obwohl einige legalistische Prinzipien und Praktiken aus der Qin-Zeit weiterlebten, bedeutete die Gründung der Han-Dynastie einen Neubeginn. Ihre Herrscher stammten nicht aus der alten aristokratischen Oberschicht, und ihre führenden Politiker und Beamten waren zum übergroßen Teil Parvenus, denen der Aufstieg in die höchsten Staatsämter aufgrund ihrer Begabung und moralischen Integrität gelungen war. Ideologisch standen die neuen Machthaber keiner der alten Schulen nahe. Die Han-Dynastie konnte ganz neu beginnen und hat dies auch mit großem Elan und Kreativität getan.

Selbstverständlich waren nicht alle vier Jahrhunderte ihrer Regierungszeit eine Zeit des Friedens und der unangefochtenen Stabilität. In der Staatsführung brachen immer wieder blutige Flügelkämpfe aus, die über die Köpfe machtloser und minderjähriger Kaiser hinweg ausgetragen wurden. Die Bevölkerung litt unter der immensen Steuerlast und den Frondiensten, die der kostspielige und aufgeblähte Beamtenapparat aus ihr herauspreßte. An der Nordgrenze des Riesenreiches kam es ständig zu heftigen kriegerischen Auseinandersetzungen mit Nomadenvölkern und Stämmen aus den Steppenregionen nördlich der chinesischen Mauer, die sich zu schlagkräftigen Staaten oder Staatenbünden zusammengeschlossen hatten und auf chinesisches Territorium vordrangen. Diese anhaltenden Kämpfe verschlangen gigantische Summen, die ebenfalls von der Bevölkerung aufgebracht werden mußten.

Im späten zweiten Jahrhundert vor Christus schlug die Han-Dynastie einen offensiven und expansiven Kurs ein. Das chinesische Militär drang in

Zwei Regierungsbeamte, abgebildet auf einem bemalten Ziegel in einem Han-Grab, 2. bis 1. Jh. v. Chr.

großangelegten Feldzügen in das Steppengebiet vor und besetzte – erstmalig in der Geschichte – Teile Zentralasiens. Kulturhistorisch hatte diese Politik immens wichtige Auswirkungen. An den alten Karawanenwegen, die die kleinen Oasenreiche im ausgedörrten Herzen des Kontinents miteinander verbanden, kam es zu ersten Berührungen zwischen dem Han-Reich und den großen Kulturräumen Indien und Persien. Die Kontakte reichten sogar bis zu dem viel weiter westlich gelegenen riesigen und zivilisierten Da Qin, dem Römischen Reich, das man bisher nur vom Hörensagen gekannt hatte. An dieser «Seidenstraße» (so benannt nach dem wichtigsten chinesischen Exportartikel) entwickelte sich ein reger Handel; auch der Buddhismus kam in der späten Han-Zeit auf diesem Weg nach China.

Im ausgehenden zweiten Jahrhundert nach Christus begann das Han-Reich auseinanderzufallen. Mächtige Familienclans, die sich auf ihren ausgedehnten Landgütern zu lokalen Potentaten entwickelt hatten, bildeten eine neue gesellschaftliche Oberschicht, die auch in den nachfolgenden Jahrhunderten eine führende Rolle spielen sollte. Volksaufstände und die wachsenden Machtansprüche einzelner Militärführer gefährdeten den Zusammenhalt des Reiches und erschütterten die gesellschaftliche Ordnung. Um 200 n. Chr. beendeten diese lokalen, faktisch selbständigen Kriegsherren die vierhundertjährige Herrschaft der Han-Dynastie. Das Reich zerfiel in drei selbständige Staaten. Es folgte eine Epoche politischer Schwäche und Zerrissenheit, die den Übergang vom frühen Kaiserreich zum chinesischen Mittelalter markiert.

Der Triumph des Konfuzianismus

Durch den Sturz der Qin-Dynastie war ein ideologisches Vakuum entstanden. Die neuen Machthaber träumten von einer universellen Ordnung und waren auf der Suche nach einer geeigneten Methode, die ihnen helfen könnte, dieses Ideal umzusetzen. Bis ca. 140 v. Chr. herrschte ein Klima der Verunsicherung, es war eine Zeit des Pragmatismus und vieler Experimente.

Der Legalismus war so sehr in Verruf geraten, daß er als offizielle Lehre nicht mehr propagiert werden konnte. In der Praxis erwiesen sich jedoch viele seiner Prinzipien als unverzichtbar; sie gehörten weiterhin – wenn auch vielleicht im Gewand des Konfuzianismus – zu den wesentlichen staatstragenden Instrumenten.

Auch der Daoismus blieb lebendig. Seine Ideen schlugen sich in der frühen Han-Zeit in einigen Regierungsexperimenten nieder, die jedoch ausnahmslos scheiterten. Im übrigen war es schon im dritten Jahrhundert vor Christus innerhalb des Daoismus zu einer Polarisierung gekommen, aus der sich zwei Strömungen entwickelten, die sich trotz fundamentaler Unterschiede auf die ursprüngliche Lehre des Alten Meisters Laozi beriefen. Die erste fand ihre Anhänger vor allem bei den gebildeten Führungsschichten. Sie hatte stark kontemplative Züge, knüpfte an die Ideen der frühen Daoisten (Laozi und Zhuangzi) an und fühlte sich eindeutig der Tradition des philosophischen Daoismus verpflichtet. Die zweite Strömung knüpfte an eine daoistische Tradition an, deren Anfänge ebenfalls noch auf die Zeit vor der Qin-Dynastie zurückgehen. Im Mittelpunkt stand hierbei die Einhaltung von Regeln für ein gesundes und glückliches Leben. Wesentlicher Bestandteil dieser Lehre waren mentale Konzentrationsübungen, die durch die Reinigung von Körper und Geist zur individuellen Erlösung führen sollten. Das angestrebte Ziel war es, in einem ätherischen Körper als Unsterblicher weiterzuleben. Laozi wurde als übermenschlicher Lehrer und großer Unsterblicher verehrt, der seine Botschaft schon von Anbeginn aller Zeiten verkündet hatte. Die Talismane und Texte, die in dieser Glaubensgemeinschaft in einer gewaltigen Fülle produziert wurden, galten als übernatürliche Offenbarungen, die man ihm und anderen daoistischen Heiligen zuschrieb. Diese Variante, die mit einem gewissen Vorbehalt als *religiöser* Daoismus bezeichnet werden kann, fand vor allem gegen Ende der Han-Zeit weite Verbreitung. Sie bildete den geistigen Hintergrund der Aufstände, die das Han-Reich gegen Ende des zweiten Jahrhunderts an den Rand des Abgrundes brachten. In der nachfolgenden Epoche wurde dieser religiöse Daoismus zum großen Gegenspieler des Buddhismus.

Die bemerkenswerteste Entwicklung war jedoch die Erhebung des Konfuzianismus zur offiziellen

Staatsdoktrin. Nach Jahrzehnten der Desorientierung erhielt das Kaiserreich damit endlich wieder ein ideologisches Fundament. Diese Entscheidung kam nicht von ungefähr, denn unter den Schriftgelehrten und hohen Staatsbeamten bildeten die Konfuzianer traditionell die größte und einflußreichste Fraktion. Durch die formale Ausschaltung des Legalismus waren sie die einzigen, die ein konkretes Grundsatzprogramm vorlegen konnten. Als Intellektuelle und Morallehrer besetzten sie die Schlüsselpositionen bei der Ausbildung der zukünftigen Regierungsbeamten. Zudem verfügten sie von alters her über einen gut bestückten Fundus von Theorien (mit der Kerntheorie des Himmlischen Mandats), mit dem die kaiserliche Zentralgewalt legitimiert werden konnte.

Formal wurde das aus der Qin-Zeit stammende Gesetz, das die konfuzianischen Schriften verbot, erst 191 v. Chr. aufgehoben. In der Zwischenzeit hatten Schriftgelehrte jedoch längst damit begonnen, die kanonischen Werke zu sammeln und zu rekonstruieren, die das schriftliche Fundament ihrer Schule bildeten. Nach der Erhebung des Konfuzianismus zur verbindlichen Staatslehre erhielten diese Schriften den offiziellen Status der Fünf Klassiker. Mindestens genauso wichtig wie die Kodifizierung der Klassiker war jedoch, daß die bedeutendsten Schriftgelehrten der frühen Han-Zeit die überlieferten Texte neu kommentierten und in eigenständigen Abhandlungen interpretierten.

Dong Zhongshu: Die Synthese der Han-Zeit

Das auffälligste Merkmal dieses Konfuzianismus ist seine Tendenz zum Synkretismus, zur Vermengung der alten konfuzianischen Morallehre mit Elementen anderer philosophischer Richtungen, vor allem der naturalistischen Schule. So wurde der für den Konfuzianismus zentrale Begriff des Rituals mit den Vorstellungen von *Yin* und *Yang* und der Lehre von den *Fünf Agenzien* verknüpft. Auf diese Weise wurde das Kaisertum in den Zusammenhang mit einer kosmologischen Lehre gebracht, in der dem «dynastischen Zyklus» und auch der Interpretation von günstigen oder ungünstigen Zeichen des Himmels große Bedeutung zukam. Das *Buch der Wandlungen* rückte in den Mittelpunkt von zahlreichen Spekulationen, wodurch ein neues ausgesprochen scholastisches System, eine konfuzianische Synthese mit einem universellen Anspruch entstand. Konfuzius selbst wurde nicht mehr als ein Mensch und Lehrer gesehen, sondern zu einem Propheten stilisiert. Die schwerwiegendste Konsequenz dieser neuen Lehre war jedoch, daß die Verschmelzung von konfuzianischer Sittenlehre und naturalistischer Kosmologie dem Universum eine moralische Größe verlieh. Der «Himmel, der über uns ist, und die Erde, die uns trägt», sind, so unpersönlich sie auch sein mögen, in dieser konfuzianischen Synthese die höchste Verkörperung von Altruismus, Gerechtigkeit und Harmonie. Auf diese Weise erhält die Sittlichkeitslehre des Konfuzius eine kosmologische Dimension. Die Wahrung der politischen und sozialen Tugenden und das richtige rituelle Verhalten werden zu Bestandteilen einer natürlichen Ordnung. Damit die Menschen wissen, wie sie sich entsprechend dieser Ordnung zu verhalten haben, hat der «Sohn des Himmels» die Pflicht, für eine gründliche Ausbildung seiner Untertanen zu sorgen – eine Aufgabe, die sich die Konfuzianer freilich selbst vorbehielten.

Der Philosoph und höfische Gelehrte Dong Zhongshu (ca. 180–100 v. Chr.) hat diese konfuzianische Synthese in seinem umfangreichen Werk exemplarisch zusammengefaßt. Durch seine Stellung und seine hervorragenden Beziehungen am Hof trug er maßgeblich dazu bei, daß diese Lehre zur offiziellen Ideologie wurde.

Der Begriff Staatslehre muß hier ganz wörtlich als Richtschnur für die Regierungspolitik und die Aus-

Ausschnitt aus einer Seidenmalerei aus dem Grab des Grafen von Tai. Oben links der Mond mit einem Frosch und Hasen. Die Frau Changer, ebenfalls eine Mondbewohnerin, reitet auf dem Flügel eines Drachen durch den Weltraum. (1. Jh. v. Chr.).

Grabgewand der Prinzessin Tou-Wan von Chung-Shan (Han-Dynastie, letztes Jahrzehnt des 1. vorchristlichen Jahrhunderts). Jade galt in dieser Zeit als das kostbarste Mineral und symbolisierte die fünf Tugenden der Mildtätigkeit, der Rechtschaffenheit, der Weisheit, des Mutes und der Gerechtigkeit.

bildung der Staatsbeamten verstanden werden, die schon in der Han-Zeit alle wichtigen Positionen besetzten. Bereits um 140 v. Chr. gab es einen Erlaß, der die Hofgelehrten dazu verpflichtete, ausschließlich die konfuzianischen Klassiker zu unterrichten. Im Jahr 124 v. Chr. wurde den Professoren der Kaiserlichen Akademie die Ausbildung der angehenden Beamten übertragen. Den Abschluß des Studiums bildete eine Prüfung, in der die Kandidaten ihr Wissen über mindestens einen der Klassiker unter Beweis stellen mußten. Gefordert wurde eine orthodoxe Interpretation, die sich in groben Zügen mit den Auffassungen von Dong Zhongshu deckte. Außerdem wurden vom Hof zwei Konzilien bestellt, die das richtige Textverständnis zu überprüfen hatten.

Außerhalb der offiziellen Scholastik entstand eine Gegenbewegung, die eine Verselbständigung dieser Orthodoxie bekämpfte und für einen «humanistischen» und weniger spekulativen Konfuzianismus plädierte. Um ihre Glaubwürdigkeit zu unterstreichen, behaupteten die Vertreter dieser Richtung, daß sie einen Zugriff auf alte nicht manipulierte Fassungen der Klassiker hätten. Zudem forderten sie, bestimmte historische und rituelle Texte in das Studium aufzunehmen, die aus ideologischen Gründen nicht als offizieller Lehrstoff zugelassen waren. Aus diesen Gründen wurden die Vertreter dieser Richtung als Anhänger der «Alt-Text-Schule» bezeichnet, während ihre Gegner die Auffassungen der «Neu-Text-Schule» vertraten. Fast die gesamte Han-Epoche über konnte sich die von den Hofgelehrten favorisierte konfuzianische Synthese behaupten. Da sie aufs engste mit dem Staat und der Regierung verbunden blieb, verlor sie erst mit dem Untergang des Han-Reiches ihre beherrschende Stellung. Im dritten Jahrhundert setzten sich die Ansichten der Alt-Text-Schule durch. Damit verlor die historische Gestalt des Konfuzius ihre überzeichneten Züge und erhielt wieder menschliche Dimensionen. Als Leitbild des politischen und sozialen Lebens blieb sein Status zwar unangetastet, aber im Grunde bedeutete dieser «gesäuberte» Konfuzianismus eine Rückkehr zum Rationalismus von Xunzi.

Huainan zi: Die daoistische Synthese

Der Synkretismus, der für die Han-Epoche so bezeichnend war, ist schon im zweiten Jahrhundert vor Christus zu erkennen, hier allerdings im Kontext daoistischer Ideen. Als wichtigste Quelle gilt ein umfangreiches Werk, das einem Mitglied der kaiserlichen Familie, dem Prinzen Liu An von Huainan (gest. 122 v. Chr.) zugeschrieben wird und auch seinen Namen trägt (*Huainanzi*, Meister Huainan). Im Grunde ist es jedoch vielmehr das gemeinsame Produkt einer großen Gruppe höfischer Schriftgelehrter, deren Schriften der Prinz – ein hochgebildeter Mäzen – sammelte und veröffentlichte.

Das Werk erhob den Anspruch, Elemente unterschiedlichster Herkunft miteinander zu kombinieren und auf dieser Grundlage die wesentlichen Prozesse in der Natur und Gesellschaft in einen kosmischen Gesamtzusammenhang zu bringen. Dieser Gedanke, der auf die alten daoistischen Denker (Laozi und Zhuangzi) zurückgeht, verschmilzt hier mit Vorstellungen, die dem aufkommenden religiösen Daoismus, mythischen Überlieferungen und kosmologischen Theorien entspringen.

Der Grundtenor des *Huainanzi* ist daoistisch. Das Universum ist ein riesiger Mechanismus mit einer unendlichen Vielfalt an Erscheinungen, die ihrem Wesen nach jedoch Prozesse sind, da alles einem ständigen Wandel unterliegt. Alle Prozesse vollziehen sich spontan, zur gleichen Zeit und in einer vollkommenen Regelmäßigkeit. Trotz aller Unterschiede gibt es als immanentes koordinierendes Prinzip den Weg – den «nicht geschaffenen Schöpfer», die große Einheit –, der in allen Erscheinungen gleichermaßen wirksam ist und somit nur als undifferenziertes Nicht-Sein (*wu*) umschrieben werden kann. Der wahre Mensch (*zhenren*) ist «niemals losgelöst von der großen Einheit», obwohl er in der Welt der Erscheinungen lebt. Wenn er sich ganz und gar der kontemplativen Verschmelzung mit dem *dao* überläßt, kann er in einen Unsterblichen transformiert werden.

Das *Huainanzi* hat den Gesamtkomplex spezifisch daoistischer Ideen und Ideale zum Ausgangspunkt einer umfassenden Naturphilosophie gemacht, die stark phantastische Züge trägt. In weitschweifigen Darstellungen wird von wundersamen Transformationen im Tier- und Pflanzenreich erzählt, neben Schilderungen aus dem Reich der Unsterblichen stehen Erklärungen zur Geographie der Welt und zu den verschiedenen Zonen, in die der Himmel und die Erde eingeteilt sind. Viele Elemente stammen aus der Folklore der frühen Han-Zeit.

Dies alles wird in Begriffen ausgedrückt, die ihrem Ursprung nach auf die Naturalisten zurückgehen und auch im offiziellen Konfuzianismus der Han-Zeit eine dominante Rolle spielten: *Yin* und *Yang*, die zyklischen Bewegungen der fünf Agenzien und das allgegenwärtige Wirken der kosmischen «Resonanzen». In diesem Rahmen wurde auch eine Weltentstehungslehre entworfen, in der sich durch Polarisierung mechanisch und prozeßhaft eine Ordnung herausbildet, die sich mit geringen Verschiebungen im Laufe der Jahrhunderte behaupten wird. Auch dieser Prozeß, in dem ein höheres Schöpferwesen keinen Platz hat, steht im Zeichen des *dao*.

Ausgangspunkt dieser Weltentstehung ist eine völlig amorphe Masse. In diesem Urgemisch ist alles bereits angelegt, aber noch vollkommen form- oder gestaltlos. Da wir keine Begriffe für die verborgenen Erscheinungen haben, sind wir nicht fähig, uns eine Vorstellung von diesem Urchaos zu machen. Wir können nur sagen, daß es aus einem homogenen *qi* bestand – ein fundamentaler Begriff in der chinesischen Philosophie, der in westliche Sprachen nicht treffend übersetzt werden kann. Die ursprüngliche Bedeutung von *qi* ist Dampf, Atem oder Lebenskraft, in einem weiter gefaßten Sinn ist *qi* aber auch der «Grundstoff», der in zahllosen Abstufungen von grob (greifbar, fest) bis fein (ätherisch, verdünnt) in allen Wesen und Dingen vorkommt. Dieses breite semantische Spektrum läßt sich nicht in einem festen

Begriff wiedergeben. Die gängigen Übersetzungen wie Äther, Fluidum, Pneuma, Atem und Materie sind jede auf ihre Art zu einseitig – Energie scheidet wegen der Assoziationen zur modernen Physik ebenfalls aus. (Nach diesen Überlegungen wird *qi* im folgenden unübersetzt bleiben.)

Im Urzustand des homogenen *qi* setzt ein Differenzierungsprozeß ein, in dem die leichten Bestandteile nach oben steigen und die schwereren nach unten sinken. Nach unzähligen Jahrhunderten entstehen auf diese Weise Himmel und Erde. Nachdem sie ihre endgültige Gestalt angenommen haben, treten sie in eine Wechselwirkung, aus der die beiden Komplementärkräfte (oder besser Ordnungsprinzipien) *Yin* und *Yang* hervorgehen, die durch ihre Interaktion wiederum die zyklischen Prozesse der fünf Agenzien auslösen. Sie bilden die Grundlage aller differenzierten Erscheinungen und Prozesse im Kosmos. Der Weise ist ein Teil dieser Ordnung, mit der er in vollkommener Harmonie lebt. Er kann sein Wissen um die große Einheit weiter vertiefen, indem er sich auf den Urzustand konzentriert und versucht, das zu erfassen, von dem Laozi sagte: «Es gab Etwas, vermischt und vollkommen, noch vor der Entstehung des Himmels und der Erde.» Im religiösen Daoismus wurde dieser Gedanke zur Grundlage konkreter Meditationsübungen.

Die daoistische Synthese, wie wir sie im *Huainanzi* finden, entstand, bevor sich sich das konfuzianische Gegenmodell durchgesetzt hatte. Sie hat während der gesamten Han-Epoche keine große Resonanz gefunden. Ihre Bedeutung liegt vor allem darin, daß sie Grundgedanken des philosophischen Daoismus überlieferte, auch wenn sie in ein kosmologisches System ganz anderer Herkunft integriert waren. Erst im dritten Jahrhundert nach Christus wurden diese Ideen zur Grundlage einer neuen Strömung, des Neudaoismus.

Der Skeptizismus von Wang Chong und spätere Kritiker

In den ersten zwei Jahrhunderten der Han-Dynastie wurde dem offiziellen Konfuzianismus wenig Widerstand aus den eigenen Reihen entgegengesetzt. Zu Beginn unserer Zeitrechnung geriet die Ideologie der Neu-Text-Schule jedoch zeitweilig in eine tiefe Krise, die durch ein politisches Intermezzo ausgelöst worden war. Der Usurpator Wang Mang mißbrauchte seine Stellung als Regent, um den unmündigen Han-Kaiser abzusetzen und alle Macht an sich zu reißen. Von 8 v.-23 n. Chr. regierte er als Kaiser der Qin-Dynastie (die von späteren Historikern natürlich niemals als legitim betrachtet wurde). Wang Mang versuchte mit der Einführung radikaler Neuerungen (zu denen unter anderem auch die Verstaatlichung allen Grundbesitzes gehörte) eine neue Epoche einzuleiten; er griff zu gewagten Experimenten, die angeblich auf den Institutionen der frühen Zhou-Dynastie basierten. Aus diesem Grund, aber auch um ein Gegengewicht zum Han-Establishment zu schaffen, förderte Wang Mang den Konfuzianismus der Alt-Text-Schule, indem er ihren Texten den Status kanonischer Werke verlieh. Der Triumph der Opposition war jedoch nur von kurzer Dauer. Nach dem gewaltsamen Tod von Wang Mang entfaltete die Han-Dynastie wieder ihre alte Macht, und auch die Orthodoxie gewann die Oberhand zurück.

Ab dieser Zeit regte sich jedoch heftiger Widerstand. Immer mehr Schriftgelehrte kritisierten unter Berufung auf die Tradition den Wildwuchs «abergläubischer» Ideen, der die ursprüngliche Botschaft ihrer Meinung nach fast bis zur Unkenntlichkeit entstellte. Der prominenteste dieser Skeptiker war Wang Chong (27 – ca. 100 n.Chr.), der zweifellos eigenständigste und kritischste Denker der Han-Zeit.

Wie Wang Chong in seiner «Balance der Diskussionen» (*Lunheng*) ausführlich darlegt, liegen die

Unsterbliche (xian) haben das Schiff bestiegen, das sie zum daoistischen Inselparadies bringt (17. Jh.).

Wurzeln seines kritischen Denkens in einem sehr weitgehenden Rationalismus. Er verwirft grundsätzlich jede Idee oder Theorie, die im Widerspruch zur Vernunft steht. Jede Behauptung muß auf einer Beweisführung basieren, die dem gesunden Menschenverstand entspringt. Es geht ihm darum, haltlose und nicht fundierte Theorien zu entkräften und die Menschen seiner Zeit auf diese Weise von ihren Ängsten und Irrtümern zu befreien. In dieser Hinsicht ist Wang Chong auch hin und wieder mit dem römischen Dichter Lucretius verglichen worden.

Am radikalsten wird die Kritik Wang Chongs dort, wo er den Realitätsgehalt der himmlischen Zeichen bestreitet, ihren regulativen Einfluß auf das menschliche Verhalten leugnet und dem Kosmos eine moralische Qualität abspricht. Damit wendet er sich gegen die zentralen Ideen von Dong Zhongshu. Für Wang Chong nehmen die Naturprozesse unbeeinflußt von den Menschen ihren Lauf. Außergewöhnliche Phänomene werden als spontane Abweichungen erklärt, die zufällig auftreten und keinerlei Warnung beinhalten. Das Schicksal des Menschen wird nicht von kosmischen Einflüssen oder Konfigurationen bestimmt; sein Lebenslauf, sein Glück oder Unglück, einschließlich seiner angeborenen guten oder schlechten Eigenschaften, sind nichts anderes als ein Produkt des Zufalls. Dementsprechend sind verallgemeinernde Aussagen über das grundsätzlich Gute (Menzius) oder Schlechte (Xunzi) der menschlichen Natur für Wang Chong im Grunde bedeutungslos. Solche Theorien können als pragmatische Hilfsmittel bei der moralischen Erziehung zwar durchaus nützlich sein, einen objektiven Wert besitzen sie jedoch nicht.

Bemerkenswert ist, daß Wang Chong auch den Glauben an ein Weiterleben der menschlichen Seele nach dem Tod in Frage stellt. Er betrachtet das Sterben als einen Prozeß, in dem die Lebenskraft wie Schnee in der Sonne zerschmilzt. Für Wang Chong existiert weder ein bewußt weiterlebender Geist, mit dem die Lebenden in Verbindung bleiben können, noch eine Vergebung der Sünden in einem Jenseits. In seiner Philosophie bekommt die Moral einen autonomen Wert. Der Mensch hat sich zwar nach den gängigen moralischen Normen zu richten, sein Verhalten erzeugt jedoch weder ein kosmisches Echo noch hat es Konsequenzen in einem wie auch immer gearteten Jenseits.

Mit seiner rationalen Kritik an allen abergläubischen Ideen und Praktiken seiner Zeit ist Wang Chong eine Ausnahme. Sein radikales Denken hat im prämodernen China wenige Nachfolger gefunden. So verdankt er seine Bekanntheit auch in erster Linie einer Wiederentdeckung durch radikale Reformer des zwanzigsten Jahrhunderts, die in ihm einen Vorläufer und ein historisches Vorbild sahen.

Die späte Han-Zeit

Im letzten Jahrhundert der Han-Dynastie wird die Kritik an der etablierten Ordnung schärfer und lauter. Der Einfluß der Alt-Text-Schule wächst, auch wenn es dem konservativen Konfuzianismus gelingt, seine beherrschende Stellung bis zum Ende der Dynastie zu behaupten. Ab der Mitte des zweiten Jahrhunderts kristallisieren sich jedoch immer deutlicher die Kräfte und Faktoren heraus, die zu einer fundamentalen Bedrohung für das Han-Reich werden sollten. Das zügellose Machtstreben der großen Familien, erbitterte Flügelkämpfe an der Spitze, Aufstände und kriegerische Auseinandersetzungen erschütterten den Staat in seinen Grundfesten. Diese Situation löste in den Kreisen kritischer Denker eine Renaissance der legalistischen Ideen aus. Zwar ging man nicht so weit, sich explizit auf die Theorien der klassischen Legalisten wie Shang Yang und Hanfei zu berufen, aber die Parallelen sind unverkennbar.

So plädiert Cui Shi (gest. 170 n. Chr.) für die Wiedereinführung eines Belohnungs- und Bestrafungssystems, wobei er als leuchtendes Vorbild nicht etwa die Herrscher der Frühzeit nennt, sondern die späteren mächtigen Despoten, die ihre Staaten mit harter Hand zu Reichtum und Macht führten. Die Ordnung kann nur wiederhergestellt werden, wenn alle Gewalt vom Herrscher ausgeht. Ein analoges Programm verkündete sein Zeitgenosse Wang Fu (ca. 90–165 n. Chr.), der die legalistischen Prinzipien auf eine seltsame Weise mit einem elitären Individualismus verknüpfte. In seinem Modellstaat muß alles dem Grundgedanken der Unparteilichkeit (*gong*, das Grundprinzip des legalistischen Systems) untergeordnet werden. Ein striktes System von Belohnungen und Strafen sichert das reibungslose Funktionieren; einziges Kriterium bei der Auswahl und Berufung der Beamten ist ihr Talent. Dieses System gilt jedoch nur für die Mittelmäßigen. Der wahre Weise hält sich von allen politischen und sozialen Aktivitäten fern. Er lebt in Abgeschiedenheit und Einsamkeit, um seine Tugenden zu kultivieren und seine individuelle geistige Freiheit zu bewahren.

Denker wie Cui Shi und Wang Fu bringen ein Gefühl der Verunsicherung und Desillusionierung zum Ausdruck, das in der späten Han-Zeit auch in anderen Bereichen spürbar war. So war das beherrschende Thema der Dichtung die Vergänglichkeit, daoistische Sekten hatten regen Zulauf, und der Buddhismus mit seinen zentralen Themen des Leidens und der Unbeständigkeit allen Seins gewann rasch an Boden. Das Selbstvertrauen, das noch aus den umfassenden Systemen von Dong Zhongshu und Liu An gesprochen hatte, war verlorengegangen. Im dritten Jahrhundert herrschte ein völlig anderes geistiges Klima.

Das frühe chinesische Mittelalter

Drei Jahrhunderte der Spaltung

Bereits im ausgehenden zweiten Jahrhundert nach Christus begann sich der politische Niedergang des Han-Reiches abzuzeichnen. Einzelne Militärführer wurden übermächtig und entwickelten sich zu Herrschern eigener und im Grunde autonomer Staaten. Um 200 n. Chr. existierte das Reich faktisch nicht mehr. In den nachfolgenden Jahrhunderten bildete China – das heißt das frühere Territorium der Qin- und Han-Dynastie – keine politische Einheit mehr. Nachdem es in der zweiten Hälfte des dritten Jahrhunderts noch einmal für wenige Jahrzehnte unter einem Militärregime geeint war, besetzten nicht-chinesische Invasoren im frühen vierten Jahrhundert Nordchina, das alte Kernland der chinesischen Zivilisation. Damit war das Schicksal eines gesamtchinesischen Reiches besiegelt. Das chinesische Herrscherhaus wurde vertrieben und zog sich in ein Gebiet südlich des Yangzi zurück, wo es das heutige Nanjing zur Hauptstadt machte. So war China von 317 bis zur Wiedervereinigung des Reiches im Jahr 598 n. Chr. in zwei Hälften gespalten, die sich in fast jeder Hinsicht grundlegend anders entwickelten. Der nördliche Teil war der instabilen und kurzzeitigen Fremdherrschaft diverser «barbarischer» Länder unterworfen, deren Regierungen aus kleinen nicht-chinesischen Eliten unterschiedlicher Herkunft bestanden. Da diese Fremdherrscher von nomadischen Völkern abstammten, verfügten sie nicht über die notwendige Erfahrung, um die ländliche Bevölkerung eines derart riesigen Gebietes zu regieren. Aus diesem Grund mußten sich die nördlichen Eroberer dem chinesischen Umfeld anpassen und auf deren Methoden zurückgreifen. Auf diese Weise wurden sie sozusagen «sinisiert», obwohl sie versuchten, ihre ethnische Identität zu wahren. Während der Untergang des Römischen Reiches für Westeuropa den Beginn des «finsteren Mittelalters» einläutete, blieb die chinesische Kultur auch im Norden des Landes intakt und lebendig; auch hier gaben die großen chinesischen Adelsfamilien unter der Oberherrschaft nicht-chinesischer Herrscherhäuser weiterhin den Ton an.

Der Süden erlebte einen ständigen Machtwechsel verschiedener chinesischer Dynastien. Auch dort lag die politische Macht in den Händen weniger aristokratischer Clans, die alle Schlüsselpositionen im zivilen und militärischen Bereich besetzt hielten. Ihre wirtschaftliche Existenz sicherten sie sich aus den Einkünften riesiger Landgüter. Das bürokratische System der Han-Dynastie blieb theoretisch zwar bestehen, aber es wurde von einer alteingesessenen feudalistischen Führungsschicht manipuliert. Diese politischen und sozialen Strukturen blieben während des gesamten chinesischen Mittelalters mehr oder weniger intakt.

Vor allem im südlichen Teil entfaltete sich eine Hochkultur, die mit der des Han-Reiches wenig ge-

Letzte Szene aus einer Serie von Gemälden von Gu Kaishi (ca. 360). Die Figur rechts im Bild schreibt mit einem Kalligraphiepinsel ihre Ratschläge an die beiden Hofdamen auf.

meinsam hatte. Wie so oft in der chinesischen Geschichte war auch diese Epoche politischer Schwäche gleichzeitig eine Blütezeit der Kultur. Das frühe Mittelalter war eine Zeit großer künstlerischer Kreativität. Es entstanden neue literarische Gattungen, die einen ausgeprägten Hang zum Raffinement und zu komplizierten Stilfiguren erkennen ließen. Die bildende Kunst bezog viele Anregungen aus dem aufkommenden Buddhismus. In den Kreisen der gebildeten Oberschicht profilierten sich erstmals namentlich bekannte Maler und Kalligraphen, die zu individuellen Ausdrucksformen fanden. In der Philosophie bildeten sich unter dem wachsenden Einfluß des Buddhismus zunehmend neue Strömungen heraus. So war diese lange Epoche der Nord- und Süd-Dynastien (oder der sechs Dynastien, da die traditionelle chinesische Geschichtsschreibung nur die südliche als legitim anerkannte) für die chinesische Kulturgeschichte im allgemeinen und für die Philosophie im besondern eine äußerst wichtige und fruchtbare Zeit.

Konfuzianismus und Neudaoismus

Mit den sozialen und politischen Umwälzungen im ausgehenden zweiten und im dritten Jahrhundert entstand ein geistiges Klima, das in mancher Hinsicht an die Zeit der «Streitenden Reiche» erinnert. Der offizielle Konfuzianismus, die bestimmende politische, soziale und moralische Kraft der Han-Zeit, hatte im dritten Jahrhundert an Glaubwürdigkeit und Prestige verloren. Da es den Konfuzianern ganz offensichtlich nicht gelungen war, die Welt vor Chaos und Verfall zu schützen, kehrten ihm viele Angehörige der gebildeten Führungsschichten enttäuscht den Rücken, um sich auf die Suche nach anderen Lösungsmodellen zu begeben. Nachdem die Ideen der Legalisten schon in der späten Han-Zeit wieder an Boden gewonnen hatten, konnte diese Lehre ihren Einfluß im dritten Jahrhundert weiter ausbauen. Der orthodoxe Konfuzianismus der Neu-Text-Schule verkam zur Bedeutungslosigkeit, nicht zuletzt, weil die zukünftigen Beamten im Zuge einer Refeudalisierung der Gesellschaft nicht mehr in den alten Denktraditionen ausgebildet wurden. So gewann die Gegenströmung der Alt-Text-Schule die Oberhand. Die Lehre des Konfuzius wurde von den kosmologischen Elementen befreit und wieder auf ein praktisches System politischer und sozialer Richtlinien zurückgeführt. Aufgrund seiner unmittelbaren Nähe zu Staat und Gesellschaft und vor allem zu den Riten, durch die nach wie vor wesentliche Teile des politischen und sozialen Lebens geprägt waren, blieb die konfuzianische Doktrin jedoch auch in ihrer reduzierten Form weiterhin ein Machtfaktor. Als Staatsideologie konnte sie ihre Monopolstellung bis ins frühe Mittelalter behaupten. Allerdings war durch die Beschneidung der konfuzianischen Lehre Raum für andere Strömungen entstanden, die zwar stärker metaphysisch geprägt waren, sich jedoch nicht als Gegengewicht zur «weltlichen» Lehre verstanden, sondern als Ergänzung und Bereicherung. Die bedeutendste Strömung der Anfangszeit war die Lehre von den Mysterien oder auch die dunkle Lehre (*xuanxue*). In ihr verknüpften sich spekulative Elemente aus dem *Yijing* mit den Gedanken der beiden großen daoistischen Denker Laozi und Zhuangzi. Trotz einer radikalen Neuinterpretation der klassischen Theorien hat diese Strömung doch so deutlich daoistische Züge, daß die eingebürgerte Bezeichnung «Neudaoismus» durchaus zutreffend ist. Dieser Neudaoismus blieb in der gesamten Epoche die beherrschende philosophische Richtung. Die größte Resonanz fand er in bestimmten Kreisen des Adels, wo er in den Salons der hochkultivierten «Bohemiens» zum Teil als eine Art intellektueller Zeitvertreib galt. Spätere konfuzianische Kritiker haben diese Strömung dann auch als selbstgefällige Spielerei verurteilt und als ein wirklichkeitsfremdes «Gerede über die Leere und das Nicht-Sein» abqualifiziert. Im Laufe des frühen Mittelalters, vor allem jedoch ab 400 n. Chr., als die gebildete Oberschicht den Buddhismus entdeckt und akzeptiert hatte, entstand eine neue dunkle Lehre, die auf einer Mischung neudaoistischer und buddhistischer Gedanken und Theorien basierte. Diese Variante wird in dem Kapitel über den Buddhismus in China zur Sprache kommen.

He Yan und Wang Bi

Im Gegensatz zu den Philosophen der Han-Zeit zeigten die Begründer des Neudaoismus kein Interesse für die Kosmologie. Ihr Denken kreiste hauptsächlich um Fragen ontologischer Art. Die ersten bedeutenden Vertreter dieser Richtung, He Yan (gest. 249) und der früh verstorbene geniale Denker Wang Bi (225–249), suchten nach einem dauerhaften Substrat in allem «Benennbaren», in der Welt wechselhafter und vergänglicher Erscheinungen. Um dieses unveränderliche Prinzip beschreiben zu können, griffen sie auf Elemente der alten daoistischen Philosophie zurück und sprachen vom Weg (*dao*), von der Leere (*xu*) und vom Nicht-Sein (*wu*). Das Grundproblem ihrer Philosophie lag in der Beziehung zwischen dem fundamentalen Nicht-Sein (*benwu*) und der Vielfalt der Erscheinungen, die sie als Relation zwischen der Substanz (dem inneren unveränderlichen Wesen) und der Funktion (den veränderlichen Erscheinungsformen) beschrieben.

Dabei berufen sie sich auf einen Satz aus einem der Anhänge des *Yijing*, in dem sie einen Verweis auf eine solche Beziehung sahen: «In [dem Prozeß] der Veränderung ist der große Höhepunkt (*taiji*), und dieser bringt die beiden Mächte (*yin* und *yang*) hervor.» In der Han-Zeit hatten Exegeten dieses *taiji* mit dem ursprünglichen *qi* gleichgesetzt, also mit dem undifferenzierten Urzustand, aus dem durch Polarisierung *Yin* und *Yang* und nachfolgend alle anderen Erscheinungen entstanden waren. Im Gegensatz dazu deuteten die Neudaoisten dieses *taiji* nicht kosmologisch, sondern in einem ontologischen Sinn. «Der große Höhepunkt» liegt nicht vor allem Bestehenden, er ist immanent in allem enthalten. Wang Bi zieht den Vergleich mit der Einheit (der Zahl 1), die ständig in allen Zahlen enthalten ist. Das *taiji* aus dem *Buch der Wandlungen* fällt zusammen mit dem Weg, wie ihn Laozi und Zhuangzi beschreiben: es ist Nicht-Sein und Leere, grenzenlos, namenlos, formlos, nicht wahrnehmbar und undifferenziert.

Erstaunlicherweise verstanden sich die Anhänger dieser Lehre in ihrem weltlichen Leben als Konfuzianer, auch wenn sie diese Zuordnung auf ihre eigene Weise definierten. Für sie war Konfuzius ein innerlich erleuchteter Heiliger, dessen Geist die höchste Stufe der Wahrheit erreicht hatte, wobei er dieses Wissen jedoch bewußt aus seiner Lehre ausklammerte. Da er erkannt hatte, daß die tiefsten Mysterien nicht durch Worte vermittelbar sind, hatte er sich auf praktische Anweisungen für das politische und soziale Leben beschränkt. Der wirklich Weise hält sich im praktischen Leben an die Sitten und Pflichten, die ihm von außen auferlegt werden. Während er als gesellschaftliches Wesen eher reflexartig funktioniert, ohne wirklich engagiert und betroffen zu sein, vollzieht er in seinem Inneren die Einswerdung mit dem Weg. Auf diese Weise gaben die Neudaoisten dem alten daoistischen Ideal des Nicht-Handelns (*wu wei*) eine neue inhaltliche Dimension.

Xiang Xiu und Guo Xiang

Die andere, weniger mystische Variante des Neudaoismus hatte ihren wichtigsten Repräsentanten in Xiang Xiu (ca. 221–300 n. Chr.), der seine Philosophie in einem berühmten Kommentar zum *Zhuangzi* exemplarisch zusammengefaßt hat. Das Werk wurde nach seinem Tod von Guo Xiang (gest. 312 n. Chr.) in einer erweiterten Fassung herausgegeben. Da die jeweiligen Anteile nicht eindeutig zugeordnet werden können, werden beide Verfasser immer in einem Atemzug genannt.

Im Mittelpunkt der dunklen Lehre von Xiang Xiu und Guo Xiang steht der Begriff des *fen*, der mit Schicksal oder Bestimmung übersetzt werden kann. In ihrem philosophischen Entwurf besitzt jeder Mensch seine individuellen Begabungen, Fähigkeiten, Auffassungen, Vorlieben und Sehnsüchte, die

Eine daoistische Darstellung vom Paradies. Die göttliche Königinmutter des Westens (Xi Wangmu), auf den Wolken schwebend, mit den Unsterblichen in ihrem Gefolge.

ihm eine genau definierte Lebensaufgabe und einen bestimmten Status in einem fest umrissenen sozialen Umfeld zuweisen. Im Idealfall leben alle Menschen in Harmonie mit ihrem *fen*, ohne die ihnen gesetzten Grenzen zu überschreiten. Das Prinzip des Nicht-Handelns (*wu wei*) bedeutet bei Xiang/Guo, daß sich der Mensch automatisch und ohne Einschränkungen in sein natürliches Schicksal fügt und keine zwanghaften Versuche unternimmt, ein anderer zu werden. Zweifellos hat diese Sichtweise stark fatalistische und deterministische Züge, vor allem, da Xiang/Guo nicht deutlich machen, warum die verschiedenen *fen* so verteilt sind, daß manche Menschen als Herren und andere als Knechte geboren werden. Von daher verweisen moderne Kritiker immer wieder auf die enge Verknüpfung dieser Philosophie mit der streng hierarchischen und elitären chinesischen Gesellschaft des Mittelalters.

Nur der Weise (der wie fast immer mit der Person des idealen Herrschers oder Machthabers zusammenfällt) besitzt nach dieser Theorie die besondere Gabe, in Übereinstimmung mit dem *fen* zu handeln. Er ist ebenso universell wie die Natur, die Quelle aller schicksalhaften Bestimmungen und Fügungen ist. Der ideale Weise (oder Herrscher) kennt keine persönlichen Urteile und Emotionen; er handelt nicht nach moralischen Kategorien, denn die sind ausnahmslos in ihrer Tragweite begrenzt und gelten nur für bestimmte Individuen und in bestimmten Situationen. Für den Weisen sind solche Unterscheidungen nicht relevant. Sein Geist ist passiv und reaktiv, einem Spiegel vergleichbar, der die Dinge nur reflektiert, ohne selbst berührt zu werden.

Xiang/Guo wenden sich explizit gegen die Vorstellung, daß die Welt der Erscheinungen eine undefinierbare Substanz besitzt. Indem sie nur das Prinzip der Vielfalt und Verschiedenartigkeit gelten lassen und ein metaphysisches Substrat negieren, unterscheiden sie sich ganz grundlegend von He Yan und Wang Bi. Jedes Wesen und jedes Ding ist «so» (*ran*), wie es von Natur aus ist. Da dieses Prinzip der Diversität der Weg selbst ist, darf der Weise der Welt nicht den Rücken kehren, um in völliger Abgeschiedenheit die mystische Vereinigung mit dem *dao* zu vollziehen, sondern er hat die Pflicht, seine Aufgaben für und in der Gesellschaft zu erfüllen. Indem er mit den «zehntausend Dingen» in ihrer unendlichen Diversität verschmilzt, kann er sich über alle Unterschiede erheben. In diesem Entwurf erscheint – im neudaoistischen Gewand – erneut das alte legalistische Ideal der vollkommenen Unparteilichkeit.

Der religiöse Daoismus

Der religiöse Daoismus entzieht sich jeder genauen Definition. Im frühen Mittelalter weitete sich diese Strömung zu einem sehr heterogenen Komplex von Vorstellungen und Praktiken aus, die auf allen Ebenen der chinesischen Gesellschaft zum Ausdruck kamen. Verbindlich für alle Richtungen war der Glaube, daß der Mensch durch geistige und körperliche Disziplin unsterblich werden könnte. Über die geeigneten Mittel und Wege hatte jede Sekte ihre eigenen Vorstellungen. Manche Glaubensgemeinschaften, die unter der Leitung eines (verheirateten) Meisters in Kommunen zusammenlebten, richteten ihr Leben nach einem strengen Regelwerk praktischer Vorschriften und Verbote aus; große kollektive Rituale sollten die Gläubigen vor Krankheiten, Sünden und schlechten Einflüssen schützen. Daneben existierten Strömungen, die den individuellen Weg betonten und ein geistiges und körperliches Training kultivierten, zu dem unter anderem bestimmte Atemtechniken und Gymnastikübungen gehörten, um das *qi* (das hier als Lebenskraft gesehen wurde) durch den Körper zirkulieren zu lassen. Durch Meditation und geistige Konzentrationstechniken wollte man vor allem die zahllosen Götter und Geister visualisieren, die, wie man glaubte, nicht nur die Außenwelt, sondern auch die «innere Landschaft», den Mikrokosmos des menschlichen Körpers, bevölkerten. Anhänger einer bestimmten Sekte, die sich ganz besonders auf die Durchführung von spiritistischen Sitzungen spezialisiert hatten, glaubten, daß sich diese intelligenten Wesen manifestieren, um neue Texte zu offenbaren und Anweisungen zu geben. Auch die Alchemie wurde als Hilfsmittel eingesetzt. Man experimentierte mit unterschiedlichsten Elixieren aus pflanzlichen und mineralischen Stoffen. In manchen dieser Sekten wurden die mentalen und körperlichen Übungen mit einem übermäßigen Drogenkonsum kombiniert.

Hinter all diesen Versuchen stand der Gedanke, daß es möglich sein müßte, durch einen allmählichen Prozeß der «Verfeinerung» den groben stofflichen Körper zu transformieren und ihm eine unzerstörbare Lebenskraft zu geben. Man glaubte daran, daß der Mensch mit Hilfe der richtigen Kombination psychischer und eubiotischer Techniken noch zu Lebzeiten in einen Astralleib übergehen und ein *xian*, ein Unsterblicher, werden könnte, um als ein

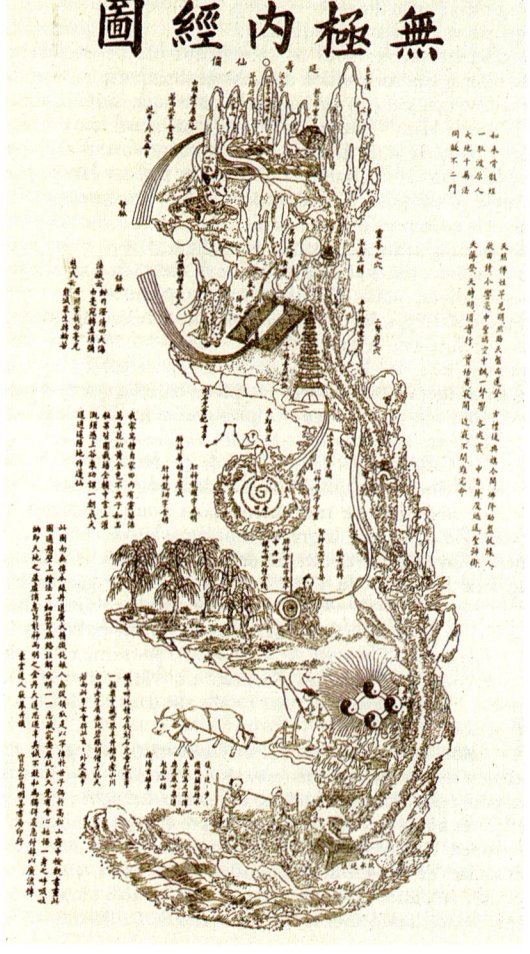

Religiöser Daoismus: «Die innere Landschaft» unseres Körpers wird von zahllosen göttlichen und dämonischen Mächten bevölkert. Während die Augen eines Sterblichen nur die normale innere Anatomie sehen, sind fortgeschrittene Adepten durch das Mittel der Meditation in der Lage, diese «wahren Formen» zu erblicken.

Skizze eines «Unsterblichen» von Liang Kai (um 1200). Diese häßliche Gestalt eines Weisen hat eine gewisse Ähnlichkeit mit einem Berg.

zur Erlösung nicht über geistige Versenkung, sondern über eine Instrumentalisierung des Körpers führe. Ein kurzer und sehr prägnanter Satz bringt dies (wesentlich später) auf den Punkt: «Der Konfuzianismus ist für den Staat; der Buddhismus für den Geist; der Daoismus für den Körper.» Das chinesische Denken ist stark psychosomatisch orientiert. Die für den Westen so typische Trennung zwischen Körper und Geist ist hier so gut wie unbekannt. Geist wird vor allem als Lebenskraft oder eine äußerst verfeinerte Form des *qi* begriffen. Selbst der Buddhismus, der ursprünglich von völlig anderen Prämissen ausging, hat sich in China letztendlich in dieses allgemeine Paradigma einfügen müssen.

Die Einführung des Buddhismus

Nach einer berühmten, aber zweifellos apokryphen Erzählung soll der Buddhismus durch den Han-Kaiser Ming, der von 59–75 n. Chr. regierte, nach China gelangt sein. Nachdem dem Kaiser in einem prophetischen Traum der «goldene Mann» erschienen war, schickte er eine Gesandtschaft nach Indien, die drei Jahre später mit den ersten buddhistischen Missionaren zurückkehrte. Mit ihnen kamen auch die heiligen Texte des Buddhismus ins Reich der Mitte. Für diese Vorhut gründete der Kaiser das Kloster des «Weißen Pferdes» (*Baima si*), das zum ersten Zentrum buddhistischer Mönche in China (*sangha*) wurde. Ganz ohne Zweifel ist diese Geschichte historisch nicht belegbar, aber vielleicht ist ihr ein gewisser authentischer Hintergrund dennoch nicht ganz abzusprechen, da die älteste zuverlässige Erwähnung des Buddhismus aus eben dieser Zeit, und zwar aus dem Jahr 65 n. Chr., stammt.

Im Grunde weiß man nicht genau, wann der Buddhismus nach China gekommen ist. Vermutlich ist er ab der Mitte des ersten Jahrhunderts nach Christus über die Karawanenstraßen Mittelasiens allmählich eingesickert. Etwa ab der Mitte des zwei-

Ein daoistischer Yogi. Die Abbildung zeigt einen Adepten, der durch bestimmte geistige und körperliche Übungen einen ätherischen, unsterblichen «Embryo» in sich gezeugt hat.

seliges Naturwesen auf den Wolken dahinzutreiben, auf unzugänglichen Berggipfeln zu leben oder einen Platz in dem gewaltigen Pantheon einzunehmen, das der religiöse Daoismus geschaffen hatte.

Für die Philosophie hatte dieser für das chinesische Kultur- und Geistesleben wichtige Bereich nur geringe Bedeutung. Der religiöse Daoismus verwendet Begriffe aus der traditionellen chinesischen Kosmologie, sein Schwerpunkt liegt eindeutig auf den Methoden, auf der Praktizierung genau beschriebener Techniken. Dennoch ist diese Bewegung hier aus zwei Gründen zur Sprache gekommen.

Im Gegensatz zu manchen Behauptungen blieb der religiöse Daoismus mit Sicherheit nicht auf einen schlichten Volksglauben beschränkt, sondern hatte seine Anhänger in allen Schichten der Gesellschaft. Angesichts seiner aufwendigen Riten, der sehr teuren alchemistischen Heilmittel und der fast unbegrenzten Freizeit, die man für all die vorgeschriebenen Übungen brauchte, könnte man sogar annehmen, daß diese Philosophie im Prinzip der Oberschicht vorbehalten war. So wissen wir auch von führenden Schriftgelehrten und Adligen, daß sie sich den daoistischen Praktiken mit großer Hingabe weihten. Der religiöse Daoismus war in den Kreisen zu Hause, die auch den eher philosophischen Strömungen der dunklen Lehre anhingen. Diese beiden Systeme schlossen einander keineswegs aus, sondern ergänzten sich.

Zum anderen gehörte der religiöse Daoismus zu den wenigen Heilslehren, die glaubten, daß der Weg

Eines der frühesten Zeugnisse des Buddhismus in China: Die primitive Abbildung eines sitzenden Buddha, in einem Grab aus der späten Han-Zeit um 200 n. Chr.

Über die Seidenstraße kam die chinesische Kultur in Berührung mit Indien und anderen Kulturräumen. So gelangte auch der Buddhismus in das Reich der Mitte.
Chang'an (Xi'an): Hauptstadt während des frühen Kaiserreichs (221 v. Chr. – 220 n. Chr.) und in der zweiten Epoche der Einheit (598–906).
Kaifeng: Hauptstadt während der ersten («Nördlichen») Song-Dynastie von 960–1127.
Hangzou: Hauptstadt während der zweiten («Südlichen») Song-Dynastie von 1127–1276.
Beijing (Peking): Von 1276–1386 Hauptstadt der Yuan-, von 1644–1912 Hauptstadt der Qin-Herrscher und seit 1949 der Volksrepublik China.
Nanjing (Nanking): Hauptstadt der südlichen (einheimischen chinesischen) Dynastien in der Zeit der staatlichen Zerrissenheit (317–589).

ten Jahrhunderts finden wir die ersten Spuren eines buddhistischen Klosters in der Hauptstadt Luoyang, das von Meistern unterschiedlicher Herkunft (Perser, Indoskythen, Sogdier und Inder) geleitet und von chinesischen Gläubigen besucht wurde. Für diese Zielgruppe wurden auch die ersten buddhistischen Texte übersetzt, denen im Laufe der Jahrhunderte Tausende anderer Texte folgten. Zusammen mit den vielen ursprünglich chinesischen Werken bilden sie den gewaltigen Komplex des chinesischen buddhistischen Schriftenkanons. Die ersten dieser Übersetzungen waren thematisch noch sehr begrenzt und rudimentär. Das Hauptinteresse galt in dieser Frühphase den Meditationstechniken (*dhyana*) und den Methoden der geistigen Versenkung, die oberflächlich betrachtet einige Parallelen zu bestimmten Praktiken des religiösen Daoismus aufwiesen. Allerdings entstand damals auch schon eine erste sehr primitive chinesische Fassung des Basistextes der Mahayana-Schule von der universellen Leere: «Die Vollkommenheit der befreienden Erkenntnis» (*Prajnaparamita*), die zunächst jedoch wenig Widerhall fand.

Bis etwa zur Mitte des vierten Jahrhunderts verbreitete sich der Buddhismus unter dem Volk, ohne bei den gebildeten Führungsschichten wirklich Fuß fassen zu können. Erst nachdem es der ersten Generation gelehrter chinesischer Mönche gelungen war, die führenden Schriftgelehrten des Landes für den Buddhismus einzunehmen, setzte sich die neue Lehre durch und nahm spürbaren Einfluß auf das chinesische Denken. Dies galt vor allem für den Süden des Landes, wo der Neudaoismus (die dunkle Lehre in all ihren Varianten) viele Anhänger unter den gebildeten Schichten hatte und die Bereitschaft, sich mit ontologischen oder metaphysischen Fragen auseinanderzusetzen, entsprechend groß war. Im Norden war das Interesse der Oberschicht im allgemeinen anders gelagert. Hier hatte der Buddhismus mehr eine magische Schutzfunktion vor dem Staat. Zudem waren die nicht-chinesischen Herrscher dazu übergegangen, buddhistische Mönche quasi als Gegengewicht zur konfuzianischen «Hausmacht» zu ihren Beratern zu machen. Aber auch hier gab es hervorragende Denker, die auf eine sehr eigenständige und originelle Weise die traditionellen Elemente der chinesischen Philosophie mit der Lehre des Mahayana-Buddhismus verknüpften. So entstand im vierten und fünften Jahrhundert ein neuer Typus des buddhistischen Neudaoismus.

Der buddhistische Neudaoismus

In dieser Strömung spielte die buddhistische Lehre zunächst eine untergeordnete Rolle. Dies lag vor allem daran, daß entscheidende Schlüsselbegriffe der

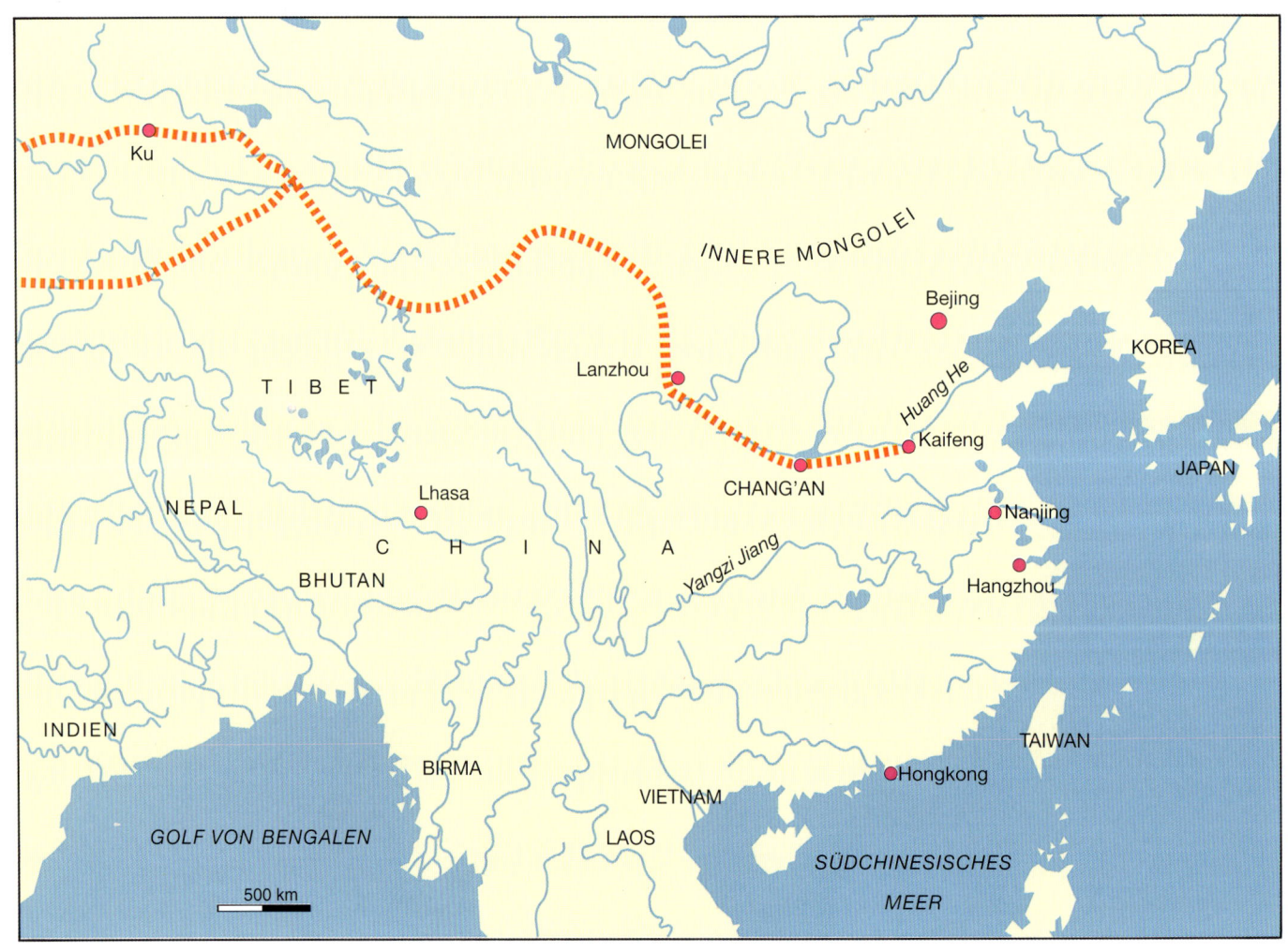

buddhistischen Philosophie nicht wirklich vermittelt wurden, da die indischen Originaltexte entweder mangelhaft oder zu frei übersetzt waren. Das buddhistische Element, das die neudaoistische Strömung aufgriff und mit dem sie ihre ontologischen Spekulationen bereicherte, stammte aus der Mahayana-Lehre und handelt über die Unwirklichkeit aller Erscheinungen, die in der *Prajnaparamita-Sutra* und anderen verwandten Texten niedergelegt war. Hier ging es im wesentlichen um die Unmöglichkeit, eine positive oder negative Aussage über die Existenz oder Nicht-Existenz einer beliebigen Erscheinung zu machen. Wenn der Mensch so grundlegende Kategorien wie «Sein», «Entstehen», «Vergehen», «Ursache» und «Folge» als real ansieht, so erklärt sich dies einzig und allein aus seiner mangelnden Erkenntnisfähigkeit. Dieses Defizit ist gleichbedeutend mit der «konventionellen Wahrheit», in der unser Denken gefangen ist.

Auf der Ebene der «absoluten Wahrheit» sind alle Erscheinungen und Ideen «freischwebend» (*sunya*), alles ist unvorstellbar, unaussprechlich und illusionär. Das gilt selbst für so zentrale Begriffe wie das *Nirvana*, das Buddhatum und die Erlösung. Die «wirkliche Art aller Erscheinungen» ist undifferenziert, sie übersteigt alles Denken. Da der Zustand der Erlösung und die Welt der Leiden auf dieser Ebene nicht unterschieden werden können (da letztendlich jede Unterscheidung illusionär ist), wäre es unsinnig zu sagen, daß man nach Erlösung strebt oder sie erreicht. Eine endgültige Befreiung ist nur über die erlösende Erkenntnis (*prajna*) einer universellen Leere möglich. Nur wer sich in seinem tiefsten Inneren bewußt macht, daß diese Leere ein absolutes Nichts ist, wird alle Fesseln abwerfen und von *Karma* und Wiedergeburt befreit sein. Jeder Versuch, die Leere inhaltlich zu füllen, ist zum Scheitern verurteilt. Dies ist die Lehre von der Mitte (*madhyamika*), die so bezeichnet wird, weil sie den Mittelweg zwischen Sein und Nicht-Sein, zwischen Bejahung und Verneinung darstellt.

Im vierten Jahrhundert glaubten die buddhistischen Denker Chinas – irrtümlich – eine enge Verwandtschaft zwischen dieser Variante der Mahayana-Lehre und der einheimischen dunklen Lehre entdeckt zu haben. Deshalb griffen sie für die Übersetzung der indischen Begriffe auf den philosophischen Wortschatz des Neudaoismus zurück. Auf diese Weise entstand eine ganze Reihe von Gleichsetzungen, die dem eigentlichen Bedeutungsinhalt nicht wirklich gerecht wurden: Zum Beispiel war für die Neudaoisten das *prajna* gleichbedeutend mit der transzendenten Erkenntnis in die Art und das Wesen des *dao*; die universelle Leere deckte sich nach ihrer Meinung mit der daoistischen Auffassung des Nicht-Handelns, mit dem Nicht-Sein als Quelle aller Erscheinungen und selbst mit der unbewußten «Spontaneität» aller Naturprozesse. Gerade diese scheinbaren Entsprechungen machten die neue indische Philosophie für einen Teil der gebildeten Führungsschichten sehr attraktiv. Die grundlegenden Ideen schienen bekannt, aber als Teil der buddhistischen Lehre bekamen sie eine andere und tiefere Bedeutung und den Status einer von Buddha selbst offenbarten Wahrheit.

Kopf einer riesigen Statue eines Buddha, der den Zustand des absoluten Nirvana erreicht hat. Tonskulptur in der Höhle 158, Dunhuang (8. und 9. Jh.).

Zweifellos hat diese Vermischung buddhistischer und neudaoistischer Elemente die Philosophie Chinas bereichert. Allerdings war die chinesische Komponente in dieser frühen Phase so dominant, daß die wesentliche Botschaft der indischen Lehre unverstanden blieb. Für die chinesischen Philosophen jener Zeit war die universelle Leere nicht das transzendente Vakuum – von dem Nagarjuna gesprochen hatte –, das weder existent noch nicht existent ist. Für sie bedeutete der Buddhismus einen neuen Zugang zum *dao*, dem der Natur immanenten Ordnungsprinzip. *Prajna* war für sie nicht die völlige Loslösung, sondern die Erkenntnis des Weisen, daß alles trotz seiner Verschiedenheit eine Einheit darstellt. Während die absolute Wahrheit für die Philosophen Indiens absolut inhaltslos war, haben sie die chinesischen Vertreter der dunklen Lehre mit neuen Idealen besetzt.

Sengzhao

Unter dem Einfluß des großen Missionars und Übersetzers Kumarajiva begannen sich die Gewichtungen im frühen fünften Jahrhundert zu verschieben. Kumarajiva stammte aus der buddhistischen Oase Kucha, die an einem der nördlichen Ausläufer der Seidenstraße lag. Schon bevor er nach China ging, galt er in ganz Zentralasien als bedeutender Gelehrter und Autorität auf dem Gebiet der Madhyamika-Philosophie. 402 n. Chr. kam er nach Chang'an (das heutige Xi'an), das damals für kurze Zeit die Hauptstadt eines «barbarischen» Staates war, dessen Herrscherhaus den Buddhismus großzügig förderte. Die zehn Jahre, die Kumarajiva dort verbrachte, bedeuteten für den chinesischen Buddhismus einen gewaltigen Sprung nach vorn. Zusammen mit seinen über hundert chinesischen Mitarbeitern und vielen Schülern schuf er eine unglaubliche Menge hochwertiger Übersetzungen von Mahayana-Texten und damit die Grundlage für eine seriöse Auseinandersetzung mit der Philosophie des «großen Fahrzeugs» und der Madhyamika-Lehre.

Neben den Neufassungen der *Prajnaparamita-Sutras* übersetzte Kumarajiva auch die Nagarjuna zugeschriebenen Texte, die nicht nur von der universellen Leere handeln, sondern auch versuchen, sie zu «beweisen». Damit erhielten die Chinesen zum ersten Mal auch einen Zugang zu den Inhalten und Basistexten einer der wichtigsten Strömungen des indischen Buddhismus. Von dem tiefen Eindruck, den diese Auseinandersetzung hinterließ, zeugen die vielen chinesischen Mönche, die sich vor allem im fünften Jahrhundert mit dem Studium und der Exegese der Lehre von der Mitte beschäftigten.

Von Sengzhao (374–414 n. Chr.), dem bedeutendsten Schüler Kumarajivas, blieben Traktate erhalten, die zu den Klassikern des chinesischen Buddhismus gezählt werden. An ihnen läßt sich sehr genau ablesen, wo die Botschaft Nagarjunas authentisch vermittelt wurde und wo sie durch den Einfluß der traditionellen chinesischen Denkmuster verfälscht worden ist. Zweifellos ist es Sengzhao gelungen, die spitzfindige Dialektik Nagarjunas als logische Methode korrekt wiederzugeben. Er arbeitet problemlos mit dem aus der indischen Philosophie übernommenen «Tetralemma» (den vier möglichen Aussagen über jede Erscheinung: A, Nicht-A, sowohl A wie auch Nicht-A und weder A noch Nicht-A) und wendet sie auf die vier Hauptaspekte an, die unsere Phantasie den Erscheinungen andichtet (Entstehen/Vergehen; Dauer/Vergänglichkeit; Identität/Differenzierung; Kommen/Gehen). In völliger Übereinstimmung mit der Logik Nagarjunas führt er den Beweis, daß all diese Kategorien illusionär sind und nur auf der Ebene einer trügerischen und «konventionellen Wirklichkeit» eine begrenzte Gültigkeit besitzen. Die erlösende Erkenntnis (*prajna*) eröffnet dem Schüler die Möglichkeit, diesen Schein zu durchbrechen und den transzendenten Raum der undifferenzierten universellen Leere zu betreten. Zu Recht behauptet Sengzhao, daß diese befreiende Erkenntnis eine transzendente Erfahrung ist, die sich – da sie kein definierbares Objekt hat – qualitativ von jeder Form einer rationalen Erkenntnis unterscheidet. Letztlich gipfelt dieses auf den ersten Blick so rational erscheinende System in einer – wenn auch negativen – mystischen Erfahrung.

Die richtige Vermittlung dieser wesentlichen Aspekte bedeutete zweifellos den Durchbruch für den indischen Buddhismus und das Ende der bis dato üblichen Versuche, die Philosophie der Leere mit einem neudaoistischen Begriffsinstrumentarium erklären zu wollen. Andererseits ist jedoch auch bei Sengzhao wie eigentlich bei den meisten der späteren buddhistischen Philosophen Chinas zu beobachten, daß wesentliche chinesische Paradigmen sozusagen «transplantiert» wurden. Bei Nagarjuna ist der Raum der Transzendenz, die Leere – wobei auch diese Bezeichnung nur provisorisch ist – völlig inhaltslos. Die wahre Erkenntnis ist nur möglich, wenn alle irrigen Vorstellungen zerstört werden. Die chinesischen Scholastiker neigen hingegen immer wieder dazu, diese transzendente Wirklichkeit nach dem überkommenen Modell von Substanz und Funktion inhaltlich zu füllen. Für sie ist die Leere nicht gleichbedeutend mit der absoluten Negation aller Erscheinungen, sondern vielmehr das unaussprechliche und tiefste Wesen aller Dinge.

Während die empirische Welt den aktiven, operationellen und funktionalen Aspekt jenes verborgenen Substrats verkörpert, ist das «namenlose» *dao* allen vergänglichen Erscheinungen immanent. Mit dieser Auffassung setzt der chinesische Buddhismus

Göttergestalt, die in einem fast senkrechten Flug aus dem Himmel auf die Erde schwebt. Möglicherweise stellt diese eher männliche als weibliche Gestalt den Bodhisattva Mahasattva dar.

Die religiöse Kunst des Mahayana-Buddhismus spiegelt die Komplexität dieser Lehre wider. Diese Darstellung zeigt den zukünftigen Buddha Maitreya inmitten des unvorstellbar kostbaren Dekors des Tushita-Himmels, wo er bis zu dem Moment seiner Inkarnation den Göttern die Lehre verkündet.

den Hauptakzent völlig anders als der indische. Wie in der indischen Philosophie sind Erlösung und Erleuchtung auch hier gleichbedeutend mit der höchsten Wirklichkeit, aber diese – und hier liegt der fundamentale Gegensatz – besteht für die chinesischen Denker aus *beiden* Ebenen des *noumenon* und des *phenomenon*. Diese sind genauso untrennbar miteinander verbunden wie Substanz und Funktion, Material und Form. Dieses Denken hat im frühen chinesischen Buddhismus zu einer gewissen Rehabilitation der konkreten «konventionellen Wirklichkeit» geführt. Tendenziell wird hier bereits die Grundstruktur des *Chan* (japanisch: Zen)-Buddhismus erkennbar, für den die Erlösung in der Ausübung der einfachsten alltäglichen Arbeiten liegt.

Dogmatische Differenzierungen

Der Madhyamika-Buddhismus war nicht die einzige der indischen Lehren, die im fünften und sechsten Jahrhundert in China Fuß fassen konnten. Nach und nach bildete sich eine Struktur heraus, die in den nachfolgenden Jahrhunderten kennzeichnend für den chinesischen Buddhismus werden sollte. Dies bedeutete konkret, daß man sich je nach Überlieferung oder Meister auf einen beziehungsweise mehrere Texte stützte, die man für die definitive und allumfassende Offenbarung der Wahrheit hielt. Dabei wurden alle anderen Sutras nicht gänzlich verworfen, sondern als vorläufige Belehrungen angesehen, die der Buddha auf das begrenzte Begriffsvermögen seiner weniger fortgeschrittenen Zuhörer zugeschnitten hatte. Diese Klassifizierung von Texten (*panjiao*) hatte ganz zwangsläufig damit zu tun, daß die Chinesen etwa zeitgleich mit diversen Strömungen des Buddhismus in Berührung kamen, deren Inhalte nicht nur unterschiedlich, sondern häufig sogar widersprüchlich waren. Indem man die einzelnen Strömungen hierarchisch ordnete, ließ man die Lehre in ihrer Vielfalt unangetastet. Andererseits wahrte man die Möglichkeit, eine dieser Varianten zur höchsten Offenbarung zu erklären.

Im sechsten Jahrhundert war dieser Prozeß einer dogmatischen Differenzierung bereits im vollen Gange. Manche Strömungen waren stark devotional gefärbt. Sie legten den Akzent auf die Gnade und die Errettung durch einen außerirdischen Buddha. Der bedeutendste dieser Erretter war Amitabha, der Buddha des Westlichen Paradieses. In seiner Welt der Seligen sollten alle Gläubigen wiedergeboren werden, die sich voller Hingabe auf ihn konzentrierten und seinen Namen anriefen. Diese Form der Heiligenverehrung, die vor allem bei den Laien großen Anklang fand, hat sich bis heute als das wichtigste Element des Volksbuddhismus in Südostasien erhalten.

Besonders verbreitet war die *Lotus-Sutra* (*Saddharmapundarika-Sutra*), ein früher Mahayana-Text, der im wesentlichen besagte, daß alles, was der Buddha jemals verkündet hatte, nur relativ und vorläufig war. Selbst sein Leben und Sterben waren nichts anderes als ein magisches und stimulierendes Schauspiel für die Gläubigen. In Wirklichkeit sei der Buddha ewig und unvergänglich, und nach der wahren Offenbarung seien alle Wesen zum Buddhatum vorbestimmt. So geht die weitverbreitete Verehrung des Bodhisattva Guanyin, einer Rettergestalt, die (wahrscheinlich unter dem Einfluß des alten chinesischen Volksglaubens) in China als weibliche, madonnenähnliche Figur dargestellt wird, teilweise auf die *Lotus-Sutra* zurück.

Ebenfalls sehr populär war die Sutra vom großen Verlöschen (*Maha-parinirvana-Sutra*), ein umfangreicher Text, der von der gängigen Mahayana-Ontologie stark abweicht. Ihre Beliebtheit erklärt sich vor allem aus der schon angesprochenen Tendenz, die transzendente Wirklichkeit als immanente Substanz der Welt zu begreifen. Nach diesem Text besitzt jedes lebende Wesen die Natur des Buddha, die mit der höchsten Erkenntnis, mit dem *Nirvana* und der Erlösung identisch ist. Im Gegensatz zu anderen Texten, wo die transzendente Wirklichkeit nicht näher definiert ist, beschreibt diese Sutra die metaphysische Dimension als ewig und freudevoll, als das makellose und (wahre) Ich. Die Erlösung beginnt mit der Erkenntnis des eigenen Wesens, die in einem weiteren Schritt zur Entdeckung und Verwirklichung der Buddhanatur führt. Dieser Gedanke wird im chinesischen *Chan*-Buddhismus eine wichtige Rolle spielen.

Dies gilt auch für die Theorie der plötzlichen Erleuchtung, die gleichfalls auf das fünfte Jahrhundert zurückgeht. Nach dieser Lehre, die zum ersten Mal von dem Mönch Daoshen (ca. 360–434 n. Chr.) verkündet wurde, ist der Gedanke der erlösenden Erkenntnis von seinem Wesen her nicht mit der gängigen Vorstellung zu vereinbaren, daß die höchste Wahrheit nur stufenweise erreicht werden kann. Auch wenn der Mensch auf seinem Weg dorthin durch geistige Übungen die nötige Reife erwirbt, kann die immanente Buddhanatur nur durch eine einzige totale Erfahrung verwirklicht werden. Die wahre Erkenntnis ist momenthaft und explosiv – auch dies ist ein Gedanke, der in der Folgezeit eine zentrale Rolle im *Chan*-Buddhismus spielen wird.

Mit dem sechsten Jahrhundert hatte sich der chinesische Buddhismus in seiner endgültigen Form herausgebildet. In der Mitte dieses Jahrhunderts, am Vorabend der Wiedervereinigung des chinesischen Reiches, lagen die wichtigsten Mahayana-Texte in recht zuverlässigen chinesischen Übersetzungen vor. Bekannte chinesische Lehrmeister hatten mit der Interpretation und Neustrukturierung der einheimischen Lehren begonnen. Die wesentlichen Grundideen, die zu Bausteinen einiger buddhistischer Schulen werden sollten, waren formuliert.

Der Buddhismus war in alle Teile Chinas vorgedrungen und hatte sich auch in den höchsten Kreisen etablieren können. Nach wie vor gab es jedoch starke Vorbehalte und Widerstände, vor allem aus konfuzianischen Kreisen, die den Buddhismus aufgrund seines nicht-chinesischen Ursprungs ablehnten und sein Klosterwesen als unproduktiv und unsozial geißelten. Als religiöses und philosophisches System wurde er vor allem wegen seines «egozentrischen» und weltabgewandten Strebens nach individueller Erlösung verurteilt. Diese antibuddhistische Gegenbewegung hat es immer gegeben; zu Zeiten, wo sie die Oberhand gewann, standen die buddhistischen Klöster unter starkem staatlichen Druck.

Obwohl der Konfuzianismus auch in dieser Zeit weiterhin die offizielle Staatslehre war, gelang es ihm nicht, sich auf philosophischer und weltanschaulicher Ebene als Gegengewicht zu profilieren. Zwischen dem vierten und neunten Jahrhundert gingen von ihm kaum wirkliche Impulse aus. In diesem langen Zeitraum blieb der Buddhismus die bei weitem vitalste und kreativste Kraft in der chinesischen Philosophie. In der anschließenden Epoche des wiedervereinten Kaiserreichs sollte er diese Rolle, in die er bereits im sechsten Jahrhundert hineingewachsen war, noch erheblich ausbauen.

Das buddhistische Kloster als Studienzentrum für Schriftgelehrte war eine wichtige soziale Einrichtung im mittelalterlichen China. Es bot vielen, die nicht zur Elite gehörten, die Möglichkeit, eine gewisse literarische Bildung zu erwerben.

Die Blütezeit des Buddhismus

Eine Karawane zieht durch ein Tal der Seidenstraße im westlichen Mittelasien, die seit dem zweiten vorchristlichen Jahrhundert China mit dem Westen verband. Auf diesem Wege kam auch der Buddhismus nach China.

Die Sui-Dynastie (589–618 n. Chr.) und die Tang-Dynastie (618–906 n. Chr.)

Nach einer jahrhundertelangen Spaltung gelang es einem «halb-barbarischen» General 589 n. Chr. China erneut zu vereinen. Er errichtete die Herrschaft der Sui-Dynastie, die sich allerdings nur wenige Jahrzehnte an der Macht behaupten konnte. Diese kurze Epoche, die durch hektische Maßnahmen einer hart durchgreifenden, aber noch ungefestigten Zentralmacht gekennzeichnet ist, wird häufig mit der achthundert Jahre älteren Qin-Dynastie verglichen. Auch die Sui-Dynastie wurde von einer sehr stabilen Macht, dem Herrscherhaus der Tang, abgelöst. Zusammen bildeten diese beiden Dynastien den Höhepunkt der chinesischen mittelalterlichen Kultur. Staat und Gesellschaft wurden weiterhin von wenigen Adelsfamilien beherrscht, die alle hohen Ämter besetzten. Zwar hatte die Sui-Dynastie ein umfassendes Prüfungssystem für ihre Regierungsbeamten eingeführt, bei dem nur noch die individuelle Begabung, das hieß die Kenntnis der (konfuzianischen) Schriften zählen sollte, aber diese Auswahlkriterien erwiesen sich als rein formal, und in der Praxis hatten die erfolgreichen Prüfungskandidaten keine Chance, in die höchsten Ämter aufzusteigen. Erst nach der Tang-Dynastie wurde dieser Anspruch tatsächlich eingelöst.

Im politischen und militärischen Bereich gab es bedeutende Neuerungen und Reformen. Chang'an wurde erneut zum Zentrum eines Riesenreiches und zur Schaltstelle eines gigantischen Verwaltungsapparates. Da die politische und wirtschaftliche Konsolidierung in der frühen Tang-Zeit mit einer territorialen Expansion einherging, dehnte sich der chinesische Machtbereich erneut über ganz Mittelasien aus. Dadurch öffnete sich das Land fremden Einflüssen und baute seine Kontakte bis nach Korea und Japan aus.

Bereits im späten achten Jahrhundert zeichnete sich der Zerfall des Tang-Reiches ab. Aufstände schwächten die staatliche Zentralgewalt, die Grenzprovinzen gingen verloren, und die Macht der Militärführer verselbständigte sich. Mit dem Niedergang der Tang und der Herrschaft der Fünf Dynastien (906–960 n. Chr.), die das Land erneut für kurze Zeit spalteten, ging das chinesische Mittelalter zu Ende. Es folgte der Übergang zur Epoche des prämodernen China.

Während der Sui- und Tang-Dynastie erlebte der chinesische Buddhismus seine Blütezeit. Verschiedene Kaiser verschafften dem Klerus weitreichende Privilegien, und berühmte Lehrmeister unterhielten enge Kontakte zum Hof. Die Kehrseite dieses Patronats war, daß die Buddhisten strenge Kontrollen und mancherlei Einschränkungen hinnehmen mußten, die jedoch der Verbreitung ihrer Lehre nicht wirklich

Kaiserliches Patronat des Buddhismus unter der Kaiserin Wu, die von 684–705 regierte. Die Hauptgruppe der Höhlentempel von Longmen. Die Gesichtszüge des Buddha Vairochana sollen denen der frommen Kaiserin ähneln.

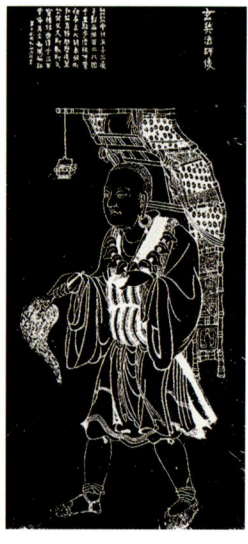

Buddhistische Mönche waren immer auf der Wanderschaft. Mit ihrem ganzen Hab und Gut zogen sie von Kloster zu Kloster. Auf diese Weise sind auch berühmte chinesische Pilger wie Xuanzang «auf der Suche nach der wahren Lehre» nach Indien gekommen.

im Wege standen. Chinesische Pilger reisten zu den buddhistischen Zentren in Indien und Südostasien, Themen aus der buddhistischen Philosophie erhielten einen wichtigen Platz in der Literatur und der bildenden Kunst.

Nach dem Untergang des Tang-Reiches zeigte sich die Regierung immer weniger bereit, den aufwendigen Unterhalt der vielen unproduktiven Klöster zu finanzieren. Außerdem war in dieser Zeit eine Veränderung des geistigen Klimas zu beobachten, die in einer Rückbesinnung auf die angestammten Quellen der chinesischen Kultur ihren deutlichsten Ausdruck fand. Die antiklerikale Stimmung, die von daoistischen Lehrmeistern und orthodoxen Konfuzianern gefördert wurde, gipfelte in der beispiellosen Hetzjagd und dem Bildersturm des Jahres 845 n. Chr. Auch wenn diese Phase der Unterdrückung nicht sehr lange anhielt, so war sie doch deutlich sichtbares Symptom für einen sich verändernden Zeitgeist: Die Führungsschichten hatten sich vom Buddhismus abgewandt und entzogen ihm ihre Unterstützung.

Die Schulen des Buddhismus: Die Tiantai- und die Huayan-Schule

Unter der Sui- und Tang-Dynastie bildeten sich unterschiedliche buddhistische Schulen heraus. Der Begriff «Sekte» gibt das chinesische Wort *zong* nicht richtig wieder, denn *zong* bedeutet ursprünglich «Familientradition» und steht in diesem Kontext für eine Lehre, die vom Meister an den Schüler weitergegeben wird.

Manche dieser Lehren wurden als in sich geschlossene und zusammenhängende Einheit von Indien nach China gebracht und dort von kleinen Gruppen spezialisierter Scholastiker übernommen, die versuchten, die indische Überlieferung möglichst authentisch zu erhalten. Die wichtigste dieser Strömungen war die Yogachara-Lehre (in China als *wei shi*, das ausschließliche Bewußtsein, bezeichnet), die eine extreme Form des subjektiven Idealismus verkündete und alle Erscheinungen, sowohl innerhalb wie außerhalb des Menschen, als Phantasiegebilde ansah, die durch eine Verunreinigung unserer tiefsten Bewußtseinsschicht entstehen. Durch geistige Übungen kann der Gläubige diese «Vorratskammer des Bewußtseins» von falschen Eindrücken säubern. Auf diese Weise erreicht er den Zustand der Befreiung, denn nur das gereinigte Bewußtsein ist mit der höchsten Wahrheit, dem *Nirvana* und dem Buddhatum identisch. In China wurde dieses äußerst komplizierte scholastische System vor allem durch den großen Pilger und Gelehrten Xuanzang (ca. 602–664 n. Chr.) verbreitet. Außerhalb eines kleinen Zirkels hochgebildeter Spezialisten hatte diese Lehre jedoch zu keiner Zeit einen nennenswerten Einfluß.

Andere aus Indien importierte Systeme teilten dieses Schicksal, zum Beispiel die Schule der Drei Traktate, die die Lehre Nagarjunas verkündete, diesmal jedoch in ihrer reinen Form und nicht, wie Sengzhao dies getan hatte, in der Begrifflichkeit von Substanz und Funktion. Diese verpflanzten Philosophien blieben Fremdkörper, die sich nicht lange behaupten konnten, auch wenn einige ihrer Elemente in autochthone Systeme eingegliedert wurden.

Ganz anders verlief die Entwicklung bei den angestammten chinesischen Schulen, die überwiegend auf schon vorhandene Denkmodelle zurückgriffen. Zwei von ihnen, die Tiantai- und die Huayan-Schule, stellen umfassende scholastische Systeme dar, die auf dem schon genannten Prinzip des *panjiao* basieren, also auf einer Neustrukturierung der gesamten Lehre, die, eingebettet in ein System hierarchischer Offenbarungsebenen, in einer bestimmten *Sutra* ihren höchsten Ausdruck fand.

Die Tiantai-Schule, benannt nach einem Berg in Zhejiang, auf dem ihr ältestes Zentrum lag, teilte die gesamte Lehre in ein Schema ein, das sich aus «den fünf Jahren der Verkündigung, den vier Methoden des Unterrichtens (wie sie von Buddha praktiziert worden waren) und den vier Arten der Öffentlichkeit» zusammensetzte. Jede *Sutra* und selbst einzelne Passagen erhielten in diesem System einen festen Platz. Aus diesem Prinzip entwickelte sich in der Praxis ein scholastisches System von enzyklopädischen Ausmaßen und einer immens komplizierten Struktur.

Für die Philosophie liegt der wichtigste Beitrag der Tiantai-Schule in einer Ausarbeitung der Wirklichkeitsebenen, die hier als drei ontologische Aussagen formuliert wurden. 1. Die Erscheinungen sind zwar vergänglich, aber an sich real (dies ist die Vorstellung des Hinayana-Buddhismus und der empirischen Erfahrung); 2. Sie sind in ihrem tiefsten Wesen nicht zu benennen und nicht zu definieren (dies entspricht der Theorie von der universellen Leere); 3. Auch der Unterschied zwischen den Thesen (1) und (2) ist imaginär, da beide Ebenen Dimensionen derselben unaussprechlichen Wirklichkeit sind. Alle Dinge vollziehen sich auf allen drei Ebenen gleichzeitig und damit auf eine Weise, die das menschliche Vorstellungsvermögen übersteigt. Somit wird auch die Welt der Erscheinungen nicht verworfen («die Welt von Geburt und Tod ist identisch mit dem *Nirvana*»; «ein Sandkorn enthält die Buddhanatur»).

Dieser Totalitätsbegriff wird in dem zweiten großen *Panjiao*-System, der Huayan-Schule, weiter differenziert. (*huayan*, Girlande, ist die chinesische Übersetzung des *Avatamsaka*, eines umfangreichen Mahayana-Textes. Im Unterschied zur Tiantai-Schule, die der *Lotus-Sutra* den höchsten Platz zuwies, galt hier die *Girlanden-Sutra* als die vollkommenste der Offenbarungen.) Auch in der Huayan-Schule hat die Hierarchisierung der Schriften ein äußerst kompliziertes System hervorgebracht, in dessen Mittelpunkt der Totalitätsgedanke stand. Jeder Teil wurde als eine Widerspiegelung des Ganzen gesehen, da dieses Ganze ohne seine einzelnen Teile nicht vorstellbar ist. Da alle Teile somit gleichartig sind, spiegeln auch sie einander wider. Die Totalität ist die Dimension der absoluten Wirklichkeit, während die einzelnen Teile den phänomenalen Aspekt der Dinge darstellen. Stärker noch als im Tiantai-System wird hier die Akzeptanz der wahrnehmbaren Wirklichkeit betont. In diesem holistischen Weltbild ist die Welt der Erscheinungen ein einziges großes Kontinuum, das jenseits aller menschlichen Vorstellungskraft liegt.

Die Schule des Reinen Landes

Ebenfalls noch im Mittelalter kamen andere Strömungen auf, die man als «reduktionistisch» bezeichnen könnte, da sie nicht scholastisch waren und sich auf einen einzigen Aspekt der Lehre konzentrierten. Wahrscheinlich sind sie sogar als Gegenbewegung zum Tiantai- und Huayan-Establishment mit seiner extremen Betonung des schriftkundigen Wissens entstanden. Zwei dieser Richtungen sollen hier erwähnt werden: Die devotionale Schule des Reinen Landes (Jingtu) und das wohl typischste Produkt des chinesischen Buddhismus, die Schule der Meditation (Chan).

Der Glauben an die rettende Macht Amitabhas, des Buddha des Westlichen Paradieses (oder des Reinen Landes), war bereits vor dieser Zeit weit verbreitet, als eigenständige Lehre ist der Jingtu-Buddhismus jedoch erst im späten sechsten Jahrhundert entstanden. Er war zunächst eng verknüpft mit der seinerzeit sehr populären eschatologischen Idee, daß die Welt viel zu degeneriert sei, um die Lehre noch in ihrem vollen Umfang zu erfassen, und nur noch durch Buße, Frömmigkeit und Gnade errettet werden könnte. Da dieser Glauben einfach und konkret war, fand er vor allem bei der Masse der Bevölkerung Resonanz, aber er konnte sich auch in bestimmten Kreisen der gebildeten Führungsschichten etablieren.

Der Zen-Buddhismus

Der *Chan*-Buddhismus ging noch einen Schritt weiter. Wenn sich das Absolute doch nicht in Worte und rationale Begriffe fassen ließ, warum sollte man dann nicht versuchen, auf all diese Mittel zu verzichten, und statt dessen den ganz unmittelbaren Zugang zur Erlösung suchen?

Über die Ursprünge des Zen wurde viel gerätselt und spekuliert. (Da sich die japanische Form Zen – die ebenso wie das chinesische *chan* eine verkürzte Transkription von *dhyana* (Meditation) ist – im Westen eingebürgert hat, soll sie auch hier verwendet werden.) Daß die früheste Geschichte des Zen-Buddhismus so im Dunkel liegt, hat auch mit den Versuchen späterer Chronisten zu tun, ihm (und seinen vielen Verästelungen) eine Art geistiger Genealogie

Der Asket Vasu, eine Gestalt, die der Buddhismus aus dem Brahmanismus übernommen hat (981 n. Chr.).

Eine Wandmalerei aus der Song-Dynastie, die Huineng, den Sechsten Patriarchen des Zen-Buddhismus, zeigt.

An einem bestimmten Tag rief der Fünfte Patriarch plötzlich alle seine Schüler zu sich. Als alle sich versammelt hatten, sprach er: «Ich sage euch, für die Menschen, die in der Welt leben, haben Dinge wie Leben und Tod großes Gewicht. [Ihr Mönche solltet es besser wissen, und doch] widmet ihr euch den ganzen Tag der frommen Hingabe; ihr strebt immer nur nach Glück [in den zukünftigen Leben] und nicht danach, dem bitteren Meer von Leben und Tod zu entrinnen. Wenn ihr eure wahre Natur so wenig begreift, wie soll euch jenes Glück dann retten können? Geht nun alle in eure Zimmer zurück und denkt darüber nach. Wer von euch Weisheit besitzt, soll mit Hilfe der Einsicht, die eurer wahren Natur entspringt, eine Gedichtstrophe schreiben und mir vorlegen. Wenn ich diese gelesen habe, werde ich dem, der die Große Idee verstanden hat, den Mantel der Lehre übertragen und ich werde ihn zum Sechsten Patriarchen machen. Und jetzt verschwindet, schnell wie der Blitz!» [...] Gegen Mitternacht begab sich der erste Mönch Shenxiu mit einer Kerze in der Hand zur Mauer der südlichen Galerie und schrieb, ohne daß dies jemand bemerkte, die folgenden Zeilen auf:

Der Körper ist der Baum der Erleuchtung;
der Geist ist wie ein klarer Spiegel auf seinem Ständer. Fortwährend sind wir bemüht, diesen Spiegel zu putzen, und wir lassen nicht zu, daß Staub darauf fällt.

[...] Als die Schüler diese Gedichtzeilen lasen, riefen sie voller Bewunderung: «Wie gut!» Daraufhin rief der Fünfte Patriarch den ersten Mönch Shenxiu zu sich und fragte ihn: «Haßt du diese Zeilen verfaßt? Wenn ja, so bist du es wert, daß ich die Lehre an dich weitergebe!»
Der erste Mönch Shenxiu antwortete: «Vergebt mir – ich habe das in der Tat geschrieben. Aber ich wage nicht, um das Amt des Patriarchen zu wetteifern. Ich hoffe nur, daß Ihr, Ehrwürdiger, Mitleid mit mir habt und mich, Euren Schüler, für ein wenig weise haltet. Habe ich die Große Idee verstanden?»
Der Fünfte Patriarch erwiderte: «Die Strophe, die du verfaßt hast, zeigt, daß du noch nicht soweit bist – du bist bis zur Eingangstür gelangt, hast es jedoch noch nicht verstanden, einzutreten. [...] Geh nun; denke einen oder zwei Tage lang nach, mache dann ein neues Gedicht und lege es mir vor. Wenn (sich dann zeigt), daß du tatsächlich die Schwelle überschritten hast und Einsicht in deine eigene wahre Natur besitzt, sollst du meinen Mantel bekommen!»

(Shenxui zieht sich zurück und bemüht sich tagelang nach besten Kräften, aber nichts will ihm gelingen. Nach einer Weile hört Huineng von dieser Sache und wird von einem Jungen, der in dem Kloster arbeitet, zu der Mauer geführt.)

Da ich nicht lesen konnte, bat ich jemanden, mir die Strophe vorzutragen und als ich sie gehört hatte, verstand ich ganz unmittelbar die Große Idee. Ich verfaßte auch eine Strophe und bat jemanden, der schreiben konnte, sie auf die Mauer der westlichen Galerie zu schreiben, um so meine wesentliche Absicht deutlich zu machen [...] Meine Zeilen lauteten:

Bei der Erleuchtung geht es im Grunde nicht um einen Baum, und auch der klare Spiegel besitzt nichts, auf dem er stehen könnte.
Die Buddha-Natur ist immer rein und unbefleckt – wie könnte jemals Staub (darauf) fallen?

[...] Alle Mönche in der Halle waren erstaunt, als sie mein Gedicht sahen, aber ich begab mich wieder zu der Getreidemühle (wo ich als ungebildeter Novize meine Arbeit tat). Der Fünfte Patriarch erkannte plötzlich, daß ich der einzige war, der die Einsicht in die Große Idee besaß, aber da er fürchtete, daß die anderen dies erfahren würden, sagte er zu ihnen: «Auch dieser hier hat es nicht verstanden.»
Der Fünfte Patriarch wartete bis Mitternacht; dann ließ er mich in die Halle kommen und gab mir die Erklärung der Diamant-*Sutra*. Sobald ich [seine Darlegung] gehört hatte, erwachte ich. In dieser Nacht empfing ich von ihm die Lehre, ohne daß ein anderer davon wußte, und so übertrug er mir die Lehre von der plötzlichen [Erleuchtung] und den Mantel: «Du bist jetzt der Sechste Patriarch. Dieser Mantel ist der Beweis; sorge dafür, daß er von Generation zu Generation weitergegeben wird. Und sorge dafür, daß die Lehre [direkt] weitergegeben wird, von Geist zu Geist, und bringe die Menschen dazu, sich selbst in den Zustand der Erleuchtung zu versetzen!» Und weiter sagte der Fünfte Patriarch: «Huineng, seit ältester Zeit ist die Überlieferung der Lehre eine gefahrvolle Sache gewesen, die wie an einem seidenen Faden hing. Wenn du hier bleibst, wird es Menschen geben, die dir schaden (wollen). Du mußt schnell von hier fortgehen!»
Nachdem ich den Mantel der Lehre bekommen hatte, begab ich mich zur dritten Nachtwache. Der Fünfte Patriarch begleitete mich persönlich zu der Poststation bei Jiujiang. Da wurden mir die Anweisungen des Patriarchen klar: «Gehe und tue dein Möglichstes, trage die Lehre nach Süden. Drei Jahre lang sollst du diese Lehre nicht [öffentlich] verbreiten, denn sie ist schwer zu vermitteln. Später sollst du [die Lehre] verkünden und (die Menschen) bekehren und du wirst den Irrenden ein hervorragender Lehrer sein. Wenn es dir gelingt, ihren Geist zu öffnen, dann wirst du so sein wie ich!»
Ich nahm Abschied von ihm und machte mich auf meine Wanderung in Richtung Süden.

Aus: Huineng, *Plattform-Sutra*

zu geben, das heißt ihn auf authentische indische Lehrmeister und letztlich auf Buddha selbst zurückzuführen. Nachdem Bodhidharma die Lehre in der ersten Hälfte des sechsten Jahrhunderts als erster in China verkündet hatte, soll der Zen-Buddhismus durch eine ununterbrochene Kette von Patriarchen weitervermittelt worden sein. Diese Erklärung sollte der Zen-Bewegung nicht nur ein größeres Prestige geben, sie stimmte auch mit einem der grundlegendsten Aspekte dieser Lehre überein. Die Zen-Buddhisten glauben, daß Buddha selbst seinem fortgeschrittensten Schüler das Geheimnis des direkten Weges zum Heil offenbart hatte und diese Botschaft dann ohne schriftliche Überlieferung von den Patriarchen weitergegeben wurde.

In Wirklichkeit stammt der Zen-Buddhismus als organisierte Bewegung aus dem siebten Jahrhundert. Er ist ein typisches Produkt chinesischen Denkens, eine beispiellose Mischung von ursprünglich chinesischen (insbesondere daoistischen und chinesisch-buddhistischen) Vorstellungen.

Die Philosophie des Zen-Buddhismus geht von dem Grundgedanken aus, daß die universelle Buddhanatur, das Prinzip der Erleuchtung, jedem Menschen eigen ist. Sie bildet das Wesen unseres Geistes (*xin*, Herz, ein überlieferter, nicht-buddhistischer Begriff, der im Zen einen zentralen Platz einnimmt). Durch Meditation und Kontemplation ist es möglich, dieses reine *xin* («unser Gesicht vor unserer Geburt») in einer unmittelbaren und plötzlichen Erfahrung zu erleben, die sich jeder rationalen Deutung und Beschreibung verschließt.

Im strikt philosophischen Sinn hat der Zen-Buddhismus nicht sehr viel Neues zu bieten; er greift auf die bereits bekannten Begriffe der Buddhanatur, der letztendlichen Identität des *noumenon* und *phenomenon* und der plötzlichen Erleuchtung zurück. Neu ist jedoch, daß sich der Zen-Buddhismus nicht auf die kanonischen Texte stützt, sondern den Anspruch erhebt, eine eigenständige Tradition zu sein, die in einer direkten Konfrontation «von Geist zu Geist» – in der Regel vom Meister an den Schüler – weitergegeben wird.

Die Besonderheit des Zen liegt in den Mitteln, die er benutzt, um den Schüler den überwältigenden Moment der Erleuchtung erleben zu lassen. Bizarre Meditationsinhalte, Paradoxe, verblüffende Antworten, sogar Schreien und Schlagen – alles ist im Zen-Buddhismus erlaubt, um den Schüler (der schon unter psychischer Hochspannung steht) in den Ausnahmezustand zu versetzen, der die plötzliche Erleuchtung auslöst («Der Boden fällt aus dem Faß»). Diese unvergleichliche Erfahrung befreit ihn von allen Bindungen und macht ihn gegen alle störenden Einflüsse von außen immun. Von daher wird der Zen-Schüler auch weiterhin seiner alltäglichen Arbeit nachgehen – diese wird sogar als ein effektives Heilmittel angesehen («Die höchste Wahrheit liegt darin, Wasser zu tragen und Feuerholz zu hacken»). So erwartet der Zen-Buddhismus im Gegensatz zu anderen Glaubensrichtungen von seinen Mönchen auch, daß sie produktiv arbeiten («ein Tag ohne Arbeit, ein Tag ohne Essen»).

Der Zen-Buddhismus ist zu einer wesentlichen kreativen Kraft in den Kulturen Ostasiens geworden. Sein Einfluß auf die Kunst und Literatur war immens, sowohl in China und Korea, wo er sich nach dem Untergang der meisten anderen Schulen behaupten konnte, als auch in Japan, wo er bis heute in unterschiedlichen Ausprägungen weiterlebt.

Die chinesischen Architekten der Tang-Epoche (618–907) schufen beeindruckende Pagoden (Ta), wie den buddhistischen Tempel Da-Yan-Ta (652).

Der Anfang einer buddhistischen Schriftrolle mit Gravur: die *Diamant-Sutra* aus dem 868 n. Chr., gleichzeitig das älteste gedruckte Buch der Welt. Die Buchdruckkunst wurde im 8. Jahrhundert in den buddhistischen Klöstern entwickelt und stellt in materieller Hinsicht den wichtigsten Beitrag des Buddhismus zur chinesischen Zivilisation dar.

Die neokonfuzianische Synthese

Das prämoderne China

Das neunte und zehnte Jahrhundert bedeuten für die chinesische Geschichte eine Zeit des Übergangs und des Wandels. Das mittelalterliche, halbfeudalistische China der Tang-Dynastie ging allmählich in ein prämodernes chinesisches Staatswesen über, das in seinen Grundzügen bis zum neunzehnten Jahrhundert bestehen blieb. Die wesentlichen Veränderungen und Neuerungen hatten sich schon in den ersten Jahrzehnten der Song-Dynastie (960–1279 n. Chr.) herausgebildet. Das China um die Jahrtausendwende war in vielerlei Hinsicht eine andere Welt geworden.

Durch das explosive Wachstum von Handel und Handwerk hatten sich in China städtische Ballungszentren mit einem wohlhabenden Mittelstand und einer neuen Oberschicht von Großgrundbesitzern und Kaufleuten entwickelt. Mangels einer besseren Bezeichnung soll diese neue Führungsschicht hier als *Gentry* bezeichnet werden. Im Gegensatz zu der alten exklusiven Aristokratie, die in dieser Übergangszeit von der Bildfläche verschwand, war diese Gentry eine offene Klasse, deren Angehörige sich ihren gesellschaftlichen Status durch persönliche Leistungen schafften. Diese Oberschicht konnte es sich erlauben, ihre Söhne durch jahrelange literarische und schriftkundige Studien auf die konfuzianischen Staatsexamen vorzubereiten. Während diese Prüfungen zu Zeiten der Sui und Tang nur eine untergeordnete Rolle gespielt hatten, wurde in der Song-Dynastie ein äußerst formalistisches, auf die klassischen Studieninhalte zugespitztes Prüfungssystem eingeführt, das den einzigen Zugang zu den Staatsämtern bildete.

Auch wenn diese Führungsschicht als Gentry bezeichnet wird, so war sie doch alles andere als ein Landadel. Die meisten Honoratioren und angehenden Mandarine lebten ebenso wie die Regierungsbeamten in den großen Städten. Sie waren die Träger einer Schriftgelehrtenkultur, die den typischen Lebensstil des *junzi* (des den konfuzianischen Tugenden verpflichteten Gentlemans) pflegten. Man kümmerte sich um die Belange des Clans, unterhielt sehr intensive soziale Kontakte (unter Wahrung aller Regeln des Zeremoniells), war mit den klassischen Schriften vertraut und widmete sich der Kalligraphie, der Malerei und der Dichtung.

Dies alles wurde von einer zunehmenden Säkularisierung des Denkens begleitet. Während sich der Buddhismus auf einer unteren sozialen Ebene behaupten konnte, wandte sich das Interesse der gebildeten Oberschichten eher den konkreten, weltlichen Dingen zu. Hier dominierten nach wie vor die Ideen und Ideale des Konfuzianismus, die Prinzipien von Ordnung und Harmonie in Familie, Staat und Gesellschaft. Dieses Denken spiegelte sich auch in durchaus praktischen Maßnahmen wider. Führende Schriftgelehrte gründeten Akademien, an denen sich die Söhne der Honoratioren auf die Staatsexamen vorbereiten konnten, während sie auf unterer Ebene konfuzianische Elementarschulen einrichteten. Andere unterstützten Gemeinschaftseinrichtungen durch großzügige Schenkungen, verfaßten Genealogien und formulierten einen moralistischen (extrem konfuzianisch geprägten) Verhaltenskodex in Form sogenannter «Clan-Belehrungen», denen alle Angehörigen und ihre Nachkommen zu gehorchen hatten. So wurde das konfuzianische Familienmodell in der späteren Kaiserzeit für alle Schichten der chinesischen Gesellschaft bindend. Während der frühe Konfuzianismus vor allem den Charakter einer Staatslehre gehabt hatte und somit die Domäne einer zahlenmäßig kleinen Elite gewesen war, wandelte sich das China der späteren Kaiserzeit allmählich von einem konfuzianischen Staat zu einer konfuzianischen Gesellschaft.

Auch auf der höchsten staatlichen Ebene baute der Konfuzianismus seine Machtposition aus. In der aristokratisch geprägten Gesellschaftsordnung des

Konfuzius, «der berühmteste Philosoph Chinas», inmitten seiner Schriften und der Werke der fünf Klassiker. Eine Gruppe gelehrter Jesuiten veröffentlichte 1687 die erste zusammenfassende Übersicht der konfuzianischen Philosophie.

Pavillons, Terrassen und Felsen, auf denen bizarre Bäume wachsen, eine imaginäre Landschaft, in der sich Götter und Unsterbliche begegnen. Darstellungen wie diese erinnern an die daoistischen Fabelwelten.

mittelalterlichen China war der Kaiser trotz seiner sakralen Rolle als Sohn des Himmels nicht viel mehr gewesen als ein *primus inter pares*. In der späteren Kaiserzeit wurde er zu einem autokratischen Herrscher, der abgehoben über einem Heer von Verwaltungs- und Regierungsbeamten schwebte. Von nun an galt der Kaiser als höchster Verkünder der konfuzianischen Werte. Die kaiserliche Botschaft wurde dem Volk in Form Heiliger Edikte verkündet, sie war eine Art Katechismus, der von der ganzen Bevölkerung auswendig gelernt werden mußte. Im wesentlichen ging es dabei immer wieder um Vorschriften wie «Seid treu und produktiv», «Arbeitet hart und seid sparsam», «Sorgt liebevoll für eure Eltern und die anderen Mitglieder der Familie», «Respektiert die Regierenden» und «Haltet euch fern von Religion und anderen nutzlosen Dingen». Der Konfuzianismus, der einerseits die Herrschaft des Kaisers legitimierte und andererseits als Herrschaftsinstrument diente, erstarrte zur staatstragenden Religion.

Der Neokonfuzianismus

Während des Mittelalters hatte die buddhistische und daoistische Religion und Philosophie sehr viel Bewegungsspielraum. Zwar galt der Konfuzianismus nach wie vor als Richtschnur der politischen und sozialen Ordnung, den Anspruch jedoch, eine universelle Lehre zu sein, konnte er nicht einlösen. Diese Situation veränderte sich im Laufe des elften und zwölften Jahrhunderts, als Philosophen ihre Aufgabe darin sahen, dieses metaphysische Vakuum zu füllen.

Sie schufen eine neue Synthese, die im Westen als Neokonfuzianismus bekannt ist. Im zwölften Jahrhundert entwickelte sich aus diesen Anfängen ein umfangreiches scholastisches System, das in den nachfolgenden Jahrhunderten zur orthodoxen Ideologie der gebildeten Klasse ausgeweitet wurde.

Die Entstehung des Neokonfuzianismus hatte unterschiedliche Wurzeln. Ein Aspekt war mit Sicherheit ein weitverbreitetes Gefühl der Frustration angesichts der überhandnehmenden Korruption, der gescheiterten Reformversuche und der politischen und militärischen Schwäche Chinas. Ein anderer Grund war die in der späten Tang-Zeit einsetzende Rückbesinnung auf das eigene klassische Erbe. Damit verknüpft war eine Ablehnung des Buddhismus, der von seinen Inhalten her als unsozial und von seinem Ursprung als nicht chinesisch empfunden wurde. So war der Neokonfuzianismus in seiner Anfangsphase auch keineswegs eine rein philosophische Strömung, sondern eine Bewegung, die ein konkretes Gesellschaftsmodell vor Augen hatte, das auf der moralischen Ordnung des klassischen Konfuzianismus basierte. Gleichzeitig propagierte er jedoch auch die Vision eines Heilsstaates, indem er den klassischen Konfuzianismus metaphysisch und ontologisch überhöhte. Zu den Vordenkern dieser Richtung gehörten Zhou Dunyi (1017–1073), Zhang Zai (1020–1077), die Brüder Cheng Hao (1032–1085) und Cheng Yi (1033–1108). Ihre Gedanken wurden im zwölften Jahrhundert von Zhu Xi (1130–1200) systematisiert und zu einer zusammenhängenden *summa* verarbeitet. Im frühen vierzehnten Jahrhundert wurde die neokonfuzianische Synthese des Zhu

CHINA

Symbolische Malerei auf Seide mit der synkretistischen Botschaft von der fundamentalen Einheit der drei Lehren. Links Laozi, rechts Konfuzius, der den als kleines Kind dargestellten Buddha auf dem Arm hält. (Unbekannter Maler, 14. Jh.)

Der letzte und mit Sicherheit universalste unter den Begründern des Neokonfuzianismus des elften und zwölften Jahrhunderts ist Zhu Xi (1130–1200). Auch wenn seine bedeutenden Vorgänger zweifellos origineller und kreativer waren, so liegt sein großes Verdienst darin, daß er ihre Gedanken systematisch zusammengefaßt hat. Er schuf eine neokonfuzianische Synthese, die im vierzehnten Jahrhundert zur Staatslehre erhoben wurde und das chinesische Denken bis in das ausgehende neunzehnte Jahrhundert maßgeblich geprägt hat.

Zhu Xi stammte aus einem gebildeten Milieu in der südlichen Küstenprovinz Fujian. Sein Vater, Zhu Song, war aus dem Staatsdienst entlassen worden, weil er die nachgiebige Haltung des Hofes gegenüber den «barbarischen» Machthabern, die in Nordchina die Herrschaft an sich gerissen hatten, öffentlich kritisierte. Diese patriotische Grundhaltung sollte seinen Sohn später ebenfalls in Schwierigkeiten bringen. Schon in jungen Jahren setzte sich Zhu Xi intensiv mit den kanonischen Schriften auseinander. Sehr schnell zeigte sich seine außerordentliche Begabung: Nachdem er schon mit siebzehn Jahren die höchsten Staatsprüfungen bestanden hatte, erhielt er eine Anstellung bei der Distriktsverwaltung seiner Heimatprovinz. Schon sehr bald wurde sein Interesse für politische und gesellschaftliche Fragen deutlich. Er war an der Reform des Steuersystems beteiligt, bemühte sich um eine Verbesserung des Bildungssystems und stellte Regeln für das zeremonielle Verhalten auf, um die allgemeine Moral zu verbessern. Dieses Engagement prägte auch sein gesamtes weiteres Leben.

1158 wurde er ein Schüler von Li Tong (1088–1163), der seinerseits ein Anhänger des bedeutenden Neokonfuzianers Cheng Yi (1033–1108) war. Unter dem Einfluß dieser Meister beschloß Zhu Xi, sein weiteres Leben dem Studium und dem Unterrichten zu widmen. Vom Ende seiner ersten Amtszeit (1156) bis 1179 war er ungeheuer produktiv. Er schrieb und sammelte etwa zwanzig Werke, darunter das *Jinsilu* (Die Chronik naheliegender Gedanken), das als eine Art Handbuch des Neokonfuzianismus eine immense Bedeutung bekommen sollte. Zudem begann er an dem Werk zu arbeiten, das er selbst für sein wichtigstes hielt, nämlich an den Kommentaren zu den wichtigsten kanonischen Schriften. Vier dieser Texte (das *Lunyu* von Konfuzius, das *Mengzi* und zwei kurze philosophische Schriften, die aus der alten rituellen Literatur stammten) faßte er zu den «Vier Büchern» zusammen, die in seiner Bearbeitung zur schriftlichen Grundlage seiner Lehre wurden. Ab dem frühen vierzehnten Jahrhundert bis in die Moderne waren sie Prüfungsstoff für die konfuzianischen Staatsbeamtenprüfungen. Dasselbe galt für sein zweites, gleichfalls außerordentlich einflußreiches Werk, den *Tongjian gangmu* (Hauptprinzipien des Spiegels der Geschichte).

Ab 1179 kehrte Zhu Xi als Leiter verschiedener Präfekturen in den Staatsdienst zurück. 1194 wurde er als konfuzianischer Dozent an den Hof berufen. Da er jedoch unverhohlen für seine Überzeugungen eintrat und gegen die herrschende Korruption und Mißwirtschaft protestierte, hatte er sich in kurzer Zeit zahlreiche Feinde gemacht und mußte die Stelle wieder räumen. 1196 wurde seine Lehre sogar offiziell mit dem Bann belegt. Die letzten vier Jahre seines Lebens verbrachte Zhu Xi in völliger Zurückgezogenheit. 1209, als der Einfluß seiner politischen Gegner gebrochen war, wurden seine Verdienste postum anerkannt. 1241 wurde er als großer Meister kanonisiert. Seine Namenstafel wurde in allen Konfuziustempeln des Reiches auf dem Seitenaltar aufgestellt.

Der Himmel ist mein Vater und die Erde ist meine Mutter, und selbst ich, als ein nichtiges Wesen, bin in ihnen geborgen und fühle mich mit ihnen verschmolzen.

Deshalb ist alles, was das Weltall füllt, meinem Körper gleich, und es ist das, was den Himmel und die Erde gleich meiner Natur lenkt und bestimmt.

Alle Menschen sind deshalb meine Brüder und Schwestern, und alle Wesen sind meine Gefährten.

Der große Herrscher [der Kaiser] ist der älteste Sohn meines Vaters und meiner Mutter [Himmel und Erde] und die Großminister sind seine Hofmeister.

Indem ich allen Hochbejahrten mit Respekt begegne, ehre ich gleichzeitig die Alten in meiner [eigenen Familie], indem ich allen lebenden Wesen und den Schwächeren mit Liebe begegne, sorge ich gleichzeitig für meine eigenen Kinder.

Der Heilige vereint seine Tugend mit der von Himmel und Erde; der Weise überragt alle anderen (sie sind meine berühmtesten «Familienmitglieder»). Und selbst alle Menschen auf der Welt, die erschöpft, gebrechlich und krank sind, die Alleinstehenden, die Kinderlosen, die Witwer und Witwen – sie alle sind meine Brüder, die in ihrem mühevollen Leben keinen Halt und keine Stütze haben.

Es ist die Pflicht des Sohnes, jederzeit so zu leben, daß er seinen Eltern dienen kann. [Und das gilt auch für meine «kosmischen Eltern»]: Freude schaffen im Himmel und das Schicksal ruhig hinzunehmen, ist die reinste Erfüllung der Liebe eines Kindes zu seinen Eltern.

Wer sich abwendet [von seiner Natur] ist ein Abtrünniger, wer der Humanität Schaden zufügt, beraubt [seine «Familie»]; wer dem Bösen nützt, schwächt seine [eigenen moralischen] Fähigkeiten. Wer seine Natur verwirklicht und seine körperliche Existenz kultiviert, lebt in Übereinstimmung (mit Himmel-und-Erde).

Wer Einsicht in die (großen kosmischen) Prozesse der Transformation besitzt, wird die Aufgaben, die ihm Himmel-und-Erde auferlegen, glänzend bewältigen, wer gelernt hat, ihren Geist vollkommen zu begreifen, wird zu einem hervorragendon Vollstrecker ihres Willens.

Tue nichts, dessen du dich schämen müßtest, selbst nicht in der Abgeschirmtheit deines eigenen Hauses; dann wirst du ihnen [Himmel-und-Erde] keine Schande machen; erhalte deinen Geist und kultiviere deine Natur, und sei darin unermüdlich [...].

Nach: Zhang Zhai, *Westliche Inschrift*

Xi zur orthodoxen Lehre erhoben. Bis zu Beginn des zwanzigsten Jahrhunderts war jeder Student, der sich auf die Staatsexamen vorbereitete, verpflichtet, sich gründlich mit ihr auseinanderzusetzen.

Die Begründer des Neokonfuzianismus orientierten sich in ihrer Metaphysik an dem *Yijing*. Wie tausend Jahre früher die Han-Kosmologen kombinierten auch sie dieses Prinzip einer komplementären Polarität mit der Vorstellung einer materiellen Realität, in der alles in unzähligen Phasen der Verdünnung und Verdichtung, der Expansion und Konzentration aus der amorphen Masse *qi* entsteht. In seiner ätherischsten Form ist dieses *qi* nicht wahrnehmbar; so bestehen die menschlichen Emotionen und selbst die Seelen der Verstorbenen aus *qi*. Obwohl alle Prozesse durch *Yin* und *Yang* gesteuert werden, impliziert diese Auffassung keinen totalen Dualismus. Die Kräfte *Yin* und *Yang* sind selbst die polarisierten Manifestationen eines Urzustandes, des großen Höhepunktes (*taiji*), der Quelle aller differenzierten Erscheinungsformen ist. Wie die Neudaoisten des dritten Jahrhunderts drückten auch die Neokonfuzianer die Beziehung zwischen *taiji* und den konkreten Phänomenen durch die Begriffe Substanz und Funktion aus. Das Urprinzip, das als solches nicht erkennbar und vorstellbar ist, ist auf allen Ebenen in jeder einzelnen Erscheinung immanent vorhanden, im Kosmos ebenso wie im Staat und in der Gesellschaft und in jedem einzelnen Individuum. Wer dies erfaßt, erfährt die Einheit alles Bestehenden. Auch die Buddhisten sprechen von einer solchen Erfahrung, die

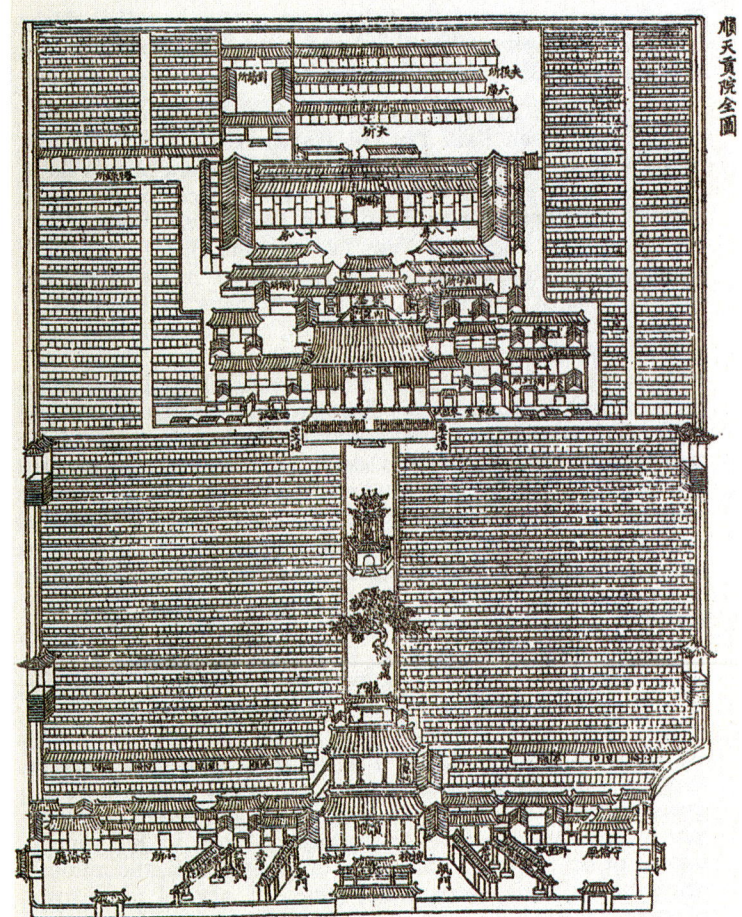

Das System der konfuzianischen Staatsprüfungen war seit dem 10. Jh. für die kaiserliche Zentralgewalt das bei weitem wichtigste Instrumentarium für die Auswahl der Staatsbeamten. Diese Abbildung zeigt Tausende von Zellen, in denen die Kandidaten während der Prüfungen einige Tage zubringen mußten.

Die Beziehung zwischen dem Großen Höhepunkt *(taiji)* und der Welt der Erscheinungen nach Zhou Dunyi, einem der Begründer des Neokonfuzianismus. Da das Absolute *(taiji)* sich jeglicher Vermittlung entzieht, ist es gleichzeitig das «Höhepunktlose». *Yin* und *Yang* werden hier als Ruhe bzw. als Bewegung in Abstraktion, als Aspekte des *taiji*, aufgefaßt. Die fünf Agenzien stehen miteinander in Verbindung: Der kleine Kreis unter dem Element Erde drückt aus, daß das *taiji* in allen Elementen immanent enthalten ist. Durch das Zusammenwirken der Agenzien werden *yin* und *yang* als schöpferische und bewahrende Kräfte, als Verursacher aller Dinge, aktualisiert.

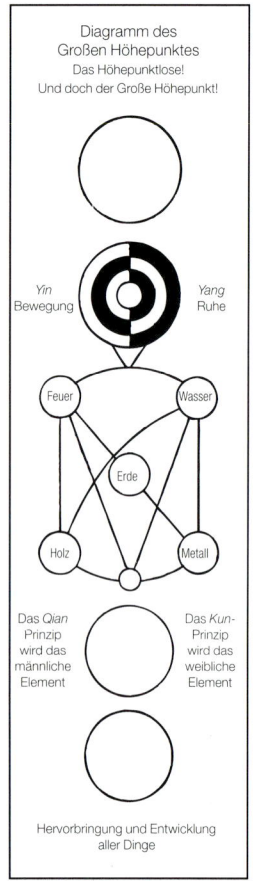

jedoch, nach Meinung der Neokonfuzianer, einer grundsätzlichen Negation der Realität entspringt. Für sie stand diese Totalitätserfahrung, wie Zhang Zai es formulierte, in einem ganz anderen Bezugssystem: «Der Himmel ist mein Vater und die Erde meine Mutter.»

Die «Ideenlehre» von Zhu Xi

Um eine Erklärung für die natürliche Ordnung der Dinge zu finden, für die Tatsache, daß die Erscheinungen trotz ihrer unendlichen Verschiedenheit und Individualität eine eigene Typologie besitzen, entwickelte Zhu Xi (in Nachfolge von Cheng Yi) eine Theorie, die häufig mit der Ideenlehre Platons verglichen wurde. In seinem System haben die einzelnen Dinge ihre materielle Grundlage im *qi*, ihre individuellen Formen und Funktionen werden jedoch durch die ewigen, unveränderlichen und vollkommenen «Prinzipien» (*li*) bestimmt. Diese *li* liegen auf einer höheren Ebene der Wirklichkeit und werden für den Menschen erst dann wahrnehmbar, wenn sie sich in Verbindung mit der Materie manifestieren.

Diese Vorstellung bezieht sich nicht ausschließlich auf materielle Objekte (wie beispielsweise auf einen Bambus, der durch die Kombination des *qi* mit dem Formprinzip «Bambus» zu dem wird, was er ist), sie gilt auch und vor allem für die Sitten, Werte und Verhaltensregeln der menschlichen Gesellschaft. So ehrt das Kind seine Eltern, weil darin das Prinzip der kindlichen Pietät zum Ausdruck kommt, und der tugendhafte Staatsbeamte handelt nach den ihm angeborenen Prinzipien der Unparteilichkeit und absoluten Gerechtigkeit. Die Prinzipien sind gut und positiv, die konfuzianischen Tugenden Teil der umfassenden moralischen Ordnung des Kosmos.

So kehrten die Neokonfuzianer zu den philosophischen Grundsätzen von Menzius zurück, indem sie seine Theorie von der ursprünglich guten Natur des Menschen zum Dogma erhoben. Die Prinzipien sind identisch mit der menschlichen Natur, mit dem innersten Kern unseres Wesens (*xing*), der als solcher zwar verborgen bleibt, in unserem *qi* jedoch als Denken, Fühlen und Handeln zum Ausdruck kommt. Alle Menschen haben diese Prinzipien von Natur aus in sich, aber sie werden bei den normalen Sterblichen mehr oder weniger durch das *qi*, die Quelle aller selbstsüchtigen Gefühle und Begierden, verdunkelt. Nur der vollkommene Weise kann in absoluter Übereinstimmung mit ihnen handeln. Allerdings hat der einzelne die Möglichkeit, durch Introspektion (Innenschau), moralische Übungen und Disziplin sein *qi* transparent zu machen und sein inneres Wesen zu veredeln. Erreicht werden kann dieses Ziel durch eine dreifache Tätigkeit. Zunächst muß man sich einer sehr persönlichen Selbstprüfung unterwerfen. Hieraus haben bestimmte Strömungen des Neokonfuzianismus eine besondere Meditationstechnik entwickelt. Der zweite Bereich ist das Studium, das heißt die Versenkung in die klassischen Schriften und in die Tradition des konfuzianischen Glaubens. In einem dritten Schritt muß dieses theoretische Wissen dann in die gesellschaftliche Praxis umgesetzt werden.

Auch wenn sie kein gutes Haar an der buddhistischen Lehre ließen, so haben die Begründer des Neokonfuzianismus – allerdings wohl eher unbewußt – sehr viele Elemente aus dieser Philosophie übernommen. Die Vorstellung einer metaphysischen, höheren Wirklichkeit, die nicht von den Erscheinungen getrennt, sondern als eine Dimension der Dinge selbst begriffen wird, gleicht einer konfuzianischen Neuformulierung bestimmter Ideen des Mahayana-Buddhismus. Der Begriff *li* (Prinzipien) kommt auf eine ähnliche Weise bereits in der Scholastik der Huayan-Schule vor. Zudem gibt es ganz unübersehbare Parallelen und Übereinstimmungen zwischen der neokonfuzianischen Kontemplation und der buddhistischen Meditation. Dennoch orientieren sich diese beiden Lehren grundlegend anders. Der Idealtypus der Neokonfuzianer ist nicht der Erleuchtete, der allen weltlichen Dingen entsagt, sondern der Weise, der im Bewußtsein einer vollkommenen Harmonie mit der kosmischen Ordnung seine sozialen Pflichten erfüllt. Ihr Ziel ist nicht die transzendente Leere, sondern ein sinnvolles soziales Leben.

Andere Strömungen

Schon im zwölften Jahrhundert, noch zu Lebzeiten von Zhu Xi, kamen die ersten Zweifel an seiner systematisierten «Ideenlehre» und an dem strikten Dualismus von *li* und *qi* auf. Die Kritik entzündete sich vor allem an der Unterscheidung zwischen *xing*, dem Wesen des Menschen, das eine reine Spiegelung der ewigen und vollkommenen Prinzipien ist, und *xin*, dem Geist (wörtlich Herz) oder der psychischen Komponente, in dem diese Prinzipien nur teilweise zum Ausdruck kommen. Für diese Kritiker ging es im wesentlichen darum, die Elemente, die das *xing* verdunkeln – Begierden, egoistische Impulse, materielle Bedürfnisse –, soweit wie möglich zurückzudrängen.

Andere Philosophen stellten diese Zweiteilung grundsätzlich in Frage. Trotz ihrer eindeutig konfuzianischen Ideale gehörten sie einer Richtung an, die dem Zen-Buddhismus sehr nahe stand. Wie bereits gesagt, hatte das *xin* als der transzendente, mit der Buddhanatur identische Kern unseres Wesens in der Zenlehre eine zentrale Bedeutung. Für den Zen-Buddhisten ist die Erfahrung der Erleuchtung gleichbedeutend mit der Erkenntnis dieses *xin*. Diesen Grundgedanken haben die Gegner von Zhu Xi übernommen und in konfuzianische Begriffe übersetzt. Von daher wird diese Strömung im Gegensatz zur Lehre von den Prinzipien (*lixue*) als die Lehre vom Geist (*xinxue*) bezeichnet. Im Vergleich zur *lixue*, die

Marco Polos Landexpeditionen nach China haben auf viele der späteren Entdeckungsreisenden eine große Faszination ausgeübt.

schon im frühen vierzehnten Jahrhundert zur orthodoxen Staatslehre erhoben wurde, ist die Lehre vom Geist jedoch immer eine Randerscheinung geblieben, die vor allem unter oppositionellen Gelehrten und Individualisten, die sich bewußt vom Staat distanzierten, ihre Anhänger hatte. Ihre größte Bedeutung hatte sie unter den späten Ming-Kaisern im sechzehnten und frühen siebzehnten Jahrhundert, in einer Zeit politischer Zerrissenheit. Der wichtigste Vertreter der *xinxue*-Lehre war Wang Yangming (eigentlich Wang Shouren).

Für diese Lehre vom Geist gibt es außerhalb des menschlichen Geistes keine abstrakte Welt der Prinzipien. Die Begriffe *li* und *xin* sind identisch. Jeder Mensch kann spontan und intuitiv zwischen Gut und Böse unterscheiden, er besitzt eine Art Gewissen (*liangzhi*, wörtlich: das gute Wissen) und die Fähigkeit, aus dem Impuls heraus moralisch richtig zu handeln. Primär und wesentlich ist das «reine Herz», von dem alle Prinzipien des Handelns abgeleitet sind. Da der Mensch zum Beispiel den natürlichen Impuls besitzt, ein Kind vor dem Ertrinken zu retten, sprechen wir vom Prinzip der Menschenliebe und nicht umgekehrt.

Das gute «ursprüngliche Herz» (auch dies ein Begriff aus dem Zen-Buddhismus) wird in der Praxis nicht durch das *qi*, sondern durch rationale Überlegungen verdunkelt. Sie unterdrücken unsere richtigen spontanen Reaktionen. Da man glaubte, daß die Konzentration auf den eigenen Geist zur Selbstveredelung führte, wurden gerade in dieser Strömung Meditationstechniken entwickelt, die zumindest äußerlich große Ähnlichkeiten mit den buddhistischen Praktiken hatten. Dies war für die Anhänger der orthodoxen Richtung Grund genug, die *xinxue*-Bewegung als eine Art verwässerten Konfuzianismus zu kritisieren, der sich mit den fremden Federn des Buddhismus schmückte. Spätere Gegner formulierten ihre Kritik noch unverhohlener. Sie machten Wang Yangming und seine Jünger für den moralischen Verfall verantwortlich, der die letzten Jahrzehnte der Ming-Dynastie prägte. Man warf ihnen

Ein großes konfuzianisches Staatsritual, dargestellt auf einem höfischen Gemälde um 1740. Das kaiserliche Opferritual auf dem Altar des Ackerbaus.

Fragment einer Schriftrolle, auf dem Zhao Mengfu im Tausch für eine Dose Tee die Sutra schreibt.

Wang Yangming (1472–1528) gilt als der wichtigste Vertreter der «introspektiven» Richtung innerhalb des Neokonfuzianismus der späten Kaiserzeit. Er stammte aus einer Familie von Schriftgelehrten und hohen Regierungsbeamten. Schon in seiner Jugend entwickelte er eine kritische Haltung gegenüber der Philosophie von Zhu Xi, die seit dem vierzehnten Jahrhundert als orthodoxe Staatslehre galt. Vor allem die These von der Selbstveredelung des Menschen durch Studium und «genaues Prüfen der Dinge», die zur Entdeckung der darin enthaltenen Prinzipien (li) führen sollte, weckte seinen Widerspruch. Studium bedeutete in diesem Kontext in erster Linie eine Rückbesinnung auf die Aussprüche der alten Weisen, wie sie im konfuzianischen Kanon festgehalten waren. Wang Yangming entwickelte in wesentlichen Punkten Gegenpositionen zu dem etablierten System des Zhu Xi. Er war der Meinung, daß Bücherweisheit nur eine begrenzte Gültigkeit hatte und die wahre Erkenntnis allein durch eine Konzentration auf das eigene Innere, den eigenen Geist, das eigene Herz (xin) möglich wäre.
Die auffallende Dynamik im Denken Wangs entspricht seiner Persönlichkeitsstruktur. Von Jugend an zeigte er ein starkes Interesse für das Militärwesen. Wiederholt tat er sich als Stratege und Befehlshaber von Regierungsarmeen hervor, indem er vor allem in abgelegenen Gebieten des Reiches Aufstände rebellischer Bergstämme gegen die chinesische Kolonialherrschaft mit harter Hand erstickte. In seiner Funktion als leitender Beamter verordnete er zahlreiche soziale Maßnahmen, die ihm hohen Ruhm einbrachten. So schuf er zum Beispiel ein Modell, in dem er die Bevölkerung in Gruppen zu zehn Familien organisierte und ihnen eine gegenseitige Verantwortung übertrug; er verbesserte das Steuersystem, förderte die gemeinnützigen Einrichtungen und das Schulwesen und entwarf ein System von «Gesellschaftsverträgen» (xiangyue), das die konfuzianische Indoktrination der Landbevölkerung zum Ziel hatte. Wie alle Staatsbeamten war er ein überzeugter Konfuzianer, aber im Unterschied zu ihnen leitete er daraus für sich den Anspruch ab, daß sich die theoretischen Erkenntnisse in der gesellschaftlichen Praxis konkret widerspiegeln müßten.
Die Lehre Wang Yangmings wurde postum von der großen Zahl seiner Anhänger weit verbreitet und verlor bis zur Mitte des siebzehnten Jahrhunderts kaum an Einfluß. Nachdem sie unter der Qing-Dynastie (1644–1911) durch die übermächtige konfuzianische Orthodoxie verdrängt worden war, kam es erst in der Moderne zu einer Art Renaissance dieser «dissidenten» Strömung, nicht zuletzt, weil sie in ihrer handlungsbetonten Dynamik den Bedürfnissen einer modernen Gesellschaft weitaus eher entgegenkam als der verkrustete orthodoxe Konfuzianismus.

vor, daß sie durch ihre Betonung der reinen Spiritualität das moralische Empfinden so sehr untergraben hätten, daß sich das Reich widerstandslos den Mandschu-Eroberern ergab, die 1644 n. Chr. in China einfielen und die letzte kaiserliche Dynastie, nämlich die der Qing-Herrscher, errichteten.

Der kontemplative Charakter der xinxue-Bewegung löste zahlreiche und wichtige Gegenreaktionen aus, zu denen unter anderem die Strömung der «konkreten Studien» (shixue) gehörte. Sie bestand überwiegend aus Gelehrten, die sich mit praktischen Naturwissenschaften wie der Astronomie und Chronologie, der Pharmazie und Medizin sowie mit Landbautechniken, der Botanik, Geographie und Kriegskunde beschäftigten. Diese Kreise stellten im sechzehnten und frühen siebzehnten Jahrhundert auch die ersten maßgeblichen Kontakte mit der Wissenschaft und Technik Westeuropas her. Wegbereiter dieses Informationsaustausches waren vor allem jesuitische Missionare, die sich im Rahmen einer sorgfältig geplanten Missionsstrategie auch als westliche Gelehrte präsentierten. Sie suchten bewußt den Kontakt zu den Angehörigen der gebildeten Elite Chinas, um mit den Erkenntnissen der westlichen Wissenschaft auch für die christliche Botschaft zu werben. Allerdings ging diese Strategie nicht auf; das Christentum stieß bei den gebildeten Schichten Chinas nur auf schwache Resonanz. Die wesentlichen Elemente der christlichen Lehre standen in einem so krassen Widerspruch zu dem traditionellen chinesischen Weltbild, daß sie keine wirkliche Akzeptanz fanden. Die erste Begegnung mit der europäischen Kultur hinterließ nur schwache Spuren. Ein gewisses Interesse, das einige Kreise in der späten Ming-Zeit an westlichen Studien gezeigt hatten, war mit der Qing-Dynastie völlig erloschen. Das Mandschu-

DIE NEOKONFUZIANISCHE SYNTHESE

Gleichzeitig mit dem intellektuellen Chinakult erreichte im 18. Jahrhundert auch die europäische Chinoiserie ihren Höhepunkt. Hier ein typisches Beispiel: ein lackiertes Cembalo mit pseudochinesischen Abbildungen, angefertigt um 1700 in Berlin.

Regime favorisierte aus politischen Erwägungen einen erstarrten orthodoxen Konfuzianismus, der allen anderen Richtungen nur sehr wenig Raum ließ. In den ersten Jahrzehnten der Qing-Zeit (in der zweiten Hälfte des siebzehnten Jahrhunderts) hat es noch einige bedeutende oppositionelle Denker gegeben, die in ihren Schriften eine verdeckte Kritik am kaiserlichen Absolutismus übten. Im achtzehnten und neunzehnten Jahrhundert äußerte sich der Widerstand gegen das orthodoxe System vor allem indirekt, in Form einer philologischen, textkritischen Betrachtung der klassischen Schriften (eine Bewegung, die häufig mit der Bibelkritik im Westen verglichen wurde) und in einem neubelebten Interesse an den ältesten Interpretationen. Für die Wissenschaft hat diese Bewegung Großes geleistet, für die Geschichte der chinesischen Philosophie spielt sie allerdings nur eine Nebenrolle.

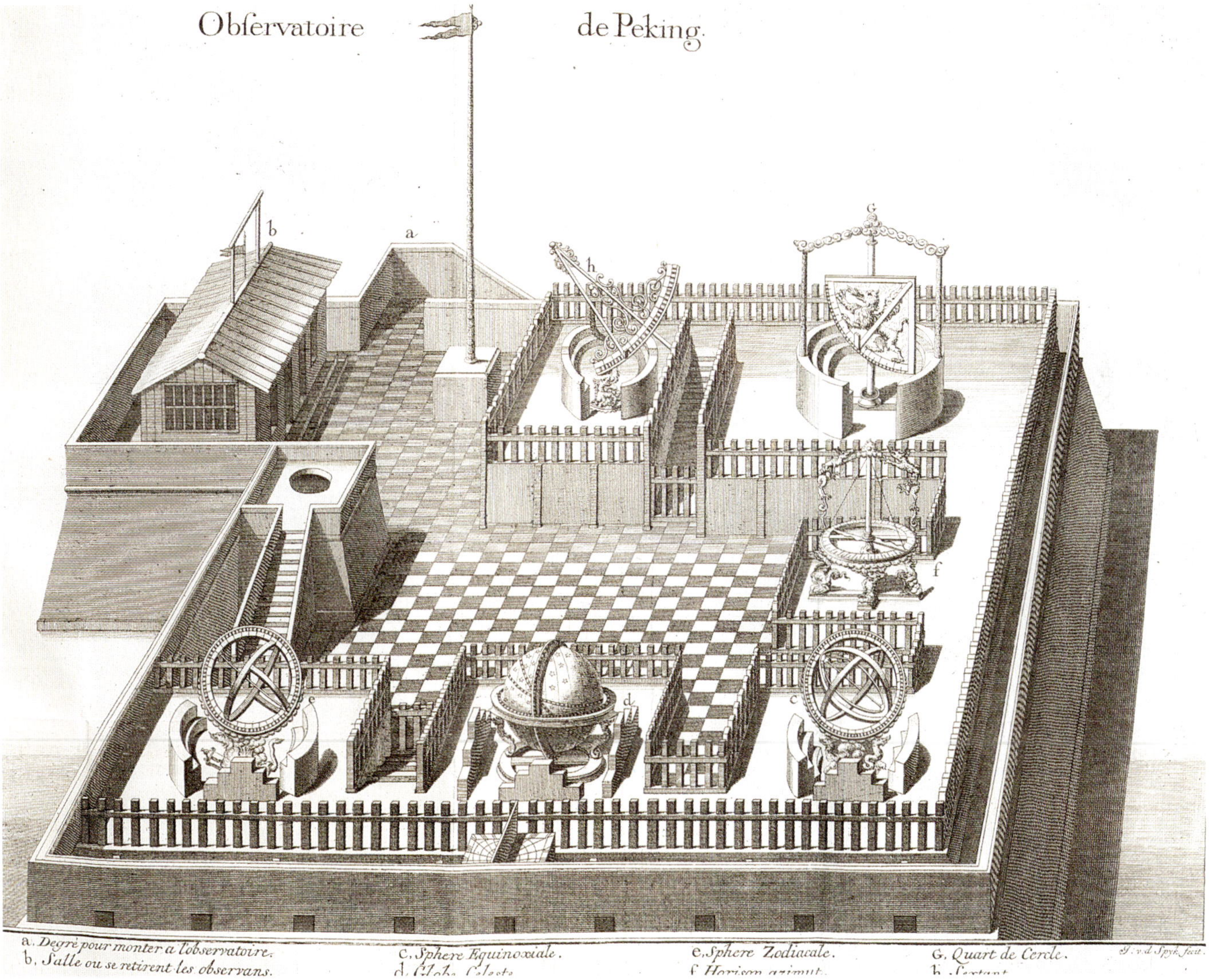

Astronomische Beobachtungen und das Interesse für den Lauf der Gestirne waren im alten China hoch angesehen. Hier eine Abbildung der Sternwarte in Peking.

4

Während der Mensch nach Auffassung des Korans bis zum Jüngsten Gericht in seinem Grab bleibt, wurde der Prophet Mohammed nach seinem Tod im Jahr 632 in den Himmel aufgenommen.

DER VORDERE ORIENT

Die Philosophie des Islam

Als Mohammed zu Anfang des siebten Jahrhunderts seine ersten Predigten vor den Bewohnern der arabischen Halbinsel hielt, konnte niemand voraussehen, daß sich aus diesen Anfängen eine so bedeutende und einflußreiche Philosophie entwickeln würde. Mit dem Siegeszug des Islam, der in der Eroberung von Alexandria im Jahr 641 n. Chr. gipfelte, kam die arabische Welt auch mit den vielfältigen geistigen Strömungen der hellenistischen Kultur im Vorderen Orient in Berührung. In den eroberten Gebieten entstanden Akademien, die ihre Aufgabe in der Verbreitung der griechischen Wissenschaften sahen. Die Akademie von Alexandria widmete sich der Philosophie und Theologie; in Jundishapur, in der Nähe Bagdads, stand die Medizin im Mittelpunkt des Interesses, während man sich im nordsyrischen Harran auf die Mathematik und Astronomie konzentrierte. In relativ kurzer Zeit hatten islamische Gelehrte das klassische Erbe, in das inzwischen auch persische und indische Elemente eingeflossen waren, übernommen und weiterentwickelt.

Übersetzungen

Es waren vor allem syrische Christen, die der islamischen Welt den Zugang zu den klassischen Wissenschaften erschlossen. Ab dem sechsten Jahrhundert übersetzten Bischöfe und Mönche die logischen Schriften von Aristoteles und die *Eisagoge* des Porphyrios ins Syrische, um ihren theologischen Studien ein breiteres Fundament zu geben. Hinzu kamen Kommentare und eigenständige philosophische und astronomische Abhandlungen. Gegen Ende des siebten Jahrhunderts gingen sie dazu über, die griechischen Werke ins Arabische zu übersetzen – damals die offizielle Sprache der mit Mohammed verwandten Umajjaden-Dynastie. Nachdem zunächst aus pragmatischen Erwägungen vor allem medizinische und astronomische Texte im Vordergrund gestanden hatten, begann man ab 750 n. Chr., zur Zeit der großen Bagdader Abbasiden-Herrscher, fast das gesamte wissenschaftliche Korpus ins Arabische zu übersetzen.

Eine wichtige Rolle in diesem Aneignungsprozeß spielten die Kalifen von Bagdad, die Übersetzer in ihre Dienste nahmen und die entsprechenden kostbaren Handschriften erwarben. Einer der herausragenden Förderer war der Kalif al-Ma'mun (der Sohn Harun al-Raschids), der 830 n. Chr. das «Haus der Weisheit» gründete, ein offizielles Übersetzungs- und Forschungsinstitut, dem eine Bibliothek angegliedert war. Der bekannteste Übersetzer der damaligen Zeit, Hunayn ibn Ishaq, entwickelte eine kritische Methode, die auf einem Vergleich der unterschiedlichen Handschriften basierte. Zwischen 750 und 950 n. Chr. wurden zahllose Werke aus dem Griechischen oder Syrischen von meistens christlichen Übersetzern ins Arabische übertragen. Zu den Werken, die sich die islamische Welt auf diese Weise erschloß, gehörten neben den Originaltexten von Platon und Aristoteles auch die Aristoteles-Kommentare des

Auf einem Fresko in Dura Europus ist zu sehen, wie sich die Hand Gottes aus dem Himmel den Menschen entgegenstreckt.

Alexander von Aphrodisias und Simplicius, darüber hinaus die Abhandlungen von Porphyrios und Proklos sowie die medizinischen Schriften von Galenus und Hippokrates (darunter auch Texte, deren griechische Fassung später verlorenging), die *Stoicheia* (die Elemente) von Euklid und der *Almagest* des griechischen Naturforschers Ptolemaios. So stand dem ersten der islamischen Philosophen, al-Kindi, bereits ein ganzer Fundus von philosophisch-wissenschaftlichen Texten zur Verfügung.

Unterschiedliche Faktoren haben dazu geführt, daß die Muslime die griechische Philosophie übernehmen und in ihren religiösen Kontext integrieren konnten: Zum einen hatte die hellenistisch-römische Epoche der griechischen Philosophie – vor allem unter dem Einfluß des Neuplatonismus – stark religiöse Züge und war deshalb mit dem streng monotheistischen Weltbild des Islam vereinbar. Christliche Denker wie Clemens und Justinus waren beispielhaft für eine solche Synthese zwischen Philosophie und Religion. Zum anderen erwies sich die aristotelische Logik als ein äußerst geeignetes Instrumentarium für die Entwicklung rein islamischer Wissenschaften. Die logischen Begriffe, die Aristoteles in seinem *Organon* eingeführt hatte, konnten problemlos auf die Sprach- und Rechtswissenschaften übertragen werden und eigneten sich darüber hinaus auch für die Koranexegese. Nicht zuletzt erzwang der theologische Disput zwischen islamischen Gelehrten und Christen die Auseinandersetzung der Muslime mit der logischen Argumentation nach dem griechischen Modell. Damit stand die Tür zur Philosophie schon einen Spalt weit offen – daß sie im Herrschaftsbereich des Islam wirklich Fuß fassen konnte, hatte vor allem innenpolitische Gründe.

Schon bald nach dem Tod Mohammeds setzten heftige Debatten darüber ein, wer sein legitimer Nachfolger als religiöser Führer der Gläubigen werden könnte beziehungsweise wie die Unfehlbarkeit eines solchen Führers festgestellt werden könnte. Die Diskussionen kreisen um das Verhältnis zwischen der Eigenverantwortlichkeit des Menschen und der göttlichen Gerechtigkeit.

Aus diesen Auseinandersetzungen entwickelte sich ab der zweiten Hälfte des achten Jahrhunderts eine scholastische Theologie, die als *kalam* («Diskussion» oder «Sprache») bekannt wurde. Die fortschrittlicheren Vertreter dieser Richtung, die Mutaziliten (später als die Menschen der göttlichen Einheit und Gerechtigkeit bezeichnet), waren bereit, die Glaubenswahrheiten einer kritischen Prüfung durch die Vernunft zu unterwerfen. Da in dieser Strömung das rein intellektuelle Interesse trotz der theologisch-apologetischen Methode zweifellos die stärkste Triebfeder war, gingen von ihr die entscheidenden Impulse für die Philosophie der nachfolgenden Epoche aus.

Die öffentliche Bibliothek von Hulwan bei Bagdad. Illustration aus al-Hariris *Maqamat* (13. Jh.), ein Werk, in dem das städtische Leben dargestellt und beschrieben wird.

Islamische Astronomen ließen sich immer wieder von ihren griechischen Vorgängern inspirieren, ohne jedoch deren Erkenntnisse bedenkenlos zu übernehmen. Eine Illustration aus einer türkischen Handschrift um 1550 zeigt, wie auf einer großen, aus Ringen bestehenden Himmelskugel der Meridian mit Hilfe eines Senklots ermittelt wird.

Die Werke des Aristoteles, vor allem seine Schriften zur Philosophie und Biologie, wurden auf Initiative der Kalifen bereits im 8. Jh. ins Arabische übersetzt. Ibn Baktishus «Beschreibung der Tiere» (frühes 13. Jh.) enthält dieses Porträt von Aristoteles.

Charakteristika und wesentliche Themen

Im Unterschied zu den griechischen Philosophen war die Offenbarung für die muslimischen Denker sowohl Ausgangspunkt als auch Gegenstand des Philosophierens. Aus diesem Grund betrachteten sie die Philosophie in erster Linie als eine Wissenschaft, die versucht, das Universum durch logische Begründungen zu erschließen und zu erklären.

Typisch für die islamischen Philosophen war die Vermischung platonischer und aristotelischer Elemente. Aristoteles galt als die absolute Autorität und die Verkörperung der griechischen Philosophie schlechthin. So erhielt er von den islamischen Philosophen auch den Beinamen «der erste Lehrer». Anknüpfend an einen spätantiken Kommentator, der wie Porphyrios versucht hatte, die philosophischen Systeme von Platon und Aristoteles miteinander zu verschmelzen, interpretierten die islamischen Philosophen Aristoteles in einem neuplatonischen Sinn. So ist eine der wichtigsten islamischen Schriften über die aristotelische Theologie eine Bearbeitung der *Enneaden* von Plotin, und das *Liber de causis* von Proklos wurde im Islam als ein authentisch aristotelisches Werk rezipiert. Diese beiden Schriften bildeten die Stützpfeiler für die islamische Emanationstheorie, derzufolge alle Daseinsebenen in immer komplexeren Abstufungen aus dem höchsten Wirklichkeitsprinzip, aus Gott, aus dem Einen, hervorgehen.

Ein weiteres typisches Merkmal für das islamische Denken ist die Neigung, Religion, Metaphysik und Astronomie miteinander zu verknüpfen. Die Vorstellung von einem allumfassenden Kosmos spiegelt sich in zahlreichen philosophischen Entwürfen: Zwischen Gott als erster Ursache des Universums und der irdischen Wirklichkeit wirkt eine Hierarchie immaterieller Prinzipien, sogenannter Intelligenzien.

Erstürmung der Festung Arg in Sistan mit Hilfe eines großen Katapults. Die Eroberung und Okkupation von Städten war ein wesentliches Moment der islamischen Kriegsführung, zu offenen Feldschlachten kam es weitaus seltener.

DIE PHILOSOPHIE DES ISLAM

Sie werden den Engeln gleichgesetzt und gelten als Mittler zwischen Gott und den Menschen. Diese Intelligenzien lösen die Bewegung der Sphären und der Gestirne aus. Da der Kosmos als die Ursache für alles Entstehen und Vergehen auf der Erde gesehen wurde, schrieben ihm die islamischen Denker einen weitreichenden Einfluß zu.

Einen hohen Stellenwert im Werk der *falasifa* (arabisch für Philosophen) hatte der aktive Intellekt. Dieser Intellekt, dem Alexander von Aphrodisias den Status einer eigenen stofflichen Entität verlieh, galt als die letzte in der Reihe der «Zwischenursachen». Er schenkte den Menschen die Gabe des Prophetentums und sorgte für eine ständige Aktualisierung des menschlichen Wissens. Als höchstes Ziel allen menschlichen Strebens galt die Verbindung mit diesem aktiven Intellekt.

Von Platon übernahmen so bedeutende Denker wie al-Farabi und Averroës ihre politische Philosophie. Sie entwickelten Theorien über das ausgewogene Verhältnis von Denken und Handeln, über den idealen Staat und über die Qualitäten des obersten Führers, der Philosoph und König, Prophet und Gesetzgeber in einer Person sein sollte.

Ein weiteres Thema war die Frage nach der realen Existenz der göttlichen Attribute. Sie resultierte aus den zahllosen vermenschlichenden Darstellungen Gottes im Koran und aus den Streitgesprächen mit Christen über die Dreieinigkeit Gottes. Verbindlich wurde die Auffassung der Mutaziliten, die in ihrer Verteidigung der göttlichen Einheit davon ausgingen, daß Attribute wie Wissen, Macht und Willen mit dem Wesen des Göttlichen identisch sind. Das große Interesse an psychologischen Fragen hatte unter anderem damit zu tun, daß viele der islamischen Philosophen gleichzeitig auch Ärzte waren.

Die früheste Zeit

Al-Kindi (ca. 800 – ca. 870 n. Chr.), der «Philosoph der Araber», war ein Universalgelehrter, der am Kalifenhof von Bagdad lebte. Sein Gesamtwerk umfaßt etwa 250 Bücher. In der ersten Abhandlung zur Metaphysik, die in arabischer Sprache erschienen ist, versuchte al-Kindi die Kluft zwischen Dogma und Philosophie zu überwinden. Während er einerseits das neuplatonische Emanationsschema übernahm, verwarf er andererseits die Lehre von der Ewigkeit der Welt; für ihn war die höchste Sphäre kraft des göttlichen Willens aus dem Nichts entstanden.

Al-Kindi führte die aristotelische Unterscheidung zwischen Potentialität und Aktualität in die islamische Philosophie ein und entwickelte als erster eine Theorie über den Intellekt. Dem potentiellen, habituellen und aktuellen Verstand fügte er als vierten Aspekt des Erkenntnisprozesses den demonstrativen Verstand hinzu. Da die Prophetie für ihn die höchste Form des Wissens war, stellte er den Koran über die Philosophie. Auch wenn al-Kindi im Vergleich zu den Mutaziliten eher ein Philosoph als ein Theologe war, stand er der Theologie weitaus näher als die Philosophen nach ihm.

In ihrer Anfangsphase hat die islamische Philosophie einige bedeutende Freidenker hervorgebracht; am berühmtesten wurde der aus Persien stammende al-Razi (gest. 923), der im Westen eher unter dem Namen Rhazes bekannt wurde. Auf sein medizinisches Werk *Continens* stützte man sich bis zum sechzehnten Jahrhundert. Für al-Razi gab es fünf ewige Prinzipien: Materie, Raum und Zeit, die Weltseele und den Schöpfer. Die Offenbarung hielt er für überflüssig, da er davon überzeugt war, daß die Religion

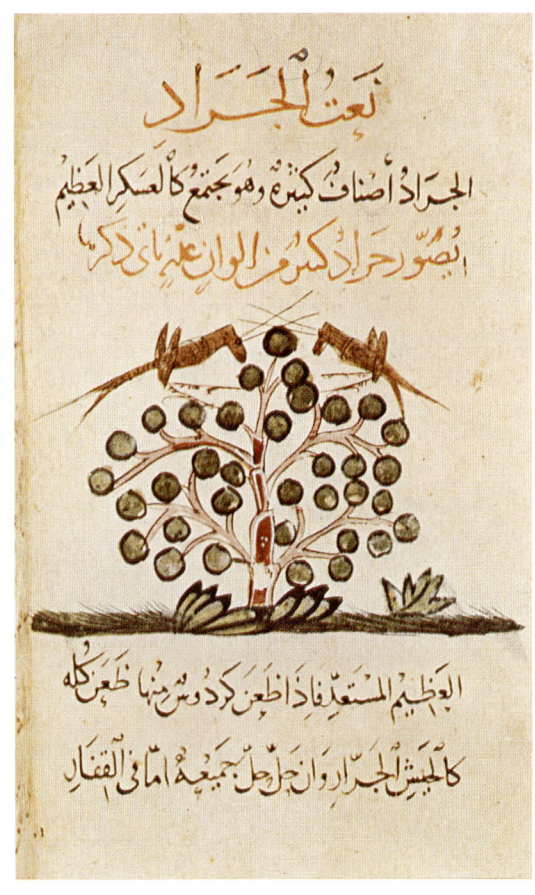

In den arabischen Ländern beschäftigte man sich intensiv mit den Schriften des Aristoteles, wobei sich diese Auseinandersetzung nicht auf seine rein philosophischen Werke beschränkte. Eine Seite aus einem arabischen Bestiarium (12. Jh.) über Tiere als Heilmittel, ein Bestandteil der klassischen *Materia medica*.

Die frühesten arabischen Dichter hatten ein ausgeprägtes Interesse für die Tierwelt. Auf Miniaturen sind häufig sprechende Tiere zu sehen, wie dieser Rabenkönig, der eine Beratung abhält (um 1200).

Die Geisteskräfte des Menschen bilden zwei Gruppen, die eine ist zur Tätigkeit, die andere zum Erkennen bestimmt. Die Tätigkeit ist dreifach, die vegetative, die animalische und die menschliche; das Erkennen ist zweifach, das sinnliche (tierische) und das menschliche. Diese fünf Teile finden sich im Menschen, und viele von ihnen hat er mit anderen (Tieren und Pflanzen) gemein.

a) Die vegetative Tätigkeit hat zwei Aufgaben, das Individuum zu erhalten, um ihm Wachstum zu verleihen, wie auch die Spezies zu erhalten und ihr durch die Fortpflanzung Beständigkeit zu geben. Über die Erfüllung dieser Aufgaben ist eine der Kräfte der menschlichen Lebenskraft als Herrscherin gesetzt, und man nennt sie die vegetative Kraft, die wir nicht weiter zu erklären haben.

b) Die animalische Tätigkeit besteht in der Herbeiziehung des Nützlichen - das erfordert die Begierde - und in der Abwehr des Schädlichen - dies beansprucht die Furcht -, und mit seiner Ausführung ist der Zorn betraut. Diese Leidenschaften gehören zu den Kräften der menschlichen Lebenskraft.

c) Die menschliche Tätigkeit besteht in der Wahl des Guten und Nützlichen in Hinordnung auf das Ziel, zu dem man im flüchtigen Leben gelangt; und darin, zu verhindern, daß das dreiste Wesen die Überhand gewinne.

a) Das Erkennen ist der Einprägung zu vergleichen. So wie das Wachs von anderer Beschaffenheit ist als das Siegel, bis daß es, wenn es das Siegel eng umschlossen hat, einen Namen und die Umrisse eines Bildes davonträgt, ebenso (verhält sich der Erkennende). Zuerst ist er von anderer Beschaffenheit als das Objekt; hat er aber die Wesensform aus demselben entnommen, dann knüpft er mit ihm (dem Objekte) das Band der Erkenntnis an, gerade so wie nun auch die sinnliche Wahrnehmung von ihrem Objekte ein Bild entnimmt, das sie dem Gedächtnisse anvertraut. Dort bleibt dieses dann abgebildet, auch bei Abwesenheit des äußeren Objektes.

Aus: Al-Farabi, *Das Buch der Ringsteine*

Al-Farabi

Die Blütezeit der islamischen Philosophie begann mit Abu Nasr Mohammed al-Farabi (ca. 870–950), dem «zweiten Lehrer» nach Aristoteles. Dieser Philosoph türkischer Herkunft gab der Philosophie des Islam ein festes Fundament. Sein Werk umfaßt Kommentare und Paraphrasen des *Organon* von Aristoteles, er setzte sich mit den Schriften von Platon und Aristoteles auseinander, verfaßte jedoch auch eigenständige, hauptsächlich staatstheoretische Abhandlungen, in denen er nach einer Synthese von Islam und griechischer Philosophie suchte, wobei er die platonischen und aristotelischen Gedanken sehr bewußt seinen eigenen Vorstellungen anpaßte.

Hierarchie und Harmonie sind die zentralen Begriffe im Werk des al-Farabi. Gott als «oberster Führer» des Universums ist das Eine, von dem auch Plotin gesprochen hatte, und damit die Ursache der Emanation und zugleich reiner Intellekt, in dem – wie bei Aristoteles – Subjekt, Objekt und der Akt des Denkens eine Einheit bilden. Bei al-Farabi ist nicht nur die himmlische, sondern auch die irdische Welt hierarchisch geordnet. Von der untersten Stufe der Wirklichkeit bis zur höchsten, der rationalen Seele, verhält sich das Niedrige zum Höheren wie der Diener zum Herrscher. Die Vernunft verleiht dem Menschen die Fähigkeit zur Kontemplation, die den Zustand unendlicher Glückseligkeit herbeiführt. Die Verbindung mit dem aktiven Intellekt eröffnet dem Menschen den Zugang zu wahrer Erkenntnis. In der Prophetie wirkt der aktive Intellekt auf das Vorstellungsvermögen ein.

Wie in der *Politeia* Platons ist auch im Idealstaat von al-Farabi der oberste Führer Philosoph und König, Prophet und Gesetzgeber. Ebenso wie bei Platon und Aristoteles muß sich das theoretische Wissen mit dem praktischen verbinden. Da der oberste Führer diese beiden Arten des Wissens in höchster Vollkommenheit besitzt, kann er das Wohlergehen seiner Untertanen garantieren, die als Bürger des idealen Staates ihr Leben an den religiösen Gesetzen ausrichten.

Religion ist für al-Farabi eine «Imitation» der Philosophie; beide verfolgen mit unterschiedlichen Methoden dasselbe Ziel (die absolute Glückseligkeit). Da die Religion die Wahrheit in symbolische Form kleidet und auf rhetorische Mittel zurückgreift, um das Volk zu überreden, ist sie der Philosophie jedoch eindeutig unterlegen. Diese Wertung und die These von al-Farabi, daß nur der denkende Teil der Seele nach dem Tod weiterlebt – was in letzter Konsequenz die Negation der individuellen Unsterblichkeit bedeutet –, stieß in orthodoxen Kreisen auf heftige Gegenreaktionen. Seine politische Philosophie fand vor allem bei Averroës und Maimonides große Resonanz.

Avicenna

Vieles in der Philosophie Avicennas geht auf Vorstellungen zurück, die bei al-Farabi schon im Keim angelegt waren. In seinem Werk spiegeln sich die einzelnen Entwicklungsphasen seines Denkens überaus deutlich wider. Während das *Kitab al-Schifa* (Buch

[continues: den Menschen nur Kriege und Feindseligkeiten beschert hatte. Allein die Vernunft konnte nach Meinung des al-Razi die Seele reinigen und zu ihrem Ursprung zurückführen.]

DIE PHILOSOPHIE DES ISLAM 155

Ein medizinisches Kompendium machte Avicenna schon in jungen Jahren berühmt. Die erste Seite des Kapitels zur Uroskopie in einer illustrierten Handschrift dieses Textes, die um 1470 in Norditalien entstand.

von der Genesung) noch eine systematische (und wie üblich neuplatonisch gefärbte) Darstellung der peripatetischen Philosophie ist, findet Avicenna in seinem letzten bedeutenden Werk zu einer eigenständigen Interpretation. Seine Deutung ist wegen eines Hangs zum Esoterischen oft als «östliche Philosophie» bezeichnet worden, im Grunde jedoch führt Avicenna hier nur seine zentrale These aus, daß sich die Wahrheit nicht durch blindes Vertrauen in die Autoritäten offenbart, sondern von jedem einzelnen im Verlauf eines Verifikationsprozesses erkannt werden muß.

Unter dem Einfluß von al-Farabi sah Avicenna die Metaphysik nicht (wie al-Kindi) als Theologie, sondern als eine universelle Wissenschaft, als die Lehre

Abu Ali al-Hasan ibn Abdallah ibn Sina, im Westen besser bekannt als Avicenna, wurde 980 im Nordwesten Persiens, in der Nähe von Buchara, geboren. Dank seiner erhalten gebliebenen Autobiographie sind viele Einzelheiten aus seinem Leben und sein intellektueller Werdegang bekannt.

Avicenna begann schon in jungen Jahren mit dem Studium der traditionellen islamischen Wissenschaften. Anschließend befaßte er sich mit den Schriften von Porphyrios und Euklid und beschäftigte sich intensiv mit der Physik, Metaphysik und Medizin. Nachdem er zunächst unter der Anleitung eines Lehrers studiert hatte, arbeitete er schon sehr bald völlig eigenständig. Bekannt ist die folgende Anekdote: Avicenna soll die *Metaphysika* von Aristoteles vierzig Mal gelesen haben, bis er sie auswendig konnte, ohne sie jedoch je wirklich verstanden zu haben. Erst als ihm eine Einleitung von al-Farabi in die Hände fiel, wurden ihm die inhaltlichen Zusammenhänge schlagartig klar. Mit achtzehn Jahren hatte er sich bereits einen Überblick über die gesamte Philosophie seiner Zeit erarbeitet. In diesem Alter veröffentlichte er auch sein erstes Werk – ein Kompendium über die Seele. Wie seine Autobiographie deutlich macht, war sich Avicenna seiner ungewöhnlichen intellektuellen Fähigkeiten und seiner innovativen Denkanstöße durchaus bewußt.

Seinen Lebensunterhalt verdiente er sich als Arzt und Ratgeber verschiedener Prinzen und Machthaber. Die Dauer einer solchen Anstellung hing häufig von den politischen Umständen oder von der Laune des jeweiligen Herrschers ab. Trotz seines unsteten und unruhigen Lebens hat er ein umfangreiches Œuvre von mehr als hundert Einzelwerken hinterlassen, die teilweise einen immensen Umfang haben, wie sein *Kitab al-Schifa* (Das Buch der Genesung) oder seine medizinische Enzyklopädie *Qanun*. Er schrieb, ohne sich zuvor Notizen zu machen, meistens nachts und sogar im Gefängnis oder wenn er zu Pferd unterwegs war. Sein unstetes Leben, ein übermäßiger Alkoholkonsum und zahllose Frauenaffären ruinierten auf Dauer seine Gesundheit. Unfähig, sich selbst zu helfen, starb der größte Arzt seiner Zeit 1037 in Hamadan an Erschöpfung.

Im Persien des dreizehnten Jh. stand ein Kopist in der sozialen Hierarchie in der Nähe seiner Auftraggeber. Fragment einer Illustration aus einer Art Enzyklopädie mit dem Titel «Briefe eines reinen Getreuen».

vom Sein. In der Philosophie des Westens ist er vor allem durch seine Unterscheidung von Essenz und Existenz bekannt geworden. Avicenna ging davon aus, daß es nichts gibt, was notwendigerweise existiert. Die Essenz «Mensch» impliziert nicht die Existenz des einzelnen Menschen. Jedes Ding ist kontingent und verdankt seine konkrete, zeitgemäße Existenz einer äußeren Ursache. Diese Reihe von Ursachen mündet in eine «Erste Ursache», in Gott; hier fallen Essenz und Existenz zusammen – die göttliche Essenz impliziert auch ihre Existenz. Dem kontingenten Charakter alles Bestehenden setzte Avicenna den notwendigen Charakter eines ewigen Gottes entgegen, aus dem das Universum zwingend und als Folge seiner Selbsterkenntnis hervorgeht, ohne daß dieser Prozeß durch einen Akt des Willens ausgelöst wird.

Avicenna begreift dieses oberste Wesen als nicht komplex und singulär. Aus diesem Einen kann nur der erste Intellekt der äußersten Sphäre hervorgehen. Mit ihm kommt das Prinzip der Pluralität in die Schöpfung, da er in sich selbst kontingent und in bezug auf seine Ursache notwendig ist. Dieser erste Intellekt bringt durch einen dreifachen Akt der Erkenntnis die Seele und den Körper der äußersten Sphäre und einen zweiten Intellekt hervor. Diese dreifache Emanation, die an die Emanationstheorie von al-Farabi anknüpft, wiederholt sich bis zum zehnten, dem aktiven Intellekt, der mit der Ursache allen Wissens und aller Formen des Irdischen identisch ist. Durch ihr Verlangen nach dem Intellekt löst die Sphärenseele in jeder dieser Triaden die zirkelförmige Bewegung der Sphären aus.

Die Erste Ursache ist vollkommen und immateriell. Sie ist die reine Vernunft, die nur die eigene Essenz als Objekt des Denkens kennt. Mit seiner Schlußfolgerung, daß Gott alles, was aus ihm hervorgeht, «auf eine universelle Weise» kennt, ohne etwas über die einzelnen Phänomene auf der Erde zu wissen, stieß Avicenna bei den orthodoxen Muslimen auf heftigen Widerspruch.

Wie nahe Avicenna der Psychologie stand, zeigt seine Theorie vom rationalen Teil der menschlichen Seele, die er zum Grundpfeiler seines gesamten Denkens machte. Nach Avicenna muß sich die menschliche Seele das Wissen der Intellekte aneignen, um sich mit der intelligiblen Welt vereinen zu können. Der aktive Intellekt hilft den Menschen, dieses Wissen zu erwerben, und verleiht einigen Auserwählten durch Erleuchtung die Gabe der Prophetie.

Avicenna beschränkte sich in seinem psychologischen Ansatz nicht auf eine subtile Weiterführung der von Aristoteles übernommenen Ideen (z.B. in seiner Klassifikation der Fähigkeiten der Seele), sondern entwickelte eine eigenständige These vom Selbstbewußtsein der Seele. Er behauptete, daß sich die Seele, unabhängig von den sinnlichen Wahrnehmungen, ihrer selbst bewußt sei, und sah darin den Beweis ihrer Existenz. Darüber hinaus entwickelte er die bemerkenswerte Theorie, daß sich manche Menschen durch die besondere Fähigkeit auszeichnen, intuitiv den Mittelbegriff eines Syllogismus erfassen zu können. Dieses Vermögen führt sie zur wahren Erkenntnis, die ihre höchste Ausdrucksform im prophetischen Wissen findet. Diese Art der spontanen Wissensaneignung, die Avicenna höher bewertet als das angelernte Wissen, enthält zweifellos eine Beschreibung seiner eigenen außergewöhnlichen intellektuellen Fähigkeiten.

Weiterführung und Reaktion

Al-Farabi und Avicenna waren die bedeutendsten, aber bei weitem nicht die einzigen Philosophen der östlichen islamischen Welt. Vor allem in Bagdad, dem intellektuellen und kulturellen Zentrum des

Vorderen Orients, gab es eine Vielzahl philosophischer Strömungen und Zirkel. Relativ bedeutend wurden im zehnten Jahrhundert die «Lauteren Brüder», ein politisch-religiöser Geheimbund aus Basra. Sie entwarfen ein rationales Erklärungsmodell des Universums und predigten ihren Anhängern den absoluten Gehorsam gegenüber dem Imam. Wegen ihres halbesoterischen Charakters waren die Schriften der Lauteren Brüder vor allem in mystischen Kreisen sehr verbreitet.

Weniger bekannt ist Miskawayh (gest. 1030). Auch er verbindet in seiner Abhandlung über die Moral aristotelische und platonische Ideen. Bei Miskawayh korrespondieren die drei Teile der Seele, von denen Platon gesprochen hatte, mit den drei Kardinaltugenden Weisheit, Mäßigung und Mut, während die Gerechtigkeit die Sublimierung dieser drei ist.

Innerhalb des Islam mußte sich die Philosophie von Anfang an gegen die Anfeindungen orthodoxer Denker behaupten, die sich explizit gegen die «griechische Weisheit» wandten. Muslimische Theologen hielten die Kluft zwischen der griechischen Philosophie und dem religiösen Dogma für unüberbrückbar und sperrten sich vehement gegen die rationalistische Betrachtungsweise der Mutaziliten. Diese reaktionäre Bewegung konkretisierte sich im ascharitischen *kalam*, dessen Begründer al-Aschari (gest. 935) war. Sein oberstes Ziel, die Wiederherstellung der absoluten Allmacht Gottes, implizierte die Negation der menschlichen Willensfreiheit, wie sie von den Mutaziliten verkündet wurde. In Zusammenhang mit der Frage nach den göttlichen Attributen vertrat al-Aschari die These, daß das Wissen, die Macht und das Leben Gottes so ewig wie Gott selbst und in der göttlichen Essenz begründet sind, während die Mutaziliten – und nach ihnen die Philosophen – die reale Existenz der göttlichen Attribute verneint hatten.

Al-Ghazali

Als wichtigster Vertreter der ascharitischen Schule gilt der Theologe, Rechtsgelehrte und Mystiker al-Ghazali (1058–1111). Nach einer Phase des Skeptizismus wandte er sich philosophischen Fragen zu und setzte sich vor allem mit den philosophischen Lehren al-Farabis und Avicennas auseinander. Auf dem Höhepunkt seiner Karriere als renommierter Lehrer in Bagdad stürzte er jedoch in eine schwere psychische Krise. Nachdem er über zehn Jahre ziellos umhergeirrt war, vertiefte er sich in die Mystik und fand dort letztendlich Ruhe und Erlösung. Wichtig für die Geschichte der Philosophie sind vor allem seine beiden Schriften *Maqasid al-falasifa* (Die Ziele der Philosophen) und *Tahafut al-falasifa* (Die Widersprüche der Philosophen). In dem ersten Werk

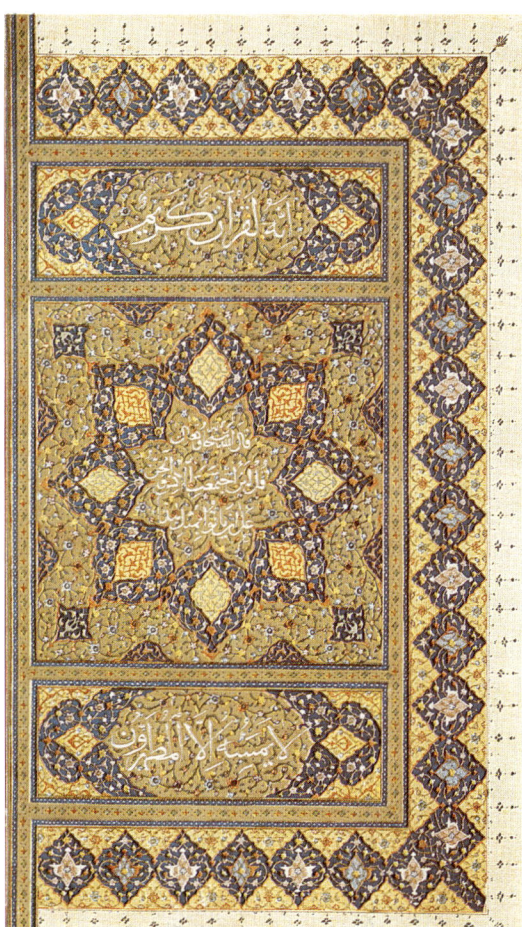

Um 650 entstand der Text des Koran (arab.: «Lesung») als Sammlung der Offenbarungen, die dem Propheten Mohammed von Gott mitgeteilt wurden. Titelblatt eines türkischen Korantextes (17. Jh.).

gibt al-Ghazali zunächst einen systematischen und klaren Überblick über die philosophischen Thesen, um sie in einem zweiten Schritt einer gnadenlosen Kritik zu unterwerfen. Er formuliert zwanzig Hauptpunkte, die sich in erster Linie gegen die philosophischen Lehrsätze des Avicenna richteten. Dabei schreckte er nicht davor zurück, dessen dreifache Negation – die der *creatio ex nihilo* (der Schöpfung aus dem Nichts), die des göttlichen Wissens von den Particularia und die der Auferstehung des Körpers – als Ketzerei zu bezeichnen.

Al-Ghazali wollte vor allem die Inkonsistenz der philosophischen Begründungen aufdecken. Da er in den Lehren der falasifa geschult war, machte er sich in vielen Punkten die philosophischen Begründungen für seine Argumentation zu eigen. Von seiner Kritik verschont blieben nur einzelne Bereiche der Philosophie, wie zum Beispiel die Mathematik und Logik, da diese Disziplinen, solange sie richtig angewandt wurden, in seinen Augen keinen größeren Schaden anrichten konnten. Al-Ghazali war fest davon überzeugt, daß der menschliche Verstand allein nicht in der Lage war, alles zu erkennen, sondern der Offenbarung bedurfte. Dies erklärte seiner Meinung nach auch die großen Unterschiede und Widersprüche zwischen den einzelnen Philosophen.

Ganz im Sinne der ascharitischen Philosophie verneinte auch al-Ghazali das Kausalitätsprinzip in der Schöpfung. Für ihn war ein zwingender Zusammenhang zwischen Ursache und Wirkung nicht beweisbar. Er akzeptierte nur Gott als einzigen Verursacher und alleiniges Schöpfungsprinzip. Der Nachdruck, mit dem al-Ghazali die Allmacht und den Willen Gottes hervorhebt, erklärt sich aus der ascharitischen Auffassung von den göttlichen Attributen und muß, ebenso wie der Angriff auf die Lehre von der Ewigkeit der Welt, als Gegenentwurf zur Gottesvorstellung der Philosophen verstanden werden.

Der Einfluß des al-Ghazali beschränkte sich nicht auf die islamische Theologie und Mystik, sondern hinterließ auch bei bestimmten jüdischen Intellektuellen eine besondere Wirkung. Sein *Maqasid al-falasifa* war – nicht unbedingt im Sinne seines Verfassers – bei späteren jüdischen Denkern ein vielgelesenes philosophisches Handbuch.

Die Blütezeit im Westen

Nach al-Ghazali hat der islamische Osten keine großen Denker mehr hervorgebracht. Ganz anders verlief die Entwicklung im westlichen Teil der islamischen Welt. Unter den Umajjaden-Kalifen war das maurische Spanien zu einem bedeutenden Kulturraum geworden. Während der Regierung des Kalifen al-Hakam II. – er herrschte von 961 bis 967 –, der eine gewaltige Fülle wissenschaftlicher Literatur importieren ließ, entwickelte sich Cordoba zu einem Zentrum der Wissenschaft, das sich durchaus mit Bagdad messen konnte. In dieser kulturellen Renaissance erwachte auch ein lebendiges Interesse an der Philosophie, das sich trotz des mächtigen Einflußes der Theologen auf Dauer nicht unterdrücken ließ. Selbst unter den intoleranten Berber-Dynastien der Almoraviden und Almohaden, die 1086 bzw. 1146 in Andalusien eingedrungen waren, blieb das Interesse an der Philosophie ungebrochen.

Die Schriften des andalusischen Philosophen, Dichters und Musikers ibn Bajja (gest. 1138) legen Zeugnis ab von dieser Blütezeit. Im Zentrum seines Denkens steht die menschliche Seele, die in der Vereinigung mit dem aktiven Intellekt die absolute Glückseligkeit erreichen kann. Solange der ideale Staat nicht verwirklicht ist, hält es ibn Bajja für legitim, wenn sich der einzelne in die innere Emigration zurückzieht, um sich der Kontemplation hinzugeben.

Das Verhältnis von Philosoph und Gesellschaft und die Frage der intellektuellen Vervollkommnung stehen auch im Mittelpunkt des philosophischen Romans von ibn Tufayl (Anfang 12. Jh.-1186) mit dem Titel *Hayy ibn Yaqzan*. Erzählt wird die Lebensgeschichte des Protagonisten Hayy, der auf einer unbewohnten Insel aufwächst. Ganz auf sich allein gestellt und nur aus eigener Kraft erwirbt er im Laufe der Zeit ein umfassendes philosophisches Wissen, das ihn letztlich in den Zustand mystischer Ekstase versetzt. Als er auf einer Nachbarinsel die wahre und verborgene Bedeutung dieser Offenbarung verkünden will, muß er erkennen, daß die Durchschnittsmenschen die Wahrheit nur in symbolhafter Form begreifen können. Nach dieser Erfahrung kehrt er mit einem Geistesverwandten in die Einsamkeit zurück. Dieser Roman, der im Westen die Phantasie vieler angeregt hat, wurde 1671 in Oxford in einer lateinischen Übersetzung publiziert. Ibn Tufayl, der als Arzt und Sekretär am Hof des Almohaden-Fürsten Abu Yaqub Yusuf lebte, nutzte seinen Einfluß, um andere Gelehrte, zu denen auch Averroës gehörte, in diese Gesellschaft einzuführen.

Averroës

Averroës kam über die Rechtswissenschaften mit der Philosophie in Berührung. Der Einfluß dieses Studiums wird an vielen Stellen, unter anderem auch in seinem *Fasl al-maqal* (Das entscheidende Traktat) deutlich. Er stützt sich in diesem Werk auf drei Kategorien der islamischen Rechtslehre und erörtert anhand von ihnen die Frage, ob das Studium der Philosophie verboten, empfohlen oder obligatorisch sein sollte. Er kommt dabei zu dem Schluß, daß Menschen mit den entsprechenden Fähigkeiten durch die religiösen Gesetze zu einem solchen Studium verpflichtet sind. Averroës war davon überzeugt, daß es trotz der Vielfalt der Erscheinungsformen nur eine einzige Wahrheit gibt und der Koran dort, wo er scheinbar im Widerspruch zu dieser philosophischen Wahrheit steht, allegorisch gedeutet werden muß. Averroës hielt nur die Philosophen für fähig, den Koran richtig zu interpretieren, nur sie waren seiner Meinung nach in der Lage, die Übereinstimmung zwischen der tieferen Bedeutung der Gesetze und der Vernunft zu verifizieren. Allerdings sollten sie die Wahrheit nicht öffentlich verkünden, da dies eine Schwächung des Glaubens bedeuten könnte. Den Theologen warf Averroës vor, ihre Wahrheit unter das Volk gebracht zu haben, ohne selbst die höchste Form des Wissens zu besitzen. Dies habe Verwirrung unter den Gläubigen gestiftet und letztendlich den Glauben geschwächt. Averroës war der Meinung, daß Theologen, Philosophen und das normale Volk

Die Kunst des Wortes genoß im islamischen Osten ein hohes Ansehen. Viele der klassischen griechischen Werke wurden ins Arabische übersetzt, wobei auch die Illustrationen, trotz des Bilderverbots, übernommen wurden. Hier einige griechische Philosophen, die miteinander diskutieren (ca. 1225).

DIE PHILOSOPHIE DES ISLAM

die Wahrheit auf ihre jeweils eigene Weise erfaßten, indem sie der demonstrativen, dialektischen oder rhetorischen Methode folgten. Auch der Philosoph muß bestimmte Aspekte des Glaubens akzeptieren, allerdings kann er selbst bestimmen, auf welche Weise er dies tut.

Averroës hatte den *Tahafut al-tahafut* (Die Widersprüchlichkeit der Widersprüche) als Antwort auf al-Ghazali geschrieben, um die Philosophen durch eine juristisch geführte Argumentation von der Anschuldigung der Ketzerei zu entlasten. Den falasifa machte er zum Vorwurf, daß sie Aristoteles die Emanationstheorie aufgebürdet und damit seine Philosophie völlig verzeichnet hätten.

Seine Hauptkritik galt Avicenna und hier vor allem der Behauptung, Essenz und Existenz seien ontologisch unterschiedliche Größen. Nach Averroës konnte die Essenz einer Sache nicht losgelöst von ihrer Existenz gesehen werden, da Essenz nur erkannt werden kann, wenn sie wirklich existent ist. Er verwirft die Behauptung des Avicenna, daß eine Sache in sich selbst möglich und durch etwas anderes notwendig ist, indem er sie als in sich widersprüchlich bezeichnet. Seine eigene Abhandlung über das Universum und sein Gottesbeweis stützen sich auf aristotelische Grundbegriffe wie Potentialität und Aktualität sowie auf die Bewegungslehre. Für Averroës

Averroës versuchte, die aristotelische Philosophie mit der islamischen Theologie zu verbinden. Wegen seines Studiums der aristotelischen Texte, der als der bedeutendste Philosoph des Mittelalters galt, wurde Averroës auch als «der Kommentator» bezeichnet.

Der Philosoph, der im Westen als Averroës bekannt ist, hieß mit vollem Namen Abu'l-Walid Mohammed ibn Ahmed ibn Mohammed ibn Rushd. Er wurde 1126 in Cordoba geboren und stammte aus einer angesehenen Familie von Rechtsgelehrten. Er war nicht nur ein bedeutender Jurist und Philosoph, sondern auch ein berühmter Arzt und Astronom. Seine medizinische Schrift *al-Kulliyat* (lateinisch Colliget) entstand im Jahr 1162. Um 1169 wurde er von ibn Tufayl am Hof des Almohaden-Kalifen Abu Yaqub Yusuf in Marrakesch eingeführt. Nach der Überlieferung stellte ihm der Kalif die Frage, ob der Himmel nach Ansicht der Philosophen ewig oder eine Schöpfung sei. Da Averroës wußte, daß die Almohaden-Herrscher den Philosophen nicht immer freundlich gesinnt waren, zögerte er mit der Antwort. Daraufhin wandte sich der Fürst mit dieser Frage an ibn Tufayl. Erst jetzt, als Averroës erkannte, daß Abu Yaqub philosophisch hochgebildet war, wagte er, frei zu sprechen. Der Fürst soll von Averroës sehr beeindruckt gewesen sein und ihn ermuntert haben, das Werk von Aristoteles zu kommentieren.

In dieser Zeit begann er literarisch tätig zu werden. Er verfaßte 38 Kommentare zu Aristoteles. Manche dieser Kommentare liegen in einer Kurzfassung, in einer umfassenderen und in einer sehr ausführlichen Version vor. Seine Bewunderung für diesen griechischen Philosophen nahm solche Formen an, daß der Scherz kursierte, er hätte auch widerspruchslos akzeptiert, wenn Aristoteles geschrieben hätte, ein Mensch könne gleichzeitig stehen und sitzen. Die bekanntesten seiner eigenständigen Werke sind das *Fasl al-maqal* (Das entscheidende Traktat) und das *Tahafut al-tahafut* (Die Widersprüchlichkeit der Widersprüche), in dem er al-Ghazali widerlegt. Er kombinierte seine schriftstellerische Produktivität mit einer Karriere als Rechtsgelehrter im Dienst der Kalifen. 1182 wurde er zum obersten Kadi von Cordoba berufen. Er reiste ständig zwischen Andalusien und Marrakesch hin und her. Gegen Ende seines Lebens fiel er bei dem damaligen Herrscher in Ungnade, möglicherweise weil dieser auf die politische Unterstützung der orthodoxen, philosophiefeindlichen Gruppierungen angewiesen war. Averroës wurde verbannt, aus der Moschee verjagt, seine Schriften wurden verbrannt. Kurz vor seinem Tod im Jahr 1198 wurde er jedoch rehabilitiert und nach Marrakesch zurückberufen.

Eine vornehme Dame zu Besuch bei einem Eremiten. Im 16. Jh. nahm das höfische Leben mit Jagdszenen, Turnieren und Abbildungen von Prinzen und Prinzessinnen in der islamischen Kunst einen größeren Raum ein.

So ist nun deutlich, daß das Studium der Bücher der Alten von Seite des religiösen Gesetzes notwendig ist, da ihre Absicht in ihren Büchern und ihr Zweck gerade der Zweck ist, zu welchem das religiöse Gesetz ermuntert. Und wenn Jemand einen, der würdig dieses Studiums ist, davon abhält, nämlich einen, der zwei Dinge in sich vereinigt, erstens natürlichen Scharfsinn, und zweitens religiöse Unbescholtenheit und moralische Trefflichkeit, so schließt er die Leute von der Pforte aus, von der aus die Religion die Menschen zur Kenntnis Gottes beruft, nämlich von der Pforte des Studiums, welche zur eigentlichen Erkenntnis desselben führt. Und dies ist der höchste Grad von Torheit und Entfremdung von Gott. Der Umstand, daß Jemand in der Spekulation irrt oder strauchelt, sei es wegen Unzulänglichkeit seiner natürlichen Anlagen, oder von Seite einer schlechten Anordnung seines Studiums oder weil seine Leidenschaften übermächtig sind, oder weil er keinen Lehrer findet, der ihn zum Verständnis dieser Dinge leitet, oder weil diese Ursachen oder mehrere in ihm sich vereinigen, darf keinen, der des Studiums dieser Bücher würdig ist, verhindern, sie zu studieren, [...]

Da dies alles bestimmt ist und wir Moslimen überzeugt sind, daß dieses unser göttliches Gesetz Wahrheit ist und daß es aufmerksam macht und auffordert zu dieser Glückseligkeit, welche durch die Erkenntnis Gottes und seiner Geschöpfe hervorgebracht wird, so steht dieses für jeden Moslim in Folge der Methode des Glaubens fest, welche seine angeborene und natürliche Anlage erfordert – nämlich die Naturen der Menschen sind abgestuft in Bezug auf den Glauben; der eine glaubt vermöge der Demonstration, der andere in Folge von dialektischen Sätzen, gerade aber so wie der Mann, der sich durch Demonstration leiten läßt, denn in seiner Natur liegt nicht mehr als jene; wieder ein anderer in Folge von rhetorischen Ausführungen, und sein Glaube ist, wie der des Mannes der Demonstration, durch demonstrative Ausführungen.

Aus: Averroës, *Philosophie und Theologie*

ist die Welt in ihrer Gesamtheit kein potentiell Seiendes, sondern ein organisiertes Ganzes. Gott aktualisiert die Kräfte der Welt durch Ursachen, er ist der erste Beweger und einzige Schöpfer. Die Welt ist ewig und eine Folge göttlicher Kausalität. Wer wie die Ascharíten das Kausalitätsprinzip in der Schöpfung leugnet, verneint gleichzeitig das objektiv Wahre.

Auch in der Frage der göttlichen Attribute bezieht Averroës einen kontroversen Standpunkt. Im Gegensatz zu seinen Vorgängern betrachtet er die Attribute als positiv, da sie den Reichtum der göttlichen Essenz ausdrücken. Die letztendliche Glückseligkeit des Menschen liegt auch für Averroës in der Verbindung von materiellem und aktivem Intellekt. Dieser materielle Intellekt, den jeder Mensch besitzt, ist unvergänglich und universell – eine Auffassung, die Thomas von Aquin in seiner Schrift *De unitate intellectus* bestritten hat. Averroës scheint allerdings weniger gemeint zu haben, daß der Wissensakt universell ist, sondern daß der universelle Aspekt für das menschliche Denken bezeichnender ist als der individuelle. Es ist umstritten, ob Averroës den Menschen für unsterblich hielt, nach Auffassung zahlreicher späterer Interpreten hat er die Unsterblichkeit des Individuums negiert.

Averroës ist einer der herausragendsten Kommentatoren des aristotelischen Werkes. Im jüdischen und christlichen Mittelalter hat die Philosophie des Averroës lange nachgewirkt, in der islamischen Welt haben seine Gedanken hingegen kaum Spuren hinterlassen.

Letztlich hat al-Ghazali, der auch heute noch ein hohes Ansehen genießt, den Sieg davongetragen. Nach Averroës ging die philosophische Spekulation völlig in der Mystik auf. Al-Suhrawardi (gest. 1191) gilt als Begründer einer mystischen Philosophie, die auf Avicenna zurückgeht und Anleihen bei den Gnostikern und Zarathustra machte. Sein Denken wird von der «Wissenschaft des Lichtes» beherrscht; sein Werk beschreibt die Art und das Wirken Gottes, des Lichtes aller Lichter. Im Westen verfaßte der Historiker ibn Chaldun (1332–1406) eine Geschichte der Philosophie, aber wirklich eigenständige Denker hat der Islam nach Averroës im Mittelalter nicht mehr hervorgebracht.

Die von einem Techniker aus dem 13. Jahrhundert angefertigte Zeichnung eines Automaten. Miniatur aus einem arabischen Kodex.

Die jüdische Philosophie

Die jüdische Philosophie hat sich maßgeblich unter den Einflüssen eines nicht-jüdischen Umfeldes herausgebildet.

Bis zu Beginn des zehnten Jahrhunderts gab es keine eigenständige jüdische Philosophie. Eine Ausnahme war das Werk des Philon von Alexandrien (20 v. Chr. – 50 n. Chr.), dessen Versuch, eine Verbindung zwischen der Bibel und der griechischen Philosophie herzustellen, in der jüdischen Welt nicht den entsprechenden Widerhall fand. Das intellektuelle Interesse konzentrierte sich eher darauf, die mündlich überlieferte Lehre zu kodifizieren und dem Niederschlag der Interpretationen im Talmud nachzugehen. Philosophische Fragen, die sich in diesem Rahmen hin und wieder ergaben, wurden nur angerissen und nicht weiter vertieft. Eine bedeutende Rolle in und nach der Zeit des Talmud spielte die Mystik.

Der Turmbau zu Babel, der nach der Überlieferung von den Nachkommen Noahs in der Ebene von Sinear errichtet wurde. Der Turm wurde zum Symbol menschlichen Hochmuts. Jahwe schuf die babylonische Sprachverwirrung und vereitelte damit die Vollendung des riesenhaften Bauwerks.

162 DER VORDERE ORIENT

Die Gesetzgebung auf dem Sinai. Jahwe überreicht Moses die Zehn Gebote, der die Steintafeln an die Israeliten weitergibt. Deutsche Handschrift aus dem *Pentateuch* (um 1300).

Der Talmud als Sammlung praktischer Lebensregeln im Sinne der Thora übt bis heute einen großen geistigen und moralischen Einfluß auf das jüdische Denken aus. Die Texte des Talmud haben eine fast unüberschaubare Vielfalt an Interpretationen und Kommentaren hervorgebracht, darunter die von Asher ben Jehiel (14. Jahrh.)

Die Entstehung

Die Anfänge der jüdischen Philosophie fallen in die Epoche der Abbasiden-Herrschaft, in der die gesamte Kultur des Vorderen Orients einen ungeheuren Aufschwung erlebte. Aufgrund ihrer guten Kontakte zu den Christen wie zu den Muslimen waren es häufig jüdische Ärzte, die die medizinischen und wissenschaftlichen Erkenntnisse der Antike vermittelten. Mit der muslimischen Machtübernahme brach für die jüdischen Gemeinden eine Zeit wichtiger sozialer und wirtschaftlicher Entwicklungen an. Da es keine Sprachbarrieren gab – das Arabische war zur Lingua franca geworden –, waren die jüdischen Intellektuellen in den Entwicklungsprozeß der Wissenschaften voll eingebunden. So lernten sie auch die klassischen philosophischen Traditionen kennen, die der Islam von den Griechen übernommen hatte.

Bei der Herausbildung einer eigenständigen jüdischen Philosophie spielte jedoch auch ein interner Faktor eine Rolle. In einem Umfeld, in dem Sekten wie Pilze aus dem Boden schossen, entstand in der Mitte des achten Jahrhunderts auch innerhalb des Judentums eine einflußreiche dissidente Bewegung: die

DIE JÜDISCHE PHILOSOPHIE 163

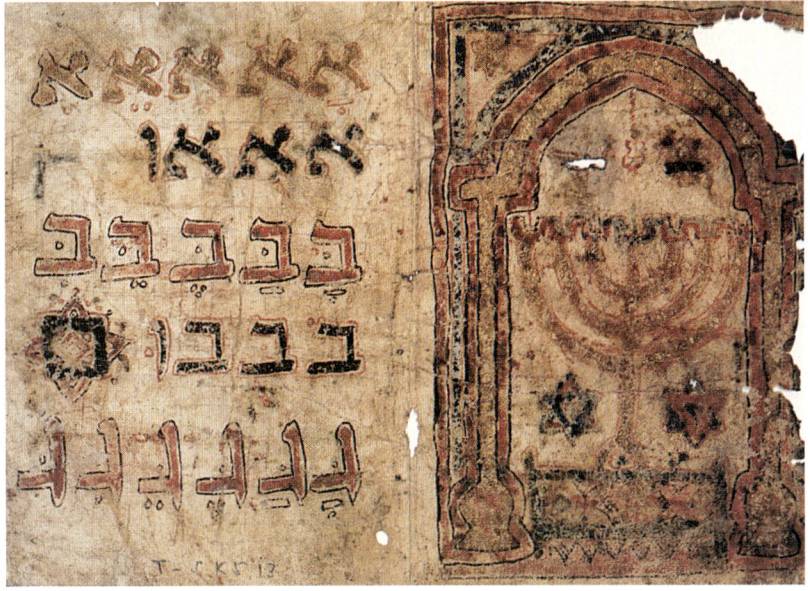

Titelblatt und Anfang eines hebräischen Lese- und Schreibheftes (Ägypten, 10. Jh.). Auf der ersten Seite (rechts) ist ein siebenarmiger Leuchter abgebildet, während links die ersten drei Buchstaben des Alphabets mit verschiedenen Vokalen dargestellt werden.

von Anan Ben David gegründete Sekte der Karäer. Er und seine Anhänger verwarfen die alleinige Gültigkeit der mündlich tradierten Lehre und ersetzten sie durch eine persönliche Interpretation der Schrift, die sich auf die Prinzipien der Vernunft berief. Das philosophisch geprägte Werk ihrer beiden herausragenden Vertreter, al-Nahawendi (9. Jh.), und al-Qirqisani (Anfang 10. Jh.), stand deutlich unter dem Einfluß der mutazilitischen Philosophie. Da die Karäer die Autorität der jüdischen Gesetzeslehrer anzweifelten, stellte ihre Bewegung für das rabbinische Judentum eine ernsthafte Bedrohung dar. Das traditionelle Lager mußte sich mit seinen Widersachern auseinandersetzen. Dies aber bedeutete, sich mit ihnen auf der Ebene der rationalen Argumentation zu messen.

Auf diese Weise fanden die mutazilitische Theologie und die griechische Philosophie Eingang in das jüdische Denken. Auch Diskussionen mit Muslimen und Christen über die Gültigkeit der Offenbarung und Auseinandersetzungen mit Anhängern nicht monotheistischer Religionen, wie zum Beispiel den Manichäern, haben in diesem Prozeß eine Rolle gespielt.

Entwicklung und Charakterisierung

Die jüdische Philosophie des Mittelalters hat vier Phasen durchlaufen:

Anfangs orientierten sich sowohl Saadja als auch die karäetischen Philosophen fast ausschließlich am mutazilitischen Kalam und am Neuplatonismus. Während sich der Neuplatonismus sehr rasch im jüdischen Rabbinertum durchsetzen konnte, hielten die Karäer lange Zeit am Kalam fest. Viele Philosophen orientierten sich in ihren Abhandlungen über die göttlichen Attribute an der dort vorgegebenen Reihenfolge.

In der zweiten Phase hatte sich der Schwerpunkt des philosophischen Lebens in den islamischen Teil Spaniens verlagert. Hier erlebten die jüdischen Gemeinden eine kulturelle Blütezeit, die eine umfangreiche dichterische, sprachwissenschaftliche, exegetische und philosophische Literatur hervorbrachte. Mit ibn Gabirol begann der Siegeszug des Neuplatonismus, in den inzwischen auch zahlreiche aristotelische Elemente eingeflossen waren.

In der dritten Phase, im zwölften Jahrhundert, bekam die aristotelische Philosophie zunehmend mehr Gewicht. Damit setzte eine Entwicklung ein, die im Denken und Werk von Maimonides ihren Höhepunkt fand. Allgemein hatte die Philosophie von Saadja bis Maimonides (mit Ausnahme von ibn Gabirol) stark religiöse Züge. Im Mittelpunkt des Interesses stand die Frage, ob Religion und Philosophie miteinander verknüpft werden können, und inwieweit die Vernunft nützlich ist, wenn es darum geht,

Maimonides verfaßte nicht nur philosophische Werke; sein *Mischneh Thora*, von dem hier eine Seite aus einer süddeutschen Handschrift aus dem 14. Jh. zu sehen ist, stellt eine Kodifizierung des jüdischen Religionsrechtes dar.

religiöse Wahrheiten zu begründen. Fast alle Philosophen dieser Zeit bezogen sich auf den bekannten, bereits von Philon ausgesprochenen Gedanken, daß die Griechen ihre Weisheit aus jüdischen Quellen geschöpft hatten und ihre Philosophen sozusagen bei den Propheten in die Schule gegangen waren.

Im wesentlichen griffen diese Denker dieselben Themen auf, die schon in der islamischen Philosophie Gegenstand der Erörterung gewesen waren. Dennoch wäre es falsch, zu behaupten, daß sich die jüdische Philosophie auf die Nachahmung des islamischen Vorbildes beschränkte. Ebenso wie die islamischen Philosophen die von den Griechen übernommenen Theorien über Gott und die Welt in den Kontext ihrer Offenbarungsreligion eingliedern mußten, kamen die jüdischen Denker nicht umhin, die islamischen Quellen im Licht der Thora und der eigenen Traditionen neu zu interpretieren. So konnten sie beispielsweise in der Frage der Anthropomorphismen (der Vermenschlichung des Göttlichen in der Bibel), die aus philosophischer Sicht problematisch waren, an die eigene Tradition der aramäischen Bibelübersetzung aus dem zweiten Jahrhundert anknüpfen, in der diese Elemente herausgefiltert waren. Der eigenständige Charakter der jüdischen Philosophie kommt vor allem in den Darlegungen zum Prophetentum zum Ausdruck. Auch wenn die jüdischen Denker die rationalen Erklärungen der muslimischen Philosophen übernahmen, so verteidigten sie den speziellen Charakter der mosaischen Prophezeiung und der von Moses verkündeten Offenbarung auf eine sehr eigene und originale Weise.

Weitere Themen, die in der jüdischen Philosophie eine zentrale Rolle spielten, waren die Fragen nach der Einheit Gottes (hier stimmen jüdische und islamische Denker überein), nach den göttlichen Attributen und nach dem Ursprung der Welt. Zur Diskussion stand ebenfalls die Freiheit des menschlichen Willens angesichts der Allwissenheit Gottes und das höchste und eigentliche Ziel menschlichen Strebens. Psychologie, Kosmologie und Theologie suchten nach einem Weg, um den Menschen die Vereinigung mit dem Göttlichen zu ermöglichen.

Das Werk des Maimonides bildet den Abschluß einer Epoche, in der jüdische Philosophen sich so weit an ihr arabisches Umfeld anpaßten, daß sie sogar ihre ursprünglich in hebräischer Schrift verfaßten Texte in arabischer Sprache publizierten. Als das blühende kulturelle Leben der jüdischen Gemeinden in Andalusien ab 1148 durch die intolerante Berber-Dynastie der Almohaden zunehmend unter Druck geriet, flohen viele Juden in den christlichen Norden Spaniens, nach Südfrankreich oder nach Italien, wo neue Zentren der jüdischen Wissenschaft entstanden.

In der vierten Phase, die nach Maimonides angesetzt wird, waren die jüdischen Philosophen in einem christlichen Umfeld tätig. Sie schrieben auf Hebräisch, und sie lasen auch die Werke ihrer jüdischen Vorgänger und die Schriften des Aristoteles in hebräischen Übersetzungen. Die meisten dieser Texte waren von Mitgliedern der Familie Tibbon verfaßt worden, die über Generationen einen großen Teil des philosophischen und wissenschaftlichen Korpus aus dem Arabischen ins Hebräische übertragen hatte.

Auch an der Übersetzung arabischer Texte ins Lateinische, wie sie unter anderem im zwölften Jahrhundert in Toledo unter dem Erzbischof Raymond entstanden, waren Juden beteiligt. Eine bedeutende Persönlichkeit war Abraham bar Chijja (gest. 1136), der in Barcelona lebte und als erster jüdischer Gelehrter seine wissenschaftlichen Traktate in hebräischer Sprache schrieb. Somit waren es vor allem jüdische Übersetzer, die den Brückenschlag zwischen der griechisch-islamischen Wissenschaft und dem christlichen Westeuropa vollzogen.

Dank der intensiven Übersetzungsarbeit besaßen die jüdischen Philosophen nach Maimonides bald ein wesentlich fundierteres Wissen über Aristoteles als ihre Vorgänger. Infolgedessen war die Zeit vom dreizehnten bis zum fünfzehnten Jahrhundert durch

Darstellungen zur Kabbala (hebr. «Überlieferung») sind selten. Ein Stich aus dem Jahr 1516 zeigt einen alten Kabbalisten, der den sogenannten Sepiroth-Baum in der Hand hält. Die Begriffsstadien, aus denen dieser Baum besteht, sollen letztlich die Pforte zur himmlischen Sphäre öffnen.

die Auseinandersetzung mit der aristotelischen Philosophie geprägt, wobei insbesondere die Interpretation seiner Lehre durch Averroës und Maimonides einer kritischen Prüfung unterzogen wurde. Vor allem bei den in Italien lebenden Autoren ist der Einfluß der Scholastik deutlich spürbar. Möglicherweise hat auch die langanhaltende und heftige Kontroverse um Maimonides, die das Judentum in Befürworter und Gegner der Philosophie spaltete, dem philosophischen Denken neue Impulse versetzt, die Anlaß dafür waren, die Richtigkeit und Beweisbarkeit der aristotelischen Thesen erneut zu erörtern. Den Mittelpunkt dieser Diskussionen bildete die Lehre des Averroës vom Intellekt.

Neben die Philosophie des Averroës war in der zweiten Hälfte des zwölften Jahrhunderts die Mystik der *Kaballa* getreten, die versuchte, das Geheimnis der Bibel mit Hilfe von Buchstaben und Zahlen zu entschlüsseln. Sie fand sehr rasch viele Anhänger und wurde zur zweiten bedeutenden Strömung in dieser Zeit. Da die Kaballa in ihrer Entstehungszeit auch neuplatonische Gedanken zur Emanationstheorie und zur Reinigung der Seele enthielt und sich unter anderem auf die Gedanken Saadjas berief, stand sie zumindest in dieser Anfangsphase der Philosophie noch sehr nahe.

Die Anfangsphase

Die wichtigste Gestalt der Anfangsphase war der vielseitige Saadja ben Josef (882–942), der eine Reihe sprachwissenschaftlicher Werke, verschiedene Kommentare und polemische Traktate veröffentlichte. Er wurde im ägyptischen El-Faijum geboren und lebte überwiegend im Vorderen Orient, wo er als Oberhaupt einer rabbinischen Akademie tätig war. Sein theologisch-philosophisches Hauptwerk *Sefer ha-Emunot we ha-De'ot* (Das Buch der Lehrsätze und Meinungen) ist eine polemisch-apologetische Abhandlung, mit der Saadja dem rabbinischen Judentum eine rationale Existenzberechtigung geben und den Nachweis seiner Überlegenheit führen wollte.

Er hielt es für seine Pflicht, die Werte des Glaubens mit Hilfe des Verstandes zu überprüfen. Dabei ging er von vier unterschiedlichen Quellen der Erkenntnis aus, den Sinnesorganen, der Vernunft, den logischen Ableitungen («Wo Rauch ist, ist auch Feuer») und den verläßlichen Traditionen. Diese letzte Quelle führte er ein, um die Gültigkeit und Berechtigung der Religion nachweisen zu können. Da nicht alle Menschen gleichermaßen begabt sind, hielt Saadja die Vernunft allein nicht für ausreichend; für ihn gehört auch die Offenbarung als wesentliches Element dazu.

Sein Werk ist überwiegend durch die mutazilitische Lehre geprägt, im Mittelpunkt stehen Reflexionen über die Schöpfung, über die göttliche Einheit und Gerechtigkeit. Die anderen Themen (Auferstehung und Vergeltung, die Erlösung Israels) sind stärker dogmatisch. Saadja ist sehr bemüht, das Schöpfungsprinzip zu beweisen. Für ihn ist Gott der Schöpfer, die immaterielle Ursache alles Bestehenden. Er ist das Eine im Sinne des Unvermischten und das Eine im Sinne des Singulären. Dieser Gedanke eines Schöpfergottes impliziert, daß ihm die Attribute «Macht», «Leben» und «Wissen» zustehen, die von Saadja als Aspekte der göttlichen Essenz begriffen werden.

Den Vorwurf der Karäer, die Bibel stelle eine Vermenschlichung des Göttlichen dar, versucht Saadja zu entkräften, indem er sagt, daß ein Ausspruch wie zum Beispiel «Gott kam zur Erde nieder» aus der Unzulänglichkeit der Sprache zu erklären sei. Er interpretiert diese Worte als eine Metapher für die «Erhabenheit» Gottes. Saadjas Theorien zum Anthropomorphismus hatten nachhaltigen Einfluß auf spätere Philosophen.

Da der Mensch für Saadja in seinem Handeln frei ist, wäre es seiner Meinung nach ungerecht, wenn Gott einen Menschen für Taten strafen würde, die er nicht aus freiem Willen begangen hat. Gott kennt das menschliche Handeln, aber er greift in keiner Weise ein. Die Gebote geben dem Menschen die Möglichkeit, sich eine Belohnung im Jenseits zu verdienen.

Saadjas Unterscheidung zwischen rationalen Geboten, die sich auf vernünftige Einsicht gründen, und traditionellen Geboten, die auf die Offenbarung zurückgehen – wie zum Beispiel das Fasten und der Verzicht auf Schweinefleisch und Wein –, wurde von vielen Philosophen nach ihm übernommen.

Saadja war nie direkt mit den aristotelischen oder neuplatonischen Schriften in Berührung gekommen; er bezog sein Wissen unter anderem aus Kompendien. Obwohl er nicht der erste war, gilt er dennoch als der eigentliche Begründer der jüdischen Philosophie im Mittelalter.

Wie bereits gesagt, erkannten die Karäer die mündlich überlieferte Lehre nicht an. Obwohl das Werk der karäetischen Philosophen noch nicht ganz ausgelotet ist, läßt sich sagen, daß ihr Denken wesentlich rationaler ausgerichtet war als das des Saadja. Der Einfluß der Mutaziliten ist bei ihnen noch deutlich spürbar. Vor allem spätere karäetische Schreiber wie Josef al-Basir und Jeshoa ben Jehuda (11. Jahrhundert) haben sehr viele Elemente aus dem Kalam übernommen.

Erwähnt werden sollte auch die Theorie von al-Nahawendi (9. Jahrhundert), der davon ausging, daß Gott nur einen Engel erschaffen hat, der die Welt kreierte und die Offenbarung verkündete. Obwohl diese Theorie eine gewisse Ähnlichkeit mit der Logoslehre von Philon hat, könnte al-Nahawendi auch versucht haben, damit ein Erklärungsmodell für die

Lehrling: Von wo soll ich beginnen?
Meister: Beginne zuerst vom Wahrnehmbaren!
Lehrling: Schon habe ich verstanden, daß die partikuläre natürliche Materie in der allgemeinen natürlichen Materie besteht und daß die allgemeine natürliche Materie in der allgemeinen Himmelsmaterie besteht und die universale Himmelsmaterie in der universalen körperlichen Materie und die universale körperliche Materie in der universalen geistigen Materie.
Meister: Gut erkannt. Aber was folgt daraus?
Lehrling: Daraus folgt, daß der Himmel mit allem, was in ihm ist, in der geistigen Substanz besteht und daß die geistige Substanz ihn hält.
Meister: Verdeutliche auch die Reihenfolge der Formen, natürlich von den einen zu den anderen, und beginne dabei so, wie du bei den Materien begonnen hast.
Lehrling: So wie wir es über die Materien gesagt haben, so sagen wir auch hier, daß es nötig ist, daß die partikulären natürlichen Formen in der universalen natürlichen Form bestehen und die universale natürliche Form in der universalen Himmelsform und die universale Himmelsform in der universalen körperlichen Form und die universale körperliche Form in der universalen geistigen Form [...]
Meister: Gut erkannt. Aber was folgt aus diesem Satz?
Lehrling: Daraus folgt, daß die Materie, die alles Wahrnehmbare hält, natürlich die Quantität, und das übrige, was an Akzidentien folgt, eine Materie ist, die jenen Akzidentien unterliegt, ein Substrat ist aus jenen Akzidentien, die durch sie sind und in ihr und unter ihr und über ihr und über sich von ihr und zu ihr.
Meister: Wieso war es nötig, daß diese Materie eine ist?
Lehrling: Deshalb, weil alles Wahrnehmbare in sie aufgelöst wird, da ja die wahrnehmbaren Dinge Akzidentien sind, und der Verstand trennt sie von der Substanz und löst sie in sie auf.

Aus: Ibn Gabirol, *Fons vitae*

---

sogenannten Anthropomorphismen der Bibel zu schaffen.

Isaac Israeli (850–950), ein jüngerer Zeitgenosse von Saadja gilt als erster Vertreter des jüdischen Neuplatonismus. Er war ein berühmter Augenarzt, der in Diensten der fatimidischen Herrscher von Ägypten stand. Ebenso wie die Philosophie des al-Kindi, der ihn sehr beeinflußt hat, ist auch sein Neuplatonismus mit aristotelischen Elementen durchmischt. Sein *Sefer ha-Yesodot* (Das Buch der Fundamente) und das *Sefer ha-Gevulim* (Das Buch der Definitionen) vermitteln ein spezifisch kosmologisches Weltbild. Die Kosmologie des Israeli lehrt, daß der allmächtige Gott nach seinem Willen die Urmaterie und die Urform aus dem Nichts erschuf. Aus dem Zusammenspiel beider entstanden zunächst der Intellekt, dann die Seele (in ihrer rationalen, animalischen und vegetativen Erscheinungsform) und auf einer weiteren Stufe die Sphären und Elemente. Beschrieben wird diese Emanation als die Entstehung von Licht aus einem lichtspendenden Körper, dessen Schein zunehmend verblaßt. Ebenfalls aus dem Neuplatonismus stammt die Vorstellung, daß die Seele durch Läuterung und Erhellung des Intellekts zu ihrem spirituellen Ursprung zurückkehren muß.

Israeli war der erste jüdische Philosoph, der die Prophetie als einen psychologischen Prozeß erklärte. Für ihn nahm die Phantasie Formen des Intellekts auf, die zwischen dem Stofflichen und Geistigen angesiedelt waren. Diese Formen bilden das Material für Träume und Prophezeiungen; sie sind in rätselhaft dunkle Symbole gehüllt, deren Bedeutung durch den Intellekt erhellt werden muß.

Die Entwicklung des Neuplatonismus

Deutliche Spuren haben die Ideen Israelis in der Philosophie von Salomon ibn Gabirol (1021 – ca. 1058) hinterlassen. Ibn Gabirol galt als ein berühmter Dichter. Als Philosoph war er schon lange in Vergessenheit geraten, bis man in der Mitte des letzten Jahrhunderts entdeckte, daß er mit dem Avicebron oder Avicebrol identisch sein mußte, dessen *Fons vitae* (Quelle des Lebens) schon seit dem zwölften Jahrhundert bei den Scholastikern bekannt war. Da in seinem Hauptwerk kaum Verweise oder Anspielungen auf die Bibel oder die Traditionen des Judentums zu finden sind, ist es nicht erstaunlich, daß sein Verfasser nicht dem Judentum zugeordnet wurde. Ibn Gabirol fällt damit deutlich aus dem Gesamtkontext der jüdischen Philosophie heraus.

Sein *Fons vitae* setzt sich fast ausschließlich mit dem Verhältnis von Form und Materie auseinander. Gott ist die erste Substanz; aus ihr geht der göttliche Wille hervor, dem die universelle Materie und die universelle Form entspringen. An anderen Stellen des *Fons vitae* heißt es hingegen, daß der Wille nur die Form erzeuge, während die Materie aus Gott hervorginge. Nach ibn Gabirol entsteht aus der Verbindung von Materie und Form zunächst der Intellekt und dann die Seele, die Natur und die materielle Welt, wobei die Materie mit jeder weiteren Emanation zunehmend gröber wird. Auf jeder Ebene der Hierarchie des Seienden gibt es Form und Materie. Außer Gott ist alles, auch des Intellekts, aus Materie und Form zusammengesetzt. Das Verhältnis zwischen diesen beiden Elementen der Wirklichkeit bleibt allerdings unklar. Neben dem Gedanken, daß die Materie in sich selbst besteht, spricht ibn Gabirol auch davon, daß die Materie der Form bedarf, um existieren zu können.

Ebenso vage bleibt die Beziehung zwischen dem göttlichen Willen und dem Prinzip des Guten. Während ibn Gabirol den Willen an sich mit der göttlichen Essenz gleichsetzt, beschreibt er ihn in seiner Tätigkeit als Hypostase des Guten. Der göttliche Wille ist die effiziente Ursache alles Bestehenden. Möglicherweise hat ibn Gabirol das Prinzip des Willens eingeführt, um die Starrheit des Emanationsprozesses ein wenig zu durchbrechen.

Da ibn Gabirol zwischen Mensch und Universum eine Parallelität annimmt, wird der Mensch durch das Wissen um seine Seele zur Erkenntnis Gottes geführt. Er kann dieses Wissen erwerben, indem er sich aus dem «Kerker» befreit, in dem die Natur die Seele gefangen hält. Der menschliche Intellekt korrespondiert mit der ersten Substanz, seine Seele mit dem Willen. Materie und Form finden ihre Entsprechung in der universellen Materie und Form.

Ibn Gabirol ist auch der Verfasser des langen philosophischen Gedichtes *Keter Malkut* (Die Königskrone), das mit einigen Akzentverschiebungen im Prinzip dasselbe neuplatonische Weltbild skizziert. Seine Philosophie mit dem zentralen Thema von Form und Materie hat außer bei ibn Zaddik nur wenige Spuren hinterlassen. Einer seiner schärfsten Kritiker in der nachfolgenden Zeit war ibn Daud.

Auch andere jüdische Gelehrte orientierten sich maßgeblich am Neuplatonismus, selbst dann, wenn ihr Interesse nicht primär der Philosophie galt.

Bachja ibn Paquda (2. Hälfte des 11. Jahrhunderts) ist der Verfasser des *Hovot ha-Levavot* (Die Pflichten des Herzens), einer einflußreichen ethischen Schrift, die das innere Erlebnis des Glaubens thematisiert, das aus der höchsten aller Vollkommenheiten, der Liebe zu Gott, erwächst. Die ersten Kapitel dieses Buches, das stark unter dem Einfluß der islamischen Mystik steht, handeln von der Existenz und Einheit Gottes. Ein durchaus neues Element stellt die detaillierte Auseinandersetzung mit der unterschiedlichen Verwendung des Wortes «ein» dar; Bachja ibn Paquda will damit deutlich machen, daß die Einheit Gottes nicht die Einheit aller anderen Dinge ist. Bei den göttlichen Attributen differenziert er zwischen den essentiellen Attributen (existent, einzig und ewig), die negativ aufgefaßt werden müssen, und den Attributen des Handelns, die Gottes Wirken in der Schöpfung zeigen. Diese Einteilung wird später von Maimonides übernommen.

Olam Qatan (Der Mikrokosmos) von Josef ibn Zaddik (gest. 1149) ist eine Ausarbeitung der These von ibn Gabirol, daß die Selbsterkenntnis der Schlüssel zu jeglichem Wissen und somit auch zur Erkenntnis Gottes ist. Ausgehend von dem Gedanken, daß im Menschen – der «himmlischen Pflanze» – die stoffliche und geistige Welt vertreten sind, beschreibt ibn Zaddik in einzelnen Schritten die Übereinstimmung zwischen Mensch und Universum. Trotz der Einbettung in ein neuplatonisches Weltbild enthält sein Werk deutlich mehr aristotelische Elemente (z.B. die Definition der Seele) als das seiner Vorgänger.

Der Mathematiker und Astronom Abraham bar Chijja (gest. 1136) führt mit der Darstellung der Geschichte Israels in seinen philosophischen Schriften ein neues Thema ein. Entsprechend den sieben Schöpfungstagen teilt Chijja die Weltgeschichte in sieben Epochen ein. Indem er die Geschichte und die Astrologie zu Hilfe nimmt, versucht er den Zeitpunkt der Erlösung Israels zu berechnen. Chijja nahm an, daß die Heilsgeschichte Israels und die Befreiung der Seele parallel miteinander verliefen. Mit dem Fortschreiten dieses Prozesses konnte sich die rationale Seele immer weiter von ihren niedrigen Teilen lösen und so schließlich in der Person Jakobs ihre völlige Unabhängigkeit erlangen. Entsprechend dazu wurde Israel zum auserwählten Volk bestimmt.

Die Astrologie galt bei den meisten jüdischen Gelehrten des Mittelalters als eine seriöse Wissenschaft, die auf unterschiedliche Weise mit philosophischen Spekulationen verknüpft wurde. Auch Abraham ibn Ezra (1089–1164), ein berühmter Arzt, Astronom, Dichter und Sprachwissenschaftler, unternahm den Versuch, den Glauben an die Astrologie mit dem Glauben an die Willensfreiheit und die Vorsehung in Einklang zu bringen. Dieser weitgereiste Gelehrte trug mit seinen vielgelesenen, philosophisch geprägten Bibelkommentaren maßgeblich dazu bei, die «griechische Weisheit» bekannter zu machen.

Das Aufkommen der aristotelischen Philosophie

Der Ausspruch «Der Gott Abrahams ist nicht der Gott des Aristoteles» ist exemplarisch für das Denken von Jehuda Hallevi (1075–1141), der sich selbst mit Sicherheit nicht als Philosoph verstand. Er wollte mit diesen Worten deutlich machen, daß der Weg zur Erkenntnis nicht über die Betrachtung des Kosmos, sondern nur über die Auseinandersetzung mit der jüdischen Geschichte führt.

Seine Schilderung vom Gott der Philosophen in den ersten Kapiteln seines *Al-Khasari* (Kusari, über-

Die Bedeutung von Moses ben Maimon, besser bekannt als Maimonides, kann an einem weitverbreiteten jüdischen Sprichwort abgelesen werden: «Vom [biblischen] Moses bis Moses [Mendelssohn] gab es niemanden als Moses [Maimonides].» Das Denken dieses umstrittenen Philosophen hat über das Mittelalter hinaus auch die Neuzeit entscheidend geprägt.

Maimonides wurde 1135 oder 1138 in Cordoba geboren. Um 1148 war seine Familie durch die Judenverfolgungen der Almohaden-Herrscher gezwungen, die Stadt zu verlassen. Er ging in die marokkanische Stadt Fes, um dort ein Medizinstudium zu beginnen. Hier entstanden auch seine ersten literarischen Werke. Als das Regime auch dort zu intolerant wurde, siedelte er vorübergehend in das palästinensische Akko über; 1165 ließ er sich in Kairo nieder. Dort wurde er, der bereits zu dieser Zeit als Autorität auf dem Gebiet der jüdischen Gesetzeslehre galt, zum Leiter der jüdischen Gemeinde berufen.

Dank der Unterstützung durch seinen Bruder David konnte sich Maimonides ungestört seinen Veröffentlichungen widmen. Als dieser Bruder jedoch auf einer seiner Geschäftsreisen ums Leben kam, beschloß er, in seinem Beruf als Arzt tätig zu werden. 1185 begann er am Sultanshof zu praktizieren, wobei ihm diese Arbeit tagsüber keinen Raum für andere Dinge ließ. Nach der Überlieferung soll auch Richard Löwenherz ihn konsultiert haben. Seine beiden Hauptwerke *More nebuchim* (Leitung der Zweifelnden) und *Mischneh Torah* (Die Wiederholung des Gesetzes) entstanden in dieser Zeit, in der er neben seinen Tätigkeiten als Leiter der jüdischen Gemeinde auch einen regen Briefwechsel mit zahlreichen jüdischen Gemeinden jenseits des Mittelmeeres führte. Bei seinem Tod im Jahr 1204 trauerte die gesamte jüdische Welt. Obwohl er den größten Teil seines Lebens außerhalb Spaniens verbracht hat, ist sein Werk ein typisches Produkt der aristotelischen Philosophie in Andalusien. Seine rationalistische Einstellung wird auch in seiner – für das Mittelalter ungewöhnlichen – kategorischen Ablehnung der Astrologie deutlich.

Die Philosophie Maimonides ist in seinen beiden Hauptwerken zusammengefaßt. Das *Mischneh Torah* ist ein juristisches Werk, das für ein breites Publikum bestimmt war. Es stellt eine Systematisierung des jüdischen Gesetzes dar, in der Maimonides alles Vorausgegangene in klarer Form zusammenfaßt. Im Gegensatz dazu war sein zweites bedeutendes Werk, *More nebuchim*, als Bibelexegese konzipiert. Es wandte sich an einen ausgewählten Kreis von Lesern, die, verwirrt durch ihr philosophisches Wissen, nicht mehr wußten, wie sie diese Erkenntnisse mit der wörtlichen Bedeutung der Bibel in Einklang bringen sollten. Die Ironie der Geschichte will, daß das Werk des Maimonides, das geschrieben war, um Harmonie zu stiften, heftige Dispute auslöste und Zwietracht säte.

setzt als Buch der Widerlegung und Beweisführung einer verachteten Religion) ist eine pointierte Darstellung der aristotelischen Philosophie, soweit sie damals in Andalusien bekannt war. Obwohl sie bei den jüdischen Religionsphilosophen zu dieser Zeit noch keine beherrschende Rolle spielte, sah Hallevi in ihr eine nicht zu unterschätzende Gefahr für die jüdische Religion. Der «philosophische» Gott wird von Hallevi als ein reiner Intellekt beschrieben, der nur sich selbst kennt und keinerlei Bezug zum Handeln und Wohlergehen der Menschen hat.

Diesem Gott der Philosophen stellt Hallevi den Gott Israels gegenüber, der sich in der Geschichte offenbart und sich sein Volk erwählt hat. Hallevi verwirft die Lehre des Aristoteles nicht, aber er bestreitet ihren Wert für die Erkenntnis des Göttlichen. Als Beweis seiner These führt er an, daß es nicht einmal zwei Philosophen gibt, die in ihren Überzeugungen übereinstimmen.

Über die philosophische Erkenntnis stellt Hallevi die unmittelbare religiöse Erfahrung. Jeder rationalen Erklärung abhold, erklärt er die Prophetie zur göttlichen Gabe, die ganz speziell dem Volk Israels vorbehalten ist. So wie der Prophet den Menschen Gott näher bringt, ist Israel der Mittler zwischen Gott und den anderen Völkern. Seit Abraham ist die Prophetie «eine göttliche Sache», die von Generation zu Generation an auserwählte Menschen weitergegeben wird und letztlich Allgemeingut des ganzen israelischen Volkes ist.

Ibn Daud (ca. 1110–1180) ist der erste jüdische Denker, der die aristotelische Philosophie zu einem integralen Bestandteil seines Denkens machte. Sein *Ha-Emunah ha-Ramah* (Der erhabene Glaube) zeigt einen Wirklichkeitsbegriff, in den neben vielen aristotelischen Elementen vor allem auch die Ideen des Avicenna eingeflossen sind. Ibn Daud diskutiert in seiner Schrift zunächst sehr detailliert den Substanzbegriff und die Kategorien; in einem weiteren Schritt beweist er mit Hilfe der Grundprinzipien der aristotelischen Physik die Existenz Gottes, die Notwendigkeit des Seienden und der Intelligenzien. Er beschließt sein Werk mit der Verteidigung der menschlichen Willensfreiheit, die für ihn Ursprung und Grundmotiv des philosophischen Denkens ist. Für seine Überzeugung, daß der Mensch in seinem Handeln frei ist, ist er sogar bereit, das Prinzip der göttlichen Allwissenheit einzuschränken.

Im Gegensatz zu Hallevi war ibn Daud davon überzeugt, daß es zwischen Philosophie und Religion Übereinstimmungen gibt, die durch eine richtige Exegese der Bibel belegt werden können. Er sah Sinn und Zweck seines Schreibens darin, das Judentum auf einer philosophischen Ebene zu verteidigen. Innerhalb seines Gesamtwerks nimmt der Versuch, die Prophetie zu erklären und die Berufung von Moses zu verteidigen, einen besonderen Platz ein.

DIE JÜDISCHE PHILOSOPHIE 169

Eine spanische Handschrift von Maimonides *More nebuchim* zeigt einen Astronomen, der in einer Diskussion über die Naturgesetze ein Astrolabium in die Höhe hält.

Die Philosophen nennen, wie du weißt, Gott die erste Ursache und den ersten Grund. Nur die unter dem Namen «Dialektiker» Bekannten scheuen sich vor diesem Namen sehr und nennen ihn den Bewirkenden, indem sie meinen, daß zwischen dem Ausdrucke «Grund» und «Ursache» einerseits und dem Ausdrucke «Bewirker» andererseits ein wesentlicher Unterschied bestehe. Sie sagen nämlich: Wenn man Gott die Ursache nennte, so würde daraus notwendig das Vorhandensein des Verursachten folgen, und dies müßte zur Annahme des Nichterschaffenseins der Welt, sowie zu der Folgerung führen, daß das Dasein der Welt eine notwendige Folge des Daseins Gottes ist. Nennt man ihn aber den Bewirker, so folgt hieraus nicht notwendig, daß das von ihm Bewirkte mit ihm zusammen dasein müsse; denn es ist ja möglich, daß der Bewirker früher da ist als das von ihm Bewirkte; ja sie können sich den Begriff, ein Ding habe das andere bewirkt, nur in der Weise vorstellen, daß das Bewirkende vor dem von ihm Bewirkten vorhanden war.

Dies aber ist die Rede von Menschen, die zwischen dem, was nur dem Vermögen nach, und dem, was in Wirklichkeit ist, nicht unterscheiden können. Du aber mußt wissen, daß zwischen den Ausdrücken «Ursache» und «Bewirker» in dieser Hinsicht kein Unterschied besteht. Denn wenn du annimmst, daß auch die Ursache nur dem Vermögen nach eine solche ist, kann sie dem von ihr Verursachten der Zeit nach vorhergehen, während das Dasein des von ihr Verursachten allerdings, wenn sie eine Ursache der Wirklichkeit nach wäre, durch das wirkliche Dasein der Ursache als solcher notwendig folgen müßte. Ebenso aber muß, wenn du annimmst, daß der Bewirker ein solcher der Wirklichkeit nach ist, das von ihm Bewirkte unbedingt notwendig vorhanden sein. Denn der Baumeister ist, ehe er das Haus baut, keineswegs ein Baumeister der Wirklichkeit nach, sondern nur dem Vermögen nach, und erst, wenn er es baut, wird er in Wirklichkeit ein Baumeister, so wie der Stoff dieses Hauses, bevor es erbaut wird, dem Vermögen nach ein Haus ist und erst, wenn es gebaut wird, der Wirklichkeit nach ein Gebäude wird, und das erbaute Ding dann notwendig vorhanden sein muß.

Aus: Maimonides, *Leitung der Zweifelnden*

Maimonides

Über die richtige Einordnung und zutreffende Interpretation der Philosophie des Maimonides ist das letzte Wort noch nicht gesprochen. Maimonides wollte mit seinem *More nebuchim* (1190) mehr als nur eine philosophisch fundierte Bibelerklärung schreiben. Es ging ihm auch darum, die in der Schöpfungsgeschichte und in den Visionen des Propheten Ezechiel verborgenen «Geheimnisse des Gesetzes» zu entschlüsseln, indem er sie mit der Physik beziehungsweise Metaphysik gleichsetzte. Da Averroës und mit ihm zahlreiche andere jedoch verkündet hatten, daß die Enthüllung dieser Geheimnisse nur einer intellektuellen Elite vorbehalten sei, kleidete Maimonides seine Botschaft ganz bewußt in eine esoterische Sprache. Die eigentlichen Bedeutungsebenen seiner absichtlich unscharfen und widersprüchlichen Formulierungen sollten sich nur dem aufmerksamen und geschulten Leser erschließen, während sich die naive und ungebildete Masse mit einem oberflächlichen Verständnis zu begnügen hatte. Diese beiden Ebenen spiegeln sich entsprechend deutlich in der Rezeptionsgeschichte dieses Werkes wider. Während manche Kommentatoren des Mittelalters und der Neuzeit Maimonides als einen Philosophen verstanden, dem es um die Verknüpfung von Philosophie und Religion zu tun war, sahen andere in ihm einen Anhänger der aristotelischen Philosophie, der seine wahren Überzeugungen und Einsichten nur in verschleierter Form wiedergab. Nicht zu Unrecht wurde der *More nebuchim* als ein verzauberter Wald beschrieben, aus dem der Leser nur schwer wieder herausfindet.

Das Buch beginnt mit einer Erklärung der Anthropomorphismen in der Bibel und endet mit einem Kommentar zu den göttlichen Attributen. In bezug auf sie formuliert Maimonides folgende Unterscheidung: Die essentiellen Attribute müssen negativ begriffen werden, während die anderen Attribute, die Gott zwar zugeschrieben werden, aber nicht wirklich zu seinem Wesen gehören, Ausdruck seines Handelns sind, das dem Menschen als Vorbild dienen muß.

Die Gottesbeweise des Kalam werden von Maimonides scharf kritisiert. In seinem Gegenentwurf stützt er sich auf die Beweisführungen der aristotelischen *Physika*, indem er unter anderem der Bewegung die Sphäre des Übergangs von der Potentialität zur Aktualität zuweist und Gott zum unbewegten ersten Beweger erklärt.

Aus seiner Analyse der aristotelischen Argumente für die Ewigkeit der Welt zieht Maimonides den Schluß, daß weder die Ewigkeit noch die Schöpfung auf dem Wege der Vernunft bewiesen werden können. Allerdings hält er die Beweise zugunsten der Schöpfung für einleuchtender, dies um so mehr, als auch die Bibel von einer creatio ex nihilo spricht. Dies ist einer der Punkte, an dem die Interpretationen auseinandergehen. Manche sind der Meinung, Maimonides habe hier die Lehre von der Ewigkeit der Welt heimlich akzeptiert. Zur Gültigkeit der aristotelischen Physik in der Himmelswelt bezieht Maimonides ebenfalls einen kritischen Standpunkt.

Die unterschiedlichen Theorien zum Phänomen der Prophetie bringt er in einen Zusammenhang mit den Spekulationen über den Ursprung der Welt. Für Maimonides steht die Prophetie am Ende eines natürlichen Prozesses, in dem der Prophet, nachdem er das höchste Stadium seiner geistigen Entwicklung erreicht hat, durch den aktiven Intellekt erleuchtet wird. Gott kann jedoch einem potentiellen Propheten die Gabe Prophetie verweigern. Ausgenommen von einer solch rationalen Erklärung ist das Prophetentum Moses', den Maimonides als eine absolute Ausnahmeerscheinung sieht. Nach seinem Verständnis ist der Prophet Philosoph und Gesetzgeber zugleich. Maimonides' politische Philosophie orientiert sich in vielen Punkten an al-Farabi, aber sie muß immer auch im Zusammenhang mit seiner eigenen Rolle als geistiger Führer gesehen werden.

Im Rahmen einer Interpretation des Buches *Job* kritisiert Maimonides vier unterschiedliche Thesen zum Prinzip der göttlichen Vorsehung: Alles, was geschieht, beruht auf dem Zufall (Epikur); es gibt nur eine allgemeine, keine individuelle Vorsehung (Aristoteles); alles wird durch den göttlichen Willen gelenkt (Ascharitcn); es gibt eine individuelle Vorsehung, selbst in der Tierwelt (Mutaziliten). Für Maimonides schließt die Vorsehung auch die Individuen ein, wobei es jedoch von der intellektuellen Entwicklung des einzelnen abhängt, in welchem Maße ihm diese Vorsehung zuteil wird.

Im letzten Teil seines Werkes kommt Maimonides zu einer rationalen Erklärung und Rechtfertigung der Gebote, in die er auch die sogenannten «traditionellen» Gebote einschließt, indem er sie in ihren historischen Kontext einordnet.

Das dreizehnte und vierzehnte Jahrhundert

Die rationalistische Interpretation des Judentums, die Maimonides vorgelegt hatte, wurde von orthodoxer Seite entschieden abgelehnt. Trotz oder vielleicht auch gerade wegen dieser Kontroverse war das dreizehnte und vierzehnte Jahrhundert eine philosophisch sehr bewegte Zeit, in der zahlreiche islamische Schriften ins Hebräische übersetzt und kommentiert wurden. Daneben erschien eine Vielzahl an Kommentaren zu biblischen Büchern, Kompendien und Enzyklopädien.

Maimonides hat zahllose spätere Philosophen nachhaltig beeinflußt. In seinem Umgang mit Aristoteles wurde er häufig mit Averroës verglichen.

Die erste bedeutende Gestalt nach Maimonides ist Levi ben Gerson (1288–1344), der auch unter dem Namen Gersonides oder Leo Hebreus bekannt ist. Er war ein in Südfrankreich beheimateter Astronom und gilt als der Erfinder des Jakobstabes, eines Visiergerätes, mit dem die Winkelabstände der Himmelskörper gemessen werden können. In seinem *Milhamot Adonai* (Die Kriege des Herrn) zeigt er sich als Kritiker von Maimonides und Averroës, deren Werke er kommentierte.

Im Gegensatz zu seinen Vorgängern führte Gersonides seinen Gottesbeweis teleologisch. Demnach bedingen die Ordnung und Zweckmäßigkeit der Schöpfung die Existenz eines höheren Wesens, das diese Ordnung schafft und kennt. Gersonides verwirft das Prinzip der Ewigkeit wie das der Schöpfung. Für ihn hat Gott die Welt aus einer absolut formlosen Materie erschaffen, der keine Existenz im eigentlichen Sinn zugesprochen werden kann. Auf der Erde ist alles dem Determinismus der Himmelssphären unterworfen, der von Gott jedoch so gestaltet wurde, daß er dem Menschen das Bestmögliche garantiert. Diesen Determinismus versuchte Gersonides mit dem Prinzip der menschlichen Willensfreiheit in Einklang zu bringen. Da er das göttliche Wissen auf die allgemeine Ordnung der Natur beschränkt sah, kannte Gott das zukünftige menschliche Handeln nicht.

Die Attribute interpretierte Gersonides als Begriffe, die primär Gott und davon abgeleitet dem Menschen zugeschrieben werden. Den passiven Intellekt begreift er als eine Disposition der Seele, die sich in jedem Individuum herausbildet. Indem er mit Hilfe des aktiven Intellekt Wissen anhäuft, wird er zu einem erworbenen Intellektes, den Gersonides als unsterblich ansieht. Im Gegensatz zu Averroës begreift Gersonides diese Unsterblichkeit individuell.

In *Or Adonai* (Das Licht des Herrn) entwirft der spanisch-jüdische Religionsphilosoph Chasdaj Crescas (1340–1412) eine Replik auf Aristoteles und Maimonides. Im Gegensatz zu Aristoteles postulierte er die Existenz eines leeren Raumes, den er als Ausdehnung definierte. Systematisch widerlegte er alle Behauptungen, die Maimonides zur Existenz, Einheit und Unstofflichkeit Gottes gemacht hatte. Als einziger unter den jüdischen Philosophen vertrat er die Auffassung, daß der menschliche Wille von der Kausalität bestimmt wird und Gott das zukünftige menschliche Handeln kennt. Mit seiner Kritik an Aristoteles deutete sich der Anbruch einer neuen Zeit an.

Crescas, der die Judenverfolgung in Spanien im Jahr 1391 erlebte, verfaßte eine Polemik gegen die Christen, ebenso wie nach ihm Joseph Albo (1380–1444), der in seinem bekannt gewordenen *Sefer ha-Iqqarim* (Das Buch der Prinzipien) die Grundlagen des Judentums erklärte.

Abschließend wäre noch der Staatsmann Don Isaak Abrabanel zu nennen, der nach der Vertreibung der Juden aus Spanien im Jahr 1492 seine politisch gefärbte Philosophie in Italien weiterführte, und Elia Del Medigo, der im Auftrag von Pico della Mirandola die Schriften des Averroës ins Lateinische übersetzte. Die beiden letztgenannten Philosophen beschließen eine über sechshundertjährige Epoche jüdischer Philosophie im Mittelalter.

5

Der südniederländische Mystiker Jan van Ruusbroec wurde 1343 zum Prior des Augustinerklosters in Groenendaal berufen. Seine Schrift *Die chierheid der gheestliker brulocht* (Die Zierde der geistlichen Hochzeit) übte einen großen Einfluß aus.

DAS MITTEL-ALTER

War die mittelalterliche Philosophie typisch für das Mittelalter?

Zu Anfang des zwanzigsten Jahrhunderts entwickelte sich eine lebhafte Diskussion, die sich an der Frage entzündet hatte, ob christliches und philosophisches Denken miteinander zu vereinbaren sind. Ihren Höhepunkt erreichte die Kontroverse um den 1500. Todestag von Augustinus im Jahre 1930. Emile Bréhier, Verfasser einer mehrbändigen Philosophiegeschichte, betonte, daß man die beiden ihrem Wesen nach unterschiedlichen Denkweisen nicht miteinander gleichsetzen dürfe; seiner Meinung nach war das Denken des Mittelalters rein theologisch geprägt. Dem widersprach Etienne Gilson, ein berühmter Erforscher des Mittelalters, der davon überzeugt war, daß Philosophie und christliches Denken im Mittelalter eine Einheit bildeten. Mit dieser Aussage brachte sich Gilson in eine schwierige Lage, denn schließlich konnte er unmöglich leugnen, daß christliches Denken auch außerhalb des Mittelalters existiert. Zudem läßt sich gegen Gilson einwenden, daß er mit einer solchen Behauptung die Philosophie der sogenannten Patristik, also der Zeit der Kirchenväter (u.a. Tertullian und Augustinus), automatisch mit der des Mittelalters gleichsetzt.

Die Harmonie von Vernunft und Glauben

Nach Einschätzung anderer wiederum ist die mittelalterliche Philosophie vor allem durch das Bemühen gekennzeichnet, die scheinbar unversöhnliche Gegensätzlichkeit zwischen Offenbarungsreligion und philosophischer Erkenntnis zu überwinden. Systematisch habe man sich daran gemacht, die offenbarten Glaubenswahrheiten in der Begrifflichkeit der antiken Philosophie zu erfassen und zu vermitteln, um dadurch die harmonische Übereinstimmung zwischen Glauben und Vernunft zu beweisen. Vertreter dieser These verweisen auf die Lehre und das Wirken des Thomas von Aquin im dreizehnten Jahrhundert. Jedoch – auch diese Charakteristik greift zu kurz, um das Wesen der mittelalterlichen Philosophie, die auch als Scholastik bezeichnet wird, in vollem Umfang zu erfassen, denn sie wird vielen Philosophen des vierzehnten Jahrhunderts nicht gerecht, die, wie zum Beispiel Ockham, eine solche Harmonievorstellung prinzipiell verwarfen. Daß das vierzehnte Jahrhundert aus der Perspektive dieser Definition nicht mehr dem Mittelalter zugerechnet werden kann, war auch den Wissenschaftlern bewußt, die diese Auffassung vertraten. Sie entschieden sich deshalb, das Ende des Mittelalters auf das Jahr 1277 zu datieren, und begründeten diesen Entschluß damit, daß die Kirche in diesem Jahr eine Reihe von philosophischen Thesen verurteilte. Aber auch mit dieser chronologischen Zäsur sind die Probleme nicht vom Tisch, denn damit fällt unter anderem die Thomistenschule, die im vierzehnten und fünfzehnten Jahrhundert weiterhin an dem Harmoniemodell festhielt, aus dem mittelalterlichen Bezugsrahmen heraus.

Periodisierung

Diese Kontroverse macht deutlich, wie problematisch es ist, die Philosophie des Mittelalters einseitig als christliches Denken oder als das Streben nach einer Harmonie zwischen Glauben und Vernunft zu typisieren. Angesichts dieser Schwierigkeiten erscheint es angemessener, die Zeit des Mittelalters im Sinne einer *arbeitsökonomischen Einheit* zu betrachten.

In der Regel wird das Mittelalter auf die Zeit zwischen 500 und 1500 n. Chr. datiert. Mit dieser rein praktischen Einteilung erhält die Bezeichnung «mittelalterlich» eine ausschließlich chronologische Bedeutung, oder anders gesagt: mittelalterlich sind nur die Personen, die in dieser Epoche gelebt haben, beziehungsweise die Phänomene und Ereignisse, die dem Zeitraum zwischen 500 und 1500 n. Chr. zugeordnet werden können. Vor dem Hintergrund einer solchen Epocheneinteilung ist es natürlich absolut unsinnig, einen Philosophen wie Boëthius (480–524) gleichzeitig als «letzten Römer und ersten Vertreter des Mittelalters» zu bezeichnen. Zu Recht machte

Das Skriptorium von Papst Gregor dem Großen (540–604). Er entwickelte zwar keine eigenständigen philosophischen Gedanken, war jedoch ein einflußreicher Kirchenlehrer, der mit seinen Schriften vor allem die Auffassungen des Augustinus verbreitete.

Auf ihren Morgenlandfahrten bereisten die mittelalterlichen Kaufleute die Städte des Orients mit ihren Minaretten, Kuppelbauten und Karawanen.

sich der deutsche Historiker Theodor Lessing über diejenigen lustig, die das Mittelalter für «typisch mittelalterlich» hielten, indem er witzelte, daß Kaiser Maximilian I. sich dann wohl an einem bestimmten Silvesterabend als mittelalterlicher Mensch zu Bett gelegt habe, um am nächsten Morgen zu seinem eigenen und nicht geringen Erstaunen als Mensch der Neuzeit aufzuwachen.

Im Rahmen einer Auseinandersetzung mit dem philosophischen Denken des Mittelalters ist es durchaus vertretbar, eine rein chronologische Periodisierung zugrunde zu legen. Viele Handschriften sind noch nicht ediert, und zahlreiche Werke warten noch auf eine sorgfältige Prüfung. Vielleicht wird es irgendwann einmal möglich sein, eine universelle Typologie der mittelalterlichen Philosophie zu entwerfen, momentan ist es dazu allerdings noch zu früh.

Von Boëthius bis zum Jahr 1000

Zum Ausgang der Antike brachte der griechische Philosoph Proklos das neuplatonische Denken zu einem gewissen Abschluß. Da der Neuplatonismus diverse westliche Philosophen schon ab dem neunten Jahrhundert spürbar beeinflußt hatte, insbesondere durch die Werke von Pseudo-Dionysios von Areopagita, wurde das Werk des Proklos auch für die Entwicklung der mittelalterlichen Philosophie des Abendlandes wichtig. Eine ebenfalls zentrale Rolle für die Philosophie des lateinischen Westens spielte der zeitgleich mit Proklos lebende römische Philosoph und Staatsmann Boëthius, dessen Schriften allerdings ein grundlegend anderes Weltbild vermittelten. Boëthius hatte unter Theoderich dem Großen eine Zeitlang die politisch wichtige Position des ersten Ministers (*Magister officiorum*) inne. Nachdem man ihn fälschlicherweise des Hochverrats angeklagt hatte, wurde er 524 hingerichtet. Im Gefängnis verfaßte Boëthius sein bedeutendes Werk *De consolatione philosophiae* (Vom Trost der Philosophie).

Der Einfluß von Boëthius

Während Proklos in Pseudo-Dionysios (6. Jahrhundert) einen hervorragenden Vermittler des griechischen Kulturkreises fand, blieb das Werk von Boëthius sehr lange Zeit unbeachtet. Die Anfänge dieser eigenartigen Entwicklung gehen auf seinen Zeitgenossen Cassiodorus zurück, der das Werk des Boëthius einfach nicht zur Kenntnis nahm. Cassiodorus, der den ostgotischen Königen ebenfalls als Staatsmann gedient hatte, zog sich nach der Beendigung seiner politischen Laufbahn auf sein Landgut Vivarium zurück und gründete dort eine Klostergemeinschaft, für die er eine Art Curriculum, die sogenannten *Institutiones*, entwarf. Dieser Lehrplan war nicht auf die Theologie beschränkt, sondern sah auch profane Studien, die sogenannten *artes liberales*, also die freien Künste, vor. Die *Institutiones* bestanden aus einer Zusammenstellung von wenig originellen, überwiegend spätrömischen Textsammlungen, die ihrerseits schon aus unterschiedlichsten Quellen zusammengetragen worden waren. Ein Jahrhundert später machte Isidorus von Sevilla für seine Kompilation deutliche Anleihen bei Cassiodorus – und noch immer blieb Boëthius unerwähnt, obwohl er doch soviel zu bieten hatte.

Zu erklären ist dieses Phänomen auch durch die unruhigen politischen Verhältnisse jener Zeit. Immer wieder wurde Italien durch das Eindringen barbarischer Stämme bedroht, es herrschte ein Klima der Instabilität, in dem sich ein kulturelles Leben kaum entfalten konnte. Eine Chance für die Philosophie und Wissenschaft gab es nur in den ruhigeren Gebieten an der Peripherie des zerfallenden römischen Reiches. Während Isidorus von Sevilla in Spanien unter der Herrschaft der Westgoten ungehindert seiner Forschung nachgehen konnte, war es bei den Angelsachsen Beda der Ehrwürdige (gest. 736), der ein herausragendes wissenschaftliches Werk schuf. Als das Frankenreich in der zweiten Hälfte des achten Jahrhunderts, erst durch das energische Wirken einiger Majordomi, dann durch die Herrschaft Karls des Großen, zu politischer Stabilität gefunden hatte, bot sich Alkuin von York (735–804) die Möglichkeit, als Minister Karls des Großen das Bildungswesen zu organisieren. Die Voraussetzungen für Alkuin waren günstig, weil sich Karl der Große ganz bewußt dafür entschieden hatte, das Schul- und Bildungssystem großzügig zu fördern.

Auch sozialpolitisch hatten sich die Verhältnisse im Laufe des siebten Jahrhunderts bereits verbessert. Nachdem um 600 die Pest überwunden war und die Bevölkerungszahl langsam wieder anstieg, konnte der Ackerbau intensiviert und Neuland kultiviert werden. In einem Klima politischer Ruhe und Stabilität entstanden allmählich florierende Märkte, und der allgemeine Lebensstandard stieg. Eine gut funktionierende Verwaltung bildete das Rückgrat dieser zunächst noch zaghaften Entwicklung.

Alkuin konnte für sein Vorhaben auf Lehrmaterial zurückgreifen, das in seiner englischen Heimat in Form antiker Überlieferungen erhalten geblieben war. Offensichtlich befanden sich darunter jedoch keine Texte von Boëthius, denn weder Alkuin noch andere «Gelehrte» seiner Zeit beriefen sich auf ihn. Wahrscheinlich waren die Handschriften seiner Werke nicht bis in die abgelegenen Provinzen vorgedrungen. Diese Vermutung liegt zumindest nahe, wenn man den heutigen Handschriftenbestand und die alten Klosterkataloge untersucht.

Beim Lesen der schmalen Textsammlung, die Alkuin schließlich für sein Bildungsprogramm zusammengestellt hatte, fühlt man sich dann auch in die «Vor-

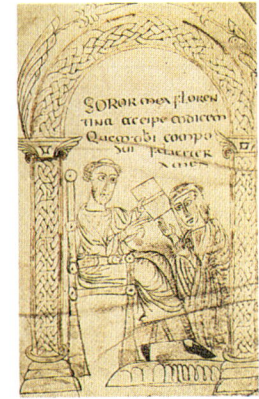

Isidorus von Sevilla überreicht seiner Schwester Florentina sein Buch *Contra Judaeos*. Karl der Große holte spanische Gelehrte an seinen Hof in Frankreich, wo diese um 800 eine wichtige Rolle im geistigen Leben spielten.

Der erste englische Geschichtsschreiber, Beda Venerabilis, bemerkt, daß viele seiner Landsleute (die Northumbrians), Adlige wie auch einzelne Vertreter des Volkes, ihre Waffen niederlegten, um sich dem Studium zu widmen. Miniatur in einer Handschrift eines Künstlers aus Northumberland, die den Schreiber Ezra in seiner Studierkammer zeigt.

Eine Szene aus dem Leben des Augustinus: während einer Rhetorikvorlesung in Karthago. Gemälde in einem Gewölbe der Kirche Sant Agostino in Gubbio (Mittelitalien).

schule des Denkens» versetzt. Seine Dialoge bleiben an der Oberfläche, gehen über ein simples Frage- und Antwortspiel kaum hinaus und sind im Grunde völlig unphilosophisch. Als Grundlage des philosophischen Denkens präsentiert Alkuin Auszüge der hinreichend bekannten aristotelischen Kategorienlehre, die einer spätrömischen und Augustinus zugeschriebenen Kompilation entnommen sind. Der weitaus ausführlichere Kommentar von Boëthius zu diesem Werk hingegen findet keinerlei Beachtung.

Erst unter den Kapetingern und Ottonen hatten sich die politischen Verhältnisse offensichtlich so weitgehend gefestigt, daß die Gelehrten jener Zeit, Abbo von Fleury (gest. 1004) und Gerbert von Aurillac, der spätere Papst Silvester II. (gest. 1003), in den Bibliotheken nach ergiebigerem Material suchen konnten und dabei endlich auf das Werk von Boëthius stießen. So konnte sich der Einfluß seiner logischen Schriften faktisch erst um das Jahr 1000 entfalten. Seinen anderen Werken erging es ähnlich, auch sie kamen erst im elften Jahrhundert in Umlauf, eroberten sich dann jedoch sehr rasch einen wichtigen Platz.

Der Einfluß von Boëthius auf die mittelalterliche Philosophie läßt sich in drei wesentlichen Bereichen nachweisen: Neben seinen selbstverfaßten Monographien – unter anderem zum Syllogismus – stieß vor allem seine ausführliche und tiefgründige Auseinandersetzung mit einigen logischen Schriften der Antike auf reges Interesse. Hierbei handelte es sich insbesondere um seine Kommentare zur aristotelischen Kategorienlehre und der von Porphyrios dazu verfaßten Einleitung. Zum zweiten übte sein *De consolatione philosophiae*, ein Werk mit stark neuplatonischem Einschlag, eine große Faszination aus. Und drittens hinterließen seine theologischen Werke, die *Opuscula sacra*, und hier vor allem die Schrift *De Trinitate*, deutliche Spuren.

Scotus Eriugena

In den ersten Jahrhunderten des Mittelalters gab es noch keinen wissenschaftlichen Austausch in der Form, wie er ab dem dreizehnten Jahrhundert üblich und fruchtbar werden sollte. So stand der Ire Johannes Scotus Eriugena (ca. 810–877) mit seinen beeindruckenden Leistungen im neunten Jahrhundert vollkommen isoliert da. So unbeachtet, wie sein Werk zunächst blieb, so zufällig war es auch entstanden: Der byzantinische Kaiser Michael der Stotterer hatte Ludwig dem Frommen 827 eine kostbare Handschriftensammlung mit den griechischen Werken des Pseudo-Dionysios geschenkt. Ludwig gab das Werk, das heute zu den kostbarsten Stücken der Pariser Bibliothèque Nationale zählt, zur Übersetzung an den Abt des Klosters St. Denis, Hilduinus. Dieser erledigte seine Aufgabe so ungeschickt, daß das Werk nicht publiziert wurde. So erhielt Scotus Eriugena 840 von Karl dem Kahlen noch einmal den Auftrag. Dahinter steckte allerdings weniger wissenschaftliche Neugier als vielmehr ein handfestes kirchenpolitisches Kalkül. Eriugena, der in einem Disput über die Prädestination eine recht unglückliche Figur abgegeben hatte, mußte, um dem kirchlichen Bannstrahl zu entgehen, sozusagen eine Weile aus dem Verkehr gezogen werden. Eine brauchbare Übersetzung gab ihm die Chance, sich als Wissenschaftler zu rehabilitieren.

So übertrug er neben Pseudo-Dionysios noch weitere neuplatonische Werke ins Lateinische. Die intensive Beschäftigung mit diesen Texten versetzte ihn in die Lage, selbst eine theologisch-philosophische Lehre mit dem Titel *De divisione naturae* zu verfassen. Ausgehend von den Gedanken des Neuplatonismus, machte er hier den Versuch, die gesamte Realität (*natura*) als eine stufenweise dialektische Entfaltung der alles transzendierenden Einheit zu erklären, wobei er wie viele Neuplatoniker, davon ausging, daß dieser Prozeß letztlich auf die Rückkehr zu der einen Ureinheit zielt. Seine Vorstellung von der Entfaltung des Seins darf jedoch nicht mit der neuplatonischen Emanation gleichgesetzt werden; Eriugena verwendet für ihre Darstellung die Begriffe der christlichen Schöpfungsgeschichte. Ebenso ist für ihn die Ureinheit, die Anfang und Ende allen Seins umfaßt, der persönliche Gott der Christen und nicht, wie bei den heidnischen Neuplatonikern, die unpersönliche Urquelle, das Eine.

Erst um 1200 beriefen sich Pantheisten wie Amalric von Bènes und David von Dinant auf seine Ideen. Dies blieb im übrigen auch für die Rezeption von Eriugena nicht folgenlos, denn mit der Verurteilung ihrer pantheistischen Ideen wurde 1210 und (nochmals) 1125 auch die Lektüre von *De divisione naturae* verboten.

Die scholastische Methode

Die Philosophie des Mittelalters erfuhr etwa um die Jahrtausendwende einen kräftigen Entwicklungsschub. Das Jahr 1000 ist nicht nur deshalb interessant, weil mit der Machtübernahme der Kapetinger

in Frankreich im Jahr 987 eine kulturelle Blütezeit begonnen hatte, die auch in Deutschland unter den Ottonen zu beobachten war. Dieses Jahr war deshalb so außerordentlich bedeutungsvoll, weil einige mittelalterliche Denker in ihm einen Meilenstein sahen – und zwar den letzten Meilenstein in der Geschichte der Menschheit. Die Furcht, daß mit dem Jahr 1000 das Ende der Welt gekommen sei und die Herrschaft des Antichristen beginnen werde, lähmte das gesamte kulturelle Leben. Als dieser Bann mit dem einsetzenden elften Jahrhundert gebrochen war, machte sich ein so ungezügelter Kulturoptimismus breit, daß Zusammenstöße mit der Kirche als dem Stützpfeiler der bestehenden Ordnung nicht ausbleiben konnten.

Schon zu Zeiten Karls des Großen gingen die entscheidenden Impulse von Aachen und nicht von Paris aus. Gefördert wurde diese allmähliche Verlagerung des Machtzentrums in Richtung Osten durch die in Osteuropa angeknüpften Handelsbeziehungen zur arabischen Welt. Was Alkuin für Karl den Großen war, das wurde in Reims Gerbert von Aurillac für die Ottonen. Kaiser Otto II. erwartete von diesem gelehrten Bücherwurm eine kulturelle Infrastruktur, die das ganze Heilige Römische Reich umfassen sollte. Philo-

Grammatikunterricht; ein venezianischer Holzschnitt (1495) zeigt, wie eifrig die einheitlich gekleideten Schüler unter dem überdeutlichen Gebot der Ruhe lernten.

sophie und Wissenschaften, die in dieser Zeit noch nicht streng voneinander getrennt waren, erhielten neue Impulse. Aber anders als zu Zeiten des Alkuin herrschte eine ungeheure Vielfalt an Lehrmeinungen, die in zahlreichen dogmatischen Kontroversen verteidigt wurden. Der Eifer, mit dem diese Debatten während des gesamten Mittelalters ausgetragen wurden, ist nur zu verstehen, wenn man sich auf das konzentriert, was alle mittelalterlichen Denker – Theologen wie Philosophen – miteinander verbindet: auf die scholastische Methode.

Bei dieser Methode handelt es sich um eine wissenschaftliche Arbeitsweise, die sich einerseits auf doktrinäre Autoritäten beruft und sich andererseits in der Forschung und Lehre auf ein immer wiederkehrendes System von Begriffen, Unterscheidungen, Definitionen, Analysen, Argumentationstechniken und Diskussionsweisen stützt, die anfangs aus der aristotelisch-boëthianischen Tradition stammten, später jedoch überwiegend der eigenen sogenannten terministischen Logik entlehnt wurden.

Aus dieser Beschreibung, so kompliziert sie klingen mag, läßt sich zumindest ableiten, daß der Scholastik eine logisch-didaktische Denkweise zugrunde lag und daß die immer wieder für notwendig befundenen Verfeinerungen der scholastischen Methode durch die Weiterentwicklung der Logik entstanden.

Man findet diese Methode – implizit oder explizit – bei allen mittelalterlichen Denkern. Die beiden genannten Aspekte, der Bezug auf die *auctoritates* und der logische Ansatz sollten ein wenig näher erläutert werden. Zuvor muß jedoch noch einmal ausdrück-

Die Verzierungen des Hauptgiebels der Kathedrale von Laon (Nordfrankreich) zeigen alle mittelalterlichen Wissenschaften. In den Fensterbögen neben dem großen Rosettenfenster sind neben den sieben freien Künsten auch die Medizin und die Philosophie dargestellt.

lich gesagt werden, daß es hier um die Gemeinsamkeit der Methode und nicht um die der Lehrmeinungen geht. Im Gegenteil – gerade weil die Gegner derselbe Ansatz verbindet, nehmen die Dispute oft so wirkungsvolle und spektakuläre Formen an.

Der Autoritätsgedanke

Der mittelalterliche Respekt vor den Autoritäten war deshalb so ausgeprägt, weil man in den teils heftig geführten Auseinandersetzungen festen Boden unter den Füßen spüren wollte. Wenn man sich auf bestimmte Autoritäten berief, geschah das um der eigenen Position gegenüber dem Gegner mehr Gewicht zu verleihen. Um den Bezug zwischen eigener Interpretation und anerkannter Autorität herzustellen, gingen die mittelalterlichen Denker nicht nur äußerst selektiv, sondern hin und wieder sogar mit einem fast schon bedenklichen Erfindungsreichtum vor.

Das ausgeprägte Bedürfnis, sich auf Autoritäten zu berufen, wird vielleicht am ehesten verständlich, wenn man den Entstehungsprozeß des mittelalterlichen Denkens einmal kurz Revue passieren läßt. Die Ausgangsbasis, die sich den mittelalterlichen Philosophen bot, war denkbar schmal. Nur sehr allmählich gelang es, neue Quellen ausfindig zu machen, und dann kostete es viel Zeit und Mühe, die neu entdeckten Texte zu interpretieren; dies nicht zuletzt deshalb, weil viele der damaligen Gelehrten die lateinische Sprache nur sehr mangelhaft beherrschten. Bedenkt man zudem, daß die Kirchenväter, und hier vor allem Augustinus, dem Glauben schon viel früher ein dogmatisches Fundament gegeben hatten, mußte der wissenschaftliche Diskurs zunächst zwangsläufig im Schatten der vorgegebenen Interpretationsmuster stehen.

Eine Illustration in einer Bibelhandschrift zeigt im oberen Teil den jungen Ludwig IX (Ludwig den Heiligen); neben ihm seine Mutter Blanche von Kastilien. Im unteren Teil weist ein Mönch einen Schüler an, der mit der Vorbereitung einer Handschrift beschäftigt ist.

Die Rolle der Logik

Damit kommen wir zum zweiten Aspekt der scholastischen Methode. Auch hier gilt es zunächst, Mißverständliches zu klären. Zu leicht täuscht man sich in den äußeren Formen einer zweifellos streng reglementierten Disputationsmethode, die von einer extremen Liebe zum Detail geprägt war. Das Unverständnis für das eigentliche Wesen der Logik tat ihr übriges. Der philosophische Lehrbetrieb des Mittelalters war, wie man sagt, zweifellos sehr erfindungsreich, aber auch sehr spitzfindig. Man argumentierte und disputierte um des Disputes willen, wobei es häufig weniger um die Inhalte selbst als um eine möglichst überzeugende Verteidigung des jeweiligen Standpunktes ging. «Wieviele Engel haben auf einer Nadelspitze Platz?» lautet die berühmte Frage (wobei vergessen wird, daß dieses Beispiel ein postmittelalterlicher Witz ist).

Schon Abälard, einer der scharfsinnigsten Logiker des Mittelalters, mußte seine Methode gegen seinen heftigsten Widersacher, den Theologen Bernard von Clairvaux, verteidigen. In seiner Argumentation weist er Bernard zunächst sehr behutsam darauf hin, daß jemand, der die Logik für unbrauchbar hält, sehr viel

Die Gestalt der Eva, die durch ihren Unglauben die Menschheit ins Verderben stürzte, ist ein häufig verwandtes Motiv an den Portalen mittelalterlicher Kathedralen.

Ahnlichkeit mit einem Fuchs hat, der die so begehrten Kirschen nicht erreichen kann und deshalb behauptet, sie seien ungenießbar. Anschließend versucht Abälard deutlich zu machen, daß die Logik dem Zweck dient, gute Argumente von schlechten zu unterscheiden. Da die Beweiskraft eines Arguments – wie Abälard betont – nun einmal von der Bedeutung der verwendeten Begriffe abhängt, ist das Studium der *proprietates sermonum*, der bedeutungstragenden Eigenschaften eines jeden Wortes, von eminenter Wichtigkeit. Da es eigentlich um die Dinge und nicht um die Worte an sich geht, interessieren den Logiker die Worte vor allem in ihrer Funktion als Bedeutungsträger. Entscheidend ist die Frage: «Was hat das alles zu bedeuten?»

Oder, wie es Ockham in seiner logischen *Summa* formuliert: «Wer die Logik nicht beherrscht, schafft Probleme, wo keine sind, und macht einen weiten Bogen um das Problem, mit dem er sich eigentlich befassen sollte.» Die echten Theologen dachten in dieser Frage nicht anders. Explizit finden wir diese Sichtweise bei Jean Gerson (gest. 1429) formuliert. Er prangert die «Realisten» an, die seiner Meinung nach bei ihren Betrachtungen den semantischen Aspekt der Probleme vernachlässigen, weil sie irrtümlich davon überzeugt sind, den Dingen direkt auf den Grund gehen zu können. Gerade dadurch verstricken sie sich jedoch völlig unnötig in Probleme und kommen selbst zu ketzerischen Standpunkten.

Insgesamt gesehen war die mittelalterliche Logik nur zu einem kleinen Teil «Argumentationslehre». Der semantische Aspekt – also das Bemühen, die Bedeutungsinhalte der benutzten Begriffe zu klären – stand immer im Vordergrund. Diese Logik konnte innerhalb des philosophischen Lehrbetriebs eine so beherrschende Rolle spielen, weil sie als Sprachanalyse tatsächlich in jeden Aspekt der Wirklichkeit einbezogen ist. Schließlich macht man sich bei der semantischen Erfassung eines Problems permanent bewußt, daß unser gesamtes rationales Denken an die Sprache gebunden ist, daß wir die Wirklichkeit oder das, was wir dafür halten, nur mit Hilfe der Sprache «(be-)greifen». Diesen Zusammenhang haben die mittelalterlichen Denker ebenso wie ihre antiken Vorläufer, und hier vor allem Platon und Aristoteles, genau erkannt. So sagte man, anknüpfend an Aristoteles, nicht, daß es viele Arten des Seienden gibt, sondern daß wir den Begriff «seiend» auf mehr als eine Weise verwenden.

Quellenmaterial

Die Philosophen des Mittelalters schöpften dankbar aus den griechischen und arabisch-jüdischen Quellen, die allmählich entdeckt und zumindest in Teilen fest in die universitären Lehrpläne integriert wurden. Dennoch wahrte man gegenüber diesen Quellen eine Eigenständigkeit. Eingriffe in den ursprünglichen Wortlaut dieser Texte waren nicht selten. Gerade weil sie das, was sie als die Wahrheit der Dinge (*veritas rerum*) ansahen, zum alleinigen Maßstab erhoben, fühlten sich die mittelalterlichen Denker hin und wieder durchaus berechtigt, bestimmte Texte entsprechend dieser Wahrheit «umzubiegen».

Das Material, auf das die Philosophen des Mittelalters zurückgreifen konnten, spiegelte nur Bruchstücke der antiken Philosophie wider. Von daher verbirgt sich hinter den eindrucksvollen Leistungen der mittelalterlichen Philosophen sehr viel eigenständiges und originelles Denken.

Anselm von Canterbury

Anselm von Canterbury (1033–1109) stammte aus dem norditalienischen Aosta (Piemont). Nach einem Streit mit seinem Vater verließ er seine Heimat, zog eine Weile umher und studierte einige Jahre an verschiedenen Orten in Frankreich. So besuchte er unter anderem das berühmte Benediktinerkloster von Le Bec in der Normandie, das zu jener Zeit von seinem Landsmann Lanfranc geleitet wurde, der 1089 als Erzbischof von Canterbury starb. Anselm lebte in einer Zeit, in der sich eine «Internationalisierung» des philosophischen und wissenschaftlichen Denkens abzuzeichnen begann. Der sozioökonomische Aufschwung, der unter anderem durch effektivere Ackerbaumethoden und verbesserte Werkzeuge erreicht wurde, hatte sich bereits unter den Ottonen bis in den norditalienischen Raum mit den Zentren Genua und Pisa ausgebreitet. Nach dem Tod von Otto III. (1002) kamen als weitere Schwerpunkte das Rheinland, Flandern und Paris (die Ile de France) hinzu. Zum Mittelpunkt des kulturellen Lebens wurden die Kathedralen- und Klosterschulen. Da sich die politischen Verhältnisse stabilisiert hatten, wurde es üblich, daß junge Leute aus den relativ wohlhabenden Schichten ihr Wissen an unterschiedlichen Universitäten Europas erwarben.

In Le Bec wurde Anselm zunächst Prior und Studienpräfekt; 1063 stieg er zum Novizenmeister auf und wurde 1078 zum Abt ernannt. Dank seiner inspirierenden Leitung erlangte die Schule noch ein weitaus größeres Ansehen. In dieser Zeit entstanden auch seine ersten bedeutenden Werke. 1093 trat er die Nachfolge Lanfrancs als Erzbischof von Canterbury an. Er übernahm damit ein Amt, das durch die Machenschaften von Wilhelm II. einige Jahre vakant gewesen war. Als Erzbischof geriet Anselm jedoch bald mit dem König in Konflikt, in dem es um Kompetenzstreitigkeiten zwischen Kirche und Staat ging. Zur selben Zeit begann er mit seinem Hauptwerk *Cur Deus homo?*, das er 1098 im italienischen Exil vollendete.

Zu den bedeutendsten Werken von Anselm gehören: das *Proslogion* und das *Monologion*, *De grammatico* (Über den Begriff «Grammatiker»), *De veritate* (Über die Wahrheit), *De libertate arbitrii* (Über die Willensfreiheit), *De casu diaboli* (Über den Fall des Teufels), *Epistola de incarnatione Verbi* (Über die Menschwerdung des Wortes Gottes) und das obengenannte *Cur deus homo?* (Warum wurde Gott Mensch?).

Im elften und zwölften Jahrhundert gilt unser Interesse vor allem den beiden einflußreichen Philosophen Anselm von Canterbury und Abälard. Anselm wurde in eine Epoche hineingeboren, in der die Philosophie vor allem in Frankreich eine Blütezeit erlebte. Das Leben und Werk des Abälard und die Reaktionen seiner Zeitgenossen auf seine Schriften (und auf seine Person) vermitteln einen gewissen Einblick in die Entwicklungen der Philosophie während der ersten Hälfte des zwölften Jahrhunderts. Anselm gehört zu den Ausnahmeerscheinungen, bei denen sich ein scharfsinniger Intellekt und eine tiefe Religiosität die Waage halten. Bei Abälard und seinem Widersacher Bernard von Clairvaux war dieses Verhältnis weitaus unausgewogener.

Die Philosophie des Anselm muß vor dem Hintergrund einer Blütezeit der grammatischen und logischen Studien in den norditalienischen Schulen des elften Jahrhunderts gesehen werden. Anselm hatte dort neben dem allgemeinen Umgang mit Sprache und Texten offenkundig auch gelernt, wie man richtig und treffend argumentiert. Während er in seinem Dialog *De grammatico* die logischen Probleme im Rahmen der Semantik behandelt, erörtert er in *De veritate* den Begriff der «Wahrheit», indem er den vielfältigen und unterschiedlichen Gebrauch von «wahr» und «unwahr» genauestens analysiert.

Glaube und Wissen

Ebenso wie bei den anderen mittelalterlichen Denkern hat auch bei Anselm der Glaube als Quelle der Erkenntnis die absolute Priorität; an seine Stelle tritt erst im Jenseits die selige Anschauung (*visio beatifica*). Dabei darf nicht vergessen werden, daß die Glaubensinhalte im Mittelalter als eine Erweiterung des empirischen Weltbildes erfahren wurden. So wußte der Mensch des Mittelalters dank der *Genesis*, daß Aristoteles sich geirrt hatte, als er verkündete, daß die Welt schon seit Ewigkeiten besteht. Unter diesem Aspekt muß auch die Aussage verstanden werden, daß antike Denker wie Platon die Wahrheit nur aufgrund ihrer Verbindungen zum alten Israel erkennen konnten. Wie dem auch sei – für den mittelalterlichen Menschen war der Glaube gleichbedeutend mit Wissen. Dieses Wissen unterschied sich von anderem profaneren Wissen nur dadurch, daß es sich auf Argumente stützte, die dem Glauben entlehnt waren. Die sogenannten Antidialektiker zur Zeit des Anselm, vor allem Petrus Damiani, überhöhten den Glauben sogar so sehr, daß sie die Vernunft als ein Übel, zumindest jedoch als eine Gefahr ansahen, die nur allzuleicht ketzerische Ideen hervorbringen konnte.

Demgegenüber hatten Denker wie Anselm und Abälard (sowie später Thomas von Aquin, Duns

Scotus und Ockham) sehr viel Respekt vor den vernunftmäßigen Fähigkeiten – dem Verstand und dem Willen – des Menschen. Im Unterschied zu Abälard, der sich in dieser Hinsicht etwas verhaltener äußert, sieht Anselm jedoch alle Glaubenswahrheiten, einschließlich der Mysterien, als streng beweisbar an. (Für Thomas, obwohl er keinen Widerspruch zwischen Glaube und Wissen sah, galt dies mit Sicherheit nicht, und für Philosophen wie Duns Scotus und Ockham ist eine solche Auffassung völlig indiskutabel.) Diese Einschätzung hat damit zu tun, daß Anselm, genau wie Augustinus, keine scharfe Trennung zwischen Theologie und Philosophie vollzieht. Sowohl die Mysterien des Glaubens, wie die Dreifaltigkeit Gottes, als auch die Glaubenswahrheiten, wie zum Beispiel die göttliche Existenz, können für Anselm auf einer rationalen Ebene diskutiert werden, da sie durch notwendige Gründe (*rationes necessariae*) bewiesen und somit über jeden grundsätzlichen Zweifel erhaben sind. Dennoch bleibt auch für ihn die Vormachtstellung des Glaubens unangetastet, da die Wahrheiten erst nach ihrer Offenbarung vernunftmäßig erfaßt werden können. «*Credo, ut intellegam*», «Ich glaube, damit ich zur Einsicht gelange», war der Leitspruch von Anselm.

Der Hintergrund

Die Gestalt des Anselm bekommt ihr entsprechendes historisches Profil, wenn man ihn mit drei ebenfalls bedeutenden Vertretern seiner Zeit vergleicht.

Der erste, Berengar von Tours (ca. 1010–1088), hat seine grammatischen und dialektischen Fähigkeiten dazu benutzt, die Eucharistielehre zu einer Zeit zu verdeutlichen, als diese noch nicht zum Dogma erhoben war. In seinem anthropologischen Ansatz geht er davon aus, daß die Vernunft die höchste aller menschlichen Fähigkeiten ist, da sie diejenige ist, die den Menschen Gott am ähnlichsten werden läßt. Selbst die Texte der Autoritäten müssen, so Berengar, rational, nach den Regeln der Grammatik und Logik interpretiert werden. Die aristotelische Lehre von der «Substanz» (*ousia*) und dem «Akzidens» – nach der die Akzidentien, also die nicht wesenhaften, eher zufälligen Eigenschaften ohne die Substanz nicht existieren können – liefert nach Berengar den unwiderlegbaren Beweis dafür, daß die Wandlung von Brot und Wein nur symbolisch verstanden werden kann. Die früheren Akzidentien von Brot und Wein bleiben, sie werden nicht zum Leib und Blut Christi, da es sonst Akzidentien geben müßte, die nicht in der Substanz ruhen. Im übrigen war er nicht ganz zu Unrecht davon überzeugt, daß diese Lehre auch schon von Ambrosius und Augustinus vertreten worden war.

Berengar stand bei seinen Zeitgenossen in einem schlechten Ruf. Dies verstärkte die ablehnende Haltung, die seine leidenschaftlich verfochtene dialektische Methode teilweise hervorrief. Der bekannteste seiner Kritiker war der in Ravenna geborene Petrus Damiani (1007–1072). Da dieser zunächst selbst Grammatik und Dialektik gelehrt hatte, war ihm der sprachanalytische Ansatz bestens vertraut. Nachdem er 1035 Mönch geworden war, entwickelte er sich zum Führer einer norditalienischen Reformbewegung, die gegen den Niedergang der Kirche kämpfte. Es gab zahlreiche Bewegungen in dieser Zeit, die den Verfall der Sitten mit der Ausübung profaner Studien in Verbindung brachten. Damiani verstand es meisterhaft, seine dialektischen Fähigkeiten in der Auseinandersetzung mit seinen Gegnern zu nutzen. Mit großem Erfindungsreichtum und nach allen Regeln der Kunst zergliederte er das Wort «unmöglich», um zu beweisen, daß dieser Begriff nicht auf das Handeln Gottes zutrifft und daß die Macht Gottes nicht nur kontingente Ereignisse verhindern, sondern sie darüber hinaus im Nachhinein ungeschehen machen kann.

Ein sechsfach geflügelter Seraph, Engel am Thron Gottes, in einer esoterischen Darstellung. Jeder Flügel symbolisiert eine Tugend oder eine göttliche Gabe, die der Engel den Menschen zu überbringen hat.

Kapitel 3: Daß nicht gedacht werden kann, es sei nicht etwas.
Es ist jedenfalls in der Weise in Wahrheit etwas, daß von ihm nicht einmal gedacht werden kann, es sei nicht etwas. Es kann nämlich gedacht werden, daß es etwas ist, von dem nicht gedacht werden kann, es sei nicht etwas; das ist umfassender als etwas, von dem gedacht werden kann, es sei nicht etwas, dann ist genau das, umfassender als das nichts gedacht werden kann, nicht dasjenige, umfassender als das nichts gedacht werden kann. Das kann nicht zusammenpassen.
In der Weise ist also etwas, umfassender als das nichts gedacht werden kann, in Wahrheit etwas, daß von ihm nicht einmal gedacht werden kann, es sei nicht etwas.

Zwischengebet

Und das bist du, Herr, unser Gott. In der Weise bist du also in Wahrheit etwas, Herr, mein Gott, daß von dir nicht einmal gedacht werden kann, du seist nicht etwas. Und zu Recht. Wenn nämlich irgend jemandes Geist etwas denken konnte, das besser ist als du, erhöbe sich das Geschöpf über den Schöpfer und begutachtete den Schöpfer. Das ist reichlich abwegig. Und sicher: Was immer anderes außer dir allein etwas ist, von ihm kann gedacht werden, es sei nicht etwas. Also kannst von allem allein du am wahrsten und daher am umfassendsten etwas sein; denn was immer anderes etwas ist, das ist es nicht in dieser Weise in Wahrheit und vermag deswegen [nur] weniger umfassend etwas zu sein. Warum hat daher «der Tor in seinem Herzen gesprochen: Gott ist nicht etwas», da es für einen logisch konsequent denkenden Geist doch so offensichtlich ist, daß von allem am umfassendsten du etwas bist? Warum, wenn nicht deshalb, weil er töricht und unverständig ist.

Gaunilos Einwand:

Zum Beispiel sagen etliche, irgendwo im Ozean gebe es eine Insel, die irgendwelche [Leute] [...] ‹die verlorene› nennen, und von der sie erzählen, sie sei [...] wertvoll durch eine unabschätzbare Ergiebigkeit an Reichtum und allen feinen Nahrungsmitteln, und sie übertreffe, ohne Eigentümer oder Bewohner, alle anderen Länder [...].
Daß sich das so verhält, möge mir gegenüber jemand behaupten; und ich werde das Behauptete, an dem nichts Schwieriges ist, leicht begreifen.
Würde er dann aber, wie folgerichtig, hinzufügen und behaupten: du kannst nicht weiterhin daran zweifeln, daß jene Insel, die vorzüglicher als alle Länder ist, in Wahrheit irgendwo in Gestalt der Sache etwas ist; du bezweifelst ja auch nicht, daß sie in Gestalt deines Begriffs von ihr etwas ist! [...]
[dann würde ich entweder glauben, jener scherze, oder ich wüßte nicht, wen ich für dümmer halten soll, ob mich, wenn ich es ihm zugestehe, oder jenen, wenn er meint, er habe mit irgendeiner Sicherheit die Wirklickeit jener Insel hinzugefügt]

Aus: Anselm von Canterbury, *Proslogion II-IV*

Ein weiterer Norditaliener, Lanfranc von Le Bec (1010–1089), wandte ganz im Sinne der dort herrschenden Tradition die sprachanalytische Methode auf die Texte der Autoritäten an. Allerdings zeigte er sich gegenüber den traditionellen Auffassungen der Kirche wesentlich zurückhaltender als Berengar. Da es aber gerade diese Haltung von Lanfranc war, die Berengar maßlos irritierte, richtete er seine Schrift über das Abendmahl auch explizit gegen ihn und warf ihm dabei vor, sein profanes Wissen nicht ausreichend zu beweisen. 1059 wurde die Lehre des Berengar vor allem auf das Betreiben von Lanfranc durch das Konzil von Rom verurteilt. Kurze Zeit später wurde Anselm ein Schüler von Lanfranc. Die Ausbildung bei ihm muß Anselm und seine wissenschaftliche Orientierung entscheidend geprägt haben. Lanfranc ging es in erster Linie darum, das profane Wissen zu erhalten und von diesen Erkenntnissen ausgehend dem Theologischen und Religiösen seine spezifische Wertigkeit zu belassen. Auch Anselm machte sich dieses Ideal zu eigen.

Der Gottesbeweis von Anselm

Bekannt geworden ist Anselm vor allem durch seine beiden Schriften *Monologion* und *Proslogion*, in denen er sich mit dem menschlichen Wissen über Gott auseinandersetzt. Im Mittelpunkt des *Monologion* steht, anknüpfend an Augustinus, die Auseinandersetzung mit der Existenz Gottes und den göttlichen Eigenschaften.

Im *Proslogion* ersetzt Anselm auf Drängen der ihm anvertrauten Novizen die Serie der Gottesbeweise aus dem *Monologion* durch einen einzigen gezielten Beweis. Dieser soll ohne Berufung auf die Bibel oder eine andere Glaubensautorität die göttliche Existenz deutlich machen und darüber hinaus belegen, daß Gott das höchste Prinzip des Guten ist, die notwendige Voraussetzung oder Bedingung des «Seins» und des «Gut-Seins» alles Vergänglichen. Seit Kant wird dieser Beweis als «ontologischer Gottesbeweis» bezeichnet. Diese Bezeichnung verweist bereits auf die Kritik, die Anselm vorwirft, einen unerlaubten Sprung von der Logik zur Ontologie vollzogen zu haben. Um diese und andere unrichtige Verknüpfungen auszuschließen, tut man besser daran, wie im Mittelalter selbst, vom «Anselmischen Gottesbeweis» (*ratio Anselmi*) zu sprechen.

Das zweite Kapitel des *Proslogion*, in dem Anselm seinen Gottesbeweis entfaltet, kann wie folgt paraphrasiert werden. Dabei muß man sich jedoch immer vor Augen halten, daß ihm der Glaubenssatz von der Existenz Gottes zugrunde liegt. Wir glauben, sagt Anselmus, daß Gott das Vollkommenste ist, was sich nur denken läßt. Auch der Ausspruch des «Narren» in den *Psalmen*, der sagt: «Es gibt keinen Gott», stellt dies nicht in Frage, denn auch er versteht dieses «Vollkommenste, was sich denken läßt» als eine Definition des (seiner Meinung nach nicht existenten) Gottes. Dieser Begriff schließt notwendigerweise die «Existenz» mit ein, denn ihr Fehlen würde der definitorischen Perfektion des «Vollkommensten, was sich denken läßt» Abbruch tun. Wenn Gott also das höchste Denkbare ist (und so wird er, wie gesagt, sogar vom Gottesleugner definiert), muß er existieren, und zwar nicht nur im Denken eines jeden, sondern auch in der Wirklichkeit.

Wer sich Gott denkt, ist nach dem Gesetz der Logik gezwungen, seinen Begriff «Gott» mit dem der «Existenz» zu verbinden, so daß sich der Ausspruch «Es gibt keinen Gott» bei genauem Hinsehen als ein logischer Widerspruch entpuppt.

Der Glaube auf der Suche nach Erkenntnis

Wie ist der Gottesbeweis des Anselm zu beurteilen? Um die Argumentation von Anselm zu entkräften, entwarf sein Zeitgenosse und Glaubensbruder Gaunilo von Marmoutiers das Beispiel von «der denkbar schönsten Insel der Welt», einem Ort, der in der Vorstellung existieren kann, aber nicht zwangsläufig real sein muß. Viele spätere Kritiker, zu denen auch Kant gehörte, sind dieser Argumentation gefolgt.

Allerdings ist dieses Gegenargument nicht überzeugend, da es den neuplatonischen Gedankengang von Anselm außer acht läßt. Die schönste nur denkbare Insel ist natürlich *per se* etwas Unvollkommenes – es ist nur eine erdachte *Insel* und schließt von daher Vollkommenheit aus –, während das höchste denkbare Seiende, das *ens perfectissimum*, das vollkommene und grenzenlose Sein ist und von daher mit der Idee «Gott» zusammenfällt. Da das «höchste Denkbare» die «reale Existenz» zwangsläufig einschließen muß, kann bei Anselm nicht von einem – selbstverständlich unerlaubten – Sprung von der logischen zur ontologischen Ordnung gesprochen werden. Im neuplatonischen Denken sind die Ordnung des Denkens und die Ordnung des Seins nicht prinzipiell zwei völlig unterschiedliche Größen. Eine Idee bedeutet hier mehr als nur einen gedanklich logischen Begriff. Im Neuplatonismus hat jede authentische Idee einen Berührungspunkt mit der Wirklichkeit, die mit dieser Idee bezeichnet wird.

Damit wird die Tragweite, aber auch die Schwäche des Anselmischen Gottesbeweises erkennbar. Vorab sei gesagt, daß dieser Gottesbeweis ebenso wie alle anderen mittelalterlichen Gottesbeweise nicht die Funktion hatte, Gewißheit über die Existenz oder Nichtexistenz Gottes zu schaffen oder Ungläubige zu bekehren. Im Gegenteil – die Darlegung beginnt sogar mit einem Gebet zu Gott. Auch der Untertitel des Werkes ist in diesem Sinne erhellend: *Fides quaerens intellectum* (Der Glaube auf der Suche nach Erkenntnis). Anselm schlüpft hier nach seinen eigenen Worten in die Rolle eines Menschen, der versucht, seinen Geist zur Anschauung Gottes zu erwecken und das, was er glaubt, auch zu erkennen.

Wichtiger ist, daß Anselm die göttliche Existenz nicht *in abstracto* zum Gegenstand seines Philosophierens macht, ebensowenig wie er Gott als ein Wesen begreift, das weit über den Menschen steht. Gerade das ganz konkrete menschliche Denken über Gott beschäftigt ihn. So sagt er dann auch im ersten Kapitel des *Proslogion*, daß er sich nicht anmaße, die unerschöpfliche Tiefe des Göttlichen auszuloten, sondern nur versuchen wolle, die Wahrheit zu erkennen, die in seinem gläubigen Herzen liege. Anselm sucht nach einer Klärung des Gottesbegriffes im Geist des Glaubens. Dort liegt nach seiner neuplatonisch beeinflußten Philosophie der sichere Ausgangspunkt unserer Erkenntnis. Unglaube ist für ihn gleichbedeutend mit «Ungeist» und verwirrtem Denken. Er rundet den eigentlichen Gottesbeweis mit der Frage ab, ob jemand etwas so Widersprüchliches wie «das höchste Denkbare, was nicht besteht» überhaupt denken kann. Ein solcher Begriff ist seiner Meinung nach eine Worthülse, die – vergleichbar mit der Idee eines viereckigen Kreises – nicht wirklich «etwas» darstellt. Da sich der ordnende Geist nicht mit Widersprüchen aufhält, ist er sich selbst ein verläßlicher Führer.

Genau hier liegt das neuplatonische Element, das in der westlichen Philosophie seit Augustinus als die «Verinnerlichung des Denkens» bezeichnet wird. Das Fundament aller wahren Erkenntnis liegt innerhalb des menschlichen Geistes mit seinen inhärenten sinnvollen Begriffen. Dabei geht es hier nicht allein um Begriffe, sondern um Ideen als solche, die den denkenden Menschen mit der wahren Realität in Berührung bringen (das heißt, im Prinzip, denn die Erkenntnisfähigkeit kann durch Hirngespinste, schiefe Argumentationen oder amoralisches Denken verdunkelt werden). In den intakten, authentischen Begriffen aber ist der jeweilige Existenzwert enthalten; bei allen kontingenten Phänomenen läßt uns der Begriff erkennen, daß das betreffende Phänomen ebenso existent wie nicht existent sein kann. Nur beim *ens perfectissimum* erfahren wir in seinem Be-

Abälard

griff, daß es existiert. Im übrigen gilt für jede platonische Idee, daß sie nicht ein reines Produkt des Denkens ist. Gleichzeitig mit dem authentischen Begriff, der wahren Idee, ist der Sinngehalt des jeweiligen Phänomens *eo ipso* gegeben. Auf diese Weise sind «Denken» und «Sein» im Neuplatonismus komplementär; authentische Begriffe garantieren einen unverfälschten Bezug zur Wirklichkeit.

Nun läßt sich gegen die Argumentation des Anselm folgendes einwenden: Wenn man das «Es gibt keinen Gott» des Narren nach den Gesetzen der Logik seziert, läßt dieser Ausspruch zwei unterschiedliche Interpretationen zu. Entweder schließt «das Höchste, was gedacht werden kann» eine Existenz ein oder es schließt sie aus, da es sich signifikativ oder semantisch betrachtet um einen sinnlosen Begriff handelt. Anselm plädiert für die erste Interpretationsmöglichkeit. Wer sich jedoch aus durchaus vernünftigen Gründen für die zweite Deutung entscheidet, kann von Anselm nicht widerlegt werden. Allerdings hätte er dies auch niemals versucht, da er nicht mit Ungläubigen disputierte.

Die Ethik des Anselm

Die Wahrheiten der menschlichen Vernunft und Erkenntnis gelten nach Anselm auch das Handeln. Dem platonischen Denken widerspräche es auch, Wissen und Handeln voneinander zu trennen. Wer die richtige Erkenntnis besitzt, handelt auch entsprechend richtig.

Ebenso wie der Wille und der Verstand werden Denken und Handeln bei Anselm von dem Begriff der *rectitudo* (der Richtigkeit) beherrscht. Im Mittelpunkt seiner Ethik steht der rationale Wille, der sich sowohl am praktischen Nutzen (*commodum*) als auch am Prinzip der Gerechtigkeit (*justitia*) orientiert. (Das erste ist jedem Willen inhärent, das zweite nicht per se.) Der Mensch kann unter dem Aspekt der Nützlichkeit nach Gerechtigkeit streben, sein eigentliches Ziel sollte jedoch sein, sie um ihrer selbst willen anzustreben. Erst dann wird ihm das wahre Glück, das Ziel jeder Ethik, zuteil.

Als Christ geht Anselm von der Freiheit des menschlichen Willens aus. Der Mensch kann sich zwischen Gut und Böse frei entscheiden. Dennoch gehört die Sünde für Anselm nicht zu den Taten, die aus einem freien Willen begangen werden. Sündigen ist für Anselm gleichbedeutend mit der Preisgabe der Willensfreiheit. Es steht dem Menschen frei, zu sündigen, aber indem er sündigt, hat er seinen freien Willen bereits verloren. So kann der Wille unfrei werden, wenn er den Blick und die Orientierung auf das Richtige und Gute verliert. Eine neuerliche Erfahrung von Gerechtigkeit stellt die Freiheit des Willens wieder her.

Pierre Abälard hat eine Autobiographie seiner ersten fünfzig bewegten Lebensjahre hinterlassen, der man später den Titel *Historia calamitatum* gegeben hat. Abälard wurde 1079 in Le Pallet bei Nantes geboren. Seine Eltern waren kleine bretonische Landadelige. Abälard empfand diese Herkunft sein Leben lang als problematisch; vor allem dann, wenn er sich mit Leuten aus höheren Schichten, wie beispielsweise Bernard von Clairvaux, konfrontiert sah.

Nachdem er zunächst einige Jahre in Loches bei Roscelinus von Compiègne studiert hatte, ging er nach Paris, um ein Schüler von Wilhelm von Champeaux zu werden. 1103 begann Abälard seine Lehrtätigkeit; zehn Jahre später wandte er sich der Theologie zu und wurde zunächst ein Schüler der Brüder Anselmus und Radulphus von Laon, die zu den bedeutendsten Theologen jener Zeit gehörten. Schon nach relativ kurzer Zeit begann er jedoch selbst zu dozieren und entwickelte sich zu einem ernsthaften Widersacher seiner ehemaligen Lehrer. Aus Laon vertrieben, kehrte Abälard nach Paris zurück, um dort an der Kathedralen-Schule von Notre Dame zu unterrichten. Dies war auch die Zeit seiner vielbesungenen und tragischen Liebe zu der hochbegabten Héloïse. Der Onkel Héloïses, ein Kanoniker, der seine Nichte Abälard als Schülerin anvertraut hatte, rächte sich, indem er den Liebhaber mit Hilfe anderer Kanoniker entmannte.

Abälard und Héloïse, die nach ihrer gewaltsamen Trennung noch immer brieflich miteinander kommunizieren konnten.

Auf dem Konzil von Soissons im Jahr 1121 wurden die Schriften Abälards über die Trinität verurteilt. Die unablässigen Versuche, ihm Steine in den Weg zu legen, und vor allem die Feindschaft seines Erzrivalen Bernard von Clairvaux, brachten ihn auf den Gedanken, in das «Land der Heiden», in die spanisch-muslimischen Zentren der Wissenschaft zu emigrieren. Er verwarf diese Pläne jedoch, als ihm im Bistum Vannes eine Stelle als Abt angeboten wurde. Damit begann für ihn eine schwere Zeit. Die Mönche hatten auf einen bequemen und liberalen Abt gehofft, der ihnen ihre weltlichen Genüsse nicht mißgönnen würde. Als sich diese Erwartungen nicht erfüllten, versuchten sie, ihn zu vergiften. Seine häufigen Besuche bei Héloïse, die inzwischen Priorin eines Klosters geworden war, ließen frühere Gerüchte wieder aufleben. In dieser Zeit schrieb Abälard seine berühmten Liebesbriefe an Héloïse, in denen er seine Liebe zu ihr durch eine gemeinsame Liebe zu Gott sublimierte. In Melun bei Paris, wo er bis etwa 1135 lebte, nahm er, begünstigt durch den Königshof, seine frühere Lehrtätigkeit wieder auf. Später zählten der bekannte «Humanist» John von Salisbury und der revolutionär gesinnte Arnold von Brescia zu seinen Schülern. 1140 wurde Abälard auf dem Konzil von Sens zum zweiten Mal verurteilt. Auf dem Weg nach Rom, wo er sich mit einer Petition an den Papst wenden wollte, erkrankte er und blieb in der Abtei von Cluny. Dem dortigen Abt, Pierre le Vénérable, gelang es, ihn mit Bernard von Clairvaux zu versöhnen.

Nachdem er sich noch einige Jahre in Ruhe und Abgeschiedenheit seinen Studien gewidmet hatte, starb Abälard am 21. April 1142 im Kloster St. Marcel bei Chalon-sur-Saône. Sieben Jahrhunderte später, genau gesagt im Jahr 1817, wurde er gemeinsam mit Héloïse auf dem Friedhof Père Lachaise in Paris noch einmal beigesetzt.

Der bedeutendste Teil seines Werkes sind die logischen Schriften, drei Kommentare zu Porphyrios, Aristoteles und Boëthius, die *Logica parvulorum* (Logik für Anfänger) und die nach den Anfangsworten benannten Schriften *Logica ingredientibus* und *Logica nostrorum petitioni* sowie eine eigenständige *Dialectica*. Hinzu kamen theologische Werke: eine Einleitung, *Introductio ad theologicam*, die Theologica «summi boni» («des höchsten Gutes») und eine theologisch orientierte *Ethica*, die den Untertitel «Erkenne dich selbst» trägt.

Im Rosettenfenster der Kathedrale Notre Dame von Paris aus dem 12. Jahrhundert wird die biblische Geschichte in einzelnen Bildern erzählt.

Die Stadt Paris spielt im Leben und Werk des Abälard eine große Rolle. In der noch immer agrarisch geprägten Wirtschaft des zwölften Jahrhunderts entwickelte die Landbevölkerung eine gewisse Mobilität. Die Städte entfalteten eine eigene ökonomische Betriebsamkeit, und die Geldwirtschaft bekam zunehmend mehr Gewicht. Eine verstärkte Arbeitsteilung führte zur Entstehung des Zunftwesens. Die sich herausbildende städtische Mentalität kam in einem freieren Denken zum Ausdruck und schuf ein Gefühl der Zusammengehörigkeit, wenn es darum ging, gegen die Macht der Bischöfe und Fürsten zu bestehen. Ebenso wie Jahrhunderte zuvor in der Athener Gesellschaft äußerte sich die zunehmende Mündigkeit auch in einem gesteigerten Bedürfnis der Menschen an Diskussionen und neuen Diskussionstechniken. Der Anspruch, das Denken rational zu untermauern, begann sich sozusagen zu institutionalisieren. Einer Persönlichkeit wie Abälard müssen diese Tendenzen in hohem Maße entsprochen haben.

Neben einer *Ethica* verfaßte Abälard umfangreiche Schriften, die sich mit der Logik und Theologie beschäftigten. Diese weisen ihn jedoch nicht, wie im neunzehnten Jahrhundert behauptet wurde, als einen antiklerikalen Denker aus. In einer Verteidigungsschrift, die von einem Schüler im Namen des Meisters verfaßt sein soll, sagt Abälard, daß er keinesfalls ein Philosoph sein möchte, wenn dies zu einer Konfrontation mit Paulus führe, genausowenig wie er ein Aristoteles sein wolle, wenn ihn dies von Christus entferne. Er plädierte mit Leidenschaft dafür, allen Fragen, einschließlich den theologischen, wissenschaftlich fundiert und sprachanalytisch auf den Grund zu gehen. In seiner rationalen Denkweise war er unbestritten radikal, auch wenn es um die Verteidigung der Traditionen ging.

Die Scharfsinnigkeit (*acumen ingenii*) des Abälard wurde von keinem seiner Gegner, auch nicht im eigenen Land, bestritten. Sie kommt vor allem dort zum Ausdruck, wo er die Schlüsselbegriffe des jeweiligen Problemfeldes einer sehr bewußt praktizierten sprachphilosophischen Analyse unterwirft.

Das Universalienproblem

Nachdem es Abälard gelungen war, seinen Lehrmeister Wilhelm von Champeaux in der Streitfrage der Universalien – dem beherrschenden Thema des ausgehenden elften und beginnenden zwölften Jahrhunderts – zu schlagen, konnte er sich des Ansturms von Schülern, wie er selbst sagte, kaum noch erwehren. Der mittelalterliche Universalienstreit hatte sich an der Frage entzündet, ob einem allgemeinen (oder besser einem Arten- oder Gattungs-) Begriff eine eigene Wirklichkeit zukommt. Uneinig war man sich also darüber, ob zum Beispiel Menschen und Bäume

Vor der Gründung der ersten Universitäten wurde die Theologie, Philosophie und die Rechtswissenschaft in den Klöstern und Kathedralenschulen gelehrt. Unterricht im augustinischen Geist durch Hugo von St. Victor in der gleichnamigen Schule, die 1108 in Paris gegründet wurde.

Ein Menschenherz leidenschaftlicher schlagen zu lassen oder es ganz still zu machen, beides gelingt dem Beispiel oft besser als dem Wort: mündlich hatte ich Dich schon etwas aufrichten können; den vollen Trost will ich Dir in der Ferne mit einer Schilderung meiner eigenen Leiden geben; ein vergleichender Blick auf sie muß Dir zeigen, daß Deine Heimsuchungen ein Nichts oder doch nur ein kleines Etwas sind, und Du lernst Dich fassen. [...]
Schließlich kam ich auch nach Paris, dem alten Mittelpunkt der logischen Studien, und zwar wurde Wilhelm von Champeaux mein Lehrer; seine Logikvorlesungen waren damals berühmt und verdienten es auch. Ich studierte eine Zeitlang bei ihm und war anfangs Liebkind; später wurde ich ihm mehr als lästig, suchte ich doch etliche seiner Thesen zu widerlegen und gestattete mir, Gegengründe aufmarschieren zu lassen, was mir einige Male im Wortgefecht einen klaren Sieg über den Professor einbrachte. Ein solcher Sieg empörte auch die Kommilitonen, die schon einen Namen hatten, und sie empörten sich um so stärker, da ich der Jüngste war und noch kein so langes Studium hinter mir hatte. Das gab das erste Glied der Leidenskette, die noch kein Ende hat; mit der Ausbreitung meines Ruhms schürte ich den Neid der Fremden. [...]
In unwiderlegbarer Beweisführung brachte ich ihn (Wilhelm von Champeaux) dazu, seinen Lehrsatz umzubiegen, besser gesagt aufzuheben. [...] Dadurch, daß Wilhelm von Champeaux seine Meinung modifizierte, besser gesagt, unter meinem Zwang sie sogar aufgab, dadurch verlor seine Logikvorlesung ganz ihren guten Ruf. Man wollte ihn überhaupt kaum noch Logik lesen lassen, als sei dieses Universalienproblem der Kernpunkt der ganzen Logik.
Durch diesen Vorfall wurde meine Schule innerlich kräftig und bekam einen solchen Namen, daß alles in ihr zusammenströmte, was zuvor auf unseren gemeinsamen Lehrer Wilhelm geschworen hatte und ein Todfeind meiner Schule war. Sogar Wilhelms Nachfolger auf dem Pariser Lehrstuhl bot mir seinen Katheder an [...]
Aus: Abälard, *Die Leidensgeschichte und der Briefwechsel mit Héloïse*

nicht nur als je individuelle Einzeldinge unabhängig von unserem Denken bestehen oder ob darüber hinaus auch dem verallgemeinernden Gattungsbegriff «Mensch», «Baum» als *Universalie* eine eigene Realität zukommt.

Die Frage wurde sehr unterschiedlich beantwortet. Dabei muß man sich allerdings vor Augen halten, daß alle mittelalterlichen Philosophen von einer Wirklichkeit ausgingen, die unabhängig von unserem Denken existiert und im Prinzip erkennbar ist. Dieser Grundkonsens wurde von dem Universalienstreit nicht berührt. Es ging nicht um den Status der Wirklichkeit, sondern um den der allgemeinen Begriffe als wichtigstes Mittel der Erkenntnis. Die Namen, die wir den Dingen geben, befähigen uns, über alles, was um uns herum geschieht, auf einer Ebene der Gewißheit zu sprechen und nachzudenken. Diese Ebene der Gewißheit geht weit über die Erkenntnisebene hinaus, die sich den Dingen in ihrer letztlich unfaßbaren Individualität zuwendet.

Wenn wir von «diesem Menschen» oder von «diesem Baum» sprechen, verweist ein solcher Begriff auf die dadurch bezeichneten Einzelexemplare. Dies ist nicht weiter problematisch. Die Schwierigkeit liegt in der Frage, worauf das allgemeine Element in den Begriffen «Mensch» und «Baum» verweist. Mit Sicherheit nicht auf die bezeichneten individuellen Exemplare, denn in einem solchen Fall würden die Begriffe «Mensch» und «Baum» nur noch auf einen bestimmten einzelnen Menschen oder Baum zutreffen. Dennoch verweisen sie auf «etwas», sie sind, wie man sagt, signifikativ oder bedeutungstragend. Welcher Status kommt also diesem «etwas» zu? Ist es im gleichen Maße ein Teil der Wirklichkeit wie die einzelnen Menschen oder Bäume, besteht unsere Realität aus diesen Einzeldingen plus «der Menschheit», «der Baumheit» etc.? Die Beantwortung dieser Frage hat weitreichende Konsequenzen, unter anderem auch für die Grundprinzipien unserer Ethik. Man denke in diesem Zusammenhang an Sokrates, der in seiner Auseinandersetzung mit den Sophisten Universalien wie «Tapferkeit» und «Gerechtigkeit» für entscheidend hielt.

Für Roscelinus (ca. 1050– ca. 1122), den ersten Lehrmeister Abälards, reduzierte sich der semantische Wert des Gattungsbegriffs auf null. Für ihn waren die Artennamen nicht mehr als artikulierte Laute, *flatus vocis*, die zwar etwas Physisches darstellten – denn schließlich hörte man sie –, als Allgemeinbegriffe jedoch absolut wert- und sinnlos waren.

Wilhelm von Champeaux sah dieses Problem völlig anders. Er ging davon aus, daß in jedem Individuum einer bestimmten Gattung, so zum Beispiel beim Menschen, dieselbe Art («Mensch») enthalten ist und der Gattungsbegriff genau auf diese Art verweist. Somit ist der Gattungsname als *res* eine reale Substanz, die gleichbedeutend mit dem Wesen des einzelnen ist. Man kann hier von einem Erkenntnisrealismus sprechen (wobei unberücksichtigt bleibt, ob man diese *res* mit Platon als transzendente Idee ansieht oder mit Aristoteles als immanente Seinsform). Wilhelm von Champeaux war der Überzeu-

Denn so ist einzelnen Menschen die Liebe zu ihrer eigenen Herkunft und zu denen, mit denen sie erzogen werden, eingepflanzt worden, daß sie vor allem, was gegen deren Glauben gesagt werden mag, zurückschrecken. Und indem sie «Gewohnheit in Anlage umwandeln», halten sie an dem, was immer sie als Kinder gelernt haben, als Erwachsene beharrlich fest; und bevor sie das, was man sagt, zu begreifen vermögen, behaupten sie, daß sie es glauben, wie nämlich auch der Dichter uns erinnert: «Womit es einmal frisch getränkt ward, davon wird das Tongefäß lange den Geruch behalten.»

Aus: Abälard, *Gespräch eines Philosophen, eines Juden und eines Christen*

gung, daß sich das menschliche Denken auf diese universelle *res* richten müsse, wollte es zu gesicherten Erkenntnissen kommen. Ebenso wie Anselm spricht auch er von den universellen Wesenheiten, die unabhängig von der Realität der einzelnen Dinge, zu denen sie wesentlichen gehören, eine eigene Wirklichkeit besitzen.

Abälards Lösung

Man sagt zu Unrecht, daß Abälard versucht habe, eine Art Kompromiß zwischen Roscelinus und Wilhelm von Champeaux herzustellen. Im Grunde blieb er in dieser Frage der Auffassung seines ersten Lehrmeisters treu, wobei er dessen etwas ungeordnete Theorie präziser ausformulierte und vor allem mit scharfsinnigeren Argumenten belegte.

Abälard führte zunächst eine Unterscheidung ein, die Roscelinus seiner Meinung nach vernachläßigt hatte. Seine These lautete: Es gibt eine substantielle Identität zwischen dem Gattungsbegriff als physischem Klang (*sonus*) und als semantischem (also signifikativem) Element. Damit räumt Abälard ein, daß es durchaus einen formalen Unterschied zwischen diesen beiden geben kann, denn «signifikativ sein» ist formal nicht dasselbe wie «Klang sein». Wer also den Gattungsnamen als *flatus vocis* bezeichnet, übersieht, daß ein Element, das physisch tatsächlich nicht mehr ist als ein artikulierter Luftstrom, erkenntnispsychologisch den Verweis auf etwas anderes beinhaltet. Mit anderen Worten, Roscelinus übersieht den signifikanten Charakter, der den reinen Klang zum sprachlichen Instrument macht. Man kann einen Wilhelm von Champeaux und seine Anhänger nur mit einer genauen Analyse dieses «Signifikant-Seins» widerlegen.

Genau dies tat Abälard in seiner Beweisführung, die er in zwei Phasen gliederte. Zunächst setzte er sich mit dem formalen Unterschied zwischen dem Wort als Klang (*vox*) und dem Wort als Bedeutungsträger (*sermo*) auseinander. Ein im Kontext eines Satzes verwandtes Substantiv hat primär die Funktion, auf etwas Konkretes und Abgeschlossenes zu verweisen. Erst durch einen bestimmten Zusammenhang (zum Beispiel einen syntaktischen) kann ein Wort auf eine allgemeine Bedeutungsebene zurückgestuft werden. Auf die Universalienfrage übertragen, bedeutet dies, daß der Gattungsname keineswegs nur ein *flatus vocis* ist, da man den «Artennamen» als ein abgeschlossenes Ganzes verstehen muß, zu dem auch seine signifikative Funktion gehört.

Mit dieser Argumentation distanzierte sich Abälard von Roscelinus. In einem zweiten Schritt macht er jedoch deutlich, daß das signifikante Element nur auf eine mentale Entität, nicht aber auf eine reale Substanz verweist, mit anderen Worten, daß es ein Element darstellt, das nur innerhalb des Erkenntnisprozesses vorhanden ist. So soll man nicht außerhalb der konkreten Dinge seiner Erfahrungswelt nach einem Bezug für die universalen Begriffe suchen, denn sie sind so etwas wie die inneren Objekte unseres Denkens.

Durch einen Vergleich von Denken und Wünschen versuchte Abälard diesen Gedankengang zu erläutern. So sagt er, daß die Aussage: «Ich will eine Sturmhaube» (*desidero cappam*) zwei Interpretationsmöglichkeiten zulasse. Erstens: «Ich will eine solche Haube, egal welche» und zweitens: «Es gibt eine bestimmte Sturmhaube, und zwar die dort, und ge-

Die Macht der Frau über den Mann, selbst wenn dieser Mann der größte Gelehrte ist, wurde jahrhundertelang immer wieder durch diese Szene zwischen Aristoteles und Phyllis dargestellt. Die Sinnlichkeit sitzt auf der Weisheit und legt ihr Fesseln an.

nau die will ich haben.» Den ersten Fall vergleicht Abälard mit dem Wunsch: «Ich will einen goldenen Berg.» Sätze dieser Art haben eigentlich kein (Akkusativ-) Objekt, das schon vorab außerhalb der Handlung liegt und auf das sich die Handlung anschließend richtet. Sie sind im Gegenteil das innerhalb der Handlung gelegene Objekt, das sich im Wollen einer Sturmhaube beziehungsweise eines goldenen Berges äußert. So gesehen besagt der Satz: «Ich will eine Sturmhaube» nicht, daß es ein bestimmtes Exemplar gibt, auf das sich der Wunsch des Sprechers richtet, sondern nur, daß er einen solchen Gegenstand besitzen will, wobei dessen Identität keine Rolle spielt.

Entsprechend soll man bei dem Satz «Ich denke mir ein Hirngespinst» nicht fragen «Welches Hirngespinst?», da derartige Phänomene nicht existieren und das Objekt «Hirngespinst» erst durch und innerhalb des Denkens seine Existenz erhält. In allen vergleichbaren Fällen gilt: Man denkt zwar «etwas», aber dieses «etwas» ist mental und existiert nur innerhalb des Bewußtseins. Da Allgemeinbegriffe «etwas» sind, können sie auch signifikativ sein und Dinge außerhalb des Bewußtseins bezeichnen. Man sollte diesen äußerst nützlichen und unverzichtbaren Denkmustern jedoch nicht den Status von «Dingen» verleihen, wie Wilhelm von Champeaux und mit ihm die anderen Realisten dies getan haben. Teilt man allerdings deren Meinung, muß man, so Abälard, auch sagen, wo genau sich diese «Dinge» befinden.

Die Ethik des Abälard

Erst als die *Nikomachische Ethik* des Aristoteles im dreizehnten Jahrhundert an den Universitäten zum Gegenstand der Auseinandersetzung wurde, konnte sich an den *Artes*-Fakultäten eine philosophische Ethik herausbilden. Bis dahin waren ethische Untersuchungen vor allem Bestandteil des theologischen Curriculums. Neben einem ausgeprägten Bibelstudium wurden lateinische Dichter (Vergil) und andere heidnische Moralisten gelesen, insofern ihre Gedanken nicht im Widerspruch zur Heiligen Schrift und zu den Kirchenvätern standen.

Die Fragestellung in der *Ethica* des Abälard hingegen ist eindeutig philosophischer Natur. Er setzte sich damit auseinander, was das menschliche Verhalten zu einem nicht guten oder schlechten Verhalten macht. Die Unterscheidung zwischen theologischer und philosophischer Disziplin erschien ihm unerheblich, da er die philosophische Methode für unentbehrlich hielt, wollte man die Theologie aufrichtig und authentisch betreiben. «Erst verstehen, dann glauben», lautete seine Devise, denn was macht es für einen Sinn, fragte er sich, etwas zu lehren oder zu predigen, was zuvor nicht begrifflich geklärt ist.

Im fünften Buch seiner *Nikomachischen Ethik* bezeichnet Aristoteles die Gerechtigkeit als die höchste aller Tugenden. Eine französische Ausgabe dieses Werkes aus dem 14. Jahrhundert enthält Miniaturen mit Darstellungen der Justitia und Szenen, in denen Recht gesprochen wird.

Auch in der *Ethica* kommt seine bewährte sprachanalytische Methode zum Tragen.

Der delphische Orakelspruch *Scito te ipsum* (Erkenne dich selbst), den Abälard als Untertitel für seine Schrift gewählt hat, ist nicht einfach nur eine gelehrt anmutende Floskel, sondern hat für ihn eine tiefe (augustinische) Bedeutung.

Um zur wahren Erkenntnis zu gelangen, muß der Mensch in sein tiefstes Inneres vordringen. Wenn er mit sich selbst zu Rate geht, wirklich nachdenkt und auf diese Weise lernt, die Schlüsselbegriffe richtig anzuwenden, bewahrheitet sich die These, daß nicht die Tat, sondern die Absicht (*intentio*) das Entscheidende ist. Dies jedenfalls ist die Überzeugung von Abälard, die er in seiner *Ethica* formuliert. Diese Absicht muß allerdings einem Gewissen entspringen, das sich nach den Normen des göttlichen Gesetzes hat formen lassen.

Wille und Absicht

Abälard hat seine These, daß Sünde gleichbedeutend mit einer Zustimmung (*consensus*) zum Bösen und somit nichts anderes als Gottesverachtung sei, gegen zwei konträre Auffassungen verteidigt.

Schon bei Augustinus findet man die Aussage, daß nicht der Verstand, sondern der Wille das Prinzip des menschlichen Handelns verkörpere (Voluntarismus). Augustinus betrachtet die Sünde als einen willentlichen Verstoß gegen die göttlichen Gebote. So sind die fleischlichen Lüste für sich gesehen weder gut noch schlecht; erst wenn man ihnen nachgibt, sündigt man. Diese Ansicht wurde auch von Petrus Lombardus verteidigt.

Demgegenüber steht die Auffassung, daß nur die Tat – also die Durchführung einer Absicht oder eines Vorhabens – zählt und nicht allein das Vorhaben selbst. Selbstverständlich waren die Pastoraltheologen – man denke nur an die Beichtspiegel – eher dieser Sichtweise zugetan.

Es wird zwar gesagt, daß Abälard auch in dieser Frage auf einen Kompromiß aus war, als er sagte, daß weder die Tat noch der Wille entscheidend seien, sondern allein die Zustimmung. Diese Einschätzung wird jedoch seinen Betrachtungen nicht gerecht. Abälard entschied sich ganz bewußt für die These, die die Anhänger der augustinischen Lehre vertraten, er lehnte nur ihre wenig überzeugende Argumentation ab, um sie durch eine eigene und bessere Beweisführung zu ersetzen.

So spitzte er mit Hilfe der Sprachanalyse die augustinische Ausgangsthese zu, indem er sagte, daß nicht der Wille selbst, sondern das innere Einverständnis mit dem, was dem Willen Gottes widerspricht, das entscheidende Kriterium bei der Beurteilung von moralischer Schuld ist. Für Abälard ist der Begriff «Wille» ambivalent, da er sowohl «Zustimmung und Einverständnis» oder auch «Begierde», «Verlangen» oder «Neigung» bedeuten kann. In seiner *Ethica* stellt er zunächst die augustinische These in Frage, um dann zu beweisen, daß nicht der Wille, sondern das Einverständnis der alles entscheidende Punkt ist. Danach geht er zum Angriff auf die Gegner der augustinischen Lehre über, indem er den Beweis führt, daß der eigentlichen Tat die geringste Bedeutung zukommt.

Im Rahmen seiner Argumentation gegen die Anhänger des Augustinus bringt er unter anderem das berühmte Beispiel vom Diener, der seinen Herrn tötet, nachdem dieser ihn bedroht hatte. Abälard sagt hier sehr explizit, daß der Diener diese Tat notgedrungen und gegen seinen Willen begeht. Von daher kann ihm mitnichten böser Wille unterstellt werden, wohl aber ein «guter Wille», da er mit seinem Handeln sein eigenes Leben retten wollte. Selbst den Tod seines Herrn konnte er nicht gewollt haben, denn ihm war zweifellos bewußt, daß ihn der Richter aufgrund dieser Tat zum Tode verurteilen würde. Der Wille, den Herrn zu töten, hätte somit auch bedeutet, daß der Diener seinen eigenen Tod willentlich herbeiführen wollte. Eine Schuld, bedingt durch einen bösen Willen, hat der Diener also keineswegs auf sich geladen. Während Anhänger des Augustinus die Schuld des Dieners durch den Hinweis auf seinen Willen nicht erklären können, vermag seine eigene Theorie, so Abälard, dies durchaus zu leisten. Dabei denkt der konservative Abälard natürlich keine Sekunde daran, den Diener aus Gründen der Notwehr freizusprechen. Für ihn hat sich der Diener dadurch schuldig gemacht, daß er einer Handlung zugestimmt hat (*consensus*), die ihm nicht zustand, da es ihm kraft der göttlichen Ordnung nicht erlaubt war, das Schwert zu führen (hier verweist Abälard auf Matthäus 26,52).

Danach argumentiert Abälard im Sinne der Tradition: Die Sünde ist eine Tat des Bösen. Seine Gegner wiesen deshalb darauf hin, daß die Tat dann doch zumindest einen Teil der Schuld ausmache. Auch hielten sie Abälard vor, daß man sich seiner Theorie zufolge den weltlichen Freuden durchaus hingeben dürfe, solange man nur nicht die Absicht habe, sie zu genießen. Dem begegnet Abälard spottend mit dem nicht weniger berühmten Beispiel des Mönches, der gefesselt und somit ohne Möglichkeit, sich zu wehren, von einigen Frauen verführt wurde. Ohne all dem zugestimmt zu haben – er ist nach einhelliger Meinung unschuldig –, erfährt er dennoch ein bis dahin unbekanntes Gefühl des Genusses.

Die manchmal etwas bizarre Argumentation des Abälard zeigt sich auch in seiner Bewertung der menschlichen Gerichtsbarkeit. Während sie einerseits für ihn ein unverzichtbares Element zur Aufrechterhaltung der gesellschaftliche Ordnung darstellt, hält er sie in der Begrifflichkeit von Schuld und Sünde, also aus theologischer Sicht, für völlig verfehlt. Angenommen, sagt er, sowohl ein Mönch als auch ein Laie begehen einvernehmlich eine unzüch-

Das mittelalterliche französische Städtchen Conques lag an der Pilgerroute zum spanischen Santiago la Compostela.

tige Handlung, so wird der Richter den Mönch härter bestrafen, denn er ist dem Zölibat verpflichtet, und sein Verstoß gegen die soziale Ordnung wiegt somit schwerer als der des Laien. Aber, so der Einwand Abälards, hätte der Laie nun seine Tat mit einer solchen Wollust begangen, daß er, wäre er Mönch gewesen, das Zölibat völlig vergessen hätte, wäre seine Schuld nicht geringer gewesen als die des Mönches. Da dieser feine Unterschied einem menschlichen Richter jedoch selbstverständlich entgeht, ist die menschliche Rechtsprechung, zumindest in den Augen Abälards, äußerst unzulänglich.

Die *Ethica* des Abälard mag als ein Beispiel dafür gelten, daß sich Scharfsinnigkeit auch in Unsinnigkeit verkehren kann.

Die Zeit nach Abälard bis etwa 1200

So groß der Einfluß des Abälard zu seinen Lebzeiten war, so bemerkenswert gering war die Nachwirkung seiner Philosophie in der Folgezeit, die Abälard mehr oder weniger vergaß.

In den vierziger Jahren des zwölften Jahrhunderts wurde sein Werk und das seines Schülers, Robert von Melun in der sogenannten Schule von Melun eigenständig fortgesetzt. Auch andere Richtungen arbeiteten erfolgreich an einer Verfeinerung der Sprachanalyse. Die Theologie, die auch Teilgebiete der systematischen Philosophie wie die Metaphysik und Ethik umfaßte, erlebte in der Schule von Gilbert von Poitiers (ca. 1076–1154) eine Blütezeit. Ab der Mitte des Jahrhunderts wurden die *Sententiae* von Petrus Lombardus (gest. 1160), eine Thesensammlung, die den gesamten Bereich der mittelalterlichen Theologie abdeckte, zu dem Standardwerk, das es auch über das Mittelalter hinaus blieb. Ferner vermittelt vor allem das Werk von Petrus von Poitiers (ca. 1130–1205) einen guten Eindruck über den Stand der theologischen und philosophischen Diskussion im zwölften Jahrhundert.

In der Zeit nach dem Tod des Abälard setzten sich die sozioökonomischen Entwicklungen, die zu Anfang des Jahrhunderts eingesetzt hatten, fort. Die Urbanisierung nahm zu, Handel und Handwerk florierten, und die wirtschaftliche Lage der Bevölkerung besserte sich. Insgesamt jedoch war die Gesellschaft nach wie vor agrarisch und feudal. Die zunehmenden Freiheitsbestrebungen der Städte spiegelten sich in vielfältigen unternehmerischen Initiativen wider; die Menschen zeigten immer weniger Bereitschaft, sich widerspruchslos in die vorgegebenen Machtverhältnisse zu fügen.

Unter den großflächigen Protestbewegungen war die «Armutsbewegung» am auffälligsten. Für viele wandelte sich Armut und erzwungene Bedürfnislosigkeit vom realen Problem zum Ideal, sowohl im politischen wie im religiösen Bereich. Unter den Bettelorden spielten vor allem die Franziskaner eine wichtige Rolle, da sie gegen die versteinerte Ordnung und gegen das überkommene Denken aufbegehrten. Obwohl wir uns noch kein detailliertes Bild von den doktrinären Entwicklungen in dieser Epoche machen können, ist unbestritten, daß die Blütezeit des dreizehnten Jahrhunderts ihre Wurzeln im vorhergehenden Jahrhundert hatte.

Das Bildungswesen und die Wissenschaften institutionalisierten sich allmählich in universitären Statuten und anderen Verordnungen. So befaßte man sich nicht nur mit den gleichen Fragen, auch der Lösungsansatz in Form der scholastischen Methode war allgemein verbindlich. Die bereits im elften Jahrhundert einsetzende Internationalisierung der Wissenschaften litt nicht unter der Entstehung der verschiedenen Landessprachen, da sich das Lateinische als Verkehrssprache behauptete. Dieser einerseits erfreuliche Aspekt führte jedoch andererseits dazu, daß sich die Wissenschaft zunehmend vom täglichen Leben loslöste – die Universität entwickelte sich, sowohl soziologisch als auch verwaltungstechnisch, zu einer Welt für sich.

Die hohen Gewölbe, das Spiel von Licht und Schatten im Inneren der gotischen Kathedralen, vermitteln mehr als alles andere ein authentisches Bild vom Wesen des Mittelalters.

Thomas von Aquin

Thomas von Aquin wurde 1225 auf der Burg Roccasecca bei Aquino (zwischen Rom und Neapel) geboren. Er war noch ein Kind, als seine Eltern ihn in die berühmte Benediktinerabtei Monte Cassino schickten. Gegen den Willen seiner Familie trat er jedoch als junger Mann in den Bettelorden der Dominikaner ein, der sich hauptsächlich den wissenschaftlichen Studien widmete. Obwohl man ihn zwei Jahre lang unter strengen Hausarrest stellte, weigerte er sich, seine Entscheidung zurückzunehmen.

An der Universität von Paris, der bedeutendsten Hochschule jener Zeit, studierte Thomas Theologie und Philosophie. Sein Lehrer war Albertus Magnus, der nach einem Disput über seinen begabten Schüler gesagt haben soll: «Wir nennen diesen jungen Mann einen dummen Ochsen, aber er wird in der Wissenschaft ein Gebrüll von sich geben, das in der ganzen Welt ein Echo finden wird.» Thomas begleitete Albertus nach Köln, der dort ein Studienzentrum gründen wollte. Nach seine Rückkehr setzte er ab 1252 seine Studien in Paris fort. Dort waren heftige Debatten über die richtige Interpretation der aristotelischen Philosophie im Gange, die großes Aufsehen erregten. Die Rolle, die Thomas in dieser Auseinandersetzung mit Aristoteles spielte, sollte die weitere Entwicklung der Philosophie nachhaltig prägen.

Als Thomas im Alter von einunddreißig Jahren sein Studium beendet hatte, erhielt er die Lehrbefugnis als *Magister* in Paris. Diese Tätigkeit übte er bis 1259 aus. Aus dieser Zeit stammt eine eindrucksvolle Fülle von Schriften. Danach siedelte er in das italienische Orvieto um, wo er sein Werk *Summa contra gentiles* (Wider die Heiden) vollendete, um dann in Rom mit seinem Hauptwerk, der *Summa theologica*, zu beginnen.

Von 1269 bis 1272 dozierte Thomas erneut in Paris. Dies war für ihn keine leichte Zeit, da er mit seiner Auslegung der aristotelischen Philosophie im allgemeinen auf heftige Ablehnung stieß.

Es gab nur wenige Augenblicke, in denen er nicht mit seinen Studien beschäftigt war. Während eines Abendessens, zu den ihn der König geladen hatte, schreckte er plötzlich aus seinen Gedanken auf, schlug mit der Faust auf den Tisch und rief: «Ja, das ist eine ausschlaggebende Konklusion gegen die Manichäer!» Dieser Ausbruch wurde ihm verziehen.

Thomas von Aquin starb 1274, auf der Reise zum Konzil von Lyon, zu dem ihn Papst Gregor X. eingeladen hatte. Einige Monate zuvor soll er eine mystische Erfahrung gemacht haben, die ihm nach seinen eigenen Worten alles, was er bisher geschrieben hatte, als blankes Stroh erscheinen ließ. 1323 wurde er heilig gesprochen.

Neben seiner *Summa theologica* und seiner *Summa contra gentiles* verfaßte Thomas Kommentare zu den logischen und philosophischen Schriften des Aristoteles sowie kleinere Monografien, zu denen auch die sehr bekannt gewordene Abhandlung über die Fürstenherrschaft (*De regimine principum*) gehört.

Albertus Magnus studierte in Padua, trat in den Dominikanerorden ein und lehrte Philosophie in Paris (1240–1248) und Köln.

Nachdem die *Metaphysik*, *Physik* und *De anima* bekannt geworden waren, wurde Aristoteles von den mittelalterlichen Schreibern oft als «der Philosoph» bezeichnet. Er war für sie die absolute Autorität und der eigentliche Lehrmeister. Aber auch die über Augustinus vermittelten platonischen Ideen übten eine große Anziehungskraft auf die Philosophen des Mittelalters aus. So entwickelte sich bereits im Laufe des dreizehnten Jahrhunderts eine neuplatonische Denkrichtung, die vereinzelt eine deutliche Kritik an Aristoteles zum Ausdruck brachte. Dies führte nicht selten zu einer gewissen Ambivalenz. Während man einerseits vor deutlichen Eingriffen in die Originaltexte nicht zurückschreckte und selbst die zentralen aristotelischen Begriffe veränderte, war man andererseits sehr bemüht, die Nähe zu Aristoteles zu wahren. Dabei ging man sogar so weit, auch neu gewonnene Erkenntnisse und Gedanken auf Aristoteles zurückzuführen.

Die terministische Logik

Schon ab der Mitte des elften Jahrhunderts entwickelte sich eine eigenständige terministische Logik, deren Vertreter als *terministae* bezeichnet wurden. In ihrem Mittelpunkt stand die semantische Methode. Man analysierte das komplizierte und filigrane Beziehungsmuster zwischen den einzelnen sprachlichen Ausdrücken und dem, was sie bezeichnen. Nicht allein durch diese sprachanalytische Methode unterschied sich die mittelalterliche von der aristotelischen Logik, sie war auch wesentlich umfangreicher. Aber auch wenn man sich durchaus bewußt war, mit dieser Methode etwas Neues geschaffen zu haben, fühlte man sich nach wie vor verpflichtet, nachzuweisen, daß dieses Neue bereits im Kern bei Aristoteles angelegt war. Die Texte «des Philosophen», die man dazu zitierte, waren allerdings wenig überzeugende Belege. Streng genommen ergaben sich aus der *logica modernorum* auch keine echten Reibungspunkte mit der aristotelischen Lehre.

Metaphysische Diskussionen vor Thomas

Es liegt auf der Hand, daß die metaphysischen Diskussionen erst eine echte Substanz erhielten, als um 1200 die lateinischen Übersetzungen der *Metaphysik* von Aristoteles erschienen und nach und nach in die Lehrpläne der Universitäten integriert worden waren. Im Rahmen einer ursprünglich theologischen Problematik waren metaphysische Fragen natürlich schon früher breit diskutiert worden. Der harte Kern jeder Metaphysik, die Lehre vom Seienden, war schon seit Boëthius zu einem zentralen Thema geworden. Seine Unterscheidung zwischen dem «Sein» (*esse*) oder «dem, wodurch etwas ist» (*quo est*) und dem «Seienden» (*ens*) oder «dem, was ist» (*quod est*) gehörte zu den wesentlichen Fragen der mittelalterlichen Philosophie. Auf dieser Unterscheidung basierte auch die Lehre von Gilbert von Poitiers (12. Jahrhundert), wobei dieser die beiden Gegenpole als das vollkommene Sein und die bunte Vielfalt des konkreten Seins bezeichnete. In Gilberts Ontologie erreicht die boëthianische Entwicklungslinie – die Kombination von aristotelischer und platonischer Philosophie – ihren Höhepunkt. Demgegenüber ist bei Abälard, einem Zeitgenossen Gilberts, keine metaphysische Problematik im eigentlich Sinn zu entdecken, auch wenn seine Philosophie diverse Betrachtungen über das Sein enthält.

Bestimmend für die Aristoteles-Interpretation war in der Anfangszeit die arabische Auslegung seiner *Metaphysik*, wobei die entscheidenden Impulse von Avicenna und Averroës ausgingen. Die Kontroverse zwischen diesen beiden Denkern wurde sehr rasch zu einem heftig umstrittenen Thema in der lateinischen metaphysischen Tradition. Der Streit entzündete sich an der Frage, ob der eigentliche Gegenstand der Metaphysik «das Seiende als Seiendes» (*ens inquantum ens*) sei und ob ihre Aufgabe darin bestehe, die Existenz Gottes als das höchste Sein zu beweisen (Avicenna), oder ob sich die Physik (Gott als erster Beweger) dieser Frage annehmen müsse, während sich die Metaphysik mit dem substantiellen Sein auseinanderzusetzen habe (Averroës).

Der Theologe Wilhelm von Auvergne (ca. 1180–1249) gehörte zu den ersten, die den später so bekannt gewordenen Unterschied zwischen Essenz (Sosein) und Existenz (Dasein) machten. In seiner Schrift über die Dreieinheit unterscheidet er bei dem Begriff des «Seins» (*esse*) zwei Aspekte. Zum ersten das Wesen (*essentia*), das durch den Begriff «Washeit» (*quidditas*) charakterisiert wird. Die «Washeit» antwortet auf die Frage «Was genau?» (*quid*). Zum zweiten steht esse für «Sein» im Sinne der wesentlichsten Aktivität (*existentia*). Bei allen geschaffenen Dingen ist die tatsächliche Existenz nicht mit der betreffenden «Washeit» gegeben. Dies trifft, wie schon Anselm verkündete, einzig und allein auf Gott zu. Da das Geschaffene das «Sein» durch etwas anderes (*esse ab alio*) erhält, ist es in seiner Existenz kontingent, das heißt, es kann ebenso existent wie nicht existent sein. Damit wird der wichtige Begriff der «radikalen Kontingenz» aus den Schriften Avicennas eingeführt.

Im Zentrum des averroistischen Denkmodells steht der Begriff der Substanz. Ebenso wie bei Aristoteles lautet die fundamentale Frage hier: «Was genau ist diese Substanz (*ousia*)». Der Begriff «Substanz» impliziert eine relative Seinsunabhängigkeit, der alles akzidentielle Sein per definitionem fehlt. Averroës bestreitet den Seinsbegriff Avicennas in jeglicher Hinsicht. Für ihn ist Existenz nichts Ergänzendes oder Akzidentielles, sondern ein wesentlicher Bestandteil alles Bestehenden. So sind zum Beispiel «Mensch» und «Mensch zu sein» zwei gleichwertige Aussagen.

Die Aristoteles-Interpretation des Thomas von Aquin

Thomas verknüpft in seiner Lehre vom Sein den boëthianischen Ausgangspunkt mit dem Ansatz Avicennas. In Übereinstimmung mit Boëthius unterscheidet er bei allem Geschaffenen zwischen Essenz (*id quo*) und Existenz (*id quod*). Dieser Unterschied ist keineswegs rein formal; in seinen Augen sind diese Prinzipien real voneinander unterschieden, und auch ihr Zusammengehen ist real. Anknüpfend an Avicenna lehrt Thomas, daß die Essenz einer Sache keinerlei (definitorischen) Verweis auf ihre Existenz beinhaltet. Neu an seiner Lehre ist, daß er die Beziehung zwischen Essenz und Existenz mit den Begriffen der aristotelischen Lehre von der Aktualität und Potentialität interpretiert, die er um eine tiefere und im Grunde platonische Dimension erweitert. Damit wird auch das «Sein» bei Thomas umfassender als bei Aristoteles.

Man hat durchaus zu Recht behauptet, daß Thomas wesentlich platonischer dachte, als ihm selbst bewußt sein konnte. In seiner Metaphysik ist ihm der Versuch gelungen, dem metaphysischen Denken

Von dem Kirchenlehrer und Scholastiker Bonaventura (1217–1274) sind verschiedene Universitätsvorlesungen erhalten geblieben.

des Aristoteles einen authentischen Platz in einem größeren Ganzen (neu-)platonischer Signatur zu geben. Dazu mußte Thomas den griechischen Philosophen allerdings in seinem Sinn auslegen.

Nach Aristoteles ist das Verb «sein» für sich betrachtet inhaltslos. Einen Inhalt erhält es erst durch die Kombination mit anderen Begriffen. Seine Funktion besteht darin, eine Verbindung anderer Begriffe zu bestätigen, zum Beispiel «Mensch sein», «Sterblich sein» oder in der Aussage: «Der Mensch ist sterblich». Daraus ergibt sich für den mittelalterlichen Denker folgendes Problem. Wenn «sein»

Die Apotheose (Vergöttlichung) des Thomas von Aquin durch die großen klassischen Philosophen Aristoteles (links) und Platon.

nicht mehr als eine leere Worthülse ist, welchen Sinn kann dann ein Begriff wie «höchstes Sein» noch haben?

Thomas sagt dazu, daß «sein» im Unterschied zu einem Verb wie «laufen» nicht nur eine beliebige Aktivität, sondern die Aktivität überhaupt ausdrückt. Er beruft sich dabei auf die aristotelische Lehre, derzufolge jedem Verb eine Zeitangabe innewohne. So ist «sein» für Thomas die sinnvollste aller Aktivitäten, die in ihrer vollkommenen Form (als «höchstes Sein») alle Modalitäten des Seins umschließt. «Sein» ist damit nicht mehr eine fast inhaltlose Abstraktion, sondern im Gegenteil die höchste «Aktualität» und die Quelle alles geschaffenen Seins.

Mit dieser Interpretation knüpfte Thomas an das neuplatonische Denken an, das im dreizehnten Jahrhundert so lebendig war, weil es eine größere Affinität zur christlichen Inspiration und somit zu den großen Fragen der Menschheit hatte. Vor allem durch den Einfluß des Augustinus bewegte sich das Nachdenken über diese Fragen in der Tradition des Neuplatonismus. Aber auch auf anderen Wegen waren diese neuplatonischen Ideen in das mittelalterliche Denken eingeflossen. Neben der lateinischen Tradition (Augustinus und Boëthius) gab es die griechische Überlieferung, die von Plotin über Porphyrios und insbesondere Proklos zu Pseudo-Dionysios reichte und in Scotus Eriugena ihren westeuropäischen Vermittler hatte. Die dritte Quelle war die arabisch-jüdische Tradition, und hier vor allem durch al-Farabi und Avicenna.

Ein typisches Element des neuplatonischen Denkens bildet die Hierarchie des Seins. An der Spitze steht «das Sein» als die reichste, «vollste» Idee. Sie ist das eigentliche Produkt des höchsten Prinzips, das im Neuplatonismus antiker Prägung über dem Sein steht. Die christliche Lehre kennt diese Trennungslinie nicht, da sie Gott als höchstes Sein begreift. Als höchste Idee schließt «das Sein» alle anderen Ideen (oder Essenzen) ein, da es die «Fülle» (plenitudo) ist, an der alles andere teilhat. Pseudo-Dionysios drückte dies aus, indem er das höchste Sein als «Seiendes kraft seines Wesens» (ens per essentiam) definierte, während die sinnlich erfahrbare und vergängliche Welt für ihn aus «Seiendem durch Teilhabe» (entia per participationem) bestand.

Thomas hat den neuplatonischen Seinsbegriff nicht einfach übernommen, sondern die areopagitischen Schriften auf eine originelle Weise neu interpretiert. Für das von Pseudo-Dionysios geprägte *ipsum esse* (das Sein selbst) verwendet er auch den Begriff «ens» (oder «esse») *commune*, also das «allgemein Seiende». Die aristotelische Konnotation dieses Begriffes läßt bereits vermuten, daß seine Verwendung zur Bezeichnung der Seinsfülle Spannungen innerhalb der Seins-Begrifflichkeit erzeugen mußte. Schließlich wird das von Aristoteles als inhaltlose verstandene «Sein» jetzt mit der «Fülle» des neuplatonischen «Seins» verbunden. Entsprechend unterschiedlich hat Thomas den Begriff des «ens commune» dann auch benutzt; je nachdem, ob er ihn im aristotelischen oder neuplatonischen Kontext verwendet, steht er für das «höchste Sein» beziehungsweise für den abstrakten Seinsbegriff.

Die Metaphysik des Seins

So war es Aristoteles, der Thomas dazu veranlaßte, das neuplatonische Modell in einigen Punkten zu korrigieren. Bei Thomas ist das vom «höchsten Sein» zu unterscheidende «allgemeine Sein» die höchste von Gott erzeugte Idee. Auf diese Weise ist es das, was er «die Vollkommenheit aller Vollkommenheiten» (*perfectio perfectionum*) und den metaphysischen Grund alles Bestehenden nennt. Dabei läßt Thomas offensichtlich bewußt eine Unklarheit bestehen. Das «Sein» ist einmal eine von Gott erzeugte Idee, ein anderes Mal auch das «höchste Prinzip» (Gott selbst). Ambivalent erscheinen hier jedoch nur die Bezeichnungen, aus dogmatischer Sicht ist seine Auffassung konsistent: Gott ist das höchste Sein, und die antike Trennungslinie zwischen «dem Sein» und «dem Einen» ist aufgehoben. Damit entfällt der neuplatonische Gedanke, der das Sein als Emanation (und zwar die höchste) aus dem Einen bestimmt, das alles Sein erzeugt, ohne selbst zu sein, da es über das Sein hinausgeht. Bei Thomas muß «Sein» zu dem entscheidenden Merkmal des «höchsten Prinzips» werden, ohne allerdings die Dynamik zu verlieren, die der neuplatonische Seinsbegriff enthält. Dieses dynamische Element fand Thomas in den aristotelischen Begriffen «Aktualität» und «Potentialität».

Das höchste Sein

Die Gleichsetzung von Gott mit dem höchsten Sein gründet natürlich auf der christlichen Überzeugung, daß Gott der Schöpfer alles Bestehenden ist. Thomas verdeutlicht diese Auffassung anhand einer Textstelle aus dem *Exodus*, die seit Augustinus vielfach kommentiert wurde.

In dieser Bibelstelle hat sich Gott zu seiner Identität geäußert. Als Moses vor dem brennenden Dornbusch an Gott die Frage richtet, wer ihn geschickt habe, erhält er zur Antwort: «Ich werde sein, der ich sein werde (*qui sum*). Also sollst du [zu den Kindern Israels] sagen: Ich werde sein, [der] (*qui est*) hat mich zu euch gesandt.» Um die mittelalterlichen Interpretationen dieser Textstelle richtig verstehen zu können, muß man sich die Bedeutung der semantischen Methode bewußt machen. Man glaubte im frühen Mittelalter, daß der Bibel als Wort Gottes auch eine grammatische Autorität zukomme. Vor allem dort, wo Gott selbst das Wort ergriff, meinte man es mit Passagen zu tun zu haben, die, auch sprachwissenschaftlich gesehen, einen hohen Informationswert besäßen. So finden wir bei Hilarius von Poitiers (ca. 315–367) den Satz, daß Gott nichts anderes eigen ist als der Name «sein». «Sein» wurde sogar als Eigennamen Gottes gedeutet.

In seinen *Sententiae*-Kommentaren bezeichnet Thomas von allen Eigennamen Gottes *qui-est* als den zutreffendsten. Folgendes Argument zielt ins Zen-

trum seines Seinsbegriffs: «*Qui-est*» muß als der eigentliche Name Gottes gelten, da Er wahrhaft der reine Seinsakt (*actus purus*) ist. Dennoch bleibt die Distanz zu Aristoteles erhalten, bei dem die Form der Essenz das «Sein» verleiht (*forma dat esse*). Da die Essenzen, und hier vor allem das substantielle Sein, im Mittelpunkt der aristotelischen Metaphysik stehen, spricht man auch häufig von einer «Metaphysik der Formen». Wie bereits gesagt, hat «sein» bei ihm keinen eigenen Inhalt; dieser entspringt immer der «Washeit» (*quidditas*) der Dinge.

In der Betonung des Seins als Aktualität folgt Thomas dem aristotelischen Vorbild. Allerdings setzt er die Seinsaktualität nicht wie Aristoteles mit den jeweiligen Essenzen (Formen) gleich. «Sein» ist selbst eine Form, und zwar die höchste (*forma for-*

Eine Miniatur in einer Handschrift der *Ethica* des Aristoteles in der Übersetzung von Nicolas von Oresme (1372). Aristoteles sitzt hier selbst auf dem Katheder und hält in der philosophischen Fakultät der Sorbonne eine Vorlesung. Der Student mit der Krone auf dem Kopf könnte Alexander der Große sein. Eine typisch mittelalterliche Vermischung unterschiedlicher Bedeutungsebenen.

[…] Ich antworte, man müsse sagen, daß, wie vorhin, erklärt wurde, das erkannte Objekt zu der erkennenden Kraft im Verhältnis steht. Es gibt aber eine dreifache Stufe der Erkenntniskraft. Eine Erkenntniskraft ist der Akt eines körperlichen Organs, nämlich der Sinn. Und deshalb ist Objekt jedes sinnlichen Vermögens die Form, wie sie in dem körperlichen Stoff existiert. Und weil ein solcher Stoff das Prinzip der Individuation ist, deshalb erkennt jedes Vermögen des sensitiven Teils nur Partikuläres. – Eine Erkenntniskraft aber gibt es, die weder Akt eines körperlichen Organs noch irgendwie mit dem körperlichen Stoff verbunden ist, wie der Verstand des Engels. Und deshalb ist Objekt dieser Erkenntniskraft die ohne den Stoff subsistierende Form. Denn wenn die Engel auch das Stoffliche erkennen, so schauen sie es doch nur im Immateriellen an, nämlich entweder in sich selbst oder in Gott. – Der menschliche Verstand aber verhält sich auf mittlere Weise: denn er ist nicht der Akt eines Organs, aber er ist doch eine Kraft der Seele, die die Form des Leibes ist, wie aus dem oben Gesagten hervorgeht. Und deshalb ist es ihm eigentümlich, die Form zu erkennen, die zwar in dem körperlichen Stoff individuell existiert, jedoch nicht sie zu erkennen, insofern sie in einem solchen Stoff ist. Das aber erkennen, was in dem individuellen Stoff ist, nicht sofern es in einem solchen Stoff ist, heißt die Form von der individuellen Materie abstrahieren, die die Phantasmen uns vor Augen stellen. Und deshalb muß man sagen, daß unser Verstand das Stoffliche denkt, indem er es von den Phantasmen abstrahiert: und durch das so betrachtete Stoffliche gelangen wir zu einiger Erkenntnis des Unstofflichen, so wie umgekehrt die Engel durch das Unstoffliche das Stoffliche erkennen.

Platon aber achtete nur auf die Immaterialität des menschlichen Verstandes, nicht aber darauf, daß er mit dem Körper gewissermaßen vereinigt ist, und setzte darum als Objekt des Verstandes getrennte Ideen und behauptete, daß wir denken, nicht indem wir abstrahieren, sondern vielmehr, indem wir an Abstraktem teilnehmen, wie oben erklärt wurde.

Aus: Thomas von Aquin, *Fünf Fragen über die intellektuelle Erkenntnis*

---

marum). Bei allen geschaffenen Formen bilden die Essenzen nur den äußeren Rahmen (wörtlich die Form), in dem «Sein» sich mitteilt. Von nun an erhält die Formel «Die Form schafft das Sein» (*forma dat esse*) die Bedeutung: «Die Form vermittelt das Sein».

Die Lehre von der Analogie des Seins

Dieser Unterschied zu Aristoteles wird auch anhand des Begriffspaares «Metaphysik der Formen/Metaphysik des Seins» deutlich.

Da Thomas in der Nachfolge Platons und der Neuplatoniker den Nachdruck auf die Fülle des Seins legt, kann man bei ihm von einer Metaphysik des Seins oder der Wesenheiten sprechen. So spricht er auch vom erkenntnistheoretischen Primat des «Seins», das für ihn ein transzendenter Begriff ist, durch den Erkenntnis erst möglich wird. So gesehen bringt das Begreifen des Seins den menschlichen Geist in Kontakt mit dem Sein, das die eigentliche Grundlage dafür ist, daß sich der Mensch über die sinnlichen Phänomene Begriffe bilden und damit Wissen erwerben kann.

Auch die Auffassungen des Thomas zur «Universalität» und «Individuation» passen genau in den Rahmen dieser Metaphysik. Für ihn ist der allgemeine Begriff (die Universalie) nicht das Objekt der Erkenntnis, sondern nur das Mittel. Dank dieses allgemeinen Begriffs ist Erkenntnis über die Wesenheit der Dinge möglich, die als immanenter Akt des Seins «Dieses-hier-und-jetzt-Sein» bestimmt. Damit ist das Konkrete zwar qualifiziert, aber noch nicht individualisiert, da die gleiche Essenz in vielen, individuell unterschiedlichen Exemplaren vorhanden ist. Der Seinsakt wird bei Thomas so stark hervorgehoben, daß nur sein Gegenpol, die Materie (als Potenz gedacht), der Faktor sein kann, der auf die Individualität der konkreten Dinge einwirkt.

Durch das logisch-erkenntnistheoretische Primat des «Seins» kann der Mensch sich alles nur als «Seiendes» (*ens*) vorstellen. Dies kann allerdings dazu führen – wie unter anderem bei Duns Scotus geschehen –, daß der Begriff «Sein» sich sowohl auf das unendliche als auch auf das endliche Sein beziehen kann. Da Thomas meint, daß man damit der Überlegenheit des Unendlichen nicht gerecht wird, entwickelt er die Lehre von der Analogie des Seins.

Schon bei Aristoteles findet man den Gedanken, daß die Substanz eine wesenhaft andere Seinsweise hat als das Akzidens. Während die Substanz kraft ihrer selbst existiert, müssen die Akzidenzien durch eine Substanz im Sinne eines Substrats getragen werden. Dennoch geht es hier nicht um einen völlig doppelsinnigen Sprachgebrauch – wie das zum Beispiel bei dem Wort «arm» der Fall ist, das sowohl «bedürftig» bedeuten wie auch einen Körperteil bezeichnen kann. Da zwischen den beiden Bedeutungen eine Analogie besteht, kann, trotz der unterschiedlichen Seinsweise, in beiden Fällen von einem «Sein» gesprochen werden. Thomas erweitert die Seinsanalogie auf die Beziehung zwischen den Begriffen «unendliches Sein» und «endliches Sein», die damit als Seinsfülle und Teilhabe an der Seinsfülle einander gegenübergestellt werden. Mit Hilfe der Lehre von der

Seinsanalogie kann der Mensch auch zu einer rationalen Erkenntnis («Erkenntnis durch Annäherung») des unendlichen Seins kommen.

Genau betrachtet nimmt diese Lehre in dem Gesamtwerk des Thomas von Aquin jedoch einen vergleichsweise bescheidenen Platz ein. Eigentlich ist sie nur eine logische Auffassung, die sich darauf bezieht, daß wir uns Rechenschaft über die unterschiedliche Verwendung des Begriffs «Sein» ablegen sollen.

Sein als Verursacht-Sein

Viel wesentlicher ist, wie Thomas das Sein als «Verursacht-Sein» betrachtet. Wie alle mittelalterlichen Philosophen ist Thomas davon überzeugt, daß das Verursacht-Sein der Dinge nicht nur ihre faktische Existenz, sondern auch ihre Bestimmung prägt – und, soweit es sich um vernunftbegabte Wesen handelt, damit ihre Aufgabe festlegt. Auch hier wird erneut die neuplatonische Orientierung seines Denkens deutlich, indem die Urquelle aller Entstehung mit der Rückkehr zu diesem Ursprung verknüpft wird.

So gesehen bekommen die Begriffe «Natur» und «Schöpfung» mehr als nur eine theologische Bedeutung. «Natura» erhält einen umfassend philosophischen Sinn, sie ist kein aristotelisch selbstgefälliger Begriff mehr, sondern wird in den Gesamtzusammenhang der Schöpfung gestellt. So fanden die Denker des Mittelalters genügend Raum, um authentisch philosophieren zu können, wobei die christliche Inspiration sie weder einengte noch behinderte, sondern – wie sie es empfanden – in ihren Gedanken unterstützte und beflügelte.

Radikale Kontingenz

In seiner Schrift *De potentia* stellt Thomas die Frage, ob es in der Macht Gottes liegt, ein Geschöpf auf ein Nichts zu reduzieren. Mit dieser Fragestellung zielt er auf den Gegensatz zwischen den Begriffen «relative Notwendigkeit» (Averroës) und «radikale Kontingenz» (Avicenna), der für viele mittelalterliche Denker von so grundlegender Bedeutung war. Um zu einer Lösung zu kommen, geht er zunächst auf die gegensätzlichen Auffassungen von Avicenna und Averroës ein. Avicenna sagt zu diesem Punkt, daß alles kreatürliche Sein von Natur aus die Möglichkeit zum Sein und Nichtsein in sich birgt. Die (eventuelle) Notwendigkeit kommt von außen, von Gott als dem einzigen, das von Natur notwendig ist. Averroës hingegen geht davon aus, daß die faktische Notwendigkeit bestimmter Geschöpfe auf ihrer naturbedingten Notwendigkeit gründet, da sie sonst niemals ewig sein könnten. Thomas schließt sich der Auffassung von Averroës an und begründet diese Entscheidung damit, daß die Zerstörung des einmal Bestehenden innerhalb der vorhandenen Ordnung nicht möglich ist. Sie kann nur dann geschehen, wenn Gott in seiner unbegrenzten Allmacht diese Ordnung durchbricht.

Die Beweisführung von Thomas ist hier jedoch eher verwirrend, weil sie eine höchst eigenwillige Interpretation von «Radikaler Kontingenz» zugrunde legt. Radikale Kontingenz nämlich, zielt nicht auf die Zerstörung von faktisch Bestehendem, sondern auf die Seinsweise der Dinge.

Letztlich gründet sich die Idee von der Radikalen Kontingenz auf die Vorstellung von der unbegrenzten Allmacht Gottes, das heißt, auf die absolute Freiheit des göttlichen Willens, etwas zu erschaffen oder nicht zu erschaffen. Die in seiner Schöpfung herrschende Ordnung mag in ihrer konkreten Erscheinungsform zwar einsichtig sein, von ihrem Charakter her ist sie jedoch so kontingent, daß sie dem menschlichen Verstand nur eine relative Gewißheit, niemals aber unumstößliche Erkenntnis, vermitteln kann.

Thomas bezog in dieser Frage – wie wir gesehen haben – eine andere Position. In Übereinstimmung mit Averroës besteht die Freiheit des göttlichen Willens für ihn darin, daß er die Dinge auch nicht erschaffen kann. Einmal existent, bilden sie jedoch eine verläßliche empirische Basis für unser Wissen. Damit steht Thomas in der Tradition der peripatetischen Denker, für die «Vernünftigkeit» und «Einsichtigkeit» die wesenhaften Merkmale alles Bestehenden sind. In ihrer Einschätzung sind «Intelligibilität» und «Sein» im Prinzip Synonyme.

Bei seinen Nachfolgern hat der von Avicenna entwickelte Gedankengang zur Radikalen Kontingenz unterschiedliche Reaktionen hervorgerufen. Bei Ockham löste diese Idee eine Scheu vor spekulativen Gedanken aus, während sein Ordensbruder Duns Scotus darin die Möglichkeit zur freien Entfaltung eines metaphysischen Denkens sah, das der Faktizität dieser Welt, die letztlich auch eine ganz andere hätte sein können, keine allzu große Beachtung zu schenken brauchte.

Duns Scotus

Über das Leben von Johannes Duns Scotus ist nur wenig bekannt. Er wurde 1266 in Duns, in der schottischen Grafschaft Berwick, geboren. 1288 nahm er ein Theologiestudium in Oxford auf und trat in den Franziskanerorden ein. Später setzte er seine Studien in Paris fort. 1291 wurde er zum Priester geweiht. Um 1300 nahm er eine Lehrtätigkeit an den theologischen Fakultäten in Oxford und Cambridge auf, in den Jahren 1302/1303 dozierte er in Paris. Als er gegen den König die päpstliche Partei unterstützte, wurde er für ein Jahr aus der Stadt verbannt. 1305 promovierte er in Paris zum Doktor der Theologie und wurde als *Magister regens* an die Sorbonne berufen. 1307 ging er nach Köln; hier starb er 1308 und fand in der Minoritenkirche seine letzte Ruhe.

Duns Scotus schrieb zwei tiefgründige Kommentare zu den *Sententiae* von Petrus Lombardus, das *Opus oxoniense* und die *Lectura*; in einem weiteren wichtigen Text, *De primo principio*, äußert er sich zu Gott als höchstem Prinzip. Die Kommentare zur aristotelischen Logik stammen aus seiner Jugendzeit.

Die Metaphysik und Erkenntnistheorie von Johannes Duns Scotus werden von der zentralen These der «Univocität des Seins» beherrscht. Sie besagt, daß der Begriff «sein» niemals mehrdeutig, sondern immer nur in einem Sinn verwendet wird. So wird in Aussagen wie «Gott ist», «die Substanz ist» und «das Akzidens ist» das Wort «ist» immer in genau derselben Bedeutung benutzt.

Sein und Erkennen

Aus erkenntnistheoretischer Sicht formulierte Duns Scotus die These, daß der Begriff des Seins vollkommen unbestimmt ist und jeder näheren Qualifizierung, zu der auch so fundamentale Unterscheidungen wie endlich/unendlich und substantiell/akzidentiell gehören, vorangeht. Von daher ist der eigentliche Gegenstand des menschlichen Wissens weder das höchste Sein (Gott), wie der flämische Philosoph und Theologe Heinrich von Gent (ca. 1220–1293) gelehrt hatte, noch die aus den stofflichen Dingen abstrahierte Essenz, wie Thomas von Aquin meinte, sondern das nicht näher bestimmte Seiende an sich. Die Univocität des Begriffs «sein» schließt für Duns Scotus nicht die Notwendigkeit aus, daß der Mensch einige formale Unterscheidungen vornimmt, wenn er die unterschiedlichen konkreten Erscheinungsformen des Seins ergründen will. Dabei sind diese Unterscheidungen für Duns Scotus keine reinen Gedankenkonstruktionen, sondern sie decken eine wirkliche Diversität in den Dingen auf.

In seinen Augen wird ein konkretes Phänomen zum ersten durch eine spezifische allgemeine Natur und zum zweiten durch das formale Prinzip der «Diesheit» (*haecceitas*) gebildet. Das besondere «Dies» verleiht der allgemeinen Natur die definitive Bestimmung, durch die sie ihre konkrete Existenzform erhält. Aufgrund seiner Vorliebe für formale Unterscheidungen kommt Duns Scotus dazu, die auch von Thomas vertretene aristotelische Auffassung von der Materie als Prinzip der Individuation zu verwerfen. Für ihn kann etwas so Fundamentales wie Individualität nicht auf eine Stofflichkeit zurückgeführt werden, die immerhin auch von Aristoteles selbst nicht allzu hoch eingestuft wurde. Die Sichtweise von Duns Scotus und seiner Anhänger lautet in ihrer Quintessenz: Dieser Mensch A ist wesentlich das, was er ist, nicht weil sich in ihm das allgemeine Wesen «Mensch» durch zufällig diese materielle Erscheinungsform konkretisiert hätte, sondern weil in ihm das spezifische Wesen «Mensch» in der individuellen Ausprägung dieses Menschen A Gestalt annimmt. So zeichnet sich schon bei Duns Scotus eine Verlagerung des Schwerpunktes vom Universellen zum Individuellen ab, die bei Ockham und anderen noch wesentlich konsequenter zum Ausdruck kommt. Hier wird das Universelle ganz in den Hintergrund treten, wenn es darum geht, den Status und Charakter all dessen zu bestimmen, was dem

Das geistige und weltliche Klima im Köln des dreizehnten und vierzehnten Jahrhunders war der Philosophie sehr freundlich gesonnen. Thomas von Aquin studierte dort 1248 bei Albertus Magnus. Duns Scotus ließ sich in Köln als Lehrer nieder, Cusanus schrieb sich 1425 an der 1388 gegründeten Kölner Universität als Student ein.

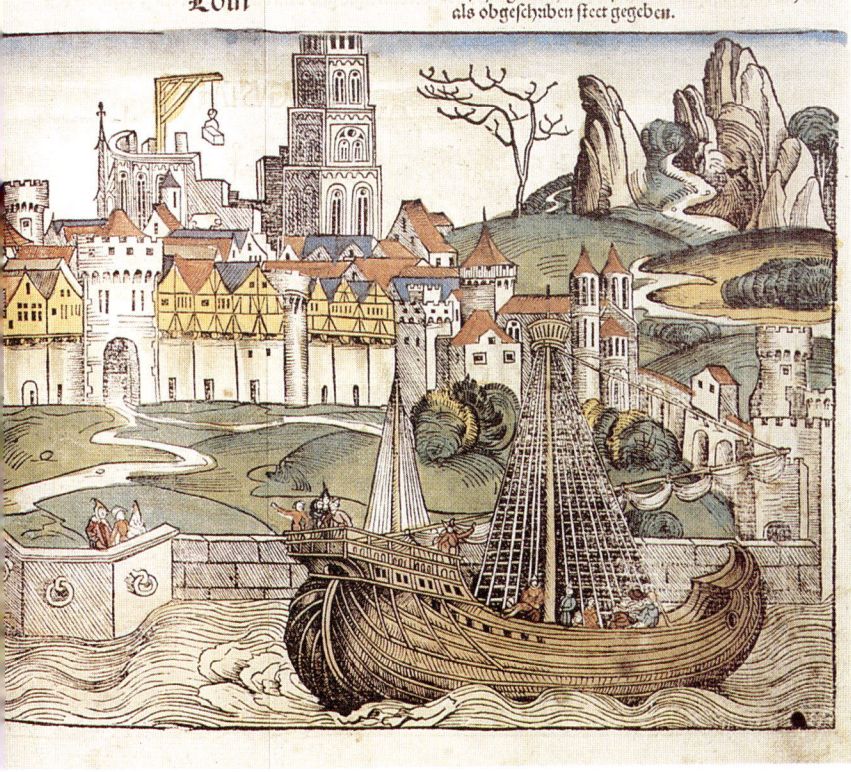

menschlichen Denken auf seinem Weg begegnet. Eine konkret stoffliche Sache kann in ihrer Konkretheit (Individualität) nur intuitiv – das heißt ohne die Vermittlung abstrakter Begriffe –, vage und verworren erkannt werden. Aber dabei bleibt es selbstverständlich nicht. Unser geschärftes Erkenntnisvermögen beruht auf einer Begriffsbildung, die sich auf die Fähigkeit zur Abstraktion gründet. Die Hauptrolle in diesem Prozeß spielt die Definition, denn mit Hilfe der Definition können rationale Strukturen erfaßt werden. Allerdings läßt sich die Grundlage der Individualität (*haecceitas*) nicht in Worte fassen oder präzise definieren. Auf den Menschen bezogen, bekommt dieser Individualitätsbegriff natürlich ein besonderes Gewicht.

Anthropologie

Das Menschenbild des Duns Scotus wird wesentlich dadurch bestimmt, daß der Mensch eine Schöpfung ist und seine letzte Ursache und sein Ziel in Gott hat. Die spezifische Natur des Menschen wird durch diese Abhängigkeit von ihrem Schöpfer jedoch nicht tangiert. Seit Aristoteles ist die spezifische Natur der Ausgangspunkt allen anthropologischen Denkens. Das wesentlichste Element der menschlichen Natur ist ihre Rationalität, ihre spezifische Fähigkeit ist der Intellekt und ihre höchste Tätigkeit die des «Denkens».

Dabei muß man sich allerdings bewußt machen, daß die Antike – anders als die Moderne – Verstand und Wille nicht als zwei entgegengesetzte und voneinander zu trennende Größen verstand. Schon der sokratische Satz «Wissen ist Tugend» bringt die Überzeugung zum Ausdruck, daß sich aus der richtigen Erkenntnis zwangsläufig richtiges Handeln ergibt; und zwar nicht deshalb, weil das eine die logische Ableitung aus dem anderen darstellt, sondern weil beides wesenhaft miteinander verbunden ist. Auch später, als man Intellekt und Wille als zwei getrennte Vermögen der Seele unterschied, blieben diese beiden Größen durch eine gemeinsame Grundlage der «Vernünftigkeit» miteinander verbunden. Während jedoch Thomas von Aquin und andere Wille und Verstand als zwei getrennte Fähigkeiten (und Akzidenzien der menschlichen Seele) begreifen, sieht Duns Scotus sie nicht als Akzidenzien der Seele, sondern als die Seele selbst. Der Verstand ist die Erkenntnisfähigkeit der Seele, der Wille verkörpert ihr Streben. Der Unterschied zur Seele selbst ist, ebenso wie der zwischen Wille und Verstand, nur formal.

Hier treffen wir also erneut auf das Prinzip der formalen Unterscheidung, das im gesamten Denken von Duns Scotus eine so beherrschende Rolle spielt und seinem Charakter nach zwischen den realen und den logischen Unterscheidungen steht.

Wenn Duns Scotus eine «formale» Unterscheidung zwischen den Begriffen Seele, Verstand und Wille vornimmt, dann meint er damit, daß sich alle drei Begriffe auf getrennte Aspekte einer Sache bezie-

Niederlandische Karte von Europa mit den mittelalterlichen Universitäten und dem Jahr ihrer Gründung.

Wiewohl es recht viele Bestimmtheiten des Seienden gibt, [...] möchte ich doch zuerst von der *wesentlichen Ordnung,* als dem fruchtbareren Beweismittel, ausgehen in der folgenden Weise: In diesem ersten Kapitel schicke ich *vier Einteilungen von Ordnung* voraus, aus denen es zu erheben sein wird, wie viele wesentliche Ordnungen es gibt.
Die Darlegung einer Einteilung erfordert nun folgendes: Erstens, die Einteilungsglieder sind (begrifflich) zu bestimmen, und von daher ist zu zeigen, daß sie im Eingeteilten enthalten sind; zweitens, es ist darzutun, daß die Einteilungsglieder sich ausschließen; und drittens, es ist nachzuweisen, daß die Einteilungsglieder das Eingeteilte ausschöpfen. Das Erste geschieht im vorliegenden Kapitel, das Weitere im zweiten. [...]
Ich fasse aber die wesentliche Ordnung nicht im strengen Sinne – nach dem Sprachgebrauch mancher, welche sagen, nur das Spätere sei ‹geordnet›, das Frühere jedoch oder das Erste sei über der Ordnung –, sondern in einem allgemeinen Sinne, sofern Ordnung eine Beziehung gleichstellender Art ist, vom Früheren im Hinblick auf das Spätere gesagt und auch umgekehrt; sofern also das Geordnete vollständig durch das Früher und Später eingeteilt ist. So also wird zuweilen von Ordnung, zuweilen von Frühersein und Spätersein die Rede sein.
ERSTE EINTEILUNG: Ich sage also zuerst: die wesentliche Ordnung ist, wie es scheint, erstlich einzuteilen – so wie ein Äquivokes in seine äquivozierten Glieder – in die Ordnung des Vorranges und in die Ordnung der Abhängigkeit.
Auf die erste Weise heißt *früher* das Vorrangige und *später* das, was übertroffen wird. Um es kurz zu sagen: Was immer dem Wesen nach vollkommener und vorzüglicher ist, ist in diesem Sinne *früher.* Im Sinne dieser Weise des Früherseins beweist Aristoteles im 9. Buch der Metaphysik, daß der Akt früher ist als die Potenz, wo er dies ein Früher ‹der Substanz und der Art nach› nennt: was, so sagt er, dem Entstehen nach später ist, ist früher der Art und der Substanz nach.

Aus: Duns Scotus, *Abhandlung über das erste Prinzip*

hen, die nüchtern betrachtet, ein- und dasselbe, nämlich «seiend», ist.

Faktisch bestehen Seele, Wille und Verstand weder nebeneinander noch fallen sie in eins. Deshalb auch können sie nicht das Produkt einer rein logischen Unterscheidung sein. Ihre Trennung ist vielmehr die Frage einer Differenzierung, die sich in unserem Denken vollzieht. Allerdings enthalten die Seele und ihre Fähigkeiten (Wille und Verstand) ein Element, das unser Denken, wenn es präzise sein und keinen Irrtum begehen will, zwingt, sie voneinander zu trennen.

Duns Scotus verwirft die gängige Auffassung, daß der Wille dem Verstand untergeordnet ist und nur das ausführt, was der Verstand ihm vorgibt. Er verteidigt die These, daß der Wille von seinem Charakter her rational ist. Seiner Meinung nach ist diese Rationalität die einzige Basis der Willensfreiheit. In der Auffassung seiner Gegner sieht er die Gefahr eines psychologischen Determinismus («Das Erkannte bestimmt den Willen»). Wissen und Erkenntnis werden durch das Objekt bestimmt, meint Duns Scotus; es ist ein Akt des freien Willens, einer Erkenntnis nachzustreben oder sie zu verwerfen.

Die Ethik des Duns Scotus

Auch die Ethik von Duns Scotus wird durch seine Auffassung des freien Willens geprägt. Ebenso wie Sein und Wesen für alle mittelalterlichen Denker in Gott eine Einheit bilden, ist für sie auch der Intellekt und Wille Gottes identisch mit der göttlichen Essenz. Duns Scotus bezeichnet den göttlichen Willen als die freie Ursache der Schöpfung, der alles außerhalb des Göttlichen erhält und das Fundament aller moralischen Werte darstellt. Damit will er jedoch nicht sagen, daß die moralischen Werte in ihrer Abhängigkeit vom Willen Gottes willkürlich oder beliebig wären, denn Gott ist ein Wesen, «das vollkommen rational und geordnet will» (*est rationalissime et ordinatissime volens*). Darum klingt es auch ein wenig tendenziös, wenn man sagt, Duns Scotus habe behauptet: «Gut ist das, was Gott will, und schlecht ist, was Gott verbietet», als wäre der göttliche Willensakt als solcher das Fundament von Gut und Böse.

Die Grundlage der Moralität und aller moralischen Gesetze und Pflichten ist die göttliche Essenz, sie ist das höchste Gut (*summum bonum*) und damit das einzige Ziel allen menschlichen Handelns und Strebens. Das menschliche Streben und Handeln muß in gleicher Weise dem göttlichen Willen entsprechen, wie die Natur der (erstrebenswerten) Dinge dies auch tut. Sein Voluntarismus hat jedoch keinerlei irrationale Züge. Im Gegenteil – nur eine rationale Betrachtung der ethischen Probleme enthüllt dem Menschen die eigentlichen Absichten Gottes.

Zur Richtschnur menschlichen Handelns macht Duns Scotus das sogenannte Naturgesetz, dem er zwei unterschiedliche Bedeutungen zuordnet. Im engeren Sinn bezieht es sich nur auf das, was in sich selbst vollkommen evident ist, also nur auf die ersten drei der Zehn Gebote, in denen die Beziehung des Menschen zu Gott geregelt wird. Die auf die zweite Steintafel geritzten anderen Gebote betreffen das Naturgesetz im weiteren Sinn. Sie sind weder axiomatisch evident (zum Beispiel: «Du sollst Vater und Mutter ehren»), noch können sie aus den ersten drei logisch abgeleitet werden. Es sind die Gebote, in denen Gott, um eines höheren Gutes willen, Vergebung gewähren kann. Duns Scotus gelingt es nicht, diese

Der mittelalterliche Mensch war auf seinem Lebensweg vielen Versuchungen ausgesetzt: Zweifel an der Existenz der Hölle, Zweifel an den Inhalten des Glaubens oder das Verlangen, Selbstmord zu begehen.

«Ici est enfers e li angel ki enferme les portes»: Die Engel schließen die Pforte zur Hölle (12. Jh.)

Art von «Naturgesetz» gut zu untermauern. Genau genommen kommt er nicht über die Feststellung hinaus, daß ein größeres Durcheinander entstehen würde, wenn sie mißachtet würden (so begründet er z.B. den Privatbesitz). Praktisch ist er jedoch gezwungen, einen exakten Unterschied innerhalb des Begriffs «Naturgesetz» einzuführen. Denn es ist wenig überzeugend, wenn ein Naturgesetz, das in einem weitergefaßten Sinn Gültigkeit für die Beziehungen zwischen den geschaffenen Menschen und Dingen hat, die alle absolut kontingent und endlich sind, gleichzeitig in einem engeren Sinne auch als unerschütterliche Basis für jedwede Moralität dienen soll.

Die Einengung auf das «unumstößlich Wahre» erhält bei seinem Ordensbruder Ockham einen etwas negativeren Akzent. Wahre Gewißheit ist nur möglich, wenn mit allen Scheingewißheiten radikal aufgeräumt wird.

Ockham und seine Zeitgenossen

William von Ockham wurde um 1285 in Ockham (Grafschaft Surrey in England) geboren. Er trat in den Franziskanerorden ein und studierte in Oxford Philosophie und Theologie. Von 1319 bis 1323 war er hier Bakkalaureus der Theologie. Da seine Gegner es durch Intrigen zu verhindern wußten, daß er den verdienten Lehrstuhl erhielt, ging er nach Avignon, wo er von 1324 bis 1328 lebte. Dort geriet er in Konflikt mit Papst Johannes XXII., der ihn wegen seiner theologischen Lehrsätze zur Verantwortung zog. Als die päpstliche Kommission einige seiner Thesen als ketzerisch verurteilte, flüchtete Ockham aus Avignon.
Durch seinen höchsten Ordensleiter, Michael von Cesena, wurde er in die Kontroverse um das franziskanische Ideal der Armut einbezogen. 1328 flohen Ockham und Michael nach München. Dort fanden sie Schutz bei Ludwig von Bayern, der ebenfalls mit dem Papst zerstritten war. Nach dem Tod Ludwigs distanzierte Ockham sich von seiner ersten Stellungnahme gegenüber dem Papst. Er starb 1347 oder 1349 in München, vermutlich an der Pest.
Ockham verfaßte eine ausführliche Logik mit dem Titel *Summa totius logicae*, einen scharfsinnigen Kommentar zu den *Sententiae* von Petrus Lombardus sowie einen weiteren Kommentar zu den Schriften des Aristoteles. Nach 1328 schrieb er nur noch politische Texte, in denen er sich vor allem mit der päpstlichen und weltlichen Macht auseinandersetzte. Sehr bekannt ist auch sein *Tractatus de praedestinatione et de praescientia Dei et de futuris contingentibus* (Über die Vorbestimmung und über die göttliche Kenntnis von zukünftigen Ereignissen).

Eine einfache Porträtskizze von Ockham auf dem Rand einer zeitgenössischen Handschrift seiner Werke.

Ockham lebte in einer unruhigen und krisenhaften Zeit. In großen Teilen Europas herrschte zwischen 1315 und 1317 eine bittere Hungersnot. In den zwanziger Jahren des vierzehnten Jahrhunderts setzte eine tiefe wirtschaftliche Depression ein, die vor allem in den Südlichen Niederlanden, dem damaligen wirtschaftlichen Zentrum Europas, zu Unruhen und Volksaufständen führte. Die Entwicklung des Geld- und Kreditwesens löste bedeutende sozioökonomische Umwälzungen aus. In den dreißiger Jahren begann der Hundertjährige Krieg zwischen England und Frankreich, und 1347 brach in Südeuropa die Pest aus, die in nur wenigen Jahren schätzungsweise dreißig Millionen Opfer forderte.

Durch den Angriff der profanen Herrscher auf die weltliche Macht des Papsttums gerieten die etablierten Machtverhältnisse zunehmend ins Wanken. Innerkirchlich bekam die konziliare Autorität der Bischöfe gegenüber dem Papst immer mehr Gewicht. Auch in den kleineren Gemeinwesen wurden die alten Machtstrukturen erschüttert, und in den Städten begann sich das Bürgertum zu emanzipieren, auf dem Land wuchs das Unbehagen an den feudalen Verhältnissen (dabei ist es im übrigen nicht richtig, von einer Tendenz zur Individualisierung zu sprechen, denn die Herrschaft der neuen Potentaten war mindestens genauso rigide wie die der früheren Machthaber).

Von der Harmonie, die Thomas von Aquin in seiner Philosophie verkündet hatte, konnte also keine Rede mehr sein. Dennoch war angesichts dieses gesellschaftlichen Klimas von Skepsis nichts zu spüren, weitaus bezeichnender für das vierzehnte Jahrhundert war vielmehr die Suche nach einer radikalen Gewißheit. Die Philosophie des Wilhelm von Ockham spiegelt diese Befindlichkeit sehr exemplarisch wider.

Ausgangspunkte und Prinzipien

Das philosophische Denken Ockhams geht von der These aus, daß Gott als absolutes und somit notwendig Seiendes im Zentrum allen Seins steht. Das Wort Gottes in der Schrift und die Tradition der kirchlichen Lehre bilden ein – auch in dogmatischer Hinsicht – unantastbares Glaubensgut.

Ackerbau war im Mittelalter im allgemeinen wichtiger als die Viehzucht. Getreide war das Hauptnahrungsmittel in Westeuropa. Eine Miniatur in einer Handschrift von Aristoteles *Politica et oeconomia* (Paris, um 1370) zeigt, wie man den Boden bearbeitete.

Für den mittelalterlichen Ritter ist der Krieg fast wie ein Fest, sicherlich jedoch auch ein Spiel. In prächtig geschmückter Rüstung zieht er in die Schlacht.

Ein weiterer Grundgedanke Ockhams war, daß die Vernunft das größte Geschenk Gottes an den Menschen ist. Sie ist die Richtschnur allen Handelns, außer ihre Inhalte stehen in einem Widerspruch zu den Wahrheiten des Glaubens. Ein anderer Schwerpunkt in der Philosophie Ockhams ist der Begriff der Evidenz; sie spielt die Schlüsselrolle im Erkenntnisprozeß. Auf der Basis dieses Evidenzprinzips, das er mit der These von der radikalen Kontingenz alles Geschaffenen verband, hat Ockham eine Reihe detaillierter Betrachtungen ausgearbeitet:

1. Alles, was nicht ganz offensichtlich widersprüchlich ist, ist im Prinzip – das heißt für Gott – möglich.

2. Gott kann das, was er ursächlich erschafft, hervorbringen und erhalten, auch wenn er die eigentliche Ursache ausschaltet. (So können Akzidenzien auch ohne Substanz bestehen, die Materie ohne die Form oder die Form ohne die Materie.)

3. Aussagen sind nur dann wahr, wenn sie intrinsisch evident sind und sich zugleich auf die Offenbarung und die Erfahrung stützen.

4. Jede Erklärung eines Phänomens, die nicht auf der Offenbarung, auf der empirischen Beobachtung oder auf der logischen Evidenz beziehungsweise Deduktion beruht, ist ungenügend fundiert.

Und das letzte Prinzip, bekannt als «Ockhams Rasiermesser», lautet: «Man soll nicht mehr Behauptungen aufstellen, als unvermeidlich ist.» Wohlgemerkt, dies ist für Ockham keine ontologische, sondern eine erkenntnistheoretische Aussage. Sie schränkt nicht etwa die Existenz der Dinge ein, son-

dern nur die Möglichkeiten, etwas über diese Dinge auszusagen.

Konzeptualismus

Ockham schreckt nicht davor zurück, diese Prinzipien auf unterschiedliche Bereiche anzuwenden. So ist er in der Universalienfrage ein konsequenter Verfechter der aristotelischen These: «Es gibt nichts außerhalb des Individuellen.» Oft ist er radikaler als Aristoteles selbst. Man soll sich davor hüten, von «allgemeinen Naturen» zu sprechen oder Platons Schöpfungsideen (die sogenannten exemplarischen Formen) im Geiste Gottes zu verkünden. Alles Kreatürliche ist individuell, auch als ein «Zwischending» ist eine Idee (Form) überflüssig.

Jede Erkenntnis geht von der intuitiven, das heißt unmittelbaren Erfahrung der real existierenden Dinge aus. Will man zu einer rationalen Erkenntnis und Beweisführung kommen, ist man gezwungen, konkrete Situationen begrifflich zu verdeutlichen. Die Mittel der Erkenntnis, zu denen auch die allgemeinen Begriffe gehören, gehören jedoch ausnahmslos in den Bereich unseres Verstandes. Die Allgemeingültigkeit oder die allgemeine Anwendung eines Begriffs beruht auf einem Habitus des menschlichen Verstandes und liegt nicht in der Natur der erkann-

Lager vor den Toren einer mittelalterlichen Stadt. Im Vordergrund ein mit Dolchen ausgetragener Zweikampf im Vorfeld der Erstürmung.

Die mittelalterlichen Turniere haben ihren Ursprung in Frankreich. Bereits um 1050 wurden die ersten Regeln festgesetzt. Der Turnierplatz ist durch Schlagbäume abgegrenzt, die Herolde links im Bild treten als Schiedsrichter auf. Durch die vielen tödlichen Unfälle wurden diese Ritterspiele zwar sehr schnell verboten, fanden jedoch inoffiziell bis zum 6. Jahrhundert weiterhin statt.

Die Krönung eines Königs war in England mit einem großen höfischen Zeremoniell verbunden. Umringt von seinen Höflingen und kirchlichen Würdenträgern hat der König (Edward II.?) auf seinem Thron Platz genommen (um 1300).

Über den Gegenstand der Naturphilosophie

Zum zweiten ist der Gegenstand dieser Wissenschaft zu betrachten. Dazu sage ich, daß diese Wissenschaft als ein Ganzes nicht einen bestimmten Gegenstand allein hat, sondern ihre verschiedenen Bestandteile verschiedene Gegenstände haben, so daß sich Schlußfolgerungen mit jeweils verschiedenen Gegenständen ergeben. Daher ist zu beachten, daß nichts Gegenstand dieser Wissenschaft ist, wenn es nicht der Gegenstand eines logischen Schlusses ist. Deshalb sagt man gemeinhin, daß dasjenige ein Gegenstand dieser Wissenschaft ist, von dem Eigenschaften aufgewiesen oder bewiesen werden. Dort also sind die Gegenstände verschieden, wo an ihnen verschiedene Eigenschaften aufgezeigt werden. Erwiesen ist aber, daß in der Naturwissenschaft von verschiedenen Gegenständen verschiedene Eigenschaften nachgewiesen werden; folglich gibt es in der Naturwissenschaft verschiedene Gegenstände. Das ergibt sich außerdem noch aus der allgemeinen Art, Gegenstände zuzuordnen. Denn allgemein wird eines als Gegenstand dem Werk über die Physik und etwas anderes dem über die Seele zugeordnet, und so weiter bei den anderen Werken des Aristoteles. Folglich haben sie verschiedene Gegenstände. Obwohl es nun von verschiedenen Bestandteilen unterschiedliche Gegenstände gibt, ist von allen einer der Hauptgegenstand; und nach verschiedenen Kriterien können jeweils unterschiedliche Hauptgegenstände namhaft gemacht werden.

Aus: Ockham, *Kurze Zusammensetzung zu Aristoteles' Büchern über Naturphilosophie*

---

ten Objekte. Damit gehört Ockham zu den Vertretern des sogenannten «Konzeptualismus».

Die formale Unterscheidung, die Duns Scotus machte, ist in den Augen Ockhams überflüssig, weil sinnlos. So bedeuten die Begriffe «Essenz» und «Existenz» für ihn dasselbe; sie beziehen sich auf dasselbe und verweisen auch auf exakt dieselbe Weise darauf. Die Welt ist für Ockham radikal kontingent, mit anderen Worten, sie hätte auch ganz anders aussehen können. Was in der aktuellen Situation evident erscheint, ist nicht mehr ohne weiteres, sondern ausschließlich «hier und jetzt» (*hic et nunc*) gewiß.

Die Lehre vom Sein

Das sinnlich erfahrbare, konkrete Sein steht auch im Mittelpunkt der Metaphysik Ockhams. Man kommt dem Wesen der Dinge nur dann auf die Spur, wenn man sich nicht bei der konkreten Sache aufhält.

Wie bereits gesagt, sucht Ockham das Wesen der Dinge aber auch nicht in einer sogenannten allgemeinen Natur, die angeblich über das Konkrete hinausgeht. So interpretiert er den Begriff «ens» (seiend/das Seiende) nicht als ein Abstraktum, als «das Sein in einem allgemeinen Sinn», als etwas, das losgelöst von allem Konkreten existiert. Für ihn ist das «Seiende» etwas, das «auf eine konkrete Weise existiert», wobei er sich zu der (kategorialen) Identität dieses «etwas» – sei es nun eine Substanz, sei es eines der neun Akzidentien von der bekannten aristotelischen Liste – nicht genau äußert. Außerdem kann auch das unendliche (über allen Kategorien stehende) Seiende, nämlich Gott, als «Seiendes» bezeichnet werden.

Ebenso wie Duns Scotus verwendet Ockham den Seinsbegriff für Gott und das Geschaffene. Der Begriff «sein» verweist nach Meinung Ockhams auf alles, was vor unserem Geist erscheint; von daher ist er auch implizit in jedem Objekt der Erkenntnis enthalten. Wie dieses Objekt beschaffen ist, ist unerheblich, es kann real oder nur «denkbar», das heißt möglich, sein. Erst durch die Verknüpfung mit einem anderen Begriff erhält «sein» eine Bedeutung: «Mensch-seiend», «Baum-seiend». Überflüssig ist der Seinsbegriff damit nicht, denn er bringt zum Ausdruck, daß Begriffe wie «Mensch» oder «Baum» nicht primär auf ein «Ding» verweisen, sondern auf eine qualifizierte Seinsweise, nämlich auf das «Mensch-Sein» oder das «Baum-Sein».

In seinen Äußerungen zu dem Begriffspaar Essenz/Existenz wird der Seinsbegriff Ockhams besonders deutlich. Trotz ihrer Unterschiedlichkeit beziehen sich doch beide auf genau dasselbe. Wenn wir zwei verschiedene Begriffe benutzen, so liegt das daran, daß wir versuchen, uns den Dingen von unterschiedlichen Seiten zu nähern. Genauso verhält es sich mit den Begriffen «Ding» und «Sein»: Die Unterschiede liegen nur in ihrer grammatischen und semantischen Funktion, letztendlich meinen sie dasselbe.

Metaphysik und Sprache

Ohne jeden Vorbehalt respektiert Ockham die Existenz dessen, was wir den Bereich des Transzendenten nennen würden: das höchste Sein (Gott) und das unveränderliche, normative Wesen der Dinge. Er erkennt die Metaphysik als Wissenschaft an, die «das Seiende als Seiendes» zum Gegenstand hat. Allerdings sollte die Metaphysik nicht zu sehr in den Vordergrund rücken, da gerade sie den Philosophen zu der höchst gefährlichen Auffassung verleiten kann, jeder Bedeutungsakzent, den wir in unserem Denken und Reden setzen, fände seine konkrete Ausprägung in der Wirklichkeit. Man sollte Vorsicht walten lassen bei der Verwendung und Interpretation von Begriffen wie «Wesen» und «Existenz» oder «Ding» und «Sein», da solche Äußerungen häufig nicht wörtlich (*de virtute sermonis*) aufgefaßt werden dürfen. Entscheidend ist, was der Sprecher gemäß der Wirklichkeit «eigentlich meint» (*secundum rei veritatem*).

Im übrigen beruht Ockhams Metaphysik- und Wissenschaftsbegriff auf seiner Grundüberzeugung, daß der Mensch mit Hilfe von Sprache die konkreten Phänomene begreift und ihre Bedeutung erschließt. Von daher muß das rationale Denken über die Begriffsbildung und Proportionalisierung verlaufen, das heißt, der Mensch muß sein Wissen in «Aussagen» fassen. So ist für Ockham der Gegenstand der Metaphysik das höchste Sein und das Sein als solches, sofern dieses das Subjekt von Aussagen und Schlußfolgerungen ist. So gesehen ist der Seinsbegriff der allgemeine Begriff, der dem Geist zu sinnvollen Aussagen über die Realität verhilft, und zwar vor dem Hintergrund der realen Situation, in der die Menschen seit dem Sündenfall leben.

Buridan

Mit diesem Denken steht Ockham nicht allein. Auch den Kommentaren, die der südniederländische Philosoph Johannes Buridan (ca. 1295–1361) zur *Metaphysik* von Aristoteles verfaßt hat, liegt eine vergleichbare Konzeption zugrunde. Deutlicher als bei Ockham kommt bei Buridan zum Ausdruck, wie man die Metaphysik praktizieren sollte. Er empfiehlt, den Sprachgebrauch genauestens zu analysieren, um jede Form der Uneigentlichkeit herausfiltern zu können und einen authentischen Zugang zu dem, «was ist», zu erhalten.

All dies macht deutlich, daß Philosophen wie Ockham und Buridan zwar äußerst kritisch, aber ohne die geringste Spur des Skeptizismus zu Werke gingen.

Durch seine Fähigkeit zur Analyse hat der Mensch die Möglichkeit, sich gegen die Illusionen eines zu

Seefahrer begannen im 14. Jahrhundert die Küsten der Kontinente – beginnend mit Europa – zu kartieren. Eine Seekarte von West- und Südeuropa, die um 1500 von der Familie Freducci aus Ancona angefertigt wurde.

spekulativen (metaphysischen) Sprachgebrauchs zu wappnen. In der für ihn typischen ruhigen Art, die in einem starken Kontrast zu dem emotionaleren Ockham steht, untergräbt Buridan die Autorität des Aristoteles, indem er beispielsweise darlegt, daß die Existenz von Akzidens ohne Substanz – entgegen der aristotelischen Lehre – kein Widerspruch ist. Seiner Ansicht nach kann man dem akzidentiell Seienden durchaus gerecht werden, wenn man es völlig losgelöst von einer tragenden Substanz betrachtet.

Die Abkehr von Aristoteles: Auriol und Autrecourt

Der Verzicht auf eine methodische Trennung zwischen Philosophie und Theologie ist ein typisches Merkmal des platonischen Denkens, da es davon ausgeht, daß die wahre Philosophie in der Erkenntnis der Weltordnung besteht, die ihrem Wesen nach als göttlich begriffen wird. Philosophen, die ihrem Denken eine Eigenständigkeit zubilligten, waren gehalten, auf die Begrenztheit der Philosophie hinzuweisen und deutlich zu machen, daß die Souveränität des theologischen Wissens in keiner Weise angetastet wird.

Von dem Franziskaner Pierre Auriol (gest. 1322), der Theologe und Philosoph war, stammt die These, daß jeder philosophischen Erkenntnis die Erfahrung zugrunde liegen muß, wenn sie nicht in den Bereich der Phantasie verwiesen werden sollte. Auriol wollte mit dieser rigiden Definition die philosophische Theorie von den Elementen rein halten, die sich auf spekulative Annahmen stützen. Gemeint waren sinnliche und verstandesmäßige Vorstellungen (*species*), denen innerhalb des menschlichen Erkenntnisprozesses angeblich eine Funktion zukommen sollte. Durch dieses Prinzip der «Sparsamkeit», auf das sich auch Ockham vielfach berufen hatte, blieb das theologische Denken unangetastet. Als das Konzil von Wien (1311–1312) verbindlich erklärte, daß die Seele – im aristotelischen Sinn – die Seinsform des Körpers ist, hielt Auriol als Philosoph an der Auffassung fest, daß keine einzige Form jemals von ihrer Materie getrennt werden kann und daß das Konzil mit dieser Entscheidung die Lehre von der Unsterblichkeit der Seele unverständlich gemacht hat. Die These des Konzils charakterisiert er als ebenso «glaub-würdig» wie nicht beweisbar.

Am unerbittlichsten hat Nicolas von Autrecourt (gest. 1369) das Prinzip der Sparsamkeit verkündet und praktiziert. Für ihn taugen die aristotelischen Beweisführungen ebensowenig wie seine Thesen. Autrecourt weist nicht nur nach, wie ungewiß all diese Behauptungen sind, sondern macht darüber hinaus deutlich, daß die entgegengesetzten Thesen viel glaubwürdiger sind. So sieht er in dem Atomismus von Demokrit ein einsichtigeres Erklärungmodell der Natur als in der *Physik* des Aristoteles. Er ist davon überzeugt, daß eine Vielzahl von natürlichen Prozessen nur durch die räumliche Bewegung eigenschaftsloser Atome zu erklären ist. Auch das Entstehen und Vergehen muß als Zusammenballung beziehungsweise als das Auseinanderfallen von Atomen gesehen werden. Für Autrecourt ist das gesamte metaphysische Denken rein spekulativ, eine sozusagen äußerst beliebige Betrachtung der rationalen Prinzipien des Kosmos. Der Mensch nimmt nur Erscheinungen wahr, das heißt, er sieht die Dinge, wie sie sich darstellen. Im Prinzip gibt es jedoch nichts, was die Richtigkeit einer Begründung wie «Ich sehe einen grünen Baum, also steht dort ein grüner Baum» garantieren könnte. Man könnte es auch noch akzentuierter formulieren, indem man sagt: «Gott kann mich einen grünen Baum sehen lassen, ohne daß dieser auch tatsächlich existiert.»

Nachdem Autrecourt in Rom verurteilt worden war und in Paris seine Stelle verloren hatte, wurden auch seine Schriften offiziell verbrannt. Erhalten geblieben sind nur einige wissenschaftliche Briefe und ein unvollständiges Traktat zur Erkenntnistheorie und Physik. Aber er stand keineswegs allein, vergleichbare Auffassungen vertraten zum Beispiel der Dominikanermönch Crathorn, der um 1340 in Oxford wirkte, und Nikolas von Oresme, der unter anderem durch seine Lehre vom Fall und Wurf zu einem Wegbereiter von Kopernikus wurde.

So hat sich im späten Mittelalter eine völlig andere philosophische Einstellung gegenüber «dem Seienden» herausgebildet. Die Frage nach den konkreten Erscheinungsformen des «Was ist» wurde höchst unterschiedlich formuliert. Es gab die philosophische Meinung, daß die konkreten Dinge nur in einem erweiterten metaphysischen Bezugsrahmen betrachtet werden könnten, zum Beispiel als ein Effekt der Verkettung von Ursachen, die letztlich auf die erste Ursache (Gott) zurückführt. Andere Philosophen respektierten zwar vorbehaltslos die Abhängigkeit alles Bestehenden von Gott als dem ersten Verursacher, schreckten jedoch davor zurück, in ihren rationalen Betrachtungen über die Erscheinungsformen der Dinge hinauszugehen. Dahinter steckte nicht etwa ein Skeptizismus; vielmehr wollten sie mit der Verbannung des rationalen Übermutes die Gewißheit der menschlichen Erkenntnis nicht in Gefahr bringen.

Im übrigen stand das Interesse für das Konkrete dem Sinn für Symbolik nicht im Weg. So interpretierte man den Regenbogen weiterhin im biblischen Sinn als das Symbol der Versöhnung Gottes mit den Menschen nach der Sintflut. Das hinderte einen Philosophen wie Dietrich von Freiberg jedoch nicht daran, sich in einer Schrift über dieses Naturphänomen auch mit den optischen Aspekten zu befassen.

Die neuplatonische Tradition

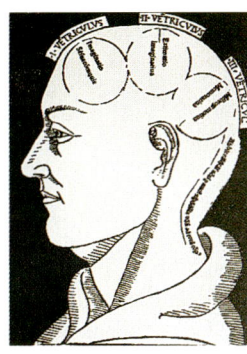

Albertus Magnus lehrte Philosophie in Köln. Seine Werke bestehen zum größten Teil aus Kommentaren und Paraphrasen zu Aristoteles. In seinem *Opus philosophiae naturalis* stellt er seine Auffassung vom Sitz der Hirnfunktionen dar.

Wie inzwischen deutlich geworden sein dürfte, übte «der Philosoph» Aristoteles einen immensen Einfluß auf das mittelalterliche Denken aus. Es wäre jedoch falsch, von einer Art sklavischer Gefolgschaft zu sprechen. Während Thomas die aristotelische Lehre dort, wo er es für nötig hielt, veränderte beziehungsweise die Akzente anders setzte, ließen sich Philosophen wie Duns Scotus und Ockham noch stärker von der eigenen Inspiration leiten. Dennoch bewegte sich ihr Denken immer innerhalb des vorgegebenen aristotelischen Rahmens.

Die Herrschaft der aristotelischen Philosophie war jedoch nicht absolut. Es gab noch eine weitere bedeutende Strömung, die zwar nicht völlig frei vom aristotelischen Einfluß war, dogmatisch gesehen jedoch von Aristoteles wegführte, da sie in der Tradition des platonischen Denkens wurzelte.

Schon seit der Spätantike bemühte man sich, Platon und Aristoteles miteinander zu versöhnen. Die Formulierung dieses Anspruchs war sogar fast zu einem literarischen Gemeinplatz geworden. Die Ablehnung, die Aristoteles gegenüber Platons transzendenter Ideenlehre zum Ausdruck gebracht hatte, zeigte Wirkung. Das gesamte Mittelalter hindurch galt dieser zentrale Punkt des Platonismus als inakzeptabel. Dennoch haben die platonischen Ideen auf unterschiedlichen Wegen Eingang in die Philosophie des Mittelalters gefunden. Am deutlichsten wird dies bei den Denkern, die sich durch Proklos und Pseudo-Dionysios inspirieren ließen. Sie faszinierte die zweigleisige Entwicklung, die im Neuplatonismus stattgefunden hatte: Die Setzung des Einen als höchstes Prinzip über das Sein und die damit verknüpfte Akzentverschiebung vom «Sein» auf das «Denken». So entstand eine neuplatonische Alternative zum aristotelischen Ansatz.

Die neue Richtung kann geographisch gut lokalisiert werden, im vierzehnten Jahrhundert lag ihr Zentrum in den rheinländischen Dominikanerklöstern und -schulen. Erst in den letzten Jahren ist die große Bedeutung dieser Schule deutlich geworden. Ihr bekanntester Vertreter ist Meister Eckhart, ihr tiefgründigster Denker Dietrich von Freiberg.

Die Elemente des Universums, des Makrokosmos, stehen für Hildegard von Bingen (1098–1178) in einem engen Zusammenhang mit den Strukturen und Entwicklungen des menschlichen Körpers, des Mikrokosmos. Ihr letztes bedeutendes Werk *Liber Divinorum Operum* ist eine Synthese ihrer theologischen und physiologischen Erkenntnisse.

Die Lehre vom Intellekt

Albertus Magnus weckte in Dietrich von Freiberg (ca. 1250–1320) das große Interesse für die Lehre vom Intellekt. Im Gegensatz zu seinem Schüler Thomas von Aquin sah Albertus den Intellekt nicht als ein Vermögen (Akzidens) der Seele an, sondern als einen ihrer autonomen Teile. Da der Intellekt in seiner Vorstellung als Substanz unabhängig vom Körper existierte, erhebt die Tätigkeit des Denkens den Menschen über seine reine Stofflichkeit. Durch seine intellektuellen Fähigkeiten wird der Mensch zum Verbindungsglied zwischen Gott und der Welt (*homo nexus est Dei et mundi*).

In einem frühen Traktat über den Ursprung der durch die aristotelischen Kategorien bezeichneten Dinge – *De origine rerum predicamentalium* – hatte Dietrich diese Gedankengänge bereits ausgearbeitet und auf die Rolle hingewiesen, die das Kategorisieren und Definieren für das Begreifen des Seins hat. Seiner Meinung nach hat der Intellekt die Funktion, das allgemeine Wesen der Dinge zu bilden. Die Wirklichkeit – sofern sie rational ist – verdankt ihre Existenz dem Intellekt. Folglich sind alle Dinge in ihrer wesentlichen (rationalen) Struktur ein Produkt des Intellekts.

In seiner Schrift *De intellectu* geht Dietrich von einem Zitat des Proklos aus, in dem es sinngemäß heißt, daß das Wesen der Seele jegliche Körperlichkeit übersteige, die intellektuelle Natur über allen Seelen stehe und das Eine über alle intellektuellen Substanzen erhaben sei. Auch Dietrich versteht den Intellekt nicht als ein Vermögen der Seele, sondern als deren Prinzip, das seine Existenz dem Einen verdankt. Der Intellekt ist eine dynamische Substanz; das Wissen um den eigenen Ursprung kennt (und formt) sein Wesen, und die Erkenntnis des eigenen Wesens erkennt (und formt) den gesamten Bereich des Seins. So unterscheidet Dietrich das Sein der «Naturdinge» (*ens reale*) von dem gedachten Sein (*ens conceptuale*), wobei letzteres nichts mit einem abstrahierenden Wissen zu tun hat. Im Gegenteil – der Intellekt konstituiert durch seine wesenseigene Aktivität das wesentliche Sein (*quidditas*) der Dinge in dem Sinn, daß das an sich völlig unbestimmte Naturding durch den Intellekt bezeichnet und bestimmt wird. Dieses wesentliche Sein spielt im ontologischen Denken Dietrichs die Hauptrolle. Auf diese Weise wird die übliche Kategorisierung des Seins, ganz anders als in der aristotelischen Tradition, zu einer selbständigen Tätigkeit des Intellekts.

Der Intellekt des einzelnen Menschen behält den dynamisch-produktiven Charakter einer kosmischen Urquelle und ist mehr als nur ein individuelles Vermögen. Der menschliche Geist ist vor allem anderen Geist. Die Schaffung unseres Intellekts durch den göttlichen Intellekt ist bei Dietrich von Freiberg mehr als ein Prozeß von Ursache und Folge. Für ihn ist der menschliche Intellekt eine bescheidene Manifestation des göttlichen Intellekts.

Meister Eckhart

Meister Eckhart (ca. 1260–1327) gilt als der Begründer der deutschen spekulativen Mystik, die sich durch ihre stark philosophischen Züge von der eher affektiven Mystik eines Bernard von Clairvaux oder der des Südniederländers Jan van Ruusbroec (1293–1381) unterscheidet. Trotz ihres eklektischen Charakters war Eckharts Philosophie deutlich durch Pseudo-Dionysios und insbesondere durch Proklos geprägt. Das «Sein» steht bei ihm an zweiter Stelle als ein anderer Ausdruck für «Einheit». So ist das «Sein» auch ein Merkmal der geschaffenen Ordnung, das «Erste der Schöpfung». In Gott ist «Sein» nur als Ursache; formal ist Gott kein Seiendes. Er ist das nicht komplexe Eine schlechthin, im Gegensatz zu dem Geschaffenen, das immer ein «Etwas-Seiendes» ist. So ist Gott «höher als das Seiende» (*est aliquid altius ente*).

Das über alles Seiende erhabene Göttliche wird von Eckhart im Kontext des Neuplatonismus als Einheit (Einfachheit) interpretiert. Diese *Simplicitas* ist für Eckhart identisch mit dem göttlichen Wissen, das alles innerhalb und außerhalb des Göttlichen bestimmt. Nur die reine Erkenntnis ist Einheit und schafft Einheit. Im Neuplatonismus schafft sie das Sein, da alles Bestehende seine Existenz der *henosis* verdankt, die das Nicht-Eine in jedem Seienden ins Gleichgewicht bringt.

Jedes Seiende ist ein «Nichts», da es von Natur aus von der Ursache (Gott) abhängig ist und durch diese Nichtheit (*nulleitas*) charakterisiert wird. Auch der Mensch ist in diesem Sinne ein «Nichts»; er existiert nur aufgrund des ungeschaffenen Intellekts in seiner Seele – des sogenannten Seelenfunkens (*scintilla animae*) –, der ihn mit Gott, dem höchsten Intellekt, verbindet. Der Mensch kann mit Gott nur dann eins werden, wenn er sich in die Festung der Seele zurückzieht. Dies darf man nicht als Frömmigkeit interpretieren, nicht einmal als eine ethische Pflicht, sondern ebenso wie im Neuplatonismus als die ontologische Rückkehr zum höchsten Prinzip.

Ganz in der Tradition des neuplatonischen Denkens sieht Eckhart das «Sein» als Begrenzung und «geschaffen sein». Aus der Sicht des Einen betrachtet ist alles «Sein» jedoch im gleichen Maße Nicht-Sein. Alles Sein ist nur ein Abbild der Urquelle, des Einen. Wer ein Abbild allzu ernst nimmt – warnt Eckhart –, wird das Original aus den Augen verlieren.

Das Leben eines Ritters am burgundischen Hof, beschrieben und illustriert von Olivier de la Marche (1489). Die männliche Gestalt ist der Künstler selbst, der seine Hand einer Frauengestalt entgegenstreckt, die das Denken *(penser)* personifiziert.

6

DIE RENAISSANCE

Drei Philosophen, ein Gemälde des Venezianers Giorgione (1477–1510). Rechts Aristoteles, in der Mitte Ptolemaios (oder Averroës), links Regiomontanus, der die neue humanistische Philosophie repräsentiert.

Wiedergeburt und Erneuerung

Fahnenträger, skizziert von Michelangelo, der auf außerordentliche Weise menschliche Posen und Bewegungen festhalten konnte.

Totentanz in einer Druckerei. Lyoneser Holzschnitt (1500), der ein mittelalterliches Thema in eine moderne Umgebung plaziert.

Kolumbus landet an der Küste der Westindischen Insel Hispaniola (Haiti) und errichtet dort 1492 eine Siedlung.

Renaissance – der Begriff erinnert zunächst an Italien und insbesondere an Florenz, an Lorenzo *il Magnifico* de Medici, an den David des Michelangelo und an die Madrigale von Monteverdi. Man denkt auch an Reisen in unbekannte, ferne Kontinente, vor allem an Kolumbus und die Entdeckung der Neuen Welt (1492), oder an die Buchdruckkunst, die vielen Menschen den Zugang zu den überlieferten Schriften ermöglichte.

Renaissance – dazu gehören auch gebildete Adlige, die als Mäzene für Künstler und Wissenschaftler auftreten; Künstler, die den freien, von Gott und Kirche unabhängigen nachmittelalterlichen Menschen in seinem Stolz, aber auch in seinem Elend abbilden; Schriftsteller, die in reinster literarischer Form eine neue säkularisierte Lebensauffassung beschreiben; schließlich gehört zur Renaissance auch ein neues Bild von der Welt, die nicht mehr platt, flach und begrenzt, sondern rund und vollkommen ist.

Im 14., 15. und 16. Jahrhundert entstand etwas Neues in Europa. «Renaissance» ist keine Bezeichnung, die dieser Periode erst viel später von Historikern gegeben wurde. Die Menschen, die damals leb-

ten, wählten diesen Namen selbst, weil sie glaubten, in einer Zeit der Erneuerung, der Wiedergeburt der Antike zu leben, und weil sie sich von den Traditionen des Mittelalters abgrenzen wollten.

Der italienische Maler und Architekt Giorgio Vasari (1511–1574) spricht im Vorwort seines kunsthistorisch bedeutungsvollen Werkes, in dem er die Biographien unterschiedlichster Künstler zusammengetragen hat (*Le vite de' più eccelenti architetti, pittori, et scultori italiani*), von einer Wiedergeburt des antiken Stils. Er nennt zwei Gründe, die für den Verfall dieses Stils im Mittelalter verantwortlich waren: an erster Stelle den Einfluß des mittelalterlichen Christentums, an zweiter den Untergang des Römischen Reiches durch den Einfall der Barbaren.

Doch der Höhenflug der Kunst wird die Renaissance nicht überdauern: Vasari vertritt für die Geschichte von Kunst und Wissenschaft ein Modell, das sich an den Entwicklungsstufen des menschlichen Lebens orientiert, von der Geburt über die Jugend, das Erwachsensein bis zu Alter und Tod. Auch die wiedererwachten Künste müssen diesen Weg beschreiten. So hat Vasari die Renaissance als eine Periode von Wachstum, Blüte und Verfall beschrieben, als eine Epoche, die so reichhaltig ist, daß sie mit den Mitteln der Geschichtswissenschaft nicht mehr zu handhaben ist.

Ficino nennt das 15. Jahrhundert ein Goldenes Zeitalter: die schöne Literatur und Kunst wurden wiedergeboren, die Werke Platons konnten neu gelesen werden, und die Buchdruckkunst war soeben erfunden. Auch in Nordeuropa gab es Gelehrte, die sich sicher waren, in einer neuen, besonderen Zeit zu leben. In einem Brief an einen Freund teilte Erasmus 1517 mit, daß er glaube, am Beginn eines Goldenen Zeitalters zu stehen – aus unserer heutigen Perspektive erscheint diese Einschätzung etwas überschwenglich, denn Erasmus schrieb diese Zeilen am Vorabend der Reformation, die Europa zerreißen sollte und schließlich zu den Religionskriegen führte. Erasmus bemerkte, daß die großen europäischen Machthaber, Papst Leo X. und König Franz I. von Frankreich, gegen ihre eigenen politischen Interessen eine Bewegung anführten, die nach internationalem Frieden strebte. Und er hoffte, daß auf der Grundlage dieses Friedens die Moral, die christliche Frömmigkeit, vor allem aber die Literaturwissenschaft erneuert würden. Überall, so Erasmus, spreche man von der Wiedergeburt der schönen Literatur. Im selben Jahr nannte er in einem Brief an Papst Leo X. die drei wichtigsten Entwicklungen, die seine Zeit zu einem Goldenen Zeitalter machten: das Wiederaufleben der wahren, christlichen Gottesfurcht, die Weiterentwicklung der Wissenschaften und die friedliche Vereinigung des christlichen Europa.

Das Verhältnis zum Mittelalter

Renaissance steht für die Wiederbelebung der griechischen und römischen Kultur nach dem «düsteren» Mittelalter. 1469 ritt Lorenzo de Medici zu einem Ritterturnier, auf seinem Schild das Motto «Le temps revient» (Die Zeit kehrt zurück) – eine Anspielung auf eine idealisierte Vergangenheit des Römischen Reiches, wo sich die wahre ritterliche Tugend des Kampfes für das Vaterland angeblich mit der Liebe zur schönen Literatur verbunden hatte. Michelangelo stellte den neuen Menschen dar: emanzipiert und selbstbewußt. Zugleich wandte sich vor allem in Nordeuropa die christliche Frömmigkeit von der mystischen Theologie des Mittelalters ab und suchte die Einfachheit des Glaubens in den neuen, streng philologischen Interpretationen der Bibel und in den Werken der Kirchenväter, die zum Teil neu entdeckt wurden. Auch hier gibt es ein «Zurück zur Antike», und zwar im besonderen zu den ursprünglichen hebräischen, griechischen und lateinischen Quellen des Christentums. In den Naturwissenschaften ist man sich dieser neuen Zeit nicht weniger bewußt. Der Universalgelehrte Pierre Belon (1517–1564) gebraucht inmitten einer Zeit großer sozialer und politischer Unruhe eine Metapher aus der Botanik: die Wissenschaften, so Belon, erlebten eine «Renaissance», wie Pflanzen, die im Frühjahr von den wärmenden Strahlen der Sonne aus ihrem Winterschlaf geweckt werden und neue Kraft bekommen.

Begriffe wie «Wiedergeburt», «Erneuerung» und «Rückkehr zu den hohen moralischen Werten der Antike» bestimmen das Selbstbewußtsein dieser Renaissancegelehrten. Damit grenzen sie sich von der intellektuellen Tradition des Mittelalters ab. Allerdings ist Vorsicht geboten, sowohl was die historische Periodisierung als auch was die Kontinuität philosophischer Fragestellungen angeht. Das spätmittelalterliche universitäre Denken, gekennzeichnet durch verschiedene Varianten des Thomismus, des Scotismus und des Nominalismus, existierte im 16. Jahrhundert und selbst im frühen 17. Jahrhundert noch neben den humanistischen Gedanken, die sich oftmals außerhalb der Universitäten entwickelten. Ockham, Buridan und der Niederländer Marsilius van Inghen (ca. 1330–1396), um nur einige zu nennen, lebten und arbeiteten in derselben Zeit wie die Gelehrten, die wir der Renaissance zuordnen.

Auch inhaltlich müssen zum Gebrauch der Epochenbezeichnung «Renaissance» einige Anmerkungen gemacht werden. Die rhetorische Bewegung des Humanismus in der Renaissance etwa hat ihre Wurzeln in einer traditionellen mittelalterlichen Ausbildung, der sogenannten *ars dictaminis*, der sich Notare, Reden- und Briefschreiber unterzogen, um die Kunst des Formulierens zu erlernen.

Die reformatorische und gegenreformatorische Theologie des 16. Jahrhunderts berief sich unter anderem wiederholt auf das Werk von Duns Scotus. Und auch die Metaphysik des 15. Jahrhunderts erweist sich bei näherer Untersuchung als ein Beispiel für die Kontinuität des mittelalterlichen Denkens in der Zeit der Renaissance. Zwar lehnten die Renaissancegelehrten die spekulative Metaphysik des Mittelalters, die sie als zu statisch empfanden, größtenteils ab oder transformierten sie grundlegend – wie im 16. Jahrhundert an der Schule von Coimbra (Sitz der ältesten Universität von Portugal) –, zugleich aber beriefen sie sich auf die mittelalterliche Tradition der *artes liberales* (der freien Künste). Trotz dieser unbestrittenen Kontinuität setzt die Renaissance-Philosophie unverkennbar neue Akzente. Sie zeichnet sich aus durch einen anderen, einen praktischen und vor allem literarischen Ton.

In den Jahren 1530–1532 wurde Erasmus mehrmals von Holbein porträtiert. Erasmus war damals etwa 60 Jahre alt; sein Ruhm als humanistischer Schriftsteller und Denker verbreitete sich über ganz Europa.

Wir übernehmen hier die übliche Periodisierung der Renaissance – von Petrarca bis Montaigne – und beschließen dieses Kapitel mit einem Ausblick auf die Kontroverse, die um 1640 durch die neue Philosophie von Descartes ausgelöst wurde. Dadurch ergeben sich Überschneidungen mit dem Mittelalter, das im vorigen Kapitel zwischen 500 und 1500 angesiedelt wurde.

Erasmus schrieb das Konzept für sein wohl berühmtestes Werk, *Lob der Torheit*, während seiner Reise von Italien nach England im Herbst 1509. Hans Holbein der Jüngere machte für die Ausgabe von 1515–1516 Randnotizen.

Humanistische Studien

Der «Humanismus» der Renaissance unterscheidet sich deutlich von den Vorstellungen, die sich heute mit diesem Begriff verbinden. Er hat nichts zu tun mit einem Engagement für gesellschaftliche Werte, das sich auf die Würde des Menschen beruft. Der Humanismus der Renaissance ist mit dem Begriff *studia humanitatis* verbunden, der so viel bedeutet wie: Studien, die den Menschen zu einem kultivierten Wesen machen. Der Lehrer, der dieses Studium vermittelte, wurde *umanista* (Humanist) genannt, und die Ausbildung umfaßte die Fächer Grammatik, Rhetorik, Dichtkunst, Geschichte und angewandte Philosophie (Ethik und Politik). Dem Humanismus lag der Gedanke zugrunde, daß der Mensch nicht von sich aus und aufgrund seiner natürlichen, unver-

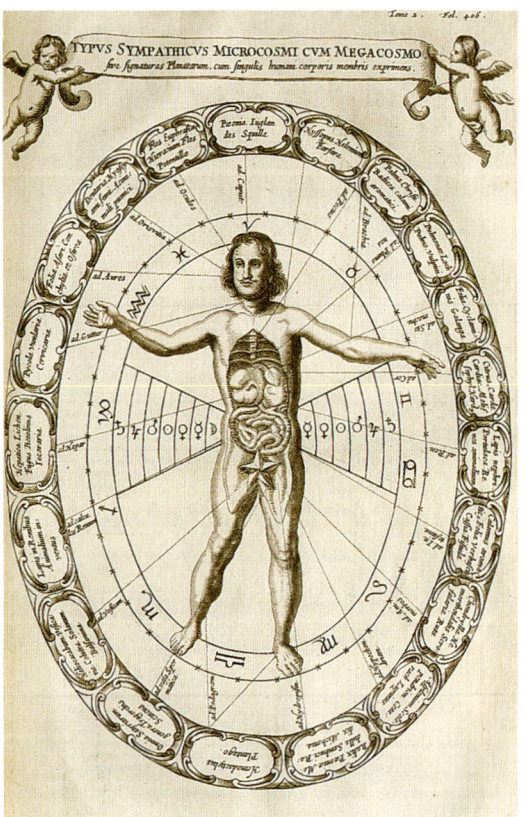

Der Zusammenhang von Makrokosmos und Mikrokosmos zeigt sich im Einfluß der Planeten auf die Teile des menschlichen Körpers. Auch in der Neuzeit wurde diese klassische Theorie noch vertreten.

dorbenen Art eine vollendete Würde besitzt, sondern daß er sich durch Unterricht (*eruditio*) in den von der klassischen Tradition vorgegebenen Kulturfächern zu einer selbständigen moralischen Person entwickeln sollte. Das Ziel war die Erziehung des Menschen zu einem vollwertigen Mitglied der Gesellschaft. Der Humanismus hat also einen ausgeprägt pädagogischen Duktus. Die angewandte Philosophie des Humanismus hatte ihre Blütezeit am Ende des 14. und in der ersten Hälfte des 15. Jahrhunderts in den republikanischen Stadtstaaten wie Florenz, Pistoia und Lucca. Darüber hinaus unterschied sich der Humanismus der Renaissance auch durch seine stark christliche Ausrichtung vom modernen Humanismus.

Die ersten Humanisten waren davon überzeugt, daß die Werte der studia humanitatis am deutlichsten und reinsten in den Werken der alten, nichtchristlichen Griechen und Römer und in denen der Kirchenväter formuliert waren. Damit grenzten sie sich sowohl vom lateinischen Stil als auch vom Inhalt der mittelalterlichen scholastischen Theologie und Philosophie ab. Den Stil und den zugehörigen Wortschatz empfanden sie als zu technisch, er war so sehr Teil einer spezialisierten «scholastischen Methode» geworden, daß das spätmittelalterliche Latein nicht mehr zur Vermittlung moralischer Werte geeignet schien.

In der Renaissance standen klassische lateinische Schriftsteller wie Cicero und Vergil, aber auch Kirchenväter wie Hieronymus und Augustinus für korrekten und kunstvollen Sprachgebrauch. Darüber hinaus meinte man, daß die theoretischen und metaphysischen Themen, die von den mittelalterlichen Gelehrten rege diskutiert wurden, für das tägliche Leben unbrauchbar und sogar schädlich seien. Bildung und Philosophie sollten den Menschen in seinem Alltagsleben moralisch verbessern. Der Humanismus stützte sich im wesentlichen auf zwei wissenschaftliche Richtungen: die Rhetorik und die Anthropologie. Rhetorik ist die Lehre von der kunstvollen und zugleich überzeugenden Gestaltung der Rede mit dem Ziel, den menschlichen Willen in eine bestimmte, in diesem Falle ethische Richtung zu lenken. Anthropologie ist die Lehre vom Wesen des Menschen.

Der Humanismus hatte für alle Denker der Renaissance eine große Bedeutung. Auch Philosophen, die sich mehr für die theoretische Philosophie als für die ethische oder politische Praxis interessierten, wie Cusanus und Ficino, schlossen sich früher oder später den studia humanitatis an oder stützten sich auf ihre Ergebnisse. Frühe Vertreter des Humanismus der Renaissance sind Petrarca, Salutati, Bruni und Poggio.

Petrarca

Francesco Petrarca (1304–1374) gilt als der erste «moderne» Mensch in dem Sinne, daß er als erster ausführlich und subjektiv über seine eigenen Gefühle und Gemütszustände schrieb. Er war ein großer Lyriker, ein mitreißender Prosa-Schreiber und ein Gelehrter von Format. Er überzeugte seine Freunde und spätere Humanisten vom reinen Stil und dem hohen moralischen Gehalt der antiken Schriftsteller. Eine Literaturliste in seiner eigenen Handschrift enthält «die Bücher, die ich besonders liebe», die wichtigsten sind die von Cicero, Livius, Seneca und Augustinus. Letzterer erscheint in Petrarcas Autobiographie zugleich als sein persönlicher Lebensberater. Petrarca hielt seine geistigen Erben dazu an, Handschriften aus der Antike zu sammeln, kunstvolles, der Antike verwandtes Latein zu schreiben, die Volkssprache zu würdigen und vor allem die angewandte Philosophie zu studieren und auszuüben, die den Menschen Trost spenden und Richtlinie für ihr Handeln sein sollte.

Petrarca stützte seine Auslegung der Rhetorik und der Anthropologie weitgehend auf Cicero und Augustinus. Beeinflußt von Ciceros *De officiis* stellte er die Begriffe *ratio* (Verstand), *oratio* (Rede) und *voluntas* (Wille) ins Zentrum seiner Philosophie. Nach Petrarca sind die Menschen durch Verstand und Rede miteinander verbunden, vereinigt in einer Art natürlicher Bruderschaft. Intellektuelle Einsicht aber hat nur einen Wert, wenn sie durch überzeugende und wortgewandte Argumentation in die Praxis umgesetzt wird.

Seit Petrarca wurde diese Auffassung in der Renaissance vertreten. Doch die neuen Gedanken, die er und seine Geistesverwandten entwickelten, gingen über eine auf die Praxis gerichtete, mit der obengenannten ars dictaminis verbundene rhetorische Haltung weit hinaus. Rhetorik meint hier mehr als eine sprachlich kunstvolle und dem Zweck angemessene Form. Sie ist auf die Emotionen gerichtet; so wird in diesem Zusammenhang häufig das Wort *movere* – das Gemüt bewegen – verwandt.

Diese Auslegung der Rhetorik verband Petrarca mit der Anthropologie von Augustinus, dem von ihm am meisten geschätzten Kirchenvater. Petrarca griff den Gedanken einer Dreiteilung der menschlichen Seele auf: Der Mensch besitzt Verstand, Erinnerung und Willen. Während viele philosophische Systeme des Mittelalters ihr Interesse vor allem auf den Verstand richteten, beschäftigte sich Petrarca insbesondere mit dem Willen. Die Sprache selbst, das Sprechen und die Rhetorik müssen seiner Meinung nach kunstvoll sein, haben aber in gleichem Maße die Aufgabe, den Willen des Menschen zu formen und in die richtige Richtung zu lenken. Das Wesen des Menschen ist nicht dadurch bestimmt, daß er ein Verstandeswesen ist und lernen kann, wie die Wirklichkeit zusammenhängt, sondern daß er wählen kann zwischen Gut und Böse. Es ist die Aufgabe der Rhetorik, mit allen ihr zur Verfügung stehenden Mitteln – logischen, rationalen und ästhetischen – den Willen vom Guten zu überzeugen. Ethik ist also die höchste philosophische Disziplin.

Petrarcas Geistesverwandte

Petrarca ging es an erster Stelle um den individuellen, moralischen Fortschritt. So verteidigte er das einsame Leben, da man durch das Studium stilistisch kunstvoller und ethisch wertvoller Texte aus der Antike lernen konnte, die eigene Seele vom schlechten Willen zu reinigen.

Die Humanisten Coluccio Salutati (1331–1406) und Leonardo Bruni Aretino (1369–1444) gaben dieser Synthese von Cicero und Augustinus eine andere Richtung und plädierten für das *negotium* (die aktive Teilnahme) der Bürger am täglichen gesellschaftlichen Leben der norditalienischen Stadtstaaten wie Florenz, Lucca und Venedig. Sie verbanden individuelle Ethik mit gesellschaftlicher Politik. Argumentative Unterstützung bekamen sie von dem Humanisten Gianfrancesco Poggio Bracciolini (1380–1459). Dieser hatte einen vollständigen Text von *De institutione oratoria* des römischen Redners und Schriftstellers Quintilianus entdeckt, den er während des Konzils in Basel vorstellte. Die in dieser Schrift ausgeführten Gedanken beeindruckten das Publikum, da sie eine Vielzahl von Anregungen enthielten, die sich dafür eigneten, die politisch-humanistischen Ideale in die Praxis umzusetzen. Der humanistische Papst Pius II. begriff Schweigen sogar als schändlich und unehrenhaft. Sich dem sozialen Leben zu entziehen, verwarf er als fruchtlos, unrechtmäßig, faul und vor allem ungebildet, da ein Einsiedler seine Gedanken nicht im Gespräch mit anderen überprüfen kann. Diese humanistische Auffassung ist natürlich weit entfernt vom Ideal der einsamen, stillen Frömmigkeit, das viele Mönche und Theologen des Mittelalters angestrebt und für das höchste Gut des Lebens gehalten hatten.

Alles in allem beschränkte sich die ethische und sozialpolitische Philosophie des Humanismus nicht auf das Studierzimmer und die Bibliothek. Die Gelehrten, die mit Begeisterung die neu entdeckten Texte von Aristoteles, Cicero, Quintilianus und Augustinus rezipierten, waren oft auch aktiv in Politik und Verwaltung. Ihre in Florenz entwickelten Ideen von republikanischer Freiheit und Mitbestimmung der Bürger waren nicht unangefochten. Angriffe kamen etwa aus den Reihen ideologisch motivierter Revolutionäre aus anderen Städten. Ein Beispiel dafür ist der Römer Stefano Porcari, der 1427 und 1428 als capitano del populo, eine Art Amtsrichter, in Florenz eine Reihe von Reden im Geist des politischen Humanismus hielt. 1453 setzte er in Rom seine radikalen Ideen um. Mit einer Gruppe Gleichgesinnter verübte er im Namen der «politischen Freiheit» einen, allerdings mißglückten, Anschlag auf Papst Nikolaus V.

Im Laufe der zweiten Hälfte des 15. Jahrhunderts verlor der bürgerlich-politische Humanismus in Florenz an Einfluß. Die reichste und mächtigste aristokratische Familie von Florenz, die Familie de Medici, bestimmte die politische Richtung und ließ wenig Raum für die republikanischen Ideen, die im Kreis um Bruni Aretino entwickelt worden waren. Andere

Petrarca in seinem Arbeitszimmer. Die Miniatur ist einer Handschrift seiner *Rime e Trionfi* (15. Jahrhundert) entnommen.

aristokratische Familien, wie die de Pazzi, mußten mitansehen, wie die Macht der Medici wuchs und sie schließlich als alleinige Herrscher die Regierungsgewalt über die Stadt Florenz innehatten. Es schien, als sei es für immer vorbei mit den hochfliegenden Freiheitsidealen. Doch mit dem Tod von Lorenzo de Medici 1492 wendete sich das Blatt.

Savonarola

Der Dominikanermönch Girolamo Savonarola (1452–1498) bildete in Florenz eine Koalition aus Patriziern und unabhängigen Bürgern des Mittelstandes, die 1492 die Medici vertrieb. Ziel Savonarolas war eine Erneuerung der gesellschaftlichen Strukturen in Florenz auf der Grundlage zweier Gedanken. An erster Stelle sollte das gesellschaftliche und religiöse Leben von jeglichem Klerikalismus, von Eitelkeit und Immoralität gereinigt werden: man sollte zurückkehren zu innerlicher und äußerlicher Askese und zur Einfachheit des christlichen Glaubens. Dadurch sollten die Bürger von Florenz Kraft sammeln, um sich auf ein gemeinsames Ziel zu konzentrieren und so eine geeinte politische Kraft zu bilden. Mit Verve verteidigte Savonarola dieses Ideal in vielen beim Volk populären Predigten, in denen er das gesamte Repertoire humanistischer rhetorischer Stilmittel ausspielte.

Der zweite Gedanke, der, in die Praxis umgesetzt, Florenz demokratisch umgestalten sollte, war, daß die Freiheit von politischer Willkür nur durch eine breite Partizipation der Bürger bei Wahlen und bei der Gesetzgebung garantiert werden könne; das bedeutete allerdings nicht, daß alle Bürger gleiche Rechte hatten. Diese republikanischen Freiheitsgedanken übernahmen Savonarola und seine Mitstreiter aus der kulturellen Tradition, die vor der Regierung der Medici in Florenz geherrscht hatte. Savonarola arbeitete diese Gedanken in seinem *Trattato circa il governo e regimento della città di Firenze* von 1497 aus. Diese «Konstitution» ist eine Synthese aus dem florentinischen politischen Humanismus, aus der *Politika* des Aristoteles und einer durch Augustinus gefärbten Apokalyptik, die aus Florenz eine Gottesrepublik auf Erden machen wollte. Ein kurioser Aspekt in Savonarolas Theorie ist, daß die *Republik* sich frei entscheiden sollte für Christus als *König*; so könne Florenz das neue Zion werden und damit ein wahrhaft irdisches Paradies. Doch die Bevölkerung von Florenz verlor bald ihre Begeisterung für den asketischen Dominikaner. 1498 wurde er von seinem Thron gestürzt, von einer päpstlichen Kommission verurteilt und von der weltlichen Obrigkeit auf der Piazza della Signoria in Florenz verbrannt.

Der Mann, von dem man sagte, er schreibe «mit dem Finger des Teufels», Niccolò Machiavelli, wurde 1469 geboren und entstammte einem alten Adelsgeschlecht aus Florenz. 1469 wurde er zum Vizekanzler und diplomatischen Sekretär der Republik Florenz ernannt. Als die Medici 1512 an die Macht zurückkehrten, wurde er seiner Ämter enthoben. Nach seiner Entlassung wandte sich Machiavelli literarischen, politischen und historischen Studien zu. 1513 schrieb er sein berüchtigtes Buch *Il Principe* (Der Fürst), um die Gunst des neuen Herrschers von Florenz, Lorenzo de Medici, zu gewinnen (1492–1519, später Herzog von Urbino, dessen Sohn der erste Herzog von Florenz wurde. Nicht zu verwechseln mit Lorenzo de Medici *il Magnifico*).

Da sich seine Hoffnungen auf eine baldige Rückkehr in Politik und Verwaltung nicht erfüllten, verfaßte Machiavelli die *Discorsi sopra la prima deca di Tito Livio* (1513–1529), die er dem Florentinischen Adel widmete, und nahm die Anregung des späteren Papstes Klemens VII. auf, eine Geschichte der Stadt Florenz (*Istorie fiorentine*, 1525) zu schreiben. Bevor er in den Regierungsdienst zurückkehren konnte, starb er 1527. Neben politischen und historiographischen Werken schrieb Machiavelli Belletristik, Komödien, ein Handbuch über Kriegskunde und eine «soziologische» Abhandlung über die Sprache.

Machiavelli

Machiavelli wollte wie Savonarola die Staatsstrukturen erneuern, sein Ausgangspunkt war jedoch ein völlig anderer. Er gilt als der erste, der die politische Wissenschaft auf der Basis einer Analyse der menschlichen Natur betrieb. Seine Analyse führte zu dem Ergebnis, daß die Welt immer bewohnt war von Menschen, die dieselben Passionen und Emotionen hatten. Die menschliche Natur ändert sich nicht; alle Menschen sind von Grund auf schlecht und werden, sofern sie nicht gehindert werden, immer wieder das tun, was die Bosheit ihres Herzens ihnen eingibt. Es ist erwiesen, daß sie nicht in der Lage sind, sich selbst zu regieren. Wie können die Menschen nun dazu gebracht werden, dem allgemeinen Wohle zu dienen? Machiavelli antwortet mit einer recht zyni-

Inwieweit Fürsten ihr Wort halten müssen

Wie löblich es für einen Fürsten ist, sein Wort zu halten und aufrichtig statt hinterlistig zu sein, versteht ein jeder; gleichwohl zeigt die Erfahrung unserer Tage, daß diejenigen Fürsten Großes vollbracht haben, die auf ihr gegebenes Wort wenig Wert gelegt und sich darauf verstanden haben, mit List die Menschen zu hintergehen; und schließlich haben sie sich gegen diejenigen durchgesetzt, welche auf die Redlichkeit gebaut hatten.

Ihr müßt nämlich wissen, daß es zweierlei Kampfweisen gibt: die eine mit der Waffe der Gesetze, die andere mit bloßer Gewalt; die erste ist dem Menschen eigen, die zweite den Tieren; da aber die erste oftmals nicht ausreicht, ist es nötig, auf die zweite zurückzugreifen. Daher muß ein Fürst es verstehen, von der Natur des Tieres und von der des Menschen den rechten Gebrauch zu machen. Dies wird den Fürsten auf indirekte Weise von den antiken Geschichtsschreibern gelehrt, die berichten, Achill und viele andere Fürsten der Vorzeit seien dem Zentauren Chiron zur Erziehung übergeben worden, damit er sie unter seiner Zucht hatte. Einen, der halb Tier, halb Mensch ist, zum Lehrmeister zu haben, soll nichts anderes besagen, als daß ein Fürst beide Naturen annehmen können muß und daß die eine ohne die andere nicht von Dauer ist. Da also ein Fürst gezwungen ist, von der Natur der Tiere den rechten Gebrauch machen zu können, muß er sich unter ihnen den Fuchs und den Löwen auswählen; denn der Löwe ist wehrlos gegen Schlingen und der Fuchs gegen Wölfe. Man muß also ein Fuchs sein, um die Schlingen zu erkennen, und ein Löwe, um die Wölfe zu schrecken. Diejenigen, welche sich einfach auf die Natur des Löwen festlegen, verstehen hiervon nichts. Ein kluger Herrscher kann und darf daher sein Wort nicht halten, wenn ihm dies zum Nachteil gereicht und wenn die Gründe fortgefallen sind, die ihn veranlaßt hatten, sein Versprechen zu geben. Wären alle Menschen gut, dann wäre diese Regel schlecht; da sie aber schlecht sind und ihr Wort dir gegenüber nicht halten würden, brauchst auch du dein Wort ihnen gegenüber nicht zu halten. Auch hat es noch nie einem Fürsten an rechtmäßigen Gründen gefehlt, um seinen Wortbruch zu verschleiern. Hierfür könnte man zahllose Beispiele aus neuerer Zeit geben und zeigen, wieviel Friedensverträge und wieviel Versprechungen durch die Treulosigkeit der Fürsten wertlos und nichtig geworden sind; und wer es am besten verstanden hat, von der Fuchsnatur Gebrauch zu machen, hat es am besten getroffen. Aber man muß eine solche Fuchsnatur zu verschleiern wissen und ein großer Lügner und Heuchler sein: die Menschen sind so einfältig und gehorchen so sehr den Bedürfnissen des Augenblicks, daß derjenige, welcher betrügt, stets jemanden finden wird, der sich betrügen läßt.

[...] Für einen Fürsten ist es also nicht erforderlich, alle obengenannten guten Eigenschaften wirklich zu besitzen, wohl aber den Anschein zu erwecken, sie zu besitzen. Ich wage gar zu behaupten, daß sie schädlich sind, wenn man sie besitzt und ihnen stets treu bleibt; daß sie aber nützlich sind, wenn man sie nur zu besitzen scheint, so mußt du milde, treu, menschlich, aufrichtig sowie fromm scheinen und es auch sein; aber du mußt geistig darauf vorbereitet sein, dies alles, sobald man es nicht mehr sein darf, in sein Gegenteil verkehren zu können. Man muß nämlich einsehen, daß ein Fürst, zumal ein neu zur Macht gekommener, nicht all das befolgen kann, dessentwegen die Menschen für gut gehalten werden, da er oft gezwungen ist – um seine Herrschaft zu behaupten –, gegen die Treue, die Barmherzigkeit, die Menschlichkeit und die Religion zu verstoßen. Daher muß er eine Gesinnung haben, aufgrund deren er bereit ist, sich nach dem Wind des Glücks und dem Wechsel der Umstände zu drehen und – wie ich oben gesagt habe – vom Guten so lange nicht abzulassen, wie es möglich ist, aber sich zum Bösen zu wenden, sobald es nötig ist.

Aus: Machiavelli, *Il Principe* (Der Fürst)

---

schen Metapher: Auf die gleiche Weise, wie Hunger und Armut Menschen fleißig machen, machen Gesetze und Verordnungen sie gut.

Von traditionellen Auffassungen nimmt Machiavelli rigoros Abstand. Wenn die Gesellschaft bedroht wird, sind Diskussionen über Gerechtigkeit oder Willkür, Sanftmut oder Grausamkeit, Ehre oder Ehrlosigkeit fehl am Platze. Das einzige, was dann zählt, ist die Bereitschaft des Herrschers, diejenige Handlungsweise (*virtu*) mit Entschlossenheit in die Praxis umzusetzen, die das Leben und die Freiheit innerhalb der gesamten Gesellschaft aufrechterhält. Das ist die scharfe Formulierung der raison d'état, der Staatsräson, der alle ethischen Regeln am Ende untergeordnet werden müssen und die in allen Fällen, die die öffentliche Ordnung betreffen, den Ausschlag geben muß. Stabilität hängt nicht an erster Stelle von der weisen und gerechten Regierung eines Herrschers zu dessen Lebzeiten ab, sondern von seiner Art, dieser Herrschaft Form zu geben, damit der Staat nach seinem Tod in Größe und Freiheit bestehen bleiben kann.

Wie kann ein Herrscher seine Untertanen dazu bringen, den Staat zu ihrem eigenen Besten zu verteidigen? Indem er an ihre religiösen Auffassungen appelliert; Machiavelli hielt es für Savonarolas Meisterstück, das umfassend gebildete Volk von Florenz davon zu überzeugen, daß er im Sinne Gottes handele. Auf diese Art schmiedete er, zumindest für kurze Zeit, die Fraktionen in Florenz zusammen, mit dem Blick auf ein bestimmtes Ziel, das Machiavelli übrigens ablehnte.

Die Lektüre seiner Übersetzung des Alten und Neuen Testaments (1522–1523) hielt Luther selbst für wichtiger als das Studium seiner (theologischen) Schriften.

Genf war im 16. Jahrhundert das Rom der reformierten Kirche. Calvin lebte dort bis zu seinem Tod 1564. Seine Schriften hatten großen Einfluß in der Schweiz und in Frankreich, aber auch in den Niederlanden und in Großbritannien.

Humanismus und Reformation

Kurz zusammengefaßt, ist der Humanismus der Renaissance in erster Linie ein Bildungsprogramm unter dem Motto *ad fontes*, zurück zu den antiken Quellen des kunstvollen Stils und der moralischen Werte. Darüber hinaus hat er ein pädagogisches Prinzip: es reicht nicht aus, daß der Mensch als Mensch geboren wird oder daß er durch die Taufe seine im Paradies verlorene Würde zurückerlangt; er muß sich mit Hilfe von Bildung kultivieren. Das Bildungsprogramm und das pädagogische Ideal sollen den Menschen zur Übernahme sozialer Verantwortung befähigen. Der Humanismus als solcher schließt von vornherein keine der verschiedenen philosophischen Strömungen aus, entscheidend ist für ihn die rhetorische Verwertbarkeit und die Möglichkeiten einer praktischen Umsetzung.

In dieser Hinsicht hat der Humanismus auch eine wichtige Rolle im großen religiösen Konflikt des 16. Jahrhunderts, der Reformation, gespielt. Erasmus und seine in erster Linie ethisch ausgerichtete *philosophia Christi* überzeugten vor allem den Begründer der Schweizer Reformation, Ulrich Zwingli (1484–1531), von humanistischen Themen und Methoden. Der scholastischen Theologie, die die italienischen Humanisten als unnütze und wirre Spekulation verworfen hatten, setzte Erasmus nicht ein neues philosophisches System, sondern eine Morallehre entgegen. Reformation bedeutet in diesem Zusammenhang nicht eine Erneuerung der Theologie, sondern der religiösen Lebenspraxis. Diese ethische Lehre wurde untermauert in einer *imitatio Christi*, angelehnt an die Heilige Schrift, wie sie von den Kirchenvätern, vor allem Hieronymus und Origenes, ausgelegt wurde. Redegewandtheit und Rhetorik sind die notwendigen Instrumente, um die Gläubigen vom hohen Gut des einfachen christlichen Lebens zu unterrichten und zu überzeugen.

In der Wittenberger Reformation Martin Luthers (1483–1546), in der späteren Schweizer Reformation, die mit dem Namen Johannes Calvin (1509–1564) verbunden ist, und in der Gegenreformation nach dem Konzil von Trient (1545–1563) wurde gleichwohl das Gewicht wieder auf theologische und philosophische Ansätze gelegt. Doch bleiben, vor allem in der Reformation, humanistische Züge deutlich erkennbar. Man legte allergrößten Wert auf zuverlässige hebräische und griechische Ausgaben der Heiligen Schrift. Hochgeschätzt wurde das «Goldene Zeitalter» der Kirchenväter, in erster Reihe Hieronymus und Augustinus. Pädagogische Prinzipien und didaktische Methoden für die Ausbildung eines christlichen Lebenswandels waren von größtem Interesse. Schließlich kam die humanistische Sympathie für die rhetorische Form in der Kunst der Predigt zum Ausdruck.

Betrachtungen über die Wirklichkeit

Kaiser Konstantin der Große begann im Jahr 324, an die Stelle des alten Byzanz die Stadt Konstantinopel zu bauen. Über Jahrhunderte blieb Konstantinopel politische Hauptstadt und religiöses und intellektuelles Zentrum des östlichen Mittelmeerraums. Die Eroberung der Stadt durch die Türken 1453 setzte dem ein Ende.

Das Interesse der norditalienischen außeruniversitären Gelehrten an metaphysischen Fragestellungen ist trotz der Ideale, die der Humanismus aufbrachte, nie völlig erloschen. Dieser Umstand wurde vor allem durch zwei Entwicklungen begünstigt. Zum einen wurden die Stadtstaaten nach 1450 zunehmend von einer kleinen Zahl mächtiger und reicher Familien regiert. In Florenz zum Beispiel erlangten die Medici eine das gesamte gesellschaftliche Leben beherrschende Stellung. Diese Konzentration politischer Macht in den Händen einiger weniger entzog dem republikanisch gesinnten politischen Humanismus den Boden. Humanisten, die zu früheren Lebzeiten vielleicht zum Kreis des Bruni Aretino gehört hätten, wandten sich nun künstlerischen, literarischen, spekulativ-metaphysischen und religiösen Themen zu.

Zum anderen erlebte das Studium der griechischen Literatur in Norditalien eine Blütezeit, die die Begeisterung für theoretische Philosophie von neuem entfachte. Italienische Gelehrte waren seit Beginn des 15. Jahrhunderts regelmäßig nach Konstantinopel und in den Osten Griechenlands gereist, um Handschriften klassischer Autoren zu sammeln. Seit Beginn des 15. Jahrhunderts wurde die griechische Sprache auch unterrichtet. Zunächst ging es natürlich um das Erlernen der Grammatik und der Übersetzungsfertigkeiten. Einflußreiche Griechischlehrer, wie Guarino von Verona, bemühten sich vor allem um die Vermittlung der historischen, moralphilosophischen und rhetorischen Werke von Isokrates, Plutarch und Lukian.

Während sie damit die Entwicklung des Humanismus vorantrieben, wandten sich andere Philosophen auch dem Studium der theoretischen Philosophie zu. Insbesondere die universitäre Forschung blieb der Tradition von Albertus Magnus, Thomas von Aquin, Duns Scotus, Averroës und verschiedenen Richtungen des Nominalismus, des Terminismus und des Kritizismus verhaftet. Beinahe alle diese Gelehrten arbeiteten mit aristotelischen Begriffen und Bezeichnungen aus der Scholastik. Unter dem Einfluß der Kirchenväter spielte auch der Platonismus eine wichtige Rolle. Er stützte sich aber nicht direkt auf das Werk Platons, sondern war vielmehr eine Weiterentwicklung seiner Gedanken. Erst 1424 erschien eine vollständige griechische Ausgabe von Platons Werk im Westen und damit auch in Florenz.

Zwei verschiedene Strömungen verbanden sich in der Metaphysik der Renaissance: die lateinische Richtung von Lullus und Cusanus und die griechische von Plethon und Kardinal Johannes Bessarion (ca. 1400–1472). Letztere fand ihren sichtbaren Niederschlag in der Gründung der platonischen Akademie in Florenz, der Ficino vorstand.

Lullus als Vorläufer

Die Gedanken von Raymundus Lullus (Ramon Llull, ca. 1232–1316) fallen aus dem historischen Rahmen der lateinisch-universitären scholastischen Philosophie des Mittelalters. In Handbüchern über die Philosophie des Mittelalters wird ihm kein Platz eingeräumt; auch der Renaissance kann man ihn – zumindest zeitlich – nicht zuordnen. Seine Gedanken aber waren von fundamentaler Bedeutung für die Entwicklung der Metaphysik im 15. Jahrhundert.

Lullus entstammte der katalanischen Kultur Mallorcas, dem Grenzgebiet zwischen christlichem Europa, islamischem Spanien und Nordafrika. Bis zu seinem dreißigsten Lebensjahr war er Ritter, wurde dann jedoch bekehrt und machte das Studium zu seinem Lebensziel. Solchermaßen geprägt, wollte er ein Buch schreiben, das Juden, Muslime und Tataren von der Wahrheit des christlichen Glaubens überzeugen sollte. Neun Jahre lang studierte er die artes libe-

222 DIE RENAISSANCE

Sinnbildliche Darstellung (1521) der elevatio (Erbauung), wie Lullus sie auffaßte. Der Verstand, die Erinnerung und der Wille (links oben) und links darunter die *imaginatio* üben ihren Einfluß aus.

rales und beschäftigte sich ausführlich mit der Logik des al-Ghazali; die arabische Sprache brachte ihm ein Sklave bei, den er zu diesem Zweck gekauft hatte. 1274 hatte Lullus auf einem Berg Mallorcas eine Vision. Sie offenbarte ihm die Prinzipien, auf denen er eine umfassende wissenschaftliche Methode aufbaute. Sein Studium und diese Vision bildeten die Grundlage für sein beinahe dreihundert Schriften umfassendes Werk.

Lullus war der erste Europäer, der mit der Gewohnheit brach, philosophische Werke in lateinischer Sprache zu verfassen. Er schrieb katalanisch und arabisch. Da er sich zum Ziel gesetzt hatte, eine unumstößliche Philosophie für alle Religionen aufzustellen, hielt er es für angemessener, die Volkssprache zu benutzen.

Mit Eifer brachte er seine Philosophie nach Paris, wo er mit Gelehrten wie Siger von Brabant in Konflikt geriet, die sich in ihrer Aristoteles-Auslegung auf Averroës stützten. Ebenso versuchte Lullus, die spanischen und nordafrikanischen Muslime für seine Gedanken einzunehmen. Dank seiner Bemühungen beschloß das Konzil von Vienne, an fünf Universitäten Lehrstühle für Arabisch, Hebräisch und Syrisch einzurichten. Zuvor schon hatte König Jacobus II. auf Mallorca ein Missionskloster gestiftet, in dem dreizehn Franziskanermönche lebten, die sich wissenschaftlich mit der Theologie, der arabischen Sprache, dem Islam und der Philosophie von Lullus auseinandersetzten.

Das Wissenschaftsprojekt des Lullus

Die Philosophie von Aristoteles stellte das Vorhaben von Lullus, eine Wissenschaft zu entwickeln, die Christen wie Nicht-Christen ansprach, vor große Probleme. Eine solche Wissenschaft mußte einheitlich sein, in jedem Fall eine eindeutige Methode haben, und die verschiedenen Teile durften einander nicht widersprechen. Was für die eine Teilwissenschaft galt, mußte auch für die andere wahr sein; es galt, die Anhänger von Averroës in Paris wie auch in Nordafrika zu überzeugen.

Der Ursprung des Problems lag für Lullus darin, daß Aristoteles seine Kategorienlehre im Rahmen seiner analytischen Schriften und im Zusammenhang mit der *Metaphysik* entwickelt hatte und daß die aristotelische Tradition des Mittelalters diese beiden Herangehensweisen nicht zufriedenstellend miteinander verband. In seiner universalen Wissenschaft, der *Ars combinatoria*, verschmolz Lullus beide Fachgebiete, Logik und Metaphysik, indem er fundamentale Begriffe aus der platonischen Tradition wie «gut», «das Eine» und «das Seiende», die die Wirklichkeit beschreiben und erklären, zugleich als Namen für Gott verwandte. Diese *dignitates* (göttliche Namen) konnten einerseits das menschliche Denken erklären und dienten gleichzeitig dazu, die Struktur der Welt abzubilden. Mit Hilfe einer Liste solcher Namen entwarf Lullus eine mechanische «Denkmaschine», die zur Erkenntnis aller Dinge führen sollte und gleichzeitig den Beweis dafür lieferte, daß alle Wissenschaften Teil eines einheitlichen Systems sind. Darin war er ein Vorläufer der philosophischen Komputationsmodelle und der Auffassungen von einer *mathesis universalis*, wie sie etwa von Leibniz im 17. Jahrhundert vertreten wurde.

Für Lullus war das Ziel dieser Wissenschaft nicht die Erkenntnis eines bestimmten Objekts außerhalb des Menschen, sondern die reflektierende Einsicht in die Beziehungen der Dinge untereinander und mehr noch in ihr Verhältnis zu den dignitates. Durch Konzentration auf eben diese Verbindung kann sich das Denken mit Hilfe der dignitates zu Gott, dem Schöpfer selbst, aufschwingen. Diese Richtung der Metaphysik wird «dynamische Metaphysik» genannt, um sie von der Metaphysik der mittelalterlichen Scholastik abzugrenzen, die auf die Erkenntnis der einzelnen Objekte ausgerichtet ist. Das endgültige Ziel ist die mystische Einswerdung, über die Lullus in Begriffen spricht, die dem Ideal der ritterlichen Liebe entlehnt sind.

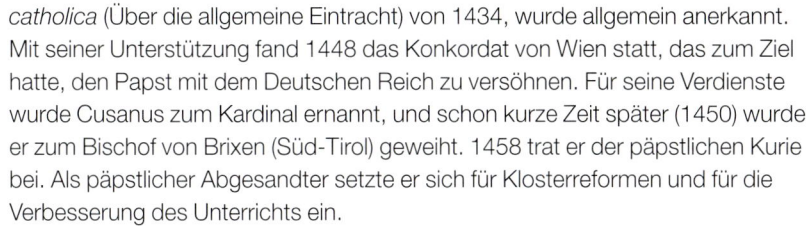

Nikolaus von Kues (1401–1464), auch Cusanus genannt, geboren in Kues an der Mosel, bekam seinen ersten Unterricht in Deventer bei den Brüdern vom Gemeinsamen Leben. Danach studierte er Philosophie in Heidelberg und kanonisches Recht und Mathematik in Padua, wo er auch promovierte. 1425 begann er das Studium der Theologie in Köln.

Cusanus war schon in jungen Jahren aktiv in der Kirchenpolitik; sein erstes großes Werk, *De concordantia catholica* (Über die allgemeine Eintracht) von 1434, wurde allgemein anerkannt. Mit seiner Unterstützung fand 1448 das Konkordat von Wien statt, das zum Ziel hatte, den Papst mit dem Deutschen Reich zu versöhnen. Für seine Verdienste wurde Cusanus zum Kardinal ernannt, und schon kurze Zeit später (1450) wurde er zum Bischof von Brixen (Süd-Tirol) geweiht. 1458 trat er der päpstlichen Kurie bei. Als päpstlicher Abgesandter setzte er sich für Klosterreformen und für die Verbesserung des Unterrichts ein.

Seine bis heute erhaltene Bibliothek in Kues vermittelt einen Eindruck davon, wie breitgefächert sein wissenschaftliches Interesse war. Er brach bewußt und radikal mit der universitären scholastischen Tradition. Obwohl seine dynamische Philosophie in hohem Maße spekulativ ist, widerspricht sie keinesfalls, ebensowenig wie die von Lullus, einer empirischen Detailforschung. Zwei wichtige Auseinandersetzungen mit philosophischen Ansätzen sind *De docta ignorantia* (Die belehrte Unwissenheit, 1440) und *De venatione sapientiae* (Die Jagd nach Weisheit, 1463). Interessant für seine mathematischen Ansichten ist *De mathematica perfectione* (Mathematische Vollkommenheit). Im *Dialogus de deo abscondito* (Vom verborgenen Gott) diskutieren ein «Christ» und ein «Heide» über die Unergründlichkeit Gottes. Cusanus wurde in Rom bestattet.

Cusanus

Cusanus verbindet die dynamische Metaphysik von Lullus mit dem neuplatonischen Einen, das außerhalb und unabhängig von allem Sein besteht. In der Nachfolge von Lullus ist auch für Cusanus nicht das Seiende außerhalb von uns die primäre Erkenntnisquelle. Das höchste Denken, verstanden als transzendenter göttlicher Geist, entfaltet sich im Universum wie im menschlichen Denken. Das bedeutet allerdings nicht, daß der Mensch etwa Gott und das wahre Sein erkennen kann. Cusanus faßt das Erkennen intentional auf: unser Wissen ist ein Nicht-Wissen. Diese *docta ignorantia* (Wissen vom Nichtwissen) enthält das Bewußtsein der Transzendenz und der Unendlichkeit des wahren Seins.

Da der göttliche Geist zugleich der Ursprung der Welt ist, versteht Cusanus den menschlichen Geist, in dem auch der göttliche anwesend ist, als einen Mikrokosmos, als eine Spiegelung der Welt im Kleinen. Der menschliche Geist selbst ist in seiner Funktion auch ein Spiegel des göttlichen Geistes, in dem Sinne, daß sein Wirken und sein Vermögen dem Gottes ähneln. Mit Hilfe der Sprache hat der Mensch Zugriff auf die ihn umgebende Wirklichkeit, die er jedoch nicht vollumfänglich erfassen kann. Er hat diese Möglichkeit eben dadurch, daß er Teil hat am göttlichen Geist, der wiederum durch sein Sprechen diese Wirklichkeit geschaffen hat. Gerade durch innerliche Einkehr kommt der Mensch der göttlichen Sprache – und damit also dem Wesen der Dinge – auf die Spur.

Es sei aber darauf hingewiesen, daß menschliche und göttliche Sprache sich grundlegend unterscheiden. Gewöhnlich gebraucht die Wissenschaft eine rational-logische Sprache; das heißt, sie analysiert nach dem Vorgehen des *maius et minus* (mehr und minder). Die Dinge in der Natur etwa können in Begriffen von Ruhe und Bewegung beschrieben werden: das eine Ding befindet sich mehr in Ruhe und weniger in Bewegung als ein anderes. So gibt es Dinge, die in vollständiger Ruhe verharren, und Dinge, die in vollständiger Bewegung sind und die beide dadurch in einen Gegensatz zueinander geraten. Die mathematische Methode der wissenden Unwissenheit nun stellt fest, daß Ruhe und Bewegung nicht isoliert in der Natur vorkommen und daß die ratio sie zu Unrecht als *opposita* (Gegensätze) begreift. Cusanus ist vom Prinzip der *coincidentia oppositorum* (des Zusammenfallens der Gegensätze) überzeugt. Dieser Ansatz stützt sich auf die Erkenntnis, daß das *maximum* (das Größte) zusammenfällt mit dem *minimum* (dem Kleinsten). Die Mathematik, die uns Einsicht verschafft in diese coincidentia, ist keine Teildisziplin, sondern die Disziplin, die wie keine andere unsere Kenntnis vom Unendlichen vertiefen kann, indem sie uns ermutigt, der Vorstellung von der Unendlichkeit nachzugehen.

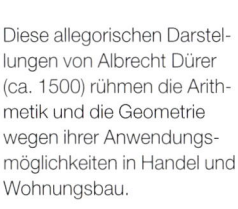

Diese allegorischen Darstellungen von Albrecht Dürer (ca. 1500) rühmen die Arithmetik und die Geometrie wegen ihrer Anwendungsmöglichkeiten in Handel und Wohnungsbau.

Christ:

Deus leitet sich ab von ‹theoro›, d. h. ich sehe. Und Gott, Deus, ist in unserem Lebensbereiche gleichsam das, was das Sehen im Bereiche der Farbe. Nur durch das Sehvermögen wird Farbe überhaupt angetroffen. Und auf daß das Sehen in frei beherrschender Weise jede Farbe berühre, ist sein Eigenwesen frei von Farbe. Weil es keine Farbe hat, ist es auch im ganzen Gebiete der Farbe nicht aufzufinden. Vom Farbenbereiche aus geurteilt, ist deshalb das Sehen eher ein Nichts als ein Etwas, denn dieser Seinsbereich der Farbe berührt kein Sein, das außerhalb seiner Grenzen liegt; er versichert vielmehr, alles, was es überhaupt gibt, bestehe innerhalb seiner Grenzen; hier aber trifft er das Sehen nicht an. Daher ist das Sehen, das frei von Farbe ist, für den Farbbereich unbenennbar; keine Farbbezeichnung nämlich würde ihm entsprechen. Das Sehen aber gibt durch die Unterscheidung jeder Farbe ihren Namen. Von ihm also hängt jede Benennung im Gebiete der Farbe ab. Doch der Name dessen, von dem jeder Name stammt, wird im Bereiche der Farbe eher noch als nichts denn als überhaupt irgend etwas aufgefaßt. – Und wie das Sehen zum Sichtbaren, so verhält sich Gott gleichsam zu allem überhaupt.

Heide:

Was du dargetan hast, gefällt mir, und es ist mir klar und einsichtig, daß im ganzen geschöpflichen Bereiche weder Gott noch sein Name zu finden ist. Viel eher könnte man sagen, Gott entgehe jedem Begriffe, als daß man behaupten dürfte, irgend etwas bezeichne ihn. Denn er, der frei ist von jeder bedingten Zuständlichkeit der Geschöpfe, ist im ganzen Gebiete der Schöpfung nicht ausfindig zu machen. Dieser vor den Augen aller Weltweisen verborgene Gott sei in Ewigkeit gepriesen!

Aus: Cusanus, *Vom verborgenen Gott*

Cusanus' Denkansatz zielt also nicht ab auf eine «statische» Kenntnis der Dinge, die in der Welt bestehen, sondern ist vor allem eine Denkbewegung, die zur Überschreitung der ratio einlädt. Nach Cusanus ist das rationale Denken, soweit es sich selbst überlassen ist, zu sehr geneigt, Gegensätze aufzubauen und damit die Sicht auf das Ganze zu verstellen. Der menschliche Geist hat dynamische Kraft und muß lernen, sich seines schaffenden Vermögens bewußt zu werden.

Plethon

Die griechische Richtung der Metaphysik der Renaissance erstarkte nach dem Konzil von Florenz 1438. Als Delegationsmitglied der griechischen Kirche nahm Georgios Gemistos Plethon (ca. 1360–1452) an dem Konzil teil. Wie kaum ein anderer war er vertraut mit Platons *Parmenides*, mit Plotin und Proklos, deren Gedanken er mit mystischen und okkulten Werken verknüpfte, wie zum Beispiel mit dem *Corpus hermeticum*, das Hermes Trismegistos zugeschrieben wird. Plethons Verständnis von Platon war ein ganz anderes als das der lateinischen Theologen, die seit dem hohen und späten Mittelalter versuchten, Platon mit Aristoteles in Einklang zu bringen, um so eine Grundlage für eine christliche Naturtheologie zu schaffen.

Plethon warf der lateinischen scholastischen Metaphysik in erster Linie vor, daß sie Aristoteles falsch auslege. Seiner Ansicht nach lag dies vor allem an dem Einfluß von Averroës, dessen Werk an den europäischen Universitäten mit großem Interesse gelesen wurde. Seine Hauptkritik zielte auf die Verbindung der aristotelischen Kosmologie mit der Theologie: Indem Aristoteles ein so hoher Stellenwert in der Metaphysik eingeräumt werde, werde Gott vom autonomen Schöpfer aller Dinge aus dem Nichts zu einem ersten Bewegungsprinzip einer Welt degradiert, die ewig besteht. Es sei unvermeidlich, daß sich aus diesem Ansatz viele andere falsche Auffassungen ergäben, zum Beispiel der Gedanke, daß sinnlich wahrnehmbare Dinge erkenntnistheoretische und ontologische Priorität hätten gegenüber den Ideen des schaffenden göttlichen Geistes.

Plethon war der Ansicht, daß gerade Platon und die (neu)platonische Philosophie mit dem Lehrsatz von den transzendenten Formen eine dynamische Metaphysik entwickelt hatten, auf deren Grundlage der Kosmos als Ganzes erklärt werden könne. Dieser philosophische Ansatz befaßt sich in seinem Kern damit, wie das Denken den Menschen zur Erkenntnis Gottes bringen kann.

Ficino

Die (neu)platonischen Gedanken in der lateinisch geprägten Philosophie von Lullus und Cusanus und der Versuch des Bessarion, die platonische philosophische Tradition mit der christlichen Offenbarung zu verbinden, bilden den Hintergrund des eklektischen kosmischen Systems, das Ficino entwickelte.

Im Zentrum von Ficinos System steht eine Kraft, die er neuplatonisch *anima mundi* (Weltseele) nennt und die den Mittelpunkt einer hierarchisch strukturierten Wirklichkeit bildet, die jedoch nicht statisch aufgefaßt wird. Die zwei wichtigsten Eigenschaften der Weltseele sind gerade ihre Denk*bewegung* und ihr Liebes*begehren*. Das Ausmaß beider Aktivitäten bestimmt die Rangfolge der verschiedenen Seelenar-

Marsilio Ficino wurde 1433 in der Nähe von Florenz geboren. Er bekam Unterricht in den studia humanitatis und der Medizin, erlangte aber nie einen universitären Grad. Als er um 1456 begann, sich mit der griechischen Sprache zu befassen, schenkte ihm Cosimo de Medici, dessen Leibarzt Ficinos Vater war, eine Villa in Careggi bei Florenz und eine kleine Sammlung griechischer Handschriften: der Grundstein der platonischen Akademie von Florenz.

Ficino hatte vor seinem Griechischstudium schon einige philosophische Schriften verfaßt, nun aber faszinierten ihn die hermetischen und vor allem griechischen neuplatonischen Schriftsteller. Schon 1463 übersetzte er die Werke, die Hermes Trismegistos zugeschrieben wurden. Später beschäftigte er sich mehr und mehr mit der Kommentierung und Übersetzung der Werke Platons und Plotins ins Lateinische. 1473 wurde er zum Priester geweiht. Nachdem die Medici 1494 aus Florenz vertrieben waren, zog Ficino sich aufs Land zurück. In Florenz schätzte man weiterhin sein Werk, was sich auch darin zeigt, daß der Kanzler von Florenz 1499 seine Begräbnisrede hielt. 1463 begann Ficino mit der ersten vollständigen Übersetzung von Platons Werk ins Lateinische, die 1484 herausgegeben wurde. Direkt danach übersetzte er einen Kommentar zu Plotin, der 1492 erschien. 1497 folgten Übersetzungen der Werke von Porphyrios und Proklos und schließlich von Pseudo-Dionysios Areopagita. Etwa zeitgleich mit seiner Platon-Übersetzung arbeitete er an seinem eigenen philosophischen Hauptwerk, *Theologia platonica de immortalitate animorum*, das 1474 fertiggestellt war und acht Jahre später gedruckt wurde. Daneben schrieb Ficino Werke über Medizin, Astrologie und, direkt nach seiner Priesterweihe, ein Buch über christliche Glaubenslehre.

Handschrift von Ficinos Einleitung zu Plotins Werken, gewidmet Lorenzo de Medici. 1484 begonnen, erschien die erste Ausgabe 1492.

GEGEN AVERROES, D. I. GEGEN DIE LEHRE VON DER EINHEIT DES INTELLEKTS DER MENSCHEN

Marsilio Ficino entbietet seinem einzig geliebten Freunde Giovanni Cavalcanti seinen Gruß

Averroës war der Meinung, der Intellekt aller Menschen wäre ein einziger, und durch ihn sollen alle gemeinsam jedwede Erkenntnis haben. Diese Meinung finden einige, die mehr nach Neuerungen als nach der Wahrheit trachten, durchaus natürlich. Ich nun auch; doch nenne ich sie nur deshalb natürlich, weil sie nach Art der natürlichen Dinge sehr veränderlich ist und durch ihren Gegensatz vernichtet wird. Denn schon bloß dadurch, daß jemand das Gegenteil behauptet, wird die Meinung des Averroës sofort ins Wanken gebracht. In einem und demselben können nämlich nicht Gegensätze zugleich bestehen. Wenn nun aber der Intellekt in einem Averroisten und in einem Platoniker über sich selbst gleichzeitig Entgegengesetztes denkt, indem er hier behauptet, er sei ein einziger, dort aber, er sei eine Vielheit, so steht damit vollkommen fest, daß in ihnen nicht ein Intellekt ist, sondern daß eine Vielheit besteht. Besteht nicht in dem, was auf das Denken und Wollen Bezug hat, zur gleichen Zeit zwischen den Menschen die größte Verschiedenheit? Es wird ja ein und dasselbe gleichzeitig von den einen behauptet und von den anderen geleugnet, von den einen gewollt und von den anderen nicht gewollt. Was sollen wir ferner von den widerstreitenden Beschaffenheiten sagen? In dem einen ist der Intellekt sehr gelehrt, in dem anderen ungelehrt, in diesem gerecht und redlich, in jenem ungerecht und unredlich, in diesem glücklich, in jenem unglücklich. Folglich kann nicht derselbe Intellekt in allen sein. Wenn aber verschiedene Intellekte da sind, so besteht noch eine viel größere Verschiedenheit der Seelen. Ferner, wenn der Intellekt einzig ist und immer existierte, wie Averroës behauptet, so ist es nicht wahrscheinlich, daß er so wenig sich selbst kennen soll, daß er so ziemlich in allen Menschen, ausgenommen allein Averroës, sich für vielfältig gehalten hat und noch hält. Was ist wohl der Vernunft natürlicher, als die Erkenntnis ihrer selbst? Warum kann also die Vernunft, indem sie die Meinung des Averroës denkt, diese entweder niemals oder kaum mit Mühe annehmen, wenn dieselbe nicht eben falsch ist? Mit einem Wort, stets wenn wir die Einheit des Intellekts durchdenken, hassen wir sie und wünschen die Vielheit der Intellekte, wenn anders wir fortzuleben verlangen. Eine und dieselbe Vernunft würde also, wenn anders sie hassen kann, ihre eigene Einheit hassen, welche allein die Erkenntnis bewirken kann. Es ist aber nicht wahrscheinlich, daß ein ewiges und in hohem Maße göttliches Wesen stets seine eigene Natur verachten, verabscheuen und hassen soll. Was soll ich noch weiter vorbringen. In Hülle und Fülle haben wir beide auf Deinem Landgut zu Rignano diesen Gegenstand erörtert, als dieser Marsilio hier als Dein Gast dort den dicken Band über die Theologie verfaßte. Sei gegrüßt!
Florenz, den 16. April.

Aus: Ficino, *Epistolarium*

ten, die Ficino unterscheidet. Er kennt neben der menschlichen Seele eine Reihe höherer, kosmischer Seelen, wie zum Beispiel die Seelen der zwölf Weltsphären, der Engel und der Dämonen. Die menschliche Seele steht in der Seelenhierarchie ganz unten, da sie die beiden grundlegenden intellektuellen Aktivitäten nicht parallel ausüben kann: das reflektierende Betrachten der göttlichen Dinge mit Hilfe des Verstandes und das Lenken des Körpers und anderer irdischer Dinge. Der Mensch kann die beiden Funktionen nur nacheinander ausführen.

Dennoch schätzt Ficino die menschliche Seele nicht gering. Er schreibt der individuellen menschlichen Seele große Bedeutung zu, wie der Titel seines Hauptwerkes, in dem er ihre Unsterblichkeit proklamiert, andeutet.

Die verschiedenen Teile und Aspekte des Kosmos werden durch die konstante Denkaktivität der Weltseele und durch die Liebe, die sie für alles Bestehende hegt, zusammengehalten. Wie sich das Verhältnis zwischen Weltseele und individueller Seele nach dem Tod des Menschen bestimmt, läßt Ficino offen. Doch die Weltseele ist nicht das wichtigste Element in Ficinos Kosmos. Sie aktualisiert sich erst in den individuellen menschlichen Seelen, die durch sie lernen, nach dem höchsten Gut zu streben.

An diesem Punkt weicht Ficino von Platon und vor allem von Plotin ab, die beide der menschlichen Seele einen weniger zentralen Platz einräumen. Die menschliche Seele ist für Ficino die Zwischenform aller Dinge, die Gott geschaffen hat. Sie steht zwischen den hohen und den niedrigen Dingen und teilt bestimmte Aspekte beider Seiten. Einerseits richtet die Seele sich auf den Körper und die externe Welt, andererseits ist ihr Ziel gerade das kontemplative, nach innen gerichtete, individuelle Leben. Diese Kontemplation führt die Seele zu höheren Stufen der Wahrheit und des Seins, die in einer endgültigen Erkenntnis und Betrachtung Gottes verschmelzen. Dieses Vermögen der menschlichen Seele ist der metaphysische Beweis für die Würde des Menschen. Diese Würde ist allerdings eine andere als die von den Humanisten postulierte: im humanistischen Sinne ergibt sich die Würde aus den politischen und moralischen Möglichkeiten des Menschen als soziales Wesen.

In Ficinos Platonismus haben auch Astrologie und Magie einen hohen Stellenwert; in großen Teilen stützt er sich dabei auf das *Corpus hermeticum* und darin vor allem auf das magische Werk mit dem Titel *Asclepius*. Ficino entdeckte in diesem *Corpus* Wendungen und Gedanken, die ihn davon überzeugten, daß er die wichtigste vorantike Quelle vor sich hatte, auf die sich Platonismus und Neuplatonismus berufen konnten. Damals hielt man Hermes Trismegistos für einen ägyptischen Gelehrten aus der Zeit des Moses. Seine Schriften bekamen so für die Philosophie ein nahezu ebenso großes Gewicht wie die ersten fünf Bücher der Bibel für die Theologie.

Pico della Mirandola

Dieser Synthese von Platonismus und Hermetismus fügte Giovanni Pico della Mirandola (1463–1494) ein weiteres Element, die Lehre der jüdischen Kabbala, hinzu. In der jüdischen mystischen Tradition existiert der Glaube, daß Gott Moses neben der allgemein zugänglichen Offenbarung in Form der Gesetzestafeln eine weitere geheime Botschaft anvertraut hat. Diese esoterische Lehre soll über die Jahrhunderte mündlich jeweils an Vertraute weitergegeben worden sein. Die Kabbala wurde im Mittelalter zu einer theosophischen Mystik ausgearbeitet, die nach einer tieferen Bedeutung in den Worten und Texten des Alten Testaments suchte. Pico verband dieses System und den Ansatz von Lullus mit dem hermetischen Platonismus von Ficino. Pico glaubte, die Wahrheit der christlichen Lehre durch diese Synthese beweisen zu können.

Die Lehre von Pico ist keine systematische und konsequente Philosophie, sondern eher ein Synkretismus, getragen von der Überzeugung, daß die unterschiedlichsten Grundlagentexte wie die Bibel, das *Corpus hermeticum*, die Kabbala und philosophische Schriften wie die von Pythagoras, Platon und Aristoteles Ausdruck derselben Wahrheit sind.

Bedeutungsvoll an Picos System sind seine Gedanken über die Würde des Menschen: Anders als seine Vorgänger weist er dem Menschen nicht einen bestimmten Platz in der kosmischen Hierarchie zu. Seiner Überzeugung nach schuf Gott den Menschen als ein freies Wesen. Er kann bis zu den niedrigsten tierähnlichen Daseinsformen sinken oder sich aufrichten zu den höchsten göttlichen Stufen. Diese mit Eifer verteidigte These hatte großen Einfluß auf moderne philosophisch-anthropologische Auffassungen. Picos Anthropologie steht allerdings nicht isoliert. Die Rede über die Würde des Menschen ist Teil eines größeren Werkes, in dem er sein synkretistisches Denken als den Weg des Menschen zum höchsten Gut charakterisiert.

Allegorische Darstellung der Philosophie von Albrecht Dürer (1502). Links und rechts der Bildmitte Portraits von Albertus Magnus und Platon.

Spätere Betrachtungen

Die platonischen, hermetischen und kabbalistischen Auffassungen des ausgehenden 15. Jahrhunderts wurden im 16. Jahrhundert von verschiedenen Gelehrten aufgegriffen: von dem deutschen Humanisten Johannes Reuchlin (1455–1522), der die Kabbala bei den Theologen der Reformation einführte; von dem Mathematiker John Dee (1527–1608), der dadurch zum begeisterten Naturwissenschaftler wurde; dem italienischen Denker Giordano Bruno (1548–1600), der auf der Grundlage animistischer und magischer Theorien einer der größten und einflußreichsten Verteidiger des kopernikanischen Weltbildes wurde; dem englischen Philosophen Francis Bacon (1561–1626), der okkulte und magische Kräfte auf nicht wahrnehmbare physische Strukturen der Dinge in der Wirklichkeit zurückführte. Vor allem Dee und Bacon, die auf Symmetrie und Form Wert legten, galten als Vorläufer einer neuen, wissenschaftlichen Methode der modernen Zeit.

Die Unsterblichkeit der Seele

Während der gesamten Zeit der Renaissance spielte Aristoteles vor allem im scholastischen Milieu der Universitäten eine wichtige Rolle. Seine Werke wurden allerdings anders gelesen als früher. Dank der neuen philosophischen und historischen Methoden der Humanisten wurden die Kommentare präziser. Zuverlässigere griechische Quellen und genauere lateinische Übersetzungen ermöglichten – anders als noch im Mittelalter – eine neue und exaktere Textauslegung der aristotelischen Schriften. Die Beachtung, die Humanisten wie Bruni Aretino der angewandten Philosophie schenkten, verstärkte das Interesse der Kommentatoren an den Universitäten für das ethische und rhetorische Werk des Aristoteles. Daneben setzte sich die Tradition der eher «mittelalterlich-metaphysischen» Auslegung weiterhin fort; ein Bespiel für diese Art der Interpretation ist eine Edition von Textbearbeitungen und Kommentaren, die zwischen 1592 und 1598 unter der Leitung von Pedro da Fonseca (1528–1599) entstand und von den Jesuiten der Universität von Coimbra herausgegeben wurde. Aber selbst diese eher traditionelle Ausgabe spiegelt die platonischen und hermetischen Einflüße der Renaissance wider.

Der Astrologe Thurneisser zum Thurn versuchte, mit Hilfe einer Drehscheibe den Lebenslauf des Menschen zu berechnen (1575).

Eines der wichtigsten und zugleich umstrittensten Probleme der Aristoteles-Rezeption des ausgehenden 15. und beginnenden 16. Jahrhunderts war die Frage nach der Unsterblichkeit der menschlichen Seele. Die Scholastik hatte diese Frage als solche gar nicht gestellt. Die Unsterblichkeit der Seele wurde vorausgesetzt, und das Interesse richtete sich auf den ontologischen Status der Seele innerhalb der Hierarchie des Seienden. Erst nachdem diese metaphysische Richtung unter dem Einfluß des Nominalismus und des Kritizismus des 14. Jahrhunderts ihre Überzeugungskraft verloren hatte, richtete sich das Interesse auf das Wesen und das Dasein der Seele selbst.

Es kam noch eine andere Entwicklung hinzu. Die aristotelische Schrift *De anima* in der lateinischen Übersetzung von Willem van Moerbeke (ca. 1215–1286) war neben seiner *Physik* Pflichtlektüre an beinahe allen mittelalterlichen Universitäten. Neue Übersetzungen von *De anima* aus der Mitte des 15. Jahrhunderts weckten bei den humanistischen Gelehrten das Interesse für die aristotelische Psychologie und Anthropologie. Der Streit über die richtige Auslegung von *De anima* erhielt neuen Zündstoff, als bis dahin unbekannte oder nur zum Teil bekannte griechische Originaltexte mit Kommentaren zu dem Werk des Aristoteles veröffentlicht wurden.

Die Debatte

In der Debatte über die Unsterblichkeit der Seele sind drei Hauptrichtungen zu unterscheiden.

An erster Stelle wurde die Auffassung vertreten, daß die individuelle Unsterblichkeit der menschlichen Seele philosophisch nachzuweisen ist. Anhänger dieser Überzeugung waren vor allem Albertus Magnus und Thomas von Aquin mit ihren Schülern des 16. Jahrhunderts, wie etwa dem Theologen Thomas de Vio (Caietanus; 1469–1534) und dem platonischen Humanisten Ficino.

Der zweiten Richtung hing eine große Gruppe von Philosophen an, die die Auffassung verband, daß die Unsterblichkeit der persönlichen Seele nicht mit Hilfe der Philosophie bewiesen werden könne. Nachfolger von Duns Scotus etwa bestätigten, daß gewisse Argumente für ihre Unsterblichkeit sprächen, und spätmittelalterliche Nominalisten wie Gabriel Biel (ca. 1425–1495) sahen keinen Widerspruch zwischen dem Glauben an die Unsterblichkeit der Seele und der wissenschaftlichen Philosophie.

Schließlich gab es die averroistischen und alexandristischen Interpretatoren von *De anima*. Sie waren überzeugt, daß die Philosophie das Problem lösen könne, wenn man die Texte des Aristoteles nur intensiv genug lesen würde – wiederum ein humanistischer Ansatz. Darüber hinaus lagen ihre Ansichten allerdings weit auseinander.

Auf den ersten Blick scheinen die Averroisten mit Ficino und Caietanus übereinzustimmen. Bei näherer Betrachtung aber zeigt sich, daß die averroistische Interpretation von Aristoteles zwar die Unsterblichkeit des Intellekts vertritt, daß es aber hier um den allgemeinen Intellekt geht, der Menschen zu denkenden Wesen macht, und nicht um die Unsterblichkeit der individuellen Seele, die so wichtig ist für die beiden erstgenannten Gruppen. Die individuelle Seele hat dieser Interpretation zufolge nicht teil an der Existenz des Intellekts außerhalb des Körpers und kann damit nach dem Tod des Menschen nicht weiter existieren. Die Schüler des Alexander von Aphrodisias gingen noch weiter: Jeder Mensch hat einen eigenen Intellekt; dieser Intellekt aber ist so eng verwoben mit der sinnlichen Wahrnehmung und anderen körperlichen Funktionen, daß er nach dem Tod nicht selbständig bestehen kann.

Pomponazzi

Die Debatte über die Stellung der Seele wurde von so viel verschiedenen intellektuellen Wortführern so ungemein heftig und verbissen geführt, daß die Kirche sich auf dem fünften Lateranischen Konzil (1512–1517) genötigt sah, festzustellen, daß die Unsterblichkeit der individuellen Seele philosophisch bewiesen werden könne. Dieser Beschluß führte zu einem heftigen Konflikt, der 1516 mit der Publikation von Pomponazzi, *De immortalitate animae*, seinen Höhepunkt fand. Diese Streitschrift war als eine Antwort an die Kritiker gedacht, zu denen vor allem Contarini und Agostino Nifo zählten.

Pietro Pomponazzi (1462–1525), geboren in Mantua, studierte in Padua, wo er anfänglich unter dem Einfluß des Averroismus stand. Später lehrte er unter anderem in Bologna und Ferrara. Auffallend ist, daß er sich in Methodik, Stil und Wortwahl kaum an die humanistische Eloquenz und Rhetorik anlehnte. Obwohl er sich um das Verständnis der aristotelischen Philosophie bemühte, hat er nie Griechisch gelernt. Seinen eigenen Schriften tat es keinen Abbruch. Heftig, engagiert und selbständig in seinen Texten und seinen Seminaren, gab er auch Fehler zu, wenn man ihm logische Inkonsequenzen nachwies.

Pomponazzi verwarf die Auffassung, daß die Philosophie von Aristoteles einen Beweis für die Unsterblichkeit sowohl der individuellen Seele als auch des allgemeinen Intellekts liefern könne. Seine eigene Position war wohl, daß zwischen dem, was philosophisch beweisbar ist, und dem, was der Theologie geglaubt werden muß, eine scharfe Grenze verläuft.

Pomponazzis Analysen gewannen im Laufe des 16. Jahrhunderts innerhalb der philosophischen Debatte einen so großen Einfluß, daß schließlich sogar die Hegemonie des Aristoteles in Frage gestellt

Pomponazzi (Holzschnitt, anonym, 16. Jahrhundert)

Der dritte Haupteinwand lautete: Gott ist nicht der Lenker des Alls, oder er ist zumindest ungerecht.

Dazu dies: Beides folgt nicht. Vielmehr bleibt kein Übel wesentlich ungestraft, und kein Gutes bleibt wesentlich ohne Belohnung. Dazu muß man wissen, daß Belohnung und Strafe jeweils in zweifachem Sinn zu verstehen sind: einmal als wesentlich und unabtrennbar, zum anderen aber als akzidentell und abtrennbar. Die wesentliche Belohnung für die Tugend ist die Tugend selbst; sie macht den Menschen glücklich. Denn das Höchste, was die menschliche Natur besitzen kann, ist die Tugend selbst, da sie allein den Menschen von Sorgen befreit und jede Beunruhigung von ihm fernhält. Beim Tugendsamen stimmt nämlich alles zusammen: Er fürchtet nichts, er erhofft nichts, sondern bleibt im Glück wie im Unglück immer derselbe [...]. Umgekehrt verhält es sich aber mit dem Laster: Die Strafe für den Lasterhaften ist das Laster selbst; es ist das größte Mißgeschick, das größte Unglück, das es geben kann. Wie unsittlich aber das Leben des Lasterhaften ist und wie sehr es zu vermeiden ist, bekundet Aristoteles im VII. Buch der *Ethik*, wo er darauf verweist, daß beim Lasterhaften nichts Harmonisches anzutreffen ist: Er vertraut niemandem, nicht einmal sich selbst, kommt weder bei Tag noch bei Nacht zur Ruhe, wird von gräßlichen körperlichen und seelischen Qualen gemartet – das unglückliche Leben schlechthin. Das gilt in dem Maße, daß kein Weiser, mag er auch noch so bedürftig, schwächlich und der Güter des Schicksals bar sein, das Leben eines Gewaltherrschers oder überhaupt eines lasterhaften Mächtigen bevorzugen, sondern lieber als Weiser in seiner Lage verharren würde. Deshalb liegt der Lohn für jeden Tugendsamen in seiner Tugend und in seinem Glück. [...] Das Gegenteil aber ist beim Laster der Fall. Deshalb bleibt kein Lasterhafter ungestraft, da ja das Laster selbst für ihn, den Lasterhaften, Strafe genug ist. Die Belohnung oder die Strafe sind jedoch akzidentell, wenn sie abtrennbar sind, zum Beispiel Gold oder Mißbilligungen jedweder Art. Und in dieser Hinsicht wird nicht jedes Gute belohnt, nicht jedes Übel bestraft. Darin liegt jedoch kein Widerspruch, weil es sich um Akzidentien handelt. Dennoch ist hier ein Zweifaches festzuhalten: erstens, daß die akzidentelle Belohnung weitaus unvollkommener ist als die wesentliche Belohnung; das Gold ist nämlich unvollkommener als die Tugend. Auch die akzidentelle Strafe ist weitaus unbedeutender als die wesentliche Strafe; die akzidentelle Strafe ist nämlich die Strafe der Mißbilligung, die wesentliche Strafe aber die der Schuldzuweisung; weitaus schändlicher aber ist die Strafe der Schuldzuweisung als die der Mißbilligung. [...] Zweitens ist noch festzuhalten, daß, wenn ein akzidentell Gutes belohnt wird, dem wesentlichen Guten eine Minderung zu widerfahren scheint und es seiner Vollkommenheit verlustig geht. Ein Beispiel: Wenn jemand ohne Hoffnung auf Belohnung tugendhaft handelt, ein anderer aber mit Hoffnung auf Belohnung, dann wird die Handlung des zweiten für nicht so tugendhaft gehalten wie die des ersten. Deshalb wird wesentlicher der belohnt, der nicht akzidentell belohnt wird, als der, der akzidentell belohnt wird. Auf gleiche Weise wird offenkundig auch der, der lasterhaft handelt und akzidentell bestraft wird, weniger bestraft als der, der nicht akzidentell bestraft wird; denn die Strafe der Schuldzuweisung ist größer und schändlicher als die Strafe der Mißbilligung; und wenn die Strafe der Mißbilligung in Verbindung gebracht wird mit der Schuldzuweisung, vermindert sie die Schuldzuweisung. Deshalb wird einer, der nicht akzidentell bestraft wird, wesentlicher bestraft als einer, der akzidentell bestraft wird. Ein Zeugnis dafür ist auch das, was Laertius von Aristoteles schreibt; denn als Aristoteles gefragt wurde, was er der Philosophie verdanke, antwortete er: «Was ihr aus Hoffnung auf Belohnungen tut und aus Furcht vor Strafe flieht, tue ich aus Liebe zur und aufgrund der Vortrefflichkeit der Tugend und fliehe es aus Haß gegenüber dem Laster.» Warum aber einige akzidentell belohnt oder bestraft werden, andere jedoch nicht, ist nicht Gegenstand unserer gegenwärtigen Untersuchung.

Aus: Pomponazzi, *De immortalitate animae*

---

wurde. Aristoteles galt nicht mehr länger als der tonangebende Philosoph, und seine Lehre über die Seele konnte nicht länger gleichgestellt werden mit der des Thomas von Aquin oder dem kirchlichen Dogma. In zunehmendem Maße wurden philosophische Argumente auf ihren Entstehungszusammenhang zurückgeführt und allein nach den Kriterien der Logik und Stichhaltigkeit beurteilt. Um sie zu übernehmen, reichte es nicht mehr aus, daß sie Bestandteil eines theologischen Dogmas waren oder von der Obrigkeit propagiert wurden.

Pomponazzis Auseinandersetzung mit die Unsterblichkeit der Seele brachte ein interessante Wendung in die gesamte Diskussion, die sich aus seiner Deutung der Ethik ergibt. Bis zu dieser Zeit stützten Theologen und Philosophen eines der Argumente für die Unsterblichkeit der Seele auf die ethische Lehre des Aristoteles. Das Ziel des Menschen und seines moralischen Handelns sei die Kontemplation, im christlichen Terminus *beatitudo* (Glückseligkeit). Diese könne nur erreicht werden, wenn die Seele unsterblich sei und erlöst von allem körperlichen Begehren und aller Mühsal fortbestehe.

Pomponazzis Auffassung ist eine andere. Er unterscheidet beim Menschen drei Arten des Intellektes: einen spekulativen Intellekt, der sich auf das Denken und die Kontemplation richtet; einen praktischen Intellekt, der die Aufgabe hat, zwischen Gut und Böse zu wählen; und einen technischen Intellekt, der den Menschen in die Lage versetzt, Werkzeuge und Hilfsmittel zu konstruieren. Selbstverständlich haben nicht alle Menschen das gleiche Denkvermögen, und sie stehen, was den technischen Erfindungsgeist angeht, mit den Tieren auf einer Stufe. Den praktischen Intellekt aber haben alle Menschen gemein, und den besitzen nur sie. Allein aufgrund ihres praktischen Geistes, so Pomponazzi, werden die Menschen gut oder schlecht genannt. Ein schlechter Zimmermann zimmert schlecht; ein schlechter Logiker argumentiert falsch; keiner von beiden ist deshalb ein schlechter Mensch. Wenn aber der praktische Intellekt Fehler macht, ist der *Mensch* schlecht. Nach Pomponazzi liegt es in der Macht eines jeden, moralisch gut oder schlecht zu sein, während nicht jeder ein guter Denker oder Fachmann sein kann. Daraus folgert er, daß das Ziel des Menschen ebensowenig intellektuelle Kontemplation sein kann wie die Konstruktion technischer Meisterleistungen, sondern ein tugendhaftes Leben.

Ein wichtiges Argument für die Unsterblichkeit der Seele entfiel damit. Das Wesen des Menschen gründet für Pomponazzi also nicht in einem Intellekt, der – persönlich oder allgemein – unsterblich sein muß, sofern der Mensch sein kontemplatives Ziel erreichen will. Indem er die Tugend, die von allen gleich angestrebt werden kann, zum Ziel des Menschen erklärt, macht Pomponazzi das Ziel des Lebens zu einem irdischen. Indem er den praktischen Intellekt zu einem typisch menschlichen erklärt, «demokratisiert» Pomponazzi darüber hinaus die Ethik und die Politik.

Eng verbunden mit dieser Debatte war die Vorstellung, die ebenfalls von den Anhängern der unsterblichen Seele verteten wurde und die besagt, daß die Vergeltung guter oder schlechter Taten nach dem Tod eines Menschen rational notwendig sei, weil Gott anderenfalls kein gerechter Herrscher sein könne. Nach Pomponazzi allerdings ist tugendsames Handeln nicht tugendsam, wenn es allein für die Belohnung oder aus Angst vor Bestrafung geschieht. Die Belohnung für die Tugend ist die Tugend selbst, ebenso wie die Strafe für untugendhaftes Verhalten die Untugend selbst ist. Diesen Gedanken übernahm Pomponazzi zum Teil von Platon, vor allem aber aus der Stoa. Die individuelle Seele muß also nicht unsterblich sein, um im Jenseits beurteilt zu werden für Taten, die im Diesseits begangen wurden.

Die Position, die Pomponazzi in der Debatte bezieht, spiegelt seine hohe Wertschätzung für das lebende menschliche Wesen wider. Indem für ihn das Ziel allen ethischen Handelns nicht in einer zukünftigen himmlischen Seligkeit liegt, sondern im heutigen Leben, bekommt dieses Leben eine eigene unveräußerliche Bedeutung. Pomponazzis Säkularisierung der Tugend und ihre Kopplung an den individuellen Menschen und nicht an die unsterbliche Seele kann als die äußerste Konsequenz des Gedankens der *dignitas*, der Würde des Menschen, verstanden werden, der vor allem im 15. Jahrhundert unter

Selten wurde die *prudentia*, als umfassender Begriff für Verstand, Wissen, Selbsterkenntnis und Lebenserfahrung, so kunstvoll dargestellt. Wandmalerei von Giotto in der Scrovegni-Kapelle in Padua (1305).

Humanisten verschiedenster Richtungen weit verbreitet war.

Skepsis

Ein optimistisches Bild vom Menschen, der Glaube an seine Fähigkeiten und das feste Vertrauen in seine hohen Bestrebungen kennzeichnen die Kultur des 15. Jahrhunderts und sind bei einem politischen Humanisten wie Bruni Aretino, bei Philosophen wie Ficino und Pico della Mirandola, Pomponazzi und selbst bei Savonarola und Machiavelli zu finden.

Im 16. Jahrhundert aber geraten diese Sicherheiten ins Wanken. Oft wird die Invasion Karls VIII. von Frankreich in Italien 1494 als kulturhistorische Zäsur aufgefaßt. Aber auch im 15. Jahrhundert wurde schon auf andere und eher negative Seiten des Menschen hingewiesen, oft sogar von denselben Schriftstellern, die eigentlich von einem optimistischen Menschenbild ausgehen. Im 16. Jahrhundert jedoch herrschte das negative Bild vor. Es steht zum Teil unter dem Einfluß protestantischer Theologien, die die Sündhaftigkeit, die Nichtigkeit und das Unvermögen des Menschen betonten. Die Protestanten hoben die negativen Aspekte besonders hervor, um deutlich zu machen, wie sehr der Mensch von Gottes Gnade abhängig ist, wenn er seiner Bestimmung folgen möchte. Die Skepsis, Mensch und Gesellschaft gemäß einem Ideal zu formen, speiste sich jedoch auch aus anderen Faktoren, wie zum Beispiel den vielen Kriegen, den blutigen Aufständen und den großen gesellschaftlichen Umwälzungen. Es hatte den Anschein, daß der Mensch gewissen Mächten ausgeliefert war, ohne sie beherrschen zu können.

Die wissenschaftliche Methode

Die Renaissance ist als die Epoche bekannt, in der Welt und Natur neu entdeckt werden. Die Dinge in der Wirklichkeit haben nicht, wie in der scholastischen Methodenlehre mehrfach vertreten, allein dadurch ihre Würde, daß sie auf die eine oder andere Art mit dem *Sein* verbunden sind. Renaissancegelehrte würdigen die *res ipsae* (die Dinge an sich), wie sie von uns durch die Sinnesorgane wahrgenommen und an den menschlichen Geist vermittelt werden.

Hier sei an Petrarca erinnert, der auf dem Gipfel des Mont Ventoux von der Weite des Horizonts – er reichte bis nach Italien – überwältigt schrieb, daß sich ihm schlagartig die ganze Schönheit der Dinge in ihren Details erschloß. Im folgenden berichtet er, wie er sein geliebtes Exemplar der *Confessiones* von Augustinus aufschlug und begriff, daß nichts größer und bewundernswerter sei als der menschliche Geist, der dies alles erblicken und überblicken kann. Zugleich aber schlug sein Enthusiasmus um in *dissidio* (bodenlose Trübsal), als ihm bewußt wurde, daß die Seele durch den Sündenfall seit Adam und Eva von ihrer ursprünglichen Größe abgefallen war. Beginnend mit Petrarca erhielt die Beschäftigung mit den Künsten und den Wissenschaften ein neues Ziel, nämlich dem Menschen seine ursprüngliche Größe zurückzugeben. Spätere Gelehrte bemühten sich, eine Methode zu entwickeln, die die bunte Vielfalt der Dinge in für die menschliche Erkenntnisfähigkeit übersichtliche und damit zugängliche Klassen und Kategorien einordnen sollte. Kurz gesagt: Das Ordnen hat in der Methodologie der Renaissance denselben Stellenwert, der innerhalb der Scholastik der Seins-Analyse zukam.

Die intensive Beschäftigung mit der Einzigartigkeit der wahrnehmbaren Dinge, die jedes einzelne Wesen als Mikrokosmos anerkennt, birgt die Gefahr in sich, daß sich das wissenschaftliche Interesse zu sehr verzweigt. Die verschiedenen Wissenschaftsgebiete drohen mittelpunktfliehende Disziplinen zu werden, die, gebannt von ihrem jeweiligen Objekt, den Blick für ihre Gemeinsamkeiten aus den Augen verlieren. Das alles umfassende gemeinschaftliche «Sein» der Scholastik bietet in dieser Hinsicht keinen Ausweg, da dieser Ansatz die Individualität der res ipsae vernachlässigt. Renaissancegelehrte beschäftigten sich aus diesem Grunde ausführlich mit dem Problem der Einheitlichkeit der wissenschaftlichen Methoden.

Valla

Lorenzo Valla (1407–1457) entfachte auf grammatischem und stilistischem Gebiet einen Streit über die wissenschaftliche Methode der scholastischen Philosophie und darüber hinaus über die Metaphysik von Aristoteles. Er versuchte eine Methode zu entwickeln, die die Wissenschaften auf die Dinge und nicht auf abstrakte Begriffe zurückführt. Im Zentrum dieses Bemühens steht seine Polemik gegen den wissenschaftlichen Jargon und unnötig komplizierte Theorien. Er illustriert seine textkritische Methode, indem der die sogenannte Konstantinische Schenkung, *das Constituum Constantini*, als Fälschung entlarvt. Dieser Urkunde zufolge soll sich Kaiser Konstantin I. der Macht und Herrschaft von Papst Silvester I. und dessen Nachfolgern unterworfen haben. Vallas scharfer analytischer Verstand erkannte, daß die Sprache dieses Dokuments nicht aus dem vierten Jahrhundert stammen konnte; in seiner wissenschaftlichen Argumentation übersah er allerdings, daß das *Constituum* während des Mittelalters der Kirche sehr gelegen kam.

Wissenschaftssprache muß nach Valla von jedem verstanden werden können. Die natürliche Bedeutung der Worte und der allgemein kultivierte Sprachgebrauch müssen auch für das Verfassen von wissenschaftlichen Werken verbindliche Richtlinie sein. Valla hält an erster Stelle das Latein, wie Cicero es schrieb, für geeignet. Vor allem in seiner *Repastinatio dialectice et philosophie* (Umpflügung der Logik und der Philosophie, 1439) polemisiert Valla gegen die Anhänger der traditionellen Metaphysik.

Der Kern seiner Kritik zielt auf den Gebrauch der Wörter *ens* (das Seiende) und *res* (Ding oder Sache). Nach Valla sind Begriffe wie *ens* und *entitas* (Entität) schwierige Wörter ohne jeden Nutzen, die völlig überflüssigerweise aus dem Verb *esse* (sein) abgeleitet wurden: sie bilden eine Art barbarische «Neusprache», eingeführt von mittelalterlichen Menschen, die dem kunstvollen Latein der Antike entfremdet waren. Das schöne, konkrete Wort *res* wurde durch den Begriff *ens* verdrängt. Wenn aber von etwas gesagt wird, es habe wirklich «existiert», ist tatsächlich nichts anderes gemeint, als daß es eine *res*, ein Ding, ist. Wozu also dann einen so häßlichen und schwierigen Begriff wie *ens* einführen? Zusätzlich hat das Wort *res* den Vorteil, daß es nicht, wie der Begriff *ens*, die von den Scholastikern gern übernommene Vorstellung von einer «höheren» Wissenschaft des «Seins *qua* Sein» suggeriert, von der Aristoteles zu Beginn der *Metaphysik* spricht.

Wissenschaft hat sich aus der Sprache entwickelt, die von gebildeten Menschen gesprochen wird; Wissenschaft ist selbst ein Bildungsprozeß. Übrigens war Valla davon überzeugt, daß wissenschaftliche Arbeiten nicht den Anspruch erheben können, über die Wirklichkeit absolut wahre Aussagen zu treffen. Eher skeptisch, was den Wahrheitsgehalt von wissenschaftlichen Aussagen angeht, beschreibt Valla in seiner Rhetorik die *verisimilitudo* – die Wahrscheinlichkeit oder auch die Annäherung an die Wahrheit – als höchstes zu erreichendes Ziel.

Rudolf Agricola Phrisius (Roelof Huysman) wurde 1444 in Baflo, nahe Groningen, geboren. Er besuchte die Lateinische St.-Maartens-Schule in Groningen und ab seinem zwölften Lebensjahr die Universität Erfurt. 1465 erlangte er in Leuven als bester Student seines Jahrgangs den Titel *magister artium*. Später studierte er im norditalienischen Pavia Römisches Recht und in Ferrara die studia humanitatis, wozu auch Griechisch gehörte. 1476 hielt er vor dem neuen Semesterjahrgang eine Inauguralrede mit dem Titel *In laudem philosophiae et reliquarum artium*. 1479 ging er zurück in den Norden. In seinen letzten fünf Lebensjahren machte er sich einen Namen als Humanist.
Von ihm sind einige Briefe erhalten. Er übersetzte auch aus dem Griechischen ins Lateinische, unter anderem Werke des Redners Isokrates. Daneben beschäftigte er sich mit der Theorie der Pädagogik, war Musiker, Dichter, Orgelbauer, Diplomat, Stadtsekretär und nicht zuletzt ein unermüdlich Reisender. Seinen Ruhm im 16. Jahrhundert verdankt er einem Werk, mit dem er die Grundlage für die wissenschaftliche Rhetorik schuf: *De inventione dialectica libri tres* (1479). Agricola starb 1485 in Heidelberg an den Folgen einer Grippe.

Agricola

Hatte Valla die Grundlage für eine sprachwissenschaftliche oder rhetorische Wissenschaftsmethodologie geschaffen, so entwickelte Agricola, der «erste Humanist des Nordens», ihre wohl bedeutendste Ausarbeitung und Zuspitzung.

Agricolas *De inventione dialectica* besteht aus drei Teilen. Der erste Teil beschäftigt sich auf der Grundlage der Schriften von Boëthius mit den *topoi* oder *loci*, den logischen Allgemeinbegriffen, die von Aristoteles und Cicero entwickelt wurden. Das zweite Buch liefert eine breite Auseinandersetzung mit den verschiedenen Argumentationsformen. Dabei geht Agricola ausführlich auf den Syllogismus ein, legt jedoch dar, daß die formlose Art praktischen Argumentierens eher zur Erlangung der Erkenntnis führt. Das Interesse bei einer *inventio* (Erkenntnis) muß sich nicht in erster Linie auf die formale Gültigkeit des Syllogismus richten. Wichtiger ist es, den Menschen von den Prämissen einer Argumentation zu überzeugen. Für Agricola hat also die formale Logik weniger Bedeutung als die rhetorische Erkenntnis. Das dritte Buch schließlich behandelt die Methoden, die den Zuhörer dazu bringen können, einem bestimmten Gedankengang zu folgen.

Agricola zufolge gilt diese rhetorische Methode für alle Wissenschaften, was auch immer ihr Gegenstand ist. Der scholastischen Logik macht er zum Vorwurf, daß sie über die Beschäftigung mit den formalen Regeln der Argumentation kaum hinausgeht.

Seine Methodik zielt nicht auf die Erkenntnis der absoluten Wahrheit, da diese für den Menschen nur ausgesprochen schwierig zu erfassen ist. Vielmehr beschreibt er Regeln, die eingehalten werden müssen, um wahrscheinliche und überzeugende Argumente über bestimmte Dinge in der alltäglichen, jedem zugänglichen Wirklichkeit zu formulieren.

Für Agricola ist die Wirklichkeit eine Ansammlung wahrnehmbarer *res ipsae*. Aber ein Urteil über diese Dinge kann erst abgegeben werden, wenn sie miteinander verglichen werden. Vergleiche oder die Bestimmung von Unterschieden sind jedoch nur dann möglich, wenn es ein *tertium comparationis* gibt, also dasjenige, worin die zu vergleichenden Dinge übereinstimmen. Agricola sucht diesen «gemeinsamen Nenner» nicht in einem transzendenten Seinsbegriff, sondern bei «Allgemeinbegriffen». Um bei allen Dingen, die miteinander verglichen werden, die Übersicht nicht zu verlieren, haben Gelehrte auf der Grundlage ihrer großen Erfahrung systematische und allgemein gültige Kategorien für Forschung und Lehre aufgestellt. Behandelt man im folgenden die *res ipsae* der eigenen Erfahrungswelt in den Kategorien dieser «Allgemeinbegriffe», so kann man sie zueinander in Beziehung setzen, weil der allgemeine Begriff ihre Gemeinsamkeit enthält. Die «Allgemeinbegriffe» dürfen dabei nicht als metaphysische Entitäten aufgefaßt werden, sondern sie sind systematisch plazierte Wegweiser, die dem Redner oder Pädagogen helfen, die Zuhörer oder Schüler von der Richtigkeit der Schlußfolgerung zu überzeugen.

Das klassische Altertum inspirierte im 16. Jahrhundert nicht nur Dichter und Denker, sondern auch Architekten.

[…] Nützlich aber erscheint diese Lehre von den loci [Allgemeinbegriffen] deshalb, weil sie nicht nur zu einem großen Teil der menschlichen Wissenschaften etwas beiträgt, sondern erst recht und vorzugsweise denen etwas bietet, die Geschäften nachgehen, für die keine Künste überliefert sind; ich meine Personen, die mit Klugheit einen Staat lenken und für die es oft zweckdienlich ist, sowohl beim Senat wie beim Volk für eine aktuelle Angelegenheit, Krieg und Frieden und alle übrigen Staatsgeschäfte betreffend, Vertrauen zu erzeugen, ebenso Personen, deren Amt es ist, vor Gericht Anklage zu erheben, die Verteidigung zu führen, etwas einzufordern oder zurückzuweisen und das Volk in der Gerechtigkeit, in der Religion und der Frömmigkeit zu unterweisen. (Die meisten Sachverhalte stehen ja doch in Zweifel und sind dem Meinungsstreit ausgesetzt. Nur ein sehr geringer Teil dessen, wovon wir Kunde haben, steht nämlich unerschütterlich fest. […]
Obgleich nämlich in den Künsten auch einiges zu jenen Gebieten enthalten ist, so gelangen doch jene feineren und mitten aus dem Schulbetrieb hergeleiteten Gedanken, weil sie gewissermaßen allzu flau sind, entweder überhaupt nicht in die ziemlich groben Gemüter des Volkes oder bleiben dort nicht haften. Diese werden eher durch rohere oder dem Alltagsleben entlehnte – volkstümlichere und kernigere – Gedanken beeindruckt. Und wie verwöhnte Ohren sich am Klang der Lyra oder Kithara erfreuen, so könnte man einen Soldaten nur durch Trompetenschall entflammen. Auf einen groben Klotz gehört eben, wie das Sprichwort sagt, ein grober Keil. Auch scheint besagte Fähigkeit nicht nur die Sprache zu schulen und Redefülle an die Hand zu geben, sondern auch geistigen Weitblick sowie auch eine Methode zu sachdienlicher Urteilsbildung zu vermitteln. Denn offenbar besteht Klugheit in nichts anderem als darin, zu durchschauen, was in jeder Sache steckt, und sich ein Urteil darüber zu bilden, was miteinander übereinstimmt, was sich widerspricht, welche Konsequenzen etwas hat oder wie es ausgehen kann.

Aus: Agricola, *De Inventione dialectica*

Für Agricola gab es also eine einzige wissenschaftliche Methode, die zwar nicht zu absolut wahren Aussagen über das Wesen der Dinge führt, die sie jedoch für die Praxis handhabbar macht. Eine Generation später entwickelte der französische Philosoph Petrus Ramus (1515–1572) auf dem Gebiet der Logik die Auffassungen von Valla und Agricola weiter.

Michel de Montaigne (1533–1592) ist das Beispiel eines Geisteswissenschaftlers, der auf der Grundlage seiner skeptischen Philosophie kein philosophisches System entwickelt, sondern in zahlrei-

chen kurzen *Essais* seinen brillanten Stil mit scharfsinnigen Analysen der gesamten Erfahrungswelt des Menschen verbindet. Es geht hier um einen Ansatz, der in Anlehnung an Pyrrhon von Elis auch «pyrrhonistischer Skeptizismus» genannt wird: Da über die Dinge kein definitives Urteil gefällt werden kann, muß das Urteil aufgeschoben werden. Montaignes «Que sais-je?» (Was weiß ich?) wird im 17. Jahrhundert von Descartes positiv umformuliert in «Je pense, donc je suis» (Ich denke, also bin ich). In diesem Sinne ist der Pyrrhonismus ein wichtiges Glied in der philosophischen Entwicklung von der spätscholastischen Ontologie zur frühmodernen kartesianischen Philosophie, die das menschliche Bewußtsein zum Ausgangspunkt nimmt.

Die humanistische Methode von Valla, Agricola und Montaigne hatte von Anfang an skeptische Momente. Dieser Skeptizismus wurde von dem Universitätsgelehrten Francisco Sánchez (1552–1623) in Toulouse 1581 in seinem *Quod nihil scitur* (Daß nichts erkannt werden kann) zu einem System weiterentwickelt. Er geht hier viel weiter als der Pyrrhonismus, der das Urteil über eine wissenschaftliche Position nur aufschiebt. Für Sánchez geht es gar nicht mehr um die Möglichkeit, die Wirklichkeit zu erkennen, für ihn rückt die menschliche Erfahrung und das menschliches Bewußtsein selbst in den Mittelpunkt des Interesses.

Eine zweite methodologische Richtung der Renaissance ist die der Geometrie. Architekturtheoretiker wie Alberti und Maler wie Leonardo da Vinci – von ihm stammt der Ausdruck «Malen als Wissenschaft» – beschäftigten sich bei der Analyse der Dinge im Raum intensiv mit den Möglichkeiten der Perspektive. Als die Übersetzung der *Elemente* von Euklid von Alexandrien 1533 erschien, wurde die geometrische Methode der rhetorischen Erkenntnismethode entgegengesetzt. Die Rhetorik, so hieß es, verführe durch ihren kunstvollen Stil, *ornamentum* (Schmuck); die Geometrie dagegen bilde die Objekte mit sauberen Linien und mathematischen Formeln ab. Gerade die geometrische Methode führe zur wissenschaftlichen Erkenntnis.

Ein Großteil der universitären Lehre des 16. und des beginnenden 17. Jahrhunderts stützte sich auf die erkenntnistheoretischen und physikalischen Werke von Aristoteles. Aristoteles wurde streng empirisch interpretiert, und auf dieser Grundlage kam man zu dem Schluß, daß sichere Erkenntnis über die sinnlich wahrnehmbare Welt möglich ist. Auf der Grundlage dieses sogenannten «Semi-Aristotelismus» bestritten die niederländischen Denker Gisbertus Voetius (1589–1676) und Martinus Schoockius (1614–1669) die Theorien von Descartes, die sie als einen gefährlichen skeptizistischen Individualismus brandmarkten, der nicht nur die Wissenschaft unmöglich mache, sondern schließlich auch das Rechtssystem der Republik untergrabe.

Eine Abbildung aus Erhard Schöns Werk über die Proportionen des menschlichen Körpers und das Zeichnen menschlicher Figuren. Indem er die Körperformen auf wenige Basisformen zurückführt, ist er ein Vorbote Cézannes und des Kubismus: Grundformen der Natur sind Kreis und Kubus.

Die astronomischen Systeme von Kopernikus und Ptolemaios. Das geozentrische Bild wird in der Renaissance heliozentrisch: die Sonne wird zum Zentrum unseres Weltbildes.

7

DAS SIEBZEHNTE UND ACHTZEHNTE JAHRHUNDERT

Der Philosophische Saal der Strahov-Bibliothek in Prag, erbaut 1782–1792.

Barock und Aufklärung

Auf politischem und ökonomischem Gebiet bilden das 17. und 18. Jahrhundert eine gewisse Einheit. Mit der Entdeckung der großen Seewege verloren die Mittelmeerstädte ihre Vormachtstellung. Um 1600 wurden in den Niederlanden und in England die großen Ostindischen Handelskompanien gegründet. Der wirtschaftliche und kulturelle Schwerpunkt verschob sich mehr und mehr nach Westeuropa. Spanien und Portugal, Frankreich, England und die Niederlande entwickelten sich zu Kolonialmächten. Ihre Eroberungen schufen die Grundlage für den weltweiten Einfluß der westeuropäischen Kultur.

Der Beginn des 17. Jahrhunderts ist durch blutige Kriege gekennzeichnet, wie zum Beispiel durch den Dreißigjährigen Krieg oder durch den Freiheitskampf der Niederlande gegen die Habsburger. Diese Kriege, die um die Vorherrschaft in Europa geführt wurden, nahmen unter dem Einfluß der Reformation häufig auch einen religiösen Charakter an. Die Regierung des von Oliver Cromwell gegründeten «Commonwealth of England» erforderte einen mächtigen und absoluten Staatsapparat (Hobbes), der auch für religiöse Toleranz (Locke) einstehen konnte. Die absolutistische Monarchie hatte ihre Blütezeit zunächst in Frankreich; der Hof Ludwigs XIV. wurde zum Vorbild für alle europäischen Fürstenhäuser. Die Französische Revolution besiegelte am Ende des 18. Jahrhunderts den Untergang dieser Monarchie, und schon kurz darauf versuchte Napoleon, ein neues Weltreich zu gründen.

Auch auf philosophischem Gebiet bilden das 17. und 18. Jahrhundert eine Einheit. Die Philosophie des 17. Jahrhunderts, die ganz wesentlich durch Descartes beeinflußt wurde, löste sich aus der Umklammerung überlieferter Denkgewohnheiten und etablierte gegenüber der Tradition die Souveränität der Vernunft. Schon am Ende des darauffolgenden Jahrhunderts suchten die ersten romantischen Denker nach Wegen, um zur Einheit von Mensch und Natur zurückzufinden, die ihrer Auffassung nach durch die wissenschaftliche Revolution verlorengegangen war.

Die Philosophie des Barock und der Aufklärung ist von einem ungeheuren wissenschaftlichen Optimismus durchdrungen. Wie keine andere hat sie es sich zur Aufgabe gemacht, die großen philosophischen Probleme im Licht der sich mächtig entwickelnden Naturwissenschaft zu überdenken: Wissenschaft und Technik sollen den Menschen zum Beherrscher und Besitzer der Natur machen. Ein Teil dieses Traums wird schon durch die ersten Keime der industriellen Revolution in den letzten Jahren des 18. Jahrhunderts verwirklicht. Aber das wissenschaftlich-rationale Denken läßt vieles unberührt. Nach Kant, mit dem diese Periode abgeschlossen wird, entsteht bei Goethe und Hegel das Verlangen nach einer anderen und umfassenderen Wissenschaft, die Gefühl und Geist des Menschen einbezieht.

Naturwissenschaftliche Revolution

Nichts hat die Philosophie des 17. und 18. Jahrhunderts stärker beeinflußt als die Entwicklung der modernen Naturwissenschaften, die 1687 in der von Isaac Newton (1642–1727) verfaßten Schrift, *Philosophiae naturalis principia mathematica*, gipfelt. Die Naturwissenschaft des 17. Jahrhunderts lieferte nicht nur das Erkenntnis- und Wissenschaftsmodell für die folgenden zweihundert Jahre, sondern änderte die Wahrnehmung von der gesamten Natur so grundlegend, daß auch die Position des Menschen innerhalb der Schöpfung von dieser Neubewertung nicht unberührt bleiben konnte.

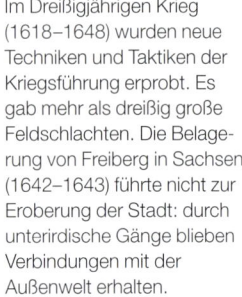

Im Dreißigjährigen Krieg (1618–1648) wurden neue Techniken und Taktiken der Kriegsführung erprobt. Es gab mehr als dreißig große Feldschlachten. Die Belagerung von Freiberg in Sachsen (1642–1643) führte nicht zur Eroberung der Stadt: durch unterirdische Gänge blieben Verbindungen mit der Außenwelt erhalten.

Das Weltbild des westlichen Menschen wurde bis in die Zeit der Renaissance hinein durch den christlichen Glauben und die aristotelische Philosophie bestimmt. Kennzeichnend für dieses Weltbild war eine scharfe Trennung zwischen der unvollkommenen Sphäre des Irdischen und dem vollkommenen Himmel. Nach Aristoteles, der seit dem 13. Jahrhundert als Autorität auf naturwissenschaftlichem Gebiet galt, befindet sich die Erde im Zentrum des irdischen Raums, der endlich und kugelförmig gedacht wird. Alles in diesem Raum ist dem Werden und Vergehen unterworfen, worin sich die Unvollkommenheit zeigt. Die Himmelssphären dagegen sind unvergängliche kristalline Kugeln, die sich wie die Häute einer Zwiebel ineinanderfügen. Sie drehen sich nach einem komplizierten System um die Erde. Dieses erklärt die Bewegungen des Mondes, der Planeten und der Sonne, die jeweils in einer solchen durchsichtigen Schale festsitzen. Jenseits der äußersten Sphäre dachte man sich Gottes Thron und den Aufenthalt der Auserkorenen. So war die gesamte Schöpfung nichts anderes als eine beeindruckende Kulisse für das Drama des menschlichen Sündenfalls und seiner Erlösung.

Im späten Mittelalter und während der Renaissance wurde die Verbindlichkeit dieses aristotelisch-christlichen Weltbildes durch philosophische Spekulation und wissenschaftliche Forschung allmählich ausgehöhlt. Während der polnische Astronom Nikolaus Kopernikus (1473–1543) ein astronomisches System entwarf, in dem nicht die Erde, sondern die Sonne im Mittelpunkt der Planetenbahnen steht, spekulierte Bruno über die Unendlichkeit des Raumes. Die Erfindung des Teleskops und die Entdeckung der Jupitermonde durch den italienischen Mathematiker, Naturkundler und Astronomen Galileo Galilei (1564–1642) versetzten der Theorie der Himmelssphären den Todesstoß. Die Beobachtung von Kratern auf dem Mond schließlich zeigte, daß die Himmelskörper nicht vollkommener als die Erde sind. Unaufhaltsam verdichteten sich die Beobachtungen zur Gewißheit, daß es zwischen Himmel und Erde keinen qualitativen Unterschied geben könne und daß irdische und himmlische Bewegungen auf dieselbe Weise zu erklären sind.

Galilei, 1564 in Pisa geboren, wurde nach dem Erscheinen seines *Dialogo sopra i due massimi sistemi del mondo* (Florenz, 1632) gezwungen, seine kopernikanischen Ansichten zu widerrufen. Für den *Dialogo* fertigte Stefano della Bella die berühmte Titelgravur an, auf der Aristoteles, Ptolemäus und rechts Kopernikus zu erkennen sind.

Newton wies nach, daß das Prinzip der Schwerkraft und die Gesetze der Bewegung nicht nur für die kleinsten Materieteilchen, sondern auch für die Himmelskörper gelten. Erst Einstein beendete mit seiner Relativitätstheorie die Hegemonie von Newtons Mechanik.

In der frühmodernen Zeit stellte die Infanterie den weitaus größten Teil eines jeden Heeres. In einer Feldschlacht blieben die Piekeniere immer in der Nähe der Musketiere, um ihnen Schutz beim Laden ihrer Musketen zu geben.

240 DAS SIEBZEHNTE UND ACHTZEHNTE JAHRHUNDERT

Die Hochzeit des französischen Königs Heinrich IV. mit Maria de Medici im Jahre 1572 hatte unter anderem die Versöhnung zwischen Katholiken und Protestanten zum Ziel.

Ketzer verbrannt. Der Urteilsspruch über Galilei derweil fiel schon milder aus: 1633 bekam er Hausarrest, weil er die Gültigkeit des kopernikanischen Weltbildes verteidigte. Die Aufmerksamkeit vieler Wissenschaftler richtete sich nun auf ein drängendes philosophisches Problem: es ging um das Verhältnis zwischen wissenschaftlicher Erkenntnis und christlicher Offenbarungsreligion. Wie konnten die Widersprüche zwischen beiden aufgelöst werden? Wie ließ sich die Haltung eines gläubigen Menschen mit der des wissenschaftlichen Forschers vereinbaren?

Die Wissenschaftler des 17. und 18. Jahrhunderts hatten mit der Beantwortung dieser Frage wenig Schwierigkeiten. Sie verwiesen einfach darauf, daß es Ziel der Wissenschaft sei, die Schöpfung zu erforschen und daß dieses Interesse von der Bibel befürwortet werde, da die Erforschung von Gottes Werk den Weg zu Gott selbst ebne. Um die Widersprüche zwischen Wissenschaft und Glauben zu überbrücken, unterschied man fortan streng zwischen christlicher Religion, die als unantastbar galt, und aristotelisch-thomistischer Philosophie, die im allgemeinen verworfen wurde. Descartes zum Beispiel war der Meinung, daß sich der christliche Glaube lieber auf seine eigene Philosophie stützen sollte als auf die Lehren des Aristoteles. Aber auch ihm war klar, daß diese Empfehlung nicht ausreichen konnte, um die Gegensätze, die auch zwischen christlicher Philosophie, Wissenschaft und der Bibel aufgebrochen waren, miteinander zu versöhnen. Um diese Frage dennoch beantworten zu können, entwickelte

Newton schließlich lieferte den endgültigen Beweis, indem er die Astronomie des deutschen Gelehrten Johannes Kepler (1571–1630) und die Mechanik von Galilei in einer grandiosen Synthese vereinigte. An die Stelle der mittelalterlichen Vorstellung vom geschlossenen Kosmos trat das Bild von einer Welt, die Teil eines unendlichen, mathematisch erfaßbaren Systems von bewegter Materie ist. Die Schöpfung ist nicht länger der Ort der menschlichen Heilsgeschichte, sondern ein immenses Uhrwerk, dessen Räder den Menschen zu zermahlen drohen.

Wissenschaft und Glaube

Die revolutionäre Sprengkraft, die dieser neuen Auffassung von Welt innewohnte, mußte unausweichlich zu einem Konflikt zwischen Wissenschaft und Kirche führen. Im Jahr 1600 wurde Bruno wegen seiner metaphysischen Spekulationen in Rom als

Die Welt, wie der südniederländische Kartograph Abraham Ortelius sie sah, der diese Karte 1571 herausgab. Die Erdkugel ist auf eine plane Fläche projiziert. Teile der Karte sind erstaunlich modern, in vielen anderen aber mangelt es an geographischer Kenntnis. Südamerika und das große Südland (Australien) auf der unteren Hälfte der Karte sind deutliche Beispiele.

Descartes den wissenschaftlichen Rationalismus: Die Bibel ist nicht wörtlich zu verstehen, denn «die Art des Sprechens, derer sich die Schrift gewöhnlich bedient, ist dem Vermögen des gemeinen Volks angepasst». Der tragende Kern der Religion sollte einerseits aus vernunftmäßig einsichtigen und andererseits aus offenbarten Wahrheiten bestehen, die nicht im Widerspruch zu den naturwissenschaftlichen Erkenntnissen stehen dürfen.

Diese rationalistische Interpretation des christlichen Glaubens wurde im 17. und 18. Jahrhundert von zwei Seiten angegriffen. Der tief gläubige Denker Pascal etwa vertrat die Ansicht, daß die Gründe für den Glauben dem Verstand nicht zugänglich sind. «Das Herz hat Motive, die der Verstand nicht kennt», lautet seine berühmte These. Aus der Perspektive der Skeptiker bestritt Hume die Stichhaltigkeit eines rationalistischen Gottesbeweises. Der *physiko-teleologische* Gottesbeweis, der aus der vollkommenen Ordnung der irdischen Welt auf einen vollkommenen Schöpfer schließt, enthält einen – so die Kritik Humes – kaum verhohlenen Atheismus. Am Ende des 18. Jahrhunderts versuchte Kant die skeptische Haltung von Hume mit dem pietistischen Glauben zu vereinbaren. Kant, der (ein für allemal) die Möglichkeit widerlegen wollte, die Existenz Gottes rational zu beweisen, erwies der Religion mit seiner Schrift *Die Kritik der reinen Vernunft* (1781) in Wirklichkeit einen Dienst. «Ich mußte das Wissen aufheben, um Platz zu schaffen für den Glauben», schreibt er im Vorwort der zweiten Ausgabe.

Auffassungen über Erkenntnis und Wirklichkeit

Die wissenschaftliche Revolution wirkte sich auch auf zwei andere zentrale Bereiche des philosophischen Denkens aus. Zunächst warf sie die Frage nach der richtigen Methode für die Wissenschaft und Philosophie von neuem auf. Rationalistische Denker wie Descartes und Leibniz bezeichneten das mathematische Vorgehen als vorbildlich für jedweden Erkenntnisgewinn. Philosophie und Naturwissenschaft sollten sich ebenso wie die Mathematik auf eindeutige Grundsätze stützen. Leibniz träumte von einer *mathesis universalis*, einer Universallehre, die den Menschen befähigen sollte, jedes philosophische Problem durch eine Berechnung zu lösen. Spinoza entwarf seine *Ethik* nach den Regeln der Geometrie.

Newton dagegen war der Ansicht, daß diese rationalistische Methode nur zu spekulativen Hypothesen führen könne. Allein die Erfahrung könne die Basis für die Naturwissenschaft bilden. Diesen empiristischen Gedanken übernahmen Locke und Hume und übertrugen ihn auf die Philosophie. Hume betrachtete die Philosophie als empirisches Gegenstück zur Newtonschen Mechanik. Während letztere empirisch die Bewegung der Materie untersucht, hat die Philosophie die Aufgabe, nach derselben Methode den menschlichen Geist zu erforschen.

Kant versuchte auch innerhalb dieser Diskussion die unterschiedlichen Positionen in einer Synthese zu vereinigen. Er schlußfolgerte aus der Philosophie Humes, daß eine rein empiristische Untermauerung der Newtonschen Mechanik unmöglich sei und eine skeptische Haltung gegenüber der Wissenschaft erzeuge. Die Naturwissenschaft benötige neben Erkenntnissen, die sich auf die Erfahrung berufen, auch rein rationale Grundthesen. Kants theoretische Philosophie ist der Versuch, die Gültigkeit solcher rein rationalen Grundsätze, die der menschliche Geist in sich trägt, zu erklären. Sein philosophisches System, das in seinem komplizierten Aufbau barock

Gassendi, französischer Philosoph und Mathematiker, griff auf die klassische, atomistisch-mechanistische Naturtheorie von Demokrit zurück, die er mit der Ethik Epikurs verband. Die Metaphysik von Descartes lehnte er ab.

Cornelis Jacobsz. Drebbel (1572–1633), geboren in Alkmaar, arbeitete als Naturkundler und Chemiker, Glasschleifer, Musiker, Graveur, Zeichner und Erfinder. Er entwickelte ein Perpetuum mobile, eine Zauberlaterne und baute Mikroskope. 1621 konstruierte er in London ein Unterseeboot, das zwölf Personen aufnehmen konnte.

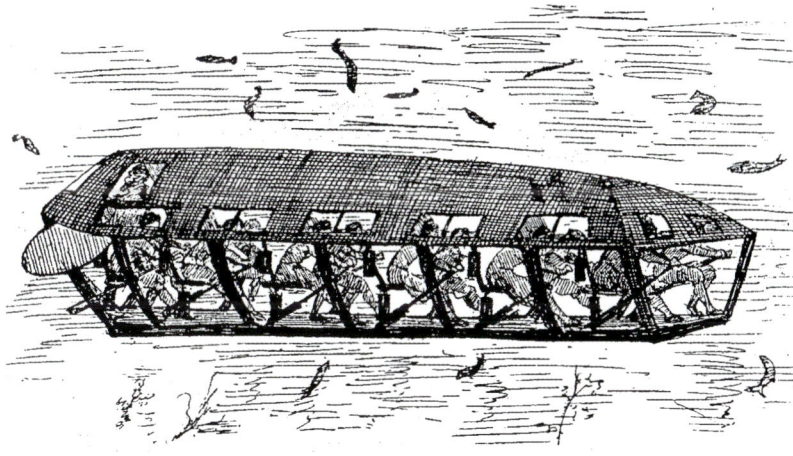

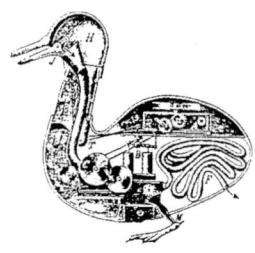

In der neuen Zeit gibt es ein großes Interesse für Automaten und bewegliche Figuren, die mit Hilfe der Mechanik lebende Wesen imitieren. Salomon de Caus entwirft 1615 für den Garten des Schlosses in Heidelberg Automaten mit Vogelstimmen. Zwischen 1738 und 1741 baut Jacques de Vaucanson in Paris seine berühmten Automaten, darunter eine lebensgroße Ente, die laufen, schnattern, Körner fressen und Wasser trinken konnte. Sie soll das Futter verzehrt und einen mistähnlichen Stoff ausgeschieden haben. Die bizarren Figuren, die Gio Battista Braccelli 1624 zeichnete, erinnern an Roboter des 20. Jahrhunderts. Diese Abbildungen von Automaten-Menschen, Androiden genannt, drücken zugleich Ernst und Spiel aus und faszinieren durch ihre fantastische Konstruktion. Auch Descartes soll einen Androiden besessen haben, den er auf seine zahlreichen Reisen in einer samtbeschlagenen Kiste mitnahm.

anmutet, bildet den Höhepunkt der Aufklärung in Deutschland.

Das zweite philosophische Problem, das sich aus der wissenschaftlichen Revolution ergab, beschäftigt sich mit der Grundstruktur der Wirklichkeit. Die meisten bedeutenden Philosophen des 17. Jahrhunderts hielten die aristotelische Wirklichkeitskonzeption (*Hylemorphismus*) für unbefriedigend. Auf der Suche nach einem neuen begrifflichen Rahmen für die naturwissenschaftliche Forschung griffen sie auf den griechischen Atomismus zurück oder entwarfen eine vergleichbare korpuskulare Herangehensweise.

Solchen Korpuskulartheorien zufolge besteht die wahrnehmbare Wirklichkeit aus unwahrnehmbar kleinen Materieteilchen. Alle Erscheinungen und Veränderungen werden in Begriffen der Konfiguration und Bewegung dieser *corpuscula* gefaßt. Die Teilchen haben nur eine begrenzte Anzahl Eigenschaften wie Form, Größe und Beweglichkeit. Andere Eigenschaften, wie etwa Farben, sollten den Dingen nicht wirklich zugehören. Sie sind ein Produkt der Einwirkung materieller Teilchen auf unsere Wahrnehmungsorgane. Das Bild, das die Sinnesorgane uns von der Welt um uns herum liefern, ist daher unzuverlässig – ein Gedanke, der einer skeptischen Sichtweise Vorschub leistete.

Einige Materialisten wie Pierre Gassendi (1592–1655) und Julien Offray de Lamettrie (1709–1751) versuchten sogar, den Menschen selbst mit Hilfe dieser korpuskularen Theorie zu erklären. Descartes hingegen ging davon aus, daß es außer der Materie eine rein geistige und vom Körper unabhängige Substanz gäbe – die menschliche Seele. Seine Überzeugung, daß wir unsere Seele besser kennen als die Materie, machte Descartes zum Vater der modernen Bewußtseinsphilosophie. Das Problem der Wechselwirkung zwischen Seele und Körper war eine zentrale Frage der großen rationalistischen Denker.

Politische Philosophie und Geschichte

Die wissenschaftliche Revolution inspirierte schließlich auch politische Philosophen. Hobbes wollte das System eines Staates durch die Analyse seiner «Elemente» erklären, ebenso wie die Naturwissenschaftler physische Erscheinungen aus den einzelnen corpuscula herleiteten. *Leviathan* von Hobbes ist zugleich eine Verteidigung der absoluten Herrschaft, die den Bürgerkriegen ein Ende setzen sollte. Der mittelalterlichen christlichen Staatsauffassung setzt er eine säkulare Vertragstheorie entgegen, die zum Modell für spätere politische Denker wie Locke und Rousseau wurde. Montesquieu bemühte sich darum, verschiedene Staatssysteme aus Umgebungsfaktoren wie Klima, Religion und Wirtschaft herzuleiten.

Hatten schon Renaissance und Reformation die Beschäftigung mit den literarischen Quellen der europäischen Kultur postuliert, stimulierte auch das zunehmende Tempo der wissenschaftlichen und soziopolitischen Veränderung das historische Bewußtsein. Schon Newton widmete einen großen Teil seiner Zeit der historischen Bibelforschung. Hume verfaßte nach seinem philosophischen Werk eine berühmte Geschichte von England. Die Periode des Barock und der Aufklärung begann mit der Auflehnung gegen die Tradition und dem Aufruf zum selbständigen Denken, das sich von jeder Überlieferung lösen sollte. Sie endete in der Manie der historischen Forschung. Diese Forschung war nicht immer mit der skeptischen Philosophie der Aufklärer zu vereinbaren, die die Autorität der Bibel untergraben wollten. Ein Denker wie der Italiener Giambattista Vico (1668–1744) wertete die Geschichtswissenschaft höher als die Naturkunde. In dieser Zeit entstand die Frage nach der Beziehung zwischen Naturwissenschaft und historischer Erkenntnis.

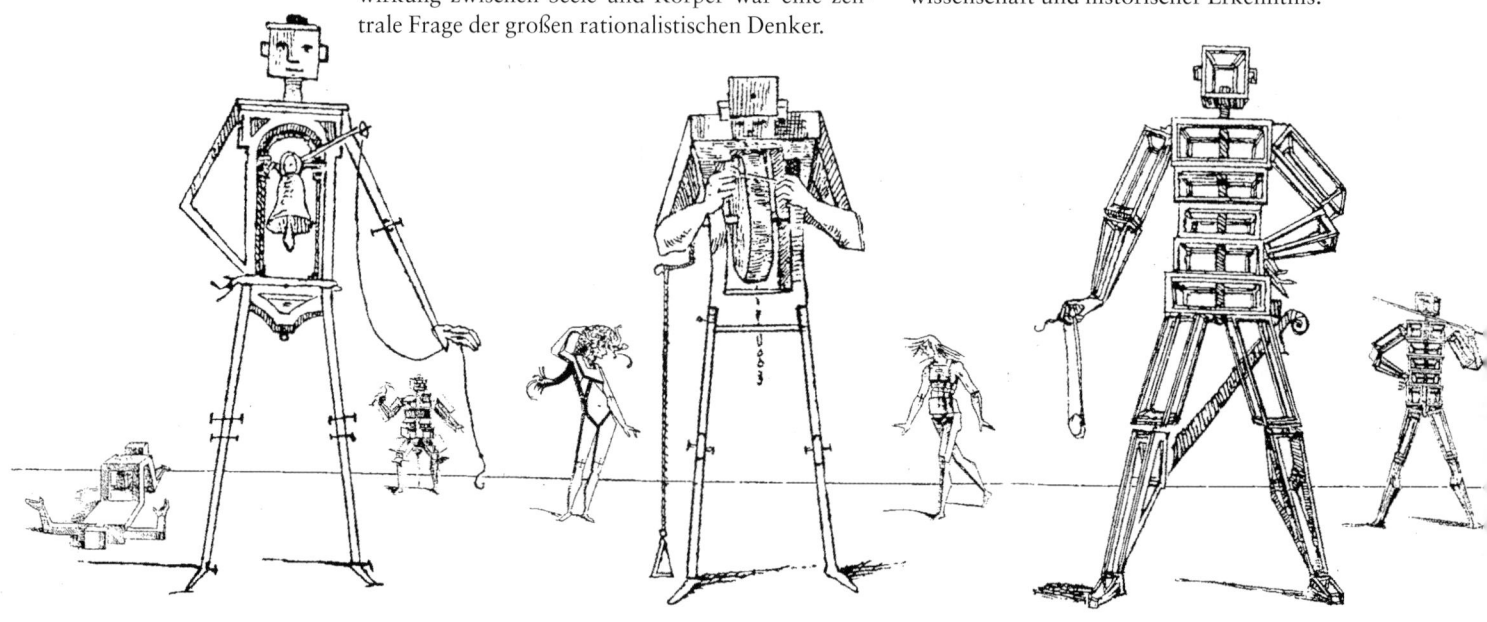

Descartes und der Rationalismus

René Descartes, 1596 in La Haye (Touraine) geboren, wird auch «der Vater der modernen Philosophie» genannt, da er einen immensen Einfluß auf das spätere Denken ausübte. Er stammt aus einer Familie des niedrigen französischen Adels. Von 1606 bis 1614 besuchte er das zur damaligen Zeit renommierte Jesuitenkolleg La Flèche. Wegen seiner schwachen Gesundheit und seiner großen intellektuellen Begabung gewährte man ihm eine bevorzugte Behandlung. Er pflegte morgens im Bett zu bleiben und sich seinen Betrachtungen hinzugeben. Obwohl er seine Lehrer in guter Erinnerung behielt, gab er ein vernichtendes Urteil über den Unterricht ab. Von allen Fächern – Sprachen, Literatur, aristotelische Philosophie und Naturwissenschaft – begeisterte ihn allein die Mathematik, weil sie mit beweisbaren Erkenntnissen operiert.

Nachdem Descartes 1616 in Poitiers einen akademischen Grad in den Rechtswissenschaften erlangt hatte, beschloß er, auf Reisen zu gehen und «keine andere Wissenschaft mehr zu suchen als in mir selbst oder im großen Buch der Welt zu finden ist».

Um militärische Erfahrungen zu sammeln, schloß er sich verschiedenen Armeen an, unter anderem der von Maurits von Nassau. In der Nacht des 10. November 1619, als er in der Nähe von Ulm mit dem Heer des Herzogs Maximilian von Bayern überwinterte, hatte er die Eingebung, den Wissenschaften mit Hilfe der mathematischen Methode ein neues Fundament zu geben.

Weitere Reisen führten ihn nach Norddeutschland, in die Niederlande, nach Frankreich und Italien. Von 1626 bis 1628 hielt sich Descartes vorwiegend in Paris auf. Er führte dort das Leben eines Edelmannes; er spielte, las Romane und duellierte sich wegen der schönen Augen einer Dame. Auf Anraten des Kardinals von Bérulle entschloß er sich schließlich, seinen lang gehegten Plan umzusetzen und sich ganz der Philosophie und den Wissenschaften zu widmen. Um die dafür nötige Abgeschiedenheit zu finden, ging er 1629 in die Niederlande. Dort wohnte er an vielen verschiedenen Orten, unter anderem in Amsterdam, wo «ein jeder seinen Geschäften so viel Aufmerksamkeit schenkt, daß ich mein ganzes Leben dort bleiben könnte, ohne von jemandem bemerkt zu werden». Obwohl er auf diese Weise nach dem epikureischen Prinzip lebte, daß «derjenige gut gelebt hat, der sich gut verborgen hat», pflegte er eine intensive wissenschaftliche Korrespondenz und hatte einige gute Freunde, wie Constantijn Huygens und später Königin Elisabeth von Böhmen.

Seine Publikationen machten Descartes berühmt, was Königin Christina von Schweden zum Anlaß nahm, ihn an ihren Hof einzuladen. Nach langem Zögern zog er 1649 nach Stockholm. Die Reise wurde ihm jedoch zum Verhängnis. Nicht an das kalte Klima und das frühe Aufstehen gewöhnt, zu dem die Königin ihn nötigte, starb er schon im darauffolgenden Jahr, am 11. Februar 1650.

Das vermutlich lebensnahste Portrait von Descartes, 1642 von Frans van Schooten nach seinem Modell gezeichnet und in Kupfer graviert.

Elisabeth von Böhmen war die Tochter des glücklosen Pfalzgrafen Friedrich V., der kurze Zeit die böhmische Krone trug und den Beinamen «Winterkönig» trug. Sie war mit Descartes befreundet. In ihrem Briefwechsel ging es um verschiedene Probleme der kartesianischen Philosophie. Elisabeth äußerte sich oft kritisch über bestimmte Auffassungen ihres berühmten Freundes.

Ein «Rationalist» ist dem alltäglichen Sprachgebrauch zufolge jemand, der das Leben zu sehr von der intellektuellen Seite her betrachtet. Wenn hingegen die großen philosophischen Systematiker des Barock – Descartes, Spinoza und Leibniz – als *Rationalisten* bezeichnet werden, so ist damit der Gegensatz zum sogenannten *Empirismus* gemeint. Ein «Empirist» sieht in der Erfahrung die letzte Erkenntnisquelle, ein Rationalist in der Vernunft. Rationalismus besagt also in diesem Sinne: Lehre von der methodisch geleiteten Erkenntnis.

Der kontinentale Rationalismus

Rückblickend kann gesagt werden, daß die wissenschaftliche Methode des 20. Jahrhunderts im 17. Jahrhundert erste Gestalt angenommen hat. Sie kombiniert präzise Wahrnehmung und experimentelle Erfahrung (das empirische Moment) mit einer mathematischen Herangehensweise, die versucht, die Fakten in einer umfassenden Theorie (das rationale Moment) zu bündeln. Alle Philosophen des 17. Jahrhunderts messen beiden Momenten Bedeutung zu, doch gewichten sie jeweils unterschiedlich. In Frage steht also der (methodische) Status, der naturwissenschaftlichen Sätzen zukommt.

Der Rationalismus vertritt die These, daß uns die Sinnesorgane nur verschleierte und ungenaue Erkenntnisse liefern. Diese Erkenntnis muß im Lichte einer globalen Naturtheorie überprüfbar sein, die

Lodewijk Elsevier gab 1653 eine Sammlung kleinerer naturwissenschaftlicher und naturphilosophischer Werke von Francis Bacon heraus.

das Fundament naturwissenschaftlicher Forschung bilden soll. Bei Descartes ist dies eine korpuskulare und mechanistische Theorie, die unter anderem beinhaltet, daß materielle Körper ausschließlich die mathematischen Eigenschaften der Materie (Ausdehnung, Bewegung, räumliche Form) besitzen.

Den Rationalisten zufolge sind solche Grundprinzipien ebenso *klar* und *deutlich* wie die Mathematik. Sie gründen sich nicht auf Erfahrung, sondern entspringen *angeborenen Ideen*. Der Rationalist ist also der Ansicht, daß der Verstand allein auf der Grundlage angeborener Ideen zur Erkenntnis über die Wirklichkeit gelangen kann. Diese Erkenntnis bildet dann die Basis für die Formulierung von Hypothesen, die empirisch erfahrbare Phänomene erklären sollen. Auf die Frage, wie es möglich ist, daß angeborene Ideen wahre Erkenntnisse über die Natur enthalten, antwortet der Rationalist mit dem Verweis auf Gott, der die Harmonie zwischen Denken und Materie garantiert. Ausgangspunkt der rationalistischen Naturwissenschaft ist also eine philosophische Theologie.

Die Rationalisten ließen sich in ihren Erkenntnistheorien von der Mathematik inspirieren. Sie hielten die Methodik der Mathematik für generalisierbar: Wenn wir immer nur das als wahr bestimmen, was wir klar und deutlich erkennen, können wir in allen Wissenschaften, und vor allem in der Metaphysik, ebenso zuverlässige Erkenntnis erlangen wie in der Mathematik. Im Laufe des 18. Jahrhunderts kam man unter anderem durch die empiristische Kritik zu der Auffassung, daß diese Theorie nicht haltbar ist. Auch die Unterschiedlichkeit metaphysischer Systeme widersprach diesem Anspruch von Wissenschaftlichkeit.

Die Methodologie des Descartes

Descartes hatte, ebenso wie Francis Bacon und andere vor ihm, große Vorbehalte gegenüber der scholastischen Methode. Er lehnte es ab, sein Denken den Dogmen kanonisierter Autoritäten (Aristoteles oder die Kirchenväter) unterzuordnen, wie das die scholastischen Philosophen vielfach getan hatten. Ein solches Verfahren könne unmöglich zur Erkenntnis führen, zumal ja sogar die Autoritäten gegensätzliche Auffassungen vertraten. Die einzige Disziplin, die nach Ansicht von Descartes eine echte Wissenschaft hervorgebracht hatte, war die Mathematik, die unabhängig von allen Autoritäten allein auf die eigene Einsicht vertraut.

Die Methode, die Descartes einführte und die für alle Wissenschaften anwendbar sein sollte, ist deshalb ihrem Wesen nach auch ein Versuch, die Gesetze der Mathematik auf jede andere Disziplin zu übertragen. Wenn man ein schwieriges Problem angeht, muß man den Komplex zergliedern, bis man bei den einfachsten Bestandteilen angelangt ist: *Analyse*. Über diese Bestandteile sind nun Wahrheiten zu formulieren, die so *klar* und *deutlich* sind, daß ihnen nicht widersprochen werden kann. Aus solchen unbezweifelbaren Einsichten wird dann die Erklärung oder die Auflösung des Problems logisch abgeleitet: *Synthese*.

Diese Methodologie erinnert stark an die Wissenschaftslehre von Aristoteles, die ebenso von der Mathematik beeinflußt war. Beide Denker fassen Wissenschaft als ein deduktives System auf, das auf absolut sicheren Grundprinzipien beruht. Die Erfahrung ist der Anlaß, nicht aber die Quelle der Einsicht in diese Prinzipien. Descartes wirft Aristoteles allerdings vor, daß er die wahren «Grundprinzipien» niemals gefunden hat. Die Umsetzung der aristotelischen Wissenschaftslehre sei daher prinzipiell falsch gewesen.

Naturwissenschaft

Descartes versteht Naturwissenschaft als das Studium von der Bewegung der Materie.

Die Axiome der Naturwissenschaft beruhen auf klaren und deutlichen Erkenntnissen vom Wesen der Materie. Materielle Dinge und Prozesse haben in der Wahrnehmung verschiedene Eigenschaften, wie etwa räumliche Form, Geruch und Farbe, Temperatur, Ort, Bewegung und so fort. Descartes glaubt, daß von diesen Eigenschaften allein die geometrischen – Ausdehnung, Form, Größe, Beweglichkeit – klar und deutlich erfaßt werden können. Daher können materielle Dinge nur diese Eigenschaften – später *primäre Qualitäten* genannt – besitzen. Die anderen Eigenschaften, wie Wärme, Kälte, Farbe, Geruch, Härte, Weichheit und ähnliches – später *sekundäre Qualitäten* genannt –, sind das Ergebnis der Einwirkung materieller Teilchen auf unsere Wahrnehmungsorgane. Descartes definiert Materie als *res extensa*, pure räumliche Ausdehnung. Er setzt Materie und Raum gleich.

Auf diesen Grundannahmen aufbauend, entwickelt Descartes einen Großteil seiner allgemeinen physikalischen Theorie. Da Raum gleich Materie ist, kann es keinen leeren Raum geben. Die Wirkung des einen Körpers auf einen anderen erfolgt immer über dazwischenliegende Körper. Eine Wirkung auf Abstand ist unmöglich. Jeder physikalische Vorgang ist als Zusammenprall oder andersartiger Kontakt zwischen den Teilchen zu verstehen. Die Ausdehnung der Raummaterie ist unbegrenzt. Jedes Stück Materie ist unendlich teilbar. Da kein leerer Raum existiert, kann die Bewegung von Materie in einem begrenzten Gebiet nicht anders als in der Form von Ringen oder Wirbeln von sich bewegender Materie gedacht werden. Ein Teilchen kann sich nur dann zu einem anderen Platz bewegen, wenn das Teilchen, das sich zuvor auf diesem Platz befand, aufrückt, und so weiter. Descartes versuchte, schließlich auch die Bewegung der Himmelskörper mit einer Wirbeltheorie zu erklären. Diese Theorie wurde später von Newton im zweiten Buch seiner oben genannten *Principia* widerlegt.

Descartes glaubte, mit Hilfe dieser mechanistischen Physik nicht nur die tote, sondern auch die belebte Natur erklären zu können. Demnach ist das Tier eine Art Automat, vergleichbar mit den hydraulisch beweglichen Puppen in den Gärten französischer Schlösser. Allein das Bewußtsein und die Sprache entziehen sich diesem Erklärungsmodell. Beim Menschen ist der Körperautomat durch Gott mit einer rationalen, immateriellen und unsterblichen Seele verbunden. Körper und Seele beeinflussen einander über die Epiphyse. Für Nachfolger von Descartes wie Malebranche, Leibniz und Spinoza sollte die Art dieser Wechselwirkung ein Kernproblem der Philosophie werden.

Metaphysik

In einem seiner Werke mit dem Titel *Meditationes* beweist Descartes die Existenz Gottes und legt den wahren Unterschied zwischen Körper und Seele dar. Von ebenso großer Bedeutung aber ist, daß er in diesem Buch die Grundthese seiner Physik zu untermauern versuchte. Wie können wir wissen, daß Materie wirklich nichts anderes ist als res extensa? Descartes zufolge ist dies eine klare und deutliche Einsicht, die nicht aus der Wahrnehmung abzuleiten ist. In der Tradition Platons spricht er hier von «angeborenen Ideen». Aber aus welchem Grunde sollten solche angeborenen Ideen über das Wesen der Materie wahr sein und mit der Materie selbst übereinstimmen? Descartes verlangt eine *unbezweifelbare* Antwort auf diese Fragen, denn der geringste Zweifel an den Grundlagen der Physik macht das gesamte System anfechtbar.

Descartes, für den das wichtigste Kriterium der Wissenschaft ihre Unanfechtbarkeit ist, erhebt den Zweifel zu ihrem wesentlichen Instrument. Seine Methode besteht darin, zunächst alle Überzeugungen zu verwerfen, die auch nur im geringsten einen Anlaß für Spekulationen abgeben könnten. Dies ist auch dann erforderlich, wenn dieser Zweifel nach Alltagsmaßstäben absurd erscheint. Ein Philosoph – so Descartes – muß sich einmal in seinem Leben diesem *methodischen Zweifel* aussetzen.

Der Gedankengang der «Ersten Meditation» gipfelt in einem Argument, das all unsere Überzeugungen zugleich methodisch erschüttern soll. Ist es nicht möglich, daß es einen boshaften Gott gibt, der mich in allen Dingen betrügt? Dann ist es denkbar, daß nichts von dem, was ich klar und deutlich erfasse, wahr ist. Dann ist es auch möglich, daß die Welt, die ich nun glaube wahrzunehmen, in Wirklichkeit nicht existiert. Der betrügerische Gott hätte lauter falsche Einsichten und irreführende Wahrnehmungen in unserem Geist hervorgerufen.

Bedeutet dieser allumfassende methodische Zweifel, daß die Suche nach einem absolut sicheren Fundament für die Wissenschaften gescheitert ist? Nein, behauptet Descartes in der «Zweiten Meditation». Es gibt eine einzige Wahrheit, die sich diesem Zweifel entzieht: daß ich, der ich zweifele und vielleicht betrogen werde, existiere. Solange ich zweifele oder denke, ist es absolut sicher, daß ich bin. *Cogito ergo sum*. Diese unzweifelhafte Wahrheit betrifft übrigens allein meine Existenz als denkendes Wesen (*res cogitans*). Ob ich einen Körper habe oder wie das Verhältnis zwischen meinem Körper und meinem Denken ist, ist in diesem Stadium der Reflexion noch völlig unklar.

Descartes versucht im folgenden zu beweisen, daß jede klare und deutliche Einsicht, also auch die über das Wesen der Materie, wahr ist. Er beginnt mit einer Reflexion über die Entdeckung, daß ich bin, insofern ich denke. Woher weiß ich, daß dies unzweifelhaft wahr ist? Nun, weil ich das klar und deutlich erkenne. Kann ich dann nicht davon ausgehen, daß jede klare und deutliche Erkenntnis wahr ist? Dieses Wahrheitskriterium könnte ich in der Tat akzeptie-

Der französische Metaphysiker Nicole Malebranche (1638–1715) entwickelte in seinem Hauptwerk *De la recherche de la vérité* die Grundlagen einer theozentrischen Metaphysik, in der Verstand und Wille als Komponenten des unteilbaren menschlichen Geistes verstanden werden.

Schon vor langer Zeit hatte ich bemerkt, daß man, was das Tun und Lassen betrifft, manchmal Meinungen, von denen man weiß, daß sie sehr ungewiß sind, gerade so folgen müsse, als wären sie unzweifelhaft [...]; da ich mich aber damals nur auf die Suche nach der Wahrheit begeben wollte, glaubte ich, ich müsse ganz das Gegenteil tun und all das als völlig falsch verwerfen, wofür ich mir nur den geringsten Zweifel ausdenken könnte, um zu sehen, ob danach nicht irgendeine Überzeugung zurückbliebe, die gänzlich unbezweifelbar wäre. Daher wollte ich, da unsere Sinne uns manchmal täuschen, voraussetzen, daß es nichts Derartiges gäbe, wie sie es uns glauben machen. Und da es Menschen gibt, die sich beim logischen Schließen selbst bei einfachsten geometrischen Fragen täuschen und sich Fehlschlüsse zuschulden kommen lassen, so verwarf ich in dem Gedanken, daß ich ebenso wie jeder andere der Täuschung unterworfen wäre, alle Begründungen als völlig falsch, die ich zuvor für Beweise gehalten hatte. Endlich erwog ich, daß uns genau die gleichen Vorstellungen, die wir im Wachen haben, auch im Schlafe kommen können, ohne daß in diesem Falle eine davon wahr wäre, und entschloß mich daher zu der Fiktion, daß nichts, was mir jemals in den Kopf gekommen, wahrer wäre als die Trugbilder meiner Träume. Alsbald aber fiel mir auf, während ich auf diese Weise zu denken versuchte, alles sei falsch, doch notwendig ich, der es dachte, etwas sei. Und indem ich erkannte, daß diese Wahrheit: *Ich denke, also bin ich* so fest und sicher ist, daß die ausgefallensten Unterstellungen der Skeptiker sie nicht zu erschüttern vermöchten, so entschied ich, daß ich sie ohne Bedenken als ersten Grundsatz der Philosophie, die ich suchte, ansetzen könne.

Sodann untersuchte ich aufmerksam, was ich denn bin, und beobachtete, daß ich mir einbilden könnte, ich hätte keinen Körper und es gäbe keine Welt noch einen Ort, an dem ich mich befinde, daß ich mir aber darum nicht einbilden könnte, daß ich selbst nicht wäre; ganz im Gegenteil sah ich, daß gerade aus meinem Bewußtsein, an der Wahrheit der anderen Dinge zu zweifeln, ganz augenscheinlich und gewiß folgte, daß ich bin, sobald ich dagegen nur aufgehört hätte zu denken, selbst wenn alles übrige, das ich mir jemals vorgestellt habe, wahr gewesen wäre, ich doch keinen Grund mehr zu der Überzeugung hätte, ich sei gewesen. Daraus erkannte ich, daß ich eine Substanz bin, deren ganzes Wesen oder deren Natur nur darin besteht, zu denken und die zum Sein keines Ortes bedarf, noch von irgendeinem materiellen Dinge abhängt, so daß dieses Ich, d. h. die Seele, durch die ich das bin, was ich bin, völlig verschieden ist vom Körper, ja daß sie sogar leichter zu erkennen ist als er, und daß sie, selbst wenn er nicht wäre, doch nicht aufhörte, alles das zu sein, was sie ist.

Aus: Descartes, *Discours de la méthode*

Der aus Leiden stammende Maler Jan Lievens fertigte um 1645 Portraits vieler niederländischer Dichter und Gelehrter an. Auch dieses Portrait von Descartes, vermutlich nach seinem Modell gezeichnet, entstand um diese Zeit.

ren, gäbe es nicht den leichten Zweifel aufgrund des Gedankens an einen betrügerischen Gott. In der «Dritten Meditation» beweist Descartes, daß es der göttlichen Vollkommenheit widersprechen würde, betrügerisch zu sein. Dieser einzige, wahrhafte Gott gewährleistet, daß man sich bei klaren und deutlichen Erkenntnissen eben nicht täuschen kann und diese somit wahr sind. Daß der Mensch oft irrt, weil er ohne Erkenntnis urteilt, widerspricht nicht der Allmacht und Wahrhaftigkeit Gottes. Die Undiszipliniertheit unseres freien Willens, der sich nicht an das von Gott gegebene Wahrheitskriterium hält, ist für den Irrtum verantwortlich (Vierte Meditation).

Unsere klare und deutliche Erkenntnis, daß Materie nichts anderes ist als res extensa, trifft daher das Wesen der Materie. Unsere Einsicht in das Wesen Gottes beweist uns darüber hinaus, daß er notwendigerweise existiert (Fünfte Meditation).

Schließlich legt Descartes in der «Sechsten Meditation» dar, daß Gott uns auch in der Existenz der wahrgenommenen Dinge nicht betrügt, auch wenn sie sich uns, in Gerüchen und Farben etwa, anders präsentieren, als sie sind.

Dualismus, Moral und Medizin

Aus seiner metaphysischen Theorie schließt Descartes, daß die Grundthesen seiner Naturkunde unbezweifelbar wahr sind. Diese Grundlagen sind also rein rational; das heißt, sie sind nicht aus der Erfahrung abgeleitet. Der englische Empirismus wird dem später entgegensetzen, daß die Grundlagen der Naturwissenschaft auf Erfahrung beruhen müssen. (Newtons berühmter Satz «Ich erfinde keine Hypothesen» war gegen Descartes gerichtet.)

Die Beweisführung von Descartes setzt voraus, daß sich die menschliche Seele vom Körper unterscheidet. Im Verlauf des methodischen Zweifels wird nämlich klar und deutlich begreifbar, was Denken ist, ohne daß dabei der Körper in Anspruch genommen wird. Descartes folgert hieraus, daß Gott die Seele losgelöst vom Körper schaffen konnte, wenn er auch Körper und Seele im Menschen vereinigt hat. In der philosophischen Terminologie bedeutet dies, daß Seele und Körper zwei gesonderte Substanzen sind. Dieser Dualismus von Seele und Körper hat der Philosophie nach Descartes große Probleme bereitet.

Descartes charakterisiert die Seele als ihrem Wesen nach aktiv, während er die Materie als passiv auffaßt. Dies bedeutet, daß Materie sich nicht von selbst bewegen kann. Bewegung ist keine wesentliche Qualität von Materie. Daher verweist Descartes auf Gott, um zu erklären, daß es in der Natur Bewegung gibt. Gott habe der Materie eine ursprüngliche Menge an Bewegung zugeteilt, die immer gleich groß bleibt: das Gesetz der Erhaltung der Bewegung. Die Naturgesetze sollten nur die Übertragung der Bewegung von einem Materieteilchen auf das nächste beschreiben. Auch die willkürlichen Bewegungen des

Menschen sind von einer Seele verursacht: der Seele jedes einzelnen Menschen. Hier liegt allerdings ein Kernproblem der kartesianischen Philosophie: Wie kann die menschliche Seele Bewegung verursachen, wenn sie doch ihrem Wesen nach immateriell ist und innerhalb des Systems der Materie ein Gesetz der Erhaltung der Bewegung gilt?

In der Wahrnehmung findet das Gegenteil statt: Es gibt einen kausalen Einfluß materieller Reize auf die Seele, die dadurch bestimmte Empfindungen bekommt. Die Seele ist sich im Wahrnehmen nur der eigenen Wahrnehmungsinhalte bewußt. Es gibt kein direktes Bewußtsein für das wahrgenommene Objekt, das die Wahrnehmung auch nur indirekt verursacht. Wie müssen wir uns diese Wirkung der Materie auf die Seele vorstellen? Wie kann die Seele wissen, daß das wahrgenommene materielle Objekt existiert, während sie sich doch im Wahrnehmen dieses Objektes gar nicht direkt bewußt ist? Descartes löst dieses Problem der Existenz der Außenwelt, indem er Gottes Wahrhaftigkeit bemüht. Aber setzt der Gottesbeweis nicht voraus, was er gerade beweisen sollte: die Verläßlichkeit klarer und deutlicher Erkenntnisse? Für die Philosophie nach Descartes führt das Problem der Existenz der Außenwelt dann auch zu allerlei Spekulationen.

Descartes legte, ebenso wie Bacon, großen Wert auf die praktische Umsetzung der Wissenschaft. Wissenschaftlicher Fortschritt sollte den Menschen zum «Meister und Besitzer der Welt» machen. Er dachte hierbei vor allem an die Mechanik und die Medizin. Die Verlängerung des menschlichen Lebens war eines seiner Hauptziele. In einem Brief aus dem Jahr 1637 an Constantijn Huygens äußert er die Hoffnung, daß er mit Hilfe seiner medizinischen Erfindungen ein Jahrhundert leben werde.

1646 allerdings scheint Descartes auf medizinischem Gebiet einige Enttäuschungen erfahren zu haben. «Statt Mittel gefunden zu haben, die das Leben konservieren, habe ich ein anderes, viel einfacheres und verläßlicheres Mittel gefunden, nämlich den Tod nicht zu fürchten», schreibt er an einen Freund. Dieses «bessere Mittel» verweist auf die kartesianische Moral.

Gemäß seiner Morallehre soll der Mensch durch regelmäßige Meditation lernen, sein Verlangen auf das zu beschränken, was zu erreichen vollständig in seiner Macht liegt. Nur so kann er ein solides Glück erreichen. Nun liegt unser konkretes körperliches Handeln nie ganz in unserer Macht. Die kartesianische Moral geht schließlich davon aus, daß wir das irdische Leben distanziert betrachten können wie ein Theaterstück. Dies aber ist nur möglich, da unsere unsterbliche Seele vom Körper getrennt ist. Durch moralische Betrachtung müssen wir lernen, den Standpunkt der unsterblichen Seele einzunehmen, die nicht vom Tod bedroht ist. Auch in

der Moral spielt also der Dualismus eine große Rolle.

Im folgenden die wichtigsten Schriften von Descartes:

Regulae ad directionem ingenii, um 1628 verfaßt und unvollendet geblieben. Die *Regulae* enthalten die breiteste Darstellung der kartesianischen Methode.

1637 erschienen in Leiden drei umfangreiche Essays (*La dioptrique*, *Les météores*, *La géométrie*), denen der berühmte *Discours de la méthode* vorausging. Dieser enthält eine stilisierte Autobiographie, eine kurze Skizze seiner Methode, Descartes' «vorläufige Moral», eine Skizze seiner Metaphysik und eine zusammenfassende Darstellung seines wissenschaftlichen Systems. *La dioptrique* ist eine geometrische, physiologische und psychologische Theorie der visuellen Wahrnehmung mit praktischen Hinweisen für das Schleifen von Linsen. Descartes veröffentlichte darin als erster das Sinusgesetz der Lichtbrechung. *Les météores* enthält unter anderem eine korrekte Theorie des Regenbogens. In *La géométrie* schuf Descartes die Grundlagen für das, was heute analytische Geometrie genannt wird.

Sein philosophisches Hauptwerk, *Meditationes de prima philosophia*, wurde 1641 in Paris publiziert.

Die letzten Jahre seines Lebens widmete Descartes der Ausarbeitung seiner Ethik und einer Studie über den Menschen als Einheit von Körper und Seele.

Auch im 18. Jahrhundert, als sein Werk kaum noch gelesen wurde, galt Descartes noch als großer Denker. Auf diesem Druck von 1791 ist zu erkennen, daß er auf die Weisheit der Bücher wenig Wert legte: die Bücher sind größtenteils auf den Boden geworfen. Descartes wollte vor allem im «großen Buch der Welt» lesen und selbst die Natur erforschen.

Pascal

Blaise Pascal (1623–1662) war ein herausragender Mathematiker und Physiker. Schon mit 16 Jahren schrieb er eine Abhandlung über Kegelschnitte. 1642 konstruierte er eine Rechenmaschine, um seinen Vater bei seiner Arbeit als Steuereintreiber zu unterstützen. Später lieferte er entscheidende Beiträge zur Wahrscheinlichkeitsrechnung, zur Geometrie und Zahlenlehre.

Pascal entwickelte kein philosophisches System. Neben seinem wissenschaftlichen Werk ist er vor allem durch seine religiösen Schriften bekannt geworden. Als sein Vater von zwei Anhängern des flämischen Theologen Cornelis Jansen gepflegt wurde, bekam Pascal Kontakt zur theologischen Bewegung des Jansenismus. Nachdem er lange Zeit vom Zweifel geplagt worden war, hatte er in der Nacht des 23. November 1654 ein tiefes religiöses Erlebnis. In seinen *Lettres provinciales* (1656–1657) verteidigte er die Jansenisten gegen die Jesuiten. Seine unvollendete Apologie des Christentums erschien postum unter dem Titel *Pensées*.

Pascal problematisierte das Verhältnis von neuer Wissenschaft und christlichem Glauben mit großer Leidenschaft und intellektueller Schärfe.

Das Unglück des Jahrhunderts

Die aristotelische Naturwissenschaft und auch der christliche Glauben rückten den Menschen in den Mittelpunkt eines Kosmos, der eine würdige Kulisse für das biblische Drama von Sündenfall und Erlösung abgibt. Die Kosmologie des 17. Jahrhunderts zeichnet ein völlig anderes Bild. Die Erde ist zu einem Satelliten der Sonne geworden; unser Sonnensystem ist eines von vielen anderen Systemen in einem unendlichen Raum.

Descartes verband die Darstellung dieses neuen Weltbildes mit Lobeshymnen auf den Schöpfer. Aber waren die noch glaubwürdig? Die Naturwissenschaft, einst die Stütze des Glaubens, schien der Religion jede Hoffnung zu rauben. Muß der Mensch, der sich mit dieser Wissenschaft beschäftigt, nicht Zweifel an der Wahrheit des Christentums bekommen? «Ich sehe diese beängstigenden Räume des Universums, die mich umschließen, und ich scheine mich in einem entlegenen Winkel dieser unermeßlichen Ausgedehntheit zu befinden, ohne zu wissen, warum ich mich hier befinde und nicht anderswo…», läßt Pascal den Menschen verzweifelt rufen. «Die ewige Stille dieser unendlichen Räume jagt mir Angst ein.»

Ist das menschliche Denken schon im Rahmen der modernen Naturforschung eine Bedrohung für die Religion, so wird es ihr noch gefährlicher, wenn es sich auf den Glaubensinhalt selbst richtet. Rationalisten neigen dazu, nur die Teile des Glaubens zu akzeptieren, die rational einsichtig sind, auch wenn sie dabei versichern, auch die offenbarten Wahrheiten anzuerkennen. So schrieb etwa Descartes, die Bibel spreche die Sprache des gewöhnlichen Volkes und sei daher nicht immer wörtlich zu verstehen. Auf diese Weise aber erschafft der Philosoph sich seinen eigenen Gott. Der Mensch jedoch kann nur Trost beim Gott Abrahams, Isaaks und Jakobs finden und nicht im Gott der Philosophen und Gelehrten – so zumindest erfährt es Pascal 1654. Er hielt es für seine Aufgabe, dem unterminierenden Einfluß des selbständigen Denkens auf dem Gebiet des Glaubens Einhalt zu gebieten.

Pascal unterscheidet hierzu zwei Arten von Wissenschaft. In den Disziplinen, die die Sinnesorgane und den Verstand betreffen, wie Mathematik, Physik und Medizin, ist eine Berufung auf historische Autoritäten sinnlos. Fortschritt verlangt nach Experiment und Argumentation, und dieser Fortschritt ist qua definitionem niemals abgeschlossen. In den historischen Wissenschaften dagegen ist im Prinzip vollständige Erkenntnis möglich. Für den Historiker gilt allein die Autorität der Quelle. Jeder selbständige Denkansatz der Forscher ist abzulehnen. Für Pascal ist die Theologie die historische Wissenschaft par excellence. Um den Glaubensinhalt, der dem Verstand unergründlich bleibt, umfassend abzusichern, reicht es daher aus, die Heilige Schrift aufzuschlagen, in der sich Autorität und Wahrheit vereinen.

Es ist das Unglück des 17. Jahrhunderts, so Pascal, daß man sich in den Naturwissenschaften auf Autoritäten, wie etwa auf Aristoteles, beruft, während man in der Theologie, in der doch die Autorität der Bibel und der Kirchenväter gelten müßte, eigene Ideen entwickelt. «Man muß den Schüchternen Mut geben, die es nicht wagen, in der Physik selbständig zu denken, und die Unverschämtheit derer bekämpfen, die in der Theologie neumodische Gedanken entwickeln», schreibt er.

Eine neue Apologie des Christentums

Nun, da die Naturwissenschaft vom Stützpfeiler zum Störfaktor des Glaubens geworden ist, muß das Christentum mit neuen Methoden gegen die Angriffe der Ungläubigen verteidigt werden. Dies ist das Ziel der Pascalschen Apologie, die er wegen seiner Krankheit und seines frühzeitigen Todes nicht vollenden konnte.

Das Vorhaben einer Apologie des Christentums erscheint auf den ersten Blick paradox. Denn – so

Im Alter von kaum zwanzig Jahren entwarf Pascal eine Rechenmaschine – die älteste ihrer Art –, um seinem Vater, der Steuereintreiber in der Normandie war, die Arbeit zu erleichtern.

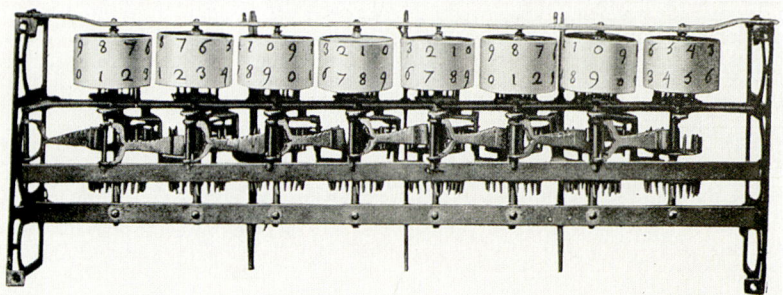

Recht, Macht. Es ist gerecht, daß befolgt wird, was gerecht ist; notwendig ist, daß man dem, was mächtiger ist, folgt. Das Recht ohne Macht ist machtlos; die Macht ohne Recht ist tyrannisch. Dem Recht, das keine Macht hat, wird widersprochen, weil es immer Verbrecher gibt; die Macht ohne Recht ist auf der Anklagebank. Also muß man das Recht und die Macht verbinden und dafür sorgen, daß das, was recht ist, mächtig und das, was mächtig ist, gerecht sei.

Das Recht kann bestritten werden, die Macht ist deutlich kenntlich und unbestritten. So konnte man dem Recht nicht zur Macht verhelfen, weil die Macht das Recht bestritt und behauptete, es sei unrecht, und behauptete, sie wäre es, die das Recht sei. Und da man nicht erreichen konnte, daß das, was recht ist, mächtig sei, machte man das, was mächtig ist, rechtens.

Man stellt sich Platon und Aristoteles nur in der Tracht der bedächtigen Lehrer vor. Sie waren rechtliche und wohlerzogene Leute wie alle andern, die mit ihren Freunden lachten, und wenn sie sich zurückgezogen haben, um ihre Bücher über die Gesetze oder die Politik zu schreiben, so geschah es wie im Spiel; das war die am wenigsten philosophische und am wenigsten ernsthafte Seite ihres Lebens; die philosophischste war, einfach und ruhig zu leben. Schrieben sie über Politik, so taten sie es gleichsam, um ein Narrenhaus zu ordnen, und wenn sie sich den Anschein gaben, als handelten sie von einer wichtigen Sache, so nur, weil sie wußten, daß sich die Narren, zu denen sie redeten, für Könige und Kaiser hielten. Sie gingen auf ihre Voraussetzungen ein, um ihre Narrheit soweit wie möglich zu mildern.

Aus: Pascal, *Pensées*

Pascal über Glaubenswahrheiten: «Sie sind in jedem Falle unendlich über die Natur erhaben: allein Gott kann sie in die Seele pflanzen, auf die Weise, die ihm behagt.» Wozu also eine Verteidigung des Glaubens, wenn doch die Gnade des Glaubens nur von Gott geschenkt werden kann? Doch hat Pascals Vorhaben ein klar umrissenes Ziel, das er mit einer Metapher verdeutlicht. Die Gnade des Glaubens ist wie der Regen, der für den Bauern ein Segen ist, da er die Pflanzen wachsen läßt. Der Bauer selbst kann den Regen nicht erzeugen. Andererseits hilft der Regen dem Bauern nicht, wenn er nicht zuvor seinen Acker bestellt und die Pflanzen ausgesät hat. Pascal fordert mit seiner Apologie die Menschen auf, den Acker zu bestellen. Er will sie bereit machen, die Gnade des Glaubens zu empfangen.

Pascal leitet seine Apologie mit einer ernüchternden Analyse des menschlichen Lebens ein. Solange der Mensch sich vergnügt und sich selbst nicht erkennt, gibt er sich der Illusion hin, glücklich zu sein, und hat kein Verlangen nach Gnade. Denkt er allerdings einen Moment darüber nach, wer und was er ist, daß etwa Krankheit und Tod ihm drohen, so erkennt er sein Unglück. Daher ist das ganze Leben nichts als ein Versuch, sich selbst in der Zerstreuung zu vergessen. Philosophen wundern sich darüber, daß jemand einen ganzen Tag lang Jagd auf einen Hasen macht, den er auf dem Markt niemals kaufen würde. Aber sie verstehen wenig vom Menschen. Der Kauf des Hasens gibt ihm nicht, was die Jagd ihm verschafft: Zerstreuung. Auf diese Weise unterwirft Pascal alle menschlichen Vergnügungen sowie Errungenschaften und Ideale, derer wir uns rühmen, wie etwa Wissenschaft oder Rechtschaffenheit, einer vernichtenden Kritik. Es sind nur Formen der Zerstreuung, in die wir uns vor uns selbst flüchten. Andererseits hat der Mensch aber auch eine gewisse Größe, da er sein Unglück erkennen kann. Kühl und ungerührt beschreibt Pascal seine Strategie, um den Menschen für den Glauben reif zu machen: «Wenn er sich selbst preist, erniedrige ich ihn. Wenn er sich erniedrigt, hebe ich ihn in den Himmel. Und ich widerspreche ihm immer. Bis er begreift, daß er ein rätselhaftes Ungeheuer ist.»

Ist der Mensch von dieser Behandlung zermürbt, wird er nach einer Erkenntnis verlangen, die seine paradoxe Natur erklärt und ihn von seinem Unglück erlöst. In aller Ausführlichkeit demonstriert Pascal im weiteren Verlauf seiner Apologie, daß weder die Philosophen noch irgendeine andere als die christliche Religion diese Einsicht und diese Erlösung gewähren können. Allein das Christentum und die göttliche Gnade können dem Menschen helfen. Die Erlösung aus dem irdischen Unglück liegt im unendlich glücklichen Leben nach dem Tod, das uns zuteil wird, wenn Gott es will.

Pascal war sich darüber im klaren, daß seine Argumentation keine vollständige Beweiskraft hatte. Nur durch die Gnade können wir die Wahrheit des Christentums wirklich erkennen. In diesem Sinne ist es immer ein Wagnis, sich dem Glauben in Erwartung der Gnade hinzugeben. In seiner berühmten Analyse dieses Wagnisses wendet Pascal die Prinzipien der Wahrscheinlichkeitsrechnung an, um zu zeigen, warum der rationale Glücksspieler auf den Glauben setzen muß: denn selbst wenn die Wahrscheinlichkeit gering sein mag, die Glückseligkeit durch den Glauben zu erlangen, ist sie doch unendlich größer als jedes andere Glück, das der Mensch erlangen kann. Zudem besteht der Einsatz nur aus einer endlichen Zahl kleiner Vergnügungen des irdischen Lebens, während der potentielle Gewinn ein unendlich dauerndes und unendlich glückliches Leben nach dem Tode ist.

Benedictus de Spinoza (1632–1677), Sohn eines vermögenden jüdischen Kaufmanns, der als Flüchtling in die Niederlande gekommen war, wurde in Amsterdam geboren, wo Uriel da Costa einer seiner Lehrer wurde. Da Costa, der behauptet hatte, Gottesdienste seien vom Menschen ersonnen, wurde zweimal aus der Synagoge exkommuniziert und von der jüdischen Gemeinde öffentlich mit Peitschenhieben bestraft. Auch Spinoza wurde 1656 wegen «schrecklicher Irrlehren» und «abscheulicher Taten» mit dem Bann belegt. Berichten der Spanischen Inquisition zufolge leugnete Spinoza die Unsterblichkeit der Seele und glaubte, daß Gott nur in einem philosophischen Sinne existiere.

Um 1660 zog Spinoza nach Rijnsburg, wo er in einem Kreis von Philosophen verkehrte und sich seinen Lebensunterhalt mit dem Schleifen von Linsen verdiente. Dort schrieb er auch seinen *Tractatus de intellectus emendatione*. 1663 erschien sein *Renati Descartes principiorum philosophiae*, das mit der Unterstützung des Arztes Ludwig Meyer publiziert wurde. Im selben Jahr zog Spinoza nach Voorburg, 1670 nach 's-Gravenhage. Er freundete sich mit Johan de Witt an und empfing viele prominente Besucher, unter anderem Henry Oldenburgh, den Sekretär der Royal Society. Der anonym publizierte *Tractatus theologico-politicus* von 1670, in dem Spinoza Kritik an der Offenbarung übte und für religiöse Toleranz eintrat, löste tumultartige Reaktionen aus.

Am 20. August 1672 wurden die Brüder de Witt von einem Trupp Oranje-Anhänger mit der stillschweigenden Zustimmung der Obrigkeit ermordet. Spinoza, der in seinem Werk Selbstbeherrschung und Mäßigung predigte, war außer sich vor Wut und Trauer. Wie er Leibniz später erzählte, fertigte er ein Plakat mit dem Text «Ultimi barbarorum» an, um es der Menge draußen zu zeigen. Sein Hauswirt schloß ihn aber in seinem Zimmer ein und rettete ihm so vielleicht das Leben.

Spinoza betrachtete das menschliche Leben als ein fortwährendes und wenig befriedigendes Hasten von einem Verlangen zum nächsten. Sein philosophisches Hauptwerk, die *Ethica more geometrico demonstrata*, 1677 postum erschienen, ist ein Versuch, dieser eitlen Jagd nach Glück durch Erkenntnis des wahrhaft Guten zu entkommen, das heißt, durch die Einsicht, daß aus der Perspektive der Totalität alles in der Natur notwendig ist. Diese Einsicht sollte eine Liebe zum Schicksal erzeugen und zu einer endgültigen Versöhnung mit uns selbst und den Mitmenschen führen. Kurz vor seinem Tod, wahrscheinlich verursacht durch Schwindsucht, die vom Staub beim Linsenschleifen verstärkt wurde, schrieb Spinoza sein letztes großes Werk, den *Tractatus politicus*.

Spinoza

Spinoza hat sich wie Pascal dem Glauben verschrieben. Während Pascal jedoch auf die Gnade des persönlichen Gottes von Abraham, Isaak und Jakob hoffte, der dem Herzen Erklärungen geben kann, die der Verstand nicht kennt, entwickelte Spinoza mit eiserner Konsequenz einen unpersönlichen und pantheistischen Gottesbegriff. Über verschiedene Stufen der Erkenntnis kann der Mensch schließlich das wahrhaft Gute erreichen, das in der geistigen Liebe zu Gott besteht, der die Einheit aller Dinge, der Natur und des Geistes ist. Im *Tractatus theologico-politicus* schließt sich Spinoza der Auffassung Pascals an, daß die Theologie eine historische Wissenschaft ist, die sich auf das Studium der Bibel beschränken muß. Eine historische Auseinandersetzung mit diesem Buche legt jedoch offen, daß es von vielen verschiedenen Autoren in einer Zeitspanne von mehr als zweitausend Jahren verfaßt wurde. Die Inhalte der Heiligen Schrift sind deshalb – so Spinoza – von dem Auffassungsvermögen des «launischen und wankelmütigen jüdischen Volkes» abhängig. Somit ist nicht alles, was in der Bibel steht, als göttliche Lehre zu verstehen. Spinoza bezeichnet das Gebot der Nächstenliebe als den Kern der christlichen Wahrheit, woraus er folgert, daß man den Gläubigen an seinen Taten und nicht an seinen religiösen Auffassungen oder Dogmen erkennt. Aus diesem Grund plädiert er auch entschieden für Toleranz und Meinungsfreiheit.

Das Ergebnis seiner theologischen Untersuchung eröffnet dem Philosophen die Möglichkeit, einen eigenen Gottesbegriff zu entwickeln, und genau das tut Spinoza in seinem postum erschienenen Hauptwerk, der *Ethik*. Dieses imposante Buch ist in Analogie zu Euklids geometrischem System aufgebaut. Jedes der fünf Bücher (Von Gott, Von der Natur und dem Ursprung der Seele, Von dem Ursprung und der Natur der Affekte, Von der menschlichen Knechtschaft oder von den Kräften der Affekte, Von der Macht des Verstandes oder von der menschlichen Freiheit) beginnt mit Definitionen und Grundsätzen oder Forderungen. Die Grundsätze hält Spinoza für wahr, da sie klare und deutliche Erkenntnisse ausdrücken. Die Wahrheit der Grundsätze liegt in ihnen selbst und kann nicht, wie bei Descartes, methodisch in Zweifel gezogen werden. Die Aufgabe der Philosophie ist also nicht der methodische Zweifel, sondern die vollkommenste Erkenntnis, über die wir verfügen: die Erkenntnis von der göttlichen Natur.

Substanz und Kausalität

Als Substanz (*ousia*) bezeichnen die griechischen Philosophen das Unveränderliche, das den veränderlichen Erscheinungen zugrunde liegt. So sind Substanzen für Demokrit die Atome und für Platon die unveränderlichen Formen oder Ideen. Nach Aristoteles gibt es Ideen oder Essenzen nur in den konkreten Dingen. Daher betrachtet er zunächst dieses konkrete Wesen oder Individuum, zum Beispiel Sokrates, als Substanz. Eine Substanz ist, im Gegensatz zu einem Attribut oder einer Eigenschaft, also dadurch gekennzeichnet, daß sie selbständig existieren kann und eine spezifische Essenz hat.

Bei der Anwendung des aristotelischen Substanzbegriffes im 17. Jahrhundert werden diese beiden Charakteristika problematisch. Descartes verwirft in seiner Physik den Gedanken, daß es in der Natur verschiedene Essenzen gibt. Die mathematische Physik geht davon aus, daß alles Materielle ein- und dieselbe Essenz besitzt: die der geometrischen Ausdehnung. Die verschiedenen materiellen Körper sind dann nur noch verschiedene *Modi* oder *Modifikationen* des Attributs «Ausdehnung». Wie können sie nun als Substanz verstanden werden? Worin besteht noch ihre Selbständigkeit? Einen analogen Gedanken verfolgte der französische Philosoph Nicole Malebranche (1638–1715) auf dem Gebiet der Psychologie. Auch unter einem anderen Aspekt ist die Selbständigkeit der individuellen Dinge zweifelhaft. Muß in einem christlichen Weltbild der Begriff «selbständig» nicht dem Schöpfer vorbehalten bleiben?

Mit großem intellektuellen Mut verfolgt Spinoza diese Gedanken bis zu ihrem logischen Ende. Individuelle Körper sind nichts anderes als Modi des unendlichen Attributs «Räumlichkeit». Dieses Attribut eignet einer einzigen unendlichen Substanz: der Totalität. Ebenso ist der individuelle Geist nur ein Modus des unendlichen Attributs «Geist». Die Totalität oder die unendliche Substanz ist einzigartig und hat unendlich viele Attribute, die in ihrem Wesen zusammentreffen. Der Mensch ist ein Modus zweier solcher Attribute, Räumlichkeit und Geist. Er kann nur diese zwei Attribute der Totalität kennen. Die Totalität ist weiterhin identisch mit Gott. Vom dynamischen Wesen Gottes, der *natura naturans*, können wir die die Totalität der Modi als die *natura naturata* unterscheiden. Gott ist unendlich, ewig, einzigartig. Alles, was ist, ist in Gott. Nichts kann außerhalb von Gott existieren oder begriffen werden.

Im Denken des 17. Jahrhunderts gibt es analoge Tendenzen, die Gott zur einzig wirksamen Ursache machen. Schon bei Descartes ist Gott die Ursache der Bewegung in der Materie, der Ideen in der Seele und der Wechselwirkung zwischen Seele und Körper. Spinoza verfolgt auch hier bereits bekannte Denkansätze bis zu ihren logischen Schlußfolgerungen. Das Materielle und das Geistige bilden geschlossene, deterministische, kausale Reihen. Eine Wechselwirkung zwischen Körper und Seele ist daher undenkbar. Das Problem der Wechselwirkung ist daher auch ein Scheinproblem. Dennoch gibt es den Anschein einer Wechselwirkung. Es gibt eine strukturelle Parallelität zwischen den Modifikationen der Attribute Geist und Körper. Diese Parallelität erklärt sich daher, daß alle Attribute im Wesen Gottes zusammentreffen.

Besteht nun die erfahrbare Welt aus Modi der Eigenschaften Gottes, so ist das kausale Wirken Gottes keine Produktion im Sinne der christlichen Schöpfung. Gott ist ewig und zeitlos. Kausale Wirkung ist, unter dem Aspekt der Ewigkeit betrachtet, dasselbe wie logische Folge. Die unendlichen Reihen der Modi sind ebenso aus Gottes Wesen herzuleiten, wie aus dem Wesen eines Dreiecks abzuleiten ist, daß die drei Winkel des Dreiecks so groß sind wie zwei rechte Winkel. Diese Auffassung von Kausalität liegt der Form von Spinozas *Ethik* zugrunde – die eines axiomatischen, deduktiven oder «geometrischen» Systems. Spinozas Gottesbegriff hat wenig gemein mit der Idee eines persönlichen Schöpfers aus der christlichen Tradition, auf die Pascal sich berief. Dieser traditionelle Gottesbegriff, so Spinoza, ist nur ein Produkt menschlicher Unwissenheit.

Der lange Marsch durch die Emotionen

Ein Kerngedanke der platonisch-rationalistischen Tradition in der westlichen Philosophie ist, daß die mit dem Körper verbundenen menschlichen Emotionen oder Leidenschaften die Seele von der wahren Erkenntnis, dem Ziel des menschlichen Lebens, ablenken. Daher versteht Platon die Philosophie als ein Verlangen nach dem Tod. Denn der Tod befreit die Seele vom hinderlichen Körper.

Diese Gedanken finden sich auch bei Spinoza. Am Ende des zweiten Buches der *Ethik* gelangt er zu der Erkenntnis, daß Körper und Seele eins sind in Gott. Aber wie kann ein Mensch trotz der düsteren Macht der Leidenschaften nach dieser Erkenntnis leben? Wie sind diese Leidenschaften zu überwinden? Um diese Fragen geht es in den Büchern III, IV und V.

Im allgemeinen geht Spinoza davon aus, daß ein

Spinoza fühlte sich von der einfachen Lebensart der Collegianten angezogen, einer Gruppe frommer Individualisten, die in verschiedenen holländischen Städten und Dörfern Zusammenkünfte (Kollegs) abhielten.

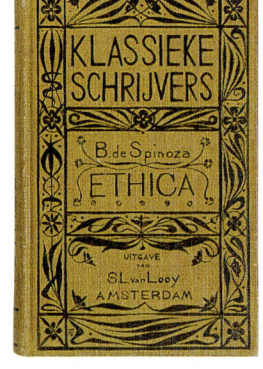

Lehrsatz 35. Wenn jemand sich vorstellt, daß das Ding, das er liebt, sich einem anderen mit dem selben oder mit einem engeren Freundschaftsband verbindet, als mit dem es ihm bisher allein zugehörte, so wird er das geliebte Ding selbst hassen und jenen anderen beneiden.

Beweis: Je größer sich jemand die Liebe vorstellt, in die das geliebte Ding gegen ihn versetzt ist, desto mehr Ruhm wird er fühlen, […] und dieses Streben oder dieser Trieb wird noch gesteigert, wenn er sich vorstellt, daß ein anderer seinerseits dasselbe Ding für sich begehrt. Nun ist aber die Voraussetzung die, daß dieses sein Streben oder dieser sein Trieb von dem Vorstellungsbilde des geliebten Dinges selbst und dem begleitenden Vorstellungsbilde dessen, dem das geliebte Ding sich verbindet, gehemmt wird; er wird also infolge hiervon in eine Trauer versetzt werden, die von der Idee des geliebten Dinges als der Ursache und zugleich von dem Vorstellungsbild des anderen begleitet wird, das heißt er wird gegen das geliebte Ding in Haß versetzt werden, und zugleich gegen jenen anderen, den er deshalb, weil er sich an dem geliebten Dinge ergötzt, beneiden wird.

Anmerkung: Dieser mit Neid verbundene Haß gegen ein geliebtes Ding heißt Eifersucht; Eifersucht ist somit nichts anderes als eine Schwankung des Gemüts, die aus Liebe und Haß zugleich entsteht und von der Idee eines anderen begleitet wird, den man beneidet.

Des weiteren wird dieser Haß gegen das geliebte Ding in seiner Größe dem Maße der Freude, in die der Eifersüchtige durch die Gegenliebe des geliebten Dinges versetzt zu werden pflegte, entsprechen und ebenso auch dem Maße des Affekts, in den er gegen den, dem das geliebte Ding sich seiner Vorstellung nach verbindet, schon vorher versetzt gewesen war. Denn wenn er ihn gehaßt hat, wird er das geliebte Ding deswegen hassen, weil er sich vorstellt, daß es das, was er haßt, in Freude versetzt; und auch deswegen, weil er gezwungen wird, das Vorstellungsbild des geliebten Dinges mit dem Vorstellungsbilde dessen, den er haßt, zu verbinden. Dieser Grund findet meistenteils statt bei der Liebe zum Weibe; wer sich nämlich vorstellt, daß sich eine Frau, die er liebt, einem anderen preisgibt, der wird sich nicht nur darum betrüben, weil sein eigener Trieb gehemmt wird, sondern er wird das geliebte Ding auch deswegen verabscheuen, weil er gezwungen wird, dessen Vorstellungsbild mit den Schamgliedern und den Entleerungen des anderen zu verbinden. Wozu schließlich noch kommt, daß der Eifersüchtige von dem geliebten Dinge nicht mit derselben Miene empfangen wird, die es ihm sonst zu zeigen pflegt, als welche Ursache einen Liebenden ebenfalls betrübt, wie ich jetzt nachweisen werde.

Aus: Spinoza, *Die Ethik*

Die sehr mystisch gefärbte Philosophie von Jakob Böhme (1575–1624) wurde von orthodoxen Reformatoren heftig bekämpft, aber seine Werke fanden, auch in den Niederlanden, große Verbreitung. Gott ist ein «Urgrund», der in ewiger Stille, in stiller Verrückung und in Freiheit in sich selbst ruht.

Affekt nur durch einen entgegengesetzten stärkeren Affekt gehemmt oder aufgehoben werden kann (Lehrsatz 7 in Buch IV). Ebenso wie Descartes setzt er allerdings die Affekte oder Leidenschaften mit «verwirrten Vorstellungen» gleich. Damit gibt es nach Spinoza keinen qualitativen, sondern nur einen graduellen Unterschied zwischen Emotion und (klarer) Erkenntnis. Wenn wir die Leidenschaften kennen oder «erhellen», können wir sie transformieren. Sie werden dann von passiven Affekten, die wir erleiden, zu aktiven Affekten. Spinoza ist in dem Gedanken, daß wir nicht mehr das Opfer unserer Leidenschaften sind, wenn wir ihre wahren Ursachen kennen, ein Vorläufer von Freud. Daher bedeutet Freiheit für Spinoza nichts anderes als Erkenntnis und eine Lebensführung, die sich der Einsicht in das Notwendige beugt.

Im dritten Buch beabsichtigt Spinoza, zu einer solchen Erkenntnis der Leidenschaften zu gelangen. Dazu muß er «die menschlichen Taten und Triebe auf dieselbe Weise betrachten wie Linien, Flächen oder Körper». Dieses Buch ist eine der großartigsten Beschreibungen der menschlichen Leidenschaften in der Weltliteratur, gerade durch die distanzierte «geometrische» Betrachtungsweise. Wie der Geometriker alle denkbaren räumlichen Figuren aus Linien, Punkten oder Flächen konstruiert, so führt Spinoza die menschlichen Leidenschaften auf drei grundlegende Gegebenheiten zurück. Zunächst strebt jedes Wesen danach, an seiner Existenz festzuhalten. Dieses Streben impliziert den Trieb, seine körperliche und geistige Macht zu vergrößern. Die beiden anderen Gegebenheiten sind die Freude über die Vervollkommnung unseres Geistes und das Leiden am geistigen Rückschritt. Was den Körper des Menschen betrifft, reden wir entsprechend von Genuß und Schmerz.

In seiner realistischen Beschreibung der Leidenschaften nähert sich Spinoza der Betrachtung der menschlichen Natur von Hobbes stark an. Doch Spinoza bewegt sich in einem ganz anderen metaphysischen Rahmen. Wenn der Mensch zu der Einsicht kommt, daß alles eins ist in Gott oder der Natur, wird er begreifen, daß das, was die Menschen unterscheidet und trennt, Illusion ist. Dann wird er aufhören zu hassen und den Haß der anderen mit Liebe vergelten. Dann braucht er auch den Tod nicht zu fürchten. Wenn der Körper auseinanderfällt, bleibt noch ein Teil seines Geistes, der ewig ist, eine Vorstellung in Gott. Die geistige Liebe zu Gott ist daher auch unser Heil, unsere Glückseligkeit und unsere Freiheit. Man kann einwenden, daß der Weg zu diesem Heil ein sehr schwerer ist. «Aber alles Erhabene ist ebenso schwer wie selten», beschließt Spinoza seine *Ethik*.

Leibniz

Gottfried Wilhelm Leibniz (1646–1716), ein Wunderkind, das sich zu einem mathematischen Genie entwickelte, wurde in Leipzig geboren, wo sein Vater Hochschullehrer war. Schon als Kind verbrachte er unzählige Stunden in der Bibliothek des Vaters. Leibniz war sechs Jahre alt, als sein Vater starb. 1666 lehnte die örtliche Universität ihn wegen seines jugendlichen Alters als Kandidat für das Doktorat in den Rechtswissenschaften ab. Er erlangte den Grad im folgenden Jahr in Altdorf, wo ihm direkt eine Professur angeboten wurde. Leibniz lehnte jedoch mit der Begründung ab, daß er «ganz andere Dinge vorhabe».

1667 trat Leibniz in den Dienst des Erzbischofs von Mainz, der, wie alle deutschen Fürsten, die Eroberungssucht Ludwigs XIV. fürchtete. Während seines vierjährigen Aufenthalts in Paris (1672–1676) versuchte Leibniz den Sonnenkönig zu veranlassen, gegen Ägypten statt gegen die deutschen Länder zu ziehen. Paris war damals das intellektuelle Zentrum der Welt, und die Pariser Zeit war eine der produktivsten Perioden im Leben von Leibniz.

Ab 1680 stand Leibniz als Bibliothekar im Dienste des Hauses Hannover und erhielt den Auftrag, eine Geschichte des Hauses Braunschweig zu schreiben. Er sammelte eine überwältigende Menge Material, reiste nach Italien, um die Verbindung mit dem Haus Este zu beweisen, aber bis zu seinem Tod kam Leibniz in seiner historischen Forschung nur bis zum Jahr 1009. Er beschäftigte sich mit beinahe allen Wissenschaften, machte praktische Erfindungen, etwa für den Minenbau, und gewann mit seinen bekanntesten Werken, wie dem *Essai de théodizée* (1710), den *Principes de la nature et de la grâce* (1714) und der *Monadologie* (1714), hohes Ansehen beim Adel. Einen umfassenden Einblick in sein philosophisches System erhielt man allerdings erst, als sein umfangreicher Nachlaß gesichtet und aufgearbeitet war.

Leibniz war Höfling, Diplomat und Gelehrter. Er machte großartige weltpolitische Entwürfe, etwa einen Plan für ein vereinigtes Europa und eine ausgearbeitete Dogmatik für eine vereinigte Christenheit. Als Georg Ludwig von Hannover 1714 unter dem Namen George I. König von England wurde, blieb Leibniz in Hannover zurück, wo er verlassen und vergessen starb.

Leibniz ist einer der vielseitigsten Gelehrten seiner Zeit. Seine Kreativität zeigt sich unter anderem in der unglaublichen Menge von Skizzen und Entwürfen in seinem Nachlaß, der nur zum Teil publiziert wurde. Seine größte wissenschaftliche Leistung ist die Entwicklung der Differential- und Integralrechnung, die er unabhängig von Newton erarbeitete. Da Leibniz seine Theorie früher publizierte als Newton, kam es zu einem unerquicklichen Kompetenzstreit, der Leibniz in England unpopulär machte.

Laßt uns rechnen

Die Rationalisten versuchten, nach dem Vorbild der Mathematik eine allgemeingültige, wissenschaftliche Methode zu entwickeln. Bei der Ausarbeitung dieser Methode kamen sie allerdings zu verschiedenen Ergebnissen. Descartes und Leibniz, beide kreative Mathematiker, suchten nach festen Regeln, die zu neuen wissenschaftlichen Erkenntnissen führen sollten, eine *ars inveniendi*. Bei Spinoza erstarrt diese Kunst des Erfindens zu einer *ars demonstrandi*, einer Methode, um bereits entwickelte Thesen zu beweisen. Descartes verwirft ferner die traditionelle Logik zugunsten der Mathematik. Leibniz dagegen versucht Mathematik und Logik zu einer *mathesis universalis* zu vereinigen, in der Algebra, Infinitesimalrechnung und Topologie nur spezielle Anwendungsgebiete darstellen. Mit diesem visionären Gedanken wird Leibniz der Vorläufer der modernen mathematischen Logik.

Leibniz postuliert ebenso wie Descartes die Einheit der Wissenschaften. Die universelle mathesis sollte analog auf alle Wissenschaften übertragbar sein. Das verlangt allerdings, daß die Grundbegriffe jeder Wissenschaft genau analysiert sind. Die in der Analyse herausgefilterten einfachen Begriffe sind dann mit unzweideutigen Zeichen zu verbinden, wodurch eine universelle Zeichensprache (*characteristica universalis*) entsteht, die mit dem Abkürzungssystem in der modernen Chemie vergleichbar ist. Indem man nun die universelle mathesis mit dieser Zeichensprache verbindet, kann man die Wahrheit jeder willkürlichen Proposition errechnen. Das von Leibniz angestrebte Ideal ist also eine universelle Rechenmethode, mit der alle Zweifelsfälle, auch die in der Metaphysik und der Ethik, bewältigt werden können: «Wenn es Kontroversen gibt, ist eine Diskussion zwischen zwei Philosophen ebensowenig notwendig wie zwischen zwei Buchhaltern. Denn sie müssen, an ihrer Schiefertafel sitzend, nur den Griffel zur Hand nehmen und sagen (wenn gewünscht, mit einem Freund als Zeugen): ‹Laßt uns rechnen›.»

Der wichtigste Grundbegriff der universellen mathesis ist der der *Wahrheit*, die Leibniz rein logisch definiert. Bei jedem wahren Urteil, so glaubt er, liegt

Die Universitätsbibliothek in Göttingen galt im Zeitalter der Aufklärung als eine der modernsten Bibliotheken Europas.

das Prädikat im Subjekt eingeschlossen. Wenn wir etwa sagen: «Julius Caesar führte einen neuen Kalender ein», so liegt Leibniz zufolge das Prädikat «führte einen neuen Kalender ein» im Begriff Julius Caesar (dem Subjekt des Urteils) eingeschlossen.

Im folgenden wird sich zeigen, wie sehr die von ihm entwickelte Metaphysik von diesem Wahrheitsbegriff bestimmt ist. Es gibt auch Ansätze, die Philosophie von Leibniz vollständig aus seiner Logik zu erklären. Umgekehrt ist die Logik von Leibniz, und vor allem der Grundbegriff dieser Logik, seine Auffassung von Wahrheit, nur vor dem metaphysischen Hintergrund zu verstehen. Solange man Begrifflichkeiten als rein menschliche Produkte auffaßt, wird ein Subjektbegriff niemals ein Prädikat einschließen können, da man nicht weiß, ob es dem Subjekt wirklich zugehört. Niemand weiß zum Beispiel, ob Caesar wirklich im Jahr 99 vor Christus geboren wurde. Doch kann dieses Urteil wahr sein. Leibniz zufolge ist das Prädikat «wurde im Jahr 99 vor Christus geboren» dann ein Teil des Begriffs «Caesar». Aber wie ist das möglich, wenn niemand es weiß?

Die Art und Weise, wie Leibniz Wahrheit definierte, wird erst einsichtig, wenn man versteht, daß für ihn menschliche Begriffe letztlich identisch sind mit den Begriffen des allwissenden Gottes. In der Nachfolge von Descartes und Platon betrachtet er unsere Begriffe als angeboren. Gott hat dem Menschen bei der Schöpfung göttliche Begriffe mitgegeben. Nach Leibniz besteht der Unterschied zwischen göttlichem und menschlichem Geist weniger im Inhalt der Begriffe als vielmehr im Grad der Klarheit, mit der sie gedacht werden. Das bedeutet, daß ein Begriff – etwa «Julius Caesar» – mehr beinhalten kann, als sich uns erschließt. Da der Begriff «Julius Caesar» der Begriff eines allwissenden Gottes ist, umfaßt er alles, was in Wahrheit über Caesar ausgesagt werden kann.

Aus diesem metaphysischen Gedanken ergibt sich die Leibnizsche Wahrheitsdefinition. Diese stellt Leibniz allerdings vor große Probleme. Wie etwa ist der in seiner Philosophie wesentliche Unterschied zwischen konkret erfahrbaren und ewigen Wahrheiten zu verstehen, wenn auch gegenständlich erfaßbare Wahrheiten allein auf begrifflichen Relationen beruhen?

Die zwei Labyrinthe

Im Vorwort zu seinen *Essais de théodicée*, dem einzigen umfangreichen Werk, das Leibniz selbst publizierte, spricht er von zwei weithin bekannten Labyrinthen, in denen der menschliche Geist immer wieder umherirrt: das erste Labyrinth ergibt sich aus dem Problem von Freiheit und Determinismus und das zweite durch die Problematik des Kontinuums, die Leibniz zufolge durch unendlich viele unteilbare Teile gewährleistet ist.

Das Problem von Freiheit und Determinismus entsteht durch die von Leibniz gewählte Definition von Wahrheit. Da Gott allwissend ist, enthält der Begriff «Caesar» das Prädikat «zog über den Rubicon». Das heißt, die Wahrheit des Urteils «Caesar zog über den Rubicon» ist schon im Begriff «Caesar» eingeschlossen. Aber kann Caesar dann überhaupt frei in seinem Entschluß gewesen sein, diesen historischen Schritt zu tun? Leibniz meint, daß eine Leugnung dieses Urteils kein Widerspruch ist, da seine Wahrheit nicht nur auf dem Satz vom ausgeschlossenen Widerspruch, sondern auch auf dem Satz vom zureichenden Grunde beruht. Aber selbst wenn es für

Da ich nicht gerne schlecht über Menschen urteile, so beschuldige ich unsere neueren Philosophen nicht, die danach trachten, die Zweckursachen aus der Physik zu verbannen; aber nichtsdestotrotz muß ich gestehen, daß mir die Folgen dieser Ansicht gefährlich scheinen, vor allem, wenn ich sie mit der zu Beginn dieser Abhandlung zurückgewiesenen Ansicht in Zusammenhang bringe, die darauf hinauszulaufen scheint, die Zweckursachen gänzlich abzuschaffen, als ob sich Gott bei seinem Handeln kein Ziel und kein Gut vornähme, oder als ob das Gute nicht Gegenstand seines Willens wäre. Ich meine im Gegenteil, daß man gerade darin das Prinzip alles Existierenden und der Naturgesetze zu suchen hat, weil Gott sich stets das Beste und Vollkommenste vornimmt. Gerne will ich zugeben, daß wir der Täuschung anheimfallen, wenn wir die Zwecke oder Ratschlüsse Gottes bestimmen wollen; das ist aber nur dann der Fall, wenn wir sie auf irgendeinen besonderen Zweck beschränken wollen, des Glaubens, er habe nur eine einzelne Sache im Auge, während er doch gleichzeitig alles im Blick hat. Wenn wir so glauben, Gott habe die Welt einzig für uns geschaffen, so ist das ein großer Irrtum, wenngleich es durchaus wahr ist, daß er sie insgesamt für uns geschaffen hat, und daß es im Universum nichts gibt, das uns nicht berührt und das sich überdies nicht den Rücksichten fügt, die er – den oben aufgestellten Prinzipien gemäß – auf uns genommen hat. Wenn wir daher irgendeine gute Wirkung oder Vollkommenheit sehen, die sich ereignet oder die aus den Werken Gottes folgt, so können wir mit Sicherheit sagen, daß Gott sie sich vorgenommen hat. Denn er tut nichts aufs Geratewohl und gleicht nicht uns, denen eine gute Tat bisweilen nur so entschlüpft. Deshalb kann man sich hierin niemals täuschen, wie etwa überspannte Politiker, die in den Plänen der Fürsten zuviel Raffinement vermuten, oder wie Kommentatoren, die bei ihrem Autor allzuviel Gelehrsamkeit suchen; doch jener unendlichen Weisheit kann man gar nicht genug Überlegung zutrauen, und es gibt kein Gebiet, wo man weniger Irrtümer zu fürchten braucht, solange man sich nur an bejahende Aussagen hält und sich vor negativen Sätzen hütet, welche die Pläne Gottes einschränken. Alle, die die bewundernswerte Beschaffenheit der Lebewesen betrachten, können nicht umhin, die Weisheit des Urhebers der Dinge anzuerkennen, und ich rate denjenigen, die irgendeinen Sinn für Frömmigkeit, ja für die wahre Philosophie haben, sich von den Redensarten gewisser höchst anmaßender Köpfe fernzuhalten, die sagen, man sehe, weil man nun einmal Augen habe, nicht aber seien die Augen zum Sehen geschaffen. Nimmt man diese Ansichten ernst, die alles der Notwendigkeit der Materie oder einem gewissen Zufalle zuschreiben (obgleich beides denen, die das Obenerklärte verstehen, lächerlich vorkommen muß), dann ist es schwieriger, einen vernunftvollen Urheber der Natur anzuerkennen. Denn die Wirkung muß ihrer Ursache entsprechen, sie wird sogar am besten durch die Erkenntnis der Ursache erkannt, und es ist unvernünftig, eine höchste, die Dinge ordnende Vernunft einzuführen und sich dann, statt von ihrer Weisheit Gebrauch zu machen, zur Erklärung der Phänomene nur der Eigenschaften der Materie zu bedienen. Dies ist ebenso, als wollte ein Historiker bei der Darstellung einer Eroberung, die ein großer Fürst durch die Einnahme einer wichtigen Stadt gemacht hat, sagen, das sei deshalb geschehen, weil die kleinen Teilchen des Kanonenpulvers der Berührung mit einem Funken ausgesetzt waren und mit einer Geschwindigkeit entwichen seien, daß sie in der Lage waren, einen harten und schweren Körper gegen die Mauern der Stadt zu schleudern, während die Haken der kleinen Teilchen, aus denen das Kupfer der Kanone besteht, fest genug miteinander verbunden waren, um sich durch diese Geschwindigkeit nicht voneinander zu lösen –, statt zu zeigen, wie die Voraussicht des Eroberers ihn die richtige Zeit und die geeigneten Mittel wählen ließ und wie sein Können alle Hindernisse überwunden hat.

Aus: Leibniz, *Metaphysische Abhandlung*

Caesar von der Logik her möglich war, den Rubicon nicht zu überschreiten, so war es doch im Hinblick auf den Charakter des genannten Urteils tatsächlich nicht möglich, angesichts der Existenz Caesars mit allen seinen Prädikaten. Wenn Freiheit bedeutet, daß man anders hätte handeln können als man es tat, so ist die Metaphysik von Leibniz mit der menschlichen Freiheit unvereinbar.

Leibniz verneint dies, da er «Freiheit» ganz anders auffaßt. Freiheit hat nichts gemein mit totaler Willkür oder Indifferenz, wie es Descartes behauptet hatte, der mit diesen Begriffen den niedrigsten Grad von Freiheit umschrieb. Leibniz negiert die Existenz einer solchen Haltung in bezug auf die menschliche Entscheidungsfreiheit: Es gibt immer einen Grund – etwa eine Vorstellung davon, was gut ist –, der uns veranlaßt, auf eine bestimmte Art zu entscheiden.

In der bildenden Kunst der frühmodernen Zeit wird die Abbildung der Natur ein immer wichtigeres Thema. Gravur von Roland Savery.

Otto von Guericke (1602–1686), Bürgermeister von Magdeburg, war einer der ersten Forscher, die dem Experiment große Bedeutung beimaßen. Er wurde berühmt durch sein Experiment mit den «Magdeburger Halbkugeln» (1654), die von zwei Reihen zu je acht Pferden nicht auseinandergezogen werden konnten.

Diese Veranlassung ist allerdings kein Zwang und hebt daher unsere Freiheit nicht auf. Gott sieht unsere Gründe voraus und damit auch unser Handeln. Aber das widerspricht nicht, so Leibniz, der menschlichen Freiheit und Verantwortlichkeit.

Der Zugang zum zweiten Labyrinth, dessen mathematischer Aspekt hier außer acht bleiben soll, führt über Descartes. Dieser ging von zwei (Arten von) Substanzen aus: geistigen und materiellen (oder räumlichen). Der Mensch, der aus Körper und Seele besteht, ist das einzige Geschöpf, das beide in sich vereinigt. Räumliche Substanzen sind nach Descartes unendlich teilbar, während geistige Substanzen unteilbar und daher unvergänglich sind, was auch Platon schon vertreten hatte. Man kann auch sagen, daß es für Descartes nur eine einzige räumliche Substanz gibt: ein unendlich ausgedehntes und unendlich teilbares Kontinuum.

Für Leibniz, der ebenso wie Platon und Descartes Teilbarkeit mit Vergänglichkeit assoziierte, war der Gedanke einer unendlich teilbaren Substanz allerdings ein Widerspruch. Hatte die Philosophie seit den Griechen nicht unter der Bezeichnung «Substanz» nach dem Unvergänglichen und Unveränderlichen gesucht, das jenseits aller Veränderung existiert? Hatte nun Descartes, indem er die unendliche Teilbarkeit der Materie postulierte – eine Auffassung, die auch Leibniz vertrat –, den materiellen Teilchen nicht ihre Unvergänglichkeit und also ihre «Substantialität» genommen?

So kommt Leibniz, ausgehend von der kartesianischen Philosophie, zu einem antikartesianischen Schluß, zu dem Berkeley später über einen anderen Weg gelangen sollte: es gibt ausschließlich geistige Substanzen. Raum und Körperlichkeit existieren nur «phänomenal», für den Wahrnehmenden, nicht aber an sich. Das räumliche Kontinuum beruht letztlich auf einer unendlichen Menge unteilbarer geistiger Substanzen. Während die Physik sich mit der phänomenalen Existenz beschäftigt, zeigt die Metaphysik, wie die Welt in sich zusammenhängt.

Monadologie und Harmonie

Die Metaphysik von Leibniz wird zumeist nach dem Titel einer seiner bekanntesten Schriften *Monadologie* genannt. Leibniz übernimmt den Begriff «Monade» aus der griechischen Philosophie, wo er die unveränderlichen Elemente oder Substanzen, aus der die Wirklichkeit aufgebaut ist, bezeichnet. Da für Leibniz alle Substanzen geistig sind, spricht er auch von «geistigen Atomen».

Die Monadenlehre verbindet verschiedene Gebiete der Leibnizschen Philosophie. Monaden sind zunächst geistige Substanzen. Wir kennen eine Monade daher aus Selbsterfahrung. Eine Monade ist gekennzeichnet durch «Perzeptionen», worunter Leibniz im kartesianisch weiten Sinne jede geistige Aktivität versteht. Da die gesamte Wirklichkeit für Leibniz letztendlich geistig ist, muß er anders als Descartes zwischen geistiger Aktivität im allgemeinen und bewußter geistiger Aktivität unterscheiden. Letztere nennt Leibniz «Apperzeption». Weiterhin ist jede Monade gekennzeichnet durch *appetitus* oder Streben, das die innerliche Veränderung und Aufeinanderfolge der Perzeptionen erklärt.

Leibniz findet in der *Monadologie* ein anschauliches Bild, das die Unzulänglichkeit einer mechanischen oder materialistischen Betrachtung des Geistigen verdeutlichen soll. Man stelle sich eine Maschine vor, die von ihrer Struktur her denken, empfinden und wahrnehmen kann, und zwar so vergrößert, daß man hineintreten kann wie in eine Mühle. Bei der Besichtigung des Inneren wird man nun allerdings nur Teile finden, die einander in Bewegung setzen, und nichts, was auf eine geistige Aktivität schließen ließe. Demzufolge muß man diese in der einfachen Substanz suchen und nicht in einem Aggregat oder einer Maschine.

Neben der Psychologie beeinflußte auch die Dynamik die Ausgestaltung der Monadenlehre. Während Descartes zufolge die Materie an sich passiv ist und daher die Ursache von Bewegung im Außermateriellen (Gott) liegen muß, vertrat Leibniz die Ansicht, daß innerhalb der Materie Kräfte verborgen sind, die Bewegung verursachen. Nun sind materielle Körper letztlich Aggregate geistiger Monaden. Daher betrachtet Leibniz die Monaden als metaphysische Kraftpunkte. Doch die Monadenlehre ist in ihrem Kern durch die Leibnizsche Logik bestimmt, insbesondere durch den Wahrheitsbegriff.

Leibniz versteht seine Monaden oder Substanzen als vollständige Begriffe. Ein Begriff ist vollständig, wenn das, was der Begriff einschließt, das, was darunter fällt, vollständig charakterisiert ist. So ist «Mensch» kein vollständiger Begriff, da der Inhalt von «Mensch» keine vollständige Beschreibung eines beliebigen Menschen, zum Beispiel Caesar, liefert. Der Begriff «Caesar» dagegen ist vollständig, da

Locke und der Empirismus

dieser Begriff letztlich der Begriff ist, den der allwissende Gott von Caesar hat.

Diese logische Charakterisierung der Monade erklärt einen Großteil der Leibnizschen Monadenlehre. Da eine Monade ein vollständiger Begriff ist, ist alles, was mit und in ihr geschieht, schon in ihrer Essenz angelegt. Daher ist eine externe Verursachung Schein. «Monaden haben keine Fenster» – so lautet die poetische Formulierung, mit der Leibniz diesen Gedanken verdeutlichen will. Andererseits «spiegelt jede Monade das gesamte Weltall», da die Relationen, in denen die Monaden zueinander stehen, aufgrund der logischen Gesetzmäßigkeiten in Prädikate zu übersetzen sind, die wiederum im vollständigen Begriff eingeschlossen sind. Eine Monade wäre also eine Ansammlung gegensätzlicher Prädikate und damit widersprüchlich, es sei denn, die Prädikate wären mit einem Zeitindex versehen. Es muß daher ein innerliches Prinzip geben, das die Folge entgegengesetzter Eigenschaften erklärt. Leibniz setzt dieses Prinzip mit dem obengenannten appetitus gleich. Ebenfalls auf der Grundlage seiner Logik formulierte Leibniz das Gesetz, demzufolge es keine zwei ununterscheidbaren Monaden geben kann (*Prinzip der Identität des Ununterscheidbaren*).

Monaden unterscheiden sich außer im Inhalt ihrer Perzeptionen auch im Grad der Klarheit dieser Perzeptionen, das heißt in der Stufe ihres Bewußtseins, voneinander. Eine hohe, bewußte Monade dominiert ein Aggregat von niedrigeren Monaden, und was mit den niedrigeren Monaden geschieht, kann als Mittel des Strebens der höheren Monade verstanden werden. Bei Tieren nennt Leibniz diese dominante Monade «Seele», das dominierte Aggregat «Körper». Die Seele eines Menschen ist zugleich Geist, da sie ewige Wahrheiten begreifen kann.

Gott schließlich ist in seinem unendlichen Bewußtsein die höchste Monade, die alles dominiert und den Schlußstein des Leibnizschen Systems bildet. Gott schuf die beste aller möglichen Welten, in der unendlich viele verschiedene Monaden koexistieren (*Prinzip der Fülle*). Diese Monaden scheinen einander zu beeinflussen, da jedoch jede Monade für sich selbst besteht, ist eine kausale Wechselwirkung bloßer Schein. Denn Gott schuf eine Harmonie zwischen den Monaden, so wie der Uhrmacher viele Uhren konstruiert, die alle unabhängig voneinander dieselbe Zeit angeben.

Die Vorstellung von Gott als faßbares und notwendig existierendes Wesen ist eine Grundlage der Metaphysik von Descartes, Spinoza und Leibniz. Kants Kritik an diesem Gedanken ist zugleich eine vernichtende Kritik an der rationalistischen Metaphysik im allgemeinen. Dieser Kritik wurde durch den britischen Empirismus der Weg bereitet.

Ebenso wie die Rationalisten die Notwendigkeit sinnlicher Erfahrung in der wissenschaftlichen Forschung anerkennen, wissen die Empiristen um die Bedeutung der Argumentation und der Mathematik. Anders als die Rationalisten vertreten sie allerdings die Ansicht, daß die Vernunft allein keine Erkenntnis über die Wirklichkeit liefern kann. Die Grundprinzipien der Naturwissenschaft können nach Überzeugung der Empiristen nur induktiv aus der Erfahrung abgeleitet werden. Der Mensch erlangt allein mit Hilfe seines eigenen Geistes keine rationalen Einsichten. Der Empirismus verwirft also den Gedanken, daß der Mensch über angeborene Ideen verfügt, deren Wahrheit Gott garantiert. Alle Ideen haben ihren Ursprung in der Erfahrung.

Der britische Empirismus

Dieser erkenntnistheoretische Ausgangspunkt ist bestimmend für die philosophischen Positionen von Locke, Berkeley und Hume, selbst an den Punkten, in denen sie inhaltlich mit den Rationalisten übereinstimmen. Locke etwa befürwortet die rationale Theologie, die im kartesianischen System die Aufgabe hat, den Wahrheitsgehalt naturwissenschaftlicher Grundprinzipien zu garantieren. Doch sie wird nicht mehr zur Rechtfertigung der Naturwissenschaft benötigt, die nun ihre Grundprinzipien aus der Erfahrung ableitet. Der Empirismus erlaubt eine völlige Entkopplung von Naturwissenschaft und Theologie, die im Rahmen des Rationalismus unmöglich war.

Auch die korpuskulare Theorie wird von Rationalisten wie Empiristen vertreten. Sie bekommt jedoch im Empirismus einen neuen Status. Während Descartes die korpuskulare Philosophie als ein System rational gesicherter Grundprinzipien betrachtet, in deren Licht der Philosoph die Erfahrungen interpretieren muß, kann diese Theorie für die Empiristen nicht mehr sein als eine Hypothese, die durch Experiment und Erfahrung überprüft werden muß.

Eine ähnliche Neubewertung erfährt der philosophische Zweifel an der Existenz der materiellen Welt, mit dem sich schon Descartes befaßte. Die korpuskulare Philosophie führt zu dem Gedanken der Subjektivität der sekundären Qualitäten. Eigenschaften wie Farbe oder Temperatur und ein Phänomen wie Klang existieren nicht in der materiellen Wirklichkeit, sondern sind subjektive Empfindungen des Geistes, die durch korpuskulare Prozesse verursacht werden. Dieser Gedanke führt seinerseits zu einer Repräsentationstheorie der Wahrnehmung. In der Wahrnehmung sind wir uns allein der Empfindungen unseres Geistes (*Repräsentationen*) bewußt und nicht der materiellen Ursachen. Dies bedeutet, daß die materielle Wirklichkeit sich uns nicht in der Wahrnehmung erschließt und wir an der Existenz dieser Wirklichkeit zweifeln können, solange die Wahrnehmung unsere einzige Erkenntnisquelle ist. Der Rationalist konnte diesen Zweifel ausschalten, indem er über den Gottesbegriff die Existenz der korpuskularen Wirklichkeit rational bewies. Da dieser Weg den Empiristen verschlossen ist, wird der Zweifel an der Existenz der Außenwelt, mit dem die korpuskulare Philosophie sich sozusagen selbst aufhebt, zum Kernproblem der empiristischen Erkenntnislehre.

Die empiristische Betrachtungsweise hat schließlich weitreichende Folgen für den Status der Philosophie. Für den Rationalisten ist Philosophie im engen Sinne *erste Philosophie*, eine rationale Wissenschaft von den Grundprinzipien und Ursachen. Diese erste Philosophie hat die Aufgabe, die Fachwissenschaften zu untermauern. Für die Empiristen kann aber auch die Philosophie nur eine empirische Wissenschaft sein. Und was liegt angesichts des kartesianischen Dualismus näher, als der Philosophie die Aufgabe zuzuteilen, die neue Physik durch eine empirische Erforschung des menschlichen Geistes zu ergänzen? So entwickelt Hume eine atomistische Psychologie, deren Begriffe und Gesetze eine deutliche Analogie zu Newtons Mechanik aufweisen.

Empirismus und Nominalismus waren schon seit der Scholastik dominierende Strömungen innerhalb der britischen Philosophie. Im 17. Jahrhundert belegt Newton die Fruchtbarkeit der empiristischen Erkenntnistheorie und leistet mit seinem Werk einen herausragenden Beitrag zur wissenschaftlichen Revolution. Das hohe Ansehen der Newtonschen Naturwissenschaft überträgt sich auf den Empirismus, und so verstehen sich die drei großen englischen Empiristen als seine Anhänger.

Bevor ihre Denkansätze vorgestellt werden, gilt es zunächst, die politische Philosophie von Hobbes, der gewöhnlich auch zu den Empiristen gezählt wird, zu skizzieren.

Hobbes und die politische Philosophie

Die Renaissance, die Reformation, die Entstehung der Nationalstaaten und schließlich die ökonomische Expansion, die mit der Entdeckung neuer Kontinente einherging, stellten die politische Philosophie des 17. Jahrhunderts vor Probleme, die dringend nach einer Lösung verlangten. Die Entwicklung des Menschen zu einem selbstbewußten Individuum in der Renaissance und die Neubewertung des persönlichen Gewissens in der Reformation hatten Ansprüche geweckt wie zum Beispiel den Ruf nach freier Meinungsäußerung oder das Verlangen nach einem wirksamen Schutz vor der Willkür der wachsenden Staatsmacht.

Die absoluten Fürsten suchten eine neue Legitimation für ihre Herrschaft, da der Hinweis auf eine gottgewollte Ordnung nicht mehr ausreichend war. Die ökonomische Mittelklasse schließlich, deren auf Handel und Besitz basierende Macht eine immer größere Rolle im Staatssystem spielte, strebte nach Anerkennung und klagte die ihrem Einfluß entsprechenden Rechte ein.

Anfangs argumentierten die politischen Philosophen mit den traditionellen Auffassungen vom *Naturrecht* und vom *contract social*, um diese gegensätzlichen Legitimationsbedürfnisse zu befriedigen.

«Naturrecht» jedoch ist einer der dehnbarsten Begriffe der Geistesgeschichte. Solange die «Natur» des Menschen als eine aristotelische «Entelechie» gedacht wurde (wie alles strebt bei Aristoteles auch die menschliche Natur nach Vollendung), konnte das Naturrecht als ein System von Normen verstanden werden, die im Menschen von Natur aus angelegt sind und die daher höher stehen und grundlegender sind als das positive vom Staat eingesetzte Recht. Die wissenschaftliche Revolution mit ihrer Vorliebe für mechanistische Erklärungsansätze veränderte die Auffassung von Natur so grundlegend, daß sich zwischen dem, was nun als natürlich galt, und den Werten, denen die Menschen nachstrebten, eine Kluft auftat. Da diese Diskrepanz immer offener zu Tage trat, sahen die Naturrechtstheoretiker sich schließlich gezwungen, entweder bestimmte menschliche Charakteristika, wie zum Beispiel das Machtstreben, auch unter dem Begriff «Naturrecht» zu erfassen (Hobbes, Spinoza) oder das Naturrecht mit gewissen Idealen gleichzusetzen, die für alle Menschen verbindlich sein sollten (siehe etwa die Menschenrechtsdoktrin).

Eine Möglichkeit, das Naturrecht neu zu fassen, war die Vertragstheorie. Vertragstheorien gehen davon aus, daß die Menschen anfangs in einem Urzustand ohne positives Recht oder politische Organisation lebten. Einige, wie Hobbes, betrachten diesen Zustand als Hölle; andere, wie Rousseau, als verlorenes Paradies. In diesem Zustand schließen die Menschen einen Vertrag, in dem sie ihre natürlichen Rechte ganz oder teilweise an eine Staatsorganisation übertragen. Der Kerngedanke der Vertragstheorien ist also, daß im Volk und nicht etwa in Gott der Ursprung der Staatsgewalt liegt.

Hobbes entwickelte die konsequenteste materialistische Philosophie des 17. Jahrhunderts. Er verstand den Staat, analog zu Galileis naturwissenschaftlichem Ansatz, als ein Gebilde, das sich aus seinen kleinsten einzelnen Elementen, nämlich den Bürgern, zusammensetzt. Die Vertragstheorie als Grundlage dieses Modells steht bei Hobbes also in

LOCKE UND DER EMPIRISMUS

Thomas Hobbes (1588–1679) kam als Frühgeburt auf die Welt, nachdem seine Mutter vom Anrücken der Spanischen Armada erfahren hatte. Später sah Hobbes darin ein Sinnbild für seine Überzeugung, daß sich Zivilisation und Staat auf die Angst vor dem Tod und auf das Bedürfnis nach Sicherheit gründen.

Nach seiner Ausbildung in Magdalen Hall in Oxford wurde er Hauslehrer des Sohnes von William Cavendish, dem zweiten Graf von Devonshire. Dort kam er mit einflußreichen Persönlichkeiten in Kontakt und bekam die Möglichkeit, aufs Festland zu reisen. 1628 publizierte er sein erstes Werk, eine Übersetzung der *Geschichte des Peloponnesischen Krieges* von Thukydides, mit der er England vor den Gefahren der Demokratie warnen wollte.

Verschiedene Besuche in Frankreich und eine Reise nach Italien, wo er Galilei traf, überzeugten Hobbes davon, daß die scholastische Philosophie überholt sei. Er begeisterte sich für die geometrische Methode und die korpuskulare Betrachtung der Natur. In seinem ersten philosophischen Werk, *Little Treatise*, entwickelte er eine korpuskulare Theorie der Wahrnehmung. Anschließend versuchte er, auch seine Anschauung von Staat und Politik mit Hilfe der geometrischen Methode und der neuen Naturwissenschaft zu beweisen. Für diese Beweisführung setzte er axiomatische Erkenntnisse über die menschliche Natur voraus, die er mechanistisch auffaßte. Die *Elements of Law* (1640) sind eine Ausarbeitung dieser Gedanken. Das Werk, das darauf angelegt ist, die Notwendigkeit einer ungeteilten Staatsmacht zu begründen, wurde 1650 in zwei Teilen herausgegeben: *Human Nature* und *De corpore politico*.

Ende 1640 flüchtete Hobbes nach Paris, wo er bis 1651 blieb. Dort verfaßte er Kritiken gegen die *Meditationes* von Descartes, publizierte *De cive* (1642) und *Minute of First Draught of the Optiques*. Am berühmtesten wurde sein *Leviathan*, der 1651, zwei Jahre nach der Enthauptung Karls I., erschien. Mit diesem Buch wollte er einen Beitrag zur Diskussion über die beste Staatsform leisten. Ausgehend vom Naturzustand des Menschen, der durch ständige Gefahr und Todesangst gekennzeichnet ist, plädiert er für eine absolute und ungeteilte zentrale Staatsmacht, die durch ein kompliziertes Vertragswerk legitimiert wird.

Zurückgekehrt nach England, führte Hobbes einen heftigen Streit mit Bramhall, dem Bischof von Derry, über das Problem von Freiheit und Determinismus und mit Wallis, Hochschullehrer für Geometrie in Oxford, über seinen Versuch der Quadratur des Kreises. 1655 erschien *De corpore*, der erste Teil einer Trilogie, die sich mit der materiellen Natur, den Menschen und dem Staat befaßt. Der zweite Teil, *De homine*, wurde 1657 publiziert. Auf der Grundlage dieser Werke kann man Hobbes, neben Descartes, als Wegbereiter des modernen mechanistischen Weltbildes betrachten. Hobbes war allerdings radikaler als sein französischer Konkurrent. Er versuchte alles, auch den menschlichen Geist, auf der Grundlage eines korpuskularen Naturmodells zu erklären.

Bis ins hohe Lebensalter erhielt Hobbes seine Vitalität. Er spielte bis zu seinem 75. Lebensjahr Tennis und übersetzte aus Mangel an anderer Beschäftigung mit 84 Jahren die *Ilias* und die *Odyssee* von Homer.

der Tradition der naturwissenschaftlichen Methode. Vielleicht nicht zuletzt deshalb, weil er in der Zeit der englischen Bürgerkriege lebte, stellte er sich den Naturzustand des Menschen als einen Kriegszustand vor, wobei der das Streben nach Selbsterhaltung als ein «Naturrecht» bezeichnet. Den Mensch charakterisiert Hobbes als ein von Natur aus egoistisches Wesen, das allein auf seinen eigenen Vorteil bedacht ist. Deshalb auch muß er zwangsläufig ständig in Konflikt mit anderen Menschen geraten oder wird durch andere Menschen existentiell bedroht – «der Mensch ist des Menschen Wolf». Um diesem Naturzustand zu entkommen, schließen die Menschen untereinander einen Vertrag. In diesem Vertrag überträgt ein jeder seine natürlichen Rechte und seine Macht einem Herrscher, dem er nun bedingungslosen Gehorsam schuldet. Der Herrscher hat demgegenüber die Verpflichtung, zu regieren und für Ordnung zu sorgen. Solange die Staatsmacht diesen Verpflichtungen nachkommt, hat das Individuum keine Rechte gegenüber dem Staat.

Der Staat ist absolut, und das Staatsoberhaupt ist zugleich das Haupt der Kirche. Die politische Philosophie von Hobbes kann damit als absolutistisch, individualistisch und utilitaristisch bezeichnet werden, während sie sich vom theologischen Denken vollständig gelöst hat.

Der *Leviathan* von Hobbes erschien 1651, während der Autor in Paris lebte. Das Werk zog einen Sturm von Protest nach sich, nicht nur in Frankreich, sondern auch in England, wo die Liberalen sich gegen die Ideen des Autors stark machten.

John Locke (1632–1704), Sohn eines liberalen puritanischen Juristen aus Somerset, erhielt eine traditionelle Ausbildung auf der Londoner Westminster School und dem Christ Church College in Oxford. Das Studium der Sprachen und der scholastischen Philosophie konnte ihn nicht begeistern. Descartes war der erste Philosoph, den er mit Vergnügen las. Locke studierte Medizin und befreundete sich mit dem Physiker und Chemiker Robert Boyle (1626–1691) und mit Newton, die ihn beide stark beeinflußten. Aus gesundheitlichen Gründen verbrachte Locke die Jahre 1675 bis 1679 in Frankreich, wo er viele prominente Gelehrte traf, unter anderem Anhänger von Gassendi.

1662 freundete sich Locke mit Lord Ashley, dem späteren Graf von Shaftesbury, an. Dieser nahm Locke 1667 in seinen Dienst, wodurch sein weiteres Leben maßgeblich bestimmt wurde. Er übernahm verschiedene politische Funktionen und unterstützte Shaftesbury in seinem pragmatischen Plädoyer für religiöse Toleranz. Als Shaftesbury, inzwischen Führer der parlamentarischen Opposition gegen die Stuarts, bei Karl II. in Ungnade fiel und in die Niederlande flüchtete, folgte Locke ihm. Er blieb von 1683 bis 1688 unter dem Decknamen Dr. Van Linden in Holland.
Dort schrieb er viel und hatte einen großen Freundeskreis, darunter Van Leeuwenhoek und Van Limborch, der Führer der Remonstranten.

1689 kehrte Locke als Berater Wilhelms III., Prinz von Oranien, nach England zurück. Im selben Jahr erschienen die *Epistola de tolerantia* und *An Essay concerning Human Understanding*, im Jahr darauf die *Two Treatises on Government*. Es folgten *Some Thoughts concerning Education* (1693) und *Reasonableness of Christianity* (1695). Locke lebte nun zurückgezogen und von Krankheiten geplagt, doch trotz seines Zustandes drängte man ihn, einige offizielle Funktionen zu behalten. In seinen letzten Jahren schrieb er umfangreiche Kommentare zu den Paulus-Briefen.

Locke: der Ursprung der Ideen

Das Hauptwerk von Locke, *An Essay concerning Human Understanding*, läßt die Redlichkeit und moderate Haltung erkennen, die ihm für seine politische Karriere sehr nützlich waren. Locke beschreibt in dem «Brief an den Leser», der Einleitung zu seinem *Essay*, die Motivation und die Intention dieses Buches wie folgt: «Fünf oder sechs Freunde, in meinem Zimmer versammelt, gerieten bei einer Diskussion über ein Thema, das vom vorliegenden weit entfernt ist, schon bald in Verlegenheit durch die Schwierigkeiten, die in allen Punkten entstanden. Nachdem wir uns einige Zeit den Kopf zerbrochen hatten, ohne der Auflösung der Zweifel, die uns verwirrten, auch nur einen Schritt näher gekommen zu sein, kam ich auf den Gedanken, daß wir einem falschen Kurs folgten; daß es notwendig sei, bevor wir Untersuchungen dieser Art in Angriff nehmen, unser eigenes Vermögen zu untersuchen und zu sehen, mit welchen Objekten unser Erkenntnisvermögen sich beschäftigen kann und mit welchen nicht.»

Natürlich hatten schon viele Philosophen vor Locke die menschliche Erkenntnis zum Objekt ihrer Reflexion gemacht. Aber sein Buch ist das erste große philosophische Werk der modernen Zeit, das sich ausschließlich mit der philosophischen Erkenntnistheorie beschäftigt. Daß die Erkenntnislehre in der post-kartesianischen Philosophie eine so große Bedeutung gewonnen hat, ist nicht zuletzt Locke zu verdanken.

Im ersten Buch seines *Essay* widerlegt Locke die rationalistische Auffassung von den angeborenen Ideen. Seine Methode, diese These philosophisch zu analysieren, soll hier skizziert werden. Locke weiß, daß die These verschiedene Interpretationen zuläßt, von denen einige falsch sind, andere dagegen wahr, aber trivial. Da der Rationalist die verschiedenen Interpretationen nicht voneinander unterscheidet, bekommt die These von den angeborenen Ideen den Anschein von Glaubwürdigkeit. Locke trennt die Interpretationen sorgfältig voneinander und behandelt sie eine nach der anderen. Wenn «angeboren» zum Beispiel «bewußt seit der Geburt» bedeuten soll, ist die These in der Tat falsch, denn Kinder und Verrückte haben kein Bewußtsein von den vermeintlich «angeborenen» Prinzipien. Versteht man unter «angeboren» allerdings das Vermögen, diese Ideen und Prinzipien zu begreifen, dann sind alle Wahrheiten, die wir begreifen können, angeboren, und so weiter.

Locke setzt der These von den angeborenen Ideen seinen empiristischen Grundsatz entgegen: alle Ideen entspringen entweder der Erfahrung, das heißt der sinnlichen Wahrnehmung, oder der Reflexion des Geistes auf seine eigene Tätigkeit oder beidem zugleich. Obwohl die *einfachen* Ideen immer auf Erfahrung beruhen, kann der Geist aus dem Grundstoff der Erfahrungsideen durch Kombination, Vergleich oder Abstraktion neue *komplexe* Ideen bilden. Diese komplexen Ideen beruhen nicht notwendig auf Erfahrung. Aufgrund seines empiristischen Prinzips neigt Locke dazu, alle Ideen als Phantasiebilder oder Produkte des Vorstellungsvermögens zu verstehen, eine Neigung, die bei Berkeley und Hume noch stärker ausgebildet ist.

Das empiristische Prinzip an sich ist nicht neu. Es ist jedoch der große Verdienst von Locke, daß er es nicht nur in seiner Allgemeinheit erklärt, sondern anhand von Kernbegriffen der Philosophie aufzeigt, wie diese aus der Erfahrung abgeleitet sein könnten. Seine Verteidigung des empiristischen Prinzips hat also eine destruktive und eine konstruktive Komponente. Die destruktive ist die Widerlegung der These von den angeborenen Ideen. Die konstruktive besteht in der Analyse der Ursprünge einzelner Begriffe.

Als Beispiel für eine solche Ursprungsanalyse soll hier seine Analyse des Substanzbegriffes kurz vorgestellt werden. Einige Ideen, die der Geist durch Wahrnehmung oder Reflexion sammelt, verknüpfen sich fortwährend. Wir bezeichnen einen solchen Komplex dann mit einem einzigen Wort. Da wir uns allerdings nicht vorstellen können, daß diese einfachen Ideen aus sich selbst heraus koexistieren, unterstellen wir gewöhnlich ein *Substrat* als Träger. Der Gedanke eines solchen Substrats entspricht nach Locke dem Begriff der reinen Substanz im allgemeinen. Aber da diese der Erfahrung nicht zugänglich ist, ist dies eigentlich ein Begriff von etwas völlig Unbekanntem, so daß der Philosoph, der gefragt wird, was nun der Träger der Eigenschaften einer Substanz ist, «in keiner besseren Position verkehrt als der Inder, der, behauptend, daß die Welt von einem großen Elefanten getragen wird, auf die Frage, wovon der Elefant getragen wird, antwortete: von einer großen Schildkröte; aber auf die erneute Frage, was der Schildkröte mit breitem Rücken Stütze gebe, entgegnete: *Irgendetwas, er wisse nicht, was.*»

Unsere Ideen von spezifischen Substanzen (Pferd, Gold, Stein) bekommen wir durch spezifische Kombinationen aus erfahrenen Qualitäten oder einfachen Ideen. Bei diesen spezifischen Substanzen unterstellen wir, daß das Substrat eine spezifische Essenz bildet. Es ist von großer Bedeutung, daß die Vorstellung, die Locke von diesen Essenzen hat, mit der korpuskularen Philosophie übereinstimmt. Die Essenzen konkreter Dinge bestehen aus nicht wahrnehmbaren kleinen Teilchen, die letztlich primäre Qualitäten wie räumliche Gestalt und Undurchdringlichkeit besitzen. Da die makroskopischen Dinge der korpuskularen Philosophie zufolge Aggregate solcher Teilchen sind, spricht Locke auch diesen Dingen sekundäre Qualitäten ab, wie etwa die Farben, die wir sehen. Sofern sie den Dingen inhärent sind, haben sekundäre Qualitäten nur das Vermögen, beim Wahrnehmenden bestimmte Ideen hervorzurufen. Das Rot, das wir sehen, ist nichts anderes als eine solche Idee in unserem Geist und mit einem Schmerzgefühl zu vergleichen: in dem Ding, das den Schmerz verursacht, korrespondiert auch nichts Entsprechendes.

Als Folge dieser korpuskularen Auffassung von den wirklichen Essenzen ersetzt Locke den aristotelischen Gegensatz zwischen der Essenz und den hinzukommenden Eigenschaften eines Dings durch einen anderen Gegensatz: den Gegensatz zwischen dem korpuskularen Ding außerhalb des Geistes und den Ideen innerhalb des Geistes, die durch die Einwirkung dieses Dinges auf unsere Wahrnehmung hervorgerufen werden. Daher unterscheidet Locke die wirkliche oder reale (korpuskulare) Essenz von der nominalen Essenz, unserer Konzeption dieses Dings, die wir auf der Grundlage der in unserem Geist vorhandenen Ideen entwerfen. Die realen Essenzen der Dinge sind uns unbekannt, so müssen wir uns zunächst auf die nominalen Essenzen verlassen.

Sprache und Bedeutung

«Gott, der den Menschen als soziales Wesen entworfen hat, schuf ihn nicht allein mit der Neigung und Notwendigkeit, sich mit seinen Artgenossen aufzuhalten, sondern gab ihm auch die Sprache, die das große Werkzeug und Verbindungselement der Gemeinschaft werden sollte.» Was aber ist Sprache? Zunächst bestehen sprachliche Äußerungen aus artikulierten Geräuschen. Aber auch ein Papagei kann solche Geräusche produzieren, während wir ihm doch das Sprachvermögen absprechen. Locke zufolge unterscheidet sich der Mensch dadurch vom Papagei, daß er imstande ist, die artikulierten Sprachgeräusche als Zeichen der Ideen in seinem Geist einzusetzen. Dank dieser Zeichen kann der eine verstehen, was der andere meint, und so entsteht die sprachliche Kommunikation.

Locke geht davon aus, daß die Bedeutung eines Wortes an erster Stelle meine Bedeutung ist; eine Idee, die ich habe. Meine Ideen befinden sich «in meiner eigenen Brust, unsichtbar und vor anderen verborgen». Daher sind sprachliche Zeichen nötig, um anderen meine Gedanken verständlich zu machen (Denken besteht aus einer Reihe von Ideen, und Locke geht davon aus, daß Denken unabhängig von Sprache ist). Erst an zweiter Stelle verweisen sprachliche Zeichen auch auf die Ideen anderer (wobei unterstellt wird, daß sich durch ein Wort bei einem anderen dieselbe Idee einstellt) und auf Dinge.

Einige Wörter verweisen auf diese indirekte Art, über eine Idee, die ich habe, auf ein einziges individuelles Ding (Eigennamen). Aber eine Sprache, die ausschließlich aus Eigennamen bestünde, wäre nutzlos; wir haben auch Bedarf an allgemeinen Namen. Was aber erklärt der universelle Charakter eines Namens, wenn doch alles, was existiert, individuell oder *partikular* ist, wie Locke behauptet? Locke löst dieses sogenannte *Universalienproblem* folgendermaßen: Wörter werden «allgemein», indem sie auf eine allgemeine Idee verweisen. Nun sind Ideen sozusagen geistige Bilder, die auf ein Ding verweisen. In diesem Sinne sind sie ebenso individuell wie das Ding selbst. Aber da einige Dinge einander ähnlich sind, bilden wir eine allgemeine Idee, indem wir uns auf die Gemeinsamkeiten der (komplexen) speziellen Ideen konzentrieren und von den Unterschieden abstrahieren. Mit dieser *Abstraktionstheorie* hoffte Locke, den scholastischen Universalienstreit zu beenden. Doch das gelang ihm nicht. Lockes Theorie ist zum Teil unklar formuliert und wirft große Probleme auf. Wenn jede abstrakte Idee, wie Lockes Theorie besagt, weniger komplex ist als die konkrete Idee, von der sie abstrahiert hat, muß die Idee von Rot zum Beispiel komplexer sein als die abstraktere Idee Farbe. Worin besteht aber diese Komplexität? Unsere Vorstellung von einer roten Fläche gibt keine Antwort auf diese Frage.

Die Grenzen der Erkenntnis

Das vierte Buch des *Essay* handelt von Erkenntnis und Meinung. Um es zu verstehen, muß man beachten, daß Locke, obwohl er Empirist ist, Erkenntnis rationalistisch definiert. Nur Betrachtung und demonstrativer Beweis, so Locke zu Beginn, führen zur Erkenntnis. Alles andere ist Meinung. Erkenntnis in diesem engen Sinne ist Locke zufolge nicht nur in der Mathematik möglich, sondern im Prinzip auf allen Gebieten, in denen wir Ideen miteinander vergleichen können, etwa auch in der Ethik. Auf die Frage, wie eine solche rein begriffsanalytische Ethik Gebote und Verbote aufstellen kann, antwortet Locke mit einem Verweis auf unsere Idee von Gott und auf die Strafen, die er auferlegen kann. Unklar bleibt, wie diese theologische Begründung der Ethik sich mit einer Ethik vereinbaren läßt, die sich auf die mathematische Methode gründet.

Die Kehrseite intuitiver und demonstrativer Erkenntnis ist Locke zufolge, daß diese Erkenntnis ausschließlich unsere Ideen betrifft und keine Informationen über die äußere Wirklichkeit enthält. Dies verhält sich anders bei der wahrnehmenden Erkenntnis physischer Objekte. Hier rufen die Objekte über die Sinnesorgane Ideen in uns hervor, und auf Grund dieser mit intuitiver Sicherheit gewonnenen Ideen schließen wir auf die Existenz einer nicht-intuitiv erkannten physischen Ursache. Die Ideen sind also Repräsentationen ihrer äußeren Ursache.

Nun kann diese Repräsentationstheorie der Wahrnehmung zum Zweifel an der Existenz einer materiellen Außenwelt führen. Locke hat für diese Art der Skepsis allerdings wenig Verständnis. Dem Skeptiker, der behauptet, daß es für das erkennende Subjekt keinen Unterschied zwischen Traum und Wahrnehmung gibt, da beide aus Reihen von Ideen im Geist bestehen, antwortet er, daß er «zugeben soll, daß es einen großen Unterschied gibt zwischen dem Traum, im Feuer zu stehen, und wirklich im Feuer zu stehen». Wir können also die materiellen Substanzen außerhalb von uns mit großer Sicherheit erkennen. Daher will Locke bei näherer Betrachtung auch in diesem Zusammenhang von Erkenntnis sprechen.

Diese Erkenntnis betrifft allerdings nur die Existenz, nicht die reale Essenz materieller Substanzen. Die korpuskulare Theorie ist daher nur eine mehr oder weniger wahrscheinliche Hypothese oder Meinung und keine gesicherte Erkenntnis. Auch die reale Essenz bewußter Wesen ist uns unbekannt. So wissen wir etwa nicht, ob Denken ein Attribut von etwas Materiellem oder eher von einer gesonderten geistigen Substanz ist, wie Descartes behauptet hatte. Der Gedanke, daß Gott etwas Materielles mit Denkvermögen ausgestattet hat, ist sicher nicht schwerer zu akzeptieren, als der Gedanke einer Interaktion zwischen körperlichen und geistigen Substanzen.

Aufgrund solcher Äußerungen betrachteten viele Zeitgenossen Locke als Materialisten. Dies ist allerdings falsch. Das dominante Thema in seiner Philosophie ist eher die Begrenztheit der menschlichen Erkenntnisfähigkeit. Hier wies Locke Hume und Kant den Weg. Es bleibt allerdings unklar, ob er diese Begrenztheit für unvermeidlich hält oder sie dem Umstand zuschreibt, daß die Wissenschaften im 17. Jahrhundert noch in den Kinderschuhen steckten. Was die reale Essenz materieller Körper betrifft, so wird man angesichts der späteren Fortschritte der Naturwissenschaften eher der zweiten Interpretation zustimmen.

Politische Philosophie

Ebenso wie Hobbes vertritt Locke in seiner politischen Philosophie eine Vertragstheorie, setzt allerdings ganz andere Schwerpunkte. Ging es Hobbes um die Legitimation des absoluten Staates, so wollte Locke die Interessen des aufstrebenden Mittelstandes sichern und das Individuum vor der Obrigkeit schützen. Locke betont in seiner Auslegung des sozialen Vertrages, daß die Regierung ihre Macht vom Volk bekommen hat, und plädiert deshalb für eine Form der Mehrheitsregierung.

Während Hobbes das Naturrecht auf das Recht des Stärkeren zurückgeführt hatte, lehnt sich Locke an die mittelalterliche Auffassung des Naturrechts an. Naturrecht ist für Locke ein System moralischer

Regeln, die für alle Menschen verbindlich sind, weil man sie begreifen kann, wenn man nur mit Verstand über die grundsätzliche Gleichheit aller Menschen vor Gott nachdenkt. Locke betont allerdings – anders als die Denker des Mittelalters – die subjektiven Rechte des Individuums. Eines dieser Rechte ist das Recht auf Eigentum von Grund und Boden. Dieses Recht ist für die Existenzsicherung des Menschen notwendig und stimmt daher mit Gottes Willen überein. Nach Locke erwirbt der Mensch den Grundbesitz, indem er den Grund bearbeitet. Das Eigentumsrecht beschränkt sich damit auf die Bodenfläche, die er zum Leben braucht.

Schon diese normative Auslegung des Naturrechts zeigt, daß Locke den Naturzustand des Menschen ganz anders, und positiver, auffaßt als Hobbes. Für Locke sind im Unterschied zu Hobbes auch die natürlichen Bande zwischen den Menschen, wie zum Beispiel die Familie, von Bedeutung, die eine Gemeinschaft ohne staatliche Organisation ermöglichen. Dennoch ist der Naturzustand des Menschen ohne den Staat alles andere als ideal: Nicht bei allen Menschen ist das Bewußtsein vom Naturrecht stark genug ausgeprägt, es gibt kein geschriebenes Recht, auf dessen Grundlage Meinungsverschiedenheiten geschlichtet werden können, und es gibt kein juristisches System mit Sanktionen für unsoziales Verhalten. Daher sind die Menschen in ihrem Naturzustand leicht davon zu überzeugen, eine Staatsorganisation zu bilden, die sie «für den gemeinschaftlichen Schutz ihres Lebens, ihrer Freiheiten und Besitztümer» brauchen.

Locke meint, daß die relative Beschränkung der individuellen Freiheiten, die eine Staatsorganisation mit sich bringt, nur dadurch gerechtfertigt werden kann, daß sich die Bürger in einem Vertrag, also durch Willensbekundung, verbindlich bereit erklären, die zivilen Pflichten zu erfüllen. Obwohl Locke solche staatsbegründenden Verträge wohl als historische Ereignisse betrachtete, rechtfertigt diese historische Hypothese noch nicht die Verpflichtungen der Staatsbürger, die am Vertragsschluß nicht teilnehmen konnten, da sie in einem bereits bestehenden Staat geboren wurden. Daher entwickelt Locke die berühmte Theorie der «stillschweigenden Zustimmung»: Wer Gebrauch macht von den Rechten und Möglichkeiten, die ein Staat ihm bietet, und sei es, daß er als Landstreicher die vom Staat angelegten Wege benutzt, von dem muß erwartet werden, daß er den auferlegten Pflichten nachkommt. Diese Theorie setzt natürlich voraus, daß der Landstreicher das Territorium des Staates verlassen und sich auf staatenloses Gebiet begeben kann, wie es zu Lebzeiten von John Locke in Amerika möglich war. Locke war mit dieser Theorie Wegbereiter der Demokratie und des Menschenrechtsgedankens.

Berkeley

George Berkeley (1685–1753) war, ebenso wie Pascal, ein Kämpfer für das Christentum. Er war ein außergewöhnlich scharfsinniger Denker, der seine wichtigsten philosophischen Werke vor Vollendung seines 28. Lebensjahres verfaßte.

Er stammt aus einem englischen Geschlecht, wurde in Irland geboren und studierte Sprachen, Mathematik und Philosophie in Dublin. Schon 1709 schrieb er ein herausragendes Werk, *An Essay towards a New Theory of Vision*, das zur Grundlage der Wahrnehmungspsychologie des 18. und 19. Jahrhunderts wurde. Im Jahr darauf erschien der erste Teil von *A Treatise concerning the Principles of Human Knowledge*, in dem Berkeley seinen immaterialistischen Ansatz darlegt. 1713 zog er nach London, wo er die Schriftsteller Addison, Pope, Steele und Swift traf. Im selben Jahr veröffentlichte er unter dem Titel *Three Dialogues between Hylas and Philonous* eine überarbeitete Version des ersten Teils seiner *Treatise*. Diese Neufassung zeichnete sich vor allem dadurch aus, daß sie ein viel breiteres Publikum ansprach. 1734 wurde seine kirchliche Laufbahn mit der Ernennung zum Bischof von Cloyne in Irland gekrönt. Er starb in Oxford.

Berkeley

Anders als Pascal benutzte Berkeley die theoretische Philosophie, um das Christentum zu verteidigen. Sein philosophisches System ist am ehesten mit dem von Leibniz zu vergleichen. Berkeley nimmt an, daß es ausschließlich geistige Substanzen mit ihren Ideen gibt, so daß auch die Materie, die aus Ideen besteht, in gewissem Sinne geistig ist.

Immaterialismus

Berkeleys philosophisches System wird als «Immaterialismus» bezeichnet, was darauf hinweist, daß er mit seiner Philosophie ein Gegenmodell zu der zu seiner Zeit vorherrschenden materialistischen Auffassung entwerfen wollte. Berkeley befürchtete nämlich, daß die korpuskulare Philosophie aus verschiedenen Gründen zu Skeptizismus und Atheismus führen würde.

An erster Stelle verleitet die korpuskulare Philosophie dazu, alles auf kleine Materieteilchen zurückzuführen. Hobbes ist der Vertreter eines solchen allumfassenden Materialismus. Nach Hobbes ist die menschliche Seele materiell. Für ihn besteht selbst Gott aus Materie. Damit ist das traditionelle Argument für die Unsterblichkeit der Seele sowie die Konzeption eines letzten Urteils als endgültige Sanktion für unmoralisches Verhalten haltlos geworden. Materialismus führt also zu Atheismus und Immoralismus.

Weiterhin scheint die korpuskulare Philosophie, die eigentlich die Struktur der materiellen Welt erklären sollte, paradoxerweise einen radikalen Zweifel an der Existenz eben dieser materiellen Welt auszulösen. Die für die Korpuskular-Philosophen übliche Subjektivierung der sekundären Qualitäten zu Ideen in der Seele führt zur Repräsentationstheorie der Wahrnehmung. Dieser Theorie zufolge sind die unmittelbaren Objekte der sinnlichen Wahrnehmung Ideen in der Seele und nicht die materiellen Dinge außerhalb des Körpers. Die Seele urteilt, daß ihre Ideen mit diesen äußeren Objekten übereinstimmen, so daß Wahrnehmung ihrem Wesen nach eine Beurteilung einschließt. Der Gedanke, daß dieses Urteil durchaus immer falsch sein kann, führt im folgenden zu einem allgemeinen Zweifel an der Existenz der materiellen Welt, den Descartes in seiner «Ersten Meditation» so nachdrücklich beschreibt. Berkeley erkennt, daß dieser radikale Zweifel für die Rationalisten ein marginales Problem, für die Empiristen aber fatal ist. Da nämlich für die Empiristen die Wahrnehmung die einzige Erkenntnisquelle der materiellen Welt ist, führt die Skepsis an der Wahrnehmung zur allgemeinen Skepsis.

Descartes verband die korpuskulare Philosophie mit einer dualistischen Metaphysik. So vermied er die atheistischen Schlußfolgerungen, zu denen ein Materialismus à la Hobbes führen mußte. Dieser Dualismus aber wirft das bekannte Interaktionsproblem auf: Man muß eine Interaktion zwischen Seele und Körper annehmen, ohne daß diese Interaktion mit gängigen Kausalitätsmodellen zu erklären wäre.

Eine Interaktion zwischen zwei ihrem Wesen nach unterschiedlichen Substanzen scheint jedoch a priori ausgeschlossen. Die Rationalisten konnten dieses Problem nur mit einem deus ex machina lösen: Gott sorge auf die eine oder andere Weise dafür, daß jeder materielle Reiz mit einer Idee in der Seele korrespondiert. Nach Berkeley untergräbt diese Theorie die Unendlichkeit Gottes. Ein unendliches Wesen kann schließlich Ideen direkt in unserem Geist hervorrufen, ohne dafür die Materie als Instrument oder Anlaß zu benötigen. Die rationalistische Lösung des Interaktionsproblems führt also zurück zum Zweifel an der Existenz der materiellen Welt.

Berkeley fand eine geniale Lösung, mit der er diese drei Probleme auf einmal angehen konnte; und zwar, indem er die materielle Wirklichkeit mit den Wahrnehmungsideen in unserem Geist identifizierte. Zunächst ist auf diese Weise die Existenz von Geist oder immaterieller Substanz gesichert, denn Ideen müssen, angesichts ihrer Passivität, in einer Substanz bestehen. Darüber hinaus überbrückt er die Kluft zwischen Physik und common sense (dem gesunden Menschenverstand), die dadurch entstanden war, daß die korpuskulare Philosophie behauptet hatte, daß der common sense die Wahrnehmungsideen zu Unrecht mit den materiellen Dinge identifiziert beziehungsweise sie als übereinstimmend betrachtet. Auch entfällt so das Interaktionsproblem in seiner kartesia-

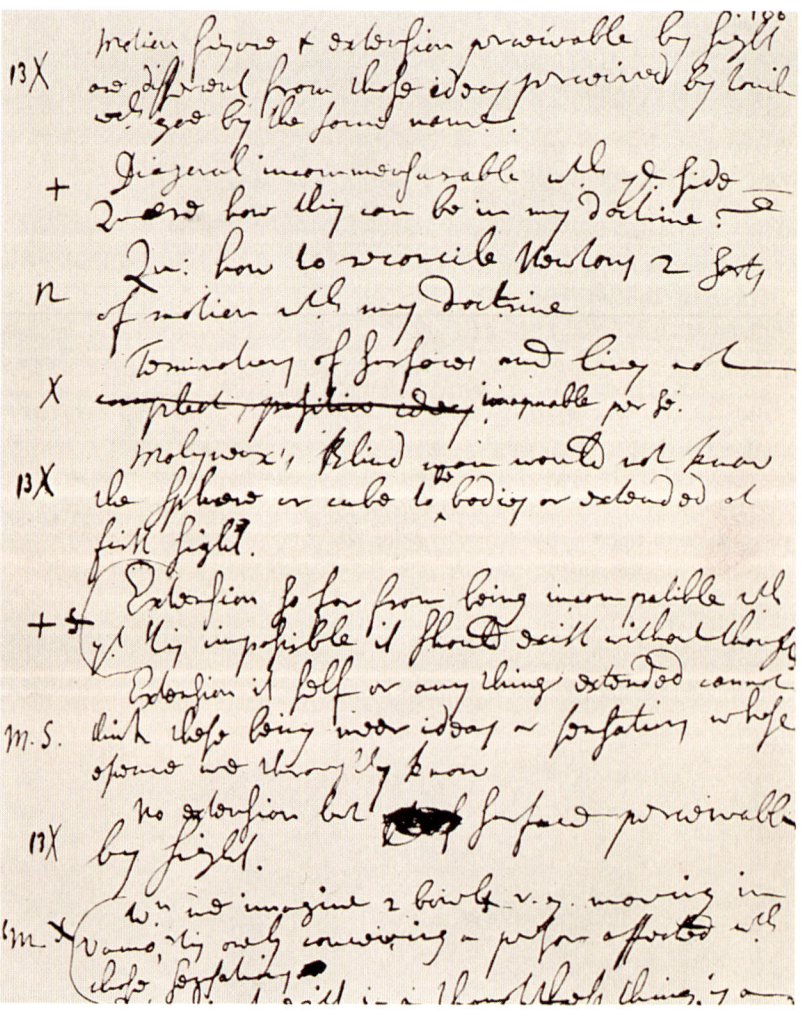

Berkeley entwickelte seine Auffassungen über die, wie er sie nannte, «immaterielle Hypothese» schon zu Jugendzeiten, wie es sich aus seinem Commonplace Book erschließt, das 1871 wiederaufgefunden und publiziert wurde.

Hyl.: Nicht so schnell, Philonous; du sagst, du könntest nicht begreifen, wie sinnliche Dinge unabhängig vom Geist existieren sollten, nicht wahr?
Phil.: Jawohl.
Hyl.: Nimm an, du würdest vernichtet; kannst du die Möglichkeit nicht begreifen, daß durch die Sinne wahrnehmbare Dinge noch weiter existieren?
Phil.: Allerdings; dann muß ich aber in einem anderen Geist sein. Wenn ich sinnlichen Dingen ein Dasein außerhalb des Geistes abspreche, meine ich nicht meinen besonderen Geist, sondern alle Geister. Nun ist es klar, daß die Dinge ein Dasein außerhalb meines Geistes führen; finde ich doch durch Erfahrung, daß sie unabhängig von ihm sind. Es gibt demnach einen anderen Geist, in dem sie in den Zeiten existieren, wie sie es gleichermaßen vor meiner Geburt taten und nach meiner angenommenen Vernichtung tun würden. Und da dasselbe für alle endlichen geschaffenen Seelenwesen zutrifft, so folgt daraus notwendig das Dasein eines allgegenwärtigen ewigen Geistes, der alle Dinge kennt und begreift und sie unserer Auffassung auf solche Weise und nach solchen Regeln darbietet, die er selbst bestimmt hat und die wir Naturgesetze nennen.

Aus: Berkeley, *Drei Dialoge zwischen Hylas und Philonous*

nischen Ausprägung. Schließlich findet Berkeley darin, daß unsere Wahrnehmungsideen unwillkürlich und wohlgeordnet auftreten, einen Beleg für die Existenz eines unendlichen Geistes, Gott, der miteinander übereinstimmende Wahrnehmungsideen im endlichen Geist hervorruft. Kurz gesagt: Berkeleys immaterialistischer Ansatz widerlegt Skepsis und Atheismus und ist somit ein geeignetes philosophisches Instrument für eine Apologie des Christentums.

Naturwissenschaft und Metaphysik

Es ist begreiflich, auf welche Weise Berkeleys Immaterialismus den Glauben an eine unsterbliche Seele und an einen allmächtigen Gott rational rechtfertigt. Aber was ist mit der Naturwissenschaft Newtons, den Berkeley so sehr bewunderte? Muß Berkeley die Naturwissenschaft nicht als Illusion betrachten, da es für ihn keine materielle Wirklichkeit unabhängig vom wahrnehmenden Geist gibt? Die Wirklichkeit ist doch das Objekt der Naturwissenschaft?

Berkeleys Antwort auf diese Frage enthält eine überraschende Interpretation der Naturwissenschaft (die erst im frühen logischen Positivismus des 20. Jahrhunderts Anerkennung fand). Im Empirismus dient die Wahrnehmung der endgültigen Überprüfung naturwissenschaftlicher Theorien, und die Erfahrung gilt als Grundlage für unsere Konzeptionen. Gesetzt nun den Fall, daß Wahrnehmung nur aus Ideen im Geiste des Wahrnehmenden besteht, dann muß man mit Berkeley zu dem Schluß kommen, daß naturwissenschaftliche Gesetze eigentlich nichts anderes sein können als allgemeine Korrelationen zwischen wirklichen und möglichen Ideen im Geist. Kausalität im naturwissenschaftlichen Sinne ist somit nur eine regelmäßige Aufeinanderfolge von Ideen. Vorstellungen, die ihren Ursprung nicht in der Erfahrung haben, wie Newtons Begriffe der absoluten Zeit und des absoluten Raums, müssen aus der Physik verbannt werden.

Doch ist Berkeleys Sicht auf die Naturwissenschaft nicht instrumentalistisch. Man könnte etwa erwarten, daß er die korpuskulare Philosophie als instrumentelle Fiktion neu interpretiert, die «denkökonomischen» Wert für das übersichtliche Ordnen von Ideenkorrelationen hat. Doch Berkeley integriert den korpuskularen Ansatz auf ganz andere Weise in seine immaterialistische Philosophie. Corpuscula sind Reihen von Ideen, die ein Geist sich bewußt machen könnte, wenn er nur über feinere Wahrnehmungskapazitäten verfügen würde. Im phänomenalistischen Rahmen der Berkeleyschen Metaphysik ist diese Neuinterpretation der korpuskularen Philosophie also realistisch und nicht instrumentalistisch.

Berkeley unterscheidet zwischen dem naturwissenschaftlichen Begriff der Kausalität als regelmäßige Folge von Ideen und einem metaphysischen Begriff: Kausalität im primären Sinne. Dieser Begriff von metaphysischer Kausalität hat seinen Ursprung in der willentlichen Erfahrung, wenn wir uns etwa absichtlich etwas vorstellen. Nur der Wille kann die Ursache für die Entstehung von Ideen in unserem Geist sein, da Ideen passiv sind und einander nicht wirklich verursachen können. Wie unser eigener Wille Phantasiegebilde als Ideen hervorruft, so muß es einen Willen außerhalb von uns geben, der unsere Wahrnehmungsideen produziert, die ja unabhängig von unserem Willen sind. Dieser externe Wille ist der Wille Gottes, der dafür sorgt, daß wir unsere zukünftigen Erfahrungen voraussehen können, indem er Regelmäßigkeiten in unserer Erfahrungswelt schafft.

Die Naturwissenschaft, die solche Regelmäßigkeiten erforscht, schließt sich der alltäglichen Erfahrung an. Sie weist aber zugleich über sich selbst hinaus, auf eine Metaphysik des Schöpfergottes, in dem die letztendliche Erklärung für die regelmäßige Naturordnung liegt. So verknüpft Berkeley seinen Immaterialismus mit der populären Auffassung über das Verhältnis von Glaube und Wissenschaft im 18. Jahrhundert, der sogenannten Physiko-Theologie.

Hume

Aufgrund seiner calvinistischen Erziehung in Edinburgh entwickelte David Hume (1711–1776) eine tiefe Abneigung gegen den Glauben, die in seinen späteren Schriften *Natural History of Religion* (1757) und in den postum publizierten *Dialogues concerning Natural Religion* deutlich zum Ausdruck kommt.

Für Hume war eine juristische Laufbahn vorgesehen, aber seine Leidenschaft für Literatur und Philosophie erzeugte in ihm Widerwillen gegen die Rechtswissenschaft. 1729 begann er mit der Entwicklung eines neuen philosophischen Denkansatzes, den er in Frankreich ausarbeitete und schließlich unter dem Titel *A Treatise of Human Nature* (1739–1740) publizierte. Hume zufolge kam das Werk totgeboren aus dem Druck. Während des Schreibens hatte er sich überarbeitet, und auch die skeptischen Schlußfolgerungen des Buches stimmten ihn depressiv. So spricht er am Ende des ersten Teils von «dieser philosophischen Melancholie, diesem Delirium», von dem man sich nur erholen könne durch «dinieren, Backgammon spielen und fröhlich sein mit Freunden». Die 1740–1741 erschienenen *Essays Moral and Political* hatten mehr Erfolg.

Da Hume bekenntnislos war, gelang es ihm nicht, einen Lehrstuhl zu bekommen. Nachdem er ein Jahr lang Tutor eines ebenso jungen wie schwierigen Marquis gewesen war, wurde er zunächst Sekretär eines Generalleutnants und später Bibliothekar in Edinburgh. 1748 erschien *An Enquiry concerning Human Understanding* – eine elegant überarbeitete Version des ersten Buches. Danach erschienen *An Enquiry concerning the Principles of Morals* (1751) und die *Political Discourses* (1752). Humes Reputation als Schriftsteller wuchs durch die sechsteilige *History of England*, die viele Auflagen erlebte.

1763 reiste Hume als Assistent von Lord Hertford, dem Botschafter in Frankreich, erneut aufs Festland. Er wurde ein gern gesehener Gast in den Salons und freundete sich mit Baron d'Holbach, d'Alembert und Diderot an. Zurückgekehrt nach England, kümmerte er sich um Rousseau, der in der Schweiz verfolgt wurde und nach England geflüchtet war. Rousseau, der sich überall verfolgt fühlte, dankte es ihm schlecht und beschuldigte Hume eines Komplotts – eine Begebenheit, die Hume später publizierte.

Von 1769 bis zu seinem Tod blieb Hume in Edinburgh. Seine Freunde priesen ihn für seinen aufgeweckten und gleichmütigen Charakter; seine Feinde griffen ihn wegen seiner skeptischen Überzeugungen an. Der schottische Jurist und Schriftsteller Boswell besuchte Hume an seinem Sterbebett, weil er hoffte, ihn in dieser Situation leicht bekehren zu können. Zu seiner Enttäuschung fand er Hume ruhig und gefaßt vor. Würdig sah er seinem Ende und dem «bevorstehenden Zerfall» entgegen, auch ohne Hoffnung auf ein Jenseits.

Während Locke und Berkeley versuchten, das empiristische System mit metaphysischen Betrachtungen in Einklang zu bringen, arbeitet Hume den Empirismus zu einer konsequenten Philosophie aus. Für Hume gibt es nur zwei Arten der Erkenntnis: die Erkenntnis von den Relationen zwischen Ideen und die Erkenntnis von Tatsachen. Obwohl alle Ideen auf Erfahrung (Wahrnehmung oder Reflexion) zurückzuführen sind, ist die Erkenntnis von Relationen zwischen Ideen a priori und vollständig gesichert. Diese Erkenntnis, etwa in der Mathematik, liefert allerdings keine Informationen über die Wirklichkeit. Erkenntnis von Tatsachen ist entweder direkte Erfahrungserkenntnis oder beruht auf kausalen Schlußfolgerungen aus der Erfahrung. Im Gegensatz zu Locke und Berkeley ist Hume der Ansicht, daß solche Schlußfolgerungen niemals zu metaphysischer Erkenntnis führen können. Gerade der physiko-teleologische Gottesbeweis, der im 18. Jahrhundert sehr populär war, wird von Hume kritisiert.

Auf Newtons Spuren

In der Einleitung zu *A Treatise of Human Nature* stellt Hume die These auf, daß alle Wissenschaften bis zu einem gewissen Grad auf der Wissenschaft vom Menschen beruhen, da der Mensch sie ausübt. Die Erforschung des menschlichen Erkenntnisvermögens ist daher die Grundlage jeder Wissenschaft. «Und wie die Wissenschaft vom Menschen das einzig solide Fundament für andere Wissenschaften ist, so muß das einzig solide Fundament, das wir dieser Wissenschaft selbst geben können, auf Erfahrung und Beobachtung beruhen.» Hume hofft, mit der empirischen Methode in der Wissenschaft vom Menschen ebenso erfolgreich zu sein wie Newton in der Naturwissenschaft.

Es gibt deutliche Parallelen zwischen Newtons Mechanik und Humes Wissenschaft vom Menschen. An erster Stelle korrespondieren bei Hume mit den materiellen Elementarteilchen der Mechanik elementare mentale Inhalte, aus denen der Geist Komplexe bilden kann. Es gibt zwei Arten dieser Inhalte: *Impressionen* (sinnliche Eindrücke oder Eindrücke der Selbsterfahrung, wie Emotionen) und *Ideen* (Gedanken, die Hume konsequent als Phantasiebilder betrachtet). Hume glaubt, ebenso wie Locke und Berkeley, daß alle einfachen Ideen ihren Ursprung in Impressionen haben. Durch bestimmte Operationen des Geistes können wir aus einfachen Ideen komplexe Ideen bilden, die mit keiner Erfahrung korrespondieren müssen.

An zweiter Stelle kennt seine Wissenschaft vom Menschen ebenso wie Newtons Mechanik drei grundlegende Gesetze. Diese Gesetze erklären, warum die eine Idee im Geist auf die andere folgt.

Hume nennt sie die Gesetze der Ideenassoziationen. Eine Idee folgt auf eine andere, wenn sie entweder der anderen gleicht (*Gesetz der Ähnlichkeit*), wenn ihr Objekt nah am Objekt der anderen Idee liegt (*Gesetz der Nachbarschaft*), oder schließlich wenn es eine ursächliche Verbindung zwischen den Objekten gibt (*Gesetz der kausalen Verbindung*). So sind wir etwa beim Anblick einer bestimmten Person geneigt, an ein bestimmtes Tier zu denken (Ähnlichkeit); auf den Gedanken an das Forum in Rom folgt der Gedanke an Caesar (Nachbarschaft); Feuer erinnert uns an Verwüstung (kausale Verbindung).

Schließlich findet Newtons Begriff der Kraft in Humes Wissenschaft des Geistes ein Pendant: im Begriff der Klarheit oder der Kraft nämlich, mit der wir uns eine Idee vorstellen. Hume zufolge liegt der Unterschied zwischen Impressionen und Ideen ausschließlich in dieser Klarheit oder Kraft. Aus Impressionen werden durch Kraftverlust unwillkürlich Ideen. Umgekehrt kann eine Idee durch Kraftzuwachs zur Impression werden. Dies geschieht zum Beispiel bei dem Gefühl der Sympathie. Die Idee, die wir von der Emotion eines anderen haben, wird in uns selbst zur Impression derselben Emotion.

Hume meint auch, daß der Unterschied zwischen der bloßen Vorstellung und der Überzeugung, daß etwas der Fall ist, nur in dieser Kraft liegen kann. Wenn Überzeugung eine gesonderte Idee wäre, könnten wir jedenfalls nicht von demselben überzeugt sein, das wir uns anfangs nur vorgestellt haben.

Doch diese Parallelen zu Newton sind kein Garant für die Wissenschaftlichkeit von Humes Theorie. Während Newtons Mechanik mathematische Präzision hat und durch genaue Messungen überprüft werden kann, sind Humes Assoziationsgesetze vage und nicht quantitativ formuliert.

Über die Bedeutung

Ebenso wie Locke ist Hume der Meinung, daß Wörter eine Bedeutung haben, da der Geist mit dem Wort eine *Idee* assoziieren kann. Ideen sind allerdings weniger lebendig und kräftig als Impressionen. Da alle Ideen ihren Ursprung in Impressionen haben, können wir den Inhalt einer Idee, das heißt die Bedeutung eines Wortes, erhellen, indem wir uns fragen, in welchen Impressionen diese Idee ihren Ursprung hat. Auf diese Weise, so Hume, kann das empiristische Prinzip als Bedeutungskriterium dienen: «Wenn wir also argwöhnen, daß ein philosophischer Begriff ohne jede Bedeutung oder Idee gebraucht wird (was allzuoft vorkommt), dann brauchen wir nur zu fragen: aus welcher Impression ist die vermeintliche Idee abgeleitet? Und wenn es unmöglich ist, eine zu nennen, wird dies unseren Argwohn bestärken.»

Hume

Kant hat Hume vorgeworfen, psychologische und logisch-philosophische Fragen zu vermengen. Dieser Vorwurf ist nicht immer berechtigt, aber was das Bedeutungskriterium angeht, scheint er legitim zu sein. Auf der einen Seite präsentiert Hume das Gesetz, daß alle Ideen aus Impressionen hervorgehen, als ein empirisches Gesetz, das durch Gegenbeispiele widerlegt werden kann. Auf der anderen Seite glaubt er, dieses Gesetz als Bedeutungskriterium einsetzen zu können. Diese zwei Auffassungen widersprechen einander. Gesetzt den Fall, jemand benutzt ein Wort, dessen (vermeintliche) Bedeutung nicht auf Impressionen zurückzuführen ist. Der ersten Auffassung zufolge würde dieser Wortgebrauch Humes empirisches Gesetz widerlegen. Die zweite Auffassung führt dagegen zu dem Schluß, daß das Gesetz diesen Wortgebrauch «widerlegt», da er auf der Grundlage von Humes Bedeutungskriterium sinnlos ist. Der Gedanke – der in einer empiristisch-psychologischen Konzeption der Philosophie unvermeidlich ist –, daß ein Bedeutungskriterium den Status eines empirischen Gesetzes haben kann, ist also problematisch.

Dennoch ist dieser Vorwurf nicht so vernichtend für die Anwendung von Humes Bedeutungskriterium, wie es auf den ersten Blick scheint. In der Tat zieht Hume nämlich niemals den Schluß, daß ein Wort bedeutungslos ist. Er findet immer Impressionen, aus denen die Bedeutung eines Wortes abgeleitet ist, sind diese Impressionen auch oft andere als erwartet. Das bekannteste Beispiel einer solchen Bedeutungsanalyse ist die des Begriffs «Kausalität».

Alles in allem zeigt sich, daß niemals ein Zeugnis für irgendeine Art Wunder sich bis zur Wahrscheinlichkeit erhoben hat, geschweige denn zu einem Beweis; aber selbst angenommen, es erhöhe sich zu einem solchen Beweis, so hätte dieser einen anderen Beweis gegen sich, aus der Natur der Tatsache selbst entsprungen, die er festzustellen sich bemühte. Nur die Erfahrung allein gibt menschlichem Zeugnis verbindliche Kraft, und dieselbe Erfahrung ist es, welche uns der Naturgesetze versichert. Widerstreiten sich also diese beiden Arten von Erfahrung, so haben wir lediglich die eine von der anderen abzuziehen und uns mit unserer Meinung auf die eine oder andere Seite zu stellen mit demjenigen Grad von Sicherheit, welcher sich aus dem Rest ergibt. Aber gemäß den hier entwickelten Prinzipien kommt diese Substraktion, auf alle Volksreligionen angewandt, einer vollständigen Vernichtung gleich; deshalb dürfen wir als Regel aufstellen, daß kein menschliches Zeugnis genügende Kraft besitzen kann, um ein Wunder zu beweisen und zu einer berechtigten Grundlage für ein solches Religionssystem zu machen.

Aus: Hume, *Eine Untersuchung über den menschlichen Verstand*

Kausalität und Induktion

Vielen Philosophen zufolge, so etwa Aristoteles, Spinoza und Locke, bedeutet Kausalität eine notwendige Verbindung zwischen zwei Ereignissen: Ursache und Folge. Aus welcher Impression ist diese Idee von Kausalität abgeleitet, so fragt Hume gemäß seiner Methode der Bedeutungsanalyse. Wenn wir einen isolierten Fall einer kausalen Verbindung betrachten, sehen wir nur zwei aufeinanderfolgende Ereignisse. Wir nehmen nichts von einer notwendigen Verbindung zwischen beiden wahr. Ohne Widerspruch können wir uns vorstellen, daß auf die Ursache ein ganz anderes Ereignis folgt, als es in der Tat der Fall ist. Dies gilt nicht allein bei sinnlich wahrnehmbaren kausalen Verbindungen. Auch bei der kausalen Verbindung zwischen einem Willensakt und einer körperlichen Bewegung fehlt nach Hume die Impression einer notwendigen Verbindung.

Wir kommen dieser Impression erst auf die Spur, wenn wir, anstelle isolierter Fälle der Aufeinanderfolge von Ursache und Folge, Reihen solcher Fälle betrachten. In der Natur nehmen wir dann, so Hume, nur eine regelmäßige Aufeinanderfolge von Ereignis A und B wahr. Diese Wahrnehmung aber läßt im erfahrenden Subjekt die Gewohnheit entstehen, bei der Wahrnehmung von A immer B als Folge zu erwarten. Diese Erwartung wäre nun der Ursprung der Idee einer notwendigen Verbindung. Die Auffassung, daß diese notwendige Verbindung in der Natur selbst zu finden ist, ist also eine Art Projektion.

Diese Analyse des Kausalitätsbegriffes führt für Hume zum sogenannten «Induktionsproblem». Solange wir glauben, daß in der Wirklichkeit eine notwendige Verbindung zwischen Ursache und Folge besteht, können wir aus der Entdeckung einer kausalen Verbindung in der Vergangenheit problemlos auf die Zukunft schließen. Wenn allerdings die Notwendigkeit nur in der subjektiven Erwartung des Wahrnehmenden besteht, stellt sich die Frage, was diese Erwartung rechtfertigt. Humes überraschende Antwort ist, daß nichts die Erwartung rechtfertigt. Sie kann nur psychologisch als eine Gewohnheit erklärt werden, die Mensch und Tier gemein haben. Der Naturwissenschaftler, der die Gesetze der Mechanik auf die Zukunft extrapoliert, geht also nicht rationaler vor als der Hund, der sabbert, wenn sein Herrchen den Freßnapf füllt.

Skeptizismus und Naturalismus

Die empiristische Analyse des Kausalitätsbegriffes von Hume hat verheerende Folgen für die Metaphysik. Hume meint, daß die Metaphysik entweder nur eine Übersicht schafft über die Relationen zwischen Ideen und also nichts über die Wirklichkeit aussagt, oder Tatsachen zu beweisen versucht, die wir nicht erfahren können. Letzteres ist nur möglich aufgrund der Relation zwischen Ursache und Folge, aber haben solche metaphysischen Argumentationen Gültigkeit?

Nehmen wir etwa das Problem der Existenz der materiellen Welt. Hume geht ebenso wie die kartesianische Tradition davon aus, daß sich der Geist der Impressionen bewußt ist, die sich beim Wahrnehmen einstellen, nicht bewußt ist er sich hingegen über die

In seiner *Inquiry* untersuchte der schottische Ökonom Adam Smith (1723–1790) die Faktoren, die das individuelle und das gesellschaftliche Wohlfahrtsstreben bestimmen.

materiellen Ursachen, die die Impressionen angeblich verursachen. Wir schließen also aufgrund der Relation von Ursache und Folge auf die Existenz materieller Ursachen. In diesem Falle können wir aber unmöglich wissen, daß es eine solche Relation gibt. Dazu müßten wir jedenfalls eine regelmäßige Aufeinanderfolge von materiellen Ursachen unserer Impressionen und den Impressionen selbst erfahren können, was ex hypothesi ausgeschlossen ist. Wir können die Existenz einer materiellen Welt also nicht beweisen.

Viele Philosophen des 17. Jahrhunderts berufen sich an dieser Stelle darauf, daß ein vollkommener Gott uns nicht betrügen kann. Dazu ist aber zunächst die Existenz Gottes zu beweisen. Da alle Fragen der Existenz oder Nicht-Existenz Hume zufolge tatsächliche sind, ist es an dieser Stelle unvermeidlich, erneut die Relation von Ursache und Folge zu bemühen. Aus der zweckmäßigen Struktur lebender Wesen etwa schließt man, daß sie von einem perfekten Gott geschaffen sein müssen (der physiko-teleologische Gottesbeweis). Auch hier allerdings greift die Theorie der Kausalität nicht, da wir die regelmäßige Folge von Gottes Schöpfungsaktivitäten und seinen Produkten nicht erfahren können. Daher können wir die Skepsis über die Existenz der materiellen Welt nicht aus dem Weg räumen, indem wir uns auf Gottes Perfektion berufen.

Es fällt auf, daß Hume gegenüber diesen zwei Arten der Skepsis jeweils eine andere Haltung einnimmt. Die Skepsis an der Existenz einer materiellen Welt betrachtet er zwar als Schlußfolgerung einer unumstößlichen Argumentation, ist aber zugleich der Meinung, daß der Mensch dieser Schlußfolgerung unmöglich glauben kann. Die Überzeugung, daß es eine materielle Welt gibt, liegt implizit all unserem Handeln, auch dem des Skeptikers, zugrunde. Wenn eine Argumentation dazu führt, daß diese Überzeugung unbeweisbar ist, so weist das nur auf die Ohnmacht unseres Verstandes. Die erste Art der Skepsis lehrt uns also, daß wir unserer Natur mehr vertrauen können als unserem Verstand.

Was den Zweifel an der Existenz eines perfekten Gottes angeht, scheint Hume mit der skeptischen Schlußfolgerung übereinzustimmen. An diesem Punkt schätzt er den menschlichen Verstand offensichtlich höher ein als die Neigung der menschlichen Natur, an einen Gott zu glauben. Vielleicht erfuhr Hume selbst diese Neigung nicht oder glaubte, daß sie für den Menschen schädlich sei. Interessanterweise wird Kant in beiden Punkten eine entgegengesetzte Position einnehmen. Er war der Auffassung, daß der Mensch die Existenz der materiellen Welt letztlich beweisen kann; an die Existenz Gottes kann und muß man jedoch glauben.

Die Aufklärung in Deutschland und Frankreich

Auch wenn das siebzehnte Jahrhundert im allgemeinen als die Epoche der wissenschaftlichen Revolution angesehen wird, so ist seine Kultur noch stark von der Theologie geprägt. Die großen Systematiker der Philosophie entwerfen ein harmonisches und allumfassendes Weltbild, in dem Theologie und Wissenschaft einander ergänzen. Dies gilt auch für die beiden bedeutendsten Denker der englischen Aufklärung, Locke und Berkeley. Mit Hume, dem größten britischen Philosophen der Aufklärung, tritt eine Wende ein. Seine Analysen des naturwissenschaftlichen Denkens machen deutlich, daß Theologie und Metaphysik nicht mehr verantwortbar sind, wenn man die naturwissenschaftliche Methode als Norm akzeptiert.

Damit stellt Hume die Philosophen des achtzehnten Jahrhunderts vor ein Dilemma: entweder muß man die dogmatischen Glaubensinhalte ganz verwerfen, oder man räumt ein, sie auf eine unwissenschaftliche, nicht rationale Weise zu begreifen. In jedem Fall ist eine metaphysische Synthese von Wissenschaft und Glauben problematisch geworden.

So entwickelte sich im achtzehnten Jahrhundert, dem Jahrhundert der Aufklärung, dann auch eine starke antimetaphysische Bewegung und ein aggressiver Atheismus. Charakteristisch für dieses Jahrhundert ist der unerschütterliche Glaube an den gesellschaftlichen Fortschritt durch politische Reformen, durch den praktischen Einsatz der Vernunft und die Entwicklung der Technik. Am deutlichsten spiegeln sich all diese Entwicklungen und Tendenzen in der *Encyclopédie* von d'Alembert und Diderot wider, die zwischen 1751 und 1780 in 35 Teilen erschien.

In der zweiten Hälfte des siebzehnten Jahrhunderts hatte die Philosophie unter der absolutistischen Herrschaft Ludwigs XIV. in Frankreich einen schweren Stand. Die Blüte der französischen Literatur in

Nach seiner Verbannung aus Frankreich lehrte Bayle Philosophie in Rotterdam. Nachdem man ihn dort wegen seiner unorthodoxen Ideen aus diesem Amt entlassen hatte, war er bis zu seinem Tod als Privatgelehrter und Schriftsteller tätig.

Bayles *Dictionnaire historique et critique* erschien zwischen 1696 und 1697. Immer wieder um neue Artikel und Kommentare erweitert, wurde es im 18. Jahrhundert ein großer Erfolg. Zahlreiche Ausgaben in englischer und deutscher Sprache machten Bayle berühmt.

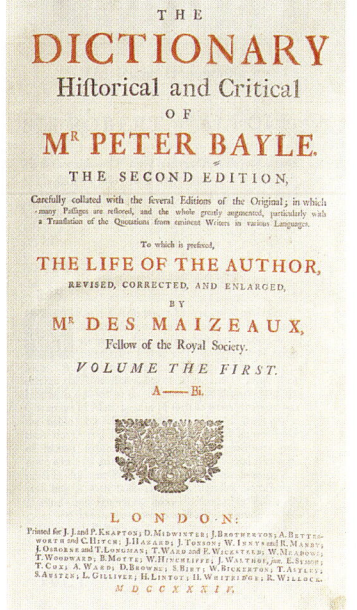

dieser Zeit (Corneille, La Fontaine, Molière, Racine) hatte kaum Parallelen oder Entsprechungen in den Naturwissenschaften oder der Philosophie. Nach dem Tod des Sonnenkönigs machten sich die französischen Philosophen mit fieberhaftem Eifer daran, diesen Rückstand wieder aufzuholen. England, in dem nach der bürgerlichen Revolution eine relative Meinungsfreiheit herrschte, galt ihnen dabei als großes Vorbild, während die deutsche Aufklärung entscheidende Impulse aus Frankreich erhalten wird.

Nicht nur als Verfasser literarischer und philosophischer Werke, sondern vor allem als einer der Herausgeber der *Encyclopédie* (1751–1765) gehörte Denis Diderot zu den namhaftesten Wegbereitern der Aufklärung.

Wissenschaftliche Entwicklungen

In den Naturwissenschaften verliert der Kartesianismus zugunsten Newtons an Boden. Während Bernard le Bovier de Fontenelle (1657–1757) als Sekretär der Pariser Akademie der Wissenschaften (Académie des Sciences) Descartes noch verteidigte und das Newtonsche Gravitationsgesetz verwarf, vertrat Pierre Louis Moreau Maupertius (1698–1759) den entgegengesetzten Standpunkt. Er leitet 1736 auf Wunsch Ludwigs XV. eine Expedition nach Lappland und bestätigt durch Messungen die Hypothese Newtons von der Abflachung der Erdkugel an den Polen. Voltaire veröffentlicht eine vielgelesene und populäre Erläuterung der Newtonschen Philosophie, die einer breiten Öffentlichkeit den Zugang zum physikalisch-naturwissenschaftlichen Weltbild ihrer Zeit ermöglicht.

Auch im Bereich der Humanwissenschaften ist England das große Vorbild. Die französischen Philosophen übernehmen von Locke die Konzeption einer empiristischen Wissenschaft des Menschen. Während der Moralist Luc de Clapiers, bekannt als Marquis de Vauvenargues (1715–1747), nur eine deskriptive Studie des menschlichen Geistes im Auge hat, ist der Geistliche und Philosoph Etienne Bonnot de Claude Adrien Condillac (1715–1780) darum bemüht, die Assoziationspsychologie von Locke weiterzuentwickeln, indem er nicht nur die Ideen, sondern auch die mentalen Prozesse aus den sinnlichen Wahrnehmungen abzuleiten versucht. Lamettrie und der Philosoph Paul-Henri Dietrich, Baron de Holbach (1723–1789), dessen gastfreundliches Haus in Paris zum Treffpunkt der Philosophen seiner Zeit wurde, verknüpfen diese empiristische Psychologie mit einem radikalen Materialismus. Unter dem Einfluß der medizinischen Entdeckung des Reflexes stellt diese Philosophie in Teilen schon einen Vorgriff auf die materialistischen Betrachtungen des Menschen dar, die sich im neunzehnten und zwanzigsten Jahrhundert herausbildeten.

Selbstverständlich ist die Humanwissenschaft nicht auf die physiologisch-psychologische Dimension begrenzt. Neben der ökonomischen Theoriebildung durch die sogenannten Physiokraten François Quesnay (1694–1774) und Anne Robert Claude Jacques Turgot (1727–1781) kommt vor allem die Geschichtswissenschaft zur Entfaltung. Bereits Hume hatte sich im Anschluß an seine rein philosophischen Studien intensiv mit dieser Disziplin beschäftigt und eine Reihe von Schriften zur englischen Geschichte publiziert. Voltaire nennt zwei Gründe, die für eine Intensivierung der historischen Forschung sprechen. Zum einen fordert er eine Verlagerung des inhaltlichen Schwerpunktes, denn anstatt der Auflistung von Katastrophen und Schlachten – den tödlichen Themen der gängigen Geschichtsschreibung –, die für ihn nicht mehr als Beweis der menschlichen Bösartigkeit sind, hält er es für weitaus sinnvoller, sich mit den Formen des menschlichen Zusammenlebens zu befassen. Geschichte soll ein lebendiges Bild vermitteln, wie die Menschen in der Privatsphäre ihrer Familien lebten und welchen Künsten sie sich widmeten. Darüber hinaus setzt er sich dafür ein, die historische Betrachtung der menschlichen Natur auf den gesamten Erdball auszudehnen. Dies macht ihn zum Vertreter einer vorurteilsfreien, empirisch begründeten Geschichtswissenschaft. Der weitverbreiteten theologischen Interpretation der menschlichen Geschichte steht er ablehnend gegenüber.

Vico und Herder

Dennoch stoßen wir auch bei Voltaire auf eine vorgefaßte Meinung, die für die gesamte Aufklärung sehr typisch ist und auf einer gewissen Selbstüberschätzung beruht. Denn beinahe alle einflußreichen Denker dieser Zeit waren davon überzeugt, daß das Zeitalter der Aufklärung allen vorangegangenen

Epochen überlegen sei. Diese Haltung spiegelt sich auch im *Esquisse d'un tableau historique des progrès de l'esprit humain* des französischen Mathematikers, Pädagogen und Politikers Marquis de Condorcet (1743–1794).

Bereits Vico jedoch, einer der bedeutendsten italienischen Philosophen, hatte sich gegen einen solchen Intellektualismus in der Geschichtsschreibung ausgesprochen. Vico bezeichnet sich selbst als Antipode zu Descartes, dessen Behauptung, daß man das mathematische Wahrheitskriterium auf alle Wissenschaften übertragen könne, er heftig bestreitet. Für Vico gilt dieses Kriterium ausschließlich für den Bereich der Mathematik, da diese Wissenschaft Konstruktionen des menschlichen Geistes beinhaltet und uns nichts über die Wirklichkeit lehrt. Darüber hinaus ist Vico der Meinung, daß wir uns von der Geschichte ein genaueres Bild machen können als von der materiellen Natur, da die Geschichte etwas von Menschen Geschaffenes ist. In seinem Hauptwerk, *Principi di una scienza nuova* (1725), entwickelt er ein zyklisches Gesetz, das die Entstehung und den Niedergang von Kulturen erklären soll. Dabei geht er davon aus, daß jede Phase einer Zivilisation eine eigene innere Einheit besitzt, die aus sich selbst heraus verstanden werden muß. Um eine Kultur wirklich zu verstehen, ist es wichtig, sich mit ihren Quellen, wie zum Beispiel der Dichtung und den Mythen, intensiv zu beschäftigen.

Eine vergleichbare Reaktion gegen den Fortschrittsglauben finden wir in Deutschland bei Johann Gottfried Herder (1744–1803). Während Gotthold Ephraim Lessing (1729–1781) noch ein theologisch-teleologisches Geschichtsbild hatte – für ihn war historischer Fortschritt in erster Linie das Fortschreiten der moralischen Erziehung des Menschen durch Gott –, machte Herder der Aufklärung zum Vorwurf, daß der Fortschrittsglaube den Historiker daran hindere, die Mentalität einer Kultur aus ihrer spezifischen Einheit heraus zu begreifen. In seinem monumentalen Werk *Ideen zur Philosophie der Geschichte der Menschheit* plädierte er dafür, daß der Historiker die unterschiedlichen Zivilisationen ebenso unvoreingenommen betrachten müsse «wie der Schöpfer unseres Geschlechts» dies tut.

Das Jahrhundert Friedrichs des Großen

So wie England zum Vorbild für die französische Aufklärung wurde, stand Frankreich Modell für die deutsche. Christian Thomasius (1655–1728) geht von einem empiristischen Standpunkt aus, um die Unmöglichkeit der Metaphysik zu beweisen. Er plädiert dafür, daß sich die Philosophie anstelle der Metaphysik und der Theologie mit Problemen der Ethik, der gesellschaftlichen Organisation und des Rechts beschäftigen solle.

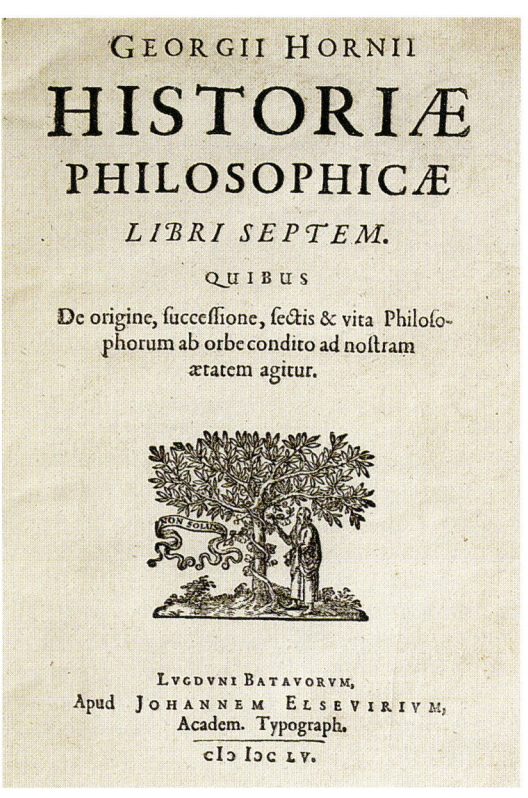

In der Neuzeit entstand eine Historiographie der Philosophie, die, ausgehend vom Korpus der klassischen und mittelalterlichen Texte, zunächst vor allem philologisch orientiert war. Der Leidener Historiker Georgius Hornius verfaßte 1655, im Alter von zwanzig Jahren, die erste niederländische Philosophiegeschichte.

Dennoch hat die Aufklärung in Deutschland einen anderen Charakter als in Frankreich. Dies läßt sich teilweise durch den großen Einfluß erklären, den der durch Christian Wolff (1679–1754) systematisierte Rationalismus von Leibniz hatte. Für das richtige Verständnis der Philosophie Kants ist eine Beschäftigung mit dem Werk Wolffs und seiner Schüler unerläßlich.

Eine symbolische Figur der deutschen Aufklärung ist Friedrich der Große (1712–1786), der «Philosoph von Sanssouci». Friedrich war ein Freidenker, der in Preußen eine gewisse Glaubensfreiheit einführte. Er lud die führenden Köpfe der Aufklärung, darunter auch Voltaire, an seinen Hof in Potsdam, er baute das Bildungswesen aus und förderte eine unabhängige Gerichtsbarkeit. In einem seiner berühmtesten Aufsätze bezeichnete Kant das Zeitalter der Aufklärung als «das Jahrhundert Friedrichs».

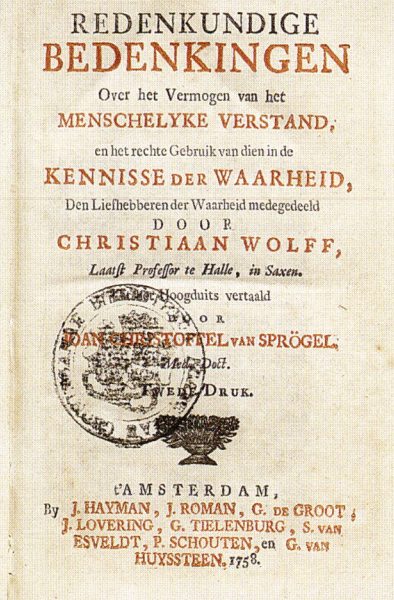

In diesem logisch-erkenntnistheoretischen Werk aus dem Jahr 1711 erklärt Wolff seine Methodologie, die für das Philosophiestudium in Deutschland bis zum Ende des 18. Jahrhunderts richtungsweisend blieb. Zu sehen ist eine niederländische Ausgabe seiner «Vernünftigen Gedanken».

Montesquieu

Der französische Rechtsgelehrte und Staatstheoretiker Charles-Louis de Secondat, besser bekannt als Montesquieu (1689–1755), wurde vor allem durch seine Lehre von der Gewaltenteilung bekannt, die im Kern eine Trennung der exekutiven, der legislativen und der judikativen Macht beinhaltet. Daneben liegt das große Verdienst seines *Esprit des lois* (1748) in dem Versuch, die empirische Methode konsequent auf eine vergleichende Untersuchung der Institutionen des Staates zu beziehen. Montesquieu ging es darum, die Unterschiede zwischen den zahlreichen Staatsformen aufgrund «kausaler Faktoren» zu erklären, zu denen er den Volkscharakter, das Klima, die geografischen und wirtschaftlichen Bedingungen und ähnliches zählte. Die Beziehung zwischen den spezifischen Gesetzgebungen und diesen kausalen Faktoren ist für ihn gleichbedeutend mit dem «Geist der Gesetze», der im Zentrum seiner philosophischen Studien steht.

Montesquieu unterscheidet in seinem System drei idealtypische Staatsformen, nämlich Republik, Monarchie und Gewaltherrschaft, die er nochmals einzeln untergliedert. So kann eine Republik beispielsweise ein demokratischer oder ein aristokratischer Staat sein. Mit jeder Staatsform verbindet er bestimmte Prinzipien oder Tugenden: Die Monarchie korrespondiert mit nationalem Ruhm, die Republik mit den bürgerlichen Tugenden, während die Furcht das Grundprinzip des despotischen Staates ist. Das Rechtssystem jedes Staates steht sowohl mit dem jeweiligen Prinzip als auch mit der Staatsform in einem engen Zusammenhang.

Montesquieu bestreitet nicht, daß es einen Unterschied zwischen den faktisch existierenden Staaten und ihren Idealtypen gibt, aber er faßt den Idealtypus als Norm für die empirische Wirklichkeit auf.

Voltaire

Weder Voltaire noch Rousseau waren Vorkämpfer einer blutigen Revolution, wie sie gegen Ende des achtzehnten Jahrhunderts in Frankreich ausbrechen sollte. Aber Voltaires beißende Kritik an der bestehenden gesellschaftlichen Ordnung und Rousseaus visionärer Entwurf von einer menschlichen Gesellschaft, die nach den Prinzipien von Gleichheit, Freiheit und Brüderlichkeit organisiert ist, haben die führenden Köpfe der Revolution maßgeblich beeinflußt. Betrachtet man das vorrevolutionäre Frankreich, kann man dem später entmachteten Ludwig XVI. nicht ganz widersprechen, der in der Gefangenschaft gesagt haben soll: «Diese beiden Männer haben Frankreich zerstört.»

Voltaire ist der wohl bekannteste Philosoph und Schriftsteller der französischen Aufklärung. Seine ungeheure Popularität verdankt er seinem virtuosen Stil und dem gnadenlosen Spott, mit dem er gegen die Institutionen der katholischen Kirche und gegen die Dogmen des christlichen Glaubens zu Felde zog. Aber auch sein immens umfangreiches Gesamtwerk rechtfertigt seinen Ruhm: er verfaßt geschichtsphilo-

DIE AUFKLÄRUNG IN DEUTSCHLAND UND FRANKREICH 273

sophische und politische Schriften, ist ein leidenschaftlicher Verfechter des Toleranzgedankens und publiziert neben polemischen Texten auch bedeutende Theaterstücke und nicht zuletzt Märchen.

In der frühreifen Begabung von François-Marie Arouet (1694–1778) wurde eine Tendenz zur Satire deutlich, die ihm schon früh einen Gefängnisaufenthalt in der Bastille und wiederholte Verbannungen aus Paris einbrachte. Als Ludwig XIV. starb, hatte er gerade sein erstes Theaterstück, den *Oedipe*, abgeschlossen, das 1718 mit großem Erfolg aufgeführt wurde. Unter dem Namen Voltaire, den er sich inzwischen zugelegt hatte, sollte er das französische Theater fünfzig Jahre lang beherrschen. Zu seinen bekanntesten Büchern gehört *Candide ou l'optimisme* aus dem Jahre 1759.

Nach seinem Exil in England von 1726 bis 1729 veröffentlichte Voltaire seine *Lettres philosophiques ou Lettres anglaises* (1734). Anschließend lebte er als Gast der Madame du Châtelet auf ihrem Schloß in Cirey. Hier vertiefte er sich in die Naturkunde, die Metaphysik und die Geschichtswissenschaft. Nach ihrem Tod ging Voltaire nach Potsdam, wo er einige Zeit am Hof Friedrichs des Großen blieb.

1755 erwarb der inzwischen vermögend gewordene Voltaire ein Schloß in der Nähe von Genf, das er «Les Délices» taufte. Hier setzte er seine Arbeit an seinem *Essai sur les moeurs* (1756) und dem *Dictionnaire philosophique* (1764) fort. Im Rahmen seines entschiedenen Engagements für Glaubensfreiheit übernahm er unter anderem die Verteidigung des unschuldig gefolterten und hingerichteten Protestanten Jean Calas, dessen Verurteilung später revidiert wurde. Ein Jahr vor seinem Tod reiste er noch einmal nach Paris, um der Aufführung seiner letzten Tragödie *Irène* beizuwohnen. Diese Premiere, bei der seine Büste mit einem Lorbeerkranz auf die Bühne getragen wurde, geriet zu einer wahren Apotheose.

Trotz seiner beißenden Kritik am Christentum ist Voltaire kein Atheist. Selbst nennt er sich einen Theisten, einen Menschen also, der an einen guten und mächtigen Schöpfer glaubt, sich «jedoch nicht in die Arme einer jener Sekten wirft, die einander nur widersprechen», zu denen Voltaire auch das Christentum zählte.

Religiöse Empfindungen waren nach Meinung Voltaires nichts anderes als Aberglauben und Fanatismus. Sein bedeutendes und umfangreiches Werk – Theaterstücke, historische und philosophische Schriften, Gedichte und Briefe – zeugen von einem kritischen Geist, der für das Denken der französischen Aufklärung beispielhaft ist.

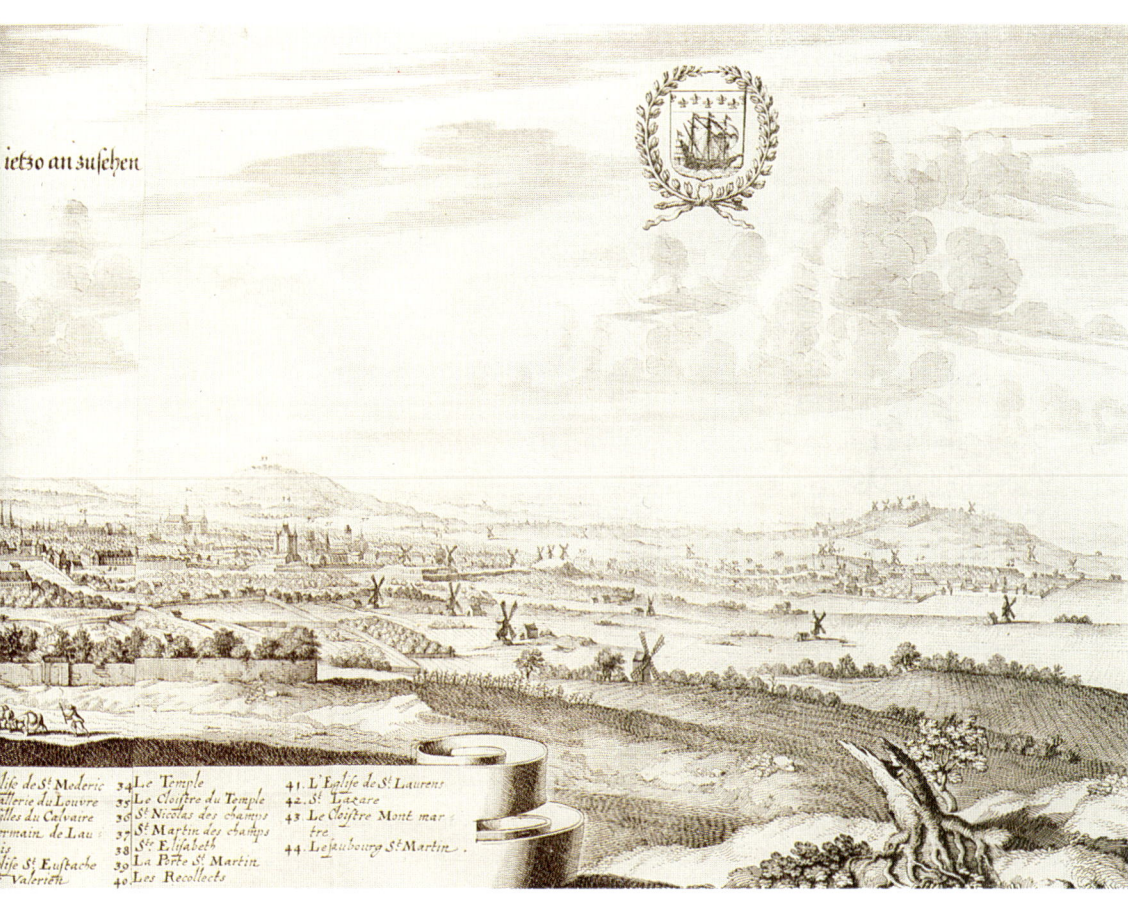

Das Paris des 17. Jahrhunderts expandierte unter Ludwig XIV. zu einer der größten Städte Westeuropas. Als Kulturmetropole des französischen Reiches zog Paris früher oder später alle französischen und zahlreiche ausländische Philosophen an.

Nachdem seine Mutter wenige Tage nach seiner Geburt verstorben war, wurde Jean-Jacques Rousseau (1712–1778) von einer Tante und seinem Vater erzogen, der ihm unterschiedlichste Romane und Plutarch zu lesen gab.

Nach einer kurzen Schulzeit machte er eine Lehre bei einem Notar und einem Graveur. 1728 flüchtete er vor diesem letzten Lehrmeister zu einer reichen jungen Witwe, die ihm Unterschlupf bot. Nachdem er eine Weile ziellos umhergeirrt war, blieb er von 1731 bis 1740 bei seiner Gönnerin, der Madame de Warens in Chambéry. Hier studierte er und verfaßte sein erstes literarisches Werk. 1742 ging Rousseau nach Paris, in der Hoffnung, dort mit einer neuen Notenschrift Erfolg zu haben, und begegnete der Servirerin Thérèse Levasseur. Nach seinen eigenen Aussagen hatte er mit ihr fünf Kinder, die allesamt in einem Waisenhaus zurückgelassen wurden. Rousseaus schriftstellerische Karriere begann 1750 mit der Teilnahme an einem Wettbewerb, den die Akademie von Dijon ausgeschrieben hatte. Seine Abhandlung mit dem Titel *Discours sur les sciences et les arts* erhielt einen Preis und wurde veröffentlicht. Der eigentliche Durchbruch gelang ihm dann mit dem Singspiel *Le devin du village*, das vor Ludwig XV. aufgeführt wurde. Da er sich jedoch weigerte, dem König vorgestellt zu werden, verspielte er die Chance auf eine königliche Apanage.

Nach der Veröffentlichung seines *Discours sur l'origine et les fondements de l'inégalité* (Abhandlung über den Ursprung und die Grundlagen der Ungleichheit unter den Menschen [1755]) begann sich Rousseau in Paris zunehmend unwohler zu fühlen. Er ließ sich in einem Landhaus der Madame d'Epinay nieder, wo er den Erziehungsroman *Emile* (1762) und *Du contrat social* (Der Gesellschaftsvertrag, 1762) schrieb. Das gespannte Verhältnis zu anderen Philosophen der Aufklärung und die Verurteilung seines *Emile* veranlaßten Rousseau zur Flucht nach Neuchâtel. Später emigrierte er, der Einladung Humes folgend, nach England. Nach seiner Rückkehr nach Frankreich schrieb er seine *Confessions* (Bekenntnisse) und die lyrischen *Les Rêveries du promeneur solitaire* (Träumereien eines einsamen Spaziergängers). Rousseau starb, kurz nachdem er sich auf das Landgut des Marquis de Girardin in Ermenonville zurückgezogen hatte.

Rousseau wollte, wie er immer wieder betonte, sein Leben in den Dienst der Wahrheit stellen.

Rousseau

Rousseau ist der große Antipode der Aufklärung in Frankreich. Sein Werk gilt als ein Protest des Gefühls gegen die Herrschaft des Verstandes. Diese Einschätzung ist jedoch irreführend. Die meisten Philosophen der Aufklärung sind in Übereinstimmung mit Hume der Meinung, daß der Verstand nur der Sklave der Gefühle ist. Dennoch ist man bemüht, die Gefühle und Leidenschaften zu mäßigen und den Verstand als das Instrument der philosophischen Reflexion zu kultivieren. Rousseau hingegen spricht sein Publikum auf der emotionalen Ebene an. Welcher Leser kann sich schon der Faszination der Rousseauschen Bekenntnisse (*Confessions*) entziehen, auch wenn Rousseau das Buch geschrieben hat, um die eigene Position zu rechtfertigen, und sich dabei nicht immer ganz exakt an die Wahrheit gehalten hat.

Ein typisches Element der Aufklärung ist ihr ungebrochener Glaube an den Fortschritt. Man war davon überzeugt, daß der Mensch durch die Wissenschaften, durch vernünftige staatliche Reformen und die Nutzung mechanischer Techniken ein Maß von Glück erwerben könne, das in den zurückliegenden Jahrhunderten undenkbar gewesen wäre. Die Utopie Rousseaus sieht völlig anders aus. Die von der Akademie von Dijon gestellte Preisfrage, ob die Wiederherstellung der Künste und Wissenschaften (seit der Renaissance) zur Verbesserung und Hebung der Sittlichkeit beigetragen habe, beantwortet Rousseau mit einer leidenschaftlichen und dezidierten Kritik an dem heuchlerischen und gekünstelten Leben des achtzehnten Jahrhunderts, wie es ihm in Paris begegnet war. Er führt die Probleme und Übel seiner Zeit auf die Entwicklung der Wissenschaften und Künste zurück. Der Kultur des achtzehnten Jahrhunderts, die er verdammt, stellt er als erstrebenswertes Ideal einen fiktiven Naturzustand gegenüber, dessen Verwirklichung den Menschen ein gesundes und glückliches Leben ermöglichen würde.

In einem zweiten Aufsatz *Discours sur l'origine et les fondements de l'inégalité parmi les hommes* legt Rousseau dar, daß die Ungleichheit zwischen den Menschen eines der größten kulturbedingten Probleme darstellt. Ausgehend von dem fiktiven Naturzustand, in dessen Ursprünglichkeit noch Gleichheit herrschte, erläutert Rousseau, daß die Entstehung der sozialen Ungleichheit durch das Aufkommen des Privateigentums verursacht wurde. Im Verlauf der weiteren Geschichte hätten sich die Besitzer von Privateigentum zusammengeschlossen, um ein Staatswesen zu bilden, dessen unvermeidliche Konsequenz die Unterdrückung der Armen durch die Reichen war.

Legen diese Ideen nicht die Schlußfolgerung nahe, daß Staat und Kultur besser vernichtet gehören? Nicht nur Voltaire versteht den *Discours* in diesem

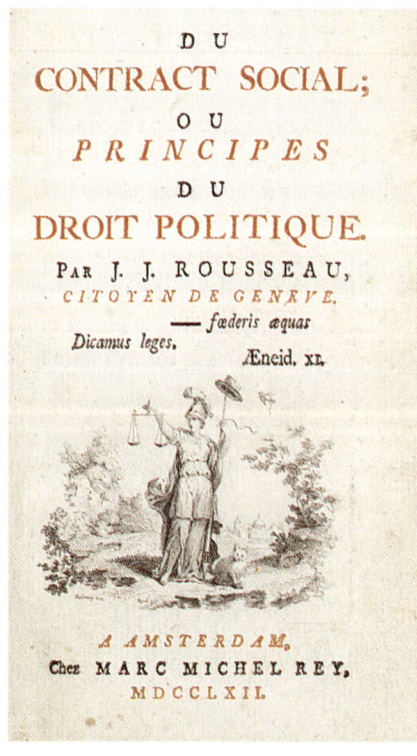

«Der Gesellschaftsvertrag» von Rousseau (1762) wurde immens bedeutend.

Ziehen wir den Schluß, daß der wilde Mensch ohne Kunstfleiß, ohne Sprache, ohne Wohnsitz, ohne Krieg und ohne Verbindung, ohne jedes Bedürfnis nach seinen Mitmenschen wie auch ohne jedes Verlangen, ihnen zu schaden, vielleicht sogar ohne jemals einen von ihnen individuell wiederzuerkennen, in den Wäldern umherschweifend, wenigen Leidenschaften unterworfen und sich selbst genug, nur die Gefühle und die Einsicht hatte, die für jenen Zustand geeignet waren; daß er nur seine wahren Bedürfnisse fühlte, nur das sah, was zu sehen er ein Interesse zu haben glaubte, und daß seine Intelligenz nicht mehr Fortschritte machte als seine Eitelkeit. Wenn er durch Zufall eine Entdeckung machte, konnte er sie um so weniger mitteilen, als er nicht einmal seine Kinder wiedererkannte. Die Kunst ging mit dem Erfinder unter. Es gab weder Erziehung noch Fortschritt; die Generationen vermehrten sich unnütz; und da eine jede stets vom gleichen Punkt ausging, flossen die Jahrhunderte in der ganzen Rohigkeit der ersten Zeiten dahin; die Art war schon alt, und der Mensch blieb noch immer ein Kind. Wenn ich mich über die Voraussetzung dieses anfänglichen Zustandes so lange verbreitet habe, so deshalb, weil ich alte Irrtümer und eingewurzelte Vorurteile zu zerstören hatte und ich daher geglaubt habe, bis an die Wurzel graben und im Bilde des wahrhaften Naturzustandes zeigen zu müssen, wie weit die Ungleichheit, selbst die natürliche, davon entfernt ist, in jenem Zustand soviel Realität und Einfluß zu besitzen, wie unsere Schriftsteller behaupten. […]

Der erste, der ein Stück Land eingezäunt hatte und es sich einfallen ließ zu sagen: *dies ist mein* und der Leute fand, die einfältig genug waren, ihm zu glauben, war der wahre Gründer der bürgerlichen Gesellschaft. Wie viele Verbrechen, Kriege, Morde, wieviel Not und Elend und wie viele Schrecken hätte derjenige dem Menschengeschlecht erspart, der die Pfähle herausgerissen oder den Graben zugeschüttet und seinen Mitmenschen zugerufen hätte: ‹Hütet euch, auf diesen Betrüger zu hören; ihr seid verloren, wenn ihr vergeßt, daß die Früchte allen gehören und die Erde niemandem.› Aber mit großer Wahrscheinlichkeit waren die Dinge damals bereits an dem Punkt angelangt, an dem sie nicht mehr bleiben konnten, wie sie waren; denn da diese Vorstellung des Eigentums von vielen vorausliegenden Vorstellungen abhängt, die nur nach und nach haben entstehen können, bildete sie sich nicht auf einmal im menschlichen Geist. Man mußte viele Fortschritte machen, viele Fertigkeiten und Einsichten erwerben und sie von Generation zu Generation weitergeben und vergrößern, ehe man bei diesem letzten Stadium des Naturzustandes angelangte. Nehmen wir die Dinge daher an einem früheren Zeitpunkt wieder auf und versuchen wir, diese langsame Aufeinanderfolge von Ereignissen und Erkenntnissen unter einem einzigen Gesichtspunkt, in ihrer natürlichsten Ordnung, zusammenzubringen.

Aus: Rousseau, *Diskurs über die Ungleichheit*

Sinn. Spottend schreibt er an Rousseau: «Ich habe, mein Herr, Ihr neues Buch gegen die menschliche Gattung erhalten […]. Niemand hat es mit mehr Geist unternommen, uns zu Tieren zu machen, als Sie; das Lesen Ihres Buches erweckt in einem das Bedürfnis, auf allen vieren herumzulaufen, da ich jedoch diese Beschäftigung vor einigen sechzig Jahren aufgegeben habe, fühle ich mich unglücklicherweise nicht in der Lage, sie wieder aufzunehmen.»

Rousseau antwortet, daß er sich niemanden vorstellen könne, dem diese Rückkehr zum Animalischen besser gelingen könnte als Voltaire. Er fügt hinzu, daß die Kultur den Menschen so geschwächt und verweichlicht habe, daß er gar nicht mehr in der Lage wäre, unter den Bedingungen des Naturzustandes zu überleben.

Aus Rousseaus pessimistischer Analyse der menschlichen Zivilisation und des politischen Lebens ergibt sich das Programm seiner politischen Philosophie. Rousseau ging von einem Naturzustand aus, in dem alle Menschen gleich und frei und vor allem deshalb auch glücklich waren. In den gegenwärtigen Staaten sind die Menschen hingegen ungleich und unfrei. Man muß also zu dem idealen Naturzustand zurückkehren – was unmöglich ist – oder den bestehenden Staat so weit reformieren, daß Freiheit und Gleichheit zu den Ordnungsprinzipien eines politischen Gemeinwesens werden können.

Zu diesem Zweck entwirft er das Modell eines Gesellschaftsvertrages. Wenn jeder einzelne seine Person und Macht dem Allgemeinwillen unterordnet, erhält er als Gegenwert einen ungeteilten Anteil am Staat als ganzem. Rousseau betont also gegenüber den individualistischen Staatslehren von Hobbes und Locke den kollektiven Charakter des Staates. Die Kernfrage des Gesellschaftsvertrages ist für ihn, wie dem Bürger, der bei Abschluß des Gesellschaftsvertrages auf seine natürliche Freiheit verzichtet, dasselbe Maß an Freiheit wie zuvor garantiert werden kann.

Die Lösung liegt in seiner Theorie vom «Gemeinsamen Willen». Rousseau neigt dazu, den Gemeinwillen als eine quasi mystische Größe zu betrachten, die den eigentlichen Willen der Bürger zum Ausdruck bringt. Wenn der Staat Gesetze verabschiedet, die mit dem gemeinsamen Willen übereinstimmen, hat sich der Bürger damit faktisch selbst ein Gesetz auferlegt. Da dies eine höhere Form der Freiheit darstellt als die natürliche, findet der Mensch im Staat seine wirkliche Bestimmung. Rousseau definiert «Freiheit» als die Unterordnung unter ein Gesetz, das sich der einzelne selbst auferlegt.

Kant wird in seiner Ethik diese Definition von Rousseau übernehmen.

Kant

Immanuel Kant wurde am 22. April 1724 in Königsberg als Sohn eines Sattlermeisters geboren. Seine Eltern waren überzeugte Pietisten. Durch die Unterstützung von Freunden, durch Unterrichten und mit dem Geld, das er am Billardtisch gewann, konnte Kant sein Studium der Naturwissenschaften, Theologie, Philosophie und klassischen Literatur finanzieren. Später verdiente er seinen Lebensunterhalt als Hauslehrer und Privatdozent.

Kant war bereits zu seinen Lebzeiten ein anerkannter Gelehrter, er verfaßte eine Fülle an naturwissenschaftlichen und philosophischen Werken; seine Gewandtheit im Umgang mit Menschen machten ihn in seiner Heimatstadt zu einer beliebten Persönlichkeit. In seinen Abhandlungen befaßte er sich mit einem breiten Spektrum sehr unterschiedlicher Themenbereiche, er beschäftigte sich mit der Kosmologie und dem Feuer, äußerte sich zu Fragen der Metaphysik und spekulierte über die Entstehung der Winde. In seinen Vorlesungen beschränkte er sich ebenfalls keineswegs auf rein philosophische und naturwissenschaftliche Themen, sondern dozierte auch über Fragen der Pädagogik, über die Technik des Festungsbaus und die physische Geographie, die er stolz als eine neue Wissenschaftsdisziplin vorstellte.

Ab 1761 bis zu seiner Ernennung zum Hochschullehrer für Logik und Metaphysik im Jahre 1770 verkündete Kant in zahlreichen Schriften den Bankrott der traditionellen rationalistischen Philosophie. Mit *Träume eines Geistersehers, erläutert durch Träume der Metaphysik* (1766) verabschiedete er sich endgültig von dem überlieferten metaphysischen Denken. Seine Habilitationsschrift *De mundi sensibilis atque intelligibilis forma et principiis* (1770) enthielt bereits wesentliche Elemente seines ersten Hauptwerkes, der *Kritik der reinen Vernunft*.

Dennoch sollte es noch weitere zehn Jahre dauern, bevor diese erste der insgesamt drei «Kritiken» Kants erschien. Zwischen seiner Ernennung zum Professor und dem Jahr 1781 setzte er sich mit der immer komplizierter werdenden Materie seines neuen Systems auseinander. In dem genannten Jahr erschien dann endlich die *Kritik der reinen Vernunft*, ein Werk, das Schopenhauer für das wichtigste Buch hielt, das jemals in Europa geschrieben wurde. Die Rezeption war dennoch zunächst enttäuschend. So legte beispielsweise Moses Mendelssohn, ebenfalls ein Philosoph der Aufklärung, das nach seinen Worten «Nervensäfte verzehrende Werk» verärgert und irritiert zur Seite. Angesichts solcher Reaktionen verfaßte Kant eine Übersicht der Hauptgedanken, die *Prolegomena zu einer jeden künftigen Metaphysik, die als Wissenschaft wird auftreten können* (1783). In raschem Tempo erschienen anschließend die übrigen Schriften, die ihn berühmt machen sollten: 1785 die *Grundlegung zur Metaphysik der Sitten* und bereits ein Jahr später *Metaphysische Anfangsgründe der Naturwissenschaft* (der Titel ist eine Anspielung auf das Hauptwerk Newtons, das genau hundert Jahre früher erschienen war); es folgte 1787 die zweite Ausgabe der *Kritik der reinen Vernunft*, 1788 die *Kritik der praktischen Vernunft* und 1790 die *Kritik der Urteilskraft*. Die 1793 publizierte Abhandlung *Die Religion innerhalb der Grenzen der bloßen Vernunft* brachte Kant in Konflikt mit der preußischen Zensur, die nach dem Ende des aufgeklärten Absolutismus Friedrichs des Großen unter Friedrich Wilhelm II. wieder strenger geworden war. Nach dessen Tod brachte Kant 1798 umgehend seine Schrift *Der Streit der Fakultäten* heraus, in der er an die Problematik des zensierten Werkes anknüpfte. Wenig später begannen seine Kräfte jedoch rasch nachzulassen. Ein letzter Versuch, sein System noch einmal umzuformen, mußte unvollendet bleiben. Nach einem Leben, das von einer eisernen Arbeitsdisziplin und einem minutiös reglementierten Tagesablauf bestimmt war, starb Kant am 12. Februar 1804 in Königsberg.

Mit Immanuel Kant erreicht die Philosophie der Aufklärung ihren Höhepunkt. Man unterscheidet in seinem Werk zwei Phasen, die durch die Publikation der *Kritik der reinen Vernunft* im Jahr 1781 voneinander getrennt werden. Bereits in der sogenannten vorkritischen Periode (d.h. in der Zeit vor dem Erscheinen der *Kritik*) ist Kant ein sehr produktiver Schreiber. Er verfaßt Schriften zur Philosophie und Naturwissenschaft, wobei er die Newtonsche Mechanik zur Grundlage seiner Betrachtungen macht. Zunächst war er ein Anhänger der Philosophie von Leibniz, und zwar in der durch Wolff geprägten Systematisierung. Im Laufe der Zeit aber mehrten sich seine Zweifel an der Möglichkeit, eine Metaphysik rationalistisch zu begründen. Aus einem «dogmatischen Schlummer» weckte ihn nach eigenem Bekunden die skeptische Philosophie von Hume.

Anhand seiner vorkritischen Schriften läßt sich die allmähliche Herausbildung des *kritischen Problems* verfolgen. Dieses Problem konzentriert sich primär auf die Frage, ob und wie die Metaphysik als Wissenschaft möglich ist. Die Rationalisten gingen davon aus, daß sich die Metaphysik zu einer Wissenschaft entwickeln könne, wenn sie sich die naturwissenschaftlichen Methoden zu eigen mache. Die empiristische Kritik und die Verschiedenartigkeit der metaphysischen Systeme des 17. und beginnenden 18. Jh. erschütterten diese These jedoch zunehmend. In seiner *Untersuchung über die Deutlichkeit der Grundsätze der natürlichen Theologie und der Moral* (1764) vergleicht Kant die metaphysischen Theorien mit Meteoren, deren Leuchtkraft nichts anderes als ihr baldiges Verlöschen ankündigt. Mit dem Scheitern des rationalistischen Experiments wird deutlich, daß die Methode der Metaphysik nicht die der Naturwissenschaft sein kann.

In *Träume eines Geistersehers* vertritt Kant die These, daß die Theorien der spekulativen Metaphysik noch weniger glaubwürdig sind als die spiritistischen Ergüsse des schwedischen Theosophen Emanuel Swedenborg. In Übereinstimmung mit Locke folgert er daraus, daß die Metaphysik nur dann zu einer Wissenschaft werden kann, wenn man zuvor die Grenzen absteckt, die dem menschlichen Erkenntnisvermögen von Natur aus gesetzt sind. Die Ausarbeitung dieses Ansatzes ist die *Kritik der reinen Vernunft* – ein Werk, das zu den schwierigsten in der Geschichte der Philosophie gehört.

Drei theoretische Probleme

Bei der Kritik der reinen Vernunft muß man eine scharfe Trennung zwischen der Problemstellung und der von Kant angebotenen Lösung machen. Auch Kant selbst verfährt so, indem er seine Fragestellung in der Vorrede ausführlich darlegt.

An den Anfang stellt Kant die Frage nach der Gültigkeit mathematischer Erkenntnis, wobei er hier vor allem die Geometrie im Auge hat. Ein Rationalist wie Descartes hatte gemeint, daß die Geometrie einerseits zwar begriffsanalytisch und deshalb *a priori* (unabhängig von der Erfahrung) gültig ist, andererseits jedoch auch Informationen über das Wesen des Raumes vermittelt, da Gott die dem Menschen angeborenen Begriffe mit der Wirklichkeit korrespondieren läßt. Auch für den Empiristen ist die Mathematik begriffsanalytisch und a priori gültig. Er folgert daraus jedoch, daß die Mathematik nichts über die Wirklichkeit aussagt, da es für ihn keine von Gott eingegebenen Ideen gibt. Newton schließlich betrachtet die Geometrie als Erfahrungswissenschaft (*a posteriori*), die die Struktur des absoluten Raumes abbildet. Kant stimmt mit Descartes und Newton darin überein, daß die Geometrie den Raum untersucht. Ebenso wie Descartes und die Empiristen behauptet er außerdem, daß die Mathematik a priori gegeben ist. Wie läßt sich jedoch erklären, daß eine apriorische Wissenschaft etwas über die Wirklichkeit aussagt, wenn man, wie Kant dies tut, bestreitet, daß den menschlichen Begriffen ein theologisch-rationalistisches Fundament zugrunde liegt?

Die zweite Frage zielt auf die Grundprinzipien der Naturwissenschaft. Auch hier kommt Kant zu dem Schluß, daß weder die rationalistische noch die empiristische Sichtweise zufriedenstellende Antworten bereithält. Für die Rationalisten besitzt die Naturwissenschaft absolut sichere apriorische Prinzipien, deren Gültigkeit von Gott verbürgt ist. Die Empiristen hingegen meinen, daß die Prinzipien der Naturkunde durch Induktion aus der Erfahrung abgeleitet werden, womit sie zum einen nur a posteriori erkennbar sind und zum anderen keine Gewähr für absolute Gewißheit bieten. Kant ist davon überzeugt, daß die verblüffende prognostizierende Kraft der Physik Newtons nur dann zu verstehen ist, wenn man davon ausgeht, daß die Grundprinzipien dieser Wissenschaft stärker sind als die auf der Erfahrung basierenden Generalisierungen. Es muß also apriorische, zwingend gültige Prinzipien geben, die dennoch Informationen über die Wirklichkeit der Natur enthalten. Wie aber sind derartige Prinzipien möglich, wenn man sie nicht mit Hilfe einer theologischen Konstruktion erklären will?

Es zeugt von der Genialität Kants, daß er die Frage der mathematischen Erkenntnis und die der Grundprinzipien der Naturwissenschaft mit der Frage der Metaphysik zu verknüpfen versteht. Im philosophischen Jargon Kants gesprochen, stößt man in allen drei Bereichen auf eine merkwürdige Art von Urteilen oder Sätzen, die er als die *synthetischen Urteile a priori* bezeichnet. Mathematische Behauptungen oder die Prinzipien der newtonschen Mechanik zum Beispiel sind nach Meinung Kants *a*

Kant schrieb seine wichtigsten Werke, als er das sechzigste Lebensjahr bereits überschritten hatte.

priori, da sie notwendig wahr sind; das heißt, sie können nicht aufgrund zukünftiger Erfahrungen widerlegt werden. Ferner sind sie *synthetisch*, da sie, im Gegensatz zu begriffsanalytischen Urteilen, Informationen über die Wirklichkeit enthalten. Auch die Metaphysik muß, zumindest wenn sie als Wissenschaft möglich ist, aus solchen synthetischen Urteilen a priori bestehen, denn schließlich versteht sie sich – so Kant – als eine informative Wissenschaft, die nicht auf Erfahrung beruht.

Die zentrale Frage der *Kritik der reinen Vernunft* lautet nun: Wie sind synthetische Urteile a priori möglich? Diese Frage ist in einem doppelten Sinn zu verstehen. Zum ersten bedeutet sie: Wie können wir den Wahrheitsgehalt von Urteilen prüfen, die weder auf Erfahrung noch auf Begriffsanalyse beruhen? Kant meint, daß hier die Quelle der Erkenntnis in dem erkennenden Subjekt liegen muß. Wie anders wäre sonst der apriorische Charakter dieser Erkenntnis zu begreifen? Diese Antwort zieht jedoch eine zweite Frage nach sich: Auf welche Weise ist zu erklären, daß Erkenntnis, die dem erkennenden Subjekt entspringt, dennoch Informationen über die

Wirklichkeit enthält? Bei dieser zweiten Bedeutung der zentralen Frage geht es also um den synthetischen Charakter der synthetischen Urteile a priori.

Aus der Verknüpfung dieser drei Fragen ergibt sich folgende Strategie. Die Mathematik und die Physik Newtons sind renommierte Wissenschaften. Hier sind wir uns der Möglichkeit synthetischer Urteile a priori sicher, da es diese Urteile faktisch gibt. Mit Hilfe der sogenannten «kopernikanischen Drehung» beweist Kant, daß synthetische Urteile a priori in der Mathematik und Naturkunde möglich sind. In einem nächsten Schritt beantwortet er die Frage, ob und inwieweit synthetische Urteile in der Metaphysik möglich sind. Der eigentlichen Frage nach der Möglichkeit der Metaphysik geht also die Erklärung der Möglichkeit von Mathematik und Naturwissenschaft voraus.

Die kopernikanische Drehung

Für die Erklärung des synthetischen Charakters der synthetischen Erkenntnis a priori in der Mathematik und Naturwissenschaft greift Kant auf die Wahrnehmungstheorie zurück, die bereits Descartes und die englischen Empiristen vertreten hatten. Die materiellen Objekte, die unsere Sinnesorgane reizen, rufen Eindrücke in uns hervor – Eindrücke von Farben, Gerüchen, Geräuschen, Wahrnehmungen des Tastsinns usw.

Diese Theorie warf knifflige Fragen auf. In unserer Wahrnehmung kommen Eindrücke verschiedener Sinnesorgane von ein- und demselben Objekt zusammen. Wie ist das möglich, wenn diese Eindrücke über unabhängige kausale Verknüpfungen (vom Sinnesorgan zum Gehirn) hervorgerufen werden? Man stellte sich die visuellen Eindrücke in Analogie zum Bild auf der Netzhaut zweidimensional vor. Wie aber entsteht dann das visuelle dreidimensionale Bewußtsein? Offensichtlich muß der menschliche Geist einen Mechanismus besitzen, der die Informationen verarbeitet, indem er aus der Fülle der unterschiedlichen Eindrücke die geordnete und als dreidimensional erfahrene Welt konstruiert.

Angenommen, die Erkenntnisstrukturen, auf denen unsere synthetische Erkenntnis a priori beruht und die folglich in unserem Erkenntnisvermögen liegen, haben bei der Verarbeitung der sinnlichen Informationen eine Ordnungsfunktion. Dann wird all das, dessen wir uns in der Erfahrung bewußt sind, eben diese Strukturen aufweisen. Mit dieser Vorstellung von einem Informationsverarbeitungsmechanismus erklärt Kant die Tatsache, daß die synthetische Erkenntnis a priori trotz ihrer subjektiven Erkenntnisquelle auch auf die objektive Welt zutrifft.

So beruht beispielsweise die geometrische Erkenntnis nach Kant letztlich auf der «Anschauungsform» Raum, die in dem erkennenden Subjekt angelegt ist. Da jedoch eben diese Form der Anschauung im Informationsverarbeitungsmechanismus der Wahrnehmung eine Ordnungsfunktion erfüllt, entsprechen auch alle in der Wahrnehmung vorhandenen Objekte der Geometrie Euklids. Auf eine analoge (und äußerst komplizierte) Weise erklärt Kant auch die Tatsache, daß wir a priori wissen können, daß alles auf der Welt, wie zum Beispiel das deterministische Kausalitätsprinzip, bestimmte Grundprinzipien von Newtons Mechanik erfüllt.

In seinem Vorwort zur zweiten Ausgabe der *Kritik der reinen Vernunft* bezeichnet Kant seine Theorie mit dem Begriff der «kopernikanischen Drehung». Er erläutert dies anhand des folgenden Vergleichs: «Bisher nahm man an, alle unsere Erkenntnis müsse sich nach den Gegenständen richten; aber alle Versuche, über sie a priori etwas durch Begriffe auszumachen, gingen unter dieser Voraussetzung zunichte. Man versuche es daher einmal, ob wir nicht in den Aufgaben der Metaphysik damit besser fortkommen, daß wir annehmen, die Gegenstände müssen sich nach unserer Erkenntnis richten, welches so schon besser mit der verlangten Möglichkeit einer Erkenntnis derselben a priori zusammenstimmt [...]. Es ist hiermit ebenso wie mit dem ersten Gedanken des Kopernikus bewandt, der, nachdem es mit der

Friedrich Schiller (1759–1805) war von der Philosophie Kants stark beeinflußt. Für ihn spielten die Kunst und die Ästhetik eine bedeutende Rolle im sittlichen Erziehungsprozeß des Menschen.

Erklärung der Himmelsbewegungen nicht gut fortwollte, wenn er annahm, daß ganze Sternheer drehe sich um den Zuschauer, versuchte, ob es nicht besser gelingen möchte, wenn er den Zuschauer sich drehen und dagegen die Sterne in Ruhe ließ.» Nach Kant ist die kopernikanische Drehung in der Erkenntnislehre gleichbedeutend mit der intellektuellen Revolution, die aus der Metaphysik eine Wissenschaft machen wird. Wie sieht diese wissenschaftliche Metaphysik aus? Die kopernikanische Drehung impliziert einen Unterschied zwischen der Welt «an sich» (dem *Ding an sich*) und der Welt, wie wir sie erfahren (der «phänomenalen» Welt). Die Drehung erklärt nur die Möglichkeit synthetischer Urteile a priori, sofern sie sich auf die Struktur der phänomenalen Welt beziehen. Daraus folgt, daß die Metaphysik eine Wissenschaft sein kann, vorausgesetzt, sie beschränkt sich darauf, die genannte Struktur abzubilden.

Folglich ist die wissenschaftliche Metaphysik die Metaphysik der erfahrbaren Natur, die Kant in seiner Abhandlung *Metaphysische Anfangsgründe der Naturwissenschaft* (1786) ausarbeitet. Sie enthält die Grundprinzipien der Naturwissenschaft Newtons. Auch die Physik befaßt sich also mit der phänomenalen Welt und nicht, wie Descartes meinte, mit der Welt an sich.

Sofern die Metaphysik den Anspruch erhebt, Erkenntnisse über Dinge zu gewinnen, die prinzipiell nicht erfahrbar sind, wie die Welt *an sich*, Gott, das Jenseits oder die Unsterblichkeit der Seele, ist sie als Wissenschaft nicht möglich.

Kants Antwort auf die Frage nach der Möglichkeit einer naturwissenschaftlichen Metaphysik bedeutet einen vernichtenden Schlag gegen die sogenannte «besondere» Metaphysik, die eine rationale Begründung für den christlichen Glauben liefern sollte. Dennoch meint Kant, daß ihm der wahre Gläubige dankbar sein müsse. Schließlich ist eine metaphysische Begründung des Glaubens niemals überzeugend gelungen und hat nur einem skeptischen Denken Vorschub geleistet. Durch seinen Nachweis, daß eine solche Metaphysik im Prinzip unmöglich ist, glaubt er, Raum geschaffen zu haben für den Glauben, indem er das Wissen aufhob.

Freiheit und Determinismus

Kant war der Ansicht, daß sich seine Erkenntnistheorie, in Analogie zur Mechanik Newtons, durch Experimente bestätigen ließe. Zwar ist ein empirisches Experiment in der Philosophie unmöglich, aber es gibt durchaus so etwas wie ein gedankliches Experiment. Das wichtigste dieser Art, das Kant zur Untermauerung seiner Theorie unternimmt, beschäftigt sich mit der Problematik von Freiheit und Determinismus. Wie kann der Mensch frei sein, wenn die deterministische Mechanik Newtons alles Erfahrbare im Prinzip umfassend erklären kann?

Hume hatte behauptet, daß Freiheit und Determinismus nur scheinbare Widersprüche seien – eine Auffassung, die auch Hobbes vertreten hatte. Jemand ist im moralischen Sinne frei, wenn er tun kann, was er will, daß heißt, wenn sein Handeln weder durch äußere Zwänge bedingt noch behindert wird. Diese Definition steht nach Meinung Humes keineswegs im Widerspruch zu einem universellen Determinismus.

Kant erkannte die «Achillesferse» der «versöhnlerischen» Auffassung von Hume angesichts der Problematik von Freiheit und Determinismus sehr genau. Ließ nicht die Art, wie Hume versuchte, das Problem zu lösen, den eigentlichen Kern der Frage völlig außer acht – nämlich die Frage nach der Freiheit der Willensbildung selbst? Bei der Willensbildung hält Kant die Prinzipien von Freiheit und Determinismus für grundsätzlich unvereinbar. Wenn unsere willentlichen Beschlüsse durch körperliche Faktoren oder psychische Neigungen bedingt werden, wie Hume dies annahm, kann von Willensfreiheit und folglich auch von moralischer Verantwortlichkeit keine Rede sein.

Kant sagt nun, daß seine «kopernikanische Drehung» eine Auflösung des Widerspruchs zwischen Freiheit und Determinismus bedeute. Wenn sich sowohl der Begriff der Freiheit als auch der des Determinismus auf ein und dasselbe Objekt beziehen, beispielsweise auf den menschlichen Willen in einem empirisch-psychologischen Sinn, entsteht ein Widerspruch. Man kann eine solche Kontradiktion jedoch umgehen, wenn man annimmt, daß Freiheit und Determinismus ihre jeweils eigene Wahrheit besitzen, aber für unterschiedliche Objekte gelten. Durch Kants Unterscheidung zwischen der Welt «an sich» und der Welt als «Erscheinung» kann der Widerspruch aufgelöst werden. Wie die Naturwissenschaftler des achtzehnten Jahrhunderts meinten, ist die Erscheinungswelt und auch der Mensch, soweit er zu dieser Welt gehört, determiniert. Da die Welt an sich der naturwissenschaftlichen Erkenntnis jedoch nicht zugänglich ist, läßt sich der Wille an sich frei denken, auch wenn der menschliche Wille als Erscheinung als determiniert angesehen werden muß.

Ethik

Kants Freiheitstheorie schließt nahtlos an seine Ethik an, die er in seiner *Grundlegung zur Metaphysik der Sitten* (1785) und in der *Kritik der praktischen Vernunft* (1788) ausarbeitete. Im Mittelpunkt seiner Ethik steht der Begriff der *Autonomie*. Nach Kant lassen sich moralische Normen nicht dadurch rechtfertigen, daß man sich auf eine Instanz außerhalb des

Aufklärung ist der Ausgang des Menschen aus seiner selbstverschuldeten Unmündigkeit. Unmündigkeit ist das Unvermögen, sich seines Verstandes ohne Leitung eines anderen zu bedienen. *Selbstverschuldet* ist diese Unmündigkeit, wenn die Ursache derselben nicht am Mangel des Verstandes, sondern der Entschließung und des Mutes liegt, sich seiner ohne Leitung eines andern zu bedienen. Sapere aude! Habe Mut, dich deines *eigenen* Verstandes zu bedienen! ist also der Wahlspruch der Aufklärung. Faulheit und Feigheit sind die Ursachen, warum ein so großer Teil der Menschen, nachdem sie die Natur längst von fremder Leitung freigesprochen (naturaliter majorennes), dennoch gerne zeitlebens unmündig bleiben, und warum es anderen so leicht wird, sich zu deren Vormündern aufzuwerfen. Es ist so bequem, unmündig zu sein. Habe ich ein Buch, das für mich Verstand hat, einen Seelsorger, der für mich Gewissen hat, einen Arzt, der für mich die Diät beurteilt usw., so brauche ich mich ja nicht selbst zu bemühen. Ich habe nicht nötig zu denken, wenn ich nur bezahlen kann; andere werden das verdrießliche Geschäft schon für mich übernehmen. Daß der bei weitem größte Teil der Menschen (darunter das ganze schöne Geschlecht) den Schritt zur Mündigkeit außer dem, daß er beschwerlich ist, auch für sehr gefährlich halte: dafür sorgen schon jene Vormünder, die die Oberaufsicht über sie gütigst auf sich genommen haben. Nachdem sie ihr Hausvieh zuerst dumm gemacht haben und sorgfältig verhüteten, daß diese ruhigen Geschöpfe ja keinen Schritt außer dem Gängelwagen, darin sie sie einsperrten, wagen durften, so zeigten sie ihnen nachher die Gefahr, die ihnen droht, wenn sie es versuchen, allein zu gehen. Nun ist diese Gefahr zwar eben so groß nicht, denn sie würden durch einigemal Fallen wohl endlich gehen lernen; allein ein Beispiel von der Art macht doch schüchtern und schreckt gemeiniglich von allen ferneren Versuchen ab.
Aus: Kant, *Was ist Aufklärung*

eigenen freien Willens beruft wie beispielsweise auf Gott in seiner Funktion als moralischer Gesetzgeber. Mit anderen Worten: Ethik darf nicht heteronom, sie muß autonom sein. Sie kann nur darin bestehen, daß wir uns selbst ein Gesetz der Moralität geben. Die wahre Idee der moralischen Freiheit ist die Unterordnung unter ein selbst auferlegtes Gesetz.

Was jedoch ist dieses Gesetz? Es kann sich nicht darin erschöpfen, daß der Mensch nach Glück oder Genuß streben soll. Derartige Verlangen sind empirische Faktoren im Menschen selbst, die den Willen unfrei machen, wenn sie ihn bestimmen. Für Kant sind psychische Triebfedern und Bedürfnisse ebenso heteronom wie ein göttliches Gebot. Das Motiv für die Akzeptanz eines moralischen Gesetzes kann deshalb für ihn nur in der Achtung vor diesem Gesetz liegen. Das Gesetz selbst muß in dem Sinne formal sein, daß es nicht auf empirisch gegebene Bedürfnisse und Verlangen verweist.

Kants moralisches Hauptgesetz ist als *kategorischer Imperativ* berühmt geworden. Er lautet: «Handle so, daß die Maxime deines Willens jederzeit zugleich als Prinzip einer allgemeinen Gesetzgebung gelten könne.» Dieser Wille muß logisch sein, während mit dem Begriff der «Maxime» der Grundsatz gemeint ist, der das Handeln eines einzelnen Menschen erlaubt oder verbietet. Ein Beispiel kann die Bedeutung des kategorischen Imperativs verdeutlichen. Angenommen, ich frage mich, ob es moralisch erlaubt ist zu lügen. Die Maxime des Handelns lautet dann: Ich darf lügen. Der kategorische Imperativ sagt nun: Die Handlung ist dann moralisch zulässig, wenn ich ohne Widerspruch wollen kann, daß jeder Mensch lügen darf oder lügt. Es liegt jedoch auf der Hand, daß ich dies nicht ohne Widerspruch wollen kann, denn schließlich wird eine Lüge nur dadurch möglich, daß die anderen darauf vertrauen, daß ich die Wahrheit sage. Dieses Vertrauen beruht wiederum auf dem Grundsatz, daß man die Wahrheit sagen muß. Das allgemeine Gesetz: «Jeder Mensch darf lügen» oder «Jeder Mensch lügt», würde, falls es gültig wäre, dieses Vertrauen zerstören und mir dadurch jede Möglichkeit zur Lüge nehmen. Kurzum: Lügen ist moralisch nicht erlaubt.

Nach Kant hat der kategorische Imperativ die Form aller moralischen Gesetze. Da er selbst keine empirischen Elemente beinhaltet, aber dennoch die Richtschnur unseres Handelns darstellt, wäre er eine Art Moral, die *a priori synthetisch* ist.

In *Träume eines Geistersehers* behauptet Kant, in die Metaphysik verliebt zu sein. Auch wenn sich die besondere Metaphysik, die sich mit dem Prinzip der Freiheit, mit Gott und der Unsterblichkeit der Seele beschäftigt, als nicht wissenschaftlich erkannt worden war, räumt Kant ihr einen Platz innerhalb der Ethik ein. Seine Lösung des Problems von Freiheit und Determinismus eröffnet die Möglichkeit, daß wir uns, so wie wir an sich sind, frei denken können. Die Ethik erlaubt uns, einen Schritt weiterzugehen. Ohne Freiheit keine Ethik. Aus moralischer Sicht müssen wir uns selbst als frei betrachten. Freiheit ist also ein *Postulat* der Moral. Auch die Existenz Gottes und die Unsterblichkeit der Seele sind nach Auffassung Kants Postulate der Moral. Warum ist dies so?

Obwohl Glück nicht das Anliegen der Moral sein kann, ist der gute Mensch «des Glückes würdig». Dieser Glücksbegriff ist jedoch bedeutungslos, wenn wir uns nicht eine Welt vorstellen, in der die guten Menschen glücklich sind. In der empirischen Welt ist der gute Mensch oft unglücklich. Deshalb ist das von einem gerechten Gott gelenkte Jenseits ebenfalls ein Postulat der Moral. Sittliches Handeln setzt also den

Glauben voraus, auch wenn dieser nicht nötig ist, um zu erkennen, welche Handlungen gut sind.

Die dritte Kritik

Solange man sich auf die ersten beiden *Kritiken* beschränkt, scheint die Kluft zwischen Natur und Freiheit unüberbrückbar. Die Natur ist die deterministische *phänomenale* Natur, die Gesamtheit der Erscheinungen, deren Form durch das erkennende Subjekt bestimmt wird. Dies ist der Bereich der theoretischen Philosophie und Physik, die sich keine Vorstellung von der Freiheit des Menschen machen können. Ebenso kann die praktische Vernunft die Freiheit nicht erkennen, auch wenn sie die Freiheit postulieren muß, um die Möglichkeit von Moral verstehen zu können. Natur als die phänomenale Welt und Freiheit als die Welt an sich sind zwei getrennte Bereiche. Weder die theoretische noch die praktische Philosophie sind in der Lage, den Zusammenhang zwischen diesen beiden Welten zu ergründen.

Dennoch muß es einen solchen Zusammenhang geben. Die menschliche Freiheit hätte für die moralische Wertung des Verhaltens keine Bedeutung, wenn sie sich nicht auf die Erscheinungswelt auswirken würde. Diese Beziehung zwischen Natur und Freiheit, die es geben muß, obwohl wir sie nicht kennen, ist Thema der dritten *Kritik* Kants, der *Kritik der Urteilskraft* (1790). Sie bildet sozusagen den Schlußstein seines Systems. Im Mittelpunkt dieser Abhandlung steht der Gedanke, daß wir auf eine subjektiv gültige Weise einen Zusammenhang zwischen der Freiheit oder dem Reich der Zweckmäßigkeit und der Natur oder dem Reich der Ursachen herstellen können, indem wir die Natur als ein Reich zweckmäßiger Ursachen betrachten.

Kant bezieht diese Idee der Zweckmäßigkeit der Natur auf das Gebiet der empirischen Gesetzmäßigkeiten der Natur, auf das Gebiet der Ästhetik der Natur und das des Kunstwerks und auf die Erklärung des organischen Lebens. In dem erstgenannten Bereich muß der Wissenschaftler die empirische Welt, soweit sie nicht durch die eigene Intelligenz strukturiert wurde, so auffassen, als wäre sie durch den göttlichen Verstand bestimmt. Damit erscheint ihm die empirische Wirklichkeit als ein zweckmäßiges System – ein Gedanke, der bei der Suche nach umfassenden naturwissenschaftlichen Theorien von hohem Wert ist.

Zum zweiten interpretiert Kant das Kunstwerk als einen *phänomenalen* (zur Erscheinungswelt gehörigen) Ausdruck des *noumenalen* (an sich bestehenden) Reichs der Freiheit, als eine Synthese von Freiheit und Natur. Da Schönheit zum Sinnbild des moralisch Guten wird, bekommt die philosophische Ästhetik eine zentrale Bedeutung, wenn es darum

Kants Denkmal in Königsberg, der Stadt, in der er geboren wurde, studierte und lehrte. Die Werke, die er dort schrieb, machten ihn schon zu Lebzeiten weit über die Grenzen Deutschlands hinaus bekannt.

geht, die Welt der determinierten Erscheinungen mit der übersinnlichen Welt der Werte und der Moral zu versöhnen.

Kant sagt abschließend, daß die Idee der Zweckmäßigkeit oder *Teleologie* zur Erklärung des organischen Lebens eine wichtige Rolle spielt. So begreifen wir beispielsweise ein Tier als ein System innerer Zweckmäßigkeit, das sich selbst dank eines Formprinzips in seinem Wachstum organisiert. Das klingt aristotelisch und scheint der kartesianischen Denkweise zu widersprechen, die auch die Organismen mechanisch erklärte. Ebenso wie Leibniz geht es jedoch auch Kant darum, die Naturwissenschaft mit dem Gedanken der Teleologie zu verbinden. Während jedoch für Leibniz die Natur wirklich zweckmäßig ist, interpretiert Kant die teleologische Auffassung von der Natur als eine unvermeidliche Sichtweise des Menschen, deren Wahrheitsgehalt zwar nicht nachweisbar, aber richtungsweisend für unsere Suche nach einer deterministischen Erklärung sein kann.

Nach Kant führen diese Gedanken über das organische Leben von selbst zu einer teleologischen Konzeption der Natur in ihrer Gesamtheit. Die ersten beiden seiner *Kritiken* werden also letztlich durch eine theistische Interpretation des Universums zusammengeführt, in der die Schöpfung im Sinne eines zweckmäßigen Kosmos verstanden wird. Obwohl diese Konzeption keinen wissenschaftlichen Status besitzt – transzendente Metaphysik als Wissenschaft ist schließlich nicht möglich –, ist sie unumgänglich, will man die Vereinigung des Reichs der Natur mit dem Reich der Freiheit verstehen.

8

Zu Anfang des 19. Jahrhunderts brachten die Eroberungsfeldzüge Napoleons Verwirrung, Leid und Zerstörung über Europa. Dennoch kam es in dieser Zeit auch zu einer Kultivierung des bürgerlichen Lebens: Eine stille Kammer, mit einem Leser, der ganz in sein Buch vertieft ist.

DAS NEUNZEHNTE JAHRHUNDERT

Technologie, Biologie und Geschichte

Im neunzehnten Jahrhundert erlebte Europa einen tiefgreifenden Wandel. Die Französische Revolution von 1789 hatte die politischen Machtstrukturen verändert und den Prozeß der Demokratisierung und Nivellierung vorangetrieben. Auf dem Wiener Kongreß im Jahr 1814 wurde die politische Landkarte Europas umfassend revidiert, zahlreiche neue Nationalstaaten entstanden. Seit dieser Zeit haben sich die Unterschiede zwischen den einzelnen Ländern zunehmend herausgebildet. Auch in der Philosophie gingen die europäischen Länder verstärkt ihre eigenen Wege.

Die meisten Gelehrten und Philosophen des siebzehnten und achtzehnten Jahrhunderts waren in ihrem Leben und Denken wahre Europäer. Sie verbrachten Jahre ihres Lebens in Frankreich, dann wieder in England, den Niederlanden oder in einem anderen europäischen Land. Im neunzehnten Jahrhundert dachte man weniger grenzüberschreitend. Die Philosophie bekam einen zunehmend nationalen Charakter, so daß wir heute von einer eigenständigen angelsächsischen, französischen und deutschen Philosophie sprechen können.

Im napoleonischen Kaiserreich wurde eine Welle an Reformen ausgelöst. Archaische Überbleibsel wurden beseitigt, es kam zu tiefgreifenden Gesetzesreformen, überkommene amtliche Bestimmungen wurden durch neue ersetzt und Privilegien abgeschafft. Diese Fahne mit den kaiserlichen Symbolen auf dem Hintergrund der französischen Trikolore wehte bei dem letzten feierlichen Auftreten Napoleons in der Öffentlichkeit, im Sommer 1815 in Paris.

Die industrielle Revolution

Die einschneidendste Veränderung verursachte jedoch die industrielle Revolution; sie gab den Städten und Landschaften Europas ein völlig anderes Gesicht. Durch die veränderten Eigentumsverhältnisse bildeten sich neue Gesellschaftsstrukturen und -klassen heraus – Fabrikbesitzer, Arbeiter und die von ihren Pfründen zehrenden Müßiggänger. Verelendung und Entwurzelung wurden zum Massenschicksal. Im Zuge der Industrialisierung Europas bildeten sich auch völlig neue Denkweisen heraus, deren zentrale Begriffe Effizienz und Produktion, Nützlichkeit und Verwertbarkeit, vor allem jedoch Arbeit und Kapital waren.

Der Begriff der «industriellen Revolution» wurde vor allem durch Friedrich Engels (1820–1895), dem späteren Weggefährten von Karl Marx, geprägt. Sie ist das zentrale Thema des Buches *Die Lage der arbeitenden Klasse in England* (1845), in dem Engels die erbärmlichen Arbeitsbedingungen in den Textilfabriken von Manchester eindrücklich beschrieb.

Die industrielle Revolution begann im achtzehnten Jahrhundert in England. Als dort 1788 die erste funktionierende Dampfmaschine, eine Erfindung von James Watt aus dem Jahr 1769, gebaut wurde, war die Mechanisierung der Arbeits- und Produktionsprozesse bereits relativ weit fortgeschritten. Die Expansion der Industrie setzte sich in der ersten Hälfte des neunzehnten Jahrhunderts ungebrochen fort. Um Menschen und Waren im großen Umfang transportieren zu können, wurden Kanäle gegraben und Eisenbahnlinien erschlossen. Das Bankwesen, das die erforderlichen Kredite bereitstellte, nahm gigantische Ausmaße an, und der Handel eroberte sich eine Schlüsselposition.

Die Philosophen haben auf diese neuen Verhältnisse äußerst unterschiedlich reagiert: Die englischen Romantiker Shelley, Byron und Keats, die nicht nur Dichter, sondern auch Denker waren, nahmen eine radikal ablehnende Haltung ein. Extrem negativ äußert sich auch der Dichter und Graveur William Blake, der die technischen Errungenschaften als eine satanische Anhäufung von Rädern, Kesseln und Öfen bezeichnet und die Fabriken als Werk des Teufels brandmarkt. Das Inferno Dantes ist für Blake ein Paradies verglichen mit der modernen Fabrik, in der die Menschen eintauchen in eine Welt von Lärm, Gestank, Hitze und Dreck.

Ganz andere Töne schlägt der englische Rechtsgelehrte und Philosoph Jeremy Bentham an. Er kann der neuen Entwicklung nur positive Seiten abgewinnen. In seiner *Introduction to the Principles of Morals and Legislation* (1789) stellt er seine Konzeption der Ethik dar, der er 1801 den Namen «Utilitarismus» gibt.

Naturphilosophie

Im sechzehnten und siebzehnten Jahrhundert bilden Naturwissenschaft und Naturphilosophie noch eine Einheit. Naturwissenschaftler pflegen sich als «Philosophen» zu bezeichnen, und dementsprechend tragen Veröffentlichungen, die nach heutigem Verständnis dem Bereich der Physik oder der Biologie zugerechnet werden, in ihrem Titel oft das Wort «Philosophie».

Gegen Ende des achtzehnten Jahrhunderts beginnt sich eine Veränderung abzuzeichnen, die vor allem durch die Romantiker bewirkt wurde. Was Schelling und andere nach ihm «Naturphilosophie» nannten, setzte zwar noch immer eine gründliche Auseinandersetzung mit den naturwissenschaftlichen Erkenntnissen voraus, die wesentliche Fragestellung aber zielte auf den Ursprung der Natur, die Position des Menschen innerhalb des Kosmos und auf das Verhältnis von Geist und Natur.

Aber nicht nur der Begriff «Naturphilosophie» änderte seinen Bedeutungsinhalt, sondern auch die Auffassung von der Natur selbst war einem allmählichen Wandel unterworfen. Im siebzehnten und achtzehnten Jahrhundert noch betrachtete man die Natur als eine große und komplizierte Maschine, man begriff sie als *Mechanismus*. Diese Sichtweise, die eine lange Wirkungsgeschichte hatte, wurde später als die «Mechanisierung des Weltbildes» bezeichnet. Die Philosophie von Descartes spiegelt diese Naturanschauung besonders deutlich wider. Er ordnete alles Bestehende zwei unterschiedlichen Bereichen zu: dem Denken oder dem Ausgedehntsein. Alles, was ausgedehnt ist, funktioniert wie eine Maschine. Von daher war die Mechanik auch die eigentliche Domäne der Wissenschaft. Dank ihr konnte man die Wirkungsweise der Natur begreifen und darüber hinaus neue Maschinen konstruieren. Nicht nur die Physiologie und die Medizin sprachen von dem Herzen als Pumpe, auch die Psychologie ging von bestimmten Bewußtseinsmechanismen aus. Auch für die Sprache, das Denken und die Wahrnehmung fand man eine mechanische Erklärung, und selbst der Staat wurde als ein Apparat gesehen.

Im ausgehenden achtzehnten Jahrhundert geriet diese Auffassung ins Wanken. Obwohl man das mechanische Weltbild nicht von einem auf den anderen Tag verwarf, wurde der Begriff des Mechanismus allmählich durch den des *Organismus* ersetzt. Auch der im späten neunzehnten Jahrhundert aufkommende Vitalismus und die Lebensphilosophie begreifen das Seiende als Organismus.

Evolutionslehre

Mit der Biologie schob sich eine neue Wissenschaft in den Vordergrund, die neben der Chemie im neunzehnten Jahrhundert eine sprunghafte Entwicklung durchlief. Seitdem die Natur nicht mehr vorrangig als eine unveränderliche und statische Größe aufgefaßt wurde, entstand Raum für eine Theorie der Evolution. Der französische Biologe Jean-Baptiste Pierre Antoine de Monet, Chevalier de Lamarck (1744–1829) war einer der ersten, der die lebenden Wesen nicht mehr, wie Linné, in ein festes Klassifikationssystem preßte, sondern sie auf einer Zeitskala anordnete. Bereits 1778 sprach er von einem «inneren Entwicklungsprinzip», und in seiner *Zoologique philosophique* (1801) formulierte er die These, daß sich alle lebenden Wesen von innen heraus den äußeren Gegebenheiten anpassen und die so im Laufe eines Lebens erlernten oder erworbenen Eigenschaften vererbt werden können, so daß die Natur einen Prozeß zunehmender Differenzierung durchläuft.

Es war der englische Wissenschaftler Charles Darwin (1809–1882), dem es, gestützt auf umfassende empirische Forschungen, gelang, die Evolutionstheorie wissenschaftlich zu untermauern. 1859 veröffentlichte er sein Hauptwerk, das den Titel *On the Origin of Species by Means of Natural Selection* trägt. Evolution ist nach Darwin das Ergebnis eines natürlichen Selektionsprozesses, in dessen Verlauf ungünstige erbliche Varianten eliminiert werden, während günstige erhalten bleiben. In seiner später erschienenen Schrift *The Descent of Man* übertrug er seine Theorie auch auf den Menschen. Hier findet sich seine berühmte These, daß der Mensch von den Tieren abstamme. Für viele war diese Behauptung nicht weni-

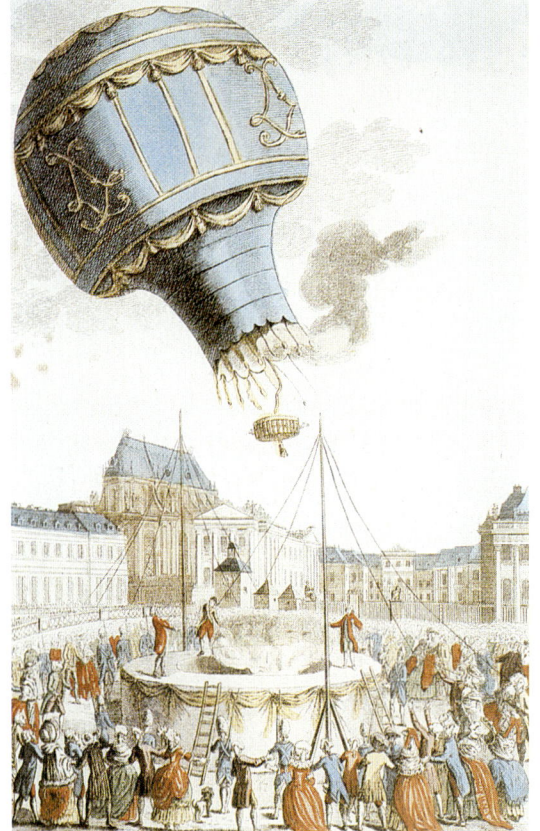

Der Aufstieg des Heißluftballons Martial der Gebrüder Montgolfier am 19. September 1783 in Versailles. Finanziert wurde der Martial von der Königlichen Akademie der Wissenschaften. Auch König Ludwig XVI. war unter den Zuschauern. Ein Schaf, ein Hahn und eine Ente waren die ersten Flugpassagiere, die mit dem Martial auf die Reise gingen.

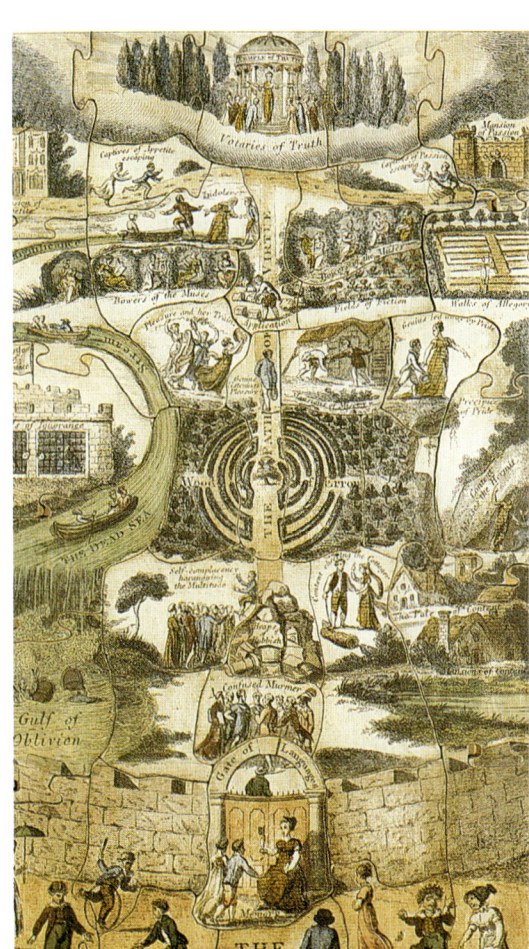

Allegorische Darstellung des Berges der Wissenschaften (1807). Hinter der Pforte der Sprache verläuft der Pfad der Tugend zunächst an verwirrtem Gestammel und den Bergen der Unsinnigkeit vorbei, um durch den Wald der Irrtümer letztlich zum Tempel der Wahrheit hinaufzuführen.

286 DAS NEUNZEHNTE JAHRHUNDERT

Darwins Evolutionstheorie wird von vielen als die wichtigste Entwicklung im Denken des 19. Jahrhunderts angesehen. Eine Karikatur zu Darwins 100. Geburtstag: Der Philosoph Ernst Haeckel (1834–1919) spricht ihn im Jenseits heilig.

ger schockierend als die Entdeckung des Kopernikus, daß die Erde nicht der Mittelpunkt des Weltalls ist.

Alles in allem meinten viele Biologen des neunzehnten Jahrhunderts, daß die Wissenschaft alle großen Rätsel dieser Welt lösen könnte. So wurde der Organismus zu einem Modell, anhand dessen man den Menschen und seine Entwicklung erklären konnte. Die Vorstellungen, die sich mit diesem Modell verbanden, wurden auch auf Kultur und Gesellschaft, das Recht und den Staat, die Sprache und die Kunst übertragen. Bei der Kultur etwa nahm man einen Wachstumsprozeß an, der alle Phasen von der Geburt über die Kindheit und Jugend bis hin zum Alter und Tod umschließt.

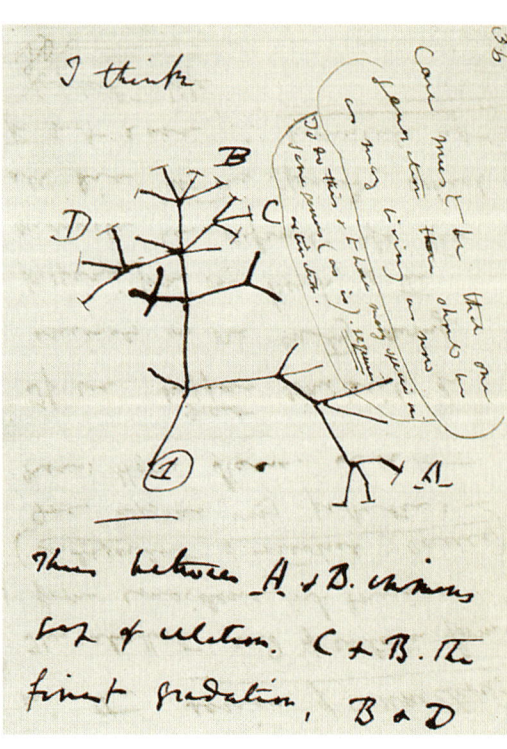

Der Baum dient oft als Symbol für die Entwicklung eines organischen oder historischen Prozesses. In Darwins Notizen kommen immer wieder Baumdiagramme vor.

Das historische Bewußtsein

Die Auffassung von einer sich wandelnden und nicht statisch verharrenden Natur hing auch mit der Herausbildung eines historischen Bewußtseins zusammen; mit dem Bewußtsein dafür, daß der Mensch eine Vergangenheit und eine Zukunft hat und also in einen Geschichtsprozeß eingebunden ist, den er möglicherweise in selbstbestimmte Bahnen lenken kann.

Selbstverständlich haben die Menschen, seitdem sie mit Mythen leben und Geschichten erzählen, ein gewisses historisches Bewußtsein vom Ursprung der Welt. Eine sehr spezifische Ausprägung erfährt dieses historische Bewußtsein zum Beispiel beim jüdischen Volk, wo das «Erinnere dich, Israel», das heißt, «Gedenke der Ereignisse, die Deinen Vorvätern widerfahren sind», den Kern des religiösen Denkens bildet. Die christliche Antike und das Mittelalter knüpften an diese Tradition an. Hier haben alle Ereignisse ihren festen Platz und damit auch einen Sinn im großen Plan des Schöpfers. In der Renaissance war das Wissen um die verschütteten Schätze der Vergangenheit und deren Bedeutung für die kommenden Generationen die Triebfeder für eine gewaltige Kreativität.

Das Wissen von Vergangenheit und Zukunft, also von Geschichte, ist ein Merkmal der gesamten europäischen Kultur. Dennoch kommt es im Laufe des achtzehnten Jahrhunderts zu einem radikalen Umschlag, zur Ausformung eines vollkommen neuen und facettenreichen Bewußtseins.

Die Erkenntnis von der Entstehung in der Zeit ist von dem Gedanken begleitet, daß damit auch alles veränderbar ist, abgeschafft oder völlig zunichte gemacht werden kann. Dies gilt vor allem für die faktischen sozialen, ökonomischen und politischen Strukturen, die bestehenden Machtverhältnisse, die herrschende Denkweise und die Religion.

Unmittelbar damit verknüpft war der weitverbreitete Glaube, dem vor allem die Philosophen der Aufklärung anhingen, daß die Menschheit auf dem Weg zu einer besseren Welt sei, in der alle Formen von Kummer und Leid, Unrecht und Unwahrheit, Unterdrückung und Unfreiheit aufgehoben sind. «Das Paradies auf Erden liegt nicht hinter, sondern vor uns, und es kann Wirklichkeit werden», schrieb d'Alembert 1751 in seinem berühmten Vorwort zur *Encyclopédie*. Der unerschütterliche Glaube an den Fortschritt, der vor allem durch die rasante Entwicklung der Naturwissenschaften genährt wurde, charakterisiert das Denken vieler Philosophen in der zweiten Hälfte des achtzehnten und im gesamten neunzehnten Jahrhundert.

Aber auch bei Gegnern der Aufklärung wie Hamann und Herder und bei den Frühromantikern Novalis, Schleiermacher und den Gebrüdern Schlegel wird ein Interesse an der Vergangenheit deutlich.

Der deutsche Idealismus

Unter den Romantikern gibt es nicht wenige, die zu einer Verklärung und Idealisierung der Vergangenheit neigen und die die Verluste beklagen, die mit dem sogenannten Fortschritt einhergingen. Aus welcher Perspektive die Auseinandersetzung mit der Vergangenheit auch immer geführt wurde, bald gab es nicht ein Phänomen mehr, das dem historisch prüfenden Blick nicht ausgesetzt gewesen wäre. Alles erschien im Licht der eigenen Geschichte, die gesellschaftlichen Institutionen, die Kunst, die Literatur, die Religion – und nicht zuletzt natürlich auch die Philosophie.

Philosophie der Geschichte

Die meisten Fortschrittsphilosophen hatten mehr oder weniger selbstverständlich angenommen, daß die Menschheit auf dem Weg zu einer besseren Zukunft sei und daß diese Zukunft das Ergebnis eines fortschreitenden Wissens- und Erkenntnisprozesses in Wissenschaft und Technik sein würde. Für sie war Geschichte nicht eines von vielen Themen, Philosophie war gleichbedeutend mit einer Philosophie der Geschichte.

Die Herausbildung eines historischen Bewußtseins und die gewaltige Erweiterung des historischen Wissens konfrontierte die Philosophie mit der Frage, ob die Wahrheit eine von der geschichtlichen Situation abhängige Größe ist. Es entstand eine neue philosophische Strömung, der *Historizismus* oder auch *Historismus*. Die auch heute noch zahlreichen Anhänger dieser Richtung behaupten, daß alles, was der Mensch für gut und wahr hält, vollkommen abhängig sei von dem historischen Kontext, in dem er lebt. Jede Zeit hat ihre eigene Wahrheit und jede Epoche ihre spezifische Weltanschauung. Eine absolute und zeitlose Wahrheit gibt es ihrer Meinung nach nicht. Die Aufgabe der Philosophie kann somit keine andere sein, als die unterschiedlichen Weltanschauungen und Standpunkte, die von den Menschen im Laufe der Zeit entwickelt und vertreten wurden, zu registrieren, zu analysieren und eventuell zu interpretieren. Philosophie ist, wie Wilhelm Dilthey (1833–1911) sagte, *Weltanschauungslehre*.

Der Historismus ist eine Form des Relativismus. Er stellt den Wahrheitsanspruch der Philosophie ernsthaft auf die Probe, da sich nicht leugnen läßt, daß wesentliche Fragen in früheren Zeiten anders beurteilt wurden. Das Denken hängt nun einmal eng mit den sozialen, politischen und ökonomischen Verhältnissen zusammen. Es drängt sich die Frage auf, ob alles Wissen und jegliche Erkenntnis (auch die der Logik und Mathematik) ausschließlich durch den Kontext der jeweiligen historischen Situation bedingt werden.

Im Vergleich zu anderen europäischen Ländern waren die sozialökonomischen und politischen Verhältnisse in Deutschland gegen Ende des achtzehnten und zu Beginn des neunzehnten Jahrhunderts sehr rückständig. Die überwiegend ländliche Bevölkerung sträubte sich gegen jede Form der Veränderung. Demokratie war ein Fremdwort, und die Industrialisierung steckte noch in den Kinderschuhen. Die Ursache dieser Rückschrittlichkeit lag darin, daß Deutschland in über dreihundert Kleinstaaten und Bistümer zersplittert war, die eine relative Autono-

Porträt von Goethe. Stich von L.G. Sichling nach einem Original des Porzellanmalers J. L. Sebbers (1826).

mie besaßen und in der Regel von erzkonservativen Herrschern regiert wurden. Dennoch gehört die Zeit zwischen 1781, dem Erscheinungsjahr von Kants *Kritik der reinen Vernunft*, und 1831, dem Todesjahr Hegels, zu den fruchtbarsten Jahren der Philosophie, der Literatur und der Musik. Es war die Zeit der Dichterfürsten Goethe und Schiller und des musikalischen Genies Mozart – und die des spekulativen Idealismus, dessen wichtigste Vertreter Fichte, Schelling und Hegel waren.

Romantik

Um 1800 hatte sich Jena zu einem bedeutenden kulturellen und geistigen Zentrum entwickelt. Es war die Stadt, in der Fichte seine philosophischen Vorlesungen über den Freiheitsbegriff hielt und Schelling seine Philosophie der Natur entwickelte. Auch Hegel war in Jena tätig und schrieb hier seine *Phänomenologie des Geistes* (1807), in der er versuchte, die Ereignisse seiner Zeit in einem philosophischen System zu erfassen. Er sprach von einer Zeit der Geburt und

Kein anderer Maler des 19. Jahrhunderts verstand es, das romantische Naturempfinden in seinen Landschaftsbildern so authentisch auszudrücken wie Caspar David Friedrich (um 1830).

Die Universität von Halle, an der Christian Thomasius und Christian Wolff im 18. Jahrhundert Philosophie unterrichteten, erhielt im 19. Jahrhundert ein neues Hauptgebäude. Ebenso wie in Göttingen, war das Klima an dieser Universität vom Geist des Pietismus und der Aufklärung geprägt.

des Übergangs zu einer neuen Epoche. Die Französische Revolution war Vergangenheit, nachdem sich Napoleon 1804 zum Kaiser gekrönt und den *Code Civil* verabschiedet hatte. Ebenfalls in diesem Jahr starb Kant im Alter von achtzig Jahren. Fast alle Philosophen versuchten, sein philosophisches System neu zu formulieren. Im Mittelpunkt des Denkens standen das Problem der Freiheit und die Frage nach dem *Ding an sich*.

Der Rationalismus der Aufklärung mit seinem Hang zu Ordnung und Regelmäßigkeit, seiner Vorliebe für exakte Analysen und ausgeklügelte Klassifizierungssysteme und seiner Begeisterung für Effizienz, Objektivität und mechanische Denkmodelle büßte seine Faszination ein. Er mußte der Romantik weichen, die eine ganz andere und neue Qualität des Denkens und Empfindens zum Ausdruck brachte. Schönheit, Gefühl und Subjektivität, vor allem jedoch der Begriff der Freiheit, waren die wesentlichen Elemente des romantischen Denkens. Synthese und System erhielten erneut einen hohen Stellenwert. Charakteristisch für diese neue Strömung war auch die Neigung zum Fragmentarischen und die Ergriffenheit von der allumfassenden Totalität der Unendlichkeit. Die Mythologie wurde neu belebt, und viele sahen ihr Ideal in einer Synthese von Dichtung und Philosophie.

Friedrich Schlegel vertrat eine Philosophie in fragmentarischer Form. Friedrich Schleiermacher (1768–1834) veröffentlichte in Berlin seine Ausführungen zur Religion. Novalis (1772–1801), der nicht nur ein großer Dichter, sondern auch ein Denker von Format war, schrieb seine *Hymnen an die Nacht* und zeichnete in *Die Christenheit oder Europa* ein Idealbild des Mittelalters, während Hölderlin und Hegel die griechische Antike verherrlichten.

Mit der Schlacht bei Jena im Jahre 1806, in der Napoleon die preußische Armee besiegte, verlor Jena seine Bedeutung als kulturelles Zentrum. An seine Stelle trat Berlin, wo 1809, nicht zuletzt auf Betreiben Fichtes und Wilhelm von Humboldts, eine neue Universität gegründet wurde. Ihr erster Rektor war Fichte, der dort bis zu seinem Tod im Jahr 1814 lehrte. Einige Jahre später wurde Hegel, dessen Vorlesungen einen enormen Zulauf hatten, zum Nachfolger Fichtes berufen. Die liberalen Reformen von 1811 und die preußische Kulturpolitik ließen Berlin in relativ kurzer Zeit zu einem neuen und bedeutenden Zentrum werden, das viele Philosophen von Rang und Namen anzog. In den zwanziger und dreißiger Jahren waren darunter neben anderen Kierkegaard und Stirner, Feuerbach, Marx und Clausewitz, der Verfasser des *Vom Kriege*, sowie Cousin, der spätere französische Erziehungsminister, der das hegelianische Denken in Frankreich einführte, und der Historiker Ranke.

Fichte

1792 machte sich der damals dreißigjährige Johann Gottlieb Fichte auf den Weg nach Königsberg, um Kant einen Besuch abzustatten. Um dem großen Meister einen ersten Eindruck zu vermitteln, hatte er einen Text geschrieben, der den Titel *Versuch einer Kritik aller Offenbarung* trug. Kant las das Manuskript, zeigte sich sehr angetan und setzte sich dafür ein, daß es gedruckt wurde. Da das Buch ohne Deckblatt und ohne Angabe des Verfassers erschien, war man allgemein der Meinung, daß es sich um die lang erwartete vierte *Kritik* von Kant handelte. Als dieser jedoch bekanntgab, daß nicht er, sondern ein gewisser Fichte der Autor sei, wurde dieser mit einem Schlag berühmt und erhielt einen Ruf an die Universität Jena. 1799 bekam der nicht immer bequeme Fichte jedoch Schwierigkeiten – man beschuldigte ihn des Atheismus. Obwohl sich Fichte gegen diesen Vorwurf heftig zur Wehr setzte, mußte er das Feld räumen. Der wahre Grund für seine Entlassung war jedoch, wie er selbst meinte, nicht etwa sein vermeintlicher Atheismus, sondern sein Plädoyer für die

Demokratie. «Gott steht nicht auf seiten der Fürsten», sagte er. Fichte ging nach Berlin, wo er 1810 zum Hochschullehrer und einige Jahre später zum Rektor berufen wurde. Er starb 1814.

Anfangs betont Fichte, nichts anderes zu wollen, als die Philosophie Kants nochmals zu begründen und zu verdeutlichen. Bei Kant waren, wie er meinte, noch einige Dinge unklar geblieben und nicht radikal genug zu Ende gedacht worden. Dazu gehörten für ihn der Gegensatz und selbst die Trennung zwischen der theoretischen und der praktischen Vernunft, das transzendentale und das moralische Subjekt, das Phänomenale und das Noumenale und der Begriff der Freiheit und ihre Verwirklichung. Da für Fichte die Einheitlichkeit das wesentliche Merkmal der Philosophie war, ging es ihm darum, diese Gegensätze miteinander zu versöhnen. Die Mängel der philosophischen Lehre Kants waren seiner Meinung nach primär dadurch bedingt, daß Kant nicht zum Wesen des Wissens vorgedrungen war.

Was ist Wissen? Dies ist die Kernfrage, der sich die Philosophie zu stellen hat. Für Fichte fiel sie, zumindest partiell, mit der Frage des Bewußtseins und Selbstbewußtseins zusammen.

Wenn man den Blick auf sein eigenes Inneres richtet, so Fichte, wird man entdecken, daß man ein Wissen über sich selbst und über das hat, was außerhalb des eigenen Ichs existiert. Mit Hilfe einer komplizierten Dialektik von These, Antithese und Synthese, die keine theoretische Angelegenheit ist, da sie der einzelne für sich selbst vollziehen muß, kann man die Grundstruktur des Wissens erfassen. Einigermaßen reduziert und vereinfacht läuft dieser Ansatz auf folgendes hinaus: Jedes Wissen ist jederzeit und notwendigerweise ein Wissen von etwas. Der Inhalt des Wissens oder das Objekt des Bewußtseins ist passiv, da es gewußt wird. Es setzt eine aktive, wissende Instanz voraus. Auch diese Instanz kann gewußt oder gekannt werden, was jedoch wiederum eine wissende Instanz voraussetzt, die ihrerseits niemals zum Objekt des Wissens und Erkennens werden kann, sondern in allem Wissen und in jeglicher Erkenntnis vorausgesetzt wird.

Diese Instanz nennt Fichte das Ich. Dieses Ich ist nicht etwas, es ist keine Substanz und kein Objekt, sondern ausschließlich Tat, Aktivität, *Tathandlung*. Diese Tat ist der notwendige Grund alles Bestehenden. «Im Anfang war die Tat», so brachte Goethe die Philosophie Fichtes auf den Punkt. In dieser Tat, deren Charakteristikum die Freiheit ist, *setzt* das Subjekt sich selbst, und damit gleichzeitig auch das Nicht-Ich. Das Nicht-Ich ist das, was gewußt wird, das Objekt des Bewußtseins. Es kann kein Objekt geben, das nicht auf die eine oder andere Weise von einem denkenden Subjekt gewußt würde.

Für Fichte liegt hierin das Wesen des Idealismus, der für ihn gleichbedeutend mit der Philosophie der

Fichte, der Philosoph des Ich und der Freiheit.

Freiheit ist. Er unterscheidet in der Philosophie den Dogmatismus, der sich weigert, die Problematik des Wissens radikal zu durchdenken, und den Idealismus, der den Mut hat, das Denken bis zum Äußersten zu treiben. Für welches der beiden Systeme man sich entscheidet, hängt vom «innersten Charakter» des jeweiligen Individuums ab. Fichte fügt hinzu, daß der Idealismus wohl wenig Anhänger unter denjenigen finden wird, die ihre Karriere bereits gemacht haben, sondern seine Hoffnung auf eine jüngere Generation richten muß.

Es liegt auf der Hand, daß diese äußerst spekulative Philosophie, die das Ich und das Wissen als Tat denkt, in erster Linie eine praktische und ethische Dimension hat. Fichte lag nicht daran, Wirklichkeit bloß zu beschreiben, er wollte sie verwirklichen. Einen hohen Stellenwert erhält dabei die Erziehung zu einem entschlossenen sittlich-moralischen und politischen Handeln. Von daher hat der Philosoph, der für Fichte «Erzieher der Menschheit und Priester der Wahrheit» ist, einen ethischen Auftrag. In seinen Vorlesungen über die *Bestimmung des Menschen* (1800) erklärt er das sittliche Handeln zum eigentlichen Ziel allen Wissens.

Später wird Fichte nicht mehr vom Ich, sondern eher vom Absoluten oder von Gott sprechen. Obwohl eine Hinwendung zur Mystik nicht zu übersehen ist, hält er an der prinzipiellen Einheit der theoretischen und praktischen Vernunft fest.

Im Winter 1807/1808, als französische Truppen Berlin besetzten, hielt Fichte seine berühmten *Reden an die deutsche Nation*. Er spricht hier explizit von der moralischen, kulturellen und politischen Mission Deutschlands, das zwar, wie er sagt, noch nicht besteht, sondern noch gegründet werden muß. Fichte, dem ein stark ausgeprägter Nationalismus nicht fremd war, postuliert hier ganz unumwunden die Überlegenheit des deutschen Volkes und der deutschen Sprache. Man darf jedoch nicht vergessen, daß dieser Nationalismus bei Fichte mit hohen ethischen Normen und sittlichen Idealen verknüpft ist.

Ein Fotoporträt von Schelling, das 1850 in Erlangen gemacht wurde.

Friedrich Wilhelm Joseph von Schelling wurde 1775 im württembergischen Leonberg geboren. Er galt als Wunderkind; bereits im Alter von zwölf Jahren konnte er fließend griechische und lateinische Texte lesen und verstand einige östliche Sprachen. Als er fünfzehn war, wurde er trotz satzungsmäßiger Widrigkeiten in das Tübinger Stift aufgenommen, wo er ein Theologiestudium begann. Hier entwickelte er eine enge Freundschaft zu dem fünf Jahre älteren Hegel und Hölderlin, mit denen er dasselbe Zimmer teilte. Neben dem gemeinsamen Interesse für die Philosophie Kants verband die drei eine nostalgische Schwärmerei für die griechische Antike und ihr Widerstand gegen die in Tübingen gelehrte Theologie, in der ständig über das Sündhafte und Böse gesprochen wurde, während sie glaubten, daß der Mensch prinzipiell gut sei. 1793 kommt es zu einer ersten Begegnung mit Fichte, der Schelling nachdrücklich beeindruckte. Er nimmt ein Studium an der Universität Jena auf und wird dort mit dreiundzwanzig Jahren, vor allem auf Empfehlung Goethes, zum Hochschullehrer berufen. In Jena lernte Schelling die großen Romantiker seiner Zeit kennen, unter anderem die Brüder August und Friedrich Schlegel (1767–1845 bzw. 1772–1829), die Frau August Schlegels, Caroline, die eine der faszinierendsten Persönlichkeiten des Jenaer Kreises war, sowie Novalis und Schubert. Zudem pflegt er einen intensiven Gedankenaustausch mit Schiller und Goethe. 1803 heiratet Schelling Caroline, die sich von August Schlegel getrennt hatte. Da diese Eheschließung sehr viel Staub aufwirbelte, fühlte sich das Paar genötigt, Jena zu verlassen. Sie gingen nach Würzburg. Viel Zeit war den beiden nicht vergönnt, denn 1809 stirbt Caroline. Seit 1807 hatte Schelling jeglichen Kontakt zu Hegel abgebrochen, weil er sich durch einige Passagen aus der *Phänomenologie des Geistes* persönlich angegriffen fühlte. 1809 veröffentlicht er seine *Philosophischen Untersuchungen über das Wesen der menschlichen Freiheit*, die sogenannte «Freiheitsschrift», die zu einem der wichtigsten Texte des deutschen Idealismus wird. In der Folgezeit war er literarisch zwar noch sehr produktiv, veröffentlichte aber so gut wie nichts mehr. 1841, zehn Jahre nach dem Tod Hegels, wird er als Nachfolger auf dessen Lehrstuhl nach Berlin berufen, um den «Drachenstaat des hegelianischen Pantheismus» zu bekämpfen. Unter seinen Hörern befinden sich Kierkegaard und Engels. Viel Erfolg war Schelling in Berlin nicht beschieden, vor allem, weil er nicht verstand, was in jenen Tagen auf dem Spiel stand. Mit der Revolution von 1848 endete seine Lehrtätigkeit. Schelling starb 1854 in Bad Ragaz, in der Schweiz.

Schelling

Es ist Usus, die Philosophie Schellings in verschiedene Phasen einzuteilen, die nicht ohne weiteres miteinander in Einklang zu bringen sind. Dennoch gibt es zentrale Begriffe wie Natur, Kunst, Freiheit, Mythologie, Religion und Offenbarung, die als Konstanten in allen Phasen seines Schaffens wiederkehren.

Die ersten Schriften Schellings tragen deutlich den Stempel der Philosophie Fichtes. Besonders sichtbar wird dieser Einfluß an dem Titel eines Werkes, das er im Alter von zwanzig Jahren publizierte: *Vom Ich als Prinzip der Philosophie*. Von Anfang an ist jedoch auch ein wesentlicher Unterschied erkennbar. Während Fichte seinen Ausgangspunkt im Ich oder Subjekt ansiedelt, neigt Schelling eher dazu, von einer Totalität auszugehen, in der Subjekt und Objekt noch eine Einheit bilden. Die Totalität, die der Differenzierung von Ich und Nicht-Ich vorangeht, bezeichnet Schelling in Anlehnung an Spinoza als die Natur. In seinen *Ideen zur Philosophie der Natur* (1797) entwirft er ein Modell, in dem er einen Unterschied macht zwischen der empirisch gegebenen Natur, die als ein einziger großer Organismus die Naturwissenschaft beschäftigt, und der Natur als Urprinzip oder Urenergie, die zum Gegenstand der Disziplin wird, die Schelling als *spekulative Physik* bezeichnete.

Die Urenergie geht allen Differenzierungen voraus, während sie gleichzeitig die Quelle jeglicher Unterscheidung ist. Schelling spricht vom Ur-Einen oder der reinen Indifferenz. Hier gibt es noch keinen Unterschied zwischen Gott und der Welt, zwischen Notwendigkeit und Freiheit, Bewußtem und Unbewußtem, Subjekt und Objekt, hier und dort, früher oder später. «Ur-sein ist Wollen» lautet der Grundgedanke Schellings, da er die Natur von einem Ur-Willen zur Differenzierung durchzogen sieht und alle Unterscheidungen als das Produkt dieses Willens begreift. Dieses Wollen ist jedoch noch kein inhaltliches Wollen, weder etwas, das will, noch etwas, das gewollt wird.

Fichte hat auf diesen Entwurf mit der Bemerkung reagiert, daß man niemals zu einem Unterschied kommen könne, wenn man von der Einheit von Subjekt und Objekt ausgehe, und er fügte hinzu, daß jede Naturphilosophie letztlich in *Schwärmerei* ausarte. Ähnlich äußerte sich Hegel. Er bezeichnete das Ur-Eine Schellings als die Nacht, in der alle «Kühe» grau sind, als Naivität, die von einem völligen Mangel an Erkenntnis zeuge. Die Schwierigkeit, von einer ursprünglichen Einheit zu sprechen, liegt darin, daß damit bereits ein Unterschied zwischen einem sprechenden oder erkennenden Subjekt und dem besprochenen oder erkannten Objekt vorausgesetzt wird.

Schelling hat auf solche Einwände erwidert, daß er nicht von einem Ur-Einen oder Nicht-Differenzierten ausgehe, sondern daß der Unterschied zwischen Subjekt und Objekt eine ursprünglichere Identität voraussetze. Diese kann natürlich niemals ein Objekt des Denkens sein, weil damit bereits ein Unterschied zwischen Objekt und Subjekt gemacht wäre. Das Ur-Eine ist jedoch in einer «geistigen Anschauung» gegeben.

Zu den immer wiederkehrenden Themen Schellings gehört auch die Kunst, mit der sich der deutsche Idealismus seit Kant und seiner *Kritik der Urteilskraft* immer wieder auseinandersetzt. Für Schelling stellt die Kunst eine Einheit von Natur und Freiheit dar, von Unabhängigkeit und Kreativität, von bewußter und unbewußter Tätigkeit. Der Künstler weiß niemals genau, was er tut, und hat zu keiner Zeit die vollkommene Herrschaft über das Produkt seines Schaffens. Gleiches gilt für denjenigen, der sich dem Genuß eines Kunstwerkes hingibt. Auch er ist sich der Wirkung eines Kunstwerkes nie im vollen Umfang bewußt. Kunst ist «das Organon der Wahrheit», das heißt, sie ist der Raum, in dem der Mensch Subjektivität, Selbstbewußtsein und Freiheit erlangen kann, indem er sich in dem Kunstwerk objektiviert und erkennt.

Freiheit ist für Schelling nicht ohne weiteres gegeben, sondern sie steht am Ende eines langen und komplizierten Befreiungsprozesses. Dieser Prozeß ist identisch mit der Geschichte des Selbstbewußtseins und der Menschwerdung. Die Frage, wie der Mensch innerhalb der Totalität als freies und selbstbewußtes, als sprechendes und denkendes, erkennendes und handelndes Subjekt entsteht, hat Schelling sein Leben lang beschäftigt. Wo es um die Freiheit geht, tun sich zwei schwierige Fragen auf: Die Existenz des Bösen und die Harmonisierung von System und Freiheit. Wenn alles in dem umfassenden Ganzen einen Existenzgrund hat, wie kann es dann noch das Böse geben? Und wenn alles mit allem zusammenhängt und jedes einzelne Seiende ebenso wie jedes Ereignis mit der Gesamtheit des Seienden und allen anderen Ereignissen verknüpft ist, wie kann es dann noch Freiheit geben?

In seiner Schrift *Philosophische Untersuchungen über das Wesen der menschlichen Freiheit* (1809) versucht Schelling diesen Fragen auf die Spur zu kommen. Er hält zwar an der These Kants fest, daß das Böse letztlich unbegreiflich ist, versucht jedoch, die Möglichkeit des Bösen auf einen Urgrund zurückzuführen, der jeder Form der Differenzierung und somit auch der Unterscheidung zwischen Gut und Böse, Gott und Schöpfung, Freiheit und Unfreiheit vorausgeht. Dieser Urgrund ist gleichbedeutend mit dem undifferenzierten Wollen, das jeder Unterscheidung zugrunde liegt.

Beim späteren Schelling wird die Mythologie zu einem der zentralen Themen. Die zeitgenössische Auffassung interpretierte Mythen im allgemeinen entweder als ein Produkt der menschlichen Phantasie und somit als unwahr oder als eine Verhüllung von Wahrheiten und somit ebenfalls als unwahr; einen möglichen Wahrheitsgehalt konzedierte man ihnen nur dann, wenn sie die Wahrheit auf eine verborgene, allegorische oder metaphorische Weise ausdrückten. Diesem verbreiteten Verständnis setzt Schelling eine radikal andere Sichtweise entgegen. Er vertritt die These, daß Mythen niemals nur das Produkt menschlichen Denkens sein können, sondern daß das Bewußtsein des Menschen vielmehr das Produkt von Mythen ist. Mythen sind weder die Verhüllungen einer vorab gesetzten Wahrheit, noch dürfen sie als Allegorien oder Metaphern verstanden werden, sondern sie sind ihrem Wesen nach *tautologisch*. Sie sagen, was sie sagen, und damit sind sie weder wahr noch unwahr, sondern machen das, was wir Wahrheit nennen, erst möglich.

In ähnlicher Weise äußert sich Schelling auch zur Sprache und Religion. Der Ursprung der Religion kann nicht im Menschen selbst gesucht werden. Vielmehr ist der Mensch mit seinem konkreten Bewußtsein in und durch die Religion zu dem geworden, was er ist. Schelling beruft sich hier auf etwas, was in der Überlieferung als Offenbarung bezeichnet wird. Er begreift diese als *Theogonie*, das heißt, als das Werden Gottes, und als *Anthropogenie*, als das Werden des Menschen. Auch die Sprache kann nicht als eine Erfindung von Menschen gesehen werden, die bereits ein Bewußtsein ihres Menschseins besaßen, aber noch nicht der Sprache mächtig waren. Ohne Sprache kein Bewußtsein.

Lange Zeit wurde die Philosophie Schellings zusammen mit der Fichtes als eine Art Versatzstück zwischen Kant und Hegel verstanden. Fichte galt demnach als Vertreter eines *subjektiven* Idealismus, Schelling wurde einem *objektiven* Idealismus zugeordnet, während Hegel mit seinem *spekulativen* Idealismus die Versöhnung und Aufhebung dieser beiden gegensätzlichen Positionen vollzogen haben soll. Gegenwärtig hat man jedoch verstanden, daß sich vor allem der spätere Schelling Problemen zugewandt hat, für die bei Hegel kein Platz war.

Goethes Bibliothek in seinem Wohnhaus in Weimar.

Hegel

Porträtzeichnung von Wilhelm Hensel, die Hegel in seiner Berliner Zeit (1829) zeigt. Hegel schrieb dazu: «Unsere Erkenntnis muß zur Einsicht werden. Wer mich kennt, wird mich hier (wieder-)erkennen.»

Georg Wilhelm Friedrich Hegel wurde am 27. August 1770 in Stuttgart geboren. Von 1788 bis 1793 besuchte er das Tübinger Stift, wo er das übliche Programm – das heißt ein zweijähriges Philosophie- und ein dreijähriges Theologiestudium – absolvierte. Ab 1709 studierten dort auch Hölderlin und Schelling. Nach der Beendigung seines Studiums entschied sich Hegel gegen die kirchliche Laufbahn und wurde Hauslehrer, zunächst in Bern, später in Frankfurt. 1801 erhielt er auf Vermittlung Schellings eine Anstellung an der Universität Jena. Dort veröffentlichte er sein erstes Werk, in dem er sich mit den Unterschieden zwischen der Philosophie Schellings und Fichtes auseinandersetzte. Mit letzterem gab er die Zeitschrift *Kritisches Journal für Philosophie* heraus. In Jena entstand auch seine 1807 erschienene *Phänomenologie des Geistes*.

Als Napoleon 1806 in der Schlacht bei Jena die preußische Armee besiegte und die Stadt in die Hände plündernder Soldaten fiel, verließ Hegel die Universität und verdiente sich seinen Lebensunterhalt eine Zeitlang als Redakteur der *Bamberger Zeitung*. 1808 wurde er zum Rektor des Nürnberger Gymnasiums ernannt. Dort begann er seine Arbeit an der *Wissenschaft der Logik*. 1811 heiratete er die zwanzig Jahre jüngere Maria von Tucher, mit der er drei Kinder hatte. 1816 erhielt Hegel eine Professur in Heidelberg und wurde zwei Jahre später auf den Lehrstuhl Fichtes der 1809 gegründeten Universität von Berlin berufen.

Dort feierte Hegel seine Triumphe. Sein Ruhm verbreitete sich weit über die Grenzen seines Landes hinaus, man nannte ihn «den Professor aller Professoren». Vor einer großen Hörerschaft hielt er Vorlesungen zur Geschichte und Philosophie, zur Kunst, Religion und zum Recht. Auf dem Höhepunkt seines Ruhms starb Hegel nach einer kurzen Krankheit unerwartet am 14. November 1831. Fast unmittelbar nach seinem Tod entbrannte unter seinen Schülern eine Diskussion über die Bedeutung seiner Philosophie. Die hegelianische Schule spaltete sich in zwei Richtungen: in die konservativen Rechts-Hegelianer und in die progressiven Links- oder Junghegelianer, zu denen Feuerbach und später auch Karl Marx gehörten.

Zu Anfang konzentrierte sich das Interesse Hegels vor allem auf theologische und ethisch-politische Fragen. Mit der Zeit kam er jedoch zu der Überzeugung, daß die eigentliche Aufgabe der Philosophie darin bestehe, die Wirklichkeit als solche zu begreifen. Hegel war davon überzeugt, daß die Wirklichkeit sowohl in ihrer Gesamtheit als auch in all ihren Teilaspekten vernünftig ist und sich von daher auch einem vernünftigen Denken erschließt. «Was wirklich ist, ist vernünftig, und was vernünftig ist, ist wirklich», schreibt er.

Das System

Die Wirklichkeit ist ein System, in dem alles mit allem zusammenhängt, in dem alles, was war, was ist und was sein wird, seinen spezifischen und notwendigen Platz hat. Die letztliche Wahrheit, das heißt die totale Wirklichkeit in ihrem Gesamtzusammenhang, ist deckungsgleich mit diesem System. Diese Wahrheit steht allerdings nicht am Anfang, sondern am Ende, da der Weg zur Wahrheit ein unveräußerlicher Teil der Wahrheit selbst ist. Aus der Perspektive des Ganzen betrachtet, sind Anfang und Ende für Hegel ein und dasselbe.

Wesentlich für die gesamte Wirklichkeit ist, daß sie gekannt und begriffen wird. Dieses Kennen und Begreifen ist ein Teil der Wirklichkeit. Die gesamte Wirklichkeit realisiert sich sowohl in ihrem einfachen Da-Sein als auch dadurch, daß sie in dem Entwicklungsprozeß einer langen Geschichte umfassend begriffen wird. Auch diese Entwicklung und Geschichte sind Teil des Systems. Letztlich ist die Totalität alles Bestehenden für sich selbst einsichtig geworden, und zwar in einem Subjekt, das die Totalität begreift und sich selbst in dieser Totalität wiedererkennt. Dieses Subjekt ist eine permanente Bewegung, die sich nicht außerhalb des Systems vollzieht, sondern wesentlich zu ihm gehört. Subjekt und System sind letztlich sogar identisch. Bei allem, so Hegel, kommt es darauf an, die Wahrheit oder das System nicht nur als Substanz, sondern im gleichen Maße als Subjekt aufzufassen.

Die Phänomenologie des Geistes

Hegels erstes großes Werk, *Phänomenologie des Geistes*, ist die Erklärung (*logos*) für das «Erscheinen» (*phainomai*) des Geistes. «Erscheinen» ist hier ein anderes Wort für «sein», das hier jedoch als Entfaltung und Manifestation des Bestehenden verstanden wird. Den Begriff «Geist» hat Hegel der Religion entlehnt; er meint das prinzipiell und vollkommen einsichtige Ganze. Man darf sich diese «Erscheinung» jedoch nicht als ein plötzliches Auf-

Die wahre Gestalt, in welcher die Wahrheit existiert, kann allein das wissenschaftliche System derselben sein. Daran mitzuarbeiten, daß die Philosophie der Form der Wissenschaft näher komme, – dem Ziele, ihren Namen der *Liebe zum Wissen* ablegen zu können und *wirkliches Wissen* zu sein –, ist es, was ich mir vorgesetzt. Die innere Notwendigkeit, daß das Wissen Wissenschaft sei, liegt in seiner Natur, und die befriedigende Erklärung hierüber ist allein die Darstellung der Philosophie selbst. Die *äußere* Notwendigkeit aber, insofern sie, abgesehen von der Zufälligkeit der Person und der individuellen Veranlassungen, auf eine allgemeine Weise gefaßt wird, ist dasselbe, was die *innere,* in der Gestalt nämlich, wie die Zeit das Dasein ihrer Momente vorstellt. Daß die Erhebung der Philosophie zur Wissenschaft an der Zeit ist, dies aufzuzeigen würde daher die einzig wahre Rechtfertigung der Versuche sein, die diesen Zweck haben, weil sie dessen Notwendigkeit dartun, ja sie ihn zugleich ausführen würde.

Aus: Hegel, *Phänomenologie des Geistes. Vorrede*

tauchen vorstellen. Hegel erklärt in seinem Werk, wie sich die Erscheinung des Geistes vollzieht. Der Geist manifestiert sich auf eine rationale prozeßhafte Weise, in deren Verlauf er einzelne Stadien notwendiger Seinsweisen durchschreitet. Dies bedeutet, daß die Wirklichkeit mit all ihren ethischen und politischen, sozialen und religiösen Entwicklungen begriffen werden kann.

Der Mensch ist in diesem Prozeß der große Vermittler, der sich durch «Erfahrung» die Totalität erschließt. Von daher hätte Hegel seine *Phänomenologie des Geistes* auch die Wissenschaft von der Erfahrung des Bewußtseins nennen können. «Erfahrung» muß hier dann auch in einem weitgefaßten Sinn verstanden werden. Zunächst bedeutet sie einfach die Wahrnehmung der Dinge. Es gehört aber auch zur menschlichen Erfahrung, daß der Mensch die Grenzen der bloßen Wahrnehmung aufhebt, wenn er ein Urteil ausspricht. Zudem besitzt der Mensch eine Erfahrung von sich selbst.

Unter Erfahrung versteht Hegel auch all das, was der Menschheit im Laufe ihrer Geschichte widerfährt. Zu einer Erfahrung gehören beispielsweise die Kreuzzüge oder auch die Einsicht, daß man Christus nicht draußen in der Welt, sondern vielmehr in seinem eigenen Herzen suchen muß. So ist die gesamte Geschichte für Hegel nichts anderes als eine Reihe von Erfahrungen, die man auch als den Selbstfindungsprozeß der Menschheit bezeichnen könnte. Auch die Herausbildung der großen philosophischen Systeme, die je ihre eigene Zeit widerspiegeln sind Erfahrungen, durch die der Mensch Schritt für Schritt zur Einsicht kommt, wer er ist und wie es sich mit der Wirklichkeit verhält.

Hegel versucht, diese Erfahrungen zu begreifen, indem er sie als endliche und notwendige Momente eines einzigen großen und unendlichen Prozesses sieht. Es ist das Entstehen und Vergehen, das selbst nicht entsteht und vergeht, sondern an sich existiert und die Wirklichkeit beziehungsweise die Verwirklichung der Wahrheit darstellt. Es ist das «Erscheinen» des Geistes, der niemals ruht, sondern in eine ständig fortschreitende Bewegung eingebunden ist.

Logik

Während der Arbeit an seiner *Phänomenologie des Geistes* wird Hegel bewußt, daß sein eigentliches Interesse darauf abzielt, die Philosophie zur Vollendung zu bringen, indem er ihr die Form eines wissenschaftlichen Systems gibt. Es geht ihm darum, daß die Philosophie ihren Namen – Liebe zur Weisheit – ablegen kann und sich zu einer wirklichen Wissenschaft wandelt. In seiner Schrift *Die Wissenschaft der Logik* (1812–1816), mit der Hegel fast unmittelbar nach Abschluß der Phänomenologie begann, hat er dieses Vorhaben konkret umgesetzt.

In der *Logik* geht es erneut um die Analyse und Erklärung des Ganzen, wobei sich Hegel hier weniger auf die Erfahrung als auf das reine Denken beruft. Im Mittelpunkt der Hegelschen Logik steht der Versuch, die vorab gegebene Struktur der Totalität zu denken, bevor diese Wirklichkeit geworden ist. Allerdings existiert diese Struktur nicht losgelöst von der Realität, sondern ist letztlich das eigentliche und tiefste Wesen der Wirklichkeit selbst. Von daher fallen Logik und Metaphysik bei Hegel zusammen.

Im Zentrum seiner Logik steht das dialektische Verhältnis zwischen dem Endlichen und dem Unendlichen. Zu Anfang wird das Endliche dem Unendlichen als seine Negation gegenübergestellt. Andererseits realisiert sich das Unendliche nur im und durch das Endliche. Das wahre Unendliche ist die Einheit des Endlichen und Unendlichen.

Ein Gelehrter in seinem Arbeitsraum. Obwohl Philosophen den größten Teil ihres Lebens mit dem Lesen und Studieren verbringen, haben sie über diese Tätigkeiten selbst nur wenig nachgedacht.

Enzyklopädie

Der Logik folgte ein Werk, in dem Hegel unter dem Titel *Enzyklopädie der philosophischen Wissenschaften* (1817) den Versuch unternimmt, das gesamte Wissen zusammenzufassen. Mit dem Wort «Enzyklopädie» knüpft Hegel an den Sprachgebrauch seiner Zeit an. Die bekannteste der diversen «Enzyklopädien», die in der zweiten Hälfte des achtzehnten und in der ersten Hälfte des neunzehnten Jahrhunderts erschienen waren, war natürlich die «Encyclopédie» Diderots und d'Alemberts, die zwar ebenfalls eine integrale Zusammenfassung des Wissens gibt, aber den Charakter einer Aufzählung besitzt. Hegel hat mit seiner Enzyklopädie ein ganz anderes Ziel vor Augen: ihm geht es um eine Analyse des gesamten Wissens, dessen innere Zusammenhänge und prozeßhafte Entwicklung er darstellen möchte. Jedes Phänomen und jedes Geschehen besitzt hier seinen spezifischen und notwendigen Platz.

Hegels *Enzyklopädie* besteht aus drei Teilen: aus der Logik, der Philosophie der Natur und der Philosophie des Geistes. Der erste Teil, die Logik, ist annähernd auf dieselbe Weise aufgebaut wie sein großes *Logik*-Werk. Die Philosophie der Natur besteht aus den drei Kapiteln zur Mechanik, zur Physik und zum Organischen, das die sogenannten «Geisteswissenschaften» zum Gegenstand hat – ein Ausdruck, der sich seit Hegel eingebürgert hat.

Die Philosophie des Geistes ist wiederum in drei Teile untergliedert: in den subjektiven, den objektiven und den absoluten Geist. In seinen Gedanken über den *subjektiven Geist* setzt Hegel sich zunächst mit dem Menschen als Naturwesen auseinander; dann befaßt er sich mit dem Menschen als erkennendes und handelndes Wesen, das wesentlich durch sein Selbstbewußtsein und seine Freiheit charakterisiert wird. Diese Freiheit ist jedoch auf dieser Ebene noch keine wirkliche Freiheit, sondern nur eine rein innerliche und subjektive Befindlichkeit. Die Freiheit muß in einer Welt der gesellschaftlichen Ordnungssysteme erst noch verwirklicht werden. Diese Verwirklichung wird bei Hegel mit dem Begriff des *objektiven Geistes* umschrieben. Hier geht es um die Welt des Rechts, die zunächst außerhalb des Menschen steht, dann um die moralische Gesinnung, die sich aus der inneren Einstellung des Menschen ergibt, und zum Schluß um die Sittlichkeit, in der die Rechtsordnung und die innere Moralität miteinander verschmelzen. Diese sittliche Ordnung wird zum einen durch die Familie verkörpert, zum anderen durch die bürgerliche Gesellschaft und letztlich durch den Staat mit all seinen Institutionen. Für Hegel ist der Staat keineswegs das Produkt eines individuellen Egoismus, wie bei Hobbes, und er bedeutet nicht die Einschränkung der Freiheit wie bei Rousseau. Er ist vielmehr die notwendige Voraussetzung für die Freiheit und gleichzeitig deren höchste Verwirklichung.

Die Philosophie des Geistes findet ihren Höhepunkt und ihre Vollendung in dem *absoluten Geist*, der mit der letzten Wahrheit über die gesamte Wirklichkeit identisch ist. Hegel spricht hier zum einen von der Kunst, die für ihn die absolute Wahrheit auf der Ebene der äußeren Sinnlichkeit darstellt, und zum anderen von der Religion als der absoluten Wahrheit auf der Ebene der inneren Gegenwart. Die dritte und höchste Form des absoluten Geistes ist jedoch die Philosophie, die diese Wahrheit auf der Ebene der reinen Begrifflichkeit verkörpert.

Die *Enzyklopädie* schließt mit einem langen, griechischen Aristoteles-Zitat, in dem von der *noësis noeseos* die Rede ist, vom Wissen des Wissens. Es ist ein Wissen, das sich selbst und alles, was gewußt wird, vollkommen erkennt, begreift und durchschaut. Alles ist damit abgeschlossen, oder, wie Hegel sagt, die Philosophie ist wie das Universum in sich rund, es gibt kein Erstes und kein Letztes, alles bewegt sich in einem ewigen Kreislauf, in dem das Erste das Letzte und das Letzte gleichzeitig das Erste ist.

Geschichte

Man kann mit einer gewissen Berechtigung sagen, daß die Philosophie Hegels vor allem eine Philosophie der Geschichte ist. Mit Hilfe der historischen Analyse von Recht, Staat, Kunst, Religion und auch Philosophie will Hegel seine These von der fortschreitenden Selbstentfaltung des Geistes in der Zeit untermauern.

Hegel unterscheidet zwischen dem Reich der Natur und dem Reich des Geistes. Das erste ist die Domäne der Naturprozesse und das zweite die der Geschichte. Während in der Natur alles wie in der ewigen Bewegung von Ebbe und Flut immer wiederkehrt, verläuft die Geschichte nicht zyklisch; ihr Bewegungsprinzip ist der Fortschritt und eine Entwicklung, die spiralförmig nach oben führt.

Als ein Wesen, das Bedürfnisse hat und Verlangen kennt, begnügt sich der Mensch nicht mit der faktischen Wirklichkeit. Er besitzt die Fähigkeit, die bestehende Ordnung zu verneinen, und in dieser Negativität liegt das Wesen der Freiheit. Sie bildet den Kern der Dialektik der Geschichte. Während die Naturprozesse dem Gesetz einer unvermeidlichen Notwendigkeit unterworfen sind, verläuft die Geschichte – als der Herrschaftsbereich der Freiheit – dialektisch. Jede sinnliche Erscheinung impliziert ihr Gegenteil, These und Antithese gehören zwangsläufig zusammen und werden in einer Synthese in einem dreifachen Sinn aufgehoben: zum ersten aufgehoben im Sinne von beseitigen, zum zweiten in der Bedeutung von bewahren oder erhalten und drittens im Sinne von hinaufgehoben auf eine höhere Ebene.

So besitzt die Geschichte für Hegel eine rationale Struktur. Auf den ersten oberflächlichen Blick erscheint sie dem Betrachter als ein überwältigendes Schauspiel von unterschiedlichsten Völkern und Individuen, die kommen und gehen; von Leidenschaften und Zielen, die eifrig verfolgt werden und später wieder in Vergessenheit geraten. Der geschichtliche Prozeß erscheint wie eine sinnlose Verkettung von unermeßlichem Leid, tiefer Verzweiflung und immer wiederkehrender Hoffnung. Für den Philosophen verbirgt sich jedoch nach Meinung Hegels hinter all dem eine bestimmte Bedeutung. Die Geschichte ist die dialektische Verwirklichung des Geistes oder auch «der Fortschritt im Bewußtsein der Freiheit». Dreh- und Angelpunkt der Geschichtsphilosophie Hegels ist der einfache Gedanke, daß die Welt von der Vernunft beherrscht ist und die Geschichte von einem rationalen Prinzip bestimmt wird. Man kann sagen, daß sein gesamtes philosophisches System eine Ausarbeitung und Darstellung dieser grundlegenden Idee ist.

Auf der Bühne der Geschichte spielen die sogenannten historischen Einzelpersönlichkeiten eine wichtige Rolle. Als Beispiele nennt Hegel unter anderem Alexander den Großen, Julius Cäsar, Karl den Großen und Napoleon. Nun ist es sicherlich so, daß sich diese Menschen nicht unbedingt durch Vernünftigkeit auszeichneten. Aber trotz ihrer Unvernünftigkeit verwirklicht sich in diesen Menschen das Prinzip der Vernunft. Hegel spricht hier von der List der Vernunft. Trotz der oft wenig edlen Motive, die das menschliche Handeln bedingen, wird die Welt von der Vernunft regiert. Dies bedeutet nicht, daß das Böse nicht existent wäre und dem einzelnen nicht häufig großes Unrecht widerfahren würde, aber das Böse und das Leiden sind notwendige Manifestationen des Geistes. Letzten Endes urteilt die Geschichte über das, was gut oder böse ist. «Weltgeschichte ist Weltgericht.»

Kunst

In seinen Vorlesungen über die *Ästhetik* entfaltet Hegel eine allumfassende Theorie der Kunst. In der Kunst findet das Absolute durch perfekte Harmonie von Subjekt und Objekt seinen Ausdruck. Das Reich der Schönheit ist die erste Stufe, auf der sich der absolute Geist manifestiert.

Kunst erschöpft sich für Hegel nicht in einer Nachahmung der Natur, sondern sie schafft eine neue und höhere Wirklichkeit. Eine wichtige Rolle in diesem Prozeß spielt die Phantasie. Ihre Produkte haben für Hegel einen höheren Wert als die schlichte Nachahmung, Beschreibung oder Wiedergabe. In der Kunst geht es, so Hegel, um eine höhere, in und aus dem Geist geborene Wirklichkeit, die realer ist als die gewöhnliche Realität.

Das auffälligste Merkmal der Hegelschen Kunstphilosophie liegt darin, daß sie ihrem Charakter nach eine Geschichte der Kunst ist. Es liegt auf der Hand, daß diese Geschichte der Kunst eine Geschichte der Verinnerlichung, der Vergeistigung, der Befreiung und der Immaterialisierung ist. Während das Material für die Architektur eine entscheidende Rolle spielt, ist es in der Bildhauerkunst und Malerei schon weniger wichtig. In der Musik geht es nur noch um Klänge, die eine innere Betroffenheit auslösen. Die Literatur besteht nur aus Worten, die Allgemeingut sind und einen Verweischarakter besitzen. Mit der Dichtung hat die Kunst ihren Höhepunkt erreicht, auf dem sie mit der Philosophie verschmilzt. Die Poesie der Darstellung wird zur Prosa des Denkens.

Religion

Religion und Philosophie sind für Hegel keine Gegensätze, für ihn bringt die Philosophie die Religion auf einen Begriff. Religion und Philosophie beschäftigen sich beide mit dem Absoluten, dem Ewigen und Unendlichen, der Unterschied liegt nur darin, daß die Religion dies auf der Ebene der Darstellung tut, während sich die philosophische Auseinandersetzung auf der Ebene des Denkens bewegt.

In der Zeit Hegels waren zwei konträre Auffassungen zur Religion vorherrschend. Auf der einen Seite standen die Philosophen der Aufklärung, die eine Existenz Gottes entweder negierten oder ein göttliches Wesen so weit vom Menschen entfernt sahen, daß es nicht mehr als eine Hypothese zur Erklärung der mechanistisch begriffenen Wirklichkeit oder der moralischen Ordnung sein konnte. Auf der anderen Seite waren die Romantiker, unter anderem Jacobi und Schleiermacher, die von einer inneren und unmittelbaren Erfahrung des Heiligen sprachen. Hegel schließt sich keiner dieser beiden Auffassungen an. Obwohl er die Religion zweifellos als eine Angelegenheit des Herzens sieht, besitzt sie in seinen Augen auch eine rationale Struktur und kann von daher umfassend begriffen werden.

Die Religion hat eine Geschichte, die in ihrem Verlauf viele Parallelen mit der historischen Entwicklung des Staates und der Kunst hat. Hegel begreift diese Geschichte der Religion als eine ständig fortschreitende Loslösung von der sinnlichen Wahrnehmung hin zu einer Verinnerlichung und Vergeistigung. Am Ende dieser Entwicklung steht für Hegel das Christentum, in dem das Absolute seinen angemessensten Ausdruck findet.

Zusammengefaßt sagt Hegel dazu folgendes. In

dem Dogma der Dreifaltigkeit drückt sich die ewige, an sich bestehende, logische Struktur der Totalität aus. Die Schöpfung ist die Entäußerung des Göttlichen in die Wirklichkeit. Diese Schöpfung wird nicht als ein freier Willensakt begriffen, sondern Gott wird in und durch seine Schöpfung zu Gott. Ohne die Welt ist Gott nicht Gott, so Hegel.

In der Offenbarung wird sich Gott durch die fortschreitende Bewußtwerdung der Menschheit seiner selbst bewußt. In der zunehmenden menschlichen Erkenntnis von Gott, das heißt von dem Ganzen, erkennt Gott sich selbst, und in der Liebe des Menschen zu Gott liebt Gott sich selbst. Gott ist, als die Zeit gekommen war, Mensch geworden, er hat gelitten und ist gestorben. Gott stirbt, damit der Mensch göttlich wird und in das Reich der Freiheit eingehen kann. Hierin liegt für Hegel das Wesen der Erlösung. Die Unsterblichkeit der Seele oder das individuelle Weiterleben nach dem Tod scheint er zu negieren. Alles Endliche muß zwingend untergehen und verschwinden. Der endliche Mensch ist nur ein flüchtiger Moment im ewigen Geschehen der Wahrheit.

Philosophie

Für Hegel fällt das Studium der Philosophiegeschichte mit der Philosophie zusammen. Die Vertiefung in die Gedankenwelt früherer Philosophen ist keineswegs gleichbedeutend mit einer Auseinandersetzung über die Vergangenheit, sie führt vielmehr zu einer Erkenntnis der Gegenwart. Für Hegel sind in der aktuellen Philosophie alle vorangegangenen philosophischen Systeme aufgenommen und bewahrt. Wer wirklich begreifen will, was jetzt gedacht wird, wird alle Schritte, die in der Vergangenheit gemacht wurden, noch einmal nachvollziehen müssen.

Die Art und Weise, in der Hegel über die Geschichte der Philosophie spricht, steht in einem engen Zusammenhang mit seiner Auffassung über den Verlauf dieser Geschichte, der sich für ihn in einem dialektischen Prozeß vom Abstrakten zum zunehmend Konkreten vollzieht. Das bedeutet, daß alle Philosophen im Grunde Zeitgenossen sind, die in einem ununterbrochenen Dialog miteinander stehen, der sie zu einer gemeinsamen und verbindlichen Erkenntnis führt. Faktisch sind die verschiedenen Philosophen keine Zeitgenossen, sondern leben und denken im jeweiligen Kontext ihrer Zeit. Eine jede Philosophie bildet sich zu dem Zeitpunkt heraus, zu dem die Zeit reif für das jeweilige Denken ist. Die Wahrheit entfaltet sich in der Zeit.

Auch wenn Hegels Auffassung von der Geschichte der Philosophie bei weitem nicht von jedem geteilt wurde, ist sie zu einem sehr wesentlichen Element der Philosophie geworden.

Von Schopenhauer

Arthur Schopenhauer wurde 1788 in Danzig geboren. Sein Vater war ein wohlhabender Bankier und hatte den großen Wunsch, sein Sohn möge einmal sein Geschäft übernehmen. Seine Mutter Johanna, zu der er ein außerordentlich schlechtes Verhältnis hatte, war eine verdiente Autorin von Romanen und Novellen.

Nach dem Selbstmord seines Vaters 1805 begann Schopenhauer sein Studium der Philosophie und beschäftigte sich insbesondere mit Platon und Kant. 1813 promovierte er in Jena über *Die vierfache Wurzel des Satzes vom zureichenden Grunde*, worin er, wie viele seiner Zeitgenossen, Kants Grundthesen neu zu formulieren suchte. In Weimar hatte er Kontakt zu Goethe und traf den Orientalisten Friedrich Mayer, der ihn mit dem Buddhismus und Hinduismus vertraut machte. Neben Kant hat diese östliche Weisheit sein Denken nachhaltig bestimmt.

1819 erschien Schopenhauers Hauptwerk, *Die Welt als Wille und Vorstellung*, dem er später verschiedene Nachträge zufügte. Im Jahr darauf wurde er Dozent an der Universität von Berlin, konnte dort aber nicht Fuß fassen: zu heftig waren seine Ausfälle gegen den spekulativen Idealismus, und seine Seminare, die auf eigenen ausdrücklichen Wunsch zur selben Zeit wie die überfüllten Veranstaltungen von Hegel stattfanden, wurden nur von wenigen Hörern besucht. Er zog nach Italien, kehrte aber später nach Berlin zurück. 1831 verließ er Berlin endgültig und ließ sich in Frankfurt nieder, wo er 1860 starb.

Ein Selbstportrait Schopenhauers, Skizze in einem der Bücher aus seiner Bibliothek. Seine Philosophie, so Schopenhauer, frage nicht danach, woher die Welt komme, noch wozu sie diene – wie alle seine Vorgänger gefragt hätten –, sondern allein, was die Welt sei.

Schopenhauers Hauptwerk

bis Kierkegaard

Schopenhauer

Wird die Leibnizsche Philosophie aufgrund ihrer Theorie über die beste aller möglichen Welten auch metaphysischer Optimismus genannt, so ist die Philosophie Schopenhauers ein metaphysischer Pessimismus. Für Schopenhauer ist diese Welt die schlechteste aller möglichen Welten, da sie nicht, wie Leibniz meinte, vom Verstand regiert wird, sondern von einem blinden Willen. Alles, was existiert, ist eine Erscheinungsform dieses Willens.

Nun ist es eine charakteristische Eigenschaft des Menschen, so Schopenhauer in seiner Dissertation, immer nach einem Grund zu fragen. Schopenhauer unterscheidet vier verschiedene Arten von Gründen oder Warum-Fragen, die sich auf vier verschiedene Gebiete der von uns vorgestellten Wirklichkeit beziehen: die Frage nach der Ursache der wahrnehmbaren Erscheinungen, die nach der Herkunft unserer Urteile und Einsichten, die nach der Erklärung der Zeit-Raum-Verhältnisse und die nach dem Motiv unseres Handelns. Die Frage nach dem Warum bezieht sich niemals auf das wahre Wesen der Wirklichkeit, das Kant das «Ding an sich» nannte, sondern allein auf die Wirklichkeit, wie sie uns erscheint.

In seinem Werk *Die Welt als Wille und Vorstellung* sucht Schopenhauer nach dem wahren Wesen der Wirklichkeit. Er kommt dabei zu dem Schluß, daß das, was wir gewöhnlich die Wirklichkeit oder die Welt nennen, nur unsere subjektive Vorstellung und schließlich selbst nichts anderes als Schein ist. Unsere Wahrnehmung und unsere Erkenntnisfähigkeit bleiben immer und notwendigerweise in subjektiven Vorstellungen befangen, die sich wie ein Gespinst von Illusionen, wie der Schleier der Maya aus der indischen Philosophie, über die Wirklichkeit legen. Die wahre Wirklichkeit jedoch ist Wille: kein redlicher und zielgerichteter Wille, sondern ein blinder, sinnloser und unersättlicher Drang, sich selbst zu behaupten, zu objektivieren und zu realisieren. Diesen Willen, so Schopenhauer, erfahren wir unmittelbar in unserem eigenen Körper. Einer nicht ganz nachvollziehbaren Verallgemeinerung zufolge ist dieser Wille der Grundzug der gesamten Wirklichkeit, sowohl der Natur als auch der Kultur. Zugleich ist er die Quelle endlosen Leidens, das Schopenhauer in verschiedensten Formen beschreibt. Die ganze Welt ist ein «Krieg aller gegen alle», ein Kreislauf von Fressen und Gefressen-Werden, Jagen und Gejagt-Werden, Quälen und Gequält-Werden. Die Welt ist eine Hölle.

Gibt es einen Ausweg? Selbstmord kann keine Lösung sein, denn er wäre nur eine Fortschreibung des Willens. Eine mögliche Lösung sieht Schopenhauer in einer Art Flucht aus der Welt, einer Entsagung oder Verneinung des Willens. Wie schon an anderer Stelle, so schließt er sich auch hier, wie er sagt, der östlichen Weisheit an. Ein asketischer Lebenswandel bietet die höchste Form der Erlösung. Einen anderen Ausweg sieht er in der Kunst. Die Kunst bietet dem Menschen die Möglichkeit, sich von seinen individuellen Interessen zu lösen und sich selbstlos dem Schönen zuzuwenden. Schopenhauer setzt die verschiedenen Künste in eine Rangfolge. Die Tragödie ist in ihren Momenten der Katharsis und der Resignation eine der erhabensten Formen der Kunst. Die höchste Kunst allerdings ist die Musik. Sie übersteigt die Welt der Vorstellung. Die Schopenhauersche Ethik

---

Jeder Blick auf die Welt, welche zu erklären die Aufgabe des Philosophen ist, bestätigt und bezeugt, daß *Wille zum Leben*, weit entfernt eine beliebige Hypostase, oder gar ein leeres Wort zu sein, der allein wahre Ausdruck ihres innersten Wesen ist. Alles drängt und treibt zum *Dasein*, wo möglich zum *Organischen*, d. i. zum *Leben*, und danach zur möglichsten Steigerung derselben: an der tierischen Natur wird es dann augenscheinlich, daß *Wille zum Leben* der Grundton ihres Wesens, die einzige unwandelbare und unbedingte Eigenschaft derselben ist. Man betrachte diesen universellen Lebensdrang, man sehe die unendliche Bereitwilligkeit, Leichtigkeit und Üppigkeit, mit welcher der Wille zum Leben, unter Millionen Formen, überall und jeden Augenblick mittels Befruchtungen und Keimen ja, wo diese mangeln, mittels *genertio aequivoce,* sich ungestüm ins Dasein drängt, jede Gelegenheit ergreifend, jeden lebensfähigen Stoff begierig an sich reißend; und dann wieder werfe man einen Blick auf den entsetzlichen Alarm und wilden Aufruhr desselben, wann er in irgend einer einzelnen Erscheinung aus dem Dasein weichen soll; zumal wo dieses bei deutlichem Bewußtsein eintritt. Da ist es nicht anders, als ob in dieser einzigen Erscheinung die ganze Welt auf immer vernichtet werden sollte, und das ganze Wesen eines so bedrohten Lebenden verwandelt sich sofort in das verzweifelste Sträuben und Wehren gegen den Tod. Man sehe z. B. die unglaubliche Angst eines Menschen in Lebensgefahr, die schnelle und so ernstliche Teilnahme jedes Zeugen derselben und den grenzenlosen Jubel nach der Rettung. Man sehe das starre Entsetzen, mit welchem ein Todesurteil vernommen wird, das tiefe Grausen, mit welchem wir die Anstalten zu dessen Vollziehung erblicken, und das herzzerreißende Mitleid, welches uns bei dieser selbst ergreift. Da sollte man glauben, daß es sich um etwas ganz Anderes handelte, als bloß um einige Jahre weniger einer leeren, traurigen, durch Plagen jeder Art verbitterten und stets ungewissen Existenz; vielmehr müßte man denken, daß Wunder was daran gelegen ist, ob Einer etliche Jahre früher dahin gelangt wo er, nach einer ephemeren Existenz, Billionen Jahre zu sein hat. – An solchen Erscheinungen also ward sichtbar, daß ich mit Recht als das nicht weiter Erklärliche, sondern jeder Erklärung zum Grunde zu Legende, den *Willen zum Leben* gesetzt habe, und daß dieser, weit entfernt, wie das Absolutum, das Unendliche, die Idee und ähnliche Ausdrücke mehr, ein leerer Wortschall zu sein, das Allerrealste ist, was wir kennen, ja, der Kern der Realität selbst.

Aus: Schopenhauer, *Die Welt als Wille und Vorstellung*

ist eine Ethik des Mitleids, in welchem der Mensch Distanz zu sich selbst und seinem Willen gewinnt.

Schopenhauer wurde erst kurz vor seinem Tod (im Jahre 1853) durch einen Artikel über ihn in der *Westminster Review* bekannt. Am Ende des 19. und zu Beginn des 20. Jahrhunderts war er einer der meistgelesenen Philosophen. Sein Einfluß, vor allem auf Künstler wie Richard Wagner und Thomas Mann, aber auch auf Philosophen wie Nietzsche und später Wittgenstein, war sehr groß. Zu Schopenhauers Anhängern gehörte Eduard von Hartmann, dessen *Philosophie des Unbewussten* (1869) viele Auflagen erlebte. In diesem Werk knüpft er an die Naturphilosophie Schellings an und greift verschiedene Themen aus den Naturwissenschaften und vor allem der Biologie des 19. Jahrhunderts auf. Er verbindet den Pessimismus Schopenhauers mit evolutionistischem Optimismus. Dieses Buch hat sicher zur Entstehung der Freudschen Psychoanalyse beigetragen, die dem Unbewußten einen zentralen Platz einräumt.

Feuerbach und Stirner

Ludwig Feuerbach, 1804 in Landshut geboren und 1872 auf dem Rechenberg bei Nürnberg gestorben, war der Sohn des bekannten Rechtsgelehrten Anselm Feuerbach. In Berlin studierte er Theologie und Philosophie bei Schleiermacher und Hegel. 1830 publizierte er anonym seine *Gedanken über Tod und Unsterblichkeit*. Darin stellt er die These auf, daß der Glaube an die Unsterblichkeit eine Folge davon sei, daß der Mensch sich selbst als individuelles Subjekt überschätzt. Zugleich unterschätze er seine Rolle als Teil der großen Gesamtheit der Menschen. Als seine Autorschaft bekannt wurde, zog sich Feuerbach aus der universitären Welt zurück und arbeitete fortan als Privatgelehrter.

Feuerbach wollte eine ganz neue Philosophie entwickeln, die Sinnlichkeit und Körperlichkeit in den Vordergrund stellt. Es ging ihm darum, das, «was bei Hegel nur eine Fußnote ist, in den Text der Philosophie selbst aufzunehmen». Als körperliches Wesen ist der Mensch offen für die Welt, die die seine ist, und er verhält sich zu den Mitmenschen, die er braucht, um er selbst zu sein, denn erst als Artgenosse in einer Ich-Du-Beziehung wird der Mensch zum Menschen.

Feuerbach ist vor allem durch seine Religionsphilosophie bekannt geworden, die er in *Das Wesen des Christentums* (1841) und in *Das Wesen der Religion* (1845) ausgearbeitet hat. Sie kann auf die Grundthese «Theologie ist Anthropologie» zugespitzt werden.

«Die Aufgabe der neueren Zeit war die Verwirklichung und Vermenschlichung Gottes – die Verwandlung und Auflösung der Theologie in die Anthropologie», so der erste Satz seiner *Grundsätze der Philosophie der Zukunft* (1843). War für Hegel die Religion und insbesondere das Christentum ein notwendiges Vorstadium auf dem Weg zum absoluten Wissen, ist das Christentum für Feuerbach vor allem Humanismus. Alles was Philosophie und Theologie über Gott aussagen, gilt eigentlich und in Wahrheit für den Menschen. Der Mensch ist bei Feuerbach jedoch niemals Individuum, sondern immer Gemeinschaftswesen. Der Glaube an Gott sei nichts anderes als der Glaube an den Menschen, an die Unendlichkeit und Wahrheit seines Wesens, an seine absolute Freiheit und Unbegrenztheit. Feuerbach wird aufgrund dieser Gedanken auch «frommer Atheist» genannt.

Seine Haltung zur Religion ist ambivalent. Einerseits steht er ihr sehr kritisch gegenüber, da sie ihr eigenes und wahres Wesen – nämlich humanistisch zu sein – verkennt. Daher entfremdet die Religion den Menschen von sich selbst. Andererseits dürfe nichts von dem, was die Theologie behauptet und die Religion bekennt, bestritten werden. Es muß interpretiert werden. Bei dieser Interpretation folgt er verschiedenen Regeln. Er zweifelt nicht an dem, was über Gott gesagt wird, und ebensowenig behauptet er, daß das Bekenntnis des Gläubigen unwahr ist, sondern er fragt allein nach der Bedeutung, die diesem Bekenntnis zukommt. Überall, wo das Wort «Gott» steht, muß «Mensch» eingesetzt werden. Und schließlich sind in den meisten Fällen Subjekt und Prädikat auszutauschen. So muß die Aussage «Gott ist Liebe» als «Die Liebe ist Gott» gelesen werden. Dies gilt für alle Prädikate, die Gott zugeschrieben werden. Diese Umkehrung von Subjekt und Prädikat bildet den Kern seiner Hermeneutik.

Die Philosophie Feuerbachs war von großer Bedeutung für Marx und mehr noch für Engels, der 1886, nach dem Tod von Marx, ein Buch über Feuerbach und den Ausgang der klassischen deutschen Philosophie publizierte. Darin schreibt er, Marx habe eine unvorstellbare Begeisterung für Feuerbach entwickelt, und man müsse durch diesen «Feuerbach» gegangen sein, um zu entdecken, was Idealismus und Materialismus, Ideologie und Entfremdung bedeute. Aber wie groß die Begeisterung von Marx auch gewesen sein mag, er distanzierte sich schon früh von Feuerbach. Ihm fehlten bei Feuerbach die Begriffe «Arbeit» und «Geschichte». Die elfte seiner Thesen über Feuerbach (1845) lautet: «Die Philosophen haben die Welt nur verschieden interpretiert, es kömmt darauf an, sie zu verändern.» Diese These richtet sich gegen Feuerbachs Neigung, philosophische Erkenntnis auf dem Wege der Interpretation zu erlangen.

Stirner war in seinem Kampf gegen die Entfremdung, die allein durch die Eroberung der persönlichen Freiheit durch den *Einzigen* aufgehoben werden könne, ein Vorläufer des Existentialismus.

Max Stirner (1806–1856), eigentlich Johann Kaspar Schmidt, geht in seinen Überlegungen nicht anders als Kierkegaard vom einzelnen Menschen aus. Mit seinem Plädoyer für den Individualismus greift Stirner die Auffassung von Hegel an, der das Individuum nur als Teil innerhalb eines Ganzen begreift, anderseits unterscheidet er sich jedoch auch von Kierkegaard, dessen Philosophie durch eine ausgeprägt ethische und religiöse Dimension gekennzeichnet ist. Stirners «Egoismus» hingegen trägt deutlich nihilistische Züge.

«Ich habe meine Sache auf Nichts gestellt», lautet der erste und letzte Satz in *Der Einzige und sein Eigentum* (1845). In diesem Werk tritt er für ein «Ich» ein, das nichts und niemandem unterworfen oder untergeordnet ist.

Jede Philosophie und jede Kultur sind für Stirner nur Instrumente, um den Menschen auf die eine oder andere Art zu unterwerfen oder unterzuordnen. Dies gilt für die Philosophie Hegels wie auch für die Feuerbachs, der den Menschen als Artgenossen und Teil der Menschheit begreift; für die Liberalen, die den Menschen einer allgemein gültigen Rechtsordnung unterwerfen; für die Sozialisten, die dem Menschen die Verantwortung für seinen Mitmenschen auferlegen; und schließlich für die Christen, die den Menschen Gott und seinen Geboten untertan machen und Nächstenliebe predigen. Selbst die Sprache gilt Stirner als Bedrohung, da sie der allgemeinen Ordnung dient und daher die «strikte Individualität» unterdrückt.

Unverkennbar trägt Nietzsches Philosophie Spuren von Stirners Denken, auch wenn dieser nirgendwo erwähnt wird. Von Hartmann bezichtigt Nietzsche gar des Plagiats. Marx entwickelt in einer vernichtenden Kritik an Stirner seine Auffassungen zum Verhältnis von Individuum und Gemeinschaft.

Kierkegaard: Wahrheit als Subjektivität

Obwohl er als Vordenker des Existentialismus, einer philosophischen Strömung des 20. Jahrhunderts, gilt, ist Kierkegaard keiner philosophischen Richtung eindeutig zuzuordnen. Kierkegaard distanzierte sich vielmehr von der zeitgenössischen Philosophie und ihrem Hang, alles in ein System pressen zu wollen. Sicher aber haben die späteren Existentialisten seinen Gedanken übernommen, die menschliche Existenz in den Mittelpunkt ihrer Philosophie zu rücken.

Kierkegaard geht in seinen Werken gegen die Herrschaft der Vernunft an. Ihm geht es um die individuelle Verantwortlichkeit für das konkrete Leben. So beschreibt er verschiedene Existenzmöglichkeiten des Individuums, um seinen Lesern eine Richtlinie für ihr Leben aufzuzeigen.

Kierkegaard (Portraitzeichnung von seinem Vetter N.C. Kierkegaard).

Sören Kierkegaard wurde am 5. Mai 1813 in Kopenhagen geboren. Er war das jüngste von sieben Kindern, von denen fünf vor ihrem dreiunddreißigsten Lebensjahr starben. Sein Vater, ein gutsituierter Tuchhändler, war ein schwermütiger Mann; sein von Angst und Schuld geprägter christlicher Glaube hatte großen Einfluß auf sein jüngstes Kind. Oft spielte er mit dem Sohn allerlei Situationen nach und regte so dessen Phantasie an.

Kierkegaard studierte Theologie, wozu damals auch die Philosophie gehörte. In Berlin besuchte er unter anderem die Seminare von Schelling und lernte das Werk Hegels kennen. 1841 promovierte er mit der Schrift *Om begrebet ironie med stadigt hensyn til Sokrates* (Über den Begriff der Ironie mit beständiger Hinsicht auf Sokrates). Nach seiner Promotion beschloß er, sich ganz dem Schreiben zu widmen, statt als Pfarrer aufs Land zu gehen.

Er verlobte sich mit Regine Olsen. Ein Jahr später aber löste er die Verlobung – ein für ihn schwerer Entschluß, für den es verschiedene Erklärungen gibt. Vermutlich fürchtete er, daß die Aufgabe, zu der er sich berufen fühlte, nicht mit den Anforderungen eines Familienlebens zu vereinbaren sei.

Mit seiner gedrungenen Gestalt und seiner spitzen Zunge wurde Kierkegaard zum Gespött der Straßenjungen wie der Journalisten. Er selbst schürte einige Konflikte, vor allem durch seine polemischen Angriffe auf die dänische Kirche, die er zumTeil in einem satirischen Wochenblatt veröffentlichte. Kierkegaard starb am 11. November 1855, nachdem er kurz zuvor vor Erschöpfung auf der Straße zusammengebrochen war.

Sein Gesamtwerk besteht aus, wie er es nannte, den ästhetischen Werken, die er unter verschiedenen Pseudonymen herausgab, und den religiösen Werken, die er unter eigenem Namen publizierte. Einen zentralen Platz in seinem philosophischen Werk nimmt die *Afsluttende uvidenskabelig efterskrift* (Abschließende unwissenschaftliche Nachschrift, 1845/46) ein, in der er das Verhältnis von Glaube und Erkenntnis behandelt. Weitere philosophische Schriften: *Enten-eller* (Entweder – Oder, 1843), *Frygt og baeven* (Furcht und Zittern, 1843), *Philosophiske smuler* (Philosophische Brocken, 1844), *Begrebet aengst* (Der Begriff Angst, 1844) und *Sygdommer til döden* (Die Krankheit zum Tode, 1849).

Kierkegaard nennt die ihm eigene Art, seine Gedanken auszudrücken, eine «neue Wissenschaft». Diese Wissenschaft will kein klar abgegrenztes Begriffssystem entwickeln, sondern den Leser zum aktiven Umgang mit seinen Texten motivieren. Kierkegaard versucht dies unter anderem, indem er verschiedene Mißverständnisse und Beschränktheiten bestehender philosophischer Systeme aufzeigt. Mit Ironie und einer ganz eigenen Bildsprache konfrontiert er seine Leser fortwährend mit ihrer eigenen Existenz.

Dieses Verfahren nennt er auch seine «indirekte Methode». Indirekt ist nicht allein die besondere Art der Kommunikation; Kierkegaard meint damit zugleich, daß Kommunikation immer auch vom Zuhörer abhängt. Dieser muß sich die Gedanken, die mitgeteilt werden, zu eigen machen. Die Unwahrheit modernen Denkens bestehe gerade darin, daß der Denker seine Gedanken nicht in Handeln umzusetzen wage.

Solchermaßen weist Kierkegaard immer wieder auf die Grenzen objektiver Erkenntnis hin. Gerade die Objektivierung der eigenen Person bedeutet eine Spaltung in ein Ich, das erkannt und beobachtet wird, und ein Ich, das erkennt und beobachtet. Die Folge ist Selbstentfremdung. Damit meint Kierkegaard allerdings nicht, daß wir uns reiner Introspektion oder mystischer Nabelschau hingeben sollen, denn dann wären wir nicht anders als ein Hund, der sich in den eigenen Schwanz beißt. Wirkliche Erkenntnis über das Selbst setzt einen aktiven Prozeß voraus, zu dem Kierkegaard gerne den Anstoß geben möchte. Deshalb hält er seinen Lesern einen Spiegel vor, der, «wenn ein Affe hineinblickt, nicht einen Apostel reflektiert». Mit scharfer Kritik an den selbstzufriedenen Bürgern und ihrer «Kultur» und mit seinen Angriffen auf die dänische Staatskirche und ihre Repräsentanten will er die Menschen aus ihrem Schlaf der Gewohnheiten und Reflexe zu wecken.

Seine Absicht ist es, bei den Individuen durch die indirekte Kommunikation einen Entwicklungsprozeß auszulösen, der sie zur Einsicht ihrer subjektiven Wahrheit führt. Er beschreibt diesen Prozeß als einen Weg vom ästhetischen über das ethische zum religiösen Stadium: vom unmittelbaren, auf Genuß ausgerichteten über das bewußt gewählte Leben hin zu einem Sein-für-Gott. Durch unseren Einsatz oder, wie er es nennt, unsere Leidenschaft, mit der wir diesen Weg durch die Lebensstadien gehen, erfahren wir den Kern unserer Existenz anders, als wir ihn aus uns selbst entwickeln könnten.

Aber dieses Nachdenken über den Menschen darf nicht zu einer Verwechslung von abstrakter Beschreibung und konkreter Wirklichkeit führen (in östlicher Terminologie: Verwechsel den Zeigefinger nicht mit dem Mond, auf den er zeigt). Auch eine Wissensanhäufung kann die Unwissenheit niemals beseitigen, wie so viele Denker, die in der Tradition der Aufklärung stehen, gemeint haben. In diesem Sinne ist auch Kierkegaards Satz «Die Subjektivität ist die Wahrheit» zu verstehen: Wahrheit meint individuell gelebte Wahrheit. Wir müssen sie uns in jedem Augenblick unseres Lebens zu eigen machen. Das stellt auch bestimmte Anforderungen an die Sprache, die die Wahrheit ausdrückt. Die Sprache muß wiedergeben, was streng genommen nicht gesagt werden kann, und ist somit eher ein Instrument für den Künstler als für den Wissenschaftler. Sie muß ein Können vermitteln, nicht ein Wissen-Über.

Existenz und Freiheit bei Kierkegaard

Unter diesen Vorzeichen ist Kierkegaards Kritik an Hegel zu verstehen. Hegels Spiel mit Begriffen bleibt für das konkrete Leben unverbindlich und führt nicht zur Selbsterkenntnis. Leben kann nämlich niemals mit dem Begriff «Leben» erfaßt werden. Es kann nicht definiert werden, da Argumentieren immer von der Existenz ausgeht und nicht zu ihr hinführt. Wir denken, da wir existieren, so Kierkegaard, und nicht andersherum. Jede Begriffsbildung abstrahiert von diesem konkreten Faktum und ist daher notwendigerweise beschränkt.

Für die objektive Betrachtungsweise ist das Christentum eine gegebene Tatsache (res in facto posita), nach deren Wahrheit… jedoch rein objektiv – gefragt wird, denn das bescheidene Subjekt ist allzu objektiv, als daß es nicht sich selbst außerhalb bleiben ließe oder sich doch ohne weiteres mit zu denen rechnete, die doch wohl den Glauben haben. Wahrheit kann also objektiv verstanden bedeuten: 1. die historische Wahrheit und 2. die philosophische Wahrheit. Als historische Wahrheit betrachtet, muß die Wahrheit durch eine kritische Erörterung der verschiedenen Nachrichten usw. ermittelt werden, kurz gesagt, auf dieselbe Weise, wie sonst die historische Wahrheit gefunden wird. Fragt man nach der philosophischen Wahrheit, so fragt man nach dem Verhältnis der historisch gegebenen und als gültig anerkannten Lehre zur ewigen Wahrheit.

Das forschende, das spekulierende, das erkennende Subjekt fragt somit zwar nach der Wahrheit, aber nicht nach der subjektiven Wahrheit, nach der Wahrheit der Aneignung. Das forschende Subjekt ist somit zwar interessiert, aber nicht unendlich persönlich […]

Aus: Kierkegaard, *Abschließende unwissenschaftliche Nachschrift zu den Philosophischen Brocken*

Der Mensch ist Geist. Was aber ist Geist? Geist ist das Selbst. Was aber ist das Selbst? Das Selbst ist ein Verhältnis, das sich zu sich selbst verhält, oder ist das an dem Verhältnisse, daß das Verhältnis sich zu sich selbst verhält: das Selbst ist nicht das Verhältnis, sondern daß das Verhältnis sich zu sich selbst verhält. Der Mensch ist eine Synthese von Unendlichkeit und Endlichkeit, von dem Zeitlichen und dem Ewigen, von Freiheit und Notwendigkeit, kurz eine Synthese. Eine Synthese ist ein Verhältnis zwischen Zweien. Auf die Art betrachtet ist der Mensch noch kein Selbst.
In dem Verhältnis zwischen Zweien ist das Verhältnis das Dritte als negative Einheit, und die Zwei verhalten sich zu dem Verhältnis, und in dem Verhältnis zum Verhältnis; so ist z. B. unter der Bestimmung Seele das Verhältnis zwischen Seele und Leib ein Verhältnis. Verhält dagegen das Verhältnis sich zu sich selbst, so ist dies Verhältnis das positive Dritte, und dies ist das Selbst.
Ein solches Verhältnis, das sich zu sich selbst verhält, ein Selbst, muß entweder sich selbst gesetzt haben, oder durch ein Andres gesetzt sein.
Ist das Verhältnis, das sich zu sich selbst verhält, durch ein Andres gesetzt, so ist das Verhältnis freilich das Dritte, aber dies Verhältnis, dies Dritte, ist dann doch wiederum ein Verhältnis, verhält sich zu demjenigen, welches das ganze Verhältnis gesetzt hat.

Aus: Kierkegaard, *Die Krankheit zum Tode*

Die konkrete Existenz ist die grundlegende Wirklichkeit des Menschen. Kierkegaard geht davon aus, daß die Energie und der Ernst, mit der der Mensch das eine oder andere wählt, ihn zur richtigen Lebensform führt, die ihn wiederum in Beziehung setzt zu seinem Ursprung, der göttlichen Intention. Unsere Aufgabe als Mensch ist nicht ein einfaches Da-Sein, sondern eine ganz bestimmte Art von Sein, in der sich das Unendliche auch im Endlichen als unendlich präsentiert. Das Unendliche und Ewige ist die einzige Sicherheit.

Wir sind frei, die Qualität unserer Existenz zu bestimmen. Kierkegaard warnt allerdings vor der Illusion, wir seien hierin autonom. Wir können zwar selbst den Prozeß, in dem wir die Verantwortlichkeit für unser Leben auf uns nehmen, in Gang setzen. Das Paradox des Lebens ist allerdings, daß wir uns in jedem Moment anstrengen müssen, uns ins richtige Verhältnis zu dem «Faktor» (Gott) zu setzen, von dem wir abstammen und der uns bestimmt. In unserer eigentlichen Bestimmung sind wir abhängig.

Der Moment der Gleichzeitigkeit von menschlicher Einsicht und transzendentem Willen ist dem Denken nicht zugänglich. Im Moment, da er gedacht wird, entzieht er sich sogleich der menschlichen Existenz. Kierkegaard drückt sich daher in Paradoxa aus. Das Paradox der Freiheit ist, daß wir aktiv und willentlich unseren Willen dem «Faktor» anvertrauen müssen, der uns hervorgebracht hat. Glauben beruht daher nicht auf Nachdenken, sondern auf einem Sprung über den Abgrund. Er kann nicht rational, sondern nur «vertrauend» gemacht werden. Es ist ein Sprung mit ungewissem Ausgang, der Sprung jeden Augenblicks, der das Ziel hat, die Synthese aus Unendlichkeit und Endlichkeit zu vollziehen.

Freiheit ist daher eine existentielle Haltung. Der Mensch ist nicht frei, ein anderer zu sein, aber frei, so zu tun, als ob er ein anderer wäre. Macht er von dieser Möglichkeit Gebrauch, gerät er jedoch in ein Mißverhältnis zu sich selbst, zu dem nämlich, was seine ursprüngliche Bestimmung ist, und aus dieser Erkenntnis entsteht Angst. Die wesentliche Aufgabe des Willens ist nun, den Menschen dazu zu bringen, sein eigenes Leben zu führen. Mißlingt dies, so folgt Verzweiflung.

Wirkliche Freiheit bedeutet, daß es keine Wahl mehr gibt, daß wir den Weg gehen, den wir gehen müssen. Es ist das frei-willige Aufgeben der Möglichkeit der Freiheit, indem wir uns dem transzendenten Willen anvertrauen.

Abraham opfert seinen Sohn Isaak. Dieses biblische Thema greift Kierkegaard in seiner Diskussion über das Verhältnis von Ethik und Religion auf. Bronzerelief von Lorenzo Ghiberti.

Marx

Karl Heinrich Marx wurde 1818 in Trier geboren. Seine Eltern, ursprünglich Juden, waren zu einem liberalen Protestantismus konvertiert. Nach dem Gymnasium studierte er Jura, Literatur, Kunstgeschichte und Philosophie in Bonn und Berlin und promovierte über den Unterschied in der Naturphilosophie von Demokrit und Epikur. Von 1842 bis 1843 war er Chefredakteur der *Rheinischen Zeitung* in Köln.

In dieser Zeit heiratete er Jenny von Westphalen, eine Frau von adliger Herkunft, die den recht eigenwilligen Marx auf bewundernswerte Weise immer unterstützte. Sie bekamen sechs Kinder. Laufende Verbote der *Rheinischen Zeitung* durch die Zensur zwangen Marx, seine redaktionelle Arbeit aufzugeben. 1843 emigrierte er mit seiner Frau nach Paris, wo sich eine große deutsche Kolonie gegründet hatte. Dort traf er Engels und hatte Kontakt zu Proudhon und anderen Sozialisten. In Paris schrieb er *Zur Kritik der Hegelschen Rechtsphilosophie* (1844), *Die deutsche Ideologie*, *Misère de la philosophie* (1847, gegen Proudhon) und eine Reihe ökonomischer Schriften.

1845 wurde er aus Paris ausgewiesen und ließ sich in Brüssel nieder. Dort verfaßte er zusammen mit Engels das *Manifest der Kommunistischen Partei*, das 1848 erschien. In diesem Jahr kehrte er für kurze Zeit nach Deutschland zurück, wo sich das politische Klima nach der Revolution von 1848 verbessert zu haben schien. Als aber die Reaktionäre die Macht ergriffen, emigrierte er endgültig nach England. Völlig verarmt verbrachte er dort mit finanzieller Unterstützung von Engels einen Großteil seiner Tage und Nächte in der Bibliothek des British Museum, um zu lesen und zu schreiben. 1859 erschien *Zur Kritik der politischen Ökonomie* und 1867 der erste Teil von *Das Kapital*. Teil zwei wurde 1885, Teil drei 1894 postum von Engels herausgegeben. Marx starb 1883 in London.

Die frühen Sozialisten

Zu den frühen oder auch utopischen Sozialisten gehören neben Owen und Saint-Simon auch Fourier und Proudhon.

Der englische Industrielle Robert Owen (1771–1858) war über die ärmlichen Lebensumstände der Arbeiter sehr besorgt. Mit viel Energie und Idealismus setzte er sich für verschiedene soziale Maßnahmen ein. Nachdrücklich forderte er die Abschaffung der Kinderarbeit für Kinder unter zehn Jahren, die Verkürzung der täglichen Arbeitszeit auf zehn Stunden und die Verbesserung der hygienischen Zustände in den Fabriken. Er vertrat die Meinung, die Produkte der Arbeit stünden rechtmäßig den Arbeitern zu, und wollte daher den Zwischenhandel ausschalten. Er versuchte, Produktionseinheiten und Tauschbanken einzurichten, allerdings ohne großen Erfolg.

Owens Ziele waren in erster Linie praktischer Natur: Kampf gegen Armut, Kriminalität und Ausbeutung. Er stützte sich dabei auf einzelne einfache philosophisch-aufklärerische Grundsätze. Unwissenheit war für ihn die Quelle aller Übel und allen Leides. Daher glaubte er fest an die Wirkung der Erziehung und meinte, daß Erkenntnis unmittelbar zu richtigem Handeln führe.

Der Franzose Charles Fourier (1772–1837) lehnte die industrielle Fertigung ab, da ihre Produkte nicht der Lebensfreude des Menschen dienten. Statt dessen sollten die Menschen sich auf freiwilliger Basis zu *phalanstères* zusammenschließen, das heißt zu selbständigen Gemeinschaften von etwa 1600 Menschen, die 2000 Hektar Land besitzen und ihren Lebensunterhalt gemeinsam bestreiten sollten. Durch eine kompliziert berechnete Kombination verschiedener Charaktertypen könnten in diesen phalanstères alle natürlichen Bedürfnisse des Menschen auf harmonische Art befriedigt werden.

Phantasievoll malt Fourier diese paradiesische Lebensgemeinschaft aus, von der er sich versprach, daß sie das Glück garantieren könne. Zu diesem Glück gehört für ihn auch der regelmäßige Wechsel des Sexualpartners. In gewisser Hinsicht steht sein Entwurf, der bis ins kleinste Detail berechnet und geplant war, in der Tradition der Romantik.

Der einflußreichste unter den utopischen Sozialisten ist Pierre-Joseph Proudhon (1809–1865). Sein Kampf galt an erster Stelle dem Kreditsystem. Bekannt ist seine Äußerung «Eigentum ist Diebstahl», womit er jeden Besitz als unrechtmäßig anprangert, der Einkommen ohne Arbeit garantiert. Wer über einen solchen Besitz verfüge, werde im Schlaf reich, und da ein solcher Reichtum nicht mit einem Arbeitsethos zu vereinbaren sei, forderte er diese Form des Eigentums abzuschaffen und Kredite zinsfrei zu vergeben.

Proudhon ist kein Vertreter von Gewalt oder revolutionären Veränderungen, er vertraut vielmehr auf die Kraft der Ideen und des moralischen Appells. Seine recht unübersichtlichen Schriften hatten großen Einfluß auf die soziale Bewegung des 19. Jahrhunderts und haben auch deutliche Spuren bei seinem Freund, dem legendären russischen Anarchisten Michail Bakunin (1814–1876), hinterlassen. Proudhons umfangreiches Werk *Système des contradictions économiques ou philosophie de la misère* provozierte Karl Marx zu einer vernichtenden Kritik.

Historischer Materialismus

Karl Marx leitet seine Schrift *Die deutsche Ideologie* mit folgenden Worten ein: «Wir kennen nur eine einzige Wissenschaft, die Wissenschaft der Geschichte.» Auf der Grundlage seiner umfangreichen Kenntnis der Hegelschen Dialektik, der klassischen Ökonomie und der europäischen Kultur von den Griechen bis zu seiner Zeit glaubte Marx, sowohl die aktuelle Situation als auch die historischen Ereignisse und Entwicklungen wissenschaftlich analysieren zu können. Diese Analyse ist als historischer Materialismus bekannt. Im Vordergrund stand seine Auseinandersetzung mit der Industrialisierung im 18. und 19. Jahrhundert, wobei er nicht nur auf die veränderten Arbeitsbedingungen einging, sondern auch alle anderen Faktoren berücksichtigte, die den gesellschaftlichen Wandel bewirken oder begleiten. Dazu zählte er insbesondere die Philosophie, die Ideologie und die Religion. Aus seiner Sicht dient die Philosophie nicht länger nur als Instrument der Analyse, sondern muß selbst analysiert werden.

Vor diesem Hintergrund wird deutlich, daß man zu kurz greift, wenn man das Werk von Karl Marx auf eine ökonomische Theorie reduziert. Auch seine kritische Haltung gegenüber den frühen Sozialisten wird von daher verständlich: Er kanzelte ihre Schriften als moralistisches Gerede ab, die allenfalls utopische Wunschträume formulieren, aber keinen Beitrag zur wissenschaftlichen Analyse leisten können.

Geschichte und Klassenkampf

Wenn Marx über Geschichte spricht, so geht es ihm nicht wie Hegel um den Geist oder den Verstand, sondern um die konkreten, lebenden und arbeitenden Menschen. Diese Menschen gehören durch das, was sie tun, durch ihre Arbeit, einer bestimmten Gruppe oder Klasse an. Zwischen diesen verschiedenen Klassen herrscht seit Menschengedenken ein versteckt oder offen ausgetragener Konflikt.

Im *Manifest der Kommunistischen Partei* (kurz: *Kommunistisches Manifest*), das die Gedanken von Marx in einer konzentrierten Form wiedergibt und weltberühmt wurde, heißt es einleitend: «Die Geschichte aller bisherigen Gesellschaft ist die Geschichte von Klassenkämpfen.» Die Konflikte zwischen den Klassen werden nicht in der Geschichte ausgefochten, sondern die Geschichte ist dieser Kampf. Alle gesellschaftlichen und kulturellen Ereignisse, die herrschende Denkweise, die Religion und die Philosophie sind Erscheinungsformen dieses Kampfes. Jeder Klassenkampf endet, so Marx, mit dem Untergang oder der Aufhebung der beiden kämpfenden Klassen.

Kampf ist hier ein Synonym für den dialektischen Widerspruch, demzufolge keine Klasse für sich allein existiert, sondern nur im Widerspruch zu einer anderen Klasse entstehen und bestehen kann, die ihrerseits die erste benötigt, um existieren zu können. Dieser Widerspruch wird im Untergang der entgegengesetzten Parteien aufgehoben, wodurch eine neue Klasse entsteht, die wiederum eine andere benötigt.

Die letzte Phase dieses Klassenkampfes ist der Kampf zwischen Bourgeoisie und Proletariat, der in eine klassenlose Gesellschaft mündet. Die Bourgeoisie blickt auf eine lange Entstehungsgeschichte zurück. Sie entwickelte sich im Widerspruch zur Klasse der Feudalherrscher, der für das späte Mittelalter und die Renaissance bestimmend war. In der modernen Zeit spielte das Bürgertum eine wichtige revolutionäre Rolle. Sein Konflikt mit dem Feudalsystem kulminiert in der Französischen Revolution und beendet so den Feudalismus, wodurch das Bürgertum nun selbst zur herrschenden Klasse wird. Im Zuge der politischen und industriellen Revolution kommt das Bürgertum zu großer ökonomischer Macht. Um diese Macht zu erlangen und zu behalten, benötigt es das Proletariat, das es selbst etabliert hat.

Die Bourgeoisie hat, so Marx, den Arzt, den Juristen, den Priester, den Dichter und den Wissenschaftler zu bezahlten Lohnarbeitern und alle Verhältnisse

Seine Äußerung «Eigentum ist Diebstahl» wurde berühmt. Proudhon geriet mit seinen Ansichten zu sozialen und ökonomischen Problemen mit beinahe allen anderen Reformern und Revolutionären seiner Zeit in Konflikt.

Der französische Karikaturist Grandville (1803–1847) kritisiert in *Un autre monde* die politischen und sozialen Mißstände zur Regierungszeit Louis-Philippes. In einem Kapitel über die beste Regierungsform prangert er die Klassengesellschaft an, die die unteren sozialen Schichten unterdrückt.

zu finanziellen Verhältnissen gemacht. Die arbeitende Klasse muß ihre Arbeit verkaufen, um sich am Leben und das System in Gang zu halten. Ohne diese Arbeit als Ware und ohne die arbeitende Klasse kann das Bürgertum nicht existieren. Es braucht diese Klasse, wie der Herr den Knecht braucht, um Herr sein zu können. Das bedeutet, daß das Bürgertum immer abhängiger von der Arbeiterklasse und diese immer mächtiger wird. Nach Marx führt dies zur «Diktatur des Proletariats» und damit schließlich zur Aufhebung des unversöhnlichen Widerspruchs zwischen Proletariat und Bourgeoisie.

Neben dieser Theorie der wachsenden Macht des Proletariats steht die *Verelendungstheorie*, die besagt, daß sich die Situation des Proletariats solange verschlechtern wird, bis es zum dialektischen Umschlag kommt.

Die Tatsache, daß diese beiden Theorien nebeneinander existieren können, hängt damit zusammen, daß der Begriff «Proletariat» mehrdeutig ist. Einerseits bezeichnet er die Klasse der (ungeschulten) Fabrikarbeiter; andererseits kann er auch die Klasse all derjenigen bezeichnen, die auf die eine oder andere Art im Lohndienst stehen.

Arbeit

«Arbeit» ist einer der zentralen Begriffe bei Marx. Durch die Arbeit unterscheidet sich der Mensch vom Tier. Arbeitend produziert er die Mittel seiner Selbsterhaltung, und indem er diese produziert, verwirklicht er sich selbst und seine Welt. Was die Menschen sind, fällt zusammen mit ihren Produkten, sowohl mit dem, was sie produzieren, als auch mit der Art, wie sie produzieren. Die Wissenschaft und die Technik, das Recht und die Moral, die Kunst, die Religion und der Staat werden durch die Arbeit geschaffen. Der konkrete Mensch und seine Welt sind in diesem Sinne das Resultat menschlicher Praxis. Dieser Gedanke ist für Marx grundlegend.

In seiner Theorie versucht er, die Praxis oder den Arbeitsprozeß faßbar zu machen. Arbeit stützt sich auf Produktivkräfte. Die wichtigste Produktivkraft ist der Mensch mit seinen körperlichen und geistigen Kapazitäten. Auch Werkzeuge und Maschinen, technische Erfindungen und die Organisation der Arbeit sind Produktivkräfte. Es sind Mittel, die die Produktivität steigern, und man kann in diesem Fall auch von Produktionsmitteln sprechen. Da Arbeit immer auf die eine oder andere Art gemeinschaftliche Arbeit und die menschliche Existenz eine gesellschaftliche Existenz ist, bringt die Arbeit bestimmte Produktions- oder Arbeitsverhältnisse mit sich. Produktivkräfte und Produktionsverhältnisse bilden zusammen die Produktionsweise. Auch diese ist ein vollständiges Produkt menschlicher Arbeit.

Wenn nun der Mensch über das, was er selbst produziert hat, nicht mehr verfügen kann, kommt es zur Entfremdung. Damit ist nicht Objektivierung oder «Veräußerlichung» gemeint, wie etwa bei Hegel, vielmehr bedeutet der Verlust der Verfügungsgewalt für den Menschen, daß seine Arbeit ihre Bedeutung verliert, weil sie zur Ware wird. Da das Wesen des Menschen in der Arbeit liegt, impliziert dies, daß der Mensch sich selbst zum Fremden wird.

Kapital

Objektivierung ist ein notwendiger Aspekt der Arbeit. Entfremdung dagegen ist keineswegs notwendig; sie tritt auf, wenn die Produktionsverhältnisse gestört sind. Und dies ist der Fall, wenn eine Gruppe allein über alle Produktionsmittel verfügt. Mit anderen Worten: wenn die Nicht-Arbeitenden die Besitzer und die Nicht-Besitzenden die Arbeiter sind.

Marx führt die Entfremdung also auf einen Widerspruch in der herrschenden Produktionsweise zurück. Um die Produktiviät zu gewährleisten, muß dieser Widerspruch zwischen den nicht-arbeitenden Besitzern (Kapitalisten) und den nicht-besitzenden Arbeitern (Proletariern) aufgehoben werden. In einer Analyse der Produktion von Werten zeigt Marx, worin dieser Widerspruch genau besteht. Der Arbeiter produziert mehr Wert, als er für seine Arbeit an Lohn bekommt. Dieser Mehrwert häuft sich beim Besitzer der Produktionsmittel an und bildet das Kapital. Durch die fortgesetzte Anhäufung entsteht eine Konzentration des Kapitals: immer mehr Kapital in immer weniger Händen. Zugleich verselbständigt sich der Produktionsprozeß durch die Technik und durch die Verwissenschaftlichung und Automatisierung. Die Konzentration der Produktionsmittel und die Verselbständigung des Produktionsprozesses nehmen mit der Zeit solche Formen an, daß sie ab einem gewissen Moment nicht mehr mit der kapitalistischen Struktur der Gesellschaft zu vereinbaren

Das allgemeine Resultat, das sich mir ergab, [...] kann kurz so formuliert werden: in der gesellschaftlichen Produktion ihres Lebens gehen die Menschen bestimmte, notwendige, von ihrem Willen unabhängige Verhältnisse ein, Produktionsverhältnisse, die einer bestimmten Entwicklungsstufe ihrer materiellen Produktivkräfte entsprechen. Die Gesamtheit dieser Produktionsverhältnisse bildet die ökonomische Struktur der Gesellschaft, die reale Basis, worauf sich ein juristischer und politischer Überbau erhebt, und welcher bestimmte gesellschaftliche Bewußtseinsformen entsprechen. Die Produktionsweise des materiellen Lebens bedingt den sozialen, politischen und geistigen Lernprozeß überhaupt. Es ist nicht das Bewußtsein der Menschen, das ihr Sein, sondern umgekehrt ihr gesellschaftliches Sein, das ihr Bewußtsein bestimmt. Auf einer gewissen Stufe ihrer Entwicklung geraten die materiellen Produktivkräfte der Gesellschaft in Widerspruch mit den vorhandenen Produktionsverhältnissen, oder, was nur ein juristischer Ausdruck dafür ist, mit den Eigentumsverhältnissen, innerhalb deren sie sich bisher bewegt hatten. Aus Entwicklungsformen der Produktivkräfte schlagen diese Verhältnisse in Fesseln derselben um. Es tritt dann eine Epoche sozialer Revolution ein. Mit der Veränderung der ökonomischen Grundlage wälzt sich der ganze ungeheure Überbau langsamer oder rascher um. In der Betrachtung solcher Umwälzungen muß man stets unterscheiden zwischen der materiellen naturwissenschaftlich treu zu konstatierenden Umwälzung in den ökonomischen Produktionsbedingungen und den juristischen, politischen, religiösen, künstlerischen oder philosophischen, kurz ideologischen Formen, worin sich die Menschen dieses Konflikts bewußt werden und ihn anfechten. So wenig man das, was ein Individuum ist, nach dem beurteilt, was es sich selbst dünkt, eben so wenig kann man eine solche Umwälzungsepoche aus ihrem Bewußtsein beurteilen, sondern muß vielmehr dies Bewußtsein aus den Widersprüchen des materiellen Lebens, aus dem vorhandenen Konflikt zwischen gesellschaftlichen Produktivkräften und Produktionsverhältnissen erklären. Eine Gesellschaftsformation geht nie unter, bevor alle Produktivkräfte entwickelt sind, für die sie weit genug ist, und neue höhere Produktionsverhältnisse treten nie an die Stelle, bevor die materiellen Existenzbedingungen derselben im Schoß der alten Gesellschaft selbst ausgebrütet worden sind. Daher stellt sich die Menschheit immer nur Aufgaben, die sie lösen kann, denn genauer betrachtet wird sich stets finden, daß die Aufgabe selbst nur entspringt, wo die materiellen Bedingungen ihrer Lösung schon vorhanden oder wenigstens im Prozeß ihres Werdens begriffen sind. In großen Umrissen können asiatische, antike, feudale und modern bürgerliche Produktionsweisen als progressive Epochen der ökonomischen Gesellschaftsformation bezeichnet werden. Die bürgerlichen Produktionsverhältnisse sind die letzte antagonistische Form des gesellschaftlichen Produktionsprozesses, antagonistisch nicht im Sinn von individuellem Antagonismus, sondern eines aus den gesellschaftlichen Lebensbedingungen der Individuen hervorwachsenden Antagonismus, aber die im Schoß der bürgerlichen Gesellschaft sich entwickelnden Produktivkräfte schaffen zugleich die materiellen Bedingungen zur Lösung dieses Antagonismus. Mit dieser Gesellschaftsformation schließt daher die Vorgeschichte der menschlichen Gesellschaft ab.

Aus: Marx, *Ökonomische Manuskripte und Schriften*

sind. Das führt schließlich zur Aufhebung des Besitzes von Produktionsmitteln durch Privatpersonen, das heißt zum Ende des kapitalistischen Privateigentums.

Hierbei spielt das Geld die entscheidende Rolle, «der sichtbare Gott», wie Marx mit Shakespeare sagt. Geld bedeutet Freiheit und Macht. Es ist das veräußerlichte Vermögen der Menschheit. Dieses Geld hat zugleich die Macht, alles Menschliche in sein Gegenteil zu verkehren. Es verkehrt, so Marx, Treue in Untreue, Liebe in Haß, Haß in Liebe, Tugend in Untugend, Untugend in Tugend, Knecht in Herr, Herr in Knecht, Dummheit in Verstand, Verstand in Dummheit.

Die Industrialisierung, der Klassenkampf, die Widersprüche im kapitalistischen Produktionsprozeß und die Macht des Geldes sind selbst das Produkt menschlicher Praxis. Sie gehören zur Geschichte, die vom Menschen gemacht ist und daher auch vom Menschen verändert werden kann. Im *Kapital* scheint Marx die Rolle des Menschen im Veränderungsprozeß allerdings für weniger entscheidend zu halten. In diesem Werk geht es um einen Prozeß, der zwar von Menschen getragen wird, den sie aber

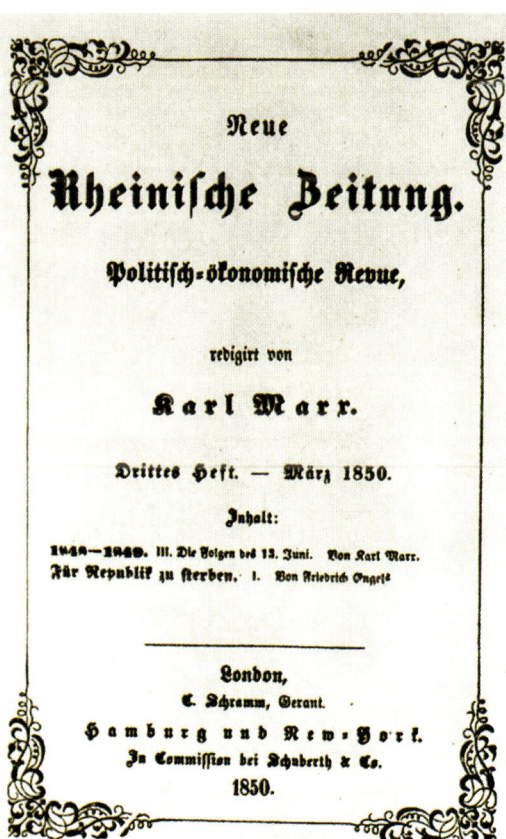

Ab 1848 war Marx Redakteur der radikal-demokratischen Zeitschrift *Neue Rheinische Zeitung*.

Die französische Philosophie

nicht ohne weiteres beherrschen. Die Entwicklung von einer kapitalistischen zu einer kommunistischen Gesellschaft verläuft Marx zufolge nach einer notwendigen Gesetzmäßigkeit. Daher gilt das Werk des späten Marx, im Gegensatz zu seinen Schriften vor 1845, nicht als humanistisch.

Das Programm

Neben einer Analyse der Industriegesellschaft und der sie kennzeichnenden Umstände findet man bei Marx, unter anderem im *Kommunistischen Manifest*, auch ein Programm mit Handlungsanweisungen. So nennt Marx in diesem Manifest einige Maßnahmen, die in den hochentwickelten – das heißt in den hochindustrialisierten – Ländern ergriffen werden sollen. Dazu gehören: Enteignung des Grundbesitzes und Verwendung der Bodenrente für Staatsausgaben, progressive Besteuerung, Abschaffung des Erbrechtes, Beschlagnahmung des Eigentums aller Emigranten und Rebellen, staatliche Zentralisierung des Kreditwesens durch Einrichtung einer Nationalbank mit Staatskapital und exklusivem Monopol, staatliche Zentralisierung des Transportwesens, Ausweitung nationaler Fabriken und Produktionsmittel, Enteignung und Bebauung des Lands nach einem gemeinschaftlichen Plan, gleiche Arbeitspflicht für alle, Einrichtung von Arbeitsbrigaden vor allem für die Landwirtschaft, Verknüpfung von Landwirtschaft und Industrie, allmähliche Abschaffung des Gefälles zwischen Stadt und Land, öffentliche und kostenlose Bildung für alle Kinder, Ausrichtung des Unterrichts nach den Bedürfnissen der Industrie.

Was Marx hier als Programm vorstellt, hat viel Protest hervorgerufen und ist in den sogenannten kommunistischen Ländern gewaltsam umgesetzt worden. In den letzten Jahrzehnten ist deutlich geworden, daß ein solches Programm zum Scheitern verurteilt und letztlich völlig ineffizient ist. Dennoch kommt der marxistischen Analyse der Industrialisierung im 19. Jahrhundert noch immer große Bedeutung zu. Zweifellos hat er mit seinem Werk sowohl direkt als auch indirekt einen entscheidenden Beitrag für das Verständnis von gesellschaftlichen Veränderungsprozessen geleistet.

Henri Daumier (1808–1879) wurde lange Zeit fast ausschließlich als Karikaturist gesehen. Seine zahlreichen, oft satirisch gefärbten Skizzen und Aquarelle machen ihn jedoch auch zu einem wichtigen Chronisten und Journalisten des 19. Jahrhunderts.

Während viele deutsche Philosophen des 19. Jahrhunderts aus Pfarrfamilien stammten, war die Mehrzahl der französischen Philosophen dieser Zeit adliger Herkunft. Manche von ihnen waren den Wirren der Revolution von 1789 mit knapper Not entkommen, andere gar hatten Mitglieder ihrer Familie durch die Guillotine sterben sehen. Vor diesem Hintergrund ist es verständlich, daß die Französische Revolution und ihre Folgen nicht ohne Auswirkungen auf ihre philosophischen Reflexionen bleiben konnten. So stand der Philosoph Louis de Bonald (1745–1840) der Revolution ablehnend gegenüber, wobei sich seine Kritik vor allem gegen den Individualismus richtete. Nicht der einzelne Mensch trägt und gestaltet seiner Meinung nach die Gesellschaft, sondern die Gesellschaft trägt und formt den einzelnen. Das Individuum ist für Bonald eine «gefährliche Abstraktion». Etwa dieselbe Haltung findet sich bei Joseph-Marie de Maistre (1753–1821), einem brillanten Stilisten und Rhetoriker, dessen Schriften einen tiefen Pessimismus widerspiegeln. Für ihn ist der Mensch ein von Natur aus unvernünftiges Wesen, das nur durch Autorität und Disziplin zur Vernunft und auf den richtigen Weg gebracht werden kann.

Neben der Bürgerlichen Revolution von 1789 wurde auch die industrielle Revolution für viele zu einem beherrschenden Thema. Saint-Simon und Comte sahen in ihr ein Moment des Fortschritts, da durch sie die Arbeit und die Arbeitsteilung in den Mittelpunkt des Interesses rückten. Für Alexis de Tocqueville waren sowohl die politische als auch die industrielle Revolution Momente eines Demokratisierungsprozesses, der die Geschichte Europas seiner Meinung nach nachhaltig prägen sollte.

Destutt de Tracy

Gemeinsam mit anderen plante Antoine-Louis-Claude Destutt de Tracy (1754–1836) im ausgehenden 18. Jahrhundert den Entwurf einer neuen Wissenschaft, in deren Mittelpunkt die Ideen stehen sollten. In einem Vortrag, den er 1786 hielt, gab er dieser Wissenschaft den Namen «Ideologie». In seinen *Eléments d'idéologie* (1801–1815) analysierte er die Ideen unter dem Aspekt ihrer Entstehung und ihres Fortbestehens, ihrer praktischen Umsetzung und Verbreitung. Dabei untersuchte er auch die Auswirkungen von Ideen auf die Sprache und ihren Niederschlag in den Schriften. Um die menschliche Vorstellungstätigkeit zu erklären, unterschied Destutt vier Fähigkeiten: die sinnliche Wahrnehmung, das Erinnerungs- und Urteilsvermögen sowie den Willen. Alle diese Fähigkeiten beruhen seiner Ansicht nach auf Empfindungen und können deshalb letztlich auf das Nervensystem zurückgeführt werden.

In unserer Zeit ist das Werk von Destutt de Tracy in Vergessenheit geraten, aber seine Ideen hatten großen Einfluß auf den jungen Stendhal und auf den geistigen Vater der amerikanischen Nation, Thomas Jefferson, der nicht nur ein bedeutender Staatsmann, sondern auch Philosoph und Künstler war. Zudem haben seine Gedanken Eingang in diverse Lehrbücher und Lehrpläne gefunden, in denen das Fach Ideologie einen wichtigen Platz einnahm.

Maine de Biran

Ein Philosoph, dessen Name heute nicht mehr allzu häufig genannt wird, der jedoch im Frankreich des 19. und teilweise auch noch des 20. Jahrhunderts einen nicht zu unterschätzenden Einfluß ausgeübt hat, ist François-Pierre Gonthier Maine de Biran (1766–1824). Er war kein berufsmäßiger Philosoph, sondern ein Verwaltungsbeamter, der später einen Sitz im Pariser Abgeordnetenhaus innehatte.

Anfangs teilte Maine den Standpunkt Condillacs, für den die Sinnesorgane nicht nur die einzige Quelle der menschlichen Erkenntnis waren, sondern der auch das Denken selbst als eine sinnliche Wahrnehmung begriff. Diese Auffassung, die im Frankreich des ausgehenden 18. Jahrhunderts weit verbreitet war, vermischte sich mit einer Art physiologischem und neurologischem Materialismus, der unter anderem von Destutt de Tracy und dem Arzt und Philosophen Cabanis vertreten wurde. Beide definierten die sogenannten Geistesaktivitäten als Bewegungen und Empfindungen der Gehirnnerven.

Maine de Biran entfernte sich jedoch von diesem Standpunkt und entwickelte eine eigenständige Gegenposition: Da die Empfindungen der Sinnesorgane letztlich passiv seien, könnten sie auch den Ursprung des menschlichen Bewußtseins nicht hinreichend erklären. Zwischen dem Gehirn und dem Denken klaffte für ihn eine unüberbrückbare «Lücke», ein «Hiatus».

Maine kehrte in einem wesentlichen Punkt zu Descartes zurück, indem er die *expérience intérieure*, die «innere Erfahrung», zum Ausgangspunkt der philosophischen Reflexion machte. Dabei verfuhr er in einem introspektiven Sinn psychologisch. Da man seiner Meinung nach weder die Erscheinungen der Natur durch das Ich, noch das Ich durch die Natur erklären konnte, mußten Psychologie und Physiologie als zwei getrennte Bereiche gesehen werden. Auf

Maine de Biran, dessen Schriften die französische Philosophie stark beeinflußten.

welche Weise der Mensch in einer bestimmten Erfahrung der materiellen Außenwelt auch aufgehen mag, sein Ich wird niemals völlig damit zusammenfallen, sagte Maine.

Die Schwierigkeit liegt darin, daß die innere Welt in den Kategorien der Außenwelt oder in physischen Begriffen nicht adäquat wiedergegeben werden kann. Maine de Biran wurde nicht müde zu betonen, daß das Bewußtsein von seinem Ursprung her aktiv ist. Er spricht in diesem Zusammenhang von der «primitiven Tatsache» des Bewußtseins. Bewußtsein ist für ihn ein *effort*, wie das Denken eine Aktivität und jede Aktivität Willen ist. Das berühmte *Cogito ergo sum* von Descartes wird bei ihm zum *Volo ergo sum* (Ich will, also bin ich). In seinem Wollen erfährt der Mensch unmittelbar die eigene Aktivität wie auch den Widerstand des Nicht-Ichs.

Die Entwicklung einer Metaphysik ist nur möglich, wenn man von der inneren Erfahrung, von der Existenz eines aktiven Bewußtseins ausgeht, das für Maine als die einzige konstante Größe unter immer wieder neuen und andersartigen Gegebenheiten begriffen wurde. In der Aktivität des Ichs und im passiven Widerstand der Materie treten die Grundprinzipien des Bewußtseins zutage: Kraft, Ursache, Einheit und Identität. Auch die Freiheit beruht auf nichts anderem als auf der Möglichkeit von Denken und Aktivität, wobei beide ihrem Wesen nach identisch sind.

Das «wahre Sein», das Erkenntnisobjekt der Metaphysik, offenbart sich nicht in einer materiellen Außenwelt, die ständig ihr Gesicht verändert, es manifestiert sich – wenn überhaupt – ausschließlich in der inneren Erfahrung.

In der letzten Phase seines Lebens nahm sein metaphysisches Denken verstärkt religiöse Züge an. Er erweiterte sein philosophisches System um eine dritte Dimension, die erneut zu einer Veränderung der Perspektive führte. Das Ich stand nun in der Mitte zwischen Gott und Natur. Die innere Erfahrung mündete in eine mystische Anschauung, die eine große Empfänglichkeit für das Moralische und Heilige beinhaltete. Formelhaft könnte man seine Gedanken wie folgt zusammenfassen: Was Gott für die Seele ist, ist die Seele für den Körper.

Maine de Biran gilt als der Begründer der spiritualistischen Tradition, die in der französischen Philosophie einen wichtigen Platz einnimmt. Sein Denken hat neben einigen bedeutenden französischen Denkern des 19. Jahrhunderts, darunter Félix Ravaisson-Mollien (1813–1890), vor allem Bergson nachhaltig beeinflußt.

Saint-Simon

Die Ideen Claude Henri de Saint-Simons (1760–1825) haben das Denken Auguste Comtes in hohem Maße geprägt. Als Schüler d'Alemberts stark der Tradition der Aufklärung verhaftet, befaßten sich die ersten Schriften Saint-Simons mit dem Fortschritt der menschlichen Gesellschaft, der für ihn gleichbedeutend mit dem Fortschritt der Wissenschaften ist. Später konzentrierte er sich vor allem auf die Organisation des sozialen Zusammenlebens. In seinem *Du système industriel* (1821–1822) verkündete Saint-Simon, daß mit der industriellen Produktionsweise eine neue geschichtliche Epoche angebrochen ist. In der Industriegesellschaft mit dem für sie so typischen Prinzip der Arbeitsteilung wird sich die wechselseitige Abhängigkeit der Menschen und damit auch ihre Zusammenarbeit verstärken.

Saint-Simon unterscheidet in seiner Analyse zwischen «industriels» und «fainéants». Zu der ersten Kategorie zählen diejenigen, die einen produktiven Beitrag zum sozialen Zusammenleben leisten, also zum Beispiel Arbeiter, Unternehmer und Bankiers, aber auch Gelehrte und Wissenschaftler. Ihnen stellt er die Kategorie der Nichtstuer gegenüber. Für Saint-Simon liegt eines der größten Verdienste der Französischen Revolution darin, daß sie diese unproduktiven Nichtsnutze aus dem Weg geräumt hat.

Saint-Simon betrachtete die politische Revolution von 1789 als einen Teilaspekt der globalen industriellen Revolution. Die Leitung des neuen Gemeinwesens sollte sich auf rein verwaltungsmäßige und technokratische Aufgaben beschränken und nach den Vorstellungen Saint-Simons in den Händen herausragender Unternehmer und praktizierender Wissenschaftler liegen. Ein solcher Entwurf setzte eine radikale Veränderung der gesellschaftlichen Machtverhältnisse voraus, die sich, so Saint-Simon, quasi von selbst aus der fortschreitenden industriellen Revolution ergeben würde.

In seinen letzten Lebensjahren setzte Saint-Simon immer größere Hoffnung in das moralische Engagement des Menschen. Er sprach von einem Sozialismus, der auf der Verantwortung für den anderen beruhen sollte, er stellte das Privateigentum in Frage und verkündete in *Le nouveau Christianisme* (1825) das Ideal einer praktischen Menschen- und Nächstenliebe.

Der Positivismus von Auguste Comte

Comte ging in seinem philosophischen Konzept von dem Widerspruch aus, der für ihn zwischen der modernen Wissenschaft und Industrie einerseits und der Gesellschaftsordnung andererseits klaffte, deren Strukturen für ihn von der Willkürherrschaft der Theologen, Militärs und anderer nicht legitimer Machthaber bestimmt wurden. Er sah es als seine Aufgabe an, diesen Widerspruch aufzulösen, indem er den Wissenschaften ein neues Ordnungssystem und der Gesellschaft andere Institutionen gab, deren gemeinsames Merkmal eine wissenschaftlich fundierte Organisation der produktiven Arbeit sein sollte. Dieses Vorhaben bezeichnete er als positive Philosophie, die er ganz und gar in den Dienst des Fortschritts stellte.

Comte definierte drei gesetzmäßig aufeinanderfolgende Stadien, in denen der historische Prozeß des menschlichen Denkens verläuft. Entsprechend diesem Modell durchlaufen die Wissenschaften und damit verbunden auch die Gesellschaft und die Moral ein theologisches oder fiktives, ein metaphysisches oder abstraktes und ein wissenschaftliches oder positives Stadium.

Das theologische Stadium, das von Comte nochmals in die drei Stufen des Animismus (Fetischismus), des Polytheismus und des Monotheismus untergliedert wird, ist dadurch gekennzeichnet, daß alle Erscheinungen unter Berufung auf göttliche Kräfte, auf viele Götter oder auf nur einen Gott, begründet und erklärt werden. In diesem Zustand wird die menschliche Gesellschaft theokratisch gelenkt, die Macht liegt in den Händen militärischer Führer, die eine aggressive Eroberungspolitik führen. Das moralische Leben ist auf das Heil und die Erlösung in einer anderen Welt gerichtet.

Im metaphysischen Stadium werden die Erscheinungen auf allgemeine Prinzipien zurückgeführt, zu denen Comte unter anderem den Streit zwischen Gut und Böse und das Gleichgewicht zwischen den vier Elementen zählt. In diesem zweiten Stadium, das sich kritisch gegenüber der Theologie verhält, werden allgemeingültige Werte formuliert, die Macht liegt bei den Gesetzgebern und Rechtsgelehrten, die Politik ist defensiv und auf den Erhalt der bestehenden Ordnung gerichtet. Die Moral wird individuali-

stisch begriffen und sieht ihr höchstes Ziel in der persönlichen Vervollkommnung.

Im dritten, dem positiv-wissenschaftlichen Stadium, kommt es zu einem radikalen Bruch mit allen theologischen und metaphysischen Erklärungen. Auf dieser Stufe gelangt der Mensch durch rein empirische Forschung und ein streng logisches Denken zu wissenschaftlichen Erkenntnissen, die ausnahmslos im Dienste der Menschheit und des gesellschaftlichen Fortschritts stehen. Dieses Stadium steht ganz im Zeichen der industriellen Arbeit, der Arbeitsteilung und der neuen Perspektiven, die sich durch die rasante Entwicklung der Technik erschließen. Die organisatorische Macht liegt in den Händen einer ausgewählten Gruppe uneigennütziger Gelehrter und Unternehmer, die kein anderes Ziel vor Augen haben als die Schaffung und Erhaltung eines friedlichen Zusammenlebens. Die Moral ist «altruistisch» (ein von Comte eingeführter Begriff). In diesem Stadium hat die Philosophie einen positiv-wissenschaftlichen Charakter, ihre typischen Merkmale sind die radikale Ausrichtung an den Fakten, Nützlichkeit, Gewißheit und absolute Präzision.

Comte, der Begründer der Soziologie

Mit der Gesetzmäßigkeit von den drei Stadien korrespondiert auch eine bestimmte hierarchische Ordnung der Wissenschaften. Neben solchen, die relativ fließend von einem Stadium ins andere übergehen, gibt es auch Disziplinen, die diesen Schritt nur mit großer Mühe bewältigen. Wenn der Mensch selbst eine relativ große Distanz zu dem Objekt der Erkenntnis hat, wie das in der Sternkunde oder Mathematik der Fall ist, vollzieht sich dieser Übergang problemlos; in der wissenschaftlichen Analyse der Gesellschaft fällt es hingegen weitaus schwerer, die ersten beiden Stadien hinter sich zu lassen.

Comte verfolgte das Ziel, die strukturelle Entwicklung der Gesellschaft durch eine streng wissenschaftliche Methode zu erhellen. Dieser Wissenschaftsdisziplin gab er den Namen «Soziologie». Sie setzt sich aus zwei Teilen zusammen, und zwar zum einen aus einer sozialen «Statik», die eine Anatomie des gesellschaftlichen Organismus beinhaltet, und zum anderen aus einer sozialen «Dynamik», deren Aufgabe darin besteht, die Evolution dieses Organismus zu erforschen.

Das Wissen um die Struktur und Entwicklung der Gesellschaft schafft die Grundlage für eine wissenschaftlich fundierte Politik. Die soziale Statik und Dynamik sind eng miteinander verwoben, da sich die Menschheit seit ihrem Ursprung in einem Spannungsfeld von Ordnung und Fortschritt bewegt. *Ordre* und *progrès* sind die Grundbegriffe der Philosophie des Auguste Comte.

Nach dem Tod seiner Freundin Clothilde de Veau steigerte sich Comte in einen wahren Kult um ihre Person, er meditierte täglich, las immer wieder ihre

Auguste Comte wurde 1798 in Montpellier geboren. In Paris, wo er einige Jahre an der Ecole Polytechnique studiert hatte, kam es 1871 zu einer ersten Begegnung mit Saint-Simon, für den er bis zum Jahr 1824 als Sekretär arbeitete. Es kam zu einem Bruch, weil sich beide gegenseitig des Plagiats beschuldigten. Später war Comte bemüht, jegliche Spur Saint-Simons aus seinem Werk zu verbannen.

1826, kurz nach dem Zerwürfnis mit Saint-Simon, heiratete Comte die Prostituierte Caroline Massin. Die Ehe scheiterte relativ bald. In seinem Testament wird Comte, der sehr bescheiden lebte und hart arbeitete, diese Affaire als «den einzigen Fehltritt» in seinem Leben bezeichnen. Im gleichen Jahr beginnt er eine Vortragsreihe, die er in dem sechsteiligen *Cours de philosophie positive* (1830–1842) schriftlich festhält. 1830 findet auch sein erster (kostenloser) Kurs über Sternkunde für Arbeiter statt, den er bis 1847 jedes Jahr wiederholen wird. 1844 erscheint sein *Discours sur l'esprit positif*, in dem er seine Philosophie auf eine sehr klare und übersichtliche Weise zusammenfaßt.

1845/46 – nach Comte ein unvergleichliches Jahr – kommt es zu einem radikalen Umbruch in seinem Leben und Denken. Er begegnet Clothilde de Veau, einer jungen Frau, die, von ihrem Mann verlassen, wieder bei ihren Eltern wohnt. Zwischen ihr und Comte entwickelt sich eine intensive, aber rein freundschaftliche Beziehung. Sie führen lange Gespräche und schreiben sich philosophische Briefe. Lange hat diese Freundschaft nicht gedauert, denn im Frühjahr 1846 stirbt Clothilde an Tuberkulose – eine Krankheit, die im neunzehnten Jahrhundert sehr verbreitet war und den Betroffenen, wie in zeitgenössischen Kommentaren zu lesen ist, «manchmal in einen Zustand überschäumender Lebensfreude und Vergeistigung» versetzte.

Comte stirbt 1857 an einer Magenblutung. Sein Grab liegt auf dem Pariser Friedhof Père Lachaise, nicht weit entfernt von dem Clothildes.

Das Gemälde «Krieg» (1894) von Henri Rousseau wurde von Kritikern als Obsession und Alptraum beschrieben. Das 20. Jahrhundert mit seinen furchtbaren Weltkriegen kündigt sich an.

Briefe und verbrachte viele Stunden an ihrem Grab. Letztlich gipfelte diese Verehrung darin, daß Comte eine «universale Religion», seine «Réligion de l'Humanité», gründete, an deren Spitze er sich selbst als «Hoher Priester der Menschheit» sah. Diese Religion ist nach dem Vorbild des Katholizismus aufgebaut, kennt jedoch keinen Gott. An seine Stelle tritt die Menschheit als Einheit aller Lebenden und Toten. Comte entwarf eine eigene Liturgie mit Priestern und Sakramenten, mit neuen Kalender- und Gedenktagen, an denen der Männer und Frauen gedacht werden sollte, die der Menschheit positiv gedient haben. Selbstverständlich nahm Clothilde hier einen zentralen Platz ein.

Es ist verständlich, daß viele Bewunderer und Sympathisanten Comtes diese Entwicklung nicht mehr nachvollziehen konnten und sich von ihm abwandten. So schrieb John Stuart Mill: «Andere mögen vielleicht lachen, aber wir sollten wohl eher weinen, angesichts dieses tragischen Verfalls eines großen Intellekts.»

Dennoch war sein Einfluß gewaltig. Comte gilt allgemein als der Begründer der Soziologie. Der erste bedeutende Soziologe Frankreichs, Emile Durkheim (1858–1917), hat sich deutlich von ihm inspirieren lassen. In seinen Studien zur Arbeitsteilung, zum Selbstmord und zu den elementaren Strukturen des religiösen Lebens erforschte Durkheim diese und ähnliche Phänomene, indem er sie, mehr oder weniger dem Vorbild Comtes folgend, zu «objektiven sozialen Tatsachen» erklärte. Und nicht zuletzt berufen sich einige südamerikanische Staaten, darunter Brasilien, in ihrer Gesetzgebung und in ihren Körperschaften auf die Prinzipien Comtes.

De Tocqueville

Alexis de Tocqueville (1805–1859) war in erster Linie ein Historiker. Seine Analyse der Prozesse und Entwicklungen in Europa ist ihrem Ansatz nach zwar etwas bescheidener, in den Details jedoch subtiler als die Comtes. Außerdem basieren seine Vorstellungen auf realen Erfahrungen, während der Positivismus doch eher eine theoretische Konstruktion darstellt. Nach Tocqueville ist die europäische Geschichte gleichbedeutend mit einem Prozeß fortschreitender Demokratisierung. Die Demokratie als Lebensform besteht für ihn in einer *égalite des conditions*, also in einer Gleichheit der Chancen. Dies bedeutet, daß jeder in mehr oder weniger gleicher Weise am gesellschaftlichen Leben teilnehmen kann und zu relativ gleichen Teilen an den Gütern dieser Gesellschaft partizipiert.

In seinem Werk *De la Démocratie en Amérique* (1835) beschreibt er die amerikanische Gesellschaft als ein demokratisches Gemeinwesen, in dem das Prinzip der Gleichheit Realität und Ideal zugleich ist. Da das europäische System der vererbten Privilegien hier nicht existiert, stehen jedem einzelnen im Prinzip dieselben Chancen offen. De Tocqueville sieht nur geringe Unterschiede zwischen den Menschen, was ihr Verhalten und ihre Umgangsformen, die Erziehung und Bildung, die Sprache und Kultur betrifft. Amerika ist ein Land ohne große Heilige, aber auch ohne große Sünder, sagt er, ein Modellstaat und das Vorbild, dem Europa nolens volens folgen wird.

In seinem *L'ancien régime et la révolution* (1856) befaßt sich Tocqueville mit dem Prozeß der Demokratisierung, der *égalisation des conditions*, wie es bei ihm heißt. Die europäische Kultur wird seiner Meinung nach seit der Antike von einer zunehmenden Tendenz zur Gleichheit geprägt. Die ganze Geschichte stellt sich ihm als ein langsam fortschreiten-

Die britische Philosophie

der Prozeß in Richtung Angleichung und Nivellierung dar. Alle historischen Ereignisse und Fixpunkte, von der Erfindung des Schießpulvers und der Buchdruckkunst über die Reformation und das Aufkommen der modernen Wissenschaften bis hin zur Industrialisierung und Revolution sind Teil dieses Prozesses, der sich unaufhaltsam, unumkehrbar und überwiegend unabhängig vom menschlichen Bewußtsein und Willen vollzieht. Selbst diejenigen, die sich ihm widersetzen, wie die Vertreter des Ancien Régime, tragen mit ihrem Widerstand letztendlich zu einer Demokratisierung bei.

Der Prozeß der Demokratisierung ist für de Tocqueville nicht gleichbedeutend mit dem Fortschritt. Auch wenn er die unbestritten guten Seiten hervorhebt, ist er keineswegs blind für die tendenziellen Gefahren, die eine solche Entwicklung birgt. Die größte Bedrohung sieht er darin, daß der Mensch um der Gleichheit willen bereit ist, seine Freiheit preiszugeben. So kann eine Tyrannei neuen Typs, eine Diktatur der Mittelmäßigkeit und der öffentlichen Meinung entstehen. Wer sich der öffentlichen Meinung entgegenstellt, muß mit Ablehnung und Verachtung rechnen, wer sich über das Mittelmaß erhebt, läuft Gefahr, als unangepaßt, hochmütig oder elitär abgestempelt zu werden. De Tocqueville warnt, daß aristokratische Tugenden wie Treue, Edelmut und das persönliche Engagement für die übergeordneten Interessen des Staates auf Kosten eines immer ausgeprägteren Individualismus verlorengehen könnten. Er ahnt die Gefahr einer zunehmenden Vereinsamung, Ichbezogenheit und Selbstsüchtigkeit und fürchtet, daß sich das primäre Interesse der Menschen immer stärker auf die Vermehrung des eigenen materiellen Wohlstands verlagern könnte. Er sieht eine Gesellschaft von Gehaltsempfängern entstehen, in der jeder in Lohndienst ist. Durch die zunehmende Nivellierung nimmt auch die allgemeine Gleichgültigkeit, vor allem in der Politik, zu. De Tocqueville sieht hierin eine gefährliche Tendenz, da mit ihr auch die Bereitschaft wächst, die Macht an andere zu delegieren, denen man solange bedingungslos Gehorsam leistet, wie das Gleichheitsprinzip unangetastet bleibt.

Viele Gedanken de Tocquevilles kehren in dem Buch *On Liberty* von John Stuart Mill wieder, das 1859, dem Todesjahr von Alexis de Tocqueville, erschien.

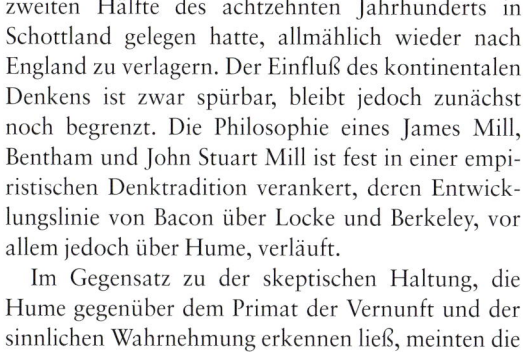

Der Philosophieunterricht fristete in vielen europäischen Ländern ein Schattendasein. Nur in Frankreich und Belgien hatte sich die Philosophie seit der Revolution von 1789 an den Ausbildungsinstituten relativ fest etabliert. Ein Professor der Philosophischen Fakultät im 19. Jahrhundert.

Im neunzehnten Jahrhundert beginnt sich der Schwerpunkt der britischen Philosophie, der in der zweiten Hälfte des achtzehnten Jahrhunderts in Schottland gelegen hatte, allmählich wieder nach England zu verlagern. Der Einfluß des kontinentalen Denkens ist zwar spürbar, bleibt jedoch zunächst noch begrenzt. Die Philosophie eines James Mill, Bentham und John Stuart Mill ist fest in einer empiristischen Denktradition verankert, deren Entwicklungslinie von Bacon über Locke und Berkeley, vor allem jedoch über Hume, verläuft.

Im Gegensatz zu der skeptischen Haltung, die Hume gegenüber dem Primat der Vernunft und der sinnlichen Wahrnehmung erkennen ließ, meinten die Empiristen des neunzehnten Jahrhunderts, das gesamte Wissen wie auch die Ethik psychologisch begründen zu können. John Stuart Mill wird diesen Ansatz nicht auf die Naturwissenschaften begrenzen, sondern auch auf das rein rationale mathematische Wissen ausdehnen. Mill formt den Positivismus Comtes zu einer Philosophie um, die alles Wissen auf Erfahrung gründet, was im Prinzip nur eine Weiterführung der britischen Tradition bedeutet.

Durch die Anwendung der Evolutionslehre kommt später ein weiteres neues Element hinzu. Spencer hat diese Theorie, die vor allem durch das Werk Darwins Fuß fassen konnte, unabhängig von Darwin zu einem integralen philosophischen System ausgeweitet. Im übrigen hält auch er – wenn auch weniger konsequent als Mill – an der empiristischen Begründung allen Wissens fest, die für die moderne britische Philosophie so typisch ist.

Erst gegen Ende des neunzehnten Jahrhunderts wird der deutsche Idealismus, und hier vor allem die Philosophie Hegels, in England tonangebend.

Bentham und der Utilitarismus

Das psychologische Prinzip, demzufolge das menschliche Handeln von dem Streben nach Lustgewinn (*pleasure*) beziehungsweise durch die Vermeidung von Schmerz (*pain*) bestimmt wird, nimmt im Denken von Jeremy Bentham (1748–1832) einen zentralen Platz ein.

Bentham geht davon aus, daß das Gute gleichbedeutend ist mit Lust, Genuß oder Freude, während er das Böse als ein Synonym für Schmerz, Unlust oder Kummer begreift. Von allen möglichen Handlungen ist diejenige optimal, weil nützlich, die das höchstmögliche Maß an Glück, Freude oder persönlichem Vorteil bringt. Die verschiedenen Möglichkeiten des Handelns müssen entsprechend ihrem eigentlichen Nutzen beurteilt und gegeneinander abgewogen werden, oder anders ausgedrückt, das praktische Handeln muß nach hedonistischen Kriterien kalkuliert werden.

1789, im Jahr der Französischen Revolution, veröffentlichte Bentham sein Werk über die Grundlagen der Ethik und des Rechts.

Der Jurist Bentham hat diese Theorie, die als *Utilitarismus* bekannt wurde, sowohl auf die Ethik als auch auf die Gesetzgebung bezogen. Er hielt es für Unsinn oder Heuchelei, die Tugend als Selbstzweck zu sehen. Für ihn bemißt sich der Wert sittlicher Tugenden nach ihrem Nutzen und nach dem Grad ihrer Gemeinnützigkeit. Auch hier hielt er so etwas wie ein «moralisches Budget» für möglich. Extreme Auswüchse eines sozialen Egoismus würden nach Meinung Benthams auf längere Sicht automatisch mit den wohlüberlegten Eigeninteressen kollidieren. Für ihn ist das höchste für Menschen erreichbare Glück immer in einen sozialen Kontext eingebunden. Sozialethisches Verhalten ist für Bentham dadurch definiert, daß «das größtmögliche Glück für die größtmögliche Zahl von Menschen» verwirklicht wird. Diesem übergeordneten Ziel muß vor allem das Rechtssystem entsprechen.

Der Gesetzgeber sollte den Individuen möglichst wenige Hindernisse in den Weg legen. Bentham plädierte für einen weitgehenden Liberalismus. Das Strafsystem hielt er zwar für notwendig, da es als Abschreckung von asozialen Handlungsweisen eine durchaus praktische Funktion hatte, aber es mußte seiner Meinung nach so gestaltet werden, daß mit den minimalsten Strafen ein maximaler Abschreckungseffekt erzielt wird. So gilt Bentham nicht nur als ein bedeutender Reformer im Bereich der Politik und der Gesetzgebung, sondern auch als der Schöpfer eines Modellgefängnisses, des sogenannten *Panopticum*.

Seine soziale Einstellung bewies er in der Praxis unter anderem dadurch, daß er die Projekte Robert Owens finanziell unterstützte, obwohl er alles andere als ein Sozialist war. Darüber hinaus griff er dem fünfundzwanzig Jahre jüngeren James Mill bei der Herausgabe seines dreiteiligen Werks *History of India* unter die Arme – eine Publikation, die Mill später zu einer Anstellung bei der *East India Company* verhelfen sollte.

Der schottische Historiker und Philosoph Thomas Carlyle (1795–1881) hegte starke Sympathien für Deutschland und die idealistische deutsche Philosophie. Auffallend ist seine Verherrlichung der menschlichen Arbeit. Hier die niederländische Ausgabe einer seiner Schriften.

James Mill

James Mill (1773–1836) stammte ebenso wie sein großer Vorgänger David Hume aus Schottland. In seinem Buch *Analysis of the Phenomena of the Human Mind* (1829) reduziert Mill die Totalität der menschlichen Erfahrungen auf einfache, mehr oder weniger atomare Elemente, die rein *psychischer* Natur sind. Sie besitzen die Eigenschaft, sich durch Assoziation zu komplexen Strukturen zu verbinden, die den Anschein eigenständiger Einheiten erwecken. Ein Beispiel: Der Duft einer Rose, ihr Erscheinungsbild und die Empfindung ihrer sanften Berührung fließen meistens in einer einzigen Wahrnehmung zusammen. Wenn man sich später eines dieser Elemente erneut vergegenwärtigt, werden auch die anderen automatisch reproduziert. Alle Vorstellungen von Objekten sind ihrem Wesen nach nichts anderes als Bündelungen dieser Elemente. Der Prozeß des Differenzierens und Vergleichens ist in das Vorstellungsvermögen selbst integriert. Es gibt keinen wesentlichen Unterschied zwischen der Vorstellung selbst und den abstrakten Verknüpfungen zwischen diesen Vorstellungen. So beruht das Kausalitätsprinzip auch auf nichts anderem als auf der konstanten Abfolge von zwei Ereignissen.

Auch ein psychisches Phänomen wie der Wille läßt sich durch die Assoziation erklären. Eine Wahrnehmung führt durch Assoziation zu einer Idee, die mit einem bestimmten Zweck verbunden wird. Der Akt des Willens wird vollzogen, weil er das Mittel zum Zweck ist, mit dem Lust beziehungsweise Unlust in Verbindung gebracht wird.

John Stuart Mill

John Stuart Mill teilt die Auffassung seines Vaters James, daß Erkenntnis auf einer psychologischen Grundlage beruht. Im Mittelpunkt seines Denkens steht die Aussage, daß jegliche Erkenntnis und alles Wissen auf Erfahrung zurückgeht. Die Philosophie John Stuart Mills kann als ein sehr strikter und konsequent durchgeführter Empirismus bezeichnet werden, der auf einem psychologischen Fundament ruht.

Wenn Mill von «Logik» spricht, so meint er damit eine «Logik der Erfahrung». Strenggenommen ist Mills Abhandlung zur Logik in erster Linie eine Methodenlehre über Urteile und Schlußfolgerungen, die von der Wahrnehmung ausgehen. Alle verstandesmäßigen Tätigkeiten basieren auf Erfahrung und Induktion, das heißt, ausgehend von einfachen Gegebenheiten werden aus beobachteten Einzelfällen allgemeine Regeln abgeleitet. Diese Ableitung wird nach Mill durch feste Assoziationsgesetze bestimmt. Der menschliche Geist neigt dazu, seine Erfahrungen zu verallgemeinern. Induktion basiert auf der An-

DIE BRITISCHE PHILOSOPHIE

John Stuart Mill spricht in seinen Schriften die Kernfragen des 19. Jahrhunderts an: Fortschritt durch wissenschaftliche Erkenntnis, Freiheit und Glück des menschlichen Individuums.

Die größte Gefahr, die einer Demokratie droht, ist die Nivellierung der individuellen Unterschiede und die Unterdrückung der Auffassungen von Minderheiten.

John Stuart Mill wurde 1806 als ältester Sohn von James Mill geboren. Sein Vater hatte sehr spezielle Auffassungen, was die Erziehung seines Sohnes betraf. Im Alter von drei Jahren begann John Stuart Mill Griechisch zu lernen, mit zehn Jahren beherrschte er bereits die allgemeine Geschichte. Mit zwölf waren Geometrie, Algebra und Differentialrechnung für ihn keine Geheimnisse mehr, und er verfaßte gleichzeitig ein Buch über die Geschichte Roms. Als er dreizehn war, wußte er alles, was in seiner Zeit über die Ökonomie bekannt war. Mit achtzehn gründete Mill eine utilitaristische Vereinigung für junge Leute, in der Vorlesungen und Diskussionen über das Nützlichkeitsprinzip stattfanden. 1823 trat er auf Wunsch seines Vaters eine Stelle bei der *East India Company* an, wo er bis 1858, in den letzten beiden Jahren in einer Spitzenstellung, bleiben sollte. Diese Arbeit ließ ihm viel Zeit für seine Studien und seine schriftstellerische Tätigkeit. Zwischen 1865 und 1868 war Mill Abgeordneter des Unterhauses.

Im Alter von zwanzig Jahren erleidet Mill einen Zusammenbruch und kämpft anschließend über lange Zeit mit schweren Depressionen, was angesichts seiner extrem einseitig ausgerichteten intellektuellen Erziehung im Grunde nicht erstaunlich ist. Nach seiner Genesung durchläuft er eine romantisch orientierte Phase.

1830 macht der fünfundzwanzigjährige Mill die Bekanntschaft der dreiundzwanzigjährigen Harriet Taylor. Sie ist verheiratet, Mutter von zwei Kindern. Dennoch hinterläßt diese Begegnung bei beiden einen tiefen Eindruck. Harriet, die mit dem Geschäftsmann John Taylor verheiratet ist, beschließt, ihren Gefühlen nicht nachzugeben und bei der Familie zu bleiben. Ihr Mann stimmt schließlich einer Regelung zu, die ihr erlaubt, Mill auch weiterhin zu sehen. Nach Aussage von Mill geschah all dies in völliger Unschuld. Harriet blieb bis zum Tod ihres Mannes im Jahr 1849 bei ihrer Familie. Danach stand einer Ehe mit Mill nichts mehr im Wege. 1851 heirateten Mill und Harriet. Wie Mill sagte, haben die Gedanken Harriets vor allem sein sozialphilosophisches Werk maßgeblich beeinflußt.

Harriet starb 1858 in Avignon und wurde dort auch begraben. In Gesellschaft von Harriets jüngster Tochter Helen wird Mill dort einen großen Teil seines weiteren Lebens verbringen. Er starb am 8. Mai 1873.

nahme (die letztlich selbst wiederum auf Erfahrung gründet), daß die Natur unter denselben Gegebenheiten auch immer dieselbe ist. Das Kausalitätsprinzip stellt nichts anderes dar als das konstante Aufeinanderfolgen zweier Phänomene, wobei sich das eine nur dann manifestieren kann, wenn ihm das andere vorausgegangen ist.

Nicht nur das Kausalitätsprinzip, sondern auch mathematische Axiome beruhen auf erfahrungsbedingten Verallgemeinerungen. Von einem apriorischen Wissen wie bei Kant ist nicht die Rede. Alles Wissen entspringt der Erfahrung, die sowohl die Außenwelt als auch das Innere des Menschen umfaßt; sie entsteht durch Wahrnehmung, Induktion, Abstraktion und Assoziation.

Mathematische Axiome beruhen scheinbar auf dem Denken, da sie mit keiner unmittelbar erfahrbaren Wirklichkeit korrelieren; tatsächlich aber wurden sie durch die verallgemeinernde Abstraktion von Erfahrungswerten gebildet. So ist beispielsweise die Zahl eine Ableitung von verschiedenen Mengen gleichartiger Objekte. Die Wissenschaftsgeschichte macht deutlich, daß man erst am Ende langer Entwicklungsketten auf Abstraktionen dieser Art gestoßen ist. Einmal entdeckt, erweisen sie sich zwar als Grundprinzipien, die aufgrund ihres abstrakten Charakters weiter verwendbar sind, aber ihre Entwicklung ist ein Resultat, das am Ende einer langen Erfahrung steht. Dies gilt auch für die Regeln der Logik, wie zum Beispiel für das Prinzip vom ausgeschlossenen Dritten. Kurz: alles deduktive Wissen kommt letztlich durch Induktion zustande.

Die Wissenschaften werden von Mill in Natur- und Geisteswissenschaften unterteilt, wobei für beide Bereiche dieselbe empiristische Methode gilt. Die Gesetzmäßigkeit und die Notwendigkeit in der Natur haben für den Menschen nicht die Bedeutung eines alles umfassenden Determinismus. Auch wenn man davon ausgehen muß, daß alles, einschließlich der eigenen Existenz und des persönlichen Charakters, determiniert ist, bleibt der eigene Wille des Individuums ein mitentscheidender Faktor. Determinismus ist für Mill also keineswegs gleichbedeutend mit Fatalismus.

In der Ethik knüpft Mill an Bentham an. Auch für ihn entspringt das menschliche Handeln dem Prinzip, Genuß zu erzeugen oder Schmerz zu vermeiden, aber anders als Bentham unterscheidet er zwischen qualitativ unterschiedlichen Formen des Glücks. Ein weiterer Unterschied zu Bentham liegt auch darin, daß Mill das Streben nach Glück nicht unbedingt auf das Materielle beschränkt, sondern durchaus auch den geistigen Bereich einschließt und dabei explizit den sozialen Aspekt betont.

Mills Buch *On Liberty* (1859) sollte zu einem Klassiker werden. Es ist ein leidenschaftliches Plädoyer für die Freiheit des einzelnen und den Gedanken der Toleranz. Die einzige Freiheit, die diesen Namen verdient, so Mill, besteht darin, dem eigenen Lustgewinn auf die eigene Art nachzustreben; diese Freiheit findet ihre Grenze dort, wo sie das Streben

Porträt von Darwin, das 1881, ein Jahr vor seinem Tod, entstand. Den berühmten Satz vom Überleben des Stärkeren («survival of the fittest») hatte er von Spencer übernommen.

eines anderen beschränkt. Mill widmete dieses Buch seiner Frau Harriet, die nach seinen eigenen Worten den Inhalt maßgeblich mitbestimmte. Zweifellos gilt dies auch für Mills Buch über die Unterdrückung der Frau, das er 1869, also vier Jahre vor seinem Tod, unter dem Titel *The Subjection of Women* mit der Unterstützung seiner Stieftochter Helen Taylor veröffentlichte.

Spencer

Der begabte Autodidakt Herbert Spencer wurde 1820 in Derby geboren. Nachdem er von 1837 bis 1845 zunächst als Eisenbahningenieur in London gearbeitet hatte, wurde er Schriftsteller und Journalist. Von 1848 bis 1853 verdiente er seinen Lebensunterhalt als Redakteur der Zeitschrift *The Economist*. Während sein Werk in den Vereinigten Staaten schon früh anerkannt wurde, blieb es in England bis 1870 unbeachtet. Im Alter hatte er es zu internationalem Ruhm gebracht. Herbert Spencer starb 1903 in Brighton – im eigenen Land erneut geschmäht, da er gegen den Burenkrieg Stellung bezogen hatte, während das italienische Parlament seine Sitzung vertagte, als die Nachricht von seinem Tod bekannt wurde. Spencer hat ein gewaltiges Œuvre hinterlassen. Allein sein Hauptwerk *A System of Synthetic Philosophy* (1862–1896) umfaßt zehn Bände.

Unabhängig von Darwin hat Spencer den Evolutionsgedanken zur Grundlage eines allumfassenden philosophischen Systems gemacht. Obwohl er, ganz im Sinne der philosophischen Tradition Großbritanniens, bemüht war, den festen Boden der empirischen Erfahrung nicht zu verlassen, führte er mit dem Gedanken, daß der Mensch ein Teil des Evolutionsprozesses ist, ein Element ein, daß sich nur indirekt aufgrund von Erfahrung vermitteln läßt. Nach Auffassung Spencers befindet sich die Natur in einem kontinuierlichen Entwicklungsprozeß. Evolution und *Dissolution* (Auflösung) sind die Grundformen aller natürlichen Entwicklungen, die über Prozesse der Integration und Desintegration zur Differenzierung führen. Wie das Organische aus dem Anorganischen entstanden ist, so haben sich die höheren Organismen aus den niedrigeren entwickelt, wobei umweltspezifische, funktionale und erbliche Faktoren eine Rolle gespielt haben.

Im Verlauf der Evolution wird das psychische Leben zunehmend komplexer, verfeinerter und nuancierter. Das Denken schafft Beziehungsmuster und beruht auf der Fähigkeit, die Dinge in ihrer Gleichheit zu erkennen und in ihrer Unterschiedlichkeit zu differenzieren. Die sogenannte apriorische Erkenntnis geht auf frühere Erfahrungen der menschlichen Gattung zurück, die durch Vererbung genetisch weitergegeben werden.

Herbert Spencer

Für Spencer ist die Natur ein letztlich unergründlicher Prozeß. Eine Interpretation der Erscheinungen, beispielsweise durch Begriffe wie Materie, Bewegung oder Kraft, ist nicht mehr als eine abstrakte, symbolische Reduktion unserer Erfahrung. Von den grundlegenden Prinzipien, die in der Natur wirken, sind nur die Manifestationen, die Auswirkungen bekannt.

Spencer integriert auch die Soziologie in sein System. Er sieht die menschliche Gesellschaft als einen Organismus mit unterschiedlichen Funktionen, der ebenfalls der Gesetzmäßigkeit des Evolutionsprozesses unterliegt. So sind aus Horden und Stämmen Völker und Staaten entstanden; aus einer Gesellschaft, die ihre Macht militärisch begründete, hat sich die Industriegesellschaft entwickelt, die dem einzelnen ein höheres Maß an Freiheit gewährt. Der Sozialismus stellt für Spencer eine Bedrohung dieser Freiheit dar; er vertrat einen extrem liberalen Standpunkt und plädierte dafür, daß der Staat möglichst wenig intervenieren sollte (*The Man versus the State*, 1884).

Spencers Ethik ist von den Prinzipien des Utilitarismus geprägt. Er fügt dieser Theorie den Evolutionsgedanken hinzu, indem er als gut definiert, was dem Leben am meisten zugute kommt. Sittliche Werte sind dem Anschein nach a priori und angeboren. Sie sind jedoch, ebenso wie die Prinzipien des Denkens, aus den Erfahrungen der menschlichen Gattung im Verlauf der Evolution zu erklären.

In religiöser Hinsicht ist Spencer Agnostiker. Eine letzte oder absolute Wirklichkeit hält er für nicht erkennbar – was im übrigen keineswegs die mögliche Existenz einer solchen Wirklichkeit ausschließt. Der positive Aspekt jeder Religion liegt für Spencer darin, daß sie ein Bewußtsein schafft für die Relativität des menschlichen Wissens angesichts einer Wirklichkeit, die ihrem Wesen nach letzten Endes unergründlich ist.

Die Neukantianer

Für den Schweizer Maler Ferdinand Hodler beschränkt sich die Philosophie nicht auf das Studierzimmer oder das Katheder. Sein «Philosophierender Handwerker» (1884) ist in philosophische Betrachtungen versunken.

Die kulturphilosophischen Betrachtungen Ernst Cassirers haben das Denken bis weit in das 20. Jahrhundert beeinflußt.

In der zweiten Hälfte des neunzehnten Jahrhunderts scheint in Deutschland die Quelle künstlerischer und literarischer Kreativität versiegt zu sein. Große Dichter und Denker sind rar, und mit Ausnahme der Musik – es ist die Zeit von Liszt, Brahms und Wagner – haben sich die Schwerpunkte des Kultur- und Geisteslebens verlagert. Das künstlerische Leben pulsiert in anderen Ländern, zum Beispiel in Rußland, wo Dostojewskij, Tolstoj und Tschechow ihre großen Romane schreiben, oder in Frankreich, wo Baudelaire, Rimbaud und Zola die Akzente setzen und sich ab 1860 eine neue Richtung in der Malerei, der Impressionismus, durchzusetzen beginnt.

In der Philosophie machen in Deutschland allerdings noch die Neukantianer von sich reden. 1865 veröffentlicht der damals fünfundzwanzigjährige Otto Liebmann ein Buch, das unter dem Titel *Kant und die Epigonen* eine anschauliche und gleichzeitig kritische Analyse der deutschen Philosophie nach Kant enthält. Jedes Kapitel dieses Werks endet mit dem Aufruf, zu Kant zurückzukehren. Dieses Buch bildete den Anstoß für die Entwicklung einer philosophischen Bewegung, die später als Neukantianismus bezeichnet werden sollte.

Kants Theorie der Erfahrung (1871) von Hermann Cohen (1842–1918) gilt allgemein als das erste und grundlegende Werk des Neukantianismus, der den philosophischen Diskurs an den deutschen Universitäten gegen Ende des neunzehnten Jahrhunderts maßgeblich bestimmte, als eine reine «Professorenphilosophie» jedoch außerhalb der Universitäten nur ein geringes Echo fand.

Die großen Verdienste der Neukantianer liegen in ihren Kommentaren zu den Schriften Kants und in ihren Beiträgen zur Geschichte der Philosophie. Ihre philosophische Bedeutung liegt vor allem in der fundierten Auseinandersetzung mit den Strukturen der Erfahrung, in der Problematisierung der Gültigkeit des Wissens und in der Erforschung der verschiedenen Wissenschaftsmethoden. Der Neukantianismus ist primär eine Erkenntnislehre, der es um eine Neufassung der Transzendentalphilosophie Kants geht.

Der Neukantianismus hat sich in zwei Richtungen aufgespalten, in die Marburger Schule, deren wichtigste Vertreter Cohen, Paul Natorp (1854–1924) und später Ernst Cassirer (1874–1945) waren, und in die Badener oder Süddeutsche Schule mit den Protagonisten Wilhelm Windelband (1848–1915) und Heinrich Rickert (1863–1945). Während sich die Marburger Schule vor allem mit der Logik und der Methodik der modernen Wissenschaften beschäftigte, legte die Süddeutsche Schule ihren Schwerpunkt auf die Unterscheidung von Natur- und Geisteswissenschaften. Einer der Unterschiede sollte darin bestehen, daß es in den Geisteswissenschaften um Wertungen und Werturteile ging. Im Vordergrund stand die Frage, wie ein Werturteil möglich ist und auf welchen Voraussetzungen es beruht. Darüber hinaus wandte man sich der Fragestellung zu, ob es so etwas wie absolute Werte gibt und ob die Werte als subjektiv oder objektiv betrachtet werden müssen.

Eine Sonderstellung innerhalb des Neukantianismus nimmt Hans Vaihinger (1852–1933) ein. In seiner Studie *Die Philosophie Als-ob*, die um 1876 geschrieben, aber erst 1911 publiziert wurde, spricht er von der unverzichtbaren Rolle, die der Fiktion für Ethik, Religion, Philosophie und Wissenschaft zukommt. Ohne Fiktionen, die er deutlich von Hypothesen unterscheidet und die nicht zum Dogma werden dürfen, scheint es Vaihinger unmöglich, ein sinnvolles Leben zu führen und wissenschaftliche Erkenntnis zu erlangen.

Die Anfänge der Wissenschaftsphilosophie

Die Mehrzahl der Gelehrten des neunzehnten Jahrhunderts hatten keine allzu hohe Meinung von den Auffassungen der sogenannten Berufsphilosophen. Sie hielten sich an ihre eigene «Grundlagenforschung», ohne sich explizit auf eine philosophische Theorie zu berufen. Berühmte Forscher wie der Mathematiker Georg Friedrich Bernhard Riemann (1826–1866) und der Physiker Gustav Robert Kirchhoff (1824–1887) waren der Meinung, daß die mathematische Methode sich am besten für wissenschaftstheoretische Untersuchungen eigne. Vor diesem Hintergrund entstand eine Kluft zwischen praktizierenden Wissenschaftlern und den Philosophen, die den technischen Erklärungen immer weniger folgen konnten, aber gleichzeitig für erkenntnistheoretische Untersuchungen plädierten, die ohne mathematische Formeln auskommen sollten.

Demgegenüber verteidigten psychologisch geschulte Autoren erkenntnistheoretische Positionen, die sich auf die wissenschaftlichen Erkenntnisse der neu entstandenen physiologischen und psychologischen Disziplinen stützten. In Großbritannien ist Alexander Bain (1818–1903) mit Werken wie *The Senses and the Intellect* und *The Emotions and the Will* federführend. In Frankreich macht der Philosoph und Historiker Taine (1828–1893) mit seinem Buch *De l'intelligence* von sich reden, und in Deutschland wendet sich der bekannteste Psychologe seiner Zeit, Wilhelm Wundt (1832–1920), der Philosophie zu. Mit einer erkenntnistheoretischen Klärung der mathematisch formulierten Grundlagen einer Wissenschaftsdisziplin beschäftigten sich die genannten Autoren allerdings nicht.

Anders Hermann von Helmholtz (1821–1894), der sich unter anderem in einem Vortrag über den Ursprung und die Bedeutung der geometrischen Axiome äußert und sich in einer Abhandlung über Zählen und Messen mit dieser Problematik auseinandersetzte. Mit Helmholtz setzte eine neue Art des Philosophierens ein, die sich im zwanzigsten Jahrhundert zu einer eigenständigen philosophischen Disziplin mit dem Namen «Wissenschaftsphilosophie» entwickelte. Zu ihrer Verbreitung haben zahlreiche Vertreter der exakten Wissenschaften beigetragen, sowohl im deutschsprachigen Raum wie auch in Frankreich und Großbritannien.

Insbesondere Pierre Duhem in Bordeaux und Ernst Mach in Wien verdanken wir bedeutende historisch-kritische und methodologische Betrachtungen zu den exakten Wissenschaften. Sie unterschieden sich von den anderen Philosophen in dem Sinn, daß sie nicht so sehr «die Wirklichkeit» zu ihrem Thema machten, sondern sich auf die wissenschaftlichen Theorien konzentrierten. Ihr besonderes Interesse galt den Begriffen, die in den Gesetzen, Hypothesen und Methoden der Wissenschaft auftauchen, einschließlich solcher Ausdrücke wie «beschreiben» und «erklären». Für metaphysische Betrachtungen ist in ihren Schriften kein Platz.

Duhem

Pierre Duhem (1861–1916) war ein französischer Naturwissenschaftler, der mit seinen mehrbändigen Werken *Les origines de la statique* (1905, 1906), *Etudes sur Léonard da Vinci* (1906, 1909, 1913) und *Le système du monde* (1914–1917) bahnbrechende Arbeiten vorlegte. Seine Verdienste als Wissenschaftsphilosoph beruhen vor allem auf seinen Studien zum Zweck und zur Struktur physikalischer Theorien, die in deutscher Übersetzung den Wiener Kreis beeinflußten.

Duhem betrachtet in Anknüpfung an Kirchhoff eine naturwissenschaftliche Theorie als ein System mathematischer Aussagen, die aus einer geringen Anzahl Prinzipien abgeleitet wurden und deren Zweck

Titelbild einer populären französischen Zeitschrift aus dem Jahr 1904, das Marie und Pierre Curie in ihrem Labor zeigt. Ihre Erkenntnisse über das Element Radium machten das Forscherehepaar um die Jahrhundertwende weltberühmt.

darin besteht, eine Gruppe experimenteller Gesetze möglichst einfach, umfassend und exakt darzustellen und zu klassifizieren. Die Verbindung zwischen der Theorie und den Phänomenen wird in der naturwissenschaftlichen Wahrnehmung hergestellt, die auf der genauen Beobachtung einer Gruppe von Erscheinungen beruht und mit einer Interpretation dieser Phänomene einhergeht. Eine solche Deutung setzt an die Stelle konkreter, aus der Beobachtung gewonnener Tatsachen abstrakte und symbolische Interpretationen, die mit diesen aufgrund eines Gesamtkomplexes an Theorien übereinstimmen. Entscheidende Experimente, die klären könnten, welche von zwei widersprüchlichen Hypothesen eine unwiderlegbare Wahrheit enthält, gibt es nicht.

Mach

Ernst Mach (1838–1916) war nach dem Studium der Naturwissenschaften in Wien fast dreißig Jahre lang als Hochschullehrer in Prag tätig. Wie viele bedeutende Naturwissenschaftler seiner Zeit, besaß auch Mach ein ausgeprägtes Interesse an Grundlagenproblemen. Die letzten sechs Jahre vor seiner Emeritierung hatte er einen Lehrstuhl für «induktive Philosophie» an der Universität Wien inne. Aufgrund der zweiten Ausgabe seiner Abhandlung *Beiträge zur Analyse der Empfindungen* (1886) wird er zu den «Positivisten» gerechnet.

Mach vertrat die Auffassung, daß «alles, was wir über die Welt wissen können, in der Begrifflichkeit von ‹Elementen› ausgedrückt werden kann». Diese Elemente, die er als «Sinneswahrnehmungen» bezeichnete, können auf eine genau zu benennende Weise von den individuellen Einflüssen des Wahrnehmenden befreit werden. Ziel und Zweck der Naturwissenschaften besteht für ihn darin, direkt oder indirekt, den Zusammenhang zwischen diesen Elementen in Form mathematischer Berechnungen zu ergründen. Begriffe, die keine Verweise auf «ökonomisch geordnete, gebrauchsfertige Erfahrungen» enthalten, sind für Mach demzufolge sinnlos. So erübrigt es sich, von einer absoluten Zeit zu sprechen, die losgelöst von allen Phänomenen existiert, da jede Zeitbestimmung nichts anderes ist, als eine verkürzte Beschreibung der wechselseitigen Abhängigkeit einzelner Phänomene.

Mach arbeitete seine Gedanken in Vorträgen und in einzelnen Abschnitten seiner Bücher aus, die an sich keinen allgemein-philosophischen Charakter haben, sondern sich in historischen und kritischen Betrachtungen mit bestimmten Teilbereichen und Aspekten der Naturkunde und Psychologie beschäftigen. Sein Interesse galt dabei der Ökonomie des Denkens, dem Vergleich, Gedankenexperimenten oder der Beständigkeit und Kontinuität des Denkens.

Nietzsche

Nietzsche aus der Sicht des norwegischen Malers Edvard Munch (1906).

Friedrich Nietzsche wurde am 15. Oktober 1844 in Röcken, südwestlich von Leipzig als Sohn eines Pfarrers geboren. Sein Vater starb, als Nietzsche gerade fünf Jahre alt war. Nietzsche studierte an der Universität Bonn zunächst Theologie, später klassische Philologie. Anschließend setzte er sein Studium in Leipzig fort, wo er Wagner kennenlernte, mit dem er sich nach einem jahrelangen intensiven Kontakt überwarf.

1869 wurde Nietzsche, damals noch keine fünfundzwanzig Jahre alt und noch nicht promoviert, zum Professor an die Universität Basel berufen. Dort publizierte er seine erste Schrift: *Die Geburt der Tragödie aus dem Geiste der Musik* (1872). Während des deutsch-französischen Krieges von 1870/71 meldete er sich freiwillig als Sanitäter, kehrte jedoch nach einiger Zeit krank von der Front zurück. Seit dieser Zeit machte ihm seine Gesundheit große Probleme.

1879 gibt Nietzsche seine Professur aus gesundheitlichen Gründen auf und beginnt ein mehr oder weniger unstetes Leben. Die Winter verbringt er gewöhnlich in Italien und an den Küstenorten des Mittelmeers, im Sommer hält er sich häufig in Sils-Maria in der Schweiz auf. Hier kommt er zum ersten Mal auf den Gedanken der «ewigen Wiederkunft des Gleichen», und er macht Pläne für sein Buch *Also sprach Zarathustra*. Während eines Besuchs in Rom lernt er Lou Salomé kennen und hält, ebenso wie sein Freund Paul Rée, um ihre Hand an. Beide werden jedoch von der hochbegabten Russin abgewiesen.

Zwischen 1880 und 1888 erschien ein Dutzend Bücher von ihm, und er macht die ersten Aufzeichnungen zu dem großen Werk, das den Titel *Der Wille zur Macht* tragen wird. Im Januar 1889 – so wird berichtet – bricht er in Turin auf der Straße zusammen, als er sieht, wie ein Kutscher sein Pferd mißhandelt. Von diesem Zusammenbruch sollte er sich nie mehr erholen, er war der Beginn eines unaufhaltsam fortschreitenden geistigen und körperlichen Verfalls. Nachdem er zunächst in eine psychiatrische Klinik eingewiesen wurde, pflegte ihn später seine Mutter zu Hause. Nach ihrem Tod im Jahr 1897 übernahm seine Schwester Elisabeth in Weimar die Pflege. Nietzsche starb am 25. August 1900. Bereits vor seinem Tod hatte seine Schwester damit begonnen, seinen Nachlaß zu ordnen, wobei sie nicht zögerte, auch inhaltliche Eingriffe am Werk ihres Bruders vorzunehmen.

Später haben die Nationalsozialisten das Werk von Nietzsche in Mißkredit gebracht, weil sie sich auf ihn beriefen. Um seine Ideen für ihre Propaganda benutzen oder besser gesagt mißbrauchen zu können, haben sie seine Schriften jedoch durch eine äußerst selektive Auswahl und eigenmächtige Interpretation völlig entstellt.

Es steht nicht zur Diskussion, daß Nietzsche der Philosophie, der Literatur und der Kunst des zwanzigsten Jahrhunderts nachhaltig seinen Stempel aufgedrückt hat, wobei sich vor allem die Gegner totalitären und dogmatischen Denkens auf ihn berufen.

Nietzsche lesen

Die Schriften Nietzsches lassen sich nicht ohne weiteres in den Rahmen der traditionellen Philosophie einordnen. Nietzsche war ein genialer Schriftsteller und Stilist, ein brillanter Rhetoriker, der seine Gedanken zumeist in aphoristischer oder fragmentarischer Form zum Ausdruck brachte. Er argumentierte nicht in einem sachlichen und nüchternen Ton, sondern überschüttete seine Leser mit Hohn und Spott. Nietzsche philosophierte «mit dem Hammer». Bewußt vermied er jede Form der Systematik, da er den Willen zum System als eine subtile Form der Verdorbenheit und ein Zeichen der Schwäche ansah.

Die Beschäftigung mit den Texten Nietzsches ist eine sinnliche Erfahrung, ein Abenteuer. Wer genau liest, wird schockiert und verletzt, gleichzeitig aber auch fasziniert sein. Nietzsche verflucht das Christentum, da es sich auf die Seite der Unterdrückten stellt, den Schwachen verweigert er jegliches Mitleid, die Sozialisten sind in seinen Augen nichts anderes als verkappte Christen, die mit ihren egalitären Idealen einen aufgestauten Haß gegen alles, was groß und erhaben ist, zur Schau stellen. Ebenso irritierend ist das, was er über die Aufhebung des Gegensatzes zwischen gut und böse, wahr und unwahr, Schein und Sein sagt oder über die Vernunft und Logik, die seiner Meinung nach das Ergebnis eines Putsches sind. All seine Schriften leben durch eine gewaltige Intensität des Gefühls. Nietzsche hat philosophische Probleme aufgeworfen, deren eigentliche Tragweite erst im zwanzigsten Jahrhundert erkannt wurde.

Lou Andreas-Salomé (1861–1937), die Nietzsches Liebe nicht erwiderte. Von ihr stammt eine sehr frühe Studie über Nietzsche.

Philologie und Rhetorik

Nietzsche hat als Philologe begonnen und ist dies bis zu einem gewissen Grad auch immer geblieben. Er betrachtete sich selbst als Lehrer des langsamen Lesens, und er wird sagen, daß Kultur und Wissenschaft erst dann eine gewisse Kontinuität und Identität erlangt haben werden, wenn die Menschen die Kunst des richtigen und genauen Lesens beherrschen.

Als Professor in Basel hat er jahrelang Vorlesungen zur klassischen Rhetorik gehalten. Einige der zentralen Begriffe Nietzsches, wie zum Beispiel «der Wille zur Macht», haben ihren Ursprung in dieser rhetorischen Tradition. Obwohl er weiß, daß die Philosophie seit Platon der Rhetorik ablehnend gegenübersteht, hat er, der Lehrmeister des großen Argwohns, wie er sich selbst nannte, behauptet, daß eben diese philosophische Folklore ganz und gar von einer verborgenen, unbewußten und häufig sehr subtilen Rhetorik durchsetzt ist und beherrscht wird. Die Sprache ist, so Nietzsche, durch und durch rhetorisch.

Sprache und Interpretation

Wie Nietzsche in seiner *Morgenröte* sagt, drücken wir unsere Gedanken immer in den Worten aus, die uns zur Verfügung stehen, oder, um es noch eindrücklicher zu formulieren, wir haben in jedem Moment nur die Gedanken, für die wir auch die Worte haben, um sie auszudrücken. An anderer Stelle heißt es, daß wir Worte dort benutzen, wo unsere Unwissenheit beginnt. Sie sollen ein Vakuum füllen und einen Mangel kompensieren.

Worte und die damit zusammenhängenden Begriffe sind für Nietzsche keine Zeichen, die für eine existente Wirklichkeit stehen, sondern sie bringen etwas hervor. Sie sind das Ergebnis eines Abkürzungsprozesses oder auch eines Vergessens, Auslassens oder Verdrängens. Sie stehen für die Gleichsetzung des Ungleichen, für die Unterbrechung des Werdens, für die Vereinfachung des Vielfältigen. Worte wie «ich», «Objekt», «Ursache», «Folge», «Wille» und «Macht» bedeuten nichts Wirkliches, sie verweisen auf Fiktionen, die wir nötig haben, um uns selbst und unsere Welt aufrechtzuerhalten und ein gegenseitiges Einvernehmen zu schaffen.

In engem Zusammenhang damit steht das Problem der Interpretation: Interpretation bedeutet zunächst Verbalisierung, Wiedergabe, Übersetzung; Interpretation ist eine Form der Dichtung, eine bestimmte Art des Auslegens, die gleichzeitig aber auch immer ein «Hineinlegen» ist, eine Wiederentdeckung dessen, was der Mensch zu Anfang verborgen hat, ein Ordnen im Rahmen überlieferter Bezugssysteme. Interpretation ist darauf gerichtet, die Welt formulierbar und berechenbar, beherrschbar und vorhersehbar zu machen. Letzten Endes ist sie eine Form des Willens zur Macht.

Die Interpretation ist keine Deutung von Tatsachen, denn eine Tatsache ist bereits das Resultat einer Deutung. Es gibt keine Tatsachen, sondern nur Interpretationen, sagt Nietzsche. Ebensowenig ist sie an eine Person gebunden. Geht man davon aus, daß hinter einer Interpretation eine Person steht, ist bereits eine Deutung gegeben. Als Wille zur Macht hat das Interpretieren eine eigene Existenz. Daß der Wille zur Macht vielleicht gleichfalls eine Interpretation ist, wird Nietzsche nicht bestreiten. Zu all dem muß gesagt werden, daß es keine absolut gültige, sondern eine unendliche Anzahl möglicher Interpretationen gibt. Die Welt ist insofern erneut unendlich geworden, als wir die Möglichkeit nicht ausschließen können, daß sie unendlich viele Interpretationen in sich birgt. Jede Interpretation beinhaltet eine bestimmte Perspektive, und unendlich viele Perspektiven sind möglich.

Der tolle Mensch. – Habt ihr nicht von jenem tollen Menschen gehört, der am hellen Vormittage eine Laterne anzündete, auf den Markt lief und unaufhörlich schrie: «Ich suche Gott! Ich suche Gott!» – Da dort gerade viele von denen zusammen standen, welche nicht an Gott glaubten, so erregte er ein großes Gelächter. Ist er denn verlorengegangen? sagte der Eine. Hat er sich verlaufen wie ein Kind? sagte der Andere. Oder hält er sich versteckt? Fürchtet er sich vor uns? Ist er zu Schiff gegangen? ausgewandert? – so schrieen und lachten sie durcheinander. Der tolle Mensch sprang mitten unter sie und durchbohrte sie mit seinen Blicken. «Wohin ist Gott?» rief er, «ich will es euch sagen! Wir haben ihn getötet, – ihr und ich! Alle sind seine Mörder! Aber wie haben wir dies gemacht? Wie vermochten wir das Meer auszutrinken? Wer gab uns den Schwamm, um den ganzen Horizont wegzuwischen? Was taten wir, als wir diese Erde von ihrer Sonne losketteten? Wohin bewegt sie sich nun? Wohin bewegen wir uns? Fort von allen Sonnen? Stürzen wir nicht fortwährend? Und rückwärts, seitwärts, vorwärts, nach allen Seiten? Gibt es noch ein Oben und ein Unten? Irren wir nicht wie durch ein unendliches Nichts? Haucht uns nicht der leere Raum an? Ist es nicht kälter geworden? Kommt nicht immerfort die Nacht und mehr Nacht? Müssen nicht Laternen am Vormittage angezündet werden? Hören wir noch nichts von dem Lärm der Totengräber, welche Gott begraben? Riechen wir noch nichts von der göttlichen Verwesung? – auch Götter verwesen! Gott ist tot! Gott bleibt tot! Und wir haben ihn getötet. Wie trösten wir uns, die Mörder aller Mörder? Das Heiligste und Mächtigste, was die Welt bisher besaß, es ist unter unsern Messern verblutet –, wer wischt dies Blut von uns ab? Mit welchem Wasser könnten wir uns reinigen? Welche Sühnefeiern, welche heiligen Spiele werden wir erfinden müssen? Ist nicht die Größe dieser Tat zu groß für uns? Müssen wir nicht selber zu Göttern werden, um nur ihrer würdig zu erscheinen? Es gab nie eine größere Tat, – und wer nur immer nach uns geboren wird, gehört um dieser Tat willen in eine höhere Geschichte, als alle Geschichte bisher war!»

Was es mit unserer Heiterkeit auf sich hat. – Das größte neuere Ereignis – daß «Gott tot ist», daß der Glaube an den christlichen Gott unglaubwürdig geworden ist – beginnt bereits seine ersten Schatten über Europa zu werfen. Für die Wenigen wenigstens, deren Augen, derer Argwohn in den Augen stark und fein genug für dieses Schauspiel ist, scheint eben irgend eine Sonne untergegangen, irgend ein altes tiefes Vertrauen in Zweifel umgedreht; ihnen muß unsere alte Welt täglich abendlicher, mißtrauischer, fremder, «älter» scheinen. In der Hauptsache aber darf man sagen: Das Ereignis selbst ist viel zu groß, zu fern, zu abseits vom Fassungsvermögen vieler, als daß auch nur seine Kunde schon angelangt heißen dürfte; geschweige denn, daß viele bereits wüßten, was eigentlich sich damit begeben hat – und was alles, nachdem dieser Glaube untergraben ist, nunmehr einfallen muß, weil es auf ihm gebaut, an ihn gelehnt, in ihn hineingewachsen war: zum Beispiel unsre ganze europäische Moral. Diese lange Fülle und Folge von Abbruch, Zerstörung, Untergang, Umsturz, die nun bevorsteht: wer erriete heute schon genug davon, um den Lehrer und Vorausverkünder dieser ungeheuren Logik von Schrecken abgeben zu müssen, den Propheten einer Verdüsterung und Sonnenfinsternis, deren gleichen es wahrscheinlich noch nicht auf Erden gegeben hat?

Aus: Nietzsche, *Die fröhliche Wissenschaft*

Genealogie

«Genealogie» bezeichnet einen zentralen Aspekt im Denken Nietzsches. Nietzsche versucht, eine Genealogie unserer moralischen Vorurteile aufzuzeigen; er spricht von einer Genealogie der Metaphysik mit dem für sie typischen Gegensatz zwischen der Welt des Seins und des Scheins und von einer Genealogie der Ideale und sogenannten Tugenden der modernen Zeit und des Christentums, das er «Platonismus für das Volk» nennt. Diese Genealogie ist eine Form der Kritik, wobei Nietzsche zunächst die Voraussetzungen und Umstände analysiert, die notwendig sind, damit sich ein bestimmtes Wertesystem herausbilden kann. Außer einer fundierten Kenntnis der Geschichte können dabei auch die Psychologie und die Philologie von großem Nutzen sein.

In seiner wohl am stärksten systematisierten Schrift *Zur Genealogie der Moral* (1887), die im übrigen in vielerlei Hinsicht Erkenntnisse Freuds vorwegnimmt, liefert Nietzsche eine Analyse der moralischen Werte. Er unterscheidet hier zwischen der Moral der Herrschenden, der sogenannten Herrenmoral, und der Sklavenmoral der Herdenmenschen. Die erste verherrlicht alles, was groß und stark ist und zu einer positiven Entfaltung des Lebens beiträgt. Die Sklavenmoral hingegen predigt lebensfeindliche Werte wie Gleichheit und Mitleiden, Fügsamkeit und Untertänigkeit, Selbstverleugnung und Unterwürfigkeit.

Nietzsches Genealogie der Moral enthält eine erste Psychologie des Christentums. Die christliche Religion wird seiner Meinung nach von einer rachsüchtigen Neigung geprägt, die ihre Wurzeln im Judentum hat und versucht, alles Edle und Starke klein zu machen. Was ursprünglich für gut gehalten wurde, gilt nun als schlecht, was schlecht war, wird ins Gute verkehrt. Anschließend kommt Nietzsche zu einer psychologischen Deutung und Erklärung des schlechten Gewissens, das er mit einem Instinkt der Grausamkeit vergleicht, der sich in dem Moment, wo er sich nicht mehr nach außen richten kann, nach innen kehrt. Offensichtlich findet der Mensch ein grausames und selbstquälerisches Vergnügen daran, sich selbst schuldig zu fühlen und anderen ständig Schuldgefühle aufzuzwingen.

Der Wille zur Macht

Neben «Interpretation» und «Genealogie» gibt es noch vier weitere Schlüsselbegriffe, die für das Denken Nietzsches bestimmend sind: Der «Wille zur Macht», «Nihilismus», die «ewige Wiederkehr des Gleichen» und der «Übermensch».

Der Ausdruck «Wille zur Macht» kann leicht mißverstanden werden. Auch wenn es richtig sein mag, daß der Mensch herrschsüchtig ist, so ist dies für Nietzsche nicht mehr als ein *Symptom* des Willens zur Macht. Macht ist in diesem Kontext weder ein Objekt des Willens noch ein angestrebtes Ziel. Gemeint ist auch kein bestimmtes Subjekt, das nach dem Besitz oder Erwerb von Macht verlangt. Den Willen zur Macht in einem solchen Sinne zu verstehen, setzt eine Trennung von Wollen und Gewolltem voraus. Bei Nietzsche ist der Wille zur Macht jedoch das tiefste Wesen des Seins, des Lebens selbst. Dieser Wille, der keine Einheit, sondern eine unendliche Vielfalt ist, duldet keinerlei Begründung, er drückt sich im Wollen des Menschen und in dem Objekt dieses Wollens aus. So sind auch alle Werte und Wahrheiten, ebenso wie Selbsterhaltung und Selbstzerstörung nichts anderes als die Äußerungen eben dieses Willens zur Macht.

Nihilismus

Auf die Frage, was Nihilismus ist, erwidert Nietzsche, daß die höchsten Werte ihren Wert verloren haben, daß es keine Antwort auf die Frage nach dem Warum gibt. Dieser Nihilismus fällt zusammen mit dem sogenannten Tod Gottes, wobei «Gott» bei Nietzsche für die gesamte übersinnliche Welt der Ideen und Ideale, der absoluten Wahrheit und ewig gültigen Prinzipien steht.

Für Nietzsche gibt es einen schwachen und einen starken Nihilismus. Der schwache Nihilismus ist gleichbedeutend mit Passivität, er ist zu dekadent und zu geschwächt, um die überkommenen Werte wirklich zu vernichten und neue zu schaffen. Dieser Nihilismus hat seinen Ursprung in dem Glauben an eine andere und bessere Welt, der zu einer Geringschätzung unserer realen Welt führt und die Entwertung all ihrer Werte zur Folge hat. Wenn der Glauben an diese andere Welt dann in Unglauben umschlägt, bleibt nur noch tiefe Verachtung für die reale Welt übrig.

Der starke oder aktive Nihilismus, der manchmal auch als ekstatischer Nihilismus bezeichnet wird, verkündet, daß es keine Wahrheiten und Werte gibt und zeigt damit den Weg zur Schaffung neuer Werte auf. Es ist der Nihilismus des tragischen Menschen, der in dem Wissen lebt, daß die Wahrheit eine Fiktion ist, ohne die wir nicht leben können. Dies ist, wie Nietzsche sagt, eine göttliche Denkweise, die eine Kühnheit und Aristokratie des Geistes voraussetzt, die in ihrem Umfang kaum zu ermessen ist. Es ist das Wissen des *Übermenschen*.

Die ewige Wiederkehr

Der Übermensch von Nietzsche ist keine Vergrößerung des real existierenden Menschen, kein übermächtiger Herrscher, kein Held und kein höheres Wesen in der üblichen Bedeutung des Wortes. Der Entwurf des Übermenschen bricht mit jeder gängigen Vorstellung vom Menschen. Den Übermenschen charakterisiert eine ständige Selbstüberwindung ohne Selbstverachtung, ein *amor fati*, der keine fatalistischen Züge kennt. Er lebt in dem Bewußtsein, daß es keine Wahrheit und keine Werte gibt, sondern daß er diese wollen muß. Er ist wie ein Künstler, der eine Welt schafft, indem er das verwirklicht, was seinem eigentlichen Wollen entspricht. Der Übermensch weiß um die Bedeutung der ewigen Wiederkehr des Gleichen.

Nietzsche erachtete den Gedanken der ewigen Wiederkehr des Gleichen als seinen treffendsten. Es geht hier nicht um eine kosmologische Theorie, geschweige denn um den Glauben an die Reinkarnation. Es ist vielmehr der Glauben an die Unschuld des Werdens in ihrer radikalsten Form, eine uneingeschränkte Bejahung der Welt, wie sie ist. Die Lehre von der ewigen Wiederkehr ist eine Religion ohne Sünde und ohne Mängel, die weder ein Heimweh nach dem Vergangenen noch eine Flucht in eine andere, überirdische Welt kennt. Alles wiederholt sich; es ist weder gut noch schlecht, sondern ganz einfach existent.

Diese ewige Wiederkehr ist der Kern der Botschaft, wie sie in Nietzsches *Also sprach Zarathustra* vermittelt wird. Nietzsche wählte diese Figur, weil Zarathustra der erste gewesen sein soll, der den schicksalhaftesten Irrtum aller Zeiten beging, indem er die Moral und den damit verbundenen Dualismus von gut und böse verkündete. Von daher soll er auch der erste gewesen sein, der diesen Irrtum als solchen erkannte. Seine Botschaft beinhaltet den Sieg über die Moral und über jegliche Form des Dualismus. Zarathustra ist der Lehrer, der verkündet hat, daß Gott tot ist. Seine Ausführungen erinnern in ihrem Stil, in ihrer Bildersprache und in ihrer Wortwahl an die biblischen Evangelien. Nietzsche war davon überzeugt, der Menschheit ein neues Evangelium zu verkünden, ihr eine wirklich Frohe Botschaft zu überbringen, die in dem Ausspruch «Bleib der Erde treu» gipfelte.

In seiner ersten Rede spricht Zarathustra von den drei Verwandlungen des Geistes; er erzählt, wie der Geist zu einem Kamel wird, das Kamel sich in einen Löwen verwandelt und der Löwe in die Gestalt eines

Kindes schlüpft. Das Kamel ist das Lasttier, das niederkniet, um eine schwere Bürde auf sich zu nehmen, die Last des «Du mußt» und die Pflicht. Während es diese Last in die Wüste, in die Leere und das Nichts trägt, wird es in einen brüllenden Löwen verwandelt, der alles verschlingt und mit seinen mächtigen Pranken zerschmettert. Dies ist die leidenschaftliche Verweigerung, das heilige Nein gegen die Pflicht. An die Stelle des «Du mußt» tritt das «Ich will». Am Ende wird der Löwe zu einem arglos spielenden, unschuldigen Kind, das in der Lage ist, zu vergessen und immer wieder neu zu beginnen. Es besitzt die Fähigkeit des heiligen Ja-Sagens, die es von dem Löwen unterscheidet. Nicht durch den Zorn wird der Geist der Schwere vertrieben, sondern durch das Lachen, also sprach Zarathustra.

Die Umwertung aller Werte

Das heilige Ja-Sagen Zarathustras kann und darf nicht losgelöst von einem radikalen Nein gesehen werden, einer Zertrümmerung aller überkommenen Werte. Nietzsche spricht von der großen Kriegserklärung an alles, was bisher geglaubt, gefordert und für heilig erklärt wurde. Mit beschwörenden Formeln und einer großen rhetorischen Geste holt er zu einem vernichtenden Schlag gegen die Moderne, die herrschende Moral und das Christentum aus. Er entfaltet eine vernichtende Aggressivität, die in *Der Antichrist* ihren Höhepunkt erreicht. Hier richtet sich sein Angriff gegen Paulus, die Juden und die Priester, gegen Martin Luther und die Deutschen, die den Protestantismus auf dem Gewissen haben, und gegen alles, was zu den christlichen Tugenden gehört. Nur für die Gestalt des Jesus von Nazareth kann Nietzsche eine gewisse Bewunderung aufbringen.

Dennoch ist diese Aggressivität nicht ausschließlich zerstörerisch. Hinter ihr verbirgt sich das leidenschaftliche Bemühen, der Welt neue Perspektiven zu geben. Die «Umwertung aller Werte», wie der Untertitel des unvollendeten Werkes *Der Wille zur Macht* hätte lauten sollen, erschöpft sich nicht in einer Zertrümmerung aller gültigen Werte, sie beinhaltet auch eine Prüfung aller bestehenden Wertesysteme und eröffnet Perspektiven und Möglichkeiten zur Schaffung neuer. Nietzsche spricht von neuen Ohren für eine neue Musik, von neuen Augen für das, was am weitesten entfernt ist, und von einem neuen Gewissen für die bisher stumm gebliebenen Wahrheiten.

Die erste niederländische Ausgabe von *Also sprach Zarathustra*. Nietzsche betrachtete dieses Werk als den Höhepunkt seines Schaffens.

Un dimanche d'été à la Grande Jatte. Bei diesem berühmten Gemälde wandte Georges Seurat (1886) eine auf neuen Erkenntnissen basierende Technik an. Gleichzeitig bringt dieser Bildausschnitt jedoch auch eine Atmosphäre der Ruhe und Ausgewogenheit zum Ausdruck, wie sie für die Zeit vor dem Fin de siècle charakteristisch war.

9

Zu Beginn des zwanzigsten Jahrhunderts wurde das klassische, statische Weltbild nach und nach vom Weltbild der modernen Physik abgelöst. In der modernen Kunst vollzog sich eine parallele Entwicklung; die Wirklichkeit wurde auf neue Weise wahrgenommen. Mondrian ging so weit, den dreidimensionalen Raum «vernichten» und die Zeit ausschalten zu wollen.

DAS ZWANZIGSTE JAHR-HUNDERT

Umbruch und Krise

Die Philosophie dieses Jahrhunderts ist keinem einheitlichen Leitgedanken verpflichtet. Sie ist Spiegel einer Zeit tiefer Zerrissenheit und einschneidender Veränderungen. So lassen sich zwar gewisse Strömungen beziehungsweise Tendenzen in der zeitgenössischen Philosophie ausmachen, sie haben sich jedoch relativ unabhängig voneinander entwickelt und bestehen nebeneinander.

Dazu gehört etwa die von Husserl inspirierte phänomenologische Bewegung, die sich zur Existenzphilosophie weiterentwickelt hat. Ausgangspunkt des phänomenologischen Denkens ist das Bewußtsein. Daneben entwickelt sich in diesem Jahrhundert eine analytische Richtung der Philosophie, die durch den sogenannten *linguistic turn* oder die Hinwendung zur Sprache charakterisiert werden kann. Philosophische Probleme werden als Probleme der Umgangssprache interpretiert. Eine dritte Tendenz ist vor allem in der zweiten Hälfte dieses Jahrhunderts auszumachen. Diese Ausformung der Philosophie reflektiert die moderne Gesellschaft und Kultur, deren Grundsätze und Ideale in Frage stehen.

Der Umbruch um 1900

Nur wenige Dokumente beschreiben die Atmosphäre der ersten Jahre dieses Jahrhunderts treffender als das von Filippo Tommaso Marinetti verfaßte und am 20. Februar 1909 im Le Figaro veröffentlichte Gründungsmanifest des Futurismus. Darin heißt es: «Wir werden die großen Menschenmengen besingen, die die Arbeit, das Vergnügen oder der Aufruhr erregt; besingen werden wir die vielfarbige, vielstimmige Flut der Revolutionen in den modernen Hauptstädten; besingen werden wir die nächtliche, vibrierende Glut der Arsenale und Werften, die von grellen elektrischen Monden erleuchtet werden ...»

Als Marinetti dies schrieb, herrschte allgemein das Gefühl vor, daß die Welt im Begriff war, eine ganz andere zu werden, daß ein grundlegender Wandel unmittelbar bevorstand: Die technischen Innovationen, das rasante Wachstum der Städte, die Massenproduktion und tiefgreifende sozioökonomische Umwälzungsprozesse waren unvereinbar mit der stabilen, behäbigen bürgerlichen Welt, die keinen Raum bot für die Entfaltung von Geschwindigkeit, Dynamik, Mobilität und Telekommunikation. In großer Aufregung und mit hochfliegenden Erwartungen sah man der Zukunft entgegen.

Dieser offenkundige Bruch mit der Vergangenheit veränderte den Blickwinkel und führte dazu, daß die Gegenwart neu definiert werden mußte. Die revolutionären Entwicklungen innerhalb der Naturwissenschaften erschütterten das klassische physikalische Denken in seinen Grundfesten. Auf dem Gebiet der Quantenphysik verschwamm der Unterschied zwischen Teilchen- und Wellenerscheinungen. Die Quantentheorie löste das korpuskulare Erklärungsmodell ab. Durch Einsteins Relativitätstheorie schließlich, der zweiten wichtigen Entwicklung in der Physik während der Anfangsjahre dieses Jahrhunderts, verloren Raum und Zeit ihren Absolutheitscharakter, den sie im Newtonschen Weltbild noch hatten.

Die moderne Physik eröffnete einen neuen Zugang zur Welt und verdrängte allmählich das «statische» Weltbild der klassischen Physik.

Parallel dazu vollzog sich auch in der bildenden Kunst eine radikale Umwälzung. Auch hier führte der Bruch mit den alten Vorstellungen von Raum und Zeit zu einer ganz anderen Wahrnehmung von Wirklichkeit. Die Kubisten befreiten sich von der vierhundert Jahre alten Tradition der Renaissance-Perspektive; in ihren Werken wird der Raum durch eine Vielzahl von Perspektiven aufgebrochen. Die Futuristen suchten nach Ausdrucksformen für die neue Empfindung von Zeit und Dynamik. Pieter Mondriaan schließlich strebte gar eine «Vernichtung» des dreidimensionalen Raumes und eine «Ausschaltung» der Zeit an.

Das erste Manifest von Marinetti kündigte den Futurismus, eine revolutionäre Bewegung gegen die etablierte Kunst, an. Es erschien in der französischen Zeitung *Le Figaro* (Februar 1909).

Die Entwicklungen in der Psychologie, und hier insbesondere die Psychoanalyse von Freud, der 1900 seine *Traumdeutung* veröffentlichte, sind ebenfalls sinnfällige Zeichen für eine Zeitenwende, die entschieden mit den Traditionen bricht. Betrachtete man den Menschen bislang als ein selbstbewußtes und autonomes Subjekt, das seine Handlungen steuert wie ein Kapitän sein Schiff, so wird für Freud das Bewußtsein von unbewußten Prozessen bestimmt.

Und diese Auffassung war es, die ihn veranlaßte, die Psychologie als eine Naturwissenschaft wie alle anderen zu betrachten.

Die hier kurz skizzierten Entwicklungen bilden neben anderen – nicht zu vergessen die sozialen und politischen Umwälzungen, die in Rußland zur Revolution und zur Etablierung eines kommunistischen Staates führten – den Hintergrund für das philosophische Denken um die Jahrhundertwende.

Sowohl der Franzose Bergson als auch der Amerikaner William James – die beiden tonangebenden Philosophen des ausgehenden 19. Jahrhunderts – kritisierten das mechanistische Weltbild der klassischen Physik und den daran gebundenen Determinismus. Bei Bergson führte dies zu einer Neudefinition des Zeitbegriffs.

Auch die Philosophie Husserls, die das Denken dieses Jahrhunderts nachdrücklich beeinflußte, atmete den Geist des Neuen, und auch er brach mit der vorwiegend naturwissenschaftlichen Orientierung der vorangegangenen Periode. Die von Husserl entwickelte Kritik am Psychologismus und an der Naturalisierung des Bewußtseins erklärt den Erfolg seiner *Logischen Untersuchungen*, die wie Freuds *Traumdeutung* im Jahre 1900 erschienen.

Andere Strömungen wurden durch die neuesten Erkenntnisse auf dem Gebiet der Physik angeregt und knüpften mit ihren Studien an die schon früher einsetzenden Entwicklungen in der Mathematik und Logik an. Diese Denkrichtung ist neben anderen vor allem mit den Namen Georg Cantor (1845–1918), Augustus de Morgan (1806–1878), George Boole (1815–1864) und Frege verbunden. Einen Meilenstein auf diesem Gebiet markierte die *Principia Mathematica*, die zwischen 1910 und 1912 erschien und das Resultat einer Gemeinschaftsarbeit von Russell und Whitehead ist. Nicht nur die Mathematik und Logik erlebten einen enormen Aufschwung, sondern auch die Grundlagenforschung anderer Disziplinen, allen voran die Physik, entwickelte sich sprunghaft. Der junge Wittgenstein ließ sich von den neuesten Überlegungen innerhalb der Logik inspirieren. Die Mitglieder des Wiener Kreises lehnten jede metaphysische Spekulation ab, überzeugt, daß allein Aussagen, die sich auf Wahrnehmung stützen, und wissenschaftliche Aussagen über die Welt kognitiv sinnvoll seien. Aber damit sind wir schon mitten im Thema.

In Lyonel Feiningers Gemälde *Große Revolution* (1910) gleichen die Figuren in der Menge Marionetten, die der Apokalypse entgegenlaufen.

Zusammenfassend kann man vielleicht festhalten, daß die wichtigsten Entwicklungen in der Philosophie dieses Jahrhunderts etwa um die Jahrhundertwende ihren Anfang nahmen.

Die Krise

Mit dem Ausbruch des Ersten Weltkriegs schlug der kreative Optimismus, mit dem das zwanzigste Jahrhundert begonnen hatte, in eine düstere Stimmung um. Millionen Menschen verendeten in einem sinnlosen Grabenkrieg.

In einem eindrücklichen Bild beschreibt Walter Benjamin die Situation: «Eine Generation, die noch mit der Pferdebahn zur Schule gefahren war, stand unter freiem Himmel in einer Landschaft, in der nichts unverändert geblieben war als die Wolken, und in der Mitte, in einem Kraftfeld zerstörender Ströme und Explosionen, der winzige gebrechliche Menschenkörper.»

Viele schlossen sich dem Urteil Nietzsches an, der behauptet hatte, daß die westliche Kultur in einer ernsten Krise stecke. Die Krise offenbarte sich in der entsetzlichen Gewalt des Krieges und wurde durch die große wirtschaftliche Depression der dreißiger Jahre noch verschlimmert. Der aufkommende Nationalsozialismus und der Zweite Weltkrieg verstärkten das Gefühl, in einer Zeit des kulturellen Verfalls zu leben.

Der Krieg beeindruckte und stimulierte die Künstler des Futurismus, der von Marinetti dominierten modernen Richtung der Malerei. «Es gibt keine Schönheit ohne Kampf, keine Meisterwerke ohne Aggression», so der Engländer Christopher Nevinson, dessen Gemälde den Rückzug in den Schützengraben zeigt (1914–1915).

Der Trinkbecher des Krieges. Louis Raemaekers: *Zum Wohle, Zivilisation* (1916).

Die Kunst der Dadaisten ist ein früher Reflex auf diese verzweifelte Grundstimmung. So schrieb Theo von Doesburg in seinem Dada-Manifest: «Dada sieht in jedem Dogma, in jeder Formel einen Nagel, mit dem man versucht, einen morschen, sinkenden Kahn (die westliche Kultur) zusammenzuhalten.» Die Dadaisten betieben «Antikunst», mit der sie das Phänomen «Kunst» zur Diskussion stellten.

Analog kritisierten die sogenannten sprachanalytischen Philosophen die Philosophie, indem sie den philosophischen Sprachgebrauch problematisierten. Nicht zuletzt um sich gegen das grobmaschige Systemdenken des vergangenen Jahrhunderts abzugrenzen, widmeten sie ihre Aufmerksamkeit dem sprachlichen Detail. Die Philosophie entwickelte sich zu einer wissenschaftlichen Disziplin, die ihre Methodik zu rechtfertigen hatte. Die Analyse erwies sich als adäquate Methode, die Logik als ihr am besten geeignetes Instrument. Aus dem Streben nach einer analytischen Philosophie spricht ein noch ungebrochener revolutionärer Elan der Anfangsjahre dieses Jahrhunderts.

Sein und Zeit dagegen, das Werk, mit dem Heidegger berühmt wurde, spiegelt die Krisenatmosphäre der Periode zwischen den Weltkriegen deutlich wider. Für Heidegger ist der Mensch gleichsam eingeklemmt zwischen seinem «Geworfen-Sein» (der Geburt) und seinem Tod. Die Analyse des menschlichen «Da-Seins» habe die Bedeutung des «Seins» zu erhellen. Schon in *Sein und Zeit* führte dies zu einer kritischen Analyse mit den Grundlagen des modernen Denkens. In seinen späteren Werken arbeitete Heidegger diese Kritik weiter aus.

Revolte und Kritik am neuzeitlichen Denken

Es ist nicht verwunderlich, daß die Kritik an der Kultur und am Denken der Moderne in den Jahren nach dem Zweiten Weltkrieg noch radikaler, vernichtender und grundsätzlicher wurde.

Schon vor Kriegsausbruch, in den dreißiger Jahren, hatten sich einige Gelehrte zu einer Gruppe zusammengeschlossen, die später als *Frankfurter Schule* bekannt wurde. Bis in die sechziger Jahre hinein entwickelten sie ihre Lehre, die «Kritische Theorie», mit der sie die widersprüchlichen Grundlagen der modernen Gesellschaft und Kultur aufzeigen wollten, die auf erschütternde Weise in dem vernich-

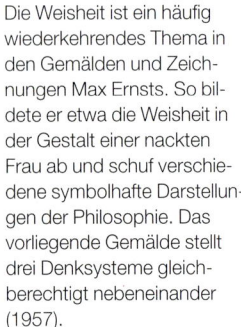

Die Weisheit ist ein häufig wiederkehrendes Thema in den Gemälden und Zeichnungen Max Ernsts. So bildete er etwa die Weisheit in der Gestalt einer nackten Frau ab und schuf verschiedene symbolhafte Darstellungen der Philosophie. Das vorliegende Gemälde stellt drei Denksysteme gleichberechtigt nebeneinander (1957).

tenden Krieg und der Hölle von Auschwitz manifest geworden waren.

In einem anderen Sinne repräsentiert Jean-Paul Sartre den Geist der Nachkriegsjahre. Man mag die menschliche Existenz als absurd und sinnlos entlarven – und diese Einschätzung wird durch die Pariser Mode, das Theater, den Film und das Chanson dieser Zeit bestätigt –, und doch, oder gerade darum, gibt es Freiheit im emphatischen Sinn. Diese Freiheit zwingt uns, zu wählen und zugleich die Verantwortung für unsere Wahl zu übernehmen. So wandte sich Sartre gegen die Feigheit all derer, die nach dem Krieg riefen: «Wir haben es nicht gewußt.»

Mit den sechziger Jahren keimte noch einmal die Hoffnung und der Optimismus auf, die den Beginn dieses Jahrhunderts gekennzeichnet hatten. Noch einmal gab es das Gefühl, daß nach der Depression der vergangenen Periode die Geschichte eine positive Wendung nehmen könnte. Auf Happenings wurden die Mächtigen ausgelacht, die Studenten rebellierten gegen die alten Autoritäten und besetzten ihre Universitäten. Eine Demonstration folgte der nächsten. Eine neue, gewaltlose Form der Macht war entstanden, die *flower power*.

Auch diese Zeit hatte ihren Einfluß auf die Philosophie. Habermas, der wichtigste jüngere Vertreter der *Frankfurter Schule*, der ihrer Gesellschaftskritik neue Impulse gab, formulierte die Hoffnung vieler Studenten auf eine demokratischere Gesellschaft. Die einseitige Auffassung von Rationalität, die das wissenschaftliche und technologische Denken bestimmte, sollte durch eine andere Form der Vernunft ergänzt werden: durch ein Denken, das uns zu mündigen und verantwortlichen Menschen macht. Diese Mündigkeit sei die Grundlage einer Demokratie, in der Konflikte nicht mit der Faust, sondern im Gespräch gelöst werden.

Indem man sich nach verschiedenen philosophischen Traditionen des Ostens hin orientierte, versuchte man auch auf einem anderen Weg, das starre abendländische Denken zu bereichern. Radhakrishnan, Suzuki, Nishida, die Denker, die eine Brücke zwischen östlichem und westlichem Denken bauten, wurden neu entdeckt und gelesen.

Auf wieder andere Weise beeinflußten die sechziger Jahre die jüngste französische Philosophie. *La pensée 68*, das Denken von 1968, entspringt der Pariser Studentenbewegung. Auch hier wurden drei-, vierhundert Jahre modernen Denkens und der Glaube an die Autonomie des Subjekts zur Diskussion gestellt. So ging es Foucault darum, «den Gedanken hinter dem Denken und das System hinter dem System ans Licht zu bringen».

Diese Gedanken mündeten in eine postmoderne Philosophie, die auf ihre Weise die Kritik am modernen westlichen Denken zum Ausdruck brachte. Unter der Maxime der Pluralität läßt sie verschiedene «Stile» des Denkens und verschiedene «Wahrheiten» zu. Denn was als wahr gilt, wird innerhalb eines bestimmten Weltbildes definiert, und in unserer postmodernen Gesellschaft existieren verschiedene Weltbilder nebeneinander.

So scheinen die Schranken zwischen den verschiedenen philosophischen Strömungen gefallen zu sein. Der postmoderne Gedanke der Pluralität beendet den einstigen Richtungsstreit.

Entwurf des russischen Architekten und Konstruktivisten El Lissitzky für die futuristische Oper *Sieg über die Sonne* von A. Krutschonjch (1913). Nach dieser Skizze sollte eine elektromechanische Puppe angefertigt werden.

Die niederländische Provo-Bewegung in den sechziger Jahren: Provokation der Machthaber zur Befreiung der Gesellschaft.

Bergson und der Pragmatismus

Zu Beginn dieses Jahrhunderts galt Henri Louis Bergson (1859–1941) als der wichtigste Philosoph seiner Zeit. Während des Ersten Weltkriegs wurde er – offensichtlich mit einigem Erfolg – von der französischen Regierung in diplomatischer Mission nach Amerika gesandt. Er sollte Präsident Wilson davon überzeugen, sich hinter Frankreich zu stellen. Nach dem Krieg war Bergson Vorsitzender der Commission Internationale de Coopération Intellectuelle, einer Vorläuferorganisation der Unesco. Neben vielen Preisen und Ehrenzeichen erhielt er schließlich 1928 den Nobelpreis für Literatur.

Bergson wenige Jahre vor der Publikation seines Hauptwerkes *L'évolution créatrice* (1907).

Bergson wurde in Genf geboren. Sein Vater war Musiker und von polnischer Herkunft, seine Mutter war Engländerin. In Paris besuchte er die Ecole Normale Supérieure. 1900 wurde er Hochschullehrer am Collège de France. Das wichtigste Ereignis in seinem Leben als Gelehrter war für ihn die Entdeckung der «wirklichen Zeit» (*durée*). Diese Entdeckung sei für ihn, wie er an seinen Freund William James schrieb, zum Ausgangspunkt von weitreichenden Erwägungen geworden, die ihn schließlich veranlaßten, beinahe alles, was er bis dahin akzeptiert hatte, in Frage zu stellen, und die ihm Zugang zu gänzlich neuen Einsichten eröffnete.

1889 trat Bergson mit seinen Gedanken über die Zeit an die Öffentlichkeit; sie bilden den Kern seiner Dissertation *Essai sur les données immédiates de la conscience* (Zeit und Freiheit). Es folgten eine kleine Studie über das Lachen, *Le Rire* (1900), sowie eine Reihe von Artikeln, *Matière et mémoire* (Materie und Gedächtnis, 1896) und *L'évolution créatrice* (Die schöpferische Entwicklung, 1907). 1914 beendete er seine akademische Laufbahn. Sein letztes großes Werk, *Les deux sources de la morale et de la religion* (Die beiden Quellen der Moral und der Religion), erschien 1932. Der vorsichtige Optimismus dieses Werkes steht in scharfem Kontrast zu den Ereignissen, die inzwischen ihre Schatten über Europa warfen.

Als Bergson stirbt, ist Paris von den Deutschen besetzt. Sein Tod fällt, so Paul Valéry, zusammen mit dem Ende einer Epoche der westeuropäischen Kultur; Bergson gehöre noch einer schon vergangenen Zeit an, und sein Name sei der letzte große Name in der Geschichte des europäischen Intellekts.

Die Philosophie Bergsons und der Pragmatismus von Peirce, James und Dewey haben die Philosophie des 20. Jahrhunderts unterschiedlich beeinflußt. Bergsons Werk stieß vor allem in der ersten Jahrhunderthälfte in Frankreich auf große Resonanz, während der Pragmatismus, dessen Wurzeln in den Vereinigten Staaten liegen, das ganze Jahrhundert über Beachtung fand. Sowohl Bergson als auch die Pragmatisten lehnten es ab, ihre Gedanken zu einem philosophischen System auszubauen. Die Philosophie, so ihre Auffassung, habe sich mit spezifischen Fragen zu befassen und auf diese Fragen Antworten zu geben. Die Ausarbeitung von umfassenden Systemen entspringe dem Bedürfnis, die Philosophie zu einer Wissenschaft zu machen – eine Zielsetzung, die mit ihrem philosophischen Forschungsansatz unvereinbar sei.

Bergsons Zeitphilosophie

Bergson, der in der Tradition des französischen Spiritualismus steht, beklagte den Mangel an Präzision in der zeitgenössischen Philosophie. Dies ist um so bemerkenswerter, als Bergson häufig seine Vorliebe für eine bildhafte Ausdrucksweise vorgeworfen wurde. Mit Mangel an Präzision meinte Bergson jedoch, daß philosophische Systeme einen zu hohen Abstraktionsgrad hätten, um sich mit konkreten Problemen befassen zu können.

Eine zentrale Frage in Bergsons Werk ist das Problem der Zeit. In einem Brief an James schrieb er einmal, daß er die wesentlichste Entdeckung über die Zeit während seines Physikstudiums gemacht habe: die physikalische Zeit hat keine Dauer, sondern ist eine mathematisch-räumliche Abbildung aufeinanderfolgender Momente. Die Zeit dagegen, die wir real erfahren, ist Dauer, Fortschritt und Erneuerung. Diese Zeit kann nicht in meßbare Einheiten aufgeteilt werden wie die Zeit, die geometrisch als Linie oder Zeitachse wiedergegeben wird. Sie strömt. Die wirkliche Zeit, oder auch *durée*, ist unumkehrbar; ihre aufeinanderfolgenden Zustände gehen fließend ineinander über.

Diesen Unterschied zwischen der wirklichen Zeit und der geometrischen Zeit, die man mit physikalischen Modellen abbilden kann, hat Bergson in seiner Dissertation, dem *Essai sur les données immédiates de la conscience*, herausgearbeitet. Er zeigt, daß bei der wissenschaftlichen Analyse von Erscheinungen und Objekten eine Vereinfachung vorgenommen wird, die darauf zielt, Gesetzmäßigkeiten zu erkennen: Wenn der Anfangszustand eines Systems gegeben ist, wird der vorausgegangene und zukünftige Zustand berechenbar. Das Wesen mechanistischer Erklärungen sei es, die Zukunft und die Vergangenheit als Berechnung aus der Gegenwart aufzufassen;

BERGSON UND DER PRAGMATISMUS

sie erscheinen als Funktion der Gegenwart, wodurch der Eindruck entsteht, daß *alles gegeben ist*. Wenn aber in jedem Moment alles gegeben ist und die Zukunft in der Gegenwart beschlossen liegt, hat die wirkliche Zeit, die Fortschritt und Erneuerung impliziert, keinen Zugriff auf das, was sich vollzieht. Daraus leitet Bergson die These ab, daß es in der physikalischen Beschreibung der Welt die wirkliche Zeit oder die Dauer nicht gibt. Wissenschaft behandelt allein *dauerlose* materielle Objekte, die in einem determinierten Verhältnis zueinander stehen.

Weitere Ausarbeitungen

Matière et mémoire ist das wohl vielschichtigste Werk von Bergson, das zu seiner Zeit breite Anerkennung fand. Der Vorwurf der Wissenschaftsfeindlichkeit, der seiner Philosophie später gemacht wurde, wird durch dieses Buch vollständig entkräftet. In Frankreich sprach man ausdrücklich von einer «neuen Philosophie». Dieser Einschätzung schlossen sich sowohl James in Amerika als auch Windelband in Deutschland an.

Im Mittelpunkt des Werkes steht die Frage nach dem Zusammenhang von Körper und Geist, wobei Bergson neue Erkenntnisse der Biologie, der Medizin und der Psychologie miteinbezieht. Am Beispiel der Aphasie – einer Sprachstörung infolge Erkrankung des Sprachzentrums – beweist er, daß das Gedächtnis nicht allein materiell aufgefaßt werden kann: ebensowenig wie die Sprachstörung durch den Hinweis auf die Schädigung des Zentralnervensystems hinreichend erklärt werden kann, kann das Gedächtnis allein auf materielle Prozesse reduziert werden; psychologisch ist es durch zeitliche Dauer gekennzeich-

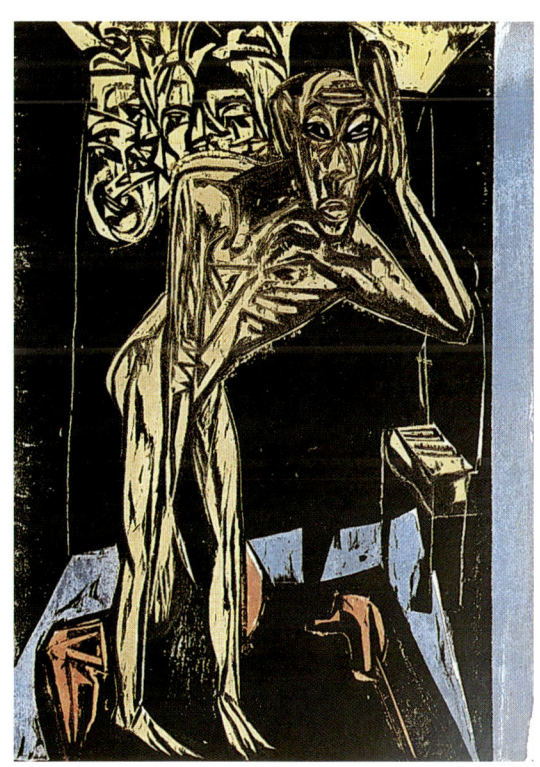

net. Auch dem Körperlichen eignet eine gewisse Dauer. Mit dieser Einsicht durchbrach Bergson den Dualismus von Körper und Geist.

Die psychologische Dauer stimmt nicht ohne weiteres mit der physikalischen Dauer überein. Bergson spricht von verschiedenen Rhythmen. Die räumliche Ausdehnung der Materie sei eine «verdünnte», «ausgestreckte» Dauer.

Weltweit bekannt wurde Bergson mit *L'évolution créatrice*. Der Begriff des Lebensdranges (*élan vital*), den er hier einführt, ist eine Weiterentwicklung des Begriffs durée. In *Matière et mémoire* beschrieb er das Gedächtnis als eine psychologische und neurologische Funktion, die die Erinnerung der Dauer ermöglicht. Jeder Bewußtseinszustand ist eine Verlängerung der Vergangenheit in die Gegenwart. In *L'évolution créatrice* wird dieser Gedanke mit der darwinistischen Evolutionstheorie verbunden und weiter ausgearbeitet. Die Zeit erhält als Dauer eine schaffende Funktion. Leben ist eigentlich durée und

Nur wenige zeitgenössische Philosophen machten den Sport zum Gegenstand ihrer Betrachtungen. Der deutsche Philosoph und Anthropologe Helmuth Plessner (1892–1985) dagegen widmete diesem Thema einige Untersuchungen. Inspiriert von Rousseau le Douanier malte Robert Delaunay sein Rugbyteam von Cardiff (1912–1913). Astra war der Name eines Flugzeugs.

Die Expressionisten waren so sehr vom menschlichen Leid, von Armut, Gewalt und Leidenschaft ergriffen, daß sie Harmonie und Schönheit in der Kunst für ein Zeichen von Unehrlichkeit hielten.

Wir können nicht oft genug wiederholen: von der Intuition kann man zur Analyse übergehen, aber nicht von der Analyse zur Intuition.

Aus der Variabilität mache ich ebenso viele Variationen, Qualitäten oder Modifikationen, wie es mir gefällt, denn es sind ebenso viele unbewegliche Ansichten, die die Analyse über die von der Intuition gegebene Mobilität fixiert. Aber diese aneinandergefugten Modifikationen geben nichts her, was der Variabilität ähnelt, denn sie sind nicht Teile, sondern Elemente, was etwas ganz anderes ist. Betrachten wir z. B. die Variabilität, die der Homogenität am meisten gleicht, die Bewegung im Raume. Ich kann mir entlang dieser Bewegung mögliche Ruhepunkte vorstellen: diese nenne ich Positionen des Beweglichen oder Punkte, durch die das Bewegliche verläuft. Aber mit diesen Positionen, seien sie auch von unendlicher Anzahl, erhalte ich doch nicht die Bewegung. Sie sind nicht Teile der Bewegung; sie sind Ansichten über sie; man könnte sagen, daß sie nur Voraussetzungen des Ruhepunkts sind. Niemals ist das Bewegliche reell in einem der Punkte; man könnte höchstens sagen, daß es durch sie hindurchgeht. Aber der Übergang, der eine Bewegung ist, hat nichts von einem Ruhepunkt, der die Unbeweglichkeit ist. Eine Bewegung kann sich nicht mit einer Unbeweglichkeit decken, denn sie koinzidierte dann mit ihr, was widersprüchlich wäre. Die Punkte sind nicht *in* der Bewegung, wie Teile, nicht einmal *unterhalb* der Bewegung, wie Stellen des Beweglichen. Sie werden einfach nur von uns unter die Bewegung projiziert, wie ebenso viele Orte, wo, wenn sie anhielten, ein Bewegliches wäre, welches hypothetisch nicht anhält. Genau gesprochen sind es nicht Positionen, sondern Suppositionen, Ansichten oder Standpunkte des Geistes. Wie würde man nun vermittels der Standpunkte eine Sache konstruieren?

Aus: Bergson, *Einführung in die Metaphysik*

Für Bergson unterscheidet sich die wirkliche Zeit ihrem Wesen nach von der Zeit, die die Uhr angibt. Die wirkliche Zeit *(durée)* ist unmeßbar: Sie ist ein Ineinanderfließen qualitativ verschiedener Momente.

damit psychologische Ordnung. Der Lebensdrang, der sich in der Evolution offenbart, kehrt die Ordnung der nahezu dauerlosen und chaotischen Materie um in die Ordnung der Organismen, der organisierten Einheiten.

Der Gedanke vom Lebensdrang wurde oft mit dem durch den Vitalismus geprägten traditionellen Begriff der Lebenskraft verglichen. Doch Bergson postuliert keine wissenschaftlich unbeweisbare Kraft, keine Seelensubstanz oder anders geartete Wirkungsmächte. Gemeint ist auch hier die durée, die über rein mechanistische Erklärungsmuster hinausgeht und den materialistischen Determinismus widerlegen sollte. Die durée sorgt als Lebensdrang für die biologische Variation – ein unbelegtes Dogma der darwinistischen Theorie. Der Mensch ist Teil dieser schaffenden Evolution, ein *homo faber*, ein Wesen, das frei handelnd auf seine Umgebung einwirkt.

In seinem letzten großen Werk, *Les deux sources de la morale et de la religion*, entwickelt Bergson seine Gedanken über den Zusammenhang von Mensch und Welt, über Moral und Religion. Auch hier stützt er sich auf empirische wissenschaftliche Ergebnisse. Moral ist für ihn zunächst ein soziales Phänomen. Als solches entspringt sie nicht rationaler Überlegung, sondern findet sich etwa auch bei Ameisen und Bienen. Das Ziel dieser Moral ist es, die Gesellschaft in eine Ordnung zu fügen, die für das Überleben notwendig ist und die Gesellschaft nach außen hin abgrenzt. Fragen über Ursprung und Ziel des Lebens werden in dieser geschlossenen Gesellschaft mit einer statischen Religion beantwortet, die die jeweilige Ordnung als verbindlich legitimiert. Die erste Quelle, aus der Moral und Religion sich speisen, ist demnach das instinktive Befolgen von Regeln, die das Überleben gewährleisten sollen.

Die zweite Quelle geht über dieses geschlossene Modell hinaus. Die Gesellschaft öffnet sich in einem dynamischen Prozeß. Die Freiheit, eine andere Ansicht zu vertreten, wird zur moralischen Verpflichtung. So haben die großen Moralisten und Propheten sozialem Druck widerstanden und Ideale formuliert. Sie treten in Kontakt mit der kreativen Quelle des Lebens, die gewöhnlich Gott genannt wird. Moral und Religion der offenen Gesellschaft haben eine Dynamik, die von mystischen Lebensanschauungen inspiriert sein kann.

Der Pragmatismus bei Peirce

Charles Sanders Peirce (1839–1914) hatte keine philosophische Ausbildung. Er war promovierter Chemiker und arbeitete beim United States Coast and Geodetic Survey. Sein einziges Buch, *Photometric Researches*, war das Ergebnis wissenschaftlicher Forschung auf dem Gebiet der Astronomie. Peirce war, angeregt durch den Privatunterricht bei seinem Vater, ein philosophischer Autodidakt. Seine Gedanken wurden in seinem Freundeskreis zwar hoch geschätzt, aber erst 1931 machte er sich durch das Erscheinen der *Collected Papers* einen Namen. Besonders charakteristisch für Peirces Philosophie ist eine dreifache Annäherung an philosophische Probleme auf allen Gebieten.

Peirce verstand sich selbst als Praktiker, während er die meisten Philosophen für akademische Seminaristen hielt. Viele philosophische Theorien, vor allem die metaphysischen, hielt er für unverständlichen Fachjargon, in dem das eine Wort das nächste definiere. Schiebe man alles Unnötige zur Seite, so blieben philosophische Fragen zurück, die man mit wissenschaftlichen Methoden untersuchen muß. Der Pragmatismus, den Peirce als Begriff neu einführte, weist gewisse Parallelen zum Positivismus auf, ist aber nicht mit ihm zu verwechseln. Der Pragmatismus untersucht das Verhältnis zwischen Erkenntnis und Handeln. Er wendet sich jedoch nicht gegen die Metaphysik, sondern vertritt eine Methode, die auch metaphysische Begriffe in ihrer Bedeutung und Wirkung zu erklären versucht.

In seinem berühmten Artikel «*How to Make Our Ideas Clear?*» definiert Peirce die Klarheit eines Begriffs folgendermaßen: «Überlege, welche Wirkungen, die denkbarerweise praktische Bezüge haben könnten, wir dem Gegenstand unseres Begriffs in Gedanken zukommen lassen. Dann ist unser Begriff dieser Wirkungen das Ganze unseres Begriffs des Gegenstandes.» Die Anwendung dieser Definition auf den Begriff des chemischen Elements Lithium sieht dann etwa folgendermaßen aus: In einem Chemie-Lehrbuch ist Lithium als ein Element mit einem bestimmten Atomgewicht definiert. Ein pragmatisch orientierter Autor dagegen würde sagen, daß es einen Stoff gibt, der sich auf bestimmte Weise in einer Flamme verhält, der eine bestimmte Härte und Farbe hat, der sich in bestimmten Säuren auflöst und sich mit anderen Stoffen verbindet, was in der Elektrolyse zu einem spezifischen Resultat führt; das Material dieses Stoffes ist Lithium.

Der Pragmatiker verbindet auf diese Weise rationale Bedeutung mit experimentellen Phänomenen, das heißt mit Ereignissen, die unter gleichen Umständen immer wieder stattfinden können. Seine Methode ist nicht an erster Stelle die Deduktion, die sich auf allgemeine Gesetze beschränkt, noch die Induktion, die sich allein auf das einzelne Phänomen verläßt, sondern die Abduktion, die Hypothesen über mögliche Realitäten aufstellt.

Peirce hält am Realitätsgehalt allgemeiner Gesetze fest, die auf die Eigenschaften von Phänomenen verweisen, die unabhängig davon bestehen, ob jemand über sie nachdenkt oder nicht. Er schließt sich darin den Auffassungen der schottischen mittelalterlichen Denker Duns Scotus und Ockham über den Realismus an. Später nannte er seine Theorie «Pragmatismus», um ihre realistische Ausrichtung zu betonen.

Logik und Semiotik bei Peirce

Peirce definiert den Begriff *Logik* auf verschiedene Weise: Logik umfaßt die Analyse von Bedeutung, die Erforschung von Wirkungen, die Erforschung der Wahrheit und die Wissenschaft von der Argumentation. Diese Auffassung von Logik steht in engem Zusammenhang mit der *Semiotik*, der Lehre von den Zeichen. Zunächst ist anzumerken, daß Peirce drei Arten von Ideen unterscheidet. Ideen der ersten Gruppe sind qualitativ und betreffen Gefühle und Wahrnehmungen, wie etwa «Röte». Die der zweiten Gruppe bezeichnen die Wirkung eines Dinges auf ein anderes, wie etwa der Aufprall von Ball A auf Ball B. Die dritte Gruppe schließlich umfaßt die allgemeinen Begriffe in Regeln und Gewohnheiten.

Die drei Arten von Ideen können nicht auseinander abgeleitet werden. Dieselbe Trichotomie findet sich in logischen Theorien. Hier unterscheidet er zwischen etwas, das unabhängig von etwas anderem existiert, zwischen Relationen und schließlich den «Mediationen» (Vermittlungsbegriffen). Auch die Peircesche Zeichentheorie weist ebenfalls eine dreigliedrige Struktur auf. Jeder Gedanke ist ein Zeichen, das verbal oder durch Gesten ausgedrückt werden kann. Ein Zeichen ist «etwas, das für jemanden in gewisser Hinsicht für etwas steht»; sie haben also einen verweisenden Charakter. Das Zeichen nennt Peirce *representamen*, das Objekt, das bezeichnet wird, nennt er den Grund und das Zeichen oder Bild, das in jemandem hervorgerufen wird, nennt er *Interpretant*. In der Logik entsprechen diesen drei Zeichenfunktionen drei Arten von Symbolen: die *Termini*, die den Grund von etwas anzeigen, die *Propositionen*, die ein Objekt in verschiedenen Termini ausdrücken und sowohl wahr als auch unwahr sein können, und die Symbole, die den Interpretanten in der *Argumentation* bestimmen.

Die Logik arbeitet mit *Symbolen*, das heißt mit Zeichen, die interpretiert werden können. Neben dem Symbol gibt es das *Ikon*, ein Zeichen, das dem bezeichneten Objekt gleicht (wie ein Foto), und schließlich den *Index*, der eine direkte Beziehung zum Objekt hat, wie etwa das Symptom zu einer Krankheit. Jede Repräsentation enthält diese drei Zeichenfunktionen. Sie geben den mentalen Aktivitäten bei Mensch und Tier Gestalt. Auch die Ausbildung von Gewohnheiten ist so zu erklären. Peirce geht noch einen Schritt weiter: jede mentale Gewohnheit ist Ausdruck eines bestimmten Glaubens, und auch logische Formeln gehören zu diesen Gewohnheiten.

Auf der Grundlage dieses Realismus stellt Peirce im folgenden die These auf, daß es drei Universen gebe mit drei Modalitäten des Seins. Das erste ist das der spontanen Möglichkeit, worin das Sein an sich allein ist. Das zweite ist das der Tatsachen, worin Objekte aufeinander einwirken und reagieren. Das dritte ist das der Gewohnheiten und Gesetze, worin das Sein notwendig wird. In der Ausbildung von Gewohnheiten sieht Peirce eine evolutionäre Entwicklung, die einen Schöpfer impliziert. Mit dieser Auffassung begibt er sich in die Nähe der Schellingschen Naturphilosophie.

Peirce hat mit seinen Gedanken sowohl Pragmatisten wie James und Dewey als auch Logische Positivisten (Popper, Habermas und Apel) beeinflußt.

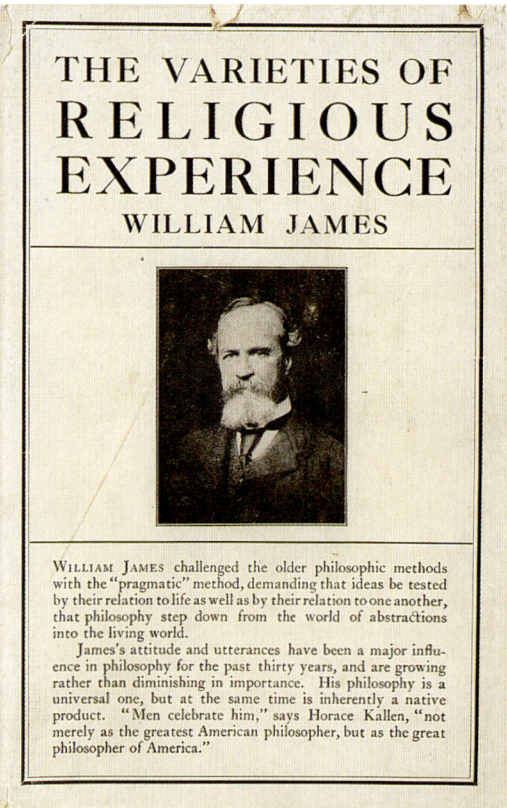

William James wurde mit seinen Edinburgher Vorträgen über natürliche Religion (1902) weit über die Vereinigten Staaten hinaus bekannt.

James

William James (1842–1910) hat den Pragmatismus als Psychologe und Philosoph geprägt. Sein unbefangener Schreibstil machte ihn bekannt. Sein Einfluß auf die Philosophie, die Psychologie, die Religion und die Ethik ist noch heute spürbar.

Sein Hauptwerk ist eine psychologische Studie, *The Principles of Psychology*, die 1890 in zwei Teilen erschien. In seinem Forschungsansatz verbindet James Biologie und Psychologie. Denken und Erkenntnis betrachtet er als Instrumente, die der Mensch im «struggle for live» ausgebildet hat. Psychophysiologie und Psychophysik untersuchen die Wirkungsweise dieser mentalen Instrumente. Obwohl James davon überzeugt war, daß das menschliche Bewußtsein nicht anders als physikalische Prozesse erklärbar ist, verteidigte er das Prinzip des freien Willens. Dabei gelang es ihm allerdings nicht, dieses Prinzip überzeugend in sein System zu integrieren. Dennoch hatte die Studie von James eine bahnbrechende Wirkung auf die Fortentwicklung der Psychologie.

Nach dieser Publikation läßt James das Studium der Psychologie ruhen. Sein neues Forschungsgebiet ist das Verhältnis zwischen dem freien Willen und der Erfahrung, wobei er Erfahrung im weitesten Sinne des Wortes versteht und sowohl Erfahrungen des Beinahe-Tot-Seins als auch religiöse Erfahrungen einbezieht. In *The Will to Believe and other Essays in Popular Philosophy* (1897) entwickelt er einen radikalen Empirismus. Es geht ihm dabei um die unmittelbare Erfahrung, die noch durch keine Begrifflichkeit vermittelt ist. Selbst überzeugte Rationalisten müssen zugeben, daß es etwas gibt, was sich ihrem Zugriff entzieht. Die Erfahrung des Besonderen ist grundlegender und umfassender als das, was abstrakte Begrifflichkeiten wiedergeben können. «Radikal» bedeutet für James, daß jede unmittelbare Erfahrung ernst genommen werden muß. In seinem späteren Werk, *Pragmatism: A new Name for some old Ways of Thinking* (1907), versucht er, die strenge Trennung zwischen Monismus und Pluralismus, Irrationalismus und Rationalismus zu überwinden.

James führt den Pluralismus der Erfahrung in den Empirismus ein. Jedes Ding, so klein es auch sei, kann auf verschiedene Weise erfahren werden. *Multo in paro*, das Viele im Kleinen, ist seine Devise. Jede Tatsachenbehauptung kann darüber hinaus durch neue Erfahrungen in Zweifel gezogen oder durch wissenschaftliche Experimente widerlegt werden. Daher verwirft James die Möglichkeit einer a priori einheitlichen Erfahrung. Statt dessen spricht er von einem Bewußtseinsstrom, der sowohl das Erkannte als auch den Erkennenden einschließt.

Das Bewußtsein ist von direkter Erfahrung abhängig. *Esse est sentiri* (Sein bedeutet wahrgenommen werden) – so der Leitgedanke, der die Vorrangstellung der Erfahrung in seinem System rechtfertigen soll. Die alltäglichen Erfahrungen lassen zwar einige Unterschiede und Abhängigkeiten erkennen, doch dahinter verbirgt sich James zufolge eine reine Erfahrung der Bewegung, die er den unmittelbaren Strom (*flux*) des Lebens nennt. Dieser flux liefert das Material für die spätere Reflexion und ihre konzeptionellen Kategorien. Eigentlich können nur Neugeborene und Menschen in Trance diese reine Erfahrung haben, und doch bildet sie die Grundlage jeder Erfahrung. In der reinen Erfahrung gibt es noch keinen Unterschied zwischen Subjekt und Objekt, zwischen Bewußtsein und Materie.

Seinem Wesen nach ist der Pragmatismus für James eine Methode, mit der man metaphysische Probleme lösen kann. In dieser Methode werden die praktischen Konsequenzen, die aus Begriffen und Theorien folgen, miteinander verglichen. Lassen sich keine Unterschiede in den Konsequenzen ausmachen, so haben die verglichenen Begriffe und Theorien dieselbe Bedeutung. Weitere Diskussionen erübrigen sich dann. James will den baren Wert der Begriffe messen, indem er ihre praktischen Auswirkungen vergleicht. Zu diesen Auswirkungen rechnet er auch Gefühle und besondere Wertschätzungen. Vor allem gegen diesen Gedanken äußerte Peirce Vorbehalte: Der Pragmatismus von James gerate zu sehr in die Nähe von Subjektivismus und Relativismus.

Die Meinungsverschiedenheit zwischen beiden beruht vor allem auf einer unterschiedlichen Definition von Wahrheit. James begreift «Wahrheit» als eine Eigenschaft von Gefühlen und vom Glauben (belief), nicht von erfahrbaren Dingen. Sämtliche

Ideen werden erst durch Erfahrung in einem Prozeß der Verifikation wahr. In diesem Sinne ist Wahrheit ein Ereignis. Diese Auffassung korrespondiert mit seinen Gedanken über ein pluralistisches Universum, die er in dem gleichnamigen Buch *A Pluralistic Universe* (1909) ausführlich darlegt. Hier geht er von einer vielgestaltigen und multiperspektivischen Weltsicht aus, die die monistischen Erklärungsmodelle der Metaphysik überwinden soll.

Dewey

John Dewey (1859–1952) hat neben Peirce und James eine dritte Richtung des Pragmatismus geprägt: den Instrumentalismus, der in den Vereinigten Staaten bis in die fünfziger Jahre hinein viele Anhänger hatte.

Dewey versteht Denken als Tätigkeit. Wissenschaftler etwa versuchen durch ihr Handeln, Probleme begreiflich zu machen, so daß es möglich wird, Beschlüsse zu fassen. Die Beschlüsse sind abhängig von der Richtung, in die man gehen will, und um diese zu bestimmen, werden Modelle und Theorien entwickelt. Diese Entwicklung ist ein Erkenntnisprozeß, der bestimmte Objekte und Begriffe hervorbringt. Außerhalb dieses Erkenntnisprozesses haben Objekte keine Realität. Dewey verwirft nachdrücklich die traditionelle Hypothese von einer Essenz, die der Erkenntnis vorausgehe. Die Realität der Erkenntnisobjekte ergibt sich aus dem Erfolg der Experimente, in denen sie immer wieder überprüft werden müssen.

Der Wahrheitsgehalt der Erkenntnis ist demnach ein experimenteller. Die Hypothese, die dem Experiment standhält, wird zur Wahrheit. Ewige von der menschlichen Erkenntnis unabhängige Wahrheiten gibt es für Dewey nicht. Er hält diese Auffassung für veraltet, da sie dem erkennenden Subjekt einen Platz außerhalb der Welt zuweist (Repräsentationalismus). Diese Theorie sei das Ergebnis von absolutistischen Tendenzen in Philosophie und Religion.

Erkenntnis und Wissenschaft haben bei Dewey die Funktion von Instrumenten, die mehr oder weniger erfolgreich eingesetzt werden können. Das gilt auch für philosophische Erkenntnisse. Der Philosoph entwickelt Theorien und Begriffe über philosophische Probleme vor dem Hintergrund der Situation, in der die Fragen entstanden sind. Ebenso wie religiöse Systeme geben philosophische Theorien damit eine Antwort auf die Probleme einer bestimmten Zeit oder Kultur. Dewey hält seine eigenen Auffassungen über Wahrheit und Experimente daher für die angemessene philosophische Antwort auf die wissenschaftlichen Veränderungen seiner Zeit. Seine Gedanken hat er schließlich in *Logic, the Theory of Inquiry* (1938) zusammengefaßt.

Dewey verband den instrumentalistischen Pragmatismus mit seinen Gedanken zum Naturalismus. Naturalismus bedeutet für ihn, daß biologische, physiologische und mentale Tätigkeiten des Menschen stetig und fließend ineinander übergehen. In diesem Punkt ist er stark von der Evolutionstheorie beeinflußt. Menschen sind Organismen, die dank ihrer Erkenntnis und Erfahrung in ihrer Umgebung zu überleben wissen. Dieses Überleben bestimmt das Handeln des Organismus. Jede Erfahrung beruht im Prinzip auf einer Situation, in der der Organismus etwas, ein Geräusch oder eine Emotion, direkt wahrnimmt und darauf reagiert. In einem Artikel von 1905, der in dem von Dewey gegründeten *Journal of Philosophy* erschien, spricht er von *unmittelbarem* Empirismus.

Umgebung und Organismus sind also in einen Prozeß fortwährender Aktion und Reaktion eingebunden, wobei Erkenntnis und Erfahrung die Richtung weisen. Dieser naturalistische Ansatz des Instrumentalismus erklärt zugleich Deweys Widerstand gegen jede Form des Essentialismus und Idealismus.

Er bestimmt darüber hinaus Deweys Ansichten über Moral, Erziehung und Gesellschaft. Die menschliche Umgebung ist zu einem großen Teil in sozialen Institutionen wie zum Beispiel Schulen, dem Rechtssystem und politischen Systemen geordnet. Moral, Erziehung und Politik sorgen für Regeln und die Ausbildung von Gewohnheiten, die das menschliche Zusammenleben ermöglichen. Normen, Werte und Regeln sind ebenso richtungsweisend für das Handeln wie die wissenschaftliche Erkenntnis.

Wissenschaftliche Begrifflichkeiten und moralische Urteile bilden für Dewey keine Gegensätze; auch hier führt seine Auffassung vom Naturalismus zur Verteidigung einer Kontinuität zwischen den verschiedenen handlungsanleitenden Systemen. Soziale Institutionen haben ebensowenig wie wissenschaftliche Begriffe einen Anspruch auf Wahrheit. Beide dienen dem einen Ziel, das Wachstum und die Entwicklung des Individuums zu unterstützen. Mißlingt dies, entstehen Konflikte, die zur Umwälzung der Institutionen und selbst zur Revolution führen können. Um dem vorzubeugen, müssen Werte, Normen und soziale Vereinbarungen immer wieder daraufhin überprüft werden, in welchem Maße sie einen Beitrag zum Wachstum des Individuums leisten.

Für Dewey gibt es in der Gesellschaft keine heiligen Normen und Werte, die um ihrer selbst willen zu respektieren sind. Sie haben nur dann Bestand, wenn sie ihre Aufgabe erfüllen. Jede Metaphysik muß in Hinblick auf ihre Bedeutung für den Prozeß menschlichen Werdens kritisch hinterfragt werden.

Dewey hatte großen Einfluß auf Lewis, Popper und den späten Wittgenstein. Gegenwärtig belebt insbesondere Rorty das Erbe Deweys.

Der Pragmatismus ist ein typisch amerikanisches Produkt. New York in den vierziger Jahren. In dieser Zeit hatte Dewey noch großen Einfluß auf die amerikanische Philosophie.

Husserl und die Phänomenologie

Edmund Husserl wurde 1859 in Prossnitz in Mähren geboren. 1876 immatrikulierte er sich in Leipzig in den Fächern Physik, Astronomie und Mathematik. Zwei Jahre später zog er nach Berlin, wo er Mathematik studierte. 1883 promovierte er in Wien mit *Beiträgen zur Variationsrechnung* und faßte den Entschluß, noch ein Philosophiestudium anzuschließen. Die Vorlesungen bei Brentano begeisterten ihn so sehr, daß er sich ganz der Philosophie widmete. 1886 ging Husserl nach Halle, wo er seine *Habilitationsschrift* verfaßte, die später das erste Kapitel seiner *Philosophie der Arithmetik* (1891) bildete.
Berühmt wurde Husserl durch die Publikation der *Logischen Untersuchungen* (1900, 1901), eines der einflußreichsten philosophischen Werke des zwanzigsten Jahrhunderts. 1901 wurde er außerordentlicher und 1906 ordentlicher Professor in Göttingen. 1916 trat er die Nachfolge Rickerts in Freiburg an. Nach seiner Emeritierung 1928 wurde er von Heidegger abgelöst, blieb aber in Freiburg. Husserl starb 1938.
Da Husserl jüdischer Abstammung war, durfte er ab 1933 in Deutschland kein Universitätsgebäude mehr betreten und nicht mehr publizieren. Seine letzten großen Vorträge hielt er im Ausland – in Wien und Prag – über die Philosophie und die Krise der europäischen Menschheit. Diese Krise sei dadurch verursacht, so Husserl, daß die Philosophie der Menschheit keine ethischen Richtlinien gebe. Damit sei das Ideal eines vernunftgeleiteten Lebens, wie es die griechische Philosophie formuliert hatte, zerstört.
Husserl, der es gewohnt war, jeden seiner Gedanken zu Papier zu bringen, hinterließ mehr als 40 000 Seiten stenographierter Manuskripte. Um diese Hinterlassenschaft vor der Vernichtung durch die Nazis zu schützen, schaffte der Franziskanerpater Herman Leo van Breda die Originale mit diplomatischer Post unentdeckt nach Löwen. Seitdem hat sich dort das Husserl-Archiv niedergelassen, das auch die Reihe *Husserliana* herausgibt.
Weitere Publikationen: *Philosophie als strenge Wissenschaft, Logos 1* (1910/1911); *Ideen zu einer reinen Phänomenologie und phänomenologischen Philosophie* (1913); *Vorlesungen zur Phänomenologie des inneren Zeitbewußtseins* (1928); *Formale und transzendentale Logik* (1929); *Die Krisis der Europäischen Wissenschaft und die transzendentale Phänomenologie* (1936).

Brentano

Franz Brentano (1838–1917) gilt als Vorläufer der sogenannten *phänomenologischen Bewegung*, die sein Schüler Husserl begründen wird. Brentano selbst hätte diese Zuordnung entschieden zurückgewiesen, da er dafür eintrat, die naturwissenschaftliche Methode auch auf die Philosophie anzuwenden. Die Geschichte der Phänomenologie, die mit Brentano beginnt und später in den Existentialismus und die Hermeneutik mündet, kann jedoch auch als ein Abgrenzungsprozeß von genau diesem naturwissenschaftlichen Ansatz beschrieben werden. Wie ist das zu verstehen?

Brentano ist ein typischer Vertreter des Positivismus des 19. Jahrhunderts. Er bewunderte Comte und J. S. Mill und war davon überzeugt, daß die praktische Anwendung naturwissenschaftlicher Methoden zur Lösung sowohl persönlicher als auch gesellschaftlicher Probleme beitragen könne. Und doch hat er Gedanken entwickelt, die ihn zum Vater der phänomenologischen Bewegung machen. Zwei Aspekte sind hier zu nennen.

Zum einen war es Brentanos Stil zu philosophieren. Er grenzt sich gegen jede Art der Spekulation ab, wie sie im deutschen Idealismus betrieben wurde, und vertritt demgegenüber die Ansicht, daß sich Begriffsbildung immer auf die Empirie zu stützen habe. Empirie bedeutet für Brentano vor allem, das vertraute und doch so ungreifbare Gebiet des Geistes zu durchforschen. Die naturwissenschaftliche Psychologie kann seiner Meinung nach erst Erfolge erzielen, wenn zuvor dieses uns innerliche amorphe Gebiet genau beschrieben wird. Diese deskriptive Psychologie nennt Brentano «Phänomenologie», und als solche hat sie Geschichte gemacht. Husserls wichtigste Werke schließen genau hier an.

Zum anderen schränkt Brentano in seinem späteren Werk die Reichweite der naturwissenschaftlichen Methode ein. Sie sei nicht geeignet, Normen aufzustellen. Ethik und Logik verlangten nach anderen Methoden. In seinen letzten Lebensjahren wandte Brentano sich vehement gegen Psychologismus und Relativismus und vor allem gegen die Auffassung, die Psychologie könne logische und ethische Normen begründen.

Husserl: Antipsychologismus und deskriptive Psychologie

Husserl verdankt seinen Ruhm den 1900 publizierten *Logischen Untersuchungen*. Im ersten Teil des Werkes geht er gegen den Psychologismus in der Logik an; der zweite Teil widmet sich einer Beschreibung psychischer Phänomene. Auf beiden Gebieten setzt Husserl das Werk Brentanos fort.

Husserl hat die Möglichkeit einer Verknüpfung von Psychologie und Logik endgültig widerlegt. In einer breit angelegten und scharfsinnigen Argumentation weist er nach, daß logische Normen niemals aus der Psychologie abzuleiten sind. Die Psychologie befaßt sich mit dem Ablauf psychischer Prozesse und versucht diese kausal zu erklären. Die Logik dagegen fragt nach der Richtigkeit von Gedanken und der Gültigkeit von Argumentationen. Ein logisches Gesetz besagt, daß zwei einander widersprechende Behauptungen nicht beide wahr sein können. Unter dieser Prämisse können Gedankengänge auf ihren Gehalt hin überprüft werden. Die Psychologie, die unsere Denkaktivitäten untersucht, kann niemals einen Ansatzpunkt finden, um den Inhalt der Gedanken kritisch zu beurteilen. Tatsächlich können einander widersprechende Gedanken zu gleicher Zeit in einem einzigen Bewußtsein existieren, und gerade das ist für die Psychologie interessant. Husserl folgert hieraus, daß Psychologie und Logik verschiedene Untersuchungsgegenstände haben. Weder die positivistischen Wirklichkeitsbetrachtungen der Physik noch der Psychologie bieten einen Ansatzpunkt, um das Denken normativ beurteilen zu können.

Abweichend von Brentano postuliert Husserl die Existenz ideeller Entitäten, zu denen etwa auch Urteilsinhalte zählen. Wenn ich etwas behaupte, so ist die Behauptung Teil der psychischen Realität, der Inhalt der Behauptung aber ist eine ideelle Entität. Auch Zahlen und geometrische Figuren sind für Husserl ideelle Entitäten. Die Einsicht, daß da mehr «ist», als der Positivismus sich eingestehen wollte, ist ein entscheidender Aspekt in Husserls berühmter Lehre von der «Wesensschau».

Den zweiten Teil der *Logischen Untersuchungen* bezeichnet Husserl als deskriptive Psychologie. Tatsächlich entwickelt er eine deskriptive eidetische Psychologie, die das *Eidos* oder Wesen innerer Phänomene beschreibt. Husserl versucht die innere Landschaft des Bewußtseins zu kartographieren und die verschiedenen Gebiete auszumachen, in denen die Psyche sich manifestiert. Schon Brentano unterschied zwischen Vorstellungen, Urteilen und Emotionen. Husserl arbeitet diese Unterteilung weiter aus. Er zeigt etwa, daß das Wort «Vorstellung» dreizehn verschiedene Bedeutungen haben kann. Gerade in dieser Bewußtseinsanalyse beweist sich seine Genialität. In einem Punkt stimmt er mit Brentano überein: die grundlegenden Vorgänge sind bei Brentano wie bei Husserl kognitiv. Es sind die Akte des Erkennens, die den Vorstellungen und Urteilen vorangehen und zugleich die Basis des Bewußtseins bilden. Bevor man etwas lieben oder hassen kann, muß man es kennen.

Der bei weitem wichtigste Gegenstand der deskriptiven Psychologie ist die Intentionalität. Meist wird Intentionalität als eine «Hinwendung zum Ob-

Berlin entwickelte sich nach dem Ersten Weltkrieg zur modernen Kulturmetropole: Literatur, Theater, Musik und Film gingen neue, oft experimentelle Wege. George Grosz entwarf 1916 ein visionäres Bild von seiner Stadt.

Max Scheler (1874–1928) wandte die phänomenologische Methode auf die Ethik, die Kultur- und Religionsphilosophie an, auf Gebiete, die Husserl nicht beschritten hatte. Scheler gilt als der Begründer der philosophischen Anthropologie. Portrait von Otto Dix.

> Fürs erste: Jeder, der ernstlich Philosoph werden will, muß sich einmal im Leben auf sich selbst zurückziehen und in sich den Umsturz aller vorgegebenen Wissenschaften und ihren Neubau versuchen. Philosophie ist eine ganz persönliche Angelegenheit des Philosophierenden. Es handelt sich um seine *sapientia universalis,* das ist um sein ins Universale fortstrebendes Wissen – aber um ein echt wissenschaftliches, das er von Anfang an und in jedem Schritte absolut verantworten kann aus seinen absolut einsichtigen Gründen. Ich kann zum echten Philosophen nur werden durch meinen freien Entschluß, diesem Ziel entgegenleben zu wollen. Habe ich mich dazu entschlossen, somit den Anfang erwählt aus absoluter Armut und den Umsturz, so ist natürlich ein Erstes, mich zu besinnen, wie ich den absolut sicheren Anfang und die Methode des Fortgangs finden könnte, wo mir jede Stütze vorgegebener Wissenschaft fehlt. [...]
> Indem wir meditierend dieser Frage nachgehen, scheint sich zunächst als [...] erste aller Evidenzen [...] die von der Existenz der Welt darzubieten. [...] Allem voran ist das Dasein der Welt selbstverständlich – so sehr, daß niemand daran denken kann, es ausdrücklich in einem Satze auszusprechen. Haben wir doch die kontinuierliche Welterfahrung, in der uns diese Welt immerfort und fraglos seiend vor Augen steht. Aber ist diese Erfahrungsevidenz wirklich apodiktisch, trotz ihrer Selbstverständlichkeit, und ist sie wirklich die an sich erste, allen anderen vorangehende? Beides werden wir verneinen müssen. Erweist sich nicht im einzelnen manches als Sinnenschein [...] als bloßer Traum [...] ? [...]
> Hier machen wir nun, ganz Descartes folgend, die große Wendung, die, recht vollzogen, zur transzendentalen Subjektivität führt: die Wendung zum *ego cogito* als dem apodiktisch gewissen und letzten Urteilsboden, auf den jede radikale Philosophie zu gründen ist.
>
> *Aus:* Husserl, *Pariser Vorträge*

jekt» verstanden, als ein Bruch mit der seit Descartes vorherrschenden Auffassung, daß der Mensch in seinem Bewußtsein eingeschlossen ist. Wir kennen, so Descartes, nur das eigene Bewußtsein, wie es wirklich ist. Was die Außenwelt betrifft, so wissen wir nie, ob sie so ist, wie sie uns erscheint. Auch Brentano vertrat diese Ansicht und stellte die These auf, daß das, was erscheine, nicht wirklich sei, und was wirklich sei, nicht erscheine. Hierbei stützte er sich, wie die gesamte moderne Philosophie seit Galilei, auf die Naturwissenschaften. Diese lehren schließlich, daß die sichtbare und hörbare Welt, die wir alltäglich wahrnehmen, aus Schwingungen und Wellen besteht. In der naturwissenschaftlichen Beschreibung gibt es keine Farben und Geräusche. Geht man davon aus, daß die Welt der Wissenschaft die wahre Welt ist, dann sind die sinnlichen Wahrnehmungen nur Schein; Produkte also, die das Bewußtsein selbst hervorbringt, wenn es über die Sinnesorgane einen äußeren Reiz empfängt.

Dieses Wissen bildet die Grundlage für die «These von der Immanenz» oder der Subjektivität. Die transzendente objektive Welt ist unseren Sinnesorganen nicht zugänglich. Nun führt der Gedanke der Intentionalität zu einer radikalen Revision der oben skizzierten Auffassung. Das bedeutet nicht, daß der Mensch aus seinem Bewußtsein heraustreten und dadurch die Dinge selbst erkennen könnte. Die Neuorientierung besteht vielmehr in einer genaueren Betrachtung des Bewußtseins und der Art, wie es die Welt präsentiert.

Schon Brentano unterschied zwischen dem Bewußtsein selbst und seinen Inhalten, zwischen Sehen und Hören einerseits und Farben und Geräuschen andererseits. Die Wahrnehmung, so lehrte er, richtet sich immer auf einen Inhalt, der nicht die Wahrnehmung selbst ist. Die Wahrnehmung führt uns zu etwas anderem, als sie selbst ist. Dies ist allerdings keine wirkliche Wendung nach außen, denn Brentano hielt an der Auffassung der modernen Philosophie fest, daß die Inhalte dem Bewußtsein immanent sind. Sie existieren nicht außerhalb des Geistes.

Die erste wichtige Überarbeitung, die Husserl an dieser Theorie vornimmt, ist die Unterscheidung zwischen den Wahrnehmungsinhalten und ihrer Interpretation. Hier treffen wir auf den Gedanken, der die gesamte Phänomenologie bestimmt, daß nämlich Wahrnehmen ein Sinngeben ist. Husserl vergleicht den Wahrnehmungsprozeß mit dem Vorgang des Lesens, bei dem äußere Zeichen als Wörter mit Bedeutung verstanden werden. Analog werden beim Wahrnehmen die Wahrnehmungsinhalte mit einer Bedeutung verknüpft. Diese Inhalte treiben nicht wie lose Bruchstücke im Meer des Bewußtseins. Sie werden immer als Eigenschaften von etwas interpretiert. Das Rot ist das Rot eines Apfels oder eines Teppichs.

Wie immer man auch über das Verhältnis von der Welt der Erscheinungen zur Welt der Wissenschaft denken mag, eines ist sicher: was uns erscheint, nehmen wir als etwas Transzendentes wahr. Wir hören nicht ein Lied innerhalb unseres Bewußtseins, wir hören es auf dem Podium, wo die Sängerin sich befindet. Wenn wir uns in der Beschreibung auf das beschränken wollen, was wir unmittelbar sinnlich erfassen – und das ist der phänomenologische Ausgangspunkt –, dann müssen wir sagen: wir sehen eine transzendente Eigenschaft, etwa das Weiß des Tisches. Natürlich bleibt die Frage, ob der weiße Tisch, so wie er uns erscheint, auch wirklich ist. Wir können nicht aus unseren Wahrnehmungen heraustreten, um sie mit dem Tisch selbst zu vergleichen. Aber damit müssen wir uns auch nicht befassen, solange wir uns auf die Beschreibung dessen, was gegeben ist, beschränken.

Diesen Vorbehalt nennt Husserl die *phänomenologische Reduktion*: wir beschränken uns auf das Phänomen; was sich eventuell dahinter verbirgt, setzen wir in Klammern. Wir schieben unser Urteil über die Wirklichkeit auf (dies nennt man auch *epoché* oder Urteilsenthaltung). Auf diese Weise hat Husserl ein Gebiet abgesteckt, auf dem er sich beschreibend bewegen kann, ohne die Frage nach der Realität stellen zu müssen. Und dies sei, wie er oft sagte, handwerkliche Arbeit. Wir können uns unserer Resultate sicher sein, denn niemand kann uns die Überzeugung nehmen, daß das, was uns erscheint – der Akt und sein transzendenter Inhalt –, uns so erscheint, wie es erscheint. Das ist das «Phänomen» oder das «Wahrgenommene als solches».

Viele von Husserls Schülern haben dies als Befreiung empfunden, da es ein Problem beseitigte, mit dem die Philosophie seit der Moderne befaßt war und das prinzipiell unlösbar schien.

Transzendentaler Idealismus

Dennoch konnte die phänomenologische *epoché*, die der konkreten Forschung den Weg ebnete, nicht als endgültige Lösung betrachtet werden. Die Frage nach der Wirklichkeit der Phänomene läßt sich nicht endlos aufschieben. Die wichtigste Entwicklung im Denken Husserls bestand darin, das Problem, wie es sich traditionell stellte, radikal neu zu formulieren. Er stellte fest, daß eine «Impasse» (Sackgasse) oder Aporie entsteht, wenn ein Problem in falsche Begrifflichkeiten gefaßt wird. Auch hier erweist sich das phänomenologische Prinzip – es gilt allein das, was sich zeigt – als Ausweg.

Die Lösung, die Brentano und viele andere für das erkenntnistheoretische Problem anboten, besteht in einer kausalen Argumentation. Die Frage ist: Wie kann ich bei der Mannigfaltigkeit von Inhalten, die mir erscheinen, wahre von unwahren unterscheiden? Die Antwort lautet: Die Vorstellungen, die von der Außenwelt hervorgerufen werden, sind wahr. In unserer praktischen Unterscheidung von Sein und Schein, von wahr und unwahr gehen wir allerdings ganz anders vor. Wir nehmen zwar eine kausale Analyse vor, setzen dabei aber immer nur die Phänomene untereinander in Beziehung, niemals ein Phänomen zu etwas dahinter Verborgenem. Wie entdecken wir, daß der Stock, der im Wasser gebrochen erscheint, eigentlich gerade ist? Indem wir zwischen der Erscheinung im Medium Luft und im Medium Wasser unterscheiden.

Nun könnte man meinen, daß die Entitäten, die die Naturwissenschaft feststellt, als Ursachen der Phänomene zu verstehen sind. Doch auch dieser Standpunkt ist unhaltbar. Die Naturwissenschaft gibt nur eine andere Beschreibung dieser selben Phänomene oder ist – wie Husserl sagt – ein Ideengewand, das über die Welt der Phänomene geworfen wird. Diese Erwägungen führen Husserl dazu, die gesamte Idee einer Welt an sich, die sich hinter den Erscheinungen verbergen soll, zu verwerfen. Wir müssen nicht diese Welt in Klammern setzen, sondern die Illusion einer Welt an sich. Wirklich ist Husserl zufolge, was dem kritischen Unterscheidungsprozeß der Phänomene standhält.

Er bezeichnet diesen Standpunkt als «transzendentalen Idealismus», da die Frage, ob etwas als Seiendes betrachtet werden darf, nur innerhalb der dem Bewußtsein erscheinenden Welt entschieden werden kann und nur mit den Mitteln, die dem Bewußtsein zur Verfügung stehen. Das war für Husserl der einzig haltbare Ansatz. Für ihn schaffte die Analyse des Verhältnisses zwischen Bewußtsein und Welt ein Instrument, um die «natürliche» Denkhaltung definitiv aus den Angeln zu heben. Die natürliche Denkhaltung neigt dazu, die in der Wahrnehmung gegebenen Objekte als unabhängig Seiendes zu betrachten. Die phänomenologische Reflexion zeigt allerdings, daß ihre Quelle im konstituierenden Bewußtsein liegt. Es sei ein Widerspruch in sich, hinter der phänomenalen Welt eine andere Wirklichkeit zu vermuten. Dieser idealistischen These folgte freilich keiner seiner Schüler.

Einsteins Relativitätstheorie hatte weitreichenden Einfluß auf die Grundlagenforschung im 20. Jahrhundert. 1921 besuchte Einstein das Laboratorium seines niederländischen Kollegen Pieter Zeeman, der über die Fortpflanzung von Licht in bewegter Materie forschte.

Die Grundlagenforschung

Die Raumfahrt ermögliche es, astronomische Instrumente weit außerhalb der Erdatmosphäre einzusetzen, um die elektromagnetische Strahlung der Himmelskörper zu untersuchen. Ein sogenannter Large Deployable Reflector, gekoppelt an ein Space Shuttle (1986).

Frege

1879 publizierte der deutsche Mathematiker Gottlob Frege (1848–1925) seine *Begriffsschrift*. Die Bedeutung dieser kleinen Schrift war groß: Sie enthält eine exakte Theorie über die Logik von Ausdrücken, die häufig in mathematischen Sätzen gebraucht werden, wie etwa «nicht», «und», «oder», «wenn ... dann», «dann, und nur dann, wenn ...», «alle», «es gibt ... so daß». Diese Theorie ermögliche es, so Frege, die Haltbarkeit einer Argumentation sehr genau zu überprüfen und jeder sich unbemerkt einschleichenden Vermutung auf die Spur zu kommen. Frege war sich von Anfang an bewußt, daß diese Untersuchung nicht allein für die Grundlagenforschung der Mathematik, sondern auch für die Philosophie im allgemeinen von Interesse war. Mit ihr schien eine exakte Beantwortung der Frage möglich, ob arithmetische Wahrheiten sich auf logische Wahrheiten gründen, wie es Leibniz behauptet und Kant verneint hatte.

Bei Frege wird die neue logische Theorie auch zu einem analytischen Instrument, das ihn befähigt, die mathematischen Begriffe der «Nachfolgerbeziehung» und der «Erblichkeit einer Eigenschaft in einer Reihe» zu definieren. Ein nächster Schritt ist die Definition von «Anzahl» mit Begriffen der Logik. In seinem Buch *Die Grundlagen der Arithmetik* (1884) beweist Frege, daß solcherart logische Definitionen möglich sind, sofern sein System durch eine Theorie über den «Umfang» von Begriffen ergänzt wird. Auf diese Weise ist eine arithmetische Struktur zu entwickeln, die nicht unter den Unzulänglichkeiten anderer Ansätze leidet. Im ersten Teil seiner *Grundgesetze der Arithmetik* (1893) beschreibt Frege eine solche Struktur detailliert und verteidigt sein Vorgehen ebenso vehement wie selbstbewußt. Als Widerlegung könne er nur akzeptieren, wenn jemand tatsächlich zeigen würde, daß auf der Grundlage anderer logischer Überzeugungen ein besseres und haltbareres Gebäude errichtet werden kann, oder wenn der Nachweis gelänge, daß seine Axiome zu eindeutig unwahren Folgerungen führen. Beides aber hielt er für ausgeschlossen.

Zu Freges Bestürzung wurde sein System schon innerhalb der nächsten zehn Jahre widerlegt, und zwar durch den jungen Philosophen Russell, der von dem italienischen Mathematiker Guiseppe Peano (1859–1932) auf das Werk Freges aufmerksam gemacht worden war. Russell bewies 1902, daß Freges Auffassung vom «Umfang eines Begriffes» einer Korrektur bedurfte.

Frege hatte gefragt, ob der Umfang eines Begriffes selbst auch unter diesen Begriff falle. Genauer gesagt: der Umfang fiele entweder darunter oder nicht. So wäre etwa der Umfang des Begriffes «Zahl» selbst keine Zahl, sondern wäre anders gesagt ein Umfang, der nicht unter den Begriff fällt, dessen Umfang er selbst ist. Aber der soeben kreierte Begriff «Umfang, der nicht unter den Begriff fällt, dessen Umfang er selbst ist» ist eine Antinomie: der Umfang dieses Begriffes fällt zugleich unter den Begriff und nicht darunter. Freges Theorie ist daher in sich widersprüchlich.

Die Tragweite dieser Kritik an Freges Theorie ist bedeutender als diese Theorie selbst. Jede Entwicklung einer Theorie über Klassen oder Mengen wird damit problematisch. In der einfachsten Form bezieht sich Russells «Paradox» nämlich auf die «Menge aller Mengen, die sich selbst nicht als Element enthalten». Damit entsteht das Problem, daß eine Menge, die sich selbst nicht als Element enthält, sich selbst als Element enthalten muß, und umgekehrt.

Brouwer

Freges Versuch, die Arithmetik auf der Logik aufzubauen, muß also als mißglückt gelten. Der führende deutsche Mathematiker David Hilbert (1862–1943) schlug daher 1904 vor, Arithmetik und Logik gemeinsam aufzubauen und diesen Aufbau mit «Nicht-Widerspruchsbeweisen» abzusichern. Allerdings setzte Hilbert in diesen Beweisen doch wieder intuitiv Begriffe wie «eins», «zwei», «drei» und «einige» ein und wandte ebenso intuitiv logische Prinzipien an. Darauf wies der junge niederländische Mathematiker Luitzen Egbertus Jan Brouwer (1881–1966) in seiner Dissertation *Over de grondslagen der wiskunde* von 1907 hin.

Brouwer vertritt die radikale These, die Mathematik sei von diesen logischen Gesetzen unabhängig. Er spricht von einer «Ur-Intuition» der Mathematik und aller Wirkung des Intellekts als einer «Möglichkeit des Zusammendenkens mehrerer Einheiten, verbunden durch ein *Zwischen*, das sich durch die Einschaltung neuer Einheiten niemals erschöpft». Brouwer zufolge ist ein «reines Bauen intuitiver mathematischer Systeme» möglich, bevor eine mathe-

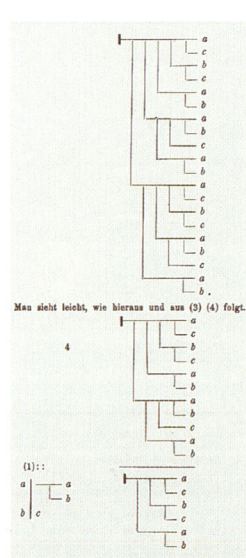

Eine Seite aus der *Begriffsschrift* von Frege, die den Beginn der modernen Logik markiert.

DIE GRUNDLAGENFORSCHUNG 339

Portrait eines Philosophen im konstruktivistischen Stil der russischen Malerin Ljubow Popowa. Sie arbeitete in den Jahren 1912 und 1913 in Frankreich. Ist hier ein französischer Philosoph portraitiert oder der Russe P. A. Florenskij, den sie 1914 in Moskau traf?

matische Sprache entwickelt ist. Die sprachliche Begleitung des mathematischen Bauens wiederum geht der mathematischen Betrachtung dieser Sprache und der Wahrnehmung «logischer Sprachgebäude» voran. Diese logischen Prinzipien sind allerdings allein auf Begriffe mit einer mathematischen Bedeutung anwendbar. Dieses erklärt, so Brouwer in seinem Aufsatz *De onbetrouwbaarheid der logische principes*, der 1908 in der niederländischen Zeitschrift für Philosophie erschien, das Entstehen von Paradoxen wie bei Russell.

Mit seinen revolutionären Auffassungen über die Mathematik ist Brouwer der bemerkenswerteste niederländische Wissenschaftsphilosoph des 20. Jahrhunderts; seine Inauguralrede *Intuitionisme en formalisme* (1912) erreichte in ihrer englischen Übersetzung eine internationale Leserschaft. Darüber hinaus formulierte Brouwer schon früh eine extrem individualistische Lebensphilosophie. «Einkehr» ist das Hauptmotiv in *Leven, kunst en mystiek* (Leben, Kunst und Mystik, 1905).

Bertrand Arthur William Russell (1872–1970), der spätere dritte Graf Russell, studierte Mathematik und Philosophie in Cambridge. Sein ganzes Leben lang interessierte er sich für sozial-philosophische und politische Fragen. 1896 führte er an der London School of Economics Seminare durch, die sich mit der deutschen Sozialdemokratie befaßten, und noch zwei Tage vor seinem Tod kritisierte er öffentlich die israelischen Bombenangriffe auf Ägypten. Sein umfangreiches Œuvre spiegelt seine Vielseitigkeit wider.

Die Höhepunkte seines logisch-philosophischen Schaffens liegen zwischen 1897 und 1914. In dieser Zeit war Russell mit dem Trinity College in Cambridge verbunden, seit 1910 war er dort als Dozent für Logik und Grundlagenmathematik tätig. Mit seinen Forschungsergebnissen auf diesem Gebiet machte er sich einen Namen als Wissenschafts-Philosoph, vor allem durch Publikationen wie *The Principles of Mathematics* (1903), *Principia Mathematica* (die drei Teile umfaßt und in Zusammenarbeit mit Whitehead entstand, 1910–1913) und *Our Knowledge of the External World as a Field for Scientific Method in Philosophy* (1914).

Mit dem Ausbruch des Ersten Weltkriegs wird Russell auch politisch aktiv. Er versteht sich als Anwalt des Friedens, der Menschlichkeit, der Gerechtigkeit und Wahrheit und schließt sich der britischen Anti-Kriegsbewegung an. 1916 hält er öffentliche Vorlesungen in London ab. Wegen Aufforderung zur Kriegsdienstverweigerung wird er vor Gericht gestellt, eine Haftstrafe muß er nicht antreten, da Freunde die Geldbuße übernehmen. Der Vorfall kostet ihn allerdings seine Anstellung in Cambridge.

Zwei Jahre später wird Russell erneut zu einer Haftstrafe verurteilt, und zwar für seine Kritik an der Rolle des amerikanischen Militärs bei Streiks. Während der Haftzeit schreibt er *Introduction to Mathematical Philosophy* (Einführung in die mathematische Philosophie, 1919).

Fortan verdient Russell schreibend seinen Lebensunterhalt. Er publiziert verschiedene Einführungen in die Philosophie und in die neue Physik, Werke über die Philosophie der Physik und die Philosophie der Psychologie sowie über Unterricht und Erziehung. Zusammen mit seiner zweiten Frau gründet er 1927 die experimentelle freie Schule Beacon Hill. Mit seiner (späteren) dritten Frau verfaßt er weltweit bekannte Bücher wie *Freedom and Organization 1814–1914* (Freiheit und Organisation 1814–1914, 1934).

Nach seinem 65. Geburtstag verbringt er einige Jahre als Gastprofessor der Philosophie in den Vereinigten Staaten. In dieser Zeit entstehen *An Inquiry into Meaning and Truth* (1940) und *A History of Western Philosophy* (Philosophie des Abendlandes, 1945). Eine neue Forschungsstelle am Trinity College, die ihm 1944 angeboten wird, versetzt ihn in die Lage, ein letztes grundlegendes philosophisches Werk zu schreiben: *Human Knowledge* (Das menschliche Wissen, 1948). 1949 wird ihm der britische Verdienstorden und 1950 der Nobelpreis für Literatur verliehen.

Die letzten zwanzig Jahre seines Lebens sind durch die Weltpolitik bestimmt: die Atomrüstung, die Ost-West-Beziehungen (Kuba-Krise) und der Vietnam-Krieg. 1961 wird Russell noch einmal – nun zusammen mit seiner vierten Frau – zu einer Haftstrafe verurteilt, und zwar wegen Anstiftung zu zivilem Ungehorsam gegen die britische Atomrüstung. Sein letztes Werk ist seine dreibändige Autobiographie (Autobiographie, 1967–1969).

Russell

Wie kaum ein anderer Philosoph verteidigte Bertrand Russell die «Analyse» als das wichtigste Instrument der Philosophie. Sein Hauptinteresse richtete sich wie bei Frege auf die Grundlagen der Mathematik, wenn er auch sein erstes Buch (1896) über die deutsche Sozialdemokratie schrieb.

1900 formulierte Russell die These, allein eine korrekte logische Theorie könne solide Grundlagen für die Mathematik schaffen. In *The Principles of Mathematics* verfolgt er ebendieses Vorhaben: Nach einer Erläuterung der «primitiven» Begriffe – der elementaren Begriffe, auf denen eine korrekte logische Theorie basieren muß – versucht Russell zu belegen, daß die reine Mathematik vollständig mit diesen primitiven Begriffen definiert werden kann und daß alle Thesen der reinen Mathematik aus einer kleinen Anzahl logischer Grundprinzipien abzuleiten sind. Dies gelingt Russell nicht vollständig; es bleiben einige Fragen offen, so etwa Widersprüchlichkeiten in bezug auf den primitiven Begriff «Klasse», an der auch Freges Theorie gescheitert war.

Im folgenden setzt Russell alles daran, die Quelle dieser Widersprüche aufzuspüren und Lösungen zu finden. Er kommt schließlich zu dem Ergebnis, daß alle «logischen Paradoxe» auf einer sogenannten «Selbstreflexion» beruhen, das heißt, wenn sich Begriffe auf sich selbst zurückbeziehen, wie etwa in der Aussage «Ich lüge». Solche «circuli vitiosi» müssen also von vornherein ausgeschlossen werden. Russell entwickelt eine Theorie, die alle Sätze in «Typen»

Der belgische Künstler und Architekt Henry van de Velde liebte die Maschinen «als wären sie Schöpfungen einer höheren Ordnung». Der Blick in eine Maschinenkammer mit Kesseln, Leitungen und Druckmeßgeräten verzichtet auf die Darstellung des Menschen.

Wir haben soeben gesehen, daß es zwei Arten von Erkenntnis gibt: die von Dingen und die von Wahrheiten. In diesem Kapitel haben wir es ausschließlich mit der Erkenntnis von Dingen zu tun, bei der wir wiederum zwei Arten zu unterscheiden haben. Die Art, die wir *Bekanntschaft* nennen, ist ihrer Natur nach einfacher als jede Erkenntnis von Wahrheiten und logisch von solchem Wissen unabhängig, obwohl es voreilig wäre anzunehmen, daß menschliche Wesen tatsächlich Bekanntschaft mit Dingen haben, ohne gleichzeitig irgendwelche Wahrheiten über sie zu kennen. Die Erkenntnis von Dingen durch *Beschreibung* hingegen involviert immer [...] ein Wissen von Wahrheiten als Grund und Ursprung eben dieser Erkenntnis. Aber zuerst müssen wir uns klarmachen, was wir unter «Bekanntschaft» und was wir unter «Beschreibung» verstehen wollen.

Wir wollen von *Bekanntschaft* immer dann sprechen, wenn uns etwas unmittelbar, ohne Vermittlung durch Schlußfolgerungen oder eine vorausgegangene Erkenntnis von Wahrheiten, bewußt ist. Angesichts meines Tisches sind mir die Sinnesdaten – Farbe, Form, Härte, Glätte usw. –, die die Erscheinung meines Tisches ausmachen, bekannt, also alles, was mir beim Sehen und Berühren meines Tisches unmittelbar bewußt wird. Man kann über den bestimmten Farbton, den ich sehe, vieles sagen – z. B. daß es ein Braun ist, und zwar ein ziemlich dunkles, und so fort. Doch solche Aussagen lassen mich zwar Wahrheiten *über* Farben erkennen, machen mir die Farbe selbst aber nicht besser bekannt, als sie es vorher schon war: was meine Kenntnis der Farbe selbst – im Gegensatz zur Erkenntnis von Wahrheiten über sie – betrifft, so kenne ich sie ganz und gar, wenn ich sie sehe, und eine bessere Kenntnis ist nicht einmal theoretisch möglich.

Die Sinnesdaten, die die Erscheinung meines Tisches ausmachen, sind also Dinge, die mir bekannt sind, die ich unmittelbar so kenne, wie sie sind.

Was ich hingegen von dem Tisch als materiellem Gegenstand weiß, wird mir nicht unmittelbar bewußt. Zu diesem Wissen komme ich erst durch die Bekanntschaft mit den Sinnesdaten, die die Erscheinung des Tisches ausmachen. Wir haben gesehen, daß es möglich ist, zu zweifeln, ob es überhaupt einen Tisch gibt: aus dieser Annahme würde ein Widerspruch folgen. Andererseits ist es unmöglich, an den Sinnesdaten zu zweifeln. Was ich vom Tisch weiß, gehört also zur Erkenntnis durch Beschreibung.

Der Tisch ist «*der* physikalische Gegenstand, der *diese* Sinnesdaten verursacht». So wird der Tisch mit Hilfe der Sinnesdaten *beschrieben*. Um überhaupt etwas über den Tisch zu erfahren, müssen wir Wahrheiten kennen, die ihn mit uns bekannten Dingen in Verbindung bringen; wir müssen wissen: «solche Sinnesdaten werden von einem physikalischen Objekt verursacht». Es gibt keinen Bewußtseinszustand, in dem wir den Tisch unmittelbar wahrnehmen; was wir über den Tisch wissen, ist in Wirklichkeit ein Wissen von *Wahrheiten*, und das reale Ding, das der Tisch ist, ist uns strenggenommen überhaupt nicht bekannt. Wir kennen eine Beschreibung, und wir wissen, daß es nur einen Gegenstand gibt, auf den diese Beschreibung zutrifft, obwohl uns dieser Gegenstand nicht unmittelbar bekannt ist. In solchen Fällen sagen wir, daß unsere Kenntnis des Gegenstands Kenntnis durch Beschreibung ist.

Aus: Russell, *Probleme der Philosophie*

einteilt, die nicht miteinander vertauscht und vermengt werden dürfen. Damit soll ausgeschlossen werden, daß sie sich auf sich selbst zurückbeziehen. Der Begriff «Individuum» wird in dieser neuen Theorie als «primitiv» angesehen, der Begriff «Klasse» dagegen nicht.

Von 1910 bis 1912 erscheinen die drei Teile der *Principia Mathematica*, die in Zusammenarbeit mit Whitehead entstanden sind. Die Autoren benötigen für die Ableitung der reinen Mathematik aus ihren logischen Grundlagen noch drei Axiome, die nicht selbst aus logischen Prinzipien ableitbar sind: das Axiom der Klasse, das Axiom der Wahl und das Axiom der Unendlichkeit. Diese sind nicht als logische Prinzipien zu verstehen, sondern vielmehr als Hypothesen, auf denen die Mathematik logisch aufgebaut werden kann. Das Projekt kann nur mit Einschränkungen als erfolgreich gelten: Whitehead und Russell erklären selbst, daß die Ideen und Axiome, auf denen sie aufbauen, ausreichend seien, um die Mathematik zu analysieren.

Was für die Philosophie der Mathematik gilt, kann auch auf andere philosophische Gebiete angewandt werden, etwa auf die Erkenntnislehre oder sogar auf die gesamte Philosophie. Diese Ansicht vertritt Russell 1914 und erklärt, daß durch die Anwendung der logisch-analytischen Methode auf philosophische Probleme eine wissenschaftliche Philosophie betrieben werden könne.

Russells späteres philosophisches Werk widmet sich vorwiegend der Erkenntnistheorie. Inzwischen ist er sich der sehr begrenzten Tragweite deduktiver Argumentationen, wie sie in der Logik und der Mathematik zur Anwendung kommen, bewußt geworden. Er erkennt, daß sich die Argumentationen des gesunden Menschenverstandes grundlegend von denen der Naturwissenschaften unterscheiden. Dieser Schwenk ist für einen Philosophen, der sich als mathematischer Logiker einen Namen gemacht hat, ungewöhnlich. Russell selbst spricht später vom «Rückzug des Pythagoras».

Whitehead

Auch Alfred North Whitehead (1861–1947) macht nach den *Principia Mathematica* eine bemerkenswerte Entwicklung durch. Nachdem er sich 1906 mit verschiedenen Axiomatisierungen der Euklidischen Geometrie als Teil der klassischen Physik beschäftigt hatte, stellt er 1914 auf einem Kongreß in Paris seine logisch-analytischen «Ideen über räumliche Relationen zwischen Objekten und den Gesetzen, die Veränderungen in diesen Relationen bestimmen» vor. Whiteheads sogenannte «mereologische» Theorie über die Relationen zwischen Teilen und Ganzheiten ist grundlegend, nicht zuletzt, da solche Relationen bei jeder sinnlichen Wahrnehmung eine Rolle spielen: «Den Kopf eines Hundes sehen, heißt, den Hund sehen; den Kopf eines Hundes berühren, heißt, den Hund berühren; den Kopf eines Hundes streicheln, heißt, den Hund streicheln.» Dies ist für Whitehead der Beginn einer fruchtbaren philosophischen Schaffensperiode, die in seinem Haupt-

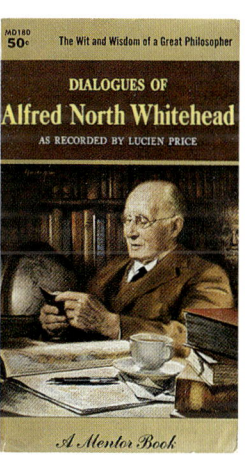

Zunächst Professor der Mathematik, lehrte Whitehead in den Jahren 1924 bis 1936 Philosophie an der Harvard Universität in den Vereinigten Staaten, wo er ein metaphysisches System entwickelte. In seinen «Dialogen» mit Lucien Price erweist er sich als geistvoller und tiefsinniger Gesprächspartner.

Zwischen Wolkenkratzern, Eisenbahnbrücken, Straßen, Bahnen, Autos und Flugzeugen ein menschliches Paar in inniger Umarmung: «Ein Ding können sie nicht verbessern.» Die Titelseite einer amerikanischen Familienzeitschrift (1927).

Alfred Tarski und Kurt Gödel in Wien 1935. Beide haben entscheidend zur Grundlagenforschung der Mathematik beigetragen.

werk *Process and Reality* (1929) ihren Höhepunkt findet.

Das Vorhaben dieses Werkes ist «die Interpretation der Ideen und Probleme, die das komplexe Gewebe des entwickelten Denkens bilden». Dafür konstruiert Whitehead ein System von Ideen, das ästhetische, moralische und religiöse Vorstellungen mit ursprünglich naturwissenschaftlichen Begriffen verknüpft. Dieses Vorhaben stimmt in seiner Theorie mit Russells wissenschaftlich-philosophischer Methode überein. Whitehead will ein kohärentes, logisches und notwendiges System allgemeiner Ideen entwickeln, in dem jedes Element menschlicher Erfahrung interpretiert werden kann. Doch die Ausarbeitung dieser Theorie mündet in eine spekulative Philosophie: Die Hypothesen, auf denen die Interpretation aufbaut, haben einen metaphysischen Charakter. Dies heißt allerdings nicht, daß sie dogmatisch festlegen, was evident ist; die Hypothesen sind vielmehr erst noch zu erprobende Formulierungen allgemeiner Prinzipien, die durch eine Kombination von logischer Analyse und «unmittelbarer Intuition» gefunden wurden. Das Resultat ist ein außergewöhnlich kompliziertes und eigenwilliges philosophisches System, das die aktuelle Welt als einen Entstehungsprozeß «aktueller Einheiten» auffaßt, die in ebenfalls dynamischen «Gesellschaften» organisiert sind.

Grundlagen der Mathematik

Die *Principia Mathematica* sind ein Meilenstein in der Geschichte der axiomatischen Methode. Doch die nähere Betrachtung zeigt, daß viele erkenntnistheoretische Fragen unbeantwortet bleiben. Hilbert weist in einem Vortrag über axiomatisches Denken (1917) darauf hin und gibt damit den Anstoß zu einer beispiellosen Entwicklung in der Grundlagenforschung der Logik und der Mathematik, die sich von den traditionellen philosophischen Disziplinen gelöst hat. Die Grundlagenforschung in der Mathematik wird nun zum Gegenstand der Mathematiker selbst, sei es, daß sie einen neuen Aufbau der Mathematik versuchen – wie etwa Brouwer mit seinem intuitionistischen Ansatz – oder daß sie ihr Interesse auf das Studium formaler Systeme richten. Im Laufe des 20. Jahrhunderts kommt es auf diesem Gebiet oft zu verblüffenden Resultaten, die allerdings nur selten von der «Schulphilosophie» aufgenommen werden. Dies gilt etwa für die Erkenntnis, daß rein formale Theorien auch zu unbeabsichtigten Realisationen führen können, aber auch für den Beweis Kurt Gödels (1931), demzufolge es unmöglich ist, die Arithmetik widerspruchsfrei zu formalisieren.

Und dies ist zugleich der entscheidende Beitrag der mathematischen Grundlagenforschung des 20.

Jahrhunderts zur Erkenntnistheorie: Die Überzeugung von der Lösbarkeit jedes mathematischen Problems ist definitiv ad acta gelegt. Demgegenüber wurden auch grundlegende Forschungsergebnisse mit einem eher «positiven» Charakter erzielt. So wurde 1966 bewiesen, daß das Axiom der Wahl, das Whitehead und Russell zur Hypothese machten, nicht nur im Widerspruch (Gödel, 1938) zu einer allgemein akzeptierten Axiomatisierung der Mengenlehre (Paul Cohen) steht, sondern selbst von ihr unabhängig ist. Auch dieses Ergebnis ist erkenntnistheoretisch interessant: ebensowenig wie die Euklidische Geometrie das einzig vorstellbare geometrische System ist, ist eine Mathematik, die sich auf das Axiom der Wahl stützt, die einzig denkbare Mathematik.

Reichenbach

Um 1920 rückt die Allgemeine Relativitätstheorie von Albert Einstein (1879–1955) in den Mittelpunkt des philosophischen Interesses. Diese Theorie rüttelte an den Grundfesten bisheriger philosophischer Ansätze. So ist etwa Kants Auffassung von den a priori gegebenen Prinzipien der Erfahrung erschüttert. Der deutsch-amerikanische Philosoph, Mathematiker und Physiker Hans Reichenbach (1891–1953) unterzog die Relativitätstheorie in einer Reihe von Publikationen einer genauen Analyse, um empirische von logischen und definitorischen Fragen zu unterscheiden.

Dabei stützte Reichenbach sich auf die Axiomatik. Er war nicht der erste, der mit der Allgemeinen Relativitätstheorie auf diese Weise verfuhr; Hilbert war ihm darin voraus. Das Interessante an Reichenbachs Ansatz liegt in seiner erkenntnistheoretischen

Orientierung. Es geht ihm um den «Status» der aufgestellten Axiome und ihre experimentelle Evidenz. Mit seinem Ansatz klärte Reichenbach verschiedene aktuelle Fragen, wie etwa die über den Charakter des Prinzips der konstanten Lichtgeschwindigkeit (u.a. in *Philosophie der Raum-Zeitlehre*, 1928)

In späteren Schriften beschäftigte sich Reichenbach auch mit der Quantentheorie. Diese Theorie stellt die traditionellen Begriffe «Erkenntnis» und «Wirklichkeit» grundsätzlich in Frage. Reichenbach fand eine adäquate philosophische Antwort in einer Interpretation der Wahrscheinlichkeitsrechnung. Hier entwickelte er eine «Wahrscheinlichkeitslogik», deren Bedeutung über die Grundlagen moderner physikalischer Theorien weit hinausreicht (*Experience and Prediction*, 1938).

Reichenbach vertritt eine «funktionale Auffassung von Erkenntnis»: Erkenntnis verweist nicht auf «eine andere Welt», wie die Rationalisten glaubten, sondern dient ausschließlich dem einen Ziel, die Zukunft voraussagen zu können.

Carnap

Rudolf Carnap (1891–1970), deutscher Mathematiker und (Wissenschafts-)Philosoph, nimmt dadurch einen besonderen Platz ein, daß er versuchte, das Spannungsverhältnis von philosophischen Problemen und wissenschaftlichen Begriffen durch strenge Formalisierungen zu analysieren. Schon in seiner Dissertation rühmt er die Vorteile formaler Herangehensweisen, und bis zum Ende seines Lebens betrachtet er die Formulierung von Aussagen in einer «konstruierten» Sprache als wesentlichen Beitrag zu einem besseren Verständnis. Carnap beschäftigte sich vor allem mit allgemeinen Fragen der empirischen Wissenschaften. So untersuchte er zum Beispiel den Zusammenhang von theoretischen Begriffen und Begriffen der Wahrnehmung oder die Überprüfbarkeit naturwissenschaftlicher Aussagen im allgemeinen und in Verbindung mit induktiven Methoden. Ein weiterer Forschungsbereich war die Formalisierung bestimmter wissenschaftlicher Theorien, die er insbesondere in seinen Werken über die symbolische Logik ausgearbeitet hat.

Die ersten Publikationen Carnaps widmen sich der physikalischen Grundlagenforschung. Hier vertritt er die These, alle physikalischen Aussagen seien voraussetzungsreiche Aussagen, wie etwa die folgende: «Strahlt man den Körper X mit weißem Licht an, so wird rotes Licht reflektiert.» In physikalischen Aussagen, so Carnap, wird mehr behauptet als wahrgenommen oder überhaupt wahrgenommen werden kann. Die Aussagen werden ohne formal-logische Rechtfertigung durch «Induktion» aus der Erfahrung abgeleitet. Sie können also empirisch begründet werden, haben aber auf Grund der Unerschöpflichkeit der Vorbehalte nur Anspruch auf Wahrscheinlichkeit, nicht auf «absolute Gültigkeit». Wahrscheinlichkeit und Induktion spielen schon früh eine wichtige Rolle in Carnaps Wissenschaftsphilosophie. In seinen späteren Arbeiten ging er diesen Fragen systematisch nach.

Von 1922 bis 1928 arbeitete Carnap an einem ausgesprochen ehrgeizigen Projekt: der Entwicklung einer logisch aufgebauten Erkenntnistheorie, die sämtliche Objekte und Begriffe erfassen sollte, ohne sich auf metaphysische Spekulation zu stützen. Einige seiner Ergebnisse veröffentlichte er 1928 in *Der logische Aufbau der Welt* und in *Scheinprobleme der Philosophie*. Im letztgenannten Werk vertritt Carnap die für einen Philosophen überraschende Auffassung, metaphysische Thesen über die Wirklichkeit, wie sie Realisten und Idealisten vertreten, hätten keine wissenschaftliche Relevanz, da sie nicht auf Erfahrung basierten. Die Wahl einer bestimmten Sprache für eine allumfassende «Rekonstruktion» jeder Erkenntnis ist für Carnap ein methodologisches Problem. In seiner Abhandlung *Die physikalische Sprache als Universalsprache der Wissenschaft* (1932) entscheidet er sich für eine physikalistische Sprache. Er verteidigt hier die These, jede exakt bestimmte wissenschaftliche Terminologie gehe auf physikalische Festlegungen zurück.

Später widmet sich Carnap erneut diesem Problem. Er muß feststellen, daß wissenschaftliche Theorien oft in einer sogenannten Theoriesprache formuliert sind, deren Begrifflichkeit nicht auf die reine Beobachtung «reduziert» werden kann. Gibt es ein Kriterium, das sinnvolle von sinnlosen Sätzen unterscheidet und zugleich den Ansprüchen der Empiristen genügt, jede theoretische Betrachtung mit der «Erfahrungswelt» konfrontieren zu können? Carnap schlägt vor, einen theoretischen Begriff als «Signifikant» zu betrachten, sofern es möglich ist, mit ihm eine Hypothese zu formulieren, ohne die deren experimentelle Konsequenzen nicht gefolgt werden können.

Die Fragen, mit denen Carnap sich befaßt hat, sind immer noch aktuell, doch sein Ansatz ist inzwischen überholt. Carnap reduziert das Problem in so weitgehendem Maße auf ein sprachliches Problem, daß die philosophische Relevanz seiner Erklärungen zweifelhaft wird. Eine neue Generation Philosophen richtet nun ihr Interesse auf die Probleme, die entstehen, wenn die Diskussion sich auf die theoretischen Objekte verlagert. Ihre Schriften behandeln die grundlegende Frage, was wissenschaftliche Theorien an Erklärung und Beschreibung zu leisten haben.

Karikatur Einsteins von George Schreiber, 1935. Reichenbach widmete Einsteins Relativitätstheorie einige Publikationen.

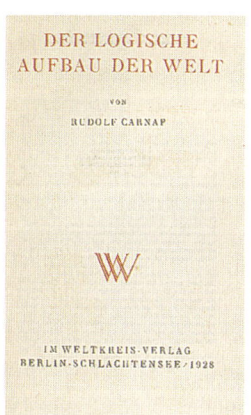

Die Welt sei sehr erbärmlich eingerichtet, schrieb Carnap 1936 an seinen wissenschaftlichen Mitstreiter, Neurath.

Wittgenstein und der Wiener Kreis

Ludwig Josef Johann Wittgenstein (1889–1951), der jüngste Sohn eines Wiener Großindustriellen, ließ schon in frühen Jahren eine außergewöhnliche technische Begabung erkennen. So war es dann auch naheliegend, daß er nach seinem Abitur in Linz beschloß, Maschinenbaukunde zu studieren. Er ging an die Technische Universität in Berlin-Charlottenburg, gab diese Ausbildung jedoch nach zwei Jahren auf, um an einem Flugzeugbauprojekt an der Universität Manchester teilzunehmen. Dort entdeckte er sein Interesse für die Philosophie, das vermutlich durch die Publikationen der Physiker Ludwig Eduard Boltzmann und Heinrich Rudolf Hertz über die Grundlagen der Mechanik geweckt wurde.

Am 1. Februar 1912 erhielt Wittgenstein seine Zulassung für das Trinity College in Cambridge, wo Bertrand Russell Vorlesungen über die Grundlagen der Mathematik hielt. Nachdem er die wichtigsten Schriften von Frege und Russell intensiv studiert hatte, machte er es sich zur Aufgabe, eine eigene Untersuchung über die Grundlagen der Logik durchzuführen, da ihn die *Principia Mathematica* von Russell und Whitehead nicht in jeder Hinsicht überzeugte.

Obwohl Wittgenstein 1913 von sich behauptet hatte, daß er niemals in seinem Leben etwas veröffentlichen würde, hielt er seine Gedanken schriftlich fest. Er korrespondierte mit Russell, dem er ein Manuskript über die Logik zu lesen gab; in Norwegen diktierte er Moore Anmerkungen und in seinen Tagebüchern führte er seitenlange Diskussionen mit sich selbst.

In der Folgezeit kam es zu einem Konflikt mit Russell und Moore, unter anderem deshalb, weil Moore es ablehnte, die Aufzeichnungen Wittgensteins als Dissertation zu akzeptieren. Er ärgerte sich, weil sich der Wert einer wissenschaftlichen Arbeit seiner Meinung nach nicht an der Art und Genauigkeit von Fußnoten bemißt.

Wittgenstein selbst litt unter Ängsten und Depressionen und wollte vor allem mit sich selbst ins reine kommen. «Wie kann ich Logiker sein, wenn ich noch nicht einmal Mensch bin!» Nach dem Tod seines Vaters verschenkte er 100 000 österreichische Kronen aus seinem Erbe an mittellose Künstler (unter anderen an Rilke und Kokoschka) und trat als Freiwilliger in die österreichische Armee ein. Bei heftigen Gefechten während der Brussilow-Offensive 1916 kämpfte er ohne Angst vor dem Tod an vorderster Front. Auch seine Aufzeichnungen bekamen in dieser Zeit einen anderen Ton: «Was weiß ich über Gott und den Zweck des Lebens?» Notizen dieser Art finden sich auf einem Manuskript, das Wittgenstein 1918 in Wien abschloß und mit an die italienische Front nahm.

Auf Vermittlung von Russell wurde das Manuskript 1921 als Artikel publiziert und einige Jahre später in zwei Sprachen als Buch herausgegeben. Wittgenstein hatte der Philosophie inzwischen den Rücken gekehrt und war Lehrer geworden. 1923 und 1924 bekam er Besuch von dem Mathematiker Ramsey, der den *Tractatus logico-philosophicus*, wie die englische Ausgabe hieß, zwar ausführlich in der Zeitschrift *Mind* besprochen, aber nicht ganz verstanden hatte. Leider konnte Wittgenstein seine eigenen Gedanken auch nicht mehr in allen Punkten nachvollziehen.

Nachdem er für seine Schwester Margarete in Wien ein Wohnhaus entworfen hatte, kehrte er 1929 nach Cambridge zurück. Die Verleihung der Doktorwürde war jetzt nur noch eine Formalität, und er erhielt einen Forschungsauftrag am Trinity College. Zehn Jahre später trat er als ordentlicher Professor die Nachfolge von Moore an. Wegen des Kriegsausbruches übte er dieses Amt aber erst wirklich von 1944 bis 1947 aus – im übrigen mit dem denkbar größten Widerwillen. Die Position eines «Philosophieprofessors» bedeutete für ihn soviel, wie bei lebendigem Leib begraben zu sein.

Gegen Ende des Zweiten Weltkriegs vollendete Wittgenstein den ersten Teil seiner *Philosophischen Untersuchungen*, der jedoch erst 1953 gedruckt wurde. Den zweiten Teil konnte er wegen seiner Krankheit nicht mehr abschließen. Allerdings schrieb noch bis einige Wochen vor seinem Tod über das Problem der «Gewißheit». Wittgenstein starb in Cambridge, wo er auch begraben liegt.

Postum erschienen noch andere Manuskripte. Die wichtigste Quelle für eine Auseinandersetzung mit dem *Tractatus* sind die drei wiedergefundenen Tagebücher Wittgensteins aus dem Ersten Weltkrieg.

1921 erschien in der allerletzten Nummer der Zeitschrift *Annalen der Naturphilosophie* ein Artikel des bis dato unbekannten Wiener Philosophen Ludwig Wittgenstein, der behauptete, die Probleme der Philosophie ein für allemal gelöst zu haben. Die Eigenart seiner Abhandlung liegt darin, daß der Verfasser die Sätze der Philosophie als unsinnig bezeichnet und von daher auch bestreitet, daß sie durch philosophische Aussagen bewiesen werden könnten. Dieser Ansatz ist zwar nicht vollkommen neu, in den antimetaphysischen Schriften des frühen zwanzigsten Jahrhunderts jedoch außergewöhnlich. Denn der große Einwand der Naturwissenschaftler gegen die Metaphysik lautete, sie versuche, eine «abgeschlossene Sicht» der Welt zu vermitteln. Doch dann tauchte plötzlich jemand auf, der einerseits behauptete, die einzig richtige Methode der Philosophie bestehe darin, naturwissenschaftliche Aussagen zu machen, andererseits jedoch eine solch abgeschlossene Sichtweise formulierte. Und trotz der von ihm selbst erkannten Unsinnigkeit seiner Formulierungen verkündet er, daß seine hier geäußerten Gedanken definitiv wahr sind!

Wittgenstein schreibt eine metaphysische Abhandlung über den Unterschied zwischen dem, was sprachlich gesagt beziehungsweise was gedacht werden kann, und dem, was sich nicht durch Sprache ausdrücken läßt, sondern nur gezeigt werden kann. Dieses eigenartige Verhältnis von Sprache und Wirklichkeit macht Wittgensteins Abhandlung zu einem einzigartigen Dokument der Philosophiegeschichte, und es ist kaum verwunderlich, daß weder Logiker noch Philosophen zu Anfang viel davon begriffen.

Daß Wittgenstein dennoch nicht in Vergessenheit geraten ist, erklärt sich hauptsächlich durch das Interesse, das sein Werk bei den Philosophen und Wissenschaftlern fand, die sich im Wiener Kreis zusammengeschlossen hatten.

Der Tractatus

Die Gesamtkonzeption von Wittgensteins *Tractatus* ist noch relativ einfach: Es gibt sieben zentrale Thesen, wobei die ersten sechs (dreimal zwei) in verschiedenen, nochmals in sich gegliederten Paragraphen kommentiert werden.

Die Hauptthesen 1 und 2 lauten:

«1. Die Welt ist alles, was der Fall ist.»

«2. Was der Fall ist, die Tatsache, ist das Bestehen von Sachverhalten.»

Die Thesen 3 und 4 fassen die Wiedergabe der Welt:

«3. Das logische Bild der Tatsachen ist der Gedanke.»

«4. Der Gedanke ist der sinnvolle Satz.»

So hat ein Gedanke zwei Komponenten: Den Satz, der in dieser oder jener Sprache wiedergegeben werden kann, und seinen «Sinn». Dieser wird durch den Satz gezeigt, der wie die Situationsskizze eines Verkehrsunfalls zeigt, wie die betroffenen Fahrzeuge zueinander positioniert sind.

Die beiden folgenden Hauptthesen haben einen streng mathematischen Charakter:

«5. Der Satz ist eine Wahrheitsfunktion der Elementarsätze.»

«6. Die allgemeine Form der Wahrheitsfunktion ist $[\bar{p}, \bar{\xi}, N(\bar{\xi})]$. Dies ist die allgemeine Form des Satzes».

Wittgenstein nimmt an, daß die Wirklichkeit aus einzelnen, voneinander unabhängigen «Sachverhalten» besteht, die jeweils in einem nicht weiter zu untergliedernden Elementarsatz zu beschreiben sein müssen. Diese Sachverhalte und die damit korrespondierenden Elementarsätze werden von Wittgenstein angenommen, um ein abgerundetes Weltbild zu schaffen, in dem alle philosophischen Probleme – und insbesondere die Grundlagenprobleme der Logik, der Mathematik und der Mechanik – gelöst werden können.

Damit sind jedoch die Lebensprobleme nicht gelöst, im Gegenteil:

«Wir fühlen, daß selbst, wenn alle *möglichen* wissenschaftlichen Fragen beantwortet sind, unsere Lebensprobleme noch gar nicht berührt sind» (§ 6.52).

Dies ist für Wittgenstein auch keineswegs verwunderlich, denn Lebensprobleme können nicht in Sätzen seines Weltbildes ausgedrückt werden. «Der Sinn der Welt muß außerhalb ihrer liegen. In der Welt ist alles, wie es ist, und geschieht alles, wie es geschieht, es gibt *in* ihr keinen Wert – und wenn es ihn gäbe, so hätte er keinen Wert» (§ 6.41).

Das bedeutet nicht, daß alles, was in Sätzen beschrieben werden könnte, auch alles ist, was es gibt. Jede Sprache hat nämlich «ihre Grenzen», das heißt, jede Sprache besitzt Eigenschaften, die nicht in der Sprache selbst ausgedrückt, sondern nur durch sie *gezeigt* werden können. Dies gilt auch für Wittgensteins Symbolsprachen, in der die Fakten vollkommen beschrieben werden können; ihre Grenzen korrespondieren mit den «Grenzen der Welt». Bei Fragen der Ethik – zum Beispiel inwieweit Menschen das Gute oder Schlechte wollen können – ist deutlich, daß dadurch nicht die Tatsachen, wohl aber die Grenzen der Welt verändert werden können. Obwohl also beispielsweise nicht *gesagt* werden kann, was der Sinn des Lebens ist, gibt es allerdings Unaussprechliches, dies *zeigt* sich, es ist das Mystische. (§ 6.522). In gewissem Sinn ist es deshalb möglich, zu «sehen», daß das Leben einen Sinn hat.

Diese an sich schon schwer verständlichen Gedanken werden im philosophischen System Wittgensteins durch eine eigenartige Auffassung von «Subjekt» und «Objekt» erklärt: Sachverhalte sind Verbindungen von Objekten, also bilden die Objekte

Wer das Schachspiel beschreiben wollte, aber die Bauern und ihre Funktion im Spiel nicht erwähnte, von dem könnte man sagen, er habe das Schachspiel unvollständig beschrieben; aber auch: er habe ein einfacheres Spiel als unser Schach beschrieben. Und so kann man sagen: Augustinus' Beschreibung gelte für eine einfachere Sprache als die unsere. – So eine einfache Sprache wäre die:
Ihre Funktion ist die Verständigung eines Meisters A mit seinem Gehilfen B. A errichtet einen Bau, B reicht ihm Bausteine zu. Es gibt Würfel, Platten, Balken, Säulen. A ruft eines der Wörter ‹Würfel›, ‹Platte› etc. aus, B bringt ihm darauf den Stein. – Denken wir uns eine Gesellschaft, die nur dieses System der Verständigung, nur diese Sprache, besitzt. Die Kinder lernen die Sprache, indem sie zu ihrem Gebrauche erzogen werden: d. h., sie werden dazu erzogen, zu bauen, sich der Rufe ‹Platte!›, ‹Würfel!›, etc. zu bedienen und auf diese Rufe richtig zu reagieren. Dieses Lernen der Sprache ist wesentlich eine Abrichtung, – durch Vormachen, Ermunterung, Nachhilfe, Belohnung, Strafe, u. a. m. Ein Teil der Abrichtung besteht etwa darin: der Lehrende weist auf einen Baustein, lenkt die Aufmerksamkeit des Kindes auf ihn, und spricht dabei ein Wort aus. Diesen Vorgang will ich ‹zeigendes Lehren der Wörter› nennen.
Im praktischen Gebrauch dieser Sprache ruft der Eine die Wörter als Befehle, der Andre handelt nach ihnen. Im Lernen der Sprache aber wird sich diese Übung finden: das Kind ‹benennt› die Gegenstände. D. h., es sagt die Wörter, wenn der Lehrende auf die verschiedenen Bausteine weist. Ja, es wird hier die noch einfachere Übung geben: Das Kind spricht Worte nach, die der Lehrer ihm vorsagt.

Aus: Wittgenstein, *Eine Philosophische Betrachtung*

in gewisser Weise die «Substanz» der Welt; ein menschliches Subjekt hingegen mit allem, was dazugehört – mit seinem guten Willen und schlechten Absichten, mit seinem Glücklich- und Unglücklichsein – ist kein Objekt. «Das Subjekt gehört nicht zur Welt, sondern es ist eine Grenze der Welt» (§ 5.632), anders gesagt, der Welt jenes Subjekts, so daß man niemals in Sätzen darüber sprechen kann. Tut man dies dennoch, ist der Knoten nicht mehr zu lösen.

Folgerichtig lautet die letzte Hauptthese des *Tractatus* dann auch: «7. Wovon man nicht sprechen kann, darüber muß man schweigen.»

Philosophische Untersuchungen

Diskussionen, die Wittgenstein in Österreich mit Frank Plumpton Ramsey (1903–1930), einem begabten Schüler Russells, geführt hatte, weckten bei ihm den Wunsch, in das akademische Milieu zurückzukehren, und so geht er 1929 nach Cambridge. Hier konzentrierte er sich nun hauptsächlich auf das Anfertigen von Notizen. Das Material zeigt einen ganz anderen Wittgenstein als den Verfasser des *Tractatus*. Jetzt bemüht er sich vor allem darum, herauszufinden, wie philosophische Probleme und Positionen *entstehen* – einschließlich seiner eigenen Philosophie aus den Jahren 1911–1918. Wittgenstein erklärt dies damit, daß jemand in der Verwendungsweise eines Wortes ein Gesetz zu erkennen glaubt, aber in Schwierigkeiten gerät, wenn er dieses Gesetz konsequent anwenden will. Indem er sein Gesetz dann verkompliziert, macht er die Sache nur noch schlimmer. Die Konsequenz ist eine philosophische Theorie, die sich dem philosophischen Sprachgebrauch zuwendet.

Wittgenstein sieht seine Aufgabe nun darin, die Philosophen von der Versuchung zu heilen, von der gängigen Sprache abzuweichen. Dies macht ihn zu einem Wegbereiter der Philosophie der Umgangssprache. Wittgenstein will aufzeigen, warum jemand geneigt ist, einen bestimmten philosophischen Ausdruck zu verwenden oder einen bestimmten Ausdruck philosophisch zu verwenden.

Im Januar 1945 schreibt er das Vorwort zum Manuskript, in dem er seine philosophischen Untersuchungen aus sechzehn Jahren zusammenfassen will. Er erkennt, daß er in seiner logisch-philosophischen Abhandlung schwere Fehler gemacht hat. Aber es ist eine Sache, die Entstehung eines philosophischen Sprachgebrauchs zu diagnostizieren, und eine andere, einen Philosophen von seinen «unabwendbaren Fragen» abzuhalten. Für letzteres hat Wittgenstein einen neuen Ansatz bedacht. Angenommen, ein Philosoph interessiert sich für die Beziehung zwischen Sprache und Wirklichkeit, und er fragt nach dem Bezug zwischen einem Namen und dem, was durch diesen Namen bezeichnet wird, dann verweist Wittgenstein den Philosophen, der sich eine solche Frage stellt, auf einfache praktische Situationen, die er Sprachspiele nennt. Diese Sprachspiele bringen die Namen tatsächlich in einen Zusammenhang mit Dingen – sie machen aber auch deutlich, daß ein solcher Zusammenhang unter anderem und zum Beispiel aus bestimmten Reaktionen der Zuhörer besteht. In der Varianz von Sprachspielen müßte dann die Garantie dafür liegen, daß der betreffende Philosoph nicht mehr den Wunsch verspürt, nach dem Wesen einer Sache zu suchen, und sein geistiges Wohlbefinden nicht mehr durch eine einseitige Diät gefährdet, die nur aus einer begrenzten Anzahl von Beispielen besteht.

Der Wiener Kreis um Schlick

Der Wiener Kreis ist ein Zusammenschluß von Gelehrten, die innerhalb eines relativ kurzen Zeitraumes eine immense Aktivität entfaltet haben. 1925 aus einer Diskussionsgruppe um den deutsch-österreichischen Philosophen Moritz Schlick (1882–1936) hervorgegangen, präsentierten sich einige seiner Mitglieder – vor allem der Mathematiker Hans Hahn (1879–1934), der Sozialökonom Otto Neurath (1882–1945) und Carnap – 1929 als eine Art Arbeitsgruppe um Ernst Mach. Sie hatten sich zum Ziel gesetzt, ein wissenschaftliches Weltbild zu entwickeln und zu begründen. Sie initiierten Vorträge und Veröffentlichungen, um die Bedeutung der exakten Forschung für die Sozial- und Naturwissenschaften zu verdeutlichen und auf diese Weise Instrumente für den modernen Empirismus zu schaffen, der auch in den Einrichtungen des öffentlichen und privaten Lebens Anwendung finden sollte.

Zwischen 1928 und 1936 erschienen neun Bücher der Reihe *Schriften zur wissenschaftlichen Weltauffassung*. Daneben gab es eine weitere Reihe unter dem Namen *Einheitswissenschaft*, in der fünf Hefte herausgegeben wurden. Nachdem Schlick durch einen geistig verwirrten Studenten erschossen worden war, löste sich der Wiener Kreis 1936 auf.

Obwohl nicht all seine Mitglieder demselben «wissenschaftlichen Weltbild» anhingen, sind sie sich in zwei Punkten einig, die den Kern ihrer philosophischen Auffassungen ausmachen. Zum einen halten sie die Methode der logischen Erhellung für die philosophische Methode par excellence, zum zweiten sind sie sich darin einig, daß eine solche Erhellung zu einer Ablehnung der Metaphysik führen muß. Dieser letzte Gedanke ist nicht so ungewöhnlich für Wien, wo der Lehrstuhl für induktive Wissenschaften unter anderem von Mach, Boltzmann und Schlick besetzt war. Mach bescheinigte der Metaphysik Unwissenschaftlichkeit, während sie für Boltzmann nichts anderes als eine «geistige Migräne» war.

In der Ablehnung der Metaphysik erhält vor allem die Logik großes Gewicht. Mit ihrer Hilfe kann nämlich auch die typisch metaphysische Auffassung widerlegt werden, daß «das Denken aus sich selbst ohne Erfahrungsmaterial zur Erkenntnis führen oder zumindest aus vorgegebenen Sachverhalten allein durch Schlußfolgerungen zu neuen Inhalten kommen kann». Logische Untersuchungen haben nach Meinung des Wiener Kreises zu dem Ergebnis geführt, daß jedes Denken und jede Konklusion aus nichts anderem besteht als aus einem Übergang von Sätzen in andere Sätze, die nichts enthalten, was nicht auch schon in dem ersten anzutreffen war. Die Logik ist keine Theorie über die allgemeinsten Eigenschaften der Objekte, sondern sie beschäftigt sich mit der Art und Weise, in der wir über Objekte sprechen – mit anderen Worten, sie besteht ausschließlich aus Anweisungen zum Gebrauch der Symbole. Etwas Ähnliches gilt auch für die Mathematik, aber dazu beziehen die Mathematiker unter den Mitgliedern des Wiener Kreises eine weniger dezidierte Position: Sie können nicht dafür einstehen, daß jedes gut formulierte mathematische Problem im Prinzip lösbar ist.

Erkenntnistheoretisch sind die meisten Mitglieder des Wiener Kreises Empiristen und Positivisten. Es gibt für sie eine empirische Erkenntnis, die auf dem unmittelbar Gegebenen beruht. Oder, um es noch deutlicher zu sagen: Ebenso wie der «Sinn» jeder erfahrungswissenschaftlichen Aussage im Prinzip durch die Rückführung auf eine Aussage über etwas unmittelbar Gegebenes ermittelt werden kann, so muß sich auch der Sinn jedes empirischen Begriffs aus der schrittweisen Reduktion auf Begriffe, die sich auf jenes unmittelbar Gegebene beziehen, erschließen. Die Frage ist natürlich, ob es möglich ist, das traditionelle Erkenntnisproblem dadurch auszuschalten, indem man von den Wahrnehmungen des unmittelbar Gegebenen ohne weiteres zu «Feststellungen» (Schlick) oder zu mehr oder weniger standardisierten «Protokollsätzen» (Carnap und Neurath) übergeht.

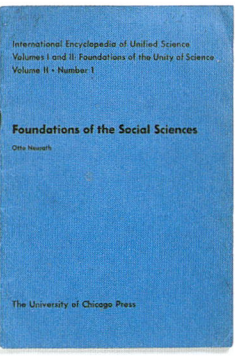

Die *International Encyclopedia of Unified Science* mit den Redakteuren Neurath, Carnap und Morris war ein wichtiges Sprachrohr des Neopositivismus. Den Verfassern ging es vor allem darum, nachzuweisen, wie Wahrnehmung, Experimente und Begründungen auf wissenschaftliche Weise zu einer Synthese verschmolzen werden können. Man betrachtete diese amerikanische Publikation als eine Fortsetzung der berühmten *Encyclopédie* von Diderot und d'Alembert.

Die sehr vermögende Familie Wittgenstein spielte auch im kulturellen Leben Wiens der Jahrhundertwende eine Rolle. 1905 wurde Wittgensteins Schwester Margarete Stonborough-Wittgenstein von Gustav Klimt porträtiert.

Heidegger,

Die wissenschaftsphilosophischen Anschauungen des Wiener Kreises konzentrieren sich in ihrer Ablehnung einer Zweiteilung der Wissenschaft in Natur- und Geisteswissenschaften, die angeblich von «ordnenden» beziehungsweise von «begreifenden» Handlungsprinzipien bestimmt werden. Jeder Wissenschaft geht es darum, Beziehungen zwischen Symbolen herzustellen, um zukünftige Wahrnehmungen besser vorhersagen zu können. Allerdings können an den wissenschaftlichen Sprachgebrauch bestimmte Forderungen gestellt werden: Der Einheit der Wissenschaft, wie sie der Wiener Kreis vertrat, ist am besten mit einer sogenannten Einheitssprache gedient.

In der Ethik weiß vor allem Schlick das Problem Wittgensteins zu lösen, das sich daran festmachte, daß Werturteile keine faktischen Aussagen sind, aus denen auch keine Aussagen über zukünftige Erfahrungen abgeleitet werden können. Über sein Buch *Fragen der Ethik* (1930) sagt Schlick nämlich, daß die dort vorkommenden Sätze nicht als wirkliche Behauptungen über bestimmte Tatsachen oder Gesetze fungieren, sondern nur ein Ansporn für den Leser sein sollen, seine intellektuellen Fähigkeiten so zu entfalten, daß ihm die Bedeutung bestimmter Aussagen deutlich wird. Philosophie ist also eine Tätigkeit; es gibt keine philosophischen Behauptungen, sondern nur philosophische Taten. Die Übereinstimmung mit Wittgenstein, der in seinem *Tractatus* die Philosophie nicht als «Lehre», sondern als «Tätigkeit» bezeichnete, ist auffallend.

Folgerichtig wurden die Mitglieder des Wiener Kreises auch praktisch aktiv, indem sie sich Demokratisierungsbewegungen anschlossen, für eine Reformierung des Schulwesens plädierten oder sich in öffentlichen Stellungnahmen gegen den aufkommenden Nationalsozialismus wandten. Für eine gesellschaftliche Stellungnahme können wissenschaftliche Überlegungen eine wichtige, vorbereitende Rolle spielen. Man muß sich entscheiden, ob man die Folgen, die man im Rahmen einer theoretischen Betrachtung festgestellt hat (zum Beispiel die Wirtschaftskrise und die Arbeitslosigkeit) wirklich überwinden will oder nicht; von der theoretischen Einsicht hängt dann das Handeln ab.

Trotz seines kurzen Bestehens war der Einfluß des Wiener Kreises groß. Seine Ideen erzeugten vor allem in den USA einen bemerkenswerten Widerhall. Da verschiedene Mitglieder des Kreises im Laufe der dreißiger Jahre in die Vereinigten Staaten emigrierten, kam es hier auch zu einer Fortsetzung und Weiterentwicklung. Neurath und Friedrich Waismann (1896–1959) flüchteten nach England, wo sich später durch die Philosophie der Umgangssprache und in gewisser Weise auch durch Popper eine Art Gegenbewegung zu ihren Ideen herausbildete.

Martin Heidegger wurde 1889 im süddeutschen Meßkirch geboren. Als er achtzehn war, gab ihm der Pfarrer des Ortes die Dissertation von Brentano – *Von der mannigfachen Bedeutung des Seienden nach Aristoteles* – zu lesen. Dies war seine erste Begegnung mit der Philosophie, die für sein weiteres Leben bestimmend sein sollte. 1909 ging Heidegger nach Freiburg, um dort Philosophie zu studieren. Ab 1922 konzentrierte er sich auch auf die Mathematik und Naturkunde. Er promovierte 1914 bei Rickert mit einer Dissertation über die *Lehre vom Urteil im Psychologismus*. Zwei Jahre später trat Husserl die Nachfolge Rickerts an. Inspiriert durch dessen Seminare, versuchte Heidegger, die Seinsfrage auf einer phänomenologischen Grundlage anzugehen (*Sein und Zeit* widmete er Husserl). 1917 heiratete Heidegger Elfriede Petri, eine Philosophiestudentin aus Berlin. Aus der Ehe stammen zwei Söhne. 1923 wurde Heidegger zum Professor in Marburg berufen, 1928 trat er die Nachfolge Husserls in Freiburg an. Trotz vieler Angebote von anderen Universitäten blieb er dort.

1933 schloß Heidegger sich der nationalsozialistischen Bewegung an. Er wurde zum Rektor der Universität Freiburg ernannt, trat jedoch noch vor Ablauf eines Jahres von diesem Amt wieder zurück. 1966 fand das berühmte Gespräch mit dem Wochenmagazin *Der Spiegel* statt, in dem sich Heidegger zu seiner Rolle im Nazi-Deutschland äußerte – allerdings unter der Bedingung, daß dieses Zeitschrifteninterview erst nach seinem Tod veröffentlicht werden durfte. Heidegger starb 1976; er wurde in seiner Geburtsstadt Meßkirch neben seinen Eltern begraben.

Über das Verhältnis von Heidegger zum Nationalsozialismus ist viel geschrieben worden. Philosophisch ist die Frage interessant, ob und inwieweit es einen inneren Bezug zwischen seinem Denken und seinen politischen Sympathien gegeben hat. Haftet seiner Lehre vom Sein, die uns eine vorübergehende «Lichtung» eröffnet, nicht eine Gleichgültigkeit gegenüber den Fragen von Recht und Unrecht an? Durch die Betonung der lokalen Wahrheit des Seins und die Verwurzelung des Denkens im eigenen, in der Heimat, kann man Heidegger zumindest keine Affinität mit dem Liberalismus westlicher Prägung bescheinigen. Seine Philosophie ist mit einem konservativen Nationalismus in der Politik verwandt. Nach *Sein und Zeit* (1927) veröffentlichte Heidegger unter anderem: *Was ist Metaphysik* (1929), *Holzwege* (1950), *Der Satz vom Grund* (1957), *Nietzsche I & II* (1961); *Die Technik und die Kehre* (1962).

Existentialismus und Hermeneutik

Heidegger: Sein und Zeit

Als Heidegger 1927 mit *Sein und Zeit* an die Öffentlichkeit trat, überraschte er seine Leser in der Einleitung mit der Bemerkung, daß er die alte Frage nach dem Sein, die in der modernen subjektivistischen Philosophie verstummt war, wiederaufgreifen wolle. Diese Äußerung erweckte den Eindruck, als kehre er zu einer Philosophie vor Descartes und Kant zurück. Dies widerspricht jedoch dem Anliegen seiner Schrift, die auf den ersten Blick an Husserls Analyse des Bewußtseins und der durch das Bewußtsein konstituierten Welt anzuknüpfen scheint, auch wenn bei Heidegger jetzt die Existenz an die Stelle des Bewußtseins tritt. Heidegger geht tatsächlich hinter die Moderne zurück; er greift eine alte Problematik auf, indem er die moderne Philosophie radikal durchdenkt.

Sein und Zeit ist ein eindrucksvoller Versuch, die der Philosophie selbstverständlich gewordenen Grundbegriffe neu zu justieren. Die traditionelle Erkenntnistheorie geht in ihrer Problemstellung von der Wahrnehmung der Dinge aus. Heidegger stellt nun die Frage: Wissen wir eigentlich überhaupt, was ein Ding ist und was Wahrnehmung bedeutet? Ist die Anschauung von Dingen, von den ursprünglichen Phänomenen das, wovon eine Erkenntnistheorie auszugehen hat? Wenn wir lernen, die wirkliche Erfahrung zu Rate zu ziehen – und darin besteht die authentische phänomenologische Schulung –, ist dies in keiner Weise der Fall. Die Anschauung eines Dings, das objektivierende Vorstellen, ist kein ursprünglicher, sondern ein abgeleiteter Modus, sich den Dingen anzunähern.

Heidegger erklärt dies am Beispiel des Umgangs mit einem Werkzeug. Das Handwerksgerät und das bearbeitete Material wird gewöhnlich erst dann beobachtet, wenn eine Störung auftritt, wenn etwas hakt. Aber gerade wenn ich den Hammer wahrnehme, ohne ihn im Hinblick auf die Frage, was vielleicht nicht Ordnung sein könnte, zu betrachten, erschließt sich der Hammer dem Wahrnehmenden in seiner eigensten Seinsweise. Diese Art des Seins, die ihre eigene Selbständigkeit besitzt, wird jedoch in der üblichen Analyse ausgeklammert. Da man die Aufmerksamkeit auf den Gegenstand des gezielten Schauens, auf das Objekt richtet, kommt man fast unvermeidlich zu idealistischen Folgerungen über den (ontischen) Zustand des betreffenden Objekts. Schließlich ist das Resultat des Objektivierens immer eine Leistung des erkennenden Subjekts.

Aus dieser Analyse wird deutlich, daß der Immanenzstandpunkt nicht überwunden wird, indem man sich außerhalb des Bewußtseins stellt, sondern indem man erneut – vielleicht aber auch zum ersten Mal – fragt, was Bewußtsein eigentlich ist. Da wir dies nicht wissen, vermeidet Heidegger diesen Begriff. Er stellt fest, daß wir in der Philosophie Husserls eigentlich nur negative Bestimmungen des Bewußtseins antreffen. Es ist nicht ein Objekt, es ist nicht ein Ding, es wird nicht äußerlich wahrgenommen.

Aber Wahrnehmen im Sinne von absichtsvoller oder zielgerichteter Beobachtung ist nicht die ursprüngliche Art des «In-der-Welt-Seins». Unter diesem abgeleiteten Modus des Kennens liegt eine fundamentalere Form von Offenheit, die eine praktische und affektive Art besitzt. Berühmt ist Heideggers Analyse der Angst, in der er zeigt, daß die Wurzel der Angst die Freiheit des eigenen Existierens ist. Die Angst, die genau betrachtet eine Angst vor Nichts ist – während die Furcht immer die Furcht vor etwas Bestimmtem ist –, ist eine Stimmung, in der dem Menschen der Grund seiner Freiheit bewußt wird. Eine Freiheit, über die ich nicht Herr bin, die aber dennoch, meist verborgen, die Art und Weise bedingt, in der ich mir meine tägliche Welt auf eine beruhigende und vertraute Weise einrichte.

Wenn wir von dem Wahrnehmen als Grundphänomen ausgehen und das Ding als Korrelat betrachten, gibt es nach Heidegger zwei Aspekte, die wir nicht richtig ins Visier bekommen. Es sind, wie der Titel seines Buches bereits sagt, das Sein und die Zeit. Das Primat der Wahrnehmung führt dazu, daß man, wie das bei Husserl geschieht, dem Heute den Vorrang gibt. Wahrnehmen heißt dann auch darstellen oder «gegenwärtigen». Zwar ist dies nach Husserl von einem Rand von «Retentionen» und «Protentionen» umgeben, das heißt von einem Festhalten des soeben Wahrgenommenen und einem Vorgreifen auf das zukünftig Wahrzunehmende, aber das läßt das Primat der Wahrnehmung unangetastet. Bei Husserl werden das Erinnern und das Erwarten als Modifikationen des Wahrnehmens aufgefaßt. Sie sind ein Zurückholen des Früheren, ein Ansichziehen des Zukünftigen. Bei Heidegger sind die Seinsweisen der Gewesenheit und der Zukünftigkeit von einer ganz anderen Art. Meine Gewesenheit ist nicht ein Erinnern an Ereignisse, sondern eine heutige Offenheit für oder eine Auslieferung an das Vergangene. Ich bin meine Vergangenheit, ich bin es nicht gewesen. Ebenso ist meine Zukünftigkeit nicht etwas, das mich erwartet, solange mir Zeit zum Leben bleibt, sondern etwas, das ich jetzt bin. Anders gesagt: Ich bin meine Möglichkeiten.

Die ontologische Differenz

Wenn wir den Zeithorizont in seinem weitesten Sinn nehmen, scheint das Wahrnehmen oder «Gegenwärtigen» aktuell bestehender Objekte nur der Mittelbereich in einer breiteren «Entschlossenheit» zu sein. Umgeben von den Zeithorizonten der Zukünftigkeit und Vergangenheit betrifft das Gegenwärtigen – was bei Heidegger kein Wahrnehmen, sondern ein prak-

Wir «schweben» in Angst. Deutlicher: die Angst läßt uns schweben, weil sie das Seiende im Ganzen zum Entgleisen bringt. Darin liegt, daß wir selbst – diese seienden Menschen – inmitten des Seienden uns mitentgleiten. Daher ist im Grunde nicht «dir» und «mir» unheimlich, sondern »einem« ist es so. Nur das reine Da-sein in der Durchschütterung dieses Schwebens, darin es sich an nichts halten kann, ist noch da.

Die Angst verschlägt uns das Wort. Weil das Seiende im Ganzen entgleitet und so gerade das Nichts andrängt, schweigt im Angesicht seiner jedes «Ist»-Sagen. Daß wir in der Unheimlichkeit der Angst oft die leere Stille gerade durch ein wahlloses Reden zu brechen suchen, ist nur der Beweis für die Gegenwart des Nichts. Daß die Angst das Nichts enthüllt, bestätigt der Mensch selbst unmittelbar dann, wenn die Angst gewichen ist. In der Helle des Blickes, den die frische Erinnerung trägt, müssen wir sagen: wovor und warum wir uns ängsteten, war «eigentlich» – nichts. In der Tat: das Nichts selbst – als solches – war da. […]

In der hellen Nacht des Nichts der Angst entsteht erst die ursprüngliche Offenheit des Seienden als eines solchen: daß es Seiendes ist – und nicht Nichts. Dieses von uns in der Rede dazugesagte «und nicht nicht Nichts» ist aber keine nachgetragene Erklärung, sondern die vorgängige Ermöglichung der Offenbarkeit von Seiendem überhaupt. Das Wesen des ursprünglich nichtenden Nichts liegt in dem: es bringt das Da-sein allererst vor das Seiende als ein solches.

Nur auf dem Grunde der ursprünglichen Offenbarkeit des Nichts kann das Dasein des Menschen auf Seiendes zugehen und eingehen. Sofern aber das Dasein seinem Wesen nach zu Seiendem, das es nicht ist und das es selbst ist, sich verhält, kommt es als solches Dasein je schon aus dem offenbaren Nichts her.
Da-sein heißt: Hineingehaltenheit in das Nichts.
Sichhineinhaltend in das Nichts ist das Dasein je schon über das Seiende im Ganzen hinaus. Dieses Hinaussein über das Seiende nennen wir die Transzendenz. Würde das Dasein im Grunde seines Wesens nicht transzendieren, d. h. jetzt, würde es sich nicht im vorhinein in das Nichts hineinhalten, dann könnte es sich nie zu Seiendem verhalten, also auch nicht zu sich selbst.

Ohne ursprüngliche Offenbarkeit des Nichts kein Selbstsein und keine Freiheit.

Aus: Heidegger, *Was ist Metaphysik?*

---

tisches Umgehen mit etwas ist – immer implizit die Gesamtheit der Seienden. Der Unterschied zwischen dem Horizont, innerhalb dessen etwas erscheint, der «Welt» oder der «Wahrheit», die durch den Menschen in seinem Existieren offengehalten wird, und dem, was dort in concreto erscheint, ist grundlegend anders als das, was Husserl unter Intentionalität versteht. Es wird als die wohl wichtigste Entdeckung Heideggers bezeichnet: der Unterschied zwischen dem Sein und dem Seienden – die sogenannte «ontologische Differenz».

Diese nicht-thematische Offenheit für das Ganze, die im praktischen Umgang mit dem Seienden meistens vergessen oder sogar verdeckt wird, nennt Heidegger das Seinsverstehen, das den Umgang mit dem Seienden immer leitet. Diese Offenheit bricht plötzlich durch, beispielsweise in einer Stimmung wie Angst. Wir erfahren dann, daß die fundamentalste Ekstase oder Transzendenz nicht das Fixieren von Gegenständen ist, sondern das Ausspannen eines Horizonts, der dieses Da-Sein des Seienden möglich macht. Auch das «Innerliche» des Menschen wird nicht durch Akte innerlicher Wahrnehmung enthüllt. Wir sind uns selbst offenbar in je besonderen Stimmungen, und begreifen uns, indem wir uns auf die Welt hin entwerfen, so daß jeder Selbstbezug zugleich ein Bezug zu allem Seienden ist.

Die Analyse des «In-der-Welt-Seins» zeigt, daß die Aufteilung in innerlich und äußerlich – wobei die wichtigste Frage dann ist, wie ich von der immanenten Sphäre aus das transzendente Objekt erreichen kann – nicht mit der Erfahrung übereinstimmt, wenn wir diese unvoreingenommen zu Rate ziehen. Die Unterscheidung des Selbst und dessen, was nicht das Selbst ist, findet gleichzeitig und in einer Bewegung statt. Insofern ist alles Seiende immer schon inwendig, das heißt innerhalb der «Lichtung des Seins».

Eigentlich kann das Offenhalten dieser Lichtung des *Da*, in dem sich der Mensch als *Dasein* von allen anderen Seienden unterscheidet, nicht als ein Akt oder eine Leistung des Subjekts gesehen werden. Was eigentlich ist das Subjekt? Das traditionelle Subjekt wird von Heidegger tiefgründig problematisiert. Es ist eine Konstruktion, die de-konstruiert werden muß; es ist ein Derivat, ein abgeleitetes Produkt, das in die Totalität der konkreten Erfahrung zurückversetzt werden muß. Die moderne Kritik am Subjekt nimmt hier ihren Anfang.

Der spätere Heidegger

Der spätere Heidegger betont immer wieder, daß das Entzünden von «Licht» keine Handlung des Menschen ist. Der Mensch steht in dem Lichtbündel, das ihm geschenkt wird. Das Offenhalten des Lichtkreises ist etwas, das der Mensch ganz einfach tun muß. Das Dasein ist ein «Ein-Stehen» in diesem Lichtkreis oder die «Wahrheit» des Seins.

Dies alles beinhaltet eine radikale Neuinterpretation der Lehre Husserls von der Wesensschau. Bei Husserl bildeten die Wesen abgesonderte ideelle Gegenstände jenseits der individuellen Phänomene. Husserl entwarf so für jedes Gebiet oder jede Region der Wirklichkeit eine Lehre zu ihrer Wesensstruktur, die sich auf die Zeit, den Raum, die Dinge, die Tiere, vor allem jedoch auf die vielen Sphären bezog, die innerhalb des Bewußtseins zu unterscheiden sind, wie wahrnehmen, urteilen, phantasieren, erinnern, wollen oder wertschätzen. Heidegger interpretiert diese «regionale» Ontologie als ein Explizitmachen der vielen Weisen, auf die wir das Seiende enthüllen. Innerhalb des allgemeinen Seinverstehens sind es eher spezifische Arten einer Entschlüsselung der Wirklichkeit.

Der spätere Heidegger betont den Aspekt der «Gelassenheit» des menschlichen Seinverstehens. Die moderne Kultur, in deren Mittelpunkt Aktivität und Beherrschung stehen, wird der Seinsvergessenheit bezichtigt. Sein Unbehagen steigert sich zu einer umfassenden Kritik an dem «technischen Zeitalter», in dem das «vorstellende» Denken dominant geworden ist. Heidegger setzt ihm das «besinnende» Denken oder das «Andenken» gegenüber, das ein Verweilen im Bestehenden oder aber auch die Erfahrung der Kunst ist. Die Kunst kann den modernen Menschen von seiner einseitigen Fixierung auf das «zuhandene» Seiende befreien.

Sartre: Das Sein und das Nichts

In einem ihrer Bücher schildert Simone de Beauvoir in anekdotischer Form, wie Sartre die Phänomenologie entdeckte. Auf einem Empfang soll der Soziologe und politische Philosoph Raymond Aron zu ihm gesagt haben: «Schauen Sie, mein bester Sartre, wenn Sie Phänomenologe sind, dann können Sie über dieses Glas oder diesen Tisch hier reden, und das ist dann Philosophie.» Sartre soll daraufhin vor Erregung ganz blaß geworden sein, denn genau das hatte ihm schon immer vorgeschwebt: Über die Dinge zu reden, wie er sie berührte, und auf diese Weise zu philosophieren. Er kaufte sich die Dissertation von Levinas, die sich mit der Theorie der Anschauung in der Phänomenologie Husserls beschäftigte und machte das «Genie» Husserl fortan zu seinem Lehrmeister. Diese Anekdote charakterisiert die Art und Weise, in der Sartre alltägliche, nicht akademische Erfahrungen zu Themen seiner Philosophie macht: das Leben in den Pariser Cafés, das Verhältnis der Geschlechter.

Als Sartre Husserl entdeckte, arbeitete er bereits an einem Roman, der ursprünglich «Melancholia» heißen sollte, letztlich jedoch unter dem Titel erschien, den sich der Verlag Gallimard ausgedacht hatte: *La nausée* (Der Ekel). Der Ekel ist die Erfahrung der Nichtigkeit des Seins, der Sinnlosigkeit der Welt. Sartre beschreibt darin die Situation des Menschen, der in einer massiven Gegenständlichkeit zu versinken droht.

Dem setzt Sartre die Erfahrung der Freiheit entgegen, die mit der Tatsache des Bewußtseins gegeben ist. Auch diese Grundidee Sartres kommt schon in seinem frühen literarischen Werk zum Ausdruck. In *Les mouches* (Die Fliegen) sagt die Hauptfigur Orest: «Ich bin meine Freiheit! […] Plötzlich hat sich die Freiheit über mich ergossen und mich durchdrungen. Die Natur wich zurück […] Ich fühlte mich allein auf der Welt, wie jemand, der seinen eigenen Schatten verloren hat.»

Wie in dem Titel seines Hauptwerkes *L'être et le néant* (Das Sein und das Nichts) bereits anklingt, bewegen sich die philosophischen Reflexionen Sartres zwischen den beiden Polen der Sinnlosigkeit und der Freiheit. Bei Husserl fasziniert ihn vor allem die Beschreibung des Subjekts, des Bewußtseins, das Sartre oft mit dem von Hegel eingeführten Begriff des «für-sich» (*pour-soi*) bezeichnet. Die phänomenologische Reduktion interpretierte Sartre als eine Methode, das Bewußtsein auch noch von den letzten Resten der «Dinglichkeit» (*chosisme*) zu säubern. Das Bewußtsein ist die Negation alles Gegenständlichen, alles Seienden. Sartre bezeichnete es in seiner anschaulichen Sprache als «Loch im Sein» oder «Dekompression des Seins». Heideggers Formulierung «Das Nichts nichtet» hat Sartre mit dem neugeschaffenen Verb *néantiser* übersetzt, die Tätigkeit des Bewußtseins nennt er *néantisation*. Diese Negativität des Bewußt-

Die Studentenunruhen, die im Mai 68 in Paris und anderen europäischen Universitätsstädten ausbrachen, hatten nicht nur politische Ursachen. Getragen von neuen sozialphilosophischen Ideen wurde eine utopische Gegenkultur verkündet, die sich in Graffitis und bildhaften Aphorismen auf Mauern und Hauswänden ausdrückte. Joan Miró hat dies in seinem Bild «Mai 68» verarbeitet.

Sartre in seiner Pariser Wohnung in der Rue Bonaparte (um 1965).

Jean-Paul Sartre wurde 1905 in Paris geboren. Nachdem sein Vater ein Jahr später gestorben war, wuchs Sartre in Paris bei seinen Großeltern, der Familie Schweitzer, auf (Albert Schweitzer war ein Neffe von Sartres Mutter). 1917 heiratete seine Mutter wieder und zog nach La Rochelle, wo Sartre das Gymnasium besuchte. 1924 erhielt er seine Zulassung zur Ecole Normale Supérieure. Nachdem er zunächst durch das Staatsexamen (agrégation) für Gymnasiallehrer gefallen war, bestand er ein Jahr später als bester von 76 Prüfungskandidaten. Das zweitbeste Ergebnis erzielte Simone de Beauvoir, die Freundin und Lebensgefährtin Sartres. Sartre arbeitete bis 1944 als Philosophielehrer.

Als der Zweite Weltkrieg ausbrach, wurde er in die Armee eingezogen. Während seiner Kriegsgefangenschaft von Juni 1940 bis März 1941 schrieb er für seine Mitgefangenen Theaterstücke. Zurück in Paris, gründete er gemeinsam mit anderen, darunter auch Merleau-Ponty, die Gruppe Sozialismus und Freiheit, die jedoch schon nach einem Jahr auseinanderbrach. Ihre Mitglieder suchten nach einem dritten Weg zwischen der politischen Rechten und dem Kommunismus. 1944 wurde Sartre Herausgeber der Monatszeitschrift *Les temps modernes*.

In der Nachkriegszeit wurde Sartre zu einem «Held seiner Tage». Der Existenzialismus kam in Mode, und Sartres Theaterstücke eroberten die Bühnen in aller Welt. 1952 stellte er sich aus Empörung über das Vorgehen der französischen Regierung auf die Seite der Kommunisten. Mit der Niederschlagung des Volksaufstands in Ungarn im Jahr 1956 ging eine Phase zu Ende, in der Sartre die Sowjetunion fast rückhaltlos verteidigt und die dortigen Verhältnisse erheblich beschönigt hatte. Seine prosowjetische Haltung provozierte eine Menge Schlagzeilen und führte zum Bruch mit Camus und Merleau-Ponty.

Im Algerienkrieg ergriff Sartre vehement Partei für die Aufständischen. Er wurde jedoch von offizieller Seite nicht behelligt, da General de Gaulle der Meinung war, daß man «einen Voltaire nicht verhaften könne». Zweimal wurde auf die Wohnung Sartres in der Rue Bonaparte ein Anschlag verübt. Nach den Studentenunruhen vom Mai 68 entwickelte Sartre eine wachsende Sympathie für maoistische Gruppierungen. Um ihnen einen gewissen Schutz zu geben, wurde er Chefredakteur zweier linksradikaler Zeitschriften. 1967 übernahm er den Vorsitz des Russell-Tribunals, das das amerikanische Auftreten in Vietnam streng verurteilte.

In der letzten Phase seines Lebens entpuppte sich Sartre als ein veritabler Botschafter der Gegenkultur und machte sich zum Anwalt aller Verfolgten in der Welt. 1964 lehnte er den Nobelpreis ab, der ihm (so der Jurybericht) für sein Gesamtwerk verliehen werden sollte, das durch den Geist der Freiheit und die Suche nach Wahrheit Zeugnis ablegt und einen großen Einfluß auf unsere Zeit ausgeübt hat. Sartre begründete seinen Entschluß mit dem Hinweis, daß sich ein Schriftsteller nicht von Institutionen vereinnahmen lassen dürfe, auch wenn dies in ehrbarster Absicht geschehen sollte. Inzwischen war er schon längst zu einem Denkmal der Rebellion, des Nonkonformismus und der Solidarität mit den Opfern von Unterdrückung und Repression geworden. 1973 erblindete Sartre. Er starb 1980.

Sartre hat ein beeindruckendes Werk hinterlassen, sowohl philosophische Schriften wie auch Romane und Theaterstücke. Zu seinen philosophischen Werken gehören unter anderem: *La transcendence de l'ego* (1936), *L'être et le néant* (1943), *L'existentialisme est un humanisme* (1946), *Critique de la raison dialectique* (1960).

---

seins macht es möglich, daß das Seiende jetzt erscheint. Néantiser (nichtigen) bedeutet also eigentlich behaupten oder präsentieren. Es setzt das Seiende als Phänomen und verleiht ihm damit eine Bedeutung.

Bei Sartre ist jedoch neben der Welt, die durch das Subjekt konstituiert wird, noch immer das Seiende «an sich» (*en-soi*) präsent, das transphänomenal ist. Dieses sinnlose Sein besitzt einen «Koeffizienten der Widerborstigkeit» und geht nicht in dem phänomenalen Sein auf. Zu sagen, «daß es ist», geht eigentlich schon zu weit. Der Begriff «Sein» hat, nach der Argumentation Heideggers, nur einen Sinn innerhalb unseres erhellenden Seinsverstehens. Bei Sartre ist die vor-phänomenale Dimension viel deutlicher herausgearbeitet als bei Heidegger.

Die existentialistische Auffassung des Menschen
Wenn der Mensch, so wie ihn der Existentialist begreift, nicht definierbar ist, so darum, weil er anfangs überhaupt nichts ist. Er wird erst in der weiteren Folge sein, und er wird so sein, wie er sich geschaffen haben wird. Also gibt es keine menschliche Natur, da es keinen Gott gibt, um sie zu entwerfen. Der Mensch ist lediglich so, wie er sich konzipiert – ja nicht allein so, sondern wie er sich will und wie er sich *nach* der Existenz konzipiert, wie er sich will nach diesem Sichschwingen auf die Existenz hin; der Mensch ist nichts anderes, als wozu er sich macht.

Der Mensch ist, wozu er sich macht
Das ist der erste Grundsatz des Existentialismus. Das ist es auch, was man die Subjektivität nennt und was man uns unter eben diesem Namen zum Vorwurf macht. Aber was wollen wir denn damit anderes sagen, als daß der Mensch eine größere Würde hat als der Stein oder der Tisch? – Denn wir wollen sagen, daß der Mensch zuerst existiert, das heißt, daß er zuerst ist, was sich in eine Zukunft hinwirft und was sich bewußt ist, sich in der Zukunft zu planen.

Aus: Sartre, *Ist der Existentialismus ein Humanismus?*

Sartres Ethik

Die Freiheit ist nicht eine Eigenschaft des Bewußtseins, sondern das Bewußtsein selbst, das auch als Leere oder als Nichts beschrieben wird. Der Mensch ist zur Freiheit verurteilt. Damit ist jedoch nicht gesagt, daß das Bewußtsein ständig der Versuchung ausgesetzt ist, diese Freiheit zu leugnen oder vor ihr davonzulaufen. Die Ontologie impliziert bei Sartre eine Ethik. Der Mensch darf nicht vergessen, daß er existiert, ohne daß sein Wesen vorher bestimmt worden ist, daß er sich selbst zu dem gemacht hat, was er ist. Von daher lautet die fundamentale Aussage Sartres: «Die Existenz geht der Essenz voraus.» Der Mensch besitzt keine Identität, die von Natur gegeben wäre und auf die er mit dem Argument: Ich bin nun einmal so, zurückfallen könnte. Nur das nicht menschliche Seiende, das *en-soi*, ist, was es ist. Sartre charakterisiert den Menschen mit folgendem Paradox: der Mensch ist nicht, was er ist, und ist, was er nicht ist. Es ist die Angst, die den Menschen daran erinnert, daß er eine Freiheit besitzt, der er nicht entrinnen kann, und daß er die Aufgabe hat, das Leben selbst zu entwerfen und zu gestalten. Er darf die Bürde dieser Freiheit nicht abwerfen, indem er sich in ein Heimweh nach dem Sein an sich flüchtet. Diese Flucht kommt für Sartre einem Vertrauensbruch gegenüber dem Mensch-Sein gleich.

Einen solchen Vertrauensbruch macht Sartre bei den Bürgern, den «Ernsthaften» und den «Lumpen» (*salauds*) aus. Man tut so, als wäre die Welt, in der man lebt, eine Gegebenheit, die ihren Ursprung in der Natur, der Gemeinschaft oder dem Willen Gottes hat, und will nicht zugeben, daß man selbst der Ursprung dieser Ordnung mit ihren geltenden Werten und Zielen ist.

Am Ende von *Das Sein und das Nichts* macht Sartre unter dem Stichwort «Moralische Perspektiven» deutlich, daß er auch das sogenannte Verlangen nach dem Sein (*le désir d'être*) als Ausdruck eines Vertrauensbruchs empfindet. In den vorangehenden Kapiteln hatte er ein sehr pessimistisches und tragisches Bild des Menschen skizziert, der von unnützen Leidenschaften und dem Streben nach dem Unmöglichen beherrscht wird. Der Mensch, der ein bewußtes Nichts ist, will eigentlich gleichzeitig die Ruhe und Selbstgenügsamkeit des nicht-bewußten Seienden erwerben. Er strebt nach der unmöglichen Einheit des *en-soi* und *pour-soi*, des An-sich und des Für-sich. Er will die Selbständigkeit des Dings besitzen, aber gleichzeitig den Status des sinnentwerfenden Subjekts behalten. Dieses Verlangen schlägt sich in allen konkreten Beziehungen des Lebens nieder und macht sie letztlich zu fruchtlosen Unternehmungen. Dies gilt auch für die Liebe und das Verlangen nach dem anderen. In Sartres Theaterstück *Huis clos* (Die geschlossene Gesellschaft) kommt der berühmte Satz vor: «Die Hölle, das sind die anderen.» Es ist der andere, der mich in seinem Blick zu einem Ding erstarren läßt. Wir erfahren dies zum Beispiel in dem Gefühl der Scham, wenn wir belauscht werden, aber auch in der Liebe, wenn wir den anderen besitzen wollen und gleichzeitig besessen werden.

Es wird häufig vergessen, daß Sartre letztlich sagen will, daß die authentische Existenz – ein Begriff, den er in Anlehnung an Heidegger benutzt – das Verlangen zu sein, als eine unphilosophische, «natürliche» Haltung durchschaut, aus der er die Freiheit ableitet. Wer sie als Wert begreift, entscheidet sich für ein Leben, das immer eine Distanz zu sich selbst wahrt. Es geht nicht darum, etwas zu sein, sondern etwas zu tun.

Diese Seinsweise, die durch eine rein ethische Reflexion bestimmt ist, schließt ein engagiertes Handeln nicht aus. Sartre hat während des Krieges, in der Kriegsgefangenschaft und im Widerstand die Bedeutung des Gesellschaftlichen erkannt. Er nannte dies eine Begegnung mit der Geschichte. In seinem großen Werk *Critique de la raison dialectique* versucht er den Marxismus zu rechtfertigen, wobei er sich dem stalinistischen Dogmatismus und insbesondere dem Determinismus der marxistischen Ge-

Gabriël Marcel (1889–1973) gilt als der bedeutendste Vertreter des französischen christlichen Existenzialismus.

Der Existenzialismus war nach 1945 die beherrschende neue Strömung in der Philosophie, die den akademischen Diskurs beherrschte, aber auch in den Pariser Straßencafés zu Hause war. Frankreich, und hier vor allem seine Metropole, galten als Mekka dieser Bewegung. Künstler wie Juliette Gréco verkörperten einen Lebensstil, der vor allem die individuelle Freiheit und Selbstakzeptanz betonte.

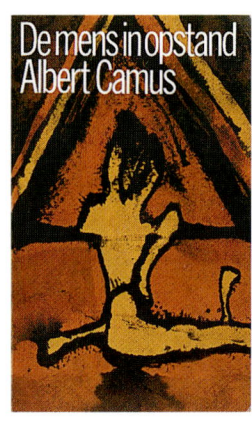

In *L'homme revolté* bezeichnet Camus die Revolte als «die Bewegung, durch die ein Mensch sich gegen seine Natur und die gesamte Schöpfung auflehnt. Sie ist metaphysisch, weil sie die Ziele des Menschen und der Schöpfung leugnet. Der metaphysische Rebell erklärt sich frustriert durch die Schöpfung.» (Der Mensch in der Revolte).

Nachdem der französische Dichter Pierre Reverdy mit seinen Gedichten einen wichtigen Beitrag zur Entstehung des Surrealismus geleistet hatte, zog er sich 1925 bewußt aus dem hektischen Pariser Kulturbetrieb zurück. In seinen späteren Gedichten erhält die poetische Wirklichkeit einen höheren Wahrheitsgehalt als die illusionäre Welt des Alltags. Picasso illustrierte eine seiner späten Gedichtsammlungen *Le chants des morts* (1948).

schichtsphilosophie jedoch entschieden widersetzt. Das Individuum kann seiner Überzeugung nach niemals darauf reduziert werden, untergeordnetes Element eines totalitären Systems zu sein.

Merleau-Ponty

Maurice Merleau-Ponty wurde 1908 in Rochefort-sur-Mer geboren. An der Pariser Ecole Normale Supérieure war er ein Kommilitone von Sartre. Bevor er 1948 zum Professor an die Universität Lyon berufen wurde, hatte er als Philosophielehrer gearbeitet. 1953 erhielt er eine Anstellung am berühmten Collège de France (Seine Antrittsrede nannte er *Eloge de la philosophie*, 1953). 1945 war seine *Phénomenologie de la perception* erschienen, eine Studie über die Ambiguität (Mehrdeutigkeit) der Wahrnehmung, die als seine wichtigste Publikation gilt. 1952, nachdem Einzelheiten über die Gewaltherrschaft Stalins bekannt geworden waren, kam es zu einem Bruch mit Sartre. Bereits 1947 hatte sich Merleau-Ponty, obwohl seine theoretischen Ansichten mit den Prinzipien des Marxismus übereinstimmten, in *Humanisme et terreur* sehr kritisch über das stalinistische Terrorsystem geäußert. Seine 1955 verfaßte Schrift *Les aventures de la dialectique* war ein Angriff auf den «Ultrabolschewismus» von Sartre. Merleau-Ponty starb 1961.

Merleau-Ponty hat seine Philosophie in der Diskussion mit Husserl und Sartre entwickelt. Ebenso wie Husserl kritisiert er die «natürliche Einstellung», die davon ausgeht, daß wir in unserer Wahrnehmung eine «rundum fertige» Welt registrieren. Aber auch er widersetzt sich dem Kartesianismus Husserls. Wenn wir die Welt an sich (en-soi) in der phänomenologischen *epoché* in Anführungszeichen setzen, entdecken wir tatsächlich, daß sie das Ergebnis sinnstiftender Tätigkeiten des Subjekts ist; der Ursprung dieser Konstitution liegt jedoch nicht primär im Bewußtsein (pour-soi), sondern im Körper. Unter den bewußten Akten des «Ich denke» verbirgt sich für Merleau-Ponty ein physisches «Ich kann», das die wahrgenommene Umgebung auf eine vorbewußte und unpersönliche Weise organisiert und strukturiert. Die Grundlage des bewußten Denkens ist ein «schweigendes Denken», das seinen Sitz in den Sinnesorganen und Gliedmaßen hat. Merleau-Ponty bezeichnet dies als «Körper-Subjekt» (*corps sujet*).

Dieser «gelebte Körper» (*corps vécu*) darf nicht mit dem Körper als Objekt oder Ding verwechselt werden, wie er dem fixierenden Blick des anderen erscheint oder sich in der objektivierenden Einstellung der Wissenschaft präsentiert. Der Körper als Subjekt besitzt ein präreflexives Wissen, das Träger des expliziten Kennens ist. Die Finger kennen die Tastatur, die Beine die Treppenstufen, ohne daß sich das Bewußtsein explizit darauf richtet. Unser Bewußtsein – so die Argumentation von Merleau-Ponty gegenüber Sartre – ist nicht vollkommen transparent, deshalb ist auch unsere Freiheit nicht vollkommen, sondern immer graduell und von der Situation bestimmt. Wegen dieser Zone des Halbdunkels, die das Sein an sich und das Bewußtsein miteinander verbindet, wird das Denken Merleau-Pontys auch als eine «Philosophie der Ambiguität» bezeichnet.

Levinas

In seiner ersten eigenen Schrift *De L'existence à l'existant* (1947) sagt Levinas, daß sein Denken durch den Ausspruch Platons bestimmt wird, daß das Gute «an keiner Seite des Seins» liegt. Man kann seine Philosophie unter dem Aspekt einer schrittweisen Ausarbeitung dieser These betrachten.

Emmanuel Levinas wurde 1905 in Litauen geboren. Nach der Russischen Oktoberrevolution kam er nach Deutschland. Er studierte Philosophie in Straßburg und Freiburg, wo er auch Heidegger hörte. Obwohl dieser ihn tief beeindruckt hatte, verspürte Levinas schon früh das Bedürfnis, sich von dessen Philosophie zu distanzieren. Durch seine Dissertation aus dem Jahr 1930 über den Begriff «Anschauung» bei Husserl macht Levinas die Philosophie Husserls in Frankreich bekannt. Berühmt wurde Levinas durch sein Hauptwerk *Totalité et Infini*, das

1961 erschien. In diesem Jahr wurde er auch als Professor an die Universität Paris-Nanterre berufen. Levinas starb 1995 in Paris.

In seinem frühen Werk läßt sich eine gewisse Nähe zu Sartre feststellen. So spricht Levinas schon vor Sartre von dem Ekel, den das rohe, sinnlose Sein erzeugen kann. Er nennt diese Dimension, die der Sinnstiftung noch vorangeht, das *il y a* (es gibt). Seinen Schauder können wir auch in unserem schöpferischen Tun niemals ganz abschütteln. Erst in der Begegnung mit dem «Anderen» ist es möglich, die Existenz als gerechtfertigt zu erfahren. Diese Einsicht ist das Thema von *Totalité et Infini*.

Levinas entwickelt hier die provozierende These, daß die westliche Philosophie in ihrem Streben nach Totalität bis auf wenige Ausnahmen dem «Anderen» keinen Raum läßt. Im Erkenntnisbereich ist diese Totalität der Horizont, den wir in einer ständig expandierenden Bewegung über die Welt spannen. In der Sphäre des praktischen Handelns wird die Totalität durch den Staat verkörpert, der die Menschen nach einem vernunftbedingten Ordnungsprinzip in einem umfassenden Verband zusammenschließt. Hier läuft das Individuum Gefahr, zu einem Moment des «Allgemeinwillens» zu werden. Im Bereich der Arbeit verkörpert sich der Drang zur Totalität in der grenzenlosen Expansion des Produktionssystems.

Aufgebrochen wird die Totalität durch die Dimension des Unendlichen, die bei Levinas gleichbedeutend mit dem «Anderen» ist. Der «Andere» ist nicht deshalb unendlich, weil sein Umfang unbegrenzt wäre und man sich ihm erst in einem unendlichen Prozeß annähern könnte. Es geht Levinas um eine Berührungs-, nicht um eine Begrenzungslinie. Der «Andere» ist unendlich, da er nicht in den Zirkel unseres Wissens und Wollens integriert werden kann. Er rührt an eine Dimension unserer Existenz, die tiefer liegt als das autonome Bewußtsein, und weckt damit eine Verantwortlichkeit, die der einzelne nicht selbst eingrenzen kann – der «Andere» hinterläßt eine Spur des Unendlichen. Levinas schreibt den «Anderen» immer groß, weil er damit nicht jeden beliebigen Mitmenschen meint, sondern «den Fremden, die Witwe, den Waisen», das heißt, jeden, der durch seine Randexistenz die Selbstverständlichkeit des herrschenden Rechtssystems in Frage stellt. Hier manifestiert sich das Majestätische des «Anderen», das die bestehende Ordnung erschüttert.

Das Menschlichste im Menschen ist seine Fähigkeit, den Aufruf und die Anfrage des «Antlitzes» zu vernehmen, die Beleidigung des Beleidigten zu sehen. Es ist im eigentlichen Sinn keine Fertigkeit, sondern eine Empfänglichkeit, eine «Verwundbarkeit», durch die der einzelne aus dem Gesichtsfeld seines eigenen Existierens gezerrt wird. Es gibt offensichtlich eine Schicht im Bewußtsein der Menschen, die tiefer liegt als ihre Sorge um Authentizität im Licht des Endlichen. Levinas drückt dies in einer prägnanten Umschreibung aus: Die Furcht vor Mord reicht tiefer als die Angst vor dem Tod. Deshalb wendet er sich auch gegen die Definition Heideggers vom Menschen als Wesen, dem es in seinem Sein um sein Sein geht. Angst ist bei Heidegger nicht nur eine Angst vor, sondern auch eine Angst um, es ist die Angst um das eigene Sein, das auf dem Spiel steht. Nur ein Wesen mit dieser existenziellen Beziehung zu dem eigenen Selbst ist in der Lage, Angst und Furcht zu empfinden. Levinas bestreitet, daß es immer, ob offen oder verdeckt, um eine Beziehung zur eigenen Existenz geht. Für ihn gibt es ein Verlangen nach Recht und Gerechtigkeit, in dem die Sorge um die eigene Identität einen Augenblick lang vergessen wird. Dies erst ist wahre Transzendenz.

Unsere größte Sorge ist also nicht, «die Wahrheit des Seins» zu behüten, wie der späte Heidegger lehrt, sondern Recht zu schaffen und Verantwortlichkeit zu übernehmen. Bei Levinas liegt das ganze Gewicht auf dem Widerstand und Protest gegen das, was uns das anonyme Sein – scheinbar oder tatsächlich – auferlegt. Auch bei ihm wird das autonome Subjekt kritisiert und «dezentriert», allerdings nicht, um Raum zu schaffen für ein gehorsames und williges Lauschen nach der Stimme des Seins. Das Subjekt ist in der Tat nicht Herr über sich selbst, da es seine Verantwortlichkeit nicht eigenmächtig wollen oder wählen kann. Gleichzeitig ist es jedoch im höchsten Maße individuell, denn nichts ist unverwechselbarer als seine Verantwortlichkeit.

Bei Levinas ruht die philosophische Besinnung ebenso wie bei Heidegger auf dem Fundament einer präreflexiven Existenzerfahrung, die bei ihm von der Welt der hebräischen Bibel und des Talmud geprägt wird. In seinen frühen Schriften zeigt er sich vor allem durch jüdische Denker wie etwa Franz Rosenzweig (1886–1929) und Martin Buber (1878–1965) beeinflußt, die dem Dialog eine für die menschliche Seinsweise herausragende Bedeutung zumessen. Bei Levinas ist nicht die Umkehrbarkeit der Beziehung das Wichtigste, sondern die Asymmetrie. Der «Andere» ist nicht nur ein Partner, sondern in der Gestalt des Verfolgten vor allem auch eine Instanz der Kritik. Er schafft etwas absolut Neues, etwas, das der einzelne nicht aus sich selbst schöpfen kann – er macht den Menschen zu einem moralischen Wesen.

Gadamer

Hans-Georg Gadamer (geb. 1900) studierte Literaturwissenschaften, Kunstgeschichte und Philosophie. 1922 promovierte er bei dem großen Platonkenner Paul Natorp mit einer Dissertation über Platon. 1938 wurde er Philosophieprofessor in Leipzig, 1947 erfolgte seine Berufung an die Frankfurter

Karl Jaspers, Psychiater und Philosoph, gilt als der bedeutendste Vertreter der deutschen Existenzphilosophie. Da er das menschliche Sein als etwas Singuläres begreift, kann es für ihn nicht zum Objekt wissenschaftlichen Denkens werden. In den sogenannten Grenzsituationen – Kampf und Schuld, Tod und Leiden – werden die entscheidenden Fragen gestellt. Hier wird dem Menschen bewußt, daß er über sich selbst und die Welt hinausgehen bzw. sie transzendieren kann. Das begreift Jaspers als das eigentliche Existieren. Jaspers' Hauptwerk ist die dreibändige *Philosophie* (1932).

Die analytische Philosophie

Universität. Zwei Jahre später trat er die Nachfolge Karl Jaspers' (1883–1969) in Heidelberg an.

Unter dem Einfluß Gadamers hat die Hermeneutik, die als die Lehre von der Interpretation traditionell nur eine philosophische Teildisziplin war, eine so große Bedeutung erhalten, daß jetzt auch von hermeneutischer Philosophie gesprochen wird.

Der Ausgangspunkt dieser Philosophie ist die historische Erfahrung im weitesten Sinne, die immer über Sprache vermittelt wird und von daher interpretationsbedürftig ist. In seinem Hauptwerk *Wahrheit und Methode* (1960) zeigt Gadamer für zwei dieser Erfahrungsgebiete – für die Geschichte und die Kunst –, daß das «Methodendenken», das in den Geisteswissenschaften seit dem Historismus eine beherrschende Rolle spielte, verkennt, welche Relevanz diese Bereiche für das Leben haben. Gadamer leugnet nicht die Bedeutung, die dem Streben nach Objektivität in der Kunst- und Geschichtswissenschaft zukommt, aber er weist darauf hin, daß diese Bemühung zu einem falschen Selbstverständnis der Wissenschaftler geführt hat. Neutralität ist ein untergeordnetes Moment in unserer Erfahrung, die immer in konkrete historische Situationen verwickelt ist. Man kann sich nicht von seinem «Vorverständnis» und erworbenen Überzeugungen befreien, sondern man muß sie gerade ins Spiel bringen, um ihre Verläßlichkeit zu prüfen. Das Erkenntnisideal kann nicht in einem unendlichen Wissen über die Geschichte liegen, die man als Zuschauer betrachtet. In der Interpretation der Vergangenheit geht es um das Ausspielen und die Klärung der eigenen Position. Verstehen heißt immer auch sich selbst verstehen. Begreifen und Interpretieren ist nur von dem eigenen Standort aus möglich. Vom Ideal der Objektivität aus gesehen, ist das beileibe kein Manko, es stellt die Bedeutung dar, die eine Erforschung der Geschichte für die Bildung des einzelnen und seines jeweiligen Kulturkreises hat. In den Geisteswissenschaften geht es nicht um das endlose Ausbreiten von Gelehrsamkeit und das Vollstopfen von Museen und Archiven, sondern um ein lebendiges Gespräch mit der Tradition, in dem die Frage nach dem Sinn des Lebens gestellt wird. Von daher steht die Hermeneutik in einem engen Bezug zur praktischen Philosophie.

Verstehen ist bei Gadamer ein «sich in der Sache verstehen». Wir lesen einen Text nicht aus psychologischem Interesse für den Autor, sondern weil es um eine Sache, um ein bestimmtes Thema geht. Das Ziel einer jeden Interpretation besteht darin, die in dem Text enthaltene Wahrheit in ihrer Bedeutung für uns zu entschlüsseln. Jede Interpretation – und nicht nur die des Priesters oder Richters – ist auch ein «Anwenden». Sie wirkt auf den Interpretierenden ein, den sie – nicht selten durch Desillusionierung – reicher und weiser werden läßt.

Analytische Philosophen sehen ihre Aufgabe darin, philosophische Probleme durch eine Analyse von Aussagen und Begriffen zu lösen. Viele teilen die Auffassung Wittgensteins, daß das Ergebnis analytischen Philosophierens nicht so sehr in den philosophischen Sätzen selbst, sondern in ihrer Verdeutlichung liegt.

Wie diese Verdeutlichung zu geschehen hat, ist umstritten. Die Philosophen der «idealen Sprache» fassen philosophische Positionen als ernsthafte Antworten auf ernsthafte Fragen auf; nach ihrem Verständnis leiden die traditionellen Formulierungen allerdings an dem Übel, daß man für sie keine adäquate Form gefunden hat. Nötig ist also eine Rekonstruktion in einer Idealsprache.

Auch die philosophischen Analytiker halten die traditionellen Formulierungen philosophischer Aussagen für nicht deutlich genug, aber sie plädieren dafür, sie in der Umgangssprache zu erklären.

Die philosophischen Logiker betrachten philosophische Thesen als eine Art Puzzlespiel, das in der Umgangssprache ausgedrückt werden kann. Sie sehen ihre Aufgabe darin, philosophische Behauptungen überflüssig zu machen, indem sie die Puzzle in formalistische Umschreibungen auflösen. Im Gegensatz dazu sind die Philosophen der Umgangssprache der Meinung, daß man die Puzzlespiele erklären kann, indem man zeigt, daß die dabei benutzten Ausdrücke zu Unrecht von Situationen abgetrennt wur-

Das Werk Paul Klees hat eine philosophische Dimension. Für ihn gibt Kunst nicht das Sichtbare wieder, sondern macht sichtbar. *Hauptweg und Nebenwege* aus dem Jahr 1929 zählt zu seinen meisterhaftesten Werken.

den, in denen sie durchaus problemlos verwendet werden können; sie betrachten es als ihre Aufgabe, zu untersuchen, ob ein verwendeter Ausdruck auch tatsächlich auf dieselbe Art und Weise benutzt wird.

Die Pioniere: Moore und Lewis

Der englische Philosoph George Edward Moore (1873–1958) gilt als einer der Pioniere der analytischen Philosophie. Schon in seiner ersten großen Veröffentlichung stellt er unablässig Fragen im Sinne von: «Was ist gemeint mit …?» Als Meilenstein wird sein Artikel «Necessity» gesehen, der 1900 in der einflußreichen englischen Zeitschrift *Mind* erschien. Moore versucht hier, die Bedeutung des Begriffs «Notwendigkeit» zu entschlüsseln, der immer wieder in philosophischen Argumentationen angeführt wird. In seiner Analyse, die exemplarisch Hume und Kant behandelt, gelingt es ihm, die starken und die schwachen Punkte in den Ausführungen dieser beiden Philosophen aufzudecken. In seiner Schrift *Principia Ethica* von 1903 geht er allen möglichen philosophischen Erklärungen für die Bedeutung von «gut» nach. Selten sind die Hypothesen philosophischer Auffassungen so präzise analysiert worden – und dennoch: am Ende kommt Moore zu dem Ergebnis, daß «gut» nicht näher analysierbar ist.

Moores berühmteste Abhandlung ist *A Defense of Common Sense*, die er 1925 veröffentlicht. Hier unterscheidet er zwischen der Frage, ob wir die Bedeutung normaler Sätze wie «Die Erde hat schon viele Jahre existiert» begreifen, und der Frage, ob wir in der Lage sind, die Bedeutung eines solchen Satzes richtig zu analysieren. Moores Standpunkt beinhaltet zwei allgemeine Aspekte: Zum einen widerspricht er der gängigen Auffassung, daß die Philosophie alles in Zweifel ziehen müsse, zum anderen wendet er sich gegen die Behauptung, daß eine korrekte Analyse von Aussagen kein Problem sei. Beide Auffassungen sind für Moore eine Quelle philosophischer Irrtümer.

Inhaltlich hat Moore viel zu der Frage nach der «Art und Wirklichkeit von Wahrnehmungsobjekten» zu sagen. Er führt in diesem Zusammenhang den Begriff *sensedata* (Sinnesdaten) ein, mit dem er das bezeichnet, was die Sinnesorgane darstellen. Dabei verteidigt er die These, daß die Wahrnehmung nicht nur auf Sinnesdaten beruht, sondern darüber hinaus das Bewußtsein von der gleichzeitigen Existenz eines sogenannten materiellen Objekts beinhaltet. Moores Vorlesungen zu diesem Thema erscheinen erst 1953, aber durch Russells *The Problem of Philosophy* (1912) und seine Abhandlungen ist die Diskussion über die Legitimität des «Postulierens von Sinnesdaten» in Großbritannien und den USA zu einem festen Bestandteil der erkenntnistheoretischen Literatur geworden.

Die Skepsis hinsichtlich der Möglichkeit, alle Sätze korrekt zu analysieren, verdeutlicht der amerikanische Philosoph C. I. Lewis (1883–1964) mit Hilfe eines anschaulichen Beispiels: «Wenn ein Kind uns fragt, was seine rechte Hand ist, sagen wir ihm das ohne zu zögern. Wenn es jedoch fragt, *warum* das seine rechte Hand ist – eine Bitte, die Bedeutung unserer Aussage zu erläutern –, dann sind wir verärgert, da es uns nicht leicht fällt, die richtige Antwort zu geben.»

Was Moore für England ist, ist Lewis für die Vereinigten Staaten. Schon 1912 macht er Randbemerkungen zu den logischen Theorien von Frege und Russell, indem er eine sogenannte strikte Implikation einführt. Die entsprechende theoretische Erläuterung liefert er 1918 in einer Abhandlung über die symbolische Logik nach. Hier werden unterschiedliche Systeme für die modalen Operatoren «notwendig» und «möglich» vorgestellt, die später eine wichtige Rolle in der Geschichte der philosophischen Logik spielen sollten.

Moore und Lewis ähneln sich auch in ihren Auf-

In den zwanziger Jahren wurde das Lebensgefühl vieler Europäer durch die Dynamik der neuen Verkehrsmittel um eine neue Dimension erweitert. Stromlinienförmige Geschwindigkeit, Kraft und Technik ließen entfernte Orte näher rücken.

Ich habe hervorgehoben, daß wir die notwendigen und hinreichenden stimulierenden Bedingungen jeder möglichen Äußerungshandlung in einer fremden Sprache kennen und trotzdem nicht wissen könnten, wie wir ermitteln sollen, was die Sprecher dieser Sprache als Gegenstände ansehen. Wenn es nun der Beobachtung so unzugänglich ist, über welche Gegenstände gesprochen wird, wer könnte dann auf empirischer Grundlage sagen, daß die in dieser oder jener Beschreibung enthaltene Annahme von Gegenständen richtig ist oder nicht? Wie kann es jemals empirische Anhaltspunkte gegen Existenzaussagen geben?

Die Antwort darauf sieht etwa so aus: Räumen wir ein, daß mit der Kenntnis der geeigneten stimulierenden Bedingungen eines Satzes nicht geklärt ist, welche Existenzannahmen über Gegenstände dem Satz zuzuschreiben sind. Doch verhilft diese Kenntnis immerhin zur Klärung dessen, was als empirischer Anhaltspunkt für oder gegen die Wahrheit dieses Satzes gilt. Wenn wir dann anschließend – entweder durch willkürliche Projektion bei der Eingeborenensprache oder als Selbstverständlichkeit bei unserer eigenen – dem Satz Annahmen über die Existenz von Gegenständen beimessen, so zählt daraufhin das, was schon als empirischer Anhaltspunkt für oder gegen die Wahrheit des Satzes gegolten hat, nun auch als empirischer Anhaltspunkt für oder gegen die Existenz von Gegenständen.

Die Chance, sich in Existenzaussagen zu irren, nimmt mit der Beherrschung der Mittel zum Sprechen über Gegenstände zu. In der frühesten Phase der Worterlernung lernte man solche Terme wie «Mama» und «Wasser», die man nachträglich als Namen von beobachteten, raum-zeitlichen Gegenständen ansehen kann. Jeder solche Term wurde durch einen Prozeß der Verstärkung und Löschung gelernt, wobei der raum-zeitliche Anwendungsbereich des Terms allmählich vervollkommnet wurde. Der benannte Gegenstand wird gewiß in dem Sinne beobachtet, daß die verstärkten Reize ziemlich direkt von ihm ausgehen. Dieses Reden von Name und Gegenstand gehört natürlich in eine spätere Phase der Erlernung einer Sprache, ebenso wie das Reden von Reizungen.

In der zweiten Phase, die durch das Auftreten von individuativen Termen markiert ist, entsteht eine echte Vorstellung von Gegenständen. Hier erwerben wir allgemeine Terme, die jeweils auf jeden einzelnen von vielen Gegenständen zutreffen. Aber bei diesen Gegenständen handelt es sich noch immer um beobachtbare raum-zeitliche Gegenstände. Denn diese individuativen Terme, z. B. «Apfel», werden noch durch die alte Methode der Verstärkung und Löschung gelernt; sie unterscheiden sich von ihren Vorgängern nur in dem zusätzlichen Merkmal der in ihnen eingeschlossenen Individuation.

Aus: Quine, *Ontologische Relativität und andere Schriften*

---

fassungen zur Erkenntnistheorie. In seinem Buch *Mind and the World Order* bezeichnet Lewis die unmittelbaren sinnlichen Daten als wesentlich für die Erkenntnis, auch wenn der Verstand noch ordnend einschreiten muß. Aber anders als Moore betrachtet Lewis das dargestellte Sein dieses Gegebenen nicht als eine Form der Erkenntnis. Beschreibungen können das durchaus sein, aber dann wird dem Gegebenen bereits eine «Bedeutung» oder begriffliche Interpretation zugewiesen; das Gegebene selbst ist unaussprechlich. Das bedeutet jedoch nicht, daß es «formlos» ist, denn es gibt einen gewissen Zusammenhang zwischen den spezifischen Eigenschaften – auch *qualia* genannt – des Gegebenen und den Begriffen, mit denen sie interpretiert werden. Dies macht eine Verifikation möglich.

In *Analysis of Knowledge and Valuation* von 1946 führt dies zu einer detaillierten Analyse von Wahrnehmungsaussagen. So will der Satz: «Dort liegt ein Stück Papier vor mir» unter anderem besagen: «Wenn eine visuelle Präsentation des Stückchens Papier gegeben ist und ich bewege meine Augen, dann wird es aller Wahrscheinlichkeit nach zu einer Positionsverschiebung dieser Präsentation kommen.»

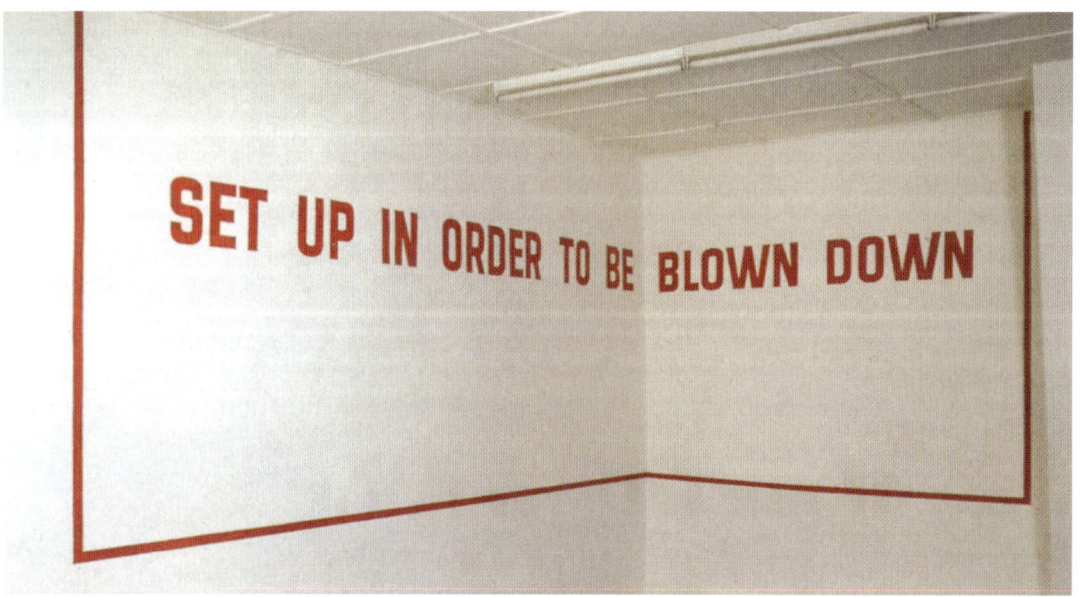

Die konzeptuelle Kunst hat viele Berührungspunkte mit der Philosophie. Die Sprache ersetzt das Bild, und das Nachdenken über Bedeutungen tritt in den Vordergrund. Installation von Lawrence Weiner, 1987.

Diese Theorie stieß auf wenig Wohlwollen, entweder, weil sie das Gegebene als Mythos betrachtet, oder weil die Analysen selbst abgelehnt werden. Die erste Auffassung äußert Wilfrid Sellars in seinem Buch *Empiricism and the Philosophy of Mind* (1956); die zweite wird in Chisholms *The Basic Propositions of Empirical Knowledge* (1942) deutlich.

Quine und die Philosophie der idealen Sprache

Manche der analytischen Philosophen sind fasziniert von dem Gedanken, daß Philosophie aus dem Entwurf und der Verteidigung konzeptueller Schemata besteht, wenn möglich eines allumfassenden konzeptuellen Schemas, in das wissenschaftliche Resultate im weitesten Sinne integriert werden können. Dies ist sinngemäß die Formulierung des amerikanischen Logikers und Sprachphilosophen Willard Quine (geb. 1908), der wie kein anderer das «analytische Klima» im Amerika der Nachkriegszeit beeinflußt hat. Da er immer wieder die ontologischen Stellungnahmen hervorhob, die sich in der Wahl einer Sprache zur Beschreibung der Welt oder zumindest eines ihrer Fragmente ausdrücken, kann er zu den Philosophen der Idealsprache gezählt werden.

Anfangs richtet sich das Interesse Quines auf die Darstellung einer logischen Theorie, die der von Russell ähnlich, aber allgemeiner gefaßt ist. Auf einer Studienreise durch Europa kommt er 1932/33 mit Mitgliedern des Wiener Kreises in Kontakt. Durch diese Begegnungen und Einflüsse erweitert Quine seinen Horizont erheblich.

1939 publiziert Quine eine analytische Abhandlung, die mit der Frage beginnt: «Was bedeutet es zu fragen, ob es eine Entität wie zum Beispiel die *Rundheit* gibt?» Quines Antwort sollte berühmt werden: Sein-ist-der-Wert-einer-Variablen-sein (To be is to be a value of a variable). Damit ist ein Kriterium gegeben, mit dem Sprachen in ontologischer Hinsicht verglichen werden können. Die Wahl einer Sprache ist eine Frage der Konvention, in einem wichtigen Punkt geht die ontologische Frage jedoch über zahllose Konventionen hinaus. Sie lautet: «Was ist die ökonomischste Ontologie, die wir für eine Sprache erreichen können, die für alle Zwecke der (Natur-) Wissenschaften angemessen ist?» Diese Frage wird zunächst noch nicht von Quine selbst beantwortet; er beschäftigt sich hauptsächlich mit einem neuen Aufbau der Logik, den er 1940 in seinem Buch *Mathematical Logic* präsentiert.

Drei Essays, aufgenommen in *From a Logical Point of View* (1953), sind richtungsweisend für Quines philosophische Orientierung nach 1950. *On what there is* bezieht sich auf alle möglichen konzeptuellen Schemata, die in den verschiedenen Teilbereichen der Wissenschaften, einschließlich der Mathematik, der Logik, der philosophischen Logik und der idealen Sprachphilosophie zur Auswahl stehen. Nach Quine gibt es keine absoluten ontologischen Maßstäbe, vielmehr steht die Entscheidung für eine bestimmte Ontologie im Zusammenhang mit unterschiedlichen Zielen und Interessen. In *Two Dogmas of Empiricism* (1951) spricht Quine über die fundamentale Kluft zwischen den analytischen (auf Bedeutung basierenden) und den synthetischen (faktischen) Wahrheiten sowie dem Dogma, daß die Wahrheit oder Wahrscheinlichkeit jeder synthetischen Aussage von einer Vielzahl möglicher, sinnlich wahrnehmbarer Ereignisse abhängt.

The Problem of Meaning in Linguistics (1953) wagt sich an ein heißes Eisen in der analytischen Tradition heran, an den Begriff der Bedeutung. Quine schlägt vor, das Bedeutungsproblem auf das Problem der Signifikanz und das der Synonymität sprachlicher Klangreihen zurückzuführen. Diese beiden Begriffe sollten analysiert werden, ohne daß ein Bezug zu den vorausgesetzten Entitäten hergestellt wird, die unter dem Namen Bedeutungen fungieren. Das bedeutet nicht, daß es in der Praxis nicht problematisch sein kann, eine Signifikanz oder Synonymität festzustellen, aber die dabei auftretenden Probleme sind von derselben Art wie die methodologischen Schwierigkeiten in den Erfahrungswissenschaften.

In seinem Hauptwerk *World and Object* (1960) macht Quine den Versuch, die obengenannten Auffassungen in einen Gesamtzusammenhang zu bringen.

Auch der amerikanische Philosoph Nelson Goodman (geb. 1906) ist aufgrund seiner Dissertation aus dem Jahr 1941, einer Studie über Qualitäten, und durch sein Hauptwerk *The Structure of Appearance* (1951) den Philosophen der idealen Sprache zuzurechnen. In dem letztgenannten Buch zeigt Goodman, wie (einfache) wahrnehmbare Tatsachen in einem befriedigenden philosophischen Rahmen beschrieben werden können. Seine Leistungen sind in technischer Hinsicht bemerkenswert, weil er eine ideale Sprache benutzt, die nur einen Typ von Variablen kennt. Philosophisch betrachtet, ist Goodman ziemlich weit von den ursprünglichen Ideen Russells entfernt, da er außer Farben und Orten auch Zeiten als Grundelemente akzeptiert. In *Languages of Art* (1968) wird eine allgemeine Theorie über den Symbolismus entwickelt, die von großer Wichtigkeit für die Formulierung von Kunsttheorien wurde, die den Gebrauch von Repräsentationen im künstlerischen Schaffen behandeln.

Darüber hinaus startet Goodman einen Angriff auf die Induktionstheorien, die seiner Meinung nach nicht zeigen können, warum bestimmte Regelmäßigkeiten Voraussagen rechtfertigen können, während

An den architektonischen Entwürfen von Ivan Leonidov läßt sich ablesen, welchen Einfluß die Kommunikationstechnologien auf die Form und den Standort von Gebäuden haben können (um 1930).

das bei anderen nicht der Fall ist. Wenn Wahrnehmungen bis zu einem bestimmten Zeitpunkt die Hypothese stützen, daß alle Smaragde grün sind, dann leisten sie dasselbe für die Hypothese, daß alle Smaragde «gelb» sind, wobei «gelb» die Eigenschaft ist, die genau auf die Dinge zutrifft, die vor dem fraglichen Zeitpunkt wahrgenommen und grün sind sowie auf alle anderen Dinge, die gelb sind. Die Theorie, die Goodman selbst entwickelt, um glaubwürdige von unglaubwürdigen induktiven Verallgemeinerungen unterscheiden zu können, wurde allerdings widerlegt. Dabei fällt auf, daß diese Widerlegung nicht auf eventuellen Ungenauigkeiten bei Goodmans Rekonstruktionen beruht, sondern aus der von ihm selbst gewählten Eingrenzung des benutzten konzeptuellen Schemas oder der Idealsprache resultiert.

Austin und die Philosophie der Umgangssprache

Die Philosophen der Umgangssprache haben ihre eigene Methode, an «Puzzlespiele» heranzugehen, auch wenn sie dazu neigen, diese als «pragmatische Paradoxe» aufzufassen: Das, was gesagt wird, kann auf die eine oder andere Weise im Widerspruch zu der Tatsache stehen, daß es gesagt wird – mit allem, was noch hinzukommen kann, wie die Befindlichkeit der Gesprächspartner und die Situation, in der sie sich befinden. Dies hängt mit ihrer generellen Auffassung zusammen, daß sie es für unmöglich erachten, in einer natürlichen Sprache strikte Trennungslinien zwischen syntaktischen, semantischen und pragmatischen Aspekten beziehungsweise zwischen logischen und kommunikativen Funktionen zu ziehen. Das Mekka der Philosophie der Umgangssprache ist Oxford – aus diesem Grund spricht man auch von der Oxford-Philosophie – mit Austin als ihrem herausragendsten Vertreter.

John Langshaw Austin (1911–1960) ist ursprünglich ein Altphilologe, der in Oxford tätig war. Sein erster Artikel ist in dem Stil von Moore geschrieben: *Are there A Priori Concepts?* (1939). In seinem Vortrag *The Meaning of a Word* (1940) präsentiert er jedoch schon die wesentlichen Elemente einer analytischen Philosophie der Umgangssprache. Philosophische Theorien, die sich auf logische Konstruktionen oder *sensibilia* berufen, werden als das Produkt der Fehleinschätzung gesehen, daß für jedes Wort oder für jeden Satz so etwas wie deren jeweilige Bedeutung gefunden werden müsse. Idealisierte Modelle für bestehende Sprachen werden als unangemessen und irreführend abgelehnt. An dem Satz: «Die Katze sitzt auf der Matte, und ich glaube es nicht» macht Austin durch seine Diagnose des paradoxalen Charakters deutlich, wie dieser Satz eigentlich lauten müßte. Er behauptet: Was mich daran hindert, so etwas zu sagen, ist irgendeine semantische Konvention, die die Art und Weise betrifft, in der wir Worte in Situationen benutzen. Schließlich gebe ich durch die Aussage, daß die Katze auf der Matte sitzt, zu verstehen, daß ich glaube, daß die Katze auf der Matte sitzt. Austin hat seine Ideen in zahlreichen Publikationen systematisch ausgearbeitet; zu seinen bekanntesten Abhandlungen gehören: *Sense and Sensibilia* (1962) und *How to do Things with Words* (1962). Jedes dieser Bücher widmet sich einer der beiden Aufgaben, die die Philosophen der Umgangssprache für sich definieren. Neben der destruktiven Aufgabe, die darin besteht, zu zeigen, wie Philosophen die Umgangssprache mißbrauchen, steht die konstruktive Aufgabe, die darin liegt, das Funktionieren der Umgangssprache nachzuweisen.

Bekannt geworden ist Austin vor allem durch seine Auffassung, daß in der Philosophie zu Unrecht angenommen wird, daß bestätigende Sätze im allgemeinen eine Beschreibung geben. Diese Behauptung trifft seiner Meinung nach bei dem Satz: «Ich verspreche, daß ich komme» nicht zu und ist genau genommen auch auf die Aussage: «Ich weiß, daß er verärgert ist» nicht anwendbar. Jemand, der einen solchen Satz von sich gibt, beschreibt nach Meinung Austins nicht eine Situation, sondern er tut etwas. Wenn ich sage: «Ich weiß, daß dies oder das der Fall ist», gebe ich anderen mein Wort, mit anderen Worten, ich gebe anderen meine Autorität zu sagen, daß dies oder das der Fall ist.

Die Doppelaufgabe, die Austin für die Philosophie der Umgangssprache formuliert, wird von anderen Oxford-Philosophen übernommen. Die destruktive Aufgabe bezieht sich nicht nur auf «wirkliche» philosophische Positionen, sondern auch auf philosophisch-logische Theorien. Bekannte Beispiele dafür sind Ryles Buch *The Concept of Mind* (1949) oder der Artikel *On Referring* (1950) von Peter Frederick Strawson. Die konstruktive Aufgabe wird von Henry Paul Grice und John Rogers Searle in *Speech Acts* (1969) ausgearbeitet. Bemerkenswert ist der Untertitel dieser sprachphilosophischen Abhandlung, in dem es heißt, daß die Philosophie der Umgangssprache als Philosophie letztlich zu einer Sprachphilosophie wird, in deren Mittelpunkt verschiedene Begriffe von «Bedeutung» stehen.

Die philosophische Analyse

Roderick Milton Chisholm (geb. 1916) hat sich vor allem mit den «primitiven Aussagen der empirischen Erkenntnis» beschäftigt. Das Problem eines Zusammenhangs zwischen einfachen Aussagen, die als definitive Prämissen der empirischen Wissenschaften fungieren, und bestimmten nicht-sprachlichen Ereignissen, die als «Erfahrungen» bezeichnet werden, ist für die Erkenntnistheorie von fundamentaler Bedeutung. Chisholms Herangehensweise zeigt, daß er mit der Tradition vertraut ist. 1957 erscheint sein viele Male wiederaufgelegtes Buch: *Perceiving – A Philosophical Study*. Es ist eine Würdigung der von den Philosophen der Umgangssprache praktizierten Methode, die unterschiedliche Weise, in der über Wahrnehmung gesprochen wird, im einzelnen zu studieren, um dann den Beweis zu führen, daß philosophische Fragen deshalb entstehen, weil es uns nicht gelingt, unsere Sprache konsistent oder eindeutig zu verwenden. Aber er setzt doch ein größeres Vertrauen in eine andere Methode. Sie stellt die unterschiedlichen Arten des Sprechens über Wahrnehmung vor, die adäquat sind, wenn es um das geht, was wir über Wahrnehmung wissen oder sagen wollen; und sie bemüht sich dann um den Nachweis, daß sich philosophische Fragen dadurch stellen, daß wir die gewohnte Redeweise nicht richtig benutzen.

Bei seiner Definition von «wissen, daß» im Unterschied zu «zu Recht glauben» wendet er diese Methode an. «S weiß, daß h wahr ist» bedeutet: 1. S akzeptiert h; 2. S hat adäquate Evidenz für h; und 3. h ist wahr – wobei gesagt werden muß, daß Chisholm auch die zweite Formulierung näher definiert. Er gewann zahlreiche Anhänger, nachdem 1963 Gegenbeispiele zu Chisholms Definition von «wissen, daß» gegeben wurden. Amerikanische Erkenntnistheoretiker machten sich an die Arbeit, um eine Definition von «wissen, daß» zu finden, die angemessener ist.

In der Ethik und der politischen Philosophie verdrängt die philosophische Analyse die Philosophie der Umgangssprache, die in den fünfziger und sechziger Jahren in Mode war. Aufsehen erregen die Veröffentlichungen *A Theory of Justice* (1971) von John Rawls und *Anarchy, State and Utopia* (1974) von Robert Nozick, der in seinen *Philosophical Explanations* (1981) mit einer Erklärung von «wissen, daß» in Form sogenannter Wahrheitsbedingungen überrascht: Eine Person weiß, daß etwas der Fall ist, wenn sie dies nicht nur zu Recht glaubt, sondern es auch zu Recht und nicht zu Unrecht glauben würde. Analytiker können tatsächlich auch danach streben, verbale Äußerungen in der Begrifflichkeit von Wahrheitsbedingungen zu interpretieren. Zumindest ist dies die Auffassung eines analytischen Philosophen, der einen Mittelweg zwischen der philosophischen Logik und der Analyse einschlägt: Donald Davidson. Seine hauptsächlichen Interessengebiete sind die Handlungs- und die Bedeutungstheorie – letztere im Sinne einer Theorie über die Interpretation verbaler Äußerungen. Diese beiden Bereiche liegen übrigens dicht beieinander: Die Bedeutungstheorie muß auch auf Sätze über Handlungen (und andere Ereignisse) anwendbar sein. Vor allem Davidson ist es zu verdanken, daß die Handlungstheorie zu einem systematischen Bestandteil der analytischen Philosophie geworden ist.

Die philosophische Logik

Nach dem Zweiten Weltkrieg macht die philosophische Logik durch die Entwicklung neuer logischer Theorien einen gewaltigen Sprung nach vorn. Die Fragen beschäftigen sich mit «Referenz» und «Modalität». Hier trifft der 1953 veröffentlichte Titel *Reference and Modality* eines überarbeiteten Artikels von Quine, der ursprünglich schon 1943 erschienen war, den Nagel auf den Kopf.

Das Thema «Referenz» bietet an sich schon genug für interessante Neuerungen. Die Erfindung der freien Logik ist nur eine davon. Hier werden auch Begriffe akzeptiert, die auf nichts «verweisen». Unabhängig voneinander formulieren verschiedene Autoren logische Theorien, die das Verhalten solcher Theorien beschreiben wollen. Einer von ihnen ist der Finne Jaakko Hintikka (geb. 1929). *In Knowledge and Belief. An Introduction to the Logic of the Two Notions* (1962) zeigt er, daß formale Pendants zu Ausdrücken wie «Ich weiß, daß» und «Ich glaube, daß» als modale Operatoren behandelt werden können. Dies ist philosophisch interessant, da Fragen der Ethik und Probleme des Zeitlichen mit Hilfe dieser Ausdrücke formuliert werden können. Auch hier liefert Hintikka wichtige Beiträge. Am bekanntesten wurde jedoch sein Landsmann Georg Henrik von Wright (geb. 1916). Dessen *Explanation and Understanding* (1971) öffnet vielen Philosophen die Augen über die Behandlung methodologischer Fragen in der Geschichte der Sozialwissenschaften.

Die Entwicklung der eigentlich philosophisch-logischen Theorien erhält einen erheblichen Schub, als ein mathematisches Wunderkind eine Lösung für die technischen Probleme der modalen Logiken findet, mit denen sich Quine und Carnap keinen Rat mehr wußten. Die «Semantik möglicher Welten» von Saul Kripke (geb. 1940) bestimmt in hohem Maße die weiteren Entwicklungen. Auch im Bereich der «Referenz» liefert Kripke einen wichtigen Beitrag. Seine neue Referenztheorie, die «starre Designatoren» kennt –, Begriffe, die in jeder möglichen Welt dasselbe bezeichnen – wirft ein neues Licht auf alte Probleme, wie beispielsweise das der notwendigen synthetischen Wahrheiten und auf die Identitätstheorien zur Geist-Körper-Problematik. Bedeutsam für das klassische philosophische Wahrheitsproblem ist Kripkes *Outline of a Theory of Truth* (1975).

Die Mehrzahl der philosophischen Logiker beschäftigt sich in der Nachfolge von Richard Montague (1930–1971) gegenwärtig mit mathematischen präzisen Theorien für die Syntax, Semantik und Pragmatik natürlicher Sprachen. Dies wäre ein für die Philosophie weniger spannendes Thema, verhielte es sich nicht so, daß man sich von solchen Theorien einen großen Nutzen im Hinblick auf die Computerverarbeitung natürlicher Sprachen erhofft.

Philosophie Ost-West

Indien

Bevor die indische Philosophie im Zuge der britischen Kolonialherrschaft mit dem westlichen Denken in Berührung kam, hatte sie sich innerhalb eines eigenen geschlossenen Zirkels entwickelt, in dem nur Denksysteme indischen Ursprungs eine Rolle spielten. Nach der Gründung der ersten drei Universitäten in Kalkutta, Madras und Bombay, die nach britischem Vorbild errichtet wurden und die westliche Philosophie als festen Bestandteil in ihre Lehrpläne aufgenommen hatten, sahen sich die indischen Intellektuellen zu einer Auseinandersetzung mit philosophischen Systemen gezwungen, die sich in vielerlei Hinsicht von ihren eigenen Auffassungen unterschieden. So begann eine neue Phase in der Geschichte der indischen Philosophie, die von den Bemühungen geprägt war, die Grundgedanken der indischen Philosophie in die Begrifflichkeit des westlichen Denkens zu übertragen. Während die hinduistische Philosophie überwiegend im Sanskrit verfaßt war, wurden die philosophischen Betrachtungen jener Zeit meistens in englischer Sprache abgefaßt.

An der Spitze dieser neuen Entwicklung stand die Advaita-Strömung des Vedanta. Da in Indien Philosophie und Religion eng miteinander verbunden waren und das westliche Denken von christlichen Dogmen geprägt wird, war es fast unvermeidlich, daß diese neue Entwicklung innerhalb des Hinduismus auf eine Konfrontation mit dem Christentum hinauslief. Diese neue Bewegung innerhalb des Hinduismus, die sich im neunzehnten Jahrhundert herausbil-

Buddha von Odilon Redon

dete, wurde von westlichen Gelehrten als «Neohinduismus» bezeichnet. Hinduistische Philosophen wie Vivekananda (1863–1902) und Aurobindo Ghosh (1872–1950) gehörten zu dieser Gruppe. Als der bedeutendste Vertreter des Neohinduismus gilt jedoch der Philosoph und Staatsmann Sarvepalli Radhakrishnan (1888–1975), der ab 1952 als Vizepräsident und von 1962 bis 1967 als Präsident Indiens die höchsten politischen Ämter innehatte.

Radhakrishnan

Radhakrishnan wurde auch als «Verbindungsoffizier zwischen zwei Kulturen» bezeichnet, und tatsächlich hat er mit seiner zweibändigen *Indian Philosophy* (1923 und 1927) sowie mit seinen Übersetzungen der *Upanishaden*, der *Bhagavad-Gita* und der *Brahmasutras* ins Englische wesentlich dazu beigetragen, die indische Philosophie auch im Westen bekannt zu machen. Darüber hinaus hat Radhakrishnan jedoch auch einen sehr eigenwilligen Beitrag zum west-östlichen Dialog geleistet: in seinem Hauptwerk *An Idealist View of Life* (1932) entwickelt er die Idee der Intuition.

Während für Kant die Erkenntnis der Welt an die sogenannten Anschauungs- und Denkformen gebunden war und die Dinge an sich der menschlichen Erkenntnis nicht zugänglich waren, hält Radhakrishnan die Wirklichkeit an sich für erkennbar. Im Mittelpunkt seines Denkens steht die Idee der Intuition, in der Bewußtsein und Wirklichkeit, Subjekt und Objekt, zusammenfallen. Diese intuitive Erkenntnis entspringt für Radhakrishnan einer innigen Verschmelzung von Geist und Realität. Sie wird weder durch sinnliche Erfahrungen erworben, noch erschließt sie sich durch Symbole, sondern sie erhält ihre Prägung nur durch das Sein. Sie ist das Bewußtsein von der Wahrheit der Dinge durch Identität. Der Mensch wird eins mit der Wahrheit, eins mit dem Objekt der Erkenntnis, das als ein Teil der eigenen Identität begriffen wird.

Diese Intuition befreit den Menschen von den Voraussetzungen, die nach Kant zwingend mit unserer Erkenntnis der Welt verknüpft sind. Auch wenn sie in einer mystischen Erfahrung kulminiert, bedeutet dies nicht, daß Radhakrishnan das durch den Intellekt erworbene Wissen verwirft. Intellekt, Intuition und die mystische Erfahrung bilden ein Ganzes, das er als «integrale Erfahrung» bezeichnet.

So vollzog Radhakrishnan zusammen mit anderen indischen Philosophen einen Brückenschlag zwischen indischem und westlichem Denken. Mit der Übersetzung zahlreicher Werke der indischen Philosophie in viele europäische Sprachen hat sich das indische Denken einen festen Platz in der Philosophie der Welt erobert.

China

Trotz aller Veränderungen, die sich vom elften bis zur Mitte des neunzehnten Jahrhunderts im «prämodernen China» vollzogen, blieb immer eine gewisse Kontinuität gewahrt. Zu einem Bruch und radikalen Umschlag kam es erst in der zweiten Hälfte des letzten Jahrhunderts, als die Küstenregionen und großen Städte zunehmend unter den Druck des Westens gerieten. So kristallisierte sich in den Gebieten, die den westlichen Einflüssen am stärksten ausgesetzt waren, eine neue städtische Oberschicht heraus, die sich aus der jahrhundertealten chinesischen Tradition löste. Immer mehr junge Chinesen studierten im Ausland – vor allem in Japan – und kehrten mit neuen Ideen zurück, die die überkommene Gesellschaftsordnung in Frage stellten.

Als der letzte kleine Kaiser der Qing-Dynastie 1912 schließlich auf den Thron verzichtete, zerfiel das innerlich bereits ausgehöhlte chinesische Kaiserreich. Nachdem zunächst ein Machtvakuum herrschte, kam es nach dem Zweiten Weltkrieg und dem chinesischen Bürgerkrieg 1949 zu der Polarisierung, die sich bis heute als Status quo erhalten hat. Auf dem riesigen Festland entstand die chinesische Volksrepublik, auf der Insel Taiwan der nationalchinesische Staat.

Schon diese äußerst geraffte Übersicht macht deutlich, daß in diesen anderthalb Jahrhunderten keine Rede von einem allmählichen Wandel innerhalb bestehender Traditionen sein kann. Kennzeichnend für die moderne Geschichte Chinas sind vielmehr jähe Zäsuren und sprunghafte Entwicklungen, die in rascher Abfolge die Veränderung sämtlicher Bereiche erzwangen. Dies gilt selbstverständlich auch für das intellektuelle Leben und hier im besonderen für die Lehre des Konfuzianismus, die mehr als jede andere geistige Strömung mit den politischen und sozialen Strukturen Chinas verwoben war. Global kann man in diesem Prozeß zwei Phasen unterscheiden.

Die erste Phase, die etwa vom späten neunzehnten bis zum frühen zwanzigsten Jahrhundert andauerte, wird von dem Bemühen bestimmt, die Tradition an eine als notwendig empfundene Modernisierung anzupassen. Die tonangebenden Persönlichkeiten dieser Strömung waren Schriftgelehrte, die selbst noch tief mit der Tradition verwurzelt waren. Ihre Versuche, den Konfuzianismus in den Kontext eines Modernisierungsprozesses einzubinden, haben sich letztlich als illusorisch herausgestellt. Solange der Konfuzianismus jedoch zumindest formal noch die offizielle Staatslehre war, konnten diese Reformbestrebungen einen totalen Autoritätsverlust verhindern; mit der Revolution von 1911–1912 brach das alte System dann jedoch endgültig zusammen.

Der herausragende Vertreter des rechten Flügels

Sarvepalli Radhakrishnan

dieser «beunruhigten Schriftgelehrten» war der Gelehrte und hohe Regierungsbeamte Zhang Zhidong (1837–1909). In seinem sehr einflußreichen Manifest *Quan xue pian* (Ein Aufruf zum Studium) formulierte er in einem berühmt gewordenen Ausspruch den Leitgedanken seiner politischen Haltung: «Die chinesischen Errungenschaften als Basis, die westlichen Errungenschaften für den praktischen Nutzen.» Dabei handelt es sich jedoch um eine sehr freie Übersetzung, die die Bedeutung dieser Devise nur annähernd wiedergeben kann, denn «Basis» und «praktischer Nutzen» sind zwei Grundbegriffe des traditionellen chinesischen Denkens, die für *ti* (Substanz) und *yong* (Funktion) stehen. Ihre Intention jedoch ist klar: Um den Einfluß Chinas in der Welt zu stärken, mußte es sich zumindest teilweise für eine Modernisierung öffnen. Zhang Zhidong glaubte an die Möglichkeit, die große Tradition mit all ihren geheiligten Institutionen und Normen zu bewahren und gleichzeitig die Anpassung an den westlichen Standard auf technischem und naturwissenschaftlichem Gebiet zu vollziehen – denn mehr, so Zhang Zhidong, hatte der Westen China nicht zu bieten.

Kang Youwei

Der radikalere Flügel stellte Forderungen, die wesentlich weitergingen. Richtungweisend waren hier die Ideen von Kang Youwei (1858–1927) und seinen zahlreichen Anhängern. Sie plädierten für tiefgreifende institutionelle Reformen nach japanischem Muster und forderten die Einführung einer konstitutionellen Monarchie und ein neues Schul- und Examenssystem. Auch Kang Youwei, der selbst ein überzeugter Konfuzianer war, berief sich für seine Reformen auf die konfuzianischen Klassiker, die er für diesen Zweck allerdings äußerst selektiv zitierte. Später ging er noch einen wesentlichen Schritt weiter, indem er diesen «verdünnten» Konfuzianismus zu einem eklektischen System umgestaltete, das eine Kombination von konfuzianischen, christlichen und buddhistischen Elementen enthielt und das er zur Grundlage eines zukünftigen Weltstaates machen wollte. Das *Datong Shu* (Das Buch der großen Einheit), in dem er diese Utopie verkündet, gehört zu den eigenartigsten Werken der chinesischen Literatur.

Fung Yulan

In der zweiten Phase, die in den zwanziger Jahren einsetzte, zeichnete sich eine völlig andere Situation ab. Die Modernisierung – die nicht mehr ausschließlich unter dem Aspekt des praktischen Nutzens, sondern als eine Herausforderung gesehen wurde, die mit fundamentalen Veränderungen in allen Bereichen zusammenhing – wurde akzeptiert und im allgemeinen positiv bewertet. Keiner der modernen Denker Chinas glaubte mehr, daß die Bewahrung des Konfuzianismus als gesellschaftliches System zur «Errettung Chinas» führen könne. Ihnen ging es vielmehr darum, herauszufinden, welche Elemente des nationalen Erbes in ein neues System integriert werden könnten.

Dieses Bedürfnis kann nicht losgelöst von dem psychologischen Klima gesehen werden, das in China ebenso wie in anderen nicht westlichen Kulturräumen herrschte. Da man die rasche Industrialisierung als eine Bedrohung der eigenen Identität empfand, bekam der Begriff der «nationalen Essenz» in der nationalistischen Ideologie eine Bedeutung, die er bis heute nicht verloren hat. Er beinhaltet die von ihrem Ursprung her konfuzianischen Tugenden und Verhaltensmuster, die als Kern der chinesischen Identität begriffen werden. Selbst in der Volksrepublik werden Tendenzen sichtbar, alle Strömungen und Schulen der traditionellen chinesischen Philosophie (einschließlich des Buddhismus und Daoismus) auf der Grundlage der marxistisch-leninistischen Prinzipien «unter Wahrung aller progressiven Elemente» kritisch zu würdigen.

In diesem Licht müssen die Bemühungen einer Reihe herausragender chinesischer Philosophen gesehen werden, neue Systeme zu entwickeln, die auf einer Kombination westlicher und chinesischer Elemente beruhen. Der bekannteste unter ihnen ist Fung Yulan (geb. 1895), dessen Lehre den Anspruch erhebt, eine zeitgemäße Version des neokonfuzianischen Rationalismus zu sein, ergänzt durch westliche Logik und daoistische Metaphysik. Liang Souming (1893–1962) vertrat die Idee eines «dynamischen Konfuzianismus» als Morallehre, den er auf der Grundlage einer Neuformulierung des alten Begriffs *ren* (Altruismus, Mitmenschlichkeit) errichten wollte. *Xiong Shili* (1885–1968) suchte nach einer neuen epistemologischen Methode auf der Basis des subjektiven Idealismus der buddhistischen Yogachara-Scholastik. Die Debatte ist bis heute nicht abgeschlossen. Im Mittelpunkt der Diskussionen steht die heftig umstrittene These, ob den konfuzianischen Werten im Rahmen des Modernisierungsprozesses noch eine Bedeutung zukommt.

Japan

Bis zur zweiten Hälfte des neunzehnten Jahrhunderts war Japan extrem isoliert. Repräsentativ für seine Philosophie waren buddhistische und konfuzianische Denker und Vertreter der ursprünglichen Religion Japans, des Schintoismus, die eine sehr konkrete und gleichzeitig intuitive Art des Denkens praktizierten. Als Japan sich in der Mitte des neunzehnten Jahrhunderts öffnete, kamen japanische Philosophen zum ersten Mal mit einer westlich geprägten Philosophie und Wissenschaft in Berührung. In der Folgezeit waren die japanischen Philosophen hauptsächlich damit befaßt, sich die westlichen Philosophien anzueignen, die aufgrund ihrer streng logischen und analytischen Struktur als schwer zugänglich empfunden wurden. Ihre Interpretationen führten zu einer Synthese von östlichem und westlichem Denken, das sehr kreative Ergebnisse hervorgebracht hat. Zum erstenmal kam dies in dem Werk von Nishida zum Ausdruck, der als Begründer der Kyoto-Schule gilt.

Hinter der Bezeichnung «Kyoto-Schule» verbirgt sich eine wichtige Strömung in der japanischen Philosophie. Obwohl von einem offiziellen Gründungsdatum nicht gesprochen werden kann, gilt die Herausgabe der Zeitschrift *The Eastern Buddhist* im Jahre 1921 als ein wichtiger Meilenstein. Um diese Zeitschrift gruppierten sich Philosophen wie Tanabe Hajime (1885–1962), Suzuki Daisetz Teitaro (1870–1966) und Nishitani Keiji (1900–1990). Einige von ihnen haben an der Staatsuniversität Kyoto gelehrt.

Alle waren oder sind praktizierende Buddhisten. Ihre – oft kritische – Nähe zu den buddhistischen Meditationspraktiken kommt in vielfacher Weise in ihrem Werk zum Ausdruck. Ihre philosophischen Reflexionen spiegeln das Bemühen wider, Erfahrungen in Worte zu kleiden, die sich dem Denken entziehen. In den Schriften dieser Philosophen werden die traditionelle östliche Philosophie und das westliche Denken zum ersten Mal auf eine fruchtbare Weise miteinander verknüpft. Die Vertreter der Kyoto-Schule verbinden ein fundiertes Wissen über die westliche Philosophie mit dem Bewußtsein, in der eigenen östlichen Tradition verwurzelt zu sein. Durch diese Synthese erfüllt die Kyoto-Schule eine wichtige Mittlerfunktion. Bis in die Gegenwart hinein übt sie einen großen Einfluß auf die japanische Philosophie aus, und auch innerhalb der westlichen Philosophie ist sie seit geraumer Zeit als ein wichtiger Gesprächspartner ins Blickfeld gerückt.

Nishida

Nishida Kitaro wurde 1870 in einem Dorf in der Nähe der Stadt Kanazawa geboren und starb 1845 in Kamakura. Nach einem Studium an der Universität Tokyo unterrichtete er zehn Jahre lang an einem Gymnasium in Kanazawa. In dieser Zeit nahmen das Lesen, Nachdenken und die Zenmeditation den größten Raum in seinem Leben ein. Karriere interessierte ihn nicht. In seinem Tagebuch findet sich der Satz, daß er sich ein Leben lang mit einem kleinen Lehrergehalt zufriedengeben würde, wenn er sich nur unablässig der Meditation und seinen Studien widmen könnte. Er nennt sich selbst einen Erforscher des Lebens. Über Zen schreibt er: «Zen ist Musik, Zen ist Kunst, Zen ist Bewegung: außer diesem gibt es nichts anderes, das Trost spenden würde. Wenn mein Herz so rein und schlicht wie das eines Kindes sein kann, gibt es kein größeres Glück.»

Vor dem Hintergrund dieser Lebensweise entstand Nishidas Hauptwerk *Zen no Kenkkyu* (*An Inquiry into the Good*), in dem er systematisch aufzeigt, was er «als Quelle des Lebens», als Fundament allen Denkens begreift.

Die Grundidee, die Nishida in diesem Buch entfaltet, ist die *reine Erfahrung* (*pure experience*). Mit diesem Begriff bezeichnet er einen Zustand, in dem Subjekt und Objekt noch nicht voneinander getrennt sind. «Rein» verweist hier auf eine Wahrnehmung, die noch nicht zum Gegenstand der Reflexion geworden ist und in der die Subjekt-Objekt-Trennung noch nicht vollzogen wurde. Diese reine Erfahrung bildet keinen Gegensatz, sondern eine Vorstufe zum Denken beziehungsweise zum Intellekt. Sie ist ein Zustand der Einheit, der allen Gegensätzen, die das Denken prägen und gestalten, zugrundeliegt und ihnen vorangeht. Subjekt und Objekt sind eins, das Bewußte ist noch unbewußt und jedes Ereignis bedeutungslos.

Diese reine Erfahrung ist für Nishida kein mystisches Erlebnis, sondern ein unmittelbares, sehr direktes und alltägliches Geschehen. Als Beispiele nennt er das noch trübe Bewußtsein eines Kindes, den Schaffensprozeß eines Künstlers oder das Bewußtsein eines religiösen Menschen, der jegliches Unterscheidungsvermögen zwischen der eigenen Person und einem anderen verliert. Aus der reinen Erfahrung entsteht die ganze Welt, die von Gegensätzlichkeiten und Unterschieden beherrscht zu sein scheint, die aber, im Licht ihres Ursprungs betrachtet, bloß relativ sind.

In *An Inquiry into the Good* arbeitet Nishida unterschiedliche Aspekte der reinen Erfahrung aus, so zum Beispiel die Rolle und Position des Willens und des Intellekts. In seinem späteren Werk erhält sein zu Anfang psychologischer Ansatz eine zunehmend philosophische Deutung und Erhellung. Indem er die individuelle Perspektive immer weiter faßt, entwickelt er ein metaphysisches System, in dem der einzelne als Teil eines großen, umfassenden Ganzen erscheint. An die Stelle der «reinen Erfahrung» ist der Begriff des *basho*, «Platz des absoluten Nichts», getreten, an dem das Selbstbewußtsein einsetzt.

Nishida Kitaro

Erfahren bedeutet, das Tatsächliche als solches zu erkennen; ohne alles Mitwirken des Selbst nach Maßgabe des Tatsächlichen zu wissen. *Rein* beschreibt den Zustand einer wirklichen Erfahrung als solcher, der auch nicht eine Spur von Gedankenarbeit anhaftet. Dem, was gewöhnlich Erfahrung genannt wird, ist hingegen immer ein irgendwie geartetes Denken beigemischt. Das meint zum Beispiel, daß wir in dem Augenblick, in dem wir eine Farbe sehen oder einen Ton hören, weder überlegen, ob es sich um Einwirkungen äußerer Dinge handelt, noch ob ein Ich diese empfindet. Selbst das Urteil, was diese Farbe und dieser Ton eigentlich sind, ist auf dieser Stufe noch nicht gefällt. Somit sind *Reine* und unmittelbare Erfahrung eins. In der unmittelbaren Erfahrung des eigenen Bewußtseinszustands gibt es noch kein Subjekt und kein Objekt. Die Erkenntnis und ihr Gegenstand sind völlig eins. Das ist die reinste Form der Erfahrung. Normalerweise ist die Bedeutung des Wortes *Erfahrung* nicht so eindeutig bestimmt. So nennt zum Beispiel Wundt auch das aufgrund von Erfahrung erschlossene Wissen noch mittelbare Erfahrung und spricht von Physik und Chemie als den Wissenschaften der mittelbaren Erfahrung. (Wilhelm Wundt, Grundriß der Psychologie, Leipzig, 1896, Einleitung § I). Aber nicht nur solches Wissen ist keine Erfahrung im eigentlichen Sinne, auch das Bewußtsein eines anderen, obwohl ganz Bewußtseinsphänomen, kann im eigenen Selbst nicht erfahren werden. Sogar das eigene Bewußtsein ist schon nicht mehr Reine Erfahrung, wenn es über erinnerte, vergangene oder gegenwärtige Inhalte Urteile fällt. Die wirkliche Reine Erfahrung ist nur Gegenwartsbewußtsein des Tatsächlichen als solchem, ohne jegliche *Bedeutung.*
Aus: Nishida, Kitaro, *Über das Gute*

Obwohl die späteren Schriften Nishidas viele neue Elemente und Bezüge zu verschiedenen westlichen Philosophen beinhalten, muß sein philosophisches Gesamtwerk in erster Linie als eine Entwicklung und Vertiefung der Reflexionen über den Begriff «reine Erfahrung» gesehen werden. Die Philosophie Nishidas wird von einer intuitiven Wahrnehmung geprägt, die, trotz der unterschiedlichen kreativen Ausdrucksformen, seine gesamten Schriften beherrscht. Nishida war nicht nur ein tiefgründiger Philosoph, sondern auch eine inspirierende Persönlichkeit, zu dem sich viele Schüler hingezogen fühlten. Einer dieser Schüler, der später selbst für die Kyoto-Schule sehr bedeutend werden sollte, ist Nishitani Keiji.

Nishitani

Nishitani Keiji

Obwohl Nishitani sich selbst als Philosoph verstand und auch von 1935 bis 1963 als Philosophieprofessor an der Universität von Kyoto tätig war, schreibt er, daß die Begegnung mit Nishida für ihn nicht von philosophischer, sondern von existentieller Bedeutung gewesen sei. In seinen jungen Jahren durchlebte er eine lange Phase des Zweifels und der Unsicherheit, die er selbst als «vorphilosophisch» bezeichnete. In dieser Krise, die nach dem Tod seines Vaters einsetzte, kreiste sein Denken um die Fragen von Leben und Tod; Fragen, die ihn mit Angst und Verzweiflung erfüllten. Durch die Begegnung mit Nishida entdeckte er einen Weg, der ihm die Konfrontation mit dieser Problematik möglich machte. Dabei spielten die Zen-Meditationsübungen eine wichtige Rolle.

Nishitanis philosophisches Interesse wird stark von seiner Krisenerfahrung geprägt und kreist primär um existentielle Fragen. Er verband eine fundierte Kenntnis der philosophischen und religiösen Traditionen des Ostens mit einer großen Empfänglichkeit für die Gedanken Kierkegaards, Nietzsches und Heideggers, bei dem er einige Jahre studierte. Auch Sartre und Dostojewski gehörten zu seinen bevorzugten Autoren.

Sein Hauptwerk *Religion and Nothingness* beinhaltet eine ausführliche Analyse der modernen nihilistischen und technologischen Kultur, die für viele Menschen ein schwerwiegendes Problem darstellt. Die Menschen haben, wie Nishitani sagt, kein «Haus» mehr in dieser kalten, von gleichgültigen Naturgesetzen beherrschten Welt. Die Frage nach dem Sinn des Lebens, die früher durch die Religion beantwortet wurde, bleibt offen. Das Leben der Menschen hängt im «Nichts» – eine Situation, die viele verzweifeln läßt. Nishitani ist der Meinung, daß sich diese Krise mit Hilfe östlicher Einsichten bewältigen läßt. Das Nichts des Nihilismus führt nicht weit genug. Dieses relative Nichts, auf das sich die Welt scheinbar gründet, muß seinerseits negiert werden, um sich auf diese Weise zum absoluten Nichts zu wandeln. Aus der absoluten existentiellen Grundlosigkeit richtet sich der Blick auf das «Leben, wie es wirklich ist». Dieses Leben bezeichnet Nishitani als «problemloses Sich-Selbst», als «ein Spiel».

Die Werke Nishitanis sind ein Ringen darum, die Gedanken zum absoluten Nichts in Worte zu fassen. Er ist in diesem Zusammenhang auch in einen Dialog mit westlichen Denkern wie Meister Eckhart und Franz von Assisi getreten. In seinen späteren Schriften nehmen die Verweise auf den Zen-Buddhismus jedoch größeren Raum ein. Obwohl Nishitani eine sehr kritische Haltung gegenüber den zen-buddhistischen Traditionen hatte, die er in vielen Punkten für reformbedürftig hielt, war er dennoch davon überzeugt, daß über die Begegnung von zen-buddhistischen Einsichten mit westlichem Gedankengut neue Wege erschlossen werden können.

Die Frankfurter Schule

«Frankfurter Schule» ist die offizielle Bezeichnung des Instituts für Sozialforschung, das eine Gruppe von Soziologen repräsentierte, deren Denken ab den dreißiger Jahren bis etwa Ende der sechziger Jahre im Zeichen einer undogmatischen Erneuerung des Marxismus stand. Ein Lehrinstitut im eigentlichen Sinne war die Frankfurter Schule nicht, aber ihre Theorien wurden vor allem ab den sechziger Jahren unter kritischen Studenten und Intellektuellen breit diskutiert, zunächst allerdings mehr außerhalb als innerhalb der akademischen Hochburgen. Auch in einer anderen Hinsicht ist der Name «Frankfurter Schule» irreführend, denn das Institut hatte über wichtige Jahre seinen Sitz nicht in Frankfurt, sondern nach der Vertreibung im Jahre 1933 zunächst kurzfristig in Genf, ab 1934 in New York. 1940 siedelte es nach Kalifornien über, um 1950 wieder nach Frankfurt zurückzukehren.

Zum eigentlichen Kern des Instituts, das sehr rasch nach seiner Gründung zum unbestrittenen Zentrum der linken Intelligenz in Deutschland wurde, gehörten neben Horkheimer und Adorno der Psychoanalytiker und Kulturpsychologe Erich Fromm (1930–1980) und ab 1933 auch Marcuse sowie der Kulturphilosoph Walter Benjamin (1892–1940), der sich der Gruppe zwar nie fest angeschlossen hat, ihr theoretisch jedoch sehr nahestand und ein wichtiger Gesprächspartner war. Intensive Kontakte bestanden auch zu dem Philosophen Ernst Bloch (1885–1977) und dem Philosophen und Literaturwissenschaftler Georg Lukács (1885–1971). Obwohl all diese Gelehrten ein streitbares Engagement für die sozialen Probleme ihrer Zeit verband, waren ihre philosophischen Interessen und Schwerpunkte durchaus unterschiedlich gelagert. Die Frankfurter Schule wollte von ihrer Konzeption her Berührungspunkte zwischen den einzelnen Fachdisziplinen herstellen, um den Blick für den gesellschaftlichen Gesamtzusammenhang zu schärfen und um eine Denkweise zu kultivieren, für die in dem modernen, hochspezialisierten Wissenschaftsbetrieb offenbar nur noch wenig Raum blieb.

Dennoch hat es nie im Interesse der Frankfurter Schule gelegen, eine übergreifende, verbindliche Theorie zu schaffen – im Gegenteil, ihre Begründer waren sich einig in der Ablehnung eines institutionalisierten Marxismus, der in seinen leninistischen und stalinistischen Varianten zu einem rein politischen Instrument geworden war. Eine weitaus größere Affinität empfand man zu den emanzipatorischen Bestrebungen des ursprünglichen Marxismus, auch wenn man sich darüber im klaren war, wie revisionsbedürftig diese aus den Anfängen der industriellen Revolution stammende Theorie in einer hochindustrialisierten Gesellschaft war. Was – aus der entsprechenden historischen Distanz betrachtet – unter der Bezeichnung «kritische Theorie» fungiert, erweist sich bei genauem Hinsehen als eine fast unüberschaubar große Anzahl an Artikeln, Essays, Betrachtungen und Kommentaren, die sich überwiegend auf den Bereich der Kultur beziehen. Eine Auseinandersetzung mit dem, was bei Marx unter das Stichwort Basis oder Unterbau fällt, findet hier so gut wie nicht statt. Und selbst in den «großen» Büchern der Frankfurter Schule (wobei vor allem an die späten Schriften Adornos zu denken ist) wird man vergebens nach einer umfassenden Theorie suchen, sondern im Gegenteil auf eine fundamentale Kritik an dem Anspruch solcher Theorien stoßen.

Hier zeigt sich eine deutliche Parallele zu einigen Philosophen der (französischen) Postmoderne, denn auch deren Protagonisten wie Lyotard, Foucault und Derrida schwören dem Glauben an eine einheitstiftende Theorie radikal ab. Es ist einigermaßen pikant, daß ausgerechnet der Mann, der sich nach dem Tod Adornos im Jahr 1969 als «rechtmäßiger» Erbe der Frankfurter Schule präsentiert hat – Jürgen Habermas – die schärfste und fundierteste Kritik an der Postmoderne geübt hat. Er tat dies mit dem Hinweis auf die ursprünglichen Ziele des Instituts für Sozialforschung und im Kontext einer Gesellschaftstheorie, die durchaus den Zugriff auf das große Ganze beabsichtigte.

Horkheimer

Die eigentliche Geschichte der Frankfurter Schule beginnt am 24. Januar 1931, an dem Tag, an dem Max Horkheimer (1898–1973) an der Universität Frankfurt den Lehrstuhl für Sozialphilosophie besetzte und damit gleichzeitig die Leitung des Instituts für Sozialforschung übernahm. Obwohl das Institut eine Privatstiftung war – die bis dato Gesellschaft für Sozialforschung hieß – mußte deren Direktor immer auch Professor an der Universität Frankfurt sein. Anfangs hatte dieses Amt der Jurist Carl Grünberg (1861–1940) inne, der erste «Seminarmarxist», den es an einer deutschsprachigen Universität gab. Horkheimer, der außer einer Dissertation, die wenig Aufsehen erregte, und einer Handvoll Zeitschriftenartikeln noch nichts veröffentlicht hatte, wurde überraschend zu seinem Nachfolger ernannt. Wie sich später herausstellte vor allem deshalb, weil er als einziger der Kandidaten politisch nicht belastet war.

Thema seiner Einführungsrede war die damalige Position der Sozialphilosophie und die Aufgaben eines Instituts für Sozialforschung. Seine hier skizzierten Ideen sollten richtungweisend werden für die Ziele, die das Institut in den ersten Jahren verfolgte.

Horkheimer versuchte zunächst darzulegen, was man sich unter Sozialphilosophie vorzustellen habe. Anknüpfend an Hegel, ging es ihm um den gesellschaftlichen Zusammenhang von Staat, Recht, Öko-

Propaganda für die Änderung der Welt, welch ein Unsinn! Propaganda macht aus der Sprache ein Instrument, einen Hebel, eine Maschine. Propaganda fixiert die Verfassung der Menschen, wie sie unterm gesellschaftlichen Unrecht geworden sind, indem sie sie in Bewegung bringt. Sie rechnet damit, daß man mit ihnen rechnen kann. Im tiefsten weiß jeder, daß er durch das Mittel selber zum Mittel wird wie in der Fabrik. Die Wut, die sie in sich spüren, wenn sie ihr folgen, ist die alte Wut gegen das Joch, durch die Ahnung verstärkt, daß der Ausweg, den die Propaganda weist, der falsche ist. Die Propaganda manipuliert den Menschen; wo sie Freiheit schreit, widerspricht sie sich selbst. Verlogenheit ist unabtrennbar von ihr. Die Gemeinschaft der Lüge ist es, in der Führer und Geführte durch Propaganda sich zusammenfinden, auch wenn die Inhalte als solche richtig sind. Noch die Wahrheit wird ihr ein bloßes Mittel zum Zweck, Anhänger zu gewinnen, sie fälscht sie schon, indem sie sie in den Mund nimmt. Deshalb kennt wahre Resistenz keine Propaganda. Propaganda ist menschenfeindlich.

Sie setzt voraus, daß der Grundsatz, Politik solle gemeinsamer Einsicht entspringen, bloß eine façon de parler sei.
In einer Gesellschaft, die dem drohenden Überfluß wohlweislich Grenzen setzt, verdient, was jedem von anderen empfohlen wird, Mißtrauen. Die Warnung gegenüber der Geschäftsreklame, daß kein Unternehmen etwas verschenkt, gilt überall, nach der modernen Fusion von Geschäft und Politik vorab gegen diese. Das Maß der Anpreisung nimmt zu mit der Abnahme der Qualität, anders als ein Rolls Royce ist der Volkswagen auf Reklame angewiesen. Die Interessen von Industrie und Konsumenten harmonieren nicht einmal, wo jene ernsthaft etwas bieten will. Sogar die Propaganda der Freiheit kann sich als verwirrend herausstellen, sofern sie die Differenz zwischen der Theorie und der partikularen Interessenlage der Angeredeten nivellieren muß.

Aus: Horkheimer/Adorno, *Dialektik der Aufklärung*

Der Mensch im Ideenkreis, eine schematische Zeichnung von Oskar Schlemmer, die als Erläuterung im Rahmen seines Unterrichts am Bauhaus in Dessau gemeint war. Ausgehend vom Menschen als Mikrokosmos, der den Makrokosmos widerspiegelt, gliederte Schlemmer seine Unterrichtseinheiten in einen formalen, einen biologischen und in einen philosophischen Teil.

nomie und Religion, kurzum, um die gesamte materielle und geistige Kultur der Menschheit. In einem nächsten Schritt distanzierte er sich dann von Hegel; er kritisierte dessen Gedanken eines sich im historischen Prozeß vollziehenden Vernunftprinzips, da diese Vorstellung seiner Meinung nach zu einer Verherrlichung der bestehenden Machtverhältnisse und zu einer Verachtung des Einzelschicksals führte. Die jüngste Geschichte, so Horkheimer, hat Hegels Idealismus überholt. Die neue Situation verlangt nach einer neuen Theorie, die sich die wissenschaftlichen Errungenschaften einverleiben und ihren spekulativen Charakter ablegen muß. Horkheimer plädierte für einen permanenten Austausch zwischen der Philosophie und den Sozialwissenschaften. Die zentralen Themen sollten die ökonomische Entwicklung der Gesellschaft, die psychologische Entwicklung der Individuen und die Veränderungen im Kulturbereich sein. Kontrollierbare Aussagen zu diesen Fragen erforderten seiner Meinung nach konkrete, auf spezielle Gegebenheiten zugespitzte Problemstellungen. Sein Ziel war es, Philosophen, Soziologen, Ökonomen, Historiker und Psychologen in einer dauerhaften Arbeitsgemeinschaft zusammenschließen.

Hinter dieser Forderung Horkheimers verbarg sich das alte Ideal der Aufklärung, daß Erkenntnis ein Mittel sein kann, Sinn und Vernunft in die Welt zu bringen. In dieser Hinsicht knüpfte er an Marx an. Aber die Vorsicht, mit der er hier (auch im Vergleich zu Grünberg) vorging, machte ihn von Stund an für seine Universitätskollegen akzeptabel. Von einem verknöcherten Marxismus aus betrachtet, konnte seine Rede als ein Ansatz zur Erneuerung gesehen werden. Indem er einen Bezug zu den Entwicklungen innerhalb der «bürgerlichen» Wissenschaften herstellte, wollte Horkheimer der Dogmatisierung und Ideologisierung einer Theorie ein Ende bereiten, die ihrem Ursprung nach beim jungen Marx nicht zuletzt mit dem Blick auf eine bewußte Veränderung der Gesellschaft konzipiert worden war.

Die Zeitschrift

Daß die von Horkheimer angestrebte interdisziplinäre Zusammenarbeit auf einem bis dahin nicht erreichten Niveau realisiert wurde, beweisen die neun Jahrgänge der *Zeitschrift für Sozialforschung*, die 1932 Grünbergs *Archiv für die Geschichte des*

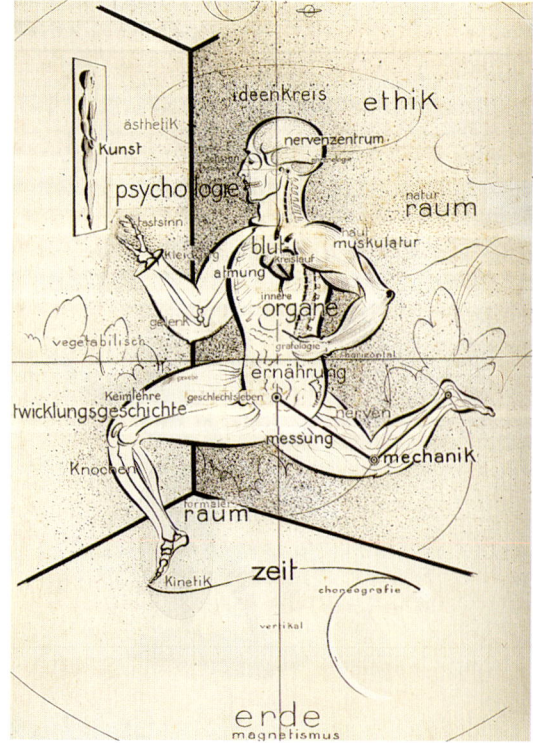

Sozialismus und der Arbeiterbewegung ablöste. Mit seinen Beiträgen steckte Horkheimer den theoretischen und politischen Rahmen für die Arbeit an der Zeitschrift ab. Alle redaktionellen und programmatischen Texte stammten aus seiner Feder.

Auch die empirische Untersuchung der psychologischen Struktur der qualifizierten Arbeiter und Beamten in der Weimarer Republik, die Horkheimer in seiner Antrittsrede in Aussicht gestellt hatte, wurde realisiert. Die Ergebnisse dieser Studie sind für die weitere Entwicklung der kritischen Theorie von großer Bedeutung gewesen. Wie sich zeigte, konnte nur ein kleiner Teil, und zwar 15%, der Mitglieder der Linksparteien aufgrund ihrer politischen Orientierung, Charakterstruktur und Kampfbereitschaft als antifaschistisch bezeichnet werden. Dies hatte schwerwiegende Konsequenzen für Horkheimer und seine Freunde: Wenn nicht einmal mehr die politisch am stärksten engagierten Arbeiter, wie Marx und Engels ohne Einschränkung angenommen hatten, als potentielle Totengräber des Kapitalismus gelten konnten, dann durfte der kritische Gesellschaftstheoretiker mit Sicherheit nicht mehr davon ausgehen, daß seine Einsichten irgendwann einmal als Waffen im Klassenkampf eingesetzt würden.

Die bei weitem wichtigste Studie aus den ersten Jahren des Instituts ist thematisch eine Fortsetzung der Untersuchung über die psychologische Struktur der «linken» Arbeiter und Beamten. Gemeint sind die *Studien über Autorität und Familie*, die 1935, als das Institut bereits nach Amerika emigriert war, abgeschlossen wurden. Es ist eine Abhandlung, in der auf fast 1000 Seiten die Veränderungen innerhalb der Familienstruktur untersucht werden. Sie besteht aus einem empirischen Teil (der aus Befragungen und Forschungsberichten besteht) und einem theoretischen Teil.

Der Artikel von Fromm verdient besondere Erwähnung, nicht nur aufgrund seiner Bedeutung für die spätere Arbeit des Instituts, sondern auch, weil er einen Höhepunkt seines Werkes darstellt. Fromm stellt hier den Typus des «autoritären» oder sadomasochistischen Charakters vor. Dieser Charaktertyp war nach Meinung Fromms inzwischen so bezeichnend für den normalen Bürger in den kapitalistischen Gesellschaften der Moderne geworden, daß er aus einer traditionellen wissenschaftlichen Sicht nicht problematisiert werden konnte. Der sadomasochistische Charakter reagiert mit Unterwürfigkeit auf Stärkere und mit Verachtung auf Schwächere. Nach Meinung Fromms ist er das typische Produkt einer autoritären Gesellschaft. Es ist die soziale Hilflosigkeit des Erwachsenen, die der biologischen Hilflosigkeit eines Kindes ihren Stempel aufdrückt. Ob sich jemand als Erwachsener ängstlich verhält und sich von einem vermeintlich Überlegenen rasch beeindrucken läßt, hängt davon ab, wie sehr er als Kind verängstigt und eingeschüchtert wurde. Der Erwachsene, der sich frei und selbständig verhält, hat das Privileg einer antiautoritären Erziehung genossen. Daß Fromms Ideen zur Erziehung gerade in der zweiten Hälfte der sechziger Jahre populär wurden, ist nicht unbedingt erstaunlich.

Das Jahr 1937 markierte eine neue Phase in der Geschichte des Instituts. Entscheidend war die traurig stimmende Erkenntnis, daß sich die Kluft zwischen der kritischen Intelligenz und der Arbeiterklasse als unüberbrückbar erwies. Die Annahme, das Proletariat besitze aufgrund seiner Stellung im Produktionsprozeß ein entsprechendes, sprich revolutionäres Klassenbewußtsein, war offensichtlich eine marxistische Illusion (der im übrigen auch Lukács erlegen war). Eine der wichtigsten Aufgaben des kritischen Intellektuellen mußte es nun sein, herauszufinden, wieso die Prognosen des ursprünglichen Marxismus ganz offenkundig überholt waren. Die kritische Theorie, so Horkheimer in einem programmatischen Artikel aus dem Jahr 1938, mußte die Mechanismen analysieren, die dazu geführt hatten, daß das Engagement und Interesse für die Ziele des Sozialismus mehrheitlich verlorengegangen waren.

In diesem Kontext müssen neben den *Studien über Autorität und Familie* auch die (fünfbändigen) *Studies in Prejudice* berücksichtigt werden, die 1949 und 1950 in New York erschienen. Diese großangelegte Studie – bei der Institutsmitglieder zum ersten Mal mit amerikanischen Kollegen zusammenarbeiteten – ist das wichtigste Produkt der ursprünglichen Absicht Horkheimers, theoretische Erkenntnisse und empirische Forschung miteinander zu kombinieren. Im Mittelpunkt stand jetzt die Frage, welche sozialen Kräfte und Gegenkräfte in faschistischen oder halbfaschistischen Gesellschaften mobilisiert werden beziehungsweise welcher Charaktertyp für faschistische Propaganda besonders empfänglich ist.

Adorno

Berühmt geworden ist vor allem Adornos Beitrag zu der Studie, der unter dem Titel *The Authoritarian Personality* erschien. Adorno entwickelte hier eine Reihe von Fragen zu Vorlieben und Auffassungen, die indirekt ein Bild darüber vermitteln sollten, wie sehr das Bewußtsein des einzelnen durch (überkommene, nationalistische oder rassistische) Vorurteile bestimmt wird.

War in den Anfangsjahren Horkheimer die zentrale Figur, um die sich die Arbeit des Instituts drehte, so wurde im Laufe der dreißiger Jahre der Einfluß Adornos immer beherrschender. Diese Entwicklung löste auch inhaltliche Akzentverschiebungen aus. Das Hauptinteresse Adornos, der von Haus aus Philosoph und Musikwissenschaftler war, galt

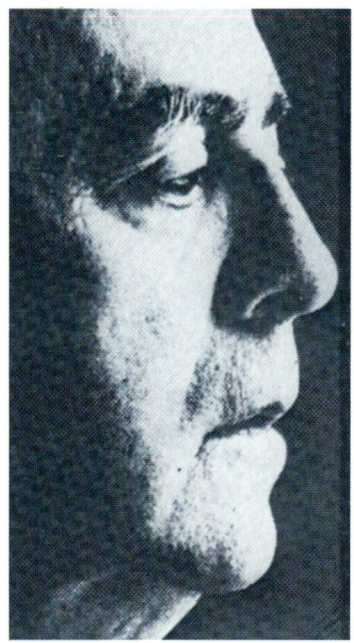

Theodor W. Adorno wurde am 11. September 1903 in Frankfurt/Main geboren. Sein Vater, Oscar Wiesengrund, ein deutscher Jude, besaß einen Weingroßhandel. Seine Mutter, Maria Calvelli-Piana, stammte aus einem korsischen Adelsgeschlecht und war bis zu ihrer Heirat eine erfolgreiche Sängerin. Mit sechzehn Jahren begann Adorno neben dem Gymnasium eine Ausbildung am Konservatorium, und schon als Siebzehnjähriger studierte er Philosophie, Musikwissenschaften, Psychologie und Soziologie. Stärker als seine Studien an der Frankfurter Universität prägte ihn das Werk der Nichtakademiker Lukács und Bloch. Von 1921 bis 1932 war Adorno als Musikkritiker tätig; er verteidigte als erster die avantgardistische Musik von Arnold Schönberg (1874–1941) und Alban Berg (1885–1935), bei dem er 1925 in Wien Kompositionslehre studierte. Ursprünglich wollte Adorno Komponist und Konzertpianist werden, im Laufe der zwanziger Jahre entschied er sich schließlich doch für die Philosophie (wobei er mit Unterbrechungen sein Leben lang auch komponierte, vor allem Chorwerke und Klavierstücke). In seiner ersten philosophischen Veröffentlichung, die 1933 erschien, beschäftigt er sich mit Kierkegaard. Zu dieser Zeit ist er schon mit Horkheimer und auch mit Walter Benjamin befreundet, der ihn maßgeblich beeinflußt hat. 1935 emigriert er nach England, 1938 geht er von dort in die USA, wo er von 1938 bis 1941 musikalischer Leiter des *Princeton Radio Research Project* und von 1944 bis 1949 Direktor des *Research Project on Social Discrimination* ist. Adorno kehrt 1949 nach Deutschland zurück und nimmt hier seine Arbeit als Dozent am Institut für Sozialforschung wieder auf. Er arbeitet für viele Radiostationen und nimmt an zahllosen philosophischen Debatten teil, unter anderem an dem sogenannten «Positivismusstreit».
In den späten sechziger Jahren wird er von radikalen Studenten wegen seiner wenig praxisbezogenen Haltung heftig attackiert. Während eines kurzen Urlaubs in der Schweiz stirbt Adorno am 6. August 1969.
Von seinen zahlreichen Veröffentlichungen sollen hier nur die folgenden genannt werden: *Dialektik der Aufklärung* (gemeinsam mit Horkheimer verfaßt, 1947), *Philosophie der neuen Musik* (1949), *Minima Moralia. Reflexionen aus dem beschädigten Leben* (1951), *Negative Dialektik* (1966), *Ästhetische Theorie* (1970). Zwischen 1970 und 1986 ist sein Gesamtwerk, die zwanzig Bände umfassenden *Schriften*, erschienen.

der avantgardistischen Kunst, die er in einem zunehmenden Maße als Fluchtpunkt für ein Bewußtsein begriff, das von sozialen Machtstrukturen nicht korrumpiert war. Ein weiteres zentrales Thema war die kommerzialisierte Massenkultur, die er zu einem großen Teil für die gesellschaftliche Integration des Proletariats und dessen Anpassung an (klein-)bürgerliche Normen verantwortlich machte. In der Massenkultur sah er das wichtigste Symptom einer intellektuellen und sinnlichen Regression, die es den Menschen unmöglich macht, authentische künstlerische Ausdrucksformen zu schaffen. Kunst und Massenkultur sind für Adorno unversöhnliche Gegensätze. In der Askese der Kunst (seine Vorliebe galt «strengen» Komponisten wie Schönberg und Webern) wird seiner Meinung nach das ästhetische Glücksbedürfnis des Menschen negativ bewahrt, während die Massenkultur dieses Versprechen verrät, da sie den Menschen dieses Glück als etwas unmittelbar Greifbares präsentiert.

Dies sind auch die Themen des wohl berühmtesten Buches der Frankfurter Schule: *Dialektik der Aufklärung*, das in den letzten Kriegsjahren von Horkheimer und Adorno gemeinsam verfaßt wurde, aber erst 1947 zum ersten Mal erschien. In diesem rein spekulativen Buch stellen die Autoren die von Marx erkannte Dialektik von Produktivkräften und Produktionsverhältnissen in einen viel umfassenderen geschichtsphilosophischen Rahmen von Natur und Naturbeherrschung. Die jüngste Geschichte, so Horkheimer und Adorno, hat auf katastrophale Weise gelehrt, daß die Entwicklung der Produktivkräfte (Wissenschaft und Technik) – eine Entwicklung, auf die Marx noch all seine Hoffnung gesetzt hatte – außer einer emanzipatorischen auch eine destruktive Dimension besitzt. Fortschritt und Regression, Naturbeherrschung und Unterdrückung der Natur (auch der des Menschen) sind zu allen Zeiten bis heute unauflöslich miteinander verbunden. Dieser schicksalhaften Entwicklung kann erst dann ein Ende bereitet werden, wenn sich das Verhältnis zur Natur im kollektiven Maßstab verändert, was angesichts des erreichten Stands der Produktivkräfte keineswegs unmöglich ist. Dies würde zur Entfaltung einer anderen Art von Vernunft führen, einer, die nicht mehr alles und jeden aus der Sicht des Nutzens zur Selbsterhaltung definiert. Die Vernunft könnte und müßte sich ihres instrumentellen, im Kern immer gewalttätigen Charakters entledigen.

Vor allem in Adornos Werk werden diese Vorstellungen bis zum Ende eine dominierende Rolle spielen. In seinen beiden umfangreichen (und schwer zugänglichen) Schriften *Negative Dialektik* (1966) und *Ästhetische Theorie* werden diese Gedanken am ausführlichsten dargelegt.

In der *Negativen Dialektik* geht es Adorno um die theoretische Ausarbeitung und Verteidigung der Rationalität, die sich auf den nicht-begriffsmäßigen Aspekt der Erscheinungen, auf das «Nichtidentische» richtet. Es ist gerade diese Dimension, die nach Überzeugung Adornos in der Gesellschaft und in dem systematisierten Wissenschaftsbetrieb als störender Restfaktor betrachtet wird. Adorno plädiert demgegenüber für eine nicht-systematische, essayistische Art des Schreibens, in der das «Nichtidentische», also das, was jeden Menschen und jede Erscheinung zu etwas Singulärem macht, immer wieder begrifflich so eingekreist wird, daß es latent zum Sprechen gebracht wird. Die *Ästhetische Theorie* ist die Nagelprobe für die *Negative Dialektik*. Die moderne Kunst ist für Adorno der Bereich par excellence, in dem sowohl der irrationale und gewalttätige Charakter der gesellschaftlichen Totalität wie auch der Protest gegen ihn in unmittelbaren, sinnlich wahrnehmbaren Formen Gestalt annimmt. Letztlich sieht Adorno in der begrifflichen Enträtselung dieser ästhetischen Formen die erste Aufgabe des Philosophen.

Marcuse

Daß nicht das Werk Adornos, sondern die Schriften von Herbert Marcuse (1898–1979) in der zweiten Hälfte der sechziger Jahre in den Kreisen kritischer Studenten, Intellektueller und Künstler die größte Wirkung und Akzeptanz fanden, muß nicht erstaunen. Marcuse war noch bis ins hohe Alter ein streitbarer Intellektueller, der sich mehr als Adorno für die konkrete gesellschaftliche Verwirklichung seiner utopischen Ideen interessierte. Der Titel seines wichtigsten Buches *Eros and Civilisation* (1955) deutet dies schon in gewisser Weise an. Es entstand aus einer Reihe von Seminaren, die der Autor 1950 und 1951 an der Washington School of Psychiatry gehalten hatte.

In gewisser Weise ist *Eros and Civilisation* das Pendant zu Horkheimers und Adornos *Dialektik der Aufklärung*. Der wesentliche Unterschied besteht darin, daß Marcuse es nicht bei der Feststellung beläßt, die Aufklärung habe sich in ihr Gegenteil verkehrt, sondern einen Aufklärungsbegriff entwickelt, der keinen Verzicht auf das Lustprinzip beinhaltet. Damit verbindet er auch die Absicht, die Theorie Freuds zu widerlegen, denn im Gegensatz zu diesem glaubt Marcuse nicht, daß Kultur die Unterdrückung der Lust voraussetzt. Daß die erotischen Komponenten der Triebenergie im Verlauf des Kulturprozesses ständig abgeschwächt werden und die destruktiven Komponenten immer schwerer wiegen, hat für Marcuse nichts Zwangsläufiges. Auf einem bestimmten Entwicklungsstand der Produktivkräfte (der in den westlichen Industriegesellschaften längst erreicht ist) muß eine andere Organisationsform möglich sein, so daß ein Raum für freie, nicht repres-

Sigmund Freuds psychoanalytische Theorie über den Charakter und das Verhalten des Menschen hatte weitreichende Folgen für die Philosophie. Heftig umstritten, aber auch vielfach bestätigt wurde sein ethischer Determinismus.

sive Formen der Sublimierung entsteht. Marcuse sah das Weiterleben solcher Formen nicht wie Adorno ausschließlich in der Kunst, sondern auch überwiegend in der Underground-Szene gesellschaftlicher Randgruppen. Es liegt auf der Hand, daß seine Ideen besonders dort (wenn vielleicht auch nur kurzzeitig) maßgebend werden sollten.

Die kritische Theorie der Frankfurter Schule birgt also, alles in allem, viele unterschiedliche, zuweilen auch widersprüchliche Theorien. Dieses Bild zeichnete sich schon sehr bald nach der Einführungsrede Max Horkheimers im Jahre 1931 ab. Nach dem Tod Adornos mehrten sich die Zweifel, ob man überhaupt noch von einer Frankfurter Schule sprechen könne. Bei Theoretikern wie Habermas, bei dem Soziologen und Politologen Oskar Negt (geb. 1934) und in gewisser Hinsicht auch bei dem Philosophen Peter Sloterdijk (geb. 1947), dem «enfant terrible» der gegenwärtigen kritischen Philosophie, ist jedoch eine explizite Kontinuität in den Absichten, der Mentalität und der Thematik zu erkennen, so daß es absolut legitim erscheint, ihr Werk primär in der Nachfolge der ersten Frankfurter Generation zu sehen.

Habermas

Jürgen Habermas ist der bedeutendste Vertreter der jüngeren Generation. Der ehemalige Assistent Adornos hat sich am nachdrücklichsten von dem melancholischen Lobgesang distanziert, der in den Schriften Adornos so eindringlich angestimmt wird. Interpretierte Adorno Auschwitz noch als radikale Konsequenz und damit als endgültigen Beweis für den Bankrott der Aufklärung, so neigt Habermas eher dazu, den Faschismus als einen vorübergehenden Rückschlag im Kontext eines historischen Pro-

In *Der eindimensionale Mensch*, das in den sechziger Jahren zu einer Art Kultbuch wurde, untersucht Marcuse, wie sich die menschliche Spontaneität und Kreativität gegenüber der alles beherrschenden Tendenz zur Rationalität und zum diskursiven Denken behaupten können, die alle starken Gefühle und Verlangen unter ein einheitliches System eines universellen menschlichen Denkens und Verhaltens zu subsumieren versucht.

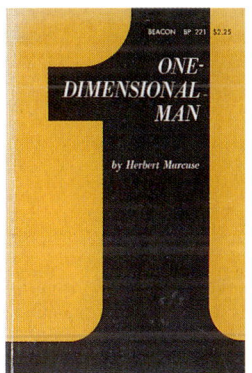

Jürgen Habermas wurde 1929 in Düsseldorf geboren. Von 1949 bis 1954 studiert er in Göttingen, Zürich und Bonn Philosophie, Geschichte, Psychologie, deutsche Literatur und Ökonomie. Ab den frühen fünfziger Jahren schreibt er für verschiedene Tageszeitungen – vor allem für die *Frankfurter Allgemeine Zeitung* – und für diverse Zeitschriften. 1953 erregt er Aufsehen mit einem in der FAZ erschienenen kritischen Artikel über Heidegger. Habermas entwickelt sich zu einem Kulturkritiker mit einem stark ausgeprägten politischen Interesse. Er ist nicht primär sozialistisch, sondern demokratisch orientiert. 1952 «entdeckt» er Lukács und Adorno und damit auch die Philosophie des Marxismus; ab 1956 setzt er sich auch mit Freud intensiv auseinander. In diesem Jahr wird er der Assistent von Adorno. Seine Studie über das Bewußtsein der Frankfurter Studenten faßt er in der Schrift *Student und Politik* (1961) zusammen. Das Buch erhält allseits lobende Kritiken, aber Horkheimer, der in diesen Jahren ein überzeugter Verfechter der CDU-Parole «Keine Experimente» war, findet Habermas zu radikal und will ihn von dem Institut entfernen. Habermas verschafft sich einen publikumswirksamen Abgang, als Horkheimer sich weigert, sein nächstes Buch, *Strukturwandel der Öffentlichkeit* (1962), als Habilitationsschrift anzuerkennen.

1962 wird Habermas zum Professor für Philosophie in Heidelberg berufen, kehrt jedoch 1964 nach Frankfurt zurück, wo er Horkheimers Lehrstuhl für Philosophie und Soziologie übernimmt. Ende der sechziger Jahre bahnt sich ein Konflikt mit radikalen Studenten an. Habermas wird 1971 zum Direktor des Max Planck-Instituts in Starnberg ernannt, wo er sich mit Forschungen über die Lebensbedingungen in der wissenschaftlich-technischen Welt beschäftigt. Seit 1983 ist er wieder als Professor an der Frankfurter Goethe-Universität.

Habermas hat zahlreiche Bücher und Schriften verfaßt, darunter: *Erkenntnis und Interesse* (1965), *Technik und Wissenschaft als Ideologie* (1968), *Theorie des kommunikativen Handelns* (1981); *Der philosophische Diskurs der Moderne* (1985).

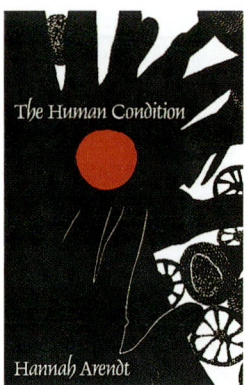

In ihrem Buch *Vita activa oder vom tätigen Leben* (englisch: *The Human Condition*) legt Hannah Arendt (1906–1975) ihren politisch-philosophischen Auffassungen eine Theorie des Handelns zugrunde. Menschliches Handeln umfaßt alle zwischenmenschlichen Aktivitäten, die sich auf eine Umgestaltung der bestehenden Welt richten.

zesses zu sehen, der in einigen wesentlichen Aspekten durchaus einen Fortschritt gebracht hat. Dabei denkt er nicht ausschließlich und auch nicht in erster Linie an die fortschreitenden Möglichkeiten des einzelnen, seine materiellen Bedürfnisse zu befriedigen, sondern vor allem an das zunehmende Vermögen, gesellschaftliche Probleme verbal statt gewaltsam zu lösen. Dies ist auch der wesentliche Aspekt für seine Revision der kritischen Theorie. Seiner Meinung nach kann und muß eine solche Theorie auf den Strukturen der (Alltags-)Sprache begründet sein, da sich hinter jedem Akt des Sprechens virtuell bereits ein Anspruch auf Allgemeingültigkeit und Vernunft verbirgt. So gerät die kritische Theorie bei Habermas zur *Theorie des kommunikativen Handelns*, wie der Titel seines 1981 erschienenen Hauptwerks lautet.

Dieses umfangreiche Buch kann auch als eine systematische Geschichte der modernen Soziologie gelesen werden. Habermas geht hier nicht nur auf das Werk seiner kritischen Vorgänger Marx, Lukács, Horkheimer und Adorno ein, er äußert sich auch zu den Gedanken der nicht marxistischen Soziologen Max Weber und Emile Durkheim, Georg Herbert Mead und Talcott Parsons. Aus ihren Werken bezieht er die theoretischen Elemente, die er aufgreift, um die Frage nach dem «Scheitern» der Aufklärung auf eine produktivere Weise zu beantworten, als Horkheimer und Adorno dies taten.

Eine so strikt negative Theorie wie die Adornos hat in den Augen von Habermas viele Nachteile. Zunächst einmal ist sie nicht in der Lage, gesellschaftliche Errungenschaften zu erklären, was im politischen Kontext unter anderem zu einer systematischen Abwertung und Unterschätzung der westlichen Demokratien führt. Ein weiterer großer Nachteil der Theorie Adornos liegt für Habermas darin, daß sie sich allen akademischen Traditionen vollkommen entfremdet hat; auf der Basis einer negativen Dialektik gibt es für Habermas keine Möglichkeit, eine sinnvolle wissenschaftliche Forschung zu formulieren. Und nicht zuletzt hält er Adornos Theorie auch in soziologischer Hinsicht für nicht genügend ausgefeilt, um (neue) gesellschaftliche Probleme und Konflikte zu interpretieren.

All diese Schwächen und Mängel hat er mit seiner *Theorie des kommunikativen Handelns* aufzuheben versucht. Dabei kann man die interessante Beobachtung machen, daß Habermas nach einem halben Jahrhundert erneut an die ursprünglichen Zielsetzungen der kritischen Theorie, wie sie von Horkheimer beschrieben wurden, anzuknüpfen versucht.

In einer Hinsicht entfernt sich Habermas allerdings sehr weit von dem ursprünglichen Marxismus. Er sieht potentielle, systemgefährdende Konfliktherde nicht mehr primär im Kontext des Gegensatzes zwischen Kapital und Arbeit, sondern überall dort, wo Ökonomie und Staat (oder auch monetärer und bürokratischer Zwang) als destruktive Kräfte in die alltägliche Lebenswelt eindringen. Gegen das, was er die «Kolonisierung der Lebenswelt» nennt, verteidigt Habermas das demokratische Prinzip einer gewaltfreien und zugleich moralischen, ästhetischen und wissenschaftlich fundierten Kommunikation. Sein Werk kann als die konsequente Verkörperung dieses Prinzips gesehen werden. Trotz seines oft hohen Abstraktionsniveaus läßt es immer die Absicht des Autors erkennen, durch Vernunft überzeugen zu wollen; es ist klar und übersichtlich strukturiert, jeder Schritt wird explizit und auf neutrale Weise begründet, Gegenargumente werden absolut ernst genommen. So hat Habermas, der auch immer wieder an öffentlichen politischen und kulturellen Diskussionen teilnimmt, der kritischen Theorie im letzten Jahrzehnt sowohl innerhalb wie außerhalb der akademischen Mauern zu einem größeren Ansehen verholfen, als sie es in früheren Zeiten jemals besessen hat.

Die neuere Wissenschaftsphilosophie

Popper

Karl Raimund Popper (1902–1994) gilt allgemein als der bedeutendste Wissenschaftsphilosoph des zwanzigsten Jahrhunderts. Nicht nur in einer Hinsicht bildet er den Gegenpol zu den logischen Positivisten: Zum ersten durch seine scharfe Ablehnung der Induktion, bei der Schlußfolgerungen auf der Basis einer Vielfalt von Wahrnehmungen gezogen werden, zum zweiten durch seine philosophische Aufteilung der Welt in die drei gesonderte Bereiche – der physischen, der psychischen und der objektiven Welt der Ideen, zu denen er autonom existierende mögliche Denkobjekte, Theorien, Argumente und Probleme zählt.

Poppers kritischer Rationalismus hat auch außerhalb des rein philosophischen Bereichs viel Interesse geweckt und vor allem die Sozialwissenschaften beeinflußt.

Poppers erste philosophische Arbeit *Die beiden Grundprobleme der Erkenntnistheorie*, die er 1932 abschloß, behandelt Humes Induktions- und Kants Abgrenzungsproblem: das erste fragt nach der Gültigkeit von Begründungen über allgemeine Aussagen in den empirischen Wissenschaften, das zweite sucht nach einem strengen Kriterium, um empirische Aussagen von metaphysischen Behauptungen unterscheiden zu können. Poppers Antwort auf diese Fragen beruht auf einem einzigen einfachen Gedanken: Aussagen können erst dann als echte Aussagen über die Wirklichkeit gelten, wenn sie durch Versuche der Widerlegung oder durch *Falsifikation* methodisch kontrollierbar sind. Allgemeine wissenschaftliche Prinzipien (Naturgesetze) können nicht unmittelbar, sondern nur durch ihre logischen Folgen anhand der Erfahrung überprüft werden. Allerdings können sie nie als «wahr» gelten, sie bleiben «problematische regulative Ideen» im Sinne Kants. Für Popper sind die Bemühungen der logischen Positivisten mißlungen, und zwar aufgrund der typisch induktiven vorgefaßten Meinung, daß es möglich sein muß, alle legitimen empiristischen Aussagen auf elementare Erfahrungssätze zurückzuführen, so daß ihre Wahrheit letztlich von diesen abhängt.

Das Manuskript findet in den dreißiger Jahren keinen Verleger; allerdings akzeptiert der Verlag, in dem die *Schriften zur wissenschaftlichen Weltauffassung* erscheinen, ein neues Manuskript, das 1935 unter dem Titel *Logik der Forschung* publiziert wurde. Zu diesem Zeitpunkt haben jedoch die logischen Positivisten wie Carnap ihr oben genanntes induktivistisches Vorurteil schon aufgegeben und erkannt, daß jedes wissenschaftliche Urteil von seinem Charakter her hypothetisch ist.

Obwohl Popper über mangelndes Interesse an seinem Buch nicht zu klagen hat, finden seine Ideen in dieser Zeit keine oder nur eine sehr schwache Resonanz. Den logischen Positivisten lag nichts an einer Verabsolutierung der Falsifizierbarkeit. Außerdem bezweifelte man die Auffassung Poppers, der den wissenschaftlichen Fortschritt als einen Prozeß von Fallen und Aufstehen, Mutmaßen und Widerlegen charakterisierte.

Nachdem Popper von 1937 bis 1943 in Neuseeland gelebt hatte, wo er *The Poverty of Historicism* und seine politisch-philosophische Schrift *The Open Society and its Enemies* verfaßte, bringt ihm eine Anstellung an der London School of Economics endlich die wissenschaftliche Anerkennung. Nicht nur die 1959 erschienene und ergänzte englischsprachige Ausgabe der *Logik der Forschung* wird viele Male neu aufgelegt, auch die Essaysammlungen *Conjectures and Refutations* (1963) und *Objective Knowledge* (1972) führen dazu, daß Poppers Lehre in den Rang einer «Schule» erhoben wird.

Popper hielt an seinen Lösungen für die Abgrenzungs- und Induktionsfrage fest. Er wollte sein Kriterium der Wissenschaftlichkeit vor allem auf die marxistische Geschichtsauffassung und die psychoanalytische Theorie angewendet wissen, die er als Pseudowissenschaften anprangerte. Von daher gehen seine späteren philosophischen Betrachtungen weit über den Bereich der Naturwissenschaften hinaus. Die Theorie vom «Wachstum der Erkenntnis» wird zu einem zentralen Thema. Die Entwicklung der Wissenschaft wird dadurch bedingt, daß die Probleme immer tiefgründiger werden und sich zunehmend unerwartet stellen. Theorien bieten Lösungen für diese Probleme, werfen jedoch gleichzeitig neue Fragen auf. Popper vertritt insoweit einen Realismus, als er den Zweck und das Ziel wissenschaftlicher Forschung im Aufspüren wahrer Problemlösungen sieht.

Kuhn und Lakatos

Die Frage nach der Entwicklung wissenschaftlicher Theorien und das Problem, wissenschaftliche Forschung befriedigend zu beschreiben, sind immer mehr ins Zentrum der neueren Wissenschaftsphilosophie gerückt. Es geht dabei darum, die Gültigkeit einer wissenschaftlichen Theorie und ihre philosophische Relevanz unter Beweis zu stellen, indem man sie durch die Interpretation der historischen Entwicklung belegt.

Üblicherweise unterscheidet man bei der Frage nach der Entwicklung der (exakten) Wissenschaften vier verschiedene Möglichkeiten. Man denkt sich ihren Verlauf als 1. induktiv und nicht rational (Hume), 2. induktiv und rational (Reichenbach), 3. nicht induktiv und rational (Popper) und 4. nicht induktiv und nicht rational. Die letztgenannte Sichtweise vertritt der Amerikaner Thomas Kuhn (1922–1996) in seinem Buch *The Structure of Scientific Revolution* (Die Struktur wissenschaftlicher Revolutionen, 1962). Kuhn verwirft Poppers «methodologisches Stereotyp der Falsifikation durch den direkten Vergleich mit der Natur». Eine historische Untersuchung der wissenschaftlichen Entwicklungen wird nach Meinung Kuhns nichts von alledem ans Licht bringen. Statt dessen unterscheidet Kuhn Zeiten relativer Ruhe von Zeiten wissenschaftlicher «Revolutionen». Während in den Zeiten der Ruhe eine bestimmte Theorie nicht zur Diskussion gestellt wird und kein Drang zur Falsifikation spürbar ist, tritt in den Zeiten der Revolution an die Stelle einer traditionellen und allgemein anerkannten Sichtweise eine neue, die mit der alten deshalb unvergleichbar (inkommensurabel) ist, weil die schon vorhandenen Begriffe mit neuen Inhalten gefüllt werden.

Der gebürtige Ungar Imre Lakatos (1922–1974) nimmt die Herausforderung Kuhns an, indem er eine Revision der Wissenschaftsphilosophie Poppers vornimmt. Er führt eine sogenannte «Methodologie» wissenschaftlicher Forschungsprogramme ein, in die eine Beurteilung historischer wissenschaftlicher Entwicklungen integriert ist. Die Geschichte eines solchen Forschungsprogramms wird im allgemeinen durch fünf Hauptmerkmale bestimmt. 1. durch eine Problemstellung; 2. durch bestimmte Regeln, die angeben, was für Untersuchungsmethoden (innerhalb des betreffenden Programms) akzeptiert beziehungsweise nicht akzeptiert sind; 3. durch Probleme, die im Verlauf der Durchführung in Angriff genommen werden; 4. durch einen Punkt, in dem das Programm seine Anziehungskraft verloren hat und 5. durch das neue Programm, das mit der Zeit das Bestehende verdrängen wird. Indem man die Geschichte einer Wissenschaft als die Geschichte miteinander wetteifernder Forschungsprogramme betrachtet, kann nach Ansicht von Lakatos die «Rationalität», an einer bestimmten Theorie festzuhalten beziehungsweise ein Programm abzubrechen, erkannt werden.

Mit Lakatos ist die Debatte über die Entwicklung wissenschaftlicher Erkenntnis nicht beendet. Wie sich zeigt, ist es möglich, unterschiedliche Definitionen von «Inkommensurabilität» zu entwickeln, je nachdem, ob eine Theorie als eine Sammlung von Aussagen aufgefaßt wird oder als eine Sammlung beabsichtigter Modelle oder «Strukturen».

Vom Strukturalismus zur Postmoderne

In der zweiten Hälfte des zwanzigsten Jahrhunderts erfährt die französische Philosophie einen bemerkenswerten Aufschwung, der mit der französischen Phänomenologie und dem Existentialismus einsetzt und in der Philosophie des Strukturalismus und der Postmoderne gipfelt. Teilweise hat diese Philosophie ihre Wurzeln in den früheren phänomenologischen Betrachtungen, ein deutlicheres Moment liegt jedoch in der Fortsetzung einer Reihe von Studien über Kant und Hegel, die vor und nach dem Zweiten Weltkrieg in Frankreich entstanden. Auch die Philosophie Bergsons und die von Gaston Bachelard (1884–1962) und anderen entwickelte Epistemologie hat sich auf das neuere französische Denken ausgewirkt. Nicht vergessen werden sollte auch der Kulturanthropologe Georges Dumézil, der mit seiner Theorie zum System der indogermanischen Mythologie als eigentlicher Begründer des Strukturalismus gilt.

Diese Aufzählung macht deutlich, daß die französische Nachkriegsphilosophie nicht als ein einheitliches Theoriegebäude gesehen werden kann. Sie ist vielmehr eine bunte Mischung von Ideen und Betrachtungen, in deren Zentrum die menschliche Subjektivität, die Sprache und die Metaphysik des «Seins» stehen, die immer auch in einem politischen Kontext gesehen werden.

Der Ursprung des Strukturalismus liegt nur zum Teil in der Philosophie, auch wenn er sehr stark in der französischen Philosophie dieses Jahrhunderts verwurzelt ist. Eigentlich geht es hier mehr um den Entwurf einer Theorie, mit deren Hilfe die formalen Strukturen sozialer Prozesse aufgedeckt werden sollten. So erstreckt sich das Interesse der Strukturalisten auf die Geschichte (die Schule um die Zeitschrift *Annales* mit Ferdinand Braudel), die Psychologie (Jean Piaget), die Kulturanthropologie, die Sprachtheorie und die Psychoanalyse.

De Saussure

Philosophisch beschäftigt man sich mit Kants formaler Methode und den Ideen von Marx, Hegel und Nietzsche zur Geschichte, Gesellschaft und den menschlichen Werten. Im Mittelpunkt des Interesses steht jedoch die Auseinandersetzung mit der Sprache, für die das Werk des Linguisten Ferdinand de Saussure (1857–1913) richtungweisend gewesen ist. Sein 1916 erschienener *Cours de linguistique générale*, eine Zusammenfassung seiner Seminare, wurde zur Grundlage für fast alle Strukturalisten.

Lévi-Strauss und Barthes

Claude Lévi-Strauss (geb. 1908), einer der führenden Köpfe des französischen Strukturalismus, studierte Jura und Philosophie. Nach Abschluß seines Studiums empfand er jedoch eine heftige Abneigung ge-

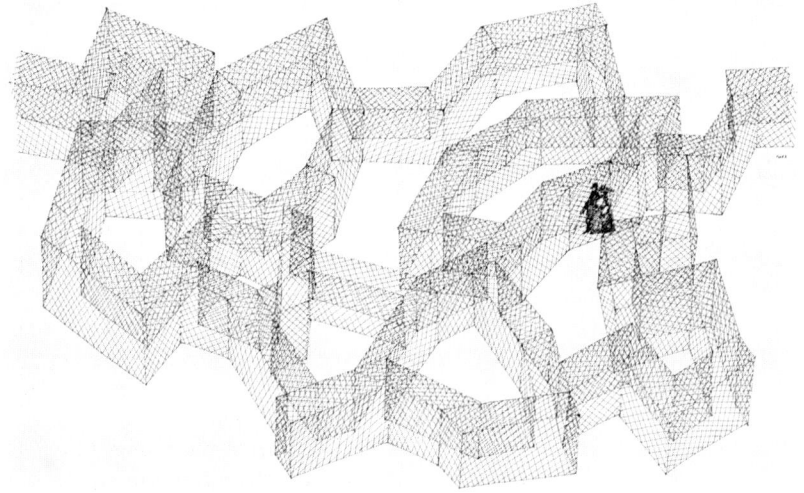

Die Karikatur, die jahrhundertelang ein Spiel war, ist zu einer eigenen Welt geworden, schrieb André Malraux im Zusammenhang mit dem Werk Goyas. Das klassische Thema des Labyrinths als Symbol des menschlichen Lebens wird immer wieder neu gestaltet.

gen die, wie er sagte, philosophische Gehirngymnastik. 1935 entfloh er dem französischen Klima und wurde Dozent in Sao Paulo. Von dort aus brach er zu seinen abenteuerlichen Forschungsreisen in die Urwälder des Amazonas auf.

1949 veröffentlicht Lévi-Strauss unter dem Titel *Les structures élémentaires de la parenté* ein aufsehenerregendes Buch, in dem er die Verwandtschaftsstrukturen analysiert, die seiner Meinung nach einen formalen Charakter besitzen, der mathematisch verstanden werden kann. Im Zentrum stehen zwei Prinzipien: das Inzestverbot, das unterschiedliche Inhalte bekommen kann, und die Frau als Tauschobjekt.

In seinen späteren Werken wie der *Anthropologie structurale* (Strukturale Anthropologie, 1958), *Tristes tropiques* (Traurige Tropen, 1955) und *La pensée sauvage* (Das wilde Denken, 1962) weitet Lévi-Strauss die in seinen ersten Studien angewandte strukturalistische Methode auf diverse Denksysteme und Weltanschauungen aus. Dabei richtet sich sein Interesse immer auf die Symmetrien und Asymmetrien in den Systemen, mit denen Menschen ihre Umgebung ordnen. Gegensätze zwischen Natur und Kultur, Mann und Frau, eßbar und giftig, werden in diese Denksysteme ebenso wie der Totemismus und die Mythen integriert.

Einen qualitativen Unterschied zwischen diesen nicht westlichen Denkweisen und den Philosophien des Westens gibt es für Lévi-Strauss nicht. Er entlarvt den Zynismus, der den Begriffen wie «Dritte Welt» oder «primitiv» zugrunde liegt. Sartres Typisierung der Geschichte als eine authentisch menschliche bezeichnet er als intellektuellen Kannibalismus, der die Überlegenheit des westlichen Fortschrittsglaubens (Diachronie) gegenüber dem für andere Denkformen typischen Gedanken der Gleichheit (Synchronie) erklären sollte.

Synchronie und Diachronie spielen nicht nur in der Linguistik eine Rolle, wo es um die Beziehung zwischen der Grammatik und der Phonetik der Sprache geht, sondern auch in der Musik. Auch das vierbändige Hauptwerk von Lévi-Strauss *Mythologiques* (Mythologica, 1964–1971) kennt diesen doppelten Bezug. In Form einer Symphonie geschrieben, beinhaltet es eine Analyse von Mythen und Bräuchen. In seinem Finale skizziert Lévi-Strauss seine definitive Sichtweise: Die Strukturen, die er in der kulturellen Anthropologie analysiert hat, sind für ihn mit denen der Musik, der Kunst und der Wissenschaft isomorph. Letztlich führen sie zur Materialität des Menschen, zum genetischen DNA-Kode der Gattung.

Roland Barthes (1915–1980), ebenfalls ein bedeutender Strukturalist, war Philologe. Ab 1976 hatte er einen Lehrstuhl für literarische Semiologie am Collège de France. Sein Verdienst ist die Entwicklung der Semiologie oder Zeichenlehre: *L'aventure sémiologique* (1985). Die Unterscheidung, die de Saussure zwischen der Sprache als System (*langue*), als Komplex von Zeichen (*syntagma*) und als dem gesprochenen Wort (*parole*) machte, wird von Barthes zu einer allgemeinen Zeichenlehre ausgeweitet.

In der Semiologie wird Sprache als System von Zeichen aufgefaßt, das die Bedeutung der Worte und Sätze ordnet. Ein Text stellt ein solches System von Zeichen dar, das beim Leser Bedeutungen erzeugt. Bei jedem Text können mehrere Bedeutungsebenen unterschieden werden, die zu analysieren die Aufgabe des Semiologen ist. So hat er in *Le degré zéro de l'écriture* (Am Nullpunkt der Literatur, 1953) die Beziehungen zwischen dem Autor, seinem Produkt und der jeweils herrschenden Gesellschaftsideologie analysiert.

Aber nicht nur geschriebene oder gesprochene Texte können nach Barthes als Gewebe von Signifikanten (*textures*) analysiert werden, auch soziale Einrichtungen und Wertsysteme eignen sich dazu. Seine Bücher über die Mode, die Sexualität und die Kamera haben ihn bei Künstlern, Politikern und Wissenschaftlern sehr bekannt gemacht. Berühmt sind seine *Mythologies* (Mythen des Alltags, 1957), eine Analyse gelebter Mythen, für die er das Beefsteak mit Pommes frites, den Citroën DS (Déesse) und das in Spiritus getauchte Gehirn Einsteins als Beispiele heranzieht. Hier erläutert Barthes, in welcher Weise Textsysteme Träger sozialer Werte in der zwischenmenschlichen Kommunikation sind. Das Auto, der Nylonstrumpf, aber auch die medizinische Diagnostik, können zum Gegenstand solcher Analysen werden.

Lacan

Jacques Lacan (1901–1981), von Haus aus Psychoanalytiker, hat die Sprachtheorie de Saussures auf die Psychoanalyse bezogen. Während bei de Saussure das Bezeichnende (*signifiant*) und das Bezeichnete (*signifié*), der Klang und der Begriff (Bedeutung), eine Einheit bildeten, werden sie bei Lacan auseinandergerissen. Das Bezeichnende erhält den Vorrang vor dem Bezeichneten. Somit ist die Bedeutung nicht an das Bezeichnete gebunden, sondern entsteht aus der Art und Weise, in der allerlei Bezeichnendes sich gegenseitig in einer Kette bestimmen. Verlangen und Begierden, die von Lacan als Signifikanten verstanden werden, treffen in solchen Ketten aufeinander und generieren Bedeutung.

Menschen stehen nicht als Subjekte außerhalb dieser Ketten; sie haben keinen Zugang zu einem wahren Selbst, das sich außersprachlich manifestiert. Die Persönlichkeit, das Selbst, ist reflexiv und wird in hohem Maße durch die Sprache bestimmt, in der man von klein auf erzogen wurde. Der Mensch, so Lacan, wird durch seine eigene Sprache gesprochen.

Die wichtigste Korrektur, die Lacan an der Theorie Freuds vorgenommen hat, knüpft hier an. Freud unterscheidet zwischen dem «Ich», dem «Unbewußten» und dem «Überich». Das Unbewußte entzieht sich dem sprachlichen Bewußtsein, es enthält verdrängte Impulse, die erst in einer Neurose zutage treten. Demgegenüber behauptet Lacan, daß sich das Unbewußte wie eine Sprache, ein System von Signifikanten, lesen und entschlüsseln läßt. Diese These hat zu einem Zerwürfnis zwischen Lacan und den Vertretern der klassischen Psychoanalyse geführt.

Der Ödipuskomplex, der nach Freud eine zentrale Rolle für das neurotische Verhalten spielt, wird von Lacan durch das sogenannte «Spiegelstadium» ergänzt, in dem sich das kleine Kind, wie der Narziß im griechischen Mythos, mit seinem Spiegelbild identifiziert. Das Kind spricht von sich selbst in der Begrifflichkeit dieses Bildes, nennt sich beim Vornamen. Um ein «Ich» zu werden und einen Zugang zur Welt anderer Menschen finden zu können, muß das Kind mit diesem Spiegelbild brechen. Dieser Bruch beinhaltet die Erkenntnis, daß ihm dieser Spiegel von anderen Menschen vorgehalten wurde, daß das Spiegelbild nicht identisch mit dem wirklichen Ich ist. So muß das Kind aus dem imaginären Spiegelstadium heraus- und in die symbolische Ordnung eintreten, in der nicht der Vater selbst etwas verbietet, sondern in der Verbote und Gebote im Namen des Vaters ausgesprochen werden. Erst dann wird dem Menschen bewußt, daß das Verlangen (bei Freud die Libido) an das Gesetz gebunden ist, das in der Sprache seine Bedeutung bekommt.

Foucault

Das politische Klima gegen Ende der sechziger Jahre hat einen wesentlichen Einfluß auf die französische Philosophie dieser Jahre gehabt. Auf der Grundlage des Strukturalismus setzte nun eine Kritik am Humanismus und an den Humanwissenschaften ein. Vor allem die Auffassung, daß die Wissenschaft ein Garant für den Fortschritt der Menschheit sei, gerät zunehmend ins Zentrum dieser Kritik. Foucault und Deleuze, die eine philosophische Freundschaft ver-

Michel Foucault wurde 1926 in Poitiers als ältester Sohn eines Chirurgen und Hochschulprofessors der Anatomie geboren. 1946 erhielt er seine Zulassung zur Pariser Ecole Normale Supérieure, wo er vielen seiner späteren Kollegen und Freunde, darunter Deleuze und Althusser, begegnete. Foucault schloß sich 1950 der Kommunistischen Partei an, die er jedoch schon drei Jahre später wieder verließ. Danach, vor allem jedoch nach seiner Rückkehr von einem Aufenthalt in Polen, machte er keinen Hehl aus seiner Ablehnung des kommunistischen Systems, die möglicherweise zum Teil auch durch seine Homosexualität begründet war.

Foucault entwickelte ein starkes Interesse für die Philosophie von Jean Hyppolite, einem zeitgenössischen Hegel-Spezialisten, und beschäftigte sich intensiv mit der Psychologie, Psychiatrie und Psychoanalyse. 1961 fanden diese Themen ihren Niederschlag in seiner Dissertation *Folie et déraison. Histoire de la folie à l'âge classique* (Wahnsinn und Gesellschaft. Eine Geschichte des Wahns im Zeitalter der Vernunft). Diese Veröffentlichung machte ihn zunächst noch nicht sehr bekannt, ebenso wie eine weitere Studie aus dem Jahr 1963 über die «Geburt» der Klinik und des Irrenhauses (*La naissance de la clinique*). Erst mit dem 1966 erschienenen *Les mots et les choses* (Die Ordnung der Dinge) errang er sich als Philosoph eine Reputation. Foucault verkündete hier den Tod des Subjekts in der Wissenschaft, was ihm die scharfe Kritik Sartres einbrachte. Auf dem Höhepunkt der polemischen Auseinandersetzung ging Foucault nach Tunis, wo er bis 1968 arbeitete.

So verfolgte er die Ereignisse der Maitage 1968 aus der Distanz. Nach seiner Anstellung im Jahr 1969 in Vincennes wurde ihm dies, ebenso wie seine antikommunistische Haltung, zum Vorwurf gemacht. In diesem Jahr veröffentlichte er *L'archéologie du savoir* (Archäologie des Wissens), ein Werk, das sein Denken vielleicht in der ursprünglichsten Form zusammenfaßt. 1970 wurde Foucault an das renommierte Collège de France berufen, wo er ein einziges Seminar hielt, das jeden Mittwoch stattfand.

Foucault führte eine Art Doppelleben. Einerseits konzentrierte er sich intensiv auf seine wissenschaftliche Arbeit, andererseits beteiligte er sich aktiv an öffentlichen Aktionen gegen alle möglichen Formen von Unrecht und Diskriminierung. 1975 erschien sein wohl schönstes Buch *Surveiller et punir. La naissance de la prison* (Überwachen und Strafen. Die Geburt des Gefängnisses). Ein Jahr später folgte *La volonté de savoir* (Der Wille zum Wissen), eine herausfordernde Studie über das Verhältnis von Macht und Sexualität. 1984 starb Foucault an Aids.

band, wandten sich dabei auch gegen eine soziale Ideologie, wie sie von marxistischer Seite propagiert wurde. Althusser schlug einen anderen Weg ein; er versuchte, mit seinem Kollektiv den Marxismus ideologisch anzupassen.

Wer war Foucault? Die Antwort muß lauten: Ein Autor. Ein Autor, der seinen Namen für unwichtig hielt. Ein Redner, der seine Antrittsrede am Collège de France mit den Worten begann, daß er am liebsten als Zuhörer ganz hinten im Saal stehen würde.

Nicht die Person, nicht der einzelne Mensch steht bei Foucault im Vordergrund. Dieser Platz gebührt

den Worten, den gesprochenen und geschriebenen Aussagen, die den Gedanken Gestalt verleihen und die Erkenntnis generieren, durch die sich das weitere Handeln bestimmt. Erkenntnis, Erfahrung und Handeln verschmelzen zu einem geordneten «Wissen», das sich als Macht dem Leben aufdrängt.

Diesem «Wissen» ist Foucault in den verschiedenen Wissenschaften nachgegangen. Seine Analysen und Gedanken lassen die Psychiatrie, die Medizin und die Auffassungen zum Strafrecht und zur Sexualität in einem völlig neuen Licht erscheinen. Diese Disziplinen markieren einen Zeitraum, in dem «der Mensch» und das menschliche Verhalten ab dem frühen neunzehnten Jahrhundert zum Studienobjekt wird. Das menschliche Handeln wird nach bestimmten Kriterien eingeteilt, die festschreiben, was gesund, richtig und normal beziehungsweise krank, verbrecherisch und abnormal ist. Diese Einteilungen sind nicht aus der Luft gegriffen, sondern kommen auch in der Ökonomie, der Taxonomie von Linné und in der Sprachwissenschaft zum Tragen. Zusammen machen sie einen Teil der Erkenntnisformation, der *epistémé*, aus, die im neunzehnten Jahrhundert die Nachfolge der Aufklärung antritt.

Das «Wissen» in den Humanwissenschaften ist, wie Foucault betont, nicht neutral und abstrakt, sondern gesellschaftlich aktiv. Es nimmt ältere Formen des «Wissens» in sich auf und verschafft ihnen eine Rechtfertigung. So war Homosexualität beispielsweise jahrhundertelang mit einem religiös gefärbten, moralischen Tabu besetzt, gegen Ende des neunzehnten Jahrhunderts aber gilt der Homosexuelle plötzlich als Kranker, der an einer Perversion leidet, die behandelt werden muß. Und der Irre, der in früheren Zeiten als Narr auftreten durfte oder wie ein Tier in einen Verschlag gesperrt wurde, bekommt im ausgehenden neunzehnten Jahrhundert einen anderen Status. Er wird jetzt liebevoll in eine Anstalt aufgenommen, wo er gesund werden kann. Und der Kriminelle kommt in eine Sammelzelle, in der sein Verhalten jederzeit beobachtet werden kann, nicht nur, um ihn zu strafen, sondern auch, um ihn nach den gültigen und normalen Regeln der Gesellschaft zu erziehen. Resozialisierung wird damit zu einer wissenschaftlich unterstützten Maßnahme.

In *Les mots et les choses* (Die Ordnung der Dinge, 1966) stellt Foucault dar, wie sich das Verhältnis zwischen den Worten und Dingen im Übergang zur Wissenschaft des neunzehnten Jahrhunderts wandelt. Der Mensch ist in dieser Wissenschaft nur ein zeitliches Phänomen, eine fast unmerkliche Kräuselung der Wellen auf dem Ozean des Wissens. Die Mathematik, das Denken in Klassifikationssystemen und die Philosophie werden diesen Menschen hinter dem Horizont des Wissens untergehen lassen.

In seiner Studie über den medizinischen Blick hat Foucault erklärt, was er damit eigentlich meint. Der

Noch vor der Postmoderne zeigte der belgische Künstler René Magritte, daß es keine festgelegten Bedeutungen gibt. Dieses Bild mit dem Titel «Persoonlijke waarden» stammt aus dem Jahr 1952.

medizinische Blick konzentriert sich seit der Entstehung von Kliniken auf die Daten der exakten Wissenschaft. Der Kranke wird anhand von Erkenntnissen und Erfahrungswerten untersucht, die man an abgestorbenem, konserviertem Gewebe gewonnen hat. Nicht der lebende Mensch, sondern die Leiche ist der Gegenstand der pathologischen Anatomie.

In *L'archéologie du savoir* (Archäologie des Wissens) geht Foucault noch einen Schritt weiter. Jetzt geht es ihm darum, die Regelmäßigkeiten zu untersuchen, die sich in den festumrissenen Denkweisen und Handlungssystemen verbergen. Hinter ihrer historischen Veränderung sucht er nach einer «Archäologie des Wissens», das aus verschiedenen historischen Schichten besteht. Diese will er Stück für Stück abtragen und analysieren, wobei er den Blick vor allem auf die Bruchstellen richtet, weil an ihnen erkennbar wird, wie eine bestimmte Denkweise eine andere verdrängt und ausschließt.

Dieses besondere Interesse hängt mit dem spezifischen Wahrheitsbegriff von Foucault zusammen. Das Wissen, das in der sozialen Praxis Normalität erzeugt, steht im Zeichen des «Ich spreche». Das Netzwerk von Begriffen und Strukturen, in die das Leben der Menschen eingebunden ist, wird im Sprechen Wirklichkeit. Der Richter, der den Schuldspruch fällt, gibt nicht seine persönliche Einschätzung wieder, sondern urteilt nach dem «Wissen» der Justiz. Die Prostituierte, die ihre Besucher heimlich empfängt, führt ein Leben, das durch die Normen des öffentlichen Lebens bestimmt wird.

Die Wahrheit des «Ich spreche» ist allgemein und nicht subjektiv. Das «Ich spreche» ist solange wahr und gültig, wie der Fluß der Worte nicht verebbt. Es ist die Wahrheit, die von den Medien in einem Strom von Nachrichten verbreitet wird. Eine Wahrheit, die keine Stille, kein Schweigen kennt.

In seinen späteren Schriften hat sich Foucault um eine andere Art des Sprechens bemüht. Er kleidete

Ein berühmtes Beispiel postmoderner Architektur, die *Piazza d'Italia* in New Orleans. Pluriformität tritt an die Stelle der Uniformität; unterschiedliche Stile werden nebeneinander gesetzt und miteinander verbunden.

diesen Versuch in eine Studie zur Ästhetik und Ethik des menschlichen Umgangs im vierten Jahrhundert nach Christus. Die griechischen Tragödien und die Gestalt des Sokrates lenken die Aufmerksamkeit auf ein freimütiges Sprechen, das sich nicht hinter allgemeinen Verfahrensweisen verschanzt. Der Sprecher setzt etwas aufs Spiel, indem er das Wort ergreift: Sein «Selbst» oder sein Leben. Die Wahrheit auszusprechen, ist eine Tat, ein künstlerischer Ausdruck.

Althusser und Deleuze

Louis Althusser (1918–1990) hat die Schriften von Karl Marx wissenschaftlich neu interpretiert. Dabei liegt der Akzent auf dem Verhältnis zwischen dem Überbau (Ideologie und Kultur) und dem Unterbau (den materiellen Produktionsverhältnissen der Wirtschaft). Reduziert man dieses Verhältnis auf den einen oder anderen Pol, entsteht eine Fehleinschätzung, die ein Chaos auslösen kann, wie es zu Zeiten des Stalinismus herrschte. Das Verhältnis an sich ist das Interessante und Wichtige, es bringt zum Ausdruck, auf welche Weise die gesellschaftliche Wirklichkeit durch eine begriffliche Struktur geformt wird. Althusser plädiert für einen materialistischen Strukturalismus, der unter anderem auf die Gedanken Spinozas zurückgeht.

In *Lire «le Capital»* (1968) und *Pour Marx* (1965) wendet Althusser sich vor allem gegen die humanistische Interpretation der Frühschriften von Marx. Implizit verteidigt er damit den offiziellen kommunistischen Standpunkt zum Ungarnaufstand 1956 und zum Prager Frühling von 1968. Dennoch war Althusser kein Stalinist. Vielmehr versuchte er, die Parteiideologie von einem wissenschaftlichen Standpunkt aus zu beeinflussen. Die Philosophie hat in seinen Augen die Aufgabe, zwischen dem Aspekt des Klassenkampfs und dem der Wissenschaft zu vermitteln.

Später analysiert Althusser die relative Selbständigkeit der «ideologischen Staatsapparate», zu denen für ihn Familie, die Schule und die Rechtsprechung gehört.

Gilles Deleuze (1925–1995) begründete seinen internationalen Ruf durch seine Zusammenarbeit mit dem Psychoanalytiker Félix Guattari (gest. 1992). Ihre gemeinsame Veröffentlichung *L'anti-oedipe, capitalisme et schizophrénie* (1972) ist eine komplizierte Studie über die gemeinsamen Wurzeln der Psychoanalyse und des Kapitalismus. In beiden Bereichen legen die beiden Autoren die Urform der Staatsmaschinerie bloß, die die Menschen schizophren macht. So treibt die kapitalistische Arbeitsteilung die Menschen in die Schizophrenie, da Verlangen und Begierde von dem Schöpfungsdrang abgetrennt werden, der der menschlichen Wirklichkeit eigen ist. Der Wunschtraum wird zerstört, während die Begierde leer ausgeht oder schuldig wird. Die Psychoanalyse bestätigt diese Schizophrenie im Ödipuskomplex und legt offen, daß Menschen dadurch vollkommen konditioniert werden. Eine Befreiung von diesen Denkweisen ist nicht ohne Risiko: Möglicherweise zerstören die Menschen mit dem System, von dem sie besessen sind, gleichzeitig auch sich selbst.

Deleuze widersetzt sich vor allem jeder Form verabsolutierenden Denkens. Schon in den früheren Monographien zeichnet sich diese Richtung ab. In Studien über Hume, Spinoza, Kant, Kafka, Nietzsche und Bergson hebt er immer wieder den Aspekt hervor, der das Gegengewicht zu der prätendierten Allmacht des Denkens bildete: die Empirie bei Hume, das Unmittelbare bei Bergson, das Unvollkommene in der Kritik Kants. In seinem späteren Werk wird diese Position weiter ausgebaut. In *Logique du sens* (1969) benutzt Deleuze eine Methode der Differenzierung, indem er Paradoxe aneinanderreiht. Alice im Wunderland, die Stoa, Zen und Themen aus dem Strukturalismus werden einander gegenübergestellt. In *Mille Plateaux* (1980) arbeitet er zusammen mit Guattari ein Projekt aus, dessen einleitendes Kapitel den Titel *Rhizome* (1976) trägt. Anstelle der Radikalität, eines Zurückgehens auf die Wurzel, plädieren die Autoren für ein Denken in Rhizomen, also in Wurzelstöcken, Netzwerken. Sie entwerfen das Bild der Nichtseßhaftigkeit, einer Nomadologie des Denkens, einer pragmatischen Philosophie, die eine Mikropolitik für die menschlichen Beziehungen sein soll. *Mille plateaux* ist ein Strom von Sprachspielen; der Text hat kein Bild oder übergreifendes Thema, keine Autorität. Das Buch ist eine bedeutungslos produzierende Maschine.

Lyotard

Der Begriff «Postmoderne», der unter anderem aus der Literaturkritik und Architektur stammt, wird hier als eine Typisierung des Denkens der zeitgenössischen Philosophen verwandt, die das Verschwinden der Metaphysik in diesem Jahrhundert zu ihrem Thema machten. Haben Nietzsche und Heidegger Recht bekommen, und ist die Philosophie als das Streben nach einer allumfassenden Theorie der Wirklichkeit tatsächlich zu Ende? Diese Frage beantworten Lyotard, Derrida und Rorty auf ihre eigene Weise, wobei viele Themen aus dem zwanzigsten Jahrhundert anklingen.

Jean François Lyotard (geb. 1924) gehörte lange Zeit einem Kreis an, der ab den fünfziger Jahren eine linke Bewegung außerhalb des offiziellen Kommunismus repräsentierte. Das theoretische Konzept ist in der Zeitschrift *Socialisme ou barbarie* festgehalten.

Nach seiner Dissertation über die Phänomenologie (1954) blieb es recht lange still um seine Person. Berühmt wurde Lyotard mit seinem 1979 erschienenen Buch *La condition postmoderne. Rapport sur le savoir* (Das postmoderne Wissen. Ein Bericht). Das Buch enthält eine Analyse der gesellschaftlichen Rechtfertigung wissenschaftlicher Erkenntnis in der gegenwärtigen Gesellschaft. Für Lyotard ist diese Rechtfertigung problematisch geworden. Die «großen Erzählungen» von einer besseren Zukunft der Menschheit sind verstummt und können keine Legitimation mehr für soziale Veränderungen sein. Der Marxismus und die Ideale der Aufklärung wurden in Auschwitz, Budapest und Prag ad absurdum geführt. Was noch bleibt, sind kleine Erzählungen ohne universellen Anspruch.

Zu den großen Erzählungen gehören die über die emanzipatorische Wirkung der objektiven Wissenschaft. Konsensustheorien und Ideen über eine offene Kommunikation zwischen allen Menschen lassen jedoch die individuellen Unterschiede hinter dem vorgefaßten Interesse einer Wahrung allgemeiner Regeln und Verfahrensweisen verschwinden.

Auf immer andere Weise stellt Lyotard die Konsequenzen aus diesen Beobachtungen zur Diskussion. So ist zum Beispiel das kollektiv Soziale in seinen Augen zu einer Anhäufung von Individuen atomisiert, die in einem absurden Wirbel umeinander kreisen. Die großen Weltstädte lassen einen Prozeß der Desintegration erkennen, man kommt dort niemals mehr zu Hause an, und der soziale Prozeß ist Tag und Nacht in Bewegung.

«Was hat ein Buch ohne Bilder für einen Sinn?» dachte Alice.

In der Kunst ist noch Raum für den Moment, in dem das Individuum in der Präsenz des Schönen zu sich selbst kommt.

Indem er immer wieder auf die Schriften Kants und das dort beschriebene Verhältnis zwischen Ethik und Schönheit zurückgreift, versucht Lyotard, die postmoderne Veränderung in der ästhetischen Erfahrung zu beschreiben. Der Widerstreit, *Le différend* (1986), ist die methodologische Konstante im Versuch, der Maschinerie des Fortschrittsglaubens und der sinnlosen Innovation zu entkommen – aus der Zeit dieses Jahrhunderts auszubrechen.

Derrida

Jacques Derrida (geb. 1930) ist der zur Zeit wohl meist gelesene und besprochene französische Philosoph. Bricht mit Derrida ein neues Zeitalter des Philosophierens an, das die Ära Kants ablöst? In dieser Weise hat sich Levinas einmal geäußert. Oder haben wir es hier mit einer «L'art pour l'art»-Philosophie zu tun, mit einer Form der Sprachakrobatik, wie Foucault und Deleuze gemeint haben?

Stärker als bei Lyotard wird bei Derrida der Übergang von einer strukturalistischen und politischen Philosophie zu einem Denken deutlich, das sich auf eine Relativierung und auf das Durchbrechen fester Strukturen beruft. Wenn die «Postmoderne» schon eine Bedeutung hat, dann liegt diese in den raffinierten und humorvollen sprachlichen Wendungen, die Derrida in seinen Schriften virtuos kultiviert. Sprachkünstler, Phänomenologe und Strukturalist, aber auch Humanist und ein unerbittlicher Kritiker der Diktatur, Liebhaber Heideggers und Hegels: fast all diese Beschreibungen treffen auf Derrida zu, ohne daß er damit eindeutig festzulegen wäre. Eine Verschiebung des Denkens, eine weite Streuung der Bedeutung kennzeichnen seine Philosophie.

1962 erscheint Derridas erste Veröffentlichung, eine Einleitung zu einer Übersetzung von Husserls Schrift über den Ursprung der Geometrie. Man erwartete eine Dissertation, die gesellschaftliche Eintrittskarte in den akademischen Zirkel. Aber nichts von alledem. 1967 publiziert er drei Bücher mit Essays und Artikeln, die seine sehr eigene Art des Denkens widerspiegeln: *L'écriture et la différence* (Die Schrift und die Differenz), *De la grammatologie* (Grammatologie) und *La voix et le phénomène* (Die Stimme und das Phänomen). Hier werden eine Vielfalt von Themen miteinander verknüpft, die «Präsenz» in der Metaphysik des Westens, die Schrift im ägyptischen Altertum und der zentrale Platz des Wortes in seinem griechischen Ursprung (die Logos-Tradition).

Die Schrift, das Heilmittel für das Gedächtnis, bekommt im Werk Derridas zwei Bedeutungen. Zum einen schafft sie Wiederherstellung, zum anderen Umkehr. Die Schrift läßt das Vergessen entstehen, sie kreiert Ränder und braucht offene weiße Stellen, um etwas zu bedeuten. Das Geschriebene hält etwas Geschehenes fest; das aber geht auf Kosten dessen, was in den offenen Stellen verschwindet. Zwischen den Zeilen lesen, in den Intervallen der Zeichensetzung: kann damit das Vergessen noch aufgehalten werden?

Im vorletzten Kapitel von *Die Stimme und das Phänomen* spricht Derrida von der Stimme, die die Stille bewahrt. Ein rätselhaftes Phänomen, an dem Derrida das metaphysische Problem der Präsenz in der Zeit festmacht. Die westliche Metaphysik wird in erster Linie durch das Auge und den Blick bestimmt. Die damit verknüpfte Problematik von Vorstellung und Repräsentation läuft sich in einer Wiederholung fest. Aber daneben gibt es noch den anderen gangbaren Weg der Vergegenwärtigung: den des gesprochenen Wortes, das in Bewegung ist und permanenter Veränderung unterliegt. Für diesen Weg entscheidet sich Derrida. Er sucht das Sein nicht in der Anschauung, sondern in der Flüchtigkeit der gesprochenen Sprache, in den unerschöpflichen Möglichkeiten, etwas zu sagen oder zu beschreiben.

In seinen späteren Büchern *Marges de la philosophie* (Randgänge der Philosophie, 1972), *Glas* (1974), *Schibboleth* (1986), *L'esprit* (1987) und *Psyché. Invention de l'autre* (1987) taucht immer wieder die Frage nach dem Eigenen des Menschen auf, vor allem in den Umrissen der Philosophie Heideggers und Hegels. Ontologie und Ethik werden dort vernetzt, beide Bereiche werden in den philosophischen Textanalysen nach außen gekehrt, an den Pranger gestellt, ohne daß Derrida ein Kriterium oder System entwickeln würde. Er in-formiert und de-konstruiert, er streut Bedeutungen und unterscheidet zwischen Interpretationen, aber nicht, um festen Boden unter die Füße zu bekommen, sondern um die Suche nach einem festen Boden zum Gegenstand der Untersuchung zu machen.

Rorty

Zwei Aspekte weisen den Amerikaner Richard Rorty (geb. 1931) als einen Philosophen der Postmoderne aus: Er betrachtet die Metaphysik als ein abgeschlossenes Kapitel, und er kommt vor allem in seinen späteren Schriften zu einem spielerischen Umgang mit dem Denken.

Mit dem 1979 erschienenen Buch *Philosophy and the Mirror of Nature* ist Rorty bekannt geworden. Er rechnet hier mit der Auffassung ab, daß die Philosophie die Fundamente unserer Erkenntnis bloßlegen kann und die Welt im Geist wie in einem Spiegel reflektiert wird. Diese Sichtweise ist seit Descartes bekannt, sie schlägt sich auch in den Programmen der analytischen Philosophen nieder. Aber Erkennt-

Das technische Genie des Menschen diente Schriftstellern und bildenden Künstlern oft als Motiv. Die Phantasien eines Jules Verne wurden später Wirklichkeit. Der Buchumschlag von Kellermanns *Der Tunnel* zeigt schon 1913 den Hochgeschwindigkeitszug zwischen Paris und London.

nis kommt weder in einem Prozeß der Widerspiegelung zustande, noch besteht sie in einer «akkuraten Darstellung» der Welt. Es gibt an sich keine Wirklichkeit, an der der Wahrheitsgehalt von Aussagen abgelesen werden könnte. Aussagen wurzeln in einer Praxis; Erkenntnis ist ein praktisches Instrument. Mit diesem Gedanken greift Rorty auf die Betrachtungen der amerikanischen Pragmatiker, und hier vor allem auf Dewey, zurück.

Nach Meinung Rortys befinden wir uns in einer Epoche «revolutionärer» Philosophie, und zwar in der Bedeutung, die Kuhn dem Begriff der «revolutionären» Wissenschaft gibt. Neben Dewey nennt er in diesem Zusammenhang Wittgenstein und Heidegger: Sie haben diese Revolution mit ihrem Denken ausgelöst, da sie, nachdem sie zunächst selbst auf die Suche nach den Fundamenten gingen, eingesehen haben, wie trügerisch eine solche Suche ist. So schlägt Rorty eine Brücke zwischen der angelsächsischen Philosophie und der des europäischen Kontinents.

Welche Aufgabe der Philosophie nach dem Scheitern der Erkenntnistheorie nach Meinung Rortys noch bleibt, wird vor allem in seinem zweiten großen Werk *Contingency, Irony und Solidarity* (1969) deutlich. Er versucht in diesem Buch zu zeigen, wie die Dinge aussehen, wenn wir die Forderung nach einer Theorie, die das Öffentliche und das Private vereint, fallenlassen und uns damit zufrieden geben, die Forderungen der Selbsterschaffung und der menschlichen Solidarität als gleichermaßen gültig, aber für immer unvereinbar zu betrachten. Einerseits stehen wir in der Verantwortung, solidarisch mit anderen umzugehen und nach einer gerechten Gesellschaft zu streben. Aber diese Verantwortlichkeit liegt nicht in der menschlichen Natur oder in einer zeitlosen gesellschaftlichen Ordnung. Das Bewußtsein dieser Verantwortlichkeit hat kein Fundament, es ist nicht notwendig, sondern kontingent. Wer dies einsieht, nimmt die Metaphysik mit ihren unverträglichen Verabsolutierungen nicht mehr so ernst und betrachtet die Dinge mit einem ironischen Blick. Aber andererseits haben wir auch uns selbst gegenüber die Pflicht, zu einem autonomen Individuum zu werden. Die Spannung zwischen dieser persönlichen und unserer sozialen Verantwortung bestimmt sowohl die Intention wie den Ton des Buches. Es skizziert in Form eines persönlichen Berichts eine Utopie, die sowohl der individuellen Autonomie als auch der sozialen Gerechtigkeit Raum bietet. Beide entstehen nicht durch Schlußfolgerung, sondern durch Erfindungsgabe und Kreativität.

Mit seiner Vision einer zukünftigen Gesellschaft, in der die Phantasie die Theorie ersetzt oder sie zumindest ergänzt, stellt Rorty sich in die Tradition des Philosophen als Geschichtenerzähler. Dies ist die Aufgabe, die der Philosophie noch bleibt: Nachzudenken über die heutige Kultur und – nicht in der Struktur einer abgerundeten Theorie, sondern in Form einer Erzählung – eine Antwort auf die Fragen zu geben, vor die uns diese Kultur noch stellt.

Epilog

Mit Rorty endet diese Darstellung der Geschichte der Philosophie. Natürlich wird hiermit kein endgültiger Schlußpunkt gesetzt, denn die Geschichte der Philosophie kennt kein letztes Kapitel. Sie wird immer neue Wendungen nehmen, und die Geschichte des philosophischen Denkens wird stets neu geschrieben werden müssen.

Welche Richtung die Philosophie in Zukunft einschlagen wird, ist eine rein spekulative Frage. Allerdings gibt es in der gegenwärtigen Diskussion bestimmte Entwicklungsstränge, die sich vermutlich fortsetzen werden. Sie spiegeln Tendenzen wider, die in der Kultur und Gesellschaft unserer Zeit ihren sichtbaren Ausdruck finden.

Ein augenfälliges Merkmal ist, daß die Schranken zwischen den unterschiedlichen philosophischen Schulen weitgehend gefallen sind und ein internationaler Diskurs entstanden ist, der sich über Landes- und Sprachgrenzen hinwegsetzt. Natürlich vertreten Philosophen nach wie vor konträre Standpunkte, über die sie auch weiterhin heftig disputieren werden. Dieser Streit gehört zum Wesen der Philosophie. Aber viel weniger als in früheren Zeiten spricht man jetzt von einer indischen, chinesischen und westlichen Philosophie, die sich nochmals in eine angelsächsische, französisch- und deutschsprachige aufsplittern ließe. Über lange Jahre haben sich diese nationalen Philosophien unabhängig voneinander entwickeln können. Diese Zeiten sind jetzt vorbei.

Dies bedeutet, daß die Pluralität eine allgemeine Akzeptanz gefunden hat. Schließlich leben wir in einer Welt, in der die Grenzen zwischen Ländern und Kontinenten als relativ erfahren werden. Es gibt nicht mehr nur eine Kultur, die sich, da sie von anderen Kulturen nichts weiß, überlegen wähnen könnte. Jede moderne Metropole besitzt eine bunte Vielfalt an Kulturen, die einander tolerieren, ergänzen und bereichern. Dieses breite Spektrum findet seinen Ausdruck in der Musik und Architektur ebenso wie in der Literatur und in der bildenden Kunst und nicht zuletzt auch in der Philosophie.

Das alte Streben der Philosophen nach einer einzigen, allumfassenden und zeitlosen Wahrheit, aus der alles Veränderliche und Zeitliche erklärbar wird, scheint damit endgültig der Vergangenheit anzugehören. Stattdessen hat sich der Gedanke durchgesetzt, daß es verschiedene, nebeneinander existierende Wahrheiten gibt, die abhängig von der jeweiligen Perspektive, aus der sie betrachtet werden, und der Sprache, in der sie ihren Ausdruck finden, eine eigene Gültigkeit besitzen.

So gibt es nicht mehr nur eine Instanz – die Religion, die Wissenschaft –, die darüber befindet, was wahr und wirklich, schön und richtig ist. In unserem Zeitalter der Medien und Kommunikationstechniken sind wir weltweit mit einer Flut an Bild- und Textfragmenten konfrontiert, die unmöglich auf einen gemeinsamen Nenner zu bringen sind. Da ein festes Bezugssystem fehlt, ist es nicht einmal möglich, die Verweise zu entschlüsseln. Damit scheint die aktuelle Welt auf einen chaotischen Strom an ständig neuen und anderen Informationen reduziert, der uns tagtäglich überflutet.

All dies öffnet einem gewissen Relativismus Tür und Tor. Dieser Relativismus hat jedoch zweifellos dort seine Grenzen, wo es um die Frage der Menschenrechte und ein politisch und moralisch richtiges Handeln geht. Diese Diskussion wird die Philosophen auch weiterhin beschäftigen. Allerdings hat der herrschende Relativismus auch durchaus humane Züge. Wissen, so hat man jetzt erkannt, ist menschlich und fehlbar, Wissen entsteht durch Diskussion und im Dialog und darf sich zu keiner Zeit einer Kritik verschließen. Unser Wissen über die Welt ist niemals vollständig.

Mit dieser Erkenntnis ist ein weiteres zentrales Thema des modernen Denkens verbunden: der Widerstand gegen die Metaphysik. Gerade die Metaphysik strebte nach einer allumfassenden Theorie, um die Wirklichkeit zu begreifen, nach einer Theorie, die darüber hinaus den Anspruch erhob, Einsicht in die Wirklichkeit an sich zu vermitteln, in die Welt hinter den veränderlichen Erscheinungen – oder, um es moderner auszudrücken – in die Welt hinter der kaleidoskopischen Fülle an Bildern und Texten, die über die Fernseh- und Computerbildschirme auf uns zukommt.

Am Ende eines Prozesses, der vor über zweihundert Jahren ausgelöst wurde, erscheint die Metaphysik als gescheitert. Eine zusammenhängende Sichtweise der Welt gehört nicht mehr zu den Möglichkeiten des heutigen Denkens, ebenso wie eine Theorie über das *Ding* an sich nicht mehr vorstellbar wäre. Vielleicht bekommt die Metaphysik nun eine Aufgabe, die etwas bescheidener ist. Denn im Licht von zweieinhalbtausend Jahren ist es kaum vorstellbar, daß die Metaphysik, das Herzstück der Philosophie, vollkommen und endgültig von der Bühne verschwinden wird.

Liegt darin eine Chance für die östlichen Denktraditionen, die gerade die Erkenntnis der Wirklichkeit an sich für unmöglich halten? Mit Sicherheit wird der Dialog zwischen dem östlichen und westlichen Denken, der vor allem in diesem Jahrhundert eingesetzt hat, eine Fortsetzung finden und über das Schicksal der Metaphysik entscheiden. Philosophie wird in Zukunft einen «globalen» Charakter erhalten, ebenso wie sich die Musik in Richtung einer Weltmusik entwickelt.

Alles in allem werden die Prämissen des vierhundert Jahre alten westlichen Denkens der Neuzeit weiterhin heftig attackiert werden. Wenn diese Philosophie auf ihrem Höhepunkt versuchte, die Rationalität des wissenschaftlichen Denkens durch die Annahme eines zeitlosen und transzendentalen Subjekt zu legitimieren, so wird eine solche gedankliche Begründung heute ernsthaft in Zweifel gezogen. Wissenschaftliche Rationalität ist nur eine von zahlreichen Optionen; auch die Wissenschaft bietet nur eines von vielen möglichen Weltbildern. Daraus folgt, daß sie ihre Monopolstellung in unserer Kultur verlieren wird. Und auch die Verknüpfung zwischen Philosophie und Wissenschaft, so wesentlich sie auch zu allen Zeiten für das philosophische Denken gewesen sein mag, wird sich in Zukunft lockern.

Und tatsächlich kehrt das Narrative in die Philosophie zurück, die Phantasie erhält wieder eine Chance. Natürlich wird die Philosophie damit nicht wieder zum Mythos, von dem sie sich in einem allmählichen Prozeß gelöst hat. Aber heute ist man sich stärker bewußt, daß die Philosophie auch ein Raum der Phantasie ist.

Aus welcher Perspektive wird man, angesichts dieser Entwicklungen, die Geschichte der Philosophie betrachten? Unter dem Einfluß Hegis wurde sie vertikal gelesen, sie wurde als ein Prozeß verstanden, der in einem abschließenden und umfassenden Wissen kulminieren würde. Gegenwärtig neigt man dazu, die Geschichte der Philosophie eher horizontal zu betrachten. Die Hoffnung, daß eine definitive Erkenntnis möglich ist, zu der die Geschichte des philsophischen Denkens den Weg weisen sollte, besteht nicht mehr. Diese Geschichte bietet vielmehr eine Palette unterschiedlicher Auffassungen und konträrer Denkweisen über die Welt. Es gibt nicht nur eine Wahrheit: die Wahrheit hat viele Gesichter. So sollte die Philosophie Anno 2000 ihren Beitrag zur Toleranz verstehen.

«Der große Metaphysiker»
von Giorgio de Chirico. 1917.

Zu den Autoren

CHRISTA ANBEEK (1961) studierte Theologie. Sie promovierte 1994 über das Thema *Denken over de dood: de boeddhist K. Nishitani en de christen W. Pannenberg* (Denken über den Tod: der Buddhist K. Nishitani und der Christ W. Pannenberg).

THEO DE BOER (1932) studierte Philosophie. Er promovierte 1966 über das Thema: *De ontwikkellingsgang in het denken van Husserl.* (Der Entwicklungsgang im Denken Husserls). 1968 wurde er zum Professor der philosophischen Anthropologie und ihrer Geschichte an die Universität Amsterdam berufen. Seit 1992 ist er Professor an der Freien Universität Amsterdam. In seinen Veröffentlichungen befaßt er sich mit Themen zur Phänomenologie, zur kritischen Psychologie und Hermeneutik.

GEORGE CHEMPARATHY (1928) studierte indische und westliche Philosophie und Theologie. Er lehrte seit 1963 an der Reichsuniversität Utrecht, wo er von 1980 bis zu seiner Emeritierung im Jahr 1990 den Lehrstuhl für indische Philosophie innehatte. Zu seinen Veröffentlichungen gehören unter anderem Kommentare zu Udayanas *Nyayakusumanjali* und zur Autorität des Veda nach Nyaya-Vaisesika.

SIEBE DRIEMANN (1947) studierte Philosophie. 1981 promovierte er über das philosophische Werk Schillers in Beziehung zur Philosophie Kants und den Theorien Freuds.

RESIANNE FONTAINE (1953) studierte semitische Sprach- und Literatur-Wissenschaften mit dem Schwerpunkt jüdische Philosophie des Mittelalters. 1986 promovierte sie über das Thema: *Een vergeten denker: Abraham ibn Daud. (Ein vergessener Denker: Abraham ibn Daud).* Seit 1992 ist sie als KNAW-fellow an der Freien Universität Amsterdam.

EVERT VAN LEEUWEN (1954) studierte Philosophie und Mathematik. 1986 promovierte er über das Thema: *Descartes' Regulae. De eenheid van heuristische wetenschap en zelfbewustzijn (Die Einheit von heuristischer Wissenschaft und Selbstbewußtsein).* Seit 1982 arbeitet er im Fachbereich Medizinische Ethik und Philosophie der Freien Universität Amsterdam, wo er seit 1995 eine Professur innehat.

CYRILLE OFFERMANS (1945) studierte niederländische Philologie. Seit 1977 erschienen von ihm Essays zur Literatur, zur bildenden Kunst und zu Fragen der Literaturkritik. Zu seinen Publikationen gehören unter anderem: *De mensen zijn mooier dan ze denken, Niemand ontkomt, Openluchconcert. (Die Menschen sind schöner als sie denken, Niemand entkommt* und *Freiluftkonzert).* Darüber hinaus verfaßte er eine Monographie und ein Theaterstück über den Philosophen Lichtenberg.

HERMAN PHILIPSE (1951) studierte niederländisches Recht und Philosophie. Thema seiner Dissertation war die Philosophie und Logik Husserls. Seit 1985 ist er Philosophieprofessor an der Universität Leiden. Sein Spezialgebiet ist die Erkenntnistheorie und ihre Geschichte seit Descartes. Er veröffentlichte unter anderem Studien über Descartes, Husserl, Heidegger und Wittgenstein.

LOES RAMAKER-HAMEETE (1944) studierte Psychologie und Philosophie. 1990 promovierte sie über *Kierkegaard: Van exemplar naar de enkeling (Vom Exemplar zum Einzelnen).* Seit einigen Jahren ist sie Gastdozentin an der Freien Universiät Amsterdam.

LAMBERTUS MARIE DE RIJK (1924) studierte klassische Philologie. Er ist emeritierter Professor für antike und mittelalterliche Philosophie an der Reichsuniversität Leiden und wurde 1989 zum Honorarprofessor an die Reichsuniversität Limburg berufen. Von 1956 bis 1991 gehörte er der ersten Kammer der Niederländischen Generalstaaten an. Neben einigen Studien zur antiken Philosophie erschienen von ihm zahlreiche Veröffentlichungen zur Philosophie des Mittelalters, vor allem zur Logik und Semantik und deren Einfluß auf die mittelalterliche Ontologie und Erkenntnislehre.

ARJO VANDERJAGT (1948) studierte Philosophie und Geschichte. Er promovierte 1981 an der philologischen Fakultät der Reichsuniversität Groningen, wo er mittlerweile als Dozent am Institut für Philosophie arbeitet. 1991 wurde er zum außerordentlichen Professor für Ideengeschichte berufen. Von ihm erschienen unter anderem Studien zu Anselmus und Agricola.

CORNELIS VERHOEVEN (1928) studierte klassische Philologie. 1982 wurde er zum Professor für antike Philosophie an die Universität von Amsterdam berufen. Anschließend war er dort bis zu seiner Emeritierung im Jahr 1993 Professor für Metaphysik. Von ihm erschienen zahlreiche Essaysammlungen, Bücher, Übersetzungen klassischer Autoren und Studien zur griechischen Philosophie.

HENK VISSER (1939) studierte Mathematik und Philosophie, 1987 promovierte er über das Thema *Logical Analysis and Ontological Reconstruction. Two Programs in the Analytical Tradition.* Er arbeitet als Dozent für allgemeine Erkenntnis- und Wissenschaftsphilosophie an der Katholischen Universität Brabant. Darüber hinaus ist er seit 1991 außerordentlicher Professor im Forschungsbereich «Humanistische Betrachtungsweisen zum Thema Mensch und Computer» an der Reichsuniversität Limburg.

SAMUEL IJSSELING (1932) studierte Theologie und Philosophie. Seit 1969 ist er Professor an der Katholischen Universität Leuven, wo er den Lehrstuhl für die Geschichte der modernen und zeitgenössischen Philosophie innehat. Seit 1974 ist er zudem Direktor des Husserl-Archivs in Leuven. Zu seinen Veröffentlichungen gehören Studien über Heidegger, zur Rhetorik und Philosophie und zur zeitgenössischen französischen Philosophie.

ERIK ZÜRCHER (1928) studierte Sinologie. 1959 promovierte er über *The Buddhist Conquest of China.* Seit 1962 ist er Professor für ostasiatische Geschichte an der Reichsuniversität Leiden. Von 1969 bis 1975 war er Direktor des Dokumentationszentrums für das moderne China. In seinen Publikationen befaßt er sich hauptsächlich mit dem prämodernen China und der Geschichte Zentralasiens.

ZU DEN REDAKTEUREN

JAN BOR (1946) studierte Philosophie und Erziehungswissenschaften und promovierte 1990 mit einer Studie über Bergson. Zusammen mit Sytske Teppema redigierte er das Buch *25 eeuwen filosofie (25 Jahrhunderte Philosophie).* Seit 1994 erscheint von ihm in der Zeitung *Algemeen Dagblad* eine Wochenkolumne zu philosophischen Themen.

JELLE KINGMA (1934) studierte Philosophie und arbeitet als Bibliothekar im Bereich der Erstellung von Textsammlungen an der Universitätsbibliothek in Groningen. Er hat im bibliographischen Bereich philosophiegeschichtlich gearbeitet und zahlreiche Aufsätze zur Buch- und Bibliotheksgeschichte veröffentlicht.

ERRIT PETERSMA (1940) studierte Niederländisch und Philosophie und arbeitet seit 1969 als Redakteur. Bei ihm (und Kees Bertels) lag unter anderem die Schlußredaktion des Buches *Filosofen van de 20ste eeuw (Philosophen des 20. Jahrhunderts).* Gleichzeitig erscheinen von ihm literarische Veröffentlichungen.

Bibliographie

ALLGEMEIN
Die beste neuere Geschichte der Philosophie ist F. Copleston, *A History of Philosophy* (London, 1946–75) in neun Bänden. Auch sehr brauchbar ist E. Bréhier, *Histoire de la philosophie* (Paris 1926–1932) in sieben Bänden. Ihre Wichtigkeit nicht verloren hat: W. Windelband, *Lehrbuch der Geschichte der Philosophie* (Tübingen 1957^{15}). Von den moderneren Philosophiegeschichten sind zu nennen: F. Châtelet (Red.) *Histoire de la philosophie* (Paris 1972/73) und Th. Keith (Red.) *A History of Western Philosophy* (Oxford 1989–1994), beide in acht Bänden. Von den Grundrissen der Philosophiegeschichte ist E. von Aster: *Geschichte der Philosophie* (Stuttgart 1980) gut und zuverlässig. Durchaus brauchbar, wenn auch etwas veraltet: H.J. Störig, *Kleine Weltgeschichte der Philosophie* (Stuttgart 1950). Geistreich und gut geschrieben, aber in diversen Punkten unrichtig, ist B. Russell, *Geschiedenis van de westerse filosofie* (Den Haag 1948, diverse Neuauflagen). B. Delfgauw, *Beknopte geschiedenis van de wijsbegeerte*, wurde von F. van Peperstraten durch einen Überblick über das 20. Jahrhundert ergänzt (Kampen 1993). J. Bor und S. Teppema (Red.), *25 Eeuwen filosofie* (Amsterdam/Meppel 1992) enthält erläuterte Texte der bedeutendsten Philosophen.

DIE ANTIKE
Eine ausführliche und grundlegende Darstellung der griechischen Philosophie bis Aristoteles gibt das sechsbändige Werk von W.K.C. Guthrie, *A History of Greek Philosophy* (Cambridge, 1962–81). Darstellungen im Überblick sind: A.H. Armstrong, *An Introduction to Ancient Philosophy* (London 1947), E. de Strycker, *Beknopte geschiedenis van de antieke filosofie* (Baarn, 1987^{3}). Das Werk von Olof Gigon, *Grundprobleme der antiken Philosophie* (Bern, 1959) ist ein Versuch, die Philosophie in den Kontext der griechischen Kultur zu stellen.
Vorsokratiker Neben der großen und nach wie vor unverzichtbaren Textsammlung von Diels-Kranz, *Die Fragmente der Vorsokratiker* (Berlin 1934–1954) sind zu nennen: G.S. Kirk, J.E. Raven, M. Schofield, *The Presocratic Philosophers* (Cambridge 1983^{2}) mit griechischen Texten; J. Mansfeld (Red. u. Übersetz.), *Die Vorsokratiker* (2 Bd., Stuttgart, 1983–1986); J. Barnes, *Early Greek Philosophy* (Harmondsworth, 1987).
Sokrates war nicht nur zu Lebzeiten umstritten. Seit Nietzsche 1888 *Das Problem Sokrates* schrieb, wird man selten auf eine eindeutig positive Darstellung dieses antiken Philosophen treffen. Eine nuancierte Auseinandersetzung findet man in M. Fresco, *Socrates. Zijn wijsgerige betekenis* (Assen, 1983). Eine skeptische Betrachtung, vor allem der politischen Haltung Sokrates' und Platons gibt I.F. Stone, *Het proces van Socrates* (Baarn, 1990). Eine Analyse der Person Sokrates' in den frühen Dialogen Platons liefert G.X. Santas, *Philosophy in Plato's Early Dialogues* (Boston, 1979).
Platon In zahlreichen Neuauflagen erschienen ist A.E. Taylor, *Plato, the Man and his Work* (London, 1978). G. Vlastos, *Platonic Studies* (Princeton, 1981) ist gründlich. Gute Einleitungen sind E.A. Havelock, *Preface to Plato* (Cambridge 1982^{3}) und C.J. de Vogel, *Plato. De filosoof van het transcendente* (Baarn, 1974). Platon als Philosophen und Dichter behandelt E. de Strycker, *De kunst van het gesprek. Wat waren de dialogen van Plato?* (Antwerpen, 1986). Zur Frage der «ungeschriebenen Lehre»: J.N. Findlay, *Plato. The Written an Unwritten Doctrines* (London, 1974).
Aristoteles Eine taugliche allgemeine Einleitung ist I. Düring, *Aristoteles. Darstellung und Interpretation seines Denkens* (Heidelberg, 1966). Der Kommentar zur *Metaphysik* von W.D. Ross (2 Bd. Oxford, 1924) ist noch immer richtungweisend. Dieselbe Thematik behandeln J. Owens, *The Doctrine of Being in Aristotelian Metaphysics* (Toronto, 1984^{3}) und P. Aubenque, *Le problème de l'être chez Aristote* (Paris, 1961). Zum ethischen Werk siehe A.O. Rorty (Red.), *Essays an Aristotle's Ethics* (Berkeley, 1980).
Spätere Strömungen Genannt werden können: *Stoic Philosophy* (Cambridge, 1966), *Epicurus. An Introduction* (Cambridge, 1972) und *Plotinus. The Road to Reality* (Cambridge, 1987), alle drei von J.M. Rist; J. Moreau, *Platin ou la gloire de la philosophie antique* (Paris, 1970); P. Merlan, *From Platonism to Neoplatonism* (Den Haag, 1970); J. Annas & J. Barnes, *The Modes of Scepticism* (Cambridge, 1985); J.M. André, *La Philosophie à Rome* (Paris, 1977); P. Grimal, *Sénèque ou la conscience de l'Empire* (Paris 1979); C. Lorin, *Pour Saint Augustin* (Paris 1988); H. Marrou, *Saint Augustin et la fin de la culture antique* (Paris 1949^{2}) und F. van der Meer, *Augustinus de zielzorger* (Utrecht, 1947).

INDIEN
Die vedische Zeit Von den Werken über den Upanischaden können genannt werden: A.B. Keith, *The Religion and Philosophy of the Veda and Upanishads* (Cambridge, Mass., 1925) und R.D. Ranade, *A Constructive Survey of the Upanishadic Philosophy* (Poona, 1926).
Allgemeine Werke zum Schwerpunkt hinduistische Philosophie
Ein Standardwerk ist noch immer F. Max Müller, *The Six Systems of Indian Philosophy* (London 1899). Bekannt und oft konsultiert: S. Dasgupta, *History of Indian Philosophy* (5 Bd. Cambridge, 1922–1955). Auch S. Radhakrishnan, *Indian Philosophy* (2 Bd. London, 1923–1927) ist wichtig. Von europäischen Gelehrten erschienen, allerdings in einem bescheideneren Umfang, ebenfalls historische Darstellungen, u.a. H. von Glasenapp, *Die Philosophie der Inder. Eine Einführung in ihre Geschichte und ihre Lehren.* (Stuttgart, 1949) und E. Frauwallner, *Geschichte der indischen Philosophie* (Salzburg, 1953–1956). Inhaltsreich und klar in der Darstellung sind zwei Werke von M. Hiriyanna: *Outlines of Indian Philosophy* (London, 1932), das die gesamte indische Philosophie behandelt, und *Essentials of Indian Philosophy* (London, 1949).
Buddhistische Philosophie Zuverläßlich und verständlich ist E. Conze, *Buddhism. Its Essence and Development* (Oxford, 1951); dessen *Buddhist Thought in India* (London, 1962) beschäftigt sich eingehender mit dem philosophischen Aspekt des Buddhismus. E. Frauwallner, *Die Philosophie des Buddhismus* (Berlin, 1956) enthält deutsche Übersetzungen. L. de la Vallée Poussin, *L'Abhidharmakosa de Vasubandhu, traduit et annoté* (6 Bd. Paris-Leuven, 1923–1931) bleibt für das Studium der Hinayana-Dogmatik unentbehrlich. Genauso wichtig ist seine Übersetzung plus Kommentar eines Textes aus der Yogacara-Schule: *Vijnaptimatratasiddhi, la Siddhi de Hiuan-tsang* (3 Bd. Paris, 1928–1948). Andere Werke von De la Vallée Poussin sind *Bouddhisme, Opinions sur l'histoire de la dogmatique* (Paris, 1909); *Nirvana* (Paris, 1925); *La morale bouddhique* (Paris, 1927) und *La dogme et la philosophie du Bouddhisme* (Paris, 1930). Sein berühmtester Schüler Etienne Lamotte bearbeitete und übersetzte einige wichtige Werke der Mahayana-Schule aus dem Tibetischen und Chinesischen. Lamotte ist auch der Verfasser eines gewaltigen Standardwerkes über die Geschichte des Buddhismus: *Histoire du bouddhisme indien. Des origines à l'ère Saka* (Lauven, 1958).
Die Madhyamika-Schule Vom Haupttext dieser Schule gibt es zwei Übersetzungen ins Englische: K.K. Inada, *Nagarjuna. A Translation of his Mulamadhyamakakarika, with an Introductory Essay* (Tokio, 1970) und D.J. Kalupahana, *Mulamadhyamakakarika of Nagarjuna. The Philosophy of the Middle Way. Introduction, Sanskrit text, English Translation and Annotations* (Albany, 1986). Der wichtigste und umfangreichste Kommentar zu Mula-

madhyamakakarika ist der Prasannapada aus dem 17. Jahrh. von Candrakirti. Hiervon gibt es keine komplett übersetzte Ausgabe, aber mit den auszugsweisen Übersetzungen von T. Stcherbatsky, S. Schayer, E. Lamotte, J.W. de Jong und J. May liegen alle 27 Kapitel in Übersetzung vor. Eine englische Übersetzung der ersten 19 Kapitel enthält E. Sprung, T.R.V. Murti und U.S. Vyas, *Lucid Exposition of the Middle Way. The Essential Chapters from the Prasannapada of Candrakirti* (London, 1979). Von den vielen Studien über die Madhyamika-Philosophie seien hier genannt: T.R.V. Murti, *The Central Philosophy of Buddhism. A Study of the Madhyamika System* (London, 1955); R.H. Robinson, *Early Madhyamika in India and China* (Madison, 1967); F.J. Streng, *Emptiness. A Study in Religious Meaning* (New York, 1967).

Yogacara-Schule Diese wurde weniger intensiv erforscht. Chhote Lal Tripathi, *The Problem of Knowledge in Yogacara Buddhism* (Varanasi, 1972) beschäftigt sich mit der Erkenntnislehre. Eine tiefschürfende Studie über das «Speicherbewußtsein» ist: L. Schmithausen, *Alayavijnana. On the Origin and the Early Development of a Central Concept of Yogacara Philosophy* (Tokio, 1987).

Jainismus Obwohl «Karma» der zentrale Begriff im gesamten indischen Denken ist, haben die jainistischen Philosophen das Karma mehr als andere analysiert und untergliedert. Dies ist auch das Thema der Dissertation von H. von Glassenap: *Die Lehre vom Karman in der Philosophie der Jainas nach dem Karmagrandthas dargestellt* (Leipzig, 1915). Sein: *Der Jainismus. Eine indische Erlösungsreligion* (Berlin, 1925) behandelt alle wesentlichen Aspekte des jainistischen Denkens. Ebenfalls wichtig ist: *Die Lehre der Jainas, nach den alten Quellen dargestellt* (in der Reihe: Grundriß der indo-arischen Philologie und Altertumskunde, Bd. III, Heft 7; Berlin/Leipzig, 1935). Y.J. Padmarajiah, *A Comparative Study of the Jaina Theories of Reality and Knowledge* (Bombay, 1963) vermittelt einen guten Einblick in zwei grundlegende Theorien des Jainismus: Syadvada und Anekantavada. N. Tatia, *Studies in Jaina Philosophy* (Varanasi, 1951) beschäftigt sich mit fast allen Aspekten des jainistischen Denkens.

CHINA

Die beste allgemeine Geschichte der chinesischen Philosophie ist Fung Yu-lan, *History of Chinese Philosophy* (2 Bd. Princeton, 1952–53), die vom Autor in einer übersichtlichen Darstellung unter dem Titel *A Short History of Chinese Philosophy* (New York, 1958) zusammengefaßt wurde. Eine umfangreiche und repräsentative Auswahl übersetzter Texte findet man in Chan Wing-tsit, *A Source Book in Chinese Philosophy* (Princeton, 1963). Angelehnt an die soziologische Betrachtungsweise in der Nachfolge von Emile Durkheims ist die Studie von M. Granet, *La pensée chinoise* (Paris, 1950); sie enthält viele brillante Gedanken, allerdings fehlt eine historische Sichtweise. Eine neuere niederländische Einführung ist von K. van der Leeuw, *Het Chinese denken. Geschiedenis van de Chinese filosofie in hoofdlijnen* (Amsterdam, 1994). Sehr empfehlenswert ist: Joseph Needham, *Science and Civilization in China*. Vol. 2: «History of Scientific Thought» (Cambridge, 1956).

Die klassische Zeit (5.–3. Jh.) Noch immer brauchbar sind E.R. Hughes, *Chinese Philosophy in Classical Times* (New York, 1942) und die Textsammlungen von A. Waley, *Three Ways of Thought in Ancient China* (London, 1934) sowie J.J. Duyvendak, *Uren met Chineesche denkers* (Baarn, 1941). Die wichtigsten kanonischen Texte des Konfuzianismus sind oft übersetzt. Zum Lunyu («Reden des Konfuzius») ist zu empfehlen: A. Waley, *The Analects of Confucius* (London, 1938); für Mencius die Übersetzung von D.C. Lau, *Mencius* (Baltimore, 1972). Das kanonische «Buch der Wandlungen» ist nach wie vor ein Problem wegen der Fülle an Interpretationen. R. Wilhelm, *I Ging. Das Buch der Wandlungen* (2 Bd., Jena, 1924) ist eine recht subjektive Wiedergabe einer sehr späten Interpretation. Zu dem konfuzianischen Philosophen Xunzi, siehe B. Watson, *Hsün-tzu. Basic Writings* (New York, 1963). E.H. Köster, *Hsüntzu* (Kaldenkirchen, 1967). Eine Darstellung der daoistischen Tradition aus historischer Sicht, die sowohl die philosophischen als auch die religiösen Aspekte berücksichtigt, findet man in M. Kaltenmark, *Lao Tseu et le Taoisme* (Paris, 1965); H.H. Welch, *The Parting of the Way. Laotzu and the Taoist Movement* (Boston, 1959) und K.M. Schipper, *Tao. De levende religie van China* (Amsterdam, 1988). Von Laozi (*Dao de jing*) sind zahllose, überwiegend unzuverlässige Übersetzungen und Bearbeitungen erschienen. Zu empfehlen sind: J.J.L. Duyvendak, *Tau-tetsjing. Het Book van Weg en Deugd* (Arnhem, 1950²); A. Waley, *The way and its Power. A Study of the Tao Te Ching* (London, 1934) und D.C. Lau, *Tao-te-ching* (Hongkong, 1982²). Auch der Zhuangzi wurde diverse Male «malträtiert»; die beste moderne Übersetzung ist von Burton Watson, *The Complete Works of Chuang-tzu* (New York, 1968). Sehr gut, aber nicht vollständig, ist A.C. Graham, *The Seven Inner Chapters and Other Writings from the Book of Chuang-tzu* (London, 1981). Die beste Publikation über die legalistische Strömung ist L. Vandermeersch, *La formation du Légisme* (Paris, 1965). W.K. Liao, *The Complete Works of Han-Fei-tzu* (2 Bd., London 1939–1969) behandelt die wichtigsten Vertreter des Legalismus. J.J.L. Duyvendak, *The Book of Lord Shang* (London, 1928), enthält eine ausgezeichnete Einführung in die Prinzipen der Legalisten-Schule. Die Textsammlung der Mohisten, die unter dem Namen ihres Begründers Mo Di erschien, ist teilweise übersetzt von B. Watson, *Mo Tzu. Basic Writings* (New York, 1963). Zu dem frühesten (und außerhalb des Buddhismus nie weiterentwickelten) Ansatz zur Logik, siehe Hu Shih, *Development of Logical Method in Ancient China* (Schanghai, 1922; New York, 1965) und A.C. Graham, *Later Mohist Logic, Ethics and Science* (London, 1978)

Das frühe Kaiserreich Eine gut lesbare Übersicht über die religiösen und philosophischen Ideen im frühen Kaiserreich ist M. Loewe, *Chinese Ideas of Life and Death. Myth and Reason in the Han Period 202 BC-AD 220* (London, 1979). Die beste Darstellung des offiziellen (als Staatsideologie fungierenden) Konfuzianismus der Han findet man in der Einleitung van Tjan Tjoe Som, *Po Hu T'ung. The Comprehensive Discussions in the White Tiger Hall* (2 Bd., Leiden, 1949). Die «polemischen Diskussionen» von Wang Chong, dem wichtigsten Kritiker der Han-Ideologie, sind übersetzt von A. Forke, *Wang Ch'ung. Lung Heng* (2 Bd., London, 1907–11). Die andere Hauptströmung der frühen Han-Zeit, ein Synkretismus auf der Basis daoistischer Ideen, ist uns vor allem durch das Werk des Huainan zi bekannt; siehe dazu E. Morgan, *Tao, the Great Luminant* (London, 1934; Taipeh, 1966) und C.Y. Le Blanc, *Huai Nan-tzu. Philosophical Synthesis in Early Han Thought* (Hongkong, 1985).

Das frühe Mittelalter Die Renaissance des daoistischen Denkens im 3. Jahrhundert kommt am deutlichsten zum Ausdruck im (Pseudo-)Liezi (ca. 300 n. Chr.), übersetzt von A. Graham, *The Book of Lieh-tzu* (London, 1960). Zum Einfluß des Buddhismus, der ab dem 4. Jahrhundert beherrschend wird, siehe den Überblick von K.K.S. Ch'en, *Buddhism in China* (Princeton, 1964) und insbesondere für die früheste Zeit (2.–5. Jahrh.) E. Zürcher, *The Buddhist Conquest of China* (Leiden, 1959).

Zenbuddhismus Zum Chan («Zen») Buddhismus der späteren Kaiserzeit sind sehr viele Publikationen erschienen, die jedoch zum großen Teil unzuverlässig sind. Einen allgemeinen historischen Überblick findet man in F. Vos und E. Zürcher, *Spel zonder snaren. Enige beschouwingen over Zen* (Deventer, 1964). Weiter sind zu empfehlen: T.B. Yampolski, *The Platform Sutra of the Sixth Patriarch* (New York, 1967); Chang Chung-yüan, *Original Teachings of Ch'an Buddhism* (New York, 1969); J. Biofeld, *The Zen Teaching of Huang Po on the Transmission of Mind* (London, 1958); W. Gundert, *Bi-yän-lu. Meister Yüan-wu's Niederschrift von der smaragdenen Felswand* (3 Bd., München, 1977).

Neokonfuzanisimus Zwei gute Gesamtdarstellungen sind C. Chang, *The Development of Neo-Confucian Thought* (New York, 1957) und W. Th. de Bary (Red.). *The Unfolding of Neo-Conficianism* (New York, 1975). Repräsentative Werke über die frühe Zeit (11.-13. Jahrh.) sind: A.C. Graham, *Two Chinese Philosophers; Ch'eng Ming-tao ans Ch'eng Vi-ch'uan* (London, 1958); Chan Wing-tsit, *Reflections of Things at hand. The Neo-Confucian Anthology compiled by Chu Hsiand Lü Tsu-ch'ien* (New York, 1967); D. K. Gardner, Chu Hsi: *Learning to be a Sage. Selections from the Conversations of Master Chu, Arranged Topically* (Berkeley, 1990) und P. K. Bol, *This Culture of Ours. Intellectual Transitions in T'ang and Sung China* (Stanford, 1992). Über die spätere Zeit, vor allem über die «idealistische» Strömung innerhalb des Neukonfuzianismus, siehe C. Chang, *Wang Yang-ming. Idealist Philosopher of Sixteenth Century China* (New York, 1962); J. Ching, *To Acquire Wisdom. The Way of Wang Yang-ming* (New York, 1976) und Chan Wing-tsit, *Wang Yang-ming. Instructions for Practical Living* (New York, 1963).

DER VORDERE ORIENT

Islamitische Philosophie Von dem frühen Standardwerk des niederländischen Gelehrten T. de Boer, *Geschichte der Philosophie im Islam* (Stuttgart, 1901), erschien zwei Jahre später eine englische Übersetzung. Die meist benutzte moderne Einführung ist M. Fakhry, *A History of Islamic Philosophy* (London/New York, 1970). Thematisch und nicht chronologisch ist O. Leaman, *An Introduction to Medieval Islamic Philosophy* (Cambridge, 1985), der zunächst den Angriff al-Ghazalis auf die «Philosophen» und anschließend die Beziehung zwischen Vernunft und Offenbarung in der praktischen Philosophie behandelt. Zu den jeweiligen Epochen oder Teilbereichen liegen gute Einführungen vor. H.A. Wolfson, *The Philosophy of the Kalam* (Cambridge, Mass./London, 1976) behandelt die Zeit der islamischen scholastischen Theologie. Wichtig für die Rezeption des islamischen Denkens im christlichen Europa ist auch M. Fakhry, *Islamic Occasionalism and its Critique by Averroës and Aquinas* (London, 1958). R. Lerner und M. Mahdi (Red.), *Medieval Political Philosophy. A Sourcebook* (Toronto, 1963) bietet einen Einstieg in die politische Philosophie des Islam. Die islamische Mystik ist Thema in G.C. Anawati und L. Gardet, *Mystique musulmane* (Paris 1961) und A. Schimmel, *Mystical Dimensions of Islam* (Chapel Hill, 1975). Leider fehlen noch immer umfassende Studien zu den führenden islamischen Denkern. Zu al-Farabi sei verwiesen auf I.R. Netton, *Al-Farabi and his School* (London/New York, 1992), wo erkenntnistheoretische Aspekte seiner Philosophie thematisiert werden. Zu Avicenna siehe das anregende Buch von D. Gutas, *Avicenna and the Aristotelian Tradition. An Introduction to Reading Avicenna's Philosophical Works* (Leiden, 1988) und L.E. Goodman, *Avicenna* (London/New York, 1992). Zu Averroes: D. Urvoy, *Averroës* (London/New York, 1991); M.R. Haroun und A. de Libera, *Averroès et l'Averroisme* (Paris, 1991) ist übersichtlich und deutlich. Eines der ansprechendsten und lesbarsten Werke der islamischen Philosophie, der philosophische Roman von Averroes' Lehrer ibn Tufayl, liegt übersetzt ins Niederländische und mit einer Einführung von R. Kruk vor: *Abu Bakr Muhammad ibn Tufayl, Wat geen oog heeft gezien, geen oor heeft gehoord en in geen mensenhart is opgekomen. De geschiedenis van Hayy ibn Yaqzan* (Amsterdam, 1985). J.M. Kramers übersetzte schon früher al-Ghazahi, *De redder uit de dwaling* (Amsterdam, 1951) ins Niederländische.

Jüdische Philosophie Die erste chronologische Übersicht ist die von I. Husik, *A History of Medieval Jewish Philosophy* von 1916 (Neudruck New York, 1969). Zum Standardwerk wurde jedoch J. Guttmann, *Die Philosophie des Judentums* (München, 1933). Populärer ist der Abschnitt über das Mittelalter in J. Agus, *Evolution of Jewish Thought. From Biblical Times to the Opening of the Modern Era* (London, 1959). Aktueller ist die speziell auf das Mittelalter bezogene Einführung von C. Sirat, *A History of Jewish Philosophy in the Middle Ages* (Cambridge/Paris, 1985). Sehr anschaulich und mit vielen Hintergrundinformationen ist der achte Teil (*Philosophy and Science*) des Monumentalwerks von S.W. Baron, *A Social and Religious History of the Jews* (Philadelphia, 1958). Der Einfluß des Kalam wird beschrieben in H. A. Wolfson, *Repercussions of the Kalam in Jewish Philosophy* (Cambridge Mass./London, 1979). Das Werk von Maimonides und insbesondere die Frage einer Interpretation der «Leitung der Zweifelnden» hat viele Kommentare ausgelöst. Einen ersten Einblick geben D. Yellin und I. Abrahams in: *Maimonides. His Life and Works* (New York, 1972). Von dem Werk gibt es eine sehr gelungene Übersetzung mit einer Einleitung von S. Pines, *Maimonides. The Guide of the Perplexed* (2 Bd., Chicago, 1963).

DAS MITTELALTER

Eine kurze und gut gegliederte Übersicht, in der einige der wesentlichen Fragen der mittelalterlichen Philosophie aus der Sicht der angelsächsischen Tradition thematisiert werden, ist J.R. Weinberg, *A Short History of Medieval Philosophy* (New York, 1964). K. Flasch, *Das philosophische Denken im Mittelalter. Von Augustin bis Macchiavelli* (Stuttgart, 1986) bietet einen originellen Ansatz aus mitteleuropäischer Sicht. Eine Reihe der Kernprobleme werden in L.M. de Rijk, *Middeleeuwse wijsbegeerte. Traditie en vernieuwing* (Assen, 1981¹) angesprochen.

Anselmus Eine gute Einführung ist J. Hopkins, *A Companion to the Study of St. Anselm* (Minneapolis, 1972). Eine moderne Sichtweise vermittelt D.P. Henry, *The Logic of Anselm* (Oxford, 1967). Eine niederländische Einführung findet sich bei H. Pranger, *Consequente theologie. Een studie over het denken van Anselmus van Canterbury* (Aussen, 1975). Zu Anselmus' Hauptwerk siehe auch *Structuur en inhoud van Anselmus' «Cur deus Homo»* (Assen, 1958).

Abälard J. Sikes, *Peter Abaelard* (Cambridge, 1932; New York, 1964) bietet eine verständliche und noch immer gut lesbare Übersicht. Eine ausgezeichnete Studie über Abälards philosophischen und theologischen Ansatz ist J. Jolivet, *Arts du langage et théologie chez Abélard* (Paris, 1969). Jolivet stellt hier überzeugend dar, auf welche Weise die Sprache und das «Sprachliche» für Abälard den Ausgangspunkt seines sehr eigenen Denksystems bildeten. Eine informative, traditionelle Darstellung der Logik Abälards findet sich in M.T. Beonio-Brocchieri, *The Logic of Abélard* (Dordrecht, 1970). L.M. de Rijk, *Pierre Abélard (1079–1142). Scherpzinnigheid als hartstocht* (Amsterdam, 1981) skizziert die Person Abélards als Mensch und Gelehrter.

Thomas von Aquin Eine ausgesprochen fundierte und umfassende Studie des philosophischen Systems Thomas von Aquins ist H. Meyer, *Thomas von Aquin. Sein System und seine geistesgeschichtliche Stellung* (Paderborn, 1961²). Eine sehr gute, angelsächsisch orientierte Darstellung findet man in den Studien des Dominikaners J.A. Weisheipl, *Friar Thomas d'Aquino. His Life, Thoughts and Works* (London, 1974) und des Jesuiten F. Copleston, *Thomas Aquinas* (London, 1976). Thomas als Kommentator der zentralen Werke Aristoteles' wird sehr gut beleuchtet in J.C. Daig, *Aquinas and Metaphysics. A Historico-doctrinal Study of the Commentary an the «Metaphysics»* (Den Haag, 1962). Die Veröffentlichung des Niederländers J. Aertsen, *Nature and Creature. Thomas Aquinas' Way of Thought* (Leiden, 1988) illustriert das wiedererwachte Interesse an den Grundthemen seiner Philosophie.

Duns Scotus E. Bettoni, *Duns Scotus. The Basic Principles on his Philosophy* (Washington, 1961) bietet gute Informationen über den eigenen Charakter seiner Philosophie. Eine Bewertung von Scatus' Philosophie angesichts seines speziellen Umgangs mit den traditionellen Fragen der Philosophie und seiner subtilen Annäherung an neue Grundfragen gibt Ch. Goémé, *Jean Duns Scotus ou la révolution subtile* (Paris, 1982). A.B. Wolter, *Duns Scotus on Will*

and Morality (Washington, 1985) beinhaltet eine verständliche Auseinandersetzung der Ethik. Siehe auch das Werk eines der besten Kenner der Philosophie Scotus': L. Honnefelder, *Ens inquantum ens. Der Begriff des Seienden als solchen als Gegenstand der Metaphysik nach der Lehre des Johannes Duns Scotus* (Münster/Westfalen, 1979). A. Vos, *Kennis en noodzakelijkheid* (Kampen, 1981) widmet sich vor allem den epistomologischen Aspekten von Scotus' Denken.
Ockham E. A. Moody, *The Logic of William of Ockham* (London, 1931) ist noch immer sehr lesenswert. G. Leff, *The Metamorphosis of Scholastic Discourse* (Manchesters 1975) versucht, die Philosophie Ockhams in den Rahmen der doktrinären Entwicklungen des 14. Jahrhunderts zu stellen. Das Standardwerk zu Ockhams Philosophie von M. McCord Adams, *William Ockham* (2 Bd., Notre Dame, Indiana, 1987) bietet eine breite, sehr informative und auch kritische Einführung in sein Denken. W. Vossenkuhl und R. Schönberger (Red.), *Die Gegenwart Ockhams* (Weinheim, 1990) befaßt sich mit der Philosophie Ockhams in ihrer Konfrontation mit dem Denken der Moderne.

DIE RENAISSANCE
Am Anfang der modernen Renaissanceforschung steht das richtungweisende Werk aus dem Jahr 1860 von Jakob Burckhardt, *Die Kultur der Renaissance in Italien. Ein Versuch.* Für die Zeit des Übergangs vom Mittelalter zu den Formen, wie sie in den nördlich gelegenen, französisch-burgundischen Gebieten entwickelt wurden, ist das klassische Werk von Johan Huizinga, *Herbst des Mittelalters* von 1919 noch immer tonangebend. Empfehlenswerte neuere Übersichtswerke sind: P. Burke, *Tradition and Innovation in Renaissance Italy* (London, 1974) und D. Hay & J. Law, *Italy in the Age of the Renaissance 1380–1530* (London 1989)
Humanismus Moderne Pioniere in der Humanismusforschung sind Hans Baron und Paul Oskar Kristeller. Wichtig von Kristeller ist: *Renaissance Thought and its Sources* (Red. M. Mooney, New York, 1979). Das klassische Werk Barons ist: *The Crisis of the Early Italian Renaissance. Civic Humanism and Republican Liberty in an Age of Classicism an Tyranny* (2 Bd., Princeton, 1995, Neuauflage in 1 Bd. 1966). Zum Übergang vom Mittelalter zur Renaissance siehe G. Leffs, *The Dissolution of the Medieval Outlook. An Essay on the Intellectual and Spiritual change in the Fourteenth Century* (New York, 1976). Eine klare und praktische Übersicht bietet J.-C. Margolin, *L'humanisme en Europe au temps de la Renaissance* (Paris, 1981).
Philosophie Das Standardwerk zur Philosophie der Renaissance ist C.B. Schmitt, Q. Skinner & E. Kessler (Red.) *The Cambridge History of Renaissance Philosophy* (Cambridge 1988). Sehr empfehlenswert ist P. O. Kristeller, *Eight Philosophers of the Italian Renaissance* (Stanford, 1964). Eine vorzügliche Orientierung bietet H.-B. Gerl, *Einführung in die Philosophie der Renaissance* (Darmstadt, 1989). Q. Skinner, *The Foundations of Modern Political Thought* (2 Bd., Cambridge, 1978) bietet eine gut verständliche Erklärung der sozialen und politischen Philosophie der Renaissance. Zu den philosophischen Aspekten der Theologie der Reformation und Gegenreformation (die beide in das Zeitalter der Renaissance fallen) siehe J. Platt, *Reformed Thought and Scholasticism* (Leiden, 1982) und A.E. McGrath, *Reformation Thought. An Introduction* (Oxford, 1988). Den erweiterten humanistischen Kontext von Okkultismus, Magie und hermetischer Philosophie behandelt F.A. Yates in seinem Buch: *The Occult Philosophy in the Elizabethan Age* (London, 1979).

DAS SIEBZEHNTE UND ACHTZEHNTE JAHRHUNDERT
Ein klassisches Werk in der kontinentaleuropäischen Tradition über die Philosophie zur Zeit des Barock und der Aufklärung ist E. Cassirer, *Das Erkenntnisproblem der Philosophie und Wissenschaft der Neueren Zeit* (Teil 1 und 11, Berlin, 1922), ebenso wie: *Die Philosophie der Aufklärung* (Tübingen, 1973) vom selben Autor. Ebenfalls wichtig ist J. Mittelstrass, *Neuzeit und Aufklärung. Studien zur Entstehung der neuzeitlichen Wissenschaft und Philosophie* (Berlin, 1970). D. J. O'Connor (Red.), *A Critical History of Western Philosophy* (New York, 1964) enthält kritische Expertenbeiträge aus Sicht der angelsächsischen Tradition zu einigen wichtigen Philosophen. Sehr erhellend sind J. Cottingham, *The Rationalists* (Oxford, 1988) und R.S. Woolhouse, *The Empiricists* (Oxford, 1988), die beide in der Reihe «A History of Western Philosophy» der Oxford University Press erschienen sind, die auch die Reihe «Past Masters» publiziert: brillant geschriebene Monografien über einzelne Philosophen und Gelehrte.
Descartes Faszinierend von seinem Interpretationsansatz und Stil: M. Guéroult, *Descartes selon l'ordre des raisons* (2 Bd., Paris 1968). Als Einführung sind zu empfehlen: F. Alquié, *Descartes. L'homme et l'œuvre* (Paris, 1956) und R. Rodis-Lewis, *Descartes. Initiation à sa philosophie* (Paris, 1964). Ebenso P. van der Hoeven, *Descartes, Wetenschap en wijsbegeerte* (Baarn, 1972). Wichtige Beiträge aus dem angelsächsischen Raum sind: A. Kenny, *Descartes. A Study of his Philosophy* (New York, 1968) und B. Williams, *Descartes. The Project of Pure Enquiry* (Harmondsworth, 1978).
Pascal Brauchbar als Einführung sind J. Mesnard, *Pascal. L'homme et l'œuvre* (Paris, 1956) und vom selben Verfasser: *Les Pensées de Pascal* (Paris, 1976).
Spinoza Als Einführung zu empfehlen: S. Hampshire, *Spinoza* (Harmondsworth, 1951) und J. Bennett, *Spinoza* (Cambridge, 1985). Zur weiteren Vertiefung: A. Akkerman, *Spinoza's tekort aan woorden* (Leiden, 1977); E. M. Curley, *Spinozas Metaphysics* (Cambridge Mass., 1969) und H. G. Hubbeling, *Spinoza's Methodology* (Assen, 1967). Für den Spinoza-Interessierten ist das umfangreiche Werk von M. Guéroult, *Spinoza* (2 Bd., Paris, 1968–74) eine Fundgrube.
Leibniz Eine etwas trockene Einführung in das Denken Leibniz' gibt N. Rescher, *Leibniz* (Oxford, 1979). Siehe auch Y. Belaval, *Leibniz, Initiation à sa philosophie* (Paris, 1962) und C.D. Broad, *Leibniz* (Cambridge, 1979). Brillant geschrieben, aber nur auf die Logik bezogen, ist: B. Russell, *A Critical Exposition of the Philosophy of Leibniz* (London, 1900).
Locke Zur Einführung werden empfohlen: R. I. Aaron, *John Locke* (Oxford, 1937) und J. Bennett, *Locke, Berkeley, Hume: Central Themes* (Oxford 1971). Zum weiteren Studium siehe J. W. Yolton, *Locke and the Compass of Human Understanding* (Cambridge, 1970); J. L. Mackie, *Problems from Locke* (Oxford, 1976) und das «Opus magnum» von M. R. Ayers, *Locke* (2 Bd., London, 1991).
Berkeley Als einführende Werke sind geeignet: J. O. Urmson, *Berkeley* (Oxford, 1982) und F. Bender, *George Berkeley* (Baarn, 1978). Weiter sind zu empfehlen: H.M. Bracken, *Berkeley* (London, 1974); A.C. Grayling, *Berkeley, The Central Arguments* (London, 1986); A. A. Luce, *Berkeley's Immaterialism* (Edinburgh, 1945); G. Pitcher, Berkeley (London, 1977); I. C Tipton, *Berkeley, The Philosophy of Immaterialism* (London, 1974) und C. J. Warnock, *Berkeley* (Harmondsworth, 1953).
Hume Eine gute einleitende Studie ist B. Stroud, *Hume* (London, 1977), aber siehe auch A. J. Ayer, Hume (Oxford, 1981) und G. Nuchelmans, *David Hume* (Baarn, 1978). Des weiteren sind zu empfehlen: J. Passmore, *Hume's Intentions* (London, 1968); A. Flew, *Hume's Philosophy of Belief* (London, 1961) und N. Capai, *David Hume, The Newtonian Philosopher* (Boston, 1975).
Rousseau Von den philosophischen Studien über Rousseau sind zu empfehlen: H. Gouhier, *Les méditations métaphysiques de Jean-Jacques Rousseau* (Paris, 1970) und J. Starobinsky, *Jean-Jacques Rousseau* (Paris, 1976).
Voltaire Eine gute Einleitung ist: A.J. Ayer, *Voltaire* (London, 1986). Tiefgehender ist I. O. Wade, *The Intellectual Development of Voltaire* (Princeton, 1969).

Kant Empfehlenswert zur Einführung: R. Scruton, *Kant* (Oxford, 1982); S. Körner, *Kant* (Harmondsworth, 1955) und K. Kuypers, *Immanuel Kant* (Baarn, 1966). Schwieriger sind: C. D. Broad, *Kant. An Introduction* (Cambridge, 1978); O. Höffe, *Immanuel Kant*; W. Ritzel, *Immanuel Kant. Eine Biographie* (Berlin, 1985); L. W. Beck, *Kant's Theory of Knowledge* (Dordrecht, 1974) und G. Martin, *Kant's Metaphysics and Theory of Science* (Manchester, 1955). Sehr anspruchvoll ist auch die berühmte kritische Interpretation von P. Strawson, *The Bounds of Sense* (London, 1966).

DAS NEUNZEHNTE JAHRHUNDERT

Eine praktische, didaktisch gehaltene und inhaltreiche Übersicht findet man in Teil 9 der Reihe; «Grundkurs Philosophie»: E. Coreth, P. Ehlen, J. Schmidt, *Philosophie des 19. Jahrhunderts* (Stuttgart usw., 1984). Mit dem Bruch, der sich nach den großen Systemen vollzogen hat, befaßt sich K. Löwith, *Von Hegel zu Nietzsche. Der revolutionäre Bruch im Denken des 19. Jahrhunderts. Marx und Kierkegaard* (Hamburg 1978^7). Zum Verlauf der Geschichte der Philosophie nach dem deutschen Idealismus sei verwiesen auf Teil 10 der noch nicht abgeschlossenen «Geschichte der Philosophie», Redaktion: W. Röd: S. Poggi & W. Röd, *Positivismus, Sozialismus und Spiritualismus im 19. Jahrhundert. Die Philosophie der Neuzeit 4* (München, 1989). Hier wird die Philosophie in dem breiteren Kontext der ideengeschichtlichen Entwicklungen des 19. Jahrhunderts gesehen.

Der deutsche Idealismus Die Literatur zu dieser Epoche und zu ihren Philosophen ist aufgrund ihres Umfangs fast unüberschaubar. Zwei Standardwerke sind: R. Kroner, *Von Kant bis Hegel* (Tübingen, 1961^2) und N. Hartmann, *Die Philosophie des deutschen Idealismus* (Berlin, 1960^2). Neben diesen streng philosophischen Werken können eine Reihe von Publikationen genannt werden, die diesen Zeitraum in den breiteren Kontext des kulturellen Klimas des frühen 19. Jahrhunderts einbetten: R.C. Salomon, *History and Human Nature. A Philosophical Review of European Philosophy and Culture, 1750–1850* (Brighton, 1980). Vom selben Autor wäre auch noch ein amüsantes Buch mit dem Titel *Introducing the German Idealists. Mock Interviews with Kant, Hegel, Fichte, Schelling, Reinhold, Jacobi, Schlegel and a Letter from Schopenhauer* (Indianapolis, 1981). Empfehlenswert zu Fichte: P. Rohs, *Johann Gottlieb Fichte* (München, 1977); für Schelling ist das Standardwerk von X. Tilliette, *Schelling, une philosophie en devenir* (2 Bd., Paris 1992^2) zu nennen.

Hegel Eine exzellente Einführung in die Philosophie Hegels ist O. Pöggeler (Red.), *Hegel. Einführung in die Philosophie* (Freiburg, 1977). Ebenfalls als Einführung gedacht ist G. R. G. Mure, *The Philosophy of Hegel* (London, 1965). C. Taylor, *Hegel* (Cambridge, 1975) ist ein Standardwerk. Noch immer interessant: R.F. Beerling, *De list der rede in de geschiedfilosofie van Hegel* (Arnheim, 1959).

Schopenhauer Eine schöne Biografie neueren Datums hat R. Safranski, *Schopenhauer und die wilden Jahre der Philosophie* (München, 1990) geschrieben. Als Standardwerk gilt H. Hasse, *Schopenhauer* (München, 1926).

Kierkegaard Zwei tonangebende Studien über Kierkegaard sind: J.Wahl, *Etudes Kierkegaardiennes* (Paris, 1938) und G. Malantschuk, *Kierkegaards Thought* (Princeton, 1974).

Marx Wichtige allgemeine Werke zu Marx sind: G. D. M. Cole, *A History of Socialist Thought* (2 Bd., London/New York, 1952–54) und L. Kolakowski, *Geschiedenis van het Marxisme* (3 Bd., Utrecht 1980–81). Eine ausgezeichnete, gut dokumentierte Studie, die ein vollständiges Bild von der philosophischen und politischen Diskussion in Deutschland von 1830–1850 vermittelt, ist W. Essbach, *Die Junghegelianer. Soziologie einer Intellektuellengruppe* (München, 1988). Zu Marx selbst siehe D. McLellan, *Karl Marx. His Life and Thought* (London, 1987^2) und dessen *The Thought of Karl Marx. An Introduction* (London, 1987^2). Die Beziehung zwischen Marx und den anderen «linken Hegelianern» wie Bauer, Feuerbach und Stirner wird in *Young Hegelians and Karl Marx* (London, 1980) dargestellt.

Französische Philosophie Ein altes Standardwerk ist F. Ravaisson, *La philosophie en France au XIX siècle* (Paris, 1895^4). Nützlich ist auch J. Wahl, *Tableau de la philosophie francaise* (Paris, 1946). Zu Maine de Biran siehe F. C. T. Moore, *The Psychology of Maine de Biran* (Oxford, 1970). Das etwas ältere Werk von H. Gouhier, *La jeunesse d'Auguste Comte et la formation du positivisme* (3 Bd., Paris, 1970^2) ist noch immer lesenswert.

Englische Philosophie J. Passmore, *A Hundred Years of Philosophy* (Harmondsworth, 1968) beschäftigt sich mit der Philosophie von J. S. Mill. Ebenfalls mit Mill befassen sich R. P. Anschutz, *The Philosophy of J. S. Mill* (Oxford, 1953) und K. Britton, *John Stuart Mill* (Harmondsworth, 1953). Die meisten Studien zu Spencer entstanden zu Anfang dieses Jahrhunderts. Eine relativ neue Veröffentlichung ist J. Peel, *H. Spencer. The Evolution of a Sociologist* (London, 1971).

Die Neukantianer Hervorragend ist die Studie von K. C. Könke, *Entstehung und Aufstieg des Neukantianismus. Die deutsche Universitätsphilosophie zwischen Idealismus und Positivismus* (Frankfurt a. M., 1986). Eine erste Orientierung bietet H. L. Ollig (Red.), *Materialien zur Neukantianismus-Diskussion* (Darmstadt, 1987).

Nietzsche Die Veröffentlichungen über Nietzsche füllen eine ganze Bibliothek. Eine gute Einleitung bietet W. Kaufman, *Nietzsche. Philosopher, Psychologist, Antichrist*. Eine eindrucksvolle Studie hat C. P. Janz, *Friedrich Nietzsche. Biographie* (München 1978/79) verfaßt. Wichtig ist auch G. Deleuze, *Nietzsche et la philosophie* (Paris, 1988^7). A Nehamas, *Nietzsche. Life as a Literature* (Cambridge, Mass., 1985) gibt eine moderne Interpretation. Eine neuere niederländische Ausgabe ist P. van Tongeren (Red.) *Nietzsche als arts van de cultuur. Diagnoses en prognoses* (Kampen, 1990).

DAS ZWANZIGSTE JAHRHUNDERT

C. P. Berteis & E. J. Petersma (Red.), *Filosofen van de 20e eeuw* (Assen, 1987^8) enthält sehr lesenswerte Beiträge. Fundiert, wenn auch nicht aktuell, ist I.M. Bochenski, *Europäische Philosophie der Gegenwart* (Bern, 1947). Das schon genannte Werk von J. Passmore, *A Hundred Years of Philosophy* (Harmondsworth, 1968) ist angelsächsisch orientiert. Äußerst gründlich ist W. Stegmüller, *Hauptströmungen der Gegenwartsphilosophie* (Stuttgart, 1987^8). P. A. Schilpp (Red.), *The Library of Living Philosophers* (Lasalle III., seit 1939) befaßt sich in großen Teilen mit einer Reihe wichtiger Philosophen dieses Jahrhunderts.

Bergson und der Pragmatismus Die beste Studie über Bergson ist H. Capek, *Bergson and Modern Physics* (Dordrecht, 1971). Neuer ist J. Bor, *Bergson en de onmiddelijke ervaring* (Amsterdam/Meppel, 1990). Zum Pragmatismus siehe J. P. Murphy, *Pragmatism. From Peirce to Davidson* (Boulder, 1990). Zu Peirce siehe auch H. Hookway, *Peirce* (New York, 1985). Eine neuere Veröffentlichung über James ist G. Cotkin, *William James. Public Philosopher* (Urbano/Chicago, 1994). Eine Einführung in das Denken von Dewey ist J. E. Tiels, *Dewey* (London/Nev York, 1990).

Husserl und die Phänomenologie Das Standardwerk ist H. Spiegelberg, *The Phenomenological Movement* (2 Bd., Den Haag, 1963). Eine umfassende Studie über Husserl ist Th. de Boer, *De ontwikkelingsgang in het denken van Husserl* (Assen, 1966). Ebenfalls wichtig: E. Levinas, *Théorie de l'intuition dans la phénoménologie de Husserl* (Paris, 1930).

Grundlagenforschung Wichtig zu Frege ist M. Dummett, *The Interpretation of Frege's Philosophy* (London, 1981). D. van Dalen, «Brauwer en de eenzaamheid van het gelijk» ist im Briefwechsel Brouwers mit C.S. Adama van Scheltema, *Droeve snaar, vriend van mij. Brieven* (Amsterdam, 1984), enthalten. Russell verfaßte eine lebendige Autobiografie, *Autobiographie* (3 Bd., London, 1970). Zu

Russell siehe auch A.J. Ayer, *Bertrand Russell* (London, 1972) und D.F. Pears, *Bertrand Russell and the British Tradition in Philosophy* (London, 1967). Eine gute Studie zu Whitehead ist C. Hartshone, *Whitehead's Philosophy* (Lincoln, 1972). Zu den Grundlagen der Mathematik lese man D. van Dalen, *Filosofische grondslagen van de wiskunde* (Assen/Amsterdam, 1978). Zu Carnap siehe L. Krauth, *Die Philosophie Carnaps* (Wien, 1970) und J. Hintikka (Red.) *Rudolf Carnap. Logical Empiricist* (Dordrecht, 1975). Sowohl Russell als auch Whitehead und Carnap finden in Schilpps: *Library of Living Philosophers* (s. o.) Berücksichtigung.

Wittgenstein und der Wiener Kreis F. Waisman, *Ludwig Wittgenstein and the Vienna Circle* (Oxford, 1979) enthält Wittgensteins Gespräche mit dem Wiener Kreis. Eine bekannte Sammlung ist A.J. Ayer (Red.) *Logical Positivism* (New York, 1959). Siehe auch V. Kraft, *Der Wiener Kreis. Der Ursprung des Neopositivismus* (Wien, 1950) und J. Weinberg, *An Examination of Logical Positivism* (London, 1936). Eine erhellende Biografie ist R. Monk, *Ludwig Wittgenstein. The Duty of Genius* (New York, 1990). Noch immer aussagekräftig ist G. E. M. Anscombe, *An Introduction to Wittgenstein's Tractatus* (London, 1959). Siehe auch M.B. & J. Hintikka, *Investigating Wittgenstein* (Oxford, 1986) und N. Malcolm, *Nothing is Hidden* (Oxford, 1986). Sehr zugänglich und authentisch ist die Studie von A. Janik & S. Toulmin, *Wittgenstein's Vienna* (New York, 1963), die Wittgenstein in den Kontext der Wiener Fin-de-siècle-Kultur stellt.

Existenzphilosophie Einen guten allgemeinen Überblick gibt L. Gabriel, *Existenzphilosophie. Kierkegaard, Heidegger, Jaspers, Sartre. Dialog der Positionen* (Wien/München, 1968). Zu Heidegger sind wichtig: O. Pöggeler, *Der Denkweg Martin Heideggers* (Pfullingen, 1983) und R. Schürmann, *Heidegger on Being and Acting. From principles to Anarchy* (Bloomington, 1990). Heidegger und sein Verhältnis zum Nationalsozialismus wird thematisiert in H. Ott, *Martin Heidegger. Unterwegs zu seiner Biographie* (Frankfurt/New York, 1988). Eine niederländische Einführung bietet S. Ijsseling, *Heidegger. Denken en danken, geven en zijn* (Antwerpen, 1964). Gute Einführungen in das Werk Sartres sind A.C. Danto, *Sartre* (Glasgow, 1975) und L.W. Nauta, *Jean-Paul Sartre* (Baarn, 1978[3]). R. Bakker, *Merleau-Ponty. Filosoof van het nietwetend weten* (Baarn, 1975) ist ebenfalls als Einführung geeignet. Tiefschürfender ist R. van Riessen, *Erotiek en dood, met het oog op transcendentie in de filosofie van Levinas* (Kampen, 1991).

Analytische Philosophie Inzwischen ein Klassiker ist J. O. Urmson, *Philosophical Analysis. Its Development between the Two World Wars* (Oxford, 1956). Aus derselben Zeit stammt G. J. Warnock, *English Philosophy since 1900* (London, 1958), das einen Überblick über die Geschichte der analytischen Philosophie gibt. Da die meisten Analysen in Artikelform erschienen sind, sind die folgenden Textsammlungen zu empfehlen: H. Feigl & W. Sellars, *Readings in Philosophical Analysis* (New York, 1949); M. Black, *Philosophical Analysis* (Englewood Cliffs, 1950) und A. Flew, *Logic and Language. First and Second Series* (Oxford, 1951–53). Neueren Datums ist R. Rorty, *The Linguistic Turn. Recent Essays in Philosophical Method* (Chicago/London, 1967). G. Nuchelmans, *Overzicht van de analytische wijsbegeerte* (Utrecht/Antwerpen, 1969) ist instruktiv. Siehe auch I. Hacking, *Why does Language Matter to Philosophy?* (London, 1975). Zu Moore siehe A. R. White, *G. E. Moore, A Critical Exposition* (Oxford, 1958). Zu Moore und Quine sind Auszüge in Schilpps «Library» (s.o.) aufgenommen.

Philosophie Ost-West Zum Dialog zwischen östlichem und westlichen Denken siehe: C. A. Moore (Red.), *Philosophy East and West* (Princeton, 1946); F. B. C. Northrop, *The Meeting of East and West* (New York, 1947); F. Staal, *Over zin en onzin in filosofie, religie en wetenschap* (Amsterdam, 1986): D. Dilworth, *Philosophy in an World Perspective. A Comparative Hermeneutic of the Major Theories* (New Haven/London, 1989). Zur modernen indischen Philosophie liegt eine Textsammlung von S. Radhakrishnan und J.H. Muirhead, *Contemporary Indian Philosophy* (London/New York, 1936) vor, die durch eine nachfolgende Ausgabe von M. Chatterjee (London/New York, 1974) ergänzt wurde. Radhakrishnan selbst kommt in Schilpps «Library» (s.o.) zur Sprache. Die neuere chinesische Philosophie wird behandelt in L. G. Thompson, *Ta T'ung Shu. The One-World Philosophy of K'ang Yu-wei* (London, 1958); M.C. Masson, *Philosophy and Tradition. The Interpretation of China's Philosophic Tradition: Fung Yu-lan 1939–1949* (Taipeh, 1985) und G.S. Alitto, *The Last Confucian. Liang Shu-ming and the Chinese Dilemma of Modernity* (Berkeley, 1979). Mit der Kyoto-Schule beschäftigen sich F. Buri, *Der Buddha-Christus als der Herr des wahren Selbst* (Bern/Stuttgart, 1982) und R. Ohashi (Red.), *Die Philosophie der Kyoto-Schule* (München, 1990). Richtungweisend ist die Studie von K. Nishitani, *Nishida Kitaro* (Berkeley, 1991). Mit den beiden großen Denkern der Kyoto-Schule befaßt sich T. Unno (red.), *The Religious Philosophy of Nishitani Keiji* (Berkeley, 1969).

Frankfurter Schule Den besten Überblick vermittelt R. Wiggershaus, *Die Frankfurter Schule* (München, 1986). Bahnbrechend war M. Jay, *The Dialectical Imagination. A History of the Frankfurt School and the Institute of Social Research 1923–1950* (London, 1973); Gleiches gilt für F. Grenz, *Adorno's Philosophie in Grundbegriffen* (Frankfurt a.M., 1974). Auch A. Wellmer, *Zur Dialektik von Moderne und Postmoderne. Vernunftkritik nach Adorno* (Frankfurt a. M., 1985) ist wichtig. Eine gute und kritische Übersicht über die ästhetische Theorie Adornos bieten B. Lindner & W. Martin Lüdke (Red.), *Materialien zur ästhetischen Theorie. Theodor W. Adornos Konstruktion der Moderne* (Frankfurt a. M., 1980). Zu Marcuse siehe A. MacIntrye, *Herbert Marcuse* (Amsterdam, 1970) und L.W. Nauta, *Theorie en praxis bij Marcuse* (Baarn, 1969). Zu Habermas siehe H. Kunneman, *Habermas' theorie van het communicatieve handelen* (Meppel/Amsterdam, 1983) und J. Keulartz, *De verkeerde wereld van Jürgen Habermas. Over motieven en achtergronden van zijn ontwikkeling* (Meppel/Amsterdam, 1992).

Wissenschaftsphilosophie Eine Einführung gibt H. Koningsveld, *Het verschijnsel wetenschap* (Heppel/Amsterdam, 1976). I. Lakatos und A. Musgrave, *Criticism and the Growth of Knowledge* (Cambridge, 1970) ist wichtig, ebenso wie F. Suppe, *The Structure of Scientific Theories* (Urbana, 1977). Schilpps «Library» (s.o.) enthält einen Teil über Popper.

Strukturalismus und Postmoderne Einführungen: E. Berns, S. Ijsseling & P. Moyaert, *Denken in Parjis. Taal en Lacan, Foucault, Althusser, Derrida* (Alphen a.d. Rijn, 1979). Aktueller ist P. L. Assoun (Red.) *Hedendaagse Franse filosofen* (Assen/Maastricht, 1987). Eine gute Einführung in das postmoderne Denken bietet C.A. van Peursen, *Na het postmodernisme. Van metafysica tot filosofisch surrealisme* (Kampen, 1994). Wichtig ist ferner G. Deleuze, *Foucault* (Paris, 1986). Von D. Eribon stammt die Biografie *Michel Foucault* (Paris, 1989). Zu Lacan siehe A. Mooij, *Taal en verlangen* (Meppel, 1975). Zur Einführung geeignet sind ferner S. Ijsseling (Red.) *Jacques Derrida, Een inleiding in zijn denken* (Baarn, 1986); F. van Peperstraten, *Jean-François Lyotard* (Kampen, 1995) und S. Alexandrescu (Red.), *Richard Rorty* (Kampen, 1995).

Register

Abälard, Pierre 180–82, 185, 188–91, 193
Abbo von Fleury 177
Abrabanel, Don Isaak 171
Addison, Joseph 263
Adeodatus 52
Adorno, Theodor Wiesengrund 367–72
Agricola, Phrisius, Rudolf (Roelof Huysman) 233–35
Albert der Große (Albertus Magnus) 192, 199, 209–210, 221, 227, 229
Alberti, Leon Battista 235
Albo, Joseph 171
Alembert, Jean Baptiste Le Rond d' 266, 269, 286, 294, 308, 347
Alexander der Große 34–35, 38, 195, 295
Alexander von Aphrodisias 47, 151–152, 160, 229
Alkibiades 26
Alkmeion Kroton 18
Alkuin von York 176, 178
Althusser, Louis 376, 378, 379
Amalric von Bènes 178
Ambrosius, Bischof von Mailand 53, 182
Ammonius Sakkas 49
Amyntas II. König von Makedonien 34, 40
Anaxagoras 22–24, 43–44, 47, 49–50
Anaximander 17–18, 49
Anaximenes 17
Andreas-Salomé, Lou 317–318
Andronikos von Rhodos 39, 41
Anselm von Canterbury 181–185, 188, 193
Anselmus von Laon 185
Antiphon 25
Apel, Karl Otto 331
Arendt, Hannah 372
Aristophanes 22
Aristoteles 14–15, 17–18, 20–23, 28–30, 34–42, 45, 47–51, 55, 150, 152–157, 159–160, 164–165, 167–171, 176–177, 180–181, 186, 188–189, 191–196, 198–199, 202, 204, 206–209, 213, 217–218, 222–224, 227, 228, 230, 232–233, 235, 239–241, 244, 249, 251, 268, 294, 295
Arkesilaos 45–46
Arnold von Brescia 185
Aron, Raymond 353
Asanga 83–84
Aschari, al- 157
Ashley, Lord (Graf von Shaftesbury) 260
Ashoka, Kaiser 73
Augustinus 50, 52–55, 174, 176–177, 179, 182–183, 190, 192–195, 197, 213, 216–218, 220, 222, 232
Auriol, Pierre 208
Aurobindo Ghosh 363
Austin, John Langshaw 360
Autrecourt, Nicolas von 208

Averroës (Abul-walid Mohammed ibn Ahmed ibn Mohammed ibn Rushd) 30, 153–154, 158–160, 164–165, 170–171, 193, 197, 213, 221–222, 224, 229
Avicebron (Avencebrol) 166
Avicenna (Abu Ali al-Hasan ibn Abdallah ibn Sina) 154–157, 159–160, 167–168, 170, 193–194, 197

Babur, Mongolenfürst 99
Bachelard, Gaston 374
Bacon, Francis 227, 244, 247, 311
Bain, Alexander 316
Bajja, Ibn 158
Bakunin, Michail 303
Bar Chijja 164, 167
Barthes, Roland 374–375
Basir, Josef al- 165
Baudelaire, Charles 315
Bayle, Pierre 269
Beauvoir, Simone de 351–352
Beda der Ehrwürdige 176
Bella, Stefano della 239
Belon, Pierre 215
Benjamin, Walter 325, 367, 370
Bentham, Jeremy 284, 311–313
Berengar von Tours 182, 183
Berg, Alban 370
Bergson, Henri-Louis 50, 308, 325, 328–330, 374, 379
Berkeley, George 256–257, 261, 263–66, 269, 311
Bernard von Clairvaux 180–181, 185–186, 210
Bérulle, Kardinal von 243
Bessarion, Johannes 221, 224
Biel, Gabriel 229
Blake, William 284
Blanche von Kastilien 179
Bloch, Ernst 367, 370
Bodhidharma 139
Boëthius, Anicius Manlius Torquatus Severinus 55, 175–177, 186, 193–194, 233
Böhme, Jacob 252
Boltzmann, Ludwig Eduard 344, 347
Bonald, Louis de 306
Bonaventura 193
Boole, George 325
Boswell, Samuel 266
Boyle, Robert 260
Braccelli, Gio Battista 242
Brahms, Johannes 315
Bramhall, Bischof von Derry 259
Braque, Georges 14
Braudel, Fernand 374
Breda, Herman Leo von 334
Bréhier, Emile 174
Brentano, Franz 334–337, 348
Brouwer, Luitzen Egbertus Jan 338–339, 342

Bruni Aretino, Leonardo 216–217, 221, 228, 231
Bruno, Giordano 227, 239–240
Buber, Martin 355
Buddhaghosha 77
Buridan, Johannes 207–208, 215
Byron, Lord (George Noel Gordon) 284

Cabanis 307
Caietanus (Thomas de Vio) 229
Calas, Jean 273
Calvelli-Adorno della Piana, Maria 370
Calvin, Johannes 99, 220
Camus, Albert 352, 354, 380
Cantor, Georg 325
Carlyle, Thomas 312
Carnap, Rudolf 343, 347–348, 361, 373–374
Cäsar, Julius 254, 256, 267, 295
Cassiodorus 176
Cassirer, Ernst 315
Caus, Salomon de 242
Cavendish, William 259
Cézanne, Paul 235
Chaldun, Ibn 160
Chandrakirti 80
Châtelet, Madame du 273
Cheng Hao 141
Cheng Yi 141–144
Chirico, Giorgio de 383
Chisholm, Roderick Milton 358, 360–361
Christina von Schweden, Königin 243
Cicero 17, 44, 52, 216–217, 232–233
Clausewitz, Karl von 288
Clemens von Alexandrien 51, 151
Cohen, Hermann 315
Cohen, Paul 342
Comte, Auguste 306, 308–311, 334
Condillac, Etienne Bonnot de Claude Adrien 270, 307
Condorcet, Marie-Jean-Antoine-Nicolas de Caritat, Marquis von 270
Contarini 229
Corneille, Pierre 270
Costa, Uriel da 250
Cousin, Victor 288
Crantor 43
Crathorn 208
Crescas Chasdaj 171
Cromwell, Oliver 238
Cui Shi 124
Curie, Marie 316
Curie, Pierre 316
Cusanus (Nikolaus von Kues) 66, 199, 216, 221, 223–224

Damaskios 51
Dante Alighieri 284
Daoshen 134
Darwin, Charles 285–286, 311, 314, 329
Daud, Ibn 167–168
Daumier, Henri 306

David von Dinant 178
David, Anan Ben 162
Davidson, Donald 361
Dee, John 227
Delaunay, Robert 329
Deleuze, Gilles 376, 378–380
Demokrit 21–22, 44, 46, 208, 250
Demosthenes 24
Derrida, Jacques 367, 379, 380
Descartes, René 215, 238, 240–248, 250, 251, 253–257, 259–260, 262, 264, 270, 277–279, 284, 307, 336, 349, 380
Destutt de Tracy, Antoine-Louis-Claude, Graf 306, 307
Dewey, John 328, 331, 333, 381
Dharmakirti 85
Dharmapala 85
Dhignaga 85
Diderot, Denis 266, 269–270, 294, 347
Dietrich von Freiberg 208–210
Dignaga 85
Dilthey, Wilhelm 287
Diogenes Laërtius 230
Diogenes von Sinope 42
Dion 28
Dionysios II., Tyrann 28
Dix, Otto 335
Doesburg, Theo von 326
Dong Zhongshu 121, 122, 124
Dostojewskij, Fjodor Michajlowitsch 315, 366
Drebbel, Cornelis Jacobsz. 241
Duhem, Pierre 316
Dumézil, Georges 374
Duns Scotus, Johannes 182, 196–201, 204, 206, 209, 215, 221, 229, 331
Duperron, Anquetil 62
Dürer, Albrecht 223, 227
Durkheim, Emile 310, 372

Edward II., König 205
Einstein, Albert 324, 337, 342–343, 358, 376
Elisabeth von Böhmen 243, 247
Elsevier, Lodewijk 244
Empedokles 17, 30
Engels, Friedrich 284, 290, 298, 302, 369
Epiktet 44
Epikur 42, 44, 49, 170
Epinay, Madame d' 274
Erasmus, Desiderius 214–215, 220
Ernst, Max 326
Euklid 36, 38, 50, 151, 156, 235, 250
Euripides 23, 51
Ezra 176
Ezra Abraham, Ibn 167, 176

Farabi, Abu Nasr Mohammed al- 153, 154–157, 170, 194
Feininger, Lyonel 325
Feuerbach, Anselm 298
Feuerbach, Ludwig 288, 292, 298–299
Fichte, Johann Gottlieb 287–292

Ficino, Marsilio 30, 214, 216, 221, 224–227, 229
Florenskij, P.A. 339
Florentina von Sevilla 176
Fonseca, Pedro da 228
Fontaine, Jean de la 270
Fontenelle, Bernard le Bovier de 270
Foucault, Michel 327, 367, 376–377, 380
Fourier, Charles 302
Franz von Assisi 366
Franz von Frankreich, König 214
Frege, Gottlob 325, 338, 340, 344, 357
Freud, Sigmund 252, 298, 319, 325, 371–372, 376
Friedrich der Große, König 271, 273, 276
Friedrich V., Graf 243
Friedrich Wilhelm II., König 276
Friedrich, Caspar David 288
Fromm, Erich 367, 369
Fung Yulan 364

Gabirol, Salomon Ibn 163, 166, 167
Gadamer, Hans-Georg 355–356
Galenus 151
Galilei, Galileo 239–240, 247, 258–259, 336
Gallienus, Kaiser 49
Gassendi, Pierre 241–242, 260
Gaulle, Charles de 352
Gaunilo von Marmoutiers 184
Gautama, Buddha 72–74, 76, 78, 80, 82, 129, 131, 133, 142
Gent, Heinrich von 198
George I., König 253
Gerson, Jean 180
Gerson, Levi Ben (Gersonides, Leo Hebraeus) 171
Ghazali, al- 157–158, 160, 222
Ghiberti, Lorenzo 301
Ghosh, Aurobindo 363
Gilbert von Poitiers 191, 193
Gilson, Etienne 174
Giorgione (da Castelfranco) 213
Giotto (di Bondone) 231
Girardin, Marquis von 274
Gödel, Kurt 342
Goethe, Johann Wolfgang von 238, 287, 289–291, 296
Goodman, Nelson 359–360
Govinda 93
Goya, Francisco 375
Grandville (Jean Ignace Isidore Gérard) 304
Gréco, Juliette 353
Gregor der Große, Papst 174
Gregor X., Papst 192
Grice, Henry Paul 360
Grosz, George 335
Grünberg, Carl 367–368
Gu Kaizhi 125
Guarino von Verona 221
Guattari, Félix 379

Guericke, Otto von 256
Guo Xi 110
Guo Xiang 127–128

Habermas, Jürgen 327, 331, 367, 371–372
Haeckel, Ernst 286
Hahn, Hans 347
Hakam II., Kalif al- 158
Hallevi, Jehuda 167–168
Hamann, Johann Georg 286
Hanfeizi 115
Hariris, al- 151
Hartmann, Eduard von 298–299
He Yan 126–128
Hegel, Georg Wilhelm Friedrich 9, 238, 287–288, 290, 292–296, 298–300, 303, 311, 367–368, 374, 376, 380
Heidegger, Martin 326, 334, 348–355, 366, 372, 379–381
Heinrich IV., König 240
Helmholtz, Hermann von 316
Héloïse 185–186
Hensel, Wilhelm 292
Heraklit 17–20, 24, 28–29, 40, 42–43, 49
Herder, Johann Gottfried 270–271, 286
Hermes Trismegistos 224–225, 227
Herodot 41
Hertford, Lord 266
Hertz, Heinrich Rudolf 344
Hesiod 14, 15, 19
Hieronymus 216, 220
Hilarius von Poitiers 195
Hilbert, David 338, 342
Hildegard von Bingen 209
Hilduinus, Abt 178
Hintikka, Jaakko 361
Hippokrates 151
Hobbes, Thomas 238, 242, 252, 258–260, 262–264, 275, 279
Hodler, Ferdinand 315
Holbach, Paul-Henri Dietrich Baron von 266, 270
Holbein, Hans 215
Hölderlin, Johann Christian Friedrich 288, 290, 292
Homer 14–15, 19, 34–35, 39, 42, 48, 50, 259
Horaz 41
Horkheimer, Max 367–372
Hornius, Georgius 271
Hugo, von St. Victor 187
Huinan zi 122, 124
Huineng 137, 138
Humboldt, Wilhelm von 288
Hume, David 241, 242, 257–258, 261–262, 266–270, 274, 276, 279, 311–312, 357, 373–374, 379
Husserl, Edmund 324–325, 334–337, 348–351, 354, 380
Huygens, Constantijn 243, 247
Hyppolite, Jean 376

Ishaq, Hunayn Ibn 150
Ishvarasena 85
Isidorus von Sevilla 176
Isokrates 24, 221, 233
Israeli, Isaac 166

Jacobi, Friedrich Heinrich 295
Jacobus II., König 222
Jamblichus 35
James, William 325, 328, 329, 331–333
Janaka, König 62
Jansen, Cornelis 248
Jaspers, Karl 355
Jefferson, Thomas 307
Jehiel, Asher Ben 162
Jehuda, Jeshoa Ben 165
Jina Mahavira 67, 72
Johannes XXII., Papst 202
John von Salisbury 185
Justinian, Kaiser 28, 51
Justinus 151

Kafka, Franz 379
Kang Youwei 364
Kant, Immanuel 15, 93, 183–184, 238, 241, 257, 262, 267, 269, 271, 275, 276–81, 287–91, 296–297, 313, 315, 338, 342, 349, 357, 363, 373–374, 379–380
Kapila 86
Karl der Große, Kaiser 176, 295
Karl der Kahle, König 178
Karl I., König 259
Karl II., König 260
Karl VIII., König 231
Karneades 45–46
Keats, John 284
Kellermann, Bernhard 381
Kepler, Johannes 240
Khrysippos 42
Kierkegaard, N. C. 299
Kierkegaard, Sören 288, 290, 299–301, 366, 370
Kindi, al- 151–152, 155, 165
Kirchhoff, Gustav Robert 316
Kirchner, E. L. 329
Kleanthes von Assos 42
Klee, Paul 356
Klemens VII., Papst 218
Klimt, Gustav 347
Kokoschka, Oskar 344
Kolumbus, Christoph 214
Konfuzius (Kongfuzi) 104–107, 109, 112, 116, 121–122, 127, 140–142, 274
Konstantin der Große, Kaiser 221
Konstantin I., Kaiser 232
Kopernikus, Nikolaus 208, 235, 239, 278, 285
Kratylos 28
Kripke, Saul 361
Kroesus, König 41
Krutschonjeh, A. 327

Kuhn, Thomas 373–374, 381
Kulottunga I., König 96
Kumarajiva 131–132

Lacan, Jacques 375–376
Lakatos, Imre 373–374
Lamettrie, Julien Offray de 242, 270
Lanfranc von Lebec 181–183
Laozi 109, 111–113, 120, 122–123, 126–127, 142
Leeuwenhoek, Anthonie van 260
Leibniz, Gottfried Wilhelm 222, 241, 243, 245, 250, 253–257, 263, 276, 281, 297, 338
Leo X., Papst 214
Leonardo da Vinci 235
Leonidov, Ivan 360
Lessing, Gotthold Ephraim 271
Lessing, Theodor 175
Leukipp 44
Levasseur, Thérèse 274
Lévi-Strauss, Claude 374–375
Levinas, Emmanuel 351, 354–355, 380
Lewis, C. I. 333, 357–358
Li Si 115–116
Li Tong 142
Liang Kai 129
Liang Souming 364
Liebmann, Otto 315
Lievens, Jan 246
Limborch, Philippus van 260
Linné, Carl von 285, 377
Lissitzky, El 327
Liszt, Franz 315
Livius 216
Locke, John 238, 241–242, 257, 260–263, 266–270, 275–276, 311
Lou, Andreas Salomé 317–318
Louis-Philippe, König 304
Löwenherz, Richard, König 168
Lucilius 43
Lucretius 45, 124
Ludwig der Fromme, König 178
Ludwig IX., König 179
Ludwig von Bayern, König 202
Ludwig XIV., König 238, 253, 270, 273
Ludwig XV., König 270, 274
Ludwig XVI., König 272, 285
Lukács, Georg 367, 369–370, 372
Lukian 221
Lullus, Raymundus (Ramon Llull) 221–224, 227
Luther, Martin 220, 321
Lyotard, Jean-François 367, 379–380

Ma Yuan 100
Ma'mun, Kalif, al- 150
Mach, Ernst 316–317, 347
Machiavelli, Niccolò 218–219, 231
Madhva 93, 98–99
Magritte, René 377

Maimonides (Moses ben Maimon) 154, 163–164, 167–171
Maine de Biran, François-Pierre Gonthier 307–308
Maistre, Joseph-Marie de 306
Maitreyanatha 83–84
Malebranche, Nicole 245, 251
Malraux, André 375
Mann, Thomas 298
Manutius, Aldus 41
Marcel, Gabriël 353
Marco Polo 145
Marcus Aurelius, Kaiser 43–44
Marcuse, Herbert 367, 369, 371
Margaritte, René 377
Marinetti, Filippo Tommaso 324, 326
Marsilius von Inghen 215
Marx, Karl Heinrich 34, 284, 288, 292, 298–299, 302–306, 367–370, 372, 374, 378–379
Massin, Caroline 309
Maupertius, Pierre Louis Moreau 270
Maurits von Nassau, Prinz 243
Maximilian I., Kaiser 174
Maximilian von Bayern, Herzog 243
Mayer, Friedrich 296
Mead, George Herbert 372
Medici, Cosimo de 225
Medici, Lorenzo (il Magnifico) de 214, 218, 225
Medici, Lorenzo de 218
Medigo, Elia Del 171
Meister Eckhart 209–210, 366
Melissos 21
Mendelssohn, Moses 276
Menzius (Mengzi) 107–109, 113, 124, 144
Merleau-Ponty, Maurice 352, 354
Meyer, Ludwig 250
Michael der Stotterer, Kaiser 178
Michael von Cesena 202
Michelangelo Buonarroti 214
Milinda (Menander), König 76–77
Mill, James 311–313
Mill, John Stuart 310–314, 334
Ming, Kaiser 129
Miró Joan 351
Miskawayh 157
Mo Di (Mozi) 104
Moerbeke, Willem van 229
Mohammed 148, 150, 157
Molière (Jean-Baptiste Poquelin) 270
Mondrian, Pieter Cornelis 322, 324
Monet, Jean-Baptiste Pierre Antoine 285
Montague, Richard 361
Montaigne, Michel de 52, 215, 234–235
Montesquieu (Charles-Louis de Secondat) 242, 272
Monteverdi, Claudio 214
Montgolfier, Gebrüder 285
Moore, George Edward 344, 357, 360
Morgan, Augustus de 325

Morris, Charles W. 347
Mozart, Wolfgang Amadeus 287
Munch, Edvard 317

Nagarjuna 73, 80–82, 132, 136
Nagasena 76–77
Nahawendi, al- 163, 165
Napoleon I., Bonaparte, Kaiser 238, 284, 288, 292, 295
Natorp, Paul 315, 355
Negt, Oskar 371
Nero, Kaiser 43
Neurath, Otto 343, 347–348
Nevinson, Christopher 326
Newton, Isaac 238–241, 245–246, 253, 258, 260, 265–267, 270, 272, 276–279, 324
Nicolas von Oresme 195, 208
Nietzsche, Elisabeth 317
Nietzsche, Friedrich 17, 34, 298–299, 317–321, 325, 366, 374, 379
Nifo, Agostino 229
Nikolaus V., Papst 217
Nikomachos 34
Nishida, Kitaro 327, 365–366
Nishitani, Keiji 365–366
Novalis (Friedrich Leopold Freiherr von Hardenberg) 286, 288, 290
Nozick, Robert 361

Ockham, William von 174, 180, 182, 197–198, 201–204, 206–209, 215, 331
Oldenburgh, Henry 250
Olivier de La Marche 211
Olsen, Regine 299
Origenes 51, 220
Ortelius, Abraham 240
Otto II., Kaiser 178
Otto III., Kaiser 181
Owen, Robert 302, 312

Panaetius von Rhodos 44
Paquda, Bachja Ibn 167
Paramartha 85
Parmenides 20–21, 26, 29–30, 45
Parsons, Talcott 372
Pascal, Blaise 241, 248–251, 263
Patricius 53
Paulus 186, 260, 321
Pazzi, Familie 217
Peano, Giuseppe 338
Peirce, Charles Sanders 328, 330–333
Perikles 24
Petrarca 215–217, 232
Petri, Elfriede 348
Petrus Damiani 181–182
Petrus Lombardus 190–191, 198, 202
Petrus von Poitiers 191
Phaenarete 26
Philippos, König 24
Philolaos 18
Philon von Alexandrien 48, 161, 164–165

Piaget, Jean 374
Picasso, Pablo Guido 354
Pico della Mirandola, Giovanni 171, 227, 231
Pierre le Vénérable 186
Pius II., Papst 217
Platon 14, 16–18, 20–22, 24–28, 30–37, 39–42, 45–51, 144, 150, 152–154, 157, 180, 181, 188, 192, 194, 196, 204, 209, 214, 221, 223–227, 230–231, 245, 249–251, 254, 256, 296, 318, 354, 355
Plessner, Helmuth 329
Plethon, Georgios Gemistos 221, 224
Plotin 48–50, 152, 154, 194, 224–226
Plutarch 221, 274
Poggio Bracciolini, Gianfrancesco 216, 217
Pomponazzi, Pietro 229–231
Pope, Alexander 263
Popowa, Ljubow 339
Popper, Karl Raimund 331, 333, 348, 373, 374
Porcari, Stefano 217
Porphyrios 48–50, 150–152, 156, 178, 186, 194, 225
Price, Lucien 341
Proklos 50, 151–152, 176, 178, 194, 209–210, 223–225
Protagoras 25, 46
Proudhon, Pierre Joseph 302–303
Pseudo-Dionysios Areopagita 50, 66, 176, 178, 194, 209–210, 225
Ptolemios 151, 213, 235, 239, 358
Pyrrhon 46, 235
Pythagoras 18, 29, 30, 33, 227, 341

Qirqisani, al- 163
Quesnay, François 270
Quine, Willard von Orman 358–359, 361
Quintilianus 217

Racine, Jean 270
Radhakrishnan, Sarvepalli 327, 363
Radulphus von Laon 185
Raemaekers, Louis 326
Raffael (Raffaello Sanzio) 29–30, 34
Ramanuja 93, 95–99
Ramsey, Frank Plumpton 344, 346
Ramus, Petrus 234
Ranke, Leopold von 288
Raschid, Kalif Harun al- 150
Ravaisson-Mollien, Felix 308
Rawls, John 361
Raymundus, Bischof 164
Razi, al- (Rhazes) 154
Redon, Odilion 362
Rée, Paul 317
Regiomontanus, Johannes 213
Reichenbach, Hans 342–343, 374
Reuchlin, Johannes 227
Reverdy, Pierre 354
Rickert, Heinrich 315, 334, 348

Riemann, Georg Friedrich Bernhard 316
Rilke, Rainer Maria 50, 344
Rimbaud, Arthur 315
Robert von Melun 191
Rorty, Richard 333, 379–381
Roscelinus von Compiègne 185, 187–188
Rosenzweig, Franz 355
Rousseau le Douanier 329
Rousseau, Henri 310
Rousseau, Jean-Jacques 242, 258, 266, 272, 274–275, 294
Russell, Bertrand Arthur William 325, 338–342, 344, 346, 357, 359
Ruusbroec, Jan (Johannes) van 172, 210
Ryle, Gilbert 360

Saadja 163, 165
Saint-Simon, Claude-Henri de 302, 306, 308–309
Salutati, Coluccio 216–217
Samashravas 62
Sánchez, Francisco 235
Sartre, Jean-Paul 327, 351–355, 366, 375–376
Saussure, Ferdinand de 374–375
Savery, Roland 255
Savonarola, Girolamo 218, 219, 231
Scheler, Max 335
Schelling, Friedrich Wilhelm Joseph von 284, 287, 290–292, 299, 331
Schiller, Johann Christoph Friedrich von 278, 287, 290
Schlegel, August Wilhelm 286, 290
Schlegel, Caroline 290
Schlegel, Friedrich 286, 288, 290
Schleiermacher, Friedrich Daniel Ernst 286, 288, 295, 298
Schlemmer, Oskar 368
Schlick, Moritz 347–348
Schön, Erhard 235
Schönberg, Arnold 370
Schookius, Martinus 235
Schooten, Frans van 243
Schopenhauer, Arthur 64, 276, 296–98
Schopenhauer, Johanna 296
Schreiber, George 343
Schubert, Franz 290
Schweitzer, Albert 352
Scipio Aemilianus 44
Scotus Eriugena, Johannes 178, 194
Searle, John Rogers 360
Sebbers, J.L. 287
Sellars, Wilfried 359
Seneca, Lucius Annäus 42, 44, 189, 216
Sengzhao 131–132, 136
Seurat, Georges 321
Sextus Empiricus 46
Shakespeare, William 305
Shang Yang 115–116, 124
Shankara 65, 93–95, 98
Shelley, Percy Bysshe 284
Shenxiu 138

Sichling, L.G. 287
Siger von Brabant 222
Silvester I., Papst 232
Silvester II., Papst (Gerbert von Aurillac) 177–178
Sima Qian 111
Simonides 37
Simplicius 18, 23, 150
Sloterdijk, Peter 371
Smith, Adam 268
Sokrates 9, 16–18, 21–31, 33–34, 37, 42, 45, 47, 50, 187, 250, 299, 378
Solon 41
Sophroniskos 26
Spencer, Herbert 311, 314
Speusippos 34, 42
Spinoza, Benedictus de 167, 241, 243, 245, 250–253, 257–258, 268, 290, 378–379
Stalin, Jossif 354
Steele, Richard 263
Stendhal (Marie-Henri Beyle) 307
Stirner, Max (Johann Caspar Schmidt) 288, 298–299
Stonborough-Wittgenstein, Margarete 347
Strawson, Peter Frederick 360
Suhrawardi, al- 160
Suzuki Daisetz Teitaro 327, 365
Swedenborg, Emanuel 276
Swift, Jonathan 263

Tai, Herzog von 121
Taine, Hyppolite 316
Tanabe Hajime 365
Tarski, Alfred 342
Taylor, Harriet 313–314
Taylor, Helen 313–314
Taylor, John 313
Tertullian 52, 174
Thales von Milet 17, 18, 30
Theoderich der Große 55, 176
Theophrast 18, 42
Thomas von Aquin 50, 93, 160, 174, 182, 192–199, 202, 209–210, 221, 229, 230
Thomasius, Christian 271, 288
Thukydides 259
Thurneisser zum Thurn 228
Tocqueville, Alexis de 306, 310–311

Tolstoj, Lew Nikolajewitsch 315
Tou-Wan, Prinz 122
Tschechow, Anton Pawlowitsch 315
Tucher, Maria von 292
Tufayl, Ibn 158–159
Turgot, Anne Robert Claude Jacques 270

Uddalaka Aruni 62
Ugo da Carpi 42

Vachaknavi, Gargi 65
Vaihinger, Hans 315
Valéry, Paul 328
Valla, Lorenzo 232, 234–235
Vasari, Giorgio 214
Vasari, Giorgio 214
Vasubandhu 83–85
Vaucanson, Jacques de 242
Vauvenargues, Luc de Clapiers, Marquis de 270
Veau, Clotilde de 309
Velde, Henry van de 340
Vergil 189, 216
Verne, Jules 381
Vico, Giambattista 242, 270–271
Vivekananda 363
Voetius, Gisbertus 235
Voltaire (François-Marie Arouet) 270–73, 275, 352

Wagner, Richard 298, 315, 317
Waismann, Friedrich 348
Wallis, John 259
Wang Bi 111, 126–128
Wang Chong 121, 123–124
Wang Fu 124
Wang Ming 123
Wang Yangming (Wang Shouren) 145–146
Warens, Madame de 274
Watt, James 284
Weber, Max 372
Webern, Anton 370
Weiner, Lawrence 358
Westphalen, Jenny von 302
Whitehead, Alfred North 325, 341–342, 344
Wiesengrund, Oscar 370
Wilhelm II., König 181

Wilhelm III., Prinz 260
Wilhelm von Auvergne 193
Wilhelm von Champeaux 185–189
Wilson, Thomas Woodrow 328
Windelband, Wilhelm 315, 329
Witt, Johan de 250
Wittgenstein, Ludwig Josef Johann 298, 325, 333, 344–348, 357, 381
Wolff, Christian 271, 276, 288
Wright, Georg Henrik von 361
Wu, Kaiserin 136
Wundt, Wilhelm 316

Xanthippe 26
Xenophanes 15, 19–20, 46, 48
Xi Wangmu 127
Xiang Xiu 127–128
Xiong Shili 364
Xuanzang 85, 136
Xunzi (Xun Kuang) 108–109, 115, 122, 124

Yadavaprakasha 96
Yajnavalkya 62, 65
Yan Yuan 196
Yaqub, Abu Yusuf 158–159

Zaddik, Josef Ibn 167
Zarathustra 160, 320–321
Zeeman, Pieter 337
Zenon von Elea 21, 42
Zenon von Kitium 42–43
Zhang Zai 141, 144
Zhang Zhidong 364
Zhao Mengfu 146
Zhong Gong 106
Zhou Dunyi 141, 144
Zhou, König von 102
Zhu Song 142
Zhu Xi 141–146
Zhuangzi (Zhuangzhou) 9, 109–110, 112–114, 120, 122, 126–127
Zi Ging 106
Zilu 106
Zisi 108
Zola, Emile 315
Zou Yan 117–118
Zwingli, Ulrich 220

Bildnachweis

Wenn nicht anders ausgewiesen, wurden alle Reproduktionen von Paul Schuurmans fotografiert. Sie gehören zur Sammlung der Universitätsbibliothek Groningen (UBG). Die Redakteure und der Contact Verlag haben die Lizenzträger, soweit diese bekannt waren, um ihr Einverständnis zur Publikation gebeten. Wer meint, hinsichtlich der Abbildungen in diesem Buch Rechte geltend machen zu können, wird gebeten, sich mit dem Contact Verlag in Verbindung zu setzen.

Seite

2 Athene. Foto P. Coureau. Sammlung UBG
10 Sokrates. Wandmalerei aus Ephesus. Selcuk Museum. Türkei. Foto UBG
13 Pallas Athene. Fragment einer Vasenmalerei. Rom, ca. 480 v. Chr. Foto UBG
14 Hesiod. Theogonie. Farbradierung/Aquatinta von G. Braque, Paris 1955. Foto UBG
15 Karte nach ANP-Foto. Copyright Contact
15 Labyrinth. Loigerfelder, 2. Jahrh. n. Chr. Wien, Kunsthistorisches Museum
16 Der Mythos von Europa. Gemälde nach Paolo Veronese, 16.–17. Jahrh. Foto UBG
16 Die sieben Weisen. Mosaik in Pompeij, Neapel, Nationalmuseum. Foto UBG
17 Thales von Milet. Foto UBG
17 Illustration aus einer süddeutschen Handschrift. 12. Jahrh. Österreichische Nationalbibliothek, Wien. Foto UBG
18 Sonnenfinsternis. Faksimile. Sammlung UBG
18 Klassisches Weltbild in: J.B. Riccioli, Almagestu III Bonn, 1651. Sammlung UBG
19 Heraklit. Freskoausschnitt aus Raffael, Athener Schule, ca. 1518. Foto UBG
19 Heraklit. Münze aus Ephesus 1. Richter I. 131. Foto UBG
19 Kampfszene. Foto UBG
20 Tempel von Paestum. Foto UBG
20 Streitwagen. Vasenmalerei. Foto UBG
22 Demokrit. Stich von J.G. Hertli. Augsburg, ca. 1770. Sammlung UBG
22 Griechisches Schiff. In: Montfaucon, L'antiquité expliquée. Paris 1722. Sammlung UBG
22 Karte nach ANP-Foto. Copyright Contact.
24 Demosthenes. In: Plutarchus, Vita vivorum illustrium. Cesena. Biblioteca Malatestiana, ms. S. XV.I. Foto UBG
25 Der Parnaß. Freskoausschnitt aus Raffael, Stanza della Signatura. Vatikan 1508. Foto UBG
26 Sokrates. Büste, Neapel, Nationalmuseum. Foto UBG
27 J.L. David, Der Tod des Sokrates. New York, Metropolitan Museum of Art. Foto UBG
28 Platon. Büste, Richter II, 985. Foto UBG
28 Die Gesangsstunde. Trinkschale. Leiden, Rijksmuseum van Oudheden. Nach: Leemans, Die Gesangsstunde, 1844. Foto UBG
29/30 Athener Schule. Freskoausschnitt aus Raffael, Athener Schule, ca. 1518. Foto UBG
32 Festmahl. Rekonstruktion. Zeichnung, zugeschrieben an Bernadino Capitelli (1590–1639). Windsor, Royal Library. Foto UBG
33 Tempelreste auf dem Hügel des Parnaß in Delphi. Foto UBG
34 Aristoteles. Büste, Richter II, 985. Foto UBG
35 Rembrandt. Aristoteles mit der Büste von Homer, 1653. New York, Metropolitan Museum of Art. Foto UBG
38 Euklid, Elementorum geometricum libri XV, Basel, 1537. Textseite. Sammlung UBG
41 Aristoteles, Opera graece. Venedig, 1495–98. Textseite. Sammlung UBG
42 Diogenes. Helldunkel-Holzschnitt von Ugo da Carpi (1480–1532)
43 Der Triumph des Marc Aure. In: Montfaucon, L'antiquité expliquée. Paris, 1722. Sammlung UBG
44 Der Tod des Seneca. Holzschnitt. In: Hartmann Schedel: Liber chronicarum, 1493. Sammlung UBG
44/45 Äquadukt bei Nancy. In: Montfaucon, L'antiquité expliquée, Paris 1722. Sammlung UBG
45 Pallas Athene und Hermes. Fragment von einer griechischen Vasenmalerei. Foto UBG
46 Carneades. Stich von J. Daret, ca. 1650. Sammlung UBG
48 Pfau. Mosaik. Daphne Paris, Musée du Louvre. Foto UBG
49 Plotin. Büste. Museum von Ostia. Foto UBG
51 Origenes. Miniatur (Ausschnitt). Paris, Bibliothèque Nationale. Foto UBG
53 Miniatur im Kodex des Regensburger-Prüfeninger Kunstkreises, 12. Jahrh. München, Bayerische Staatsbibliothek, CLM 14731. Foto UBG
54 Augustinus, De civitate Dei. Florenz, Biblioteca Medicea-Laurenziana. Foto UBG
55 Boëthius. Porträt. Stich von H. Bary, ca. 1670. Sammlung UBG
56/57 Buddha in Meditation. Foto UBG
58 Siegel. Foto UBG
59 Ksatrya. In: The Life and Times of Buddha. London 1968. Foto UBG
60 Krishna in Bronze. Südindien, 14. Jahrh.; später Cholastil. Berlin, Museum für Indische Kunst. Foto UBG
61 Sonnentempel. Foto UBG
62 Varuna. Skulptur Gurjara Pratihara, 8. Jahrh. Bombay, Prince of Wales Museum of Western India. Foto UBG
63 Karte nach ANP-Foto. Copyright Contact
63 Sonnenanbetung. Vermutlich Bagta (ca. 1800 n. Chr.) Bombay, Prince of Wales Museum of Western India. Foto UBG
65 Asket in Meditation. Foto Wim van der Meer
66 Krishna. Darstellung aus dem 18. Jahrh. Foto UBG
67 Mahavira Jina. In: The Art of the Book in India, London 1982. Foto UBG
68 Jaina-Kosmologie. Gouache auf Papier. Rajasthan, ca. 1700. Foto UBG
68 Astronomie nach der Yogalehre. Foto UBG
69 Parsva. Malerei auf Leinen. Rajasthan. Foto UBG
71 Baumgöttin. In: Indian Art. London 1967. Foto UBG
72 Buddha Gautama. Foto UBG
72/73 Sivala und Mahajanaka. Wandmalerei in einer Höhle in Ajanta. 5.–6. Jahrh. Foto UBG
73 Löwenkapitell. Delhi, National Museum. Foto UBG
74 Verehrung Buddhas. Tafelbild Barhut. Sunga, 2. Jahrh. v. Chr. Kalkutta, Indian Museum. Foto UBG
75 Stupa auf der Großen Terrasse des Hügels Sanchi. Foto UBG
76 Buddha aus rotem Sandstein. Mathurastil. Rom, Nationalmuseum für fernöstliche Kunst. Foto UBG
79 Boddhisatva Ksitigarbha. Foto UBG
80 Tara. Vergoldetes Bild, Nepal 18. Jahrh. Bombay, Prince of Wales Museum of Western India. Foto UBG
81 Nagarjuna. Foto UBG
83 Jaina Weltbild. Gouache, 16. Jahrh. Gujarat. Foto UBG
84 Tibetanisches Mandala. In: The Life and Times of Buddha. London 1968. Foto UBG
85 Boddhisatva Avalokitesvara. Foto UBG
86 Tanzende Shiwa. Skulptur. Foto UBG

87 Sarasavati. Foto UBG
89 Yogini. Foto Wim van der Meer
91 Krishna. Illustration aus einer persischen Übersetzung des Mahabharata-Epos. Mogul-Schule, ca. 1600. New York, Metropolitan Museum of Art. Foto UBG
94 Lingam. Foto Wim van der Meer
96 Ramanuja. Skulptur im Tempel von Velipalayam. Foto UBG
97 Alvars. Foto Wim van der Meer
98 Hanuman. Foto Wim van der Meer
99 Minarett in Qutub Minar. Delhi, 13. Jahrh. Foto UBG
99 Hof des Großmogulen in Delhi. Kupferstich von R. de Hooghe. In: O. Dapper, Asia 1672. Sammlung UBG
100/101 Einsamer Fischer. Malerei von Ma Yüan, 12. Jahrh. Foto UBG
102 Studierzimmer. Anonym. Washington, Freer Gallery of Art. Foto UBG
102 Ahnenbild. Han-Dynastie. London, British Museum. Foto UBG
103 Webstuhl. Abbildung 18. Jahrh. Washington, Freer Gallery of Art. Foto UBG
103 Terracottastatuen. In: Qin shi huang ling bingma yong. Beijing, 1980. Foto UBG
104 Altar des Himmels. In: Zijincheng dihou shenghuo. Palastmuseum Beijing, 1961. Foto UBG
105 Konfuzius. Nach einer Malerei von Wu Tao Tzu. Tang-Dynastie. Foto UBG
106 Konfuzius mit Schülern. Holzschnitt. In: Zhonnguo gudai banhua congben. Schanghai 1958. Foto UBG
107 Konfuzianischer Text; Gravur in Stein. In: Echo of Things Chinese, Juni 1975. Foto UBG
108 Mencius. Porträtzeichnung. Sammlung UBG
109 Konfuzianischer Unterricht. Holzschnitt. In: Sheng Yu xiang jie. Kanton 1856. Foto UBG
110 Landschaft, gemalt von Guo Xi, 11. Jahrh. Foto UBG
111 Laozi auf einem Büffel. San cai tuhui, 16. Jahrh. Foto UBG
112 Dao-de-jing. Niederländische Ausgabe von W.B. Vreugdenhil. Amsterdam 1944. Sammlung UBG
113 Zhuangzi. Porträt nach Tseng Kuo Fan. Paris, Musée Guimet. Foto UBG
113 Jadedame. Mischtechnik Ts'oei Tzu-chung. Museum Schanghai. Foto UBG
115 Gebirgslandschaft. Huang Kung-Wang. Museum Schanghai. Foto UBG
117 Hexagramme. Taiji tushuo jijie, Mitte 19. Jahrh. Foto UBG
118 Diagramme der Hervorbringung und Zerstörung. Sinologisches Institut Leiden. Grafik Jos Peters. Copyright Contact
119 Geomantischer Kompaß. Leiden, Museum voor Volkenkunde. Foto UBG
120 Zwei Staatsbeamte. In: Pictorial Encyclopedia of the Oriental Arts: China I. New York, 1969. Foto UBG
121 Grabmalerei Ma Wang Tui, 1. Jahrh. v. Chr. Beijing, Archäologisches Institut. Foto UBG
122 Grabgewand aus Jage. Han-Dynastie. Foto UBG
123 Paradiesboot. Te-hua Porzellan, 17. Jahrh. Foto UBG
125 Anweisungen an die Hofdamen. Malerei Gu Kaizih (ca. 360). London, British Museum. Foto UBG
127 Götter und Unsterbliche. Fragment von einer Rolle. Tusche und Farbe auf Seide. Washington, Freer Gallery of Art. Foto UBG
128 Die innere Landschaft. In: K.M. Schipper, Le corps Taoiste. Paris 1982. Foto UBG
129 Ein Unsterblicher von Liang Kai. Tuschezeichnung, ca. 1200. Taiwan, Nationales Palastmuseum. Foto UBG
129 Daoistischer Yogi. In: L. Wieger, Histoire des croyances réligieuses, 1917. Foto UBG
129 Buddha in einem Han-Grab. Foto UBG
130 Karte der Seidenstraße nach ANP-Foto. Copyright Contact
131 Liegender Buddha. In: The Art Treasures of Dunhuang. Hongkong 1981. Foto UBG
132 Schwebende Gestalt. Fragment einer farbigen Tuschezeichnung auf Seide. Mogao. Paris, Musée Guimet, E.O. 1155. Foto UBG
133 Mahayana-Paradies. Seidenmalerei, ca. 900 n. Chr. Foto UBG
134 Studierender Mönch. In: Chinese Buddhist Monasteries. Kopenhagen 1937. Foto UBG
135 Karawane. In: Journey into China. Washington 1982. Foto UBG
136 Höhlentempel. In: Chugoku bukkijo no ryo, I. Kyoto 1980. Foto UBG
136 Reisender Mönch. In: Zhonguo lidai fojiao shuhua jing cui. Taipeh 1975. Foto UBG
137 Der Asket Vasu. Fragment einer farbigen Tuschezeichnung auf Seide, 981. Paris, Musée Guimet, MG 17659. Foto UBG
138 Der sechste Patriarch. Wandmalerei. Foto UBG
139 Pagode Da-Yan-Ta. Xi-an, Provinz Shenxi, 652. Foto UBG
139 Buddhistische Schriftrolle. In: The Arts of Central Asia. Tokio 1985. Foto UBG
140 Porträt von Konfuzius. Kupferstich von Honbleau in J.E. du Halde, Description de la Chine, II 1736. Sammlung UBG
141 Landschaftsmalerei von Lo Longman (1040–1106?). Foto UBG
142 Die Einheit der drei Lehren, Malerei. In: The World of Buddhism. Eds. H. Bechert & R. Gombrich. London 1984. Sammlung UBG
143 Examenszellen in Kanton. Foto Ende 19. Jahrh. In: The Face of China. San Diego 1978. Foto UBG
144 Der große Höhepunkt. Neukonfuzianisches Schema. In: Fung Yu-Lan, Chinese Philosophy. London 1947. Sammlung UBG. Grafik Jos Peters
144 Kaiserliches Ritual. Beijing, Palastmuseum. Foto UBG
145 Die Chinareisen von Marco Polo. Handschrift 15. Jahrh. Foto UBG
146 Zhao Mengfu, Rollenfragment. Qui Ying, 1. Hälfte 16. Jahrh. Cleveland, Museum of Art. Foto UBG
147 Cembalo aus dem 17. Jahrh. mit pseudo-chinesischen Motiven. Foto UBG
147 Sternwarte Peking. Kupferstich in J. E. du Halde, Description de la Chine, III, 1736. Sammlung UBG
148/149 Mohammeds Himmelfahrt. Persische Handschrift, 16. Jahrh. Berlin, Kaiser-Friedrich-Museum, Sarre-Sammmlung. Foto UBG
150 Göttliches Eingreifen. Fresko. Dura Europus. Damaskus, Nationalmuseum. Foto UBG
151 Bibliothek. 2. Maqamat von Al-Hariri. Handschrift. Paris, Bibliothèque Nationale. Foto UBG
151 Himmelskugel. Türkische Handschrift Sha-nama, ca. 1550. Istanbul, Universitätsbibliothek. Foto UBG
152 Porträt von Aristoteles. Handschrift. London, British Library, Ms. Or. 2784. Foto UBG
152 Belagerung einer Festung. Arg. Handschrift, 14. Jahrh. Rashid ad Din, Jami at-Tawarik. Edinburgh, Universitätsbibliothek. Foto UBG
153 Arabisches Bestiarium. 12. Jahrh. London, British Library, Ms. Or. 2784. Foto UBG
153 Der König der Raben. Kalila und Dimna de Bidpai. Syrien, 12. Jahrh. Paris, Bibliothèque Nationale, Ms. Arab. 3465. Foto UBG

155 Avicennas Kanon. Handschrift ca. 1470. Bologna, Biblioteca Universitaria, MS 2197. Foto UBG
156 Ein Kopist. Frontispiz in einer Handschrift von Rasâ'il Ikhwân as-Safâ. Istanbul, Bibliothek der Süleymaniye, Esad Efendi 3638. Foto UBG
157 Kostbare türkische Koranausgabe. Berlin, Kaiser Friedrich Museum, Sarre Sammlung. Foto UBG
158 Disput griechischer Philosophen. In der Handschrift: «Sprüche der Weisheit». 1. Hälfte 13. Jahrh. Istanbul, Topkapi Museum, Sary-Bibliothek. Faksimile UBG
159 Averroës. Miniatur. Foto UBG
159 Besuch bei einem Eremiten. Handschrift, 2. Hälfte 16. Jahrh. Istanbul, Topkapi Museum, Saray-Bibliothek. Faksimile UBG
160 Automatische Maschine. Miniatur. Istanbul, Topkapi Museum, Ms. Ahmet III, 3472. Foto UBG
161 Der Turmbau zu Babel, Ath. Kircher, Turris Babelis, Amsterdam 1679. Sammlung UBG
162 Gesetzgebung auf dem Sinai. Regensburg, Pentateuch. Jerusalem, Israel Museum, Ms 180/52. Foto UBG
162 Talmud-Kommentar von Asher ben Jehiel. 14. Jahrh. Paris, Bibliothèque Nationale, Ms. Heb. 418. Foto UBG
163 Hebräisches Lesebuch. Ägypten 10. Jahrh. Cambridge, University Library. Foto UBG
163 Seite aus Maimonides «Mishna Torah», Süddeutschland 1310. Budapest, Ungarische Akademie der Wissenschaften, Kaufmann-Sammlung Ms. A 79. Foto UBG
164 Kabbalist. In: P. Ricius, «Porta Lucis», Augsburg 1516. Foto UBG
169 Maimonides, «More Nebuchim». Barcelona 1348. Kopenhagen, Königl. Bibliothek, Cod. Heb. 37. Foto UBG
172/173 Jan von Ruusbroec. Illumination. Handschrift. Brüssel, Koninklijke Bibliotheek, Ms. 19295-97. Foto UBG
174 Skriptorium von Gregor dem Großen. Bucheinband aus Elfenbein. 10. Jahrh. Wien, Kunsthistorisches Museum. Foto UBG
175 Östliche Stadt. Miniatur in der Handschrift «Advis directif pour faire le passage d'outre-mer». Paris, Bibliothèque Nationale. Faksimile UBG
176 Isidorus von Sevilla. Zeichnung. Handschrift. Paris, ca. 800. Paris, Bibliothèque Nationale. Foto UBG
176 Mönch in seinem Studierzimmer. Miniatur im «Codex Amiatinus», frühes 8. Jahrh. Florenz, Biblioteca Laurenziana. Foto UBG
177 Augustinus. Gemälde Sant'Agostino, Gubbio. Sammlung UBG
178 Grammatikunterricht. Holzschnitt in: Nic. Perottus, «Rudimenta grammaticae». Venedig 1495. Sammlung UBG
179 Hauptfront der Kathedrale von Laon. Foto UBG
179 St. Louis. Handschrift der Bible Abrégée, ca. 1250. New York, Pierpont Morgan Library, Faksimile UBG
180 Eva. Skulptur von Gislebertus. Kathedrale von Autun, Nordportal, 12. Jahrh. Foto UBG
181 Anselmus von Canterbury. Porträt. Stich. Foto UBG
182 Seraphin. Gemälde auf Pergament. Paris, Bibliothèque de l'Arsenal. Faksimile UBG
185 Abälard und Hèloise. Foto UBG
186 Fenster auf der Südseite von Notre Dame de Paris. Foto UBG
187 Klosterschule. Miniatur, Faksimile. Sammlung UBG
188 Aristoteles und Phyllis. Kupferstich des Meisters des Hausbuches. Faksimile. Sammlung UBG
189 Aristoteles, «Ethica Nicomachea». Handschrift. Brüssel, Koninklijke Bibliotheek, Hs 9505. Faksimile UBG
190 Conques. Foto. Sammlung UBG
191 Innenraum einer nordfranzösischen Kathedrale. Foto UBG
192 Albertus Magnus. Fresko. Tommaso da Modena, 14. Jahrh. Sammlung UBG
193 Bonaventura in cattedra. Florentinische Schule (15. Jahrh.) Bergamo, Accad. Carrara. Foto UBG
194 Thomas von Aquin. Fragment B. Gozzoli. Paris, Musée du Louvre. Foto UBG
195 Miniatur Aristoteles «Ethica». Handschrift. Brüssel, Koninklijke Bibliotheek. Faksimile UBG
198/199 Ansicht von Köln. Holzschnitt aus: Schedel's Weltchronik (1493). Sammlung UBG
199 Landkarte von Europa. In «Glorie der Middeleeuwen». Ed. J. Evans 1985. Foto UBG
200 Die Hölle. Miniatur in Augustinus «De civitate Dei», französische Übersetzung, 1460. Paris, Bibliothèque Nationale. Faksimile UBG
201 Die Pforte zur Hölle. Miniatur in einer englischen Handschrift, 12. Jahrh. Faksimile UBG
202 Ockham. Zeichnung. Cambridge, Gonville and Caius College. Ms. 464/571. Foto UBG
202 Ackerbau. Miniatur in Aristoteles «Politica». Paris, ca. 1370. Brüssel, Koninklijke Bibliotheek, Ms. 1120-02. Faksimile UBG
203 Ritter in Rüstung. Handschrift. Privatbesitz: Montacute House in Somerset, England. Foto UBG
204 Feldlager. Kupferstich. Meister der Boccaccio-Illustrationen. Faksimile UBG
204 Turnierszene. Album amicorum Abel Coenders van Helpen (ca. 1590). Sammlung UBG
205 Krönungszeremonie am englischen Hof. Ms. van Ordo, ca. 1300. Cambridge, Corpus Christi College. Foto UBG
207 Seekarte, Fam. Freducci. London, Royal Geographical Society. Foto UBG
209 Gehirnfunktionen. In: Albertus Magnus, «Opus philosophiae naturalis». Brescia. 1490. Faksimile. Sammlung UBG
209 Hildegard von Bingen. Handschrift Liber divinorum operum simplicis hominis (ca. 1200). Lucca. Biblioteca Governativa. Faksimile UBG
211 Personifikation des Denkens. Holzschnitt in: Olivier de la Marche, «Le chevallier délibéré», Gouda 1489. Faksimile. Nürnberg, Germanisches Museum. Foto UBG
212/213 Giorgione. Drei Philosophen (1508-1509). Wien, Kunsthistorisches Museum. Foto UBG
214 Totentanz in einer Druckerei. Holzschnitt von M. Huss, Lyon, 1500. Foto UBG
214 Columbus landet an der Küste Hispaniolas. Holzschnitt. Faksimile UBG
215 Porträt Erasmus von H. Holbein, 1530-1532. Basel, Kunstmuseum. Foto UBG
215 Lob der Torheit (lat.: Laus Stultitiae; Gr.: Moriae Encomium) von Erasmus. Basel 1515. Faksimile-Ausgabe UBG
216 Ath. Kircher. Mundus Subterraneus, Amsterdam 1664-1665. Sammlung UBG
217 Petrarca. Miniatur, Handschrift Rime. Francesco D'Antonio del Cherioco (?), 15. Jahrh. Sammlung UBG
218 Porträt von Machiavelli, Stich 19. Jahrh. Sammlung UBG
220 Lutherbibel. Sammlung UBG
220 Ansicht von Genf. Stich Faksimile, Cl. de Jonghe 1675. Sammlung UBG
221 Plan von Konstantinopel. Holzschnitt Faksimile. Sammlung UBG
222 Elevatio. Lullus. In: Blaquerna, Faksimile ed., Valencia 1521. Sammlung UBG

223 Cusanus. Fragment eines Altarteils. Hospitalkapelle, Bernkastel-Cues. Sammlung UBG

223 Allegorische Darstellung «Arithmetica und Geometria». Holzschnitt ca. 1500, Gotha, Kupferstichkabinett. Foto UBG

225 Ficino, Prooemium in libros Plotini, ca. 1485. Handschrift. Florenz, Biblioteca Medicea-Laurenziana. Foto UBG

227 Allegorie der Philosophie. Albrecht Dürer, in: Celtes Amorum libri quattuor, Nürnberg 1502. Foto UBG

228 Leonhard Thurneisser zum Thurn, Des Menschen Circkel und Lauff. Rom, Bibliotheca Vaticana. Foto UBG

229 Porträt Pomponazzi: Holzschnitt, anonym, 16. Jahrh. Rom, Gabinetto Nazionale delle Stampe. Foto UBG

231 Prudentia. Wandmalerei von Giotto. Scrovegni-Kapelle, Padua. Foto UBG

233 Seb. Serlio. Boeck van de architecturen, 1616. Sammlung UBG

234/235 Atlas Ger. Valk und Petr. Schenk, Amsterdam, ca. 1700. Sammlung UBG

235 Erhard Schön, Traité sur les proportions, 1542. Sammlung UBG

236/237 Strahov-Bibliothek in Prag. Sammlung Errit Petersma

238 Die Belagerung von Freiberg. Ölgemälde von Pieter Snayers. Wien, Heeresgeschichtliches Museum. Foto UBG

239 Titelseite Galilei, Dialogo, 1632. Faksimile UBG

239 Newton, Porträt. Foto UBG

239 Pikeniere und Musketiere. In: Jac. de Gheyn, Maniment d'armes, 1608. Foto UBG

240 Die Hochzeit von Heinrich IV und Maria de Medici. Gemälde, Peter Paul Rubens. Paris, Musée du Louvre. Foto UBG

240 Weltkarte von Abraham Ortelius, 1571. Foto UBG

241 P. Gassendi, Stich von C. Mellan, ca. 1660. Sammlung UBG

241 Unterseeboot von C.J. Drebbel, 1621. Foto UBG

242 «Automat» von S. de Caus, 1615. Foto UBG

242 Figuren. Zeichnungen von Giovanni Battista Bracelli, 1624. Foto UBG

243 Descartes. Kupferstich von F. van Schooten, 1642. Sammlung UBG

243 Elisabeth von Böhmen. Stich. Sammlung UBG

244 F. Bacon, Scripta. Amsterdam, Lodewijk Elsevier 1653. Sammlung UBG

245 M. Malebranche. Stich, ca. 1730. Sammlung UBG

246 Descartes. Zeichnung von Jan Lievens, ca. 1645. Foto UBG

247 Descartes. Druck (anonym). Amsterdam 1791. Sammlung UBG

248 Pascal. Foto UBG

248 Rechenmaschine von Pascal. Museum Clairmont-Ferrand. Foto UBG

250 Spinoza, Opera Omnia. Jan Rieuwerts, 1677. Sammlung UBG

251 Zusammenkunft von Kollegiaten. Stich. In: Histoire des Cérémonies. B. Picart, 1740. Foto UBG

252 Spinoza, Ethica. Umschlag einer niederländischen Übersetzung von 1896. Sammlung UBG

253 Leibniz. Foto UBG

254 Universitätsbibliothek Göttingen. Kupferstich, ca. 1780. Sammlung UBG

255 Landschaft. Stich nach R. Savery, ca. 1620. Sammlung UBG

256 Magdeburger Halbkugeln. Stich. Sammlung UBG

259 Th. Hobbes. Porträt. Stich. Faithorne sc. Sammlung UBG

259 Leviathan. Th. Hobbes. Stich auf dem Umschlag einer niederländischen Übersetzung, 1667. Sammlung UBG

260 J. Locke. Stich, ca. 1730. Sammlung UBG

263 G. Berkeley. Foto UBG

264 Berkeley's «Commonplace Book», Titelblatt. Sammlung UBG

267 D. Hume. Porträt, 18. Jahrh. Sammlung UBG

268 P. Bayle. Stich, ca. 1730. Sammlung UBG

269 P. Bayle, Dictionnaire. Englische Übersetzung, 1734–1738. Sammlung UBG

269 D. Diderot. Stich von Pelée nach Phillipotaux, ca. 1840. Sammlung UBG

271 Hornius. Historiae philosophicae libri septem. Leiden, 1655, Titelblatt. Sammlung UBG

271 Chr. Wolff. «Vernünftige Gedanken von den Kräften des menschlichen Verstandes.» Niederländische Übersetzung, Amsterdam 1758 (2. Druck). Sammlung UBG

272/273 Ansicht von Paris, Kupferstich, 17. Jahrh. Sammlung UBG

273 Voltaire im Streitgespräch. Stich von A. Locatelli, ca. 1780

274 J. J. Rousseau. Porträt. Stich. Littret sc. 1763 (nach de la Tour). Sammlung UBG

274 J. J. Rousseau, Du Contrat social. Amsterdam 1762. Sammlung UBG

277 I. Kant. Porträt von J. B. Becker, ca. 1786. Sammlung UBG

278 Fr. Schiller. Stich von J. Hopwood, ca. 1830. Sammlung UBG

281 Denkmal von Kant. Foto ca. 1900. Sammlung UBG

282/283 Der elegante Leser. Gemälde von G. F. Kersting, 1812. Weimar, Kunstsammlung. Foto UBG

284 Napoleonische Flagge. 1815. Paris, Dôme des Invalides. Foto UBG

285 Aufstieg des Fesselballons Martial, 1783. Farbiger Kupferstich. Paris, Musée Carnavalet. Foto UBG

285 Puzzelspiel «The Hill of Science». John Wallis 1807. Sammlung UBG

286 Darwin und Häckel. Druck in einer Zeitschrift 1909. Foto UBG

286 Baumdiagramm. Ch. Darwin, First Notebook 1870. Foto UBG

287 J.W. Goethe. Porträt nach einer Porzellanmalerei von J. L. Sebbers. Kupferstich L.G. Sichling, ca. 1845. Sammlung UBG

289 J.G. Fichte. Porträt. Lithografie von Fr. Zimmermann, ca. 1860. Sammlung UBG

290 Fr. Schelling. Porträt in Daguerreotypie 1850. Sammlung F. E. E. Schelling, Würzburg. Foto UBG

291 Goethes Arbeitszimmer. Foto UBG

292 G. W. F. Hegel. Porträtzeichnung von W. Hensel. Foto UBG

293 Ein Gelehrter/A philosopher. Stahlstich nach Nicolaas Maas von W. French. Sammlung UBG

296 Selbstporträt Schopenhauers. In: Jenisch, Kant. Sammlung Griesebach. Foto UBG

296 A. Schopenhauer. Die Welt als Wille und Vorstellung I–III. Leipzig, Insel. Sammlung UBG

298 Max Stirner. Porträtzeichnung. Foto UBG

299 Sören Kierkegaard. Porträtzeichnung seines Neffen N. C. Kierkegaard. Foto UBG

301 Abrahams Opfer. Bronzerelief von Lorenzo Ghiberti auf der Tür einer Taufkapelle in der Kathedrale von Florenz. Foto UBG

302 Denkmal von Karl Marx in der ehemaligen DDR. Foto UBG

303 J. Proudhon. Porträt. Sammlung UBG

304 Sozialer Druck. Holzstich von Grandville 1844. Foto UBG

305 Neue Rheinische Zeitung. 1848. Foto UBG

306 «Dix têtes d'expression». Federzeichnung von H. Daumier. Paris, Privatsammlung. Foto UBG

307 Maine de Biran. Porträt von A. Duvivier. Foto UBG

309 A. Comte. Porträt. Lithografie von T. Toullion. Paris, Bibliothèque Nationale. Foto UBG

310 Krieg. Gemälde von Henri Rousseau, 1894. Paris, Jeu de Paume, Musée National du Louvre. Foto UBG

312 J. Bentham. Porträt. Stahlstich, ca. 1840. Sammlung UBG

312 Arbeiten. Th. Carlyle. Niederländische Übersetzung, Sammlung UBG

313 J.S. Mill. National Potrait Gallery. Foto UBG

314   C. Darwin. Ölporträt 1881. Foto UBG
314   H. Spencer. Fotoporträt. Sammlung UBG
315   Philosophierender Handwerker. Öl. F. Hodler. Genf, Musée d'Art et d'Histoire. Foto UBG
315   E. Cassirer. Fotoporträt. Sammlung UBG
316   Marie und Pierre Curie. Umschlag von «Le Petit Parisien» 1904. Sammlung UBG
317   F. Nietzsche. Porträt von E. Munch 1906. Stockholm, Thiel Galerie. Foto UBG
318   L. Andreas-Salomé. Porträt. Foto UBG
321   Zarathustra. Niederl. Übersetzung, Amsterdam 1921, 3. Druck. Sammlung UBG
321   Seurat «Un dimanche d'été à la Grande Jatte» (Ausschnitt). Ölgemälde. Chicago, Art Institute. Foto UBG
322/323 P. Mondriaan. New York City, 1942. Sydney, Janis Gallery. Foto UBG
324   Futuristisches Manifest. Le Figaro, 20. Februar 1909. Foto UBG
325   Aufstand. Ölgemälde. Feininger, 1910. New York, Museum of Modern Art. Foto UBG
326   Returning to the trenches. Öl. Chr. Nevinson, 1914–15. Foto UBG
326   Weltkrieg. Lithografie von L. Raemakers, 1916. Foto UBG
326   Drei Philosophen. Max Ernst, 1957. Köln, Privatsammlung. Foto UBG
327   Der neue Mensch. Lithografie nach einer Gouache von El Lissitzky. Hannover 1923. Faksimile UBG
327   Provo-Aktion bei den Wahlen zum Stadtrat in Amsterdam 1966. Foto UBG
328   Bergson, ca. 1905. Foto Dornac. Sammlung UBG
329   Cardiff-Team. Öl. Robert Delauney. 1912–1913. Paris, Musée d'Art Moderne. Foto UBG
329   «Schlemihl». Farbholzschnitt von E. L. Kirchner. Foto UBG
330   «Zifferblatt des Uhrwerks von Santa Maria del Fiore» von Paolo Uccello (1397–1475). Foto UBG
332   W. James. Porträt. Sammlung UBG
333   New York in den vierziger Jahren. Foto L. Feininger
334   Husserl. Bleistiftzeichnung. H. Baumgarten. Faksimile UBG
335   Straßenbild Berlin. Tuschezeichnung von G. Grosz 1916. Foto UBG
335   Scheler. Porträt in Mischtechnik 1926. Köln, Philosophische Fakultät der Universität Köln. Foto UBG
337   Einstein besucht Zeemans Labor. Amsterdam 1921. Foto UBG
338   Large Deployable Reflector. Foto UBG
338   G. Frege. «Begriffsschrift». Halle 1879. Reprint. Kollektion UBG
339   Porträt eines Philosophen. Öl. Popowa 1915. St. Petersburg, Staatsmuseum. Foto UBG
340   B. Russell. Fotoporträt von M. Austria, Amsterdam 1948. Sammlung UBG
340   «Der gelbe Kessel». Öl. Grossberg 1933. Sammlung Herberts GmbH Wuppertal. Foto UBG
341   A.N. Whitehead «Dialogues». New York 1956. Foto UBG
342   Umschlag «Life». New York, 1927. Sammlung UBG
342   A. Tarski und K. Gödel, 1935. Foto UBG
343   Einstein von G. Schreiber, 1935. Foto UBG
343   R. Carnap. «Der logische Aufbau der Welt». Berlin 1928. Sammlung UBG
344   L. Wittgenstein. Ölporträt nach einem Foto von S. Martin. Foto UBG
347   Teile I,1 und I,2 der «International Encyclopedia of Unified Science». Chicago 1938. Sammlung UBG
347   M. Stoneborough-Wittgenstein. Porträt von G. Klimt 1905. Foto UBG
348   M. Heidegger. Foto, ca. 1954. Sammlung UBG
351   Mai 68. Gemälde auf Leinen von J. Miró 1973. Barcelona, Joan Miró Foundation. Foto UBG
352   J. P. Sartre. Foto Gisèle Freund, ca. 1965
353   G. Marcel. Fotoporträt von W. Pabst, ca. 1964. Sammlung UBG
353   J. Gréco
354   Camus, «L'homme révolté». Niederl. Ausgabe. Amsterdam 1967. Sammlung UBG
354   Seite aus Pierre Reverdy. «Le chant des morts». Litho, P. Picasso, 1948. Faksimile UBG
355   K. Jaspers. Foto UBG
356   P. Klee. «Hauptweg und Nebenwege». 1929, Köln, Museum Ludwig. Foto UBG
357   Plakat von A.M. Cassandre: «Nord Express». Paris, Hachard 1927. Faksimile UBG
358   L. Weiner. Installation. 1987. Foto UBG
360   Architektur. I. Leonidow, ca. 1930. Foto UBG
362   Buddha von O. Redon. Foto UBG
363   S. Radhakrishnan. Foto UBG
364   Kang Youwei. Foto UBG
365   Nishida. Foto UBG
366   Nishitani. Foto UBG
368   «Der Mensch im Ideenkreis». Zeichnung in indonesischer Tusche von O. Schlemmer, 1928. Sammlung R. Schlemmer, Mailand. Foto UBG
370   Adorno. Foto UBG
371   S. Freud. Tuschezeichnung. Ben Shan. New York, Myden and Lawrence Foundation. Faksimile UBG
371   H. Marcuse. «One Dimensional Man». Beacon Press 1964. Foto UBG
372   H. Arend. «The Human Condition». Princeton 1958. Foto UBG
373   K. Popper. Fotoporträt 1973. Sammlung UBG
374   F. de Saussure. Foto UBG
375   Labyrinth. Zeichnung von P. Flora 1974. Foto UBG
376   M. Foucault. Foto M. Garanger
377   «Persönliche Werte». Öl. R. Margritte 1952, Samml. Harry Torczyner. Foto UBG
378   «Piazza d'Italia». In: C. Jencks, «Postmodernism», 1987. Foto UBG
379   Alice. Zeichnung von J. Tenniel. In: M. Gardner «The Annotated Alice». London 1992. Foto UBG
381   G. Kellermann. «Der Tunnel». Buchumschlag Berlin 1913. Sammlung UBG
382   «Der große Metaphysiker». Ölgemälde von G. de Chirico, 1917. Foto UBG